2025
年版
法律法规全书系列

中华人民共和国

行政诉讼法及司法解释全书

ADMINISTRATIVE PROCEDURE LAWS
AND JUDICIAL INTERPRETATIONS

·含指导案例·

法律出版社法规中心 编

法律出版社
LAW PRESS·CHINA
北京

图书在版编目（CIP）数据

中华人民共和国行政诉讼法及司法解释全书：含指导案例／法律出版社法规中心编. --9版. --北京：法律出版社，2025. --（法律法规全书系列）. --ISBN 978-7-5197-9765-2

Ⅰ. D925.305

中国国家版本馆CIP数据核字第2024US6214号

中华人民共和国行政诉讼法及司法解释全书(含指导案例)
ZHONGHUA RENMIN GONGHEGUO XINGZHENG SUSONGFA JI SIFA JIESHI QUANSHU(HAN ZHIDAO ANLI)

法律出版社法规中心 编

责任编辑 陈昱希 陈 熙
装帧设计 臧晓飞

出版发行 法律出版社
编辑统筹 法规出版分社
责任校对 张红蕊
责任印制 耿润瑜
经　　销 新华书店

开本 787毫米×960毫米 1/16
印张 39.25　**字数** 1144千
版本 2025年1月第9版
印次 2025年1月第1次印刷
印刷 固安华明印业有限公司

地址：北京市丰台区莲花池西里7号(100073)
网址：www.lawpress.com.cn
投稿邮箱：info@lawpress.com.cn
举报盗版邮箱：jbwq@lawpress.com.cn

销售电话：010-83938349
客服电话：010-83938350
咨询电话：010-63939796

书号：ISBN 978-7-5197-9765-2　**定价**：88.00元

凡购买本社图书，如有印装错误，我社负责退换。电话：010-83938349

编辑出版说明

《中华人民共和国行政诉讼法》(以下简称《行政诉讼法》)是我国的基本法律之一。我国已于1989年制定了一部统一的《行政诉讼法》,并于2014年、2017年两次修改,行政诉讼相关的司法解释、司法文件数量也较多。随着我国依法治国的深入推进,行政诉讼数量也有较为明显的增长,律师、行政相对人的起诉需要政策文件的支持,立案制度的改革也对各级政府应诉提出了更高的要求。为满足社会各界尤其是行政机关、行政相对人和律师对《行政诉讼法》及相关司法解释学习、了解、查阅的需要,我们精心编辑出版了这本《中华人民共和国行政诉讼法及司法解释全书(含指导案例)》。本书具有以下特点:

一、全面收录,科学编排,便利查询

本书收录1989年《行政诉讼法》颁布至2024年11月期间公布的现行有效的全部行政诉讼法律和司法解释,重要的司法文件。内容包括综合、起诉受理与受案范围、管辖、诉讼参加人、时效期间、证据、审理与判决、执行、行政公益诉讼、涉外行政诉讼、诉讼费用、国家赔偿等。全书体例清晰、查阅方便。

二、特别收录指导案例、典型案例、对照图表,方便实用

本书对相关核心主体法附加条旨,指引读者迅速找到自己需要的条文。特别收录了最高人民法院公布的行政诉讼相关指导案例和《最高人民法院公报》2004年以来刊登的行政诉讼相关典型案例,这些案例具有指引"同案同判"的作用,具有较强的参考价值。另外,本书还收录了《中华人民共和国行政诉讼法》及其司法解释、《中华人民共和国国家赔偿法》新旧条文序号对照表,便于读者查阅。

三、特色服务,动态增补

为保持本书与新法的同步更新,避免读者在一定周期内重复购书,特结合法律出版社法规中心的资源优势提供动态增补服务。(1)为方便读者一次性获取版本更新后的全部增补文件,本书特设封底增补材料二维码,供读者扫描查看、下载版本更新后的全部法律文件增补材料。(2)鉴于本书出版后至下一版本出版前不免有新文件发布或失效文件更新,为了方便广大读者及时获取该领域的新法律文件,本书创新推出动态增补服务,读者可扫描侧边动态增补二维码,查看、阅读本书出版后一段时间内更新的或新发布的法律文件。

动态增补二维码

由于编者水平有限,还望读者在使用过程中不吝赐教,提出您的宝贵意见(邮箱地址:faguizhongxin@163.com),以便本书继续修订完善。谢谢!

法律出版社法规中心

2024年12月

总　目　录

目　　录

一、综　　合

二、起诉、受理与受案范围

1. 综合

2. 公安行政案件受案范围

① 目录中对有修改的文件,将其第一次公布的时间和最近一次修改的时间一并列出,在正文中收录的是最新修改后的文本。特此说明。

三、管　　辖

四、诉讼参加人

五、时效、期间

六、证　　据

七、审理与判决

1. 审判组织

2. 审判工作

八、执　　行

九、行政公益诉讼

十、涉外行政诉讼

十一、诉讼费用

十二、国家赔偿

1. 综合

2. 行政赔偿

附　　录

1. 立法资料

2. 新旧条文序号对照表

一、综　合

资料补充栏

中华人民共和国行政诉讼法

1. 1989年4月4日第七届全国人民代表大会第二次会议通过
2. 根据2014年11月1日第十二届全国人民代表大会常务委员会第十一次会议《关于修改〈中华人民共和国行政诉讼法〉的决定》第一次修正
3. 根据2017年6月27日第十二届全国人民代表大会常务委员会第二十八次会议《关于修改〈中华人民共和国民事诉讼法〉和〈中华人民共和国行政诉讼法〉的决定》第二次修正

目　　录

第一章　总　　则

第一条　【立法目的】[①]为保证人民法院公正、及时审理行政案件，解决行政争议，保护公民、法人和其他组织的合法权益，监督行政机关依法行使职权，根据宪法，制定本法。

第二条　【诉权】公民、法人或者其他组织认为行政机关和行政机关工作人员的行政行为侵犯其合法权益，有权依照本法向人民法院提起诉讼。

前款所称行政行为，包括法律、法规、规章授权的组织作出的行政行为。

第三条　【行政机关负责人出庭应诉】人民法院应当保障公民、法人和其他组织的起诉权利，对应当受理的行政案件依法受理。

行政机关及其工作人员不得干预、阻碍人民法院受理行政案件。

被诉行政机关负责人应当出庭应诉。不能出庭的，应当委托行政机关相应的工作人员出庭。

第四条　【独立行使审判权】人民法院依法对行政案件独立行使审判权，不受行政机关、社会团体和个人的干涉。

人民法院设行政审判庭，审理行政案件。

第五条　【以事实为根据，以法律为准绳原则】人民法院审理行政案件，以事实为根据，以法律为准绳。

第六条　【合法性审查原则】人民法院审理行政案件，对行政行为是否合法进行审查。

第七条　【合议、回避、公开审判和两审终审原则】人民法院审理行政案件，依法实行合议、回避、公开审判和两审终审制度。

第八条　【法律地位平等原则】当事人在行政诉讼中的法律地位平等。

第九条　【本民族语言文字原则】各民族公民都有用本民族语言、文字进行行政诉讼的权利。

在少数民族聚居或者多民族共同居住的地区，人民法院应当用当地民族通用的语言、文字进行审理和发布法律文书。

人民法院应当对不通晓当地民族通用的语言、文字的诉讼参与人提供翻译。

第十条　【辩论原则】当事人在行政诉讼中有权进行辩论。

第十一条　【法律监督原则】人民检察院有权对行政诉讼实行法律监督。

第二章　受 案 范 围

第十二条　【行政诉讼受案范围】人民法院受理公民、法人或者其他组织提起的下列诉讼：

（一）对行政拘留、暂扣或者吊销许可证和执照、责令停产停业、没收违法所得、没收非法财物、罚款、警告等行政处罚不服的；

（二）对限制人身自由或者对财产的查封、扣押、冻结等行政强制措施和行政强制执行不服的；

---

① 条文主旨为编者所加，下同。

（三）申请行政许可，行政机关拒绝或者在法定期限内不予答复，或者对行政机关作出的有关行政许可的其他决定不服的；

（四）对行政机关作出的关于确认土地、矿藏、水流、森林、山岭、草原、荒地、滩涂、海域等自然资源的所有权或者使用权的决定不服的；

（五）对征收、征用决定及其补偿决定不服的；

（六）申请行政机关履行保护人身权、财产权等合法权益的法定职责，行政机关拒绝履行或者不予答复的；

（七）认为行政机关侵犯其经营自主权或者农村土地承包经营权、农村土地经营权的；

（八）认为行政机关滥用行政权力排除或者限制竞争的；

（九）认为行政机关违法集资、摊派费用或者违法要求履行其他义务的；

（十）认为行政机关没有依法支付抚恤金、最低生活保障待遇或者社会保险待遇的；

（十一）认为行政机关不依法履行、未按照约定履行或者违法变更、解除政府特许经营协议、土地房屋征收补偿协议等协议的；

（十二）认为行政机关侵犯其他人身权、财产权等合法权益的。

除前款规定外，人民法院受理法律、法规规定可以提起诉讼的其他行政案件。

第十三条 【**受案范围的排除**】人民法院不受理公民、法人或者其他组织对下列事项提起的诉讼：

（一）国防、外交等国家行为；

（二）行政法规、规章或者行政机关制定、发布的具有普遍约束力的决定、命令；

（三）行政机关对行政机关工作人员的奖惩、任免等决定；

（四）法律规定由行政机关最终裁决的行政行为。

第三章 管 辖

第十四条 【**基层人民法院管辖第一审行政案件**】基层人民法院管辖第一审行政案件。

第十五条 【**中级人民法院管辖的第一审行政案件**】中级人民法院管辖下列第一审行政案件：

（一）对国务院部门或者县级以上地方人民政府所作的行政行为提起诉讼的案件；

（二）海关处理的案件；

（三）本辖区内重大、复杂的案件；

（四）其他法律规定由中级人民法院管辖的案件。

第十六条 【**高级人民法院管辖的第一审行政案件**】高级人民法院管辖本辖区内重大、复杂的第一审行政案件。

第十七条 【**最高人民法院管辖的第一审行政案件**】最高人民法院管辖全国范围内重大、复杂的第一审行政案件。

第十八条 【**一般地域管辖和法院跨行政区域管辖**】行政案件由最初作出行政行为的行政机关所在地人民法院管辖。经复议的案件，也可以由复议机关所在地人民法院管辖。

经最高人民法院批准，高级人民法院可以根据审判工作的实际情况，确定若干人民法院跨行政区域管辖行政案件。

第十九条 【**限制人身自由行政案件的管辖**】对限制人身自由的行政强制措施不服提起的诉讼，由被告所在地或者原告所在地人民法院管辖。

第二十条 【**不动产行政案件的管辖**】因不动产提起的行政诉讼，由不动产所在地人民法院管辖。

第二十一条 【**选择管辖**】两个以上人民法院都有管辖权的案件，原告可以选择其中一个人民法院提起诉讼。原告向两个以上有管辖权的人民法院提起诉讼的，由最先立案的人民法院管辖。

第二十二条 【**移送管辖**】人民法院发现受理的案件不属于本院管辖的，应当移送有管辖权的人民法院，受移送的人民法院应当受理。受移送的人民法院认为受移送的案件按照规定不属于本院管辖的，应当报请上级人民法院指定管辖，不得再自行移送。

第二十三条 【**指定管辖**】有管辖权的人民法院由于特殊原因不能行使管辖权的，由上级人民法院指定管辖。

人民法院对管辖权发生争议，由争议双方协商解决。协商不成的，报它们的共同上级人民法院指定管辖。

第二十四条 【**管辖权转移**】上级人民法院有权审理下级人民法院管辖的第一审行政案件。

下级人民法院对其管辖的第一审行政案件，认为需要由上级人民法院审理或者指定管辖的，可以报请上级人民法院决定。

第四章 诉讼参加人

第二十五条 【原告资格】行政行为的相对人以及其他与行政行为有利害关系的公民、法人或者其他组织,有权提起诉讼。

有权提起诉讼的公民死亡,其近亲属可以提起诉讼。

有权提起诉讼的法人或者其他组织终止,承受其权利的法人或者其他组织可以提起诉讼。

人民检察院在履行职责中发现生态环境和资源保护、食品药品安全、国有财产保护、国有土地使用权出让等领域负有监督管理职责的行政机关违法行使职权或者不作为,致使国家利益或者社会公共利益受到侵害的,应当向行政机关提出检察建议,督促其依法履行职责。行政机关不依法履行职责的,人民检察院依法向人民法院提起诉讼。

第二十六条 【被告资格】公民、法人或者其他组织直接向人民法院提起诉讼的,作出行政行为的行政机关是被告。

经复议的案件,复议机关决定维持原行政行为的,作出原行政行为的行政机关和复议机关是共同被告;复议机关改变原行政行为的,复议机关是被告。

复议机关在法定期限内未作出复议决定,公民、法人或者其他组织起诉原行政行为的,作出原行政行为的行政机关是被告;起诉复议机关不作为的,复议机关是被告。

两个以上行政机关作出同一行政行为的,共同作出行政行为的行政机关是共同被告。

行政机关委托的组织所作的行政行为,委托的行政机关是被告。

行政机关被撤销或者职权变更的,继续行使其职权的行政机关是被告。

第二十七条 【共同诉讼】当事人一方或者双方为二人以上,因同一行政行为发生的行政案件,或者因同类行政行为发生的行政案件、人民法院认为可以合并审理并经当事人同意的,为共同诉讼。

第二十八条 【代表人诉讼】当事人一方人数众多的共同诉讼,可以由当事人推选代表人进行诉讼。代表人的诉讼行为对其所代表的当事人发生效力,但代表人变更、放弃诉讼请求或者承认对方当事人的诉讼请求,应当经被代表的当事人同意。

第二十九条 【诉讼第三人】公民、法人或者其他组织同被诉行政行为有利害关系但没有提起诉讼,或者同案件处理结果有利害关系的,可以作为第三人申请参加诉讼,或者由人民法院通知参加诉讼。

人民法院判决第三人承担义务或者减损第三人权益的,第三人有权依法提起上诉。

第三十条 【法定代理人】没有诉讼行为能力的公民,由其法定代理人代为诉讼。法定代理人互相推诿代理责任的,由人民法院指定其中一人代为诉讼。

第三十一条 【委托代理人】当事人、法定代理人,可以委托一至二人作为诉讼代理人。

下列人员可以被委托为诉讼代理人:

(一)律师、基层法律服务工作者;

(二)当事人的近亲属或者工作人员;

(三)当事人所在社区、单位以及有关社会团体推荐的公民。

第三十二条 【当事人及诉讼代理人权利】代理诉讼的律师,有权按照规定查阅、复制本案有关材料,有权向有关组织和公民调查,收集与本案有关的证据。对涉及国家秘密、商业秘密和个人隐私的材料,应当依照法律规定保密。

当事人和其他诉讼代理人有权按照规定查阅、复制本案庭审材料,但涉及国家秘密、商业秘密和个人隐私的内容除外。

第五章 证 据

第三十三条 【证据种类】证据包括:

(一)书证;

(二)物证;

(三)视听资料;

(四)电子数据;

(五)证人证言;

(六)当事人的陈述;

(七)鉴定意见;

(八)勘验笔录、现场笔录。

以上证据经法庭审查属实,才能作为认定案件事实的根据。

第三十四条 【被告举证责任】被告对作出的行政行为负有举证责任,应当提供作出该行政行为的证据和所依据的规范性文件。

被告不提供或者无正当理由逾期提供证据，视为没有相应证据。但是，被诉行政行为涉及第三人合法权益，第三人提供证据的除外。

第三十五条 【行政机关收集证据的限制】在诉讼过程中，被告及其诉讼代理人不得自行向原告、第三人和证人收集证据。

第三十六条 【被告延期提供证据和补充证据】被告在作出行政行为时已经收集了证据，但因不可抗力等正当事由不能提供的，经人民法院准许，可以延期提供。

原告或者第三人提出了其在行政处理程序中没有提出的理由或者证据的，经人民法院准许，被告可以补充证据。

第三十七条 【原告可以提供证据】原告可以提供证明行政行为违法的证据。原告提供的证据不成立的，不免除被告的举证责任。

第三十八条 【原告举证责任】在起诉被告不履行法定职责的案件中，原告应当提供其向被告提出申请的证据。但有下列情形之一的除外：

（一）被告应当依职权主动履行法定职责的；

（二）原告因正当理由不能提供证据的。

在行政赔偿、补偿的案件中，原告应当对行政行为造成的损害提供证据。因被告的原因导致原告无法举证的，由被告承担举证责任。

第三十九条 【法院要求当事人提供或者补充证据】人民法院有权要求当事人提供或者补充证据。

第四十条 【法院调取证据】人民法院有权向有关行政机关以及其他组织、公民调取证据。但是，不得为证明行政行为的合法性调取被告作出行政行为时未收集的证据。

第四十一条 【申请法院调取证据】与本案有关的下列证据，原告或者第三人不能自行收集的，可以申请人民法院调取：

（一）由国家机关保存而须由人民法院调取的证据；

（二）涉及国家秘密、商业秘密和个人隐私的证据；

（三）确因客观原因不能自行收集的其他证据。

第四十二条 【证据保全】在证据可能灭失或者以后难以取得的情况下，诉讼参加人可以向人民法院申请保全证据，人民法院也可以主动采取保全措施。

第四十三条 【证据适用规则】证据应当在法庭上出示，并由当事人互相质证。对涉及国家秘密、商业秘密和个人隐私的证据，不得在公开开庭时出示。

人民法院应当按照法定程序，全面、客观地审查核实证据。对未采纳的证据应当在裁判文书中说明理由。

以非法手段取得的证据，不得作为认定案件事实的根据。

第六章 起诉和受理

第四十四条 【行政复议与行政诉讼的关系】对属于人民法院受案范围的行政案件，公民、法人或者其他组织可以先向行政机关申请复议，对复议决定不服的，再向人民法院提起诉讼；也可以直接向人民法院提起诉讼。

法律、法规规定应当先向行政机关申请复议，对复议决定不服再向人民法院提起诉讼的，依照法律、法规的规定。

第四十五条 【经行政复议的起诉期限】公民、法人或者其他组织不服复议决定的，可以在收到复议决定书之日起十五日内向人民法院提起诉讼。复议机关逾期不作决定的，申请人可以在复议期满之日起十五日内向人民法院提起诉讼。法律另有规定的除外。

第四十六条 【起诉期限】公民、法人或者其他组织直接向人民法院提起诉讼的，应当自知道或者应当知道作出行政行为之日起六个月内提出。法律另有规定的除外。

因不动产提起诉讼的案件自行政行为作出之日起超过二十年，其他案件自行政行为作出之日起超过五年提起诉讼的，人民法院不予受理。

第四十七条 【行政机关不履行法定职责的起诉期限】公民、法人或者其他组织申请行政机关履行保护其人身权、财产权等合法权益的法定职责，行政机关在接到申请之日起两个月内不履行的，公民、法人或者其他组织可以向人民法院提起诉讼。法律、法规对行政机关履行职责的期限另有规定的，从其规定。

公民、法人或者其他组织在紧急情况下请求行政机关履行保护其人身权、财产权等合法权益的法定职责，行政机关不履行的，提起诉讼不受前款规定期限的限制。

第四十八条　【起诉期限的扣除和延长】公民、法人或者其他组织因不可抗力或者其他不属于其自身的原因耽误起诉期限的，被耽误的时间不计算在起诉期限内。

公民、法人或者其他组织因前款规定以外的其他特殊情况耽误起诉期限的，在障碍消除后十日内，可以申请延长期限，是否准许由人民法院决定。

第四十九条　【起诉条件】提起诉讼应当符合下列条件：

（一）原告是符合本法第二十五条规定的公民、法人或者其他组织；

（二）有明确的被告；

（三）有具体的诉讼请求和事实根据；

（四）属于人民法院受案范围和受诉人民法院管辖。

第五十条　【起诉方式】起诉应当向人民法院递交起诉状，并按照被告人数提出副本。

书写起诉状确有困难的，可以口头起诉，由人民法院记入笔录，出具注明日期的书面凭证，并告知对方当事人。

第五十一条　【登记立案】人民法院在接到起诉状时对符合本法规定的起诉条件的，应当登记立案。

对当场不能判定是否符合本法规定的起诉条件的，应当接收起诉状，出具注明收到日期的书面凭证，并在七日内决定是否立案。不符合起诉条件的，作出不予立案的裁定。裁定书应当载明不予立案的理由。原告对裁定不服的，可以提起上诉。

起诉状内容欠缺或者有其他错误的，应当给予指导和释明，并一次性告知当事人需要补正的内容。不得未经指导和释明即以起诉不符合条件为由不接收起诉状。

对于不接收起诉状、接收起诉状后不出具书面凭证，以及不一次性告知当事人需要补正的起诉状内容的，当事人可以向上级人民法院投诉，上级人民法院应当责令改正，并对直接负责的主管人员和其他直接责任人员依法给予处分。

第五十二条　【法院不立案的救济】人民法院既不立案，又不作出不予立案裁定的，当事人可以向上一级人民法院起诉。上一级人民法院认为符合起诉条件的，应当立案、审理，也可以指定其他下级人民法院立案、审理。

第五十三条　【规范性文件的附带审查】公民、法人或者其他组织认为行政行为所依据的国务院部门和地方人民政府及其部门制定的规范性文件不合法，在对行政行为提起诉讼时，可以一并请求对该规范性文件进行审查。

前款规定的规范性文件不含规章。

第七章　审理和判决

第一节　一般规定

第五十四条　【公开审理原则】人民法院公开审理行政案件，但涉及国家秘密、个人隐私和法律另有规定的除外。

涉及商业秘密的案件，当事人申请不公开审理的，可以不公开审理。

第五十五条　【回避】当事人认为审判人员与本案有利害关系或者有其他关系可能影响公正审判，有权申请审判人员回避。

审判人员认为自己与本案有利害关系或者有其他关系，应当申请回避。

前两款规定，适用于书记员、翻译人员、鉴定人、勘验人。

院长担任审判长时的回避，由审判委员会决定；审判人员的回避，由院长决定；其他人员的回避，由审判长决定。当事人对决定不服的，可以申请复议一次。

第五十六条　【诉讼不停止执行】诉讼期间，不停止行政行为的执行。但有下列情形之一的，裁定停止执行：

（一）被告认为需要停止执行的；

（二）原告或者利害关系人申请停止执行，人民法院认为该行政行为的执行会造成难以弥补的损失，并且停止执行不损害国家利益、社会公共利益的；

（三）人民法院认为该行政行为的执行会给国家利益、社会公共利益造成重大损害的；

（四）法律、法规规定停止执行的。

当事人对停止执行或者不停止执行的裁定不服的，可以申请复议一次。

第五十七条　【先予执行】人民法院对起诉行政机关没有依法支付抚恤金、最低生活保障金和工伤、医疗社会保险金的案件，权利义务关系明确、不先予执行将严重影响原告生活的，可以根据原告的申请，裁定先予执行。

当事人对先予执行裁定不服的，可以申请复议一次。复议期间不停止裁定的执行。

第五十八条　【拒不到庭或中途退庭的法律后果】经人民法院传票传唤，原告无正当理由拒不到庭，或者未经法庭许可中途退庭的，可以按照撤诉处理；被告无正当理由拒不到庭，或者未经法庭许可中途退庭的，可以缺席判决。

第五十九条　【妨害行政诉讼强制措施】诉讼参与人或者其他人有下列行为之一的，人民法院可以根据情节轻重，予以训诫、责令具结悔过或者处一万元以下的罚款、十五日以下的拘留；构成犯罪的，依法追究刑事责任：

（一）有义务协助调查、执行的人，对人民法院的协助调查决定、协助执行通知书，无故推拖、拒绝或者妨碍调查、执行的；

（二）伪造、隐藏、毁灭证据或者提供虚假证明材料，妨碍人民法院审理案件的；

（三）指使、贿买、胁迫他人作伪证或者威胁、阻止证人作证的；

（四）隐藏、转移、变卖、毁损已被查封、扣押、冻结的财产的；

（五）以欺骗、胁迫等非法手段使原告撤诉的；

（六）以暴力、威胁或者其他方法阻碍人民法院工作人员执行职务，或者以哄闹、冲击法庭等方法扰乱人民法院工作秩序的；

（七）对人民法院审判人员或者其他工作人员、诉讼参与人、协助调查和执行的人员恐吓、侮辱、诽谤、诬陷、殴打、围攻或者打击报复的。

人民法院对有前款规定的行为之一的单位，可以对其主要负责人或者直接责任人员依照前款规定予以罚款、拘留；构成犯罪的，依法追究刑事责任。

罚款、拘留须经人民法院院长批准。当事人不服的，可以向上一级人民法院申请复议一次。复议期间不停止执行。

第六十条　【调解】人民法院审理行政案件，不适用调解。但是，行政赔偿、补偿以及行政机关行使法律、法规规定的自由裁量权的案件可以调解。

调解应当遵循自愿、合法原则，不得损害国家利益、社会公共利益和他人合法权益。

第六十一条　【民事争议和行政争议交叉】在涉及行政许可、登记、征收、征用和行政机关对民事争议所作的裁决的行政诉讼中，当事人申请一并解决相关民事争议的，人民法院可以一并审理。

在行政诉讼中，人民法院认为行政案件的审理需以民事诉讼的裁判为依据的，可以裁定中止行政诉讼。

第六十二条　【撤诉】人民法院对行政案件宣告判决或者裁定前，原告申请撤诉的，或者被告改变其所作的行政行为，原告同意并申请撤诉的，是否准许，由人民法院裁定。

第六十三条　【审理依据】人民法院审理行政案件，以法律和行政法规、地方性法规为依据。地方性法规适用于本行政区域内发生的行政案件。

人民法院审理民族自治地方的行政案件，并以该民族自治地方的自治条例和单行条例为依据。

人民法院审理行政案件，参照规章。

第六十四条　【规范性文件审查和处理】人民法院在审理行政案件中，经审查认为本法第五十三条规定的规范性文件不合法的，不作为认定行政行为合法的依据，并向制定机关提出处理建议。

第六十五条　【裁判文书公开】人民法院应当公开发生法律效力的判决书、裁定书，供公众查阅，但涉及国家秘密、商业秘密和个人隐私的内容除外。

第六十六条　【有关行政机关工作人员和被告的处理】人民法院在审理行政案件中，认为行政机关的主管人员、直接责任人员违法违纪的，应当将有关材料移送监察机关、该行政机关或者其上一级行政机关；认为有犯罪行为的，应当将有关材料移送公安、检察机关。

人民法院对被告经传票传唤无正当理由拒不到庭，或者未经法庭许可中途退庭的，可以将被告拒不到庭或者中途退庭的情况予以公告，并可以向监察机关或者被告的上一级行政机关提出依法给予其主要负责人或者直接责任人员处分的司法建议。

第二节　第一审普通程序

第六十七条　【发送起诉状和提出答辩状】人民法院应当在立案之日起五日内，将起诉状副本发送被告。被告应当在收到起诉状副本之日起十五日内向人民法院提交作出行政行为的证据和所依据的规范性文件，并提出答辩状。人民法院应当在收到答辩状之日起五日内，将答辩状副本发送原告。

被告不提出答辩状的，不影响人民法院审理。

第六十八条　【审判组织形式】人民法院审理行政案件，由审判员组成合议庭，或者由审判员、陪审员组成合议庭。合议庭的成员，应当是三人以上的单数。

第六十九条　【驳回原告诉讼请求判决】行政行为证据确凿，适用法律、法规正确，符合法定程序的，或者原告申请被告履行法定职责或者给付义务理由不成立的，人民法院判决驳回原告的诉讼请求。

第七十条　【撤销判决和重作判决】行政行为有下列情形之一的，人民法院判决撤销或者部分撤销，并可以判决被告重新作出行政行为：

（一）主要证据不足的；

（二）适用法律、法规错误的；

（三）违反法定程序的；

（四）超越职权的；

（五）滥用职权的；

（六）明显不当的。

第七十一条　【重作判决对被告的限制】人民法院判决被告重新作出行政行为的，被告不得以同一的事实和理由作出与原行政行为基本相同的行政行为。

第七十二条　【履行判决】人民法院经过审理，查明被告不履行法定职责的，判决被告在一定期限内履行。

第七十三条　【给付判决】人民法院经过审理，查明被告依法负有给付义务的，判决被告履行给付义务。

第七十四条　【确认违法判决】行政行为有下列情形之一的，人民法院判决确认违法，但不撤销行政行为：

（一）行政行为依法应当撤销，但撤销会给国家利益、社会公共利益造成重大损害的；

（二）行政行为程序轻微违法，但对原告权利不产生实际影响的。

行政行为有下列情形之一，不需要撤销或者判决履行的，人民法院判决确认违法：

（一）行政行为违法，但不具有可撤销内容的；

（二）被告改变原违法行政行为，原告仍要求确认原行政行为违法的；

（三）被告不履行或者拖延履行法定职责，判决履行没有意义的。

第七十五条　【确认无效判决】行政行为有实施主体不具有行政主体资格或者没有依据等重大且明显违法情形，原告申请确认行政行为无效的，人民法院判决确认无效。

第七十六条　【确认违法和无效判决的补充规定】人民法院判决确认违法或者无效的，可以同时判决责令被告采取补救措施；给原告造成损失的，依法判决被告承担赔偿责任。

第七十七条　【变更判决】行政处罚明显不当，或者其他行政行为涉及对款额的确定、认定确有错误的，人民法院可以判决变更。

人民法院判决变更，不得加重原告的义务或者减损原告的权益。但利害关系人同为原告，且诉讼请求相反的除外。

第七十八条　【行政协议履行及补偿判决】被告不依法履行、未按照约定履行或者违法变更、解除本法第十二条第一款第十一项规定的协议的，人民法院判决被告承担继续履行、采取补救措施或者赔偿损失等责任。

被告变更、解除本法第十二条第一款第十一项规定的协议合法，但未依法给予补偿的，人民法院判决给予补偿。

第七十九条　【复议决定和原行政行为一并裁判】复议机关与作出原行政行为的行政机关为共同被告的案件，人民法院应当对复议决定和原行政行为一并作出裁判。

第八十条　【公开宣判】人民法院对公开审理和不公开审理的案件，一律公开宣告判决。

当庭宣判的，应当在十日内发送判决书；定期宣判的，宣判后立即发给判决书。

宣告判决时，必须告知当事人上诉权利、上诉期限和上诉的人民法院。

第八十一条　【第一审审限】人民法院应当在立案之日起六个月内作出第一审判决。有特殊情况需要延长的，由高级人民法院批准，高级人民法院审理第一审案件需要延长的，由最高人民法院批准。

第三节　简易程序

第八十二条　【简易程序适用情形】人民法院审理下列第一审行政案件，认为事实清楚、权利义务关系明确、争议不大的，可以适用简易程序：

（一）被诉行政行为是依法当场作出的；

（二）案件涉及款额二千元以下的；

（三）属于政府信息公开案件的。

除前款规定以外的第一审行政案件，当事人各方同意适用简易程序的，可以适用简易程序。

发回重审、按照审判监督程序再审的案件不适用简易程序。

第八十三条 【简易程序的审判组织形式和审限】适用简易程序审理的行政案件，由审判员一人独任审理，并应当在立案之日起四十五日内审结。

第八十四条 【简易程序与普通程序的转换】人民法院在审理过程中，发现案件不宜适用简易程序的，裁定转为普通程序。

第四节 第二审程序

第八十五条 【上诉】当事人不服人民法院第一审判决的，有权在判决书送达之日起十五日内向上一级人民法院提起上诉。当事人不服人民法院第一审裁定的，有权在裁定书送达之日起十日内向上一级人民法院提起上诉。逾期不提起上诉的，人民法院的第一审判决或者裁定发生法律效力。

第八十六条 【二审审理方式】人民法院对上诉案件，应当组成合议庭，开庭审理。经过阅卷、调查和询问当事人，对没有提出新的事实、证据或者理由，合议庭认为不需要开庭审理的，也可以不开庭审理。

第八十七条 【二审审查范围】人民法院审理上诉案件，应当对原审人民法院的判决、裁定和被诉行政行为进行全面审查。

第八十八条 【二审审限】人民法院审理上诉案件，应当在收到上诉状之日起三个月内作出终审判决。有特殊情况需要延长的，由高级人民法院批准，高级人民法院审理上诉案件需要延长的，由最高人民法院批准。

第八十九条 【二审裁判】人民法院审理上诉案件，按照下列情形，分别处理：

（一）原判决、裁定认定事实清楚，适用法律、法规正确的，判决或者裁定驳回上诉，维持原判决、裁定；

（二）原判决、裁定认定事实错误或者适用法律、法规错误的，依法改判、撤销或者变更；

（三）原判决认定基本事实不清、证据不足的，发回原审人民法院重审，或者查清事实后改判；

（四）原判决遗漏当事人或者违法缺席判决等严重违反法定程序的，裁定撤销原判决，发回原审人民法院重审。

原审人民法院对发回重审的案件作出判决后，当事人提起上诉的，第二审人民法院不得再次发回重审。

人民法院审理上诉案件，需要改变原审判决的，应当同时对被诉行政行为作出判决。

第五节 审判监督程序

第九十条 【当事人申请再审】当事人对已经发生法律效力的判决、裁定，认为确有错误的，可以向上一级人民法院申请再审，但判决、裁定不停止执行。

第九十一条 【再审事由】当事人的申请符合下列情形之一的，人民法院应当再审：

（一）不予立案或者驳回起诉确有错误的；

（二）有新的证据，足以推翻原判决、裁定的；

（三）原判决、裁定认定事实的主要证据不足、未经质证或者系伪造的；

（四）原判决、裁定适用法律、法规确有错误的；

（五）违反法律规定的诉讼程序，可能影响公正审判的；

（六）原判决、裁定遗漏诉讼请求的；

（七）据以作出原判决、裁定的法律文书被撤销或者变更的；

（八）审判人员在审理该案件时有贪污受贿、徇私舞弊、枉法裁判行为的。

第九十二条 【人民法院依职权再审】各级人民法院院长对本院已经发生法律效力的判决、裁定，发现有本法第九十一条规定情形之一，或者发现调解违反自愿原则或者调解书内容违法，认为需要再审的，应当提交审判委员会讨论决定。

最高人民法院对地方各级人民法院已经发生法律效力的判决、裁定，上级人民法院对下级人民法院已经发生法律效力的判决、裁定，发现有本法第九十一条规定情形之一，或者发现调解违反自愿原则或者调解书内容违法的，有权提审或者指令下级人民法院再审。

第九十三条 【抗诉和检察建议】最高人民检察院对各级人民法院已经发生法律效力的判决、裁定，上级人民检察院对下级人民法院已经发生法律效力的判决、裁定，发现有本法第九十一条规定情形之一，或者发现调解书损害国家利益、社会公共利益的，应当提出抗诉。

地方各级人民检察院对同级人民法院已经发生法律效力的判决、裁定，发现有本法第九十一条规定情形之一，或者发现调解书损害国家利益、社会公共利益的，可以向同级人民法院提出检察建议，并报上级人民检察院备案；也可以提请上级人民检察院向同级人民法院提出抗诉。

各级人民检察院对审判监督程序以外的其他审判程序中审判人员的违法行为，有权向同级人民法院提出检察建议。

第八章　执　　行

第九十四条　【生效裁判和调解书的执行】当事人必须履行人民法院发生法律效力的判决、裁定、调解书。

第九十五条　【申请强制执行和执行管辖】公民、法人或者其他组织拒绝履行判决、裁定、调解书的，行政机关或者第三人可以向第一审人民法院申请强制执行，或者由行政机关依法强制执行。

第九十六条　【对行政机关拒绝履行的执行措施】行政机关拒绝履行判决、裁定、调解书的，第一审人民法院可以采取下列措施：

（一）对应当归还的罚款或者应当给付的款额，通知银行从该行政机关的账户内划拨；

（二）在规定期限内不履行的，从期满之日起，对该行政机关负责人按日处五十元至一百元的罚款；

（三）将行政机关拒绝履行的情况予以公告；

（四）向监察机关或者该行政机关的上一级行政机关提出司法建议。接受司法建议的机关，根据有关规定进行处理，并将处理情况告知人民法院；

（五）拒不履行判决、裁定、调解书，社会影响恶劣的，可以对该行政机关直接负责的主管人员和其他直接责任人员予以拘留；情节严重，构成犯罪的，依法追究刑事责任。

第九十七条　【非诉执行】公民、法人或者其他组织对行政行为在法定期限内不提起诉讼又不履行的，行政机关可以申请人民法院强制执行，或者依法强制执行。

第九章　涉外行政诉讼

第九十八条　【涉外行政诉讼的法律适用原则】外国人、无国籍人、外国组织在中华人民共和国进行行政诉讼，适用本法。法律另有规定的除外。

第九十九条　【同等与对等原则】外国人、无国籍人、外国组织在中华人民共和国进行行政诉讼，同中华人民共和国公民、组织有同等的诉讼权利和义务。

外国法院对中华人民共和国公民、组织的行政诉讼权利加以限制的，人民法院对该国公民、组织的行政诉讼权利，实行对等原则。

第一百条　【中国律师代理】外国人、无国籍人、外国组织在中华人民共和国进行行政诉讼，委托律师代理诉讼的，应当委托中华人民共和国律师机构的律师。

第十章　附　　则

第一百零一条　【适用民事诉讼法规定】人民法院审理行政案件，关于期间、送达、财产保全、开庭审理、调解、中止诉讼、终结诉讼、简易程序、执行等，以及人民检察院对行政案件受理、审理、裁判、执行的监督，本法没有规定的，适用《中华人民共和国民事诉讼法》的相关规定。

第一百零二条　【诉讼费用】人民法院审理行政案件，应当收取诉讼费用。诉讼费用由败诉方承担，双方都有责任的由双方分担。收取诉讼费用的具体办法另行规定。

第一百零三条　【施行日期】本法自1990年10月1日起施行。

最高人民法院关于适用《中华人民共和国行政诉讼法》的解释

1. 2017年11月13日最高人民法院审判委员会第1726次会议通过

2. 2018年2月6日公布

3. 法释〔2018〕1号

4. 自2018年2月8日起施行

为正确适用《中华人民共和国行政诉讼法》（以下简称行政诉讼法），结合人民法院行政审判工作实际，制定本解释。

一、受案范围

第一条　公民、法人或者其他组织对行政机关及其工作人员的行政行为不服，依法提起诉讼的，属于人民法院行政诉讼的受案范围。

下列行为不属于人民法院行政诉讼的受案范围：

（一）公安、国家安全等机关依照刑事诉讼法的明确授权实施的行为；

（二）调解行为以及法律规定的仲裁行为；

（三）行政指导行为；

（四）驳回当事人对行政行为提起申诉的重复处理行为；

（五）行政机关作出的不产生外部法律效力的行为；

（六）行政机关为作出行政行为而实施的准备、论证、研究、层报、咨询等过程性行为；

（七）行政机关根据人民法院的生效裁判、协助执行通知书作出的执行行为，但行政机关扩大执行范围或者采取违法方式实施的除外；

（八）上级行政机关基于内部层级监督关系对下级行政机关作出的听取报告、执法检查、督促履责等行为；

（九）行政机关针对信访事项作出的登记、受理、交办、转送、复查、复核意见等行为；

（十）对公民、法人或者其他组织权利义务不产生实际影响的行为。

第二条　行政诉讼法第十三条第一项规定的“国家行为”，是指国务院、中央军事委员会、国防部、外交部等根据宪法和法律的授权，以国家的名义实施的有关国防和外交事务的行为，以及经宪法和法律授权的国家机关宣布紧急状态等行为。

行政诉讼法第十三条第二项规定的“具有普遍约束力的决定、命令”，是指行政机关针对不特定对象发布的能反复适用的规范性文件。

行政诉讼法第十三条第三项规定的“对行政机关工作人员的奖惩、任免等决定”，是指行政机关作出的涉及行政机关工作人员公务员权利义务的决定。

行政诉讼法第十三条第四项规定的“法律规定由行政机关最终裁决的行政行为”中的“法律”，是指全国人民代表大会及其常务委员会制定、通过的规范性文件。

二、管　辖

第三条　各级人民法院行政审判庭审理行政案件和审查行政机关申请执行其行政行为的案件。

专门人民法院、人民法庭不审理行政案件，也不审查和执行行政机关申请执行其行政行为的案件。铁路运输法院等专门人民法院审理行政案件，应当执行行政诉讼法第十八条第二款的规定。

第四条　立案后，受诉人民法院的管辖权不受当事人住所地改变、追加被告等事实和法律状态变更的影响。

第五条　有下列情形之一的，属于行政诉讼法第十五条第三项规定的“本辖区内重大、复杂的案件”：

（一）社会影响重大的共同诉讼案件；

（二）涉外或者涉及香港特别行政区、澳门特别行政区、台湾地区的案件；

（三）其他重大、复杂案件。

第六条　当事人以案件重大复杂为由，认为有管辖权的基层人民法院不宜行使管辖权或者根据行政诉讼法第五十二条的规定，向中级人民法院起诉，中级人民法院应当根据不同情况在七日内分别作出以下处理：

（一）决定自行审理；

（二）指定本辖区其他基层人民法院管辖；

（三）书面告知当事人向有管辖权的基层人民法院起诉。

第七条　基层人民法院对其管辖的第一审行政案件，认为需要由中级人民法院审理或者指定管辖的，可以报请中级人民法院决定。中级人民法院应当根据不同情况在七日内分别作出以下处理：

（一）决定自行审理；

（二）指定本辖区其他基层人民法院管辖；

（三）决定由报请的人民法院审理。

第八条　行政诉讼法第十九条规定的“原告所在地”，包括原告的户籍所在地、经常居住地和被限制人身自由地。

对行政机关基于同一事实，既采取限制公民人身自由的行政强制措施，又采取其他行政强制措施或者行政处罚不服的，由被告所在地或者原告所在地的人民法院管辖。

第九条　行政诉讼法第二十条规定的"因不动产提起的行政诉讼"是指因行政行为导致不动产物权变动而提起的诉讼。

不动产已登记的,以不动产登记簿记载的所在地为不动产所在地;不动产未登记的,以不动产实际所在地为不动产所在地。

第十条　人民法院受理案件后,被告提出管辖异议的,应当在收到起诉状副本之日起十五日内提出。

对当事人提出的管辖异议,人民法院应当进行审查。异议成立的,裁定将案件移送有管辖权的人民法院;异议不成立的,裁定驳回。

人民法院对管辖异议审查后确定有管辖权的,不因当事人增加或者变更诉讼请求等改变管辖,但违反级别管辖、专属管辖规定的除外。

第十一条　有下列情形之一的,人民法院不予审查:

(一)人民法院发回重审或者按第一审程序再审的案件,当事人提出管辖异议的;

(二)当事人在第一审程序中未按照法律规定的期限和形式提出管辖异议,在第二审程序中提出的。

三、诉讼参加人

第十二条　有下列情形之一的,属于行政诉讼法第二十五条第一款规定的"与行政行为有利害关系":

(一)被诉的行政行为涉及其相邻权或者公平竞争权的;

(二)在行政复议等行政程序中被追加为第三人的;

(三)要求行政机关依法追究加害人法律责任的;

(四)撤销或者变更行政行为涉及其合法权益的;

(五)为维护自身合法权益向行政机关投诉,具有处理投诉职责的行政机关作出或者未作出处理的;

(六)其他与行政行为有利害关系的情形。

第十三条　债权人以行政机关对债务人所作的行政行为损害债权实现为由提起行政诉讼的,人民法院应当告知其就民事争议提起民事诉讼,但行政机关作出行政行为时依法应予保护或者应予考虑的除外。

第十四条　行政诉讼法第二十五条第二款规定的"近亲属",包括配偶、父母、子女、兄弟姐妹、祖父母、外祖父母、孙子女、外孙子女和其他具有扶养、赡养关系的亲属。

公民因被限制人身自由而不能提起诉讼的,其近亲属可以依其口头或者书面委托以该公民的名义提起诉讼。近亲属起诉时无法与被限制人身自由的公民取得联系,近亲属可以先行起诉,并在诉讼中补充提交委托证明。

第十五条　合伙企业向人民法院提起诉讼的,应当以核准登记的字号为原告。未依法登记领取营业执照的个人合伙的全体合伙人为共同原告;全体合伙人可以推选代表人,被推选的代表人,应当由全体合伙人出具推选书。

个体工商户向人民法院提起诉讼的,以营业执照上登记的经营者为原告。有字号的,以营业执照上登记的字号为原告,并应当注明该字号经营者的基本信息。

第十六条　股份制企业的股东大会、股东会、董事会等认为行政机关作出的行政行为侵犯企业经营自主权的,可以企业名义提起诉讼。

联营企业、中外合资或者合作企业的联营、合资、合作各方,认为联营、合资、合作企业权益或者自己一方合法权益受行政行为侵害的,可以自己的名义提起诉讼。

非国有企业被行政机关注销、撤销、合并、强令兼并、出售、分立或者改变企业隶属关系的,该企业或者其法定代表人可以提起诉讼。

第十七条　事业单位、社会团体、基金会、社会服务机构等非营利法人的出资人、设立人认为行政行为损害法人合法权益的,可以自己的名义提起诉讼。

第十八条　业主委员会对于行政机关作出的涉及业主共有利益的行政行为,可以自己的名义提起诉讼。

业主委员会不起诉的,专有部分占建筑物总面积过半数或者占总户数过半数的业主可以提起诉讼。

第十九条　当事人不服经上级行政机关批准的行政行为,向人民法院提起诉讼的,以在对外发生法律效力的文书上署名的机关为被告。

第二十条　行政机关组建并赋予行政管理职能但不具有独立承担法律责任能力的机构,以自己的名义作出行政行为,当事人不服提起诉讼的,应当以组建该机构的行政机关为被告。

法律、法规或者规章授权行使行政职权的行政机关内设机构、派出机构或者其他组织，超出法定授权范围实施行政行为，当事人不服提起诉讼的，应当以实施该行为的机构或者组织为被告。

没有法律、法规或者规章规定，行政机关授权其内设机构、派出机构或者其他组织行使行政职权的，属于行政诉讼法第二十六条规定的委托。当事人不服提起诉讼的，应当以该行政机关为被告。

第二十一条 当事人对由国务院、省级人民政府批准设立的开发区管理机构作出的行政行为不服提起诉讼的，以该开发区管理机构为被告；对由国务院、省级人民政府批准设立的开发区管理机构所属职能部门作出的行政行为不服提起诉讼的，以其职能部门为被告；对其他开发区管理机构所属职能部门作出的行政行为不服提起诉讼的，以开发区管理机构为被告；开发区管理机构没有行政主体资格的，以设立该机构的地方人民政府为被告。

第二十二条 行政诉讼法第二十六条第二款规定的"复议机关改变原行政行为"，是指复议机关改变原行政行为的处理结果。复议机关改变原行政行为所认定的主要事实和证据、改变原行政行为所适用的规范依据，但未改变原行政行为处理结果的，视为复议机关维持原行政行为。

复议机关确认原行政行为无效，属于改变原行政行为。

复议机关确认原行政行为违法，属于改变原行政行为，但复议机关以违反法定程序为由确认原行政行为违法的除外。

第二十三条 行政机关被撤销或者职权变更，没有继续行使其职权的行政机关的，以其所属的人民政府为被告；实行垂直领导的，以垂直领导的上一级行政机关为被告。

第二十四条 当事人对村民委员会或者居民委员会依据法律、法规、规章的授权履行行政管理职责的行为不服提起诉讼的，以村民委员会或者居民委员会为被告。

当事人对村民委员会、居民委员会受行政机关委托作出的行为不服提起诉讼的，以委托的行政机关为被告。

当事人对高等学校等事业单位以及律师协会、注册会计师协会等行业协会依据法律、法规、规章的授权实施的行政行为不服提起诉讼的，以该事业单位、行业协会为被告。

当事人对高等学校等事业单位以及律师协会、注册会计师协会等行业协会受行政机关委托作出的行为不服提起诉讼的，以委托的行政机关为被告。

第二十五条 市、县级人民政府确定的房屋征收部门组织实施房屋征收与补偿工作过程中作出行政行为，被征收人不服提起诉讼的，以房屋征收部门为被告。

征收实施单位受房屋征收部门委托，在委托范围内从事的行为，被征收人不服提起诉讼的，应当以房屋征收部门为被告。

第二十六条 原告所起诉的被告不适格，人民法院应当告知原告变更被告；原告不同意变更的，裁定驳回起诉。

应当追加被告而原告不同意追加的，人民法院应当通知其以第三人的身份参加诉讼，但行政复议机关作共同被告的除外。

第二十七条 必须共同进行诉讼的当事人没有参加诉讼的，人民法院应当依法通知其参加；当事人也可以向人民法院申请参加。

人民法院应当对当事人提出的申请进行审查，申请理由不成立的，裁定驳回；申请理由成立的，书面通知其参加诉讼。

前款所称的必须共同进行诉讼，是指按照行政诉讼法第二十七条的规定，当事人一方或者双方为两人以上，因同一行政行为发生行政争议，人民法院必须合并审理的诉讼。

第二十八条 人民法院追加共同诉讼的当事人时，应当通知其他当事人。应当追加的原告，已明确表示放弃实体权利的，可不予追加；既不愿意参加诉讼，又不放弃实体权利的，应追加为第三人，其不参加诉讼，不能阻碍人民法院对案件的审理和裁判。

第二十九条 行政诉讼法第二十八条规定的"人数众多"，一般指十人以上。

根据行政诉讼法第二十八条的规定，当事人一方人数众多的，由当事人推选代表人。当事人推选不出的，可以由人民法院在起诉的当事人中指定代表人。

行政诉讼法第二十八条规定的代表人为二至五

人。代表人可以委托一至二人作为诉讼代理人。

第三十条　行政机关的同一行政行为涉及两个以上利害关系人,其中一部分利害关系人对行政行为不服提起诉讼,人民法院应当通知没有起诉的其他利害关系人作为第三人参加诉讼。

与行政案件处理结果有利害关系的第三人,可以申请参加诉讼,或者由人民法院通知其参加诉讼。人民法院判决其承担义务或者减损其权益的第三人,有权提出上诉或者申请再审。

行政诉讼法第二十九条规定的第三人,因不能归责于本人的事由未参加诉讼,但有证据证明发生法律效力的判决、裁定、调解书损害其合法权益的,可以依照行政诉讼法第九十条的规定,自知道或者应当知道其合法权益受到损害之日起六个月内,向上一级人民法院申请再审。

第三十一条　当事人委托诉讼代理人,应当向人民法院提交由委托人签名或者盖章的授权委托书。委托书应当载明委托事项和具体权限。公民在特殊情况下无法书面委托的,也可以由他人代书,并由自己捺印等方式确认,人民法院应当核实并记录在卷;被诉行政机关或者其他有义务协助的机关拒绝人民法院向被限制人身自由的公民核实的,视为委托成立。当事人解除或者变更委托的,应当书面报告人民法院。

第三十二条　依照行政诉讼法第三十一条第二款第二项规定,与当事人有合法劳动人事关系的职工,可以当事人工作人员的名义作为诉讼代理人。以当事人的工作人员身份参加诉讼活动,应当提交以下证据之一加以证明:

(一)缴纳社会保险记录凭证;

(二)领取工资凭证;

(三)其他能够证明其为当事人工作人员身份的证据。

第三十三条　根据行政诉讼法第三十一条第二款第三项规定,有关社会团体推荐公民担任诉讼代理人的,应当符合下列条件:

(一)社会团体属于依法登记设立或者依法免予登记设立的非营利性法人组织;

(二)被代理人属于该社会团体的成员,或者当事人一方住所地位于该社会团体的活动地域;

(三)代理事务属于该社会团体章程载明的业务范围;

(四)被推荐的公民是该社会团体的负责人或者与该社会团体有合法劳动人事关系的工作人员。

专利代理人经中华全国专利代理人协会推荐,可以在专利行政案件中担任诉讼代理人。

四、证　　据

第三十四条　根据行政诉讼法第三十六条第一款的规定,被告申请延期提供证据的,应当在收到起诉状副本之日起十五日内以书面方式向人民法院提出。人民法院准许延期提供的,被告应当在正当事由消除后十五日内提供证据。逾期提供的,视为被诉行政行为没有相应的证据。

第三十五条　原告或者第三人应当在开庭审理前或者人民法院指定的交换证据清单之日提供证据。因正当事由申请延期提供证据的,经人民法院准许,可以在法庭调查中提供。逾期提供证据的,人民法院应当责令其说明理由;拒不说明理由或者理由不成立的,视为放弃举证权利。

原告或者第三人在第一审程序中无正当事由未提供而在第二审程序中提供的证据,人民法院不予接纳。

第三十六条　当事人申请延长举证期限,应当在举证期限届满前向人民法院提出书面申请。

申请理由成立的,人民法院应当准许,适当延长举证期限,并通知其他当事人。申请理由不成立的,人民法院不予准许,并通知申请人。

第三十七条　根据行政诉讼法第三十九条的规定,对当事人无争议,但涉及国家利益、公共利益或者他人合法权益的事实,人民法院可以责令当事人提供或者补充有关证据。

第三十八条　对于案情比较复杂或者证据数量较多的案件,人民法院可以组织当事人在开庭前向对方出示或者交换证据,并将交换证据清单的情况记录在卷。

当事人在庭前证据交换过程中没有争议并记录在卷的证据,经审判人员在庭审中说明后,可以作为认定案件事实的依据。

第三十九条　当事人申请调查收集证据,但该证据与待证事实无关联、对证明待证事实无意义或者其他无调查收集必要的,人民法院不予准许。

第四十条 人民法院在证人出庭作证前应当告知其如实作证的义务以及作伪证的法律后果。

证人因履行出庭作证义务而支出的交通、住宿、就餐等必要费用以及误工损失,由败诉一方当事人承担。

第四十一条 有下列情形之一,原告或者第三人要求相关行政执法人员出庭说明的,人民法院可以准许:

(一)对现场笔录的合法性或者真实性有异议的;

(二)对扣押财产的品种或者数量有异议的;

(三)对检验的物品取样或者保管有异议的;

(四)对行政执法人员身份的合法性有异议的;

(五)需要出庭说明的其他情形。

第四十二条 能够反映案件真实情况、与待证事实相关联、来源和形式符合法律规定的证据,应当作为认定案件事实的根据。

第四十三条 有下列情形之一的,属于行政诉讼法第四十三条第三款规定的"以非法手段取得的证据":

(一)严重违反法定程序收集的证据材料;

(二)以违反法律强制性规定的手段获取且侵害他人合法权益的证据材料;

(三)以利诱、欺诈、胁迫、暴力等手段获取的证据材料。

第四十四条 人民法院认为有必要的,可以要求当事人本人或者行政机关执法人员到庭,就案件有关事实接受询问。在询问之前,可以要求其签署保证书。

保证书应当载明据实陈述、如有虚假陈述愿意接受处罚等内容。当事人或者行政机关执法人员应当在保证书上签名或者捺印。

负有举证责任的当事人拒绝到庭、拒绝接受询问或者拒绝签署保证书,待证事实又欠缺其他证据加以佐证的,人民法院对其主张的事实不予认定。

第四十五条 被告有证据证明其在行政程序中依照法定程序要求原告或者第三人提供证据,原告或者第三人依法应当提供而没有提供,在诉讼程序中提供的证据,人民法院一般不予采纳。

第四十六条 原告或者第三人确有证据证明被告持有的证据对原告或者第三人有利的,可以在开庭审理前书面申请人民法院责令行政机关提交。

申请理由成立的,人民法院应当责令行政机关提交,因提交证据所产生的费用,由申请人预付。行政机关无正当理由拒不提交的,人民法院可以推定原告或者第三人基于该证据主张的事实成立。

持有证据的当事人以妨碍对方当事人使用为目的,毁灭有关证据或者实施其他致使证据不能使用行为的,人民法院可以推定对方当事人基于该证据主张的事实成立,并可依照行政诉讼法第五十九条规定处理。

第四十七条 根据行政诉讼法第三十八条第二款的规定,在行政赔偿、补偿案件中,因被告的原因导致原告无法就损害情况举证的,应当由被告就该损害情况承担举证责任。

对于各方主张损失的价值无法认定的,应当由负有举证责任的一方当事人申请鉴定,但法律、法规、规章规定行政机关在作出行政行为时依法应当评估或者鉴定的除外;负有举证责任的当事人拒绝申请鉴定的,由其承担不利的法律后果。

当事人的损失因客观原因无法鉴定的,人民法院应当结合当事人的主张和在案证据,遵循法官职业道德,运用逻辑推理和生活经验、生活常识等,酌情确定赔偿数额。

五、期间、送达

第四十八条 期间包括法定期间和人民法院指定的期间。

期间以时、日、月、年计算。期间开始的时和日,不计算在期间内。

期间届满的最后一日是节假日的,以节假日后的第一日为期间届满的日期。

期间不包括在途时间,诉讼文书在期满前交邮的,视为在期限内发送。

第四十九条 行政诉讼法第五十一条第二款规定的立案期限,因起诉状内容欠缺或者有其他错误通知原告限期补正的,从补正后递交人民法院的次日起算。由上级人民法院转交下级人民法院立案的案件,从受诉人民法院收到起诉状的次日起算。

第五十条 行政诉讼法第八十一条、第八十三条、第八十八条规定的审理期限,是指从立案之日起至裁判宣告、调解书送达之日止的期间,但公告期间、鉴定期间、调解期间、中止诉讼期间、审理当事人提出的管辖异议以及处理人民法院之间的管辖争议期间不应计算在内。

再审案件按照第一审程序或者第二审程序审理的，适用行政诉讼法第八十一条、第八十八条规定的审理期限。审理期限自再审立案的次日起算。

基层人民法院申请延长审理期限，应当直接报请高级人民法院批准，同时报中级人民法院备案。

第五十一条　人民法院可以要求当事人签署送达地址确认书，当事人确认的送达地址为人民法院法律文书的送达地址。

当事人同意电子送达的，应当提供并确认传真号、电子信箱等电子送达地址。

当事人送达地址发生变更的，应当及时书面告知受理案件的人民法院；未及时告知的，人民法院按原地址送达，视为依法送达。

人民法院可以通过国家邮政机构以法院专递方式进行送达。

第五十二条　人民法院可以在当事人住所地以外向当事人直接送达诉讼文书。当事人拒绝签署送达回证的，采用拍照、录像等方式记录送达过程即视为送达。审判人员、书记员应当在送达回证上注明送达情况并签名。

六、起诉与受理

第五十三条　人民法院对符合起诉条件的案件应当立案，依法保障当事人行使诉讼权利。

对当事人依法提起的诉讼，人民法院应当根据行政诉讼法第五十一条的规定接收起诉状。能够判断符合起诉条件的，应当当场登记立案；当场不能判断是否符合起诉条件的，应当在接收起诉状后七日内决定是否立案；七日内仍不能作出判断的，应当先予立案。

第五十四条　依照行政诉讼法第四十九条的规定，公民、法人或者其他组织提起诉讼时应当提交以下起诉材料：

（一）原告的身份证明材料以及有效联系方式；

（二）被诉行政行为或者不作为存在的材料；

（三）原告与被诉行政行为具有利害关系的材料；

（四）人民法院认为需要提交的其他材料。

由法定代理人或者委托代理人代为起诉的，还应当在起诉状中写明或者在口头起诉时向人民法院说明法定代理人或者委托代理人的基本情况，并提交法定代理人或者委托代理人的身份证明和代理权限证明等材料。

第五十五条　依照行政诉讼法第五十一条的规定，人民法院应当就起诉状内容和材料是否完备以及是否符合行政诉讼法规定的起诉条件进行审查。

起诉状内容或者材料欠缺的，人民法院应当给予指导和释明，并一次性全面告知当事人需要补正的内容、补充的材料及期限。在指定期限内补正并符合起诉条件的，应当登记立案。当事人拒绝补正或者经补正仍不符合起诉条件的，退回诉状并记录在册；坚持起诉的，裁定不予立案，并载明不予立案的理由。

第五十六条　法律、法规规定应当先申请复议，公民、法人或者其他组织未申请复议直接提起诉讼的，人民法院裁定不予立案。

依照行政诉讼法第四十五条的规定，复议机关不受理复议申请或者在法定期限内不作出复议决定，公民、法人或者其他组织不服，依法向人民法院提起诉讼的，人民法院应当依法立案。

第五十七条　法律、法规未规定行政复议为提起行政诉讼必经程序，公民、法人或者其他组织既提起诉讼又申请行政复议的，由先立案的机关管辖；同时立案的，由公民、法人或者其他组织选择。公民、法人或者其他组织已经申请行政复议，在法定复议期间内又向人民法院提起诉讼的，人民法院裁定不予立案。

第五十八条　法律、法规未规定行政复议为提起行政诉讼必经程序，公民、法人或者其他组织向复议机关申请行政复议后，又经复议机关同意撤回复议申请，在法定起诉期限内对原行政行为提起诉讼的，人民法院应当依法立案。

第五十九条　公民、法人或者其他组织向复议机关申请行政复议后，复议机关作出维持决定的，应当以复议机关和原行为机关为共同被告，并以复议决定送达时间确定起诉期限。

第六十条　人民法院裁定准许原告撤诉后，原告以同一事实和理由重新起诉的，人民法院不予立案。

准予撤诉的裁定确有错误，原告申请再审的，人民法院应当通过审判监督程序撤销原准予撤诉的裁定，重新对案件进行审理。

第六十一条　原告或者上诉人未按规定的期限预交案件受理费，又不提出缓交、减交、免交申请，或者提出申请未获批准的，按自动撤诉处理。在按撤诉处理后，原告或者上诉人在法定期限内再次起诉或者上诉，并依法解决诉讼费预交问题的，人民法院应予立案。

第六十二条　人民法院判决撤销行政机关的行政行为后，公民、法人或者其他组织对行政机关重新作出的行政行为不服向人民法院起诉的，人民法院应当依法立案。

第六十三条　行政机关作出行政行为时，没有制作或者没有送达法律文书，公民、法人或者其他组织只要能证明行政行为存在，并在法定期限内起诉的，人民法院应当依法立案。

第六十四条　行政机关作出行政行为时，未告知公民、法人或者其他组织起诉期限的，起诉期限从公民、法人或者其他组织知道或者应当知道起诉期限之日起计算，但从知道或者应当知道行政行为内容之日起最长不得超过一年。

复议决定未告知公民、法人或者其他组织起诉期限的，适用前款规定。

第六十五条　公民、法人或者其他组织不知道行政机关作出的行政行为内容的，其起诉期限从知道或者应当知道该行政行为内容之日起计算，但最长不得超过行政诉讼法第四十六条第二款规定的起诉期限。

第六十六条　公民、法人或者其他组织依照行政诉讼法第四十七条第一款的规定，对行政机关不履行法定职责提起诉讼的，应当在行政机关履行法定职责期限届满之日起六个月内提出。

第六十七条　原告提供被告的名称等信息足以使被告与其他行政机关相区别的，可以认定为行政诉讼法第四十九条第二项规定的“有明确的被告”。

起诉状列写被告信息不足以认定明确的被告的，人民法院可以告知原告补正；原告补正后仍不能确定明确的被告的，人民法院裁定不予立案。

第六十八条　行政诉讼法第四十九条第三项规定的“有具体的诉讼请求”是指：

（一）请求判决撤销或者变更行政行为；

（二）请求判决行政机关履行特定法定职责或者给付义务；

（三）请求判决确认行政行为违法；

（四）请求判决确认行政行为无效；

（五）请求判决行政机关予以赔偿或者补偿；

（六）请求解决行政协议争议；

（七）请求一并审查规章以下规范性文件；

（八）请求一并解决相关民事争议；

（九）其他诉讼请求。

当事人单独或者一并提起行政赔偿、补偿诉讼的，应当有具体的赔偿、补偿事项以及数额；请求一并审查规章以下规范性文件的，应当提供明确的文件名称或者审查对象；请求一并解决相关民事争议的，应当有具体的民事诉讼请求。

当事人未能正确表达诉讼请求的，人民法院应当要求其明确诉讼请求。

第六十九条　有下列情形之一，已经立案的，应当裁定驳回起诉：

（一）不符合行政诉讼法第四十九条规定的；

（二）超过法定起诉期限且无行政诉讼法第四十八条规定情形的；

（三）错列被告且拒绝变更的；

（四）未按照法律规定由法定代理人、指定代理人、代表人为诉讼行为的；

（五）未按照法律、法规规定先向行政机关申请复议的；

（六）重复起诉的；

（七）撤回起诉后无正当理由再行起诉的；

（八）行政行为对其合法权益明显不产生实际影响的；

（九）诉讼标的已为生效裁判或者调解书所羁束的；

（十）其他不符合法定起诉条件的情形。

前款所列情形可以补正或者更正的，人民法院应当指定期间责令补正或者更正；在指定期间已经补正或者更正的，应当依法审理。

人民法院经过阅卷、调查或者询问当事人，认为不需要开庭审理的，可以迳行裁定驳回起诉。

第七十条　起诉状副本送达被告后，原告提出新的诉讼请求的，人民法院不予准许，但有正当理由的除外。

七、审理与判决

第七十一条　人民法院适用普通程序审理案件，应当在开庭三日前用传票传唤当事人。对证人、鉴定人、勘验人、翻译人员，应当用通知书通知其到庭。当事人或者其他诉讼参与人在外地的，应当留有必要的在途时间。

第七十二条　有下列情形之一的，可以延期开庭审理：

（一）应当到庭的当事人和其他诉讼参与人有正当理由没有到庭的；

（二）当事人临时提出回避申请且无法及时作出决定的；

（三）需要通知新的证人到庭，调取新的证据，重新鉴定、勘验，或者需要补充调查的；

（四）其他应当延期的情形。

第七十三条　根据行政诉讼法第二十七条的规定，有下列情形之一的，人民法院可以决定合并审理：

（一）两个以上行政机关分别对同一事实作出行政行为，公民、法人或者其他组织不服向同一人民法院起诉的；

（二）行政机关就同一事实对若干公民、法人或者其他组织分别作出行政行为，公民、法人或者其他组织不服分别向同一人民法院起诉的；

（三）在诉讼过程中，被告对原告作出新的行政行为，原告不服向同一人民法院起诉的；

（四）人民法院认为可以合并审理的其他情形。

第七十四条　当事人申请回避，应当说明理由，在案件开始审理时提出；回避事由在案件开始审理后知道的，应当在法庭辩论终结前提出。

被申请回避的人员，在人民法院作出是否回避的决定前，应当暂停参与本案的工作，但案件需要采取紧急措施的除外。

对当事人提出的回避申请，人民法院应当在三日内以口头或者书面形式作出决定。对当事人提出的明显不属于法定回避事由的申请，法庭可以依法当庭驳回。

申请人对驳回回避申请决定不服的，可以向作出决定的人民法院申请复议一次。复议期间，被申请回避的人员不停止参与本案的工作。对申请人的复议申请，人民法院应当在三日内作出复议决定，并通知复议申请人。

第七十五条　在一个审判程序中参与过本案审判工作的审判人员，不得再参与该案其他程序的审判。

发回重审的案件，在一审法院作出裁判后又进入第二审程序的，原第二审程序中合议庭组成人员不受前款规定的限制。

第七十六条　人民法院对于因一方当事人的行为或者其他原因，可能使行政行为或者人民法院生效裁判不能或者难以执行的案件，根据对方当事人的申请，可以裁定对其财产进行保全、责令其作出一定行为或者禁止其作出一定行为；当事人没有提出申请的，人民法院在必要时也可以裁定采取上述保全措施。

人民法院采取保全措施，可以责令申请人提供担保；申请人不提供担保的，裁定驳回申请。

人民法院接受申请后，对情况紧急的，必须在四十八小时内作出裁定；裁定采取保全措施的，应当立即开始执行。

当事人对保全的裁定不服的，可以申请复议；复议期间不停止裁定的执行。

第七十七条　利害关系人因情况紧急，不立即申请保全将会使其合法权益受到难以弥补的损害的，可以在提起诉讼前向被保全财产所在地、被申请人住所地或者对案件有管辖权的人民法院申请采取保全措施。申请人应当提供担保，不提供担保的，裁定驳回申请。

人民法院接受申请后，必须在四十八小时内作出裁定；裁定采取保全措施的，应当立即开始执行。

申请人在人民法院采取保全措施后三十日内不依法提起诉讼的，人民法院应当解除保全。

当事人对保全的裁定不服的，可以申请复议；复议期间不停止裁定的执行。

第七十八条　保全限于请求的范围，或者与本案有关的财物。

财产保全采取查封、扣押、冻结或者法律规定的其他方法。人民法院保全财产后，应当立即通知被保全人。

财产已被查封、冻结的，不得重复查封、冻结。

涉及财产的案件，被申请人提供担保的，人民法院应当裁定解除保全。

申请有错误的，申请人应当赔偿被申请人因保全所遭受的损失。

第七十九条　原告或者上诉人申请撤诉，人民法院裁定不予准许的，原告或者上诉人经传票传唤无正当理由拒不到庭，或者未经法庭许可中途退庭的，人民法院可以缺席判决。

第三人经传票传唤无正当理由拒不到庭，或者未经法庭许可中途退庭的，不发生阻止案件审理的效果。

根据行政诉讼法第五十八条的规定，被告经传票传唤无正当理由拒不到庭，或者未经法庭许可中途退庭的，人民法院可以按期开庭或者继续开庭审理，对到庭的当事人诉讼请求、双方的诉辩理由以及已经提交的证据及其他诉讼材料进行审理后，依法缺席判决。

第八十条　原告或者上诉人在庭审中明确拒绝陈述或者以其他方式拒绝陈述，导致庭审无法进行，经法庭释明法律后果后仍不陈述意见的，视为放弃陈述权利，由其承担不利的法律后果。

当事人申请撤诉或者依法可以按撤诉处理的案件，当事人有违反法律的行为需要依法处理的，人民法院可以不准许撤诉或者不按撤诉处理。

法庭辩论终结后原告申请撤诉，人民法院可以准许，但涉及到国家利益和社会公共利益的除外。

第八十一条　被告在一审期间改变被诉行政行为的，应当书面告知人民法院。

原告或者第三人对改变后的行政行为不服提起诉讼的，人民法院应当就改变后的行政行为进行审理。

被告改变原违法行政行为，原告仍要求确认原行政行为违法的，人民法院应当依法作出确认判决。

原告起诉被告不作为，在诉讼中被告作出行政行为，原告不撤诉的，人民法院应当就不作为依法作出确认判决。

第八十二条　当事人之间恶意串通，企图通过诉讼等方式侵害国家利益、社会公共利益或者他人合法权益的，人民法院应当裁定驳回起诉或者判决驳回其请求，并根据情节轻重予以罚款、拘留；构成犯罪的，依法追究刑事责任。

第八十三条　行政诉讼法第五十九条规定的罚款、拘留可以单独适用，也可以合并适用。

对同一妨害行政诉讼行为的罚款、拘留不得连续适用。发生新的妨害行政诉讼行为的，人民法院可以重新予以罚款、拘留。

第八十四条　人民法院审理行政诉讼法第六十条第一款规定的行政案件，认为法律关系明确、事实清楚，在征得当事人双方同意后，可以迳行调解。

第八十五条　调解达成协议，人民法院应当制作调解书。调解书应当写明诉讼请求、案件的事实和调解结果。

调解书由审判人员、书记员署名，加盖人民法院印章，送达双方当事人。

调解书经双方当事人签收后，即具有法律效力。调解书生效日期根据最后收到调解书的当事人签收的日期确定。

第八十六条　人民法院审理行政案件，调解过程不公开，但当事人同意公开的除外。

经人民法院准许，第三人可以参加调解。人民法院认为有必要的，可以通知第三人参加调解。

调解协议内容不公开，但为保护国家利益、社会公共利益、他人合法权益，人民法院认为确有必要公开的除外。

当事人一方或者双方不愿调解、调解未达成协议的，人民法院应当及时判决。

当事人自行和解或者调解达成协议后，请求人民法院按照和解协议或者调解协议的内容制作判决书的，人民法院不予准许。

第八十七条　在诉讼过程中，有下列情形之一的，中止诉讼：

（一）原告死亡，须等待其近亲属表明是否参加诉讼的；

（二）原告丧失诉讼行为能力，尚未确定法定代理人的；

（三）作为一方当事人的行政机关、法人或者其他组织终止，尚未确定权利义务承受人的；

（四）一方当事人因不可抗力的事由不能参加诉讼的；

（五）案件涉及法律适用问题，需要送请有权机关作出解释或者确认的；

（六）案件的审判须以相关民事、刑事或者其他行政案件的审理结果为依据，而相关案件尚未审结的；

（七）其他应当中止诉讼的情形。

中止诉讼的原因消除后，恢复诉讼。

第八十八条　在诉讼过程中，有下列情形之一的，终结诉讼：

（一）原告死亡，没有近亲属或者近亲属放弃诉讼权利的；

（二）作为原告的法人或者其他组织终止后，其权利义务的承受人放弃诉讼权利的。

因本解释第八十七条第一款第一、二、三项原因中止诉讼满九十日仍无人继续诉讼的，裁定终结诉讼，但有特殊情况的除外。

第八十九条 复议决定改变原行政行为错误，人民法院判决撤销复议决定时，可以一并责令复议机关重新作出复议决定或者判决恢复原行政行为的法律效力。

第九十条 人民法院判决被告重新作出行政行为，被告重新作出的行政行为与原行政行为的结果相同，但主要事实或者主要理由有改变的，不属于行政诉讼法第七十一条规定的情形。

人民法院以违反法定程序为由，判决撤销被诉行政行为的，行政机关重新作出行政行为不受行政诉讼法第七十一条规定的限制。

行政机关以同一事实和理由重新作出与原行政行为基本相同的行政行为，人民法院应当根据行政诉讼法第七十条、第七十一条的规定判决撤销或者部分撤销，并根据行政诉讼法第九十六条的规定处理。

第九十一条 原告请求被告履行法定职责的理由成立，被告违法拒绝履行或者无正当理由逾期不予答复的，人民法院可以根据行政诉讼法第七十二条的规定，判决被告在一定期限内依法履行原告请求的法定职责；尚需被告调查或者裁量的，应当判决被告针对原告的请求重新作出处理。

第九十二条 原告申请被告依法履行支付抚恤金、最低生活保障待遇或者社会保险待遇等给付义务的理由成立，被告依法负有给付义务而拒绝或者拖延履行义务的，人民法院可以根据行政诉讼法第七十三条的规定，判决被告在一定期限内履行相应的给付义务。

第九十三条 原告请求被告履行法定职责或者依法履行支付抚恤金、最低生活保障待遇或者社会保险待遇等给付义务，原告未先向行政机关提出申请的，人民法院裁定驳回起诉。

人民法院经审理认为原告所请求履行的法定职责或者给付义务明显不属于行政机关权限范围的，可以裁定驳回起诉。

第九十四条 公民、法人或者其他组织起诉请求撤销行政行为，人民法院经审查认为行政行为无效的，应当作出确认无效的判决。

公民、法人或者其他组织起诉请求确认行政行为无效，人民法院审查认为行政行为不属于无效情形，经释明，原告请求撤销行政行为的，应当继续审理并依法作出相应判决；原告请求撤销行政行为但超过法定起诉期限的，裁定驳回起诉；原告拒绝变更诉讼请求的，判决驳回其诉讼请求。

第九十五条 人民法院经审理认为被诉行政行为违法或者无效，可能给原告造成损失，经释明，原告请求一并解决行政赔偿争议的，人民法院可以就赔偿事项进行调解；调解不成的，应当一并判决。人民法院也可以告知其就赔偿事项另行提起诉讼。

第九十六条 有下列情形之一，且对原告依法享有的听证、陈述、申辩等重要程序性权利不产生实质损害的，属于行政诉讼法第七十四条第一款第二项规定的“程序轻微违法”：

（一）处理期限轻微违法；

（二）通知、送达等程序轻微违法；

（三）其他程序轻微违法的情形。

第九十七条 原告或者第三人的损失系由其自身过错和行政机关的违法行政行为共同造成的，人民法院应当依据各方行为与损害结果之间有无因果关系以及在损害发生和结果中作用力的大小，确定行政机关相应的赔偿责任。

第九十八条 因行政机关不履行、拖延履行法定职责，致使公民、法人或者其他组织的合法权益遭受损害的，人民法院应当判决行政机关承担行政赔偿责任。在确定赔偿数额时，应当考虑该不履行、拖延履行法定职责的行为在损害发生过程和结果中所起的作用等因素。

第九十九条 有下列情形之一的，属于行政诉讼法第七十五条规定的“重大且明显违法”：

（一）行政行为实施主体不具有行政主体资格；

（二）减损权利或者增加义务的行政行为没有法律规范依据；

（三）行政行为的内容客观上不可能实施；

（四）其他重大且明显违法的情形。

第一百条 人民法院审理行政案件，适用最高人民法院司法解释的，应当在裁判文书中援引。

人民法院审理行政案件，可以在裁判文书中引用合法有效的规章及其他规范性文件。

第一百零一条 裁定适用于下列范围：

（一）不予立案；

（二）驳回起诉；

（三）管辖异议；

（四）终结诉讼；

（五）中止诉讼；

（六）移送或者指定管辖；

（七）诉讼期间停止行政行为的执行或者驳回停止执行的申请；

（八）财产保全；

（九）先予执行；

（十）准许或者不准许撤诉；

（十一）补正裁判文书中的笔误；

（十二）中止或者终结执行；

（十三）提审、指令再审或者发回重审；

（十四）准许或者不准许执行行政机关的行政行为；

（十五）其他需要裁定的事项。

对第一、二、三项裁定，当事人可以上诉。

裁定书应当写明裁定结果和作出该裁定的理由。裁定书由审判人员、书记员署名，加盖人民法院印章。口头裁定的，记入笔录。

第一百零二条 行政诉讼法第八十二条规定的行政案件中的"事实清楚"，是指当事人对争议的事实陈述基本一致，并能提供相应的证据，无须人民法院调查收集证据即可查明事实；"权利义务关系明确"，是指行政法律关系中权利和义务能够明确区分；"争议不大"，是指当事人对行政行为的合法性、责任承担等没有实质分歧。

第一百零三条 适用简易程序审理的行政案件，人民法院可以用口头通知、电话、短信、传真、电子邮件等简便方式传唤当事人、通知证人、送达裁判文书以外的诉讼文书。

以简便方式送达的开庭通知，未经当事人确认或者没有其他证据证明当事人已经收到的，人民法院不得缺席判决。

第一百零四条 适用简易程序案件的举证期限由人民法院确定，也可以由当事人协商一致并经人民法院准许，但不得超过十五日。被告要求书面答辩的，人民法院可以确定合理的答辩期间。

人民法院应当将举证期限和开庭日期告知双方当事人，并向当事人说明逾期举证以及拒不到庭的法律后果，由双方当事人在笔录和开庭传票的送达回证上签名或者捺印。

当事人双方均表示同意立即开庭或者缩短举证期限、答辩期间的，人民法院可以立即开庭审理或者确定近期开庭。

第一百零五条 人民法院发现案情复杂，需要转为普通程序审理的，应当在审理期限届满前作出裁定并将合议庭组成人员及相关事项书面通知双方当事人。

案件转为普通程序审理的，审理期限自人民法院立案之日起计算。

第一百零六条 当事人就已经提起诉讼的事项在诉讼过程中或者裁判生效后再次起诉，同时具有下列情形的，构成重复起诉：

（一）后诉与前诉的当事人相同；

（二）后诉与前诉的诉讼标的相同；

（三）后诉与前诉的诉讼请求相同，或者后诉的诉讼请求被前诉裁判所包含。

第一百零七条 第一审人民法院作出判决和裁定后，当事人均提起上诉的，上诉各方均为上诉人。

诉讼当事人中的一部分人提出上诉，没有提出上诉的对方当事人为被上诉人，其他当事人依原审诉讼地位列明。

第一百零八条 当事人提出上诉，应当按照其他当事人或者诉讼代表人的人数提出上诉状副本。

原审人民法院收到上诉状，应当在五日内将上诉状副本发送其他当事人，对方当事人应当在收到上诉状副本之日起十五日内提出答辩状。

原审人民法院应当在收到答辩状之日起五日内将副本发送上诉人。对方当事人不提出答辩状的，不影响人民法院审理。

原审人民法院收到上诉状、答辩状，应当在五日内连同全部案卷和证据，报送第二审人民法院；已经预收的诉讼费用，一并报送。

第一百零九条 第二审人民法院经审理认为原审人民法院不予立案或者驳回起诉的裁定确有错误且当事人的起诉符合起诉条件的，应当裁定撤销原审人民法院的裁定，指令原审人民法院依法立案或者继续审理。

第二审人民法院裁定发回原审人民法院重新审

理的行政案件，原审人民法院应当另行组成合议庭进行审理。

原审判决遗漏了必须参加诉讼的当事人或者诉讼请求的，第二审人民法院应当裁定撤销原审判决，发回重审。

原审判决遗漏行政赔偿请求，第二审人民法院经审查认为依法不应当予以赔偿的，应当判决驳回行政赔偿请求。

原审判决遗漏行政赔偿请求，第二审人民法院经审理认为依法应当予以赔偿的，在确认被诉行政行为违法的同时，可以就行政赔偿问题进行调解；调解不成的，应当就行政赔偿部分发回重审。

当事人在第二审期间提出行政赔偿请求的，第二审人民法院可以进行调解；调解不成的，应当告知当事人另行起诉。

第一百一十条 当事人向上一级人民法院申请再审，应当在判决、裁定或者调解书发生法律效力后六个月内提出。有下列情形之一的，自知道或者应当知道之日起六个月内提出：

（一）有新的证据，足以推翻原判决、裁定的；

（二）原判决、裁定认定事实的主要证据是伪造的；

（三）据以作出原判决、裁定的法律文书被撤销或者变更的；

（四）审判人员审理该案件时有贪污受贿、徇私舞弊、枉法裁判行为的。

第一百一十一条 当事人申请再审的，应当提交再审申请书等材料。人民法院认为有必要的，可以自收到再审申请书之日起五日内将再审申请书副本发送对方当事人。对方当事人应当自收到再审申请书副本之日起十五日内提交书面意见。人民法院可以要求申请人和对方当事人补充有关材料，询问有关事项。

第一百一十二条 人民法院应当自再审申请案件立案之日起六个月内审查，有特殊情况需要延长的，由本院院长批准。

第一百一十三条 人民法院根据审查再审申请案件的需要决定是否询问当事人；新的证据可能推翻原判决、裁定的，人民法院应当询问当事人。

第一百一十四条 审查再审申请期间，被申请人及原审其他当事人依法提出再审申请的，人民法院应当将其列为再审申请人，对其再审事由一并审查，审查期限重新计算。经审查，其中一方再审申请人主张的再审事由成立的，应当裁定再审。各方再审申请人主张的再审事由均不成立的，一并裁定驳回再审申请。

第一百一十五条 审查再审申请期间，再审申请人申请人民法院委托鉴定、勘验的，人民法院不予准许。

审查再审申请期间，再审申请人撤回再审申请的，是否准许，由人民法院裁定。

再审申请人经传票传唤，无正当理由拒不接受询问的，按撤回再审申请处理。

人民法院准许撤回再审申请或者按撤回再审申请处理后，再审申请人再次申请再审的，不予立案，但有行政诉讼法第九十一条第二项、第三项、第七项、第八项规定情形，自知道或者应当知道之日起六个月内提出的除外。

第一百一十六条 当事人主张的再审事由成立，且符合行政诉讼法和本解释规定的申请再审条件的，人民法院应当裁定再审。

当事人主张的再审事由不成立，或者当事人申请再审超过法定申请再审期限、超出法定再审事由范围等不符合行政诉讼法和本解释规定的申请再审条件的，人民法院应当裁定驳回再审申请。

第一百一十七条 有下列情形之一的，当事人可以向人民检察院申请抗诉或者检察建议：

（一）人民法院驳回再审申请的；

（二）人民法院逾期未对再审申请作出裁定的；

（三）再审判决、裁定有明显错误的。

人民法院基于抗诉或者检察建议作出再审判决、裁定后，当事人申请再审的，人民法院不予立案。

第一百一十八条 按照审判监督程序决定再审的案件，裁定中止原判决、裁定、调解书的执行，但支付抚恤金、最低生活保障费或者社会保险待遇的案件，可以不中止执行。

上级人民法院决定提审或者指令下级人民法院再审的，应当作出裁定，裁定应当写明中止原判决的执行；情况紧急的，可以将中止执行的裁定口头通知负责执行的人民法院或者作出生效判决、裁定的人民法院，但应当在口头通知后十日内发出裁定书。

第一百一十九条 人民法院按照审判监督程序再审的案件，发生法律效力的判决、裁定是由第一审法院作出的，按照第一审程序审理，所作的判决、裁定，当事人可以上诉；发生法律效力的判决、裁定是由第二审法院作出的，按照第二审程序审理，所作的判决、裁定，是发生法律效力的判决、裁定；上级人民法院按照审判监督程序提审的，按照第二审程序审理，所作的判决、裁定是发生法律效力的判决、裁定。

人民法院审理再审案件，应当另行组成合议庭。

第一百二十条　人民法院审理再审案件应当围绕再审请求和被诉行政行为合法性进行。当事人的再审请求超出原审诉讼请求，符合另案诉讼条件的，告知当事人可以另行起诉。

被申请人及原审其他当事人在庭审辩论结束前提出的再审请求，符合本解释规定的申请期限的，人民法院应当一并审理。

人民法院经再审，发现已经发生法律效力的判决、裁定损害国家利益、社会公共利益、他人合法权益的，应当一并审理。

第一百二十一条　再审审理期间，有下列情形之一的，裁定终结再审程序：

（一）再审申请人在再审期间撤回再审请求，人民法院准许的；

（二）再审申请人经传票传唤，无正当理由拒不到庭的，或者未经法庭许可中途退庭，按撤回再审请求处理的；

（三）人民检察院撤回抗诉的；

（四）其他应当终结再审程序的情形。

因人民检察院提出抗诉裁定再审的案件，申请抗诉的当事人有前款规定的情形，且不损害国家利益、社会公共利益或者他人合法权益的，人民法院裁定终结再审程序。

再审程序终结后，人民法院裁定中止执行的原生效判决自动恢复执行。

第一百二十二条　人民法院审理再审案件，认为原生效判决、裁定确有错误，在撤销原生效判决或者裁定的同时，可以对生效判决、裁定的内容作出相应裁判，也可以裁定撤销生效判决或者裁定，发回作出生效判决、裁定的人民法院重新审理。

第一百二十三条　人民法院审理二审案件和再审案件，对原审法院立案、不予立案或者驳回起诉错误的，应当分别情况作如下处理：

（一）第一审人民法院作出实体判决后，第二审人民法院认为不应当立案的，在撤销第一审人民法院判决的同时，可以迳行驳回起诉；

（二）第二审人民法院维持第一审人民法院不予立案裁定错误的，再审法院应当撤销第一审、第二审人民法院裁定，指令第一审人民法院受理；

（三）第二审人民法院维持第一审人民法院驳回起诉裁定错误的，再审法院应当撤销第一审、第二审人民法院裁定，指令第一审人民法院审理。

第一百二十四条　人民检察院提出抗诉的案件，接受抗诉的人民法院应当自收到抗诉书之日起三十日内作出再审的裁定；有行政诉讼法第九十一条第二、三项规定情形之一的，可以指令下一级人民法院再审，但经该下一级人民法院再审过的除外。

人民法院在审查抗诉材料期间，当事人之间已经达成和解协议的，人民法院可以建议人民检察院撤回抗诉。

第一百二十五条　人民检察院提出抗诉的案件，人民法院再审开庭时，应当在开庭三日前通知人民检察院派员出庭。

第一百二十六条　人民法院收到再审检察建议后，应当组成合议庭，在三个月内进行审查，发现原判决、裁定、调解书确有错误，需要再审的，依照行政诉讼法第九十二条规定裁定再审，并通知当事人；经审查，决定不予再审的，应当书面回复人民检察院。

第一百二十七条　人民法院审理因人民检察院抗诉或者检察建议裁定再审的案件，不受此前已经作出的驳回当事人再审申请裁定的限制。

八、行政机关负责人出庭应诉

第一百二十八条　行政诉讼法第三条第三款规定的行政机关负责人，包括行政机关的正职、副职负责人以及其他参与分管的负责人。

行政机关负责人出庭应诉的，可以另行委托一至二名诉讼代理人。行政机关负责人不能出庭的，应当委托行政机关相应的工作人员出庭，不得仅委托律师出庭。

第一百二十九条　涉及重大公共利益、社会高度关注或者可能引发群体性事件等案件以及人民法院书面建议行政机关负责人出庭的案件，被诉行政机关负责人应当出庭。

被诉行政机关负责人出庭应诉的，应当在当事人及其诉讼代理人基本情况、案件由来部分予以列明。

行政机关负责人有正当理由不能出庭应诉的，应当向人民法院提交情况说明，并加盖行政机关印章或者由该机关主要负责人签字认可。

行政机关拒绝说明理由的，不发生阻止案件审理的效果，人民法院可以向监察机关、上一级行政机关提出司法建议。

第一百三十条 行政诉讼法第三条第三款规定的“行政机关相应的工作人员”，包括该行政机关具有国家行政编制身份的工作人员以及其他依法履行公职的人员。

被诉行政行为是地方人民政府作出的，地方人民政府法制工作机构的工作人员，以及被诉行政行为具体承办机关工作人员，可以视为被诉人民政府相应的工作人员。

第一百三十一条 行政机关负责人出庭应诉的，应当向人民法院提交能够证明该行政机关负责人职务的材料。

行政机关委托相应的工作人员出庭应诉的，应当向人民法院提交加盖行政机关印章的授权委托书，并载明工作人员的姓名、职务和代理权限。

第一百三十二条 行政机关负责人和行政机关相应的工作人员均不出庭，仅委托律师出庭的或者人民法院书面建议行政机关负责人出庭应诉，行政机关负责人不出庭应诉的，人民法院应当记录在案和在裁判文书中载明，并可以建议有关机关依法作出处理。

九、复议机关作共同被告

第一百三十三条 行政诉讼法第二十六条第二款规定的“复议机关决定维持原行政行为”，包括复议机关驳回复议申请或者复议请求的情形，但以复议申请不符合受理条件为由驳回的除外。

第一百三十四条 复议机关决定维持原行政行为的，作出原行政行为的行政机关和复议机关是共同被告。原告只起诉作出原行政行为的行政机关或者复议机关的，人民法院应当告知原告追加被告。原告不同意追加的，人民法院应当将另一机关列为共同被告。

行政复议决定既有维持原行政行为内容，又有改变原行政行为内容或者不予受理申请内容的，作出原行政行为的行政机关和复议机关为共同被告。

复议机关作共同被告的案件，以作出原行政行为的行政机关确定案件的级别管辖。

第一百三十五条 复议机关决定维持原行政行为的，人民法院应当在审查原行政行为合法性的同时，一并审查复议决定的合法性。

作出原行政行为的行政机关和复议机关对原行政行为合法性共同承担举证责任，可以由其中一个机关实施举证行为。复议机关对复议决定的合法性承担举证责任。

复议机关作共同被告的案件，复议机关在复议程序中依法收集和补充的证据，可以作为人民法院认定复议决定和原行政行为合法的依据。

第一百三十六条 人民法院对原行政行为作出判决的同时，应当对复议决定一并作出相应判决。

人民法院依职权追加作出原行政行为的行政机关或者复议机关为共同被告的，对原行政行为或者复议决定可以作出相应判决。

人民法院判决撤销原行政行为和复议决定的，可以判决作出原行政行为的行政机关重新作出行政行为。

人民法院判决作出原行政行为的行政机关履行法定职责或者给付义务的，应当同时判决撤销复议决定。

原行政行为合法、复议决定违法的，人民法院可以判决撤销复议决定或者确认复议决定违法，同时判决驳回原告针对原行政行为的诉讼请求。

原行政行为被撤销、确认违法或者无效，给原告造成损失的，应当由作出原行政行为的行政机关承担赔偿责任；因复议决定加重损害的，由复议机关对加重部分承担赔偿责任。

原行政行为不符合复议或者诉讼受案范围等受理条件，复议机关作出维持决定的，人民法院应当裁定一并驳回对原行政行为和复议决定的起诉。

十、相关民事争议的一并审理

第一百三十七条 公民、法人或者其他组织请求一并审理行政诉讼法第六十一条规定的相关民事争议，应当在第一审开庭审理前提出；有正当理由的，也可以在法庭调查中提出。

第一百三十八条 人民法院决定在行政诉讼中一并审

理相关民事争议，或者案件当事人一致同意相关民事争议在行政诉讼中一并解决，人民法院准许的，由受理行政案件的人民法院管辖。

公民、法人或者其他组织请求一并审理相关民事争议，人民法院经审查发现行政案件已经超过起诉期限，民事案件尚未立案的，告知当事人另行提起民事诉讼；民事案件已经立案的，由原审判组织继续审理。

人民法院在审理行政案件中发现民事争议为解决行政争议的基础，当事人没有请求人民法院一并审理相关民事争议的，人民法院应当告知当事人依法申请一并解决民事争议。当事人就民事争议另行提起民事诉讼并已立案的，人民法院应当中止行政诉讼的审理。民事争议处理期间不计算在行政诉讼审理期限内。

第一百三十九条　有下列情形之一的，人民法院应当作出不予准许一并审理民事争议的决定，并告知当事人可以依法通过其他渠道主张权利：

（一）法律规定应当由行政机关先行处理的；

（二）违反民事诉讼法专属管辖规定或者协议管辖约定的；

（三）约定仲裁或者已经提起民事诉讼的；

（四）其他不宜一并审理民事争议的情形。

对不予准许的决定可以申请复议一次。

第一百四十条　人民法院在行政诉讼中一并审理相关民事争议的，民事争议应当单独立案，由同一审判组织审理。

人民法院审理行政机关对民事争议所作裁决的案件，一并审理民事争议的，不另行立案。

第一百四十一条　人民法院一并审理相关民事争议，适用民事法律规范的相关规定，法律另有规定的除外。

当事人在调解中对民事权益的处分，不能作为审查被诉行政行为合法性的根据。

第一百四十二条　对行政争议和民事争议应当分别裁判。

当事人仅对行政裁判或者民事裁判提出上诉的，未上诉的裁判在上诉期满后即发生法律效力。第一审人民法院应当将全部案卷一并移送第二审人民法院，由行政审判庭审理。第二审人民法院发现未上诉的生效裁判确有错误的，应当按照审判监督程序再审。

第一百四十三条　行政诉讼原告在宣判前申请撤诉的，是否准许由人民法院裁定。人民法院裁定准许行政诉讼原告撤诉，但其对已经提起的一并审理相关民事争议不撤诉的，人民法院应当继续审理。

第一百四十四条　人民法院一并审理相关民事争议，应当按行政案件、民事案件的标准分别收取诉讼费用。

十一、规范性文件的一并审查

第一百四十五条　公民、法人或者其他组织在对行政行为提起诉讼时一并请求对所依据的规范性文件审查的，由行政行为案件管辖法院一并审查。

第一百四十六条　公民、法人或者其他组织请求人民法院一并审查行政诉讼法第五十三条规定的规范性文件，应当在第一审开庭审理前提出；有正当理由的，也可以在法庭调查中提出。

第一百四十七条　人民法院在对规范性文件审查过程中，发现规范性文件可能不合法的，应当听取规范性文件制定机关的意见。

制定机关申请出庭陈述意见的，人民法院应当准许。

行政机关未陈述意见或者未提供相关证明材料的，不能阻止人民法院对规范性文件进行审查。

第一百四十八条　人民法院对规范性文件进行一并审查时，可以从规范性文件制定机关是否超越权限或者违反法定程序、作出行政行为所依据的条款以及相关条款等方面进行。

有下列情形之一的，属于行政诉讼法第六十四条规定的“规范性文件不合法”：

（一）超越制定机关的法定职权或者超越法律、法规、规章的授权范围的；

（二）与法律、法规、规章等上位法的规定相抵触的；

（三）没有法律、法规、规章依据，违法增加公民、法人和其他组织义务或者减损公民、法人和其他组织合法权益的；

（四）未履行法定批准程序、公开发布程序，严重违反制定程序的；

（五）其他违反法律、法规以及规章规定的情形。

第一百四十九条　人民法院经审查认为行政行为所依据的规范性文件合法的，应当作为认定行政行为合法的依据；经审查认为规范性文件不合法的，不作为人民法院认定行政行为合法的依据，并在裁判理由中予以阐明。作出生效裁判的人民法院应当向规范性文件的制定机关提出处理建议，并可以抄送制定机关的同级人民政府、上一级行政机关、监察机关以及规范性文件的备案机关。

规范性文件不合法的，人民法院可以在裁判生效之日起三个月内，向规范性文件制定机关提出修改或者废止该规范性文件的司法建议。

规范性文件由多个部门联合制定的，人民法院可以向该规范性文件的主办机关或者共同上一级行政机关发送司法建议。

接收司法建议的行政机关应当在收到司法建议之日起六十日内予以书面答复。情况紧急的，人民法院可以建议制定机关或者其上一级行政机关立即停止执行该规范性文件。

第一百五十条　人民法院认为规范性文件不合法的，应当在裁判生效后报送上一级人民法院进行备案。涉及国务院部门、省级行政机关制定的规范性文件，司法建议还应当分别层报最高人民法院、高级人民法院备案。

第一百五十一条　各级人民法院院长对本院已经发生法律效力的判决、裁定，发现规范性文件合法性认定错误，认为需要再审的，应当提交审判委员会讨论。

最高人民法院对地方各级人民法院已经发生法律效力的判决、裁定，上级人民法院对下级人民法院已经发生法律效力的判决、裁定，发现规范性文件合法性认定错误的，有权提审或者指令下级人民法院再审。

十二、执　　行

第一百五十二条　对发生法律效力的行政判决书、行政裁定书、行政赔偿判决书和行政调解书，负有义务的一方当事人拒绝履行的，对方当事人可以依法申请人民法院强制执行。

人民法院判决行政机关履行行政赔偿、行政补偿或者其他行政给付义务，行政机关拒不履行的，对方当事人可以依法向法院申请强制执行。

第一百五十三条　申请执行的期限为二年。申请执行时效的中止、中断，适用法律有关规定。

申请执行的期限从法律文书规定的履行期间最后一日起计算；法律文书规定分期履行的，从规定的每次履行期间的最后一日起计算；法律文书中没有规定履行期限的，从该法律文书送达当事人之日起计算。

逾期申请的，除有正当理由外，人民法院不予受理。

第一百五十四条　发生法律效力的行政判决书、行政裁定书、行政赔偿判决书和行政调解书，由第一审人民法院执行。

第一审人民法院认为情况特殊，需要由第二审人民法院执行的，可以报请第二审人民法院执行；第二审人民法院可以决定由其执行，也可以决定由第一审人民法院执行。

第一百五十五条　行政机关根据行政诉讼法第九十七条的规定申请执行其行政行为，应当具备以下条件：

（一）行政行为依法可以由人民法院执行；

（二）行政行为已经生效并具有可执行内容；

（三）申请人是作出该行政行为的行政机关或者法律、法规、规章授权的组织；

（四）被申请人是该行政行为所确定的义务人；

（五）被申请人在行政行为确定的期限内或者行政机关催告期限内未履行义务；

（六）申请人在法定期限内提出申请；

（七）被申请执行的行政案件属于受理执行申请的人民法院管辖。

行政机关申请人民法院执行，应当提交行政强制法第五十五条规定的相关材料。

人民法院对符合条件的申请，应当在五日内立案受理，并通知申请人；对不符合条件的申请，应当裁定不予受理。行政机关对不予受理裁定有异议，在十五日内向上一级人民法院申请复议的，上一级人民法院应当在收到复议申请之日起十五日内作出裁定。

第一百五十六条　没有强制执行权的行政机关申请人民法院强制执行其行政行为，应当自被执行人的法定起诉期限届满之日起三个月内提出。逾期申请的，除有正当理由外，人民法院不予受理。

第一百五十七条　行政机关申请人民法院强制执行其行政行为的，由申请人所在地的基层人民法院受理；

执行对象为不动产的，由不动产所在地的基层人民法院受理。

基层人民法院认为执行确有困难的，可以报请上级人民法院执行；上级人民法院可以决定由其执行，也可以决定由下级人民法院执行。

第一百五十八条　行政机关根据法律的授权对平等主体之间民事争议作出裁决后，当事人在法定期限内不起诉又不履行，作出裁决的行政机关在申请执行的期限内未申请人民法院强制执行的，生效行政裁决确定的权利人或者其继承人、权利承受人在六个月内可以申请人民法院强制执行。

享有权利的公民、法人或者其他组织申请人民法院强制执行生效行政裁决，参照行政机关申请人民法院强制执行行政行为的规定。

第一百五十九条　行政机关或者行政行为确定的权利人申请人民法院强制执行前，有充分理由认为被执行人可能逃避执行的，可以申请人民法院采取财产保全措施。后者申请强制执行的，应当提供相应的财产担保。

第一百六十条　人民法院受理行政机关申请执行其行政行为的案件后，应当在七日内由行政审判庭对行政行为的合法性进行审查，并作出是否准予执行的裁定。

人民法院在作出裁定前发现行政行为明显违法并损害被执行人合法权益的，应当听取被执行人和行政机关的意见，并自受理之日起三十日内作出是否准予执行的裁定。

需要采取强制执行措施的，由本院负责强制执行非诉行政行为的机构执行。

第一百六十一条　被申请执行的行政行为有下列情形之一的，人民法院应当裁定不准予执行：

（一）实施主体不具有行政主体资格的；

（二）明显缺乏事实根据的；

（三）明显缺乏法律、法规依据的；

（四）其他明显违法并损害被执行人合法权益的情形。

行政机关对不准予执行的裁定有异议，在十五日内向上一级人民法院申请复议的，上一级人民法院应当在收到复议申请之日起三十日内作出裁定。

十三、附　　则

第一百六十二条　公民、法人或者其他组织对2015年5月1日之前作出的行政行为提起诉讼，请求确认行政行为无效的，人民法院不予立案。

第一百六十三条　本解释自2018年2月8日起施行。

本解释施行后，《最高人民法院关于执行〈中华人民共和国行政诉讼法〉若干问题的解释》（法释〔2000〕8号）、《最高人民法院关于适用〈中华人民共和国行政诉讼法〉若干问题的解释》（法释〔2015〕9号）同时废止。最高人民法院以前发布的司法解释与本解释不一致的，不再适用。

最高人民法院关于审判工作请示问题的通知

1. 1999年1月26日

2. 法〔1999〕13号

各省、自治区、直辖市高级人民法院，解放军军事法院，新疆维吾尔自治区高级人民法院生产建设兵团分院：

为了规范向最高人民法院请示有关审判工作的范围和程序，保证依法、正确、及时地审判案件，现作出如下规定：

一、对于审判案件如何具体应用法律的问题，需要最高人民法院作出司法解释的，高级人民法院、解放军军事法院可以向最高人民法院请示。

二、高级人民法院、解放军军事法院向最高人民法院请示的案件必须是：

1. 适用法律存在疑难问题的重大案件；

2. 依照有关规定应当报最高人民法院审核的涉外、涉港澳、涉台和涉侨案件。

报送请示案件的事实、证据问题由高级人民法院、解放军军事法院负责。案件事实不清、证据不足的不得报送请示。

三、向最高人民法院请示问题，必须写出书面报告（案件请示一式15份；法律问题请示一式10份），逐级报送。报告中应当写明高级人民法院、解放军军事法院审判委员会的意见及理由。有分歧意见的，要写明倾向性意见。

四、最高人民法院答复请示问题，应当采用书面形式。

五、本通知自下发之日起执行。此前最高人民法院制定下发的有关请示工作的文件不再执行。

最高人民法院行政审判庭关于严格执行行政审判工作请示制度的通知

1. 2000年12月29日
2. 法行〔2000〕44号

各省、自治区、直辖市高级人民法院行政审判庭，新疆维吾尔自治区高级人民法院生产建设兵团分院行政审判庭：

近来，有些高级人民法院送报本院的有关行政审判工作的请示，不符合本院1999年1月26日下发的《关于审判工作请示问题的通知》（以下简称《通知》）的要求，影响了请示工作的质量和效率。为严格执行《通知》，规范请示问题的范围和程序，现就有关问题重申如下：

一、按《通知》要求对于审判行政案件如何适用法律的问题，高级人民法院可以向最高人民法院请示。但不得以高级人民法院行政审判庭的名义请示。

二、高级人民法院向最高人民法院请示的内容必须是：

1. 适用法律存在疑难问题；

2. 适用法律规范冲突，应当由最高人民法院与有关部门协调或者确认的；

3. 依照有关规定应当报请最高人民法院审核的涉外、涉港澳台和涉侨案件。

报送请示的事实、证据问题由高级人民法院负责。事实不清、证据不足的，不得报送请示。

三、向最高人民法院请示问题，必须写出书面报告，逐级报送。报告应当写明高级人民法院审判委员会的意见及理由；有分歧意见的，要写明倾向性意见及理由。涉及地方法规、地方规章及其他规范性文件的，应当一并报送。

今后凡不符合上述条件的请示，本庭将按规定要求退回。

最高人民法院关于推进行政诉讼程序繁简分流改革的意见

1. 2021年5月14日发布
2. 法发〔2021〕17号
3. 自2021年6月1日起施行

为深化行政诉讼制度改革，推进行政案件繁简分流、轻重分离、快慢分道，优化行政审判资源配置，推动行政争议实质化解，依法保护公民、法人和其他组织合法权益，支持和监督行政机关依法行政，根据《中华人民共和国行政诉讼法》（以下简称行政诉讼法）及司法解释的规定，结合审判工作实际，制定本意见。

一、一般规定

第一条　人民法院应当严格规范审理复杂行政案件，依法快速审理简单行政案件，完善行政诉讼简易程序适用规则，推动电子诉讼的应用，引导当事人正确行使诉讼权利、依法履行诉讼义务，全面提升行政审判质量、效率和公信力。

第二条　第一审人民法院审理下列行政案件，可以作为简单案件进行审理：

（一）属于行政诉讼法第八十二条第一款、第二款规定情形的；

（二）不符合法定起诉条件的；

（三）不服行政复议机关作出的不予受理或者驳回复议申请决定的；

（四）事实清楚、权利义务关系明确、争议不大的政府信息公开类、履行法定职责类以及商标授权确权类行政案件。

第二审人民法院对于第一审人民法院按照简单案件快速审理的上诉案件，以及当事人撤回上诉、起诉、按自动撤回上诉处理的案件，针对不予立案、驳回起诉、管辖权异议裁定提起上诉的案件等，可以作为简单案件进行审理。

高级人民法院可以探索开展行政申请再审案件繁简分流工作。

第三条　人民法院可以建立行政案件快审团队或者专业化、类型化审判团队，也可以设立程序分流员，负责行政案件繁简分流，实现简案快审、类案专审、繁案精审。

二、促进行政争议诉前分流

第四条　人民法院应当强化行政争议的诉源治理，完善行政诉讼与行政复议、行政裁决等非诉讼解纷方式的分流对接机制，探索建立诉前和解机制，依托司法与行政的良性互动，加强行政争议多元化解及相关平台建设。

第五条　行政诉讼法规定可以调解的案件、行政相对人要求和解的案件，或者通过和解方式处理更有利于实质性化解行政争议的案件，人民法院可以在立案前引导当事人自行和解或者通过第三方进行调解。开展诉前调解应在调解平台上进行，并编立相应案号。

建立非诉讼调解自动履行正向激励机制，通过将自动履行情况纳入诚信评价体系等，引导当事人自动、即时履行调解协议，及时化解行政争议。

第六条　经诉前调解达成和解协议，当事人共同申请司法确认的，人民法院可以依法确认和解协议效力，出具行政诉前调解书。

当事人拒绝调解或者未达成和解协议，符合法定立案条件的，人民法院应当依法及时登记立案。

立案后，经调解当事人申请撤诉，人民法院审查认为符合法律规定的，依法作出准予撤诉的裁定。

第七条　诉前调解中，当事人没有争议的事实应当记入调解笔录，并由当事人签字确认。

在审理过程中，经当事人同意，双方在调解过程中已确认的无争议事实不再进行举证、质证，但当事人为达成和解协议作出妥协而认可的事实或者有相反证据足以推翻的事实除外。

三、健全简易程序适用规则

第八条　人民法院依照行政诉讼法第八十二条第一款规定适用简易程序审理的行政案件，可以向当事人发送简易程序审理通知书，告知审理方式、审理期限等事项。

人民法院依照行政诉讼法第八十二条第二款规定审理其他第一审行政案件，应当征求当事人意见。征求意见可以通过诉讼平台、电话、手机短信、即时通讯账号等简便方式进行。当事人不同意适用简易程序的，应当自收到通知之日起五日内向人民法院提出。期限内未提出异议的，人民法院可以按照简易程序进行审理。

第九条　人民法院适用简易程序审理行政案件，可以根据案件情况，采取下列方式简化庭审程序，但应当保障当事人答辩、举证、质证、陈述、辩论等诉讼权利：

（一）已经通过开庭前准备阶段或者其他方式完成当事人身份核实、权利义务告知、庭审纪律宣示的，开庭时可以不再重复；

（二）庭审直接围绕与被诉行政行为合法性相关的争议焦点展开，法庭调查、法庭辩论可以合并进行。

当事人双方表示不需要答辩期间、举证期限的，人民法院可以迳行开庭，开庭时间不受答辩期间、举证期限的限制。

适用简易程序审理的案件，应当一次开庭审结，但人民法院认为确有必要再次开庭的除外。

第十条　适用简易程序审理行政案件的庭审录音录像，经当事人同意的，可以代替法庭笔录。

第十一条　人民法院适用简易程序审理行政案件，可以简化裁判文书，但应当包含当事人基本信息、诉讼请求、答辩意见、主要事实、简要裁判理由、裁判依据和裁判主文，以及诉讼费用负担、告知当事人上诉权利等必要内容。

第十二条　由简易程序转为普通程序审理的案件，转为普通程序前已经进行的诉讼行为有效，双方当事人已确认的无争议事实，可以不再进行举证、质证。

由简易程序转为普通程序的案件，不得再转为简易程序审理。

四、依法快速审理简单案件

第十三条　人民法院经过阅卷、调查或者询问当事人，认为原告起诉不符合法定起诉条件的，可以迳行裁定驳回起诉，但需要开庭审理查明相关事实的除外。

第十四条　开庭前准备阶段已核实当事人身份、告知权利义务、进行证据交换的，开庭审理时不再重复进行。

开庭前准备阶段确认的没有争议并记录在卷的证据，经人民法院在法庭调查时予以说明、各方当事人确认后，可以作为认定案件事实的依据。

第十五条　复议机关为共同被告的案件，对于复议决定与原行政行为认定一致的事实，对方当事人在庭审中明确表示认可的，人民法院可以简化庭审举证和质证，但有相反证据足以推翻该事实的除外。

第十六条　人民法院对具备下列情形之一的上诉案件，经过阅卷、调查或者询问当事人，对没有提出新的事实、证据或者理由的，可以不开庭审理：

（一）不服一审行政裁定的；

（二）当事人认为一审裁判适用法律法规错误的。

在依法保障当事人诉讼权利的情况下，第二审人民法院可以通过诉讼平台、电话、手机短信、即时通讯账号等简便方式询问当事人，并记录在案，但涉及新的事实或者新证据的除外。

第十七条　人民法院审查申请再审案件，应当依据行政诉讼法第九十一条规定，结合当事人的再审请求及理由进行审查。需要询问当事人的，可以通过诉讼平台、电话、手机短信、即时通讯账号等简便方式进行。

当事人主张的再审事由明显不成立的，或者不符合申请再审条件的，驳回再审申请裁定可以适当简化，但应当包含当事人基本信息、案件由来、申请人申请再审的请求和理由、简要裁判理由、裁判依据和裁判主文等必要内容。

第十八条　依法快速审理的简单行政案件，庭审笔录可以适当简化。相关庭审录音录像应当制作光盘等存储介质，一并入卷归档。

第十九条　对事实清楚、权利义务关系明确、争议不大的政府信息公开、不履行法定职责、不予受理或者程序性驳回复议申请以及商标授权确权等行政案件，人民法院可以结合被诉行政行为合法性的审查要素和当事人争议焦点开展庭审活动，并可以制作要素式行政裁判文书。

要素式行政裁判文书可以采取简易方式，按照当事人情况、诉讼请求、基本事实、裁判理由和裁判结果等行政裁判文书的基本要素进行填写。

第二十条　不同当事人对同一个或者同一类行政行为分别提起诉讼的，可以集中立案，由同一审判团队实行集中排期、开庭、审理、宣判。

第二十一条　人民法院审理简单行政案件过程中，发现案件疑难复杂的，应当及时转为复杂案件进行审理。需要变更合议庭或者审判员的，应当告知当事人。

第二十二条　人民法院、当事人及其他诉讼参与人通过信息化诉讼平台在线开展行政诉讼活动，行政诉讼法没有规定的，可以参照适用民事诉讼法及民事诉讼程序繁简分流的相关规定。

五、附　　则

第二十三条　本意见自2021年6月1日起施行。

行政审判办案指南（一）

1.　2014年2月24日最高人民法院办公厅发布
2.　法办〔2014〕17号

一、受案范围

1. 会议纪要的可诉性问题

行政机关的内部会议纪要不可诉。但其直接对公民、法人或者其他组织的权利义务产生实际影响，且通过送达等途径外化的，属于可诉的具体行政行为。（1号）①

2. 规范性文件包含具体行政行为内容时的可诉性问题

行政机关发布的具有普遍约束力的规范性文件不可诉，但包含具体行政行为内容的，该部分内容具有可诉性。（44号）

3. 行政处理过程中特定事实之确认的可诉性问题

行政机关委托有关社会组织就特定事实作出确认，并将其作为行政处理决定事实根据的，该确认行为不可诉。（40号）

行政机关依职权就特定事实作出确认，并将其作为行政处理决定事实根据的，该确认行为不能成为独立的诉讼客体，但其直接对公民、法人或者其他组织的权利义务产生实质影响的具有可诉性。（43号）

4. 国有土地使用权拍卖行为的可诉性问题

土地管理部门出让国有土地使用权之前作出的拍卖公告等相关拍卖行为属于可诉的行政行为。（45号）

---

① 最高人民法院行政审判庭编写的《中国行政审判案例》相关案例编号，下同。具明该号便于各级人民法院审判人员对照参考具体案例，全面准确理解本指南要旨。

5. 延长行政许可期限行为的可诉性问题

延长行政许可期限的行为是独立于相关行政许可的行政行为,具有可诉性。在此类案件中,人民法院应当着重审查许可期限延长的理由是否合法、与此前的许可内容是否一致,以及相关行政许可是否存在重大、明显违法等情形。(42号)

二、诉讼参加人

6. 受行政行为潜在影响者的原告资格问题

公民、法人或其他组织认为行政行为对自身合法权益具有潜在的不利影响,如果这种影响以通常标准判断可以预见,则其对该行政行为具有原告资格。(2号)

7. 物权转移登记案件中债权人的原告资格问题

行政机关依债务人申请作出的物权转移登记行为,债权人一般不具有起诉的原告资格,但该登记所涉不动产或者动产因抵押、裁判执行等因素与债权产生特定联系的除外。(3号、49号)

8. 房屋转移登记案件中房屋使用人的原告资格问题

房屋使用人具有起诉房屋转移登记行为的原告资格,但其已被依法确认无权占有房屋的,原告资格随着其与房屋转移登记行为之间法律上利害关系的消失而消失。(48号)

9. 高等院校的适格被告问题

高等院校依据法律、法规授权作出颁发学历、学位证书以及开除学籍等影响学生受教育权利的行政行为,当事人不服提起行政诉讼的,以高等院校为被告。(5号、9号)

三、证据

10. "知道具体行政行为内容"的证明问题

被告或者第三人认为原告在特定时间已经知道具体行政行为内容,但其就此提供的证据无法排除合理怀疑且原告否认的,可以推定原告当时不知道具体行政行为内容。(8号)

11. 行政裁决申请事实的举证问题

最高人民法院《关于行政诉讼证据若干问题的规定》第四条第二款关于"在起诉被告不作为的案件中,原告应当提供其在行政程序中曾经提出申请的证据材料"之规定,针对的是申请人起诉的情形。被申请人起诉时,只要证明存在申请人申请裁决的事实,即可视为满足该款规定的举证要求。(52号)

12. 简易行政程序情形下执法人员陈述的证明力问题

被诉行政行为适用简易程序,只有一名执法人员从事执法活动的,该执法人员就有关事实所作的陈述具有比原告陈述更高的证明力,但其陈述存在明显影响证明力的瑕疵的除外。(6号)

四、起诉和受理

13. 行政复议机关作出不予受理决定时的起诉与受理问题

行政复议机关作出不予受理决定,并不表明原行政行为经过复议。在复议前置的情况下,当事人起诉不予受理决定的,应当依法受理;起诉原具体行政行为的,应当裁定不予受理。在法律没有规定复议前置的情况下,当事人在不予受理决定和原行政行为之间择一起诉的,应当依法受理。(4号、50号)

14. 行政复议机关受理逾期申请对起诉期限的影响问题

当事人逾期申请复议,行政复议机关决定维持原行政行为,当事人对原行政行为不服提起诉讼,人民法院认为逾期申请复议无正当理由且起诉已超出法定期限的,裁定不予受理。(51号)

五、审理和判决

15. 行政登记案件中被告履行审查义务情况的认定问题

人民法院在审理行政登记案件中,应当以登记机关的法定职责和专业能力为标准,对其是否尽到合理审慎的审查义务作出认定。(10号)

16. 视为申请人放弃申请的认定问题

行政机关要求申请人补正相关材料,申请人以无须补正为由请求继续处理的,行政机关应当依据现有申请材料作出相应处理;简单地视为放弃申请的,构成不履行法定职责。(53号)

17. 行政处罚作出过程中法律规定发生变化时的选择适用问题

被诉行政处罚决定作出过程中新法开始施行的,一般按照实体从旧、程序从新的原则作出处理,但新法对原告更有利的除外。(57号)

18. 与旧法配套的实施细则在新法实施后的适用问题

新法实施后,与之配套的实施细则尚未颁行前,

原有细则与新法不相抵触的内容可以适用。(13号)

19. 行政事业性收费免收规定的适用问题

行政机关因建设单位未依法定要求建设防空地下室而向其征收的易地建设费,系由建设单位应尽的法定义务转化而来的行政事业性收费,不适用有关部委规章中关于经济适用住房建设项目免收各种行政事业性收费的规定。(60号)

20. 行政机关对被追究刑事责任的当事人能否再予处罚的问题

行政机关将案件移送司法机关追究刑事责任后,不宜再就当事人的同一违法事实作出与刑事处理性质相同的行政处罚。(14号)

21. 行政机关自设义务可否归入法定职责的问题

行政机关在职权范围内以公告、允诺等形式为自己设定的义务,可以作为人民法院判断其是否对原告负有法定职责的依据。(22号、55号、56号、78号)

22. 履责判决内容具体化的问题

被告不履行法定职责,人民法院认为应当履行且无裁量余地的,可以直接判决其作出特定行政行为。(77号)

六、法律原则的运用

23. 最小侵害原则的运用问题

行政机关未选择对相对人损害较小的执法方式达成执法目的,迳行作出被诉行政行为给相对人造成不必要的较大损害的,可以认定被诉行为违法。但在损害较小的方式不能奏效时,行政机关作出被诉行政行为给相对人造成较大损害的,不宜认定违法。(18号、19号)

24. 正当程序原则的运用问题

行政机关作出对利害关系人产生不利影响的行政决定前,未给予该利害关系人申辩机会的,不符合正当程序原则;由此可能损害利害关系人合法权益的,人民法院可以认定被诉行政行为违反法定程序。(20号)

25. 行政裁量过程中考虑因素的确定问题

行政机关在作出无偿收回闲置土地决定时未考虑相对人是否存在免责事由、在作出房屋征收或者拆迁补偿决定时未考虑老年人等特定被拆迁人群体的合理需求的,属于遗漏应当考虑的因素,人民法院可以据此认定被诉行政行为违法。(68号、71号)

七、若干重要领域

26. 工伤认定相关法定要件的理解问题

(1)"职工"应当包括用人单位聘用的超过法定退休年龄的人员。(69号)

(2)"工作原因"应当包括因履行工作职责、完成工作任务、遵从单位安排等与工作存在直接关系的事项。(31号、34号、35号、70号)

(3)"上下班途中"应包括职工在合理时间内为上下班而往返于居住地和工作单位之间的合理路径。(33号)

(4)申请工伤认定的"1年期限"可因不归责于申请人的正当事由中止或者中断。(36号、37号、63号)

(5)职工的旁系近亲属在职工因工伤死亡且无直系亲属时,具有申请工伤认定的资格。(64号)

27. 土地、城建类行政案件审查标准问题

在房屋征收(拆迁)案件中,城市房屋合法附着的土地超出容积率的部分应当按照市场评估价格予以补偿。(16号)

在强制拆除违法建筑的案件中,相对人表明仍需使用建筑材料的,行政机关负有返还义务;行政机关无正当理由拒绝返还的,人民法院可以判决确认违法,并要求行政机关承担相应的赔偿责任。(79号)

28. 不予公开信息案件审理和判决的有关问题

行政机关以申请公开的信息属于国家秘密、商业秘密、个人隐私或者危及"三安全一稳定"为由不予公开的,应当证明申请公开的信息符合《保密法》、《反不正当竞争法》以及其他相关法律规范规定的要件。对于能够区分处理而没有区分处理的,人民法院可以在判决中指明需要区分的内容并责令被告重新作出处理。(23号、25号、76号)

八、行政赔偿

29. 混合过错情况下行政许可机关的赔偿责任认定问题

相对人的损失系由其自身过错和行政机关的违法许可行为共同造成的,应依据各方行为与损害结果之间有无因果关系及在损害发生和结果中所起作用的大小,合理确定行政机关的赔偿责任。(29号)

最高人民法院关于建设一站式多元解纷机制一站式诉讼服务中心的意见

1. 2019年7月31日
2. 法发〔2019〕19号

为深化司法体制综合配套改革，全面建设现代化诉讼服务体系，进一步增强人民法院解决纠纷和服务群众的能力水平，现就建设一站式多元解纷机制、一站式诉讼服务中心，提出如下意见。

一、总 体 要 求

1. 坚持以习近平新时代中国特色社会主义思想为指导，深入贯彻落实习近平总书记全面依法治国新理念新思想新战略，坚持党对人民法院工作的绝对领导，坚持司法为民、公正司法，全面建设集约高效、多元解纷、便民利民、智慧精准、开放互动、交融共享的现代化诉讼服务体系，推动纠纷解决和诉讼服务理念更新、机制变革，实现一站式多元解纷、一站式诉讼服务，努力让人民群众在每一个司法案件中感受到公平正义。

2. 坚持以人民为中心。加大司法便民利民惠民工作力度，为人民群众提供丰富快捷的纠纷解决渠道和一站式高品质的诉讼服务，全方位提升人民群众的获得感、幸福感、安全感。

3. 坚持法治保障。在法治轨道上统筹各方面资源力量参与社会治理活动，化解矛盾纠纷，强化司法对多元化纠纷解决机制的保障作用，促进全社会形成办事依法、遇事找法、解决问题用法、化解矛盾靠法的良好法治环境。

4. 坚持问题导向和需求导向。聚焦突出矛盾问题，满足多元司法需求，推动形成分层递进、繁简结合、衔接配套的一站式多元解纷机制，加快建设立体化集约化信息化的一站式诉讼服务中心，增强多元解纷和诉讼服务的精准性、协同性、实效性。

5. 坚持改革创新。落实党中央关于司法体制综合配套改革的决策部署，加强联动融合，重塑诉讼格局，提升程序效能，形成符合中国国情、体现司法规律、引领时代潮流的中国特色纠纷解决和诉讼服务新模式。

6. 到2020年底，全国法院一站式多元解纷机制基本健全，一站式诉讼服务中心全面建成。普遍开通网上立案功能，全面推行跨域立案服务。中级、基层人民法院建立由多数法官办理少数疑难复杂案件，少数法官解决多数简单案件的工作格局。

二、工 作 措 施

7. 主动融入党委和政府领导的诉源治理机制建设。切实发挥人民法院在诉源治理中的参与、推动、规范和保障作用，推动工作向纠纷源头防控延伸。主动做好与党委政府创建"无讼"乡村社区、一体化矛盾纠纷解决中心、行政争议调解中心工作对接，支持将诉源治理纳入地方平安建设考评体系。加强对非诉讼方式解决纠纷的支持、指导和规范。强化人民法庭就地预防化解矛盾纠纷功能，主动融入基层解纷网络建设，做好与基层党组织、政法单位、自治组织的对接。普遍建立诉讼服务站、法官联络点，加强巡回服务、上门服务，为辖区内基层自治组织解决纠纷提供培训指导，从源头上减少矛盾纠纷。强化司法大数据对矛盾风险态势发展的评估和预测预警作用，提前防控化解重大矛盾风险。

8. 完善诉前多元解纷联动衔接机制。联合有关部门出台推进多元解纷文件，加强与调解、仲裁、公证、行政复议的程序衔接，健全完善行政裁决救济程序衔接机制。畅通与工会、共青团、妇联、法学会、行政机关、仲裁机构、公证机构、行业协会、行业组织、商会等对接渠道，加强数据协同共享，指派专人开展联络工作。促进建立调解前置机制，发挥人民调解、行政调解、律师调解、行业调解、专业调解、商会调解等诉前解纷作用。加强调解协议司法确认工作，进一步完善司法确认程序，探索建立司法确认联络员机制，推动司法确认全面对接人民调解等线上平台，实现人民调解司法确认的快立快办。

9. 建设类型化专业化调解平台。根据地区纠纷类型和特点，在诉讼服务中心按需建立婚姻家庭、道路交通、物业纠纷、劳动争议、医疗纠纷、银行保险、证券期货、知识产权、涉侨涉外等专业化调解工作室。支持工商联和商会组织调解涉企纠纷。鼓励建立以调解员、法官个人命名的调解工作室。推广建立律师调解工作室。健全特邀调解员和特邀调解组织名册，加强对调解人员培训、指导和管理。

10. 完善诉调一体对接机制。促进诉调对接实质化。

建立由法官、法官助理、书记员及调解员组成的调解速裁团队，及时做好调解指导，强化诉调统筹衔接，做到能调则调，当判则判。对起诉到法院的纠纷，释明各类解纷方式优势特点，提供智能化风险评估服务，宣传诉讼费减免政策，按照自愿、合法原则，引导鼓励当事人选择非诉讼方式解决纠纷。对能够通过行政裁决解决的，引导当事人依法通过行政裁决解决；对适宜调解且当事人同意的，开展立案前先行调解。调解成功、需要出具法律文书的，由调解速裁团队法官依法办理；调解不成的，调解员应当固定无争议事实，协助做好送达地址确认等工作。明确诉前调解时限，规范调解不成后的立案和繁简分流程序。建立诉前调解案件管理系统，做到逐案登记、全程留痕、动态管理，并将诉前调解工作量纳入考核统计范围。

11. 完善"分调裁审"机制。普遍开展一审案件繁简分流工作，探索二审案件的繁简分流。设立程序分流员负责调裁分流和繁简分流。完善民商事、行政案件繁简分流标准，根据案由、诉讼主体、诉讼请求、法律关系、诉讼程序等要素，确定简案范围。普遍应用系统算法加人工识别，实现精准分流。在诉讼服务中心配备速裁法官或团队，综合运用督促程序、司法确认程序、小额诉讼程序、简易程序、普通程序等，从简从快审理简单案件。建立简案速裁快审配套机制。推进诉讼程序简捷化，实行类案集中办理，建立示范诉讼模式，制作类案文书模板，全面运用智能语音、网上审理等方式，提升审理效率。建立健全程序转换机制，指定专门团队承接简转繁案件办理工作，畅通案件流转渠道。

12. 推动建设应用在线调解平台。全面开展在线调解工作，加快各地法院审判流程管理系统或者自建调解平台与最高人民法院在线调解平台对接，实现本地区解纷资源全部汇聚在网上，做到调解数据网上流转，为当事人提供在线咨询评估、调解、确认、分流、速裁快审等一站式解纷服务。

13. 健全立体化诉讼服务渠道。打造"厅网线巡"为一体的诉讼服务中心，通过诉讼服务大厅、诉讼服务网、移动终端、12368 诉讼服务热线、巡回办理等多种渠道，为当事人提供一站通办、一网通办、一号通办、一次通办的诉讼服务。

14. 加强诉讼服务规范化、标准化建设。以"一次办好"为目标，全面梳理服务项目清单，逐项制定标准化工作规程和一次性办理服务指南，并向社会公开，规范服务流程，提升服务质量，明确权责关系，以标准化促进诉讼服务普惠化、便捷化，推动实现同一诉讼服务事项的无差别受理、同标准办理。

15. 拓展全方位诉讼服务功能。为当事人提供诉讼指引类、便民服务类、诉讼辅助类、纠纷解决类、提高效率类、审判事务类等诉讼服务。设立诉讼引导和辅导区，配备引导员，张贴诉讼事项办理流程图或服务指南二维码，提供类案诉状模板。为检察官、律师、人民调解员、公证员、司法鉴定人员、志愿者等开辟专门通道，设立当事人休息等候区以及检察官、律师办公休息场所，为残疾人士设立无障碍通道和无障碍设施。建设面向社会的普法宣传教育阵地，打造文化诉讼服务中心。

16. 深化案件"当场立、自助立、网上立、就近立"改革。严格落实立案登记制改革要求，对符合受理条件的起诉原则上当场立案。建立立案材料公示清单，按照案由分别公示立案需要的全部材料，推动"一次办结"。普遍推行自助立案服务，安排专人辅导，建立快速办理通道，减少当事人排队等候时间。全面实行网上立案，做到凡是能网上立案的案件，应上尽上。对当事人选择网上立案的，除确有必要现场提交材料外，一律网上办理。对当事人选择现场提交立案申请的，不得强制网上立案。普遍推行跨域立案服务，设立专门服务窗口，建立就近受理申请、管辖权属不变、数据网上流转的联动办理机制，实现就近能立、多点可立、少跑快立。

17. 完善集约化诉讼服务机制。推动将扫描装订、卷宗流转等辅助性、事务性工作集中到诉讼服务中心，实行集约管理。建立集约送达机制，全面应用人民法院统一送达平台。配备专门送达团队，负责预约送达、直接送达、留置送达、邮寄送达、委托送达、转交送达、代收送达、公告送达等送达实施事务。创新保全、委托鉴定集约服务模式。设立保全、委托鉴定统一服务窗口，完善业务标准，推动开展网上保全，优化保全联动机制。加强与司法鉴定管理部门工作衔接，做好与鉴定机构信息系统对接，实现对鉴定工作全程监督。

18. 加强涉诉信访工作。畅通信访渠道，规范网上申诉办理程序，完善四级法院联动视频接访机制，推动实质性解决信访诉求。建立健全党委领导下多部门会商机制,发挥律师等社会第三方参与化解和代理申诉作用,加强数据共享和业务协同,形成信访化解合力。深化涉诉信访信息系统应用,实现与执行申诉信访系统互联互通,对来访来信数据逐件逐次录入、统一管理、全程留痕。

19. 完善内外联动的诉讼服务协作机制。打通人民法院诉讼服务中心与公安检察机关、行政机关、人民团体、行业协会、企业组织、居(村)委会之间的信息渠道,拓展公证参与人民法院司法辅助事务,在送达、调解、鉴定、执行等方面形成工作合力。建立各地法院之间的诉讼服务协作机制,在提交申请、材料收转、文书送达等方面共享信息资源,不断扩大跨域诉讼服务范围。

20. 完善社会化服务机制。将能够由社会第三方辅助完成以及能够外包的服务性工作全部剥离出来,通过购买服务,由社会化专业化团队开展。进一步规范购买社会服务的种类、性质和内容。完善社会力量参与诉讼服务机制,引入专家学者、律师、心理学家、公证员、鉴定员、志愿者等第三方,为人民群众提供多元服务。加强与高校对接,为在校学生参与司法实践活动提供广阔平台。

21. 推动智慧诉讼服务建设。打造依托大数据、云计算、人工智能、物联网等信息技术,贯通大厅、热线、网络、移动端,通办诉讼全程业务的"智慧诉讼服务"新模式。扩展网上服务功能,全面应用中国移动微法院,打通当事人身份认证通道,提供网上引导、立案、交退费、查询、咨询、阅卷、保全、庭审、申诉等一站式服务。加强律师服务平台建设,提供网上立案、查询、阅卷、材料提交、联系法官、证据交换、调解、开庭、代理申诉、申请执行等服务。在诉讼服务大厅配备便民服务一体机等智能化设备。完善 12368 诉讼服务热线智能问答系统。推动"厅网线巡"服务平台一体化建设,实现信息资源的互联互通、自动关联,为人民群众提供标准一致、数据同源的诉讼服务。深度挖掘立案、调解、速裁、信访等信息资源,开展全数据分析,科学研判各类矛盾纠纷发展态势和审判执行质效情况,为国家治理、社会治理和党委政府决策提供参考。加强诉讼服务网络信息安全防护体系建设,实现内外网信息可靠交换与安全共享。

22. 加大诉讼服务指导中心信息平台建设应用力度。强化诉讼服务指导中心信息平台大数据集成功能。聚焦多元解纷、登记立案、"分调裁审"、审判辅助、涉诉信访五项内容,围绕建机制、定规则、搭平台、推应用四个环节,实现四级法院诉讼服务信息资源自动化汇聚和大数据管理。整合分散、独立的诉讼服务应用系统,统一接入信息平台。做好与审判、执行、信访等系统对接,加强与调解组织、仲裁机构等互联互通,实现案件信息、调解员信息等数据共享。加快推动高级人民法院建立本地区信息平台。建立质效评估体系,实现对各地法院诉讼服务的可视化展示和可量化评估。

三、组 织 实 施

23. 坚持党的领导。在党委及其政法委的领导下,加强与政府等有关部门沟通协调,解决在机构、人员方面的困难,形成稳定的财政投入机制,为购买社会化服务提供经费保障。积极推动相关立法,提供有力制度支持。

24. 加强组织保障。落实一把手负责制。成立本地区工作领导小组,做好重大事项统筹协调工作。加大对诉讼服务场所升级、信息化建设的经费保障力度。明确立案庭(诉讼服务中心)作为诉讼服务事项管理机构的职能定位,实现归口管理。建立各相关部门主动支持、协同配合的工作格局。根据审级、岗位特点建立分类考核制度,将案件办理、立案信访、管理协调及其他事务性工作纳入考核范围。

25. 加强人才队伍保障。配备必要的员额法官和充足的法官助理,开展立案、调解、速裁快审等工作。充实司法辅助人员和聘用制人员,开展诉讼引导、咨询查询、材料收转等辅助性、事务性工作。配备一定数量的司法警察、警务辅助人员和安保人员,负责安全保卫等工作。全面加强司法能力建设,开展类型化培训,提升专业水平。

26. 抓好目标落实。各地法院要根据本意见的目标任务,加快制定本地区落实细则,明确完成时间表、路线图和责任链。上级法院要通过运用信息平台大数据管理功能,开展督导检查、满意度调查等,强化对下检查指导。对落实到位、积极作为的,通报表扬。对工作落后、消极懈怠、进展缓慢的,督促整改。

27. 加大宣传推广。通过报纸杂志、电视网站、微博微信、新闻客户端等各类媒体，全面宣传多元解纷和诉讼服务的典型经验和做法，及时回应社会关切，自觉接受社会监督，广泛凝聚社会共识，营造良好氛围。

最高人民法院关于行政案件案由的暂行规定

1. 2020年12月25日印发
2. 法发〔2020〕44号
3. 自2021年1月1日起施行

为规范人民法院行政立案、审判、执行工作，正确适用法律，统一确定行政案件案由，根据《中华人民共和国行政诉讼法》及相关法律法规和司法解释的规定，结合行政审判工作实际，对行政案件案由规定如下：

一 级 案 由

行政行为

二级、三级案由

（一）行政处罚
1. 警告
2. 通报批评
3. 罚款
4. 没收违法所得
5. 没收非法财物
6. 暂扣许可证件
7. 吊销许可证件
8. 降低资质等级
9. 责令关闭
10. 责令停产停业
11. 限制开展生产经营活动
12. 限制从业
13. 行政拘留
14. 不得申请行政许可
15. 责令限期拆除
（二）行政强制措施
16. 限制人身自由
17. 查封场所、设施或者财物
18. 扣押财物
19. 冻结存款、汇款
20. 冻结资金、证券
21. 强制隔离戒毒
22. 留置
23. 采取保护性约束措施
（三）行政强制执行
24. 加处罚款或者滞纳金
25. 划拨存款、汇款
26. 拍卖查封、扣押的场所、设施或者财物
27. 处理查封、扣押的场所、设施或者财物
28. 排除妨碍
29. 恢复原状
30. 代履行
31. 强制拆除房屋或者设施
32. 强制清除地上物
（四）行政许可
33. 工商登记
34. 社会团体登记
35. 颁发机动车驾驶证
36. 特许经营许可
37. 建设工程规划许可
38. 建筑工程施工许可
39. 矿产资源许可
40. 药品注册许可
41. 医疗器械许可
42. 执业资格许可
（五）行政征收或者征用
43. 征收或者征用房屋
44. 征收或者征用土地
45. 征收或者征用动产
（六）行政登记
46. 房屋所有权登记
47. 集体土地所有权登记
48. 森林、林木所有权登记
49. 矿业权登记
50. 土地承包经营权登记
51. 建设用地使用权登记
52. 宅基地使用权登记
53. 海域使用权登记
54. 水利工程登记

55. 居住权登记
56. 地役权登记
57. 不动产抵押登记
58. 动产抵押登记
59. 质押登记
60. 机动车所有权登记
61. 船舶所有权登记
62. 户籍登记
63. 婚姻登记
64. 收养登记
65. 税务登记
(七)行政确认
66. 基本养老保险资格或者待遇认定
67. 基本医疗保险资格或者待遇认定
68. 失业保险资格或者待遇认定
69. 工伤保险资格或者待遇认定
70. 生育保险资格或者待遇认定
71. 最低生活保障资格或者待遇认定
72. 确认保障性住房分配资格
73. 颁发学位证书或者毕业证书
(八)行政给付
74. 给付抚恤金
75. 给付基本养老金
76. 给付基本医疗保险金
77. 给付失业保险金
78. 给付工伤保险金
79. 给付生育保险金
80. 给付最低生活保障金
(九)行政允诺
81. 兑现奖金
82. 兑现优惠
(十)行政征缴
83. 征缴税款
84. 征缴社会抚养费
85. 征缴社会保险费
86. 征缴污水处理费
87. 征缴防空地下室易地建设费
88. 征缴水土保持补偿费
89. 征缴土地闲置费
90. 征缴土地复垦费
91. 征缴耕地开垦费
(十一)行政奖励
92. 授予荣誉称号
93. 发放奖金
(十二)行政收费
94. 证照费
95. 车辆通行费
96. 企业注册登记费
97. 不动产登记费
98. 船舶登记费
99. 考试考务费
(十三)政府信息公开
(十四)行政批复
(十五)行政处理
100. 责令退还非法占用土地
101. 责令交还土地
102. 责令改正
103. 责令采取补救措施
104. 责令停止建设
105. 责令恢复原状
106. 责令公开
107. 责令召回
108. 责令暂停生产
109. 责令暂停销售
110. 责令暂停使用
111. 有偿收回国有土地使用权
112. 退学决定
(十六)行政复议
113. 不予受理行政复议申请决定
114. 驳回行政复议申请决定
115. ××(行政行为)及行政复议
116. 改变原行政行为的行政复议决定
(十七)行政裁决
117. 土地、矿藏、水流、荒地或者滩涂权属确权
118. 林地、林木、山岭权属确权
119. 海域使用权确权
120. 草原权属确权
121. 水利工程权属确权
122. 企业资产性质确认
(十八)行政协议
123. 订立××(行政协议)
124. 单方变更××(行政协议)

125. 单方解除××(行政协议)
126. 不依法履行××(行政协议)
127. 未按约定履行××(行政协议)
128. ××(行政协议)行政补偿
129. ××(行政协议)行政赔偿
130. 撤销××(行政协议)
131. 解除××(行政协议)
132. 继续履行××(行政协议)
133. 确认××(行政协议)无效或有效
(十九)行政补偿
134. 房屋征收或者征用补偿
135. 土地征收或者征用补偿
136. 动产征收或者征用补偿
137. 撤回行政许可补偿
138. 收回国有土地使用权补偿
139. 规划变更补偿
140. 移民安置补偿
(二十)行政赔偿
(二十一)不履行××职责
(二十二)××(行政行为)公益诉讼

人民法院在线诉讼规则

1. 2021年5月18日最高人民法院审判委员会第1838次会议通过
2. 2021年6月16日公布
3. 法释〔2021〕12号
4. 自2021年8月1日起施行

为推进和规范在线诉讼活动,完善在线诉讼规则,依法保障当事人及其他诉讼参与人等诉讼主体的合法权利,确保公正高效审理案件,根据《中华人民共和国刑事诉讼法》《中华人民共和国民事诉讼法》《中华人民共和国行政诉讼法》等相关法律规定,结合人民法院工作实际,制定本规则。

第一条 人民法院、当事人及其他诉讼参与人等可以依托电子诉讼平台(以下简称"诉讼平台"),通过互联网或者专用网络在线完成立案、调解、证据交换、询问、庭审、送达等全部或者部分诉讼环节。

在线诉讼活动与线下诉讼活动具有同等法律效力。

第二条 人民法院开展在线诉讼应当遵循以下原则:

(一)公正高效原则。严格依法开展在线诉讼活动,完善审判流程,健全工作机制,加强技术保障,提高司法效率,保障司法公正。

(二)合法自愿原则。尊重和保障当事人及其他诉讼参与人对诉讼方式的选择权,未经当事人及其他诉讼参与人同意,人民法院不得强制或者变相强制适用在线诉讼。

(三)权利保障原则。充分保障当事人各项诉讼权利,强化提示、说明、告知义务,不得随意减少诉讼环节和减损当事人诉讼权益。

(四)便民利民原则。优化在线诉讼服务,完善诉讼平台功能,加强信息技术应用,降低当事人诉讼成本,提升纠纷解决效率。统筹兼顾不同群体司法需求,对未成年人、老年人、残障人士等特殊群体加强诉讼引导,提供相应司法便利。

(五)安全可靠原则。依法维护国家安全,保护国家秘密、商业秘密、个人隐私和个人信息,有效保障在线诉讼数据信息安全。规范技术应用,确保技术中立和平台中立。

第三条 人民法院综合考虑案件情况、当事人意愿和技术条件等因素,可以对以下案件适用在线诉讼:

(一)民事、行政诉讼案件;

(二)刑事速裁程序案件,减刑、假释案件,以及因其他特殊原因不宜线下审理的刑事案件;

(三)民事特别程序、督促程序、破产程序和非诉执行审查案件;

(四)民事、行政执行案件和刑事附带民事诉讼执行案件;

(五)其他适宜采取在线方式审理的案件。

第四条 人民法院开展在线诉讼,应当征得当事人同意,并告知适用在线诉讼的具体环节、主要形式、权利义务、法律后果和操作方法等。

人民法院应当根据当事人对在线诉讼的相应意思表示,作出以下处理:

(一)当事人主动选择适用在线诉讼的,人民法院可以不再另行征得其同意,相应诉讼环节可以直接在线进行;

(二)各方当事人均同意适用在线诉讼的,相应诉讼环节可以在线进行;

(三)部分当事人同意适用在线诉讼,部分当事人不同意的，相应诉讼环节可以采取同意方当事人线上、不同意方当事人线下的方式进行；

（四）当事人仅主动选择或者同意对部分诉讼环节适用在线诉讼的，人民法院不得推定其对其他诉讼环节均同意适用在线诉讼。

对人民检察院参与的案件适用在线诉讼的，应当征得人民检察院同意。

第五条　在诉讼过程中，如存在当事人欠缺在线诉讼能力、不具备在线诉讼条件或者相应诉讼环节不宜在线办理等情形之一的，人民法院应当将相应诉讼环节转为线下进行。

当事人已同意对相应诉讼环节适用在线诉讼，但诉讼过程中又反悔的，应当在开展相应诉讼活动前的合理期限内提出。经审查，人民法院认为不存在故意拖延诉讼等不当情形的，相应诉讼环节可以转为线下进行。

在调解、证据交换、询问、听证、庭审等诉讼环节中，一方当事人要求其他当事人及诉讼参与人在线下参与诉讼的，应当提出具体理由。经审查，人民法院认为案件存在案情疑难复杂、需证人现场作证、有必要线下举证质证、陈述辩论等情形之一的，相应诉讼环节可以转为线下进行。

第六条　当事人已同意适用在线诉讼，但无正当理由不参与在线诉讼活动或者不作出相应诉讼行为，也未在合理期限内申请提出转为线下进行的，应当依照法律和司法解释的相关规定承担相应法律后果。

第七条　参与在线诉讼的诉讼主体应当先行在诉讼平台完成实名注册。人民法院应当通过证件证照在线比对、身份认证平台认证等方式，核实诉讼主体的实名手机号码、居民身份证件号码、护照号码、统一社会信用代码等信息，确认诉讼主体身份真实性。诉讼主体在线完成身份认证后，取得登录诉讼平台的专用账号。

参与在线诉讼的诉讼主体应当妥善保管诉讼平台专用账号和密码。除有证据证明存在账号被盗用或者系统错误的情形外，使用专用账号登录诉讼平台所作出的行为，视为被认证人本人行为。

人民法院在线开展调解、证据交换、庭审等诉讼活动，应当再次验证诉讼主体的身份；确有必要的，应当在线下进一步核实身份。

第八条　人民法院、特邀调解组织、特邀调解员可以通过诉讼平台、人民法院调解平台等开展在线调解活动。在线调解应当按照法律和司法解释相关规定进行，依法保护国家秘密、商业秘密、个人隐私和其他不宜公开的信息。

第九条　当事人采取在线方式提交起诉材料的，人民法院应当在收到材料后的法定期限内，在线作出以下处理：

（一）符合起诉条件的，登记立案并送达案件受理通知书、交纳诉讼费用通知书、举证通知书等诉讼文书；

（二）提交材料不符合要求的，及时通知其补正，并一次性告知补正内容和期限，案件受理时间自收到补正材料后次日重新起算；

（三）不符合起诉条件或者起诉材料经补正仍不符合要求，原告坚持起诉的，依法裁定不予受理或者不予立案；

当事人已在线提交符合要求的起诉状等材料的，人民法院不得要求当事人再提供纸质件。

上诉、申请再审、特别程序、执行等案件的在线受理规则，参照本条第一款、第二款规定办理。

第十条　案件适用在线诉讼的，人民法院应当通知被告、被上诉人或者其他诉讼参与人，询问其是否同意以在线方式参与诉讼。被通知人同意采用在线方式的，应当在收到通知的三日内通过诉讼平台验证身份、关联案件，并在后续诉讼活动中通过诉讼平台了解案件信息、接收和提交诉讼材料，以及实施其他诉讼行为。

被通知人未明确表示同意采用在线方式，且未在人民法院指定期限内注册登录诉讼平台的，针对被通知人的相关诉讼活动在线下进行。

第十一条　当事人可以在诉讼平台直接填写录入起诉状、答辩状、反诉状、代理意见等诉讼文书材料。

当事人可以通过扫描、翻拍、转录等方式，将线下的诉讼文书材料或者证据材料作电子化处理后上传至诉讼平台。诉讼材料为电子数据，且诉讼平台与存储该电子数据的平台已实现对接的，当事人可以将电子数据直接提交至诉讼平台。

当事人提交电子化材料确有困难的，人民法院可以辅助当事人将线下材料作电子化处理后导入诉讼平台。

第十二条　当事人提交的电子化材料，经人民法院审核通过后，可以直接在诉讼中使用。诉讼中存在下列情形之一的，人民法院应当要求当事人提供原件、原物：

（一）对方当事人认为电子化材料与原件、原物不一致，并提出合理理由和依据的；

（二）电子化材料呈现不完整、内容不清晰、格式不规范的；

（三）人民法院卷宗、档案管理相关规定要求提供原件、原物的；

（四）人民法院认为有必要提交原件、原物的。

第十三条　当事人提交的电子化材料，符合下列情形之一的，人民法院可以认定符合原件、原物形式要求：

（一）对方当事人对电子化材料与原件、原物的一致性未提出异议的；

（二）电子化材料形成过程已经过公证机构公证的；

（三）电子化材料已在之前诉讼中提交并经人民法院确认的；

（四）电子化材料已通过在线或者线下方式与原件、原物比对一致的；

（五）有其他证据证明电子化材料与原件、原物一致的。

第十四条　人民法院根据当事人选择和案件情况，可以组织当事人开展在线证据交换，通过同步或者非同步方式在线举证、质证。

各方当事人选择同步在线交换证据的，应当在人民法院指定的时间登录诉讼平台，通过在线视频或者其他方式，对已经导入诉讼平台的证据材料或者线下送达的证据材料副本，集中发表质证意见。

各方当事人选择非同步在线交换证据的，应当在人民法院确定的合理期限内，分别登录诉讼平台，查看已经导入诉讼平台的证据材料，并发表质证意见。

各方当事人均同意在线证据交换，但对具体方式无法达成一致意见的，适用同步在线证据交换。

第十五条　当事人作为证据提交的电子化材料和电子数据，人民法院应当按照法律和司法解释的相关规定，经当事人举证质证后，依法认定其真实性、合法性和关联性。未经人民法院查证属实的证据，不得作为认定案件事实的根据。

第十六条　当事人作为证据提交的电子数据系通过区块链技术存储，并经技术核验一致的，人民法院可以认定该电子数据上链后未经篡改，但有相反证据足以推翻的除外。

第十七条　当事人对区块链技术存储的电子数据上链后的真实性提出异议，并有合理理由的，人民法院应当结合下列因素作出判断：

（一）存证平台是否符合国家有关部门关于提供区块链存证服务的相关规定；

（二）当事人与存证平台是否存在利害关系，并利用技术手段不当干预取证、存证过程；

（三）存证平台的信息系统是否符合清洁性、安全性、可靠性、可用性的国家标准或者行业标准；

（四）存证技术和过程是否符合相关国家标准或者行业标准中关于系统环境、技术安全、加密方式、数据传输、信息验证等方面的要求。

第十八条　当事人提出电子数据上链存储前已不具备真实性，并提供证据证明或者说明理由的，人民法院应当予以审查。

人民法院根据案件情况，可以要求提交区块链技术存储电子数据的一方当事人，提供证据证明上链存储前数据的真实性，并结合上链存储前数据的具体来源、生成机制、存储过程、公证机构公证、第三方见证、关联印证数据等情况作出综合判断。当事人不能提供证据证明或者作出合理说明，该电子数据也无法与其他证据相互印证的，人民法院不予确认其真实性。

第十九条　当事人可以申请具有专门知识的人就区块链技术存储电子数据相关技术问题提出意见。人民法院可以根据当事人申请或者依职权，委托鉴定区块链技术存储电子数据的真实性，或者调取其他相关证据进行核对。

第二十条　经各方当事人同意，人民法院可以指定当事人在一定期限内，分别登录诉讼平台，以非同步的方式开展调解、证据交换、调查询问、庭审等诉讼活动。

适用小额诉讼程序或者民事、行政简易程序审理的案件，同时符合下列情形的，人民法院和当事人可以在指定期限内，按照庭审程序环节分别录制参与庭审视频并上传至诉讼平台，非同步完成庭审活动：

（一）各方当事人同时在线参与庭审确有困难；

（二）一方当事人提出书面申请，各方当事人均表示同意；

（三）案件经过在线证据交换或者调查询问，各方当事人对案件主要事实和证据不存在争议。

第二十一条 人民法院开庭审理的案件，应当根据当事人意愿、案件情况、社会影响、技术条件等因素，决定是否采取视频方式在线庭审，但具有下列情形之一的，不得适用在线庭审：

（一）各方当事人均明确表示不同意，或者一方当事人表示不同意且有正当理由的；

（二）各方当事人均不具备参与在线庭审的技术条件和能力的；

（三）需要通过庭审现场查明身份、核对原件、查验实物的；

（四）案件疑难复杂、证据繁多，适用在线庭审不利于查明事实和适用法律的；

（五）案件涉及国家安全、国家秘密的；

（六）案件具有重大社会影响，受到广泛关注的；

（七）人民法院认为存在其他不宜适用在线庭审情形的。

采取在线庭审方式审理的案件，审理过程中发现存在上述情形之一的，人民法院应当及时转为线下庭审。已完成的在线庭审活动具有法律效力。

在线询问的适用范围和条件参照在线庭审的相关规则。

第二十二条 适用在线庭审的案件，应当按照法律和司法解释的相关规定开展庭前准备、法庭调查、法庭辩论等庭审活动，保障当事人申请回避、举证、质证、陈述、辩论等诉讼权利。

第二十三条 需要公告送达的案件，人民法院可以在公告中明确线上或者线下参与庭审的具体方式，告知当事人选择在线庭审的权利。被公告方当事人未在开庭前向人民法院表示同意在线庭审的，被公告方当事人适用线下庭审。其他同意适用在线庭审的当事人，可以在线参与庭审。

第二十四条 在线开展庭审活动，人民法院应当设置环境要素齐全的在线法庭。在线法庭应当保持国徽在显著位置，审判人员及席位名称等在视频画面合理区域。因存在特殊情形，确需在在线法庭之外的其他场所组织在线庭审的，应当报请本院院长同意。

出庭人员参加在线庭审，应当选择安静、无干扰、光线适宜、网络信号良好、相对封闭的场所，不得在可能影响庭审音频视频效果或者有损庭审严肃性的场所参加庭审。必要时，人民法院可以要求出庭人员到指定场所参加在线庭审。

第二十五条 出庭人员参加在线庭审应当尊重司法礼仪，遵守法庭纪律。人民法院根据在线庭审的特点，适用《中华人民共和国人民法院法庭规则》相关规定。

除确属网络故障、设备损坏、电力中断或者不可抗力等原因外，当事人无正当理由不参加在线庭审，视为“拒不到庭”；在庭审中擅自退出，经提示、警告后仍不改正的，视为“中途退庭”，分别按照相关法律和司法解释的规定处理。

第二十六条 证人通过在线方式出庭的，人民法院应当通过指定在线出庭场所、设置在线作证室等方式，保证其不旁听案件审理和不受他人干扰。当事人对证人在线出庭提出异议且有合理理由的，或者人民法院认为确有必要的，应当要求证人线下出庭作证。

鉴定人、勘验人、具有专门知识的人在线出庭的，参照前款规定执行。

第二十七条 适用在线庭审的案件，应当按照法律和司法解释的相关规定公开庭审活动。

对涉及国家安全、国家秘密、个人隐私的案件，庭审过程不得在互联网上公开。对涉及未成年人、商业秘密、离婚等民事案件，当事人申请不公开审理的，在线庭审过程可以不在互联网上公开。

未经人民法院同意，任何人不得违法违规录制、截取、传播涉及在线庭审过程的音频视频、图文资料。

第二十八条 在线诉讼参与人故意违反本规则第八条、第二十四条、第二十五条、第二十六条、第二十七条的规定，实施妨害在线诉讼秩序行为的，人民法院可以根据法律和司法解释关于妨害诉讼的相关规定作出处理。

第二十九条 经受送达人同意，人民法院可以通过送达平台，向受送达人的电子邮箱、即时通讯账号、诉讼平台专用账号等电子地址，按照法律和司法解释的相关规定送达诉讼文书和证据材料。

具备下列情形之一的，人民法院可以确定受送达人同意电子送达：

（一）受送达人明确表示同意的；

（二）受送达人在诉讼前对适用电子送达已作出约定或者承诺的；

（三）受送达人在提交的起诉状、上诉状、申请书、答辩状中主动提供用于接收送达的电子地址的；

（四）受送达人通过回复收悉、参加诉讼等方式接受已经完成的电子送达，并且未明确表示不同意电子送达的。

第三十条　人民法院可以通过电话确认、诉讼平台在线确认、线下发送电子送达确认书等方式，确认受送达人是否同意电子送达，以及受送达人接收电子送达的具体方式和地址，并告知电子送达的适用范围、效力、送达地址变更方式以及其他需告知的送达事项。

第三十一条　人民法院向受送达人主动提供或者确认的电子地址送达的，送达信息到达电子地址所在系统时，即为送达。

受送达人未提供或者未确认有效电子送达地址，人民法院向能够确认为受送达人本人的电子地址送达的，根据下列情形确定送达是否生效：

（一）受送达人回复已收悉，或者根据送达内容已作出相应诉讼行为的，即为完成有效送达；

（二）受送达人的电子地址所在系统反馈受送达人已阅知，或者有其他证据可以证明受送达人已经收悉的，推定完成有效送达，但受送达人能够证明存在系统错误、送达地址非本人使用或者非本人阅知等未收悉送达内容的情形除外。

人民法院开展电子送达，应当在系统中全程留痕，并制作电子送达凭证。电子送达凭证具有送达回证效力。

对同一内容的送达材料采取多种电子方式发送受送达人的，以最先完成的有效送达时间作为送达生效时间。

第三十二条　人民法院适用电子送达，可以同步通过短信、即时通讯工具、诉讼平台提示等方式，通知受送达人查阅、接收、下载相关送达材料。

第三十三条　适用在线诉讼的案件，各方诉讼主体可以通过在线确认、电子签章等方式，确认和签收调解协议、笔录、电子送达凭证及其他诉讼材料。

第三十四条　适用在线诉讼的案件，人民法院应当在调解、证据交换、庭审、合议等诉讼环节同步形成电子笔录。电子笔录以在线方式核对确认后，与书面笔录具有同等法律效力。

第三十五条　适用在线诉讼的案件，人民法院应当利用技术手段随案同步生成电子卷宗，形成电子档案。电子档案的立卷、归档、存储、利用等，按照档案管理相关法律法规的规定执行。

案件无纸质材料或者纸质材料已经全部转化为电子材料的，第一审人民法院可以采用电子卷宗代替纸质卷宗进行上诉移送。

适用在线诉讼的案件存在纸质卷宗材料的，应当按照档案管理相关法律法规立卷、归档和保存。

第三十六条　执行裁决案件的在线立案、电子材料提交、执行和解、询问当事人、电子送达等环节，适用本规则的相关规定办理。

人民法院可以通过财产查控系统、网络询价评估平台、网络拍卖平台、信用惩戒系统等，在线完成财产查明、查封、扣押、冻结、划扣、变价和惩戒等执行实施环节。

第三十七条　符合本规定第三条第二项规定的刑事案件，经公诉人、当事人、辩护人同意，可以根据案件情况，采取在线方式讯问被告人、开庭审理、宣判等。

案件采取在线方式审理的，按照以下情形分别处理：

（一）被告人、罪犯被羁押的，可以在看守所、监狱等羁押场所在线出庭；

（二）被告人、罪犯未被羁押的，因特殊原因确实无法到庭的，可以在人民法院指定的场所在线出庭；

（三）证人、鉴定人一般应当在线下出庭，但法律和司法解释另有规定的除外。

第三十八条　参与在线诉讼的相关主体应当遵守数据安全和个人信息保护的相关法律法规，履行数据安全和个人信息保护义务。除人民法院依法公开的以外，任何人不得违法违规披露、传播和使用在线诉讼数据信息。出现上述情形的，人民法院可以根据具体情况，依照法律和司法解释关于数据安全、个人信息保护以及妨害诉讼的规定追究相关单位和人员法律责任，构成犯罪的，依法追究刑事责任。

第三十九条　本规则自 2021 年 8 月 1 日起施行。最高人民法院之前发布的司法解释涉及在线诉讼的规定与本规则不一致的，以本规则为准。

人民法院在线调解规则

1. 2021年12月27日最高人民法院审判委员会第1859次会议通过
2. 2021年12月30日公布
3. 法释〔2021〕23号
4. 自2022年1月1日起施行

为方便当事人及时解决纠纷，规范依托人民法院调解平台开展的在线调解活动，提高多元化解纠纷效能，根据《中华人民共和国民事诉讼法》《中华人民共和国行政诉讼法》《中华人民共和国刑事诉讼法》等法律的规定，结合人民法院工作实际，制定本规则。

第一条 在立案前或者诉讼过程中依托人民法院调解平台开展在线调解的，适用本规则。

第二条 在线调解包括人民法院、当事人、调解组织或者调解员通过人民法院调解平台开展的在线申请、委派委托、音视频调解、制作调解协议、申请司法确认调解协议、制作调解书等全部或者部分调解活动。

第三条 民事、行政、执行、刑事自诉以及被告人、罪犯未被羁押的刑事附带民事诉讼等法律规定可以调解或者和解的纠纷，可以开展在线调解。

行政、刑事自诉和刑事附带民事诉讼案件的在线调解，法律和司法解释另有规定的，从其规定。

第四条 人民法院采用在线调解方式应当征得当事人同意，并综合考虑案件具体情况、技术条件等因素。

第五条 人民法院审判人员、专职或者兼职调解员、特邀调解组织和特邀调解员以及人民法院邀请的其他单位或者个人，可以开展在线调解。

在线调解组织和调解员的基本情况、纠纷受理范围、擅长领域、是否收费、作出邀请的人民法院等信息应当在人民法院调解平台进行公布，方便当事人选择。

第六条 人民法院可以邀请符合条件的外国人入驻人民法院调解平台，参与调解当事人一方或者双方为外国人、无国籍人、外国企业或者组织的民商事纠纷。

符合条件的港澳地区居民可以入驻人民法院调解平台，参与调解当事人一方或者双方为香港特别行政区、澳门特别行政区居民、法人或者非法人组织以及大陆港资澳资企业的民商事纠纷。

符合条件的台湾地区居民可以入驻人民法院调解平台，参与调解当事人一方或者双方为台湾地区居民、法人或者非法人组织以及大陆台资企业的民商事纠纷。

第七条 人民法院立案人员、审判人员在立案前或者诉讼过程中，认为纠纷适宜在线调解的，可以通过口头、书面、在线等方式充分释明在线调解的优势，告知在线调解的主要形式、权利义务、法律后果和操作方法等，引导当事人优先选择在线调解方式解决纠纷。

第八条 当事人同意在线调解的，应当在人民法院调解平台填写身份信息、纠纷简要情况、有效联系电话以及接收诉讼文书电子送达地址等，并上传电子化起诉申请材料。当事人在电子诉讼平台已经提交过电子化起诉申请材料的，不再重复提交。

当事人填写或者提交电子化起诉申请材料确有困难的，人民法院可以辅助当事人将纸质材料作电子化处理后导入人民法院调解平台。

第九条 当事人在立案前申请在线调解，属于下列情形之一的，人民法院退回申请并分别予以处理：

（一）当事人申请调解的纠纷不属于人民法院受案范围，告知可以采用的其他纠纷解决方式；

（二）与当事人选择的在线调解组织或者调解员建立邀请关系的人民法院对该纠纷不具有管辖权，告知选择对纠纷有管辖权的人民法院邀请的调解组织或者调解员进行调解；

（三）当事人申请调解的纠纷不适宜在线调解，告知到人民法院诉讼服务大厅现场办理调解或者立案手续。

第十条 当事人一方在立案前同意在线调解的，由人民法院征求其意见后指定调解组织或者调解员。

当事人双方同意在线调解的，可以在案件管辖法院确认的在线调解组织和调解员中共同选择调解组织或者调解员。当事人同意由人民法院指定调解组织或者调解员，或者无法在同意在线调解后两个工作日内共同选择调解组织或者调解员的，由人民法院指定调解组织或者调解员。

人民法院应当在收到当事人在线调解申请后三个工作日内指定调解组织或者调解员。

第十一条　在线调解一般由一名调解员进行，案件重大、疑难复杂或者具有较强专业性的，可以由两名以上调解员调解，并由当事人共同选定其中一人主持调解。无法共同选定的，由人民法院指定一名调解员主持。

第十二条　调解组织或者调解员应当在收到人民法院委派委托调解信息或者当事人在线调解申请后三个工作日内，确认接受人民法院委派委托或者当事人调解申请。纠纷不符合调解组织章程规定的调解范围或者行业领域，明显超出调解员擅长领域或者具有其他不适宜接受情形的，调解组织或者调解员可以写明理由后不予接受。

调解组织或者调解员不予接受或者超过规定期限未予确认的，人民法院、当事人可以重新指定或者选定。

第十三条　主持或者参与在线调解的人员有下列情形之一，应当在接受调解前或者调解过程中进行披露：

（一）是纠纷当事人或者当事人、诉讼代理人近亲属的；

（二）与纠纷有利害关系的；

（三）与当事人、诉讼代理人有其他可能影响公正调解关系的。

当事人在调解组织或者调解员披露上述情形后或者明知其具有上述情形，仍同意调解的，由该调解组织或者调解员继续调解。

第十四条　在线调解过程中，当事人可以申请更换调解组织或者调解员；更换后，当事人仍不同意且拒绝自行选择的，视为当事人拒绝调解。

第十五条　人民法院对当事人一方立案前申请在线调解的，应当征询对方当事人的调解意愿。调解员可以在接受人民法院委派调解之日起三个工作日内协助人民法院通知对方当事人，询问是否同意调解。

对方当事人拒绝调解或者无法联系对方当事人的，调解员应当写明原因，终结在线调解程序，即时将相关材料退回人民法院，并告知当事人。

第十六条　主持在线调解的人员应当在组织调解前确认当事人参与调解的方式，并按照下列情形作出处理：

（一）各方当事人均具备使用音视频技术条件的，指定在同一时间登录人民法院调解平台；无法在同一时间登录的，征得各方当事人同意后，分别指定时间开展音视频调解；

（二）部分当事人不具备使用音视频技术条件的，在人民法院诉讼服务中心、调解组织所在地或者其他便利地点，为其参与在线调解提供场所和音视频设备。

各方当事人均不具备使用音视频技术条件或者拒绝通过音视频方式调解的，确定现场调解的时间、地点。

在线调解过程中，部分当事人提出不宜通过音视频方式调解的，调解员在征得其他当事人同意后，可以组织现场调解。

第十七条　在线调解开始前，主持调解的人员应当通过证件证照在线比对等方式核实当事人和其他参与调解人员的身份，告知虚假调解法律后果。立案前调解的，调解员还应当指导当事人填写《送达地址确认书》等相关材料。

第十八条　在线调解过程中，当事人可以通过语音、文字、视频等形式自主表达意愿，提出纠纷解决方案。除共同确认的无争议事实外，当事人为达成调解协议作出妥协而认可的事实、证据等，不得在诉讼程序中作为对其不利的依据或者证据，但法律另有规定或者当事人均同意的除外。

第十九条　调解员组织当事人就所有或者部分调解请求达成一致意见的，应当在线制作或者上传调解协议，当事人和调解员应当在调解协议上进行电子签章；由调解组织主持达成调解协议的，还应当加盖调解组织电子印章，调解组织没有电子印章的，可以将加盖印章的调解协议上传至人民法院调解平台。

调解协议自各方当事人均完成电子签章之时起发生法律效力，并通过人民法院调解平台向当事人送达。调解协议有给付内容的，当事人应当按照调解协议约定内容主动履行。

第二十条　各方当事人在立案前达成调解协议的，调解员应当记入调解笔录并按诉讼外调解结案，引导当事人自动履行。依照法律和司法解释规定可以申请司法确认调解协议的，当事人可以在线提出申请，人民法院经审查符合法律规定的，裁定调解协议有效。

各方当事人在立案后达成调解协议的，可以请求人民法院制作调解书或者申请撤诉。人民法院经审查符合法律规定的，可以制作调解书或者裁定书结案。

第二十一条　经在线调解达不成调解协议，调解组织或者调解员应当记录调解基本情况、调解不成的原因、导致其他当事人诉讼成本增加的行为以及需要向人民法院提示的其他情况。人民法院按照下列情形作出处理：

（一）当事人在立案前申请在线调解的，调解组织或者调解员可以建议通过在线立案或者其他途径解决纠纷，当事人选择在线立案的，调解组织或者调解员应当将电子化调解材料在线推送给人民法院，由人民法院在法定期限内依法登记立案；

（二）立案前委派调解的，调解不成后，人民法院应当依法登记立案；

（三）立案后委托调解的，调解不成后，人民法院应当恢复审理。

审判人员在诉讼过程中组织在线调解的，调解不成后，应当及时审判。

第二十二条　调解员在线调解过程中，同步形成电子笔录，并确认无争议事实。经当事人双方明确表示同意的，可以以调解录音录像代替电子笔录，但无争议事实应当以书面形式确认。

电子笔录以在线方式核对确认后，与书面笔录具有同等法律效力。

第二十三条　人民法院在审查司法确认申请或者出具调解书过程中，发现当事人可能采取恶意串通、伪造证据、捏造事实、虚构法律关系等手段实施虚假调解行为，侵害他人合法权益的，可以要求当事人提供相关证据。当事人不提供相关证据的，人民法院不予确认调解协议效力或者出具调解书。

经审查认为构成虚假调解的，依照《中华人民共和国民事诉讼法》等相关法律规定处理。发现涉嫌刑事犯罪的，及时将线索和材料移送有管辖权的机关。

第二十四条　立案前在线调解期限为三十日。各方当事人同意延长的，不受此限。立案后在线调解，适用普通程序的调解期限为十五日，适用简易程序的调解期限为七日，各方当事人同意延长的，不受此限。立案后延长的调解期限不计入审理期限。

委派委托调解或者当事人申请调解的调解期限，自调解组织或者调解员在人民法院调解平台确认接受委派委托或者确认接受当事人申请之日起算。审判人员主持调解的，自各方当事人同意之日起算。

第二十五条　有下列情形之一的，在线调解程序终结：

（一）当事人达成调解协议；

（二）当事人自行和解，撤回调解申请；

（三）在调解期限内无法联系到当事人；

（四）当事人一方明确表示不愿意继续调解；

（五）当事人分歧较大且难以达成调解协议；

（六）调解期限届满，未达成调解协议，且各方当事人未达成延长调解期限的合意；

（七）当事人一方拒绝在调解协议上签章；

（八）其他导致调解无法进行的情形。

第二十六条　立案前调解需要鉴定评估的，人民法院工作人员、调解组织或者调解员可以告知当事人诉前委托鉴定程序，指导通过电子诉讼平台或者现场办理等方式提交诉前委托鉴定评估申请，鉴定评估期限不计入调解期限。

诉前委托鉴定评估经人民法院审查符合法律规定的，可以作为证据使用。

第二十七条　各级人民法院负责本级在线调解组织和调解员选任确认、业务培训、资质认证、指导入驻、权限设置、业绩评价等管理工作。上级人民法院选任的在线调解组织和调解员，下级人民法院在征得其同意后可以确认为本院在线调解组织和调解员。

第二十八条　人民法院可以建立婚姻家庭、劳动争议、道路交通、金融消费、证券期货、知识产权、海事海商、国际商事和涉港澳台侨纠纷等专业行业特邀调解名册，按照不同专业邀请具备相关专业能力的组织和人员加入。

最高人民法院建立全国性特邀调解名册，邀请全国人大代表、全国政协委员、知名专家学者、具有较高知名度的调解组织以及较强调解能力的人员加入，参与调解全国法院有重大影响、疑难复杂、适宜调解的案件。

高级人民法院、中级人民法院可以建立区域性特邀调解名册，参与本辖区法院案件的调解。

第二十九条　在线调解组织和调解员在调解过程中，存在下列行为之一的，当事人可以向作出邀请的人民法院投诉：

（一）强迫调解；

（二）无正当理由多次拒绝接受人民法院委派

委托或者当事人调解申请;

(三)接受当事人请托或者收受财物;

(四)泄露调解过程、调解协议内容以及调解过程中获悉的国家秘密、商业秘密、个人隐私和其他不宜公开的信息,但法律和行政法规另有规定的除外;

(五)其他违反调解职业道德应当作出处理的行为。

人民法院经核查属实的,应当视情形作出解聘等相应处理,并告知有关主管部门。

第三十条 本规则自2022年1月1日起施行。最高人民法院以前发布的司法解释与本规则不一致的,以本规则为准。

·典型案例·

最高人民法院行政审判十大典型案例(第一批)

(2017年6月13日)

一、林建国诉济南市住房保障和房产管理局房屋行政管理案

(一)基本案情

济南市退休工人林建国肢体重度残疾,行走存在严重障碍。2007年9月,其向济南市住房保障和房产管理局(以下简称市房管局)提出廉租房实物配租申请,通过摇号取得了该市槐荫区世纪中华城一套廉租房,签订了租赁合同。2010年5月,市房管局接他人实名举报后调查认定其存在取得廉租房后连续六个月未实际居住等情形。林建国主张因其肢体二级残疾,该住房位置偏远、地处山坡、交通不便,故居住不久后即搬出。同年7月13日,市房管局收回该房,并于同年9月给其办理了廉租房租金补贴。林建国又于2011年重新申请并取得廉租房实物配租资格,后以房源不适合自己居住为由放弃摇号选房。2011年4月,林建国将市房管局诉至法院,请求依法确认该局取消其实物配租资格的行政行为违法,判令该局赔偿其退房次日起至重新取得实物配租房之日止的相应租金损失。

(二)裁判结果

济南市市中区人民法院一审认为,根据《济南市城市低收入家庭廉租住房管理办法》有关规定,房产行政主管部门应在作出取消当事人实物配租资格的书面处理决定生效情况下才能收回房屋。本案中,市房管局未作出书面处理决定而直接收回,造成林建国该次廉租住房实物配租资格被取消,影响其相关权利。遂判决确认市房管局收回房屋、取消林建国实物配租资格的行为违法,由该局按廉租房租金标准赔偿林建国从2010年7月13日次日起至2010年8月31日的租房损失,驳回林建国其他诉讼请求。双方当事人均提出上诉。

济南市中级人民法院二审认为,林建国存在连续六个月以上未实际居住情形,且在退房证明上签字履行了手续,市房管局依照有关规定取消其实物配租资格并收回廉租房的行为并无不当。同时,城市低收入家庭只能在租金补贴、实物配租等保障方式中享受一种,林建国已在当年9月取得租金补贴保障待遇,市房管局取消其实物配租资格结果正确,未作书面决定属程序瑕疵。遂撤销一审判决,改判驳回林建国的诉讼请求。

最高人民法院提审本案后,贺小荣庭长亲自担任审判长于2016年4月赴当地开庭审理并主持调解,市房管局局长到庭参加诉讼。双方当事人本着互谅互让原则达成协议,林建国获得按新政策调配的公租房及救助金7万元。本案最终通过行政调解书方式结案。

(三)典型意义

本案的典型意义在于,为残疾人提供公正、高效、便捷的司法服务,不仅是人民法院践行司法为民的内在要求,也是我国加入《残疾人权利公约》后的庄严承诺。习近平总书记多次强调要不断健全残疾人权益保障制度。本案系最高人民法院首次赴基层法院开庭审理残疾人权益案件,也是新行政诉讼法实施后首次依法以行政调解书方式结案。不仅充分照顾到残疾人权利行使方式与实现途径,也通过行政负责人积极出庭应诉配合调解等举措,凸显对依法行政的重视,是共同贯彻落实立法新精神的生动实践。包括媒体在内的社会各界对本案一致好评,现场旁听的全国人大代表、政协委员和残疾人联合会的代表对庭审活动给予高度评价,中国残联为此也向最高人民法院致信感谢。本案对健全残疾人权益司法保障制度,推进残疾人事业健康发展具有重要示范意义。

二、广州德发房产建设有限公司诉广州市地方税务局第一稽查局税务处理决定案

（一）基本案情

2005年1月，广州德发房产建设有限公司（以下简称德发公司）委托拍卖行将其自有的位于广州市人民中路555号“美国银行中心”的房产拍卖后，按1.38 255亿元的拍卖成交价格，向税务部门缴付了营业税6 912 750元及堤围防护费124 429.5元，并取得了相应的完税凭证。2006年间，广州市地方税务局第一稽查局（以下简称广州税稽一局）在检查德发公司2004年至2005年地方税费的缴纳情况时，认为德发公司的上述房产拍卖成交单价格2300元/m^2，不及市场价的一半，价格严重偏低，遂于2009年9月，作出穗地税稽一处〔2009〕66号税务处理决定，核定德发公司委托拍卖的上述房产的交易价格为311 678 775元，并以311 678 775元为标准核定应缴纳营业税及堤围防护费，决定追缴德发公司未缴纳的营业税8 671 188.75元，加收营业税滞纳金2 805 129.56元；决定追缴堤围防护费156 081.40元，加收滞纳金堤围防护费48 619.36元。德发公司不服该决定，提起行政诉讼。

（二）裁判结果

本案一审判决驳回德发公司诉讼请求；二审维持一审判决，驳回德发公司上诉。再审判决撤销一、二审判决，并撤销被诉处理决定中加收营业税滞纳金和堤围防护费滞纳金的部分。

最高人民法院再审认为：1.不违反法律原则和精神的行政惯例应当予以尊重。广州税稽一局在查处涉嫌税务违法行为时，依据《税收征管法》第三十五条规定核定纳税义务人的应纳税额是其职权的内在要求和必要延伸，符合税务稽查的业务特点和执法规律，符合《国家税务总局关于稽查局职责问题的通知》关于税务局和稽查局的职权范围划分的精神，不构成超越职权。2.税务机关确定应纳税额时，应当尊重市场行为形成的市场价格；其基于国家税收利益的考虑否定拍卖价格作为计税价格时，行使《税收征管法》第三十五条第一款第六项应纳税额核定权时，应当受到严格限制。纳税义务人以拍卖不动产的拍卖价格作为计税依据依法纳税后，在该拍卖行为未被有权机关依法认定为无效或者认定存在违反拍卖法的行为并影响拍卖价格的情况下，税务机关原则上不能根据《税收征管法》第三十五条第一款第六项的规定行使应纳税额核定权，但如果拍卖行为中存在影响充分竞价的因素导致拍卖价格过低，如本案中的一人竞拍时，税务机关基于国家税收利益的考虑，有权行使应纳税额核定权。3.没有法律、法规和规章的规定，行政机关不得作出影响行政相对人合法权益或者增加行政相对人义务的决定。税务机关根据《税收征管法》第三十五条第一款第六项的规定行使应纳税额核定权，应当受到《税收征管法》第五十二条关于追缴税款和滞纳金的条件和期限的限制；因不能归责于纳税义务人的原因时，新确定的应纳税额，缴纳义务应当自核定之日发生，征收该应纳税额确定之前的税收滞纳金没有法律依据。

（三）典型意义

本案是最高人民法院提审改判的第一起税务行政案件，案件多个焦点问题的裁判理由均具有较强的典型意义：1.尊重行政机关长期执法活动中形成的专业判断和行政惯例。通过司法确认的方式，认可省级以下税务局及其税务稽查局在具体执法过程中形成的不违反法律原则和精神且符合具体执法规律和特点的惯例，对今后人民法院处理类似问题提供借鉴方法。2.体现法院在促进依法行政方面的司法能动性，既保障国家利益不受损，也要防止税收权力的任性。进一步明确拍卖价格作为计税依据的合法性，限定税务机关行使应纳税额核定权行使条件，厘清特定税收专业领域行政机关职权和市场主体自治的界限。3.贯彻“法无明文规定不可为”的法治理念，确保当事人合法权益不受行政机关无法律依据的剥夺。行政权的行使应当严格限定在法律明确规定的范围内，在法律没有规定的情况下，行政机关不得作出影响行政相对人合法权益或者增加行政相对人义务的决定。

三、居泰安物业管理有限公司诉上海市工商行政管理局黄浦分局无主财产上缴财政案

（一）基本案情

1998年7月，柏德贸易有限公司（以下简称柏德公司）以存放于上海市宝山区宗福仓库的250吨进口羊毛为厦门凯天贸易有限公司（以下简称凯天公司）向厦门建行的两笔借款提供质押。[后该质权于2006年转移给本案再审申请人居泰安物业管理有限公司（以下简称居泰安公司）]。1999年，该批羊毛因涉嫌走私，被公安机关移交海关处理。因海关在调查过程中无法找到柏德公司的法定代表人，遂于同年将涉案羊毛移交本案再审被申请人上海市工商行政管理局黄

浦分局(以下简称黄浦工商分局)处理。嗣后,因发现涉案羊毛已出现脱脂变质现象,黄浦工商分局遂将其先行拍卖,得款人民币 7 196 545.66 元,并于 1999 年 10 月 16 日在《文汇报》上刊载公告,载明:限有关该批羊毛的所有人于公告发布之日起 3 个月内,携带有关合法证明前往黄浦工商分局下属的支队接受调查,如逾期,黄浦工商分局将依照《工商行政管理机关行政处罚程序暂行规定》(以下简称《暂行规定》)第六十一条规定予以处理。由于逾期货物所有人仍未出现,黄浦工商分局于 2000 年 3 月 7 日作出"视涉案被扣羊毛为无主财产,上缴财政"的决定。厦门建行称,在黄浦工商分局处理本案期间,该行及厦门中院的办案人员曾找到黄浦工商分局查询涉案羊毛的处理情况。据此,再审申请人认为涉案羊毛并非无主财产,遂对拍卖上缴行为不服,提起诉讼,请求撤销黄浦工商分局作出的没收涉案羊毛的决定,并判决该局给付拍卖上述财产所得全部款项。

(二)裁判结果

一、二审法院认为,黄浦工商分局在无法找到并确认走私、贩私行为人,进而无法处罚违法行为人的情况下,按照《暂行规定》作出无主财产上缴财政的行政处理决定,执法程序并无不当,并据此驳回了居泰安公司的诉讼请求。居泰安公司不服,向最高人民法院申请再审。

最高人民法院经审查认为,判断行政行为合法性一般应当以行政行为作出时的事实为准。即使行政行为与客观事实不符,只要行政机关在作出行为当时无法发现该事实,也不应以此简单地否定行政行为的合法性。但是,本案中,黄浦工商分局在事后经权利人主张,发现涉案羊毛设有质权的情况下,应当认识到其作出的被诉行政行为与客观事实不符,并及时采取相应的措施,包括:就涉案羊毛可能涉及的违法问题,依照法律规定的处理权限作出判断,并在此基础上对再审申请人提出的返还请求作出处理。据此,本案最终判决撤销原审判决,责令上海市黄浦区市场监督管理局在本判决生效之日起 15 日内将涉案羊毛涉嫌违法的问题交由有权机关处理,或者在本判决生效之日起 15 日内依职权启动调查并在其后 120 日内对再审申请人厦门居泰安物业管理有限公司提出的返还涉案羊毛拍卖款的请求作出处理,驳回厦门居泰安物业管理有限公司的其他诉讼请求。

(三)典型意义

本案的典型意义在于,法治政府要求行政机关法定职责必须为,勇于负责,敢于担当,行政机关在发现行政行为存在瑕疵的情况下,有义务加以改正。在以撤销诉讼为主的诉讼制度和理念的影响下,人民法院一般只有在被诉行为被撤销或者确认违法后,才会处理相关损失的补偿或赔偿问题,从而将行政行为的违法性与行政机关的给付义务挂钩,形成了无违法即无给付的诉讼格局。本案明确了即便在撤销诉讼中,行政机关的给付义务也并非仅仅取决于被诉行政行为的违法性。根据被诉行政行为作出时的基础事实,该行为无法被撤销或确认违法,但只要行政机关嗣后发现行政行为有瑕疵,且该瑕疵损害或者可能损害公民、法人或者其他组织的合法权益,行政机关就负有及时加以改正的义务,人民法院就应当视情况判决行政机关为一定的给付。

四、张道文、陶仁诉四川省简阳市人民政府侵犯客运人力三轮车经营权案

(一)基本案情

1996 年 8 月,四川省简阳市人民政府(以下简称市政府)对 240 辆人力客运老年车改型为人力客运三轮车的经营者每人收取了有偿使用费 3500 元。1996 年 11 月,对原有的 161 辆客运人力三轮车经营者每人收取了有偿使用费 2000 元。从 1996 年 11 月开始,市政府开始实行经营权有偿使用,有关部门对限额的 401 辆客运人力三轮车收取了相关的规费。1999 年 7 月 15 日、7 月 28 日,市政府针对有偿使用期限已届满两年的客运人力三轮车,发布《关于整顿城区小型车辆营运秩序的公告》(以下简称《公告》)和《关于整顿城区小型车辆营运秩序的补充公告》(以下简称《补充公告》)。其中,《公告》要求"原已具有合法证照的客运人力三轮车经营者必须在 1999 年 7 月 19 日至 7 月 20 日到市交警大队办公室重新登记",《补充公告》要求"经审查,取得经营权的登记者,每辆车按 8000 元的标准(符合《公告》第六条规定的每辆车按 7200 元的标准)交纳经营权有偿使用费"。张道文等 182 名经营者认为市政府作出的《公告》和《补充公告》侵犯其经营自主权,向简阳市人民法院提起行政诉讼。

(二)裁判结果

简阳市人民法院经审理认为,市政府在行政法规、

地方性法规、规章对经营权有偿使用期限未作明确规定的情况下，执行上级行政主管部门四川省交通厅《四川省小型车辆营运管理规定》中“有偿使用期限一次不得超过两年”的规定，对已实行经营权有偿使用期限超过两年的原告，以公告形式决定其重新登记并支付有偿使用费的行为，并无不当。判决维持市政府作出的《公告》和《补充公告》。张道文等不服，向四川省资阳地区（现为资阳市）中级人民法院提起上诉。四川省资阳地区中级人民法院以与一审基本相同的理由判决驳回上诉，维持原判。

后本案经最高人民法院裁定提审。最高人民法院认为，行政机关作出行政许可等授益性行政行为时，应当明确告知行政许可的期限。行政机关在作出行政许可时，行政相对人也有权知晓行政许可的期限。明确行政许可的期限，既是为了保障公共利益的需要，也是为了保障许可申请人的选择权利。市政府1996年的经营权许可在程序上存在明显不当，直接导致与其存在前后承继关系的本案被诉行政程序明显不当。本案中，四川省交通厅制定的规范性文件明确了许可期限。申请人关于本案行政许可没有期限限制的主张不能成立。虑及本案被诉行政行为作出之后，简阳市城区交通秩序得到好转，城市道路运行能力得到提高，城区市容市貌持续改善，以及通过两次“惠民”行动，绝大多数三轮车主已经分批次完成置换，如果判决撤销被诉行政行为，将会给行政管理秩序和社会公共利益带来不利影响。判决确认简阳市人民政府作出的《公告》和《补充公告》违法。

（三）典型意义

本案的典型意义在于，进一步明确行政机关应当遵循正当行政程序和人民法院审理行政案件要注意公私利益平衡的问题。一方面，程序正义是看得见的正义，行政机关在作出行政行为时应当履行正当的行政程序，履行特定的告知义务。程序正当是法治政府建设的核心要义之一。行政机关履行告知行政许可期限的义务，既有利于行政机关对许可事项实行监督管理，也有利于保障行政相对人的选择权，从源头上避免和减少行政纠纷的发生。本案中，正是由于行政机关怠于履行告知义务，导致行政相对人误以为行政许可没有期限，进而在二十年的时间内聚讼不息，引发多次群体性上访。本案通过对行政执法程序的司法监督，推动了严格规范公正文明执法，强化了对行政权力的制约和监督。另一方面，化解行政争议是行政诉讼的重要目标。本案中，法院为化解多年来形成的“官”民矛盾做了大量的协调工作，为本案妥善解决奠定了良好基础。市区环境和交通秩序明显改善，当事人实体权益亦得到弥补。本案中，市政府副市长出庭应诉，明确表示坚持依法行政，尊重法院裁判，凸显了责任政府意识。法院运用法律关于“情势”判决的规定，既对被诉行政行为的合法性进行了审查和确认，同时也注意到了业已形成的社会公共利益，确保了公共利益和个人利益的平衡，近二十年的行政纠纷得以彻底化解。本案在办理过程中实现了法律效果和社会效果的两相统一，也为解决历史形成的类似案件提供了良好范本。

五、郑州市中原区豫星调味品厂诉郑州市人民政府行政处理决定案

（一）基本案情

1995年11月，郑州市中原区豫星调味品厂（以下简称豫星调味品厂，个体工商户）与闫垌村三组以该厂系村办企业名义向主管部门提交《关于违章用地的检查及补办征地手续的申请》。郑州市土地管理局同意补办并下达批复，该厂其后所提交的相关申请表中经济性质栏填写了“个体”。1996年12月，郑州市政府给该厂颁发国有土地使用证，载明土地性质为划拨，面积12 612.7平方米。后该厂于2005年以征地补偿安置费名义给闫垌村三组汇款33万余元被拒。2006年12月，郑州市政府针对闫垌村三组的撤证申请作出注销上述国有土地使用证的决定（以下简称4号决定），理由是该厂与闫垌村三组采取欺骗手段，未如实登记。该厂进而向省政府申请复议未果，遂提起本案诉讼，请求法院撤销4号决定。涉案土地现已被用于房地产开发。

（二）裁判结果

郑州市中级人民法院一审认为，豫星调味品厂当时不属于可补办用地手续的范围，郑州市政府作出被诉注销决定符合《河南省实施〈土地管理法〉办法》相关规定，遂判决维持4号决定。豫星调味品厂上诉后，河南省高级人民法院在二审及其后的两次再审中，均以基本相同的理由分别作出驳回上诉、维持原判和维持二审判决、维持初次再审判决的处理结果。

最高人民法院提审后认为，豫星调味品厂在工商机关登记的经济性质为个体工商户，从当时有关文件看，该厂不属于“农村集体经济组织兴办的经济实

体”，客观上不具备补办违法占地用地手续的资格。但是，被诉4号决定将错误登记和颁证完全归因于该厂和闫垌村三组采取“欺骗手段”，而当时有关申请表中曾将经济性质填写为“个体”。虽然存在表述前后不一，但尚不构成对真实经济性质的刻意隐瞒，故4号决定认定采取欺骗手段的证据并不充分。而对于行政机关审查不严问题隐而不提，事实认定有误。同时，4号决定剥夺了豫星调味品厂继续使用涉案土地的权利，对其重大财产权益产生不利影响，郑州市政府既未事前告知该厂，亦未给予其陈述和申辩的机会，所做的针对法定代表人的调查笔录既未告知调查目的，也未告知可能因涉嫌欺骗未如实登记、行政机关拟注销涉案土地使用证等情况，不足以使该厂在4号决定作出前进行充分的、有针对性的陈述和申辩，程序明显不当。此外，4号决定未充分考量涉案土地在政府收取出让金之后用于房地产开发等因素，一注了之，客观上不利于豫星调味品厂主张信赖利益保护（如需查清是否存在发证到注销期间合理投入），遂于2016年判决撤销一、二审及两次再审判决，确认郑州市政府作出的被诉4号决定违法。

（三）典型意义

本案的典型意义在于，加强对各类非公有制经济市场主体的产权保护，是当前人民法院的一项迫切任务，行政审判在监督行政机关依法行政方面意义重大。本案中，郑州市政府针对其十年前的错误颁证行为，仅以申请人采取“欺骗手段”为由一注了之，没有考虑当事人曾在申请表中据实填写“个体”而行政机关未尽到审慎审查义务，亦未核实当事人多年来对行政机关的信赖利益、房地产开发因素以及注销程序的规范性、正当性，被最高人民法院指出事实认定有误，程序明显不当。最高人民法院同时指出，对于信赖利益及如何弥补问题，可由郑州市政府在判后组织调查并作相应处理。本案的终审判决纠正了下级法院前后作出的四次判决，对于保障非公有制经济主体的实体权益、彰显正当程序价值和体现司法权威性，具有重要的审判监督价值。

六、刘云务诉山西省太原市公安局交通警察支队晋源一大队道路交通管理行政强制案

（一）基本案情

2001年7月，刘云务购买东风运输汽车一辆。2006年12月12日，刘云务雇佣的司机驾驶该车行驶至太原市和平路西峪乡路口时，山西省太原市公安局交通警察支队晋源一大队（以下简称晋源交警一大队）执勤民警以该车未经年审为由将该车扣留。2006年12月14日，刘云务携带审验手续前往处理。晋源交警一大队执勤民警在核实过程中又发现无法查验该车的发动机号码和车架号码，遂以涉嫌套牌为由继续扣留，并口头告知刘云务提供其他合法有效手续。刘云务虽多次托人交涉并提供更换发动机缸体、更换发动机缸体造成不显示发动机号码、车架用钢板铆钉加固致使车架号码被遮盖等证明材料，但晋源交警一大队一直以其不能提供车辆合法来历证明为由扣留。刘云务不服，提起行政诉讼。法院审理期间，组织当事人对加固车架的钢板铆钉进行了切割查验，显示该车车架号码为GAGJBDK0110××××2219，而该车行驶证载明的车架号码为LGAGJBDK0110××××2219。

（二）裁判结果

山西省太原市中级人民法院一审判决驳回刘云务的诉讼请求。山西省高级人民法院二审判决撤销一审判决，责令晋源交警一大队在判决生效后三十日内对扣留涉案车辆依法作出处理并答复刘云务，驳回刘云务的其他诉讼请求。

最高人民法院认为，在刘云务提交合法年审手续后，晋源交警一大队又发现涉案车辆涉嫌套牌时，可依法继续扣留，但其违反法定程序，且始终未出具任何形式的书面扣留决定。涉案车辆确系我国生产的东风运输汽车，特定汽车生产厂家生产的特定汽车的车架号码最后8位字符组成的字符串具有唯一性，切割查验后显示的车架号码和行驶证所载车架号码的最后8位字符完全一致，可以认定被扣留车辆即为行驶证载明的车辆。晋源交警一大队认定涉案车辆涉嫌套牌而持续扣留，构成主要证据不足。在刘云务提交相关材料后，晋源交警一大队既不返还，又不积极调查核实，反复要求刘云务提供客观上已无法提供的其他合法来历证明，长期扣留涉案车辆不予处理，构成滥用职权。据此判决撤销一、二审判决，确认晋源交警一大队扣留涉案车辆违法，判令晋源交警一大队在判决生效后三十日内将涉案车辆返还刘云务。

（三）典型意义

本案的典型意义在于：深入推进依法行政，加快建设法治政府，要求必须坚持严格规范公正文明执法。行政机关既要严格执法以维护社会管理秩序，也要公

正把握执法尺度，兼顾相对人合法权益的保护。为维护道路交通秩序，预防和减少交通事故，保护人身、财产安全，公安机关交通管理部门有权依法扣留违法车辆。存在裁量余地时，对违法车辆的扣留应以实现行政目的为限，尽可能选择对相对人合法权益损害最小的方式。违反法定程序，无正当理由长期扣留车辆，过度推诿卸责，严重突破实现行政目的的限度，且对相对人合法权益造成重大损害，显已违背严格规范公正文明的执法要求。人民法院依法予以纠正，救济相对人合法权益，监督行政机关依法行使职权，助推依法行政，促进法治政府如期建成。

七、儿童投资主基金诉杭州市西湖区国家税务局税务征收案

（一）基本案情

2003 年 11 月，儿童投资主基金（The Children's Investment Master Fund）在开曼群岛注册成立。2004 年 3 月，香港国汇公司与浙江国叶公司签订合同设立国益路桥公司，香港国汇公司占国益路桥公司 95% 的股份。国益路桥公司于 2005 年 10 月获准受让杭州绕城高速公路收费经营权，同月，CFC 公司在开曼群岛注册成立，该公司持有香港国汇公司 100% 股权。2005 年 11 月，儿童投资主基金通过股权转让和认购新股方式取得了 CFC 公司 26.32% 的股权，该份股权又于 2011 年 9 月转让给 MDL 公司，转让价格为 2.8 亿美元，另收取利息约 380 万美元。其后，杭州市西湖区国家税务局（以下简称西湖区国税局）对上述交易展开调查并层报国家税务总局审核。国家税务总局于 2013 年 7 月明确批复：本案存在有关公司仅在避税地或低税率地区注册，不从事制造、经销、管理等实质性经营活动，股权转让价主要取决于国益路桥公司估值，股权受让方对外披露收购的实际标的为国益路桥公司股权等事实，税务机关有较充分的理由认定相关交易不具有合理商业目的，属于以减少我国企业所得税为主要目的的安排。据此，西湖区国税局在与儿童投资主基金沟通后于 2013 年 11 月作出《税务事项通知书》，要求其就上述交易申报缴纳企业所得税人民币 1 亿余元。儿童投资主基金不服，向杭州市国税局申请复议未果后诉至法院，请求判决撤销上述《税务事项通知书》。

（二）裁判结果

浙江省杭州市中级人民法院一审认为：我国有关税收法律法规已规定非居民企业须就其来源于中国境内的所得缴纳企业所得税，并规定了确定所得发生地的规则。其中，《中华人民共和国企业所得税法》第四十七条规定了企业实施其他不具有合理商业目的的安排而减少其应纳税收入或者所得额的，税务机关有权按照合理方法调整。《国家税务总局关于加强非居民企业股权转让所得税管理的通知》第六条亦明确规定了"境外投资方（实际控制方）通过滥用组织形式等安排间接转让中国居民企业股权，且不具有合理的商业目的，规避企业所得税纳税义务的，主管税务机关层报税务总局审核后可以按照经济实质对该股权转让交易重新定性，否定被用作税收安排的境外控股公司的存在。"本案中，税务机关适用上述规定具有正当性和必要性，遂判决驳回儿童投资主基金的诉讼请求。其提出上诉后，浙江省高级人民法院二审以基本相同的理由判决驳回上诉、维持原判。

儿童投资主基金申请再审，最高人民法院经审查认为：原审认定事实来源于税务机关通过调查所得出的结论，围绕涉案公司的注册地点、股权转让的具体数额与方式、股权收购的实际标的、转让所得的实际来源、转让价格的决定因素以及股权交易的动机与目的等要素，均有充分证据予以证明。有关征税对象、标准的确定亦符合中国相关法律规定和税收政策的具体要求。本案事关税收法律法规和政策的把握，事关如何看待中华人民共和国税务机关处理类似问题的基本规则和标准，事关中国政府涉外经贸管理声誉和外国公司与中国公司合法权益的平等保护，在经过人民法院严格的司法审查且再审申请人缺乏充分证据证明被诉行政行为违法的情形下，原审生效裁判效力应予维持。故裁定驳回儿童投资主基金的再审申请。

（三）典型意义

本案的典型意义在于，人民法院针对借境外公司注册成立公司实施资产交易、而实际所得来源为境内的刻意避税情形，以裁判方式彰显了中国税收主权和通行的国际征税规则，保护了涉外经贸领域的国家合法权益。随着对外经贸规模日益扩大和交往方式不断增多，明确对各类市场主体股权转让、融资等行为的征税准则，与国家重大经济安全和经贸利益息息相关，具有迫切的现实意义和长远的战略意义。本案中，西湖区国税局对于有关公司借在中国境外的低税率（或免税）国家与地区注册并转让股权事项，如何认定是否

存在逃避中国税收问题，经请示国家税务总局并与再审申请人充分沟通后，作出了涉案《税务事项通知书》，一、二审法院和最高人民法院充分肯定了被诉征税行为的合法性，明确了相关法律适用规则和政策把握标准，对于遏制类似避税、逃税情形，具有鲜明的示范和警示作用。办案过程也得到关注本案的全国人大代表和多个部门的充分肯定。

八、李国庆诉上海市静安区人民政府、上海市人民政府房屋征收补偿决定及行政复议决定案

（一）基本案情

上海市静安区人民政府（以下简称静安区政府）于2012年10月19日作出房屋征收决定，李国庆户承租的公房在征收范围内。安置补偿协商过程中，静安区住房保障和房屋管理局（以下简称静安房管局）向李国庆户提供货币补偿和房屋产权调换两种方式选择，因李国庆不认可《补偿方案》，双方在签约期限内未达成补偿协议。静安房管局于2015年1月19日报请静安区政府作房屋征收补偿决定。静安区政府受理后，组织双方进行调查和调解，李国庆出席但调解未成。静安区政府经审查，认定静安房管局提出的以结算差价的房屋产权调换方式补偿李国庆户的方案合法、适当，遂于2015年2月5日作出房屋征收补偿决定，并将决定书依法送达李国庆及静安房管局，同时在基地张贴公示。李国庆不服，于2015年4月3日向上海市人民政府（以下简称上海市政府）提出行政复议。上海市政府受理后，经审查作出行政复议决定，维持静安区政府所作征收补偿决定。李国庆仍不服，遂提起本案诉讼。

（二）裁判结果

上海市第二中级人民法院认为，根据《国有土地上房屋征收与补偿条例》（以下简称《征补条例》）和《上海市国有土地上房屋征收与补偿实施细则》（以下简称《实施细则》）的规定，静安区政府具有作出房屋征收补偿决定的行政职权。其于法定期限内作出被诉房屋征收补偿决定，行政程序并无不当。被诉房屋征收补偿决定认定事实清楚，法律适用准确。上海市政府在规定的期限内作出行政复议决定，程序合法。遂判决驳回李国庆的诉讼请求。上海市高级人民法院以与一审基本相同的理由判决驳回上诉，维持原判。

最高人民法院认为，静安房管局因与李国庆在征收补偿方案确定的签约期限内达不成补偿协议，报请静安区政府作出补偿决定。静安区政府受理后，核实相关材料，组织召开调解会，并在调解未成的情况下，在法定期限内作出被诉房屋征收补偿决定，程序合法。静安区政府依据租用公房凭证记载的居住面积乘以相应系数计算被征收房屋建筑面积，结合房屋评估单价等确定货币补偿金额及补贴款等，并以上海市土地储备中心安排的用于征收地块安置的房源安置给李国庆户，未侵犯李国庆户的合法利益，安置方案并无不当。此外，经上海房地产估价师事务所有限公司评估，被征收房屋于征收决定公告之日的房地产市场评估单价为29 233元/平方米，该地块评估均价为29 200元。李国庆在规定的期限内未申请复核。后静安房管局向李国庆征询是否需要专家鉴定，李国庆明确表示拒绝。在协商过程中，静安房管局向李国庆户提供货币补偿和房屋产权调换两种方式选择，因李国庆不认可《补偿方案》，双方在签约期限内未达成补偿协议。据此，李国庆提出的评估报告违法及剥夺其安置补偿方式选择权的异议缺乏依据。上海市政府在规定的期限内作出行政复议决定，适用法律正确，程序合法。遂裁定驳回李国庆的再审申请。

（三）典型意义

本案的典型意义在于：一方面，人民法院在行政审判中要按照严格司法的要求，坚持被诉行政行为合法性审查的标准，监督和促进行政机关全面履行政府职能，助力法治政府尽快建成。另一方面，在被诉行政行为达到合法性要求的情况下，人民法院应当作出明确的认定，既彰显依法行政的规则，使后续的行政执法活动有所遵循，又明晰权利保护的界限，为人民群众依法维权提供规范和指引。本案中，人民法院通过对被诉征收补偿决定和行政复议决定的全面审查，特别是从被诉行政行为职权合法性、程序合法性、实体认定合法性等多个方面进行了审查，同时对相对人的实体权益保护问题作了认定，在确认行政行为合法和相对人权益得到保障的前提下，裁定驳回相对人的再审申请。

九、冯书军诉河北省衡水市人民政府撤销国有土地使用证案

（一）基本案情

1995年6月3日，河北省景县商业局食品加工厂为了解决职工住房问题，申请征收涉案土地。1995年10月，原景县土地管理局将该土地征收，并出让给景县商业局食品加工厂，并在办理土地登记过程中将土

地使用者变为冯玉章(冯书军之父)。1995 年 11 月,河北省景县人民政府(以下简称景县政府)为冯玉章颁发了国有土地使用证。冯玉章办证后一直未建房。2003 年 3 月 1 日,第三人张天安以 3000 元的价格将该地卖给赵文彬,双方签订转让协议。2004 年赵文彬在该地上建房并居住至今,但一直未办理土地使用证。2009 年 6 月,冯玉章将赵文彬诉至景县人民法院,赵文彬得知冯玉章已办证,遂提起行政复议。复议机关以程序违法为由撤销景县政府为冯玉章颁发的国有土地使用证,并注销其土地登记。冯玉章不服该复议决定,诉至法院。

(二)裁判结果

河北省冀州市人民法院一审认为,第三人赵文彬在本案争议土地上建房,并居住多年,赵文彬与景县政府为冯玉章发放土地使用证的行政行为存在利害关系,因而被告受理赵文彬提起的行政复议申请并无不当。被告认定景县土地管理局未依法办理土地权属变更,直接为冯玉章办理土地登记程序违法,并认定依据该土地登记办理的土地使用证程序违法,事实清楚,判决维持被诉行政行为。冯玉章不服,提起上诉。

河北省衡水市中级人民法院二审认为,虽然赵文彬在涉案土地上建有房屋,但是景县政府的颁证行为在先,赵文彬的利益在后,以后来的利益否定在先的行政行为,不符合客观实际情况,也没有法律依据。二审法院判决撤销一审判决和被诉的行政复议决定。本案经再审,判决撤销二审判决,维持一审判决。

后本案经最高人民法院裁定提审。最高人民法院认为,本案的焦点问题是,赵文彬对于 1995 年 11 月景县政府颁发国有土地使用证的行政行为是否具有申请行政复议的主体资格。赵文彬对涉案土地的占有源于张天安 2003 年的转让行为,而颁证行为则发生在此次转让之前的 1995 年。因此,赵文彬要获得申请复议的资格只有通过转让承继的方式。而转让承继的前提则是颁证行为作出时张天安具有申请复议的资格。1995 年 10 月,原景县土地管理局将该土地征收后,该幅土地的性质已经转变为国有。张天安未对土地征收行为提起行政复议或者行政诉讼。此后,原景县土地管理局在办理土地登记过程中将土地使用者变为冯玉章,景县政府也为冯玉章颁发了国有土地使用证。该颁证行为是在该幅土地通过征收转为国有土地的基础上作出的。即,在颁证行为作出之前,即使不考虑张天安在 1990 年就已经将涉案土地使用权有价转让给冯玉章一节,其亦因该土地被征收而不享有土地使用权,故其与该颁证行为之间并无法律意义上的利害关系,不足以获得申请复议的资格。据此,赵文彬不具备申请行政复议的权利基础。判决撤销再审判决,维持二审判决。

(三)典型意义

本案的典型意义在于进一步确定行政复议资格和权利的承继问题。行政复议制度是我国重要的行政救济制度。行政救济制度的核心理念在于“有权利必有救济”。根据行政复议法的规定,行政相对人认为行政行为侵犯其合法权益的,可以向行政机关提出行政复议申请。根据行政复议法实施条例的规定,申请需与被申请的行政行为有利害关系,复议申请才予以受理。本案中,赵文彬对涉案土地的占有来源于张天安在 2003 年的转让。本案中被申请复议的颁证行为发生在 1995 年。行政机关作出颁证行为时,张天安已经丧失对涉案土地的使用权,与该颁证行为之间已无法律意义上的利害关系,亦无申请行政复议的资格。罗马法谚“后手的权利不得优于前手”也体现了权利继受规则。本案中,作为前手的张天安已经丧失行政复议的资格,作为后手的赵文彬则丧失了权利继受的基础。本案颁证之后,行政机关与行政相对人之间业已形成稳定的行政法律关系,除非存在法定事由,法院和行政复议机关亦有义务维持行政法律关系的有序存在。公民、法人或者其他组织只有在符合行政复议法和行政诉讼法关于利害关系人的规定的前提下,才能对既存法律关系发起复议或者诉讼“挑战”,这也正是维护法律安定性和行政秩序稳定性的需要。该案对于明确行政复议资格条件及其承继具有一定的示范意义。

十、杨吉全诉山东省人民政府行政复议案

(一)基本案情

杨吉全不服山东省青岛市市南区法律援助中心作出的不予法律援助决定,向青岛市市南区司法局提出异议。该局作出答复意见,认为该不予法律援助决定内容适当。杨吉全对该答复意见不服,向青岛市司法局申请行政复议。该局于 2013 年 10 月 23 日告知其所提复议申请已超过法定申请期限。杨吉全不服,向青岛市人民政府申请行政复议。该府于 2013 年 10 月 30 日告知其所提行政复议申请不符合行政复议受案条

件。杨吉全不服,向山东省人民政府申请行政复议。山东省人民政府于2013年11月18日对其作出不予受理行政复议申请决定。杨吉全不服,提起行政诉讼,请求撤销该不予受理决定,判令山东省人民政府赔偿损失。

(二)裁判结果

山东省济南市中级人民法院一审判决驳回杨吉全的诉讼请求。山东省高级人民法院二审判决驳回上诉,维持一审判决。杨吉全向最高人民法院申请再审,最高人民法院裁定予以驳回。

最高人民法院认为,申请行政复议和提起行政诉讼是法律赋予公民、法人或者其他组织的权利,其可以在申请行政复议之后再行提起行政诉讼。但杨吉全在提起行政诉讼之前,针对同一事由连续申请了三级行政复议,明显且一再违反一级行政复议制度。对于明显违反复议制度的复议申请,行政复议机关不予受理后,申请人对此不服提起行政诉讼的,人民法院可以不予立案,或者在立案之后裁定驳回起诉。鉴于本案已经实际走完诉讼程序,原审法院经实体审理后亦未支持杨吉全的诉讼请求,故无必要通过审判监督程序提起再审后再行裁定驳回起诉。

(三)典型意义

本案的典型意义在于:当事人申请行政复议和提起行政诉讼应当具有利用复议制度和诉讼制度解决行政争议的正当性。行政诉讼是解决行政争议,保护公民、法人和其他组织合法权益,监督行政机关依法行使职权的法律救济途径。人民法院既要充分保障当事人正当诉权的行使,又要引导、规范当事人行使诉权。人民法院有义务识别、判断当事人的请求是否具有足以利用行政复议制度和行政诉讼制度加以解决的必要性,避免因缺乏诉的利益而不当行使诉权的情形发生,坚决抵制滥用诉权的行为。对于明显违背行政复议制度、明显具有任性恣意色彩的反复申请,即使行政复议机关予以拒绝,当事人不服提起诉讼的,人民法院也可以不予立案,或者在立案之后裁定驳回起诉。

人民法院关于行政不作为十大案例

一、张恩琪诉天津市人力资源和社会保障局、天津市社会保险基金管理中心行政不作为案

(一)基本案情

张恩琪于2013年3月13日、10月16日向天津市人力资源和社会保障局(以下简称市社保局),9月25日向天津市社会保险基金管理中心(以下简称市社保基金中心)邮寄信函,主要内容为要求履行法定职责,对其社会保险缴费基数偏低和少缴、漏缴问题进行强制征缴。市社保局于2013年10月26日收到信函后,认为其所述问题不属于该局职责,属于市社保基金中心职责,遂将信件转至该中心办理。该中心于2013年11月29日向张恩琪出具《关于张恩琪信访反映问题的答复》,主要内容为其已经办理退休手续,退休待遇均由其参保所在区的社保局审批确定,且在审批之前已经本人对缴费基数、缴费年限等事项进行了确认,该中心作为社保经办机构,负责依据区县社保局审批结果及有关政策规定按时足额发放退休待遇。张恩琪先是针对市社保局、市社保基金中心分别提起诉讼,因各自答辩不具备相应职责而申请撤诉,后将两单位作为共同被告诉至法院,请求确认市社保局向市社保基金中心转交信件行为违法,撤销市社保基金中心上述答复,判令二被告履行法定职责,对其诉求予以答复。

(二)裁判结果

天津市和平区人民法院一审认为,根据《社会保险费征缴暂行条例》第五条规定,市社保局具有负责全市社会保险费征缴管理和监督检查工作的行政职能,其于2011年10月19日向与其存在隶属关系的市社保基金中心下达文件《关于社会保险举报投诉案件受理查处职责分工的通知》,第二项明确规定“对用人单位未按时足额缴纳社会保险费的举报、投诉,由社会保险经办机构受理查处,逾期仍不缴纳的,由社会保险经办机构提请有管辖权的劳动监察机构实施行政处罚,具体程序由市劳动监察机构与市社会保险经办机构制定”。故市社保局将信件转至市社保基金中心办理并无不当。市社保基金中心应对原告信函要求事宜作出明确处理,但其未在60天内作出答复,且在此前原告起诉该中心不履行法定职责一案中,隐瞒了市社保局下达上述文件的情况,在答辩状中否认其具备相应职责,导致原告认为起诉被告主体有误而申请撤诉,系未履行法定职责并进行推诿。其给原告出具的《关于张恩琪信访反映问题的答复》,在未对原告提出的请求作出明确处理的情况下,直接以信访形式答复显系不妥。遂判决:一、市社保基金中心于本判决生效之日起三十日内对原告请求作出处理并将结果书面告知原告,在规定期限内不履行的,从期满之日起按日处

70元罚款;二、驳回原告其他诉讼请求。一审宣判后,各方当事人均未上诉。

(三)典型意义

本案的典型意义在于:人民法院以行政裁判方式明确了行政主体在社保管理方面的相关职责。基于行政管理复杂性和法律规定不明确,在职权界限不清晰的情况下,行政机关之间应当主动沟通联系,共同协调解决,不能互相推诿,甚至和老百姓“捉迷藏”。社会保险待遇涉及千家万户,关乎个人生老病死,无论是社保机关还是经办机构都必须积极履责,方为责任政府应有之义。人民法院对于行政主体在诉讼中隐瞒其与有关单位之间关于职权划分的相关文件的,应依法制裁,必要时可向纪检监察部门通报反映;在行政主体相互推诿,均否认具有相应法定职责的情况下,可依法将相关行政主体都列为被告,共同参加诉讼,通过庭审举证、质证和辩论,最终确定履责主体。同时,为保证履责判决的及时履行,可以在判决时一并明确不履行判决的法定后果,既督促行政主体尽快履责,也有利于保障生效裁判的迅速执行。本案裁判对类似案件的处理具有指导、示范意义。

二、张风竹诉濮阳市国土资源局行政不作为案

(一)基本案情

2013年10月16日,张风竹向河南省濮阳市国土资源局(以下简称市国土局)书面提出申请,请求该局依法查处其所在村的耕地被有关工程项目违法强行占用的行为,并向该局寄送了申请书。市国土局于2013年10月17日收到申请后,没有受理、立案、处理,也未告知张风竹,张风竹遂以市国土局不履行法定职责为由诉至法院,请求确认被告不履行法定职责的具体行政行为违法,并要求被告对土地违法行为进行查处。

(二)裁判结果

濮阳市华龙区人民法院一审认为,土地管理部门对上级交办、其他部门移送和群众举报的土地违法案件,应当受理。土地管理部门受理土地违法案件后,应当进行审查,凡符合立案条件的,应当及时立案查处;不符合立案条件的,应当告知交办、移送案件的单位或者举报人。本案原告张风竹向被告市国土局提出查处违法占地申请后,被告应当受理,被告既没有受理,也没有告知原告是否立案,故原告要求确认被告不履行法定职责违法,并限期履行法定职责的请求,有事实根据和法律依据,本院予以支持。遂判决:一、确认被告对原告要求查处违法占地申请未予受理的行为违法。二、限被告于本判决生效之日起按《土地违法案件查处办法》的规定履行法定职责。

市国土局不服,提出上诉,濮阳市中级人民法院二审认为,根据《土地违法案件查处办法》规定,县级以上地方人民政府土地行政主管部门对违反土地管理法律、法规的行为进行监督检查。上诉人市国土局上诉称2013年10月17日收到对土地违法行为监督的申请后,已进行了受理核查,但上诉人未及时将审查结果告知申请人,上诉人的行为未完全履行工作职责,违反了《土地违法案件查处办法》第十六条的规定。二审判决驳回上诉,维持原判。

(三)典型意义

本案的典型意义在于:通过行政审判职能的发挥,督促土地管理部门及时处理群众举报,切实履行查处违法占地相关法定职责,以回应群众关切、保障土地资源的合法利用。土地资源稀缺、人多地少的现状决定了我国必须实行最严格的土地管理制度,但长期以来土地资源浪费严重,违法违规用地层出不穷,既有土地管理保护不力的原因,也有人民群众难以有效参与保护的因素。公众参与,是及时发现和纠正土地违法行为的重要渠道,也是确保最严格的土地管理制度得以实施的有效手段。依法受理并及时查处人民群众对违法用地行为的举报,是土地管理部门的权力更是义务。《土地违法案件查处办法》第十三条规定了“土地管理部门对上级交办、其他部门移送和群众举报的土地违法案件,应当受理。”第十六条又对受理后的立案查处等程序作出明确规定。经了解,市国土局不仅在本案中对张风竹的申请未依法履行职责,对另外九人的申请也存在同样问题而被法院判决败诉。本案的裁决对确保最严格的土地管理制度的正确实施和公众参与具有积极意义。

三、彭某诉深圳市南山区规划土地监察大队行政不作为案

(一)基本案情

彭某、陆某分别是深圳市南山区某小区A座902房和901房业主。2011年9月1日,南山区规划土地监察大队(以下简称区监察大队)接到群众来电反映901房住户存在违法加建行为,经调查取证,查明陆某在901房的开放式阳台上有违法搭建钢结构玻璃幕墙

的行为，遂于2011年9月4日作出《责令停止（改正）违法行为通知书》，责令其立即停止违法行为并在2011年9月7日12时前清理并自行拆除。2011年10月25日，区监察大队又作出深南规土行罚字（2011）第07017号《行政处罚决定书》，认定陆某违法搭建玻璃幕墙行为违反《深圳市城市规划条例》有关规定，决定依法拆除玻璃幕墙，并书面告知其应自上述处罚决定书送达之日起十五日内自动履行该决定，逾期不履行的，将依法强制执行。该《行政处罚决定书》于当日送达陆某。2012年1月9日，区监察大队向深圳市房地产权登记中心建议对901房产实施产权暂缓登记。2013年1月28日，区监察大队作出《催告书》，要求陆某拆除阳台搭建玻璃幕墙，恢复阳台原状。针对涉案《责令停止（改正）违法行为通知书》和《行政处罚决定书》，陆某在法定期限内未提起行政诉讼，亦未申请行政复议。截至案件开庭审理之日，上述违法搭建的玻璃幕墙尚未拆除。902房业主彭某认为区监察大队在发出《责令停止（改正）违法行为通知书》后，对后续执行情况不管不问，是一种行政不作为，故以区监察大队为被告诉至法院，请求确认被告未履行强制拆除的行为违法，责令被告立即依法作为，强制拆除违建部分。

（二）裁判结果

深圳市南山区人民法院一审认为，区监察大队作为区规划土地监察机构，具有对本行政区域内违法用地和违法建筑行为进行调查取证、认定，依法实施行政处罚以及强制执行的职责。在依法作出限期拆除违法建筑的行政决定后，当事人在法定期限内不申请行政复议或者提起行政诉讼的，应当依照《中华人民共和国行政强制法》《深圳经济特区规划土地监察条例》等法律、法规规定的强制执行程序作出处理。至于有权机关须在何期限内作出强制执行的决定并依法实施强制拆除，法律法规并无明确规定，但应在合理期限内履行其法定职责。本案中，被告作出限期依法拆除的行政决定后，在行政相对人未申请行政复议亦未提起行政诉讼、且拒不履行的情况下，至开庭审理之日止，在长达一年多的时间里，其仅作出催告而未对案件作进一步处理，且未提供证据证明有相关合法、合理的事由，其行为显然不当，已构成怠于履行法定职责，应予纠正。鉴于作出强制执行决定和实施强制拆除属于行政机关的行政职权，且实施行政强制拆除具有严格的法定程序，故不宜直接责令区监察大队强制拆除违法建筑，遂判决区监察大队于判决生效之日起三个月内对南山区某小区A座901房的违法建设问题依法继续作出处理。彭某及区监察大队均不服一审判决，提起上诉。深圳市中级人民法院二审以相同理由判决驳回上诉、维持原判。

（三）典型意义

本案的典型意义在于：人民法院以裁判方式昭示了合法生效的行政决定必须得到执行。不以法律强制作为后盾的处罚决定，就像无焰的火，不亮的光，最终会损害公众对法治的信仰，甚至诱导群体性违法。对违法建筑的查处和拆除，始终是城市管理的难点，也是规划部门和土地管理、市容管理部门的执法重点。相关行政执法机关对违法建筑的查处，不能仅仅止于作出处罚决定，而应当依据《行政强制法》的规定，采取有效措施，确保处罚决定的执行，才是完全履行法定职责。拆违虽难，但不能成为行政机关怠于履行法定职责的借口。《城乡规划法》第六十八条规定，城乡规划主管部门作出责令停止建设或者限期拆除的决定后，当事人不停止建设或者逾期不拆除的，建设工程所在地县级以上地方人民政府可以责成有关部门采取查封施工现场、强制拆除等措施。当然，由于行政管理的多样性，法律法规一般不会规定作出处罚决定后行政机关强制拆除的期限，但仍需要在合理期限内履行。本案中，人民法院认定区监察大队在作出《行政处罚决定书》长达一年多的时间里一直未强制执行，已明显超过合理期限，属于怠于履行法定职责，在判决方式上责令其继续处理，既符合法律规定精神，也有利于尽可能通过教育说服而不是强制手段保证处罚决定的实施，具有一定示范意义。

四、钟华诉北京市工商行政管理局通州分局行政不作为案

（一）基本案情

2013年12月27日，北京市工商行政管理局通州分局（以下简称通州工商分局）接到钟华的申诉（举报）信，称其在通州家乐福购买的“北大荒富硒米”不符合《预包装食品营养标签通则》的规定，属不符合食品安全标准的违法产品，要求通州工商分局责令通州家乐福退还其货款并进行赔偿，依法作出行政处罚。同年12月30日，通州工商分局作出《答复》，称依据该局调查，钟华反映的食品安全问题目前不属于其职能范围。钟华于2014年1月8日向北京市工商行政管

理局提出复议申请，该机关于同年4月2日作出复议决定书，维持《答复》。钟华不服，以通州工商分局为被告提起行政诉讼，请求确认通州工商分局处理举报案件程序违法并责令其履行移送职责。

（二）裁判结果

北京市通州区人民法院一审认为，依据国务院食品安全办、国家工商总局、国家质检总局、国家食品药品监管总局的食安办(2013)13号《关于进一步做好机构改革期间食品和化妆品监管工作的通知》《北京市人民政府办公厅关于印发北京市食品药品监督管理局主要职责内设机构和人员编制规定的通知》等文件规定，目前北京市流通环节的食品安全监管职责由北京市食品药品监督管理局承担，故被告通州工商分局已无职责对流通环节的食品安全进行监管，且其在接到原告钟华举报时应能够确定该案件的主管机关。《工商行政管理机关行政处罚程序规定》第十五条规定，工商行政管理机关发现所查处的案件属于其他行政机关管辖的，应当依法移送其他有关机关。本案中当被告认为原告所举报事项不属其管辖时，应当移送至有关主管机关，故判决被告在十五个工作日内就原告举报事项履行移送职责，驳回原告其他诉讼请求。通州工商分局不服，提出上诉，北京市第三中级人民法院二审以相同理由判决驳回上诉、维持原判。

（三）典型意义

本案的典型意义在于：通过裁判方式明确了行政机关对不属于本机关办理职责事项，如果有关规范性文件规定应移送有权机关办理的，应当及时移送。在行政管理领域，行政机关的职责既有分工也有交叉，法定职责来源既可能是本行政领域的法律、法规、规章和规范性文件，也可能是其他行政管理领域的法律规范，甚至可能是行政管理需要和行政惯例。有关食品生产、流通环节的监督管理职责由工商机关改由食品药品监督管理部门承担，但职责调整的初始阶段，人民群众未必都很清楚，工商机关发现群众对于食品安全问题的举报事项属于其他行政机关管辖的，应当移送相关主管机关，不能一推了之。积极移送也是一种法定职责。

五、王顺升诉寿光市人民政府行政不作为案

（一）基本案情

2014年2月11日，寿光市人民政府（以下简称市政府）收到了王顺升提交的请求责令洛城街道褚庄村村民委员会（以下简称褚庄村村委会）公开村务的申请书，市政府在调查核实后于同年4月4日作出(2014)第009号《责令公布村务通知书》，主要内容为：“洛城街道褚庄村村民委员会，本机关于2014年2月11日受理了你村村民王顺升提出的《责令洛城街道褚庄村村委会公布村务申请书》。根据《村民委员会组织法》第三十一条和《山东省实施〈中华人民共和国村民委员会组织法〉办法》第三十八条规定，现责令你单位依法向王顺升公布有关村务信息。特此通知”，并于同日向褚庄村村委会进行了送达。市政府认为其已履行了法定职责。但至本案庭审时，褚庄村村委会并未就王顺升申请事项向其公开。王顺生遂以市政府为被告向法院提起行政诉讼，请求确认被告不履行责令褚庄村村委会公开村务职责的行为违法；判令被告及时履行责令褚庄村村委会公开村务的职责。

（二）裁判结果

潍坊市中级人民法院一审认为：依据《村民委员会组织法》第三十一条“村民委员会不及时公布应当公布的事项或者公布的事项不真实的，村民有权向乡、民族乡、镇的人民政府或者县级人民政府及其有关主管部门反映，有关人民政府或者主管部门应当负责调查核实，责令依法公布；经查证确有违法行为的，有关人员应当依法承担责任”之规定，被告市政府依法负有依原告王顺升的申请对其反映的事项进行调查核实以及责令褚庄村村委会公布相关村务的法定职责。被告在履行责令职责时，不应仅限于作出并送达责令通知，还应限定公开的合理期限并应跟进监督村委会对责令通知的执行情况，以实现公开的结果。本案中，被告虽已按法律规定向褚庄村村委会作出责令公开村务信息通知，但未限定公开的合理期限，亦未对褚庄村村委会执行通知情况进行核实，被告的所谓履责行为未达到法律规定的“责令”程度，缺乏约束力和执行力，从而导致褚庄村村委会至本案庭审时也未向原告公开相关村务。因此被告并未完全履行法定义务，其应继续履行责令之责。遂判决被告于本判决生效之日起60日内责令褚庄村村委会向原告限期公开相关村务信息。一审宣判后，双方当事人均未上诉。

（三）典型意义

本案的典型意义在于：以裁判方式明确了行政机关不仅应当及时履责，还应当全面履责，并要依法实现履责的目的。本案中市政府从形式上已责令褚庄村村委会公布有关村委信息，似乎已经履行了法定职责；但

是，由于该《责令公布村务通知书》既未明确具体内容，更未明确具体期限或者合理期限，实际上构成未全面履行法定职责，造成原告等村民对村务的知情权和监督权迟迟得不到落实。因此，人民法院判决其限期责令褚庄村村委会限期公开村务信息，能够更好地促进村务公开，切实维护广大村民知情的权利。

六、沈某、蔡某诉南通市公安局开发区分局行政不作为案

（一）基本案情

2013年9月20日13时5分左右，江苏省南通市开发区某小区内1号门面店主与2号门面店主因空油桶堆放问题引发纠纷，双方人员由争执进而引发殴打。南通市公安局开发区分局（以下简称开发区分局）接到报警后，指令民警出警并对涉案人员及证人调查取证。2013年9月22日，开发区分局将该纠纷正式作为治安案件立案，并多次组织双方调解。10月9日，沈某被传唤接受询问时明确表示不同意调解。12月2日，沈某、蔡某以开发区分局不履行治安管理行政处罚法定职责为由，向法院提起行政诉讼，要求确认被告未在法律规定期限内作出治安处罚决定行为违法。在诉讼期间，被告于12月9日根据《治安管理处罚法》的规定分别对涉案人员作出行政处罚决定。

（二）裁判结果

南通市港闸区人民法院一审认为，被告开发区分局是否在法定期限内履行了法定职责，应当从法律、法规规定的办案期限及是否存在不计入办案期限的正当事由两个方面审查。根据《治安管理处罚法》第九十九条的规定，公安机关办理治安案件的期限，自受理之日起不得超过三十日；案情重大、复杂的治安案件，经上一级公安机关的批准，可以再延长三十日。这就意味着公安机关办理治安案件的一般期限为三十日，最长期限不得超过六十日。被告于2013年9月22日立案，至2013年12月9日作出行政处罚决定，办案期限明显超过了法律规定的一般办案期限，也超过了最长六十日的办案期限。调解亦应当坚持自愿原则，当事人明确表示不愿意调解的，则不应适用调解处理。即使存在调解的事实，那么从原告沈某10月9日拒绝调解之日起至被告于12月9日作出行政处罚决定，亦长达六十一天，仍然超过了最长六十日的办案期限。更何况被告未能在举证期限内提供经上一级公安机关批准延长办案期限的证据。据此，判决确认被告未在法律规定的期限内作出行政处罚决定行为违法。一审宣判后，双方当事人均未上诉。

（三）典型意义

本案的典型意义在于：通过行政审判职能的发挥，对公安机关在治安管理领域的履责要求作出规范，有利于治安纠纷的及时化解。《治安管理处罚法》明确规定了公安机关办理治安案件的期限。根据公安部《公安机关办理行政案件程序规定》的相关规定，对于因民间纠纷引起的殴打他人等违反治安管理行为，情节较轻的，可以调解处理，调解案件的办案期限从调解未达成协议或者调解达成协议不履行之日起开始计算，但调解不能成为公安机关不及时履行职责的借口。本案中，在沈某已经明确表示不同意调解的情况下，公安机关就应在三十日内依法作出处罚决定。对超过三十日办案期限的，应提供证据证明经过上一级公安机关批准延长。而被告明显违反相关规定。当然，被告也认识到未及时履行职责的违法性，在原告起诉后一周内就作出处罚决定，体现了对法律的尊重和勇于纠错的诚意，并得到了原告谅解。在现代法治国家，一个明显违反法定期限的行政行为，即使实体内容完全合法，也会因为姗姗来迟而被贴上违法的标签。

七、兰州宏光驾驶员培训服务有限公司诉兰州市城关区城市管理行政执法局行政不作为案

（一）基本案情

兰州宏光驾驶员培训服务有限公司（以下简称宏光公司）以甘肃永隆文化用品有限公司（以下简称永隆公司）进行违法建设，对其练车场的正常使用造成影响为由，向其所在街道社区和甘肃省兰州市城关区城市管理行政执法局（以下简称区行政执法局）等多个机关进行举报。但以上机关对其所反映事项均无任何处理。2012年10月，宏光公司将永隆公司违法建设的问题举报至兰州市委信访办，兰州市委信访办将举报材料转至兰州市行政执法局，后兰州市行政执法局又将举报材料转至区行政执法局，但直至宏光公司起诉时止，区行政执法局仍未对该公司的举报作出任何答复，故宏光公司以区行政执法局为被告，向法院提起行政诉讼，要求判令被告履行法定职责。

（二）裁判结果

兰州市城关区人民法院在本案一审过程中，被告区行政执法局意识到其不履行职责可能存在败诉风险，遂与原告宏光公司经协调达成一致意见，同意受理

原告的举报事项并在其职权范围内进行调查,即依照原告的申请,履行了相应的法定职责。故原告于2013年6月7日向一审法院提交了书面撤诉申请。法院依照《行政诉讼法》第五十一条、《最高人民法院关于行政诉讼撤诉若干问题的规定》第五条、《最高人民法院关于执行〈中华人民共和国行政诉讼法〉若干问题的解释》第六十三条第一款第(十)项之规定,裁定准许原告撤回起诉。

(三)典型意义

本案的典型意义在于:行政诉讼的目的在于化解行政纠纷,在当事人提起诉讼后,有时通过法院审理,行政机关在诉讼期间意识到自身问题而主动纠正,在不损害国家利益和社会公共利益的前提下,当事人主动申请撤诉并经过法院准许,同样可以达到案结事了人和的审判效果。行政不作为案件往往是因行政机关及其工作人员存在"懒政""惰政"等主观因素或某些客观原因而引发,相比其他类型的行政案件,法律关系较为明确,案件审理难度相对较低,只要行政机关依法履责,当事人之间的症结往往易于化解。实践中,不少案件是原告在向行政机关多次反映、投诉无果后,才选择通过诉讼方式寻求救济,一旦起诉,常常在诉讼期间就使纠纷得以快速解决。这从一个侧面凸显了行政审判这一外部监督机制的重大影响力。法院在查清事实、分清是非的基础上,通过向被告释明法律规定和法律后果,以和解方式化解纠纷,可以使原告诉求在短时间内实现,既解决问题,又不伤"和气"。

八、赵永天诉凤阳县武店镇人民政府行政不作为案

(一)基本案情

安徽省凤阳县人民政府依照国家发改委、住建部、财政部和滁州市有关文件精神,制定了《凤阳县2012年农村危房改造工作实施方案》(以下简称《方案》),在全县推广实施农村危房改造的惠民工程。赵永天依照上述文件精神,于2012年4月22日向凤阳县武店镇赵拐村村民委员会提交了危房改造补贴申请。该村村民委员会经评议后同意赵永天的申请意见,并将申请材料上报凤阳县武店镇人民政府(以下简称镇政府)审核。但直至赵永天提起诉讼时止,镇政府未按照上述文件的规定,依法履行其危房改造申请的审核职责。赵永天遂于2013年4月17日以镇政府为被告向法院提起行政诉讼,主张被告未依照《方案》作出审核决定,要求判决被告履行危房改造申请审核职责。

(二)裁判结果

凤阳县人民法院一审认为:凤阳县人民政府制定的《方案》,对农村危房改造的申报程序及审核方法等都作出了明确规定。乡镇人民政府在接到村民委员会的申报材料后,应当组织人员上门进行现场核查,经核查符合条件的由乡镇人民政府签署审核意见,报县农村危房改造领导小组审批;不符合条件的,将材料退回所在村村民委员会并说明原因,且审查结果在村务公开栏公示七天。该方案同时规定,凤阳县危房改造确定的检查验收时间为2012年12月11日至12月31日。原告赵永天依照规定提交了危房改造申请,但被告镇政府在接到其申请材料后未能按照《方案》规定的程序和方式履行其审核职责,其行为构成行政不作为。本案审理期间,被告对原告危房改造申请进行了补充核查,认为其不符合危房改造补贴条件,并将不符合条件的理由书面告知了赵拐村村民委员会及一审法院。法院已将核查结果告知原告,但原告不愿意撤回起诉。故一审法院判决确认被告不履行危房改造申请审核职责行为违法。一审宣判后,双方当事人均未上诉。

(三)典型意义

本案的典型意义在于:人民法院通过裁判强调了乡镇政府在农村危房改造中的职责,对督促其切实依法履责、保障农民基本生活权益具有积极作用。农村危房改造是中央政府确定的一项重要民生工程,也是一项民心工程。各级地方人民政府应当坚决执行,确保中央政令的统一和畅通,确保居住在危房中的农村分散供养五保户、低保户、贫困残疾人家庭和其他贫困户实现居者有其屋。在地方政府合理确定补助对象过程中,村、乡镇和县分别负有相应的评议、审核和审批职责,任何一个环节怠于履行职责,都会形成"肠梗阻"。本案被告镇政府在长达一年时间里未依法核查原告赵永天的申请,忽视其权益保障,严重影响了补助对象的确定工作,构成不依法履责。因被告诉讼期间作了审核,法院判决其继续履行已无实际意义,但仍然判决确认其不履责行为违法,符合行政诉讼法的规定,彰显了司法审查的价值。

九、艾立仁诉沈阳市卫生和计划生育委员会行政不作为案

(一)基本案情

2013年3月2日,艾立仁因右小腿闭合骨折就诊

于沈阳中大骨科医院(以下简称中大骨科),术后不仅骨折未予治愈,其闭合骨折还引发成骨外露、骨感染,后经十次手术未能治愈,现腿部残疾。艾立仁认为治疗中存在医疗损害,参加第一次手术的医师吴某存在越级手术这一违法事实。自2013年5月至12月间,艾立仁多次向辽宁省沈阳市卫生局(现更名为沈阳市卫生和计划生育委员会,以下简称市卫计委)就中大骨科越级手术等多项问题提出举报与投诉,市卫计委未给予回复。2013年12月24日中央电视台新闻频道将此事报道后,艾立仁得到市卫计委医政处的接待,并承诺调查处理。2014年2月19日下午,市卫计委医政工作人员张某通过电话回复说"吴某不是越级手术"。艾立仁对该答复不服,以市卫计委为被告提出行政诉讼,请求判令被告对手术医院及手术医生进行行政处罚。

(二)裁判结果

沈阳市和平区人民法院一审认为,原告艾立仁未提供证据证明其曾向被告市卫计委提出过对手术医院及医生进行行政处罚的申请,故原告认为被告不履行法定职责的观点不存在事实根据,对原告的诉讼请求不予支持,应予驳回。遂判决驳回原告的诉讼请求。艾立仁上诉后,市卫计委辩称,中大骨科是一个二级专科医院,具有为艾立仁手术的医疗资质,手术医生吴某系高年资住院医,该医院授权其从事一、二级手术,并且在上级医师指导下可组织部分三级手术;《医疗技术临床应用管理办法》规定手术分级是由医疗机构自行组织实施,中大骨科现在没有相关的分级,故吴某不存在越级手术问题。

沈阳市中级人民法院二审认为,根据相关证据及市卫计委的庭审陈述,可以认定艾立仁提出过举报且市卫计委已口头答复,故原审认定艾立仁没有提出过申请系认定事实不清。根据《医疗机构管理条例》第五条第二款、《外科手术分级制度管理》第五条第二款的规定,艾立仁申请的事项属于市卫计委的职权范围。市卫计委对艾立仁举报事项已进行了调查,并作出了相关事实的认定,但针对该部分事实没有向法院提交相应的证据,应认定其证据不足;且根据其现有的调查事实,市卫计委亦应当按照相关法律规定予以处理,而不需要艾立仁针对如何处理违法行为再次提出申请,故市卫计委存在不履行职责的情形,判决撤销一审判决,责令市卫计委对艾立仁的举报申请重新作出具体行政行为。

(三)典型意义

本案的典型意义在于:通过对卫生行政主管部门处理医患纠纷的法定职责进行司法审查,对依法保障患者权益有积极作用。医患纠纷已日益成为社会热点,卫生行政主管部门应强化对医疗机构的监管,对患者提出的医疗机构违法违规情况,积极调查,依法履责,既要保护患者合法权益,又要尽快明晰责任,促进医患之间的信任。由于医疗手术的高度专业性和高风险性,加之患者医疗知识的局限性,卫生行政主管部门作为医患关系的桥梁,在调查处理医患纠纷时,必须坚持公开、公平与公正,依法中立地履行职责,而不应偏袒任何一方。本案中,市卫计委经过调查发现涉案的医院没有建立分级制度,就应当责令涉案医院改正,并采取相应的补救措施,但却对当事人的申请作出涉案医院未建立分级制度故不存在违规越级手术问题的答复,明显违反相关法律规范的规定,人民法院因此判决其重新作出具体行政行为,于法有据。本案二审判决对法院处理类似案件有示范作用。

十、张美华等五人诉天水市公安局麦积分局行政不作为赔偿案

(一)基本案情

2006年3月3日凌晨3时许,被害人刘伟洲路过甘肃省天水市麦积区桥南伯阳路农行储蓄所门前时,遭到罪犯苏福堂、吴利强、佟彬的拦路抢劫。刘伟洲被刺伤后喊叫求救,个体司机胡某、美容中心经理梁某听到呼救后,先后用手机于4时02分、4时13分、4时20分三次拨打"110"电话报警,"110"值班人员让给"120"打电话,"120"让给"110"打电话。梁某于4时24分20秒(时长79秒)再次给"110"打电话报警后,"110"值班接警人员于6时23分35秒电话指令桥南派出所出警。此时被害人刘伟洲因失血过多已经死亡。经法医鉴定:被害人刘伟洲系被他人持锐器刺破股动脉,致失血性休克死亡。天水市麦积区人民法院于2007年3月23日作出(2007)麦刑初字第4号刑事判决,认定麦积分局"110"值班民警高某犯玩忽职守罪,免予刑事处罚。高某上诉后,二审维持原判。

天水市中级人民法院作出(2006)天刑一初字第24号刑事附带民事判决,判决被告人苏福堂、吴利强、佟彬赔偿刘伟洲相应的死亡赔偿金等。在民事判决执行中,因被告人苏福堂已被执行死刑,无财产可供执行;被告人吴利强、佟彬服刑前靠父母养活,暂无财产

可供执行,天水市中级人民法院于2008年6月3日以(2008)天执字第29号民事裁定终结执行。被害人刘伟洲的近亲属张美华、刘宇、刘沛、刘忠议、张凤仙五人于2009年1月16日以公安机关行政不作为为由向天水市公安局麦积分局提出行政赔偿申请,该局作出不予行政赔偿的决定。张美华等五人遂以该局为被告,向法院提起行政赔偿诉讼,请求判令被告赔偿刘伟洲死亡赔偿金和丧葬费498 640元,被扶养人生活费26 959.95元。

(二)裁判结果

天水市麦积区人民法院一审认为,《国家赔偿法》第三十四条第一款第(三)项规定,侵犯公民生命健康权的,赔偿金按照下列规定计算:(三)造成死亡的,应当支付死亡赔偿金、丧葬费,总额为国家上年度职工年平均工资的二十倍。对死者生前扶养的无劳动能力的人,还应当支付生活费。本案天水市公安局麦积分局应当按国家规定支付死亡赔偿金、丧葬费总额的20%份额。故判决:一、由该局按照2008年全国在岗职工年平均工资29 229元×20倍×20%的标准,在判决生效之日起十日内给张美华等五人赔偿刘伟洲死亡赔偿金和丧葬费116 916元;二、驳回张美华等五人关于要求赔偿被扶养人生活费的诉讼请求。

一审宣判后,张美华等五人认为判决以20%承担赔偿责任太少、被告天水市公安局麦积分局则认为不应予以赔偿,双方均不服提出上诉。在天水市中级人民法院二审期间,经该院主持调解,双方当事人于2014年4月25日达成调解协议:一、天水市公安局麦积分局在2014年6月10日前一次性给张美华、刘宇、刘沛、刘忠议、张凤仙支付刘伟洲死亡赔偿金20万元。二、张美华、刘宇、刘沛、刘忠议、张凤仙放弃要求天水市公安局麦积分局支付被扶养人生活费及刘伟洲丧葬费的诉讼请求。

(三)典型意义

本案的典型意义在于:明确了公安机关因未及时出警而应承担的相应责任,并通过调解方式妥善化解争议。有权必有责,用权受监督,失职要问责,侵权要赔偿,是把权力关进制度笼子的基本要求。《人民警察法》明确规定,人民警察的任务是维护国家安全,维护社会治安秩序,保护公民人身安全、人身自由和合法财产,保护公共财产,预防、制止和惩治违法犯罪活动。因此,不仅违法实施行政处罚、行政强制等侵权行为可能承担赔偿责任,因不依法履行职责、不及时救助群众,造成人身、财产损害的,同样可能承担赔偿责任。本案中,被害人刘伟洲的不幸死亡系因他人犯罪所导致,但公安机关也存在违法拖延出警、未及时履行保护公民人身安全的义务,应当承担相应的赔偿责任。同时,行政诉讼法规定了行政赔偿案件可以调解,本案二审法院在查明事实、分清责任的基础上,主持达成调解协议并制作了行政赔偿调解书,既维护了法律的权威,也有利于切实保障当事人的合法权益。

行政诉讼附带审查规范性文件典型案例

一、徐云英诉山东省五莲县社会医疗保险事业处不予报销医疗费用案

(一)基本案情

徐云英的丈夫刘焕喜患肺癌晚期并发脑转移,先后于2014年4月8日、2014年6月3日两次入住淄博万杰肿瘤医院治疗,2014年7月8日医治无效去世。在淄博万杰肿瘤医院住院治疗期间,产生医疗费用105 014.48元。2014年7月21日,徐云英申请五莲县社会医疗保险事业处给予办理新农合医疗费用报销。五莲县社会医疗保险事业处于2015年1月12日作出《五莲县社会医疗保险事业处关于对申请人徐云英合作医疗报销申请的书面答复》(以下简称《书面答复》),依据五莲县卫生局、五莲县财政局莲卫字〔2014〕2号《2014年五莲县新型农村合作医疗管理工作实施办法》(以下简称《实施办法》)第五条第二款的规定,认为刘焕喜就诊的医疗机构不属于政府举办的医疗机构,决定不予报销。徐云英认为五莲县社会医疗保险事业处不予报销所依据的政策规定不符合省、市相应政策规定的精神,侵犯其合法权益,为此向五莲县人民政府提出行政复议申请。五莲县人民政府认为五莲县社会医疗保险事业处的《书面答复》符合规定,于2015年4月13日作出莲政复决字(2015)1号行政复议决定,维持五莲县社会医疗保险事业处作出的《书面答复》。徐云英起诉请求人民法院撤销五莲县社会医疗保险事业处作出的《书面答复》,同时,对五莲县社会医疗保险事业处所依据规范性文件的合法性进行审查。

(二)裁判结果

山东省日照市中级人民法院二审认为,案涉《实

施办法》第五条第二款规定“参合农民到市外就医，必须到政府举办的公立医疗机构”，该款规定对行政相对人的权利作出了限缩性规定，不符合上位法规范性文件的相关规定，不能作为认定行政行为合法的依据，《书面答复》应予撤销。对于徐云英的新型农村合作医疗费用依据上位规范性文件的规定应否报销，需由五莲县社会医疗保险事业处重新审查并作出处理。据此，二审法院撤销山东省五莲县人民法院一审判决；撤销五莲县社会医疗保险事业处作出的《书面答复》；并责令五莲县社会医疗保险事业处于判决生效之日起60日内对徐云英的申请重新审查并作出处理。

（三）典型意义

修改后的行政诉讼法第五十三条增加了对规范性文件进行附带审查的条款。规范性文件的制定应以上位法为依据，与上位法相冲突的条款不具有合法性，不能作为认定行政行为合法的依据。本案涉及的上位依据包括：《山东省新型农村合作医疗定点医疗机构暂行管理规定》第十二条规定：“参合农民在山东省行政区域内非新农合定点医疗机构就医的费用不得纳入新农合基金补偿。”山东省卫生厅、民政厅、财政厅、农业厅《关于巩固和发展新型农村合作医疗制度的实施意见》规定：“完善省内新农合定点医疗机构互认制度，凡经市级以上卫生行政部门确定并报省卫生行政部门备案的三级以上新农合定点医疗机构，在全省范围内互认；统筹地区根据参合农民就医流向，通过签订协议互认一、二级新农合定点医疗机构，享受当地规定的同级别新农合定点医疗机构补偿比例。”《实施办法》第五条第二款关于“参合农民到市外就医，必须到政府举办的公立医疗机构”的规定，限缩了行政相对人选择就医的权利，不符合上位法依据的相关规定，不能作为认定涉案行政行为合法的依据。

二、方才女诉浙江省淳安县公安局治安管理行政处罚案

（一）基本案情

2015年1月，浙江省淳安县公安局城区派出所（以下简称城区派出所）和淳安县公安消防大队（以下简称淳安消防大队）曾多次对方才女经营的坐落于淳安县千岛湖镇龙门路53弄11号出租房进行消防检查。同年2月11日，城区派出所和淳安消防大队再次对方才女的出租房进行消防检查。同年2月13日，城区派出所向方才女发出责令限期改正通知书，责令其改正消防安全违法行为。同日，淳安消防大队也向方才女发出责令限期改正通知书，其中认定的消防安全违法行为与淳安县公安局认定的基本相同，并责令方才女于2015年3月11日前改正。3月13日，城区派出所和淳安消防大队民警对涉案出租房进行复查，发现方才女对“四、五、六、七层缺少一部疏散楼梯，未按要求配置逃生用口罩、报警哨、手电筒、逃生绳等”违法行为未予改正。同年3月16日，城区派出所决定立案调查，次日，城区派出所民警向方才女告知拟处罚的事实、理由和依据。同日，淳安县公安局作出淳公行罚决字（2015）第1－0001号《行政处罚决定书》（以下简称被诉处罚决定），认定方才女的行为构成违反安全规定致使场所有发生安全事故危险的违法行为，根据《中华人民共和国治安管理处罚法》（以下简称《治安管理处罚法》）第三十九条的规定，对其决定行政拘留三日，并送淳安县拘留所执行。方才女不服诉至法院请求撤销被诉处罚决定，并对被诉处罚决定作出所依据的规范性文件，即行政程序中适用的《浙江省居住出租房屋消防安全要求》（以下简称《消防安全要求》）《关于解决消防监督执法工作若干问题的批复》（以下简称《消防执法问题批复》）和《关于居住出租房屋消防安全整治中若干问题的法律适用意见（试行）》（以下简称《消防安全法律适用意见》）合法性进行一并审查。

（二）裁判结果

浙江省淳安县人民法院一审认为，方才女的出租房屋虽被确定为征迁范围，但其在征迁程序中仍用于出租，且出租房内未按要求配置逃生用口罩、报警哨、手电筒、逃生绳等消防设施。淳安县公安局根据《消防安全要求》《消防执法问题批复》和《消防安全法律适用意见》的规定，认定方才女的行为构成违反安全规定致使场所有发生安全事故危险的违法事实清楚。《消防安全要求》《消防执法问题批复》和《消防安全法律适用意见》均属于合法的规范性文件，淳安县公安局在行政程序中应参照适用。据此，一审判决驳回方才女的诉讼请求。方才女不服提出上诉。杭州市中级人民法院二审认为，根据对《消防安全要求》《消防执法问题批复》和《消防安全法律适用意见》的审查，淳安县公安局认定案涉居住出租房屋为《治安管理处罚法》第三十九条规定的“其他供社会公众活动的场所”，定性准确。方才女提供的证据以及询问笔录均

显示其负责案涉出租房屋日常管理，系案涉出租房屋的经营管理人员，依法应对案涉出租经营的房屋消防安全承担责任。方才女要求撤销被诉处罚决定的诉讼请求不能成立，依法应予驳回。据此，二审判决驳回上诉，维持原判。

（三）典型意义

本案的争议焦点在于，当事人申请附带审查的《消防安全要求》《消防执法问题批复》和《消防安全法律适用意见》是否对《治安管理处罚法》第三十九条规定的“其他供社会公众活动的场所”进行了扩大解释。《治安管理处罚法》第三十九条适用的对象是“旅馆、饭店、影剧院、娱乐场、运动场、展览馆或者其他供社会公众活动的场所的经营管理人员”。本案中，人民法院通过对案涉规范性文件条文的审查，明确了对居住的出租房屋能否视为“其他供社会公众活动的场所”这一法律适用问题。由于“其他供社会公众活动的场所”为不确定法律概念，其内容与范围并不固定。本案中，居住的出租房物理上将毗邻的多幢、多间（套）房屋集中用于向不特定多数人出租，并且承租人具有较高的流动性，已与一般的居住房屋只关涉公民私人领域有质的区别，已经构成了与旅馆类似的具有一定开放性的公共活动场所。对于此类场所的经营管理人员，在出租获利的同时理应承担更高的消防安全管理责任。因此，《消防安全要求》《消防执法问题批复》和《消防安全法律适用意见》所规定的内容并不与《治安管理处罚法》第三十九条之规定相抵触。

三、袁西北诉江西省于都县人民政府物价行政征收案

（一）基本案情

袁西北的住房属江西省于都县中心城区规划范围。江西省于都县人民政府（以下简称于都县政府）委托于都县自来水公司，根据袁西北户从2010年2月1日起至2015年11月的自来水使用情况，征收了袁西北户的污水处理费共计1273.2元。袁西北以于都县政府对其征收污水处理费违法为由，诉至法院，请求于都县政府全部退还已征收的污水处理费；依法对《于都县城市污水处理费征收工作实施方案》（以下简称《实施方案》）的合法性进行审查。

（二）裁判结果

江西省高级人民法院二审认为，《中华人民共和国水污染防治法》第四十四条第三款、第四款规定，城镇污水集中处理设施的运营单位按照国家规定向排污者提供污水处理的有偿服务，收取污水处理费用，保证污水集中处理设施的正常运行。城镇污水集中处理设施的污水处理收费、管理以及使用的具体办法，由国务院规定。国务院《城镇排水与污水处理条例》第三十二条规定，排水单位和个人应当按照国家有关规定缴纳污水处理费。中华人民共和国财政部、中华人民共和国国家发展和改革委员会《污水处理费征收使用管理办法》（以下简称《管理办法》）第八条规定，向城镇排水与污水处理设施排放污水、废水的单位和个人应当缴纳污水处理费。江西省发改委赣发改收费字〔2010〕135号《关于统一调整全省城市污水处理费征收标准的通知》及赣州市物价局赣市价费字〔2010〕15号《关于核定于都县城市污水处理费征收标准的批复》确定的征收范围均明确是“在城市污水集中处理规划区范围内向城市排污管网和污水集中处理设施排放达标污水的所有用水单位和个人”。但《实施方案》所确定的污水处理费征收范围却扩大至“于都县中心城区规划区范围内所有使用城市供水的企业、单位和个人”，违反法律法规规章及上级行政机关规范性文件规定，不能作为于都县政府征收袁西北污水处理费的合法性依据。在袁西北未向城市排污管网和污水集中处理设施排放污水的情况下，于都县政府向其征收污水处理费没有事实和法律依据，应予返还。故判决撤销于都县政府征收袁西北城市污水处理费的行为，责令于都县政府于判决生效之日起三十日内向袁西北返还1273.2元污水处理费。此后，江西省高级人民法院向于都县政府发送司法建议，建议其对涉案规范性文件的相关条款予以修改。

（三）典型意义

本案所涉及的污水处理费征收，根据法律法规的规定，其范围由征收对象和征收对象实施的行为确定。征收对象为城市污水集中处理规划区范围所有用水单位和个人，且征收对象需实施向城市排污管网和污水集中处理设施排放污水的行为。但《实施方案》所确定的污水处理费征收范围却扩大至“于都县中心城区规划区范围内所有使用城市供水的企业、单位和个人”，违反法律法规规章及上级行政机关规范性文件规定。在《管理办法》第八条明确规定了征收范围后，于都县政府在其制定的规范性文件中扩大征收范围没有法律依据，应予修改。根据《最高人民法院关于适用〈中华人民共和国行政诉讼法〉的解释》第一百四十九

条之规定,规范性文件不合法的,人民法院可以向规范性文件的制定机关提出司法建议。司法建议作为法律赋予人民法院的一项重要职责,是充分发挥审判职能的重要方式。人民法院在规范性文件附带审查后向有关机关发出司法建议,可以促进执法质量、扩展审判效果。

四、大昌三昶(上海)商贸有限公司诉北京市丰台区食品药品监督管理局行政处罚案

(一)基本案情

2015年1月,刘振杰通过"12331"投诉北京市丰台区丰台北路79号华堂商场一层超市销售的进口食品吉百利巧克力饼干中英文营养成分表数值不一致,要求进行调查,并提供了购物小票及涉案产品外包装,产品外包装显示涉案产品的中国经销商为大昌三昶(上海)商贸有限公司(以下简称大昌公司)。

2015年2月2日,北京市丰台区食品药品监督管理局(以下简称丰台食药局)对华糖洋华堂商业有限公司华堂商场丰台北路店(以下简称华堂丰北路店)进行现场检查,于2015年2月9日予以立案。2015年5月11日,丰台食药局作出(京丰)食药监食罚(2015)270020号《行政处罚决定书》(以下简称被诉处罚决定书)及责令改正通知书并送达华堂丰北路店。被诉处罚决定书认为华堂丰北路店经营上述食品营养成分表中的中英文数值不一致,不符合GB 28050－2011《食品安全国家标准预包装食品营养标签通则》(以下简称《通则》)3.2的规定,属于经营标签标注不符合食品安全标准规定的行为,违反了原《中华人民共和国食品安全法》(以下简称原《食品安全法》)第四十二条第一款第九项的规定。依据原《食品安全法》第八十六条第一款第二项的规定,决定给予华堂丰北路店没收违法所得153.6元,罚款8000元的行政处罚。

大昌公司认为《通则》3.2项违背了原《食品安全法》的立法目的,超越了食品安全的适用范围以及食品安全的定义范畴。食品营养成分要求作为食品安全标准的内容仅仅涉及专供婴幼儿和其他特定人群的主辅食品的要求。本案所涉产品为普通食品,因此《通则》并不适用于本案。同时被诉处罚决定书在事实认定、法律适用及处罚程序方面均违法,故请求法院撤销丰台食药局作出的被诉处罚决定书,同时对《通则》3.2项附带进行合法性审查。

(二)裁判结果

北京市丰台区人民法院一审认为,《通则》的制定符合原《食品安全法》保障公众身体健康的立法目的,并为现行有效的食品安全国家标准的内容之一,其3.2项与相关法律法规规章并不抵触,丰台食药局作为被诉处罚决定书的依据并无不妥。丰台食药局以此作出的被诉处罚决定书认定事实清楚,证据充分,适用法律法规正确,程序合法,处罚适当。一审法院判决驳回了大昌公司的全部诉讼请求。大昌公司不服一审判决,持原诉理由上诉至二审法院,请求二审法院撤销原判,支持其原诉请求或者将案件发回重审。北京市第二中级人民法院经审理认为,《通则》3.2项的规定与立法目的并不相悖,没有违反上位法的规定,即《通则》3.2项的规定合法,且应当作为本案被诉处罚决定书的适用依据,且大昌公司的标签标注行为构成了对《通则》3.2项的违反,被诉处罚决定书并无不当,二审维持了一审判决。

(三)典型意义

修改后的《行政诉讼法》第五十三条赋予了公民、法人或者其他组织对规范性文件请求附带审查的权利。第六十四条规定人民法院经审查认为规范性文件不合法的,规范性文件不作为认定行政行为合法的依据,并向制定机关提出处理建议。《最高人民法院关于适用〈中华人民共和国行政诉讼法〉的解释》第一百四十九条规定,规范性文件不合法的,人民法院不作为认定行政行为合法的依据,并在裁判理由中予以阐明。本案中,案涉《通则》3.2项规定:预包装食品营养标签应使用中文。如同时使用外文标示的,其内容应当与中文相对应,外文字号不得大于中文字号。本案的裁判理由部分从立法目的、上位法的具体法律规定等角度详细阐明了《通则》3.2项合法,应当在本案中作为法律依据予以适用的理由。二审法院更是将案件的争议焦点固定在《通则》3.2项的法律适用方面,通过对《通则》3.2项合法性的确认、《通则》3.2项应作为本案的法律适用依据、大昌公司的行为构成对《通则》3.2项的违反这三个焦点问题的深入说理,有理有据的驳回了大昌公司的主张。通过这一案件中规范性文件的附带审查,确保原《食品安全法》保障公众食品安全和身体健康立法宗旨的进一步落实。

五、郑晓琴诉浙江省温岭市人民政府土地行政批准案

(一)基本案情

郑晓琴与其父母郑福兴、张菊香同户,均系浙江省温岭市西城街道某村村民。1997年8月,郑福兴户在

个人建设用地补办申请中将郑晓琴列为在册人口。2013年3月,郑福兴因拆迁复建提交个人建房用地申请时,在册人口中无郑晓琴。温岭市人民政府(以下简称温岭市政府)根据《温岭市个人建房用地管理办法》(以下简称《用地管理办法》)有关“申请个人建房用地的有效人口计算:(一)本户在册人口(不包括应迁出未迁出的人口)”,以及《温岭市工业城二期用地范围房屋迁建补偿安置办法》(以下简称《补偿安置办法》)有关“有下列情形不计入安置人口:(一)……已经出嫁的妇女及其子女(含粮户应迁未迁)只能在男方计算家庭人口”之规定,认为郑晓琴虽系郑福兴之女,其户口登记在郑福兴名下,但业已出嫁,属于应迁未迁人口,遂于2014年7月确认郑福兴户有效人口为2人,并审批同意郑福兴的个人建房用地申请。郑晓琴不服诉至法院,请求判令撤销温岭市政府的审批行为,并重新作出行政行为;附带审查上述两个规范性文件并确认不合法。

(二)裁判结果

浙江省台州市黄岩区人民法院一审认为,郑福兴申请建造住宅用地的申报材料,虽由所在村委会统一上报,并经乡(镇)人民政府审核,温岭市政府作为批准机关,对申报材料的真实性、村集体讨论通过并予以公布的程序合法性等仍负有审查职责。温岭市政府在作出被诉审批行为时,未对村委会上报的温岭市个人建房用地审批表中村委会的公布程序等相关事实进行认真审查,属认定事实不清,证据不足,程序违法,应当予以撤销。《用地管理办法》与《补偿安置办法》系温岭市政府制定的规范性文件。该文件的相关规定,不适用于郑晓琴。据此,判决撤销温岭市政府2014年7月25日作出的温政个许字(2014)585号《温岭市个人建房用地审批表》中同意郑福兴户新建房屋的审批行为,责令温岭市政府在判决生效之日起六十日内对郑福兴户的建房用地重新作出审批。郑晓琴和温岭市政府不服均提起上诉。台州市中级人民法院二审认为,《用地管理办法》与《补偿安置办法》相关规定不作为认定被诉审批行为合法的依据,一审法院认为对郑晓琴不适用的表述有所不当,予以更正。二审判决驳回上诉、维持原判。其后,人民法院向温岭市政府发送司法建议,该府及时启动了相关规范性文件的修订工作,并表示将加强规范性文件制定的审查工作。

(三)典型意义

修改后的行政诉讼法赋予公民、法人和其他组织在对行政行为提起诉讼时,认为所依据的规范性文件不合法时,可附带请求法院审查该文件合法性的权利。本案中,温岭市政府制定的两个涉案规范性文件,将“应迁出未迁出的人口”及“已经出嫁的妇女及其子女”排除在申请个人建房用地和安置人口之外,显然与《中华人民共和国妇女权益保障法》等上位法规定精神不符。人民法院通过裁判,既维护了社会广泛关注的“外嫁女”及其子女的合法权益,也促进了行政机关及时纠正错误,对于规范性文件的一并审查,从更大范围内对“外嫁女”等群体的合法权益予以有力保护。

六、上海苏华物业管理有限公司诉上海市住房和城乡建设管理委员会物业服务资质行政许可案

(一)基本案情

2015年7月2日,原上海市住房保障和房屋管理局(以下简称原市房管局)受理上海苏华物业管理有限公司(以下简称苏华公司)向其提出的新设立物业服务企业资质核定申请,苏华公司提交了其聘用的王子文等人具备专业管理资质和技术资质的证书,及苏华公司为其缴纳城镇基本养老保险的证明。后原市房管局经调查发现,苏华公司聘用的专职管理和技术人员于同年5月起作为苏华公司员工缴纳社会保险费用,但于次月即停止缴费。故原市房管局认定苏华公司的申请不符合有关规定,继而于同年7月9日作出不予批准决定。苏华公司不服,于同年8月25日向中华人民共和国住房和城乡建设部(以下简称住建部)申请行政复议。住建部于11月18日作出行政复议决定。苏华公司不服提起行政诉讼,请求撤销原市房管局2015年7月9日作出的《不予批准决定书》及住建部作出的建复决字(2015)454号《行政复议决定书》;对原上海市房屋土地资源管理局制定的沪房地资物(2007)69号《新设立物业资质通知》进行附带审查。

(二)裁判结果

上海市黄浦区人民法院一审认为,《物业管理条例》和《物业服务企业资质管理办法》明确,国家对从事物业管理活动的企业实行资质管理制度,物业服务企业中从事物业管理的人员应当根据有关规定取得职业资格证书,且满足相应的人数标准。为了更好地提供物业管理服务,物业管理人员除具备职业资质以外,还应当具备服务的稳定性。因此《物业服务企业资质

管理办法》中明确规定，物业服务企业中从事物业管理的专业人员应当是“专职”的管理和技术人员。原上海市房屋土地资源管理局作为物业服务企业资质的主管机关，根据上位法规定制定《新设立物业资质通知》，对《物业服务企业资质管理办法》中专职人员的认定标准进行了解释和细化规定，与《中华人民共和国行政许可法》（以下简称《行政许可法》）、《物业管理条例》等法律、法规的规定不相冲突，制定主体、制定目的、制定过程符合规范，并无明显违法情形。结合该通知第一条的规定和相关证据，苏华公司聘用的相关专业人员社保缴纳记录仅持续一个月，显然不符合物业服务企业中专业人员的专职性要求，进而不符专职人员的人数要求。据此，法院判决驳回苏华公司的诉讼请求。苏华公司不服上诉，二审驳回上诉，维持原判。

（三）典型意义

根据《行政许可法》的规定，法律法规已经设定行政许可的，下级行政机关可以依法通过制定规范性文件的方式明确许可所具备的条件。行政相对人对该规范性文件提起附带审查的，法院围绕该规范性文件与法律法规的规定是否存在冲突，制定主体、制定目的、制定过程是否符合规范，是否明显违法等情形进行审查。规范性文件不存在违法情形的，应当在判决理由中予以认可，并在该案中进行适用。本案中，人民法院通过判决明确了国家对从事物业管理活动的企业实行资质管理的制度，物业服务企业中从事物业管理的人员应当根据有关规定取得职业资格证书，且满足相应的人数标准。同时明确为了更好地提供物业管理服务，物业管理人员除具备职业资质以外，还应当具备服务的稳定性。原上海市房屋土地资源管理局作为物业服务企业资质的主管机关，根据上位法规定制定《新设立物业资质通知》，对《物业服务企业资质管理办法》中专职人员的认定标准进行了解释和细化规定，与《行政许可法》《物业管理条例》等法律法规的规定不相冲突。

七、孙桂花诉原浙江省环境保护厅环保行政许可案

（一）基本案情

2015年3月17日，原浙江省环境保护厅（以下简称原浙江省环保厅）向孙桂花所有的小型越野客车核发黄色机动车环保检验合格标志，有效期至2015年6月。同年11月12日，孙桂花起诉要求撤销该标志，并对原中华人民共和国环境保护部（以下简称原环保部）制定的《机动车环保检验合格标志管理规定》（环发〔2009〕87号）进行合法性审查。同年11月19日，孙桂花提交机动车排放鉴定申请，次日该车经排气污染物检测，结论为合格，原浙江省环保厅为其核发了绿色机动车环保检验合格标志。

（二）裁判结果

浙江省杭州市西湖区人民法院一审认为，原浙江省环保厅核发环保标志的职权来自《行政许可法》和《浙江省机动车排气污染防治条例》，而非环发〔2009〕87号文件。孙桂花提出原浙江省环保厅依据该规范性文件增设标志管理的主张，不能成立。环发〔2009〕87号文件系由原环保部颁发，内容关于统一全国环保标志标准，其中对核发绿色或黄色环保标志明确了一些技术标准，并未违反上位法的规定，孙桂花提出其不合法的主张不能成立。案涉车辆属于在国家环保部门发布的《环保达标车型公告》目录中无记录的车型，根据《浙江省机动车环保检验合格标志管理办法》及环发〔2009〕87号文件，应按机动车注册登记时间或采用技术鉴别方式核发环保标志。对行政相对人而言，核发黄色环保标志相较于绿色环保标志属于不利的行政许可，将受到相关区域通行限制。事后，案涉车辆经技术鉴别，实际符合核发绿色环保标志的条件，原浙江省环保厅核发黄色环保标志与事实不符。且原浙江省环保厅未告知孙桂花也可采用技术鉴别方式核发，有违正当程序。因案涉标志已于2015年6月到期，原浙江省环保厅也于2015年11月就案涉车辆核发了绿色环保标志，判决撤销被诉核发黄色环保标志的行为已无实际意义，遂判决确认违法。当事人均未上诉，一审判决发生法律效力。

（三）典型意义

人民法院在行政诉讼中对规范性文件附带审查时应正确把握审查方式，必要时可以征求制定机关的意见。为防治大气污染，全国各地逐步对黄标车进行治理淘汰，案涉机动车环保标志的核发及对原环保部制定的《机动车环保检验合格标志管理规定》进行的附带审查，不仅关系到车主切身利益，同时也关系到大气污染防治的民生大计。原环保部制定的《机动车环保检验合格标志管理规定》专业性和政策性较强，为更好地理解该文件的制定目的、依据及出台背景等，法院向原环保部发函了解情况，原环保部复函详细作了介

绍。法院在听取了诉讼双方的主张及制定机关的意见，充分掌握信息后，作出审慎的审查结论。本案对合法的规范性文件予以适用，并对违反正当程序的环保标志核发行为确认违法，在保障行政相对人合法权益的同时，推动了环保标志的规范化管理。

八、成都金牌天使医疗科技有限责任公司诉四川省成都市科学技术局科技项目资助行政许可案

（一）基本案情

金牌天使医疗科技有限责任公司（以下简称金牌天使公司）就已获得专利授权的雾霾治理机向四川省成都市科学技术局（以下简称成都市科技局）申报科技项目资助。2014年6月29日，成都市科技局根据其制定的规范性文件，认为金牌天使公司的申报中缺少审计后的财务报表和专项研发费用报表，对该申报作出退回修改的决定。金牌天使公司认为，其申报项目已成功申报四川省科技厅2015年科技支撑计划重点新产品研发项目，应自然具备成都市战略新兴产品的申报和资助条件，故成都市科技局退回补充修改的理由不能成立。同时，其认为成都市科技局制定的规范性文件违法，故诉请法院对其予以审查，并确认成都市科技局于2014年6月29日作出的退回修改行为违法。

（二）裁判结果

成都市高新技术产业开发区人民法院一审认为，金牌天使公司所诉的行政行为，是成都市科技局因金牌天使公司未完整提交申请所需材料而无法进入实质审查程序的一项告知行为，可视为一种程序性行政行为。本案行政程序尚未进入对金牌天使公司申请事项的实体认定阶段，成都市科技局作出的审核告知行为并未产生是否给予金牌天使公司项目资助的法律后果，该程序性告知行为不属于实体上的行政行为，没有直接影响金牌天使公司的实体权益。同时，依据《中华人民共和国行政诉讼法》第十三条、第五十三条相关规定可知，当事人直接就规范性文件的审查向人民法院起诉不属于行政诉讼受案范围；行政诉讼对规范性文件的审查应当依附于案涉行政行为的审理而进行。因此，如果所诉行政行为不符合行政诉讼的受案范围，同时提起规范性文件审查的请求也不属于人民法院行政诉讼的受案范围。本案中，金牌天使公司所诉审核告知退回修改的程序性行政行为不属于人民法院行政诉讼受案范围，故其请求审查并确认成都市科技局制定的相关规范性文件违法的诉请也不属于人民法院行政诉讼的受案范围，遂裁定驳回金牌天使公司的起诉。金牌天使公司不服提出上诉，四川省成都市中级人民法院二审裁定驳回上诉，维持原裁定。

（三）典型意义

规范性文件附带审查制度在促进公民权益保护、监督规范性文件的制定以及促进法治政府“科学立法”的进程具有积极的意义。在本案的审理中，人民法院明确，原告提起规范性文件的审查需符合“附带性”的原则。首先，审查对象的附带性，只有直接作为被诉行政行为依据的规范性文件才可能成为人民法院的审查对象；其次，审查模式的附带性，即对规范性文件的审查只能在针对行政行为合法性审查中附带提出；最后，审查结果的附带性，人民法院对规范性文件的审查是为了确认诉争行政行为的直接依据是否合法进而确认行政行为的合法性，经审查后确认该规范性文件不合法，处理方式为不作为认定行政行为合法的依据，并向规范性文件的制定机关提出处理建议，而不就规范性文件的合法性做单独判定。本案中，由于被诉行为不属于人民法院行政诉讼受案范围，故原告一并提起要求确认被告制定的相关规范性文件违法的诉请也不属于人民法院行政诉讼的受案范围。

九、毛爱梅、祝洪兴诉浙江省江山市贺村镇人民政府行政强制及行政赔偿案

（一）基本案情

毛爱梅与其夫祝洪兴系浙江省江山市贺村镇生猪养殖户。2015年5月31日，浙江省江山市贺村镇人民政府（以下简称贺村镇政府）与祝洪兴签订《生猪养殖场关停退养协议》，约定祝洪兴关停其生猪养殖场，不得在原址上再从事生猪养殖，彻底拆除占地374.3m^2的养殖设施，由镇政府给予其10元/平方米奖励。当日，贺村镇政府对拆除养殖设施完成验收，并于2015年7月23日将退养补助款3473元转账支付至祝洪兴个人账户。2015年8月30日，贺村镇政府发现祝洪兴夫妇存在恢复生猪养殖的行为，向其发送《责令关停退养通知书》，责令其于当日无偿关停退养，并拆除栏舍。2015年9月1日上午，贺村镇政府发现仍存在生猪养殖情形，遂于当日下午组织对养殖场建筑进行强制拆除。祝洪兴夫妇因对贺村镇政府实施的强制拆除行为不服，提起行政诉讼，请求法院确认贺村镇政府的强制拆除行为违法，赔偿其各项损失408 230元，并申

请对江山市人民政府《关于深入推进生猪养殖污染整治和规范管理的通知》(江政办发〔2014〕29 号)进行附带审查。

(二)裁判结果

浙江省衢州市柯城区人民法院一审认为,祝洪兴与贺村镇政府签订的《生猪养殖场关停退养协议》中仅就拆除养殖场设施约定双方义务,并未就养殖场建筑的拆除进行约定,且随后双方义务均已履行完毕,故贺村镇政府在 2015 年 9 月 1 日实施的强制拆除行为并非履行协议内容。贺村镇政府在实施强制拆除过程中,未依照行政强制法的规定履行催告、告知、作出强制执行决定书等程序,属程序违法。但祝洪兴所主张的损失或非合法财产、或与强制拆除行为之间缺乏因果关系,不符合国家赔偿法等相关法律法规规定的赔偿情形,故不予赔偿。另,祝洪兴请求一并审查的江政办发〔2014〕29 号规范性文件,经其当庭明确系认为该文件第三条第三款不合法,而该条款内容系对生猪退养相关补助的政策规定,非本案贺村镇政府实施强制拆除行为的法律依据,故决定不予审查。判决后,双方均未上诉。

(三)典型意义

本案再次明确了规范性文件附带审查制度中审查对象的附带性,即作为被诉行政行为依据的规范性文件才可能成为人民法院的审查对象。如果规范性文件不是行政机关实施行政行为的法律依据,那么人民法院将不予审查。以促进经济社会转型升级为核心目标开展的“三改一拆”“五水共治”等活动,是贯彻党的十八届五中全会提出“创新、协调、绿色、开放、共享”五大发展理念的重要体现。对于严重影响生态环境的生猪养殖业开展整治提升,是生态文明建设的重要环节,环保部门和乡镇政府在其中发挥着主要作用。人民法院在审理此类行政案件中,一方面,要依法审查行政主体的职权依据、法律依据和执法程序,对强制拆除等行为应严格审查其合法性;另一方面,对于涉及赔偿的内容要依照国家赔偿法以及《最高人民法院关于审理行政赔偿案件若干问题的规定》等法律、司法解释中“合法权益”、直接损失、行为与损失之间因果关系等要素进行严格审查。本案中规范性文件并非行政行为作出依据,人民法院根据行政诉讼法的规定不予审查,明确了可以附带审查的规范性文件的法律界限。

二、起诉、受理与受案范围

资料补充栏

1. 综　合

最高人民法院关于人民法院登记立案若干问题的规定

1. 2015年4月13日最高人民法院审判委员会第1647次会议通过
2. 2015年4月15日公布
3. 法释〔2015〕8号
4. 自2015年5月1日起施行

为保护公民、法人和其他组织依法行使诉权,实现人民法院依法、及时受理案件,根据《中华人民共和国民事诉讼法》《中华人民共和国行政诉讼法》《中华人民共和国刑事诉讼法》等法律规定,制定本规定。

第一条　人民法院对依法应该受理的一审民事起诉、行政起诉和刑事自诉,实行立案登记制。

第二条　对起诉、自诉,人民法院应当一律接收诉状,出具书面凭证并注明收到日期。

对符合法律规定的起诉、自诉,人民法院应当当场予以登记立案。

对不符合法律规定的起诉、自诉,人民法院应当予以释明。

第三条　人民法院应当提供诉状样本,为当事人书写诉状提供示范和指引。

当事人书写诉状确有困难的,可以口头提出,由人民法院记入笔录。符合法律规定的,予以登记立案。

第四条　民事起诉状应当记明以下事项:

(一)原告的姓名、性别、年龄、民族、职业、工作单位、住所、联系方式,法人或者其他组织的名称、住所和法定代表人或者主要负责人的姓名、职务、联系方式;

(二)被告的姓名、性别、工作单位、住所等信息,法人或者其他组织的名称、住所等信息;

(三)诉讼请求和所根据的事实与理由;

(四)证据和证据来源;

(五)有证人的,载明证人姓名和住所。

行政起诉状参照民事起诉状书写。

第五条　刑事自诉状应当记明以下事项:

(一)自诉人或者代为告诉人、被告人的姓名、性别、年龄、民族、文化程度、职业、工作单位、住址、联系方式;

(二)被告人实施犯罪的时间、地点、手段、情节和危害后果等;

(三)具体的诉讼请求;

(四)致送的人民法院和具状时间;

(五)证据的名称、来源等;

(六)有证人的,载明证人的姓名、住所、联系方式等。

第六条　当事人提出起诉、自诉的,应当提交以下材料:

(一)起诉人、自诉人是自然人的,提交身份证明复印件;起诉人、自诉人是法人或者其他组织的,提交营业执照或者组织机构代码证复印件、法定代表人或者主要负责人身份证明书;法人或者其他组织不能提供组织机构代码的,应当提供组织机构被注销的情况说明;

(二)委托起诉或者代为告诉的,应当提交授权委托书、代理人身份证明、代为告诉人身份证明等相关材料;

(三)具体明确的足以使被告或者被告人与他人相区别的姓名或者名称、住所等信息;

(四)起诉状原本和与被告或者被告人及其他当事人人数相符的副本;

(五)与诉请相关的证据或者证明材料。

第七条　当事人提交的诉状和材料不符合要求的,人民法院应当一次性书面告知在指定期限内补正。

当事人在指定期限内补正的,人民法院决定是否立案的期间,自收到补正材料之日起计算。

当事人在指定期限内没有补正的,退回诉状并记录在册;坚持起诉、自诉的,裁定或者决定不予受理、不予立案。

经补正仍不符合要求的,裁定或者决定不予受理、不予立案。

第八条　对当事人提出的起诉、自诉,人民法院当场不能判定是否符合法律规定的,应当作出以下处理:

(一)对民事、行政起诉,应当在收到起诉状之日起七日内决定是否立案;

(二)对刑事自诉,应当在收到自诉状次日起十五日内决定是否立案;

（三）对第三人撤销之诉，应当在收到起诉状之日起三十日内决定是否立案；

（四）对执行异议之诉，应当在收到起诉状之日起十五日内决定是否立案。

人民法院在法定期间内不能判定起诉、自诉是否符合法律规定的，应当先行立案。

第九条　人民法院对起诉、自诉不予受理或者不予立案的，应当出具书面裁定或者决定，并载明理由。

第十条　人民法院对下列起诉、自诉不予登记立案：

（一）违法起诉或者不符合法律规定的；

（二）涉及危害国家主权和领土完整的；

（三）危害国家安全的；

（四）破坏国家统一和民族团结的；

（五）破坏国家宗教政策的；

（六）所诉事项不属于人民法院主管的。

第十一条　登记立案后，当事人未在法定期限内交纳诉讼费的，按撤诉处理，但符合法律规定的缓、减、免交诉讼费条件的除外。

第十二条　登记立案后，人民法院立案庭应当及时将案件移送审判庭审理。

第十三条　对立案工作中存在的不接收诉状、接收诉状后不出具书面凭证，不一次性告知当事人补正诉状内容，以及有案不立、拖延立案、干扰立案、既不立案又不作出裁定或者决定等违法违纪情形，当事人可以向受诉人民法院或者上级人民法院投诉。

人民法院应当在受理投诉之日起十五日内，查明事实，并将情况反馈当事人。发现违法违纪行为的，依法依纪追究相关人员责任；构成犯罪的，依法追究刑事责任。

第十四条　为方便当事人行使诉权，人民法院提供网上立案、预约立案、巡回立案等诉讼服务。

第十五条　人民法院推动多元化纠纷解决机制建设，尊重当事人选择人民调解、行政调解、行业调解、仲裁等多种方式维护权益，化解纠纷。

第十六条　人民法院依法维护登记立案秩序，推进诉讼诚信建设。对干扰立案秩序、虚假诉讼的，根据民事诉讼法、行政诉讼法有关规定予以罚款、拘留；构成犯罪的，依法追究刑事责任。

第十七条　本规定的"起诉"，是指当事人提起民事、行政诉讼；"自诉"，是指当事人提起刑事自诉。

第十八条　强制执行和国家赔偿申请登记立案工作，按照本规定执行。

上诉、申请再审、刑事申诉、执行复议和国家赔偿申诉案件立案工作，不适用本规定。

第十九条　人民法庭登记立案工作，按照本规定执行。

第二十条　本规定自2015年5月1日起施行。以前有关立案的规定与本规定不一致的，按照本规定执行。

最高人民法院关于《行政诉讼法》施行前法律未规定由法院受理的案件应如何处理问题的批复

1. 1993年2月15日

2. 〔1992〕民他字第10号

河南省高级人民法院：

你院豫法（告）请〔1991〕38号《关于不服工商行政机关的查封、划拨通知书能否按民事或行政侵权案件受理的请示》收悉。经我院审判委员会讨论，同意你院请示报告中的第二种意见，即：开封市工商局1988年对开封市曹门经销部作出冻结划拨酒款通知书，并以"白条"为收据提走其1653件川曲酒替开封市豫川副食品联营公司冲抵货款的行为，是行政侵权行为，但案发在行政诉讼法施行之前，当时的法律没有规定法院受理此类案件，因此，人民法院不能受理。曹门经销部应向有关行政机关申请解决。

此复

最高人民法院关于行政案件受理问题的复函

1. 1989年1月23日

2. 法（行）函〔1989〕11号

湖南省高级人民法院：

你院湘法发字〔1988〕第90号请示收悉。经研究，仅就案件是否受理答复如下：

人民法院审理行政案件，由于新的行政法规取代旧的行政法规，旧法规未规定当事人不服行政机关的处罚和其他处理决定可以向人民法院起诉，新法规规定可以向人民法院起诉。如果当事人的行为发生在新法规实施之前，行政机关的处罚或处理决定又在新法规实施之后，当事人不服行政机关的处罚或处理决定，在法定诉讼时效内向人民法院起诉的，按照新的程序法规范生效之后必须遵循的原则，为保护公民、组织的诉权，人民法院应予受理。

最高人民法院对如何理解《最高人民法院关于执行〈中华人民共和国行政诉讼法〉若干问题的解释》第四十四条第一款第（十）项规定的请示的答复

1. 2000年6月5日
2. 法行〔2000〕13号

湖北省高级人民法院：

你院鄂高法〔2000〕13号《关于如何理解最高人民法院〈若干解释〉第四十四条第一款第（十）项规定的请示》收悉。经研究，答复如下：

行政诉讼的标的为人民法院生效判决书、裁定书和调解书所羁束的，人民法院应当依法裁定不予受理；已经受理的，应当依法裁定驳回起诉。

最高人民法院行政审判庭关于对行政机关作出的改变原具体行政行为的行政行为，当事人不服能否提起行政诉讼的电话答复

1. 2000年11月15日
2. 〔2000〕行他字第15号

甘肃省高级人民法院：

你院〔2000〕甘行终字第10号"关于周俊不服庆阳地区工商行政管理处理决定一案的请示报告"收悉。经研究，答复如下：依据《行政诉讼法》的有关规定，对行政机关作出的改变原具体行政行为的行政行为，当事人不服可以提起行政诉讼。

此复

最高人民法院关于行政机关不履行人民法院协助执行义务行为是否属于行政诉讼受案范围的答复

1. 2013年7月29日
2. 〔2012〕行他字第17号

辽宁省高级人民法院：

你院《关于宫起斌诉大连市道路客运管理处、大连市金州区交通局、大连市金州区公路运输管理所不履行法定职责及行政赔偿一案的请示报告》收悉，经研究，答复如下：

行政机关根据人民法院的协助执行通知书实施的行为，是行政机关必须履行的法定协助义务，公民、法人或者其他组织对该行为不服提起诉讼的，不属于人民法院行政诉讼受案范围。

行政机关拒不履行协助义务的，人民法院应当依法采取执行措施督促其履行；当事人请求人民法院判决行政机关限期履行协助执行义务的，人民法院不予受理。但当事人认为行政机关不履行协助执行义务造成其损害，请求确认不履行协助执行义务行为违法并予以行政赔偿的，人民法院应当受理。

此复

最高人民法院行政审判庭关于行政机关撤销或者变更已经作出的协助执行行为是否属于行政诉讼受案范围请示问题的答复

1. 2014年10月31日
2. 〔2014〕行他字第6号

辽宁省高级人民法院：

你院（2013）辽行终字第41号请示收悉，经研究答复如下：

行政机关认为根据人民法院生效裁判或者协助执行通知书作出相应行政行为可能损害国家利益、公共利益或他人合法权益，可以向相关人民法院提出建议；行政机关擅自撤销已经作出的行政行为，相对人不服提起行政诉讼的，人民法院应当依法受理。

最高人民法院关于进一步保护和规范当事人依法行使行政诉权的若干意见

1. 2017年8月31日
2. 法发〔2017〕25号

新行政诉讼法和立案登记制同步实施以来，各级人民法院坚持司法为民的工作宗旨，进一步强化诉权保护意识，着力从制度上、源头上、根本上解决人民群众反映强烈的"立案难"问题，对依法应当受理的案件有案必立、有诉必理，人民群众的行政诉权得到了充分保护，立案渠道全面畅通，新行政诉讼法实施和立案登记制改革取得了重大成果。但与此同时，阻碍当事人依法行使诉权的现象尚未完全消除；一些当事人滥用诉权，浪费司法资源的现象日益增多。为了更好地保护和规范当事人依法行使诉权，引导当事人合理表达诉求，促进行政争议实质化解，结合行政审判工作实际，提出如下意见：

一、进一步强化诉权保护意识，积极回应人民群众合理期待，有力保障当事人依法合理行使诉权

1. 各级人民法院要高度重视诉权保护，坚持以宪法和法律为依据，以满足人民群众需求为导向，以实质化解行政争议为目标，对于依法应当受理的行政案件，一律登记立案，做到有案必立、有诉必理，切实维护和保障公民、法人和其他组织依法提起行政诉讼的权利。

2. 要切实转变观念，严格贯彻新行政诉讼法的规定，坚决落实立案登记制度，对于符合法定起诉条件的，应当当场登记立案。严禁在法律规定之外，以案件疑难复杂、部门利益权衡、影响年底结案等为由，不接收诉状或者接收诉状后不出具书面凭证。

3. 要不断提高保护公民、法人和其他组织依法行使诉权的意识，对于需要当事人补充起诉材料的，应当一次性全面告知当事人需要补正的内容、补充的材料及补正期限等；对于当事人欠缺法律知识的，人民法院必须做好诉讼引导和法律释明工作。

4. 要坚决清理限制当事人诉权的"土政策"，避免在立案环节进行过度审查，违法将当事人提起诉讼的依据是否充分、事实是否清楚、证据是否确凿、法律关系是否明确等作为立案条件。对于不能当场作出立案决定的，应当严格按照行政诉讼法和司法解释的规定，在七日内决定是否立案。人民法院在七日内既不立案、又不作出不予立案裁定，也未要求当事人补正起诉材料的，当事人可以向上一级人民法院起诉，上一级人民法院认为符合起诉条件的，应当立案、审理或指定其他下级人民法院立案、审理。

5. 对于属于人民法院受案范围的行政案件，人民法院发现没有管辖权的，应当告知当事人向有管辖权的人民法院起诉；已经立案的，应当移送有管辖权的人民法院。对于不属于复议前置的案件，人民法院不得以当事人的起诉未经行政机关复议为由不予立案或者不接收起诉材料。当事人的起诉可能超过起诉期限的，人民法院应当进行认真审查，确因不可抗力或者不可归责于当事人自身原因耽误起诉期限的，人民法院不得以超过起诉期限为由不予立案。

6. 要进一步提高诉讼服务能力，充分利用"大数据""互联网＋""人工智能"等现代技术，继续推进诉讼服务大厅、诉讼服务网络、12368热线、智能服务平台等建设，不断创新工作理念，完善服务举措，为人民群众递交材料、办理手续、领取文书以及立案指导、咨询解答、信息查询等提供一站式、立体化服务，为人民群众依法行使诉权提供优质、便捷、高效的诉讼引导和服务。

7. 要依法保障经济困难和诉讼实施能力较差的当事人的诉权。通过法律援助、司法救助等方式，让行使诉权确有困难的当事人能够顺利进入法院参与诉讼。要积极建立与律师协会、法律援助中心等单位的沟通交流和联动机制，为当事人提供及时有效的法律援助，提高当事人的诉讼实施能力。

8. 要严格执行中共中央办公厅、国务院办公厅印发的《领导干部干预司法活动、插手具体案件处理的记录、通报和责任追究规定》和中央政法委印发的《司法机关内部人员过问案件的记录和责任追究规定》，及时制止和纠正干扰依法立案、故意拖延立案、人为控制立案等违法违规行为。对于阻碍和限制当事人依法行使诉权、干预人民法院依法受理和审理行政案件的机关和个人，人民法院应当如实记录，并按规定报送同级党委政法委，同时可以向其上级机关或监察机关进行通报、提出处理建议。

二、正确引导当事人依法行使诉权，严格规制恶意诉讼和无理缠诉等滥诉行为

9. 要正确理解立案登记制的精神实质，在防止过度审查的同时，也要注意坚持必要审查。人民法院除对新行政诉讼法第四十九条规定的起诉条件依法进行审查外，对于起诉事项没有经过法定复议前置程序处理、起诉确已超过法定起诉期限、起诉人与行政行为之间确实没有利害关系等明显不符合法定起诉条件的，人民法院依法不予立案，但应当向当事人说明不予立案的理由。

10. 要引导当事人依法行使诉权，对于没有新的事实和理由，针对同一事项重复、反复提起诉讼，或者反复提起行政复议继而提起诉讼等违反“一事不再理”原则的起诉，人民法院依法不予立案，并向当事人说明不予立案的理由。当事人针对行政机关未设定其权利义务的重复处理行为、说明性告知行为及过程性行为提起诉讼的，人民法院依法不予立案，并向当事人做好释明工作，避免给当事人造成不必要的诉累。

11. 要准确把握新行政诉讼法第二十五条第一款规定的“利害关系”的法律内涵，依法审查行政机关的行政行为是否确与当事人权利义务的增减得失密切相关，当事人在诉讼中是否确实具有值得保护的实际权益，不得虚化、弱化利害关系的起诉条件。对于确与行政行为有利害关系的起诉，人民法院应当予以立案。

12. 当事人因请求上级行政机关监督和纠正下级行政机关的行政行为，不服上级行政机关作出的处理、答复或者未作处理等层级监督行为提起诉讼，或者不服上级行政机关对下级行政机关作出的通知、命令、答复、回函等内部指示行为提起诉讼的，人民法院在裁定不予立案的同时，可以告知当事人可以依法直接对下级行政机关的行政行为提起诉讼。上述行为如果设定了当事人的权利义务或者对当事人权利义务产生了实际影响，人民法院应当予以立案。

13. 当事人因投诉、举报、检举或者反映问题等事项不服行政机关作出的行政行为而提起诉讼的，人民法院应当认真审查当事人与其投诉、举报、检举或者反映问题等事项之间是否具有利害关系，对于确有利害关系的，应当依法予以立案，不得一概不予受理。对于明显不具有诉讼利益、无法或者没有必要通过司法渠道进行保护的起诉，比如当事人向明显不具有事务、地域或者级别管辖权的行政机关投诉、举报、检举或者反映问题，不服行政机关作出的处理、答复或者未作处理等行为提起诉讼的，人民法院依法不予立案。

14. 要正确区分当事人请求保护合法权益和进行信访之间的区别，防止将当事人请求行政机关履行法定职责当作信访行为对待。当事人因不服信访工作机构依据《信访条例》作出的处理意见、复查意见、复核意见或者不履行《信访条例》规定的职责提起诉讼的，人民法院依法不予立案。但信访答复行为重新设定了当事人的权利义务或者对当事人权利义务产生实际影响的，人民法院应当予以立案。

15. 要依法制止滥用诉权、恶意诉讼等行为。滥用诉权、恶意诉讼消耗行政资源，挤占司法资源，影响公民、法人和其他组织诉权的正常行使，损害司法权威，阻碍法治进步。对于以危害国家主权和领土完整、危害国家安全、破坏国家统一和民族团结、破坏国家宗教政策为目的的起诉，人民法院依法不予立案；对于极个别当事人不以保护合法权益为目的，长期、反复提起大量诉讼，滋扰行政机关，扰乱诉讼秩序的，人民法院依法不予立案。

16. 要充分尊重和保护公民、法人或者其他组织的知情权，依法及时审理当事人提起的涉及申请政府信息公开的案件。但对于当事人明显违反《中华人民共和国政府信息公开条例》立法目的，反复、大量提出政府信息公开申请进而提起行政诉讼，或者当事人提起的诉讼明显没有值得保护的与其自身合法权益相关的实际利益，人民法院依法不予立案。公民、法人或者其他组织申请公开已经公布或其已经知晓的政府信息，或者请求行政机关制作、搜集政府信息或对已有政府信息进行汇总、分析、加工等，不服行政机关作出的处理、答复或者未作处理等行为提起诉讼的，人民法院依法不予立案。

17. 在认定滥用诉权、恶意诉讼的情形时，应当从严掌握标准，要从当事人提起诉讼的数量、周期、目的以及是否具有正当利益等角度，审查其是否具有滥用诉权、恶意诉讼的主观故意。对于属于滥用诉权、恶意诉讼的当事人，要探索建立有效机制，依法及时有效制止。

2. 公安行政案件受案范围

最高人民法院行政审判庭关于公安机关未具法定立案搜查手续对公民进行住宅人身搜查被搜查人提起诉讼人民法院可否按行政案件受理问题的电话答复

1991年6月18日

四川省高级人民法院：

你院川法研〔1991〕22号请示收悉。经研究，同意请示中第一种意见。公安机关在侦破刑事案件中，对公民的住宅、人身进行搜查，属于刑事侦查措施。对于刑事侦查措施不服提起诉讼的，不属于行政诉讼调整范围。如果公安机关在采取上述措施时违反法定程序，可以向该公安机关或其上级机关及有关部门反映解决，人民法院不应作为行政案件受理。

最高人民法院行政审判庭关于对当事人不服公安机关采取的留置措施提起的诉讼法院能否作为行政案件受理的答复

1. 1997年10月27日
2. 〔1997〕法行字第21号

安徽省高级人民法院：

你院〔1997〕皖行请字第03号请示报告收悉。

经研究，基本同意你院的第一种意见，即留置是公安机关行政管理职权的一种行政强制措施，属于《行政诉讼法》第十一条第一款第二项规定的人民法院行政诉讼受案范围。

最高人民法院行政审判庭关于李彩莲、姜伟诉兰州市公安局违法使用武器及行政赔偿一案请示的电话答复

1. 2005年12月29日
2. 〔2005〕行他字第3号

甘肃省高级人民法院：

你院〔2004〕甘行终字第117号《关于李彩莲、姜伟诉兰州市公安局违法使用武器及行政赔偿一案的法律适用问题请示》[①]收悉。经研究，答复如下：

依据《最高人民法院关于执行〈中华人民共和国行政诉讼法〉若干问题的解释》第一条第二款第（二）项的规定，李彩莲、姜伟诉兰州市公安局违法使用武器及请求赔偿一案，不属于人民法院行政诉讼受案范围。

此复

---

① 请示中的意见为：《最高人民法院关于执行〈中华人民共和国行政诉讼法〉若干问题的解释》第一条第二款第（二）项规定，公安、国家安全等机关依照刑事诉讼法的明确授权实施的行为，不属于人民法院行政诉讼的受案范围。兰州市公安局击毙姜云存，是在刑事侦查过程中，为了制服犯罪嫌疑人这个目的而实施的行为。根据上述规定，本案不属于人民法院行政诉讼受案范围。——编者注

3. 卫生行政案件受案范围

最高人民法院关于对“当事人以卫生行政部门不履行法定职责为由提起行政诉讼人民法院应否受理”的答复

1．1995年6月14日

2．〔1995〕行他字第6号

安徽省高级人民法院：

你院〔1994〕皖行监字第06号请示报告收悉。经研究，答复如下：医疗事故鉴定委员会已作出不属于医疗事故的最终鉴定，卫生行政部门对医疗争议拒绝作出处理决定，当事人以不履行法定职责为由依法向人民法院提起诉讼，人民法院应予受理。

4. 城乡建设行政案件受案范围

最高人民法院关于不服政府或房地产行政主管部门对争执房屋的确权行为提起诉讼，人民法院应作何种案件受理问题的函

1. 1993年4月17日
2. 法函〔1993〕33号

四川省高级人民法院：

你院川高法〔1993〕27号关于不服政府或房地产行政主管部门对争执房屋的确权行为提起诉讼，人民法院应作何种案件受理的请示收悉。经研究，答复如下：

当事人对人民政府或房地产行政主管部门关于房屋产权争议的确权决定不服而提起诉讼的，人民法院应作为行政案件受理。

最高人民法院关于房地产案件受理问题的通知

1. 1992年11月25日
2. 法发〔1992〕38号

随着我国当前经济的发展和住房制度、土地使用制度的改革，有关房屋和土地使用方面的纠纷在一些经济发达的地区，不仅收案数量和纠纷种类有增多的趋势，而且出现了许多值得重视和研究的新的情况和新问题。为了适应形势发展的需要，现就不少地方提出的而又需要明确的有关房地产纠纷案件的受理问题通知如下：

一、凡公民之间、法人之间、其他组织之间以及他们相互之间因房地产方面的权益发生争执而提起的民事诉讼，由讼争的房地产所在地人民法院的民事审判庭依法受理。

二、公民、法人和其他组织对人民政府或者其主管部门就有关土地的所有权或者使用权归属的处理决定不服，或对人民政府或者其主管部门就房地产问题作出的行政处罚决定不服，依法向人民法院提起的行政诉讼，由房地产所在地人民法院的行政审判庭依法受理。

三、凡不符合民事诉讼法、行政诉讼法有关起诉条件的属于历史遗留的落实政策性质的房地产纠纷，因行政指令而调整划拨、机构撤并分合等引起的房地产纠纷，因单位内部建房、分房等而引起的占房、腾房等房地产纠纷，均不属于人民法院主管工作的范围，当事人为此而提起的诉讼，人民法院应依法不予受理或驳回起诉，可告知其找有关部门申请解决。

最高人民法院关于征用土地、落实私房政策等具体行政行为相互矛盾而引起的房屋纠纷不应由人民法院处理的复函

1994年9月30日

陕西省高级人民法院：

你院1994年1月27日《关于陈水泉与中国工商银行勉县支行、勉县房地产管理局返还房屋、赔偿纠纷一案的请示报告》收悉。

据你院报告称：讼争房屋原系陈水泉之父陈根生所有，1965年私房改造时由国家经租。1978年中国工商银行勉县支行（以下简称工商行）经有关部门审批同意，征用3.96亩土地作为营业用地，讼争房屋在征用土地范围内，工商行对该房屋的拆迁作了安置补偿。勉县房地产管理局（以下简称房地局）一直未将征用范围内的讼争房屋拆除，且继续出租他人使用。1988年5月，勉县人民政府经复查确认讼争房屋系错改，遂撤销原改造决定，将产权发还陈家。陈水泉持发还通知，通过房地局搬入讼争房屋。工商行即为讼争房屋的归属与房地局发生纠纷，并于1989年8月诉至法院，要求收回征用的土地及其范围内的房屋，并要求房地局赔偿损失。

经研究，我们认为，此案的争议系由征用土地、落实私房政策两个具体行政行为相矛盾引起的，依照有关法律规定，不应由人民法院处理，以交由政府有关部门解决为宜。

以上意见，供参考。

最高人民法院行政审判庭关于征收城市排水设施有偿使用费发生的纠纷人民法院可否作为行政案件受理的答复意见

1．1996年8月24日
2．〔1996〕法行字第10号

湖北省高级人民法院：

你院《关于征收城市排水设施有偿使用费发生的纠纷人民法院可否作为经济纠纷案件受理的请示报告》收悉。经研究，答复如下：

有关部门根据人民政府的授权，征收城市排水设施使用费与行政管理相对方发生的争议属于行政争议。根据行政诉讼法第十一条的规定，行政管理相对一方对有关部门作出的处理决定不服，依法向人民法院起诉的，人民法院应作为行政案件受理。行政管理相对一方在法定期限内不起诉，又不履行行政处理决定的，作出行政处理决定的有关部门可依法申请人民法院强制执行。

最高人民法院关于当事人之间达成了拆迁补偿安置协议仅就协议内容发生争议的人民法院应予受理问题的复函

1．2007年1月1日
2．〔2007〕民立他字第54号

辽宁省高级人民法院

你院向我院报送的《关于沈阳金法石油化工制品有限公司和平分公司与沈阳市和平区长白地区管理委员会、沈阳土地储备中心长白分中心拆迁安置土地补偿费纠纷是否受理的请示》收悉，经研究，答复如下：

由于双方当事人已经签订《城市房屋拆迁补偿安置协议（货币补偿）》，因此原审裁定依照最高人民法院《关于当事人达不成拆迁补偿安置协议就补偿安置争议提起民事诉讼人民法院应否受理问题的批复》，认定在双方未达成土地补偿协议的情况下，法院不应受理此案，裁定驳回原告的起诉，属适用法律不当。上诉人的起诉符合民诉法第一百零八条规定的属于人民法院受理民事诉讼范围条件，应予受理。

5. 资源行政案件受案范围

最高人民法院行政审判庭关于地质矿产主管部门作出的非法采矿及破坏性采矿鉴定结论是否属于人民法院受案范围问题的答复

1. 2005年2月22日
2. 〔2004〕行他字第16号

河北省高级人民法院：

你院〔2004〕冀法行字第1号请示报告收悉，经研究，答复如下：

《最高人民法院关于审理非法采矿、破坏性采矿刑事案件具体应用法律若干问题的解释》第六条中规定的“地质矿产主管部门所作的鉴定结论”，作为刑事案件中的证据，将在刑事诉讼中接受审查，对当事人不直接产生权利义务的实质影响。因此，当事人对地质矿产主管部门作出的上述鉴定结论有异议，可以依照刑事诉讼法的有关规定要求重新鉴定，一般不能直接向人民法院提起行政诉讼。

此复

最高人民法院关于土地管理部门出让国有土地使用权之前的拍卖行为以及与之相关的拍卖公告等行为性质的答复

1. 2009年12月23日
2. 〔2009〕行他字第55号

四川省高级人民法院：

你院(2009)川行终字第64号《关于土地管理部门出让国有土地使用权以及与之相关的拍卖、拍卖公告等行为性质的请示》收悉。经研究，答复如下：

原则同意你院第二种意见，即土地管理部门出让国有土地使用权之前的拍卖行为以及与之相关的拍卖公告等行为属于行政行为，当事人不服提起行政诉讼的，人民法院应当依法受理。

此复

最高人民法院行政审判庭关于拍卖出让国有建设用地使用权的土地行政主管部门与竞得人签署成交确认书行为的性质问题请示的答复

1. 2010年12月21日
2. 〔2010〕行他字第191号

山东省高级人民法院：

你院鲁高法函〔2010〕17号《关于国有土地使用权拍卖后土地管理部门与竞得人签署的成交确认书行为的性质问题的请示》收悉。经研究，答复如下：

土地行政主管部门通过拍卖出让国有建设用地使用权，与竞得人签署成交确认书的行为，属于具体行政行为。当事人不服提起行政诉讼的，人民法院应当依法受理。

此复

6. 税务行政案件受案范围

最高人民法院行政审判庭关于纳税人仅对税务机关核定的收入额有异议而起诉的法院应否受理的答复

1. 1992年1月18日
2. 法行〔1992〕2号

新疆维吾尔自治区高级人民法院：

你院新法行〔1991〕48号请示收悉，经研究，答复如下：

根据《中华人民共和国税收征收管理暂行条例》第二十条规定，税务机关根据税收法规的规定和纳税人的经营情况，财务管理水平以及便于征收、管理的原则，具体确定税款征收方式。若纳税人在税务机关确定"定期定额"纳税方式后，既对核定的收入额有异议，又对确定的纳税额不服的，可以依据《中华人民共和国税收征收管理暂行条例》第四十条的规定，向人民法院起诉。如果纳税人仅对税务机关核定的收入额有异议向人民法院提起行政诉讼的，人民法院不宜受理。

最高人民法院行政审判庭关于对江西省高级人民法院《关于人民法院能否直接受理因纳税主体资格引起的税务行政案件的请示》的答复

2001年11月28日

江西省高级人民法院：

你院赣高法〔2000〕264号《关于人民法院能否直接受理因纳税主体资格引起的税务行政案件的请示》收悉。经研究，答复如下：

原则同意你院第一种意见。即行政相对人因纳税主体资格问题与税务机关发生的争议属于纳税争议。根据原《税收征管法》第五十六条第一款或修改后的《税收征管法》第八十八条第一款的规定，可以依法申请行政复议，对行政复议决定不服的，可以依法向人民法院起诉。当事人未经行政复议直接提起诉讼的，人民法院不予受理。

7. 教育行政案件受案范围

最高人民法院关于当事人不服教育行政部门对适龄儿童入学争议作出的处理决定可否提起行政诉讼的答复

1. 1998年8月11日
2. 〔1998〕法行字第7号

山东省高级人民法院：

你院《关于学校不接受适龄儿童入学是否可提起行政诉讼的请示》收悉。经研究认为，根据《教育法》第四十二条第（四）项和《未成年人保护法》第四十六条的规定，当事人不服教育行政部门对适龄儿童入学争议作出的行政处理决定，属于行政诉讼法第十一条第二款规定的受案范围，人民法院应当受理。

最高人民法院关于教育行政主管部门出具介绍信的行为是否属于可诉具体行政行为请示的答复

1. 2003年11月26日
2. 〔2003〕行他字第17号

辽宁省高级人民法院：

你院《关于大连市教育局出具介绍信的行为是否为具体行政行为的疑请报告》收悉。经研究，答复如下：

教育行政主管部门出具介绍信的行为对行政相对人的权利义务产生实际影响的，属于可诉的具体行政行为。

·典型案例·

杨宝玺诉天津服装技校不履行法定职责案

【裁判摘要】

根据教育法第四十二条第一款第（三）项的规定，受教育者享有完成规定的学业后获得相应的学业证书的权利。教育机构没有直接向其准予毕业的受教育者发放毕业证书的行为，构成了违法。

原告：杨宝玺，男，29岁，无业，住天津市河西区黑牛城道。

被告：天津市服装技术学校。住所地：天津市河东区吉安道。

法定代表人：王世萍，该学校校长。

第三人：天津纺织集团（控股）有限公司。住所地：天津市和平区赤峰道。

法定代表人：刘宝根，该公司董事长。

原告杨宝玺系被告天津市服装技术学校（以下简称服装技校）91级学生。杨宝玺1994年毕业时，被告未向其颁发毕业证。2004年12月13日，杨宝玺以服装技校（原天津市服装技工学校）不履行法定职责为由，向天津市河东区人民法院提起行政诉讼。因天津纺织集团（控股）有限公司（以下简称纺织集团）与本案被诉行为有法律上的利害关系，故河东区人民法院依法通知纺织集团为第三人参加诉讼。

原告诉称：我于1991年报考服装技校，1994年毕业后服装技校始终未颁发毕业证书。后虽多次催问，但对方一味要求原告等待，以致本人多年来因无学历无数次求职失败，2000年因经济困难步入歧途。2004年刑满释放后再次要求服装技校发还毕业证时，对方于同年6月2日出具一份“毕业证明”。要求判令被告履行发放毕业证义务。

原告提供的证据有：

服装技校2004年6月2日出具的毕业证明，用以证明服装技校未向其发放毕业证的事实。

被告辩称：1994年原告毕业时我校按学籍管理规定为其办理了毕业证，但因我校为企业办学，毕业生在企业系统内统一分配，故我校已按规定将全部毕业生的人事档案和毕业证一并交到天津市服装联合总公司劳动人事处，待毕业生分配后由所在企业到总公司领取。原告毕业时未到指定企业服装十七厂报到，其后求职不成有多种原因，不应认为是毕业证的原因。2004年年初突然来校索要毕业证及要求经济补偿，我校明确答复毕业证不在学校并为其开具了学历证明。请求法院驳回原告的诉讼请求。

被告提供的证据有：

1. 天津市劳动局发布的津劳培字〔1978〕第240号《关于下达天津市一九七八年技工学校扩大招生计划安排的通知》和《天津市技工学校一九九一年招生计划表》，用以证明被告依法成立及1991年招生的合法性。

2. 学校的毕业生分配名册，用以证明原告分配到天津市服装十七厂工作。

3. 被告原校长肖德华的证言，用以证明94届毕业生的档案和毕业证书都交到原天津市服装工业公司，学生到企业报到后，由所在企业到公司领取档案和毕业证书。

第三人纺织集团辩称：被告是独立法人单位，具有独立承担民事责任的能力；被告是2002年2月划归我公司所属，现在隶属于我们公司下属针织公司，1994年发生的毕业证问题因当时学校不属于我公司管理，此事与我公司没有任何关系；根据天津市人民政府的津政函〔2001〕72号文件的规定，目前我公司不承担政府行政管理职能、行业管理职能、社会管理职能，我公司对学校发证无任何责任，因此与此案不存在任何利害关系。

第三人提供证据如下：

1. 天津市调整工业办公室颁发的津调办〔1999〕63号关于将中孚国际集团有限公司所属天津市服装技术学校整建制划归南开区人民政府管理的批复，用以证明被告由南开区政府管理。

2. 天津市人民政府颁发的津政函〔2001〕72号《关于重组天津纺织集团（控股）有限公司实施方案有关问题的批复》，用以证明政府对第三人职能的定位，即不承担政府行政管理职能、行业管理职能、社会管理职能。

3. 天津市人民政府办公厅有关领导批准的由天津市经济委员会发布的津经调〔2002〕9号《关于天津市服装技术学校调整隶属关系有关问题的请示》文件，用以证明2002年2月原隶属于中孚国际集团有限公司的天津市服装技术学校划转回归第三人管理的事实。

4. 天津市经济委员会发布的津经企〔2004〕4号关于同意修改《天津纺织集团（控股）有限公司章程》的批复，用以证明天津市纺织工业总公司与天津中孚国际集团有限公司合并重组为天津纺织集团（控股）有限公司，天津中孚国际集团有限公司成为第三人的全资子公司，原所属服装企业的产权关系不变，原债权、债务仍由该公司承担。

天津市河东区人民法院确认本案事实如下：

被告服装技校系1978年经原天津市劳动局批准成立的技工学校，后变更为现校名。1991年原告杨宝玺报考服装技校并被录取，1994年全部课程学习成绩合格后毕业，但服装技校未向杨宝玺本人颁发毕业证书。2002年2月，原隶属于中孚国际集团有限公司的服装技校划转回归第三人纺织集团管理。2004年6月2日，杨宝玺向服装技校提出补发毕业证书的要求，服装技校仅向杨宝玺出具了学历证明，未按杨宝玺的要求向其补发毕业证书。

本案双方的争议焦点是：学校没有直接向其准予毕业的学生发放毕业证书是否构成违法。

天津市河东区人民法院认为：

根据《中华人民共和国教育法》第四十二条第一款第（三）项的规定，受教育者享有完成规定的学业后获得相应的学业证书的权利。

被告服装技校作为从事培养技术工人的中等职业教育学校，应根据《中华人民共和国教育法》第四十二条第一款第（三）项的规定和1990年5月4日劳动部关于颁发《技工学校学生学籍管理规定》第三十条“学生学完教学计划规定的全部课程，毕业考核和操行总评（毕业鉴定）成绩合格者，准予毕业，由学校发给毕业证书”的规定，向在学校接受教育且完成规定学业的学生颁发学业证书。现服装公司以原告杨宝玺的毕业证书已交上级主管单位为由，不向杨宝玺颁发毕业证的行为，缺乏法律依据，侵犯了杨宝玺依法应享有的受教育权，故应承担相应的法律责任。第三人纺织集团在服装技校1994年未向杨宝玺颁发毕业证书时，虽然不是服装技校的主管单位，但在2002年2月原隶属于中孚国际集团有限公司的服装技校划转回归其管理后，作为服装技校主管单位应承担监督管理的职责，及时清查服装技校的遗留问题，督促其纠正违法行为。由于纺织集团疏于管理，导致本案争议纠纷长期未得到解决，最终形成诉讼。为此，纺织集团应负有一定的责任。鉴于本案的实际情况，纺织集团应积极通过有关劳动行政主管部门协助其下属的服装技校办理毕业证书，以切实维护杨宝玺的合法权益不受侵害。

综上，依据《中华人民共和国行政诉讼法》第五十四条第（三）项和《中华人民共和国教育法》第二十一条的规定，天津市河东区人民法院于2005年3月9日判决：

自本判决生效之日起六十日内，被告天津市服装技术学校颁发原告杨宝玺的毕业证书，第三人天津纺织集团（控股）有限公司予以协助办理。

案件受理费100元，由被告天津市服装技术学校负担。

判决后，双方当事人在法定期限内均未提出上诉。判决已发生法律效力。

8. 劳动、社会保障行政案件受案范围

最高人民法院行政审判庭关于拖欠社会保险基金纠纷是否由法院主管的答复

1998年3月25日

吉林省高级人民法院：

你院《关于拖欠社会保险基金纠纷是否应由法院主管问题的请示》收悉。经研究，现答复如下：

根据现行的有关法律法规规定，社会保险基金经办机构是法律法规授权的组织，依法收支、管理和运营社会保险基金，并负有使社会保险基金保值增值的责任。社会保险基金经办机构与用人单位因拖欠社会保险费而发生的纠纷，属于行政争议。用人单位认为社会保险基金经办机构在收支、管理和运营社会保险基金中的具体行政行为侵犯其合法权益，可依法申请行政复议或者提起行政诉讼；既不履行义务又不依法申请复议或者起诉的，社会保险基金经办机构可以依法通知银行扣缴或者申请人民法院强制执行。

9. 其他行政案件受案范围

最高人民法院关于对与证券交易所监管职能相关的诉讼案件管辖与受理问题的规定

1. 2004年11月18日最高人民法院审判委员会第1333次会议通过、2005年1月25日公布、自2005年1月31日起施行(法释〔2005〕1号)

2. 根据2020年12月23日最高人民法院审判委员会第1823次会议通过、2020年12月29日公布、自2021年1月1日起施行的《最高人民法院关于修改〈最高人民法院关于人民法院民事调解工作若干问题的规定〉等十九件民事诉讼类司法解释的决定》(法释〔2020〕20号)修正

为正确及时地管辖、受理与证券交易所监管职能相关的诉讼案件,特作出以下规定:

一、根据《中华人民共和国民事诉讼法》第三十七条和《中华人民共和国行政诉讼法》第二十三条的有关规定,指定上海证券交易所和深圳证券交易所所在地的中级人民法院分别管辖以上海证券交易所和深圳证券交易所为被告或第三人的与证券交易所监管职能相关的第一审民事和行政案件。

二、与证券交易所监管职能相关的诉讼案件包括:

(一)证券交易所根据《中华人民共和国公司法》《中华人民共和国证券法》《中华人民共和国证券投资基金法》《证券交易所管理办法》等法律、法规、规章的规定,对证券发行人及其相关人员、证券交易所会员及其相关人员、证券上市和交易活动做出处理决定引发的诉讼;

(二)证券交易所根据国务院证券监督管理机构的依法授权,对证券发行人及其相关人员、证券交易所会员及其相关人员、证券上市和交易活动做出处理决定引发的诉讼;

(三)证券交易所根据其章程、业务规则、业务合同的规定,对证券发行人及其相关人员、证券交易所会员及其相关人员、证券上市和交易活动做出处理决定引发的诉讼;

(四)证券交易所在履行监管职能过程中引发的其他诉讼。

三、投资者对证券交易所履行监管职责过程中对证券发行人及其相关人员、证券交易所会员及其相关人员、证券上市和交易活动做出的不直接涉及投资者利益的行为提起的诉讼,人民法院不予受理。

四、本规定自发布之日起施行。

最高人民法院关于当事人对行政机关作出的全民所有制工业企业分立的决定不服提起诉讼人民法院应作为何种行政案件受理问题的复函

1. 1994年6月27日

2. 法函〔1994〕34号

山西省高级人民法院:

你院〔1994〕晋法行字第14号请示收悉。经研究,我们认为,根据《中华人民共和国全民所有制工业企业法》第二条第二款、《全民所有制工业企业转换经营机制条例》第六条和《中华人民共和国行政诉讼法》第十一条第一款第(三)项的规定,当事人对行政机关强行作出的关于全民所有制工业企业分立的决定不服,依法向人民法院提起行政诉讼的,人民法院应作为“侵犯法律规定的经营自主权的”行政案件受理。

此复

最高人民法院行政审判庭关于对兴平市第二运输公司诉兴平市人民政府侵犯企业经营自主权一案受理问题的答复

1. 1997年10月27日

2. 〔1997〕行他字第15号

陕西省高级人民法院:

你院〔1996〕陕高法行监字第26号请示收悉。经研究,答复如下:

原则同意你院审判委员会的倾向性意见。即县委工交财贸部作出的“免职决定”不属于具体行政行为,亦不能视为县人民政府的行为，故市第二运输公司以县人民政府为被告提起行政诉讼，不符合行政诉讼法规定的起诉条件。

此复

最高人民法院行政审判庭对人事争议仲裁委员会的仲裁行为是否可诉问题的答复

1. 2003年12月1日

2. 〔2003〕行他字第5号

重庆市高级人民法院：

你院〔2002〕渝高法行示字第68号《关于周孝平诉渝北区人事争议仲裁委履行法定职责一案的请示》收悉。经研究，答复如下：

人事争议仲裁是人事主管部门对当事人的人事争议进行的人事裁决，该裁决直接涉及到当事人的人身权、财产权，根据《中华人民共和国行政诉讼法》第十一章第十二条和《最高人民法院关于人民法院审理事业单位人事争议仲裁》侵犯其人身权、财产权的，可依法提起行政诉讼，但国家行政机关与其工作人员之间发生的人事争议和事业单位与其工作人员之间因辞职、辞退及履行聘用合同所发生的争议除外。

此复

最高人民法院关于特种设备监督检验所出具的《电梯验收检验报告》是否属于可诉行政行为问题的答复

1. 2012年6月5日

2. 〔2011〕行他字第100号

湖北省高级人民法院：

你院〔2010〕鄂行他字第2号《关于特种设备监督检验机构出具〈电梯验收检验报告〉是否属于可诉行政行为的请示》收悉。经研究，答复如下：

根据《中华人民共和国行政许可法》第十二条第(四)项、第三十九条第二款的规定，特种设备检验机构对电梯实施检验检测后出具的《电梯验收检验报告》，似可作为行政许可行为对待。但凯恩斯国际置业(武汉)有限公司是否具有本案原告资格，请你院进一步研究后作出正确认定。

此复

·指导案例·

最高人民法院指导案例22号——魏永高、陈守志诉来安县人民政府收回土地使用权批复案

(最高人民法院审判委员会讨论通过 2013年11月8日发布)

【关键词】

行政诉讼　受案范围　批复

【裁判要点】

地方人民政府对其所属行政管理部门的请示作出的批复，一般属于内部行政行为，不可对此提起诉讼。但行政管理部门直接将该批复付诸实施并对行政相对人的权利义务产生了实际影响，行政相对人对该批复不服提起诉讼的，人民法院应当依法受理。

【相关法条】

《中华人民共和国行政诉讼法》第十一条

【基本案情】

2010年8月31日，安徽省来安县国土资源和房产管理局向来安县人民政府报送《关于收回国有土地使用权的请示》，请求收回该县永阳东路与塔山中路部分地块土地使用权。9月6日，来安县人民政府作出《关于同意收回永阳东路与塔山中路部分地块国有土地使用权的批复》。来安县国土资源和房产管理局收到该批复后，没有依法制作并向原土地使用权人送达收回土地使用权决定，而直接交由来安县土地储备中心付诸实施。魏永高、陈守志的房屋位于被收回使用权的土地范围内，其对来安县人民政府收回国有土地使用权批复不服，提起行政复议。2011年9月20日，滁州市人民政府作出《行政复议决定书》，维持来安县人民政府的批复。魏永高、陈守志仍不服，提起行政诉讼，请求人民法院撤销来安县人民政府上述批复。

【裁判结果】

滁州市中级人民法院于2011年12月23日作出

(2011)滁行初字第6号行政裁定:驳回魏永高、陈守志的起诉。魏永高、陈守志提出上诉,安徽省高级人民法院于2012年9月10日作出(2012)皖行终字第14号行政裁定:一、撤销滁州市中级人民法院(2011)滁行初字第6号行政裁定;二、指令滁州市中级人民法院继续审理本案。

【裁判理由】

法院生效裁判认为:根据《土地储备管理办法》和《安徽省国有土地储备办法》以收回方式储备国有土地的程序规定,来安县国土资源行政主管部门在来安县人民政府作出批准收回国有土地使用权方案批复后,应当向原土地使用权人送达对外发生法律效力的收回国有土地使用权通知。来安县人民政府的批复属于内部行政行为,不向相对人送达,对相对人的权利义务尚未产生实际影响,一般不属于行政诉讼的受案范围。但本案中,来安县人民政府作出批复后,来安县国土资源行政主管部门没有制作并送达对外发生效力的法律文书,即直接交来安县土地储备中心根据该批复实施拆迁补偿安置行为,对原土地使用权人的权利义务产生了实际影响;原土地使用权人也通过申请政府信息公开知道了该批复的内容,并对批复提起了行政复议,复议机关作出复议决定时也告知了诉权,该批复已实际执行并外化为对外发生法律效力的具体行政行为。因此,对该批复不服提起行政诉讼的,人民法院应当依法受理。

最高人民法院指导案例59号
——戴世华诉济南市公安消防支队消防验收纠纷案

(最高人民法院审判委员会讨论通过
2016年5月20日发布)

【关键词】

行政诉讼　受案范围　行政确认　消防验收　备案结果通知

【裁判要点】

建设工程消防验收备案结果通知含有消防竣工验收是否合格的评定,具有行政确认的性质,当事人对公安机关消防机构的消防验收备案结果通知行为提起行政诉讼的,人民法院应当依法予以受理。

【相关法条】

《中华人民共和国消防法》第4条、第13条

【基本案情】

原告戴世华诉称:原告所住单元一梯四户,其居住的801室坐东朝西,进户门朝外开启。距离原告门口0.35米处的南墙挂有高1.6米、宽0.7米、厚0.25米的消火栓。人员入室需后退避让,等门扇开启后再前行入室。原告的门扇开不到60至70度根本出不来。消防栓的设置和建设影响原告的生活。请求依法撤销被告济南市公安消防支队批准在其门前设置的消防栓通过验收的决定;依法判令被告责令报批单位依据国家标准限期整改。

被告济南市公安消防支队辩称:建设工程消防验收备案结果通知是按照建设工程消防验收评定标准完成工程检查,是检查记录的体现。如果备案结果合格,则表明建设工程是符合相关消防技术规范的;如果不合格,公安机关消防机构将依法采取措施,要求建设单位整改有关问题,其性质属于技术性验收,并不是一项独立、完整的具体行政行为,不具有可诉性,不属于人民法院行政诉讼的受案范围,请求驳回原告的起诉。

法院经审理查明:针对戴世华居住的馆驿街以南棚户区改造工程1-8号楼及地下车库工程,济南市公安消防支队对其消防设施抽查后,于2011年11月21日作出济公消验备〔2011〕第0172号《建设工程消防验收备案结果通知》。

【裁判结果】

济南高新技术产业开发区人民法院于2012年11月13日作出(2012)高行初字第2号行政裁定,驳回原告戴世华的起诉。戴世华不服一审裁定提起上诉。济南市中级人民法院经审理,于2013年1月17日作出(2012)济行终字第223号行政裁定:一、撤销济南高新技术产业开发区人民法院作出的(2012)高行初字第2号行政裁定;二、本案由济南高新技术产业开发区人民法院继续审理。

【裁判理由】

法院生效裁判认为:关于行为的性质。《中华人民共和国消防法》(以下简称《消防法》)第四条规定:"县级以上地方人民政府公安机关对本行政区域内的消防工作实施监督管理,并由本级人民政府公安机关消防机构负责实施。"《公安部建设工程消防监督管理规定》第三条第二款规定:"公安机关消防机构依法实施建设工程消防设计审核、消防验收和备案、抽查,对

建设工程进行消防监督。”第二十四条规定：“对本规定第十三条、第十四条规定以外的建设工程，建设单位应当在取得施工许可、工程竣工验收合格之日起七日内，通过省级公安机关消防机构网站进行消防设计、竣工验收消防备案，或者到公安机关消防机构业务受理场所进行消防设计、竣工验收消防备案。”上述规定表明，建设工程消防验收备案就是特定的建设工程施工人向公安机关消防机构报告工程完成验收情况，消防机构予以登记备案，以供消防机构检查和监督，备案行为是公安机关消防机构对建设工程实施消防监督和管理的行为。消防机构实施的建设工程消防备案、抽查的行为具有行使行政职权的性质，体现出国家意志性、法律性、公益性、专属性和强制性，备案结果通知是备案行为的组成部分，是备案行为结果的具体表现形式，也具有上述行政职权的特性，应该纳入司法审查的范围。

关于行为的后果。《消防法》第十三条规定：“按照国家工程建设消防技术标准需要进行消防设计的建设工程竣工，依照下列规定进行消防验收、备案：……（二）其他建设工程，建设单位在验收后应当报公安机关消防机构备案，公安机关消防机构应当进行抽查。依法应当进行消防验收的建设工程，未经消防验收或者消防验收不合格的，禁止投入使用；其他建设工程经依法抽查不合格的，应当停止使用。”公安部《建设工程消防监督管理规定》第二十五条规定：“公安机关消防机构应当在已经备案的消防设计、竣工验收工程中，随机确定检查对象并向社会公告。对确定为检查对象的，公安机关消防机构应当在二十日内按照消防法规和国家工程建设消防技术标准完成图纸检查，或者按照建设工程消防验收评定标准完成工程检查，制作检查记录。检查结果应当向社会公告，检查不合格的，还应当书面通知建设单位。建设单位收到通知后，应当停止施工或者停止使用，组织整改后向公安机关消防机构申请复查。公安机关消防机构应当在收到书面申请之日起二十日内进行复查并出具书面复查意见。”上述规定表明，在竣工验收备案行为中，公安机关消防机构并非仅仅是简单地接受建设单位向其报送的相关资料，还要对备案资料进行审查，完成工程检查。消防机构实施的建设工程消防备案、抽查的行为能产生行政法上的拘束力。对建设单位而言，在工程竣工验收后应当到公安机关消防机构进行验收备案，否则，应当承担相应的行政责任，消防设施经依法抽查不合格的，应当停止使用，并组织整改；对公安机关消防机构而言，备案结果中有抽查是否合格的评定，实质上是一种行政确认行为，即公安机关消防机构对行政相对人的法律事实、法律关系予以认定、确认的行政行为，一旦消防设施被消防机构评定为合格，那就视为消防机构在事实上确认了消防工程质量合格，行政相关人也将受到该行为的拘束。

据此，法院认为作出建设工程消防验收备案通知，是对建设工程消防设施质量监督管理的最后环节，备案结果通知含有消防竣工验收是否合格的评定，具有行政确认的性质，是公安机关消防机构作出的具体行政行为。备案手续的完成能产生行政法上的拘束力。故备案行为是可诉的行政行为，人民法院可以对其进行司法审查。原审裁定认为建设工程消防验收备案结果通知性质属于技术性验收通知，不是具体行政行为，并据此驳回上诉人戴世华的起诉，确有不当。

最高人民法院指导案例69号
——王明德诉乐山市人力资源和社会保障局工伤认定案

（最高人民法院审判委员会讨论通过
2016年9月19日发布）

【关键词】

行政诉讼　工伤认定　程序性行政行为　受理

【裁判要点】

当事人认为行政机关作出的程序性行政行为侵犯其人身权、财产权等合法权益，对其权利义务产生明显的实际影响，且无法通过提起针对相关的实体性行政行为的诉讼获得救济，而对该程序性行政行为提起行政诉讼的，人民法院应当依法受理。

【相关法条】

《中华人民共和国行政诉讼法》第12条、第13条

【基本案情】

原告王明德系王雷兵之父。王雷兵是四川嘉宝资产管理集团有限公司峨眉山分公司职工。2013年3月18日，王雷兵因交通事故死亡。由于王雷兵驾驶摩托车倒地翻覆的原因无法查实，四川省峨眉山市公安局交警大队于同年4月1日依据《道路交通事故处理程序规定》第五十条的规定，作出乐公交认定〔2013〕第00035号《道路交通事故证明》。该《道路交通事故

证明》载明:2013 年 3 月 18 日,王雷兵驾驶无牌“卡迪王”二轮摩托车由峨眉山市大转盘至小转盘方向行驶。1 时 20 分许,当该车行至省道 S306 线 29.3KM 处驶入道路右侧与隔离带边缘相擦剐,翻覆于隔离带内,造成车辆受损、王雷兵当场死亡的交通事故。

2013 年 4 月 10 日,第三人四川嘉宝资产管理集团有限公司峨眉山分公司就其职工王雷兵因交通事故死亡,向被告乐山市人力资源和社会保障局申请工伤认定,并同时提交了峨眉山市公安局交警大队所作的《道路交通事故证明》等证据。被告以公安机关交通管理部门尚未对本案事故作出交通事故认定书为由,于当日作出乐人社工时〔2013〕05 号(峨眉山市)《工伤认定时限中止通知书》(以下简称《中止通知》),并向原告和第三人送达。

2013 年 6 月 24 日,原告通过国内特快专递邮件方式,向被告提交了《恢复工伤认定申请书》,要求被告恢复对王雷兵的工伤认定。因被告未恢复对王雷兵工伤认定程序,原告遂于同年 7 月 30 日向法院提起行政诉讼,请求判决撤销被告作出的《中止通知》。

【裁判结果】

四川省乐山市市中区人民法院于 2013 年 9 月 25 日作出(2013)乐中行初字第 36 号判决,撤销被告乐山市人力资源和社会保障局于 2013 年 4 月 10 日作出的乐人社工时〔2013〕05 号《中止通知》。一审宣判后,乐山市人力资源和社会保障局提起了上诉。乐山市中级人民法院二审审理过程中,乐山市人力资源和社会保障局递交撤回上诉申请书。乐山市中级人民法院经审查认为,上诉人自愿申请撤回上诉,属其真实意思表示,符合法律规定,遂裁定准许乐山市人力资源和社会保障局撤回上诉。一审判决已发生法律效力。

【裁判理由】

法院生效裁判认为,本案争议的焦点有两个:一是《中止通知》是否属于可诉行政行为;二是《中止通知》是否应当予以撤销。

一、关于《中止通知》是否属于可诉行政行为问题

法院认为,被告作出《中止通知》,属于工伤认定程序中的程序性行政行为,如果该行为不涉及终局性问题,对相对人的权利义务没有实质影响的,属于不成熟的行政行为,不具有可诉性,相对人提起行政诉讼的,不属于人民法院受案范围。但如果该程序性行政行为具有终局性,对相对人权利义务产生实质影响,并且无法通过提起针对相关的实体性行政行为的诉讼获得救济的,则属于可诉行政行为,相对人提起行政诉讼的,属于人民法院行政诉讼受案范围。

虽然根据《中华人民共和国道路交通安全法》第七十三条的规定:“公安机关交通管理部门应当根据交通事故现场勘验、检查、调查情况和有关的检验、鉴定结论,及时制作交通事故认定书,作为处理交通事故的证据。交通事故认定书应当载明交通事故的基本事实、成因和当事人的责任,并送达当事人。”但是,在现实道路交通事故中,也存在因道路交通事故成因确实无法查清,公安机关交通管理部门不能作出交通事故认定书的情况。对此,《道路交通事故处理程序规定》第五十条规定:“道路交通事故成因无法查清的,公安机关交通管理部门应当出具道路交通事故证明,载明道路交通事故发生的时间、地点、当事人情况及调查得到的事实,分别送达当事人。”就本案而言,峨眉山市公安局交警大队就王雷兵因交通事故死亡,依据所调查的事故情况,只能依法作出《道路交通事故证明》,而无法作出《交通事故认定书》。因此,本案中《道路交通事故证明》已经是公安机关交通管理部门依据《道路交通事故处理程序规定》就事故作出的结论,也就是《工伤保险条例》第二十条第三款中规定的工伤认定决定需要的“司法机关或者有关行政主管部门的结论”。除非出现新事实或者法定理由,否则公安机关交通管理部门不会就本案涉及的交通事故作出其他结论。而本案被告在第三人申请认定工伤时已经提交了相关《道路交通事故证明》的情况下,仍然作出《中止通知》,并且一直到原告起诉之日,被告仍以工伤认定处于中止中为由,拒绝恢复对王雷兵死亡是否属于工伤的认定程序。由此可见,虽然被告作出《中止通知》是工伤认定中的一种程序性行为,但该行为将导致原告的合法权益长期,乃至永久得不到依法救济,直接影响了原告的合法权益,对其权利义务产生实质影响,并且原告也无法通过对相关实体性行政行为提起诉讼以获得救济。因此,被告作出《中止通知》,属于可诉行政行为,人民法院应当依法受理。

二、关于《中止通知》应否予以撤销问题

法院认为,《工伤保险条例》第二十条第三款规定,“作出工伤认定决定需要以司法机关或者有关行政主管部门的结论为依据的,在司法机关或者有关行政主管部门尚未作出结论期间,作出工伤认定决定的时限中止”。如前所述,第三人在向被告就王雷兵死亡申请工伤认定时已经提交了《道路交通事故证明》。也就是说,第三人

申请工伤认定时，并不存在《工伤保险条例》第二十条第三款所规定的依法可以作出中止决定的情形。因此，被告依据《工伤保险条例》第二十条规定，作出《中止通知》属于适用法律、法规错误，应当予以撤销。另外，需要指出的是，在人民法院撤销被告作出的《中止通知》判决生效后，被告对涉案职工认定工伤的程序即应予以恢复。

·典型案例·

建明食品公司诉泗洪县政府检疫行政命令纠纷案

【裁判摘要】

审查行政机关内部上级对下级作出的指示是否属于人民法院行政诉讼受案范围内的可诉行政行为，应当从指示内容是否对公民、法人或者其他组织权利义务产生了实际影响着手。在行政管理过程中，上级以行政命令形式对下级作出的指示，如果产生了直接的、外部的法律效果，当事人不服提起行政诉讼的，人民法院应当受理。

原告：江苏省泗洪县建明食品有限责任公司。

法定代表人：王迪建，该公司总经理。

被告：江苏省泗洪县人民政府。

法定代表人：徐德，该县县长。

第三人：江苏省泗洪县兽医卫生监督检验所。

法定代表人：赵德，该所所长。

原告江苏省泗洪县建明食品有限责任公司（以下简称建明食品公司）认为被告江苏省泗洪县人民政府（以下简称泗洪县政府）分管副县长的电话指示侵犯其合法权益，于2005年4月21日提起行政诉讼。江苏省宿迁市中级人民法院认为，江苏省泗洪县兽医卫生监督检验所（以下简称县兽检所）同提起的行政诉讼有利害关系，依照《中华人民共和国行政诉讼法》（以下简称行政诉讼法）第二十七条规定，通知其作为第三人参加诉讼。

原告诉称：原告是经被告批准设立的生猪定点屠宰单位。原告的生猪被屠宰前后，依法应由第三人进行检疫、检验。2003年5月22日，被告的分管副县长电话指示第三人停止对原告的生猪进行检疫，致使原告的生猪无法屠宰和上市销售，被迫停业。请求确认被告分管副县长的电话指示违法。

原告提交以下证据：

1. 企业法人营业执照、卫生许可证、动物防疫合格证、税务登记证及中华人民共和国组织机构代码证，用以证明建明食品公司是依法经批准设立的生猪定点屠宰单位，经营手续完备；

2.《关于加强县城生猪屠宰管理的通知》（以下简称《屠宰管理通知》）、宿迁市中级人民法院的〔2004〕宿中行初字第06号行政判决书，用以证明由于泗洪县政府下设的泗洪县生猪管理办公室（以下简称县生猪办）在2003年5月18日发布的《屠宰管理通知》中，仅将该县生猪定点屠宰单位标注为泗洪县食品公司肉联厂（以下简称县肉联厂），被建明食品公司诉至法院后，该具体行政行为已被生效判决确认为违法；

3. 县兽检所和泗洪县青阳镇畜牧兽医站出具的证据，用以证明泗洪县分管副县长2003年5月22日的电话指示事实客观存在。

被告辩称：被告的分管副县长是根据2003年5月18日的《屠宰管理通知》，才作出内容为“停止对县肉联厂以外的单位进行生猪检疫”的电话指示。这个电话指示是分管副县长对下属单位县兽检所作出的，是行政机关内部的行政指导行为；指示内容中没有提到原告，不会直接对原告的权利义务产生影响。因此，这个电话指示不是人民法院行政诉讼管辖的具体行政行为，不在人民法院行政诉讼受案范围内，原告无权对这个电话指示提起行政诉讼。

第三人述称：国务院颁布的《生猪屠宰管理条例》规定，被告有权设定和取消生猪定点屠宰单位。在被告下设的县生猪办发布的《屠宰管理通知》里，生猪定点屠宰单位中没有原告，说明原告的生猪定点屠宰资格已经被取消。非定点屠宰单位的生猪，依法不能上市销售，故第三人拒绝对原告的生猪进行检疫，是正确的。

被告及第三人未提交证据。

经质证、认证，宿迁市中级人民法院查明：

2001年4月，经被告泗洪县政府批准，原告建明食品公司成为泗洪县的生猪定点屠宰单位之一。在分别领取了相关部门颁发的企业法人营业执照、动物防疫合格证、税务登记证等证件后，建明食品公司开始经营生猪养殖、收购、屠宰、销售和深加工等业务。2003

年5月18日，泗洪县政府下设的临时办事机构县生猪办向本县各宾馆、饭店、学校食堂、集体伙食单位、肉食品经营单位以及个体经营户发出《屠宰管理通知》。该通知第一项称，“县城所有经营肉食品的单位及个体户，从5月20日起到县指定的生猪定点屠宰厂采购生猪产品，个体猪肉经销户一律到定点屠宰厂屠宰生猪（县肉联厂）……”。2003年5月22日，泗洪县政府分管兽医卫生监督检验工作的副县长电话指示县兽检所，停止对县肉联厂以外的单位进行生猪检疫。建明食品公司报请县兽检所对其生猪进行检疫时，该所即以分管副县长有指示为由拒绝。建明食品公司认为，分管副县长的电话指示侵犯其合法权益，遂提起本案行政诉讼。

另查明，原告建明食品公司因对县生猪办在《屠宰管理通知》中仅标注县肉联厂为生猪定点屠宰厂不服，曾于2004年8月4日以泗洪县政府为被告，另案提起过行政诉讼。宿迁市中级人民法院的〔2004〕宿中行初字第06号行政判决书确认，泗洪县政府下设的县生猪办在《屠宰管理通知》中仅将县肉联厂标注为生猪定点屠宰厂，侵犯了建明食品公司的公平竞争权，这一行政行为违法。该行政判决已发生法律效力。

宿迁市中级人民法院认为：《中华人民共和国动物防疫法》第六条第二款规定：“县级以上地方人民政府畜牧兽医行政管理部门主管本行政区域内的动物防疫工作。”第三款规定：“县级以上人民政府所属的动物防疫监督机构实施动物防疫和动物防疫监督。”第三十条规定：“动物防疫监督机构按照国家标准和国务院畜牧兽医行政管理部门规定的行业标准、检疫管理办法和检疫对象，依法对动物、动物产品实施检疫。”动物防疫是第三人县兽检所的法定职责，县兽检所应当按照国家、行业的标准和管理办法确定检疫范围、对象，依法对动物、动物产品实施检疫，而不是根据分管副县长的电话指示实施检疫。被告泗洪县政府的分管副县长为进一步贯彻落实县生猪办发布的《屠宰管理通知》，才给县兽检所发出电话指示，指示内容与《屠宰管理通知》一致。这个电话指示对县兽检所的检疫职责不具有强制力，是行政机关内部的行政指导行为；电话指示内容未提及原告建明食品公司，不会对建明食品公司的权利义务产生直接影响。最高人民法院《关于执行〈中华人民共和国行政诉讼法〉若干问题的解释》（以下简称行诉法解释）第一条第二款第（四）、第（六）项规定，不具有强制力的行政指导行为和对公民、法人或者其他组织权利义务不产生实际影响的行为，不属于人民法院行政诉讼受案范围。行政诉讼法第四十一条第（四）项规定，提起诉讼应当符合属于人民法院受案范围和受诉人民法院管辖的条件。泗洪县政府分管副县长的电话指示不具有提起行政诉讼的条件，不是可诉的行政行为。

据此，宿迁市中级人民法院依照行诉法解释第四十四条第一款第（一）项关于“请求事项不属于行政审判权限范围的，应当裁定不予受理；已经受理的，裁定驳回起诉”的规定，于2005年6月22日裁定：

驳回原告建明食品公司的起诉。

一审宣判后，建明食品公司不服，提起上诉称：上诉人是经被上诉人依法批准设立的生猪定点屠宰单位之一，经营手续完备，享有与同类企业同等的权利和义务，任何单位和个人不得阻碍上诉人自主经营。上诉人报请检疫时，县兽检所不是以定点屠宰资格已在《屠宰管理通知》中被取消为由拒绝检疫，而是声称分管副县长电话指示停止对上诉人的生猪进行检疫。如果县兽检所当时是以定点屠宰资格已被取消为由拒绝检疫，则上诉人完全可以起诉县兽检所不作为。在《屠宰管理通知》中，县生猪办只是将泗洪县的定点屠宰场所仅标注为县肉联厂，并没有取消上诉人的定点屠宰资格，况且县生猪办的这个行政行为已被生效判决确认为违法。而分管副县长的电话指示，其内容则完全剥夺了上诉人作为定点屠宰单位享有的报请检疫权利。电话指示内容与《屠宰管理通知》不同，不是落实《屠宰管理通知》，不能与《屠宰管理通知》混为一谈。事实证明，由于有分管副县长这个电话指示，县兽检所才拒绝履行对上诉人的生猪进行检疫的职责。电话指示是对内对外均具有约束力的行政强制命令，其目的是要限制上诉人的正常经营，故属于可诉的行政行为。一审以电话指示属内部行政指导行为为由，裁定驳回上诉人的起诉，是错误的。请求撤销一审裁定，依法改判或发回重审。

被上诉人泗洪县政府答辩称：《屠宰管理通知》要求，所有猪肉经销户一律到定点屠宰厂（县肉联厂）屠宰生猪。分管副县长电话指示停止对县肉联厂以外单位的生猪进行检疫，正是为贯彻落实通知，这是行政机关内部的行政指导行为。电话指示没有说不对上诉人的生猪进行检疫，没有直接指向上诉人，不会对上诉人的权利义务直接产生影响,故不属于人民法院行政诉讼受案范围。在分管副县长作出电话指示后,上诉人并未向县兽检所报请检疫。一审将此认定为本案事实,缺乏证据证实。除此以外,一审裁定认定事实清楚,适用法律正确,审判程序合法。上诉人的上诉理由不能成立,应当依法驳回上诉,维持原裁定。

原审第三人县兽检所称:作为县政府的下级单位,第三人不可能不服从县领导的指示。第三人接到分管副县长电话指示后,不对上诉人的生猪进行检疫,是正确的。分管副县长的电话指示,是对县生猪办《屠宰管理通知》内容的进一步强调及延续。至于该指示正确与否,不便发表意见。

江苏省高级人民法院经审理查明:被上诉人泗洪县政府曾先后批准4个定点生猪屠宰单位,但2003年5月期间,只有县肉联厂和上诉人建明食品公司在从事正常的经营活动,其余两个单位因种种原因已歇业停产。分管副县长的电话指示作出后,建明食品公司向原审第三人县兽检所报请检疫时遭拒绝,县兽检所在诉讼中对这一事实明确表示认可。根据最高人民法院《关于行政诉讼证据若干问题的规定》第六十五条关于"在庭审中一方当事人或者其代理人在代理权限范围内对另一方当事人陈述的案件事实明确表示认可的,人民法院可以对该事实予以认定"的规定,一审将此认定为案件事实,并无不妥。除此以外,由于各方当事人对一审认定的其他事实均无异议,二审予以确认。

二审争议焦点是:如何评价分管副县长的电话指示行为?

江苏省高级人民法院认为:

被上诉人泗洪县政府的分管副县长2003年5月22日的电话指示,是对其下级单位原审第三人县兽检所作出的。审查行政机关内部上级对下级作出的指示是否属于人民法院行政诉讼受案范围内的可诉行政行为,应当从指示内容是否对公民、法人或者其他组织权利义务产生了实际影响着手。

《生猪屠宰管理条例》第五条、第十八条规定,生猪定点屠宰厂(场)的设立,应由市、县人民政府按照法定条件和程序批准;定点屠宰厂(场)有对生猪、生猪产品注水或者注入其他物质等违反条例规定的行为,情节严重的,经市、县人民政府批准,取消定点屠宰厂(场)资格。上诉人建明食品公司是依法经批准设立的定点生猪屠宰单位,至本案纠纷发生时,建明食品公司的定点屠宰厂(场)资格并没有依照法规规定的程序被取消。在《屠宰管理通知》里,县生猪办仅是将该县生猪定点屠宰点标注为县肉联厂,没有否定建明食品公司的定点屠宰厂(场)资格。由于《屠宰管理通知》里没有将建明食品公司标注为该县生猪定点屠宰点,在建明食品公司起诉后,县生猪办的这个行政行为已经被人民法院的生效行政判决确认为违法。

农业部发布的《动物检疫管理办法》第五条规定:"国家对动物检疫实行报检制度。""动物、动物产品在出售或者调出离开产地前,货主必须向所在地动物防疫监督机构提前报检。"第十八条规定:"动物防疫监督机构对依法设立的定点屠宰场(厂、点)派驻或派出动物检疫员,实施屠宰前和屠宰后检疫。"参照这一规章的规定,作为依法设立的生猪定点屠宰点,上诉人建明食品公司有向该县动物防疫监督机构——原审第三人县兽检所报检的权利和义务;县兽检所接到报检后,对建明食品公司的生猪进行检疫,是其应当履行的法定职责。县兽检所当时以分管副县长有电话指示为由拒绝检疫,可见该电话指示是县兽检所拒绝履行法定职责的唯一依据。生猪定点屠宰场所的生猪未经当地动物防疫监督机构进行屠宰前、后的检疫和检验,不得屠宰,屠宰后的生猪及其产品也无法上市销售。尽管分管副县长对县兽检所的电话指示是行政机关内部的行政行为,但通过县兽检所拒绝对建明食品公司的生猪进行检疫来看,电话指示已经对建明食品公司的合法权益产生实际影响,成为具有强制力的行政行为。再有,分管副县长在该县仅有两家定点屠宰场所还在从事正常经营活动的情况下,电话指示停止对县肉联厂以外单位的生猪进行检疫,指示中虽未提及建明食品公司的名称,但实质是指向该公司。分管副县长就特定事项、针对特定对象所作的电话指示,对内、对外均发生了效力,并已产生了影响法人合法权益的实际后果,故属于人民法院行政诉讼受案范围内的可诉行政行为。

行政指导行为,是指行政机关在行政管理过程中作出的具有示范、倡导、咨询、建议等性质的行为。分析被上诉人泗洪县政府分管副县长作出的关于"停止……检疫"电话指示,既不是行政示范和倡导,也不具有咨询、建议等作用,实质是带有强制性的行政命令。泗洪县政府关于该指示属于行政机关内部行政指导行为的答辩理由,不能成立。

综上所述，被上诉人泗洪县政府分管副县长的电话指示，属于人民法院行政诉讼受案范围。该指示是分管副县长在履行公务活动中行使职权的行为，其后果应由泗洪县政府承担。上诉人建明食品公司不服该指示，以泗洪县政府为被告提起行政诉讼，该起诉符合法定条件，人民法院应当依法受理。一审以该指示属于内部行政指导行为为由，裁定驳回建明食品公司的起诉，是错误的。依照行诉法解释第六十八条关于“第二审人民法院经审理认为原审人民法院不予受理或者驳回起诉的裁定确有错误，且起诉符合法定条件的，应当裁定撤销原审人民法院的裁定，指令原审人民法院依法立案受理或者继续审理”的规定，江苏省高级人民法院于2005年9月19日裁定：

一、撤销一审行政裁定；

二、本案由一审法院继续审理。

杨一民诉成都市政府其他行政纠纷案

【裁判摘要】

行政机关驳回当事人申诉的信访答复，属于行政机关针对当事人不服行政行为的申诉作出的重复处理行为，并未对当事人的权利义务产生新的法律效果，不是行政复议法所规定的可以申请行政复议的行政行为。当事人不服行政机关作出的上述信访答复，申请行政复议，接受申请的行政复议机关作出不予受理决定，当事人不服该决定，诉请人民法院判决撤销该不予受理决定的，人民法院不予支持。

原告：杨一民，男，52岁，住四川省成都市罗家碾街。

被告：四川省成都市人民政府，住所地：四川省成都市人民西路。

法定代表人：葛红林，该市市长。

原告杨一民因与被告四川省成都市人民政府（以下简称成都市政府）发生其他行政纠纷，向四川省成都市中级人民法院提起行政诉讼。

原告杨一民诉称：原告系原成都市第五中学（现为成都列五中学）职工，该校以1992年就已对原告作“除名处理”为由，拒绝给原告安排工作、发放工资，还强行收缴原告住房，但长期不向原告送达相关处理文书，其行为严重侵犯原告的人身权、财产权。为此，原告于2005年向成都市教育局申诉。成都市教育局于2005年5月20日以其办公室的名义向原告作出信访回复，称原成都市教育委员会（即成都市教育局的前身）已于1992年作出《对成都市第五中学〈关于对我校职工杨一民作除名处理的报告〉的批复》，并认为该批复符合法律规定。原告不服，向四川省教育厅申诉，四川省教育厅责令成都市教育局复查。成都市教育局又于2005年8月18日再次给予原告信访答复，答复内容与前次信访回复一致。原告仍不服该信访答复，于2005年9月9日向被告成都市政府提出行政复议申请，请求成都市政府就该信访答复所涉及的事项作出行政复议。成都市政府收到复议申请后，认为原告的复议申请不符合行政复议的受理条件，于2005年9月13日作出成府复不字（2005）第6号不予受理决定。原告认为，成都市教育局对原告作出的信访答复是具有行政确认和行政处理性质的申诉处理决定，对原告的人身权、财产权有严重影响，而不是一种单纯的“解释、说明”，故原告依法向成都市政府提起的行政复议申请，完全符合《中华人民共和国行政复议法》（以下简称行政复议法）第六条第（九）、（十一）项关于行政复议受案范围的规定。成都市政府在没有向原告正确说明理由和依据的情况下，对这种明显属于依法可申请行政复议的案件作出不予受理决定，忽视了宪法赋予公民的救济权，剥夺了可供原告选择的法定救济机会。该不予受理决定与有关法律、法规的规定明显不符，适用法律、法规明显错误。故请求法院判决撤销成都市政府作出的成府复不字（2005）第6号不予受理决定。

被告成都市政府辩称：根据行政复议法的相关规定，行政复议是一项旨在对具体行政行为进行监督的制度。由于原告杨一民申请行政复议针对的事项是成都市教育局作出的信访答复，该信访答复不是成都市教育局作出的具体行政行为，因此杨一民的申请依法不属于行政复议的受理范围。请求法院依法驳回杨一民的诉讼请求，维持成都市政府对杨一民的行政复议申请作出的不予受理决定。

被告成都市政府在法定举证期限内向法院提交了作出被诉不予受理决定的相关证据材料和法律依据：

1. 原告杨一民提出的行政复议申请书，用以证明杨一民于2005年9月9日向成都市政府申请行政复议针对的事项是成都市教育局办公室于2005年8月

18 日就杨一民的申诉作出的信访答复;

2. 成都市教育局于 2005 年 5 月 20 日对杨一民作出的信访回复、四川省教育厅于 2005 年 6 月 28 日给杨一民的复函、杨一民于 2005 年 6 月 30 日向成都市教育局提交的《请求市教育局重新正确对本人申诉进行处理的几点意见》以及成都市教育局办公室于 2005 年 8 月 18 日对杨一民作出的信访答复,用以证明杨一民的复议申请不符合行政复议法规定的受理行政复议的条件;

3. 成都市政府于 2005 年 9 月 9 日作出的成府复不字(2005)第 6 号不予受理决定书及送达回证,用以证明成都市政府作出的不予受理决定程序合法,并已于 2005 年 9 月 13 日送达杨一民;

4. 国务院《信访条例》第三十四条、第三十五条的规定,用以证明杨一民对信访答复不服,不能申请行政复议,其提出的行政复议申请依法不属于行政复议的范围;

5. 行政复议法第一条、第六条、第十一条和第十七条的规定,用以证明成都市教育局针对杨一民的申诉作出的信访答复不属于行政复议法所规定的可以申请行政复议的具体行政行为,成都市政府作出的不予受理决定书认定事实清楚,适用法律正确。

成都市中级人民法院依职权调取了以下证据:

1. 于 1992 年 10 月 3 日向原成都市教育委员会报送的《关于对我校职工杨一民作除名处理的报告》,该报告的内容为:原成都市第五中学根据川人发(1984)4 号文规定,决定将原告杨一民作除名处理;

2. 原成都市教育委员会于 1992 年 12 月 23 日作出的成教发人(1992)78 号《对成都市第五中学〈关于对我校职工杨一民作除名处理的报告〉的批复》,该批复同意将杨一民作除名处理。

成都市中级人民法院一审查明:

1992 年,原成都市第五中学(现成都列五中学)向原成都市教育委员会(现为成都市教育局)报送了《关于对我校职工杨一民作除名处理的报告》,原成都市教育委员会于 1992 年 12 月 23 日作出成教发人(1992)78 号批复,同意将原告杨一民作除名处理。2005 年,杨一民因上述纠纷到成都市教育局进行信访申诉,该局于 2005 年 5 月 20 日以其办公室的名义向杨一民作出信访回复,认为原成都市教育委员会于 1992 年作出的《对成都市第五中学〈关于对我校职工杨一民作除名处理的报告〉的批复》是符合法律规定的。收到该信访回复后,杨一民向四川省教育厅上访,四川省教育厅责成成都市教育局重新答复杨一民。成都市教育局于 2005 年 8 月 18 日再次给予杨一民信访答复,其内容与前次信访回复一致。2005 年 9 月 9 日,杨一民就成都市教育局于 2005 年 8 月 18 日作出的信访答复向被告成都市政府提出行政复议申请,成都市政府于 2005 年 9 月 9 日作出成府复不字(2005)第 6 号不予受理决定,并已送达杨一民。

本案的争议焦点是:原告杨一民因不服成都市教育局作出的信访答复,向被告成都市政府提出的行政复议申请,是否属于行政复议受理范围。

成都市中级人民法院一审认为:

原成都市教育委员会(现成都市教育局)于 1992 年批复同意原成都市第五中学对原告杨一民作除名处理,时隔 13 年之后,原告杨一民就自己被除名一事先后到成都市教育局、四川省教育厅信访申诉,成都市教育局针对杨一民的申诉最终作出信访答复,认为当年原成都市教育委员会作出的批复符合相关规定。杨一民对该信访答复不服,向被告成都市政府提出的行政复议申请,不属于行政复议受理范围。

首先,行政复议法第六条规定:“有下列情形之一的,公民、法人或者其他组织可以依照本法申请行政复议:(一)对行政机关作出的警告、罚款、没收违法所得、没收非法财物、责令停产停业、暂扣或者吊销许可证、暂扣或者吊销执照、行政拘留等行政处罚决定不服的;(二)对行政机关作出的限制人身自由或者查封、扣押、冻结财产等行政强制措施决定不服的;(三)对行政机关作出的有关许可证、执照、资质证、资格证等证书变更、中止、撤销的决定不服的;(四)对行政机关作出的关于确认土地、矿藏、水流、森林、山岭、草原、荒地、滩涂、海域等自然资源的所有权或者使用权的决定不服的;(五)认为行政机关侵犯合法的经营自主权的;(六)认为行政机关变更或者废止农业承包合同,侵犯其合法权益的;(七)认为行政机关违法集资、征收财物、摊派费用或者违法要求履行其他义务的;(八)认为符合法定条件,申请行政机关颁发许可证、执照、资质证、资格证等证书,或者申请行政机关审批、登记有关事项,行政机关没有依法办理的;(九)申请行政机关履行保护人身权利、财产权利、受教育权利的法定职责,行政机关没有依法履行的;(十)申请行政机关依法发放抚恤金、社会保险金或者最低生活保障费,行政机关没有依法发放的;(十一)认为行政机关的其他具体行政行为侵犯其合法权益的。"上述规定并未明确将行政机关驳回当事人对行政行为提起申诉的重复处理行为列入行政复议的受理范围。

其次,行政复议的受理范围,应当是行政机关作出的影响公民、法人及其他组织的权利义务关系的具体行政行为。本案中,成都市教育局作出的信访答复,对原告杨一民的现实权利义务状态并未产生新的影响,亦未改变原有的行政法律关系,属于行政机关驳回当事人对具体行政行为提起申诉的重复处理行为。行政机关驳回当事人就具体行政行为提出的申诉请求,实际上仅是告知当事人该具体行政行为正确,并说明当事人就该具体行政行为提出的申诉请求依法不应支持。驳回当事人申诉的信访答复既没有改变原有行政法律关系,也没有形成新的行政法律关系,对当事人的权利义务没有产生新的影响,故不属于行政复议的受理范围。

综上,被告成都市政府作出的成府复不字(2005)第6号行政复议不予受理决定认定事实清楚,证据充分,适用法律正确,程序合法,应予维持。

据此,成都市中级人民法院依照《中华人民共和国行政诉讼法》第五十四条第(一)项的规定,于2006年7月21日判决:

维持被告成都市政府作出的成复不字(2005)第6号行政复议不予受理的决定。

一审案件受理费100元、其他诉讼费用30元,共计130元,由原告杨一民负担。

杨一民不服一审判决,向四川省高级人民法院提起上诉,主要理由是:1.成都市教育局以其办公室名义作出的信访答复中涉及的原成都市第五中学《关于对我校职工杨一民作除名处理的报告》和原成都市教育委员会《对成都市第五中学〈关于对我校职工杨一民作除名处理的报告〉的批复》,仅仅是单方面陈述的内部文件,从未送达上诉人。因此,成都市教育局作出的确认上述内部文件符合有关规定的信访答复,不属于驳回当事人对行政行为提起申诉的重复处理行为,且成都市教育局以其办公室的名义作出信访答复主体不符,是越权行为。一审法院认为成都市教育局作出的信访答复属于驳回当事人对行政行为提起申诉的重复处理行为,对上诉人现存权利义务状态并未产生新的影响,亦未改变原有的行政法律关系,是对行政机关重复处理行为的错误理解。上诉人提出的行政复议申请,依法属于行政复议受理范围,上诉人的诉讼请求依法应当得到支持。2.一审法院依职权调取的证据未经庭审质证,一审判决依据上述证据认定本案事实,违反了证据规则和审判原则。综上,请求二审法院依法改判,判令被上诉人成都市政府依法受理上诉人的行政复议申请。

上诉人杨一民没有提交新的证据。

被上诉人成都市政府答辩称:上诉人杨一民因不服原成都市第五中学作出的除名处理决定,到成都市教育局、四川省教育厅信访申诉。成都市教育局办公室最终于2005年8月18日对上诉人作出驳回其申诉的信访答复,该行为属于行政机关对同一事项的重复处理行为,不属于可以申请行政复议的具体行政行为,当事人应当依照国务院《信访条例》的明确规定寻求救济途径。一审判决维持被上诉人作出的不予受理决定是正确的,请求二审法院依法维持并由上诉人承担诉讼费用。

被上诉人成都市政府没有提交新的证据。

四川省高级人民法院经二审质证认为:最高人民法院《关于行政诉讼证据若干问题的规定》第二十二条规定:"根据行政诉讼法第三十四条第二款的规定,有下列情形之一的,人民法院有权向有关行政机关以及其他组织、公民调取证据:(一)涉及国家利益、公共利益或者他人合法权益的事实认定的;(二)涉及依职权追加当事人、中止诉讼、终结诉讼、回避等程序性事项的。"一审法院依职权调取的证据1、证据2不符合上述规定,且上述证据被上诉人成都市政府在行政程序中没有收集和使用,没有将其作为作出不予受理决定的事实依据。上述证据亦未在一审庭审中予以出示和质证。因此,上诉人杨一民就此提出的上诉理由成立,上述证据不能作为本案的定案依据。

四川省高级人民法院二审查明:

2005年,上诉人杨一民以成都列五中学借口已对其作"除名处理",不给其安排工作、发放工资,还强行收缴其住房,但长期不送达相关处理文书,侵犯其人身权、财产权为由,向成都市教育局申诉。2005年5月20日,成都市教育局办公室对杨一民作出信访回复,该回复认为原成都市教育委员会于1992年作出的《对成都市第五中学〈关于对我校职工杨一民作除名处理的报告〉的批复》符合法律规定。杨一民不服，向四川省教育厅申诉。四川省教育厅于2005年6月28日答复杨一民："已将上访材料转送成都市教育局，责成其按照当时的有关法律法规、政策规定和事实依据重新答复你本人。"2005年8月18日，成都市教育局办公室再次对杨一民作出信访答复，该答复载明："我们再一次对事实进行了调查核实。查明，1992年原成都市第五中学根据你的旷工事实向原成都市教育委员会报送的《关于对我校职工杨一民作除名处理的报告》和原成都市教育委员会于当年作出的《对成都市第五中学〈关于对我校职工杨一民作除名处理的报告〉的批复》符合川人发(1984)4号文件规定。"该信访答复已送达杨一民。

2005年9月9日，上诉人杨一民就成都市教育局于2005年8月18日作出的信访答复向被上诉人成都市政府申请行政复议，请求撤销或者确认该信访答复违法，并责令成都市教育局在一定期限内重新作出具体行政行为。同日，成都市政府以杨一民提出的行政复议申请不符合行政复议受理条件为由，根据行政复议法的相关规定，作出成府复不字(2005)第6号不予受理决定书，并于同月13日送达杨一民。杨一民不服，向成都市中级人民法院提起行政诉讼，请求撤销成都市政府作出的不予受理决定。

本案二审的争议焦点仍然是上诉人杨一民因不服成都市教育局作出的信访答复，向被上诉人成都市政府提出的行政复议申请，是否属于行政复议受理范围。

四川省高级人民法院二审认为：

行政复议法第十二条规定："对县级以上地方各级人民政府工作部门的具体行政行为不服的，由申请人选择，可以向该部门的本级人民政府申请行政复议，也可以向上一级主管部门申请行政复议。对海关、金融、国税、外汇管理等实行垂直领导的行政机关和国家安全机关的具体行政行为不服的，向上一级主管部门申请行政复议。"第十七条规定："行政复议机关收到行政复议申请后，应当在五日内进行审查，对不符合本法规定的行政复议申请，决定不予受理，并书面告知申请人；对符合本法规定，但是不属于本机关受理的行政复议申请，应当告知申请人向有关行政复议机关提出。"根据上述规定，被上诉人成都市政府有权管辖当事人对其下属职能部门作出的具体行政行为不服申请行政复议的案件，对当事人提出的行政复议申请，经审查认为不符合行政复议法规定的受理范围的，有权作出不予受理决定。成都市政府于2005年9月9日收到上诉人杨一民递交的行政复议申请，经审查后以该申请不符合行政复议受理条件为由，作出了不予受理决定书，并于同月13日送达杨一民。成都市政府作出该不予受理决定的程序合法。

行政复议法第一条规定："为了防止和纠正违法的或者不当的具体行政行为，保护公民、法人和其他组织的合法权益，保障和监督行政机关依法行使职权，根据宪法，制定本法。"第二条规定："公民、法人或者其他组织认为具体行政行为侵犯其合法权益，向行政机关提出行政复议申请，行政机关受理行政复议申请、作出行政复议决定，适用本法。"第六条规定："有下列情形之一的，公民、法人或者其他组织可以依照本法申请行政复议：(一)对行政机关作出的警告、罚款、没收违法所得、没收非法财物、责令停产停业、暂扣或者吊销许可证、暂扣或者吊销执照、行政拘留等行政处罚决定不服的；(二)对行政机关作出的限制人身自由或者查封、扣押、冻结财产等行政强制措施决定不服的；(三)对行政机关作出的有关许可证、执照、资质证、资格证等证书变更、中止、撤销的决定不服的；(四)对行政机关作出的关于确认土地、矿藏、水流、森林、山岭、草原、荒地、滩涂、海域等自然资源的所有权或者使用权的决定不服的；(五)认为行政机关侵犯合法的经营自主权的；(六)认为行政机关变更或者废止农业承包合同，侵犯其合法权益的；(七)认为行政机关违法集资、征收财物、摊派费用或者违法要求履行其他义务的；(八)认为符合法定条件，申请行政机关颁发许可证、执照、资质证、资格证等证书，或者申请行政机关审批、登记有关事项，行政机关没有依法办理的；(九)申请行政机关履行保护人身权利、财产权利、受教育权利的法定职责，行政机关没有依法履行的；(十)申请行政机关依法发放抚恤金、社会保险金或者最低生活保障费，行政机关没有依法发放的；(十一)认为行政机关的其他具体行政行为侵犯其合法权益的。"根据上述法律，可以申请行政复议的具体行政行为，是指行政主体在行使行政职权过程中，针对特定的行政相对人就特定的事项作出的、能够对行政相对人的权利义务产生法律效果的行为。本案中，上诉人杨一民申请行政复议的事项，是成都市教育局办公室针对杨一民的申诉作出的信访答复，该信访答复的内容仅是重申1992

年原成都市第五中学报送的《关于对我校职工杨一民作除名处理的报告》和原成都市教育委员会于当年作出的《对成都市第五中学〈关于对我校职工杨一民作除名处理的报告〉的批复》均符合川人发(1984)4号文件规定,并没有对杨一民的权利义务产生新的法律效果,属于行政机关对当事人不服具体行政行为提出申诉的重复处理行为,因而不是行政复议法所规定的可以申请行政复议的具体行政行为。

行政复议法规定了申请行政复议的期限,而当事人向有关行政机关申诉并没有相应的时效限制。如果将行政机关驳回当事人对具体行政行为提起的申诉的重复处理行为视为新的具体行政行为,则无论是否在法律规定的期间内,当事人都可以通过申诉启动行政复议程序,即"申诉——驳回申诉的重复处理行为——对该重复处理行为申请行政复议——行政复议或者再申诉"的重复循环,这样必将导致行政复议申请期限失去意义,影响行政行为的稳定性,影响行政机关依法行政。

综上,成都市教育局针对上诉人杨一民的申诉作出的信访答复,属于行政机关对当事人不服行政行为提出的申诉的重复处理行为,不属于行政复议的受理范围。被上诉人成都市政府针对杨一民提出的行政复议申请作出的不予受理决定正确,杨一民关于其申请行政复议的事项符合行政复议受理条件的上诉理由不能成立。一审判决认定事实清楚,适用法律正确,审判程序合法,应予维持。

据此,四川省高级人民法院依照《中华人民共和国行政诉讼法》第六十一条第(一)项之规定,于2006年11月21日判决:

驳回上诉,维持原判。

二审案件受理费100元,由杨一民负担。

本判决为终审判决。

三、管 辖

资料补充栏

最高人民法院关于第一审知识产权民事、行政案件管辖的若干规定

1. *2021年12月27日最高人民法院审判委员会第1858次会议通过*
2. *2022年4月20日公布*
3. *法释〔2022〕13号*
4. *自2022年5月1日起施行*

为进一步完善知识产权案件管辖制度，合理定位四级法院审判职能，根据《中华人民共和国民事诉讼法》《中华人民共和国行政诉讼法》等法律规定，结合知识产权审判实践，制定本规定。

第一条 发明专利、实用新型专利、植物新品种、集成电路布图设计、技术秘密、计算机软件的权属、侵权纠纷以及垄断纠纷第一审民事、行政案件由知识产权法院，省、自治区、直辖市人民政府所在地的中级人民法院和最高人民法院确定的中级人民法院管辖。

法律对知识产权法院的管辖有规定的，依照其规定。

第二条 外观设计专利的权属、侵权纠纷以及涉驰名商标认定第一审民事、行政案件由知识产权法院和中级人民法院管辖；经最高人民法院批准，也可以由基层人民法院管辖，但外观设计专利行政案件除外。

本规定第一条及本条第一款规定之外的第一审知识产权案件诉讼标的额在最高人民法院确定的数额以上的，以及涉及国务院部门、县级以上地方人民政府或者海关行政行为的，由中级人民法院管辖。

法律对知识产权法院的管辖有规定的，依照其规定。

第三条 本规定第一条、第二条规定之外的第一审知识产权民事、行政案件，由最高人民法院确定的基层人民法院管辖。

第四条 对新类型、疑难复杂或者具有法律适用指导意义等知识产权民事、行政案件，上级人民法院可以依照诉讼法有关规定，根据下级人民法院报请或者自行决定提级审理。

确有必要将本院管辖的第一审知识产权民事案件交下级人民法院审理的，应当依照民事诉讼法第三十九条第一款的规定，逐案报请其上级人民法院批准。

第五条 依照本规定需要最高人民法院确定管辖或者调整管辖的诉讼标的额标准、区域范围的，应当层报最高人民法院批准。

第六条 本规定自2022年5月1日起施行。

最高人民法院此前发布的司法解释与本规定不一致的，以本规定为准。

最高人民法院关于国有资产产权管理行政案件管辖问题的解释

1. *2001年1月10日最高人民法院审判委员会第1156次会议通过*
2. *2001年2月16日公布*
3. *法释〔2001〕6号*
4. *自2001年2月21日起施行*

为了正确适用《中华人民共和国行政诉讼法》第十七条、第十九条的规定，现对国有资产产权管理行政案件的管辖问题作出如下解释：

当事人因国有资产产权界定行为提起行政诉讼的，应当根据不同情况确定管辖法院。产权界定行为直接针对不动产作出的，由不动产所在地人民法院管辖。产权界定行为针对包含不动产在内的整体产权作出的，由最初作出产权界定的行政机关所在地人民法院管辖；经过复议的案件，复议机关改变原产权界定行为的，也可以由复议机关所在地人民法院管辖。

最高人民法院关于海关行政处罚案件诉讼管辖问题的解释

1. *2002年1月28日最高人民法院审判委员会第1209次会议通过*
2. *2002年1月30日公布*
3. *法释〔2002〕4号*
4. *自2002年2月7日起施行*

为规范海事法院的受理案件范围，根据《中华人民共和国行政诉讼法》的有关规定，现就海关行政处罚案件的诉讼管辖问题解释如下：

相对人不服海关作出的行政处罚决定提起诉讼的

案件,由有管辖权的地方人民法院依照《中华人民共和国行政诉讼法》的有关规定审理。相对人向海事法院提起诉讼的,海事法院不予受理。

最高人民法院关于新疆生产建设兵团人民法院案件管辖权问题的若干规定

1. 2005年1月13日最高人民法院审判委员会第1340次会议通过
2. 2005年5月24日公布
3. 法释〔2005〕4号
4. 自2005年6月6日起施行

根据《全国人民代表大会常务委员会关于新疆维吾尔自治区生产建设兵团设置人民法院和人民检察院的决定》第三条的规定,对新疆生产建设兵团各级人民法院案件管辖权问题规定如下:

第一条 新疆生产建设兵团基层人民法院和中级人民法院分别行使地方基层人民法院和中级人民法院的案件管辖权,管辖兵团范围内的各类案件。

新疆维吾尔自治区高级人民法院生产建设兵团分院管辖原应当由高级人民法院管辖的兵团范围内的第一审案件、上诉案件和其他案件,其判决和裁定是新疆维吾尔自治区高级人民法院的判决和裁定。但兵团各中级人民法院判处死刑(含死缓)的案件的上诉案件以及死刑复核案件由新疆维吾尔自治区高级人民法院管辖。

第二条 兵团人民检察院提起公诉的第一审刑事案件,由兵团人民法院管辖。

兵团人民法院对第一审刑事自诉案件、第二审刑事案件以及再审刑事案件的管辖,适用刑事诉讼法的有关规定。

第三条 兵团人民法院管辖以下民事案件:

(一)垦区范围内发生的案件;

(二)城区内发生的双方当事人均为兵团范围内的公民、法人或者其他组织的案件;

(三)城区内发生的双方当事人一方为兵团范围内的公民、法人或者其他组织,且被告住所地在兵团工作区、生活区或者管理区内的案件。

对符合协议管辖和专属管辖条件的案件,依照民事诉讼法的有关规定确定管辖权。

第四条 以兵团的行政机关作为被告的行政案件由该行政机关所在地的兵团人民法院管辖,其管辖权限依照行政诉讼法的规定办理。

第五条 兵团人民法院管辖兵团范围内发生的涉外案件。新疆维吾尔自治区高级人民法院生产建设兵团分院根据最高人民法院的有关规定确定管辖涉外案件的兵团法院。

第六条 兵团各级人民法院与新疆维吾尔自治区地方各级人民法院之间因管辖权发生争议的,由争议双方协商解决;协商不成的,报请新疆维吾尔自治区高级人民法院决定管辖。

第七条 新疆维吾尔自治区高级人民法院生产建设兵团分院所管辖第一审案件的上诉法院是最高人民法院。

第八条 对于新疆维吾尔自治区高级人民法院生产建设兵团分院审理再审案件所作出的判决、裁定,新疆维吾尔自治区高级人民法院不再进行再审。

第九条 本规定自发布之日起实施。人民法院关于兵团人民法院案件管辖的其他规定与本规定不一致的,以本规定为准。

最高人民法院办公厅关于海事行政案件管辖问题的通知

1. 2003年8月11日
2. 法办〔2003〕253号

各省、自治区、直辖市高级人民法院,新疆维吾尔自治区高级人民法院生产建设兵团分院:

为规范海事行政案件的管辖问题,根据我院审判委员会第1282次会议决定,特通知如下:

一、行政案件、行政赔偿案件和审查行政机关申请执行其具体行政行为的案件仍由各级人民法院行政审判庭审理。海事等专门人民法院不审理行政案件、行政赔偿案件,亦不审查和执行行政机关申请执行其具体行政行为的案件。

二、本通知下发之前,海事法院已经受理的海事行政案件、行政赔偿案件,继续由海事法院审理;海事法院已作出的生效行政判决或者行政裁定的法律效力不受影响。

最高人民法院关于中国证券登记结算有限责任公司履行职能相关的诉讼案件指定管辖问题的通知

1．2007 年 6 月 20 日
2．法〔2007〕177 号

各省、自治区、直辖市高级人民法院，解放军军事法院，新疆维吾尔自治区高级人民法院生产建设兵团分院：

为正确、及时地管辖、审理与中国证券登记结算有限责任公司履行职能相关的诉讼案件，特作如下通知：

一、根据《中华人民共和国民事诉讼法》第三十七条和《中华人民共和国行政诉讼法》第二十二条的有关规定，指定中国证券登记结算有限责任公司及其分支机构所在地的中级人民法院分别管辖以中国证券登记结算有限责任公司或其分支机构为被告、第三人的下列第一审民事和行政案件：

1. 中国证券登记结算有限责任公司或其分支机构根据法律、法规、规章的规定，进行证券登记、存管、结算业务或对结算参与人及其他相关单位和人员作出处理决定引发的诉讼；

2. 中国证券登记结算有限责任公司或其分支机构根据法律、法规的授权和国务院证券监督管理机构的依法授权，进行证券登记、存管、结算业务或对结算参与人及其他相关单位和人员作出处理决定引发的诉讼；

3. 中国证券登记结算有限责任公司或其分支机构根据其章程、业务规则的规定以及相关业务合同、协议、备忘录的约定，进行证券登记、存管、结算业务或对结算参与人及其他相关单位和人员作出处理决定引发的诉讼；

4. 中国证券登记结算有限责任公司或其分支机构在履行证券登记、存管、结算职能过程中引发的其他诉讼。

二、其他人民法院在本通知下发之日前受理的上述案件，已经开庭审理的，继续审理；尚未开庭审理的，移送指定法院审理。

最高人民法院关于专利、商标等授权确权类知识产权行政案件审理分工的规定

1．2009 年 6 月 26 日印发
2．法发〔2009〕39 号
3．自 2009 年 7 月 1 日起施行

为贯彻落实《国家知识产权战略纲要》，完善知识产权审判体制，确保司法标准的统一，现就专利、商标等授权确权类知识产权行政案件的审理分工作如下规定：

第一条　下列一、二审案件由北京市有关中级人民法院、北京市高级人民法院和最高人民法院知识产权审判庭审理：

（一）不服国务院专利行政部门专利复审委员会作出的专利复审决定和无效决定的案件；

（二）不服国务院专利行政部门作出的实施专利强制许可决定和实施专利强制许可的使用费裁决的案件；

（三）不服国务院工商行政管理部门商标评审委员会作出的商标复审决定和裁定的案件；

（四）不服国务院知识产权行政部门作出的集成电路布图设计复审决定和撤销决定的案件；

（五）不服国务院知识产权行政部门作出的使用集成电路布图设计非自愿许可决定的案件和使用集成电路布图设计非自愿许可的报酬裁决的案件；

（六）不服国务院农业、林业行政部门植物新品种复审委员会作出的植物新品种复审决定、无效决定和更名决定的案件；

（七）不服国务院农业、林业行政部门作出的实施植物新品种强制许可决定和实施植物新品种强制许可的使用费裁决的案件。

第二条　当事人对于人民法院就第一条所列案件作出的生效判决或者裁定不服，向上级人民法院申请再审的案件，由上级人民法院知识产权审判庭负责再审审查和审理。

第三条　由最高人民法院、北京市高级人民法院和北京市有关中级人民法院知识产权审判庭审理的上述案件，立案时统一使用“知行”字编号。

第四条　本规定自 2009 年 7 月 1 日起施行，最高人民

法院于2002年5月21日作出的《关于专利法、商标法修改后专利、商标相关案件分工问题的批复》(法〔2002〕117号)同时废止。

最高人民法院关于开展行政案件相对集中管辖试点工作的通知

1. *2013年1月4日*
2. *法〔2013〕3号*

各省、自治区、直辖市高级人民法院,新疆维吾尔自治区高级人民法院生产建设兵团分院:

为深入贯彻党的十八大精神,充分发挥法治在国家治理和社会管理中的重要作用,确保人民法院依法独立公正行使行政审判权,充分保护公民、法人和其他组织的合法权益,维护国家法制统一、尊严、权威,最高人民法院决定在部分中级人民法院辖区内开展行政案件相对集中管辖试点工作。现就有关问题通知如下:

一、提高对试点工作重要性的认识

行政诉讼制度是新时期正确处理人民内部矛盾,完善党和政府主导的维护群众权益的重要机制之一,是畅通和规范群众诉求表达的重要渠道。行政诉讼法实施以来,各级人民法院审理了一大批行政案件,妥善化解了大量行政争议,为保障和促进经济社会科学发展、维护社会和谐稳定作出了重要贡献。但是由于有的地方司法环境欠佳,案件的受理和审理往往受到不当干预;有的地区行政案件不均衡,有的法院受案不多甚至无案可办;有的法院因怕惹麻烦而不愿意受理行政案件。人民法院不能依法受理行政案件,并独立公正地行使审判权,不仅损害司法的权威,最终也将损害法律和国家的权威,动摇党的执政基础。近年来,党中央和社会各界高度关注人民法院为确保依法独立公正行使审判权进行的改革与探索。部分地方人民法院在当地党委、人大、政府的支持配合下,以行政案件管辖制度改革为突破口,通过提级管辖、指定管辖、交叉管辖和相对集中管辖等方式,在现行法律框架下实现了司法审判区域与行政管理区域的有限分离,使行政审判制度及时有效化解行政争议、妥善处理人民内部矛盾的功能得以正常发挥。这些探索和实践,有利于依法治国基本方略全面落实,有利于回应和保障人民群众的司法诉求,有利于推进法治政府建设,也有利于改善行政审判司法环境、统一司法标准、促进司法公正。最高人民法院在总结各地经验的基础上,决定在部分中级人民法院辖区内开展行政案件相对集中管辖试点工作。各级人民法院要充分认识试点工作的重要意义,将其作为完善我国行政诉讼制度、进一步深化司法体制改革的重要措施,切实加强组织领导,认真研究具体实施方案,确保试点工作的顺利开展并取得实效。

二、做好试点法院的遴选工作

行政案件相对集中管辖,就是将部分基层人民法院管辖的一审行政案件,通过上级人民法院统一指定的方式,交由其他基层人民法院集中管辖的制度。各高级人民法院应当结合本地实际,确定1—2个中级人民法院进行试点。试点中级人民法院要根据本辖区具体情况,确定2—3个基层人民法院为集中管辖法院,集中管辖辖区内其他基层人民法院管辖的行政诉讼案件;集中管辖法院不宜审理的本地行政机关为被告的案件,可以将原由其管辖的部分或者全部案件交由其他集中管辖法院审理。非集中管辖法院的行政审判庭仍予保留,主要负责非诉行政执行案件等有关工作,同时协助、配合集中管辖法院做好本地区行政案件的协调、处理工作。集中管辖法院的选择,应当考虑司法环境较好、行政案件数量较多、行政审判力量较强、经济社会发展水平较高等因素,并制定试点方案报请高级人民法院决定。

三、落实试点工作保障措施

试点工作涉及机构编制、人员调配、物资保障等多方面问题。各高级人民法院、开展试点的中级人民法院以及相关基层人民法院,要主动向当地党委、人大、政府汇报,通报试点工作的重要意义和主要做法,力争各方面的理解与配合,并在党委领导、人大监督和政府的支持下,积极有序开展试点工作。集中管辖法院要研究落实试点工作保障措施,配齐配强行政审判人员,行政审判庭设置不少于两个合议庭,所需审判人员可以在所属中级人民法院辖区内择优调配,也可以其他方式选调充实。要结合试点工作需要,做好集中管辖法院行政审判庭的办公用房、办公设备、车辆等物资保障,为开展试点工作提供必要的物质条件。

四、贯彻司法便民原则

试点工作应当坚持和体现以人为本、便民利民原则。确定集中管辖法院，要充分考虑其所处地理位置和交通条件，尽可能方便当事人参与诉讼。试点中级人民法院辖区内各基层人民法院的立案窗口，要免费提供试点工作相关的宣传和释明材料，便于公众了解试点情况，指导当事人正确行使诉讼权利、参与诉讼活动。当事人向非集中管辖法院提起诉讼的，应当告知其向管辖法院起诉，或者在收到起诉状后及时将相关材料移送集中管辖法院。要充分考虑当事人诉讼的便利性，尽可能通过到当地调查取证、巡回审判等方式，减轻当事人诉讼负担。

五、加强组织领导和宣传

各高级人民法院和试点中级人民法院要加强对试点工作的组织领导，及时出台试点方案，支持、指导、监督集中管辖法院做好试点工作。要指导、监督集中管辖法院与其他法院的合理分工与配合，共同做好案件的受理、审理、执行和息诉稳控工作。对试点工作中存在的困难和问题，要适时进行调研和解决。试点工作中取得的经验和遇到的问题，要及时层报上级法院。试点中级人民法院要及时将集中管辖法院及其管辖范围以适当方式进行公告，充分利用各种形式向社会各界广泛宣传试点工作，争取对试点工作的理解、关心和支持。

各高级人民法院应当在2013年3月底前，将试点中级人民法院名单及其试点方案报最高人民法院。

最高人民法院对广西壮族自治区高级人民法院《关于覃正龙等四人不服来宾县公安局维都林场派出所林业行政处罚一案管辖问题的请示报告》的复函

1. 1991年10月1日
2. 法(行)函〔1991〕102号

广西壮族自治区高级人民法院：

你院《关于覃正龙等四人不服来宾县公安局维都林场派出所林业行政处罚一案管辖问题的请示报告》收悉。经研究，我们认为：由县级以上林业主管部门(包括自治区林业厅)授权的单位所作的行政处罚决定属于由行政机关委托的组织所作的具体行政行为，根据《中华人民共和国行政诉讼法》第二十五条第四款的规定，本案被告应是广西壮族自治区林业厅，本案应由该厅所在地法院南宁市新城区人民法院管辖。

此复

四、诉讼参加人

资料补充栏

最高人民法院、司法部关于规范法官和律师相互关系维护司法公正的若干规定

1. 2004年3月19日
2. 法发〔2004〕9号

为了加强对法官和律师在诉讼活动中的职业纪律约束,规范法官和律师的相互关系,维护司法公正,根据《中华人民共和国法官法》、《中华人民共和国律师法》等有关法律、法规,制定本规定。

第一条 法官和律师在诉讼活动中应当忠实于宪法和法律,依法履行职责,共同维护法律尊严和司法权威。

第二条 法官应当严格依法办案,不受当事人及其委托的律师利用各种关系、以不正当方式对案件审判进行的干涉或者施加的影响。

律师在代理案件之前及其代理过程中,不得向当事人宣称自己与受理案件法院的法官具有亲朋、同学、师生、曾经同事等关系,并不得利用这种关系或者以法律禁止的其他形式干涉或者影响案件的审判。

第三条 法官不得私自单方面会见当事人及其委托的律师。

律师不得违反规定单方面会见法官。

第四条 法官应当严格执行回避制度,如果与本案当事人委托的律师有亲朋、同学、师生、曾经同事等关系,可能影响案件公正处理的,应当自行申请回避,是否回避由本院院长或者审判委员会决定。

律师因法定事由或者根据相关规定不得担任诉讼代理人或者辩护人的,应当谢绝当事人的委托,或者解除委托代理合同。

第五条 法官应当严格执行公开审判制度,依法告知当事人及其委托的律师本案审判的相关情况,但是不得泄露审判秘密。

律师不得以各种非法手段打听案情,不得违法误导当事人的诉讼行为。

第六条 法官不得为当事人推荐、介绍律师作为其代理人、辩护人,或者暗示更换承办律师,或者为律师介绍代理、辩护等法律服务业务,并且不得违反规定向当事人及其委托的律师提供咨询意见或者法律意见。

律师不得明示或者暗示法官为其介绍代理、辩护等法律服务业务。

第七条 法官不得向当事人及其委托律师索取或者收取礼品、金钱、有价证券等;不得借婚丧喜庆事宜向律师索取或者收取礼品、礼金;不得接受当事人及其委托律师的宴请;不得要求或者接受当事人及其委托律师出资装修住宅、购买商品或者进行各种娱乐、旅游活动;不得要求当事人及其委托的律师报销任何费用;不得向当事人及其委托的律师借用交通工具、通讯工具或者其他物品。

当事人委托的律师不得借法官或者其近亲属婚丧喜庆事宜馈赠礼品、金钱、有价证券等;不得向法官请客送礼、行贿或者指使、诱导当事人送礼、行贿;不得为法官装修住宅、购买商品或者出资邀请法官进行娱乐、旅游活动;不得为法官报销任何费用;不得向法官出借交通工具、通讯工具或者其他物品。

第八条 法官不得要求或者暗示律师向当事人索取财物或者其他利益。

当事人委托的律师不得假借法官的名义或者以联络、酬谢法官为由,向当事人索取财物或者其他利益。

第九条 法官应当严格遵守法律规定的审理期限,合理安排审判事务,遵守开庭时间。

律师应当严格遵守法律规定的提交诉讼文书的期限及其他相关程序性规定,遵守开庭时间。

法官和律师均不得借故延迟开庭。法官确有正当理由不能按期开庭,或者律师确有正当理由不能按期出庭的,人民法院应当在不影响案件审理期限的情况下,另行安排开庭时间,并及时通知当事人及其委托的律师。

第十条 法官在庭审过程中,应当严格按照法律规定的诉讼程序进行审判活动,尊重律师的执业权利,认真听取诉讼双方的意见。

律师应当自觉遵守法庭规则,尊重法官权威,依法履行辩护、代理职责。

第十一条 法官和律师在诉讼活动中应当严格遵守司法礼仪,保持良好的仪表,举止文明。

第十二条 律师对于法官有违反本规定行为的,可以自行或者通过司法行政部门、律师协会向有关人民

法院反映情况，或者署名举报，提出追究违纪法官党纪、政纪或者法律责任的意见。

法官对于律师有违反本规定行为的，可以直接或者通过人民法院向有关司法行政部门、律师协会反映情况，或者提出给予行业处分、行政处罚直至追究法律责任的司法建议。

第十三条　当事人、案外人发现法官或者律师有违反本规定行为的，可以向有关人民法院、司法行政部门、纪检监察部门、律师协会反映情况或者署名举报。

第十四条　人民法院、司法行政部门、律师协会对于法官、律师违反本规定的，应当视其情节，按照有关法律、法规或者规定给予处理；构成犯罪的，依法追究刑事责任。

第十五条　对法官和律师在案件执行过程中的纪律约束，按照本规定执行。

对人民法院其他工作人员和律师辅助人员的纪律约束，参照本规定的有关内容执行。

第十六条　本规定由最高人民法院、司法部负责解释。

第十七条　本规定自公布之日起实施。

最高人民法院关于依法切实保障律师诉讼权利的规定

1. 2015年12月29日印发

2. 法发〔2015〕16号

为深入贯彻落实全面推进依法治国战略，充分发挥律师维护当事人合法权益、促进司法公正的积极作用，切实保障律师诉讼权利，根据中华人民共和国刑事诉讼法、民事诉讼法、行政诉讼法、律师法和最高人民法院、最高人民检察院、公安部、国家安全部、司法部《关于依法保障律师执业权利的规定》，作出如下规定：

一、依法保障律师知情权。人民法院要不断完善审判流程公开、裁判文书公开、执行信息公开“三大平台”建设，方便律师及时获取诉讼信息。对诉讼程序、诉权保障、调解和解、裁判文书等重要事项及相关进展情况，应当依法及时告知律师。

二、依法保障律师阅卷权。对律师申请阅卷的，应当在合理时间内安排。案卷材料被其他诉讼主体查阅的，应当协调安排各方阅卷时间。律师依法查阅、摘抄、复制有关卷宗材料或者查看庭审录音录像的，应当提供场所和设施。有条件的法院，可提供网上卷宗查阅服务。

三、依法保障律师出庭权。确定开庭日期时，应当为律师预留必要的出庭准备时间。因特殊情况更改开庭日期的，应当提前三日告知律师。律师因正当理由请求变更开庭日期的，法官可在征询其他当事人意见后准许。律师带助理出庭的，应当准许。

四、依法保障律师辩论、辩护权。法官在庭审过程中应合理分配诉讼各方发问、质证、陈述和辩论、辩护的时间，充分听取律师意见。除律师发言过于重复、与案件无关或者相关问题已在庭前达成一致等情况外，不应打断律师发言。

五、依法保障律师申请排除非法证据的权利。律师申请排除非法证据并提供相关线索或者材料，法官经审查对证据收集合法性有疑问的，应当召开庭前会议或者进行法庭调查。经审查确认存在法律规定的以非法方法收集证据情形的，对有关证据应当予以排除。

六、依法保障律师申请调取证据的权利。律师因客观原因无法自行收集证据的，可以依法向人民法院书面申请调取证据。律师申请调取证据符合法定条件的，法官应当准许。

七、依法保障律师的人身安全。案件审理过程中出现当事人矛盾激化，可能危及律师人身安全情形的，应当及时采取必要措施。对在法庭上发生的殴打、威胁、侮辱、诽谤律师等行为，法官应当及时制止，依法处置。

八、依法保障律师代理申诉的权利。对律师代理当事人对案件提出申诉的，要依照法律规定的程序认真处理。认为原案件处理正确的，要支持律师向申诉人做好释法析理、息诉息访工作。

九、为律师依法履职提供便利。要进一步完善网上立案、缴费、查询、阅卷、申请保全、提交代理词、开庭排期、文书送达等功能。有条件的法院要为参加庭审的律师提供休息场所，配备桌椅、饮水及其他必要设施。

十、完善保障律师诉讼权利的救济机制。要指定专门机构负责处理律师投诉，公开联系方式，畅通投诉渠道。对投诉要及时调查，依法处理，并将结果及时告知律师。对司法行政机关、律师协会就维护律师执业权利提出的建议,要及时予以答复。

最高人民法院关于行政诉讼应诉若干问题的通知

1. 2016年7月28日
2. 法〔2016〕260号

各省、自治区、直辖市高级人民法院,解放军军事法院,新疆维吾尔自治区高级人民法院生产建设兵团分院:

中央全面深化改革领导小组于2015年10月13日讨论通过了《关于加强和改进行政应诉工作的意见》(以下简称《意见》),明确提出行政机关要支持人民法院受理和审理行政案件,保障公民、法人和其他组织的起诉权利,认真做好答辩举证工作,依法履行出庭应诉职责,配合人民法院做好开庭审理工作。2016年6月27日,国务院办公厅以国办发〔2016〕54号文形式正式发布了《意见》。《意见》的出台,对于人民法院进一步做好行政案件的受理、审理和执行工作,全面发挥行政审判职能,有效监督行政机关依法行政,提高领导干部学法用法的能力,具有重大意义。根据行政诉讼法的相关规定,为进一步规范和促进行政应诉工作,现就有关问题通知如下:

一、充分认识规范行政诉讼应诉的重大意义

推动行政机关负责人出庭应诉,是贯彻落实修改后的行政诉讼法的重要举措;规范行政诉讼应诉,是保障行政诉讼法有效实施,全面推进依法行政,加快建设法治政府的重要举措。为贯彻落实《中共中央关于全面推进依法治国若干重大问题的决定》关于"健全行政机关依法出庭应诉、支持法院受理行政案件、尊重并执行法院生效裁判的制度"的要求,《意见》从"高度重视行政应诉工作""支持人民法院依法受理和审理行政案件""认真做好答辩举证工作""依法履行出庭应诉职责""积极履行人民法院生效裁判"等十个方面对加强和改进行政应诉工作提出明确要求,作出具体部署。《意见》是我国首个全面规范行政应诉工作的专门性文件,各级人民法院要结合行政诉讼法的规定精神,全面把握《意见》内容,深刻领会精神实质,充分认识《意见》出台的重大意义,确保《意见》在人民法院行政审判领域落地生根。要及时向当地党委、人大汇报《意见》贯彻落实情况,加强与政府的沟通联系,支持地方党委政府出台本地区的具体实施办法,细化完善相关工作制度,促进行政机关做好出庭应诉工作。

二、依法做好行政案件受理和审理工作

严格执行行政诉讼法和《最高人民法院关于人民法院登记立案若干问题的规定》,进一步强化行政诉讼中的诉权保护,不得违法限缩受案范围、违法增设起诉条件,严禁以反复要求起诉人补正起诉材料的方式变相拖延、拒绝立案。对于不接收起诉状、接收起诉状后不出具书面凭证,以及不一次性告知当事人需要补正的起诉状内容的,要依照《人民法院审判人员违法审判责任追究办法(试行)》《人民法院工作人员处分条例》等相关规定,对直接负责的主管人员和其他直接责任人员依法依纪作出处理。坚决抵制干扰、阻碍人民法院依法受理和审理行政案件的各种违法行为,对领导干部或者行政机关以开协调会、发文件或者口头要求等任何形式明示或者暗示人民法院不受理案件、不判决行政机关败诉、不履行人民法院生效裁判的,要严格贯彻落实《领导干部干预司法活动、插手具体案件处理的记录、通报和责任追究规定》《司法机关内部人员过问案件的记录和责任追究规定》,全面、如实做好记录工作,做到全程留痕,有据可查。

三、依法推进行政机关负责人出庭应诉

准确理解行政诉讼法和相关司法解释的有关规定,正确把握行政机关负责人出庭应诉的基本要求,依法推进行政机关负责人出庭应诉工作。一是出庭应诉的行政机关负责人,既包括正职负责人,也包括副职负责人以及其他参与分管的负责人。二是行政机关负责人不能出庭的,应当委托行政机关相应的工作人员出庭,不得仅委托律师出庭。三是涉及重大公共利益、社会高度关注或者可能引发群体性事件等案件以及人民法院书面建议行政机关负责人出庭的案件,被诉行政机关负责人应当出庭。四是行政诉讼法第三条第三款规定的"行政机关相应的工作人员",包括该行政机关具有国家行政编制身份的工作人员以及其他依法履行公职的人员。被诉行政行为是人民政府作出的,人民政府所属法制工作机构的工作人员,以及被诉行政行为具体承办机关的工作人员，也可以视为被诉人民政府相应的工作人员。

行政机关负责人和行政机关相应的工作人员均不出庭，仅委托律师出庭的；或者人民法院书面建议行政机关负责人出庭应诉，行政机关负责人不出庭应诉的，人民法院应当记录在案并在裁判文书中载明，可以依照行政诉讼法第六十六条第二款的规定予以公告，建议任免机关、监察机关或者上一级行政机关对相关责任人员严肃处理。

四、为行政机关依法履行出庭应诉职责提供必要条件

各级人民法院要在坚持依法独立公正行使审判权、平等保护各方当事人诉讼权利的前提下，加强与政府法制部门和行政执法机关的联系，探索建立行政审判和行政应诉联络工作机制，及时沟通、协调行政机关负责人出庭建议书发送和庭审时间等具体事宜，切实贯彻行政诉讼法和《意见》规定的精神，稳步推进行政机关出庭应诉工作。要为行政机关负责人、工作人员、政府法律顾问和公职律师依法履行出庭应诉职责提供必要的保障和相应的便利。要正确理解行政行为合法性审查原则，行政复议机关和作出原行政行为的行政机关为共同被告的，可以根据具体情况确定由一个机关实施举证行为，确保庭审的针对性，提高庭审效率。改革案件审理模式，推广繁简分流，实现简案快审、繁案精审，减轻当事人的诉讼负担。对符合最高人民法院《关于适用〈中华人民共和国行政诉讼法〉若干问题的解释》第三条第二款规定的案件，人民法院认为不需要开庭审理的，可以迳行裁定驳回起诉。要及时就行政机关出庭应诉和行政执法工作中的问题和不足提出司法建议，及时向政府法制部门通报司法建议落实和反馈情况，从源头上预防和化解争议。要积极参与行政应诉教育培训工作，提高行政机关负责人、行政执法人员等相关人员的行政应诉能力。

五、支持行政机关建立健全依法行政考核体系

人民法院要支持当地党委政府建立和完善依法行政考核体系，结合行政审判工作实际提出加强和改进行政应诉工作的意见和建议。对本地区行政机关出庭应诉工作和依法行政考核指标的实施情况、运行成效等，人民法院可以通过司法建议、白皮书等适当形式，及时向行政机关作出反馈、评价，并可以适当方式将本地区行政机关出庭应诉情况向社会公布，促进发挥考核指标的倒逼作用。

地方各级人民法院要及时总结本通知贯彻实施过程中形成的好经验好做法；对贯彻实施中遇到的困难和问题，要及时层报最高人民法院。

最高人民法院行政审判庭关于对在案件审理期间法定代表人被更换，新的法定代表人提出撤诉申请，法院是否准予撤诉问题的电话答复

1. 1998年10月28日

2. 〔1998〕法行字第14号

山西省高级人民法院：

你院〔1998〕晋法行字第5号《在案件审理期间法定代表人被更换新的法定代表人代表原企业提出撤诉申请法院是否准予撤诉的请示报告》收悉。经研究答复如下：

原则同意你院意见，即：在企业法定代表人被行政机关变更或撤换的情况下，原企业法定代表人有权提起行政诉讼。新的法定代表人提出撤诉申请，缺乏法律依据。

最高人民法院对内蒙古高院《关于内蒙古康辉国际旅行社有限责任公司诉呼和浩特市工商行政管理局履行法定职责一案的请示报告》的答复

1. 1999年11月24日

2. 〔1999〕行他字第13号

内蒙古自治区高级人民法院：

你院〔1999〕内法行请字第1号《关于内蒙古康辉国际旅行社有限责任公司诉呼和浩特市工商行政管理局履行法定职责一案的请示报告》收悉。经研究，答复如下：

依据《中华人民共和国行政诉讼法》第二条，公司

登记中的利害关系人认为登记管理机关的登记行为侵犯其合法权益，或者对登记行为不服请求变更、撤销，登记管理机关不予变更或撤销，向人民法院提起行政诉讼的，具备原告资格。

最高人民法院办公厅关于中国人民银行分支机构是否具有行政诉讼主体资格问题的复函

1. 2002年5月31日
2. 法办〔2002〕119号

中国人民银行办公厅：

你厅银办函〔2002〕236号函收悉。经研究认为，根据《中华人民共和国中国人民银行法》等法律、法规规章和《中华人民共和国行政诉讼法》及司法解释的有关规定，当事人对人民银行分支机构依法律授权作出的金融监管的具体行政行为不服提起行政诉讼的，应当以人民银行分支机构为被告。

最高人民法院关于诉商业银行行政处罚案件的适格被告问题的答复

1. 2003年8月8日
2. 〔2003〕行他字第11号

北京市高级人民法院：

你院京高法〔2003〕191号《关于当事人不服商业银行行政处罚提起行政诉讼，应如何确定被告的请示》收悉，经研究，答复如下：

根据《中华人民共和国中国人民银行法》第十二条和《支付结算办法》第二百三十九条的规定，商业银行受中国人民银行的委托行使行政处罚权，当事人不服商业银行行政处罚提起行政诉讼的，应当以委托商业银行行使行政处罚权的中国人民银行分支机构为被告。

此复

最高人民法院关于行政诉讼中台湾地区居民能否以个人名义担任诉讼代理人等有关问题的答复

1. 2004年4月9日
2. 〔2004〕行他字第4号

上海市高级人民法院：

你院《关于行政诉讼中台湾地区居民能否以个人名义担任诉讼代理人的请示》收悉。经研究，答复如下：

参照《中华人民共和国民事诉讼法》及有关司法解释的规定，台湾地区诉讼当事人可以委托台湾地区居民以公民个人名义代理诉讼，但不得以律师身份代理。

最高人民法院关于土地实际使用人对行政机关出让土地的行为不服可否作为原告提起诉讼问题的答复

1. 2005年6月3日
2. 〔2005〕行他字第12号

辽宁省高级人民法院：

你院〔2005〕辽行终字第1号《关于李永明是否具有原告资格的请示》收悉。经研究，答复如下：

同意你院审委会多数人意见。根据《中华人民共和国行政诉讼法》第二条和《最高人民法院关于执行〈中华人民共和国行政诉讼法〉若干问题的解释》第十二条的规定，土地的实际使用人对行政机关出让土地行为不服，可以作为原告提起行政诉讼。

此复

最高人民法院行政审判庭关于婚姻登记行政案件原告资格及判决方式有关问题的答复

1. 2005年10月8日
2. 法〔2005〕行他字第13号

浙江省高级人民法院：

你院《关于婚姻关系当事人以外的其他人可否对婚姻登记行为提起行政诉讼及对程序违法的婚姻登记行为能否判决撤销的请示》收悉。经研究，答复如下：

一、依据《中华人民共和国行政诉讼法》第二十四条第二款规定，有权起诉婚姻登记行为的婚姻关系当事人死亡的，其近亲属可以提起行政诉讼。

二、根据《中华人民共和国婚姻法》第八条规定，婚姻关系双方或一方当事人未亲自到婚姻登记机关进行婚姻登记，且不能证明婚姻登记系男女双方的真实意思表示，当事人对该婚姻登记不服提起诉讼的，人民法院应当依法予以撤销。

此复

最高人民法院行政审判庭关于地方国有资产监督管理委员会是否可以作为行政诉讼被告问题的答复

1. 2009年8月4日
2. 〔2009〕行他字第14号

山东省高级人民法院：

你院《关于曹明华诉临沂市财政局临沂市科学技术局资产认定行政批复一案适用法律问题的请示收悉》，经研究，答复如下：

原则同意你院意见，即：按照《中华人民共和国行政诉讼法》第二十五条第五款规定，原地方国有资产管理局被撤销，其确认企业资产性质的职能为地方国有资产监督管理委员会所承受，当事人对原地方国有资产管理局作出的确认企业资产性质的行为不服提起行政诉讼的，应当以地方国有资产监督管理委员会为被告。

此复

最高人民法院关于请求公开与本人生产生活科研等特殊需要无关政府信息的请求人是否具有原告诉讼主体资格问题的批复

1. 2010年12月14日
2. 〔2010〕行他字第193号

山东省高级人民法院：

你院鲁高法〔2010〕153号请示收悉。经研究，答复如下：

公民、法人或者其他组织认为行政机关针对政府信息公开申请作出的答复或者逾期不予答复侵犯其合法权益，提起行政诉讼的，人民法院应予受理。申请人申请公开的政府信息是否与本人生产、生活、科研等特殊需要有关，属于实体审理的内容，不宜作为原告的主体资格条件。

此复

最高人民法院关于行政诉讼中当事人委托其他公民担任诉讼代理人有关问题的答复

1. 2012年4月12日
2. 〔2011〕行他字第93号

四川省高级人民法院：

你院《关于曾少梅、张昌洪等四人不服成都市人民政府行政复议上诉一案的请示》收悉。经研究，答复如下：

根据《中华人民共和国行政诉讼法》第二十九条、《法官法》第十七条之规定并参照《最高人民法院关于适用〈中华人民共和国民事诉讼法〉若干问题的意见》第六十八条等规定，人民法院是否准许其他公民作为诉讼代理人，应当考虑该公民的行为能力、是否存在法定的回避情形、是否可能损害被代理人利益以及是否可能妨碍诉讼活动等因素，不能简单以其曾受过刑事处罚或不具有相关法律知识为由否定其代理资格。

人民法院经审查认为其他公民不宜作诉讼代理人的，应当做出书面或口头决定，并告知理由。口头决定的，应记录在案。

最高人民法院关于行政机关负责人出庭应诉若干问题的规定

1. 2020年3月23日最高人民法院审判委员会第1797次会议通过
2. 2020年6月22日公布
3. 法释〔2020〕3号
4. 自2020年7月1日起施行

为进一步规范行政机关负责人出庭应诉活动，根据《中华人民共和国行政诉讼法》等法律规定，结合人民法院行政审判工作实际，制定本规定。

第一条 行政诉讼法第三条第三款规定的被诉行政机关负责人应当出庭应诉，是指被诉行政机关负责人依法应当在第一审、第二审、再审等诉讼程序中出庭参加诉讼，行使诉讼权利，履行诉讼义务。

法律、法规、规章授权独立行使行政职权的行政机关内设机构、派出机构或者其他组织的负责人出庭应诉，适用本规定。

应当追加为被告而原告不同意追加，人民法院通知以第三人身份参加诉讼的行政机关，其负责人出庭应诉活动参照前款规定。

第二条 行政诉讼法第三条第三款规定的被诉行政机关负责人，包括行政机关的正职、副职负责人、参与分管被诉行政行为实施工作的副职级别的负责人以及其他参与分管的负责人。

被诉行政机关委托的组织或者下级行政机关的负责人，不能作为被诉行政机关负责人出庭。

第三条 有共同被告的行政案件，可以由共同被告协商确定行政机关负责人出庭应诉；也可以由人民法院确定。

第四条 对于涉及食品药品安全、生态环境和资源保护、公共卫生安全等重大公共利益，社会高度关注或者可能引发群体性事件等的案件，人民法院应当通知行政机关负责人出庭应诉。

有下列情形之一，需要行政机关负责人出庭的，人民法院可以通知行政机关负责人出庭应诉：

（一）被诉行政行为涉及公民、法人或者其他组织重大人身、财产权益的；

（二）行政公益诉讼；

（三）被诉行政机关的上级机关规范性文件要求行政机关负责人出庭应诉的；

（四）人民法院认为需要通知行政机关负责人出庭应诉的其他情形。

第五条 人民法院在向行政机关送达的权利义务告知书中，应当一并告知行政机关负责人出庭应诉的法定义务及相关法律后果等事项。

人民法院通知行政机关负责人出庭的，应当在开庭三日前送达出庭通知书，并告知行政机关负责人不出庭可能承担的不利法律后果。

行政机关在庭审前申请更换出庭应诉负责人且不影响正常开庭的，人民法院应当准许。

第六条 行政机关负责人出庭应诉的，应当于开庭前向人民法院提交出庭应诉负责人的身份证明。身份证明应当载明该负责人的姓名、职务等基本信息，并加盖行政机关印章。

人民法院应当对出庭应诉负责人的身份证明进行审查，经审查认为不符合条件，可以补正的，应当告知行政机关予以补正；不能补正或者补正可能影响正常开庭的，视为行政机关负责人未出庭应诉。

第七条 对于同一审级需要多次开庭的同一案件，行政机关负责人到庭参加一次庭审的，一般可以认定其已经履行出庭应诉义务，但人民法院通知行政机关负责人再次出庭的除外。

行政机关负责人在一个审理程序中出庭应诉，不免除其在其他审理程序出庭应诉的义务。

第八条 有下列情形之一的，属于行政诉讼法第三条第三款规定的行政机关负责人不能出庭的情形：

（一）不可抗力；

（二）意外事件；

（三）需要履行他人不能代替的公务；

（四）无法出庭的其他正当事由。

第九条 行政机关负责人有正当理由不能出庭的，应当提交相关证明材料，并加盖行政机关印章或者由该机关主要负责人签字认可。

人民法院应当对行政机关负责人不能出庭的理由以及证明材料进行审查。

行政机关负责人有正当理由不能出庭，行政机关申请延期开庭审理的，人民法院可以准许；人民法院也可以依职权决定延期开庭审理。

第十条　行政诉讼法第三条第三款规定的相应的工作人员，是指被诉行政机关中具体行使行政职权的工作人员。

行政机关委托行使行政职权的组织或者下级行政机关的工作人员，可以视为行政机关相应的工作人员。

人民法院应当参照本规定第六条第二款的规定，对行政机关相应的工作人员的身份证明进行审查。

第十一条　诉讼参与人参加诉讼活动，应当依法行使诉讼权利，履行诉讼义务，遵守法庭规则，自觉维护诉讼秩序。

行政机关负责人或者行政机关委托的相应工作人员在庭审过程中应当就案件情况进行陈述、答辩、提交证据、辩论、发表最后意见，对所依据的规范性文件进行解释说明。

行政机关负责人出庭应诉的，应当就实质性解决行政争议发表意见。

诉讼参与人和其他人以侮辱、谩骂、威胁等方式扰乱法庭秩序的，人民法院应当制止，并根据行政诉讼法第五十九条规定进行处理。

第十二条　有下列情形之一的，人民法院应当向监察机关、被诉行政机关的上一级行政机关提出司法建议：

（一）行政机关负责人未出庭应诉，且未说明理由或者理由不成立的；

（二）行政机关有正当理由申请延期开庭审理，人民法院准许后再次开庭审理时行政机关负责人仍未能出庭应诉，且无正当理由的；

（三）行政机关负责人和行政机关相应的工作人员均不出庭应诉的；

（四）行政机关负责人未经法庭许可中途退庭的；

（五）人民法院在庭审中要求行政机关负责人就有关问题进行解释或者说明，行政机关负责人拒绝解释或者说明，导致庭审无法进行的。

有前款情形之一的，人民法院应当记录在案并在裁判文书中载明。

第十三条　当事人对行政机关具有本规定第十二条第一款情形提出异议的，人民法院可以在庭审笔录中载明，不影响案件的正常审理。

原告以行政机关具有本规定第十二条第一款情形为由拒不到庭、未经法庭许可中途退庭的，人民法院可以按照撤诉处理。

原告以行政机关具有本规定第十二条第一款情形为由在庭审中明确拒绝陈述或者以其他方式拒绝陈述，导致庭审无法进行，经法庭释明法律后果后仍不陈述意见的，人民法院可以视为放弃陈述权利，由其承担相应的法律后果。

第十四条　人民法院可以通过适当形式将行政机关负责人出庭应诉情况向社会公开。

人民法院可以定期将辖区内行政机关负责人出庭应诉情况进行统计、分析、评价，向同级人民代表大会常务委员会报告，向同级人民政府进行通报。

第十五条　本规定自2020年7月1日起施行。

最高人民法院关于正确确定县级以上地方人民政府行政诉讼被告资格若干问题的规定

1. 2021年2月22日最高人民法院审判委员会第1832次会议通过

2. 2021年3月25日公布

3. 法释〔2021〕5号

4. 自2021年4月1日起施行

为准确适用《中华人民共和国行政诉讼法》，依法正确确定县级以上地方人民政府的行政诉讼被告资格，结合人民法院行政审判工作实际，制定本解释。

第一条　法律、法规、规章规定属于县级以上地方人民政府职能部门的行政职权，县级以上地方人民政府通过听取报告、召开会议、组织研究、下发文件等方式进行指导，公民、法人或者其他组织不服县级以上地方人民政府的指导行为提起诉讼的，人民法院应当释明，告知其以具体实施行政行为的职能部门为被告。

第二条 县级以上地方人民政府根据城乡规划法的规定，责成有关职能部门对违法建筑实施强制拆除，公民、法人或者其他组织不服强制拆除行为提起诉讼，人民法院应当根据行政诉讼法第二十六条第一款的规定，以作出强制拆除决定的行政机关为被告；没有强制拆除决定书的，以具体实施强制拆除行为的职能部门为被告。

第三条 公民、法人或者其他组织对集体土地征收中强制拆除房屋等行为不服提起诉讼的，除有证据证明系县级以上地方人民政府具体实施外，人民法院应当根据行政诉讼法第二十六条第一款的规定，以作出强制拆除决定的行政机关为被告；没有强制拆除决定书的，以具体实施强制拆除等行为的行政机关为被告。

县级以上地方人民政府已经作出国有土地上房屋征收与补偿决定，公民、法人或者其他组织不服具体实施房屋征收与补偿工作中的强制拆除房屋等行为提起诉讼的，人民法院应当根据行政诉讼法第二十六条第一款的规定，以作出强制拆除决定的行政机关为被告；没有强制拆除决定书的，以县级以上地方人民政府确定的房屋征收部门为被告。

第四条 公民、法人或者其他组织向县级以上地方人民政府申请履行法定职责或者给付义务，法律、法规、规章规定该职责或者义务属于下级人民政府或者相应职能部门的行政职权，县级以上地方人民政府已经转送下级人民政府或者相应职能部门处理并告知申请人，申请人起诉要求履行法定职责或者给付义务的，以下级人民政府或者相应职能部门为被告。

第五条 县级以上地方人民政府确定的不动产登记机构或者其他实际履行该职责的职能部门按照《不动产登记暂行条例》的规定办理不动产登记，公民、法人或者其他组织不服提起诉讼的，以不动产登记机构或者实际履行该职责的职能部门为被告。

公民、法人或者其他组织对《不动产登记暂行条例》实施之前由县级以上地方人民政府作出的不动产登记行为不服提起诉讼的，以继续行使其职权的不动产登记机构或者实际履行该职责的职能部门为被告。

第六条 县级以上地方人民政府根据《中华人民共和国政府信息公开条例》的规定，指定具体机构负责政府信息公开日常工作，公民、法人或者其他组织对该指定机构以自己名义所作的政府信息公开行为不服提起诉讼的，以该指定机构为被告。

第七条 被诉行政行为不是县级以上地方人民政府作出，公民、法人或者其他组织以县级以上地方人民政府作为被告的，人民法院应当予以指导和释明，告知其向有管辖权的人民法院起诉；公民、法人或者其他组织经人民法院释明仍不变更的，人民法院可以裁定不予立案，也可以将案件移送有管辖权的人民法院。

第八条 本解释自2021年4月1日起施行。本解释施行后，最高人民法院此前作出的相关司法解释与本解释相抵触的，以本解释为准。

·指导案例·

最高人民法院指导案例77号
——罗镕荣诉吉安市物价局物价行政处理案

（最高人民法院审判委员会讨论通过
2016年12月28日发布）

【关键词】

行政诉讼　举报答复　受案范围　原告资格

【裁判要点】

1. 行政机关对与举报人有利害关系的举报仅作出告知性答复，未按法律规定对举报进行处理，不属于《最高人民法院关于执行〈中华人民共和国行政诉讼法〉若干问题的解释》第一条第六项规定的“对公民、法人或者其他组织权利义务不产生实际影响的行为”，因而具有可诉性，属于人民法院行政诉讼的受案范围。

2. 举报人就其自身合法权益受侵害向行政机关进行举报的，与行政机关的举报处理行为具有法律上的利害关系，具备行政诉讼原告主体资格。

【相关法条】

《中华人民共和国行政诉讼法》（2014年11月1日修正）第12条、第25条

【基本案情】

原告罗镕荣诉称：2012年5月20日，其在吉安市

吉州区井冈山大道电信营业厅办理手机号码时，吉安电信公司收取了原告20元卡费并出具了发票。原告认为吉安电信公司收取原告首次办理手机号码的卡费，违反了《集成电路卡应用和收费管理办法》中不得向用户单独收费的禁止性规定，故向被告吉安市物价局申诉举报，并提出了要求被告履行法定职责进行查处和作出书面答复等诉求。被告虽然出具了书面答复，但答复函中只写明被告调查时发现一个文件及该文件的部分内容。答复函中并没有对原告申诉举报信中的请求事项作出处理，被告的行为违反了《中华人民共和国价格法》《价格违法行为举报规定》等相关法律规定。请求法院确认被告在处理原告申诉举报事项中的行为违法，依法撤销被告的答复，判令被告依法查处原告申诉举报信所涉及的违法行为。

被告吉安市物价局辩称：原告的起诉不符合行政诉讼法的有关规定。行政诉讼是指公民、法人、其他组织对于行政机关的具体行政行为不服提起的诉讼。本案中被告于2012年7月3日对原告做出的答复不是一种具体行政行为，不具有可诉性。被告对原告的答复符合《价格违法行为规定》的程序要求，答复内容也是告知原告，被告经过调查后查证的情况。请求法院依法驳回原告的诉讼请求。

法院经审理查明：2012年5月28日，原告罗镕荣向被告吉安市物价局邮寄一份申诉举报函，对吉安电信公司向原告收取首次办理手机卡卡费20元进行举报，要求被告责令吉安电信公司退还非法收取原告的手机卡卡费20元，依法查处并没收所有电信用户首次办理手机卡被收取的卡费，依法奖励原告和书面答复原告相关处理结果。2012年5月31日，被告收到原告的申诉举报函。2012年7月3日，被告作出《关于对罗镕荣2012年5月28日〈申诉书〉办理情况的答复》，并向原告邮寄送达。答复内容为："2012年5月31日我局收到您反映吉安电信公司新办手机卡用户收取20元手机卡卡费的申诉书后，我局非常重视，及时进行调查，经调查核实：江西省通管局和江西省发改委联合下发的《关于江西电信全业务套餐资费优化方案的批复》（赣通局〔2012〕14号）规定：UIM卡收费上限标准：入网50元/张，补卡、换卡：30元/张。我局非常感谢您对物价工作的支持和帮助"。原告收到被告的答复后，以被告的答复违法为由诉至法院。

【裁判结果】

江西省吉安市吉州区人民法院于2012年11月1日作出（2012）吉行初字第13号判决：撤销吉安市物价局《关于对罗镕荣2012年5月28日〈申诉书〉办理情况的答复》，限其在十五日内重新作出书面答复。宣判后，当事人未上诉，判决已发生法律效力。

【裁判理由】

法院生效裁判认为：关于吉安市物价局举报答复行为的可诉性问题。根据《中华人民共和国行政诉讼法》（以下简称《行政诉讼法》，1989年4月4日通过）第十一条第一款第五项规定，申请行政机关履行保护人身权、财产权的法定职责，行政机关拒绝履行或者不予答复的，人民法院应受理当事人对此提起的诉讼。本案中，吉安市物价局依法应对罗镕荣举报的吉安市电信公司收取卡费行为是否违法进行调查认定，并告知调查结果，但其作出的举报答复将《关于江西电信全业务套餐资费优化方案的批复》（以下简称《批复》）中规定的UIM卡收费上限标准进行了罗列，未载明对举报事项的处理结果。此种以告知《批复》有关内容代替告知举报调查结果行为，未能依法履行保护举报人财产权的法定职责，本身就是对罗镕荣通过正当举报途径寻求救济的权利的一种侵犯，不属于《最高人民法院关于执行〈中华人民共和国行政诉讼法〉若干问题的解释》（以下简称《行政诉讼法解释》）第一条第六项规定的"对公民、法人或者其他组织权利义务不产生实际影响的行为"的范围，具有可诉性，属于人民法院行政诉讼的受案范围。

关于罗镕荣的原告资格问题。根据《行政诉讼法》第二条、第二十四条第一款及《行政诉讼法解释》第十二条规定，举报人就举报处理行为提起行政诉讼，必须与该行为具有法律上的利害关系。本案中，罗镕荣虽然要求吉安市物价局"依法查处并没收所有电信用户首次办理手机卡被收取的卡费"，但仍是基于认为吉安电信公司收取卡费行为侵害其自身合法权益，向吉安市物价局进行举报，并持有收取费用的发票作为证据。因此，罗镕荣与举报处理行为具有法律上的利害关系，具有行政诉讼原告主体资格，依法可以提起行政诉讼。

关于举报答复合法性的问题。《价格违法行为举报规定》第十四条规定："举报办结后，举报人要求答复且有联系方式的，价格主管部门应当在办结后五个工作日内将办理结果以书面或者口头方式告知举报人。”本案中吉安市物价局作为价格主管部门，依法具有受理价格违法行为举报，并对价格是否违法进行审查，提出分类处理意见的法定职责。罗镕荣在申诉举报函中明确列举了三项举报请求，且要求吉安市物价局在查处结束后书面告知罗镕荣处理结果，该答复未依法载明吉安市物价局对被举报事项的处理结果，违反了《价格违法行为举报规定》第十四条的规定，不具有合法性，应予以纠正。

五、时效、期间

资料补充栏

最高人民法院对如何理解《最高人民法院关于执行〈中华人民共和国行政诉讼法〉若干问题的解释》第四十一条第一款规定的请示的答复

1. 2000年4月19日
2. 法行〔2000〕7号

江苏省高级人民法院：

你院关于《最高人民法院关于执行〈中华人民共和国行政诉讼法〉若干问题的解释》（简称《若干解释》）第四十一条第一款理解和溯及力问题的请示报告收悉。经研究，答复如下：

一、根据《最高人民法院关于贯彻执行〈中华人民共和国行政诉讼法〉若干问题的意见（试行）》（简称《贯彻意见》）第三十五条的规定，公民、法人或者其他组织的起诉期限，在《若干解释》实施之日即2000年3月10日之前已经届满，其在起诉期限届满之后提起行政诉讼的，人民法院不予受理。

二、根据《贯彻意见》第三十五条的规定，公民、法人或者其他组织的起诉期限，在《若干解释》实施之日即2000年3月10日之前尚未届满的，其起诉期限适用《若干解释》第四十一条的规定。

最高人民法院关于如何执行《最高人民法院关于执行〈中华人民共和国行政诉讼法〉若干问题的解释》第四十二条的规定的请示的答复

1. 2002年8月2日
2. 〔2002〕行他字第6号

福建省高级人民法院：

你院〔2002〕闽行他字第2号关于《最高人民法院关于执行〈中华人民共和国行政诉讼法〉若干问题的解释》第四十二条溯及力的请示收悉。经研究，答复如下：

行政机关在《中华人民共和国行政诉讼法》实施之后即1990年10月1日以后作出的具体行政行为，当事人不知道该具体行政行为内容的，其起诉期限的计算应当适用本院《关于执行中华人民共和国行政诉讼法若干问题的解释》第四十二条的规定。

最高人民法院行政审判庭关于对如何理解《关于执行〈中华人民共和国行政诉讼法〉若干问题的解释》第四十一条、第四十二条规定的请示的答复

1. 2008年3月17日
2. 〔2007〕行他字第25号

浙江省高级人民法院：

你院浙高法行函〔2007〕1号《关于公民、法人或者其他组织不知道行政机关作出的具体行政行为内容的其起诉期限应当如何确定的请示》收悉。经研究，答复如下：

公民、法人或其他组织不知道行政机关作出具体行政行为的内容，但后来知道了具体行政行为的内容，而不知道诉权和起诉期限的，应适用最高人民法院《关于执行〈中华人民共和国行政诉讼法〉若干问题的解释》第四十一条的规定确定起诉期限，但最长不得超过该解释第四十二条规定的期间。

此复

·典型案例·

眉山市气雾剂厂诉眉山市人民政府、眉山市国土局土地行政登记案

【裁判摘要】

根据最高人民法院《关于执行〈中华人民共和国行政诉讼法〉若干问题的解释》第四十三条的规定，对于当事人提起的行政诉讼，人民法院应该立案而未立案，又未出具书面裁定，造成当事人向其他部门上访、申诉并继续向人民法院起诉的，不应将当事人第一次

起诉被拒绝后，由于非自身原因延误的时间，计算在起诉期限内。

原告：北京天然香妆品研究所眉山气雾剂厂，住所地：四川省眉山市东坡区。

法定代表人：涂文灿，该厂厂长。

被告：四川省眉山市人民政府。

法定代表人：崔保华，四川省眉山市市长。

被告：眉山市国土资源局，住所地：四川省眉山市东坡镇。

法定代表人：陈大权，该局局长。

第三人：四川省眉山市东坡区永升工贸有限公司（原四川省眉山县永升工贸有限公司），住所地：眉山市东坡区。

原告北京天然香妆品研究所眉山气雾剂厂（以下简称气雾剂厂）因不服原眉山县人民政府颁发的眉国用〔1996〕1842 号《国有土地使用证》，向眉山市中级人民法院提起行政诉讼。

原告诉称：2002 年 10 月，我厂向眉山市国土资源局（以下简称国土局）提出书面申请，请求对位于眉山市中心城区诗书路南段的 5.51 亩土地进行使用权登记确认。该局于 2003 年 12 月 8 日书面通知不予受理。理由是该申请属于“重复登记”，该土地已经由眉国用〔1996〕1842 号《国有土地使用证》确认给了永升公司。我厂拥有该土地本属自己所有的原始依据，理应取得该土地的使用权证书。为此，请求撤销国土局〔1996〕1842 号《国有土地使用证》。

被告眉山市政府辩称：原眉山县人民政府颁发的眉国用〔1996〕1842 号《国有土地使用证》事实清楚，证据充分，程序合法。原告 1996 年已经知道原眉山县人民政府颁发了土地使用权证，现在提起行政诉讼，超过为期两年的起诉期限。

被告眉山市国土局辩称：1992 年原告由于资金不足与永升公司签订了争议土地转让协议，且永升公司 1996 年已经申请土地登记，取得了土地使用权证。1999 年原告向原眉山县政府多次反映解决颁证问题，原眉山县国土局专门组织人员进行调查、取证、查阅档案资料，并经局长办公会议研究决定，认为颁发给永升公司的土地使用证书〔1996〕1842 号合法，形成了眉国土函〔1999〕7 号《关于眉山气雾剂厂控告眉山县永升工贸公司非法取得该厂土地使用权的调查情况汇报》，并送达了原告。故原告现在提起诉讼已超过起诉期限。

第三人永升公司同意被告国土局的意见。

本案诉讼中，眉山市政府为证明气雾剂厂的起诉已超过法定起诉期限提供的证据有：

1. 气雾剂厂的书面报告。该报告载明：“自从我厂于 1996 年 7 月得知眉山永升公司将我厂已取得的土地使用权骗走后，不止一次地向眉山县国土局申诉过，国土局一直置之不理。”

2. 气雾剂厂 2001 年 3 月 16 日向眉山市人民政府递交的《行政复议申请书》。该申请书载明：“1996 年 6 月 18 日，申请人到县国土局办理土地使用权证时，方发现被申请人已将该宗土地使用权证办给了眉山县永升公司。”

3. 眉山县国土局 1999 年 3 月 24 日作出的眉国土函〔1999〕7 号《关于眉山气雾剂厂控告眉山县永升工贸公司非法取得该厂土地使用权的调查情况汇报》。

上述证据用以证明原告在 1996 年就知道了颁证行为的内容。

气雾剂厂为证明其起诉未超过法定起诉期限提供的证据有：

1. 国土资源部 2000 年 5 月 30 日对其作出的信访批复。

2. 眉山市法制局 2001 年 3 月 23 日作出的眉府复受字〔2001〕第 1 号《受理复议申请通知书》和 2001 年 4 月 18 日作出的眉府复终字〔2001〕1 号《行政复议终止通知书》。

3. 眉山市国土局 2003 年 12 月 4 日作出的《不予受理土地登记通知书》。

上述证据均用以均证明超过法定起诉期限不是因气雾剂厂自身的原因造成的。

眉山市中级人民法院认定的案件事实如下：

1996 年，本案第三人四川省眉山市东坡区永升工贸有限公司（以下简称永升公司）依照相关手续经申请取得了眉国用〔1996〕1842 号国有土地使用权证（以下简称 1842 号土地使用权证）。此后，原告气雾剂厂曾因对该证所载土地使用权持有异议，多次向有关部门反映。1999 年，原告再次向当时的眉山县政府反映颁证问题后，当时的眉山县国土局专门组织人员进行了调查、取证，并经局长办公会议研究决定，认为颁发给永升公司的 1842 号土地使用证的行为合法，并形成了眉国土函〔1999〕7号《关于眉山气雾剂厂控告眉山永升公司非法取得该厂土地使用权的调查汇报》，送达了原告。

本案的争议焦点是：原告的起诉是否超过诉讼时效。

眉山市中级人民法院认为：

原告气雾剂厂起诉请求撤销颁证行政行为，系以取得土地使用权为最终目的。气雾剂厂要求颁发的土地使用权证，确权机关即颁证法定职权机关是眉山市政府，故应将颁证机关列为被告。国土局审查颁证条件的行为，应视为受眉山市政府委托的行为。受托机关的行为对申请人的权利和义务也会产生实际影响，故也应当列为本案被告。

被告眉山市政府的颁证行为实施在1996年，而原告气雾剂厂的法定代表人涂文灿在1999年就已知道该证内容，并多次向当时的眉山县政府反映情况，国土局专门进行了调查并写出了书面调查报告。该报告已向气雾剂厂送达，据此，应认定气雾剂厂是知道有关内容的。依照《最高人民法院关于执行〈中华人民共和国行政诉讼法〉若干问题的解释》（以下简称《解释》）第四十一条的规定，行政机关作出具体行政行为时，未告知公民、法人或者其他组织诉权或者起诉期限的，起诉期限从公民、法人或者其他组织知道或者应当知道诉权或者起诉期限之日起计算，但从知道或者应当知道具体行政行为内容之日起最长不得超过2年。根据该规定，气雾剂厂的起诉限期，应从1999年3月受到被告国土局眉国土函〔1999〕7号《关于眉山气雾剂厂控告眉山永升公司非法取得该厂土地使用权的调查汇报》起计算，至2001年3月止。而气雾剂厂提起本案诉讼时显然已超过起诉期限，故其诉讼请求依法不予保护。

综上，眉山市中级人民法院于2004年6月3日裁定：

驳回原告眉山气雾剂厂请求撤销眉国用〔1996〕1842号《国有土地使用证》的起诉。

气雾剂厂不服一审裁定，向四川省高级人民法院提起上诉。

气雾剂厂的上诉理由是：1996年我厂向眉山市国土局申请领取《土地使用证》时被告知，该土地已经被赋予他人。我厂当即申明，该颁证行为不合法，并随之向当时的眉山县人民法院提起行政诉讼。眉山县人民法院以该纠纷应先到人民政府裁决为由，没有立案。我厂向当时的眉山县政府提起行政复议时，又被告知已经超过复议期限。迫于无奈，我厂只得采取上访、申诉的方式主张权利。眉山县国土局作出眉国土函〔1999〕第7号文件后，我厂又以此为由向法院提起行政诉讼，法院又以该文件是政府内部公文，不是可诉具体行政行为为由拒绝立案。我厂只好继续上访。2002年年底，我厂以自己拥有的征地资料原件向眉山市政府提出土地登记申请，眉山市政府直到2003年12月7日才出具了不予受理通知书。我厂的起诉期限应当从收到眉山市政府的不予受理通知书起计算，没有超过法定起诉期限。请求依法改判。

眉山市政府和眉山市国土局答辩称：1996年4月，永升公司经依法申请，并经眉山县国土局审核和眉山县人民政府批准，取得了位于眉山市诗书路南段的5.51亩土地的《国有土地使用证》。气雾剂厂在1999年就知道了具体颁证内容，多次要求当时的眉山县人民政府解决颁证问题，眉山县国土局专门组织人员进行调查、取证后，已经以书面形式答复了气雾剂厂。气雾剂厂于2004年3月才向四川省眉山市中级人民法院提起诉讼，请求撤销1842号《国有土地使用证》。根据《解释》第四十一条的规定，已超过了法定的起诉期限。气雾剂厂在认为自己的权益受到侵害后，没有正确运用法律手段来维护自己的权益，而是采取了上访的方式，逾期提起诉讼是由于自身原因造成的，不适用《解释》第四十三条的规定。请求驳回上诉，维持原裁定。

四川省高级人民法院在二审中调取了以下证据：

1. 眉山市东坡区人民法院的审判人员贺永堂、姚良全证明，气雾剂厂于1999年11月曾向当时的眉山县人民法院提起过行政诉讼，该院未立案，也未制作不予受理行政裁定。

2. 原眉山县人民政府于2000年8月颁发的眉国用〔2000〕字第3441号《中华人民共和国国有土地使用证》。该证载明土地使用者：眉山永升公司，坐落：眉山县东坡镇新乐路南段130号，使用面积3675.17平方米。

被上诉人、原审第三人对上诉人在二审中提供的证据的真实性没有异议，但认为上诉人在二审中提供的证据已超过了《最高人民法院关于行政诉讼证据若干问题的规定》（以下简称《规定》）第7条规定的举证期限，人民法院不应当采信。同时认为，上诉人提供的证据不足以证明其曾在1999年向人民法院提起过行政诉讼，其于2004年3月5日才提起诉讼是因自身原因造成的，已超过了法定的起诉期限。

上诉人、被上诉人及原审第三人对人民法院依职权调取的证据没有异议。

四川省高级人民法院在审查证据时认为，上诉人在二审中提供的证明其起诉没有超过法定起诉期限的证据，是因被上诉人在一审庭审中才主张上诉人的起诉已超过法定起诉期限，没有给上诉人一定的收集证据时间，致使上诉人在二审中提供证据，属于有正当理由，且上诉人在二审中提供的起诉状与法院依职权调取的证据材料能够相互印证，形成证据锁链，应予采信。

四川省高级人民法院认定本案的法律事实如下：

1996年4月，眉山县国土局（现眉山市东坡区国土资源局）根据永升公司的申请，经审核后上报眉山县人民政府（现眉山市东坡区人民政府）审批，以眉山县人民政府的名义为其颁发了位于眉山县东坡镇新乐路南段130号5.51亩土地的《国有土地使用证》，证号为眉国用〔1996〕1842号。同年5月，气雾剂厂向眉山县国土局申请颁发该宗土地使用权证时，被告知该土地的使用证已颁予他人，但未查到相关颁证材料。后气雾剂厂多次向有关部门反映情况，要求解决该土地的使用权问题。1998年9月3日，气雾剂厂通过查阅眉山县国土局颁证档案知道了1842号《国有土地使用证》的颁发情况。1999年3月24日，由于气雾剂厂的多次上访，眉山县国土局专门组织人员进行调查、取证和查阅档案材料，形成了眉国土函〔1999〕7号《眉山县国土局关于眉山气雾剂厂控告眉山县永升公司非法取得该厂土地使用权的调查情况汇报》。该报告载明了眉国用〔1996〕1842号《国有土地使用证》的颁发情况，并认为该颁证行为是合法的。此报告于1999年4月15日送达了气雾剂厂的法定代表人涂文灿。

1999年11月，气雾剂厂向眉山县人民法院（现眉山市东坡区人民法院）提起行政诉讼，请求撤销眉山县国土局受眉山县人民政府委托颁发的眉国用〔1996〕1842号《国有土地使用证》。眉山县人民法院未予立案。此后，气雾剂厂继续申诉和上访。2000年8月，眉山县人民政府因统一换发国有土地使用证，注销了1842号《国有土地使用证》，将其更换为眉国用〔2000〕字第3441号《中华人民共和国国有土地使用证》。该证载明土地使用者：眉山永升公司，坐落：眉山县东坡镇新乐路南段130号，使用面积3675.17平方米。同年12月，眉山县人民政府更名为眉山市东坡区人民政府。

2001年，气雾剂厂再次向眉山市东坡区人民法院提起诉讼，请求撤销眉山市东坡区人民政府（原眉山县人民政府）颁发的1842号《土地使用证》，因被告知已经超过法定起诉期限而撤回了诉状。

2002年10月，气雾剂厂向眉山市国土资源局提出书面申请，请求对位于眉山市中心城区诗书路南段（原眉山县东坡镇新乐路南段）的5.51亩土地进行使用权登记确认。眉山市国土局于2003年12月4日以该申请属“重复登记”为由作出《不予受理土地登记通知书》，同月送达上诉人。2004年3月5日，气雾剂厂以原眉山县人民政府颁发的1842号《国有土地使用证》侵犯其合法权益为由向眉山市中级人民法院提起行政诉讼，请求撤销该颁证行为。

四川省高级人民法院认为：

《中华人民共和国行政诉讼法》（以下简称行政诉讼法）第三十九条规定：“公民、法人或者其他组织直接向人民法院提起诉讼的，应当在知道作出具体行政行为之日起三个月内提出。法律另有规定的除外。”《最高人民法院关于贯彻执行〈中华人民共和国行政诉讼法〉若干问题的意见（试行）》（以下简称《意见》）第四十五条规定：“行政机关作出具体行政行为未告知当事人的诉权和起诉期限，致使当事人逾期向人民法院起诉的，其起诉期限从当事人实际知道诉权或者起诉期限时计算，但逾期的期间最长不得超过一年。”原眉山县人民政府虽然是于1996年4月颁发的1842号《国有土地使用证》，但气雾剂厂是于1998年9月3日查阅颁证档案时才确切知道该1842号《国有土地使用证》内容的，且在知道当时并没有被告知诉权和起诉期限。气雾剂厂于1999年11月向原眉山县人民法院提起行政诉讼，没有超过逾期一年的规定，其起诉符合行政诉讼法第四十一条规定的起诉条件。由于原眉山县人民法院对气雾剂厂于1999年11月提起的诉讼，既未按规定立案，也未按规定向当事人出具不予立案的书面裁定，致使气雾剂厂不断向其他部门申诉和上访，直到2003年12月收到眉山市国土局以重复登记为由作出的《不予受理土地登记通知书》后，才再次向眉山市中级人民法院提起行政诉讼。气雾剂厂反复向有关行政机关上访、申诉的时间，非因自身原因造成，根据《解释》第四十三条“由于不属于起诉人自身的原因超过起诉期限的，被耽误的时间不计算在起诉期间内”的规定，气雾剂厂向其他行政部门上访、申诉的时间不应当计算在起诉期间内。气雾剂厂于1998年9月3日知道被诉行政登记行为内容，扣除非因自身原因耽误的时间1999年11月至2003年12月，其于2004年3月5日提起的行政诉讼，符合《解释》第四十一条“行政机关作出具体行政行为时，未告知公民、法人或者其他组织诉权或者起诉期限的，起诉期限从公民、法人或者其他组织知道或者应当知道诉权或者起诉期限之日起计算，但从知道或者应当知道具体行政行为内容之日起最长不得超过2年”的规定，人民法院应当立案受理。气雾剂厂的上诉理由成立。

被诉行政登记行为是1996年原眉山县人民政府作出的，而原眉山县人民政府在2000年12月已更名为眉山市东坡区人民政府，原眉山县人民政府作出行政行为的法律后果应当由眉山市东坡区人民政府承担。因此，本案的适格被告应为眉山市东坡区人民政府。眉山市中级人民法院以眉山市已在《关于印发〈眉山市土地管理事权划分实施方案〉的通知》中将城市规划区22平方公里内的土地上收直管为由，将眉山市人民政府列为本案被告，同时将不具有颁发土地所有（使用）权证法定职责的眉山市国土局也列为本案被告，属错列当事人，依法应予纠正。

综上，四川省高级人民法院于2004年9月27日裁定：

一、撤销眉山市中级人民法院〔2004〕眉行初字第4号行政裁定。

二、指令眉山市中级人民法院继续审理。

本裁定为终审裁定。

六、证　据

资料补充栏

最高人民法院关于
行政诉讼证据若干问题的规定

1. 2002年6月4日最高人民法院审判委员会第1224次会议通过
2. 2002年7月24日公布
3. 法释〔2002〕21号
4. 自2002年10月1日起施行

为准确认定案件事实，公正、及时地审理行政案件，根据《中华人民共和国行政诉讼法》（以下简称行政诉讼法）等有关法律规定，结合行政审判实际，制定本规定。

一、举证责任分配和举证期限

第一条　根据行政诉讼法第三十二条和第四十三条的规定，被告对作出的具体行政行为负有举证责任，应当在收到起诉状副本之日起十日内，提供据以作出被诉具体行政行为的全部证据和所依据的规范性文件。被告不提供或者无正当理由逾期提供证据的，视为被诉具体行政行为没有相应的证据。

被告因不可抗力或者客观上不能控制的其他正当事由，不能在前款规定的期限内提供证据的，应当在收到起诉状副本之日起十日内向人民法院提出延期提供证据的书面申请。人民法院准许延期提供的，被告应当在正当事由消除后十日内提供证据。逾期提供的，视为被诉具体行政行为没有相应的证据。

第二条　原告或者第三人提出其在行政程序中没有提出的反驳理由或者证据的，经人民法院准许，被告可以在第一审程序中补充相应的证据。

第三条　根据行政诉讼法第三十三条的规定，在诉讼过程中，被告及其诉讼代理人不得自行向原告和证人收集证据。

第四条　公民、法人或者其他组织向人民法院起诉时，应当提供其符合起诉条件的相应的证据材料。

在起诉被告不作为的案件中，原告应当提供其在行政程序中曾经提出申请的证据材料。但有下列情形的除外：

（一）被告应当依职权主动履行法定职责的；

（二）原告因被告受理申请的登记制度不完备等正当事由不能提供相关证据材料并能够作出合理说明的。

被告认为原告起诉超过法定期限的，由被告承担举证责任。

第五条　在行政赔偿诉讼中，原告应当对被诉具体行政行为造成损害的事实提供证据。

第六条　原告可以提供证明被诉具体行政行为违法的证据。原告提供的证据不成立的，不免除被告对被诉具体行政行为合法性的举证责任。

第七条　原告或者第三人应当在开庭审理前或者人民法院指定的交换证据之日提供证据。因正当事由申请延期提供证据的，经人民法院准许，可以在法庭调查中提供。逾期提供证据的，视为放弃举证权利。

原告或者第三人在第一审程序中无正当事由未提供而在第二审程序中提供的证据，人民法院不予接纳。

第八条　人民法院向当事人送达受理案件通知书或者应诉通知书时，应当告知其举证范围、举证期限和逾期提供证据的法律后果，并告知因正当事由不能按期提供证据时应当提出延期提供证据的申请。

第九条　根据行政诉讼法第三十四条第一款的规定，人民法院有权要求当事人提供或者补充证据。

对当事人无争议，但涉及国家利益、公共利益或者他人合法权益的事实，人民法院可以责令当事人提供或者补充有关证据。

二、提供证据的要求

第十条　根据行政诉讼法第三十一条第一款第（一）项的规定，当事人向人民法院提供书证的，应当符合下列要求：

（一）提供书证的原件，原本、正本和副本均属于书证的原件。提供原件确有困难的，可以提供与原件核对无误的复印件、照本、节录本；

（二）提供由有关部门保管的书证原件的复制件、影印件或者抄录件的，应当注明出处，经该部门核对无异后加盖其印章；

（三）提供报表、图纸、会计账册、专业技术资料、科技文献等书证的，应当附有说明材料；

（四）被告提供的被诉具体行政行为所依据的询问、陈述、谈话类笔录，应当有行政执法人员、被询问人、陈述人、谈话人签名或者盖章。

法律、法规、司法解释和规章对书证的制作形式另有规定的，从其规定。

第十一条 根据行政诉讼法第三十一条第一款第（二）项的规定，当事人向人民法院提供物证的，应当符合下列要求：

（一）提供原物。提供原物确有困难的，可以提供与原物核对无误的复制件或者证明该物证的照片、录像等其他证据；

（二）原物为数量较多的种类物的，提供其中的一部分。

第十二条 根据行政诉讼法第三十一条第一款第（三）项的规定，当事人向人民法院提供计算机数据或者录音、录像等视听资料的，应当符合下列要求：

（一）提供有关资料的原始载体。提供原始载体确有困难的，可以提供复制件；

（二）注明制作方法、制作时间、制作人和证明对象等；

（三）声音资料应当附有该声音内容的文字记录。

第十三条 根据行政诉讼法第三十一条第一款第（四）项的规定，当事人向人民法院提供证人证言的，应当符合下列要求：

（一）写明证人的姓名、年龄、性别、职业、住址等基本情况；

（二）有证人的签名，不能签名的，应当以盖章等方式证明；

（三）注明出具日期；

（四）附有居民身份证复印件等证明证人身份的文件。

第十四条 根据行政诉讼法第三十一条第一款第（六）项的规定，被告向人民法院提供的在行政程序中采用的鉴定结论，应当载明委托人和委托鉴定的事项、向鉴定部门提交的相关材料、鉴定的依据和使用的科学技术手段、鉴定部门和鉴定人鉴定资格的说明，并应有鉴定人的签名和鉴定部门的盖章。通过分析获得的鉴定结论，应当说明分析过程。

第十五条 根据行政诉讼法第三十一条第一款第（七）项的规定，被告向人民法院提供的现场笔录，应当载明时间、地点和事件等内容，并由执法人员和当事人签名。当事人拒绝签名或者不能签名的，应当注明原因。有其他人在现场的，可由其他人签名。

法律、法规和规章对现场笔录的制作形式另有规定的，从其规定。

第十六条 当事人向人民法院提供的在中华人民共和国领域外形成的证据，应当说明来源，经所在国公证机关证明，并经中华人民共和国驻该国使领馆认证，或者履行中华人民共和国与证据所在国订立的有关条约中规定的证明手续。

当事人提供的在中华人民共和国香港特别行政区、澳门特别行政区和台湾地区内形成的证据，应当具有按照有关规定办理的证明手续。

第十七条 当事人向人民法院提供外文书证或者外国语视听资料的，应当附有由具有翻译资质的机构翻译的或者其他翻译准确的中文译本，由翻译机构盖章或者翻译人员签名。

第十八条 证据涉及国家秘密、商业秘密或者个人隐私的，提供人应当作出明确标注，并向法庭说明，法庭予以审查确认。

第十九条 当事人应当对其提交的证据材料分类编号，对证据材料的来源、证明对象和内容作简要说明，签名或者盖章，注明提交日期。

第二十条 人民法院收到当事人提交的证据材料，应当出具收据，注明证据的名称、份数、页数、件数、种类等以及收到的时间，由经办人员签名或者盖章。

第二十一条 对于案情比较复杂或者证据数量较多的案件，人民法院可以组织当事人在开庭前向对方出示或者交换证据，并将交换证据的情况记录在卷。

三、调取和保全证据

第二十二条 根据行政诉讼法第三十四条第二款的规定，有下列情形之一的，人民法院有权向有关行政机关以及其他组织、公民调取证据：

（一）涉及国家利益、公共利益或者他人合法权益的事实认定的；

（二）涉及依职权追加当事人、中止诉讼、终结诉讼、回避等程序性事项的。

第二十三条 原告或者第三人不能自行收集，但能够提供确切线索的，可以申请人民法院调取下列证据材料：

（一）由国家有关部门保存而须由人民法院调取的证据材料；

（二）涉及国家秘密、商业秘密、个人隐私的证据材料；

（三）确因客观原因不能自行收集的其他证据材料。

人民法院不得为证明被诉具体行政行为的合法性，调取被告在作出具体行政行为时未收集的证据。

第二十四条 当事人申请人民法院调取证据的，应当在举证期限内提交调取证据申请书。

调取证据申请书应当写明下列内容：

（一）证据持有人的姓名或者名称、住址等基本情况；

（二）拟调取证据的内容；

（三）申请调取证据的原因及其要证明的案件事实。

第二十五条 人民法院对当事人调取证据的申请，经审查符合调取证据条件的，应当及时决定调取；不符合调取证据条件的，应当向当事人或者其诉讼代理人送达通知书，说明不准许调取的理由。当事人及其诉讼代理人可以在收到通知书之日起三日内向受理申请的人民法院书面申请复议一次。人民法院应当在收到复议申请之日起五日内作出答复。

人民法院根据当事人申请，经调取未能取得相应证据的，应当告知申请人并说明原因。

第二十六条 人民法院需要调取的证据在异地的，可以书面委托证据所在地人民法院调取。受托人民法院应当在收到委托书后，按照委托要求及时完成调取证据工作，送交委托人民法院。受托人民法院不能完成委托内容的，应当告知委托的人民法院并说明原因。

第二十七条 当事人根据行政诉讼法第三十六条的规定向人民法院申请保全证据的，应当在举证期限届满前以书面形式提出，并说明证据的名称和地点、保全的内容和范围、申请保全的理由等事项。

当事人申请保全证据的，人民法院可以要求其提供相应的担保。

法律、司法解释规定诉前保全证据的，依照其规定办理。

第二十八条 人民法院依照行政诉讼法第三十六条规定保全证据的，可以根据具体情况，采取查封、扣押、拍照、录音、录像、复制、鉴定、勘验、制作询问笔录等保全措施。

人民法院保全证据时，可以要求当事人或者其诉讼代理人到场。

第二十九条 原告或者第三人有证据或者有正当理由表明被告据以认定案件事实的鉴定结论可能有错误，在举证期限内书面申请重新鉴定的，人民法院应予准许。

第三十条 当事人对人民法院委托的鉴定部门作出的鉴定结论有异议申请重新鉴定，提出证据证明存在下列情形之一的，人民法院应予准许：

（一）鉴定部门或者鉴定人不具有相应的鉴定资格的；

（二）鉴定程序严重违法的；

（三）鉴定结论明显依据不足的；

（四）经过质证不能作为证据使用的其他情形。

对有缺陷的鉴定结论，可以通过补充鉴定、重新质证或者补充质证等方式解决。

第三十一条 对需要鉴定的事项负有举证责任的当事人，在举证期限内无正当理由不提出鉴定申请、不预交鉴定费用或者拒不提供相关材料，致使对案件争议的事实无法通过定结论予以认定的，应当对该事实承担举证不能的法律后果。

第三十二条 人民法院对委托或者指定的鉴定部门出具的鉴定书，应当审查是否具有下列内容：

（一）鉴定的内容；

（二）鉴定时提交的相关材料；

（三）鉴定的依据和使用的科学技术手段；

（四）鉴定的过程；

（五）明确的鉴定结论；

（六）鉴定部门和鉴定人鉴定资格的说明；

（七）鉴定人及鉴定部门签名盖章。

前款内容欠缺或者鉴定结论不明确的，人民法院可以要求鉴定部门予以说明、补充鉴定或者重新鉴定。

第三十三条 人民法院可以依当事人申请或者依职权勘验现场。

勘验现场时，勘验人必须出示人民法院的证件，并邀请当地基层组织或者当事人所在单位派人参加。当事人或其成年亲属应当到场，拒不到场的，不影响勘验的进行，但应当在勘验笔录中说明情况。

第三十四条 审判人员应当制作勘验笔录，记载勘验的时间、地点、勘验人、在场人、勘验的经过和结果，由勘验人、当事人、在场人签名。

勘验现场时绘制的现场图，应当注明绘制的时间、方位、绘制人姓名和身份等内容。

当事人对勘验结论有异议的，可以在举证期限内申请重新勘验，是否准许由人民法院决定。

四、证据的对质辨认和核实

第三十五条　证据应当在法庭上出示，并经庭审质证。未经庭审质证的证据，不能作为定案的依据。

当事人在庭前证据交换过程中没有争议并记录在卷的证据，经审判人员在庭审中说明后，可以作为认定案件事实的依据。

第三十六条　经合法传唤，因被告无正当理由拒不到庭而需要依法缺席判决的，被告提供的证据不能作为定案的依据，但当事人在庭前交换证据中没有争议的证据除外。

第三十七条　涉及国家秘密、商业秘密和个人隐私或者法律规定的其他应当保密的证据，不得在开庭时公开质证。

第三十八条　当事人申请人民法院调取的证据，由申请调取证据的当事人在庭审中出示，并由当事人质证。

人民法院依职权调取的证据，由法庭出示，并可就调取该证据的情况进行说明，听取当事人意见。

第三十九条　当事人应当围绕证据的关联性、合法性和真实性，针对证据有无证明效力以及证明效力大小，进行质证。

经法庭准许，当事人及其代理人可以就证据问题相互发问，也可以向证人、鉴定人或者勘验人发问。

当事人及其代理人相互发问，或者向证人、鉴定人、勘验人发问时，发问的内容应当与案件事实有关联，不得采用引诱、威胁、侮辱等语言或者方式。

第四十条　对书证、物证和视听资料进行质证时，当事人应当出示证据的原件或者原物。但有下列情况之一的除外：

（一）出示原件或者原物确有困难并经法庭准许可以出示复制件或者复制品；

（二）原件或者原物已不存在，可以出示证明复制件、复制品与原件、原物一致的其他证据。

视听资料应当当庭播放或者显示，并由当事人进行质证。

第四十一条　凡是知道案件事实的人，都有出庭作证的义务。有下列情形之一的，经人民法院准许，当事人可以提交书面证言：

（一）当事人在行政程序或者庭前证据交换中对证人证言无异议的；

（二）证人因年迈体弱或者行动不便无法出庭的；

（三）证人因路途遥远、交通不便无法出庭的；

（四）证人因自然灾害等不可抗力或者其他意外事件无法出庭的；

（五）证人因其他特殊原因确实无法出庭的。

第四十二条　不能正确表达意志的人不能作证。

根据当事人申请，人民法院可以就证人能否正确表达意志进行审查或者交由有关部门鉴定。必要时，人民法院也可以依职权交由有关部门鉴定。

第四十三条　当事人申请证人出庭作证的，应当在举证期限届满前提出，并经人民法院许可。人民法院准许证人出庭作证的，应当在开庭审理前通知证人出庭作证。

当事人在庭审过程中要求证人出庭作证的，法庭可以根据审理案件的具体情况，决定是否准许以及是否延期审理。

第四十四条　有下列情形之一，原告或者第三人可以要求相关行政执法人员作为证人出庭作证：

（一）对现场笔录的合法性或者真实性有异议的；

（二）对扣押财产的品种或者数量有异议的；

（三）对检验的物品取样或者保管有异议的；

（四）对行政执法人员的身份的合法性有异议的；

（五）需要出庭作证的其他情形。

第四十五条　证人出庭作证时，应当出示证明其身份的证件。法庭应当告知其诚实作证的法律义务和作伪证的法律责任。

出庭作证的证人不得旁听案件的审理。法庭询问证人时，其他证人不得在场，但组织证人对质的除外。

第四十六条　证人应当陈述其亲历的具体事实。证人根据其经历所作的判断、推测或者评论，不能作为定案的依据。

第四十七条 当事人要求鉴定人出庭接受询问的，鉴定人应当出庭。鉴定人因正当事由不能出庭的，经法庭准许，可以不出庭，由当事人对其书面鉴定结论进行质证。

鉴定人不能出庭的正当事由，参照本规定第四十一条的规定。

对于出庭接受询问的鉴定人，法庭应当核实其身份、与当事人及案件的关系，并告知鉴定人如实说明鉴定情况的法律义务和故意作虚假说明的法律责任。

第四十八条 对被诉具体行政行为涉及的专门性问题，当事人可以向法庭申请由专业人员出庭进行说明，法庭也可以通知专业人员出庭说明。必要时，法庭可以组织专业人员进行对质。

当事人对出庭的专业人员是否具备相应专业知识、学历、资历等专业资格等有异议的，可以进行询问。由法庭决定其是否可以作为专业人员出庭。

专业人员可以对鉴定人进行询问。

第四十九条 法庭在质证过程中，对与案件没有关联的证据材料，应予排除并说明理由。

法庭在质证过程中，准许当事人补充证据的，对补充的证据仍应进行质证。

法庭对经过庭审质证的证据，除确有必要外，一般不再进行质证。

第五十条 在第二审程序中，对当事人依法提供的新的证据，法庭应当进行质证；当事人对第一审认定的证据仍有争议的，法庭也应当进行质证。

第五十一条 按照审判监督程序审理的案件，对当事人依法提供的新的证据，法庭应当进行质证；因原判决、裁定认定事实的证据不足而提起再审所涉及的主要证据，法庭也应当进行质证。

第五十二条 本规定第五十条和第五十一条中的“新的证据”是指以下证据：

（一）在一审程序中应当准予延期提供而未获准许的证据；

（二）当事人在一审程序中依法申请调取而未获准许或者未取得，人民法院在第二审程序中调取的证据；

（三）原告或者第三人提供的在举证期限届满后发现的证据。

五、证据的审核认定

第五十三条 人民法院裁判行政案件，应当以证据证明的案件事实为依据。

第五十四条 法庭应当对经过庭审质证的证据和无需质证的证据进行逐一审查和对全部证据综合审查，遵循法官职业道德，运用逻辑推理和生活经验，进行全面、客观和公正地分析判断，确定证据材料与案件事实之间的证明关系，排除不具有关联性的证据材料，准确认定案件事实。

第五十五条 法庭应当根据案件的具体情况，从以下方面审查证据的合法性：

（一）证据是否符合法定形式；

（二）证据的取得是否符合法律、法规、司法解释和规章的要求；

（三）是否有影响证据效力的其他违法情形。

第五十六条 法庭应当根据案件的具体情况，从以下方面审查证据的真实性：

（一）证据形成的原因；

（二）发现证据时的客观环境；

（三）证据是否为原件、原物，复制件、复制品与原件、原物是否相符；

（四）提供证据的人或者证人与当事人是否具有利害关系；

（五）影响证据真实性的其他因素。

第五十七条 下列证据材料不能作为定案依据：

（一）严重违反法定程序收集的证据材料；

（二）以偷拍、偷录、窃听等手段获取侵害他人合法权益的证据材料；

（三）以利诱、欺诈、胁迫、暴力等不正当手段获取的证据材料；

（四）当事人无正当事由超出举证期限提供的证据材料；

（五）在中华人民共和国领域以外或者在中华人民共和国香港特别行政区、澳门特别行政区和台湾地区形成的未办理法定证明手续的证据材料；

（六）当事人无正当理由拒不提供原件、原物，又无其他证据印证，且对方当事人不予认可的证据的复制件或者复制品；

（七）被当事人或者他人进行技术处理而无法辨明真伪的证据材料；

（八）不能正确表达意志的证人提供的证言；

（九）不具备合法性和真实性的其他证据材料。

第五十八条　以违反法律禁止性规定或者侵犯他人合法权益的方法取得的证据，不能作为认定案件事实的依据。

第五十九条　被告在行政程序中依照法定程序要求原告提供证据，原告依法应当提供而拒不提供，在诉讼程序中提供的证据，人民法院一般不予采纳。

第六十条　下列证据不能作为认定被诉具体行政行为合法的依据：

（一）被告及其诉讼代理人在作出具体行政行为后或者在诉讼程序中自行收集的证据；

（二）被告在行政程序中非法剥夺公民、法人或者其他组织依法享有的陈述、申辩或者听证权利所采用的证据；

（三）原告或者第三人在诉讼程序中提供的、被告在行政程序中未作为具体行政行为依据的证据。

第六十一条　复议机关在复议程序中收集和补充的证据，或者作出原具体行政行为的行政机关在复议程序中未向复议机关提交的证据，不能作为人民法院认定原具体行政行为合法的依据。

第六十二条　对被告在行政程序中采纳的鉴定结论，原告或者第三人提出证据证明有下列情形之一的，人民法院不予采纳：

（一）鉴定人不具备鉴定资格；

（二）鉴定程序严重违法；

（三）鉴定结论错误、不明确或者内容不完整。

第六十三条　证明同一事实的数个证据，其证明效力一般可以按照下列情形分别认定：

（一）国家机关以及其他职能部门依职权制作的公文文书优于其他书证；

（二）鉴定结论、现场笔录、勘验笔录、档案材料以及经过公证或者登记的书证优于其他书证、视听资料和证人证言；

（三）原件、原物优于复制件、复制品；

（四）法定鉴定部门的鉴定结论优于其他鉴定部门的鉴定结论；

（五）法庭主持勘验所制作的勘验笔录优于其他部门主持勘验所制作的勘验笔录；

（六）原始证据优于传来证据；

（七）其他证人证言优于与当事人有亲属关系或者其他密切关系的证人提供的对该当事人有利的证言；

（八）出庭作证的证人证言优于未出庭作证的证人证言；

（九）数个种类不同、内容一致的证据优于一个孤立的证据。

第六十四条　以有形载体固定或者显示的电子数据交换、电子邮件以及其他数据资料，其制作情况和真实性经对方当事人确认，或者以公证等其他有效方式予以证明的，与原件具有同等的证明效力。

第六十五条　在庭审中一方当事人或者其代理人在代理权限范围内对另一方当事人陈述的案件事实明确表示认可的，人民法院可以对该事实予以认定。但有相反证据足以推翻的除外。

第六十六条　在行政赔偿诉讼中，人民法院主持调解时当事人为达成调解协议而对案件事实的认可，不得在其后的诉讼中作为对其不利的证据。

第六十七条　在不受外力影响的情况下，一方当事人提供的证据，对方当事人明确表示认可的，可以认定该证据的证明效力；对方当事人予以否认，但不能提供充分的证据进行反驳的，可以综合全案情况审查认定该证据的证明效力。

第六十八条　下列事实法庭可以直接认定：

（一）众所周知的事实；

（二）自然规律及定理；

（三）按照法律规定推定的事实；

（四）已经依法证明的事实；

（五）根据日常生活经验法则推定的事实。

前款（一）、（三）、（四）、（五）项，当事人有相反证据足以推翻的除外。

第六十九条　原告确有证据证明被告持有的证据对原告有利，被告无正当事由拒不提供的，可以推定原告的主张成立。

第七十条　生效的人民法院裁判文书或者仲裁机构裁决文书确认的事实，可以作为定案依据。但是如果发现裁判文书或者裁决文书认定的事实有重大问题的，应当中止诉讼，通过法定程序予以纠正后恢复诉讼。

第七十一条　下列证据不能单独作为定案依据：

（一）未成年人所作的与其年龄和智力状况不相适应的证言；

（二）与一方当事人有亲属关系或者其他密切关系的证人所作的对该当事人有利的证言，或者与一方当事人有不利关系的证人所作的对该当事人不利的证言；

（三）应当出庭作证而无正当理由不出庭作证的证人证言；

（四）难以识别是否经过修改的视听资料；

（五）无法与原件、原物核对的复制件或者复制品；

（六）经一方当事人或者他人改动，对方当事人不予认可的证据材料；

（七）其他不能单独作为定案依据的证据材料。

第七十二条　庭审中经过质证的证据，能够当庭认定的，应当当庭认定；不能当庭认定的，应当在合议庭合议时认定。

人民法院应当在裁判文书中阐明证据是否采纳的理由。

第七十三条　法庭发现当庭认定的证据有误，可以按照下列方式纠正：

（一）庭审结束前发现错误的，应当重新进行认定；

（二）庭审结束后宣判前发现错误的，在裁判文书中予以更正并说明理由，也可以再次开庭予以认定；

（三）有新的证据材料可能推翻已认定的证据的，应当再次开庭予以认定。

六、附　　则

第七十四条　证人、鉴定人及其近亲属的人身和财产安全受法律保护。

人民法院应当对证人、鉴定人的住址和联系方式予以保密。

第七十五条　证人、鉴定人因出庭作证或者接受询问而支出的合理费用，由提供证人、鉴定人的一方当事人先行支付，由败诉一方当事人承担。

第七十六条　证人、鉴定人作伪证的，依照行政诉讼法第四十九条第一款第（二）项的规定追究其法律责任。

第七十七条　诉讼参与人或者其他人有对审判人员或者证人、鉴定人、勘验人及其近亲属实施威胁、侮辱、殴打、骚扰或者打击报复等妨碍行政诉讼行为的，依照行政诉讼法第四十九条第一款第（三）项、第（五）项或者第（六）项的规定追究其法律责任。

第七十八条　对应当协助调取证据的单位和个人，无正当理由拒不履行协助义务的，依照行政诉讼法第四十九条第一款第（五）项的规定追究其法律责任。

第七十九条　本院以前有关行政诉讼的司法解释与本规定不一致的，以本规定为准。

第八十条　本规定自2002年10月1日起施行。2002年10月1日尚未审结的一审、二审和再审行政案件不适用本规定。

本规定施行前已经审结的行政案件，当事人以违反本规定为由申请再审的，人民法院不予支持。

本规定施行后按照审判监督程序决定再审的行政案件，适用本规定。

最高人民法院关于我原驻苏联使馆教育处出具的证明不具有证明效力的复函

1. 1992年9月22日
2. 〔1992〕法民字第17号

安徽省高级人民法院：

你院民他字〔1992〕第13号关于中国原驻苏联大使馆教育处出具证明效力问题的请示收悉，经研究并征求外交部领事司的意见，现答复如下：

我国在国外行使涉外公证认证职能的机构，是我国外交代表机构和领事机构，即大使馆、总领事馆、领事馆等。在大使馆内，具体行使涉外公证认证职能的部门为领事部，大使馆内的其他部门如教育处、文化处、商务处等无权出具涉外公证认证文书。据此，我们同意你院请示中的第一种意见，即我国原驻苏联大使馆教育处对莫斯科大学学生耿纯要求离婚的书面意见和授权委托书的证明，不具有证明效力。

此复

最高人民法院关于审理证券行政处罚案件证据若干问题的座谈会纪要

1. 2011年7月13日
2. 法〔2011〕225号

为进一步完善证券行政处罚案件的证据规则，推动证券监管机构依法行政，保护广大投资者合法权益，促进资本市场健康发展，最高人民法院对证券行政处罚案件证据运用中存在的突出问题进行了专题调研，在充分听取有关法院和部门意见并反复论证的基础上，根据《中华人民共和国行政诉讼法》、《中华人民共和国行政处罚法》和《中华人民共和国证券法》等法律规定，起草了证券行政处罚案件中有关证据问题的意见。2011年6月23日，最高人民法院会同有关部门在北京召开专题座谈会，对证券行政处罚案件中有关证据审查认定等问题形成共识。现将有关内容纪要如下：

一、关于证券行政处罚案件的举证问题

会议认为，监管机构根据行政诉讼法第三十二条、最高人民法院《关于行政诉讼证据若干问题的规定》第一条的规定，对作出的被诉行政处罚决定承担举证责任。人民法院在审理证券行政处罚案件时，也应当考虑到部分类型的证券违法行为的特殊性，由监管机构承担主要违法事实的证明责任，通过推定的方式适当向原告、第三人转移部分特定事实的证明责任。

监管机构在听证程序中书面明确告知行政相对人享有提供排除其涉嫌违法行为证据的权利，行政相对人能够提供但无正当理由拒不提供，后又在诉讼中提供的，人民法院一般不予采纳。行政处罚相对人在行政程序中未提供但有正当理由，在诉讼中依照最高人民法院《关于行政诉讼证据若干问题的规定》提供的证据，人民法院应当采纳。

监管机构除依法向人民法院提供据以作出被诉行政处罚决定的证据和依据外，还应当提交原告、第三人在行政程序中提供的证据材料。

二、关于电子数据证据

会议认为，证券交易和信息传递电子化、网络化、无线化等特点决定电子交易信息、网络IP地址、通讯记录、电子邮件等电子数据证据在证券行政案件中至关重要。但由于电子数据证据具有载体多样，复制简单、容易被删改和伪造等特点，对电子数据证据的证据形式要求和审核认定应较其他证据方法更为严格。根据行政诉讼法第三十一条第一款第（三）项的规定，最高人民法院《关于行政诉讼证据若干问题的规定》第十二条、第六十四条的规定，当事人可以向人民法院提供电子数据证据证明待证事实，相关电子数据证据应当符合下列要求：

（一）无法提取电子数据原始载体或者提取确有困难的，可以提供电子数据复制件，但必须附有不能或者难以提取原始载体的原因、复制过程以及原始载体存放地点或者电子数据网络地址的说明，并由复制件制作人和原始电子数据持有人签名或者盖章，或者以公证等其他有效形式证明电子数据与原始载体的一致性和完整性。

（二）收集电子数据应当依法制作笔录，详细记载取证的参与人员、技术方法、步骤和过程，记录收集对象的事项名称、内容、规格、类别以及时间、地点等，或者将收集电子数据的过程拍照或录像。

（三）收集的电子数据应当使用光盘或者其他数字存储介质备份。监管机构为取证人时，应当妥善保存至少一份封存状态的电子数据备份件，并随案移送，以备法庭质证和认证使用。

（四）提供通过技术手段恢复或者破解的与案件有关的光盘或者其他数字存储介质、电子设备中被删除的数据、隐藏或者加密的电子数据，必须附有恢复或破解对象、过程、方法和结果的专业说明。对方当事人对该专业说明持异议，并且有证据表明上述方式获取的电子数据存在篡改、剪裁、删除和添加等不真实情况的，可以向人民法院申请鉴定，人民法院应予准许。

三、关于专业意见

会议认为，对被诉行政处罚决定涉及的专门性问题，当事人可以向人民法院提供其聘请的专业机构、特定行业专家出具的统计分析意见和规则解释意见；人民法院认为有必要的，也可以聘请相关专业机构、专家出具意见。

专业意见应当在法庭上出示，并经庭审质证。当事人可以申请人民法院通知出具相关意见的专业人员出庭说明,人民法院也可以通知专业人员出庭说明。专业意见之间相互矛盾的,人民法院可以组织专业人员进行对质。

人民法院应当根据案件的具体情况,从以下方面审核认定上述专业意见:(一)专业机构或者专家是否与本案有利害关系;(二)专业机构或者专家是否具有合法资质;(三)专业机构或者专家所得出的意见是否超出指定的范围,形式是否规范,内容是否完整,结论是否明确;(四)行政程序中形成的专业意见是否告知对方当事人,并听取对方当事人的质辩意见。

四、关于上市公司信息披露违法责任人的证明问题

会议认为,根据证券法第六十八条规定,上市公司董事、监事、高级管理人员对上市公司信息披露的真实性、准确性和完整性应当承担较其他人员更严格的法定保证责任。人民法院在审理证券法第一百九十三条违反信息披露义务行政处罚案件时,涉及到对直接负责的主管人员和其他直接责任人员处罚的,应当区分证券法第六十八条规定的人员和该范围之外其他人员的不同责任标准与证明方式。

监管机构根据证券法第六十八条、第一百九十三条规定,结合上市公司董事、监事、高级管理人员与信息披露违法行为之间履行职责的关联程度,认定其为直接负责的主管人员或者其他直接责任人员并给予处罚,被处罚人不服提起诉讼的,应当提供其对该信息披露行为已尽忠实、勤勉义务等证据。

对上市公司董事、监事、高级管理人员之外的人员,监管机构认定其为上市公司信息披露违法行为直接负责的主管人员或者其他直接责任人员并给予处罚的,应当证明被处罚人具有下列情形之一:(一)实际履行董事、监事和高级管理人员的职责,并与信息披露违法行为存在直接关联;(二)组织、参与、实施信息披露违法行为或直接导致信息披露违法。

五、关于内幕交易行为的认定问题

会议认为,监管机构提供的证据能够证明以下情形之一,且被处罚人不能作出合理说明或者提供证据排除其存在利用内幕信息从事相关证券交易活动的,人民法院可以确认被诉处罚决定认定的内幕交易行为成立:(一)证券法第七十四条规定的证券交易内幕信息知情人,进行了与该内幕信息有关的证券交易活动;(二)证券法第七十四条规定的内幕信息知情人的配偶、父母、子女以及其他有密切关系的人,其证券交易活动与该内幕信息基本吻合;(三)因履行工作职责知悉上述内幕信息并进行了与该信息有关的证券交易活动;(四)非法获取内幕信息,并进行了与该内幕信息有关的证券交易活动;(五)内幕信息公开前与内幕信息知情人或知晓该内幕信息的人联络、接触,其证券交易活动与内幕信息高度吻合。

·典型案例·

松业石料厂诉荥阳市劳保局工伤认定案

【裁判摘要】

根据最高人民法院《关于行政诉讼证据若干问题的规定》第五十九条,劳动保障行政部门受理工伤认定申请后,依照法定程序要求用人单位在规定时间内提供相关证据,用人单位无正当理由拒不向行政机关提供证据,事后在行政诉讼程序中向人民法院提供的,人民法院可不予采纳。

原告:河南省荥阳市崔庙镇王泉村松业石料厂。

负责人:王松业,该厂厂长。

被告:河南省荥阳市人事劳动和社会保障局。

法定代表人:王海林,该局局长。

第三人:李喜波(又名李波)。

河南省荥阳市人事劳动和社会保障局(以下简称荥阳市劳保局)根据《中华人民共和国工伤保险条例》(以下简称《工伤保险条例》)第十四条第一项的规定,以豫(劳)工伤认字〔2004〕03号《工伤认定通知书》(以下简称《03号工伤认定书》)认定:2003年5月21日,河南省荥阳市崔庙镇王泉村松业石料厂(以下简称松业石料厂)职工李喜波上班工作期间,因石片崩着右眼致伤,所受伤害为工伤。松业石料厂不服该工伤认定,向河南省荥阳市人民法院提起行政诉讼。

原告诉称:第三人李喜波称他是2003年5月21日上班工作期间被石片崩着右眼,然而在原告处干活的其他人，谁也没有看到这一情节。第三人在事隔9个月以后才去申请工伤认定，申请时只提供了一个李学亮的证明。从记工本上可以看出，2003年5月21日，李学亮根本没上班，怎么能在当天看到第三人受伤？再说2004年4月1日李学亮也给原告出具了证明，说他根本不知道第三人崩眼一事。崔庙卫生院证实，第三人在所谓的工伤日2003年5月21日之前的5月14日，已经在该院看过眼病。这一切说明，所谓"上班工作期间被石片崩着右眼"是假的。被告根据第三人的这一假话，将第三人的眼病认定为工伤，是事实不清、证据不足。请求判令撤销被告作出的《03号工伤认定书》。

原告提交以下证据：

1. 2004年5月13日以崔庙卫生院眼科医师陈玉转名义出具的诊断证明书，主要内容是：患者姓名李喜波，就诊时间2003年5月14日，诊断结果为角膜溃疡，医师处理意见是注意休息、药物治疗。用以证明李喜波早有眼疾。

2. 松业石料厂2003年5月份记工表一份，主要内容是：2003年5月15日、16日、17日和24日以后，李喜波未上班，李学亮于5月21日以后未上班。用以证明李学亮关于李喜波在5月21日上班时间受伤的证言不真实。

3. 2004年9月3日原告的委托代理人对李学亮的调查笔录一份，主要内容是：平时在松业石料厂有7—8个人干活，相距都不太远，如果有人出事，别人就会看到；2003年5月21日我（李学亮）未上班，不知道李喜波崩着眼的事，也没有听说李喜波去医院看眼睛；是李喜波拿来他事先写好的证明，说只要我证明我俩都在松业石料厂干活，他干活时把眼崩了就行。我不知道李喜波崩着眼这件事，也不识字，光在他写好的证明上签名捺了指印。后来李学亮又让我跟他去荥阳市劳保局作证，也是在人家写好的笔录上签名捺指印。

4. 2004年9月3日原告的委托代理人对李海木的调查笔录一份，主要内容是：我（李海木）在石料厂干活，基本没有停过工；我看到李喜波的眼睛红，但从来不知道什么时间、什么原因使他的眼睛红，也不知道他去过医院，听他说是崩着眼了；我们在一起干活时的距离很近，如果有人崩着眼，别人应该知道，就是当场没看见，也会听他说一声。

5. 2004年3月24日荥阳市劳保局作出的《03号工伤认定书》。

6. 2004年7月21日荥阳市人民政府（以下简称市政府）作出的荥政（复决）字〔2004〕17号《行政复议决定书》（以下简称《17号复议决定书》），主要内容是：经审理查明，2003年5月21日16时许，松业石料厂职工李喜波在砸石片时，被石片崩伤右眼。被申请人荥阳市劳保局依据《工伤保险条例》第十四条第一项的规定，认定李喜波为工伤，事实清楚，证据充分，程序合法。根据《中华人民共和国行政复议法》第二十八条第一款第（一）项的规定，决定维持该工伤认定通知书。申请人松业石料厂若不服本复议决定，可于接到本决定书之日起15日内向荥阳市人民法院起诉。

经原告申请，法庭允许证人李学亮出庭作证。李学亮出庭作证时证明：2003年5月21日，其本人没有到厂里上班，不知道李喜波右眼受伤的事。

被告辩称：第三人在原告处工作期间受伤害后，由于原告不给出钱医治，故向被告下属的仲裁科申请工伤赔偿争议仲裁。经仲裁科调查，第三人工作期间受伤害，有一起工作的李学亮证明，还有当地诊所、崔庙卫生院以及河南中医学院第一附属医院等单位于2003年5月21日以后出具的诊断证明，均证明第三人的右眼有外伤，事实清楚，证据充分。由于原告不承认第三人所受伤害是工伤，仲裁科无法继续仲裁，第三人才于2004年2月向被告申请工伤认定。被告受理后，于2004年3月4日向原告的厂长王松业进行调查，当天还向其送达了《工伤认定协助调查通知书》，要求其在10天内将掌握的事实真相与证据向被告提供，以便被告作出是否为工伤的认定。3月9日，原告给被告送来一纸答辩书，只是说与第三人一起干活的其他人没有一人知道，因此认为第三人的眼伤不是在干活时被石片崩伤。由于原告没有随答辩书附来任何证据，所述理由也无法否定被告此前已经掌握的证据，故被告以《03号工伤认定书》认定第三人所受伤害为工伤。这个认定事实清楚、证据确凿、程序合法、适用法律正确，应当维持。

被告提交以下证据：

1. 李喜波授权李连波代为申请工伤认定的委托书、李喜波的身份证明、松业石料厂的营业执照各一份。

2. 2004年2月20日李喜波填写的《工伤认定申请表》一份，其上有2004年2月23日荥阳市劳保局签署的“材料齐全，同意受理”意见。

3. 李学亮证明一份，主要内容是：2003 年 5 月 21 日，李喜波在松业石料厂打石块时，被石块崩伤了眼睛。因我干活时与李喜波只有一米远，故知道此事。

4. 2003 年 7 月 14 日，荥阳市劳保局仲裁科对松业石料厂负责人王松业的调查笔录一份，主要内容是：李喜波从 2002 年 11 月就在松业石料厂干破片石的活。李喜波的眼睛大概在 5 月 6 日、7 日受伤，当时他没说。5 月 9 日，我（王松业）爱人看到他眼很红，就问他是不是害眼了？他说是被片石崩着眼，已经两三天了。我爱人让他去看，他说没事，以后他看没看我不知道。大概 5 月 14 日早上，李喜波向我爱人借 10 元钱，说去看病。因当时没有零钱，说好下午给他，但他下午没有再要，此后也再没有提治眼、借钱的事。

5. 2003 年 7 月 21 日，荥阳市劳保局仲裁科对李学亮的调查笔录一份，主要内容是：2003 年 5 月二十几日，我（李学亮）和李喜波等人在松业石料厂里破石头，飞起的石渣子碰伤李喜波右眼，当时我给他看了看，眼有些红。李喜波后来又干了一两天。再以后的情况我就不知道了。

6. 2003 年 7 月 21 日，荥阳市劳保局仲裁科对李喜波的调查笔录一份，主要内容是：2003 年 5 月 21 日下午 4 点左右，我（李喜波）正在砸石片，飞起的石块碰伤我右眼。当时在场的李学亮为我吹了吹眼，说他不会拨，第二天我就到矿山机械厂的诊所去看。5 月 23 日，老板娘（王松业的爱人）问我眼为什么红，我告诉她是石片碰伤的。后来又到崔庙镇卫生院检查，医生给开了眼药水、眼药膏等三天的药，还到郑州市中医学院医院治疗过，费用都是我借钱支付的。

7. 2003 年 5 月 22 日矿山机械厂诊所李芬梅出具的证明一份，证明当日李喜波因眼外伤、角膜溃疡、玻璃体混浊充血、视力模糊在该所进行治疗。

8. 矿山机械厂诊所 2003 年 5 月 22 日、23 日、24 日出具的门诊收费票据各一份。

9. 2003 年 5 月 26 日崔庙卫生院出具的《诊断证明书》一份，主要内容是：患者李喜波主诉右眼被石子碰伤一天余伴视物不清；检查见右眼睑及球结膜充血明显，右眼角膜有约 2mm×2mm 白色浸润，边界不清，虹膜纹理清晰，眼底不能窥及；诊断为右眼外伤、右眼角膜溃疡；处理意见为注意休息，药物治疗，建议住院。落款为眼科医师陈玉转。

10. 2003 年 6 月 18 日河南中医学院第一附属医院出具的《诊断说明书》一份，主要内容是：检查患者李喜波右眼结膜充血，角膜后内皮皱折，角膜有 4×4 圆形白色浸润，中心凹陷，边界不清，虹膜纹理不清，晶体呈楔状混浊，玻璃体积血，眼底不能窥及；诊断为右眼外伤、角膜溃疡、玻璃体积血；处理意见是建议住院治疗；落款为眼科医师邓海先。

11. 2004 年 3 月 4 日荥阳市劳保局对松业石料厂负责人王松业进行的《工伤认定调查笔录》一份，主要内容是：我（王松业）是在三天后得知李喜波受伤，受伤后到崔庙镇卫生院治疗过，但对李喜波受伤的经过不清楚。

12. 2004 年 3 月 9 日王松业书写的答辩状一份，主要内容是：李喜波说他的眼睛是在打石头时被石渣所伤不是事实。理由是：与他一起干活的人没有一人知道此事；自 2 月份上班到 6 月份放假，李喜波一直没有误工。如果眼睛被石渣所伤，他怎能干活？李喜波的眼睛究竟是被石渣所伤还是他自己误伤，应当由他举证。

13. 2004 年 2 月 23 日荥阳市劳保局出具的豫（劳）工伤受字〔2004〕03 号《工伤认定申请受理通知书》，主要内容是：当日决定受理李喜波提出的工伤认定申请。2004 年 3 月 4 日荥阳市劳保局出具的豫（劳）工伤调字〔2004〕03 号《工伤认定协助调查通知书》，主要内容是：要求松业石料厂 10 日内将与李喜波申请认定工伤有关的材料函告，或者派人来当面陈述。该通知书由王松业于 2004 年 3 月 4 日 10 时签收。

14. 《03 号工伤认定书》及送达回证，证明该工伤认定通知书于 2004 年 3 月 30 日向李喜波的委托代理人李连波、3 月 31 日向王松业的妻子史爱菊送达。

15. 2004 年 7 月 21 日市政府作出的《17 号复议决定书》。

第三人称：第三人在原告松业石料厂干活时被石子崩伤眼，不仅有一起干活的李学亮看到，还有矿山机械厂诊所、崔庙卫生院以及河南中医学院第一附属医院的医师都看到过，他们都知道我的眼是外伤，因外伤才引起角膜溃疡。我受伤后，松业石料厂厂长王松业不给我治疗，甚至连我向他借钱去看病，他都不借。为治疗，我通过卖粮和向邻居、亲戚借钱，到现在用去医药费加往返路费、生活费有 1500 多元，仍然还要继续治疗。为此事，被告的仲裁科做了大量工作，无奈王松业一毛不拔。经第三人多次上访省、市领导，被告开始受理第三人的工伤认定申请，并出具《03号工伤认定书》。王松业不死心，篡改他手中掌握的记工表，威胁李学亮不给第三人作证，还通过他在崔庙卫生院工作的侄子搞出假诊断证明，非要制造一个第三人在5月21日前就到医院看过角膜溃疡的假象来混淆视听。被告不怕王松业的诬告陷害，作出《03号工伤认定书》，是伸张正义、主持公道、为民做主。该认定事实清楚，证据充分，应当维持。

法庭主持了庭审质证。经质证，原告认为：被告的证据1没有委托人签名，证据3、6的内容不实，对其他证据没有异议。被告认为：原告的证据1、2、3、4，都是超过被告向其下达的工伤认定协助调查通知书要求的举证期限后才举的证据，属于无效证据，对其他证据无异议。第三人认为：原告的证据1、3与被告的证据9、3矛盾，是王松业利用关系和金钱搞出的假证据；证据2是原告自己形成的，不具有真实性，没有效力；证据4是原告代理人对生活在企业主淫威下、不敢说真话的工人所作的调查，内容不真实；除此以外，对原、被告双方的其他证据无异议。

经质证、认证，荥阳市人民法院查明：

第三人李喜波是原告松业石料厂的职工。2003年5月21日16时许，李喜波在该厂砸石头时，被飞起的石片崩伤右眼，经诊断为右眼外伤、角膜溃疡。受伤后，李喜波向被告荥阳市劳保局申请工伤赔偿争议仲裁，荥阳市劳保局仲裁科进行了调查。由于松业石料厂坚持认为李喜波不构成工伤，仲裁无果，李喜波只得于2004年2月20日向荥阳市劳保局申请工伤认定。荥阳市劳保局于2月23日受理，并于3月4日向松业石料厂下达了《工伤认定协助调查通知书》，要求松业石料厂在10日内将与李喜波申请工伤认定的有关材料函告或当面陈述。在指定期限内，松业石料厂只向荥阳市劳保局提交了一份认为不构成工伤的答辩状，未附任何证据。荥阳市劳保局根据调查结果，依照《工伤保险条例》第十四条第一项的规定，于3月24日作出《03号工伤认定书》，认定李喜波所受伤害为工伤。松业石料厂不服，在法定期限内向市政府申请行政复议。7月21日，市政府以《17号复议决定书》，作出维持《03号工伤认定书》的决定。松业石料厂遂提起本案行政诉讼。

荥阳市人民法院认为：

最高人民法院《关于行政诉讼证据若干问题的规定》（以下简称《行政诉讼证据规定》）第五十九条规定："被告在行政程序中依照法定程序要求原告提供证据，原告依法应当提供而拒不提供，在诉讼程序中提供的证据，人民法院一般不予采纳。"被告荥阳市劳保局受理第三人李喜波的工伤认定申请后，依照《工伤保险条例》第十九条第一款的规定，向原告松业石料厂下达了《工伤认定协助调查通知书》，通知该厂在10日内举证。松业石料厂接到通知书后，在法定期限内除提交一份答辩状外，并未提供任何相关的证据。在质证时，荥阳市劳保局以松业石料厂在行政诉讼程序中提交的证据1、2、3、4违反了法定程序、李喜波以这些证据内容不真实为由，提出异议。依照上述司法解释的规定，对松业石料厂超过法定举证期限提交的这些证据，不予采纳。对松业石料厂提交的其他证据，荥阳市劳保局和李喜波未提出异议，予以采纳。证人李学亮的当庭证言，因缺乏真实性，不予采纳。荥阳市劳保局提交的证据符合证据的真实性、合法性、关联性要求，属有效证据，应当作为认定本案事实的根据。

《工伤保险条例》第十四条规定："职工有下列情形之一的，应当认定为工伤：（一）在工作时间和工作场所内，因工作原因受到事故伤害的……"2003年5月21日16时许，第三人李喜波在原告松业石料厂进行砸石头的工作时，被飞起的石片崩伤右眼。这一基本事实，不仅有在一起劳动的松业石料厂职工李学亮证实，更有5月21日以后李喜波就医期间形成的诊断证明、医疗收费票据等证据证实。各医疗单位出具的诊断证明均证实，李喜波为右眼外伤、角膜溃疡。被告荥阳市劳保局根据查明的这一基本事实，依照《工伤保险条例》第十四条第（一）项规定，以《03号工伤认定书》认定李喜波所受伤害为工伤。这一认定事实清楚，证据确凿，适用法律法规正确，符合法定程序，应当维持。

据此，荥阳市人民法院依照《中华人民共和国行政诉讼法》第五十四条第（一）项的规定，于2004年10月11日判决：

维持被告荥阳市劳保局作出的《03号工伤认定书》。

案件受理费100元，由原告松业石料厂负担。

一审宣判后，松业石料厂不服，向河南省郑州市中级人民法院提出上诉，理由是：1. 在是否工伤这个关键问题上,上诉人持有与被上诉人截然相反的证据。对行政相对人没有在行政程序中提供而在诉讼程序中提供的证据,司法解释的规定是"一般不予采纳",不是一律不予采纳。一审不采纳上诉人提交的证据,不符合实事求是原则,是错误的;2. 第三人不是在上班期间因工作原因受伤,一审引用《工伤保险条例》第十四条的规定判决维持被上诉人的工伤认定决定,是适用法律错误。请求撤销原判,依法改判。

郑州市中级人民法院经审理,确认一审查明的事实属实。

本案的争议焦点是:对松业石料厂在行政程序中未提交而在诉讼程序中提交的证据,人民法院应否采纳?

河南省郑州市中级人民法院认为:

上诉人松业石料厂未在行政程序中提交而在诉讼程序中提交的四个证据,被上诉人荥阳市劳保局和第三人李喜波在一审质证时均持异议。在决定取舍这样的证据时,司法解释既然规定"一般不予采纳"而不是"一律不予采纳",就不能只从形式上看该证据是何时提交的,还应当从内容上看采纳该证据是否有利于人民法院查明案情。这四个证据是:1. 2004 年 5 月 13 日以崔庙卫生院眼科医师陈玉转名义出具的诊断证明书,所证内容是 2003 年 5 月 14 日一名普通患者在该院的就诊情况。2003 年 5 月 26 日,崔庙卫生院曾以同一个医师的名义,为李喜波出具过一份《诊断证明书》,其上记载的患者主诉是右眼被石子碰伤一天余伴视物不清;医师诊断结果是右眼外伤、右眼角膜溃疡。2004 年 5 月 13 日又出具的这份诊断证明书,把李喜波的就诊时间从 2003 年 5 月 26 日提前到 2003 年 5 月 14 日,把对李喜波的诊断结果从右眼外伤、右眼角膜溃疡改变为角膜溃疡。由于这份诊断证明书上既没有患者主诉也没有医师检查所见,从字面上无法得知患者是哪只眼角膜溃疡,因何溃疡。崔庙卫生院何以在一年后出具这样一份残缺不全的诊断证明书?该诊断证明书既然能对一年前的患者姓名、准确就医时间以及诊断结果记录得如此清晰,却为什么说不出患者是哪只眼有病?如果崔庙卫生院是靠该院病案记载内容出具这份诊断证明书的,为什么不能将病案记载内容直接作为证据提供?如果 2004 年 5 月 13 日的这份诊断证明书反映的是事实真相,那么崔庙卫生院对 2003 年 5 月 26 日出具的那份《诊断证明书》,又该作何解释?这些疑点,出具该证据的崔庙卫生院和提供该证据的松业石料厂有义务说明。2. 松业石料厂 2003 年 5 月份的记工表。该证据出自松业石料厂,是记工员一人在笔记本上书写的,极易伪造,如无其他证据印证,则不具有证明力。3. 2004 年 9 月 3 日原告的委托代理人对李学亮的调查笔录一份。在这份笔录中,李学亮说:他不识字,只是在人家写好的内容上签名捺了指印;2003 年 5 月 21 日他不上班,不知道李喜波崩着眼的事,也没有听说李喜波去医院看眼睛。对与工伤认定有利害关系的李喜波来说,李学亮的这一理由,足以推翻李学亮在先给其出具的证言。然而,荥阳市劳保局工作人员与工伤认定无任何利害关系;在荥阳市劳保局工作人员向李学亮调查时,李学亮所述内容仍与其给李喜波出具证言的内容一致,已经被荥阳市劳保局工作人员记录在案。李学亮翻证后的证言,不足采信。4. 2004 年 9 月 3 日原告的委托代理人对李海木的调查笔录一份。在这份笔录中,李海木说道:他们在一起干活时的距离很近,如果有人崩着眼,别人应该知道,就是当场没看见,也会听他说一声;而李海木说他既看到李喜波眼睛红,也听到李喜波说过是崩着眼了。该证言不能否定李喜波在工作时眼睛受伤的事实。再者,从四个证据的内容分析,这四个证据完全能在行政机关调查工伤情况时形成,松业石料厂当时如果持有这四个证据,完全有条件向行政机关提供。松业石料厂不在《工伤认定协助调查通知书》指定的期间内向行政机关提交这些证据,确实违背了《行政诉讼证据规定》第五十九条的规定。一审在这些证据受到对方当事人质疑的情况下,根据《行政诉讼证据规定》第五十九条的规定,决定不采纳松业石料厂提供的有疑问证据,是正确的。

综上所述,被上诉人荥阳市劳保局在收到第三人李喜波的工伤认定申请后,经调查核实,认定李喜波所受伤害为工伤,认定事实清楚,证据充分,适用法规正确,程序合法。一审判决维持荥阳市劳保局作出的该工伤认定决定,认定事实清楚,适用法律正确,程序合法,应予维持。上诉人松业石料厂的上诉理由不能成立,应当驳回。据此,郑州市中级人民法院依照《中华人民共和国行政诉讼法》第六十一条第(一)项的规定,于 2005 年 1 月 14 日判决:

驳回上诉,维持原判。

诉讼费 100 元,由上诉人松业石料厂负担。

北京希优照明设备有限公司不服上海市商务委员会行政决定案

【裁判摘要】

电子政务有别于传统行政方式的最大特点，体现在行政方式的无纸化、信息传递的网络化等方面。当事人在接受电子政务化的行政处理方式后，又以行政机关未向其送达书面处理决定书为由主张行政程序违法的，人民法院不予支持。

原告：北京希优照明设备有限公司。

法定代表人：蒋瑞国，该公司董事长。

被告：上海市商务委员会。

法定代表人：沙海林，该委员会主任。

第三人：上海浦东国际机场进出口有限公司。

法定代表人：胡建明，该公司董事长。

第三人：上海机场（集团）有限公司。

法定代表人：吴念祖，该公司董事长。

第三人：上海艾伯克斯照明设备有限公司。

法定代表人：霍杰（Geoffrey Hall），该公司董事长。

原告北京希优照明设备有限公司（以下简称希优公司）不服被告上海市商务委员会（以下简称市商委）于2008年12月29日发布的0681－0840ZBJ08022号中标公告的行政决定，向上海市长宁区人民法院提起行政诉讼。

原告希优公司诉称：原告系上海虹桥国际机场扩建工程西航站楼站坪工程、维修机坪、货机坪工程高杆灯国际招标项目的投标人，上述项目评标方法为最低评标价法，原告在所有投标人中报价最低，但被评定为技术废标。原告根据国家商务部第13号令《机电产品国际招标投标实施办法》（以下简称《13号令》）的规定向被告市商委多次提出书面质疑，被告作出了责成招标机构重新评标的决定。重新选定的专家仍评定原告投标为技术废标，但变更了理由，被告下属机电办对此认可，并于2008年12月29日发布了中标公告。原告认为，被告在收到原告提出的质疑后，虽在网上进行了公告，但没有针对原告的质疑作出答复，程序上违法；新的评标委员会在作出原告投标仍为技术废标的结论时，所依据的理由为投标文件中照度计算书部分区域的照度均匀比不满足招标文件和强制性民用航空行业标准的规范要求。这一理由改变了第一次评标的废标理由，违反了《13号令》第四十一条第三款关于“评标结果公示为一次性公示，凡未公示的不中标理由不再作为废标或不中标的依据”的规定，被告在受理质疑过程中没有履行应有的监督审查职责；重新评标的评标委员会专家没有达到《13号令》规定的五位，同时重新评标的评标委员会中有招标机构的代表居某，此前其也参加了第一次评标，致使重新评标有失公正；招标文件中没有明确写明对“站坪其他地区照度均匀比”的要求，但先后两次评标的废标理由均引用了此要求，其理由不当。综上，被告没有对重新评标理由和评标委员会专家行使合法有效的审核和监督，导致重新评标有失公平。请求撤销被告于2008年12月29日作出的0681－0840ZBJ08022号中标公告的具体行政行为。

被告市商委辩称：被告系上海市国际机电产品招标投标主管部门，其依据《中华人民共和国招标投标法》、《13号令》、《进一步规范机电产品国际招标投标活动有关规定》以及其他相关法律规定通过招标网对机电产品国际招标进行管理和服务。被告依法通过招标网接受了原告希优公司提出的质疑，并作出了责成招标机构组织重新评标的决定。经专家重新评标仍评定原告为废标，被告经审核认为重新评标程序完全符合《13号令》规定，即在招标网上操作，作出维持原评标结果的决定，网络自动即时生成质疑处理结果，并以“高杆灯中标公告”形式告知了原告。被告认为，《13号令》和本次招标文件中均明确规定机电产品国际招标应当在招标网上完成评审专家抽取、评标结果公示、质疑处理等招标业务的相关程序，被告正是根据上述规定按照商务部设计的网络操作程序，依法受理了原告提出的质疑，并以网上公告的形式作出处理决定，系依法履职，程序上完全合法；重新评标的废标理由与第一次评标的废标理由在内容上是一致的，只是表达方式有所区别，因此不能认为超出了原废标理由的范围，且参与重新评标的专家有权独立做出评标结论而不受第一次评标结论和理由的影响，《13号令》第四十一条第三款的规定不适用于重新评标；法律、法规没有赋予被告对重新评标委员会专家组的意见进行实质性审查的职权，被告只是对招标评标程序进行监督、协调。经审核，专家组成员系重新在网络上随机抽取，其中四人是国家级专家，另外一人居某是招标人和招标机构代表,重新评标委员会专家组成完全符合《13号令》规定;被告在质疑处理过程中已按规定对招标文件进行了审核,没有发现招标文件存在影响评标结果公正性的情况,因此作出了维持原评标结果的决定。综上,被告作出的具体行政行为认定事实清楚,适用法律正确,程序合法,请求法院驳回原告的诉讼请求。

第三人上海浦东国际机场进出口有限公司(以下简称浦东机场公司)述称同意被告市商委的意见,并认为:《13号令》第四十一条第三款"评标结果公示为一次性,凡未公示的不中标理由不再作为废标或不中标的依据"仅仅适用于第一次评标过程,重新组成专家评审委员会所做出的评标结果不受该条款的限制,即不受第一次废标理由的限制;评审专家的抽取是由网络操作完成,商务部已通过招标网这个电子平台强制实现了随机抽取的功能,招标机构和业主是无法逾越招标网平台的约束随意指定专家的;《中华人民共和国招标投标法》和《13号令》都明确规定,评标委员会由专家、招标人和招标机构代表等五人以上单数组成,居某在原评标委员会和重新评标委员会中的身份均是招标人、招标机构代表,完全符合规定;招标文件2.1.13.9条对站坪其他地区照度均匀比未提出明确要求,但招标文件中的《民用机场飞行区技术标准》中对此有明确要求,且该标准为强制性民用航空行业标准。经重新评标,原告希优公司的投标文件不符合该强制性民用航空行业标准。综上,请求法院驳回原告的诉讼请求。

第三人上海机场(集团)有限公司(以下简称机场集团公司)述称:同意被告市商委及第三人浦东机场公司的意见,请求法院驳回原告希优公司的诉讼请求。

第三人上海艾伯克斯照明设备有限公司(以下简称艾伯克斯公司)述称,同意被告市商委及第三人浦东机场公司的意见。原告希优公司认为被告具体行政行为违法,但不能提供法律依据进行证明,请求法院驳回原告的诉讼请求。

上海市长宁区人民法院一审查明:

第三人机场集团公司委托第三人浦东机场公司通过国际招标采购某国际机场扩建工程所需高杆灯,该招标项目于2008年9月8日开标,共有艾伯克斯公司、E灯具厂及原告希优公司三家企业参与投标。经招标机构组织的评标委员会评审,推荐艾伯克斯公司中标,该评标结果于2008年10月7日在招标网上进行公示。评标委员会对原告的评审结论为:技术废标。理由为:站坪与航站楼间路面等区域的照度均匀比大于4:1,不满足招标文件第八章2.1.13.9条要求。原告不服评标委员会的评标结果,认为招标文件中并没有对站坪与航站楼间路面等区域的照度均匀比作出要求,废标理由不成立,故于2008年10月13日、10月28日两次向被告市商委提出书面质疑,要求重新评标。被告于同年12月10日在招标网上作出重新评标的质疑处理决定,要求招标机构严格按规定组织专家重新评标。招标机构根据被告要求组织了新的评标委员会进行了重新评标,新的评标委员会评审结论仍为技术废标,理由为投标文件中照度计算书部分区域的照度均匀比不满足招标文件和强制性民用航空行业标准的规范要求。被告收到招标机构提交的重新评标专家报告后,作出了"同意专家复评意见,维持原评标结果"的决定,并于同年12月29日对重新评标报告予以网上备案,招标网当即自动生成高杆灯中标公告,公告显示:"经重新评标,艾伯克斯公司为某国际机场扩建工程西航站楼站坪工程、维修机坪、货机坪工程高杆灯国际招标项目的最终中标人。"被告于12月31日通过招标网出具《国际招标评标结果通知》,招标机构凭该通知向中标人发出中标通知书,并将结果通知其他投标人,同时将投标保证金退还各投标未中标人。原告不服,提起涉案行政诉讼。

以上事实,有原、被告双方提交的证据予以证实。

本案一审的争议焦点是:被告市商委作出的维持重新评标结果的处理决定是否合法。

上海市长宁区人民法院一审认为:

依据《中华人民共和国招标投标法》、《13号令》、《进一步规范机电产品国际招标投标活动有关规定》以及其他相关法律规定,被告市商委作为机电产品国际招标投标活动行政主管部门,依法具有受理质疑、作出行政决定等的法定职权。

本案系电子政务引发的新类型案件,原、被告双方对被诉具体行政行为是否符合法定程序的争议,实质上是基于对传统与现代政府行政方式的不同认识。当今社会信息技术高速发展,电子政务的出现是信息技术影响政府行政方式的结果。电子政务,可以理解为现代政府行政的新方式,这种通过应用信息技术的方式有利于改善公共服务,增强公共参与、政务公开和民主程度,促进政府办公自动化、电子化、网络化和信息资源的全面共享，有利于提高公共管理效率、公共决策科学性。电子政务有别于传统行政方式的最大特点，在于行政方式的无纸化、信息传递的网络化、行政法律关系的虚拟化等。本案中，《13 号令》第六条已明确规定机电产品国际招标应当在招标网上完成评审专家抽取、评标结果公示、质疑处理等招标业务的相关程序，且本案所涉的《机电产品采购国际竞争性招标文件》也明确规定，机电产品国际招标在招标网上进行招标项目建档，招标公告发布、评标结果公示、质疑处理等招标程序，投标人必须于投标截止期前在招标网上成功注册。因此，原告希优公司对于机电产品国际招标、质疑处理采用网络化方式是明知的。原告选择本涉案投标项目，就表明其接受网络化的招投标方式和相关质疑处理的电子政务化行政处理方式。行政处理决定的载体可以有多种，可以采用电子方式也可以采用书面方式。行政机关作出行政决定后，可以通过计算机等自动设备将其转化成有文字的纸制品送达行政相对人，也可以通过网络以电子行政决定书的形式通知相对人，相对人也可以通过打印机将该行政决定打印在纸制品上，但是电子政务的初衷在于提高行政效率、节约行政成本，如果都以纸质记载文字为形式要件，则不能发挥计算机技术在提高行政效率上的优势。当然，自动设备作出的行政行为的形式，也理应符合程序法对形式上的一般规定。被告市商委对重新评标进行审核后，以公告形式在网络上作出的行政决定，符合《13 号令》有关程序的规定，《13 号令》也没有规定以网络方式作出行政决定的，还要另外向相对人送达书面的处理决定书。原告在接受电子政务化的行政处理方式后，又以被告未向其送达书面的处理决定书为由主张被告程序违法，缺乏法律依据，不予采纳。

判断被告市商委作出的重新维持评标结果的处理决定是否合法，还应当分析以下问题：一是对重新评标理由的审核；二是对重新评标专家抽取的审核；三是对招标文件的审核。

关于对重新评标理由的审核问题。《13 号令》第四十一条规定："在评标结束后，招标机构应当在招标网进行评标结果公示，公示期为七日。招标机构应按商务、技术、价格评议三个方面对每一位投标人的不中标理由在《评标结果公示表》中分别填写。填写的内容必须明确说明招标文件的要求和投标人的响应内容，《评标结果公示表》中的内容包括'推荐中标人及制造商名称'、'评标价格'和'不中标理由'等，应当与评标报告一致。评标结果公示为一次性公示，凡未公示的不中标理由不再作为废标或不中标的依据，因商务废标而没有参加技术评议的投标人的技术偏离问题除外。"该条主要是关于首次评标结果公示时间、公示内容的规范性要求，而不是针对重新评标的要求。《13 号令》第四十一条第三款的立法用意，在于制约首次评标委员会的评审行为，要求在作出决定后不得随意更改，不中标理由必须公示，以此来约束评审委员会审慎对待评标过程。从《13 号令》的行文体系来看，第四十一条至第五十一条是以时间为线索的程序法规则。《13 号令》第五十条第二款规定："主管部门对质疑的处理意见一经作出立即生效并进行公示结果公告。"若投标人仍有异议，只能寻求复议或诉讼的救济方式，而不能循环往复地适用第四十一条至第五十条。因此，一个招投标项目最多只能经历一次重新评标，第四十一条第三款关于"评标结果公示为一次性公示，凡未公示的不中标理由不再作为废标或不中标的依据"的规定显然只适用于第一次评标，并不适用于重新评标。设置重新评标这一程序的用意，就是完全不受第一次评标的影响重新作出评价，对于一个完全独立的重新组成的评审委员会而言，其评审结果如果要受制于前一次评审结果，显然不合理，也与《13 号令》的立法目的相违背。原告希优公司以重新评标违反《13 号令》第四十一条第三款的规定而要求撤销被告市商委作出的具体行政行为，其理由不能成立。

关于对重新评标专家抽取的审核问题。《13 号令》第三十三条第一款规定："评标委员会由具有高级职称或同等专业水平的技术、经济等相关领域专家、招标人和招标机构代表等五人以上单数组成，其中技术、经济等方面专家人数不得少于成员总数的三分之二。"第四十九条第二款规定："重新评标的专家应从国家级专家库中重新随机抽取，国家级专家不足时，可由地方级专家库中补充，但国家级专家不得少于三分之二，参加重新评标的专家人数不得少于前一次参与评标的专家人数。重新评标的评标结果需报送相应主管部门备案。"根据被告市商委提供的证据，本案所涉重新评标的评标委员会共有五人组成，包括专家四人和招标人、招标机构代表一人，四名专家均是国家级专家，达到了成员总数的三分之二，也没有少于首次评标四名专家的人数。《13 号令》规定的评标委员会由专家、招标人和招标机构代表五人以上单数组成，并非原告希优公司所理解的五名专家组成评标委员会，招标人、招标机构的代表也是评标委员会的成员之一。商务部《进一步规范机电产品国际招标投标活动有关规定》第三十四条规定："重新评标专家不得包含前一次参与评标和审核招标文件的专家。"该规定仅是针对专家而言，对评标委员会中的招标人、招标机构代表并未提出要求。居某在首次评标的评标委员会和重新评标的评标委员会中的身份均是招标人、招标机构代表，上述法律、法规没有规定招标人、招标机构的代表参加了第一次评标就不得参加重新评标。原告关于参加过第一次评标的招标人、招标机构代表再次参加重新评标有失公正的意见，缺乏法律依据。

关于对招标文件的审核问题。商务部《关于印发〈进一步规范机电产品国际招标投标活动有关规定〉的通知》第三十三条明确规定："在质疑处理过程中，如发现招标文件重要商务或技术条款（参数）出现内容错误、前后矛盾或与国家相关法律法规不一致的情况，影响评标结果公正性的，当次招标视为无效，主管部门将在招标网上予以公布。"虽然根据《13 号令》第三十三条规定，评标由评标委员会负责，但是被告市商委作为主管部门对招标文件负有审查的义务。涉案招标文件中，对"站坪其他地区照度均匀比"没有明确提出要求，但招标文件明确规定"所有提供设备的设计、制造、检验、测试、验收等标准应符合国际标准化组织及国际、国内相关行业已实施的标准"，其中《民用机场飞行区技术标准》系在招标文件中被引用的标准之一，该标准为中国民用航空总局发布，且中国民用航空总局于 2006 年 6 月 1 日颁布施行的《关于发布〈民用机场飞行区技术标准〉的通知》中明确写明该标准为"强制性民用航空行业标准"，即必须执行的标准。虽然招标文件中对"站坪其他地区照度均匀比"没有明确提出要求，但鉴于《民用机场飞行区技术标准》对照度均匀比有明确的要求，两者并不矛盾，因此招标文件并未出现"重要商务或技术条款（参数）内容错误、前后矛盾或与国家相关法律法规不一致的情况"。原告希优公司的诉讼主张不能成立。

综上，被告市商委作出的维持原评标结果的具体行政行为，认定事实清楚，证据确凿，行政程序合法，适用法律正确。原告希优公司认为被诉具体行政行为违法，要求撤销被诉维持原评标结果具体行政行为的诉讼请求，因缺乏相应的事实证据和法律依据，不予支持。据此，上海市长宁区人民法院根据最高人民法院《关于执行〈中华人民共和国行政诉讼法〉若干问题的解释》第五十六条第（四）项之规定，于 2010 年 1 月 15 日判决如下：

驳回原告希优公司的诉讼请求。

案件受理费人民币 50 元，由原告希优公司负担。

希优公司不服一审判决，向上海市第一中级人民法院提起上诉，坚持原审诉讼请求，要求撤销被上诉人市商委对重新评标意见进行审核后所作出的维持原评标结果的决定。其主要上诉理由是：废标理由事实依据不足，重新评标后，将废标理由由初评时不满足招标文件打星号条款改变为招标文件要求以外的其他理由没有依据，废标理由不能成立。重新评标是一次招投标过程中对初评质疑的处理程序，应当受《13 号令》第四十一条第三款等条款的规制，既然重新评标后原废标理由不成立，说明上诉人的质疑已经成立，不应再以新的理由宣告废标。被上诉人未提供对重新评标专家抽取过程进行监督的证据，且重新评标应以专家组意见作出而不是组成新的评标委员会，居某作为专家参与重新评标不符合规定。根据《13 号令》，投标人如对评标结果有异议，除在网上提出质疑外，还应提交书面文件，故本案所涉并非纯粹的电子政务。被上诉人收到上诉人质疑后，未向上诉人送达针对上诉人质疑的处理决定，也未告知上诉人是否受理质疑、是否启动重新评标等内容，其行政程序违法。请求二审法院撤销原判，支持上诉人原审诉讼请求。

被上诉人市商委辩称：坚持原审答辩意见。被上诉人对重新评标的审核决定认定事实清楚，适用法律正确，符合法定权限和程序，请求二审法院维持原判。

原审第三人浦东机场公司述称：同意被上诉人市商委意见。机场正式运营前必须经过民航总局的专业验收，上诉人希优公司提供的产品技术指标不符合民航总局的强制性要求。请求二审法院维持原判。

原审第三人机场集团公司、艾伯克斯公司均述称同意被上诉人市商委意见，请求二审法院维持原判。

上海市第一中级人民法院经二审，确认了一审查明的事实。

上海市第一中级人民法院二审认为：

根据《中华人民共和国招标投标法》、《13 号令》、《进一步规范机电产品国际招标投标活动有关规定》

等规定，被上诉人市商委具有监督本市机电产品国际招标投标活动、作出涉案行政决定的法定职权。根据本案事实，被上诉人受理上诉人希优公司的质疑后，责成招标机构重新评标，并在审查重新评标报告过程中，依法对招标文件、重新评标专家的组成、复评意见等内容进行了监督审核，查明重新评标报告符合法律规定，作出同意复评意见、维持原评标结果的决定，其行政行为合法。被上诉人在招标网上作出重新评标的质疑处理决定，对重新评标报告依法进行审查后作出审核决定，并对重新评标报告予以网上备案，生成涉案高杆灯中标公告，行政程序亦无不当。

根据涉案重新评标专家材料载明的专家姓名、职务、专家库级、人数等信息，参与涉案重新评标的专家组成符合法定要求。被上诉人市商委关于网络系统设计程序已经足以保证评审专家抽取的随机性和公正性的答辩意见应予采纳。上诉人希优公司认为被上诉人应对重新评标专家抽取过程进行现场监督的上诉意见缺乏法律依据，其对于重新评标负责机构及评标委员会组成人员的质疑，亦缺乏相应的事实和法律依据，均不能成立。

原审法院关于《13号令》第四十一条第三款规定只适用于第一次评标，并不适用于重新评标的意见正确，上诉人希优公司关于重新评标更改废标理由违反《13号令》第四十一条第三款规定的上诉意见，不能成立。

相关法律已明确规定招标业务的相关程序均在招标网上完成，被上诉人市商委已依法在招标网上公布了组织专家重新评标的质疑处理决定，又于重新评标后对重新评标报告予以网上备案，生成了载明最终中标人的中标公告。上诉人希优公司通过查看招标网上公布的上述内容即已知道被上诉人经过重新评标作出了维持原评标结果的决定。因此，上诉人关于被上诉人应直接向其送达针对质疑作出的处理决定的上诉意见，及其对于处理过程相关程序的质疑意见，因未提供相应的法律依据，不予采纳。

综上，上海市第一中级人民法院根据《中华人民共和国行政诉讼法》第六十一条第（一）项之规定，于2010年5月19日判决：

驳回上诉，维持原判。

上诉案件受理费人民币50元，由上诉人希优公司负担。

本判决为终审判决。

七、审理与判决

资料补充栏

1. 审判组织

最高人民法院关于人民法院合议庭工作的若干规定

1. *2002年7月30日最高人民法院审判委员会第1234次会议通过*
2. *2002年8月12日公布*
3. *法释〔2002〕25号*
4. *自2002年8月17日起施行*

为了进一步规范合议庭的工作程序,充分发挥合议庭的职能作用,根据《中华人民共和国法院组织法》、《中华人民共和国刑事诉讼法》、《中华人民共和国民事诉讼法》、《中华人民共和国行政诉讼法》等法律的有关规定,结合人民法院审判工作实际,制定本规定。

第一条 人民法院实行合议制审判第一审案件,由法官或者由法官和人民陪审员组成合议庭进行;人民法院实行合议制审判第二审案件和其他应当组成合议庭审判的案件,由法官组成合议庭进行。

人民陪审员在人民法院执行职务期间,除不能担任审判长外,同法官有同等的权利义务。

第二条 合议庭的审判长由符合审判长任职条件的法官担任。

院长或者庭长参加合议庭审判案件的时候,自己担任审判长。

第三条 合议庭组成人员确定后,除因回避或者其他特殊情况,不能继续参加案件审理的之外,不得在案件审理过程中更换。更换合议庭成员,应当报请院长或者庭长决定。合议庭成员的更换情况应当及时通知诉讼当事人。

第四条 合议庭的审判活动由审判长主持,全体成员平等参与案件的审理、评议、裁判,共同对案件认定事实和适用法律负责。

第五条 合议庭承担下列职责:

(一)根据当事人的申请或者案件的具体情况,可以作出财产保全、证据保全、先予执行等裁定;

(二)确定案件委托评估、委托鉴定等事项;

(三)依法开庭审理第一审、第二审和再审案件;

(四)评议案件;

(五)提请院长决定将案件提交审判委员会讨论决定;

(六)按照权限对案件及其有关程序性事项作出裁判或者提出裁判意见;

(七)制作裁判文书;

(八)执行审判委员会决定;

(九)办理有关审判的其他事项。

第六条 审判长履行下列职责:

(一)指导和安排审判辅助人员做好庭前调解、庭前准备及其他审判业务辅助性工作;

(二)确定案件审理方案、庭审提纲、协调合议庭成员的庭审分工以及做好其他必要的庭审准备工作;

(三)主持庭审活动;

(四)主持合议庭对案件进行评议;

(五)依照有关规定,提请院长决定将案件提交审判委员会讨论决定;

(六)制作裁判文书,审核合议庭其他成员制作的裁判文书;

(七)依照规定权限签发法律文书;

(八)根据院长或者庭长的建议主持合议庭对案件复议;

(九)对合议庭遵守案件审理期限制度的情况负责;

(十)办理有关审判的其他事项。

第七条 合议庭接受案件后,应当根据有关规定确定案件承办法官,或者由审判长指定案件承办法官。

第八条 在案件开庭审理过程中,合议庭成员必须认真履行法定职责,遵守《中华人民共和国法官职业道德基本准则》中有关司法礼仪的要求。

第九条 合议庭评议案件应当在庭审结束后五个工作日内进行。

第十条 合议庭评议案件时,先由承办法官对认定案件事实、证据是否确实、充分以及适用法律等发表意见,审判长最后发表意见;审判长作为承办法官的,由审判长最后发表意见。对案件的裁判结果进行评议时,由审判长最后发表意见。审判长应当根据评议情况总结合议庭评议的结论性意见。

合议庭成员进行评议的时候，应当认真负责，充分陈述意见，独立行使表决权，不得拒绝陈述意见或者仅作同意与否的简单表态。同意他人意见的，也应当提出事实根据和法律依据，进行分析论证。

合议庭成员对评议结果的表决，以口头表决的形式进行。

第十一条　合议庭进行评议的时候，如果意见分歧，应当按多数人的意见作出决定，但是少数人的意见应当写入笔录。

评议笔录由书记员制作，由合议庭的组成人员签名。

第十二条　合议庭应当依照规定的权限，及时对评议意见一致或者形成多数意见的案件直接作出判决或者裁定。但是对于下列案件，合议庭应当提请院长决定提交审判委员会讨论决定：

（一）拟判处死刑的；

（二）疑难、复杂、重大或者新类型的案件，合议庭认为有必要提交审判委员会讨论决定的；

（三）合议庭在适用法律方面有重大意见分歧的；

（四）合议庭认为需要提请审判委员会讨论决定的其他案件，或者本院审判委员会确定的应当由审判委员会讨论决定的案件。

第十三条　合议庭对审判委员会的决定有异议，可以提请院长决定提交审判委员会复议一次。

第十四条　合议庭一般应当在作出评议结论或者审判委员会作出决定后的五个工作日内制作出裁判文书。

第十五条　裁判文书一般由审判长或者承办法官制作。但是审判长或者承办法官的评议意见与合议庭评议结论或者审判委员会的决定有明显分歧的，也可以由其他合议庭成员制作裁判文书。

对制作的裁判文书，合议庭成员应当共同审核，确认无误后签名。

第十六条　院长、庭长可以对合议庭的评议意见和制作的裁判文书进行审核，但是不得改变合议庭的评议结论。

第十七条　院长、庭长在审核合议庭的评议意见和裁判文书过程中，对评议结论有异议的，可以建议合议庭复议，同时应当对要求复议的问题及理由提出书面意见。

合议庭复议后，庭长仍有异议的，可以将案件提请院长审核，院长可以提交审判委员会讨论决定。

第十八条　合议庭应当严格执行案件审理期限的有关规定。遇有特殊情况需要延长审理期限的，应当在审限届满前按规定的时限报请审批。

最高人民法院关于进一步加强合议庭职责的若干规定

1. 2009年12月14日最高人民法院审判委员会第1479次会议通过

2. 2010年1月11日公布

3. 法释〔2010〕1号

4. 自2010年2月1日起施行

为了进一步加强合议庭的审判职责，充分发挥合议庭的职能作用，根据《中华人民共和国人民法院组织法》和有关法律规定，结合人民法院工作实际，制定本规定。

第一条　合议庭是人民法院的基本审判组织。合议庭全体成员平等参与案件的审理、评议和裁判，依法履行审判职责。

第二条　合议庭由审判员、助理审判员或者人民陪审员随机组成。合议庭成员相对固定的，应当定期交流。人民陪审员参加合议庭的，应当从人民陪审员名单中随机抽取确定。

第三条　承办法官履行下列职责：

（一）主持或者指导审判辅助人员进行庭前调解、证据交换等庭前准备工作；

（二）拟定庭审提纲，制作阅卷笔录；

（三）协助审判长组织法庭审理活动；

（四）在规定期限内及时制作审理报告；

（五）案件需要提交审判委员会讨论的，受审判长指派向审判委员会汇报案件；

（六）制作裁判文书提交合议庭审核；

（七）办理有关审判的其他事项。

第四条　依法不开庭审理的案件，合议庭全体成员均应当阅卷，必要时提交书面阅卷意见。

第五条　开庭审理时，合议庭全体成员应当共同参加，不得缺席、中途退庭或者从事与该庭审无关的活动。合议庭成员未参加庭审、中途退庭或者从事与该庭审无关的活动，当事人提出异议的，应当纠正。合议庭仍不纠正的，当事人可以要求休庭，并将有关情况记入庭审笔录。

第六条 合议庭全体成员均应当参加案件评议。评议案件时，合议庭成员应当针对案件的证据采信、事实认定、法律适用、裁判结果以及诉讼程序等问题充分发表意见。必要时，合议庭成员还可提交书面评议意见。

合议庭成员评议时发表意见不受追究。

第七条 除提交审判委员会讨论的案件外，合议庭对评议意见一致或者形成多数意见的案件，依法作出判决或者裁定。下列案件可以由审判长提请院长或者庭长决定组织相关审判人员共同讨论，合议庭成员应当参加：

（一）重大、疑难、复杂或者新类型的案件；

（二）合议庭在事实认定或法律适用上有重大分歧的案件；

（三）合议庭意见与本院或上级法院以往同类型案件的裁判有可能不一致的案件；

（四）当事人反映强烈的群体性纠纷案件；

（五）经审判长提请且院长或者庭长认为确有必要讨论的其他案件。

上述案件的讨论意见供合议庭参考，不影响合议庭依法作出裁判。

第八条 各级人民法院的院长、副院长、庭长、副庭长应当参加合议庭审理案件，并逐步增加审理案件的数量。

第九条 各级人民法院应当建立合议制落实情况的考评机制，并将考评结果纳入岗位绩效考评体系。考评可采取抽查卷宗、案件评查、检查庭审情况、回访当事人等方式。考评包括以下内容：

（一）合议庭全体成员参加庭审的情况；

（二）院长、庭长参加合议庭庭审的情况；

（三）审判委员会委员参加合议庭庭审的情况；

（四）承办法官制作阅卷笔录、审理报告以及裁判文书的情况；

（五）合议庭其他成员提交阅卷意见、发表评议意见的情况；

（六）其他应当考核的事项。

第十条 合议庭组成人员存在违法审判行为的，应当按照《人民法院审判人员违法审判责任追究办法（试行）》等规定追究相应责任。合议庭审理案件有下列情形之一的，合议庭成员不承担责任：

（一）因对法律理解和认识上的偏差而导致案件被改判或者发回重审的；

（二）因对案件事实和证据认识上的偏差而导致案件被改判或者发回重审的；

（三）因新的证据而导致案件被改判或者发回重审的；

（四）因法律修订或者政策调整而导致案件被改判或者发回重审的；

（五）因裁判所依据的其他法律文书被撤销或变更而导致案件被改判或者发回重审的；

（六）其他依法履行审判职责不应当承担责任的情形。

第十一条 执行工作中依法需要组成合议庭的，参照本规定执行。

第十二条 本院以前发布的司法解释与本规定不一致的，以本规定为准。

最高人民法院关于适用《中华人民共和国人民陪审员法》若干问题的解释

1. *2019年2月18日最高人民法院审判委员会第1761次会议通过*
2. *2019年4月24日公布*
3. *法释〔2019〕5号*
4. *自2019年5月1日起施行*

为依法保障和规范人民陪审员参加审判活动，根据《中华人民共和国人民陪审员法》等法律的规定，结合审判实际，制定本解释。

第一条 根据人民陪审员法第十五条、第十六条的规定，人民法院决定由人民陪审员和法官组成合议庭审判的，合议庭成员确定后，应当及时告知当事人。

第二条 对于人民陪审员法第十五条、第十六条规定之外的第一审普通程序案件，人民法院应当告知刑事案件被告人、民事案件原告和被告、行政案件原告，在收到通知五日内有权申请由人民陪审员参加合议庭审判案件。

人民法院接到当事人在规定期限内提交的申请

后，经审查决定由人民陪审员和法官组成合议庭审判的，合议庭成员确定后，应当及时告知当事人。

第三条　人民法院应当在开庭七日前从人民陪审员名单中随机抽取确定人民陪审员。

人民法院可以根据案件审判需要，从人民陪审员名单中随机抽取一定数量的候补人民陪审员，并确定递补顺序，一并告知当事人。

因案件类型需要具有相应专业知识的人民陪审员参加合议庭审判的，可以根据具体案情，在符合专业需求的人民陪审员名单中随机抽取确定。

第四条　人民陪审员确定后，人民法院应当将参审案件案由、当事人姓名或名称、开庭地点、开庭时间等事项告知参审人民陪审员及候补人民陪审员。

必要时，人民法院可以将参加审判活动的时间、地点等事项书面通知人民陪审员所在单位。

第五条　人民陪审员不参加下列案件的审理：

（一）依照民事诉讼法适用特别程序、督促程序、公示催告程序审理的案件；

（二）申请承认外国法院离婚判决的案件；

（三）裁定不予受理或者不需要开庭审理的案件。

第六条　人民陪审员不得参与审理由其以人民调解员身份先行调解的案件。

第七条　当事人依法有权申请人民陪审员回避。人民陪审员的回避，适用审判人员回避的法律规定。

人民陪审员回避事由经审查成立的，人民法院应当及时确定递补人选。

第八条　人民法院应当在开庭前，将相关权利和义务告知人民陪审员，并为其阅卷提供便利条件。

第九条　七人合议庭开庭前，应当制作事实认定问题清单，根据案件具体情况，区分事实认定问题与法律适用问题，对争议事实问题逐项列举，供人民陪审员在庭审时参考。事实认定问题和法律适用问题难以区分的，视为事实认定问题。

第十条　案件审判过程中，人民陪审员依法有权参加案件调查和调解工作。

第十一条　庭审过程中，人民陪审员依法有权向诉讼参加人发问，审判长应当提示人民陪审员围绕案件争议焦点进行发问。

第十二条　合议庭评议案件时，先由承办法官介绍案件涉及的相关法律、证据规则，然后由人民陪审员和法官依次发表意见，审判长最后发表意见并总结合议庭意见。

第十三条　七人合议庭评议时，审判长应当归纳和介绍需要通过评议讨论决定的案件事实认定问题，并列出案件事实问题清单。

人民陪审员全程参加合议庭评议，对于事实认定问题，由人民陪审员和法官在共同评议的基础上进行表决。对于法律适用问题，人民陪审员不参加表决，但可以发表意见，并记录在卷。

第十四条　人民陪审员应当认真阅读评议笔录，确认无误后签名。

第十五条　人民陪审员列席审判委员会讨论其参加审理的案件时，可以发表意见。

第十六条　案件审结后，人民法院应将裁判文书副本及时送交参加该案审判的人民陪审员。

第十七条　中级、基层人民法院应当保障人民陪审员均衡参审，结合本院实际情况，一般在不超过30件的范围内合理确定每名人民陪审员年度参加审判案件的数量上限，报高级人民法院备案，并向社会公告。

第十八条　人民法院应当依法规范和保障人民陪审员参加审判活动，不得安排人民陪审员从事与履行法定审判职责无关的工作。

第十九条　本解释自2019年5月1日起施行。

本解释公布施行后，最高人民法院于2010年1月12日发布的《最高人民法院关于人民陪审员参加审判活动若干问题的规定》同时废止。最高人民法院以前发布的司法解释与本解释不一致的，不再适用。

最高人民法院、司法部人民陪审员培训、考核、奖惩工作办法

1. 2019年4月24日
2. 法发〔2019〕12号
3. 自2019年5月1日起施行

第一章　总　　则

第一条　为规范人民陪审员的培训、考核、奖惩等工作，根据人民陪审员法的相关规定，制定本办法。

第二条　人民陪审员的培训、考核和奖惩等日常管理工作，由基层人民法院会同司法行政机关负责。

人民法院和司法行政机关应当加强沟通联系，建立协调配合机制。

第三条 人民法院、司法行政机关应当确定机构或者指定专人负责人民陪审员的培训、考核和奖惩等工作，其他相关部门予以配合。

第四条 开庭通知、庭前阅卷、调查询问、参与调解、评议安排、文书签名等与人民陪审员参加审判活动密切相关事宜由各审判部门负责，其他管理工作包括随机抽取、协调联络、补助发放、送交裁判文书等事宜由人民法院根据本院实际情况确定负责部门。

第五条 最高人民法院和司法部应当完善配套机制，根据各自职责搭建技术平台，研发人民陪审员管理系统，加强系统对接和信息数据共享，为完善人民陪审员的信息管理、随机抽取、均衡参审、履职信息、业绩评价、考核培训和意见反馈等提供技术支持。

第六条 基层人民法院应当为人民陪审员颁发《人民陪审员工作证》。《人民陪审员工作证》由最高人民法院政治部制发统一样式，各地法院自行印制。人民陪审员任期届满或依法免除职务后，人民法院应当收回或注销其持有的《人民陪审员工作证》。

第七条 除法律规定外，人民法院、司法行政机关不得公开人民陪审员的通讯方式、家庭住址等个人信息。

第八条 人民陪审员依法履行审判职责期间，应当遵守《中华人民共和国法官职业道德基本准则》。

第二章　培　　训

第九条 人民陪审员的培训分为岗前培训和任职期间培训。人民法院应当会同司法行政机关有计划、有组织地对人民陪审员进行培训，培训应当符合人民陪审员参加审判活动的实际需要。培训内容包括政治理论、陪审职责、法官职业道德、审判纪律和法律基础知识等，也可以结合本地区案件特点与类型安排培训内容。

第十条 最高人民法院、司法部教育培训主管部门和相关业务部门负责制定统一的人民陪审员培训大纲和培训教材，提出明确的培训教学要求，定期对人民陪审员培训工作进行督促、检查。必要时，可以举办人民陪审员培训示范班和人民陪审员师资培训班。

第十一条 高级人民法院教育培训主管部门和法官教育培训机构负责本辖区人民陪审员培训规划和相关管理、协调工作。高级人民法院教育培训主管部门和法官教育培训机构承担本辖区人民陪审员岗前培训工作任务时，可以采取远程视频等信息化手段，基层人民法院会同司法行政机关组织配合。

高级人民法院应当会同同级司法行政机关制定本辖区人民陪审员培训工作的年度培训方案和实施意见，并分别报最高人民法院、司法部备案。

第十二条 任职期间培训主要由人民陪审员所在的基层人民法院会同同级司法行政机关承担，培训教学方案由中级人民法院负责审定，直辖市地区的培训教学方案由高级人民法院负责审定。

必要时，有条件的中级人民法院教育培训主管部门和法官培训机构可受委托承担人民陪审员培训任务。

第十三条 基层人民法院应当会同同级司法行政机关及时提出接受岗前培训的人员名单和培训意见，报上级人民法院教育培训主管部门、法官培训机构和司法行政机关相关业务部门。

第十四条 人民陪审员培训以脱产集中培训与在职自学相结合的方式进行，也可结合实际采取分段培训、累计学时的方式。

培训形式除集中授课外，可采取庭审观摩、专题研讨、案例教学、模拟演示、电化教学、巡回教学等多种形式。

岗前培训时间一般不少于40学时，任职期间的培训时间由人民法院根据实际情况和需要合理确定。

第十五条 人民法院和司法行政机关应当提供人民陪审员参加培训的场所、培训设施和其他必要的培训条件。

第三章　考核与奖励

第十六条 基层人民法院会同同级司法行政机关对人民陪审员履行审判职责的情况进行考核。

第十七条 对人民陪审员的考核实行平时考核和年终考核相结合。

平时考核由基层人民法院会同同级司法行政机关根据实际情况确定考核时间和方式。

年终考核由基层人民法院会同同级司法行政机关在每年年终进行。年终考核应对人民陪审员履职情况按照优秀、称职、基本称职、不称职评定等次。

第十八条 基层人民法院制定人民陪审员履行审判职责的考核办法，应当征求同级司法行政机关的意见。

第十九条 对人民陪审员的考核内容包括思想品德、陪审工作实绩、工作态度、审判纪律、审判作风和参加培训情况等方面。

第二十条 中级人民法院、高级人民法院在其辖区内的基层人民法院的人民陪审员名单中随机抽取人民陪审员参与本院审判工作的，海事法院、知识产权法院、铁路运输法院等没有对应同级人民代表大会的法院，在其所在地级市辖区内的基层人民法院或案件管辖区内的人民陪审员名单中随机抽取人民陪审员参加案件审判的，应将人民陪审员在本院履行审判职责的情况通报其所在的基层人民法院，作为对人民陪审员的考核依据之一。履职情况通报时间及方式由上述法院与人民陪审员所在法院具体协调。

第二十一条 基层人民法院应及时将年终考核结果书面通知人民陪审员本人及其所在单位、户籍所在地或者经常居住地的基层群众性自治组织、人民团体。

人民陪审员对考核结果有异议的，可以在收到考核结果书面通知后五日内向所在基层人民法院申请复核，基层人民法院在收到复核申请后十五日内作出复核决定，并书面通知人民陪审员本人及其所在单位、户籍所在地或者经常居住地的基层群众性自治组织、人民团体。

第二十二条 考核结果作为对人民陪审员进行表彰和奖励的依据。

第二十三条 对于在审判工作中有显著成绩或者有其他突出事迹的人民陪审员，由基层人民法院会同同级司法行政机关依照有关规定给予表彰和奖励。

表彰和奖励应当坚持依法、公平、公开、公正的原则。

第二十四条 人民陪审员有下列表现之一的，可认定为在审判工作中有显著成绩或者有其他突出事迹：

（一）对审判工作提出改革建议被采纳，效果显著的；

（二）对参加审判的案件提出司法建议，被有关部门采纳的；

（三）在陪审工作中，积极发挥主观能动作用，维护社会稳定，事迹突出的；

（四）有其他显著成绩或者突出事迹的。

第二十五条 基层人民法院应及时将对人民陪审员的表彰和奖励决定书面通知人民陪审员本人及其所在单位、户籍所在地或者经常居住地的基层群众性自治组织、人民团体。

第四章 免除职务与惩戒

第二十六条 人民陪审员任期届满后职务自动免除，基层人民法院应当会同司法行政机关在其官方网站或者当地主流媒体上予以公告，无须再提请同级人民代表大会常务委员会免除其人民陪审员职务。

人民陪审员任期届满时，其参加审判的案件尚未审结的，可以履行审判职责到案件审结之日。

第二十七条 人民陪审员有人民陪审员法第二十七条规定情形之一的，经所在基层人民法院会同司法行政机关查证属实的，由院长提请同级人民代表大会常务委员会免除其人民陪审员职务。

第二十八条 人民陪审员被免除职务的，基层人民法院应当书面通知被免职者本人及其所在单位、户籍所在地或者经常居住地的基层群众性自治组织、人民团体，同时将免职名单抄送同级司法行政机关，基层人民法院、司法行政机关应将免职名单逐级报高级人民法院、省级司法行政机关备案。

第二十九条 人民陪审员有人民陪审员法第二十七条第一款第三项、第四项所列行为，经所在基层人民法院会同同级司法行政机关查证属实的，可以采取通知其所在单位、户籍所在地或者经常居住地的基层群众性自治组织、人民团体，在辖区范围内公开通报等措施进行惩戒。

第三十条 人民陪审员有人民陪审员法第二十七条第一款第四项所列行为，由所在基层人民法院会同同级司法行政机关进行查证；构成犯罪的，依法追究刑事责任。

第五章 附 则

第三十一条 本办法由最高人民法院、司法部共同负责解释。

第三十二条 本办法自 2019 年 5 月 1 日起施行。本办法施行前最高人民法院、司法部制定的有关人民陪审员培训、考核、奖惩等管理工作的规定，与本办法不一致的，以本办法为准。

最高人民法院关于审判人员在诉讼活动中执行回避制度若干问题的规定

1. 2011年4月11日最高人民法院审判委员会第1517次会议通过
2. 2011年6月10日公布
3. 法释〔2011〕12号
4. 自2011年6月13日起施行

为进一步规范审判人员的诉讼回避行为,维护司法公正,根据《中华人民共和国人民法院组织法》、《中华人民共和国法官法》、《中华人民共和国民事诉讼法》、《中华人民共和国刑事诉讼法》、《中华人民共和国行政诉讼法》等法律规定,结合人民法院审判工作实际,制定本规定。

第一条 审判人员具有下列情形之一的,应当自行回避,当事人及其法定代理人有权以口头或者书面形式申请其回避:

(一)是本案的当事人或者与当事人有近亲属关系的;

(二)本人或者其近亲属与本案有利害关系的;

(三)担任过本案的证人、翻译人员、鉴定人、勘验人、诉讼代理人、辩护人的;

(四)与本案的诉讼代理人、辩护人有夫妻、父母、子女或者兄弟姐妹关系的;

(五)与本案当事人之间存在其他利害关系,可能影响案件公正审理的。

本规定所称近亲属,包括与审判人员有夫妻、直系血亲、三代以内旁系血亲及近姻亲关系的亲属。

第二条 当事人及其法定代理人发现审判人员违反规定,具有下列情形之一的,有权申请其回避:

(一)私下会见本案一方当事人及其诉讼代理人、辩护人的;

(二)为本案当事人推荐、介绍诉讼代理人、辩护人,或者为律师、其他人员介绍办理该案件的;

(三)索取、接受本案当事人及其受托人的财物、其他利益,或者要求当事人及其受托人报销费用的;

(四)接受本案当事人及其受托人的宴请,或者参加由其支付费用的各项活动的;

(五)向本案当事人及其受托人借款,借用交通工具、通讯工具或者其他物品,或者索取、接受当事人及其受托人在购买商品、装修住房以及其他方面给予的好处的;

(六)有其他不正当行为,可能影响案件公正审理的。

第三条 凡在一个审判程序中参与过本案审判工作的审判人员,不得再参与该案其他程序的审判。但是,经过第二审程序发回重审的案件,在一审法院作出裁判后又进入第二审程序的,原第二审程序中合议庭组成人员不受本条规定的限制。

第四条 审判人员应当回避,本人没有自行回避,当事人及其法定代理人也没有申请其回避的,院长或者审判委员会应当决定其回避。

第五条 人民法院应当依法告知当事人及其法定代理人有申请回避的权利,以及合议庭组成人员、书记员的姓名、职务等相关信息。

第六条 人民法院依法调解案件,应当告知当事人及其法定代理人有申请回避的权利,以及主持调解工作的审判人员及其他参与调解工作的人员的姓名、职务等相关信息。

第七条 第二审人民法院认为第一审人民法院的审理有违反本规定第一条至第三条规定的,应当裁定撤销原判,发回原审人民法院重新审判。

第八条 审判人员及法院其他工作人员从人民法院离任后二年内,不得以律师身份担任诉讼代理人或者辩护人。

审判人员及法院其他工作人员从人民法院离任后,不得担任原任职法院所审理案件的诉讼代理人或者辩护人,但是作为当事人的监护人或者近亲属代理诉讼或者进行辩护的除外。

本条所规定的离任,包括退休、调离、解聘、辞职、辞退、开除等离开法院工作岗位的情形。

本条所规定的原任职法院,包括审判人员及法院其他工作人员曾任职的所有法院。

第九条 审判人员及法院其他工作人员的配偶、子女或者父母不得担任其所任职法院审理案件的诉讼代理人或者辩护人。

第十条 人民法院发现诉讼代理人或者辩护人违反本规定第八条、第九条的规定的,应当责令其停止相关诉讼代理或者辩护行为。

第十一条　当事人及其法定代理人、诉讼代理人、辩护人认为审判人员有违反本规定行为的，可以向法院纪检、监察部门或者其他有关部门举报。受理举报的人民法院应当及时处理，并将相关意见反馈给举报人。

第十二条　对明知具有本规定第一条至第三条规定情形不依法自行回避的审判人员，依照《人民法院工作人员处分条例》的规定予以处分。

对明知诉讼代理人、辩护人具有本规定第八条、第九条规定情形之一，未责令其停止相关诉讼代理或者辩护行为的审判人员，依照《人民法院工作人员处分条例》的规定予以处分。

第十三条　本规定所称审判人员，包括各级人民法院院长、副院长、审判委员会委员、庭长、副庭长、审判员和助理审判员。

本规定所称法院其他工作人员，是指审判人员以外的在编工作人员。

第十四条　人民陪审员、书记员和执行员适用审判人员回避的有关规定，但不属于本规定第十三条所规定人员的，不适用本规定第八条、第九条的规定。

第十五条　自本规定施行之日起，最高人民法院《关于审判人员严格执行回避制度的若干规定》（法发〔2000〕5号）即行废止；本规定施行前本院发布的司法解释与本规定不一致的，以本规定为准。

最高人民法院关于巡回法庭审理案件若干问题的规定

1. *2015年1月5日最高人民法院审判委员会第1640次会议通过、2015年1月28日公布、自2015年2月1日起施行（法释〔2015〕3号）*
2. *根据2016年12月19日最高人民法院审判委员会第1704次会议通过、2016年12月27日公布的《关于修改〈关于巡回法庭审理案件若干问题的规定〉的决定》（法释〔2016〕30号）修正*

为依法及时公正审理跨行政区域重大行政和民商事等案件，推动审判工作重心下移、就地解决纠纷、方便当事人诉讼，根据《中华人民共和国人民法院组织法》《中华人民共和国行政诉讼法》《中华人民共和国民事诉讼法》《中华人民共和国刑事诉讼法》等法律以及有关司法解释，结合最高人民法院审判工作实际，就最高人民法院巡回法庭（简称巡回法庭）审理案件等问题规定如下。

第一条　最高人民法院设立巡回法庭，受理巡回区内相关案件。第一巡回法庭设在广东省深圳市，巡回区为广东、广西、海南、湖南四省区。第二巡回法庭设在辽宁省沈阳市，巡回区为辽宁、吉林、黑龙江三省。第三巡回法庭设在江苏省南京市，巡回区为江苏、上海、浙江、福建、江西五省市。第四巡回法庭设在河南省郑州市，巡回区为河南、山西、湖北、安徽四省。第五巡回法庭设在重庆市，巡回区为重庆、四川、贵州、云南、西藏五省区。第六巡回法庭设在陕西省西安市，巡回区为陕西、甘肃、青海、宁夏、新疆五省区。最高人民法院本部直接受理北京、天津、河北、山东、内蒙古五省区市有关案件。

最高人民法院根据有关规定和审判工作需要，可以增设巡回法庭，并调整巡回法庭的巡回区和案件受理范围。

第二条　巡回法庭是最高人民法院派出的常设审判机构。巡回法庭作出的判决、裁定和决定，是最高人民法院的判决、裁定和决定。

第三条　巡回法庭审理或者办理巡回区内应当由最高人民法院受理的以下案件：

（一）全国范围内重大、复杂的第一审行政案件；

（二）在全国有重大影响的第一审民商事案件；

（三）不服高级人民法院作出的第一审行政或者民商事判决、裁定提起上诉的案件；

（四）对高级人民法院作出的已经发生法律效力的行政或者民商事判决、裁定、调解书申请再审的案件；

（五）刑事申诉案件；

（六）依法定职权提起再审的案件；

（七）不服高级人民法院作出的罚款、拘留决定申请复议的案件；

（八）高级人民法院因管辖权问题报请最高人民法院裁定或者决定的案件；

（九）高级人民法院报请批准延长审限的案件；

（十）涉港澳台民商事案件和司法协助案件；

（十一）最高人民法院认为应当由巡回法庭审

理或者办理的其他案件。

巡回法庭依法办理巡回区内向最高人民法院提出的来信来访事项。

第四条 知识产权、涉外商事、海事海商、死刑复核、国家赔偿、执行案件和最高人民检察院抗诉的案件暂由最高人民法院本部审理或者办理。

第五条 巡回法庭设立诉讼服务中心，接受并登记属于巡回法庭受案范围的案件材料，为当事人提供诉讼服务。对于依照本规定应当由最高人民法院本部受理案件的材料，当事人要求巡回法庭转交的，巡回法庭应当转交。

巡回法庭对于符合立案条件的案件，应当在最高人民法院办案信息平台统一编号立案。

第六条 当事人不服巡回区内高级人民法院作出的第一审行政或者民商事判决、裁定提起上诉的，上诉状应当通过原审人民法院向巡回法庭提出。当事人直接向巡回法庭上诉的，巡回法庭应当在五日内将上诉状移交原审人民法院。原审人民法院收到上诉状、答辩状，应当在五日内连同全部案卷和证据，报送巡回法庭。

第七条 当事人对巡回区内高级人民法院作出的已经发生法律效力的判决、裁定申请再审或者申诉的，应当向巡回法庭提交再审申请书、申诉书等材料。

第八条 最高人民法院认为巡回法庭受理的案件对统一法律适用有重大指导意义的，可以决定由本部审理。

巡回法庭对于已经受理的案件，认为对统一法律适用有重大指导意义的，可以报请最高人民法院本部审理。

第九条 巡回法庭根据审判工作需要，可以在巡回区内巡回审理案件、接待来访。

第十条 巡回法庭按照让审理者裁判、由裁判者负责原则，实行主审法官、合议庭办案责任制。巡回法庭主审法官由最高人民法院从办案能力突出、审判经验丰富的审判人员中选派。巡回法庭的合议庭由主审法官组成。

第十一条 巡回法庭庭长、副庭长应当参加合议庭审理案件。合议庭审理案件时，由承办案件的主审法官担任审判长。庭长或者副庭长参加合议庭审理案件时，自己担任审判长。巡回法庭作出的判决、裁定，经合议庭成员签署后，由审判长签发。

第十二条 巡回法庭受理的案件，统一纳入最高人民法院审判信息综合管理平台进行管理，立案信息、审判流程、裁判文书面向当事人和社会依法公开。

第十三条 巡回法庭设廉政监察员，负责巡回法庭的日常廉政监督工作。

最高人民法院监察局通过受理举报投诉、查处违纪案件、开展司法巡查和审务督察等方式，对巡回法庭及其工作人员进行廉政监督。

《中华人民共和国人民陪审员法》实施中若干问题的答复

1. 2020年8月11日最高人民法院、司法部公布

2. 法发〔2020〕29号

在《中华人民共和国人民陪审员法》（以下简称《人民陪审员法》）及配套规范性文件实施过程中，部分地方就有关问题进行请示，经研究，现答复如下：

1. 新疆维吾尔自治区生产建设兵团法院如何选任人民陪审员？

答：没有对应同级人民代表大会的兵团基层人民法院人民陪审员的名额由兵团分院确定，经公示后确定的人民陪审员人选，由基层人民法院院长提请兵团分院任命。在未设立垦区司法局的垦区，可以由师（市）司法局会同垦区人民法院、公安机关组织开展人民陪审员选任工作。

2.《人民陪审员法》第六条第一项所指的监察委员会、人民法院、人民检察院、公安机关、国家安全机关、司法行政机关的工作人员是否包括行政编制外人员？

答：上述工作人员包括占用行政编制和行政编制外的所有工作人员。

3. 乡镇人民代表大会主席团的成员能否担任人民陪审员？

答：符合担任人民陪审员条件的乡镇人民代表大会主席团成员，不是上级人民代表大会常务委员会组成人员的，可以担任人民陪审员，法律另有禁止性规定的除外。

4. 人民代表大会常务委员会的工作人员能否担任人民陪审员?

答:人民代表大会常务委员会的工作人员,符合担任人民陪审员条件的,可以担任人民陪审员,法律另有禁止性规定的除外。

5. 人民代表大会常务委员会的组成人员、法官、检察官,以及人民法院、人民检察院的其他工作人员,监察委员会、公安机关、国家安全机关、司法行政机关的工作人员离任后能否担任人民陪审员?

答:(1)人民代表大会常务委员会的组成人员,监察委员会、人民法院、人民检察院、公安机关、国家安全机关、司法行政机关的工作人员离任后,符合担任人民陪审员条件的,可以担任人民陪审员。上述人员担任人民陪审员的比例应当与其他人员的比例适当平衡。

(2)法官、检察官从人民法院、人民检察院离任后二年内,不得担任人民陪审员。

(3)法官从人民法院离任后,曾在基层人民法院工作的,不得在原任职的基层人民法院担任人民陪审员;检察官从人民检察院离任后,曾在基层人民检察院工作的,不得在与原任职的基层人民检察院同级、同辖区的人民法院担任人民陪审员。

(4)法官从人民法院离任后,担任人民陪审员的,不得参与原任职人民法院的审判活动;检察官从人民检察院离任后,担任人民陪审员的,不得参与原任职人民检察院同级、同辖区的人民法院的审判活动。

6. 劳动争议仲裁委员会的仲裁员能否担任人民陪审员?

答:劳动争议仲裁委员会的仲裁员不能担任人民陪审员。

7. 被纳入失信被执行人名单的公民能否担任人民陪审员?

答:公民被纳入失信被执行人名单期间,不得担任人民陪审员。人民法院撤销或者删除失信信息后,公民符合法定条件的,可以担任人民陪审员。

8. 公民担任人民陪审员不得超过两次,是否包括《人民陪审员法》实施前以及在不同人民法院任职的情形?

答:公民担任人民陪审员总共不得超过两次,包括《人民陪审员法》实施前任命以及在不同人民法院任职的情形。

9. 有独立请求权的第三人是否可以申请由人民陪审员参加合议庭审判案件?

答:有独立请求权的第三人可以依据《人民陪审员法》相关规定申请由人民陪审员参加合议庭审判案件。

10. 人民法院可否吸收人民陪审员参加减刑、假释案件的审理?

答:人民法院可以结合案件情况,吸收人民陪审员参加减刑、假释案件审理,但不需要开庭审理的除外。

11. 人民陪审员是否可以参加案件执行工作?

答:根据《人民陪审员法》,人民陪审员参加第一审刑事、民事、行政案件的审判。人民法院不得安排人民陪审员参加案件执行工作。

12. 人民法院可以根据案件审判需要,从人民陪审员名单中随机抽取一定数量的候补人民陪审员,并确定递补顺序,一并告知当事人。如果原定人民陪审员因故无法到庭,由候补人民陪审员参与案件审理,是否需要就变更合议庭成员另行告知双方当事人?候补人民陪审员的递补顺序,应如何确定?

答:人民法院已一并告知候补人民陪审员名单的,如变更由候补人民陪审员参加庭审的,无需另行告知当事人。确定候补人民陪审员的递补顺序,可按照姓氏笔画排序等方式确定。

13. 根据《最高人民法院关于适用〈中华人民共和国人民陪审员法〉若干问题的解释》,七人合议庭开庭前和评议时,应当制作事实认定问题清单。审判实践中,如何制作事实认定问题清单?

答:事实认定问题清单应当立足全部案件事实,重点针对案件难点和争议的焦点内容。刑事案件中,可以以犯罪构成要件事实为基础,主要包括构成犯罪的事实、不构成犯罪的事实,以及有关量刑情节的事实等。民事案件中,可以根据不同类型纠纷的请求权规范基础,归纳出当事人争议的要件事实。行政案件中,主要包括审查行政行为合法性所必须具备的事实。

14. 合议庭评议案件时,人民陪审员和法官可否分组分别进行评议、表决?

答:合议庭评议案件时,人民陪审员和法官应当共同评议、表决,不得分组进行。

15. 案件审结后,人民法院将裁判文书副本送交参加该案审判的人民陪审员时,能否要求人民陪审员在送达回证上签字?

答:人民陪审员不是受送达对象,不能要求人民陪审员在送达回证上签字。人民法院将裁判文书副本送交人民陪审员时,可以以适当方式请人民陪审员签收后存档。

16. 如何把握人民陪审员年度参审数上限一般不超过30件的要求?对于人民陪审员参与审理批量系列案件的,如何计算案件数量?

答:个别案件量大的人民法院可以结合本院实际情况,提出参审数上限在30件以上设置的意见,层报高级人民法院备案后实施。高级人民法院应统筹辖区整体情况从严把握。

人民陪审员参加审理批量系列案件的,可以按一定比例折算案件数以核定是否超出参审数上限。具体折算比例,由高级人民法院确定。

17. 对于人民陪审员参审案件数占第一审案件数的比例即陪审率,是否可以设定考核指标?

答:《人民陪审员法》及相关司法解释规定了人民陪审员参审案件范围和年度参审数上限,要严格执行相关规定。人民法院不得对第一审案件总体陪审率设定考核指标,但要对第一审案件总体陪审率、人民陪审员参加七人合议庭等情况进行统计监测。

18. 人民陪审员是否适用法官法中法官任职回避的规定?

答:人民陪审员适用民事、刑事、行政诉讼法中诉讼回避的规定,不适用法官法中法官任职回避的规定。

19. 人民陪审员在参加庭审等履职过程中,着装有何要求?

答:人民陪审员在参加庭审等履职过程中,着装应当端庄、得体,但不得配发、穿着统一制服。

最高人民法院关于完善院长、副院长、庭长、副庭长参加合议庭审理案件制度的若干意见

1. 2007年3月30日

2. 法发〔2007〕14号

为了使人民法院的院长、副院长、庭长、副庭长更好地履行审判职责,结合审判工作实际,特制定本意见。

第一条　各级人民法院院长、副院长、庭长、副庭长除参加审判委员会审理案件以外,每年都应当参加合议庭或者担任独任法官审理案件。

第二条　院长、副院长、庭长、副庭长参加合议庭审理下列案件:

(一)疑难、复杂、重大案件;

(二)新类型案件;

(三)在法律适用方面具有普遍意义的案件;

(四)认为应当由自己参加合议庭审理的案件。

第三条　最高人民法院的院长、副院长、庭长、副庭长办理案件的数量标准,由最高人民法院规定。

地方各级人民法院的院长、副院长、庭长、副庭长办理案件的数量标准,由本级人民法院根据本地实际情况规定。中级人民法院、基层人民法院规定的办案数量应当报高级人民法院备案。

院长、副院长、庭长、副庭长应当选择一定数量的案件,亲自担任承办人办理。

第四条　院长、副院长、庭长、副庭长办理案件,应当起到示范作用。同时注意总结审判工作经验,规范指导审判工作。

第五条　院长、副院长、庭长、副庭长参加合议庭审理案件,依法担任审判长,与其他合议庭成员享有平等的表决权。

院长、副院长参加合议庭评议时,多数人的意见与院长、副院长的意见不一致的,院长、副院长可以决定将案件提交审判委员会讨论。合议庭成员中的非审判委员会委员应当列席审判委员会。

第六条　院长、副院长、庭长、副庭长办理案件,开庭时间一经确定,不得随意变动。

第七条　院长、副院长、庭长、副庭长参加合议庭审理

案件，应当作为履行审判职责的一项重要工作，纳入对其工作的考评和监督范围。

第八条　本意见自印发之日起施行。

最高人民法院关于进一步加强和推进人民陪审工作的若干意见

1．2010年6月29日
2．法发〔2010〕24号

为深入贯彻落实《全国人民代表大会常务委员会关于完善人民陪审员制度的决定》（以下简称《决定》），进一步加强和推进人民陪审工作，不断完善人民陪审员制度，充分发挥人民法院在深入推进社会矛盾化解、社会管理创新、公正廉洁执法三项重点工作中的重要作用，依据《决定》和相关文件精神，结合人民陪审工作实际，现就今后一个时期加强和推进人民陪审工作提出如下意见。

一、不断深化认识，全面加强人民陪审工作

1．加强和推进人民陪审工作有利于完善社会主义司法制度、弘扬司法民主。实行人民陪审员制度，是人民群众在司法领域依法参与管理国家事务的一种重要的、直接的形式，是健全社会主义民主政治制度的重要内容，是我国社会主义司法民主的重要体现，也是我党的群众路线在人民司法工作中的具体体现。深刻认识人民陪审员制度的积极意义，充分发挥广大人民陪审员在司法审判领域中联系群众、熟悉群众、代表群众等方面所具有的独特优势，让普通公民协助司法、见证司法、掌理司法，充分体现司法的民主功能，可以更集中地通达民情，反映民意，凝聚民智，在更大程度上实现人民民主。

2．加强和推进人民陪审工作有利于保证司法的公正、廉洁。人民陪审员参与审判案件，注重从社会道德标准等方面对案件进行分析、判断，从而有效实现大众思维与法官职业思维的互补；人民陪审员的群众视角、不同职业背景和专长，有利于查清案件事实，正确适用法律，确保裁判公正。人民陪审员具有知民情、解民意的优势，并以群众熟悉、易懂的语言解读法律，有利于劝导说服当事人互谅互让、息诉解纷，进一步提高办案质量和效率。人民陪审员来自各界群众，他们参与审判，提高了审判活动的透明度，促进了司法公开，有利于进一步增强并发挥合议庭成员相互监督、相互制约的作用，共同抵御各种非法干预，有助于人民法院依法、独立、公正地行使审判权。

3．加强和推进人民陪审工作有利于增强司法权威。实行人民陪审员制度，坚持司法工作的群众路线，使司法活动更加贴近社会生活、贴近人民群众、贴近时代要求，这是人民群众直接感受司法公正、司法走近人民的有效途径，有利于社会各界客观了解法院工作的真实情况，减少、消除社会上对法院审判案件可能产生的误解，进一步增强人民法院的司法权威，从而更好地实现案件裁判法律效果与社会效果的有机统一。

二、拓宽选任范围，严格任免程序

4．各基层人民法院根据本辖区案件的数量及特点、人口数量、地域面积、民族状况，以及满足上级人民法院从本院随机抽取人民陪审员的需要等因素，按照人民陪审员选任名额不低于本院现任法官人数的二分之一的比例，并在经费保障、培训条件许可的前提下，适当扩大人民陪审员的选任数量，及时提请同级人民代表大会常务委员会任命。

5．人民陪审员选任一般应当每五年选任一次，也可以根据当地审判工作需要，依照法定程序适当增补人民陪审员。开展增补工作的基层人民法院，应当及时将增补工作情况逐级层报高级人民法院备案。

6．各基层人民法院应当建立人民陪审员以及候选人员信息库，并根据所在区域、行业、专长等要素归入不同类别，以适应陪审工作的需要。

7．在选任人民陪审员工作中，应当注意兼顾社会各阶层人员的结构比例，注意吸收社会不同行业、不同职业、不同年龄、不同民族、不同性别的人员，以体现其来源的广泛性和代表性。

8．各高级人民法院应当根据本辖区工作实际，建立切实可行的人民陪审员退出机制。由于职业或岗位发生变动或者身体健康等原因，无法继续履行陪审职务的，人民法院应当按照法定程序提请同级人民代表大会常务委员会免除其人民陪审员职务。

9．人民陪审员在三年时间内，无正当理由拒绝参加陪审案件超过三次的，视为辞职。人民法院应当按程序办理相关手续。

三、依法履行职责,切实保障权利

10. 依照法律规定,应当由人民陪审员参与审判的案件,人民法院必须安排人民陪审员和法官共同组成合议庭审判,当事人无法定理由不得拒绝。

11. 第一审刑事案件被告人、民商事案件原告或者被告、行政案件原告申请由人民陪审员参加合议庭审判的,人民法院应当安排人民陪审员和法官共同组成合议庭审判。

人民法院征得前款规定的当事人同意由人民陪审员和法官共同组成合议庭审判案件的,视为申请。

12. 当事人一方申请适用陪审,另一方不同意的,人民法院不安排人民陪审员参加合议庭审判案件,但属于法律规定应当适用陪审的案件除外。

13. 人民法院应当为人民陪审员查阅案卷、参加审判活动提供工作便利和条件。接到陪审通知的人民陪审员,应当在案件开庭前完成阅卷工作。

14. 审判长应当指导、保障人民陪审员依法行使权利。案件审理中,经审判长同意,人民陪审员可以参与案件共同调查、在庭审中直接发问、独立进行案件调解等。

15. 合议庭应当保障人民陪审员在案件评议过程中自主、独立发表意见的权利。审判长和合议庭其他成员不得施加不当影响或阻碍。

16. 人民陪审员同合议庭其他组成人员意见分歧的,应当将其意见写入笔录,必要时,人民陪审员可以要求合议庭将案件提请院长决定是否提交审判委员会讨论决定,但应当说明理由。人民陪审员提出的要求及理由应当写入评议笔录。

17. 人民陪审员应邀列席参加审判委员会讨论其陪审的案件时,除不得行使表决权外,可以在审判委员会上发表意见。

四、完善随机抽取机制,规范陪审工作程序

18. 各基层人民法院应当按照科学、规范、方便操作的工作目标,进一步完善人民陪审员随机抽取参加案件审理的工作制度和保障机制,确保《决定》关于人民陪审工作的广泛性和群众性原则得到贯彻执行。

19. 参加案件审理的人民陪审员,应当采取随机抽取的方式来确定。人民法院应当在开庭前采取适当方式,从人民陪审员名单中随机抽取确定人民陪审员。如案件审理确有需要,可以在相关地域、行业、专业等类型的人民陪审员范围内随机抽取。

20. 中级人民法院、高级人民法院审判案件依法应当由人民陪审员参加合议庭审判的,在其所在地级市辖区内的基层人民法院人民陪审员名单中随机抽取确定。

21. 海事法院、林业法院、铁路法院、垦区法院、油田法院、矿区法院、开发区法院审判案件依法应当由人民陪审员参加合议庭审判的,可在其所在地级市辖区内的基层人民法院或案件管辖区内的人民陪审员名单中随机抽取确定。

22. 人民陪审员兼具人民调解员身份的,不得参加陪审由其先行进行调解的案件。

23. 人民陪审员参加审判活动,应当遵守司法纪律和礼仪的各项规定和要求。

24. 人民陪审员的回避,参照有关法官回避的法律规定执行。

五、切实加强培训工作,全面提升陪审能力

25. 各高级人民法院应当及时提出本辖区人民陪审员培训工作的总体方案和实施意见,并报最高人民法院备案。

26. 人民陪审员经任命后,应当按照规定,在依法参加人民法院案件审判前接受岗前培训。岗前培训的内容、形式和方法,应当根据人民陪审员参加审判活动的实际需要进行设计和安排。岗前培训主要由各高级人民法院或由其授权的中级人民法院承担。

27. 岗前培训内容包括社会主义法治理念、法官职业道德、中国司法制度、审判纪律、司法礼仪、廉政规定以及法律基础知识、审判工作基本规则等。人民法院也可结合本地区案件特点与类型安排培训内容。

28. 人民法院应当根据审判工作的需要,有计划、有组织地对任职期间的人民陪审员进行政治理论和新颁法律法规、司法解释的培训。日常任职培训主要由人民陪审员所在的基层人民法院承担。

29. 任职培训的形式和方法应当根据人民陪审员的特点和实际情况确定,除了采取集中授课培训外,还可以采取有针对性的庭审观摩、案例教学、模拟演示、电化教学、巡回教学等方法,以及组织人民陪审员对热点、难点、重点案件进行专题研讨等。任职培训不得少于20个学时。

六、强化管理与考核，落实经费保障

30. 各级人民法院应当根据工作需要和现实条件设立人民陪审工作管理办公室，负责制定并落实人民陪审工作的各项管理制度和具体措施。

31. 基层人民法院应当对人民陪审员进行动态考核，建立健全考核管理制度，建立陪审工作绩效档案，着重就陪审案件的数量、出庭率、陪审能力、审判纪律、审判作风等内容进行考核，人民陪审员的廉洁自律、公正司法情况，纳入所在基层人民法院廉政监督工作范围。

32. 每年年终前，由人民陪审员所在基层人民法院将考核结果书面通知人民陪审员本人及其所在单位（或户籍所在地、经常居住地的基层组织），同时将有关考核情况报送当地同级人民代表大会内务司法委员会和司法行政机关。

33. 人民陪审员与参加合议庭的法官享有同等的权利，同时也应当履行同等的义务。人民陪审员在履行陪审职责期间，如出现滥用职权、玩忽职守、徇私舞弊等情形的，人民法院应当视其情节对其进行批评教育，情节严重的，依照法定程序免除其人民陪审员职务，建议所在单位或基层组织对其进行处理，构成犯罪的，依法追究其刑事责任。

34. 人民陪审员参与审判活动所支出的必要费用纳入人民法院办案（业务）经费开支范围。各级人民法院应当积极与同级财政部门等相关部门共同研究落实现有政策规定的内容，加大经费投入，规范使用范围。

35. 各高级人民法院研究确定本辖区人民陪审员参加审判活动的补助标准和补助方式。

36. 人民陪审员参加中级人民法院、高级人民法院以及其他法院审判活动的，由相关法院按照规定给予补助。

七、加强组织领导，抓好制度落实

37. 各级人民法院应当将人民陪审工作列入重要议事日程，积极创造有利条件，采取切实有效措施，确保《决定》和最高人民法院的有关规定落实到位。实施人民陪审员制度，各级人民法院应当在党委领导、人大监督、政府支持下积极稳妥地推行。积极主动地向党委、人大汇报重大问题和进展情况，加强与司法行政机关、财政部门的沟通和协调。

38. 上级人民法院应当主动出面帮助下级人民法院多做工作，协调、督促相关部门切实解决人民陪审工作中遇到的各种困难和问题。

39. 各级人民法院应当加强对人民陪审员制度的宣传工作，采取切实有效的措施，广泛利用报纸、广播、电视、网络等各种媒体，充分发挥社会舆论的引导作用，大力宣传人民陪审员制度的重要意义，总结宣传优秀人民陪审员的经验、做法。改进宣传方法，注重宣传人民陪审员的典型案例和显著效果，争取社会各界对人民陪审工作的充分认同，在全社会积极营造支持人民陪审员依法履行审判职责、关注法院审判工作的良好氛围。

最高人民法院关于规范上下级人民法院审判业务关系的若干意见

1. 2010年12月28日
2. 法发〔2010〕61号

为进一步规范上下级人民法院之间的审判业务关系，明确监督指导的范围与程序，保障各级人民法院依法独立行使审判权，根据《中华人民共和国宪法》和《中华人民共和国人民法院组织法》等相关法律规定，结合审判工作实际，制定本意见。

第一条 最高人民法院监督指导地方各级人民法院和专门人民法院的审判业务工作。上级人民法院监督指导下级人民法院的审判业务工作。监督指导的范围、方式和程序应当符合法律规定。

第二条 各级人民法院在法律规定范围内履行各自职责，依法独立行使审判权。

第三条 基层人民法院和中级人民法院对于已经受理的下列第一审案件，必要时可以根据相关法律规定，书面报请上一级人民法院审理：

（1）重大、疑难、复杂案件；

（2）新类型案件；

（3）具有普遍法律适用意义的案件；

（4）有管辖权的人民法院不宜行使审判权的案件。

第四条 上级人民法院对下级人民法院提出的移送审理请求，应当及时决定是否由自己审理，并下达同意移送决定书或者不同意移送决定书。

第五条 上级人民法院认为下级人民法院管辖的第一审案件,属于本意见第三条所列类型,有必要由自己审理的,可以决定提级管辖。

第六条 第一审人民法院已经查清事实的案件,第二审人民法院原则上不得以事实不清、证据不足为由发回重审。

第二审人民法院作出发回重审裁定时,应当在裁定书中详细阐明发回重审的理由及法律依据。

第七条 第二审人民法院因原审判决事实不清、证据不足将案件发回重审的,原则上只能发回重审一次。

第八条 最高人民法院通过审理案件、制定司法解释或者规范性文件、发布指导性案例、召开审判业务会议、组织法官培训等形式,对地方各级人民法院和专门人民法院的审判业务工作进行指导。

第九条 高级人民法院通过审理案件、制定审判业务文件、发布参考性案例、召开审判业务会议、组织法官培训等形式,对辖区内各级人民法院和专门人民法院的审判业务工作进行指导。

高级人民法院制定审判业务文件,应当经审判委员会讨论通过。最高人民法院发现高级人民法院制定的审判业务文件与现行法律、司法解释相抵触的,应当责令其纠正。

第十条 中级人民法院通过审理案件、总结审判经验、组织法官培训等形式,对基层人民法院的审判业务工作进行指导。

第十一条 本意见自公布之日起施行。

2. 审判工作

中华人民共和国
人民法院法庭规则

1. *1993年11月26日最高人民法院审判委员会第617次会议通过、1993年12月1日公布、自1994年1月1日起施行(法发〔1993〕40号)*
2. *根据2015年12月21日最高人民法院审判委员会第1673次会议通过、2016年4月13日公布的《关于修改〈中华人民共和国人民法院法庭规则〉的决定》(法释〔2016〕7号)修正*

第一条 为了维护法庭安全和秩序,保障庭审活动正常进行,保障诉讼参与人依法行使诉讼权利,方便公众旁听,促进司法公正,彰显司法权威,根据《中华人民共和国人民法院组织法》《中华人民共和国刑事诉讼法》《中华人民共和国民事诉讼法》《中华人民共和国行政诉讼法》等有关法律规定,制定本规则。

第二条 法庭是人民法院代表国家依法审判各类案件的专门场所。

法庭正面上方应当悬挂国徽。

第三条 法庭分设审判活动区和旁听区,两区以栏杆等进行隔离。

审理未成年人案件的法庭应当根据未成年人身心发展特点设置区域和席位。

有新闻媒体旁听或报道庭审活动时,旁听区可以设置专门的媒体记者席。

第四条 刑事法庭可以配置同步视频作证室,供依法应当保护或其他确有保护必要的证人、鉴定人、被害人在庭审作证时使用。

第五条 法庭应当设置残疾人无障碍设施;根据需要配备合议庭合议室,检察人员、律师及其他诉讼参与人休息室,被告人羁押室等附属场所。

第六条 进入法庭的人员应当出示有效身份证件,并接受人身及携带物品的安全检查。

持有效工作证件和出庭通知履行职务的检察人员、律师可以通过专门通道进入法庭。需要安全检查的,人民法院对检察人员和律师平等对待。

第七条 除经人民法院许可,需要在法庭上出示的证据外,下列物品不得携带进入法庭:

(一)枪支、弹药、管制刀具以及其他具有杀伤力的器具;

(二)易燃易爆物、疑似爆炸物;

(三)放射性、毒害性、腐蚀性、强气味性物质以及传染病病原体;

(四)液体及胶状、粉末状物品;

(五)标语、条幅、传单;

(六)其他可能危害法庭安全或妨害法庭秩序的物品。

第八条 人民法院应当通过官方网站、电子显示屏、公告栏等向公众公开各法庭的编号、具体位置以及旁听席位数量等信息。

第九条 公开的庭审活动,公民可以旁听。

旁听席位不能满足需要时,人民法院可以根据申请的先后顺序或者通过抽签、摇号等方式发放旁听证,但应当优先安排当事人的近亲属或其他与案件有利害关系的人旁听。

下列人员不得旁听:

(一)证人、鉴定人以及准备出庭提出意见的有专门知识的人;

(二)未获得人民法院批准的未成年人;

(三)拒绝接受安全检查的人;

(四)醉酒的人、精神病人或其他精神状态异常的人;

(五)其他有可能危害法庭安全或妨害法庭秩序的人。

依法有可能封存犯罪记录的公开庭审活动,任何单位或个人不得组织人员旁听。

依法不公开的庭审活动,除法律另有规定外,任何人不得旁听。

第十条 人民法院应当对庭审活动进行全程录像或录音。

第十一条 依法公开进行的庭审活动,具有下列情形之一的,人民法院可以通过电视、互联网或其他公共媒体进行图文、音频、视频直播或录播:

(一)公众关注度较高;

(二)社会影响较大;

(三)法治宣传教育意义较强。

第十二条 出庭履行职务的人员，按照职业着装规定着装。但是，具有下列情形之一的，着正装：

（一）没有职业着装规定；

（二）侦查人员出庭作证；

（三）所在单位系案件当事人。

非履行职务的出庭人员及旁听人员，应当文明着装。

第十三条 刑事在押被告人或上诉人出庭受审时，着正装或便装，不着监管机构的识别服。

人民法院在庭审活动中不得对被告人或上诉人使用戒具，但认为其人身危险性大，可能危害法庭安全的除外。

第十四条 庭审活动开始前，书记员应当宣布本规则第十七条规定的法庭纪律。

第十五条 审判人员进入法庭以及审判长或独任审判员宣告判决、裁定、决定时，全体人员应当起立。

第十六条 人民法院开庭审判案件应当严格按照法律规定的诉讼程序进行。

审判人员在庭审活动中应当平等对待诉讼各方。

第十七条 全体人员在庭审活动中应当服从审判长或独任审判员的指挥，尊重司法礼仪，遵守法庭纪律，不得实施下列行为：

（一）鼓掌、喧哗；

（二）吸烟、进食；

（三）拨打或接听电话；

（四）对庭审活动进行录音、录像、拍照或使用移动通信工具等传播庭审活动；

（五）其他危害法庭安全或妨害法庭秩序的行为。

检察人员、诉讼参与人发言或提问，应当经审判长或独任审判员许可。

旁听人员不得进入审判活动区，不得随意站立、走动，不得发言和提问。

媒体记者经许可实施第一款第四项规定的行为，应当在指定的时间及区域进行，不得影响或干扰庭审活动。

第十八条 审判长或独任审判员主持庭审活动时，依照规定使用法槌。

第十九条 审判长或独任审判员对违反法庭纪律的人员应当予以警告；对不听警告的，予以训诫；对训诫无效的，责令其退出法庭；对拒不退出法庭的，指令司法警察将其强行带出法庭。

行为人违反本规则第十七条第一款第四项规定的，人民法院可以暂扣其使用的设备及存储介质，删除相关内容。

第二十条 行为人实施下列行为之一，危及法庭安全或扰乱法庭秩序的，根据相关法律规定，予以罚款、拘留；构成犯罪的，依法追究其刑事责任：

（一）非法携带枪支、弹药、管制刀具或者爆炸性、易燃性、放射性、毒害性、腐蚀性物品以及传染病病原体进入法庭；

（二）哄闹、冲击法庭；

（三）侮辱、诽谤、威胁、殴打司法工作人员或诉讼参与人；

（四）毁坏法庭设施，抢夺、损毁诉讼文书、证据；

（五）其他危害法庭安全或扰乱法庭秩序的行为。

第二十一条 司法警察依照审判长或独任审判员的指令维持法庭秩序。

出现危及法庭内人员人身安全或者严重扰乱法庭秩序等紧急情况时，司法警察可以直接采取必要的处置措施。

人民法院依法对违反法庭纪律的人采取的扣押物品、强行带出法庭以及罚款、拘留等强制措施，由司法警察执行。

第二十二条 人民检察院认为审判人员违反本规则的，可以在庭审活动结束后向人民法院提出处理建议。

诉讼参与人、旁听人员认为审判人员、书记员、司法警察违反本规则的，可以在庭审活动结束后向人民法院反映。

第二十三条 检察人员违反本规则的，人民法院可以向人民检察院通报情况并提出处理建议。

第二十四条 律师违反本规则的，人民法院可以向司法行政机关及律师协会通报情况并提出处理建议。

第二十五条 人民法院进行案件听证、国家赔偿案件质证、网络视频远程审理以及在法院以外的场所巡回审判等，参照适用本规则。

第二十六条 外国人、无国籍人旁听庭审活动，外国媒体记者报道庭审活动，应当遵守本规则。

第二十七条 本规则自2016年5月1日起施行；最高人民法院此前发布的司法解释及规范性文件与本规则不一致的，以本规则为准。

最高人民法院关于行政诉讼撤诉若干问题的规定

1. 2007年12月17日最高人民法院审判委员会第1441次会议通过
2. 2008年1月14日公布
3. 法释〔2008〕2号
4. 自2008年2月1日起施行

为妥善化解行政争议，依法审查行政诉讼中行政机关改变被诉具体行政行为及当事人申请撤诉的行为，根据《中华人民共和国行政诉讼法》制定本规定。

第一条 人民法院经审查认为被诉具体行政行为违法或者不当，可以在宣告判决或者裁定前，建议被告改变其所作的具体行政行为。

第二条 被告改变被诉具体行政行为，原告申请撤诉，符合下列条件的，人民法院应当裁定准许：

（一）申请撤诉是当事人真实意思表示；

（二）被告改变被诉具体行政行为，不违反法律、法规的禁止性规定，不超越或者放弃职权，不损害公共利益和他人合法权益；

（三）被告已经改变或者决定改变被诉具体行政行为，并书面告知人民法院；

（四）第三人无异议。

第三条 有下列情形之一的，属于行政诉讼法第五十一条规定的“被告改变其所作的具体行政行为”：

（一）改变被诉具体行政行为所认定的主要事实和证据；

（二）改变被诉具体行政行为所适用的规范依据且对定性产生影响；

（三）撤销、部分撤销或者变更被诉具体行政行为处理结果。

第四条 有下列情形之一的，可以视为“被告改变其所作的具体行政行为”：

（一）根据原告的请求依法履行法定职责；

（二）采取相应的补救、补偿等措施；

（三）在行政裁决案件中，书面认可原告与第三人达成的和解。

第五条 被告改变被诉具体行政行为，原告申请撤诉，有履行内容且履行完毕的，人民法院可以裁定准许撤诉；不能即时或者一次性履行的，人民法院可以裁定准许撤诉，也可以裁定中止审理。

第六条 准许撤诉裁定可以载明被告改变被诉具体行政行为的主要内容及履行情况，并可以根据案件具体情况，在裁定理由中明确被诉具体行政行为全部或者部分不再执行。

第七条 申请撤诉不符合法定条件，或者被告改变被诉具体行政行为后当事人不撤诉的，人民法院应当及时作出裁判。

第八条 第二审或者再审期间行政机关改变被诉具体行政行为，当事人申请撤回上诉或者再审申请的，参照本规定。

准许撤回上诉或者再审申请的裁定可以载明行政机关改变被诉具体行政行为的主要内容及履行情况，并可以根据案件具体情况，在裁定理由中明确被诉具体行政行为或者原裁判全部或者部分不再执行。

第九条 本院以前所作的司法解释及规范性文件，凡与本规定不一致的，按本规定执行。

最高人民法院关于认真贯彻执行《关于行政诉讼撤诉若干问题的规定》的通知

1. 2008年1月31日
2. 法发〔2008〕9号

各省、自治区、直辖市高级人民法院，新疆维吾尔自治区高级人民法院生产建设兵团分院：

《最高人民法院关于行政诉讼撤诉若干问题的规定》（以下简称《撤诉规定》）已由最高人民法院审判委员会第1441次会议通过，于2008年2月1日起施行。为准确把握和正确适用《撤诉规定》，现就有关问题通知如下：

一、充分认识制定实施《撤诉规定》的重要意义

我国行政诉讼法颁布实施以来，各级人民法院不断重视加强和积极开展行政审判工作，取得了举世瞩目的成就,为保护公民、法人和其他组织的合法权益,监督、支持和促进依法行政,维护社会的和谐与稳定,做出了重要贡献。同时也应当看到,随着时代的进步、形势的发展和人民群众对司法救济的期待不断增强,行政诉讼制度在一些方面已经难以满足审判实践的需要,其中行政争议解决方式的完善,是一个亟待解决的问题。在社会转型加速、社会矛盾凸显的新形势下,行政争议不仅数量逐渐增多,情况也越来越复杂,积极探索和完善行政诉讼处理新机制,对于妥善处理行政争议,增进当事人与行政机关之间的理解和信任,维护社会的和谐稳定,具有重要意义。党中央、国务院对于加强和改进行政审判工作极为重视,并对积极稳妥地推进行政诉讼改革,健全行政争议解决机制提出了明确要求。《撤诉规定》的制定和施行,是最高人民法院深化司法制度改革的一项重要措施,对于规范行政诉讼撤诉,妥善化解行政争议具有重要的意义。各级人民法院要深刻理解制定实施《撤诉规定》的重要性,在审判实践中认真贯彻执行。

二、执行中应当注意处理好的几个问题

一是以依法妥善处理行政争议为目标。制定《撤诉规定》的主要目的,是为了妥善化解行政争议,依法审查行政诉讼中行政机关改变被诉具体行政行为及当事人申请撤诉的行为。人民法院经审查认为被诉具体行政行为违法或者明显不当,可以根据案件的具体情况,建议被告改变其所作的具体行政行为,主动赔偿或补偿原告的损失,原告同意后可以申请撤诉。这种处理机制是在法律允许范围内的制度创新,是新形势下解决行政争议的一项有效制度,是实现"案结事了",促进"官"民和谐的必然要求。各级人民法院要通过认真执行《撤诉规定》,积极探索协调解决行政争议的新机制。特别是对于群体性行政争议、因农村土地征收、城市房屋拆迁、企业改制、劳动和社会保障、资源环保等社会热点问题引发的行政争议,更要注意最大限度地采取协调方式处理。鼓励和提倡双方当事人通过合意协商,在妥善解决争议的基础上通过撤诉的方式结案。

二是正确处理合法性审查与当事人撤诉的关系。提倡和鼓励以当事人撤诉的方式结案,不能排除或放弃合法性审查原则。人民法院应当在通过对具体行政行为的合法性、适当性进行审查,初步确认具体行政行为违法或明显不当的基础上,根据案件具体情况建议被告改变被诉具体行政行为。被告改变其所作的具体行政行为及原告申请撤诉只有符合法定条件,人民法院才能作出准许撤诉的裁定。

三是准确把握审判组织在新机制中的地位和作用。由于行政诉讼中被告改变其所作的具体行政行为,原告同意并申请撤诉,是建立在当事人自愿的基础上,合议庭可以发挥宣传、建议、协调和法律释明的作用,但要严格遵循当事人自愿原则,坚决防止和杜绝动员甚至强迫当事人撤诉的现象。既要尽可能通过协调化解行政争议,又不能片面追求撤诉率,侵害当事人合法权益。

四是注意选择裁定准许撤诉的时机。在当事人之间达成的和解中,往往具有履行权利义务的内容,人民法院应当关注和解内容的履行情况,对于有履行内容且履行完毕,符合撤诉条件的,应当裁定准许撤诉;不能即时或者一次性履行的,可以裁定准许撤诉,也可以裁定中止审理,以防止约定的义务不能及时履行或者不履行,使当事人的权益再次受到侵害。

五是正确处理撤诉与裁判的关系。及时救济权利,兼顾行政效率,是行政审判应当追求的目标。要正确处理好撤诉与裁判的关系,防止当判不判,久拖不结。经审查申请撤诉不符合法定条件,或者行政机关改变被诉具体行政行为后当事人不撤诉的,应当及时作出裁判。

六是完善撤诉的结案方式。为了满足审判实践的需要,《撤诉规定》对撤诉裁定的方式进行了必要的完善。准许撤诉裁定可以载明被告改变被诉具体行政行为的主要内容,并可以根据案件具体情况,在裁定理由中明确被诉具体行政行为全部或者部分不再执行。准许撤回上诉或者再审申请的裁定参照上述要求制作,并可以明确被诉具体行政行为或者原裁判全部或者部分不再执行,以解决双方当事人的合意与被诉具体行政行为或者原裁判的冲突。通过对行政机关改变具体行政行为的内容及履行情况加以确认,使当事人的权利义务更加明确。由于裁定通常只解决诉讼程序方面问题,因此,上述已在裁定理由中明确、涉及实体处理的内容,在裁定主文中不再表述。

七是注意撤诉的适用范围。行政机关改变被诉具体行政行为后原告申请撤诉,一般发生在第一审诉讼期间，但在第二审和再审期间也可能出现，如果片面强调判决的既判力和稳定性而不允许撤诉，不利于实现化解行政争议、妥善解决纠纷的目的。《撤诉规定》对此也作了明确规定，当事人在第二审期间申请撤回上诉，再审期间申请撤回再审申请的，均可参照本规定执行。

三、认真抓好《撤诉规定》的贯彻执行

《撤诉规定》虽然条款不多，但是其对于规范行政机关改变被诉具体行政行为及当事人撤诉行为，依法妥善化解行政争议，具有重要的积极作用。各级人民法院要调整工作思路，理顺工作机制，完善相关工作制度，加大对这一司法解释贯彻执行的领导和指导力度。要组织行政审判人员逐条学习理解、准确把握《撤诉规定》的精神和本通知的要求。必要时可以组织开展培训宣传活动，以增进人民群众和行政机关的理解与支持。各高级人民法院和中级人民法院要加强调查研究和对下指导，结合本地实际情况制定实施方案，对于执行过程中出现的新情况新问题，要及时报告上级人民法院。

特此通知。

最高人民法院关于严格执行案件审理期限制度的若干规定

1. *2000年9月14日最高人民法院审判委员会第1130次会议通过、2000年9月22日公布、自2000年9月28日起施行(法释〔2000〕29号)*
2. *根据2008年12月16日最高人民法院《关于调整司法解释等文件中引用〈中华人民共和国民事诉讼法〉条文序号的决定》(法释〔2008〕18号)修正*

为提高诉讼效率，确保司法公正，根据刑事诉讼法、民事诉讼法、行政诉讼法和海事诉讼特别程序法的有关规定，现就人民法院执行案件审理期限制度的有关问题规定如下：

一、各类案件的审理、执行期限

第一条　适用普通程序审理的第一审刑事公诉案件、被告人被羁押的第一审刑事自诉案件和第二审刑事公诉、刑事自诉案件的期限为一个月，至迟不得超过一个半月；附带民事诉讼案件的审理期限，经本院院长批准，可以延长两个月。有刑事诉讼法第一百二十六条规定情形之一的，经省、自治区、直辖市高级人民法院批准或者决定，审理期限可以再延长一个月；最高人民法院受理的刑事上诉、刑事抗诉案件，经最高人民法院决定，审理期限可以再延长一个月。

适用普通程序审理的被告人未被羁押的第一审刑事自诉案件，期限为六个月；有特殊情况需要延长的，经本院院长批准，可以延长三个月。

适用简易程序审理的刑事案件，审理期限为二十日。

第二条　适用普通程序审理的第一审民事案件，期限为六个月；有特殊情况需要延长的，经本院院长批准，可以延长六个月，还需延长的，报请上一级人民法院批准，可以再延长三个月。

适用简易程序审理的民事案件，期限为三个月。

适用特别程序审理的民事案件，期限为三十日；有特殊情况需要延长的，经本院院长批准，可以延长三十日，但审理选民资格案件必须在选举日前审结。

审理第一审船舶碰撞、共同海损案件的期限为一年；有特殊情况需要延长的，经本院院长批准，可以延长六个月。

审理对民事判决的上诉案件，审理期限为三个月；有特殊情况需要延长的，经本院院长批准，可以延长三个月。

审理对民事裁定的上诉案件，审理期限为三十日。

对罚款、拘留民事决定不服申请复议的，审理期限为五日。

审理涉外民事案件，根据民事诉讼法第二百四十八条的规定，不受上述案件审理期限的限制。

审理涉港、澳、台的民事案件的期限，参照审理涉外民事案件的规定办理。

第三条　审理第一审行政案件的期限为三个月；有特殊情况需要延长的，经高级人民法院批准可以延长三个月。高级人民法院审理第一审案件需要延长期限的，由最高人民法院批准，可以延长三个月。

审理行政上诉案件的期限为两个月；有特殊情况需要延长的，由高级人民法院批准，可以延长两个月。高级人民法院审理的第二审案件需要延长期限的，由最高人民法院批准，可以延长两个月。

第四条　按照审判监督程序重新审理的刑事案件的期

限为三个月；需要延长期限的，经本院院长批准，可以延长三个月。

裁定再审的民事、行政案件，根据再审适用的不同程序，分别执行第一审或第二审审理期限的规定。

第五条 执行案件应当在立案之日起六个月内执结，非诉执行案件应当在立案之日起三个月内执结；有特殊情况需要延长的，经本院院长批准，可以延长三个月，还需延长的，层报高级人民法院备案。

委托执行的案件，委托的人民法院应当在立案后一个月内办理完委托执行手续，受委托的人民法院应当在收到委托函件后三十日内执行完毕。未执行完毕，应当在期限届满后十五日内将执行情况函告委托人民法院。

刑事案件没收财产刑应当即时执行。

刑事案件罚金刑，应当在判决、裁定发生法律效力后三个月内执行完毕，至迟不超过六个月。

二、立案、结案时间及审理期限的计算

第六条 第一审人民法院收到起诉书（状）或者执行申请书后，经审查认为符合受理条件的应当在七日内立案；收到自诉人自诉状或者口头告诉的，经审查认为符合自诉案件受理条件的应当在十五日内立案。

改变管辖的刑事、民事、行政案件，应当在收到案卷材料后的三日内立案。

第二审人民法院应当在收到第一审人民法院移送的上（抗）诉材料及案卷材料后的五日内立案。

发回重审或指令再审的案件，应当在收到发回重审或指令再审裁定及案卷材料后的次日内立案。

按照审判监督程序重新审判的案件，应当在作出提审、再审裁定（决定）的次日立案。

第七条 立案机构应当在决定立案的三日内将案卷材料移送审判庭。

第八条 案件的审理期限从立案次日起计算。

由简易程序转为普通程序审理的第一审刑事案件的期限，从决定转为普通程序次日起计算；由简易程序转为普通程序审理的第一审民事案件的期限，从立案次日起连续计算。

第九条 下列期间不计入审理、执行期限：

（一）刑事案件对被告人作精神病鉴定的期间；

（二）刑事案件因另行委托、指定辩护人，法院决定延期审理的，自案件宣布延期审理之日起至第十日止准备辩护的时间；

（三）公诉人发现案件需要补充侦查，提出延期审理建议后，合议庭同意延期审理的期间；

（四）刑事案件二审期间，检察院查阅案卷超过七日后的时间；

（五）因当事人、诉讼代理人、辩护人申请通知新的证人到庭、调取新的证据、申请重新鉴定或者勘验，法院决定延期审理一个月之内的期间；

（六）民事、行政案件公告、鉴定的期间；

（七）审理当事人提出的管辖权异议和处理法院之间的管辖争议的期间；

（八）民事、行政、执行案件由有关专业机构进行审计、评估、资产清理的期间；

（九）中止诉讼（审理）或执行至恢复诉讼（审理）或执行的期间；

（十）当事人达成执行和解或者提供执行担保后，执行法院决定暂缓执行的期间；

（十一）上级人民法院通知暂缓执行的期间；

（十二）执行中拍卖、变卖被查封、扣押财产的期间。

第十条 人民法院判决书宣判、裁定书宣告或者调解书送达最后一名当事人的日期为结案时间。如需委托宣判、送达的，委托宣判、送达的人民法院应当在审限届满前将判决书、裁定书、调解书送达受托人民法院。受托人民法院应当在收到委托书后七日内送达。

人民法院判决书宣判、裁定书宣告或者调解书送达有下列情形之一的，结案时间遵守以下规定：

（一）留置送达的，以裁判文书留在受送达人的住所日为结案时间；

（二）公告送达的，以公告刊登之日为结案时间；

（三）邮寄送达的，以交邮日期为结案时间；

（四）通过有关单位转交送达的，以送达回证上当事人签收的日期为结案时间。

三、案件延长审理期限的报批

第十一条 刑事公诉案件、被告人被羁押的自诉案件，需要延长审理期限的，应当在审理期限届满七日以

前，向高级人民法院提出申请；被告人未被羁押的刑事自诉案件，需要延长审理期限的，应当在审理期限届满十日前向本院院长提出申请。

第十二条　民事案件应当在审理期限届满十日前向本院院长提出申请；还需延长的，应当在审理期限届满十日前向上一级人民法院提出申请。

第十三条　行政案件应当在审理期限届满十日前向高级人民法院或者最高人民法院提出申请。

第十四条　对于下级人民法院申请延长办案期限的报告，上级人民法院应当在审理期限届满三日前作出决定，并通知提出申请延长审理期限的人民法院。

需要本院院长批准延长办案期限的，院长应当在审限届满前批准或者决定。

四、上诉、抗诉二审案件的移送期限

第十五条　被告人、自诉人、附带民事诉讼的原告人和被告人通过第一审人民法院提出上诉的刑事案件，第一审人民法院应当在上诉期限届满后三日内将上诉状连同案卷、证据移送第二审人民法院。被告人、自诉人、附带民事诉讼的原告人和被告人直接向上级人民法院提出上诉的刑事案件，第一审人民法院应当在接到第二审人民法院移交的上诉状后三日内将案卷、证据移送上一级人民法院。

第十六条　人民检察院抗诉的刑事二审案件，第一审人民法院应当在上诉、抗诉期届满后三日内将抗诉书连同案卷、证据移送第二审人民法院。

第十七条　当事人提出上诉的二审民事、行政案件，第一审人民法院收到上诉状，应当在五日内将上诉状副本送达对方当事人。人民法院收到答辩状，应当在五日内将副本送达上诉人。

人民法院受理人民检察院抗诉的民事、行政案件的移送期限，比照前款规定办理。

第十八条　第二审人民法院立案时发现上诉案件材料不齐全的，应当在两日内通知第一审人民法院。第一审人民法院应当在接到第二审人民法院的通知后五日内补齐。

第十九条　下级人民法院接到上级人民法院调卷通知后，应当在五日内将全部案卷和证据移送，至迟不超过十日。

五、对案件审理期限的监督、检查

第二十条　各级人民法院应当将审理案件期限情况作为审判管理的重要内容，加强对案件审理期限的管理、监督和检查。

第二十一条　各级人民法院应当建立审理期限届满前的催办制度。

第二十二条　各级人民法院应当建立案件审理期限定期通报制度。对违反诉讼法规定，超过审理期限或者违反本规定的情况进行通报。

第二十三条　审判人员故意拖延办案，或者因过失延误办案，造成严重后果的，依照《人民法院审判纪律处分办法（试行）》第五十九条的规定予以处分。

审判人员故意拖延移送案件材料，或者接受委托送达后，故意拖延不予送达的，参照《人民法院审判纪律处分办法（试行）》第五十九条的规定予以处分。

第二十四条　本规定发布前有关审理期限规定与本规定不一致的，以本规定为准。

最高人民法院关于裁判文书引用法律、法规等规范性法律文件的规定

1. *2009年7月13日最高人民法院审判委员会第1470次会议通过*
2. *2009年10月26日公布*
3. *法释〔2009〕14号*
4. *自2009年11月4日起施行*

为进一步规范裁判文书引用法律、法规等规范性法律文件的工作，提高裁判质量，确保司法统一，维护法律权威，根据《中华人民共和国立法法》等法律规定，制定本规定。

第一条　人民法院的裁判文书应当依法引用相关法律、法规等规范性法律文件作为裁判依据。引用时应当准确完整写明规范性法律文件的名称、条款序号，需要引用具体条文的，应当整条（款、项）引用。

第二条　并列引用多个规范性法律文件的，引用顺序如下：法律及法律解释、行政法规、地方性法规、自治条例或者单行条例、司法解释。同时引用两部以上法律的，应当先引用基本法律，后引用其他法律。引

用包括实体法和程序法的，先引用实体法，后引用程序法。

第三条 刑事裁判文书应当引用法律、法律解释或者司法解释。刑事附带民事诉讼裁判文书引用规范性法律文件，同时适用本规定第四条规定。

第四条 民事裁判文书应当引用法律、法律解释或者司法解释。对于应当适用的行政法规、地方性法规或者自治条例和单行条例，可以直接引用。

第五条 行政裁判文书应当引用法律、法律解释、行政法规或者司法解释。对于应当适用的地方性法规、自治条例和单行条例、国务院或者国务院授权的部门公布的行政法规解释或者行政规章，可以直接引用。

第六条 对于本规定第三条、第四条、第五条规定之外的规范性文件，根据审理案件的需要，经审查认定为合法有效的，可以作为裁判说理的依据。

第七条 人民法院制作裁判文书确需引用的规范性法律文件之间存在冲突，根据立法法等有关法律规定无法选择适用的，应当依法提请有决定权的机关做出裁决，不得自行在裁判文书中认定相关规范性法律文件的效力。

第八条 本院以前发布的司法解释与本规定不一致的，以本规定为准。

最高人民法院关于人民法院在互联网公布裁判文书的规定

1. 2016年7月25日最高人民法院审判委员会第1689次会议通过
2. 2016年8月29日公布
3. 法释〔2016〕19号
4. 自2016年10月1日起施行

为贯彻落实审判公开原则，规范人民法院在互联网公布裁判文书工作，促进司法公正，提升司法公信力，根据《中华人民共和国刑事诉讼法》《中华人民共和国民事诉讼法》《中华人民共和国行政诉讼法》等相关规定，结合人民法院工作实际，制定本规定。

第一条 人民法院在互联网公布裁判文书，应当依法、全面、及时、规范。

第二条 中国裁判文书网是全国法院公布裁判文书的统一平台。各级人民法院在本院政务网站及司法公开平台设置中国裁判文书网的链接。

第三条 人民法院作出的下列裁判文书应当在互联网公布：

（一）刑事、民事、行政判决书；

（二）刑事、民事、行政、执行裁定书；

（三）支付令；

（四）刑事、民事、行政、执行驳回申诉通知书；

（五）国家赔偿决定书；

（六）强制医疗决定书或者驳回强制医疗申请的决定书；

（七）刑罚执行与变更决定书；

（八）对妨害诉讼行为、执行行为作出的拘留、罚款决定书，提前解除拘留决定书，因对不服拘留、罚款等制裁决定申请复议而作出的复议决定书；

（九）行政调解书、民事公益诉讼调解书；

（十）其他有中止、终结诉讼程序作用或者对当事人实体权益有影响、对当事人程序权益有重大影响的裁判文书。

第四条 人民法院作出的裁判文书有下列情形之一的，不在互联网公布：

（一）涉及国家秘密的；

（二）未成年人犯罪的；

（三）以调解方式结案或者确认人民调解协议效力的，但为保护国家利益、社会公共利益、他人合法权益确有必要公开的除外；

（四）离婚诉讼或者涉及未成年子女抚养、监护的；

（五）人民法院认为不宜在互联网公布的其他情形。

第五条 人民法院应当在受理案件通知书、应诉通知书中告知当事人在互联网公布裁判文书的范围，并通过政务网站、电子触摸屏、诉讼指南等多种方式，向公众告知人民法院在互联网公布裁判文书的相关规定。

第六条 不在互联网公布的裁判文书，应当公布案号、审理法院、裁判日期及不公开理由，但公布上述信息可能泄露国家秘密的除外。

第七条 发生法律效力的裁判文书，应当在裁判文书生效之日起七个工作日内在互联网公布。依法提起抗诉或者上诉的一审判决书、裁定书，应当在二审裁判生效后七个工作日内在互联网公布。

第八条　人民法院在互联网公布裁判文书时，应当对下列人员的姓名进行隐名处理：

（一）婚姻家庭、继承纠纷案件中的当事人及其法定代理人；

（二）刑事案件被害人及其法定代理人、附带民事诉讼原告人及其法定代理人、证人、鉴定人；

（三）未成年人及其法定代理人。

第九条　根据本规定第八条进行隐名处理时，应当按以下情形处理：

（一）保留姓氏，名字以“某”替代；

（二）对于少数民族姓名，保留第一个字，其余内容以“某”替代；

（三）对于外国人、无国籍人姓名的中文译文，保留第一个字，其余内容以“某”替代；对于外国人、无国籍人的英文姓名，保留第一个英文字母，删除其他内容。

对不同姓名隐名处理后发生重复的，通过在姓名后增加阿拉伯数字进行区分。

第十条　人民法院在互联网公布裁判文书时，应当删除下列信息：

（一）自然人的家庭住址、通讯方式、身份证号码、银行账号、健康状况、车牌号码、动产或不动产权属证书编号等个人信息；

（二）法人以及其他组织的银行账号、车牌号码、动产或不动产权属证书编号等信息；

（三）涉及商业秘密的信息；

（四）家事、人格权益等纠纷中涉及个人隐私的信息；

（五）涉及技术侦查措施的信息；

（六）人民法院认为不宜公开的其他信息。

按照本条第一款删除信息影响对裁判文书正确理解的，用符号“×”作部分替代。

第十一条　人民法院在互联网公布裁判文书，应当保留当事人、法定代理人、委托代理人、辩护人的下列信息：

（一）除根据本规定第八条进行隐名处理的以外，当事人及其法定代理人是自然人的，保留姓名、出生日期、性别、住所地所属县、区；当事人及其法定代理人是法人或其他组织的，保留名称、住所地、组织机构代码，以及法定代表人或主要负责人的姓名、职务；

（二）委托代理人、辩护人是律师或者基层法律服务工作者的，保留姓名、执业证号和律师事务所、基层法律服务机构名称；委托代理人、辩护人是其他人员的，保留姓名、出生日期、性别、住所地所属县、区，以及与当事人的关系。

第十二条　办案法官认为裁判文书具有本规定第四条第五项不宜在互联网公布情形的，应当提出书面意见及理由，由部门负责人审查后报主管副院长审定。

第十三条　最高人民法院监督指导全国法院在互联网公布裁判文书的工作。高级、中级人民法院监督指导辖区法院在互联网公布裁判文书的工作。

各级人民法院审判管理办公室或者承担审判管理职能的其他机构负责本院在互联网公布裁判文书的管理工作，履行以下职责：

（一）组织、指导在互联网公布裁判文书；

（二）监督、考核在互联网公布裁判文书的工作；

（三）协调处理社会公众对裁判文书公开的投诉和意见；

（四）协调技术部门做好技术支持和保障；

（五）其他相关管理工作。

第十四条　各级人民法院应当依托信息技术将裁判文书公开纳入审判流程管理，减轻裁判文书公开的工作量，实现裁判文书及时、全面、便捷公布。

第十五条　在互联网公布的裁判文书，除依照本规定要求进行技术处理的以外，应当与裁判文书的原本一致。

人民法院对裁判文书中的笔误进行补正的，应当及时在互联网公布补正笔误的裁定书。

办案法官对在互联网公布的裁判文书与裁判文书原本的一致性，以及技术处理的规范性负责。

第十六条　在互联网公布的裁判文书与裁判文书原本不一致或者技术处理不当的，应当及时撤回并在纠正后重新公布。

在互联网公布的裁判文书，经审查存在本规定第四条列明情形的，应当及时撤回，并按照本规定第六条处理。

第十七条　人民法院信息技术服务中心负责中国裁判文书网的运行维护和升级完善，为社会各界合法利用在该网站公开的裁判文书提供便利。

中国裁判文书网根据案件适用不同审判程序的案号,实现裁判文书的相互关联。

第十八条 本规定自2016年10月1日起施行。最高人民法院以前发布的司法解释和规范性文件与本规定不一致的,以本规定为准。

最高人民法院关于人民法院庭审录音录像的若干规定

1. 2017年1月25日最高人民法院审判委员会第1708次会议通过
2. 2017年2月22日公布
3. 法释〔2017〕5号
4. 自2017年3月1日起施行

为保障诉讼参与人诉讼权利,规范庭审活动,提高庭审效率,深化司法公开,促进司法公正,根据《中华人民共和国刑事诉讼法》《中华人民共和国民事诉讼法》《中华人民共和国行政诉讼法》等法律规定,结合审判工作实际,制定本规定。

第一条 人民法院开庭审判案件,应当对庭审活动进行全程录音录像。

第二条 人民法院应当在法庭内配备固定或者移动的录音录像设备。

有条件的人民法院可以在法庭安装使用智能语音识别同步转换文字系统。

第三条 庭审录音录像应当自宣布开庭时开始,至闭庭时结束。除下列情形外,庭审录音录像不得人为中断:

(一)休庭;

(二)公开庭审中的不公开举证、质证活动;

(三)不宜录制的调解活动。

负责录音录像的人员应当对录音录像的起止时间、有无中断等情况进行记录并附卷。

第四条 人民法院应当采取叠加同步录制时间或者其他措施保证庭审录音录像的真实和完整。

因设备故障或技术原因导致录音录像不真实、不完整的,负责录音录像的人员应当作出书面说明,经审判长或独任审判员审核签字后附卷。

第五条 人民法院应当使用专门设备在线或离线存储、备份庭审录音录像。因设备故障等原因导致不符合技术标准的录音录像,应当一并存储。

庭审录音录像的归档,按照人民法院电子诉讼档案管理规定执行。

第六条 人民法院通过使用智能语音识别系统同步转换生成的庭审文字记录,经审判人员、书记员、诉讼参与人核对签字后,作为法庭笔录管理和使用。

第七条 诉讼参与人对法庭笔录有异议并申请补正的,书记员可以播放庭审录音录像进行核对、补正;不予补正的,应当将申请记录在案。

第八条 适用简易程序审理民事案件的庭审录音录像,经当事人同意的,可以替代法庭笔录。

第九条 人民法院应当将替代法庭笔录的庭审录音录像同步保存在服务器或者刻录成光盘,并由当事人和其他诉讼参与人对其完整性校验值签字或者采取其他方法进行确认。

第十条 人民法院应当通过审判流程信息公开平台、诉讼服务平台以及其他便民诉讼服务平台,为当事人、辩护律师、诉讼代理人等依法查阅庭审录音录像提供便利。

对提供查阅的录音录像,人民法院应当设置必要的安全防范措施。

第十一条 当事人、辩护律师、诉讼代理人等可以依照规定复制录音或者誊录庭审录音录像,必要时人民法院应当配备相应设施。

第十二条 人民法院可以播放依法公开审理案件的庭审录音录像。

第十三条 诉讼参与人、旁听人员违反法庭纪律或者有关法律规定,危害法庭安全、扰乱法庭秩序的,人民法院可以通过庭审录音录像进行调查核实,并将其作为追究法律责任的证据。

第十四条 人民检察院、诉讼参与人认为庭审活动不规范或者违反法律规定的,人民法院应当结合庭审录音录像进行调查核实。

第十五条 未经人民法院许可,任何人不得对庭审活动进行录音录像,不得对庭审录音录像进行拍录、复制、删除和迁移。

行为人实施前款行为的,依照规定追究其相应责任。

第十六条 涉及国家秘密、商业秘密、个人隐私等庭审活动的录制,以及对庭审录音录像的存储、查阅、复制、誊录等，应当符合保密管理等相关规定。

第十七条　庭审录音录像涉及的相关技术保障、技术标准和技术规范，由最高人民法院另行制定。

第十八条　人民法院从事其他审判活动或者进行执行、听证、接访等活动需要进行录音录像的，参照本规定执行。

第十九条　本规定自2017年3月1日起施行。最高人民法院此前发布的司法解释及规范性文件与本规定不一致的，以本规定为准。

最高人民法院关于人民法院通过互联网公开审判流程信息的规定

1. 2018年2月12日最高人民法院审判委员会第1733次会议通过
2. 2018年3月4日公布
3. 法释〔2018〕7号
4. 自2018年9月1日起施行

为贯彻落实审判公开原则，保障当事人对审判活动的知情权，规范人民法院通过互联网公开审判流程信息工作，促进司法公正，提升司法公信，根据《中华人民共和国刑事诉讼法》《中华人民共和国民事诉讼法》《中华人民共和国行政诉讼法》《中华人民共和国国家赔偿法》等法律规定，结合人民法院工作实际，制定本规定。

第一条　人民法院审判刑事、民事、行政、国家赔偿案件的流程信息，应当通过互联网向参加诉讼的当事人及其法定代理人、诉讼代理人、辩护人公开。

人民法院审判具有重大社会影响案件的流程信息，可以通过互联网或者其他方式向公众公开。

第二条　人民法院通过互联网公开审判流程信息，应当依法、规范、及时、便民。

第三条　中国审判流程信息公开网是人民法院公开审判流程信息的统一平台。各级人民法院在本院门户网站以及司法公开平台设置中国审判流程信息公开网的链接。

有条件的人民法院可以通过手机、诉讼服务平台、电话语音系统、电子邮箱等辅助媒介，向当事人及其法定代理人、诉讼代理人、辩护人主动推送案件的审判流程信息，或者提供查询服务。

第四条　人民法院应当在受理案件通知书、应诉通知书、参加诉讼通知书、出庭通知书中，告知当事人及其法定代理人、诉讼代理人、辩护人通过互联网获取审判流程信息的方法和注意事项。

第五条　当事人、法定代理人、诉讼代理人、辩护人的身份证件号码、律师执业证号、组织机构代码、统一社会信用代码，是其获取审判流程信息的身份验证依据。

当事人及其法定代理人、诉讼代理人、辩护人应当配合受理案件的人民法院采集、核对身份信息，并预留有效的手机号码。

第六条　人民法院通知当事人应诉、参加诉讼，准许当事人参加诉讼，或者采用公告方式送达当事人的，自完成其身份信息采集、核对后，依照本规定公开审判流程信息。

当事人中途退出诉讼的，经人民法院依法确认后，不再向该当事人及其法定代理人、诉讼代理人、辩护人公开审判流程信息。

法定代理人、诉讼代理人、辩护人参加诉讼或者发生变更的，参照前两款规定处理。

第七条　下列程序性信息应当通过互联网向当事人及其法定代理人、诉讼代理人、辩护人公开：

（一）收案、立案信息，结案信息；

（二）检察机关、刑罚执行机关信息，当事人信息；

（三）审判组织信息；

（四）审判程序、审理期限、送达、上诉、抗诉、移送等信息；

（五）庭审、质证、证据交换、庭前会议、询问、宣判等诉讼活动的时间和地点；

（六）裁判文书在中国裁判文书网的公布情况；

（七）法律、司法解释规定应当公开，或者人民法院认为可以公开的其他程序性信息。

第八条　回避、管辖争议、保全、先予执行、评估、鉴定等流程信息，应当通过互联网向当事人及其法定代理人、诉讼代理人、辩护人公开。

公开保全、先予执行等流程信息可能影响事项处理的，可以在事项处理完毕后公开。

第九条　下列诉讼文书应当于送达后通过互联网向当事人及其法定代理人、诉讼代理人、辩护人公开：

（一）起诉状、上诉状、再审申请书、申诉书、国家赔偿申请书、答辩状等诉讼文书；

（二）受理案件通知书、应诉通知书、参加诉讼通知书、出庭通知书、合议庭组成人员通知书、传票等诉讼文书；

（三）判决书、裁定书、决定书、调解书，以及其他有中止、终结诉讼程序作用，或者对当事人实体权利有影响、对当事人程序权利有重大影响的裁判文书；

（四）法律、司法解释规定应当公开，或者人民法院认为可以公开的其他诉讼文书。

第十条 庭审、质证、证据交换、庭前会议、调查取证、勘验、询问、宣判等诉讼活动的笔录，应当通过互联网向当事人及其法定代理人、诉讼代理人、辩护人公开。

第十一条 当事人及其法定代理人、诉讼代理人、辩护人申请查阅庭审录音录像、电子卷宗的，人民法院可以通过中国审判流程信息公开网或者其他诉讼服务平台提供查阅，并设置必要的安全保护措施。

第十二条 涉及国家秘密，以及法律、司法解释规定应当保密或者限制获取的审判流程信息，不得通过互联网向当事人及其法定代理人、诉讼代理人、辩护人公开。

第十三条 已经公开的审判流程信息与实际情况不一致的，以实际情况为准，受理案件的人民法院应当及时更正。

已经公开的审判流程信息存在本规定第十二条列明情形的，受理案件的人民法院应当及时撤回。

第十四条 经受送达人书面同意，人民法院可以通过中国审判流程信息公开网向民事、行政案件的当事人及其法定代理人、诉讼代理人电子送达除判决书、裁定书、调解书以外的诉讼文书。

采用前款方式送达的，人民法院应当按照本规定第五条采集、核对受送达人的身份信息，并为其开设个人专用的即时收悉系统。诉讼文书到达该系统的日期为送达日期，由系统自动记录并生成送达回证归入电子卷宗。

已经送达的诉讼文书需要更正的，应当重新送达。

第十五条 最高人民法院监督指导全国法院审判流程信息公开工作。高级、中级人民法院监督指导辖区法院审判流程信息公开工作。

各级人民法院审判管理办公室或者承担审判管理职能的其他机构负责本院审判流程信息公开工作，履行以下职责：

（一）组织、监督审判流程信息公开工作；

（二）处理当事人及其法定代理人、诉讼代理人、辩护人对审判流程信息公开工作的投诉和意见建议；

（三）指导技术部门做好技术支持和服务保障；

（四）其他管理工作。

第十六条 公开审判流程信息的业务规范和技术标准，由最高人民法院另行制定。

第十七条 本规定自2018年9月1日起施行。最高人民法院以前发布的司法解释和规范性文件与本规定不一致的，以本规定为准。

最高人民法院关于互联网法院审理案件若干问题的规定

1. 2018年9月3日最高人民法院审判委员会第1747次会议通过

2. 2018年9月6日公布

3. 法释〔2018〕16号

4. 自2018年9月7日起施行

为规范互联网法院诉讼活动，保护当事人及其他诉讼参与人合法权益，确保公正高效审理案件，根据《中华人民共和国民事诉讼法》《中华人民共和国行政诉讼法》等法律，结合人民法院审判工作实际，就互联网法院审理案件相关问题规定如下。

第一条 互联网法院采取在线方式审理案件，案件的受理、送达、调解、证据交换、庭前准备、庭审、宣判等诉讼环节一般应当在线上完成。

根据当事人申请或者案件审理需要，互联网法院可以决定在线下完成部分诉讼环节。

第二条 北京、广州、杭州互联网法院集中管辖所在市的辖区内应当由基层人民法院受理的下列第一审案件：

（一）通过电子商务平台签订或者履行网络购物合同而产生的纠纷；

（二）签订、履行行为均在互联网上完成的网络服务合同纠纷；

（三）签订、履行行为均在互联网上完成的金融借款合同纠纷、小额借款合同纠纷；

（四）在互联网上首次发表作品的著作权或者邻接权权属纠纷；

（五）在互联网上侵害在线发表或者传播作品的著作权或者邻接权而产生的纠纷；

（六）互联网域名权属、侵权及合同纠纷；

（七）在互联网上侵害他人人身权、财产权等民事权益而产生的纠纷；

（八）通过电子商务平台购买的产品，因存在产品缺陷，侵害他人人身、财产权益而产生的产品责任纠纷；

（九）检察机关提起的互联网公益诉讼案件；

（十）因行政机关作出互联网信息服务管理、互联网商品交易及有关服务管理等行政行为而产生的行政纠纷；

（十一）上级人民法院指定管辖的其他互联网民事、行政案件。

第三条　当事人可以在本规定第二条确定的合同及其他财产权益纠纷范围内，依法协议约定与争议有实际联系地点的互联网法院管辖。

电子商务经营者、网络服务提供商等采取格式条款形式与用户订立管辖协议的，应当符合法律及司法解释关于格式条款的规定。

第四条　当事人对北京互联网法院作出的判决、裁定提起上诉的案件，由北京市第四中级人民法院审理，但互联网著作权权属纠纷和侵权纠纷、互联网域名纠纷的上诉案件，由北京知识产权法院审理。

当事人对广州互联网法院作出的判决、裁定提起上诉的案件，由广州市中级人民法院审理，但互联网著作权权属纠纷和侵权纠纷、互联网域名纠纷的上诉案件，由广州知识产权法院审理。

当事人对杭州互联网法院作出的判决、裁定提起上诉的案件，由杭州市中级人民法院审理。

第五条　互联网法院应当建设互联网诉讼平台（以下简称诉讼平台），作为法院办理案件和当事人及其他诉讼参与人实施诉讼行为的专用平台。通过诉讼平台作出的诉讼行为，具有法律效力。

互联网法院审理案件所需涉案数据，电子商务平台经营者、网络服务提供商、相关国家机关应当提供，并有序接入诉讼平台，由互联网法院在线核实、实时固定、安全管理。诉讼平台对涉案数据的存储和使用，应当符合《中华人民共和国网络安全法》等法律法规的规定。

第六条　当事人及其他诉讼参与人使用诉讼平台实施诉讼行为的，应当通过证件证照比对、生物特征识别或者国家统一身份认证平台认证等在线方式完成身份认证，并取得登录诉讼平台的专用账号。

使用专用账号登录诉讼平台所作出的行为，视为被认证人本人行为，但因诉讼平台技术原因导致系统错误，或者被认证人能够证明诉讼平台账号被盗用的除外。

第七条　互联网法院在线接收原告提交的起诉材料，并于收到材料后七日内，在线作出以下处理：

（一）符合起诉条件的，登记立案并送达案件受理通知书、诉讼费交纳通知书、举证通知书等诉讼文书。

（二）提交材料不符合要求的，及时发出补正通知，并于收到补正材料后次日重新起算受理时间；原告未在指定期限内按要求补正的，起诉材料作退回处理。

（三）不符合起诉条件的，经释明后，原告无异议的，起诉材料作退回处理；原告坚持继续起诉的，依法作出不予受理裁定。

第八条　互联网法院受理案件后，可以通过原告提供的手机号码、传真、电子邮箱、即时通讯账号等，通知被告、第三人通过诉讼平台进行案件关联和身份验证。

被告、第三人应当通过诉讼平台了解案件信息，接收和提交诉讼材料，实施诉讼行为。

第九条　互联网法院组织在线证据交换的，当事人应当将在线电子数据上传、导入诉讼平台，或者将线下证据通过扫描、翻拍、转录等方式进行电子化处理后上传至诉讼平台进行举证，也可以运用已经导入诉讼平台的电子数据证明自己的主张。

第十条　当事人及其他诉讼参与人通过技术手段将身份证明、营业执照副本、授权委托书、法定代表人身份证明等诉讼材料，以及书证、鉴定意见、勘验笔录等证据材料进行电子化处理后提交的，经互联网法院审核通过后，视为符合原件形式要求。对方当事人对上述材料真实性提出异议且有合理理由的，互联网法院应当要求当事人提供原件。

第十一条 当事人对电子数据真实性提出异议的，互联网法院应当结合质证情况，审查判断电子数据生成、收集、存储、传输过程的真实性，并着重审查以下内容：

（一）电子数据生成、收集、存储、传输所依赖的计算机系统等硬件、软件环境是否安全、可靠；

（二）电子数据的生成主体和时间是否明确，表现内容是否清晰、客观、准确；

（三）电子数据的存储、保管介质是否明确，保管方式和手段是否妥当；

（四）电子数据提取和固定的主体、工具和方式是否可靠，提取过程是否可以重现；

（五）电子数据的内容是否存在增加、删除、修改及不完整等情形；

（六）电子数据是否可以通过特定形式得到验证。

当事人提交的电子数据，通过电子签名、可信时间戳、哈希值校验、区块链等证据收集、固定和防篡改的技术手段或者通过电子取证存证平台认证，能够证明其真实性的，互联网法院应当确认。

当事人可以申请具有专门知识的人就电子数据技术问题提出意见。互联网法院可以根据当事人申请或者依职权，委托鉴定电子数据的真实性或者调取其他相关证据进行核对。

第十二条 互联网法院采取在线视频方式开庭。存在确需当庭查明身份、核对原件、查验实物等特殊情形的，互联网法院可以决定在线下开庭，但其他诉讼环节仍应当在线完成。

第十三条 互联网法院可以视情决定采取下列方式简化庭审程序：

（一）开庭前已经在线完成当事人身份核实、权利义务告知、庭审纪律宣示的，开庭时可以不再重复进行；

（二）当事人已经在线完成证据交换的，对于无争议的证据，法官在庭审中说明后，可以不再举证、质证；

（三）经征得当事人同意，可以将当事人陈述、法庭调查、法庭辩论等庭审环节合并进行。对于简单民事案件，庭审可以直接围绕诉讼请求或者案件要素进行。

第十四条 互联网法院根据在线庭审特点，适用《中华人民共和国人民法院法庭规则》的有关规定。除经查明确属网络故障、设备损坏、电力中断或者不可抗力等原因外，当事人不按时参加在线庭审的，视为“拒不到庭”，庭审中擅自退出的，视为“中途退庭”，分别按照《中华人民共和国民事诉讼法》《中华人民共和国行政诉讼法》及相关司法解释的规定处理。

第十五条 经当事人同意，互联网法院应当通过中国审判流程信息公开网、诉讼平台、手机短信、传真、电子邮件、即时通讯账号等电子方式送达诉讼文书及当事人提交的证据材料等。

当事人未明确表示同意，但已经约定发生纠纷时在诉讼中适用电子送达的，或者通过回复收悉、作出相应诉讼行为等方式接受已经完成的电子送达，并且未明确表示不同意电子送达的，可以视为同意电子送达。

经告知当事人权利义务，并征得其同意，互联网法院可以电子送达裁判文书。当事人提出需要纸质版裁判文书的，互联网法院应当提供。

第十六条 互联网法院进行电子送达，应当向当事人确认电子送达的具体方式和地址，并告知电子送达的适用范围、效力、送达地址变更方式以及其他需告知的送达事项。

受送达人未提供有效电子送达地址的，互联网法院可以将能够确认为受送达人本人的近三个月内处于日常活跃状态的手机号码、电子邮箱、即时通讯账号等常用电子地址作为优先送达地址。

第十七条 互联网法院向受送达人主动提供或者确认的电子地址进行送达的，送达信息到达受送达人特定系统时，即为送达。

互联网法院向受送达人常用电子地址或者能够获取的其他电子地址进行送达的，根据下列情形确定是否完成送达：

（一）受送达人回复已收到送达材料，或者根据送达内容作出相应诉讼行为的，视为完成有效送达。

（二）受送达人的媒介系统反馈受送达人已阅知，或者有其他证据可以证明受送达人已经收悉的，推定完成有效送达，但受送达人能够证明存在媒介系统错误、送达地址非本人所有或者使用、非本人阅知等未收悉送达内容的情形除外。

完成有效送达的，互联网法院应当制作电子送达凭证。电子送达凭证具有送达回证效力。

第十八条　对需要进行公告送达的事实清楚、权利义务关系明确的简单民事案件，互联网法院可以适用简易程序审理。

第十九条　互联网法院在线审理的案件，审判人员、法官助理、书记员、当事人及其他诉讼参与人等通过在线确认、电子签章等在线方式对调解协议、笔录、电子送达凭证及其他诉讼材料予以确认的，视为符合《中华人民共和国民事诉讼法》有关"签名"的要求。

第二十条　互联网法院在线审理的案件，可以在调解、证据交换、庭审、合议等诉讼环节运用语音识别技术同步生成电子笔录。电子笔录以在线方式核对确认后，与书面笔录具有同等法律效力。

第二十一条　互联网法院应当利用诉讼平台随案同步生成电子卷宗，形成电子档案。案件纸质档案已经全部转化为电子档案的，可以以电子档案代替纸质档案进行上诉移送和案卷归档。

第二十二条　当事人对互联网法院审理的案件提起上诉的，第二审法院原则上采取在线方式审理。第二审法院在线审理规则参照适用本规定。

第二十三条　本规定自2018年9月7日起施行。最高人民法院之前发布的司法解释与本规定不一致的，以本规定为准。

最高人民法院行政审判庭关于规范申请延长行政案件审限报告的通知

1．2000年3月1日

2．法行〔2000〕5号

各省、自治区、直辖市高级人民法院行政审判庭：

近一段时间，一些高级人民法院报送我院的申请延长行政案件审限的文书存在不够规范、不够统一的问题。有的延长审限呈批表未与延审报告同时上报；有的延审报告的案号与需要延长审限案件的案号不一致；还有的案号、当事人、简要案情等填写不清，反映不出案件的审级。

为规范行政案件延长审限审批制度，现将拟定的申请延长行政案件审理期限报告和行政案件延长审限呈批表式样下发试行，望认真执行。试行中有何问题和意见，望及时反馈。

最高人民法院关于在审判执行工作中切实规范自由裁量权行使保障法律统一适用的指导意见

1．2012年2月28日

2．法发〔2012〕7号

中国特色社会主义法律体系如期形成，标志着依法治国基本方略的贯彻实施进入了一个新阶段，人民法院依法履行职责、维护法制统一、建设社会主义法治国家的责任更加重大。我国正处在重要的社会转型期，审判工作中不断出现新情况、新问题；加之，我国地域辽阔、人口众多、民族多样性等诸多因素，造成经济社会发展不平衡。这就要求人民法院在强化法律统一适用的同时，正确运用司法政策，规范行使自由裁量权，充分发挥自由裁量权在保障法律正确实施，维护当事人合法权益，维护司法公正，提升司法公信力等方面的积极作用。现就人民法院在审判执行工作中切实规范自由裁量权行使，保障法律统一适用的若干问题，提出以下指导意见：

一、正确认识自由裁量权。自由裁量权是人民法院在审理案件过程中，根据法律规定和立法精神，秉持正确司法理念，运用科学方法，对案件事实认定、法律适用以及程序处理等问题进行分析和判断，并最终作出依法有据、公平公正、合情合理裁判的权力。

二、自由裁量权的行使条件。人民法院在审理案件过程中，对下列情形依法行使自由裁量权：（一）法律规定由人民法院根据案件具体情况进行裁量的；（二）法律规定由人民法院从几种法定情形中选择其一进行裁量，或者在法定的范围、幅度内进行裁量的；（三）根据案件具体情况需要对法律精神、规则或者条文进行阐释的；（四）根据案件具体情况需要对证据规则进行阐释或者对案件涉及的争议事实进行裁量认定的；（五）根据案件具体情况需要行使自由裁量权的其他情形。

三、自由裁量权的行使原则。（一）合法原则。要严格依据法律规定，遵循法定程序和正确裁判方法，符合法律、法规和司法解释的精神以及基本法理的要求，行使自由裁量权。不能违反法律明确、具体的规定。（二）合理原则。要从维护社会公平正义的价值观出发，充分考虑公共政策、社会主流价值观念、社会发展的阶段性、社会公众的认同度等因素，坚持正确的裁判理念，努力增强行使自由裁量权的确定性和可预测性，确保裁判结果符合社会发展方向。（三）公正原则。要秉持司法良知，恪守职业道德，坚持实体公正与程序公正并重。坚持法律面前人人平等，排除干扰，保持中立，避免偏颇。注重裁量结果与社会公众对公平正义普遍理解的契合性，确保裁判结果符合司法公平正义的要求。（四）审慎原则。要严把案件事实关、程序关和法律适用关，在充分理解法律精神、依法认定案件事实的基础上，审慎衡量、仔细求证，同时注意司法行为的适当性和必要性，努力实现办案的法律效果和社会效果的有机统一。

四、正确运用证据规则。行使自由裁量权，要正确运用证据规则，从保护当事人合法权益、有利查明事实和程序正当的角度，合理分配举证责任，全面、客观、准确认定证据的证明力，严格依证据认定案件事实，努力实现法律事实与客观事实的统一。

五、正确运用法律适用方法。行使自由裁量权，要处理好上位法与下位法、新法与旧法、特别法与一般法的关系，正确选择所应适用的法律；难以确定如何适用法律的，应按照立法法的规定报请有关机关裁决，以维护社会主义法制的统一。对同一事项同一法律存在一般规定和特别规定的，应优先适用特别规定。要正确把握法律、法规和司法解释中除明确列举之外的概括性条款规定，确保适用结果符合立法原意。

六、正确运用法律解释方法。行使自由裁量权，要结合立法宗旨和立法原意、法律原则、国家政策、司法政策等因素，综合运用各种解释方法，对法律条文作出最能实现社会公平正义、最具现实合理性的解释。

七、正确运用利益衡量方法。行使自由裁量权，要综合考量案件所涉各种利益关系，对相互冲突的权利或利益进行权衡与取舍，正确处理好公共利益与个人利益、人身利益与财产利益、生存利益与商业利益的关系，保护合法利益，抑制非法利益，努力实现利益最大化、损害最小化。

八、强化诉讼程序规范。行使自由裁量权，要严格依照程序法的规定，充分保障各方当事人的诉讼权利。要充分尊重当事人的处分权，依法保障当事人的辩论权，对可能影响当事人实体性权利或程序性权利的自由裁量事项，应将其作为案件争议焦点，充分听取当事人的意见；要完善相对独立的量刑程序，将量刑纳入庭审过程；要充分保障当事人的知情权，并根据当事人的要求，向当事人释明行使自由裁量权的依据、考量因素等事项。

九、强化审判组织规范。要进一步强化合议庭审判职责，确保全体成员对案件审理、评议、裁判过程的平等参与，充分发挥自由裁量权行使的集体把关机制。自由裁量权的行使涉及对法律条文的阐释、对不确定概念的理解、对证据规则的把握以及其他可能影响当事人重大实体性权利或程序性权利事项，且有重大争议的，可报请审判委员会讨论决定，确保法律适用的统一。

十、强化裁判文书规范。要加强裁判文书中对案件事实认定理由的论证，使当事人和社会公众知悉法院对证据材料的认定及采信理由。要公开援引和适用的法律条文，并结合案件事实阐明法律适用的理由，充分论述自由裁量结果的正当性和合理性，提高司法裁判的公信力和权威性。

十一、强化审判管理。要加强院长、庭长对审判活动的管理。要将自由裁量权的行使纳入案件质量评查范围，建立健全长效机制，完善评查标准。对自由裁量内容不合法、违反法定程序、结果显失公正以及其他不当行使自由裁量权的情形，要结合审判质量考核的相关规定予以处理；裁判确有错误，符合再审条件的，要按照审判监督程序进行再审。

十二、合理规范审级监督。要正确处理依法改判与维护司法裁判稳定性的关系，不断总结和规范二审、再审纠错原则，努力实现裁判标准的统一。下级人民法院依法正当行使自由裁量权作出的裁判结果，上级人民法院应当依法予以维持；下级人民法院行使自由裁量权明显不当的，上级人民法院可以予以撤销或变更；原审人民法院行使自由裁量权显著不当的，要按照审判监督程序予以撤销或变更。

十三、加强司法解释。最高人民法院要针对审判实践中的新情况、新问题，及时开展有针对性的司法调研。通过司法解释或司法政策，细化立法中的原则性条款和幅度过宽条款，规范选择性条款和授权条款，统一法律适用标准。要进一步提高司法解释和司法政策的质量，及时清理已过时或与新法产生冲突的司法解释，避免引起歧义或规则冲突。

十四、**加强案例指导**。各级人民法院要及时收集、整理涉及自由裁量权行使的典型案例，逐级上报最高人民法院。最高人民法院在公布的指导性案例中，要有针对性地筛选出在诉讼程序展开、案件事实认定和法律适用中涉及自由裁量事项的案例，对考量因素和裁量标准进行类型化。上级人民法院要及时掌握辖区内自由裁量权的行使情况，不断总结审判经验，提高自由裁量权行使的质量。

十五、**不断统一裁判标准**。各级人民法院内部对同一类型案件行使自由裁量权的，要严格、准确适用法律、司法解释，参照指导性案例，努力做到类似案件类似处理。下级人民法院对所审理的案件，认为存在需要统一裁量标准的，要书面报告上级人民法院。在案件审理中，发现不同人民法院对同类案件的处理存在明显不同裁量标准的，要及时将情况逐级上报共同的上级人民法院予以协调解决。自由裁量权的行使涉及具有普遍法律适用意义的新型、疑难问题的，要逐级书面报告最高人民法院。

十六、**加强法官职业保障**。要严格执行宪法、法官法的规定，增强法官职业荣誉感，保障法官正当行使自由裁量权。要大力建设学习型法院，全面提升司法能力。要加强法制宣传，引导社会和公众正确认识自由裁量权在司法审判中的必要性、正当性，不断提高社会公众对依法行使自由裁量权的认同程度。

十七、**防止权力滥用**。要进一步拓展司法公开的广度和深度，自觉接受人大、政协、检察机关和社会各界的监督。要深入开展廉洁司法教育，建立健全执法过错责任追究和防止利益冲突等制度规定，积极推进人民法院廉政风险防控机制建设，切实加强对自由裁量权行使的监督，对滥用自由裁量权并构成违纪违法的人员，要依据有关法律法规及纪律规定进行严肃处理。

最高人民法院关于加强和规范裁判文书释法说理的指导意见

1. 2018年6月1日
2. 法发〔2018〕10号

为进一步加强和规范人民法院裁判文书释法说理工作，提高释法说理水平和裁判文书质量，结合审判工作实际，提出如下指导意见。

一、裁判文书释法说理的目的是通过阐明裁判结论的形成过程和正当性理由，提高裁判的可接受性，实现法律效果和社会效果的有机统一；其主要价值体现在增强裁判行为公正度、透明度，规范审判权行使，提升司法公信力和司法权威，发挥裁判的定分止争和价值引领作用，弘扬社会主义核心价值观，努力让人民群众在每一个司法案件中感受到公平正义，切实维护诉讼当事人合法权益，促进社会和谐稳定。

二、裁判文书释法说理，要阐明事理，说明裁判所认定的案件事实及其根据和理由，展示案件事实认定的客观性、公正性和准确性；要释明法理，说明裁判所依据的法律规范以及适用法律规范的理由；要讲明情理，体现法理情相协调，符合社会主流价值观；要讲究文理，语言规范，表达准确，逻辑清晰，合理运用说理技巧，增强说理效果。

三、裁判文书释法说理，要立场正确、内容合法、程序正当，符合社会主义核心价值观的精神和要求；要围绕证据审查判断、事实认定、法律适用进行说理，反映推理过程，做到层次分明；要针对诉讼主张和诉讼争点、结合庭审情况进行说理，做到有的放矢；要根据案件社会影响、审判程序、诉讼阶段等不同情况进行繁简适度的说理，简案略说，繁案精说，力求恰到好处。

四、裁判文书中对证据的认定，应当结合诉讼各方举证质证以及法庭调查核实证据等情况，根据证据规则，运用逻辑推理和经验法则，必要时使用推定和司法认知等方法，围绕证据的关联性、合法性和真实性进行全面、客观、公正的审查判断，阐明证据采纳和采信的理由。

五、刑事被告人及其辩护人提出排除非法证据申请的，裁判文书应当说明是否对证据收集的合法性进行调查、证据是否排除及其理由。民事、行政案件涉及举证责任分配或者证明标准争议的，裁判文书应当说明理由。

六、裁判文书应当结合庭审举证、质证、法庭辩论以及法庭调查核实证据等情况，重点针对裁判认定的事实或者事实争点进行释法说理。依据间接证据认定事实时，应当围绕间接证据之间是否存在印证关系、是否能够形成完整的证明体系等进行说理。采用推定方法认定事实时，应当说明推定启动的原因、反驳的事实和理由，阐释裁断的形成过程。

七、诉讼各方对案件法律适用无争议且法律含义不需要阐明的，裁判文书应当集中围绕裁判内容和尺度进行释法说理。诉讼各方对案件法律适用存有争议或者法律含义需要阐明的，法官应当逐项回应法律争议焦点并说明理由。法律适用存在法律规范竞合或者冲突的，裁判文书应当说明选择的理由。民事案件没有明确的法律规定作为裁判直接依据的，法官应当首先寻找最相类似的法律规定作出裁判；如果没有最相类似的法律规定，法官可以依据习惯、法律原则、立法目的等作出裁判，并合理运用法律方法对裁判依据进行充分论证和说理。法官行使自由裁量权处理案件时，应当坚持合法、合理、公正和审慎的原则，充分论证运用自由裁量权的依据，并阐明自由裁量所考虑的相关因素。

八、下列案件裁判文书，应当强化释法说理：疑难、复杂案件；诉讼各方争议较大的案件；社会关注度较高、影响较大的案件；宣告无罪、判处法定刑以下刑罚、判处死刑的案件；行政诉讼中对被诉行政行为所依据的规范性文件一并进行审查的案件；判决变更行政行为的案件；新类型或者可能成为指导性案例的案件；抗诉案件；二审改判或者发回重审的案件；重审案件；再审案件；其他需要强化说理的案件。

九、下列案件裁判文书，可以简化释法说理：适用民事简易程序、小额诉讼程序审理的案件；适用民事特别程序、督促程序及公示催告程序审理的案件；适用刑事速裁程序、简易程序审理的案件；当事人达成和解协议的轻微刑事案件；适用行政简易程序审理的案件；适用普通程序审理但是诉讼各方争议不大的案件；其他适宜简化说理的案件。

十、二审或者再审裁判文书应当针对上诉、抗诉、申请再审的主张和理由强化释法说理。二审或者再审裁判文书认定的事实与一审或者原审不同的，或者认为一审、原审认定事实不清、适用法律错误的，应当在查清事实、纠正法律适用错误的基础上进行有针对性的说理；针对一审或者原审已经详尽阐述理由且诉讼各方无争议或者无新证据、新理由的事项，可以简化释法说理。

十一、制作裁判文书应当遵循《人民法院民事裁判文书制作规范》《民事申请再审诉讼文书样式》《涉外商事海事裁判文书写作规范》《人民法院破产程序法律文书样式（试行）》《民事简易程序诉讼文书样式（试行）》《人民法院刑事诉讼文书样式》《行政诉讼文书样式（试行）》《人民法院国家赔偿案件文书样式》等规定的技术规范标准，但是可以根据案件情况合理调整事实认定和说理部分的体例结构。

十二、裁判文书引用规范性法律文件进行释法说理，应当适用《最高人民法院关于裁判文书引用法律、法规等规范性法律文件的规定》等相关规定，准确、完整地写明规范性法律文件的名称、条款项序号；需要加注引号引用条文内容的，应当表述准确和完整。

十三、除依据法律法规、司法解释的规定外，法官可以运用下列论据论证裁判理由，以提高裁判结论的正当性和可接受性：最高人民法院发布的指导性案例；最高人民法院发布的非司法解释类审判业务规范性文件；公理、情理、经验法则、交易惯例、民间规约、职业伦理；立法说明等立法材料；采取历史、体系、比较等法律解释方法时使用的材料；法理及通行学术观点；与法律、司法解释等规范性法律文件不相冲突的其他论据。

十四、为便于释法说理，裁判文书可以选择采用下列适当的表达方式：案情复杂的，采用列明裁判要点的方式；案件事实或数额计算复杂的，采用附表的方式；裁判内容用附图的方式更容易表达清楚的，采用附图的方式；证据过多的，采用附录的方式呈现构成证据链的全案证据或证据目录；采用其他附件方式。

十五、裁判文书行文应当规范、准确、清楚、朴实、庄重、凝炼，一般不得使用方言、俚语、土语、生僻词语、古旧词语、外语；特殊情形必须使用的，应当注明实际含义。裁判文书释法说理应当避免使用主观臆断的表达方式、不恰当的修辞方法和学术化的写作风格，不得使用贬损人格尊严、具有强烈感情色彩、明显有违常识常理常情的用语，不能未经分析论证而直接使用“没有事实及法律依据，本院不予支持”之类的表述作为结论性论断。

十六、各级人民法院应当定期收集、整理和汇编辖区内法院具有指导意义的优秀裁判文书，充分发挥典型案例释法说理的引导、规范和教育功能。

十七、人民法院应当将裁判文书的制作和释法说理作为考核法官业务能力和审判质效的必备内容，确立为法官业绩考核的重要指标，纳入法官业绩档案。

十八、最高人民法院建立符合裁判文书释法说理规律的统一裁判文书质量评估体系和评价机制，定期组织裁判文书释法说理评查活动，评选发布全国性的优秀裁判文书，通报批评瑕疵裁判文书，并作为监督指导地方各级人民法院审判工作的重要内容。

十九、地方各级人民法院应当将裁判文书释法说理作为裁判文书质量评查的重要内容，纳入年度常规性工作之中，推动建立第三方开展裁判文书质量评价活动。

二十、各级人民法院可以根据本指导意见，结合实际制定刑事、民事、行政、国家赔偿、执行等裁判文书释法说理的实施细则。

二十一、本指导意见自2018年6月13日起施行。

最高人民法院对张永昌合伙建房申诉案有关问题的答复

1. 1993年1月14日

2. (92)民他字第33号

四川省高级人民法院：

你院《关于张永昌合伙建房申诉案的请示报告》和卷宗已收悉。根据你院报告认定的事实，经征求有关部门意见，我们研究认为：建房协议是双方自愿订立的，其内容合法，且双方已按协议履行。至于协议的主体资格问题，曾骏虽是未成年人，但有其生母杨晋代理实施民事行为；杨晋母子均有该市区正式户口，属可申请建房对象，故曾骏在协议中具有民事主体资格。原西城区房管局于1987年3月作出的撤销原共建房层的批准手续的决定，是行政诉讼法实施前的具体行政行为。根据当时的民事诉讼法（试行）第三条第二款的规定，行政案件按民事诉讼程序处理，并无不当。据此，我们同意你院的意见，终审判决并无不当，应予维持。请你院再向省人大办公厅汇报，并做好房管部门的协调工作，依法妥善处理好这起纠纷。

以上意见，仅供参考。

最高人民法院关于江西省高级人民法院赣高法函〔1993〕4号请示的答复

1. 1993年7月9日

2. (93)行他16号

江西省高级人民法院：

你院赣高法函（1993）4号《关于在同一事实中对同一当事人，行政机关同时作出限制人身自由和扣押财产两种具体行政行为，当事人依法向其住所地法院起诉，受诉法院是否可以合并审理问题的请示》收悉。经研究，我们原则同意你院的意见。行政机关基于同一事实，对同一当事人作出限制人身自由和扣押财产两种具体行政行为，如果当事人对这两种具体行政行为均不服，向原告所在地人民法院提起诉讼，原告所在地人民法院可以将当事人的两个诉讼请求合并审理。

此复

·典型案例·

黄金成等25人诉成都市武侯区房管局划分物业管理区域行政纠纷案

【裁判摘要】

根据行政诉讼法第五十四条第（二）项第1目的规定，没有证据证明行政机关在划分物业管理区域时，已按照《物业管理条例》第九条第二款的要求，考虑了物业共用设施设备的权属、使用与维护等问题的，应判决撤销该行政行为，并责令行政机关重新作出具体行政行为。

原告：黄金成等25人（名单从略）。

诉讼代表人:黄金成、王德源、徐金民、吉元、何顺良。

被告:四川省成都市武侯区房地产管理局。住所地:成都市一环路南四段。

法定代表人:陈增林,该局局长。

原告黄金成等25人不服被告四川省成都市武侯区房地产管理局(以下简称武侯区房管局)将"中央花园清水河片区"划分为5个物业管理区域的行政行为,向四川省成都市武侯区人民法院提起行政诉讼。

原告诉称:2003年11月24日,被告发出通知,将"中央花园清水河片区"划分成5个物业管理区域。原告认为:1."中央花园清水河片区"自竣工交付使用后,依法成立了业主委员会,也聘请了一个物业管理公司来管理。这些年来,"中央花园清水河片区"的物业管理正常,没有发生违反国家法律、法规和政策的物业管理问题。被告为什么要将早已配套完整的小区重新划分? 2.国务院《物业管理条例》规定,物业管理区域的划分具体办法"由省、自治区、直辖市制定",成都市房地产管理局的〔2003〕第3号文件中,没有具体规定划分物业管理区域的办法。所以,被告的行为没有法律、法规及政策依据,是超越职权的乱作为。3.按开发的先后顺序,"中央花园清水河片区"虽然可分为一、二、三期,精装版一、二区,临河、沿河别墅区,但事实上这并非一个个独立的小区,而是整体以一个小区来建设的。整个"中央花园清水河片区"的公共设施、设备和娱乐活动场所,如配电房、变压器、供水系统及门球场、网球场、活动中心等,是无法分割的。划分物业管理区域后,会使公共设施、设备所在地的业主,要为整个"中央花园清水河片区"去承担公共设施、设备的维修费用;也会使娱乐活动场所所在地以外其他区域的业主,在行使使用娱乐活动场所的权利时受到影响。把"中央花园清水河片区"重新划分为5个物业管理区域,是人为地制造矛盾,是对广大业主利益的侵害。为维护自己的合法权益,原告现依法提起行政诉讼,请求判令撤销被告将"中央花园清水河片区"重新划分为5个物业管理区域的行政行为。

原告向法庭提交以下证据:

1.黄金成等25人的身份证和房屋所有权证,用以证明原告都是"中央花园清水河片区"的业主,与划分物业管理区域的行政行为有利害关系;

2.购房合同,用以证明原告在购房时均支付了公共配套设施的费用;

3.《中央花园业主委员会章程》,用以证明"中央花园清水河片区"作为一个整体物业管理区域已经存在着,并且有自己的业主委员会;

4.对划分物业管理区域公示的回复,用以证明在被告拟划分物业管理区域前,原告已经向其提出过异议;

5."中央花园清水河片区"平面示意图,用以证明该小区内楼宇和公共设施、设备分布情况,如变更原物业管理区域,将造成对公共设施、设备的人为分割。

被告辩称:1.根据《城市房地产管理法》、《物业管理条例》和《四川省城市住宅物业管理暂行办法》等法律、法规和规章的规定,被告是成都市武侯区内负责对物业管理活动进行监督、管理的行政机关,有划分物业管理区域的行政职权。在不违背法律规定的前提下,被告对职权内管理的社会公共事务,有自由裁量权。划分物业管理区域,是政府管理职能的体现。2.《物业管理条例》第九条授权省、自治区、直辖市制定划分物业管理区域的具体办法,而四川省的具体办法尚未制定。为履行自己的管理职能,被告按照《物业管理条例》的原则性规定和与上位法不存在冲突并且未明令废止的成都市的规范性文件,作出划分物业管理区域的行政行为,这个具体行政行为是合法有据的。3.以"中央花园"为名的小区,建筑规模大,仅本案涉及的"中央花园清水河片区"就有业主5000余人,不便于管理;由于建设时间、建筑物规划等因素,该小区客观上形成了相对独立的院落,或者有道路隔断成相对独立的区域;由于房屋建成的时间、规格、价格不同,该小区内的物业管理收费标准不一致;从市政管理的角度,该小区又分属两个社区居委会管理;在该小区内,大部分业主要求按相对独立的区域划小物业管理区域,以便业主更好地行使自主管理的权利。考虑到以上种种因素,为搞好治安管理和该小区配套设施的合理使用,以便给业主、物业使用人创造和保持一个整洁、文明、安全、舒适的生活和工作环境,被告才作出将该小区划分为5个物业管理区域的决定。被告的这一行政行为,主观上符合立法精神,目的是善意的,客观上也符合该小区现状。况且该行为只是对小区物业管理范围进行分割,不是对小区配套设施、设备的权属进行界定或干预,不影响业主对配套设施、设备主张共有或共同使用的权利。4.被告先进行了摸底调查,征求了街道办事处和社区的意见，又采用问卷形式，广泛征求了业主意见，获得绝大多数业主的支持，后经集体研究决定，向区政府报告请示，向相关人公示等形式，才作出划分物业管理区域的决定。被告的这一行政行为事实清楚、法律依据充分、程序合法。法院依法应当维持这一行政行为，驳回原告的诉讼请求。

被告向法庭提交以下证据：

1. 小区业主要求划分物业管理区域的请示报告，用以证明划分物业管理区域的行为符合大多数业主愿望；

2. 关于划分中央花园清水河片区物业管理区域的情况报告，用以证明作出划分物业管理区域行为的程序；

3. 武侯区房管局公示，用以证明被诉行政行为作出前曾向当事人征求意见；

4. 对“公示”的回复，用以证明绝大多数业主对划分物业管理区域没有异议；

5. 晋阳街道办事处〔2001〕63号文件，用以证明“中央花园清水河片区”地处两个社区；

6. “中央花园清水河片区”情况简介，用以证明该小区的建筑物规模及配套设施、设备概况；

7. 划分物业管理区域的通知，用以证明被诉具体行政行为的内容，并证明该行为作出后履行了告知当事人的义务；

8. 行政复议决定书及送达回证，用以证明被诉行政行为经过了行政复议；

9. 《中华人民共和国城市房地产管理法》、《物业管理条例》、成都市人民政府以成府发〔1998〕65号发布的《成都市住宅小区与高层楼宇物业管理暂行规定》、成都市房地产管理局成房物业管理〔2003〕3号《成都市物业管理业主大会规则（试行）》，用以证明被诉行政行为适用的法律法规及规范性文件。

法庭主持了质证、认证。经质证，被告武侯区房管局对原告黄金成等25人提交证据的真实性不持异议，但认为这些证据均不能证明被诉行政行为违法，或者损害了黄金成等25人对公共配套设施、设备的所有权和使用权。黄金成等25人对武侯区房管局提交证据的真实性不持异议，但认为成房物业管理〔2003〕3号文件应当随《物业管理条例》的生效而废止，不能作为武侯区房管局行政行为的依据；武侯区房管局不具备划分物业管理区域的资格，因此不能认定什么是划分物业管理区域应当具备的事实条件；武侯区房管局提交的这些证据，不能证明该局的行政行为有合法的事实基础。

成都市武侯区人民法院经审理查明：

自1998年起，金雁房产有限责任公司以“中央花园”项目名称，在成都市武侯区晋阳街道办事处辖区内的草金公路以北、清水河以南，开发建设了“中央花园清水河片区”商品房楼群，现共有楼房207幢5726套（户）。按开发先后顺序和规格，该片区可分为一期、二期、三期、精装版一区、二区、沿河别墅、临河别墅等楼群。其中一期楼群属沙堰社区居委会管辖，其他楼群属金雁社区居委会管辖。不同楼群之间，由围墙、道路等分割为相对独立的院落；院落之间，有一些市政公共通道。该小区由于建设年代较早，公共配套设施有其自身特点。其中，部分供电设备为小区自管，不属市政公共供电配套设施；该小区内其他一些共用设施、设备及物业管理用房，尚未作出权属界定。1999年6月，“中央花园清水河片区”成立了第一届业主委员会。2002年7月，该业主委员会任期届满，未换届选举。2003年10月28日，被告武侯区房管局与晋阳街道办事处共同向武侯区政府办公室提交了《关于划分中央花园清水河小区物业管理区域的情况报告》，内容是中央花园清水河小区物业管理区域的现状和存在的问题，拟将该小区划分为A、B、C、D、E共5个物业管理区域的设想，对划分物业管理区域的利弊权衡。同年11月14日，武侯区房管局将划分物业管理区域的方案在相关区域公示，征求业主意见。同年11月24日，武侯区房管局向“中央花园清水河片区”的业主发出通知，内容为：

按照国务院《物业管理条例》第九条第二款、市房管局《成都市物业管理业主大会规则（试行）》第三条第二款的规定，根据“中央花园清水河片区”市政设施及公建配套情况的特殊性和跨金雁、沙堰两社区居委会管辖区域的实际情况，加之各小区广大业主要求划小物业管理区域。为切实维护各小区业主的利益，便于各小区业主就各自物业管理区域的重大事宜作出决定，而不影响其他小区业主的权利，……本着尽量不影响业主生活不增加业主负担的原则，在不改变现有房屋及公共设施、设备现状的基础上，对中央花园清水河小区物业管理区域进行划分。划定的物业管理区域为：

沙堰社区居委会管辖的原中央花园一期小区(包括1组团:金雁路228号;2组团:暂无街号;3组团:沙堰西一街5号)25幢楼905套住宅,98.8平方米物业管理用房,划分为中央花园A区;

金雁社区居委会管辖的原临河别墅小区(沙堰西一街79号)55幢楼60套住宅,100平方米物业管理用房,划分为中央花园B区;

金雁社区居委会管辖的原中央花园二期小区(含沿河别墅、沙堰西二街20号)85幢楼3180套住宅,4幢楼38套非住宅,120平方米物业管理用房,划分为中央花园C区;

金雁社区居委会管辖的原中央花园精装版一区(沙堰西二街663号)13幢楼482套住宅,20平方米物业管理用房,划分为中央花园D区;

金雁社区居委会管辖的原中央花园三期小区(含精装版二区、晋阳路442号)29幢楼1100套住宅,4幢楼36套非住宅,80平方米物业管理用房,划分为中央花园E区。

请上述区域的业主根据《物业管理条例》、建设部《业主大会规程》和《成都市物业管理业主大会规则(试行)》的有关规定,在晋阳街道办事处、武侯区房管局和各自所属社区居委会的指导下,规范成立相应物业管理区域的业主大会,并选举产生业主委员会。

上述通知张贴后,原告黄金成等25名"中央花园清水河片区"的业主认为被告武侯区房管局的这一行政行为违法,遂于同年12月29日向成都市武侯区人民政府申请行政复议。成都市武侯区人民政府于2004年2月25日作出成武府复决字〔2004〕第1号《行政复议决定书》,维持了武侯区房管局将"中央花园清水河片区"划分为5个物业管理区域的决定。该复议决定书于同月27日送达黄金成等25人,并在"中央花园清水河片区"内张贴。

以上事实,双方当事人无争议,且有以下证据证实:1.小区业主要求划分物业管理区域的请示报告;2.关于划分中央花园清水河片区物业管理区域的情况报告;3.武侯区房管局公示;4.对"公示"的回复;5.晋阳街道办事处〔2001〕63号文件;6."中央花园清水河片区"情况简介;7.武侯区房管局划分物业管理区域的通知;8.行政复议决定书及送达回证。

成都市武侯区人民法院认为:

一、国务院以第379号令于2003年6月8日颁布,并于2003年9月1日施行的《物业管理条例》第五条第二款规定:"县级以上地方人民政府房地产行政主管部门负责本行政区域内物业管理活动的监督管理工作。"被告武侯区房管局是符合上述规定的行政管理部门。武侯区房管局作出的划分物业管理区域的通知,是武侯区房管局对物业管理活动行使行政管理职权的行为,具有可诉性。原告黄金成等25人作为武侯区房管局所划分物业管理区域内的业主,受划分物业管理区域行为的拘束、管理,符合行政诉讼法规定的主体资格。黄金成等25人因划分物业管理区域而与武侯区房管局发生争议,有权提起行政诉讼。

二、作为行政机关,应当遵循依法行政的行为准则,依照法律、法规行使维护社会经济文化秩序、管理社会事务、促进社会文明进步的职责和权力。被告武侯区房管局作为物业管理活动的行政管理部门,应当依职权或根据当事人的申请,对所辖区域内包括划分物业管理区域在内的物业管理活动,依法实施管理和监督。

《物业管理条例》第九条第二款明确了物业管理区域划分的主要原则,同时授权省、市、自治区、直辖市根据本行政区域的实际情况,制定具体的划分办法。《物业管理条例》颁布施行后,四川省未及出台相关的具体划分办法,但此前有已发布实施并且未被废止的相关规定。根据《中华人民共和国立法法》规定的法律效力及法律适用规则,这些未被废止的相关规定只要不与法律、法规相冲突,应当继续有效。被告武侯区房管局在《物业管理条例》颁布实施后,四川省尚未出台具体办法的情况下,为履行行政管理职责,直接适用上位法《物业管理条例》,并将与上位法不存在冲突的地方规范性文件作为其实施行政行为的依据,并无不当。

三、被告武侯区房管局实施被诉行政行为时,依据"中央花园清水河片区"建筑物规模较大、分属两个社区、不同时间建设的物业区域相对独立等事实,考虑了业主自主管理的不同愿望、物业区域的配套设施、社区居委会的管理活动等因素。上述事实证明,武侯区房管局实施被诉行政行为的动机,符合法律授予其行政权力的宗旨。被诉行政行为建立在正当考虑的基础上,行为的内容合乎情理,且具有可行性,符合行政行为合理性原则。

四、被诉行政行为是对物业管理区域的划分,是对公共配套设施、设备所在区域的界定,而不是对公共配套设施、设备权属的认定。“中央花园清水河片区”内如因公共配套设施、设备发生所有权、使用权、相关费用分摊等争议,可以通过市政公共设施的改造、完善,或者业主们相互协商、民事诉讼等途径解决,被告武侯区房管局不能限制。作为物业管理活动的行政管理部门,武侯区房管局应当对所辖区域内的物业活动实施管理和监督,依法维护业主的合法权益。

综上所述,被告武侯区房管局将“中央花园清水河片区”划分为5个物业管理区域的行政行为,依据的事实确实存在,内容符合《物业管理条例》的立法精神和原则规定,符合行政行为的合理性原则,该行政行为作出时没有违反法律、法规的程序性规定,应当是合法有效的。原告黄金成等25人的诉讼主张和相关证据,不足以证明武侯区房管局的行政行为违法,其要求撤销武侯区房管局行政行为的诉讼请求,不予支持。

据此,成都市武侯区人民法院依照《中华人民共和国行政诉讼法》第五十四条、最高人民法院《关于执行〈中华人民共和国行政诉讼法〉若干问题的解释》第五十六条第(四)项的规定,于2004年8月27日判决:

驳回原告黄金成等25人的诉讼请求。

本案受理费50元,其他诉讼费150元,共200元,由原告黄金成等25人负担。

一审宣判后,黄金成等25人不服,向四川省成都市中级人民法院提出上诉。理由是:一、被上诉人虽有相关条例、规章赋予的划分物业管理区域行政职权,但“中央花园清水河片区”的划分在此前已经完成,被上诉人此次的再行划分属变更物业管理区域,而被上诉人没有变更物业管理区域的权力;二、被上诉人对物业管理区域的再次划分,造成对共用设备设施使用的混乱,是对广大业主利益的侵害;三、一审法院所适用的法律,不适用于物业管理区域的再次划分;四、被上诉人提交的证据不足以证明其行政行为合法,一审采信被上诉人的证据不符合证据规则。请求撤销原判,撤销被上诉人的被诉具体行政行为。

被上诉人武侯区房管局辩称:被上诉人对物业管理区域进行划分,符合行政法规及规章的规定,也充分考虑了“中央花园清水河片区”的实际情况。原审判决正确,二审应当驳回上诉,维持原判。

成都市中级人民法院经审理查明:

当事人对以下事实无异议:上诉人黄金成等25人系“中央花园清水河片区”内业主。该片区位于成都市草金公路以北、清水河以南,按开发时间顺序和规格分为一期、二期、三期、精装版一区、二区、沿河别墅和临河别墅等楼群,共有207幢5726套。不同楼群之间有围墙、道路分割为相对独立的院落,院落之间有些市政公共通道,其中一期楼群所处地域属沙堰社区居委会,其他属金雁社区居委会。该小区有部分供电设备为小区自管,共用设施、设备及其他物业管理用房未作法定权属界定。2003年11月24日武侯区房管局发出通知,将“中央花园清水河片区”分为A、B、C、D、E五个物业管理区域,对各个区域的物业管理用房进行了划分,并请业主成立相应的业主大会及选举产生业主委员会。

以上事实,有武侯区房管局于2003年11月24日发出的通知和双方当事人的一致陈述等证据证实。上述证据具有真实性、合法性和关联性,予以采信。

本案争议焦点是:1.在“中央花园清水河片区”原有业主委员会和物业管理公司进行管理的情况下,武侯区房管局有无对此地进行物业管理区域划分的行政职权?2.武侯区房管局提交的证据,能否证明其对“中央花园清水河片区”所作的物业管理区域划分的行政行为合法?

成都市中级人民法院认为:

根据国务院《物业管理条例》、《成都市住宅小区与高层楼宇物业管理暂行规定》的规定,被上诉人武侯区房管局是武侯区内物业管理活动的行政监督管理部门,具有在辖区内进行物业管理区域划分的行政职权。上诉人黄金成等25人认为武侯区房管局对“中央花园清水河片区”作出的此次划分属于变更物业管理区域,而变更行为没有法律依据,该上诉理由不能成立。

《物业管理条例》第九条第二款规定:“物业管理区域的划分应当考虑物业的共用设施设备、建筑物规模、社区建设等因素。具体办法由省、自治区、直辖市制定。”被上诉人武侯区房管局考虑到“中央花园清水河片区”的建筑规模较大,分属两个社区等实际情况,为便于管理,对该片区进行物业管理区域的划分,该行为并无不当。但是根据《物业管理条例》第九条第二款的规定,武侯区房管局在划分物业管理区域时,应当考虑物业的共用设施设备、建筑物规模、社区建设等因素。在本案诉讼中,武侯区房管局没有以证据证明,其在对"中央花园清水河片区"进行物业管理区域的划分时，考虑了除物业管理用房以外的其他共用设施设备等因素。物业管理区域内共用设施的调整和分割，属于重大事项，应由业主大会讨论决定。由于区域的划分不可避免地涉及共用设施的调整和分割，因此物业管理区域的划分必须通过业主大会的讨论才能决定。在划分物业管理区域时如不考虑共用设施设备的权属、使用与维护等因素，就可能会对物业业主的合法权益造成损害。故武侯区房管局作出的划分"中央花园清水河片区"物业管理区域的通知，不符合《物业管理条例》第九条第二款的规定。

综上，一审认定被上诉人武侯区房管局有划分物业管理区域的职权，是正确的；但在行政机关没有提交相应证据的情况下，认定武侯区房管局在划分物业管理区域时，考虑了物业区域的配套设施，是错误的；以被诉行政行为不是对公共配套设施、设备权属的认定，因公共配套设施、设备权属发生争议可以通过其他途径解决为由，判决维持被诉行政行为不当。据此，成都市中级人民法院依照行政诉讼法第五十四条第（二）项第1目、第六十一条第（二）项的规定，于2004年12月3日判决：

一、撤销一审判决；

二、撤销被上诉人武侯区房管局于2003年11月24日对"中央花园清水河片区"业主发出的通知；

三、责令被上诉人武侯区房管局依照法定程序重新划分"中央花园清水河片区"的物业管理区域。

一审案件受理费100元，其他诉讼费50元，二审案件受理费100元，其他诉讼费50元，共计300元，由被上诉人武侯区房管局负担。

本判决为终审判决。

3. 审判监督

人民检察院行政诉讼监督规则

1. *2021年4月8日最高人民检察院第十三届检察委员会第六十五次会议通过*
2. *2021年7月27日公布*
3. *高检发释字〔2021〕3号*
4. *自2021年9月1日起施行*

目　　录

第一章　总　　则

第一条　为了保障和规范人民检察院依法履行行政诉讼监督职责，根据《中华人民共和国行政诉讼法》《中华人民共和国民事诉讼法》《中华人民共和国人民检察院组织法》和其他有关规定，结合人民检察院工作实际，制定本规则。

第二条　人民检察院依法独立行使检察权，通过办理行政诉讼监督案件，监督人民法院依法审判和执行，促进行政机关依法行使职权，维护司法公正和司法权威，维护国家利益和社会公共利益，保护公民、法人和其他组织的合法权益，推动行政争议实质性化解，保障国家法律的统一正确实施。

第三条　人民检察院通过提出抗诉、检察建议等方式，对行政诉讼实行法律监督。

第四条　人民检察院对行政诉讼实行法律监督，应当以事实为根据，以法律为准绳，坚持公开、公平、公正，依法全面审查，监督和支持人民法院、行政机关依法行使职权。

第五条　人民检察院办理行政诉讼监督案件，应当实行繁简分流，繁案精办、简案快办。

人民检察院办理行政诉讼监督案件，应当加强智慧借助，对于重大、疑难、复杂问题，可以向专家咨询或者组织专家论证，听取专家意见建议。

第六条　人民检察院办理行政诉讼监督案件，应当查清案件事实、辨明是非，综合运用监督纠正、公开听证、释法说理、司法救助等手段，开展行政争议实质性化解工作。

第七条　负责控告申诉检察、行政检察、案件管理的部门分别承担行政诉讼监督案件的受理、办理、管理工作，各部门互相配合，互相制约。

当事人不服人民法院生效行政赔偿判决、裁定、调解书的案件，由负责行政检察的部门办理，适用本规则规定。

第八条　人民检察院办理行政诉讼监督案件，由检察官、检察长、检察委员会在各自职权范围内对办案事项作出决定，并依照规定承担相应司法责任。

检察官在检察长领导下开展工作。重大办案事项，由检察长决定。检察长可以根据案件情况，提交检察委员会讨论决定。其他办案事项，检察长可以自行决定，也可以委托检察官决定。

本规则对应当由检察长或者检察委员会决定的重大办案事项有明确规定的，依照本规则的规定；本规则没有明确规定的，省级人民检察院可以制定有关规定，报最高人民检察院批准。

以人民检察院名义制发的法律文书，由检察长签发；属于检察官职权范围内决定事项的，检察长可以授权检察官签发。

重大、疑难、复杂或者有社会影响的案件，应当向检察长报告。

第九条　人民检察院办理行政诉讼监督案件，根据案件情况，可以由一名检察官独任办理，也可以由两名以上检察官组成办案组办理。由检察官办案组办理的，检察长应当指定一名检察官担任主办检察官，组织、指挥办案组办理案件。

检察官办理行政诉讼监督案件，可以根据需要配备检察官助理、书记员、司法警察、检察技术人员等检察辅助人员。检察辅助人员依照有关规定承担相应的检察辅助事务。

第十条 最高人民检察院领导地方各级人民检察院和专门人民检察院的行政诉讼监督工作，上级人民检察院领导下级人民检察院的行政诉讼监督工作。

上级人民检察院认为下级人民检察院的决定错误的，有权指令下级人民检察院纠正，或者依法撤销、变更。上级人民检察院的决定，应当以书面形式作出，下级人民检察院应当执行。下级人民检察院对上级人民检察院的决定有不同意见的，可以在执行的同时向上级人民检察院报告。

上级人民检察院可以依法统一调用辖区的检察人员办理行政诉讼监督案件，调用的决定应当以书面形式作出。被调用的检察官可以代表办理案件的人民检察院履行相关检察职责。

第十一条 人民检察院检察长或者检察长委托的副检察长在同级人民法院审判委员会讨论行政诉讼监督案件或者其他与行政诉讼监督工作有关的议题时，可以依照有关规定列席会议。

第十二条 检察人员办理行政诉讼监督案件，应当秉持客观公正的立场，自觉接受监督。

检察人员不得违反规定与当事人、律师、特殊关系人、中介组织接触、交往。

检察人员有收受贿赂、徇私枉法等行为的，应当追究纪律责任和法律责任。

检察人员对过问或者干预、插手行政诉讼监督案件办理等重大事项的行为，应当依照有关规定全面、如实、及时记录、报告。

第二章 回 避

第十三条 检察人员办理行政诉讼监督案件，有下列情形之一的，应当自行回避，当事人有权申请他们回避：

（一）是本案当事人或者当事人、委托代理人近亲属的；

（二）担任过本案的证人、委托代理人、审判人员、行政执法人员的；

（三）与本案有利害关系的；

（四）与本案当事人、委托代理人有其他关系，可能影响对案件公正办理的。

检察人员接受当事人、委托代理人请客送礼及其他利益，或者违反规定会见当事人、委托代理人，当事人有权申请他们回避。

上述规定，适用于书记员、翻译人员、鉴定人、勘验人等。

第十四条 检察人员自行回避的，可以口头或者书面方式提出，并说明理由。口头提出申请的，应当记录在卷。

第十五条 当事人申请回避，应当在人民检察院作出提出抗诉或者检察建议等决定前以口头或者书面方式提出，并说明理由。口头提出申请的，应当记录在卷。依照本规则第十三条第二款规定提出回避申请的，应当提供相关证据。

被申请回避的人员在人民检察院作出是否回避的决定前，应当暂停参与本案工作，但案件需要采取紧急措施的除外。

第十六条 检察长的回避，由检察委员会讨论决定；检察人员和其他人员的回避，由检察长决定。检察委员会讨论检察长回避问题时，由副检察长主持，检察长不得参加。

第十七条 人民检察院对当事人提出的回避申请，应当在三日内作出决定，并通知申请人。对明显不属于法定回避事由的申请，可以当场驳回，并记录在卷。

申请人对驳回回避申请的决定不服的，可以在接到决定时向原决定机关申请复议一次。人民检察院应当在三日内作出复议决定，并通知复议申请人。复议期间，被申请回避的人员不停止参与本案工作。

第三章 受 理

第十八条 人民检察院受理行政诉讼监督案件的途径包括：

（一）当事人向人民检察院申请监督；

（二）当事人以外的公民、法人或者其他组织向人民检察院控告；

（三）人民检察院依职权发现。

第十九条　有下列情形之一的，当事人可以向人民检察院申请监督：

（一）人民法院驳回再审申请或者逾期未对再审申请作出裁定，当事人对已经发生法律效力的行政判决、裁定、调解书，认为确有错误的；

（二）认为再审行政判决、裁定确有错误的；

（三）认为行政审判程序中审判人员存在违法行为的；

（四）认为人民法院行政案件执行活动存在违法情形的。

当事人死亡或者终止的，其权利义务承继者可以依照前款规定向人民检察院申请监督。

第二十条　当事人依照本规则第十九条第一款第一项、第二项规定向人民检察院申请监督，应当在人民法院送达驳回再审申请裁定之日或者再审判决、裁定发生法律效力之日起六个月内提出；对人民法院逾期未对再审申请作出裁定的，应当在再审申请审查期限届满之日起六个月内提出。

当事人依照本规则第十九条第一款第一项、第二项规定向人民检察院申请监督，具有下列情形之一的，应当在知道或者应当知道之日起六个月内提出：

（一）有新的证据，足以推翻原生效判决、裁定的；

（二）原生效判决、裁定认定事实的主要证据系伪造的；

（三）据以作出原生效判决、裁定的法律文书被撤销或者变更的；

（四）审判人员在审理该案件时有贪污受贿、徇私舞弊、枉法裁判行为的。

当事人依照本规则第十九条第一款第三项、第四项向人民检察院申请监督，应当在知道或者应当知道审判人员违法行为或者执行活动违法情形发生之日起六个月内提出。

本条规定的期间为不变期间，不适用中止、中断、延长的规定。

第二十一条　当事人向人民检察院申请监督，应当提交监督申请书、身份证明、相关法律文书及证据材料。提交证据材料的，应当附证据清单。

申请监督材料不齐备的，人民检察院应当要求申请人限期补齐，并一次性明确告知应当补齐的全部材料以及逾期未按要求补齐视为撤回监督申请的法律后果。申请人逾期未补齐主要材料的，视为撤回监督申请。

第二十二条　本规则第二十一条规定的监督申请书应当记明下列事项：

（一）申请人的姓名、性别、年龄、民族、职业、工作单位、住址、有效联系方式，法人或者其他组织的名称、住所和法定代表人或者主要负责人的姓名、职务、有效联系方式；

（二）其他当事人的姓名、性别、工作单位、住址、有效联系方式等信息，法人或者其他组织的名称、住所、法定代表人或者主要负责人的姓名、职务、有效联系方式等信息；

（三）申请监督请求；

（四）申请监督的具体法定情形及事实、理由。

申请人应当按照其他当事人的人数提交监督申请书副本。

第二十三条　本规则第二十一条规定的身份证明包括：

（一）公民的居民身份证、军官证、士兵证、护照等能够证明本人身份的有效证件；

（二）法人或者其他组织的统一社会信用代码证书或者营业执照、法定代表人或者主要负责人的身份证明等有效证照。

对当事人提交的身份证明，人民检察院经核对无误留存复印件。

第二十四条　本规则第二十一条规定的相关法律文书是指人民法院在该案件诉讼过程中作出的全部判决书、裁定书、决定书、调解书等法律文书。

第二十五条　当事人申请监督，可以依照《中华人民共和国行政诉讼法》的规定委托代理人。

第二十六条　当事人申请监督同时符合下列条件的，人民检察院应当受理：

（一）符合本规则第十九条的规定；

（二）符合本规则第二十条的规定；

（三）申请人提供的材料符合本规则第二十一条至第二十四条的规定；

（四）属于本院受理案件范围；

（五）不具有本规则规定的不予受理情形。

第二十七条　当事人向人民检察院申请监督，有下列情形之一的，人民检察院不予受理：

（一）当事人对生效行政判决、裁定、调解书未向人民法院申请再审的；

（二）当事人申请再审超过法律规定的期限的；

（三）人民法院在法定期限内正在对再审申请进行审查的；

（四）人民法院已经裁定再审且尚未审结的；

（五）人民检察院已经审查终结作出决定的；

（六）行政判决、裁定、调解书是人民法院根据人民检察院的抗诉或者再审检察建议再审后作出的；

（七）申请监督超过本规则第二十条规定的期限的；

（八）根据法律规定可以对人民法院的执行活动提出异议、申请复议或者提起诉讼，当事人、利害关系人、案外人没有提出异议、申请复议或者提起诉讼的，但有正当理由或者人民检察院依职权监督的除外；

（九）当事人提出有关执行的异议、申请复议、申诉或者提起诉讼后，人民法院已经受理并正在审查处理的，但超过法定期限未作出处理的除外；

（十）其他不应当受理的情形。

第二十八条 当事人对已经发生法律效力的行政判决、裁定、调解书向人民检察院申请监督的，由作出生效判决、裁定、调解书的人民法院所在地同级人民检察院负责控告申诉检察的部门受理。

第二十九条 当事人认为行政审判程序中审判人员存在违法行为或者执行活动存在违法情形，向人民检察院申请监督的，由审理、执行案件的人民法院所在地同级人民检察院负责控告申诉检察的部门受理。

当事人不服审理、执行案件人民法院的上级人民法院作出的复议裁定、决定等，向人民检察院申请监督的，由作出复议裁定、决定等的人民法院所在地同级人民检察院负责控告申诉检察的部门受理。

第三十条 人民检察院不依法受理当事人监督申请的，当事人可以向上一级人民检察院申请监督。上一级人民检察院认为当事人监督申请符合受理条件的，应当指令下一级人民检察院受理，必要时也可以直接受理。

第三十一条 人民检察院负责控告申诉检察的部门对监督申请，应当在七日内根据以下情形作出处理，并答复申请人：

（一）符合受理条件的，应当依照本规则规定作出受理决定；

（二）不属于本院受理案件范围的，应当告知申请人向有关人民检察院申请监督；

（三）不属于人民检察院主管范围的，告知申请人向有关机关反映；

（四）不符合受理条件，且申请人不撤回监督申请的，可以决定不予受理。

第三十二条 负责控告申诉检察的部门应当在决定受理之日起三日内制作《受理通知书》，发送申请人，并告知其权利义务。

需要通知其他当事人的，应当将《受理通知书》和监督申请书副本发送其他当事人，并告知其权利义务。其他当事人可以在收到监督申请书副本之日起十五日内提出书面意见；不提出意见的，不影响人民检察院对案件的审查。

第三十三条 负责控告申诉检察的部门应当在决定受理之日起三日内将案件材料移送本院负责行政检察的部门，同时将《受理通知书》抄送本院负责案件管理的部门。负责控告申诉检察的部门收到其他当事人提交的书面意见等材料，应当及时移送负责行政检察的部门。

第三十四条 当事人以外的公民、法人或者其他组织认为人民法院行政审判程序中审判人员存在违法行为或者执行活动存在违法情形的，可以向同级人民检察院控告。控告由人民检察院负责控告申诉检察的部门受理。

负责控告申诉检察的部门对收到的控告，应当依照《人民检察院信访工作规定》等办理。

第三十五条 负责控告申诉检察的部门可以依照《人民检察院信访工作规定》，向下级人民检察院交办涉及行政诉讼监督的信访案件。

第三十六条 人民检察院在履行职责中发现行政案件有下列情形之一的，应当依职权监督：

（一）损害国家利益或者社会公共利益的；

（二）审判人员、执行人员审理和执行行政案件时有贪污受贿、徇私舞弊、枉法裁判等行为的；

（三）依照有关规定需要人民检察院跟进监督的；

（四）人民检察院作出的不支持监督申请决定确有错误的；

（五）其他确有必要进行监督的。

人民检察院对行政案件依职权监督，不受当事人是否申请再审的限制。

第三十七条　下级人民检察院提请抗诉、提请其他监督等案件，由上一级人民检察院负责案件管理的部门受理。

依职权监督的案件，负责行政检察的部门应当到负责案件管理的部门登记受理。

第三十八条　负责案件管理的部门接收案件材料后，应当在三日内登记并将案件材料和案件登记表移送负责行政检察的部门；案件材料不符合规定的，应当要求补齐。

负责案件管理的部门登记受理后，需要通知当事人的，负责行政检察的部门应当制作《受理通知书》，并在三日内发送当事人。

第四章　审　　查

第一节　一般规定

第三十九条　人民检察院负责行政检察的部门负责对受理后的行政诉讼监督案件进行审查。

第四十条　负责行政检察的部门收到负责控告申诉检察、案件管理的部门移送的行政诉讼监督案件后，应当按照随机分案为主、指定分案为辅的原则，确定承办案件的独任检察官或者检察官办案组。

第四十一条　上级人民检察院可以将受理的行政诉讼监督案件交由下级人民检察院办理，并限定办理期限。交办的案件应当制作《交办通知书》，并将有关材料移送下级人民检察院。下级人民检察院应当依法办理，在规定期限内提出处理意见并报送上级人民检察院，上级人民检察院应当在法定期限内作出决定。

上级人民检察院交办案件需要通知当事人的，应当制作通知文书，并发送当事人。

第四十二条　上级人民检察院认为确有必要的，可以办理下级人民检察院受理的行政诉讼监督案件。

下级人民检察院受理的行政诉讼监督案件，认为需要由上级人民检察院办理的，可以报请上级人民检察院办理。

最高人民检察院、省级人民检察院根据实质性化解行政争议等需要，可以指定下级人民检察院办理案件。

第四十三条　人民检察院审查行政诉讼监督案件，应当围绕申请人的申请监督请求、争议焦点、本规则第三十六条规定的情形以及发现的其他违法情形，对行政诉讼活动进行全面审查。其他当事人在人民检察院作出决定前也申请监督的，应当将其列为申请人，对其申请监督请求一并审查。

第四十四条　人民检察院在审查行政诉讼监督案件期间收到申请人或者其他当事人提交的证据材料的，应当出具收据。

第四十五条　被诉行政机关以外的当事人对不能自行收集的证据，在原审中向人民法院申请调取，人民法院应当调取而未予以调取，在诉讼监督阶段向人民检察院申请调取，符合下列情形之一的，人民检察院可以调取：

（一）由国家机关保存只能由国家机关调取的证据；

（二）涉及国家秘密、商业秘密和个人隐私的证据；

（三）确因客观原因不能自行收集的其他证据。

当事人依照前款规定申请调取证据，人民检察院认为与案件事实无关联、对证明案件事实无意义或者其他无调取收集必要的，不予调取。

第四十六条　人民检察院应当告知当事人有申请回避的权利，并告知办理行政诉讼监督案件的检察人员、书记员等的姓名、法律职务。

第四十七条　人民检察院审查案件，应当听取当事人意见，调查核实有关情况，必要时可以举行听证，也可以听取专家意见。

对于当事人委托律师担任代理人的，人民检察院应当听取代理律师意见，尊重和支持代理律师依法履行职责，依法为代理律师履职提供相关协助和便利，保障代理律师执业权利。

第四十八条　人民检察院可以采取当面、视频、电话、传真、电子邮件、由当事人提交书面意见等方式听取当事人意见。

听取意见的内容包括：

（一）申请人认为生效行政判决、裁定、调解书符合再审情形的主要事实和理由；

（二）申请人认为人民法院行政审判程序中审判人员违法的事实和理由；

（三）申请人认为人民法院行政案件执行活动

违法的事实和理由；

（四）其他当事人针对申请人申请监督请求所提出的意见及理由；

（五）行政机关作出行政行为的事实和理由；

（六）申请人与其他当事人有无和解意愿；

（七）其他需要听取的意见。

第四十九条 人民检察院审查案件，可以依照有关规定调阅人民法院的诉讼卷宗、执行卷宗。

通过拷贝电子卷、查阅、复制、摘录等方式能够满足办案需要的，可以不调阅卷宗。

对于人民法院已经结案尚未归档的行政案件，正在办理或者已经结案尚未归档的执行案件，人民检察院可以直接到办理部门查阅、复制、拷贝、摘录案件材料，不调阅卷宗。

在对生效行政判决、裁定或者调解书的监督案件进行审查过程中，需要调取人民法院正在办理的其他案件材料的，人民检察院可以商办理案件的人民法院调取。

第五十条 人民检察院审查案件，对于事实认定、法律适用的重大、疑难、复杂问题，可以采用以下方式听取专家意见：

（一）召开专家论证会；

（二）口头或者书面咨询；

（三）其他咨询或者论证方式。

第五十一条 人民检察院办理行政诉讼监督案件，应当全面检索相关指导性案例、典型案例和关联案例，并在审查终结报告中作出说明。

第五十二条 承办检察官对审查认定的事实负责。审查终结后，应当制作审查终结报告。审查终结报告应当全面、客观、公正地叙述案件事实，依照法律提出明确的处理意见。

第五十三条 承办检察官办理案件过程中，可以提请负责行政检察的部门负责人召集检察官联席会议讨论。

负责行政检察的部门负责人对本部门的办案活动进行监督管理。需要报请检察长决定的事项和需要向检察长报告的案件，应当先由部门负责人审核。部门负责人可以主持召开检察官联席会议进行讨论，也可以直接报请检察长决定或者向检察长报告。

检察官联席会议讨论情况和意见应当如实记录，由参加会议的检察官签名后附卷保存。讨论结果供办案参考。

第五十四条 检察长不同意检察官意见的，可以要求检察官复核，也可以直接作出决定，或者提请检察委员会讨论决定。

检察官执行检察长决定时，认为决定错误的，应当书面提出意见。检察长不改变原决定的，检察官应当执行。

第五十五条 人民检察院对审查终结的案件，应当区分情况依法作出下列决定：

（一）提出再审检察建议；

（二）提请抗诉或者提请其他监督；

（三）提出抗诉；

（四）提出检察建议；

（五）不支持监督申请；

（六）终结审查。

对于负责控告申诉检察的部门受理的当事人申请监督案件，负责行政检察的部门应当将案件办理结果告知负责控告申诉检察的部门。

第五十六条 人民检察院受理当事人申请对人民法院已经发生法律效力的行政判决、裁定、调解书监督的案件，应当在三个月内审查终结并作出决定，但调卷、鉴定、评估、审计、专家咨询等期间不计入审查期限。

有需要调查核实、实质性化解行政争议及其他特殊情况需要延长审查期限的，由本院检察长批准。

人民检察院受理当事人申请对行政审判程序中审判人员违法行为监督的案件和申请对行政案件执行活动监督的案件的审查期限，参照第一款、第二款规定执行。

第五十七条 人民检察院办理行政诉讼监督案件，在当面听取当事人意见、调查核实、举行听证、出席法庭时，可以依照有关规定指派司法警察执行职务。

第二节 调查核实

第五十八条 人民检察院因履行法律监督职责的需要，有下列情形之一的，可以向当事人或者案外人调查核实有关情况：

（一）行政判决、裁定、调解书可能存在法律规定需要监督的情形，仅通过阅卷及审查现有材料难以认定的；

（二）行政审判程序中审判人员可能存在违法

行为的；

（三）人民法院行政案件执行活动可能存在违法情形的；

（四）被诉行政行为及相关行政行为可能违法的；

（五）行政相对人、权利人合法权益未得到依法实现的；

（六）其他需要调查核实的情形。

人民检察院不得为证明行政行为的合法性调取行政机关作出行政行为时未收集的证据。

第五十九条　人民检察院通过阅卷以及调查核实难以认定有关事实的，可以听取人民法院相关审判、执行人员的意见，全面了解案件审判、执行的相关事实和理由。

第六十条　人民检察院可以采取以下调查核实措施：

（一）查询、调取、复制相关证据材料；

（二）询问当事人、有关知情人员或者其他相关人员；

（三）咨询专业人员、相关部门或者行业协会等对专门问题的意见；

（四）委托鉴定、评估、审计；

（五）勘验物证、现场；

（六）查明案件事实所需要采取的其他措施。

检察人员应当保守国家秘密和工作秘密，对调查核实中知悉的商业秘密和个人隐私予以保密。

人民检察院调查核实，不得采取限制人身自由和查封、扣押、冻结财产等强制性措施。

第六十一条　有下列情形之一的，人民检察院可以向银行业金融机构查询、调取、复制相关证据材料：

（一）可能损害国家利益、社会公共利益的；

（二）审判、执行人员可能存在违法行为的；

（三）当事人有伪造证据、恶意串通损害他人合法权益可能的。

人民检察院可以依照有关规定指派具备相应资格的检察技术人员对行政诉讼监督案件中的鉴定意见等技术性证据进行专门审查，并出具审查意见。

第六十二条　人民检察院可以就专门性问题书面或者口头咨询有关专业人员、相关部门或者行业协会的意见。口头咨询的，应当制作笔录，由接受咨询的专业人员签名或者盖章。拒绝签名盖章的，应当记明情况。

人民检察院对专门性问题认为需要鉴定、评估、审计的，可以委托具备资格的机构进行鉴定、评估、审计。在诉讼过程中已经进行过鉴定、评估、审计的，除确有必要外，一般不再委托鉴定、评估、审计。

第六十三条　人民检察院认为确有必要的，可以勘验物证或者现场。勘验人应当出示人民检察院的证件，并邀请当地基层组织或者当事人所在单位派人参加。当事人或者当事人的成年家属应当到场，拒不到场的，不影响勘验的进行。

勘验人应当将勘验情况和结果制作笔录，由勘验人、当事人和被邀参加人签名或者盖章。

第六十四条　需要调查核实的，由承办检察官在职权范围内决定，或者报检察长决定。

第六十五条　人民检察院调查核实，应当由二人以上共同进行。

调查笔录经被调查人校阅后，由调查人、被调查人签名或者盖章。被调查人拒绝签名盖章的，应当记明情况。

第六十六条　人民检察院可以指令下级人民检察院或者委托外地人民检察院调查核实。

人民检察院指令调查或者委托调查的，应当发送《指令调查通知书》或者《委托调查函》，载明调查核实事项、证据线索及要求。受指令或者受委托人民检察院收到《指令调查通知书》或者《委托调查函》后，应当在十五日内完成调查核实工作并书面回复。因客观原因不能完成调查的，应当在上述期限内书面回复指令或者委托的人民检察院。

人民检察院到外地调查的，当地人民检察院应当配合。

第六十七条　人民检察院调查核实，有关单位和个人应当配合。拒绝或者妨碍人民检察院调查核实的，人民检察院可以向有关单位或者其上级主管机关提出检察建议，责令纠正，必要时可以通报同级政府、监察机关；涉嫌违纪违法犯罪的，依照规定移送有关机关处理。

第三节　听　　证

第六十八条　人民检察院审查行政诉讼监督案件，在事实认定、法律适用、案件处理等方面存在较大争议，或者有重大社会影响，需要当面听取当事人和其他相关人员意见的，可以召开听证会。

第六十九条 人民检察院召开听证会，可以邀请与案件没有利害关系的人大代表、政协委员、人民监督员、特约检察员、专家咨询委员、人民调解员或者当事人所在单位、居住地的居民委员会、村民委员会成员以及专家、学者、律师等其他社会人士担任听证员。

人民检察院应当邀请人民监督员参加听证会，依照有关规定接受人民监督员监督。

第七十条 人民检察院决定召开听证会的，应当做好以下准备工作：

（一）制定听证方案，确定听证会参加人；

（二）在听证三日前告知听证会参加人案由、听证时间和地点；

（三）告知当事人主持听证会的检察官及听证员的姓名、身份。

第七十一条 当事人和其他相关人员应当按时参加听证会。当事人无正当理由缺席或者未经许可中途退席的，听证程序是否继续进行，由主持人决定。

第七十二条 听证会由检察官主持，书记员负责记录，司法警察负责维持秩序。

听证过程应当全程录音录像。经检察长批准，人民检察院可以通过中国检察听证网和其他公共媒体，对听证会进行图文、音频、视频直播或者录播。

第七十三条 听证会应当围绕行政诉讼监督案件中的事实认定和法律适用等问题进行。

对当事人提交的有争议的或者新的证据材料和人民检察院调查取得的证据，应当充分听取各方当事人的意见。

第七十四条 听证会一般按照下列步骤进行：

（一）承办案件的检察官介绍案件情况和需要听证的问题；

（二）申请人陈述申请监督请求、事实和理由；

（三）其他当事人发表意见；

（四）申请人和其他当事人提交新证据的，应当出示并予以说明；

（五）出示人民检察院调查取得的证据；

（六）案件各方当事人陈述对听证中所出示证据的意见；

（七）听证员、检察官向申请人和其他当事人提问；

（八）当事人发表最后陈述意见；

（九）主持人对听证会进行总结。

第七十五条 听证应当制作笔录，经参加听证的人员校阅后，由参加听证的人员签名。拒绝签名的，应当记明情况。

听证会结束后，主持人可以组织听证员对事实认定、法律适用和案件处理等进行评议，并制作评议笔录，由主持人、听证员签名。

听证员的意见是人民检察院依法处理案件的重要参考。

第七十六条 参加听证的人员应当服从听证主持人指挥。

对违反听证秩序的，人民检察院可以予以批评教育，责令退出听证场所；对哄闹、冲击听证场所，侮辱、诽谤、威胁、殴打他人等严重扰乱听证秩序的，依法追究相应法律责任。

第四节 简易案件办理

第七十七条 行政诉讼监督案件具有下列情形之一的，可以确定为简易案件：

（一）原一审人民法院适用简易程序审理的；

（二）案件事实清楚，法律关系简单的。

地方各级人民检察院可以结合本地实际确定简易案件具体情形。

第七十八条 审查简易案件，承办检察官通过审查监督申请书等材料即可以认定案件事实的，可以直接制作审查终结报告，提出处理建议。

审查过程中发现案情复杂或者需要调查核实，不宜适用简易程序的，转为普通案件办理程序。

第七十九条 办理简易案件，不适用延长审查期限的规定。

简易案件的审查终结报告、审批程序应当简化。

第五节 中止审查和终结审查

第八十条 有下列情形之一的，人民检察院可以中止审查：

（一）申请监督的公民死亡，需要等待继承人表明是否继续申请监督的；

（二）申请监督的法人或者其他组织终止，尚未确定权利义务承受人的；

（三）本案必须以另一案的处理结果为依据，而另一案尚未审结的；

（四）其他可以中止审查的情形。

中止审查的，应当制作《中止审查决定书》，并发送当事人。中止审查的原因消除后，应当及时恢复审查。

第八十一条　有下列情形之一的，人民检察院应当终结审查：

（一）人民法院已经裁定再审或者已经纠正违法行为的；

（二）申请人撤回监督申请，且不损害国家利益、社会公共利益或者他人合法权益的；

（三）申请人在与其他当事人达成的和解协议中声明放弃申请监督权利，且不损害国家利益、社会公共利益或者他人合法权益的；

（四）申请监督的公民死亡，没有继承人或者继承人放弃申请，且没有发现其他应当监督的违法情形的；

（五）申请监督的法人或者其他组织终止，没有权利义务承受人或者权利义务承受人放弃申请，且没有发现其他应当监督的违法情形的；

（六）发现已经受理的案件不符合受理条件的；

（七）人民检察院依职权发现的案件，经审查不需要监督的；

（八）其他应当终结审查的情形。

终结审查的，应当制作《终结审查决定书》，需要通知当事人的，发送当事人。

第五章　对生效行政判决、裁定、调解书的监督

第一节　一般规定

第八十二条　申请人提供的新证据以及人民检察院调查取得的证据，能够证明原判决、裁定确有错误的，应当认定为《中华人民共和国行政诉讼法》第九十一条第二项规定的情形，但原审被诉行政机关无正当理由逾期提供证据的除外。

第八十三条　有下列情形之一的，应当认定为《中华人民共和国行政诉讼法》第九十一条第三项规定的“认定事实的主要证据不足”：

（一）认定的事实没有证据支持，或者认定的事实所依据的证据虚假的；

（二）认定的事实所依据的主要证据不合法的；

（三）对认定事实的主要证据有无证明力、证明力大小或者证明对象的判断违反证据规则、逻辑推理或者经验法则的；

（四）认定事实的主要证据不足的其他情形。

第八十四条　有下列情形之一，导致原判决、裁定结果确有错误的，应当认定为《中华人民共和国行政诉讼法》第九十一条第四项规定的“适用法律、法规确有错误”：

（一）适用的法律、法规与案件性质明显不符的；

（二）适用的法律、法规已经失效或者尚未施行的；

（三）违反《中华人民共和国立法法》规定的法律适用规则的；

（四）违背法律、法规的立法目的和基本原则的；

（五）应当适用的法律、法规未适用的；

（六）适用法律、法规错误的其他情形。

第八十五条　有下列情形之一的，应当认定为《中华人民共和国行政诉讼法》第九十一条第五项规定的“违反法律规定的诉讼程序，可能影响公正审判”：

（一）审判组织的组成不合法的；

（二）依法应当回避的审判人员没有回避的；

（三）未经合法传唤缺席判决的；

（四）无诉讼行为能力人未经法定代理人代为诉讼的；

（五）遗漏应当参加诉讼的当事人的；

（六）违反法律规定，剥夺当事人辩论权、上诉权等重大诉讼权利的；

（七）其他严重违反法定程序的情形。

第八十六条　有下列情形之一的，应当认定为本规则第八十五条第一项规定的“审判组织的组成不合法”：

（一）应当组成合议庭审理的案件独任审判的；

（二）再审、发回重审的案件没有另行组成合议庭的；

（三）审理案件的人员不具有审判资格的；

（四）审判组织或者人员不合法的其他情形。

第八十七条　有下列情形之一的，应当认定为本规则第八十五条第六项规定的“违反法律规定，剥夺当事人辩论权”：

（一）不允许或者严重限制当事人行使辩论权利的；

（二）应当开庭审理而未开庭审理的；

（三）违反法律规定送达起诉状副本或者上诉状副本，致使当事人无法行使辩论权利的；

（四）违法剥夺当事人辩论权利的其他情形。

第二节 提出再审检察建议和提请抗诉、提出抗诉

第八十八条 地方各级人民检察院发现同级人民法院已经发生法律效力的行政判决、裁定有下列情形之一的，可以向同级人民法院提出再审检察建议：

（一）不予立案或者驳回起诉确有错误的；

（二）有新的证据，足以推翻原判决、裁定的；

（三）原判决、裁定认定事实的主要证据不足、未经质证或者系伪造的；

（四）违反法律规定的诉讼程序，可能影响公正审判的；

（五）原判决、裁定遗漏诉讼请求的；

（六）据以作出原判决、裁定的法律文书被撤销或者变更的。

第八十九条 符合本规则第八十八条规定的案件有下列情形之一的，地方各级人民检察院应当提请上一级人民检察院抗诉：

（一）判决、裁定是经同级人民法院再审后作出的；

（二）判决、裁定是经同级人民法院审判委员会讨论作出的；

（三）其他不适宜由同级人民法院再审纠正的。

第九十条 地方各级人民检察院发现同级人民法院已经发生法律效力的行政判决、裁定具有下列情形之一的，应当提请上一级人民检察院抗诉：

（一）原判决、裁定适用法律、法规确有错误的；

（二）审判人员在审理该案件时有贪污受贿、徇私舞弊、枉法裁判行为的。

审判人员在审理该案件时有贪污受贿、徇私舞弊、枉法裁判行为，是指已经由生效刑事法律文书或者纪律处分决定所确认的行为。

第九十一条 地方各级人民检察院发现同级人民法院已经发生法律效力的行政调解书损害国家利益或者社会公共利益的，可以向同级人民法院提出再审检察建议，也可以提请上一级人民检察院抗诉。

第九十二条 人民检察院提出再审检察建议，应当制作《再审检察建议书》，在决定之日起十五日内将《再审检察建议书》连同案件卷宗移送同级人民法院，并制作通知文书，发送当事人。

人民检察院提出再审检察建议，应当经本院检察委员会决定，并在提出再审检察建议之日起五日内将《再审检察建议书》及审查终结报告等案件材料报上一级人民检察院备案。上一级人民检察院认为下级人民检察院发出的《再审检察建议书》错误或者不当的，应当指令下级人民检察院撤回或者变更。

第九十三条 人民检察院提请抗诉，应当制作《提请抗诉报告书》，在决定之日起十五日内将《提请抗诉报告书》连同案件卷宗等材料报送上一级人民检察院，并制作通知文书，发送当事人。

第九十四条 最高人民检察院对各级人民法院已经发生法律效力的行政判决、裁定、调解书，上级人民检察院对下级人民法院已经发生法律效力的行政判决、裁定、调解书，发现有《中华人民共和国行政诉讼法》第九十一条、第九十三条规定情形的，应当向同级人民法院提出抗诉。

人民检察院提出抗诉后，接受抗诉的人民法院未在法定期限内作出审判监督的相关裁定的，人民检察院可以采取询问、走访等方式进行督促，并制作工作记录。人民法院对抗诉案件裁定再审后，对于人民法院在审判活动中存在违反法定审理期限等违法情形的，依照本规则第六章规定办理。

人民检察院提出抗诉的案件，接受抗诉的人民法院将案件交下一级人民法院再审，下一级人民法院审理后作出的再审判决、裁定仍符合抗诉条件且存在明显错误的，原提出抗诉的人民检察院可以再次提出抗诉。

第九十五条 人民检察院提出抗诉，应当制作《抗诉书》，在决定之日起十五日内将《抗诉书》连同案件卷宗移送同级人民法院，并由接受抗诉的人民法院向当事人送达再审裁定时一并送达《抗诉书》。

人民检察院应当制作决定抗诉的通知文书，发送当事人。上级人民检察院可以委托提请抗诉的人民检察院将通知文书发送当事人。

第九十六条 人民检察院认为当事人不服人民法院生效行政判决、裁定、调解书的监督申请不符合监督条件，应当制作《不支持监督申请决定书》，在决定之

日起十五日内发送当事人。

下级人民检察院提请抗诉的案件，上级人民检察院可以委托提请抗诉的人民检察院将《不支持监督申请决定书》发送当事人。

第九十七条　人民检察院办理行政诉讼监督案件，发现地方性法规同行政法规相抵触的，或者认为规章以及国务院各部门、省、自治区、直辖市和设区的市、自治州的人民政府发布的其他具有普遍约束力的行政决定、命令同法律、行政法规相抵触的，可以层报最高人民检察院，由最高人民检察院向国务院书面提出审查建议。

第三节　出席法庭

第九十八条　人民检察院提出抗诉的案件，人民法院再审时，人民检察院应当派员出席法庭，并全程参加庭审活动。

接受抗诉的人民法院将抗诉案件交下级人民法院再审的，提出抗诉的人民检察院可以指令再审人民法院的同级人民检察院派员出庭。

第九十九条　检察人员在出庭前，应当做好以下准备工作：

（一）进一步熟悉案情，掌握证据情况；

（二）深入研究与本案有关的法律问题；

（三）拟定出示和说明证据的计划；

（四）对可能出现证据真实性、合法性和关联性争议的，拟定应对方案并准备相关材料；

（五）做好其他出庭准备工作。

第一百条　检察人员出席再审法庭的任务是：

（一）宣读抗诉书；

（二）对人民检察院调查取得的证据予以出示和说明；

（三）经审判长许可，对证据采信、法律适用和案件情况予以说明，针对争议焦点，客观、公正、全面地阐述法律监督意见；

（四）对法庭审理中违反诉讼程序的情况予以记录；

（五）依法从事其他诉讼活动。

出席法庭的检察人员发现庭审活动违反诉讼程序的，应当待休庭或者庭审结束之后，及时向检察长报告。人民检察院对违反诉讼程序的庭审活动提出检察建议，应当由人民检察院在庭审后提出。

第一百零一条　当事人或者其他参加庭审人员在庭审中有哄闹法庭，对检察机关或者出庭检察人员有侮辱、诽谤、威胁等不当言论或者行为，法庭未予制止的，出庭检察人员应当建议法庭即时制止；情节严重的，应当建议法庭依照规定予以处理，并在庭审结束后向检察长报告。

第一百零二条　人民法院开庭审理人民检察院提出再审检察建议的案件，人民检察院派员出席再审法庭的，参照适用本节规定。

人民检察院派员出席法庭的再审案件公开审理的，可以协调人民法院安排人民监督员旁听。

第六章　对行政审判程序中审判人员违法行为的监督

第一百零三条　人民检察院依法对人民法院下列行政审判程序中审判人员违法行为进行监督：

（一）第一审普通程序；

（二）简易程序；

（三）第二审程序；

（四）审判监督程序。

《中华人民共和国行政诉讼法》第九十三条第三款的规定适用于法官、人民陪审员、法官助理、书记员。

第一百零四条　人民检察院发现人民法院行政审判活动有下列情形之一的，应当向同级人民法院提出检察建议：

（一）判决、裁定确有错误，但不适用再审程序纠正的；

（二）调解违反自愿原则或者调解协议内容违反法律的；

（三）对公民、法人或者其他组织提起的诉讼未在法定期限内决定是否立案的；

（四）当事人依照《中华人民共和国行政诉讼法》第五十二条规定向上一级人民法院起诉，上一级人民法院未按该规定处理的；

（五）审理案件适用审判程序错误的；

（六）保全、先予执行、停止执行或者不停止执行行政行为裁定违反法律规定的；

（七）诉讼中止或者诉讼终结违反法律规定的；

（八）违反法定审理期限的；

（九）对当事人采取罚款、拘留等妨害行政诉讼的强制措施违反法律规定的；

（十）违反法律规定送达的；

（十一）其他违反法律规定的情形。

第一百零五条 人民检察院发现同级人民法院行政审判程序中审判人员有《中华人民共和国法官法》第四十六条等规定的违法行为且可能影响案件公正审判、执行的，应当向同级人民法院提出检察建议。

第一百零六条 人民检察院依照本章规定提出检察建议，应当经检察长批准或者检察委员会决定，制作《检察建议书》，在决定之日起十五日内将《检察建议书》连同案件卷宗移送同级人民法院。当事人申请监督的案件，人民检察院应当制作通知文书，发送申请人。

第一百零七条 人民检察院认为当事人申请监督的行政审判程序中审判人员违法行为认定依据不足的，应当作出不支持监督申请的决定，并在决定之日起十五日内制作《不支持监督申请决定书》，发送申请人。

第七章 对行政案件执行活动的监督

第一百零八条 人民检察院对人民法院行政案件执行活动实行法律监督。

第一百零九条 人民检察院发现人民法院执行裁定、决定等有下列情形之一的，应当向同级人民法院提出检察建议：

（一）提级管辖、指定管辖或者对管辖异议的裁定违反法律规定的；

（二）裁定受理、不予受理、中止执行、终结执行、终结本次执行程序、恢复执行、执行回转等违反法律规定的；

（三）变更、追加执行主体错误的；

（四）裁定采取财产调查、控制、处置等措施违反法律规定的；

（五）审查执行异议、复议以及案外人异议作出的裁定违反法律规定的；

（六）决定罚款、拘留、暂缓执行等事项违反法律规定的；

（七）执行裁定、决定等违反法定程序的；

（八）对行政机关申请强制执行的行政行为作出准予执行或者不准予执行的裁定违反法律规定的；

（九）执行裁定、决定等有其他违法情形的。

第一百一十条 人民检察院发现人民法院在执行活动中违反规定采取调查、查封、扣押、冻结、评估、拍卖、变卖、保管、发还财产，以及信用惩戒等执行实施措施的，应当向同级人民法院提出检察建议。

第一百一十一条 人民检察院发现人民法院有下列不履行或者怠于履行执行职责情形之一的，应当向同级人民法院提出检察建议：

（一）对依法应当受理的执行申请不予受理又不依法作出不予受理裁定的；

（二）对已经受理的执行案件不依法作出执行裁定、无正当理由未在法定期限内采取执行措施或者执行结案的；

（三）违法不受理执行异议、复议或者受理后逾期未作出裁定、决定的；

（四）暂缓执行、停止执行、中止执行的原因消失后，不按规定恢复执行的；

（五）依法应当变更或者解除执行措施而不变更、解除的；

（六）对拒绝履行行政判决、裁定、调解书的行政机关未依照《中华人民共和国行政诉讼法》第九十六条规定采取执行措施的；

（七）其他不履行或者怠于履行执行职责行为的。

第一百一十二条 人民检察院认为人民法院在行政案件执行活动中可能存在怠于履行职责情形的，可以向人民法院发出《说明案件执行情况通知书》，要求说明案件的执行情况及理由，并在十五日内书面回复人民检察院。

第一百一十三条 人民检察院依照本章规定提出检察建议，适用本规则第一百零六条的规定。

第一百一十四条 对于当事人申请的执行监督案件，人民检察院认为人民法院执行活动不存在违法情形的，应当作出不支持监督申请的决定，并在决定之日起十五日内制作《不支持监督申请决定书》，发送申请人。

第一百一十五条 人民检察院发现同级人民法院行政案件执行活动中执行人员存在违法行为的，参照本规则第六章有关规定执行。

第八章 案件管理

第一百一十六条 人民检察院负责案件管理的部门对行政诉讼监督案件的受理、期限、程序、质量等进行管理、监督、预警。

第一百一十七条 负责案件管理的部门对以本院名义制发行政诉讼监督法律文书实施监督管理。

第一百一十八条 负责案件管理的部门发现本院办案活动有下列情形之一的，应当及时提出纠正意见：

（一）法律文书制作、使用不符合法律和有关规定的；

（二）违反办案期限有关规定的；

（三）侵害当事人、委托代理人诉讼权利的；

（四）未依法对行政诉讼活动中的违法行为履行法律监督职责的；

（五）其他应当提出纠正意见的情形。

情节轻微的，可以口头提示；情节较重的，应当发送《案件流程监控通知书》，提示办案部门及时查明情况并予以纠正；情节严重的，应当同时向检察长报告。

负责行政检察的部门收到《案件流程监控通知书》后，应当在十日内将核查情况书面回复负责案件管理的部门。

第九章 其他规定

第一百一十九条 人民检察院发现人民法院在多起同一类行政案件中有下列情形之一的，可以提出检察建议：

（一）同类问题适用法律不一致的；

（二）适用法律存在同类错误的；

（三）其他同类违法行为。

人民检察院发现有关单位的工作制度、管理方法、工作程序违法或者不当，需要改正、改进的，可以提出检察建议。

第一百二十条 人民检察院依照有关规定提出改进工作、完善治理的检察建议，对同类违法情形，应当制发一份检察建议。

第一百二十一条 人民检察院办理行政诉讼监督案件，可以对行政诉讼监督情况进行年度或者专题分析，向人民法院、行政机关通报，向党委、人大报告。通报、报告包括以下内容：

（一）审判机关、行政机关存在的普遍性问题和突出问题；

（二）审判机关、行政机关存在的苗头性、倾向性问题或者某方面问题的特点和趋势；

（三）促进依法行政、公正司法的意见和建议；

（四）认为需要通报、报告的其他情形。

第一百二十二条 人民检察院可以针对行政诉讼监督中的普遍性问题或者突出问题，组织开展专项监督活动。

第一百二十三条 人民检察院负责行政检察的部门在履行职责过程中，发现涉嫌违纪违法犯罪以及需要追究司法责任的行为，经检察长批准，应当及时将相关线索及材料移送有管辖权的机关或者部门。

人民检察院其他职能部门在履行职责中发现符合本规则规定的应当依职权监督的行政诉讼监督案件线索，应当及时向负责行政检察的部门通报。

第一百二十四条 人民法院对行政诉讼监督案件作出再审判决、裁定或者其他处理决定后，提出监督意见的人民检察院应当对处理结果进行审查，并填写《行政诉讼监督案件处理结果审查登记表》。

第一百二十五条 有下列情形之一的，人民检察院可以依照有关规定跟进监督或者提请上级人民检察院监督：

（一）人民法院审理行政抗诉案件作出的判决、裁定、调解书仍符合抗诉条件且存在明显错误的；

（二）人民法院、行政机关对人民检察院提出的检察建议未在规定的期限内作出处理并书面回复的；

（三）人民法院、行政机关对检察建议的处理错误的。

第一百二十六条 地方各级人民检察院对适用法律确属疑难、复杂，本院难以决断的重大行政诉讼监督案件，可以向上一级人民检察院请示。

请示案件依照最高人民检察院关于办理下级人民检察院请示件、下级人民检察院向最高人民检察院报送公文的相关规定办理。

第一百二十七条 人民检察院发现作出的相关决定确有错误或者有其他情形需要撤回、变更的，应当经检察长批准或者检察委员会决定。

第一百二十八条 人民法院对人民检察院监督行为提

出书面异议的，人民检察院应当在规定期限内将处理结果书面回复人民法院。人民法院对回复意见仍有异议，并通过上一级人民法院向上一级人民检察院提出的，上一级人民检察院认为人民法院异议正确，应当要求下级人民检察院及时纠正。

第一百二十九条　制作行政诉讼监督法律文书，应当符合规定的格式。

行政诉讼监督法律文书的格式另行制定。

第一百三十条　人民检察院可以参照《中华人民共和国行政诉讼法》《中华人民共和国民事诉讼法》有关规定发送法律文书。

第一百三十一条　人民检察院发现制作的法律文书存在笔误的，应当作出《补正决定书》予以补正。

第一百三十二条　人民检察院办理行政诉讼监督案件，应当依照规定立卷归档。

第一百三十三条　人民检察院办理行政诉讼监督案件，不收取案件受理费。申请复印、鉴定、审计、勘验等产生的费用由申请人直接支付给有关机构或者单位，人民检察院不得代收代付。

第一百三十四条　人民检察院办理行政诉讼监督案件，对于申请人诉求具有一定合理性，但通过法律途径难以解决，且生活困难的，可以依法给予司法救助。

对于未纳入国家司法救助范围或者实施国家司法救助后仍然面临生活困难的申请人，可以引导其依照相关规定申请社会救助。

第十章　附　　则

第一百三十五条　人民检察院办理行政诉讼监督案件，本规则没有规定的，适用《人民检察院民事诉讼监督规则》的相关规定。

第一百三十六条　人民检察院办理行政诉讼监督案件，向有关单位和部门提出检察建议，本规则没有规定的，适用《人民检察院检察建议工作规定》的相关规定。

第一百三十七条　本规则自2021年9月1日起施行，《人民检察院行政诉讼监督规则（试行）》同时废止。本院之前公布的其他规定与本规则内容不一致的，以本规则为准。

最高人民法院关于办理行政申请再审案件若干问题的规定

1. 2021年3月1日最高人民法院审判委员会第1833次会议通过

2. 2021年3月25日公布

3. 法释〔2021〕6号

4. 自2021年4月1日起施行

为切实保障当事人申请再审的权利，切实有效解决行政争议，结合人民法院行政审判工作实践，根据《中华人民共和国行政诉讼法》的规定，制定本解释。

第一条　当事人不服高级人民法院已经发生法律效力的判决、裁定，依照行政诉讼法第九十条的规定向最高人民法院申请再审的，最高人民法院应当依法审查，分别情况予以处理。

第二条　下列行政申请再审案件中，原判决、裁定适用法律、法规确有错误的，最高人民法院应当裁定再审：

（一）在全国具有普遍法律适用指导意义的案件；

（二）在全国范围内或者省、自治区、直辖市有重大影响的案件；

（三）跨省、自治区、直辖市的案件；

（四）重大涉外或者涉及香港特别行政区、澳门特别行政区、台湾地区的案件；

（五）涉及重大国家利益、社会公共利益的案件；

（六）经高级人民法院审判委员会讨论决定的案件；

（七）最高人民法院认为应当再审的其他案件。

第三条　行政申请再审案件有下列情形之一的，最高人民法院可以决定由作出生效判决、裁定的高级人民法院审查：

（一）案件基本事实不清、诉讼程序违法、遗漏诉讼请求的；

（二）再审申请人或者第三人人数众多的；

（三）由高级人民法院审查更适宜实质性化解行政争议的；

（四）最高人民法院认为可以由高级人民法院审查的其他情形。

第四条 已经发生法律效力的判决、裁定认定事实清楚，适用法律、法规正确，当事人主张的再审事由不成立的，最高人民法院可以迳行裁定驳回再审申请。

第五条 当事人不服人民法院再审判决、裁定的，可以依法向人民检察院申请抗诉或者检察建议。

第六条 本解释自2021年4月1日起施行。本解释施行后，最高人民法院此前作出的相关司法解释与本解释相抵触的，以本解释为准。

附件：1. 中华人民共和国最高人民法院决定书（最高人民法院决定由高级人民法院审查用）（略）

2. 中华人民共和国最高人民法院通知书（最高人民法院决定由高级人民法院审查时通知再审申请人用）（略）

3. 中华人民共和国最高人民法院行政裁定书（最高人民法院迳行驳回再审申请用）（略）

最高人民法院关于行政申请再审案件立案程序的规定

1. 2016年11月21日最高人民法院审判委员会第1700次会议通过
2. 2017年10月13日公布
3. 法释〔2017〕18号
4. 自2018年1月1日起施行

为依法保障当事人申请再审权利，规范人民法院行政申请再审案件立案工作，根据《中华人民共和国行政诉讼法》等有关规定，结合审判工作实际，制定本规定。

第一条 再审申请应当符合以下条件：

（一）再审申请人是生效裁判文书列明的当事人，或者其他因不能归责于本人的事由未被裁判文书列为当事人，但与行政行为有利害关系的公民、法人或者其他组织；

（二）受理再审申请的法院是作出生效裁判的上一级人民法院；

（三）申请再审的裁判属于行政诉讼法第九十条规定的生效裁判；

（四）申请再审的事由属于行政诉讼法第九十一条规定的情形。

第二条 申请再审，有下列情形之一的，人民法院不予立案：

（一）再审申请被驳回后再次提出申请的；

（二）对再审判决、裁定提出申请的；

（三）在人民检察院对当事人的申请作出不予提出检察建议或者抗诉决定后又提出申请的；

前款第一项、第二项规定情形，人民法院应当告知当事人可以向人民检察院申请检察建议或者抗诉。

第三条 委托他人代为申请再审的，诉讼代理人应为下列人员：

（一）律师、基层法律服务工作者；

（二）当事人的近亲属或者工作人员；

（三）当事人所在社区、单位以及有关社会团体推荐的公民。

第四条 申请再审，应当提交下列材料：

（一）再审申请书，并按照被申请人及原审其他当事人的人数提交副本；

（二）再审申请人是自然人的，应当提交身份证明复印件；再审申请人是法人或者其他组织的，应当提交营业执照复印件、组织机构代码证书复印件、法定代表人或者主要负责人身份证明；法人或者其他组织不能提供组织机构代码证书复印件的，应当提交情况说明；

（三）委托他人代为申请再审的，应当提交授权委托书和代理人身份证明；

（四）原审判决书、裁定书、调解书，或者与原件核对无异的复印件；

（五）法律、法规规定需要提交的其他材料。

第五条 当事人申请再审，一般还应提交下列材料：

（一）一审起诉状复印件、二审上诉状复印件；

（二）在原审诉讼过程中提交的主要证据材料；

（三）支持再审申请事由和再审请求的证据材料；

（四）行政机关作出相关行政行为的证据材料；

（五）其向行政机关提出申请，但行政机关不作为的相关证据材料；

（六）认为需要提交的其他材料。

第六条　再审申请人提交再审申请书等材料时，应当填写送达地址确认书，并可同时附上相关材料的电子文本。

第七条　再审申请书应当载明下列事项：

（一）再审申请人、被申请人及原审其他当事人的基本情况。当事人是自然人的，应列明姓名、性别、出生日期、民族、住址及有效联系电话、通讯地址；当事人是法人或者其他组织的，应列明名称、住所地和法定代表人或者主要负责人的姓名、职务及有效联系电话、通讯地址；

（二）原审人民法院的名称，原审判决、裁定或者调解书的案号；

（三）具体的再审请求；

（四）申请再审的具体法定事由及事实、理由；

（五）受理再审申请的人民法院名称；

（六）再审申请人的签名、捺印或者盖章；

（七）递交再审申请书的日期。

第八条　再审申请人提交的再审申请书等材料符合上述要求的，人民法院应当出具《诉讼材料收取清单》，注明收到材料日期，并加盖专用收件章。《诉讼材料收取清单》一式两份，一份由人民法院入卷，一份由再审申请人留存。

第九条　再审申请人提出的再审申请不符合本规定的，人民法院应当当场告知再审申请人。

再审申请人提交的再审申请书等材料不符合要求的，人民法院应当将材料退回再审申请人，并一次性全面告知其在指定的合理期限内予以补正。再审申请人无正当理由逾期不予补正且仍坚持申请再审的，人民法院应当裁定驳回其再审申请。

人民法院不得因再审申请人未提交本规定第五条规定的相关材料，认定其提交的材料不符合要求。

第十条　对符合上述条件的再审申请，人民法院应当及时立案，并应自收到符合条件的再审申请书等材料之日起五日内向再审申请人发送受理通知书，同时向被申请人及原审其他当事人发送应诉通知书、再审申请书副本及送达地址确认书。

因通讯地址不详等原因，受理通知书、应诉通知书、再审申请书副本等材料未送达当事人的，不影响案件的审查。

被申请人可以在收到再审申请书副本之日起十五日内向人民法院提出书面答辩意见，被申请人未提出书面答辩意见的，不影响人民法院审查。

第十一条　再审申请人向原审人民法院申请再审或者越级申请再审的，原审人民法院或者有关上级人民法院应当告知其向作出生效裁判的人民法院的上一级法院提出。

第十二条　当事人申请再审，应当在判决、裁定、调解书发生法律效力后六个月内提出。

申请再审期间为人民法院向当事人送达裁判文书之日起至再审申请人向上一级人民法院申请再审之日止。

申请再审期间为不变期间，不适用中止、中断、延长的规定。

再审申请人对2015年5月1日行政诉讼法实施前已经发生法律效力的判决、裁定、调解书申请再审的，人民法院依据《最高人民法院关于执行〈中华人民共和国行政诉讼法〉若干问题的解释》第七十三条规定的2年确定申请再审的期间，但该期间在2015年10月31日尚未届满的，截止至2015年10月31日。

第十三条　人民法院认为再审申请不符合法定申请再审期间要求的，应当告知再审申请人。

再审申请人认为未超过法定期间的，人民法院可以要求其在十日内提交生效裁判文书的送达回证复印件或其他能够证明裁判文书实际生效日期的相应证据材料。再审申请人拒不提交上述证明材料或逾期未提交，或者提交的证据材料不足以证明申请再审未超过法定期间的，人民法院裁定驳回再审申请。

第十四条　再审申请人申请撤回再审申请，尚未立案的，人民法院退回已提交材料并记录在册；已经立案的，人民法院裁定是否准许撤回再审申请。人民法院准许撤回再审申请或者按撤回再审申请处理后，再审申请人再次申请再审的，人民法院不予立案，但有行政诉讼法第九十一条第二项、第三项、第七项、第八项规定等情形，自知道或者应当知道之日起六个月内提出的除外。

第十五条　本规定自2018年1月1日起施行，最高人民法院以前发布的有关规定与本规定不符的，按照本规定执行。

最高人民法院关于办理不服本院生效裁判案件的若干规定

1. 2001年10月29日
2. 法发〔2001〕20号

根据《中华人民共和国刑事诉讼法》、《中华人民共和国民事诉讼法》和《中华人民共和国行政诉讼法》及《最高人民法院机关内设机构及新设事业单位职能》的有关规定,为规范审判监督工作,制定本规定。

一、立案庭对不服本院生效裁判案件经审查认为可能有错误,决定再审立案或者登记立案并移送审判监督庭后,审判监督庭应及时审理。

二、经立案庭审查立案的不服本院生效裁判案件,立案庭应将本案全部卷宗材料调齐,一并移送审判监督庭。

经立案庭登记立案、尚未归档的不服本院生效裁判案件,审判监督庭需要调阅有关案卷材料的,应向相关业务庭发出调卷通知。有关业务庭应在收到调卷通知十日内,将有关案件卷宗按规定装订整齐,移送审判监督庭。

三、在办理不服本院生效裁判案件过程中,经庭领导同意,承办人可以就案件有关情况与原承办人或原合议庭交换意见;未经同意,承办人不得擅自与原承办人或原合议庭交换意见。

四、对立案庭登记立案的不服本院生效裁判案件,合议庭在审查过程中,认为对案件有关情况需要听取双方当事人陈述的,应报庭领导决定。

五、对本院生效裁判案件经审查认为应当再审的,或者已经进入再审程序、经审理认为应当改判的,由院长提交审判委员会讨论决定。

提交审判委员会讨论的案件审理报告应注明原承办人和原合议庭成员的姓名,并可附原合议庭对审判监督庭再审审查结论的书面意见。

六、审判监督庭经审查驳回当事人申请再审的,或者经过再审程序审理结案的,应及时向本院有关部门通报案件处理结果。

七、审判监督庭在审理案件中,发现原办案人员有《人民法院审判人员违法审判责任追究办法(试行)》、《人民法院审判纪律处分办法(试行)》规定的违法违纪情况的,应移送纪检组(监察室)处理。

当事人在案件审查或审理过程中反映原办案人员有违法违纪问题或提交有关举报材料的,应告知其向本院纪检组(监察室)反映或提交;已收举报材料的,审判监督庭应及时移送纪检组(监察室)。

八、对不服本院执行工作办公室、赔偿委员会办公室办理的有关案件,按照本规定执行。

九、审判监督庭负责本院国家赔偿的确认工作,办理高级人民法院国家赔偿确认工作的请示,负责对全国法院赔偿确认工作的监督与指导。

十、地方各级人民法院、专门人民法院可根据本规定精神,制定具体规定。

最高人民法院关于规范人民法院再审立案的若干意见(试行)

1. 2002年9月10日
2. 法发〔2002〕13号

为加强审判监督,规范再审立案工作,根据《中华人民共和国刑事诉讼法》、《中华人民共和国民事诉讼法》和《中华人民共和国行政诉讼法》的有关规定,结合审判实际,制定本规定。

第一条　各级人民法院、专门人民法院对本院或者上级人民法院对下级人民法院作出的终审裁判,经复查认为符合再审立案条件的,应当决定或裁定再审。

人民检察院依照法律规定对人民法院作出的终审裁判提出抗诉的,应当再审立案。

第二条　地方各级人民法院、专门人民法院负责下列案件的再审立案:

(一)本院作出的终审裁判,符合再审立案条件的;

(二)下一级人民法院复查驳回或者再审改判,符合再审立案条件的;

(三)上级人民法院指令再审的;

(四)人民检察院依法提出抗诉的。

第三条　最高人民法院负责下列案件的再审立案:

(一)本院作出的终审裁判,符合再审立案条件的;

（二）高级人民法院复查驳回或者再审改判，符合再审立案条件的；

（三）最高人民检察院依法提出抗诉的；

（四）最高人民法院认为应由自己再审的。

第四条 上级人民法院对下级人民法院作出的终审裁判，认为确有必要的，可以直接立案复查，经复查认为符合再审立案条件的，可以决定或裁定再审。

第五条 再审申请人或申诉人向人民法院申请再审或申诉，应当提交以下材料：

（一）再审申请书或申诉状，应当载明当事人的基本情况、申请再审或申诉的事实与理由；

（二）原一、二审判决书、裁定书等法律文书，经过人民法院复查或再审的，应当附有驳回通知书、再审判决书或裁定书；

（三）以有新的证据证明原裁判认定的事实确有错误为由申请再审或申诉的，应当同时附有证据目录、证人名单和主要证据复印件或者照片；需要人民法院调查取证的，应当附有证据线索。

申请再审或申诉不符合前款规定的，人民法院不予审查。

第六条 申请再审或申诉一般由终审人民法院审查处理。

上一级人民法院对未经终审人民法院审查处理的申请再审或申诉，一般交终审人民法院审查；对经终审人民法院审查处理后仍坚持申请再审或申诉的，应当受理。

对未经终审人民法院及其上一级人民法院审查处理，直接向上级人民法院申请再审或申诉的，上级人民法院应当交下一级人民法院处理。

第七条 对终审刑事裁判的申诉，具备下列情形之一的，人民法院应当决定再审：

（一）有审判时未收集到的或者未被采信的证据，可能推翻原定罪量刑的；

（二）主要证据不充分或者不具有证明力的；

（三）原裁判的主要事实依据被依法变更或撤销的；

（四）据以定罪量刑的主要证据自相矛盾的；

（五）引用法律条文错误或者违反刑法第十二条的规定适用失效法律的；

（六）违反法律关于溯及力规定的；

（七）量刑明显不当的；

（八）审判程序不合法，影响案件公正裁判的；

（九）审判人员在审理案件时索贿受贿、徇私舞弊并导致枉法裁判的。

第八条 对终审民事裁判、调解的再审申请，具备下列情形之一的，人民法院应当裁定再审：

（一）有再审申请人以前不知道或举证不能的证据，可能推翻原裁判的；

（二）主要证据不充分或者不具有证明力的；

（三）原裁判的主要事实依据被依法变更或撤销的；

（四）就同一法律事实或同一法律关系，存在两个相互矛盾的生效法律文书，再审申请人对后一生效法律文书提出再审申请的；

（五）引用法律条文错误或者适用失效、尚未生效法律的；

（六）违反法律关于溯及力规定的；

（七）调解协议明显违反自愿原则，内容违反法律或者损害国家利益、公共利益和他人利益的；

（八）审判程序不合法，影响案件公正裁判的；

（九）审判人员在审理案件时索贿受贿、徇私舞弊并导致枉法裁判的。

第九条 对终审行政裁判的申诉，具备下列情形之一的，人民法院应当裁定再审：

（一）依法应当受理而不予受理或驳回起诉的；

（二）有新的证据可能改变原裁判的；

（三）主要证据不充分或不具有证明力的；

（四）原裁判的主要事实依据被依法变更或撤销的；

（五）引用法律条文错误或者适用失效、尚未生效法律的；

（六）违反法律关于溯及力规定的；

（七）行政赔偿调解协议违反自愿原则，内容违反法律或损害国家利益、公共利益和他人利益的；

（八）审判程序不合法，影响案件公正裁判的；

（九）审判人员在审理案件时索贿受贿、徇私舞弊并导致枉法裁判的。

第十条 人民法院对刑事案件的申诉人在刑罚执行完毕后两年内提出的申诉，应当受理；超过两年提出申诉，具有下列情形之一的，应当受理：

（一）可能对原审被告人宣告无罪的；

（二）原审被告人在本条规定的期限内向人民法院提出申诉，人民法院未受理的；

（三）属于疑难、复杂、重大案件的。

不符合前款规定的，人民法院不予受理。

第十一条 人民法院对刑事附带民事案件中仅就民事部分提出申诉的，一般不予再审立案。但有证据证明民事部分明显失当且原审被告人有赔偿能力的除外。

第十二条 人民法院对民事、行政案件的再审申请人或申诉人超过两年提出再审申请或申诉的，不予受理。

第十三条 人民法院对不符合法定主体资格的再审申请或申诉，不予受理。

第十四条 人民法院对下列民事案件的再审申请不予受理：

（一）人民法院依照督促程序、公示催告程序和破产还债程序审理的案件；

（二）人民法院裁定撤销仲裁裁决和裁定不予执行仲裁裁决的案件；

（三）人民法院判决、调解解除婚姻关系的案件，但当事人就财产分割问题申请再审的除外。

第十五条 上级人民法院对经终审法院的上一级人民法院依照审判监督程序审理后维持原判或者经两级人民法院依照审判监督程序复查均驳回的申请再审或申诉案件，一般不予受理。

但再审申请人或申诉人提出新的理由，且符合《中华人民共和国刑事诉讼法》第二百零四条、《中华人民共和国民事诉讼法》第一百七十九条、《中华人民共和国行政诉讼法》第六十二条及本规定第七、八、九条规定条件的，以及刑事案件的原审被告人可能被宣告无罪的除外。

第十六条 最高人民法院再审裁判或者复查驳回的案件，再审申请人或申诉人仍不服提出再审申请或申诉的，不予受理。

第十七条 本意见自2002年11月1日起施行。以前有关再审立案的规定与本意见不一致的，按本意见执行。

最高人民法院、最高人民检察院关于对民事审判活动与行政诉讼实行法律监督的若干意见（试行）

1. 2011年3月10日
2. 高检会〔2011〕1号

第一条 为了完善检察机关对民事审判活动、行政诉讼实行法律监督的范围和程序，维护司法公正，根据宪法和法律，结合司法实践，制定本意见。

第二条 根据《中华人民共和国民事诉讼法》第十四条和《中华人民共和国行政诉讼法》第十条的规定，人民检察院对民事审判活动、行政诉讼实行法律监督。

第三条 人民检察院对于已经发生法律效力的判决、裁定、调解，有下列情形之一的，可以向当事人或者案外人调查核实：

（一）可能损害国家利益、社会公共利益的；

（二）民事诉讼的当事人或者行政诉讼的原告、第三人在原审中因客观原因不能自行收集证据，书面申请人民法院调查收集，人民法院应当调查收集而未调查收集的；

（三）民事审判、行政诉讼活动违反法定程序，可能影响案件正确判决、裁定的。

第四条 当事人在一审判决、裁定生效前向人民检察院申请抗诉的，人民检察院应当告知其依照法律规定提出上诉。当事人对可以上诉的一审判决、裁定在发生法律效力后提出申诉的，应当说明未提出上诉的理由；没有正当理由的，不予受理。

第五条 最高人民检察院对各级人民法院已经发生法律效力的民事判决、裁定，上级人民检察院对下级人民法院已经发生法律效力的民事判决、裁定，经过立案审查，发现有《中华人民共和国民事诉讼法》第一百七十九条规定情形之一，符合抗诉条件的，应当依照《中华人民共和国民事诉讼法》第一百八十七条之规定，向同级人民法院提出抗诉。

人民检察院发现人民法院已经发生法律效力的行政判决和不予受理、驳回起诉、管辖权异议等行政裁定，有《中华人民共和国行政诉讼法》第六十四条规定情形的，应当提出抗诉。

第六条　人民检察院发现人民法院已经发生法律效力的民事调解、行政赔偿调解损害国家利益、社会公共利益的，应当提出抗诉。

第七条　地方各级人民检察院对符合本意见第五条、第六条规定情形的判决、裁定、调解，经检察委员会决定，可以向同级人民法院提出再审检察建议。

人民法院收到再审检察建议后，应当在三个月内进行审查并将审查结果书面回复人民检察院。人民法院认为需要再审的，应当通知当事人。人民检察院认为人民法院不予再审的决定不当的，应当提请上级人民检察院提出抗诉。

第八条　人民法院裁定驳回再审申请后，当事人又向人民检察院申诉的，人民检察院对驳回再审申请的裁定不应当提出抗诉。人民检察院经审查认为原生效判决、裁定、调解符合抗诉条件的，应当提出抗诉。人民法院经审理查明，抗诉事由与被驳回的当事人申请再审事由实质相同的，可以判决维持原判。

第九条　人民法院的审判活动有本意见第五条、第六条以外违反法律规定情形，不适用再审程序的，人民检察院应当向人民法院提出检察建议。

当事人认为人民法院的审判活动存在前款规定情形，经提出异议人民法院未予纠正，向人民检察院申诉的，人民检察院应当受理。

第十条　人民检察院提出检察建议的，人民法院应当在一个月内作出处理并将处理情况书面回复人民检察院。

人民检察院对人民法院的回复意见有异议的，可以通过上一级人民检察院向上一级人民法院提出。上一级人民法院认为人民检察院的意见正确的，应当监督下级人民法院及时纠正。

第十一条　人民检察院办理行政申诉案件，发现行政机关有违反法律规定、可能影响人民法院公正审理的行为，应当向行政机关提出检察建议，并将相关情况告知人民法院。

第十二条　人民检察院办理民事、行政申诉案件，经审查认为人民法院的审判活动合法、裁判正确的，应当及时将审查结果告知相关当事人并说明理由，做好服判息诉工作。

人民检察院办理民事申诉、行政赔偿诉讼申诉案件，当事人双方有和解意愿、符合和解条件的，可以建议当事人自行和解。

第十三条　人民法院审理抗诉案件，应当通知人民检察院派员出席法庭。

检察人员出席再审法庭的任务是：

（一）宣读抗诉书；

（二）对人民检察院依职权调查收集的、包括有利于和不利于申诉人的证据予以出示，并对当事人提出的问题予以说明。

检察人员发现庭审活动违法的，应当待庭审结束或者休庭之后，向检察长报告，以人民检察院的名义提出检察建议。

第十四条　人民检察院办理民事、行政诉讼监督案件，应当依法履行法律监督职责，严格遵守办案规则以及相关检察纪律规范，不得谋取任何私利，不得滥用监督权力。

第十五条　人民法院发现检察监督行为违反法律或者检察纪律的，可以向人民检察院提出书面建议，人民检察院应当在一个月内将处理结果书面回复人民法院；人民法院对于人民检察院的回复意见有异议的，可以通过上一级人民法院向上一级人民检察院提出。上一级人民检察院认为人民法院建议正确的，应当要求下级人民检察院及时纠正。

第十六条　人民检察院和人民法院应当建立相应的沟通协调机制，及时解决实践中出现的相关问题。

最高人民法院、最高人民检察院关于规范办理行政再审检察建议案件若干问题的意见

1. 2024年8月20日公布

为规范人民法院、人民检察院办理行政再审检察建议案件程序，推进落实《中共中央关于加强新时代检察机关法律监督工作的意见》，提升法律监督质效和司法公信力，促进司法公正和依法行政，根据《中华人民共和国行政诉讼法》等法律规定，结合司法实践，制定本意见。

第一条　行政再审检察建议是人民检察院对生效行政判决、裁定、调解书实施法律监督的重要方式。人民法院、人民检察院应当严格按照《中华人民共和国行政诉讼法》有关再审检察建议的规定，依法规范

履行审判和法律监督职责。人民检察院要坚持法定性与必要性相结合的监督标准，增强监督的及时性与实效性，规范适用再审检察建议；人民法院要坚持依法接受监督，增强接受监督的主动性与自觉性，及时办理行政再审检察建议案件，共同维护司法公正。

第二条　人民检察院发现同级人民法院生效行政判决、裁定有《中华人民共和国行政诉讼法》第九十一条规定情形之一的，或者调解书有损害国家利益、社会公共利益情形的，可以向同级人民法院提出再审检察建议；地方各级人民检察院提出再审检察建议的，应当报上一级人民检察院备案。

第三条　人民检察院对同级人民法院再审或者审判委员会讨论后作出的生效行政判决、裁定、调解书，不适用提出再审检察建议的方式进行监督。

人民法院生效行政判决、裁定、调解书存在的笔误或者表述瑕疵不属于提出再审检察建议的情形，人民检察院可以提出改进工作建议。

第四条　人民检察院提出再审检察建议，一般应当经检察委员会讨论决定。存在特殊情形的，人民检察院可与同级人民法院会商解决。

第五条　人民检察院提出再审检察建议，应当将再审检察建议书连同检察案件材料一并移送同级人民法院。

再审检察建议书应当载明案件相关情况、监督意见并列明原判决、裁定、调解书存在《中华人民共和国行政诉讼法》第九十三条、《最高人民法院关于适用〈中华人民共和国行政诉讼法〉的解释》第一百一十七条规定的情形。

人民检察院提出再审检察建议案件不符合前述规定的，人民法院参照《最高人民法院关于适用〈中华人民共和国民事诉讼法〉的解释》第四百一十四条规定处理。

第六条　人民法院应当自收到符合条件的再审检察建议书和相关检察案件材料之日起七日内编立案号，纳入案件流程管理，依法进行审查，并告知人民检察院。

人民法院已作出驳回再审申请裁定的，不影响人民法院受理同级人民检察院提出的再审检察建议。

人民检察院提出再审检察建议的案件同级人民法院已经裁定再审但尚未审结的，人民法院应当将再审检察建议并入再审案件一并审理，并函告人民检察院。案件已被上级人民法院裁定再审但尚未审结的，同级人民法院可以将再审检察建议书及检察案件材料报送上级人民法院并告知提出再审检察建议的人民检察院。

第七条　人民法院对行政再审检察建议案件，应当组成合议庭，在三个月内审查完毕。有特殊情况需要延长的，应当依照相关审批程序延长审查期限。

在原审判程序中参与过本案审判工作的审判人员，不得再参与该行政再审检察建议案件的办理。

第八条　人民法院对行政再审检察建议案件，一般采取审查人民检察院移交的案件材料、调阅原审案件卷宗等方式进行书面审查。经审查，案件可能启动再审或者存在其他确有必要情形的，应当询问当事人。

第九条　人民法院对行政再审检察建议案件经审查认为原判决、裁定、调解书确有错误，决定采纳检察建议启动再审的，再审裁定书应当载明监督机关及行政再审检察建议文号。裁定书应当送交同级人民检察院。

人民法院经审查决定不予再审的，应当在决定作出之日起十日内书面回复人民检察院并述明理由。人民检察院可以适当方式将人民法院不予再审结果告知申请人。

第十条　人民法院采纳再审检察建议启动再审的行政案件，参照《最高人民法院关于适用〈中华人民共和国民事诉讼法〉的解释》第四百零二条第一款第三项、第四项规定的程序开庭审理。有下列情形之一的，人民检察院可以派员出席法庭：

（一）人民检察院认为原案的处理损害国家利益或者社会公共利益的；

（二）人民检察院调查核实的证据需要向法庭出示的；

（三）具有重大社会影响等其他确有出庭必要的。

人民检察院派员出席法庭的，人民法院可以参照《最高人民法院关于适用〈中华人民共和国民事诉讼法〉的解释》第四百零二条第一款第二项规定的程序开庭审理。

人民法院开庭审理人民检察院提出再审检察建议的案件，人民检察院派员出席再审法庭的，适用《人民检察院行政诉讼监督规则》第一百零二条的规定。

第十一条　人民法院采纳再审检察建议启动再审的行政案件，应当将再审后作出的判决书、裁定书、调解书自作出之日起十日内送交同级人民检察院。

第十二条　人民法院、人民检察院应当建立实质性化解行政争议的协同机制，共同做好行政再审检察建议案件的调解和矛盾化解工作。

人民检察院在案件审查阶段促成行政争议实质性化解后，行政机关不履行约定义务的，可以制发检察建议或者建议人民法院制发司法建议，督促落实。

人民法院对行政再审检察建议案件审查期间，行政争议已实质性化解不需要继续审查的，人民法院应当书面告知人民检察院。

第十三条　人民法院、人民检察院应当建立常态化工作联系机制。对群众关注度高、关系民生焦点、社会反响强烈或者涉政策性、群体性等可能影响社会稳定的案件，以及重大、疑难、复杂、敏感案件，人民法院、人民检察院在办理过程中，应当加强相互沟通，依法妥善处理。

第十四条　人民法院、人民检察院应当定期开展行政再审检察建议工作综合分析和通报，推动审判监督和检察监督工作良性互动，提升行政再审检察建议案件办理质效。

地方各级人民法院、人民检察院在实践中遇到新情况、新问题可先行会商，并将相关问题及应对措施及时层报最高人民法院、最高人民检察院。

最高人民法院关于行政案件申诉复查和再审工作分工的通知

1. 2012年8月31日
2. 法发〔2012〕18号

各省、自治区、直辖市高级人民法院，新疆维吾尔自治区高级人民法院生产建设兵团分院：

为进一步规范人民法院行政案件申诉复查和再审工作分工，提高行政审判的质量和效率，现就有关问题通知如下：

行政申诉和申请再审案件，经立案庭审查，符合立卷复查条件的，立案后统一由各级人民法院行政审判庭负责复查和再审；裁定不予受理案件的申诉复查和再审工作由立案庭负责。当事人向作出生效裁判的人民法院申诉或申请再审，符合立卷复查条件的，立案后由审判监督庭负责复查和再审。

本通知自2013年1月1日起施行。届时尚未办结的案件仍由原审判业务部门负责办理。

特此通知。

最高人民法院关于人民检察院提出抗诉按照审判监督程序再审维持原裁判的民事、经济、行政案件，人民检察院再次提出抗诉应否受理问题的批复

1. 1995年10月6日
2. 法复〔1995〕7号

四川省高级人民法院：

你院关于人民检察院提出抗诉，人民法院按照审判监督程序再审维持原裁判的民事、经济、行政案件，人民检察院再次提出抗诉，人民法院应否受理的请示收悉。经研究，同意你院意见，即上级人民检察院对下级人民法院已经发生法律效力的民事、经济、行政案件提出抗诉的，无论是同级人民法院再审还是指令下级人民法院再审，凡作出维护原裁判的判决、裁定后，原提出抗诉的人民检察院再次提出抗诉的，人民法院不予受理；原提出抗诉的人民检察院的上级人民检察院提出抗诉的，人民法院应当受理。

最高人民法院关于人民法院不予受理人民检察院单独就诉讼费负担裁定提出抗诉问题的批复

1. 1998年7月21日最高人民法院审判委员会第1005次会议通过
2. 1998年8月31日公布
3. 法释〔1998〕22号
4. 自1998年9月5日起施行

河南省高级人民法院：

你院豫高法〔1998〕131号《关于人民检察院单独

就诉讼费负担的裁定进行抗诉能否受理的请示》收悉。经研究,同意你院意见,即:人民检察院对人民法院就诉讼费负担的裁定提出抗诉,没有法律依据,人民法院不予受理。

此复

·典型案例·

最高人民检察院发布的十件行政诉讼监督典型案例

一、王某、朱某与某县政府确认行政行为违法抗诉案

(一)基本案情

王某与朱某为夫妻关系。朱某于2001年与某林场签订土地承包合同,约定将林场40.5亩土地承包给朱某,承包期为30年。王某、朱某承包土地后种植了果树、葡萄。2003年6月,县工商局为王某颁发了个体工商营业执照,组织形式为家庭经营,经营范围及方式为经济林苗木、生态林苗木、果业,自产自销。2003年10月,县政府发放了新林权证,朱某承包的土地在该林权证确定的范围内。2005年4月,县政府开始治理大凌河西支,因王某、朱某的承包地在治理工程施工的范围内,治理工程指挥部组织水利局等部门将王某、朱某的林地推毁。2006年5月,王某以县政府、县水利局强行推毁其果园的行政行为违法为由,向人民法院提起确认行政行为违法的行政诉讼。在该案审理中,一审法院将朱某追加为原告。

辽宁省朝阳市双塔区人民法院一审判决:确认县政府将王某、朱某承包地内的林木推毁的行政行为违法。县政府不服该判决提起上诉,朝阳市中级人民法院二审判决:驳回上诉,维持原判。县政府仍不服该判决,向法院申请再审。朝阳市中级人民法院再审判决:一、确认县政府治理大凌河西支堤防工程的具体行政行为合法;二、撤销原一、二审判决;三、驳回王某、朱某请求确认县政府治理大凌河西支堤防工程的具体行政行为违法的诉讼请求。王某、朱某不服该再审判决向法院申请再审,辽宁省高级人民法院驳回再审申请。

王某、朱某向检察机关申请监督。

(二)监督情况及结果

辽宁省人民检察院向辽宁省高级人民法院提出抗诉。理由是:

本案证据能够证实王某、朱某依承包合同取得使用权的果园林地系林场合法享有使用权的国有林地,再审判决认定事实缺乏证据证明,适用法律错误。

县政府在实施公共水利建设用地征用行政行为时,对王某、朱某合法承包林地果园未依法定程序进行征用而是强行推毁,违反了行政法律规定,系行政行为违法。再审判决以治理堤防工程具有事实和法律依据的理由,从而认定县政府造成王某、朱某承包地地上物损失的具体行政行为合法,属认定事实及适用法律错误。

辽宁省高级人民法院再审撤销了朝阳市中级人民法院的再审判决,维持原一、二审判决。

二、柴某、毕某与某县政府房屋行政登记纠纷抗诉案

(一)基本案情

1993年5月,柴某与某村委会签订土地划拨(征用)协议书。1994年5月,柴某向某村委会上缴建房地皮费。1995年1月,某县政府向柴某颁发《建房用地批准通知书》。1995年4月,建设部门向柴某颁发建设工程规划许可证。1995年12月,柴某上交耕地占用税。1996年1月,县房管局依据第三人柴某的兄弟提供的身份证、建设单位户主为柴某的建设工程规划许可证以及1995年12月8日柴某《关于房屋户主变更的申请报告》,向柴某兄弟颁发第95-12-911号房屋所有权证。2006年11月6日,柴某向县房管局提出关于请求废除其兄弟房屋所有权证尽快恢复本人房屋所有权证的报告。县房管局于2006年11月29日作出关于处理争议房屋权属纠纷的通知,并决定收回第95-12-911号房屋所有权证,但因故未能收回。2008年10月8日,县房管局作出注销第95-12-911号房屋所有权证的决定,并于次日在《黄冈日报》公告。2009年4月15日,县房管局决定撤销第95-12-911号房屋所有权证并公告作废。2010年8月17日,县房管局为柴某及其妻毕某颁发了房屋所有权证书。2010年12月9日,县房管局再次公告,决定撤销2008年10月8日及2009年4月15日作出的关于注销和撤销柴某兄弟房屋所有权证的决定。2011年1月5日,县房管局再次作出关于撤销2008年10月8日作出的注销第95-12-911号房屋所有权证的决定,并于同年1月25日在《黄冈日报》公告。2011年3月9日,柴某的兄弟提起民事诉讼,请求判令柴某、毕某退

出争议房屋。2011 年 3 月 10 日，柴某、毕某提起行政诉讼。

湖北省某县人民法院一审认为：县房管局发现申请人申报材料不实后，虽先后作出注销、撤销、作废房屋权属证书等一系列具体行政行为予以纠正，但其后又撤销上述决定，使柴某兄弟的产权证又恢复了原有状态。但县政府在为柴某兄弟办理房屋初始登记中认定产权来源不清，依据不足，程序违法，且未在法定期限内向法庭提交作出具体行政行为的证据，判决撤销县政府为柴某兄弟颁发的第 95－12－911 号房屋所有权证。柴某的兄弟提出上诉。黄冈市中级人民法院二审期间另查明，1995 年 12 月 8 日，柴某向土地部门、房管部门申请将争议房屋户主变更为其兄弟。该院认为，柴某最迟在 2006 年就应当知道县政府为其兄弟颁发了第 95－12－911 号房产证，其于 2011 年提起行政诉讼已超过法定的二年起诉期限，裁定撤销一审判决，驳回柴某的起诉。

柴某、毕某向检察机关申请监督。

（二）监督情况及结果

湖北省人民检察院向湖北省高级人民法院提出抗诉。理由是：

县房管局在柴某 2006 年 11 月 6 日提出异议要求撤销第 95－12－911 号房屋所有权证后，于 2008 年 10 月 8 日和 2009 年 4 月 15 日先后作出注销和撤销并公告作废前述房屋所有权证的决定，后又于 2011 年 1 月 5 日公告撤销 2008 年 10 月 8 日作出的决定。县房管局自柴某提出异议后，对争议房产证上所作的行政行为进行了数次变更，柴某诉权未能在法定期限内及时行使非自身原因造成。据此，应扣除柴某自 2006 年 11 月 6 日到 2011 年 3 月 10 日提起行政诉讼时非自身原因耽误的期间，柴某的起诉未超过二年期限。

湖北省高级人民法院再审认为，县政府作出被诉颁证行为时未向柴某告知诉权或起诉期限，柴某的起诉期限应当从知道或应当知道颁证行为内容之日起不超过 2 年。柴某向县房管局递交《关于房屋户主变更的申请报告》的行为不能作为认定其知道或应当知道被诉颁证行为内容的直接证据，县政府亦未能证明柴某何时知道被诉颁证行为，柴某的起诉期限应从 2006 年 11 月 6 日其向县房管局提出异议时起算。县房管局针对争议房产证所作处理行为，不为柴某、毕某二人自身所控制，且造成二人未能在法定期限内提起诉讼，应对被耽误的时间在起诉期间内予以扣除，判决撤销二审裁定，指令黄冈市中级人民法院继续审理。

三、某县安监局与某工业公司安全生产行政处罚抗诉案

（一）基本案情

某工业公司第一轮窑厂是该公司的非法人分支经营单位，主要生产建筑用红砖，该厂《矿产资源开采许可证》《安全生产许可证》于 2011 年年底到期后未能继续申办到新的行政许可证。2012 年 1 月 1 日，该公司与谢某签订租赁协议。约定第一轮窑厂的现有全部场地、设施、设备及房屋供谢某使用、经营，租期三年。后谢某在第一轮窑厂开始生产经营红砖，但未按协议约定办理工商营业执照，也未申办安全生产许可证。2012 年 6 月 19 日，在第一轮窑厂的装窑现场，民工许某驾驶电动三轮车运输砖坯进出窑门过程中头部不慎撞击窑体后死亡。事故发生后，工业公司和谢某没有及时将事故向有关部门报告。2012 年 7 月 3 日，谢某与死者家属签订赔偿协议，予以了赔偿。2012 年 10 月 1 日，县安监局接到举报后，予以调查核实，认定工业公司是对此次安全生产事故负有责任的事故发生单位，作出《行政处罚决定书》，给予工业公司罚款 12 万元。

工业公司于 2013 年 7 月 23 日起诉，称处罚对象错误，处罚程序违法，请求依法撤销《行政处罚决定书》。安徽省某县人民法院认为，县安监局作出的《行政处罚决定书》认定事实清楚、适用法律法规正确、符合法定程序，判决：维持县安监局《行政处罚决定书》。工业公司不服一审判决提起上诉。安庆市中级人民法院认为，县安监局认定工业公司为事故发生单位缺乏事实和法律依据，判决：撤销一审判决和县安监局作出的《行政处罚决定书》。

县安监局向检察机关申请监督。

（二）监督情况及结果

安徽省人民检察院向安徽省高级人民法院提出抗诉。理由是：

工业公司既没有与谢某签订专门的安全生产管理协议或者在租赁协议中明确各自的安全生产管理职责，也没有履行好对下属企业安全生产监督管理职责，导致第一轮窑厂发生死亡事故，工业公司对该事故的发生负有责任。工业公司作为生产经营单位，在发生死亡事故后，县安监局依据《生产安全事故报告和调

查处理条例》第三十七条第(一)项的规定对工业公司作出12万元罚款的行政处罚,适用法律并无不当。安庆市中级人民法院二审判决适用法律确有错误。

安徽省高级人民法院再审认为,县安监局认定工业公司是事故发生单位,对事故发生负有责任,有事实和法律依据。二审判决适用法律不当。判决:撤销二审判决,维持一审判决。

四、熊某与某县国土局、县房管局行政登记抗诉案

(一)基本案情

熊某与张某原系夫妻,二人于2011年离婚。在婚姻关系存续期间,为取得贷款,妻子张某将夫妻共有财产国有土地使用权证及附属的房屋抵押给工商银行某支行,于2007年9月17日在某县国土局、县房管局办理了土地、房屋抵押登记。

2013年8月21日,熊某将县国土局、县房管局分别起诉至法院,以自己不知情为由,请求撤销县国土局、县房管局对其国有土地使用权、房屋产权办理抵押登记的具体行政行为,并返还其所有的《国有土地使用证》和《房屋所有权证》,责令县国土局、县房管局向熊某书面道歉。

湖南省某县人民法院一审认为,熊某于2010年6月12日知道县国土局、县房管局对其享有权利的土地、房屋办理了抵押登记的行政行为后,没有在法律规定的最长起诉期限两年之内提起行政诉讼,且当庭未说明有正当理由,应当认定熊某已经超过了行政诉讼起诉的法定期限,分别作出裁定驳回熊某的起诉。熊某提起上诉。常德市中级人民法院分别作出裁定驳回上诉,维持原裁定。熊某不服二审裁定申请再审,常德市中级人民法院亦分别作出裁定驳回了熊某的再审申请。

熊某向检察机关申请监督。

(二)监督情况及结果

湖南省人民检察院分别就两份裁定向湖南省高级人民法院提出抗诉。理由是:

原审裁定认定熊某于2010年6月12日知道对其享有权利的土地和房屋办理抵押登记的行政行为,属认定的基本事实缺乏证据证明。县国土局、县房管局认为熊某起诉超过法定期限,应由其承担举证责任,但其未提供证据证明上述事实。

本案张某是房屋抵押登记和土地抵押登记行政行为的利害关系人,属于人民法院应当依职权通知参加诉讼的第三人。原审法院未依职权追加张某作为第三人参加诉讼,审判程序违法。

湖南省高级人民法院分别作出再审裁定,撤销原一、二审裁定,指令湖南省某县人民法院继续审理。该院依法追加张某为第三人,并分别作出行政判决认为,张某与工行某支行签订的《个人借款/担保合同》中担保合同部分因共同共有的抵押房产未经共有人熊某的同意而被确认无效,基于担保合同产生的房屋及其土地抵押权消灭,县国土局、县房管局为张某办理土地、房屋抵押登记的行为因抵押权的消灭而依法不能成立。对于县国土局、县房管局认为熊某起诉超过诉讼时效的辩论意见,因其未提供证据予以证明,故不予采纳。判决:确认县国土局、县房管局对本案国有土地、房屋作出的抵押登记行为无效,并驳回熊某的其他诉讼请求。

五、某村委会与王某请求履行法定职责抗诉案

(一)基本案情

1984年,王某等12户村民与他人签订两份筑坝施工合同,在某村建虾场,由乡政府加盖了公章。虾场建成后实际面积152亩,于1985年开始经营,后其他村民陆续退股,自1990年年底至今该虾场由王某一人经营。后市政府为村委会颁发了包含该虾场在内的国有土地使用权证。2009年4月2日,王某提起行政诉讼,要求撤销市政府为村委会颁发的国有土地使用权证。东港市人民法院以市政府所作出的具体行政行为认定事实不清、主要证据不足、程序违法、适用法律不当为由,判决撤销该国有土地使用权证。2010年4月26日,王某再次提起行政诉讼,要求市政府履行涉案土地确权发证法定职责。东港市人民法院作出行政判决,判令市政府履行对王某就涉案虾场权属确认及登记发证的申请事项作出处理的法定职责。该判决生效后,王某申请执行,因行政管理权限变更,法院将被执行人变更为某经济区管委会。管委会要求王某按照《土地登记办法》第九条的规定向国土局提供相应申请材料。王某提供材料后管委会以其提交申请登记的材料不齐全为由,通知不予登记发证。2012年10月22日,王某第三次提起行政诉讼,要求市政府和管委会履行审核、上报并颁证的法定职责。该案审理过程中,王某以所诉被告主体错误为由,撤回起诉。2012年12月17日,王某第四次提起行政诉讼,要求国土局和管委会履行法定职责,为王某核发国有土地使用权

证书。

辽宁省东港市人民法院一审判决：对王某就涉案虾场申请颁发国有土地使用权证一事，国土局履行审查、上报的法定职责；管委会于收到国土局经济区分局提交的上报材料后两个月内，履行登记造册、核发土地权利证书的法定职责。该判决因各方未上诉而生效。村委会不服一审判决，向东港市人民法院申请再审，请求确认村委会对涉案虾场具有使用权，判令管委会和国土局为村委会颁发涉案虾场土地使用权证。东港市人民法院驳回了村委会的再审申请。

村委会向检察机关申请监督。

（二）监督情况及结果

丹东市人民检察院向丹东市中级人民法院提出抗诉。理由是：

1. 有新证据足以推翻原一审判决。丹东市人民检察院所调取的土地档案、"虾场承包合同"可以充分证明涉案虾池属于某村集体所有。

2. 原审判决违背行政前置程序，遗漏诉讼主体。市政府和管委会均未就王某的土地确权申请作出行政处理决定，法院在行政判决中直接判令管委会履行登记造册、核发土地权利证书的法定职责，违反法律规定的前置程序。政府对涉案虾场的土地登记与村委会有着直接的利害关系，法院没有通知村委会作为第三人参加诉讼，违背了行政诉讼法有关规定。正是基于这一原因，村委会具备了本案的再审申请人资格。

3. 原审判决认定基本事实缺乏证据证明。生效土地使用证足以证明原审判决无事实依据。管委会和国土局收到王某土地登记申请后，因王某未提供"土地权属来源证明"和"地上附着物权属证明"而作出不予登记发证的决定并无不当。

丹东市中级人民法院指令辽宁省东港市人民法院再审本案。该院再审撤销了原一审判决，驳回王某的诉讼请求。

六、胡某等与某乡政府土地行政征收抗诉案

（一）基本案情

2013 年 12 月 31 日，某乡政府制定《关于进一步做好某村砂石矿开采项目征地的实施方案》，对某村砂石矿开采项目涉及的土地及其他地面附属物进行征收。在此前后，乡政府就与该村部分村民签订了征地协议和土地征用协议，将所得土地给某矿业公司使用。对此，胡某等十八人认为乡政府、矿业公司、村委会侵犯其合法权益，于 2014 年 4 月以乡政府为被告，以矿业公司、村委会为第三人，提起行政诉讼。请求判令撤销乡政府作出的《实施方案》，责令乡政府及第三人矿业公司恢复破坏的土地和牛圈坡林地，返还给原告经营。

贵州省普定县人民法院一审认为：乡政府作出的《实施方案》针对的是不特定的人，是一种普遍行为，没有特定的对象，没有具体的行政相对人，该实施方案中未涉及原告的实体权利义务，不属于具体行政行为。裁定对胡某等十八人的起诉不予受理。胡某等十八人提起上诉，安顺市中级人民法院二审认为：胡某等十八户村民向一审法院起诉的请求是撤销乡政府作出的《实施方案》，而该实施方案是针对村、乡各有关部门的文件，不是法律文书，不属于具体的行政行为。裁定驳回上诉，维持原裁定。

胡某等十八人向检察机关申请监督。

（二）监督情况及结果

贵州省人民检察院向贵州省高级人民法院提出抗诉。理由是：

某乡政府作出的《实施方案》的征地范围及补偿标准特定，乡政府还对征地范围内农户的土地面积进行了公示，与部分农户签订了征地协议，涉及特定的某村砂石矿开采项目范围内被征地对象的实际利益，并非针对不特定对象发布的能反复适用的规范性文件，人民法院应受理胡某等人的起诉。

贵州省高级人民法院指令安顺市中级人民法院再审本案。该院再审认为，《实施方案》明确规定征地范围和补偿标准，能对行政相对人的合法权益产生实际影响，是可诉的行政行为。一审裁定认为该方案是未涉及特定对象实体权益义务的普遍行为，二审裁定认为该方案不是行政行为，都是错误的。裁定：撤销一、二审裁定，指令贵州省普定县人民法院受理本案。

七、某村委会 19（2）队与某县政府土地行政登记纠纷抗诉案

（一）基本案情

1992 年，某村委会（原为某居委会，本案二审期间更名为某村委会）经协议将本案争议地转让给派出所建设办公楼使用。后镇政府通过与派出所互换获得上述土地，用于建设加油站。2003 年 5 月 17 日，某村委会就争议地向县政府提出土地使用权登记申请。同日，县政府进行了地籍调查，后又对吴某、冯某、莫某等

人进行调查并制作了询问笔录。2003年6月4日，县政府向某村委会颁发了第48101号集体土地使用证，将争议地登记给某村委会用于建设加油站。某村委会19(2)队认为县政府上述土地登记行政行为违法，于2008年9月1日提起行政诉讼。

广西壮族自治区某县人民法院、柳州市中级人民法院一审、二审均认为，本案争议地的权属变更关系清楚，某村委会提交的申请材料的内容和形式均符合土地登记申请的法定要求，县政府据此为其登记发证、确认使用权并无不当，而某村委会19(2)队未提交相应的法定权属凭证证明其主张，遂判决驳回某村委会19(2)队的诉讼请求。某村委会19(2)队向检察机关申请监督，经广西壮族自治区人民检察院抗诉，本案指令柳州市中级人民法院再审。再审判决在确认一、二审判决的基础上，认为争议地是四面围墙围住的闭合宗地，四界清楚，与相邻用地人无地界争议，县政府颁证行为没有影响相邻方利益，未违反法律法规规定，遂判决维持。

（二）监督情况及结果

广西壮族自治区人民检察院依职权再次向广西壮族自治区高级人民法院提出抗诉。理由是：

县政府地籍调查程序违法。首先，县政府在某村委会申请土地登记前即进行了地籍调查；其次，县政府进行地籍调查时，未通知相邻宗地使用者到现场共同指界，地籍调查表“指界人”一栏只有某村委会的签字。

本案争议是由于争议地权属不明而产生。县政府进行地籍调查时，某村委会未提供证据证明争议地属其所有，而某村委会19(2)队在诉讼期间提交的证据能够证明争议地为其所有。

广西壮族自治区高级人民法院再审认为，土地登记是土地登记机关对土地权利人所享有的土地权利予以认可和证明的两种行政行为，土地登记不创设权利义务，仅产生公示、公信效力；土地登记机关根据土地登记申请者提供的材料，经权属审核，在土地权属来源清楚的情况下才予以登记。县政府认为争议地属于某村委会的主要依据均不是争议土地权属的“法定权属凭证”，不能证明争议土地的权属已经明确，且第48101号集体土地使用证上“土地所有者”栏为空白，县政府认为争议土地权属来源清楚、应属于某村委会所有的证据不足。此外，地籍调查表“指界人”一栏只有某村委会的签字，违反了《城镇地籍调查规程》关于“界址的认定必须由本宗地及相邻宗地使用者亲自到现场共同指界”的相关规定。判决撤销一审、二审、再审判决，以及县政府颁发的第48101号集体土地使用证。

八、某县建委与某开发公司城建行政合同纠纷抗诉案

（一）基本案情

2003年11月23日，某开发公司与某县建委签订《梓桐小区旧城改造开发小区项目协议》。其中约定：“由甲方（某县建委）负责协调该项目上下左右的关系，牵头负责协调解决涉及该项目开发建设的相关问题，由甲方负责提供地质灾害评估意见。”至2004年年底，涉案建设项目完成了前期可行性论证、立项、选址、建设用地规划许可、红线图、土地测算评估、小区拆迁房屋调查等准备工作及相关手续办理，但未能获得建设用地使用权。2009年12月31日，重庆市人民政府批复同意该县政府对巷口镇规划建设农用地转用和土地征收。获悉该批复后，某开发公司以涉案建设项目规划用地部分在批准征地范围内为由，要求建委履行《协议》约定义务，协调涉案建设项目的供地事宜。建委则以《批复》与涉案建设项目无关，涉案建设项目规划用地仍为未征用集体土地，且其并不负有协调供地事宜的法定职责和合同义务为由，拒绝了开发公司的请求。开发公司不服，提起行政诉讼，请求判决建委履行涉案协议。

重庆市涪陵区人民法院和重庆市第三中级人民法院一、二审均认为某县建委违反协议约定，没有牵头协调相关职能部门办理项目用地的拆迁、安置和土地出让等事宜及有关手续，也未向某开发公司提供项目用地的地质灾害评估意见，未能全面履行其约定义务，判决某县建委与某开发公司继续履行双方签订的《梓桐小区旧城改造开发小区项目协议》。

某县建委向检察机关申请监督。

（二）监督情况及结果

重庆市人民检察院于2012年向重庆市高级人民法院提出抗诉后，重庆市高级人民法院指定重庆市第三中级人民法院再审，再审以某县建委未能证明其已经按照双方协议约定全面履行合同义务为由，判决维持原判。重庆市人民检察院认为再审判决仍符合抗诉条件，决定跟进监督，于2014年再次向重庆市高级人民法院提出抗诉。主要理由是：

再审判决认定某县建委未履行牵头协调解决项目用地的拆迁、安置和土地出让事宜系违约行为并判令

其继续履行错误。首先,《协议》约定某县建委的合同义务不得超出其职权范围,超出其职责约定应为无效;其次,判决认定某县建委没有履行协调义务的依据不足;某县建委已基本履行了《协议》约定义务,《协议》未能继续履行的根本原因系开发公司未能取得涉案建设项目的国有土地使用权。

重庆市高级人民法院再审认为,某开发公司的诉讼请求是要求某县建委按照《协议》第四条履行"协调该项目上下左右的关系,牵头负责协调解决涉及该项目开发建设的相关问题,由甲方负责提供地质灾害评估意见"的约定义务,一审、二审及原再审均以某县建委无证据证明履行了上述义务为由判决双方继续履行。而从《协议》第四条约定来看,某开发公司要求某县建委协调什么关系和解决什么问题并不具体;该协调义务是否属于某县建委的法定职责范围也不明确;某县建委如何协调、能否协调均不确定。因此,某开发公司的诉讼请求不具体,其起诉不符合法律规定的条件,裁定撤销原一审、二审和再审判决,驳回了某开发公司的起诉。

九、某市林业局与郑某等行政非诉执行检察建议案

(一)基本案情

2012 年 11 月至 2013 年 2 月期间,郑某、吴某等六人未经批准非法占用沿海防护林地共计 3035 平方米建设水产养殖场。某市林业局经过调查,于 2013 年 6 月 18 日对郑某等六人分别作出《林业行政处罚决定书》,对违法行为人处以罚款,并责令 30 天内自行拆除占用林地的所有建筑与设施,恢复原貌。郑某等六人未自动履行行政处罚决定书所确认的义务,且在法定期限内未申请行政复议,亦未提起行政诉讼。2013 年 11 月 15 日,市林业局向法院申请强制执行。海南省某市人民法院于 2013 年 11 月 19 日立案,并移送行政庭进行非诉案件合法性审查。2015 年 11 月 22 日,该院裁定:准予执行申请执行人市林业局 2013 年 6 月 18 日作出的《林业行政处罚决定书》的第一项和第二项。但裁定作出后,五宗执行案件至检察机关调查之日一直未移送执行机构。

(二)监督情况及结果

海南省某市人民检察院依职权向海南省某市人民法院发出检察建议书,要求海南省某市人民法院依法将上述五宗案件移交执行。理由是:

1. 法院依法对市林业局的申请进行书面审查裁定准予执行后,未按照最高人民法院有关规定及时将案件移交该院负责强制执行非诉行政行为的机构执行,致使该五宗案件至今未进入执行程序。

2. 行政非诉执行案件经人民法院行政审判机构进行合法性审查裁定准予强制执行的,不需要申请人再次向人民法院申请。

3. 根据《最高人民法院关于严格执行案件审理期限制度的若干规定》的规定,非诉执行案件应当在立案之日起三个月内执结,有特殊情况需要延长的应依法进行审批。本案自 2013 年 11 月 19 日立案后,既没有办理延长期限审批手续,也没有裁定中止执行或终结执行、不予执行,已严重超期。

海南省某市人民法院于 2015 年 12 月 9 日函复某市人民检察院,在采纳检察建议的同时,对该院 2012 年以来的行政非诉执行案件进行自查,发现已裁定准予执行、但没有直接移送立案庭登记执行的案件共计 26 件(包括本案涉及的 5 件),该院表示会尽快将上述 26 宗案件移送立案庭进行立案登记后移交执行局执行。

十、某区水务局与某有限公司行政非诉执行检察建议案

(一)基本案情

某区水务局接到群众举报并进行现场调查后发现,某有限公司未经行政主管部门批准,擅自在某村填占河道。2011 年 7 月 5 日,区水务局向某有限公司送达《责令停止水事违法行为通知书》,并于同年 8 月 26 日对某有限公司擅自填占河道行为作出(2011)011 号行政处罚决定书。主要内容为:1. 停止违法行为;2. 清除河道内填占的石块、渣土、建筑垃圾,恢复原状,所需费用由违法者承担;3. 处罚款人民币 9 万元整。某有限公司未自动履行行政处罚决定书所确认的义务,且在法定期限内未申请行政复议,亦未提起行政诉讼。2012 年 2 月 24 日,区水务局向法院申请强制执行。

2012 年 2 月 29 日,福建省莆田市某区人民法院作出(2012)涵执审字第 61 号行政裁定书,认为区水务局作出的(2011)011 号行政处罚决定书在行政主体、行政权限、行为根据方面基本合法,裁定依法予以强制执行。本案移送执行后,该院执行局认为上述裁定书所依据的行政处罚决定书内容不清,无法强制执行。

(二)监督情况及结果

福建省莆田市某区人民检察院依职权向某区人民

法院发出检察建议书。理由是:(2011)011号行政处罚决定书存在具体处罚内容不清问题,其中处罚决定第二项"清除河道内填占的石块、渣土、建筑垃圾,恢复原状"未明确某有限公司填占的河道位置、方位以及面积等。根据《中华人民共和国行政强制法》第五十五条的规定,行政机关申请法院强制执行应当提供申请强制执行标的情况,区水务局所作具体行政行为不符合申请强制执行的条件。根据最高人民法院《关于执行〈中华人民共和国行政诉讼法〉若干问题的解释》第八十六条的规定,对不符合条件的申请,人民法院应当裁定不予受理。

某区人民法院采纳了检察建议,于2014年8月20日裁定撤销(2012)涵执审字第61号行政裁定书。

4. 法律适用

(1)综 合

最高人民法院行政审判庭关于《呼和浩特市废旧金属管理暂行规定》的效力问题的答复

1. 1996年9月23日
2. 〔1996〕行他字第23号

内蒙古自治区高级人民法院：

你院关于在审理案件中是否适用《呼和浩特市废旧金属管理暂行规定》的请示，经研究原则上同意你院意见，即：《呼和浩特市废旧金属管理暂行规定》中关于废旧金属出省区运输必须办理准运证，非法外运的由公安机关没收的规定是没有法律法规依据的。人民法院在审理此类案件中应以国务院有关规定为依据。

最高人民法院关于审理行政协议案件若干问题的规定

1. 2019年11月12日最高人民法院审判委员会第1781次会议通过
2. 2019年11月27日公布
3. 法释〔2019〕17号
4. 自2020年1月1日起施行

为依法公正、及时审理行政协议案件，根据《中华人民共和国行政诉讼法》等法律的规定，结合行政审判工作实际，制定本规定。

第一条 行政机关为了实现行政管理或者公共服务目标，与公民、法人或者其他组织协商订立的具有行政法上权利义务内容的协议，属于行政诉讼法第十二条第一款第十一项规定的行政协议。

第二条 公民、法人或者其他组织就下列行政协议提起行政诉讼的，人民法院应当依法受理：

（一）政府特许经营协议；

（二）土地、房屋等征收征用补偿协议；

（三）矿业权等国有自然资源使用权出让协议；

（四）政府投资的保障性住房的租赁、买卖等协议；

（五）符合本规定第一条规定的政府与社会资本合作协议；

（六）其他行政协议。

第三条 因行政机关订立的下列协议提起诉讼的，不属于人民法院行政诉讼的受案范围：

（一）行政机关之间因公务协助等事由而订立的协议；

（二）行政机关与其工作人员订立的劳动人事协议。

第四条 因行政协议的订立、履行、变更、终止等发生纠纷，公民、法人或者其他组织作为原告，以行政机关为被告提起行政诉讼的，人民法院应当依法受理。

因行政机关委托的组织订立的行政协议发生纠纷的，委托的行政机关是被告。

第五条 下列与行政协议有利害关系的公民、法人或者其他组织提起行政诉讼的，人民法院应当依法受理：

（一）参与招标、拍卖、挂牌等竞争性活动，认为行政机关应当依法与其订立行政协议但行政机关拒绝订立，或者认为行政机关与他人订立行政协议损害其合法权益的公民、法人或者其他组织；

（二）认为征收征用补偿协议损害其合法权益的被征收征用土地、房屋等不动产的用益物权人、公房承租人；

（三）其他认为行政协议的订立、履行、变更、终止等行为损害其合法权益的公民、法人或者其他组织。

第六条 人民法院受理行政协议案件后，被告就该协议的订立、履行、变更、终止等提起反诉的，人民法院不予准许。

第七条 当事人书面协议约定选择被告所在地、原告所在地、协议履行地、协议订立地、标的物所在地等与争议有实际联系地点的人民法院管辖的，人民法院从其约定，但违反级别管辖和专属管辖的除外。

第八条 公民、法人或者其他组织向人民法院提起民事诉讼，生效法律文书以涉案协议属于行政协议为由裁定不予立案或者驳回起诉，当事人又提起行政诉讼的，人民法院应当依法受理。

第九条 在行政协议案件中，行政诉讼法第四十九条第三项规定的“有具体的诉讼请求”是指：

（一）请求判决撤销行政机关变更、解除行政协议的行政行为，或者确认该行政行为违法；

（二）请求判决行政机关依法履行或者按照行政协议约定履行义务；

（三）请求判决确认行政协议的效力；

（四）请求判决行政机关依法或者按照约定订立行政协议；

（五）请求判决撤销、解除行政协议；

（六）请求判决行政机关赔偿或者补偿；

（七）其他有关行政协议的订立、履行、变更、终止等诉讼请求。

第十条　被告对于自己具有法定职权、履行法定程序、履行相应法定职责以及订立、履行、变更、解除行政协议等行为的合法性承担举证责任。

原告主张撤销、解除行政协议的，对撤销、解除行政协议的事由承担举证责任。

对行政协议是否履行发生争议的，由负有履行义务的当事人承担举证责任。

第十一条　人民法院审理行政协议案件，应当对被告订立、履行、变更、解除行政协议的行为是否具有法定职权、是否滥用职权、适用法律法规是否正确、是否遵守法定程序、是否明显不当、是否履行相应法定职责进行合法性审查。

原告认为被告未依法或者未按照约定履行行政协议的，人民法院应当针对其诉讼请求，对被告是否具有相应义务或者履行相应义务等进行审查。

第十二条　行政协议存在行政诉讼法第七十五条规定的重大且明显违法情形的，人民法院应当确认行政协议无效。

人民法院可以适用民事法律规范确认行政协议无效。

行政协议无效的原因在一审法庭辩论终结前消除的，人民法院可以确认行政协议有效。

第十三条　法律、行政法规规定应当经过其他机关批准等程序后生效的行政协议，在一审法庭辩论终结前未获得批准的，人民法院应当确认该协议未生效。

行政协议约定被告负有履行批准程序等义务而被告未履行，原告要求被告承担赔偿责任的，人民法院应予支持。

第十四条　原告认为行政协议存在胁迫、欺诈、重大误解、显失公平等情形而请求撤销，人民法院经审理认为符合法律规定可撤销情形的，可以依法判决撤销该协议。

第十五条　行政协议无效、被撤销或者确定不发生效力后，当事人因行政协议取得的财产，人民法院应当判决予以返还；不能返还的，判决折价补偿。

因被告的原因导致行政协议被确认无效或者被撤销，可以同时判决责令被告采取补救措施；给原告造成损失的，人民法院应当判决被告予以赔偿。

第十六条　在履行行政协议过程中，可能出现严重损害国家利益、社会公共利益的情形，被告作出变更、解除协议的行政行为后，原告请求撤销该行为，人民法院经审理认为该行为合法的，判决驳回原告诉讼请求；给原告造成损失的，判决被告予以补偿。

被告变更、解除行政协议的行政行为存在行政诉讼法第七十条规定情形的，人民法院判决撤销或者部分撤销，并可以责令被告重新作出行政行为。

被告变更、解除行政协议的行政行为违法，人民法院可以依据行政诉讼法第七十八条的规定判决被告继续履行协议、采取补救措施；给原告造成损失的，判决被告予以赔偿。

第十七条　原告请求解除行政协议，人民法院认为符合约定或者法定解除情形且不损害国家利益、社会公共利益和他人合法权益的，可以判决解除该协议。

第十八条　当事人依据民事法律规范的规定行使履行抗辩权的，人民法院应予支持。

第十九条　被告未依法履行、未按照约定履行行政协议，人民法院可以依据行政诉讼法第七十八条的规定，结合原告诉讼请求，判决被告继续履行，并明确继续履行的具体内容；被告无法履行或者继续履行无实际意义的，人民法院可以判决被告采取相应的补救措施；给原告造成损失的，判决被告予以赔偿。

原告要求按照约定的违约金条款或者定金条款予以赔偿的，人民法院应予支持。

第二十条　被告明确表示或者以自己的行为表明不履行行政协议，原告在履行期限届满之前向人民法院起诉请求其承担违约责任的，人民法院应予支持。

第二十一条　被告或者其他行政机关因国家利益、社会公共利益的需要依法行使行政职权，导致原告履行不能、履行费用明显增加或者遭受损失，原告请求判令被告给予补偿的，人民法院应予支持。

第二十二条 原告以被告违约为由请求人民法院判令其承担违约责任，人民法院经审理认为行政协议无效的，应当向原告释明，并根据原告变更后的诉讼请求判决确认行政协议无效；因被告的行为造成行政协议无效的，人民法院可以依法判决被告承担赔偿责任。原告经释明后拒绝变更诉讼请求的，人民法院可以判决驳回其诉讼请求。

第二十三条 人民法院审理行政协议案件，可以依法进行调解。

人民法院进行调解时，应当遵循自愿、合法原则，不得损害国家利益、社会公共利益和他人合法权益。

第二十四条 公民、法人或者其他组织未按照行政协议约定履行义务，经催告后不履行，行政机关可以作出要求其履行协议的书面决定。公民、法人或者其他组织收到书面决定后在法定期限内未申请行政复议或者提起行政诉讼，且仍不履行，协议内容具有可执行性的，行政机关可以向人民法院申请强制执行。

法律、行政法规规定行政机关对行政协议享有监督协议履行的职权，公民、法人或者其他组织未按照约定履行义务，经催告后不履行，行政机关可以依法作出处理决定。公民、法人或者其他组织在收到该处理决定后在法定期限内未申请行政复议或者提起行政诉讼，且仍不履行，协议内容具有可执行性的，行政机关可以向人民法院申请强制执行。

第二十五条 公民、法人或者其他组织对行政机关不依法履行、未按照约定履行行政协议提起诉讼的，诉讼时效参照民事法律规范确定；对行政机关变更、解除行政协议等行政行为提起诉讼的，起诉期限依照行政诉讼法及其司法解释确定。

第二十六条 行政协议约定仲裁条款的，人民法院应当确认该条款无效，但法律、行政法规或者我国缔结、参加的国际条约另有规定的除外。

第二十七条 人民法院审理行政协议案件，应当适用行政诉讼法的规定；行政诉讼法没有规定的，参照适用民事诉讼法的规定。

人民法院审理行政协议案件，可以参照适用民事法律规范关于民事合同的相关规定。

第二十八条 2015 年 5 月 1 日后订立的行政协议发生纠纷的，适用行政诉讼法及本规定。

2015 年 5 月 1 日前订立的行政协议发生纠纷的，适用当时的法律、行政法规及司法解释。

第二十九条 本规定自 2020 年 1 月 1 日起施行。最高人民法院以前发布的司法解释与本规定不一致的，适用本规定。

最高人民法院关于审理行政案件适用法律规范问题的座谈会纪要

1. 2004 年 5 月 18 日

2. 法〔2004〕96 号

行政审判涉及的法律规范层级和门类较多，立法法施行以后有关法律适用规则亦发生了很大变化，在法律适用中经常遇到如何识别法律依据、解决法律规范冲突等各种疑难问题。这些问题能否妥当地加以解决，直接影响行政审判的公正和效率。而且，随着我国法治水平的提高和适应加入世贸组织的需要，行政审判在解决法律规范冲突、维护法制统一中的作用越来越突出。为准确适用法律规范，确保行政案件的公正审理，维护国家法制的统一和尊严，促进依法行政，最高人民法院行政审判庭曾就审理行政案件适用法律规范的突出问题进行专题调研，并征求有关部门意见。2003 年 10 月，最高人民法院在上海召开全国法院行政审判工作座谈会期间，就审理行政案件适用法律规范问题进行了专题座谈。与会人员在总结审判经验的基础上，根据立法法、行政诉讼法及其他有关法律规定，对一些带有普遍性的问题形成了共识。现将有关内容纪要如下：

一、关于行政案件的审判依据

根据行政诉讼法和立法法有关规定，人民法院审理行政案件，依据法律、行政法规、地方性法规、自治条例和单行条例，参照规章。在参照规章时，应当对规章的规定是否合法有效进行判断，对于合法有效的规章应当适用。根据立法法、行政法规制定程序条例和规章制定程序条例关于法律、行政法规和规章的解释的规定，全国人大常委会的法律解释，国务院或者国务院授权的部门公布的行政法规解释，人民法院作为审理行政案件的法律依据；规章制定机关作出的与规章具有同等效力的规章解释，人民法院审理行政案件时参照适用。

考虑建国后我国立法程序的沿革情况，现行有效的行政法规有以下三种类型：一是国务院制定并公布的行政法规；二是立法法施行以前，按照当时有效的行政法规制定程序，经国务院批准、由国务院部门公布的行政法规。但在立法法施行以后，经国务院批准、由国务院部门公布的规范性文件，不再属于行政法规；三是在清理行政法规时由国务院确认的其他行政法规。

行政审判实践中，经常涉及有关部门为指导法律执行或者实施行政措施而作出的具体应用解释和制定的其他规范性文件，主要是：国务院部门以及省、市、自治区和较大的市的人民政府或其主管部门对于具体应用法律、法规或规章作出的解释；县级以上人民政府及其主管部门制定发布的具有普遍约束力的决定、命令或其他规范性文件。行政机关往往将这些具体应用解释和其他规范性文件作为具体行政行为的直接依据。这些具体应用解释和规范性文件不是正式的法律渊源，对人民法院不具有法律规范意义上的约束力。但是，人民法院经审查认为被诉具体行政行为依据的具体应用解释和其他规范性文件合法、有效并合理、适当的，在认定被诉具体行政行为合法性时应承认其效力；人民法院可以在裁判理由中对具体应用解释和其他规范性文件是否合法、有效、合理或适当进行评述。

二、关于法律规范冲突的适用规则

调整同一对象的两个或者两个以上的法律规范因规定不同的法律后果而产生冲突的，一般情况下应当按照立法法规定的上位法优于下位法、后法优于前法以及特别法优于一般法等法律适用规则，判断和选择所应适用的法律规范。冲突规范所涉及的事项比较重大、有关机关对是否存在冲突有不同意见、应当优先适用的法律规范的合法有效性尚有疑问或者按照法律适用规则不能确定如何适用时，依据立法法规定的程序逐级送请有权机关裁决。

（一）下位法不符合上位法的判断和适用

下位法的规定不符合上位法的，人民法院原则上应当适用上位法。当前许多具体行政行为是依据下位法作出的，并未援引和适用上位法。在这种情况下，为维护法制统一，人民法院审查具体行政行为的合法性时，应当对下位法是否符合上位法一并进行判断。经判断下位法与上位法相抵触的，应当依据上位法认定被诉具体行政行为的合法性。从审判实践看，下位法不符合上位法的常见情形有：下位法缩小上位法规定的权利主体范围，或者违反上位法立法目的扩大上位法规定的权利主体范围；下位法限制或者剥夺上位法规定的权利，或者违反上位法立法目的扩大上位法规定的权利范围；下位法扩大行政主体或其职权范围；下位法延长上位法规定的履行法定职责期限；下位法以参照、准用等方式扩大或者限缩上位法规定的义务或者义务主体的范围、性质或者条件；下位法增设或者限缩违反上位法规定的适用条件；下位法扩大或者限缩上位法规定的给予行政处罚的行为、种类和幅度的范围；下位法改变上位法已规定的违法行为的性质；下位法超出上位法规定的强制措施的适用范围、种类和方式，以及增设或者限缩其适用条件；法规、规章或者其他规范文件设定不符合行政许可法规定的行政许可，或者增设违反上位法的行政许可条件；其他相抵触的情形。

法律、行政法规或者地方性法规修改后，其实施性规定未被明文废止的，人民法院在适用时应当区分下列情形：实施性规定与修改后的法律、行政法规或者地方性法规相抵触的，不予适用；因法律、行政法规或者地方性法规的修改，相应的实施性规定丧失依据而不能单独施行的，不予适用；实施性规定与修改后的法律、行政法规或者地方性法规不相抵触的，可以适用。

（二）特别规定与一般规定的适用关系

同一法律、行政法规、地方性法规、自治条例和单行条例、规章内的不同条文对相同事项有一般规定和特别规定的，优先适用特别规定。

法律之间、行政法规之间或者地方性法规之间对同一事项的新的一般规定与旧的特别规定不一致的，人民法院原则上应按照下列情形适用：新的一般规定允许旧的特别规定继续适用的，适用旧的特别规定；新的一般规定废止旧的特别规定的，适用新的一般规定。不能确定新的一般规定是否允许旧的规定继续适用的，人民法院应当中止行政案件的审理，属于法律的，逐级上报最高人民法院送请全国人民代表大会常务委员会裁决；属于行政法规的，逐级上报最高人民法院送请国务院裁决；属于地方性法规的，由高级人民法院送请制定机关裁决。

（三）地方性法规与部门规章冲突的选择适用

地方性法规与部门规章之间对同一事项的规定

不一致的，人民法院一般可以按照下列情形适用：(1)法律或者行政法规授权部门规章作出实施性规定的，其规定优先适用；(2)尚未制定法律、行政法规的，部门规章对于国务院决定、命令授权的事项，或者对于中央宏观调控的事项、需要全国统一的市场活动规则及对外贸易和外商投资等需要全国统一规定的事项作出的规定，应当优先适用；(3)地方性法规根据法律或者行政法规的授权，根据本行政区域的实际情况作出的具体规定，应当优先适用；(4)地方性法规对属于地方性事务的事项作出的规定，应当优先适用；(5)尚未制定法律、行政法规的，地方性法规根据本行政区域的具体情况，对需要全国统一规定以外的事项作出的规定，应当优先适用；(6)能够直接适用的其他情形。不能确定如何适用的，应当中止行政案件的审理，逐级上报最高人民法院按照立法法第八十六条第一款第(二)项的规定送请有权机关处理。

(四)规章冲突的选择适用

部门规章与地方政府规章之间对相同事项的规定不一致的，人民法院一般可以按照下列情形适用：(1)法律或者行政法规授权部门规章作出实施性规定的，其规定优先适用；(2)尚未制定法律、行政法规的，部门规章对于国务院决定、命令授权的事项，或者对属于中央宏观调控的事项、需要全国统一的市场活动规则及对外贸易和外商投资等事项作出的规定，应当优先适用；(3)地方政府规章根据法律或者行政法规的授权，根据本行政区域的实际情况作出的具体规定，应当优先适用；(4)地方政府规章对属于本行政区域的具体行政管理事项作出的规定，应当优先适用；(5)能够直接适用的其他情形。不能确定如何适用的，应当中止行政案件的审理，逐级上报最高人民法院送请国务院裁决。

国务院部门之间制定的规章对同一事项的规定不一致的，人民法院一般可以按照下列情形选择适用：(1)适用与上位法不相抵触的部门规章规定；(2)与上位法均不抵触的，优先适用根据专属职权制定的规章规定；(3)两个以上的国务院部门就涉及其职权范围的事项联合制定的规章规定，优先于其中一个部门单独作出的规定；(4)能够选择适用的其他情形。不能确定如何适用的，应当中止行政案件的审理，逐级上报最高人民法院送请国务院裁决。

国务院部门或者省、市、自治区人民政府制定的其他规范性文件对相同事项的规定不一致的，参照上列精神处理。

三、关于新旧法律规范的适用规则

根据行政审判中的普遍认识和做法，行政相对人的行为发生在新法施行以前，具体行政行为作出在新法施行以后，人民法院审查具体行政行为的合法性时，实体问题适用旧法规定，程序问题适用新法规定，但下列情形除外：(一)法律、法规或规章另有规定的；(二)适用新法对保护行政相对人的合法权益更为有利的；(三)按照具体行政行为的性质应当适用新法的实体规定的。

四、关于法律规范具体应用解释问题

在裁判案件中解释法律规范，是人民法院适用法律的重要组成部分。人民法院对于所适用的法律规范，一般按照其通常语义进行解释；有专业上的特殊涵义的，该涵义优先；语义不清楚或者有歧义的，可以根据上下文和立法宗旨、目的和原则等确定其涵义。

法律规范在列举其适用的典型事项后，又以"等"、"其他"等词语进行表述的，属于不完全列举的例示性规定。以"等"、"其他"等概括性用语表示的事项，均为明文列举的事项以外的事项，且其所概括的情形应为与列举事项类似的事项。

人民法院在解释和适用法律时，应当妥善处理法律效果与社会效果的关系，既要严格适用法律规定和维护法律规定的严肃性，确保法律适用的确定性、统一性和连续性，又要注意与时俱进，注意办案的社会效果，避免刻板僵化地理解和适用法律条文，在法律适用中维护国家利益和社会公共利益。

最高人民法院行政审判庭关于部门规章之间规定不一致时应如何对待问题的复函

1. 1991年10月16日

2. 法行〔1991〕1号

新疆维吾尔自治区高级人民法院：

你院新法行〔1991〕35号《关于国务院几个部、局

制定的有关规章之间不一致的几个问题的请示》收悉。经研究,答复如下:

皮山县供销社不服皮山县税务局行政处罚一案,法院应适用当事人行为发生时生效的法律规范进行处理。从你院请示报告中所反映的该案的基本情况看,1988年3月至5月间皮山县供销社实施转移收购棉花的升溢款的行为时,生效的法律文件只有商业部〔1986〕商棉字第1号《关于棉花收购、加工盈亏问题的批复》。国家物价局、国家技术监督局〔1988〕价检字743号文件,国家物价局、国家技术监督局、商业部、纺织部〔1990〕价检字250号文件,国家税务局国税发〔1990〕205号文件当时均未生效。因此,该案不存在国务院几个部、局制定的有关规章之间不一致的问题,请你院依照该案的具体情况自行处理。

此复

最高人民法院行政审判庭关于对包头市人民政府办公厅转发《包头市城市公共客运交通线路经营权有偿出让和转让的实施办法》中设定罚则是否符合法律、法规规定问题的答复

1. 1997年6月2日

2. 〔1997〕行他字第11号

内蒙古自治区高级人民法院:

你院《关于对包头市人民政府办公厅转发〈包头市城市公共客运交通线路经营权有偿出让和转让的实施办法〉中设定罚则是否符合法律、法规问题的请示》收悉。经研究,答复如下:

包头市人民政府办公厅转发的包头市城乡建设局《包头市城市公共客运交通线路经营权有权出让和转让的实施办法》中设定的行政处罚种类,缺乏法律、法规依据,不宜作为审查被诉具体行政行为是否合法的根据。

此复

最高人民法院行政审判庭关于审理行政案件时对善意取得适用法律问题的答复

1. 1999年11月24日

2. 〔1999〕行他字第5号

广东省高级人民法院:

你院〔1998〕粤高法行终字第9号《关于潮州市金贸经济发展有限公司诉饶平县公安局冻结、扣划银行存款上诉一案有关法律适用问题的请示报告》收悉,经研究答复如下:

最高人民法院1996年12月16日发布的《关于审理诈骗案件具体应用法律的若干问题的解释》适用于该解释生效后发生的案件或者正在审理的案件。关于潮州市金贸经济发展有限公司被扣划的存款是否为善意取得,请你院在查清事实的基础上依法确认。

最高人民法院对人民法院在审理盐业行政案件中如何适用国务院《食盐专营办法》第二十五条规定与《河南省盐业管理条例》第三十条第一款规定问题的答复

1. 2003年4月29日

2. 法行〔2000〕36号

河南省高级人民法院:

你院豫高法行请〔2000〕4号《关于〈河南省盐业管理条例〉第三十条第一款与国务院〈食盐专营办法〉第二十五条规定是否一致问题的请示》收悉。经研究,答复如下:

根据《中华人民共和国行政处罚法》第十一条第二款关于"法律、行政法规对违法行为已经作出行政处罚规定,地方性法规需要作出具体规定的,必须在法律、行政法规规定的给予行政处罚的行为、种类和幅度的范围内规定"的规定,《河南省盐业管理条例》第三十条第一款关于对承运人罚款基准为"盐产品价值"

及对货主及承运人罚款幅度为“1倍以上3倍以下”的规定，与国务院《食盐专营办法》第二十五条规定不一致。人民法院在审理有关行政案件时，应根据《中华人民共和国立法法》第六十四条第二款、第七十九条第二款规定的精神进行选择适用。

此复

最高人民法院对《湖北省高级人民法院关于对塔式起重机的监督管理权限如何选择适用行政规章的请示》的答复

1．2004年2月16日

2．〔2004〕行他字第2号

湖北省高级人民法院：

你院《关于塔式起重机的监督管理权限如何选择适用行政规章的请示》收悉，经研究，答复如下：

国家建设部、工商局、质量技术监督局联合制定的《施工现场安全防护用具及机械设备使用监督管理规定》，对起重机械的监督管理权限作了明确划分。人民法院审查行政机关在国务院《特种设备安全监察条例》施行前作出的相关具体行政行为，应当参照《施工现场安全防护用具及机械设备使用监督管理规定》。

· 指导案例 ·

最高人民法院指导案例41号——宣懿成等诉浙江省衢州市国土资源局收回国有土地使用权案

（最高人民法院审判委员会讨论通过
2014年12月25日发布）

【关键词】

行政诉讼　举证责任　未引用具体法律条款　适用法律错误

【裁判要点】

行政机关作出具体行政行为时未引用具体法律条款，且在诉讼中不能证明该具体行政行为符合法律的具体规定，应当视为该具体行政行为没有法律依据，适用法律错误。

【相关法条】

《中华人民共和国行政诉讼法》第三十二条

【基本案情】

原告宣懿成等18人系浙江省衢州市柯城区卫宁巷1号（原14号）衢州府山中学教工宿舍楼的住户。2002年12月9日，衢州市发展计划委员会根据第三人建设银行衢州分行（以下简称衢州分行）的报告，经审查同意衢州分行在原有的营业综合大楼东南侧扩建营业用房建设项目。同日，衢州市规划局制定建设项目选址意见，衢州分行为扩大营业用房等，拟自行收购、拆除占地面积为205平方米的府山中学教工宿舍楼，改建为露天停车场，具体按规划详图实施。18日，衢州市规划局又规划出衢州分行扩建营业用房建设用地平面红线图。20日，衢州市规划局发出建设用地规划许可证，衢州分行建设项目用地面积756平方米。25日，被告衢州市国土资源局（以下简称衢州市国土局）请示收回衢州府山中学教工宿舍楼住户的国有土地使用权187.6平方米，报衢州市人民政府审批同意。同月31日，衢州市国土局作出衢市国土（2002）37号《收回国有土地使用权通知》（以下简称《通知》），并告知宣懿成等18人其正在使用的国有土地使用权将收回及诉权等内容。该《通知》说明了行政决定所依据的法律名称，但没有对所依据的具体法律条款予以说明。原告不服，提起行政诉讼。

【裁判结果】

浙江省衢州市柯城区人民法院于2003年8月29日作出（2003）柯行初字第8号行政判决：撤销被告衢州市国土资源局2002年12月31日作出的衢市国土（2002）第37号《收回国有土地使用权通知》。宣判后，双方当事人均未上诉，判决已发生法律效力。

【裁判理由】

法院生效裁判认为：被告衢州市国土局作出《通知》时，虽然说明了该通知所依据的法律名称，但并未引用具体法律条款。在庭审过程中，被告辩称系依据《中华人民共和国土地管理法》（以下简称《土地管理法》）第五十八条第一款作出被诉具体行政行为。《土地管理法》第五十八条第一款规定：“有下列情况之一的，由有关人民政府土地行政主管部门报经原批准用地的人民政府或者有批准权的人民政府批准，可以收回国有土地使用权：（一）为公共利益需要使用土地的;(二)为实施城市规划进行旧城区改建,需要调整使用土地的。"衢州市国土局作为土地行政主管部门,有权依照《土地管理法》对辖区内国有土地的使用权进行管理和调整,但其行使职权时必须具有明确的法律依据。被告在作出《通知》时,仅说明是依据《土地管理法》及浙江省的有关规定作出的,但并未引用具体的法律条款,故其作出的具体行政行为没有明确的法律依据,属于适用法律错误。

本案中,衢州市国土局提供的衢州市发展计划委员会(2002)35号《关于同意扩建营业用房项目建设计划的批复》《建设项目选址意见书审批表》《建设银行衢州分行扩建营业用房建设用地规划红线图》等有关证据,难以证明其作出的《通知》符合《土地管理法》第五十八条第一款规定的"为公共利益需要使用土地"或"实施城市规划进行旧城区改造需要调整使用土地"的情形,主要证据不足,故被告主张其作出的《通知》符合《土地管理法》规定的理由不能成立。根据《中华人民共和国行政诉讼法》及其相关司法解释的规定,在行政诉讼中,被告对其作出的具体行政行为承担举证责任,被告不提供作出具体行政行为时的证据和依据的,应当认定该具体行政行为没有证据和依据。

综上,被告作出的收回国有土地使用权具体行政行为主要证据不足,适用法律错误,应予撤销。

·典型案例·

丹阳市珥陵镇鸿润超市诉丹阳市场监督管理局不予变更经营范围登记案

【裁判摘要】

为从源头上纠正违法和不当的行政行为,我国行政诉讼法规定,人民法院在审理行政案件中,对行政行为所依据的规章以下规范性文件的合法性具有附带审查的职权。市场经营主体申请变更登记经营范围,市场监管部门依据地方政府文件规定不予办理,人民法院经审查认为该规范性文件相关内容违反上位法规定,存在限制市场公平竞争等违法情形的,该规范性文件不作为认定被诉行政行为合法的依据。市场经营主体起诉要求市场管理部门办理变更登记的,人民法院应予支持。

原告:丹阳市珥陵镇鸿润超市,住所地:江苏省丹阳市珥陵镇商贸小区(菜市场旁)。

经营者:陈正岳,男,41岁,住江苏省丹阳市皇塘镇。

被告:丹阳市市场监督管理局,住所地:江苏省丹阳市云阳路。

法定代表人:魏国荣,该局局长。

原告丹阳市珥陵镇鸿润超市因与被告丹阳市市场监督管理局发生不予变更经营范围登记纠纷,向江苏省丹阳市人民法院提起行政诉讼。

原告丹阳市珥陵镇鸿润超市诉称:原告系已依法领取个体工商户营业执照的合法经营者。2015年2月5日,原告因拟增加蔬菜零售经营范围,书面向被告丹阳市市场监督管理局申请变更登记。2015年2月16日,被告以原告距丹阳市珥陵农贸市场不足200米、不符合丹阳市人民政府丹政办发〔2012〕29号文件中"为规范经营秩序,菜市场周边200米范围内不得设置与菜市场经营类同的农副产品经销网点"的规定为由,决定对原告的变更申请不予登记。被告作为有行政执法权的国家行政机关,应当以国家的法律、行政法规和规章为执法依据。《个体工商户条例》、《个体工商户登记管理办法》以及商务部《标准化菜市场设置与管理规范》等国家的法律规定均无类似经营限制,丹阳市人民政府文件不属于《中华人民共和国立法法》规定的法律范畴。被告以该文件为依据,对原告的变更申请作出不予登记的行政行为,显然于法无据。故原告诉至法院,请求判决撤销被告对原告作出的变更登记驳回通知书,判令被告对原告经营范围中增加蔬菜零售项目的申请进行变更登记。

被告丹阳市市场监督管理局辩称:原告丹阳市珥陵镇鸿润超市于2015年2月5日向被告提交个体工商户变更登记申请书,申请增加蔬菜零售经营范围。被告于2015年2月6日出具了个体工商户变更登记受理通知书。经对申请材料的相关实质内容进行核实,丹阳市珥陵镇鸿润超市距珥陵农贸市场不足200米,不符合丹阳市人民政府丹政办发〔2012〕29号《关于转发市商务局〈丹阳市菜市场建设规范〉的通知》中"为规范经营秩序,菜市场周边200米范围内不得设置与菜市场经营类同的农副产品经销网点"的规定。被告于2015年2月16日作出了个体工商户登记驳回通知书,决定对原告的变更申请不予登记。丹政办发〔2012〕29号文是丹阳市人民政府为了规范菜市场建设,促进长效管理而针对不特定人作出的规定，是一种规范性文件，符合国务院国发〔2014〕7号《关于印发注册资本登记制度改革方案的通知》和省政府2013年第63号《专题会议纪要》精神。镇江市人民政府镇政发〔2014〕12号关于工商登记制度改革的意见（试行）（五）也明确规定“菜市场周边200米范围内不得设置与菜市场经营类同的农副产品经销网点”。被告作为市政府组成部门，有法定义务执行丹阳市人民政府作出的基于有关城乡规划、商业网点布局等政策文件规定的特定区域、特定行业市场准入禁止性或限制性规定，故被告依据丹政办发〔2012〕29号文件对原告的申请作出的驳回决定符合法律规定。请求驳回原告的诉讼请求。

丹阳市人民法院一审审理查明：

2015年2月5日，原告丹阳市珥陵镇鸿润超市向被告丹阳市市场监督管理局提交个体工商户变更登记申请书，申请在原个体工商户营业执照核准的经营范围内增加蔬菜零售项目，并提供了相关变更登记所需材料。2015年2月6日，被告向原告出具了（2015）第0206001号个体工商户变更登记受理通知书。随后，被告对申请材料进行审查，并赴原告经营场所实地调查核实，认定原告经营场所距丹阳市珥陵农贸市场不足200米。被告认为原告的申请不符合丹阳市人民政府丹政办发〔2012〕29号《关于转发市商务局〈丹阳市菜市场建设规范〉的通知》中“菜市场周边200米范围内不得设置与菜市场经营类同的农副产品经销网点”的规定，遂于2015年2月16日作出了（11810187）个体工商户变更（2015年）第02160001号个体工商户登记驳回通知书，决定对原告的变更申请不予登记。原告不服，诉至法院。

江苏省丹阳市人民法院一审认为：

根据《中华人民共和国行政诉讼法》第六十三条第一款、第三款规定，人民法院审理行政案件，以法律和行政法规、地方性法规为依据，参照规章。《个体工商户条例》第四条规定，国家对个体工商户实行市场平等准入、公平待遇的原则。申请办理个体工商户登记，申请登记的经营范围不属于法律、行政法规禁止进入的行业的，登记机关应当依法予以登记。本案中，原告丹阳市珥陵镇鸿润超市申请变更登记增加的经营项目为蔬菜零售，不属于法律、行政法规禁止进入的行业，被告丹阳市市场监督管理局依法应当予以登记。但被告却适用丹阳市人民政府丹政办发〔2012〕29号规范性文件中关于“菜市场周边200米范围内不得设置与菜市场经营类同的农副产品经销网点”的规定，以原告经营场所距珥陵农贸市场不足200米为由，对原告的申请作出不予登记行为。由于丹阳市人民政府的上述规定与商务部《标准化菜市场设置与管理规范》有关场地环境之选址要求第三款‘以菜市场外墙为界，直线距离1公里以内，无有毒有害等污染源，无生产或贮存易燃、易爆、有毒等危险品的场所’的规定不一致，与商建发〔2014〕60号《商务部等13部门关于进一步加强农产品市场体系建设的指导意见》第（七）项“积极发展菜市场、便民菜店、平价商店、社区电商直通车等多种零售业态”的指导意见不相符，也违反《个体干商条例》关于对个体工商户实行的市场平等准入、公平待遇的原则。根据《中华人民共和国行政诉讼法》第五十三条、第六十四条的规定，人民法院经审查认为地方人民政府制定的规范性文件不合法的，不作为认定行政行为合法的依据。据此，丹政办发〔2012〕29号规范性文件不能作为认定被诉登记行为合法的依据。因此，被告对原告的申请作出不予登记的行政行为缺乏法律依据，依法应予撤销。

综上，依照《中华人民共和国行政诉讼法》第七十条第（二）项规定，江苏省丹阳市人民法院于2015年7月1日作出判决：

一、撤销被告丹阳市市场监督管理局于2015年2月16日作出的（11810187）个体工商户变更（2015年）第02160001号个体工商户登记驳回通知书；

二、被告丹阳市市场监督管理局于本判决生效后15个工作日内对原告丹阳市珥陵镇鸿润超市的申请重新作出登记。

一审宣判后，双方当事人均未上诉。一审判决发生法律效力后，被告丹阳市市场监督管理局已为原告丹阳市珥陵镇鸿润超市办理了变更核准登记。

(2)行政许可、行政强制与行政处罚

中华人民共和国行政许可法

1. 2003年8月27日第十届全国人民代表大会常务委员会第四次会议通过
2. 根据2019年4月23日第十三届全国人民代表大会常务委员会第十次会议《关于修改〈中华人民共和国建筑法〉等八部法律的决定》修正

目 录

第一章 总 则

第一条 **【立法目的】**为了规范行政许可的设定和实施,保护公民、法人和其他组织的合法权益,维护公共利益和社会秩序,保障和监督行政机关有效实施行政管理,根据宪法,制定本法。

第二条 **【含义】**本法所称行政许可,是指行政机关根据公民、法人或者其他组织的申请,经依法审查,准予其从事特定活动的行为。

第三条 **【适用范围】**行政许可的设定和实施,适用本法。

有关行政机关对其他机关或者对其直接管理的事业单位的人事、财务、外事等事项的审批,不适用本法。

第四条 **【依法设定和实施】**设定和实施行政许可,应当依照法定的权限、范围、条件和程序。

第五条 **【公开、公平、公正原则】**设定和实施行政许可,应当遵循公开、公平、公正、非歧视的原则。

有关行政许可的规定应当公布;未经公布的,不得作为实施行政许可的依据。行政许可的实施和结果,除涉及国家秘密、商业秘密或者个人隐私的外,应当公开。未经申请人同意,行政机关及其工作人员、参与专家评审等的人员不得披露申请人提交的商业秘密、未披露信息或者保密商务信息,法律另有规定或者涉及国家安全、重大社会公共利益的除外;行政机关依法公开申请人前述信息的,允许申请人在合理期限内提出异议。

符合法定条件、标准的,申请人有依法取得行政许可的平等权利,行政机关不得歧视任何人。

第六条 **【便民原则】**实施行政许可,应当遵循便民的原则,提高办事效率,提供优质服务。

第七条 **【公民、法人的合法权益】**公民、法人或者其他组织对行政机关实施行政许可,享有陈述权、申辩权;有权依法申请行政复议或者提起行政诉讼;其合法权益因行政机关违法实施行政许可受到损害的,有权依法要求赔偿。

第八条 **【禁止随意更改许可】**公民、法人或者其他组织依法取得的行政许可受法律保护,行政机关不得擅自改变已经生效的行政许可。

行政许可所依据的法律、法规、规章修改或者废止,或者准予行政许可所依据的客观情况发生重大变化的,为了公共利益的需要,行政机关可以依法变更或者撤回已经生效的行政许可。由此给公民、法人或者其他组织造成财产损失的,行政机关应当依法给予补偿。

第九条 **【禁止随意转让许可】**依法取得的行政许可,除法律、法规规定依照法定条件和程序可以转让的外,不得转让。

第十条 **【健全许可监督】**县级以上人民政府应当建立健全对行政机关实施行政许可的监督制度,加强对行政机关实施行政许可的监督检查。

行政机关应当对公民、法人或者其他组织从事行政许可事项的活动实施有效监督。

第二章 行政许可的设定

第十一条 **【设定目的】**设定行政许可,应当遵循经济

和社会发展规律，有利于发挥公民、法人或者其他组织的积极性、主动性，维护公共利益和社会秩序，促进经济、社会和生态环境协调发展。

第十二条 【可设定事项】下列事项可以设定行政许可：

（一）直接涉及国家安全、公共安全、经济宏观调控、生态环境保护以及直接关系人身健康、生命财产安全等特定活动，需要按照法定条件予以批准的事项；

（二）有限自然资源开发利用、公共资源配置以及直接关系公共利益的特定行业的市场准入等，需要赋予特定权利的事项；

（三）提供公众服务并且直接关系公共利益的职业、行业，需要确定具备特殊信誉、特殊条件或者特殊技能等资格、资质的事项；

（四）直接关系公共安全、人身健康、生命财产安全的重要设备、设施、产品、物品，需要按照技术标准、技术规范，通过检验、检测、检疫等方式进行审定的事项；

（五）企业或者其他组织的设立等，需要确定主体资格的事项；

（六）法律、行政法规规定可以设定行政许可的其他事项。

第十三条 【可以不设的事项】本法第十二条所列事项，通过下列方式能够予以规范的，可以不设行政许可：

（一）公民、法人或者其他组织能够自主决定的；

（二）市场竞争机制能够有效调节的；

（三）行业组织或者中介机构能够自律管理的；

（四）行政机关采用事后监督等其他行政管理方式能够解决的。

第十四条 【法律、行政法规和行政决定设定行政许可权限】本法第十二条所列事项，法律可以设定行政许可。尚未制定法律的，行政法规可以设定行政许可。

必要时，国务院可以采用发布决定的方式设定行政许可。实施后，除临时性行政许可事项外，国务院应当及时提请全国人民代表大会及其常务委员会制定法律，或者自行制定行政法规。

第十五条 【地方性法规、地方政府规章设定行政许可权限】本法第十二条所列事项，尚未制定法律、行政法规的，地方性法规可以设定行政许可；尚未制定法律、行政法规和地方性法规的，因行政管理的需要，确需立即实施行政许可的，省、自治区、直辖市人民政府规章可以设定临时性的行政许可。临时性的行政许可实施满一年需要继续实施的，应当提请本级人民代表大会及其常务委员会制定地方性法规。

地方性法规和省、自治区、直辖市人民政府规章，不得设定应当由国家统一确定的公民、法人或者其他组织的资格、资质的行政许可；不得设定企业或者其他组织的设立登记及其前置性行政许可。其设定的行政许可，不得限制其他地区的个人或者企业到本地区从事生产经营和提供服务，不得限制其他地区的商品进入本地区市场。

第十六条 【规定具体许可】行政法规可以在法律设定的行政许可事项范围内，对实施该行政许可作出具体规定。

地方性法规可以在法律、行政法规设定的行政许可事项范围内，对实施该行政许可作出具体规定。

规章可以在上位法设定的行政许可事项范围内，对实施该行政许可作出具体规定。

法规、规章对实施上位法设定的行政许可作出的具体规定，不得增设行政许可；对行政许可条件作出的具体规定，不得增设违反上位法的其他条件。

第十七条 【禁止越权设定】除本法第十四条、第十五条规定的外，其他规范性文件一律不得设定行政许可。

第十八条 【设定的具体内容】设定行政许可，应当规定行政许可的实施机关、条件、程序、期限。

第十九条 【设定前的意见听取】起草法律草案、法规草案和省、自治区、直辖市人民政府规章草案，拟设定行政许可的，起草单位应当采取听证会、论证会等形式听取意见，并向制定机关说明设定该行政许可的必要性、对经济和社会可能产生的影响以及听取和采纳意见的情况。

第二十条 【设定与实施情况评价】行政许可的设定机关应当定期对其设定的行政许可进行评价；对已设定的行政许可，认为通过本法第十三条所列方式能够解决的，应当对设定该行政许可的规定及时予以修改或者废止。

行政许可的实施机关可以对已设定的行政许可的实施情况及存在的必要性适时进行评价，并将意见报告该行政许可的设定机关。

公民、法人或者其他组织可以向行政许可的设定机关和实施机关就行政许可的设定和实施提出意见和建议。

第二十一条　【有关地区经济事务行政许可的取消】省、自治区、直辖市人民政府对行政法规设定的有关经济事务的行政许可，根据本行政区域经济和社会发展情况，认为通过本法第十三条所列方式能够解决的，报国务院批准后，可以在本行政区域内停止实施该行政许可。

第三章　行政许可的实施机关

第二十二条　【法定职权范围内实施】行政许可由具有行政许可权的行政机关在其法定职权范围内实施。

第二十三条　【法定授权实施】法律、法规授权的具有管理公共事务职能的组织，在法定授权范围内，以自己的名义实施行政许可。被授权的组织适用本法有关行政机关的规定。

第二十四条　【委托实施】行政机关在其法定职权范围内，依照法律、法规、规章的规定，可以委托其他行政机关实施行政许可。委托机关应当将受委托行政机关和受委托实施行政许可的内容予以公告。

委托行政机关对受委托行政机关实施行政许可的行为应当负责监督，并对该行为的后果承担法律责任。

受委托行政机关在委托范围内，以委托行政机关名义实施行政许可；不得再委托其他组织或者个人实施行政许可。

第二十五条　【集中行使许可权】经国务院批准，省、自治区、直辖市人民政府根据精简、统一、效能的原则，可以决定一个行政机关行使有关行政机关的行政许可权。

第二十六条　【统一、联合实施】行政许可需要行政机关内设的多个机构办理的，该行政机关应当确定一个机构统一受理行政许可申请，统一送达行政许可决定。

行政许可依法由地方人民政府两个以上部门分别实施的，本级人民政府可以确定一个部门受理行政许可申请并转告有关部门分别提出意见后统一办理，或者组织有关部门联合办理、集中办理。

第二十七条　【禁止非法实施】行政机关实施行政许可，不得向申请人提出购买指定商品、接受有偿服务等不正当要求。

行政机关工作人员办理行政许可，不得索取或者收受申请人的财物，不得谋取其他利益。

第二十八条　【专业技术组织优先行政机关实施的行为】对直接关系公共安全、人身健康、生命财产安全的设备、设施、产品、物品的检验、检测、检疫，除法律、行政法规规定由行政机关实施的外，应当逐步由符合法定条件的专业技术组织实施。专业技术组织及其有关人员对所实施的检验、检测、检疫结论承担法律责任。

第四章　行政许可的实施程序

第一节　申请与受理

第二十九条　【申请要件】公民、法人或者其他组织从事特定活动，依法需要取得行政许可的，应当向行政机关提出申请。申请书需要采用格式文本的，行政机关应当向申请人提供行政许可申请书格式文本。申请书格式文本中不得包含与申请行政许可事项没有直接关系的内容。

申请人可以委托代理人提出行政许可申请。但是，依法应当由申请人到行政机关办公场所提出行政许可申请的除外。

行政许可申请可以通过信函、电报、电传、传真、电子数据交换和电子邮件等方式提出。

第三十条　【许可公示】行政机关应当将法律、法规、规章规定的有关行政许可的事项、依据、条件、数量、程序、期限以及需要提交的全部材料的目录和申请书示范文本等在办公场所公示。

申请人要求行政机关对公示内容予以说明、解释的，行政机关应当说明、解释，提供准确、可靠的信息。

第三十一条　【申请材料真实】申请人申请行政许可，应当如实向行政机关提交有关材料和反映真实情况，并对其申请材料实质内容的真实性负责。行政机关不得要求申请人提交与其申请的行政许可事项无关的技术资料和其他材料。

行政机关及其工作人员不得以转让技术作为取

得行政许可的条件;不得在实施行政许可的过程中,直接或者间接地要求转让技术。

第三十二条　【申请处理】行政机关对申请人提出的行政许可申请,应当根据下列情况分别作出处理:

(一)申请事项依法不需要取得行政许可的,应当即时告知申请人不受理;

(二)申请事项依法不属于本行政机关职权范围的,应当即时作出不予受理的决定,并告知申请人向有关行政机关申请;

(三)申请材料存在可以当场更正的错误的,应当允许申请人当场更正;

(四)申请材料不齐全或者不符合法定形式的,应当当场或者在五日内一次告知申请人需要补正的全部内容,逾期不告知的,自收到申请材料之日起即为受理;

(五)申请事项属于本行政机关职权范围,申请材料齐全、符合法定形式,或者申请人按照本行政机关的要求提交全部补正申请材料的,应当受理行政许可申请。

行政机关受理或者不予受理行政许可申请,应当出具加盖本行政机关专用印章和注明日期的书面凭证。

第三十三条　【推行电子政务】行政机关应当建立和完善有关制度,推行电子政务,在行政机关的网站上公布行政许可事项,方便申请人采取数据电文等方式提出行政许可申请;应当与其他行政机关共享有关行政许可信息,提高办事效率。

第二节　审查与决定

第三十四条　【申请材料的审查、核实】行政机关应当对申请人提交的申请材料进行审查。

申请人提交的申请材料齐全、符合法定形式,行政机关能够当场作出决定的,应当当场作出书面的行政许可决定。

根据法定条件和程序,需要对申请材料的实质内容进行核实的,行政机关应当指派两名以上工作人员进行核查。

第三十五条　【下级对上级行政机关直接报送初审】依法应当先经下级行政机关审查后报上级行政机关决定的行政许可,下级行政机关应当在法定期限内将初步审查意见和全部申请材料直接报送上级行政机关。上级行政机关不得要求申请人重复提供申请材料。

第三十六条　【利害关系人意见】行政机关对行政许可申请进行审查时,发现行政许可事项直接关系他人重大利益的,应当告知该利害关系人。申请人、利害关系人有权进行陈述和申辩。行政机关应当听取申请人、利害关系人的意见。

第三十七条　【许可决定期限】行政机关对行政许可申请进行审查后,除当场作出行政许可决定的外,应当在法定期限内按照规定程序作出行政许可决定。

第三十八条　【许可决定的作出】申请人的申请符合法定条件、标准的,行政机关应当依法作出准予行政许可的书面决定。

行政机关依法作出不予行政许可的书面决定的,应当说明理由,并告知申请人享有依法申请行政复议或者提起行政诉讼的权利。

第三十九条　【行政许可证件形式】行政机关作出准予行政许可的决定,需要颁发行政许可证件的,应当向申请人颁发加盖本行政机关印章的下列行政许可证件:

(一)许可证、执照或者其他许可证书;

(二)资格证、资质证或者其他合格证书;

(三)行政机关的批准文件或者证明文件;

(四)法律、法规规定的其他行政许可证件。

行政机关实施检验、检测、检疫的,可以在检验、检测、检疫合格的设备、设施、产品、物品上加贴标签或者加盖检验、检测、检疫印章。

第四十条　【行政许可公开】行政机关作出的准予行政许可决定,应当予以公开,公众有权查阅。

第四十一条　【许可的效力范围】法律、行政法规设定的行政许可,其适用范围没有地域限制的,申请人取得的行政许可在全国范围内有效。

第三节　期　　限

第四十二条　【作出许可决定的期限】除可以当场作出行政许可决定的外,行政机关应当自受理行政许可申请之日起二十日内作出行政许可决定。二十日内不能作出决定的,经本行政机关负责人批准,可以延长十日,并应当将延长期限的理由告知申请人。但是,法律、法规另有规定的,依照其规定。

依照本法第二十六条的规定,行政许可采取统一办理或者联合办理、集中办理的，办理的时间不得超过四十五日；四十五日内不能办结的，经本级人民政府负责人批准，可以延长十五日，并应当将延长期限的理由告知申请人。

第四十三条 【下级行政机关初审期限】依法应当先经下级行政机关审查后报上级行政机关决定的行政许可，下级行政机关应当自其受理行政许可申请之日起二十日内审查完毕。但是，法律、法规另有规定的，依照其规定。

第四十四条 【行政许可证件的颁发、送达期限】行政机关作出准予行政许可的决定，应当自作出决定之日起十日内向申请人颁发、送达行政许可证件，或者加贴标签、加盖检验、检测、检疫印章。

第四十五条 【需排除时限】行政机关作出行政许可决定，依法需要听证、招标、拍卖、检验、检测、检疫、鉴定和专家评审的，所需时间不计算在本节规定的期限内。行政机关应当将所需时间书面告知申请人。

第四节 听　　证

第四十六条 【适用范围】法律、法规、规章规定实施行政许可应当听证的事项，或者行政机关认为需要听证的其他涉及公共利益的重大行政许可事项，行政机关应当向社会公告，并举行听证。

第四十七条 【听证权的告知和听证费用】行政许可直接涉及申请人与他人之间重大利益关系的，行政机关在作出行政许可决定前，应当告知申请人、利害关系人享有要求听证的权利；申请人、利害关系人在被告知听证权利之日起五日内提出听证申请的，行政机关应当在二十日内组织听证。

申请人、利害关系人不承担行政机关组织听证的费用。

第四十八条 【听证程序】听证按照下列程序进行：

（一）行政机关应当于举行听证的七日前将举行听证的时间、地点通知申请人、利害关系人，必要时予以公告；

（二）听证应当公开举行；

（三）行政机关应当指定审查该行政许可申请的工作人员以外的人员为听证主持人，申请人、利害关系人认为主持人与该行政许可事项有直接利害关系的，有权申请回避；

（四）举行听证时，审查该行政许可申请的工作人员应当提供审查意见的证据、理由，申请人、利害关系人可以提出证据，并进行申辩和质证；

（五）听证应当制作笔录，听证笔录应当交听证参加人确认无误后签字或者盖章。

行政机关应当根据听证笔录，作出行政许可决定。

第五节 变更与延续

第四十九条 【变更程序】被许可人要求变更行政许可事项的，应当向作出行政许可决定的行政机关提出申请；符合法定条件、标准的，行政机关应当依法办理变更手续。

第五十条 【许可有效期的延续】被许可人需要延续依法取得的行政许可的有效期的，应当在该行政许可有效期届满三十日前向作出行政许可决定的行政机关提出申请。但是，法律、法规、规章另有规定的，依照其规定。

行政机关应当根据被许可人的申请，在该行政许可有效期届满前作出是否准予延续的决定；逾期未作决定的，视为准予延续。

第六节 特别规定

第五十一条 【特别程序优先适用】实施行政许可的程序，本节有规定的，适用本节规定；本节没有规定的，适用本章其他有关规定。

第五十二条 【国务院实施行政许可的程序】国务院实施行政许可的程序，适用有关法律、行政法规的规定。

第五十三条 【特许许可方式】实施本法第十二条第二项所列事项的行政许可的，行政机关应当通过招标、拍卖等公平竞争的方式作出决定。但是，法律、行政法规另有规定的，依照其规定。

行政机关通过招标、拍卖等方式作出行政许可决定的具体程序，依照有关法律、行政法规的规定。

行政机关按照招标、拍卖程序确定中标人、买受人后，应当作出准予行政许可的决定，并依法向中标人、买受人颁发行政许可证件。

行政机关违反本条规定，不采用招标、拍卖方式，或者违反招标、拍卖程序，损害申请人合法权益的，申请人可以依法申请行政复议或者提起行政诉讼。

第五十四条 【认可许可】实施本法第十二条第三项所列事项的行政许可，赋予公民特定资格，依法应当举行国家考试的，行政机关根据考试成绩和其他法定条件作出行政许可决定；赋予法人或者其他组织特定的资格、资质的，行政机关根据申请人的专业人员构成、技术条件、经营业绩和管理水平等的考核结果作出行政许可决定。但是，法律、行政法规另有规定的，依照其规定。

公民特定资格的考试依法由行政机关或者行业组织实施，公开举行。行政机关或者行业组织应当事先公布资格考试的报名条件、报考办法、考试科目以及考试大纲。但是，不得组织强制性的资格考试的考前培训，不得指定教材或者其他助考材料。

第五十五条 【核准许可】实施本法第十二条第四项所列事项的行政许可的，应当按照技术标准、技术规范依法进行检验、检测、检疫，行政机关根据检验、检测、检疫的结果作出行政许可决定。

行政机关实施检验、检测、检疫，应当自受理申请之日起五日内指派两名以上工作人员按照技术标准、技术规范进行检验、检测、检疫。不需要对检验、检测、检疫结果作进一步技术分析即可认定设备、设施、产品、物品是否符合技术标准、技术规范的，行政机关应当当场作出行政许可决定。

行政机关根据检验、检测、检疫结果，作出不予行政许可决定的，应当书面说明不予行政许可所依据的技术标准、技术规范。

第五十六条 【登记许可】实施本法第十二条第五项所列事项的行政许可，申请人提交的申请材料齐全、符合法定形式的，行政机关应当当场予以登记。需要对申请材料的实质内容进行核实的，行政机关依照本法第三十四条第三款的规定办理。

第五十七条 【按序许可】有数量限制的行政许可，两个或者两个以上申请人的申请均符合法定条件、标准的，行政机关应当根据受理行政许可申请的先后顺序作出准予行政许可的决定。但是，法律、行政法规另有规定的，依照其规定。

第五章 行政许可的费用

第五十八条 【禁止违规收费及经费的财政保障】行政机关实施行政许可和对行政许可事项进行监督检查，不得收取任何费用。但是，法律、行政法规另有规定的，依照其规定。

行政机关提供行政许可申请书格式文本，不得收费。

行政机关实施行政许可所需经费应当列入本行政机关的预算，由本级财政予以保障，按照批准的预算予以核拨。

第五十九条 【依法收费并上缴】行政机关实施行政许可，依照法律、行政法规收取费用的，应当按照公布的法定项目和标准收费；所收取的费用必须全部上缴国库，任何机关或者个人不得以任何形式截留、挪用、私分或者变相私分。财政部门不得以任何形式向行政机关返还或者变相返还实施行政许可所收取的费用。

第六章 监督检查

第六十条 【上级对下级的监查】上级行政机关应当加强对下级行政机关实施行政许可的监督检查，及时纠正行政许可实施中的违法行为。

第六十一条 【对被许可人的监管】行政机关应当建立健全监督制度，通过核查反映被许可人从事行政许可事项活动情况的有关材料，履行监督责任。

行政机关依法对被许可人从事行政许可事项的活动进行监督检查时，应当将监督检查的情况和处理结果予以记录，由监督检查人员签字后归档。公众有权查阅行政机关监督检查记录。

行政机关应当创造条件，实现与被许可人、其他有关行政机关的计算机档案系统互联，核查被许可人从事行政许可事项活动情况。

第六十二条 【对被许可产品、场所、设备的监管】行政机关可以对被许可人生产经营的产品依法进行抽样检查、检验、检测，对其生产经营场所依法进行实地检查。检查时，行政机关可以依法查阅或者要求被许可人报送有关材料；被许可人应当如实提供有关情况和材料。

行政机关根据法律、行政法规的规定，对直接关系公共安全、人身健康、生命财产安全的重要设备、设施进行定期检验。对检验合格的，行政机关应当发给相应的证明文件。

第六十三条 【违法监督检查】行政机关实施监督检查，不得妨碍被许可人正常的生产经营活动，不得索取或者收受被许可人的财物，不得谋取其他利益。

第六十四条　【对被许可人跨域违法行为的抄告】被许可人在作出行政许可决定的行政机关管辖区域外违法从事行政许可事项活动的，违法行为发生地的行政机关应当依法将被许可人的违法事实、处理结果抄告作出行政许可决定的行政机关。

第六十五条　【举报监督】个人和组织发现违法从事行政许可事项的活动，有权向行政机关举报，行政机关应当及时核实、处理。

第六十六条　【对资源开发、利用被许可人的监管】被许可人未依法履行开发利用自然资源义务或者未依法履行利用公共资源义务的，行政机关应当责令限期改正；被许可人在规定期限内不改正的，行政机关应当依照有关法律、行政法规的规定予以处理。

第六十七条　【对市场准入被许可人的监管】取得直接关系公共利益的特定行业的市场准入行政许可的被许可人，应当按照国家规定的服务标准、资费标准和行政机关依法规定的条件，向用户提供安全、方便、稳定和价格合理的服务，并履行普遍服务的义务；未经作出行政许可决定的行政机关批准，不得擅自停业、歇业。

被许可人不履行前款规定的义务的，行政机关应当责令限期改正，或者依法采取有效措施督促其履行义务。

第六十八条　【对重要设备、设施的自检、监查】对直接关系公共安全、人身健康、生命财产安全的重要设备、设施，行政机关应当督促设计、建造、安装和使用单位建立相应的自检制度。

行政机关在监督检查时，发现直接关系公共安全、人身健康、生命财产安全的重要设备、设施存在安全隐患的，应当责令停止建造、安装和使用，并责令设计、建造、安装和使用单位立即改正。

第六十九条　【对违法行政许可的撤销】有下列情形之一的，作出行政许可决定的行政机关或者其上级行政机关，根据利害关系人的请求或者依据职权，可以撤销行政许可：

（一）行政机关工作人员滥用职权、玩忽职守作出准予行政许可决定的；

（二）超越法定职权作出准予行政许可决定的；

（三）违反法定程序作出准予行政许可决定的；

（四）对不具备申请资格或者不符合法定条件的申请人准予行政许可的；

（五）依法可以撤销行政许可的其他情形。

被许可人以欺骗、贿赂等不正当手段取得行政许可的，应当予以撤销。

依照前两款的规定撤销行政许可，可能对公共利益造成重大损害的，不予撤销。

依照本条第一款的规定撤销行政许可，被许可人的合法权益受到损害的，行政机关应当依法给予赔偿。依照本条第二款的规定撤销行政许可的，被许可人基于行政许可取得的利益不受保护。

第七十条　【行政许可注销】有下列情形之一的，行政机关应当依法办理有关行政许可的注销手续：

（一）行政许可有效期届满未延续的；

（二）赋予公民特定资格的行政许可，该公民死亡或者丧失行为能力的；

（三）法人或者其他组织依法终止的；

（四）行政许可依法被撤销、撤回，或者行政许可证件依法被吊销的；

（五）因不可抗力导致行政许可事项无法实施的；

（六）法律、法规规定的应当注销行政许可的其他情形。

第七章　法 律 责 任

第七十一条　【违规许可的改正、撤销】违反本法第十七条规定设定的行政许可，有关机关应当责令设定该行政许可的机关改正，或者依法予以撤销。

第七十二条　【行政机关及其工作人员的违规责任】行政机关及其工作人员违反本法的规定，有下列情形之一的，由其上级行政机关或者监察机关责令改正；情节严重的，对直接负责的主管人员和其他直接责任人员依法给予行政处分：

（一）对符合法定条件的行政许可申请不予受理的；

（二）不在办公场所公示依法应当公示的材料的；

（三）在受理、审查、决定行政许可过程中，未向申请人、利害关系人履行法定告知义务的；

（四）申请人提交的申请材料不齐全、不符合法定形式，不一次告知申请人必须补正的全部内容的；

（五）违法披露申请人提交的商业秘密、未披露信息或者保密商务信息的；

（六）以转让技术作为取得行政许可的条件，或者在实施行政许可的过程中直接或者间接地要求转让技术的；

（七）未依法说明不受理行政许可申请或者不予行政许可的理由的；

（八）依法应当举行听证而不举行听证的。

第七十三条 【行政机关工作人员违法收取财物】行政机关工作人员办理行政许可、实施监督检查，索取或者收受他人财物或者谋取其他利益，构成犯罪的，依法追究刑事责任；尚不构成犯罪的，依法给予行政处分。

第七十四条 【行政机关违法实施许可】行政机关实施行政许可，有下列情形之一的，由其上级行政机关或者监察机关责令改正，对直接负责的主管人员和其他直接责任人员依法给予行政处分；构成犯罪的，依法追究刑事责任：

（一）对不符合法定条件的申请人准予行政许可或者超越法定职权作出准予行政许可决定的；

（二）对符合法定条件的申请人不予行政许可或者不在法定期限内作出准予行政许可决定的；

（三）依法应当根据招标、拍卖结果或者考试成绩择优作出准予行政许可决定，未经招标、拍卖或者考试，或者不根据招标、拍卖结果或者考试成绩择优作出准予行政许可决定的。

第七十五条 【行政机关违规收费】行政机关实施行政许可，擅自收费或者不按照法定项目和标准收费的，由其上级行政机关或者监察机关责令退还非法收取的费用；对直接负责的主管人员和其他直接责任人员依法给予行政处分。

截留、挪用、私分或者变相私分实施行政许可依法收取的费用的，予以追缴；对直接负责的主管人员和其他直接责任人员依法给予行政处分；构成犯罪的，依法追究刑事责任。

第七十六条 【损害赔偿责任】行政机关违法实施行政许可，给当事人的合法权益造成损害的，应当依照国家赔偿法的规定给予赔偿。

第七十七条 【行政机关不履行监督或监督不力】行政机关不依法履行监督职责或者监督不力，造成严重后果的，由其上级行政机关或者监察机关责令改正，对直接负责的主管人员和其他直接责任人员依法给予行政处分；构成犯罪的，依法追究刑事责任。

第七十八条 【对有隐瞒情况等行为的申请人的处理】行政许可申请人隐瞒有关情况或者提供虚假材料申请行政许可的，行政机关不予受理或者不予行政许可，并给予警告；行政许可申请属于直接关系公共安全、人身健康、生命财产安全事项的，申请人在一年内不得再次申请该行政许可。

第七十九条 【对以欺骗等手段取得许可的处罚】被许可人以欺骗、贿赂等不正当手段取得行政许可的，行政机关应当依法给予行政处罚；取得的行政许可属于直接关系公共安全、人身健康、生命财产安全事项的，申请人在三年内不得再次申请该行政许可；构成犯罪的，依法追究刑事责任。

第八十条 【对被许可人违法行为的处罚】被许可人有下列行为之一的，行政机关应当依法给予行政处罚；构成犯罪的，依法追究刑事责任：

（一）涂改、倒卖、出租、出借行政许可证件，或者以其他形式非法转让行政许可的；

（二）超越行政许可范围进行活动的；

（三）向负责监督检查的行政机关隐瞒有关情况、提供虚假材料或者拒绝提供反映其活动情况的真实材料的；

（四）法律、法规、规章规定的其他违法行为。

第八十一条 【对未经许可擅自从事相关活动的处罚】公民、法人或者其他组织未经行政许可，擅自从事依法应当取得行政许可的活动的，行政机关应当依法采取措施予以制止，并依法给予行政处罚；构成犯罪的，依法追究刑事责任。

第八章 附 则

第八十二条 【期限的计算】本法规定的行政机关实施行政许可的期限以工作日计算，不含法定节假日。

第八十三条 【施行日期】本法自2004年7月1日起施行。

本法施行前有关行政许可的规定，制定机关应当依照本法规定予以清理；不符合本法规定的，自本法施行之日起停止执行。

最高人民法院关于审理行政许可案件若干问题的规定

1. 2009年11月9日最高人民法院审判委员会第1476次会议通过
2. 2009年12月14日公布
3. 法释〔2009〕20号
4. 自2010年1月4日起施行

为规范行政许可案件的审理，根据《中华人民共和国行政许可法》（以下简称行政许可法）、《中华人民共和国行政诉讼法》及其他有关法律规定，结合行政审判实际，对有关问题作如下规定：

第一条　公民、法人或者其他组织认为行政机关作出的行政许可决定以及相应的不作为，或者行政机关就行政许可的变更、延续、撤回、注销、撤销等事项作出的有关具体行政行为及其相应的不作为侵犯其合法权益，提起行政诉讼的，人民法院应当依法受理。

第二条　公民、法人或者其他组织认为行政机关未公开行政许可决定或者未提供行政许可监督检查记录侵犯其合法权益，提起行政诉讼的，人民法院应当依法受理。

第三条　公民、法人或者其他组织仅就行政许可过程中的告知补正申请材料、听证等通知行为提起行政诉讼的，人民法院不予受理，但导致许可程序对上述主体事实上终止的除外。

第四条　当事人不服行政许可决定提起诉讼的，以作出行政许可决定的机关为被告；行政许可依法须经上级行政机关批准，当事人对批准或者不批准行为不服一并提起诉讼的，以上级行政机关为共同被告；行政许可依法须经下级行政机关或者管理公共事务的组织初步审查并上报，当事人对不予初步审查或者不予上报不服提起诉讼的，以下级行政机关或者管理公共事务的组织为被告。

第五条　行政机关依据行政许可法第二十六条第二款规定统一办理行政许可的，当事人对行政许可行为不服提起诉讼，以对当事人作出具有实质影响的不利行为的机关为被告。

第六条　行政机关受理行政许可申请后，在法定期限内不予答复，公民、法人或者其他组织向人民法院起诉的，人民法院应当依法受理。

前款“法定期限”自行政许可申请受理之日起计算；以数据电文方式受理的，自数据电文进入行政机关指定的特定系统之日起计算；数据电文需要确认收讫的，自申请人收到行政机关的收讫确认之日起计算。

第七条　作为被诉行政许可行为基础的其他行政决定或者文书存在以下情形之一的，人民法院不予认可：

（一）明显缺乏事实根据；

（二）明显缺乏法律依据；

（三）超越职权；

（四）其他重大明显违法情形。

第八条　被告不提供或者无正当理由逾期提供证据的，与被诉行政许可行为有利害关系的第三人可以向人民法院提供；第三人对无法提供的证据，可以申请人民法院调取；人民法院在当事人无争议，但涉及国家利益、公共利益或者他人合法权益的情况下，也可以依职权调取证据。

第三人提供或者人民法院调取的证据能够证明行政许可行为合法的，人民法院应当判决驳回原告的诉讼请求。

第九条　人民法院审理行政许可案件，应当以申请人提出行政许可申请后实施的新的法律规范为依据；行政机关在旧的法律规范实施期间，无正当理由拖延审查行政许可申请至新的法律规范实施，适用新的法律规范不利于申请人的，以旧的法律规范为依据。

第十条　被诉准予行政许可决定违反当时的法律规范但符合新的法律规范的，判决确认该决定违法；准予行政许可决定不损害公共利益和利害关系人合法权益的，判决驳回原告的诉讼请求。

第十一条　人民法院审理不予行政许可决定案件，认为原告请求准予许可的理由成立，且被告没有裁量余地的，可以在判决理由写明，并判决撤销不予许可决定，责令被告重新作出决定。

第十二条　被告无正当理由拒绝原告查阅行政许可决定及有关档案材料或者监督检查记录的，人民法院可以判决被告在法定或者合理期限内准予原告查阅。

第十三条　被告在实施行政许可过程中，与他人恶意串通共同违法侵犯原告合法权益的，应当承担连带赔偿责任；被告与他人违法侵犯原告合法权益的，应当根据其违法行为在损害发生过程和结果中所起作用等因素，确定被告的行政赔偿责任；被告已经依照法定程序履行审慎合理的审查职责，因他人行为导致行政许可决定违法的，不承担赔偿责任。

在行政许可案件中，当事人请求一并解决有关民事赔偿问题的，人民法院可以合并审理。

第十四条 行政机关依据行政许可法第八条第二款规定变更或者撤回已经生效的行政许可，公民、法人或者其他组织仅主张行政补偿的，应当先向行政机关提出申请；行政机关在法定期限或者合理期限内不予答复或者对行政机关作出的补偿决定不服的，可以依法提起行政诉讼。

第十五条 法律、法规、规章或者规范性文件对变更或者撤回行政许可的补偿标准未作规定的，一般在实际损失范围内确定补偿数额；行政许可属于行政许可法第十二条第(二)项规定情形的，一般按照实际投入的损失确定补偿数额。

第十六条 行政许可补偿案件的调解，参照最高人民法院《关于审理行政赔偿案件若干问题的规定》的有关规定办理。

第十七条 最高人民法院以前所作的司法解释凡与本规定不一致的，按本规定执行。

中华人民共和国行政强制法

1. 2011年6月30日第十一届全国人民代表大会常务委员会第二十一次会议通过

2. 2011年6月30日中华人民共和国主席令第49号公布

3. 自2012年1月1日起施行

目　　录

第一章　总　　则

第一条　【立法目的】为了规范行政强制的设定和实施，保障和监督行政机关依法履行职责，维护公共利益和社会秩序，保护公民、法人和其他组织的合法权益，根据宪法，制定本法。

第二条　【行政强制】本法所称行政强制，包括行政强制措施和行政强制执行。

行政强制措施，是指行政机关在行政管理过程中，为制止违法行为、防止证据损毁、避免危害发生、控制危险扩大等情形，依法对公民的人身自由实施暂时性限制，或者对公民、法人或者其他组织的财物实施暂时性控制的行为。

行政强制执行，是指行政机关或者行政机关申请人民法院，对不履行行政决定的公民、法人或者其他组织，依法强制履行义务的行为。

第三条　【适用范围】行政强制的设定和实施，适用本法。

发生或者即将发生自然灾害、事故灾难、公共卫生事件或者社会安全事件等突发事件，行政机关采取应急措施或者临时措施，依照有关法律、行政法规的规定执行。

行政机关采取金融业审慎监管措施、进出境货物强制性技术监控措施，依照有关法律、行政法规的规定执行。

第四条　【合法性原则】行政强制的设定和实施，应当依照法定的权限、范围、条件和程序。

第五条　【适当性原则】行政强制的设定和实施，应当适当。采用非强制手段可以达到行政管理目的的，不得设定和实施行政强制。

第六条　【教育与强制相结合原则】实施行政强制，应当坚持教育与强制相结合。

第七条　【不得利用行政强制权谋取利益】行政机关及其工作人员不得利用行政强制权为单位或者个人谋取利益。

第八条　【正当程序和权利救济】公民、法人或者其他组织对行政机关实施行政强制，享有陈述权、申辩权；有权依法申请行政复议或者提起行政诉讼；因行政机关违法实施行政强制受到损害的，有权依法要求赔偿。

公民、法人或者其他组织因人民法院在强制执行中有违法行为或者扩大强制执行范围受到损害的，有权依法要求赔偿。

第二章 行政强制的种类和设定

第九条 【行政强制措施的种类】行政强制措施的种类：

（一）限制公民人身自由；

（二）查封场所、设施或者财物；

（三）扣押财物；

（四）冻结存款、汇款；

（五）其他行政强制措施。

第十条 【行政强制措施的设定权】行政强制措施由法律设定。

尚未制定法律，且属于国务院行政管理职权事项的，行政法规可以设定除本法第九条第一项、第四项和应当由法律规定的行政强制措施以外的其他行政强制措施。

尚未制定法律、行政法规，且属于地方性事务的，地方性法规可以设定本法第九条第二项、第三项的行政强制措施。

法律、法规以外的其他规范性文件不得设定行政强制措施。

第十一条 【行政法规、地方性法规的规定权】法律对行政强制措施的对象、条件、种类作了规定的，行政法规、地方性法规不得作出扩大规定。

法律中未设定行政强制措施的，行政法规、地方性法规不得设定行政强制措施。但是，法律规定特定事项由行政法规规定具体管理措施的，行政法规可以设定除本法第九条第一项、第四项和应当由法律规定的行政强制措施以外的其他行政强制措施。

第十二条 【行政强制执行的方式】行政强制执行的方式：

（一）加处罚款或者滞纳金；

（二）划拨存款、汇款；

（三）拍卖或者依法处理查封、扣押的场所、设施或者财物；

（四）排除妨碍、恢复原状；

（五）代履行；

（六）其他强制执行方式。

第十三条 【行政强制执行的设定权】行政强制执行由法律设定。

法律没有规定行政机关强制执行的，作出行政决定的行政机关应当申请人民法院强制执行。

第十四条 【设定行政强制应听取意见和说明必要性】起草法律草案、法规草案，拟设定行政强制的，起草单位应当采取听证会、论证会等形式听取意见，并向制定机关说明设定该行政强制的必要性、可能产生的影响以及听取和采纳意见的情况。

第十五条 【已设定行政强制的评价】行政强制的设定机关应当定期对其设定的行政强制进行评价，并对不适当的行政强制及时予以修改或者废止。

行政强制的实施机关可以对已设定的行政强制的实施情况及存在的必要性适时进行评价，并将意见报告该行政强制的设定机关。

公民、法人或者其他组织可以向行政强制的设定机关和实施机关就行政强制的设定和实施提出意见和建议。有关机关应当认真研究论证，并以适当方式予以反馈。

第三章 行政强制措施实施程序

第一节 一般规定

第十六条 【实施行政强制措施的条件】行政机关履行行政管理职责，依照法律、法规的规定，实施行政强制措施。

违法行为情节显著轻微或者没有明显社会危害的，可以不采取行政强制措施。

第十七条 【实施主体】行政强制措施由法律、法规规定的行政机关在法定职权范围内实施。行政强制措施权不得委托。

依据《中华人民共和国行政处罚法》的规定行使相对集中行政处罚权的行政机关，可以实施法律、法规规定的与行政处罚权有关的行政强制措施。

行政强制措施应当由行政机关具备资格的行政执法人员实施，其他人员不得实施。

第十八条 【一般实施程序】行政机关实施行政强制措施应当遵守下列规定：

（一）实施前须向行政机关负责人报告并经批准；

（二）由两名以上行政执法人员实施；

（三）出示执法身份证件；

（四）通知当事人到场；

（五）当场告知当事人采取行政强制措施的理由、依据以及当事人依法享有的权利、救济途径；

（六）听取当事人的陈述和申辩；

（七）制作现场笔录；

（八）现场笔录由当事人和行政执法人员签名或者盖章，当事人拒绝的，在笔录中予以注明；

（九）当事人不到场的，邀请见证人到场，由见证人和行政执法人员在现场笔录上签名或者盖章；

（十）法律、法规规定的其他程序。

第十九条 【即时强制】情况紧急，需要当场实施行政强制措施的，行政执法人员应当在二十四小时内向行政机关负责人报告，并补办批准手续。行政机关负责人认为不应当采取行政强制措施的，应当立即解除。

第二十条 【限制人身自由的程序】依照法律规定实施限制公民人身自由的行政强制措施，除应当履行本法第十八条规定的程序外，还应当遵守下列规定：

（一）当场告知或者实施行政强制措施后立即通知当事人家属实施行政强制措施的行政机关、地点和期限；

（二）在紧急情况下当场实施行政强制措施的，在返回行政机关后，立即向行政机关负责人报告并补办批准手续；

（三）法律规定的其他程序。

实施限制人身自由的行政强制措施不得超过法定期限。实施行政强制措施的目的已经达到或者条件已经消失，应当立即解除。

第二十一条 【涉嫌犯罪应当移送司法机关】违法行为涉嫌犯罪应当移送司法机关的，行政机关应当将查封、扣押、冻结的财物一并移送，并书面告知当事人。

第二节 查封、扣押

第二十二条 【查封、扣押的实施主体】查封、扣押应当由法律、法规规定的行政机关实施，其他任何行政机关或者组织不得实施。

第二十三条 【查封、扣押的对象】查封、扣押限于涉案的场所、设施或者财物，不得查封、扣押与违法行为无关的场所、设施或者财物；不得查封、扣押公民个人及其所扶养家属的生活必需品。

当事人的场所、设施或者财物已被其他国家机关依法查封的，不得重复查封。

第二十四条 【查封、扣押实施程序】行政机关决定实施查封、扣押的，应当履行本法第十八条规定的程序，制作并当场交付查封、扣押决定书和清单。

查封、扣押决定书应当载明下列事项：

（一）当事人的姓名或者名称、地址；

（二）查封、扣押的理由、依据和期限；

（三）查封、扣押场所、设施或者财物的名称、数量等；

（四）申请行政复议或者提起行政诉讼的途径和期限；

（五）行政机关的名称、印章和日期。

查封、扣押清单一式二份，由当事人和行政机关分别保存。

第二十五条 【查封、扣押的期限和检测费用的承担】查封、扣押的期限不得超过三十日；情况复杂的，经行政机关负责人批准，可以延长，但是延长期限不得超过三十日。法律、行政法规另有规定的除外。

延长查封、扣押的决定应当及时书面告知当事人，并说明理由。

对物品需要进行检测、检验、检疫或者技术鉴定的，查封、扣押的期间不包括检测、检验、检疫或者技术鉴定的期间。检测、检验、检疫或者技术鉴定的期间应当明确，并书面告知当事人。检测、检验、检疫或者技术鉴定的费用由行政机关承担。

第二十六条 【查封、扣押财物的保管】对查封、扣押的场所、设施或者财物，行政机关应当妥善保管，不得使用或者损毁；造成损失的，应当承担赔偿责任。

对查封的场所、设施或者财物，行政机关可以委托第三人保管，第三人不得损毁或者擅自转移、处置。因第三人的原因造成的损失，行政机关先行赔付后，有权向第三人追偿。

因查封、扣押发生的保管费用由行政机关承担。

第二十七条 【查封、扣押财物的处理】行政机关采取查封、扣押措施后，应当及时查清事实，在本法第二十五条规定的期限内作出处理决定。对违法事实清楚，依法应当没收的非法财物予以没收；法律、行政法规规定应当销毁的，依法销毁；应当解除查封、扣押的，作出解除查封、扣押的决定。

第二十八条　【查封、扣押的解除】有下列情形之一的，行政机关应当及时作出解除查封、扣押决定：

（一）当事人没有违法行为；

（二）查封、扣押的场所、设施或者财物与违法行为无关；

（三）行政机关对违法行为已经作出处理决定，不再需要查封、扣押；

（四）查封、扣押期限已经届满；

（五）其他不再需要采取查封、扣押措施的情形。

解除查封、扣押应当立即退还财物；已将鲜活物品或者其他不易保管的财物拍卖或者变卖的，退还拍卖或者变卖所得款项。变卖价格明显低于市场价格，给当事人造成损失的，应当给予补偿。

第三节　冻　　结

第二十九条　【冻结的实施主体与数额】冻结存款、汇款应当由法律规定的行政机关实施，不得委托给其他行政机关或者组织；其他任何行政机关或者组织不得冻结存款、汇款。

冻结存款、汇款的数额应当与违法行为涉及的金额相当；已被其他国家机关依法冻结的，不得重复冻结。

第三十条　【冻结的程序】行政机关依照法律规定决定实施冻结存款、汇款的，应当履行本法第十八条第一项、第二项、第三项、第七项规定的程序，并向金融机构交付冻结通知书。

金融机构接到行政机关依法作出的冻结通知书后，应当立即予以冻结，不得拖延，不得在冻结前向当事人泄露信息。

法律规定以外的行政机关或者组织要求冻结当事人存款、汇款的，金融机构应当拒绝。

第三十一条　【冻结决定书的内容和交付期限】依照法律规定冻结存款、汇款的，作出决定的行政机关应当在三日内向当事人交付冻结决定书。冻结决定书应当载明下列事项：

（一）当事人的姓名或者名称、地址；

（二）冻结的理由、依据和期限；

（三）冻结的账号和数额；

（四）申请行政复议或者提起行政诉讼的途径和期限；

（五）行政机关的名称、印章和日期。

第三十二条　【冻结的期限与延长】自冻结存款、汇款之日起三十日内，行政机关应当作出处理决定或者作出解除冻结决定；情况复杂的，经行政机关负责人批准，可以延长，但是延长期限不得超过三十日。法律另有规定的除外。

延长冻结的决定应当及时书面告知当事人，并说明理由。

第三十三条　【冻结的解除】有下列情形之一的，行政机关应当及时作出解除冻结决定：

（一）当事人没有违法行为；

（二）冻结的存款、汇款与违法行为无关；

（三）行政机关对违法行为已经作出处理决定，不再需要冻结；

（四）冻结期限已经届满；

（五）其他不再需要采取冻结措施的情形。

行政机关作出解除冻结决定的，应当及时通知金融机构和当事人。金融机构接到通知后，应当立即解除冻结。

行政机关逾期未作出处理决定或者解除冻结决定的，金融机构应当自冻结期满之日起解除冻结。

第四章　行政机关强制执行程序

第一节　一 般 规 定

第三十四条　【行政机关强制执行】行政机关依法作出行政决定后，当事人在行政机关决定的期限内不履行义务的，具有行政强制执行权的行政机关依照本章规定强制执行。

第三十五条　【催告程序】行政机关作出强制执行决定前，应当事先催告当事人履行义务。催告应当以书面形式作出，并载明下列事项：

（一）履行义务的期限；

（二）履行义务的方式；

（三）涉及金钱给付的，应当有明确的金额和给付方式；

（四）当事人依法享有的陈述权和申辩权。

第三十六条　【当事人的陈述权、申辩权】当事人收到催告书后有权进行陈述和申辩。行政机关应当充分听取当事人的意见，对当事人提出的事实、理由和证据，应当进行记录、复核。当事人提出的事实、理由或者证据成立的，行政机关应当采纳。

第三十七条 【强制执行决定书】经催告，当事人逾期仍不履行行政决定，且无正当理由的，行政机关可以作出强制执行决定。

强制执行决定应当以书面形式作出，并载明下列事项：

（一）当事人的姓名或者名称、地址；

（二）强制执行的理由和依据；

（三）强制执行的方式和时间；

（四）申请行政复议或者提起行政诉讼的途径和期限；

（五）行政机关的名称、印章和日期。

在催告期间，对有证据证明有转移或者隐匿财物迹象的，行政机关可以作出立即强制执行决定。

第三十八条 【催告书、强制执行决定书的送达】催告书、行政强制执行决定书应当直接送达当事人。当事人拒绝接收或者无法直接送达当事人的，应当依照《中华人民共和国民事诉讼法》的有关规定送达。

第三十九条 【中止执行】有下列情形之一的，中止执行：

（一）当事人履行行政决定确有困难或者暂无履行能力的；

（二）第三人对执行标的主张权利，确有理由的；

（三）执行可能造成难以弥补的损失，且中止执行不损害公共利益的；

（四）行政机关认为需要中止执行的其他情形。

中止执行的情形消失后，行政机关应当恢复执行。对没有明显社会危害，当事人确无能力履行，中止执行满三年未恢复执行的，行政机关不再执行。

第四十条 【终结执行】有下列情形之一的，终结执行：

（一）公民死亡，无遗产可供执行，又无义务承受人的；

（二）法人或者其他组织终止，无财产可供执行，又无义务承受人的；

（三）执行标的灭失的；

（四）据以执行的行政决定被撤销的；

（五）行政机关认为需要终结执行的其他情形。

第四十一条 【执行回转】在执行中或者执行完毕后，据以执行的行政决定被撤销、变更，或者执行错误的，应当恢复原状或者退还财物；不能恢复原状或者退还财物的，依法给予赔偿。

第四十二条 【执行和解】实施行政强制执行，行政机关可以在不损害公共利益和他人合法权益的情况下，与当事人达成执行协议。执行协议可以约定分阶段履行；当事人采取补救措施的，可以减免加处的罚款或者滞纳金。

执行协议应当履行。当事人不履行执行协议的，行政机关应当恢复强制执行。

第四十三条 【文明执法】行政机关不得在夜间或者法定节假日实施行政强制执行。但是，情况紧急的除外。

行政机关不得对居民生活采取停止供水、供电、供热、供燃气等方式迫使当事人履行相关行政决定。

第四十四条 【违法建筑物、构筑物、设施强制的拆除】对违法的建筑物、构筑物、设施等需要强制拆除的，应当由行政机关予以公告，限期当事人自行拆除。当事人在法定期限内不申请行政复议或者提起行政诉讼，又不拆除的，行政机关可以依法强制拆除。

第二节 金钱给付义务的执行

第四十五条 【加处罚款或者滞纳金】行政机关依法作出金钱给付义务的行政决定，当事人逾期不履行的，行政机关可以依法加处罚款或者滞纳金。加处罚款或者滞纳金的标准应当告知当事人。

加处罚款或者滞纳金的数额不得超出金钱给付义务的数额。

第四十六条 【金钱给付义务的直接强制执行】行政机关依照本法第四十五条规定实施加处罚款或者滞纳金超过三十日，经催告当事人仍不履行的，具有行政强制执行权的行政机关可以强制执行。

行政机关实施强制执行前，需要采取查封、扣押、冻结措施的，依照本法第三章规定办理。

没有行政强制执行权的行政机关应当申请人民法院强制执行。但是，当事人在法定期限内不申请行政复议或者提起行政诉讼，经催告仍不履行的，在实施行政管理过程中已经采取查封、扣押措施的行政机关，可以将查封、扣押的财物依法拍卖抵缴罚款。

第四十七条 【划拨存款、汇款】划拨存款、汇款应当由法律规定的行政机关决定，并书面通知金融机构。

金融机构接到行政机关依法作出划拨存款、汇款的决定后，应当立即划拨。

法律规定以外的行政机关或者组织要求划拨当事人存款、汇款的，金融机构应当拒绝。

第四十八条　【委托拍卖】依法拍卖财物，由行政机关委托拍卖机构依照《中华人民共和国拍卖法》的规定办理。

第四十九条　【划拨存款、汇款的上缴】划拨的存款、汇款以及拍卖和依法处理所得的款项应当上缴国库或者划入财政专户。任何行政机关或者个人不得以任何形式截留、私分或者变相私分。

第三节　代　履　行

第五十条　【代履行】行政机关依法作出要求当事人履行排除妨碍、恢复原状等义务的行政决定，当事人逾期不履行，经催告仍不履行，其后果已经或者将危害交通安全、造成环境污染或者破坏自然资源的，行政机关可以代履行，或者委托没有利害关系的第三人代履行。

第五十一条　【代履行的实施程序、费用】代履行应当遵守下列规定：

（一）代履行前送达决定书，代履行决定书应当载明当事人的姓名或者名称、地址，代履行的理由和依据、方式和时间、标的、费用预算以及代履行人；

（二）代履行三日前，催告当事人履行，当事人履行的，停止代履行；

（三）代履行时，作出决定的行政机关应当派员到场监督；

（四）代履行完毕，行政机关到场监督的工作人员、代履行人和当事人或者见证人应当在执行文书上签名或者盖章。

代履行的费用按照成本合理确定，由当事人承担。但是，法律另有规定的除外。

代履行不得采用暴力、胁迫以及其他非法方式。

第五十二条　【立即代履行】需要立即清除道路、河道、航道或者公共场所的遗洒物、障碍物或者污染物，当事人不能清除的，行政机关可以决定立即实施代履行；当事人不在场的，行政机关应当在事后立即通知当事人，并依法作出处理。

第五章　申请人民法院强制执行

第五十三条　【申请法院强制执行】当事人在法定期限内不申请行政复议或者提起行政诉讼，又不履行行政决定的，没有行政强制执行权的行政机关可以自期限届满之日起三个月内，依照本章规定申请人民法院强制执行。

第五十四条　【催告与执行管辖】行政机关申请人民法院强制执行前，应当催告当事人履行义务。催告书送达十日后当事人仍未履行义务的，行政机关可以向所在地有管辖权的人民法院申请强制执行；执行对象是不动产的，向不动产所在地有管辖权的人民法院申请强制执行。

第五十五条　【申请强制执行提供的材料】行政机关向人民法院申请强制执行，应当提供下列材料：

（一）强制执行申请书；

（二）行政决定书及作出决定的事实、理由和依据；

（三）当事人的意见及行政机关催告情况；

（四）申请强制执行标的情况；

（五）法律、行政法规规定的其他材料。

强制执行申请书应当由行政机关负责人签名，加盖行政机关的印章，并注明日期。

第五十六条　【申请的受理】人民法院接到行政机关强制执行的申请，应当在五日内受理。

行政机关对人民法院不予受理的裁定有异议的，可以在十五日内向上一级人民法院申请复议，上一级人民法院应当自收到复议申请之日起十五日内作出是否受理的裁定。

第五十七条　【申请的书面审查】人民法院对行政机关强制执行的申请进行书面审查，对符合本法第五十五条规定，且行政决定具备法定执行效力的，除本法第五十八条规定的情形外，人民法院应当自受理之日起七日内作出执行裁定。

第五十八条　【申请的违法审查】人民法院发现有下列情形之一的，在作出裁定前可以听取被执行人和行政机关的意见：

（一）明显缺乏事实根据的；

（二）明显缺乏法律、法规依据的；

（三）其他明显违法并损害被执行人合法权益的。

人民法院应当自受理之日起三十日内作出是否执行的裁定。裁定不予执行的，应当说明理由，并在五日内将不予执行的裁定送达行政机关。

行政机关对人民法院不予执行的裁定有异议的，可以自收到裁定之日起十五日内向上一级人民法院申请复议，上一级人民法院应当自收到复议申请之日起三十日内作出是否执行的裁定。

第五十九条 【申请法院立即执行】因情况紧急，为保障公共安全，行政机关可以申请人民法院立即执行。经人民法院院长批准，人民法院应当自作出执行裁定之日起五日内执行。

第六十条 【执行费用】行政机关申请人民法院强制执行，不缴纳申请费。强制执行的费用由被执行人承担。

人民法院以划拨、拍卖方式强制执行的，可以在划拨、拍卖后将强制执行的费用扣除。

依法拍卖财物，由人民法院委托拍卖机构依照《中华人民共和国拍卖法》的规定办理。

划拨的存款、汇款以及拍卖和依法处理所得的款项应当上缴国库或者划入财政专户，不得以任何形式截留、私分或者变相私分。

第六章 法律责任

第六十一条 【违法实施行政强制的法律责任】行政机关实施行政强制，有下列情形之一的，由上级行政机关或者有关部门责令改正，对直接负责的主管人员和其他直接责任人员依法给予处分：

（一）没有法律、法规依据的；

（二）改变行政强制对象、条件、方式的；

（三）违反法定程序实施行政强制的；

（四）违反本法规定，在夜间或者法定节假日实施行政强制执行的；

（五）对居民生活采取停止供水、供电、供热、供燃气等方式迫使当事人履行相关行政决定的；

（六）有其他违法实施行政强制情形的。

第六十二条 【违法实施查封、扣押、冻结的法律责任】违反本法规定，行政机关有下列情形之一的，由上级行政机关或者有关部门责令改正，对直接负责的主管人员和其他直接责任人员依法给予处分：

（一）扩大查封、扣押、冻结范围的；

（二）使用或者损毁查封、扣押场所、设施或者财物的；

（三）在查封、扣押法定期间不作出处理决定或者未依法及时解除查封、扣押的；

（四）在冻结存款、汇款法定期间不作出处理决定或者未依法及时解除冻结的。

第六十三条 【截留、私分或变相私分和据为己有的法律责任】行政机关将查封、扣押的财物或者划拨的存款、汇款以及拍卖和依法处理所得的款项，截留、私分或者变相私分的，由财政部门或者有关部门予以追缴；对直接负责的主管人员和其他直接责任人员依法给予记大过、降级、撤职或者开除的处分。

行政机关工作人员利用职务上的便利，将查封、扣押的场所、设施或者财物据为己有的，由上级行政机关或者有关部门责令改正，依法给予记大过、降级、撤职或者开除的处分。

第六十四条 【利用行政强制权为单位或者个人谋取利益的法律责任】行政机关及其工作人员利用行政强制权为单位或者个人谋取利益的，由上级行政机关或者有关部门责令改正，对直接负责的主管人员和其他直接责任人员依法给予处分。

第六十五条 【金融机构违法冻结、划拨的法律责任】违反本法规定，金融机构有下列行为之一的，由金融业监督管理机构责令改正，对直接负责的主管人员和其他直接责任人员依法给予处分：

（一）在冻结前向当事人泄露信息的；

（二）对应当立即冻结、划拨的存款、汇款不冻结或者不划拨，致使存款、汇款转移的；

（三）将不应当冻结、划拨的存款、汇款予以冻结或者划拨的；

（四）未及时解除冻结存款、汇款的。

第六十六条 【款项未划入规定账户的法律责任】违反本法规定，金融机构将款项划入国库或者财政专户以外的其他账户的，由金融业监督管理机构责令改正，并处以违法划拨款项二倍的罚款；对直接负责的主管人员和其他直接责任人员依法给予处分。

违反本法规定，行政机关、人民法院指令金融机构将款项划入国库或者财政专户以外的其他账户的，对直接负责的主管人员和其他直接责任人员依法给予处分。

第六十七条 【人民法院违法执行的法律责任】人民法院及其工作人员在强制执行中有违法行为或者扩大强制执行范围的，对直接负责的主管人员和其他直接责任人员依法给予处分。

第六十八条 【赔偿责任和刑事责任】违反本法规定，

给公民、法人或者其他组织造成损失的，依法给予赔偿。

违反本法规定，构成犯罪的，依法追究刑事责任。

第七章　附　　则

第六十九条　【期限的计算】本法中十日以内期限的规定是指工作日，不含法定节假日。

第七十条　【法律、行政法规授权的具有管理公共事务职能的组织的主体资格】法律、行政法规授权的具有管理公共事务职能的组织在法定授权范围内，以自己的名义实施行政强制，适用本法有关行政机关的规定。

第七十一条　【施行日期】本法自 2012 年 1 月 1 日起施行。

中华人民共和国行政处罚法

1. 1996 年 3 月 17 日第八届全国人民代表大会第四次会议通过

2. 根据 2009 年 8 月 27 日第十一届全国人民代表大会常务委员会第十次会议《关于修改部分法律的决定》第一次修正

3. 根据 2017 年 9 月 1 日第十二届全国人民代表大会常务委员会第二十九次会议《关于修改〈中华人民共和国法官法〉等八部法律的决定》第二次修正

4. 2021 年 1 月 22 日第十三届全国人民代表大会常务委员会第二十五次会议修订

目　　录

第一章　总　　则

第一条　【立法目的】为了规范行政处罚的设定和实施，保障和监督行政机关有效实施行政管理，维护公共利益和社会秩序，保护公民、法人或者其他组织的合法权益，根据宪法，制定本法。

第二条　【行政处罚定义】行政处罚是指行政机关依法对违反行政管理秩序的公民、法人或者其他组织，以减损权益或者增加义务的方式予以惩戒的行为。

第三条　【适用范围】行政处罚的设定和实施，适用本法。

第四条　【处罚法定】公民、法人或者其他组织违反行政管理秩序的行为，应当给予行政处罚的，依照本法由法律、法规、规章规定，并由行政机关依照本法规定的程序实施。

第五条　【公正、公开原则和过罚相当原则】行政处罚遵循公正、公开的原则。

设定和实施行政处罚必须以事实为依据，与违法行为的事实、性质、情节以及社会危害程度相当。

对违法行为给予行政处罚的规定必须公布；未经公布的，不得作为行政处罚的依据。

第六条　【处罚与教育相结合原则】实施行政处罚，纠正违法行为，应当坚持处罚与教育相结合，教育公民、法人或者其他组织自觉守法。

第七条　【权利保障原则】公民、法人或者其他组织对行政机关所给予的行政处罚，享有陈述权、申辩权；对行政处罚不服的，有权依法申请行政复议或者提起行政诉讼。

公民、法人或者其他组织因行政机关违法给予行政处罚受到损害的，有权依法提出赔偿要求。

第八条　【民事责任与禁止以罚代刑】公民、法人或者其他组织因违法行为受到行政处罚，其违法行为对他人造成损害的，应当依法承担民事责任。

违法行为构成犯罪，应当依法追究刑事责任的，不得以行政处罚代替刑事处罚。

第二章　行政处罚的种类和设定

第九条　【行政处罚的种类】行政处罚的种类：

（一）警告、通报批评；

（二）罚款、没收违法所得、没收非法财物；

（三）暂扣许可证件、降低资质等级、吊销许可证件；

（四）限制开展生产经营活动、责令停产停业、责令关闭、限制从业；

（五）行政拘留；

（六）法律、行政法规规定的其他行政处罚。

第十条 【法律的行政处罚设定权】法律可以设定各种行政处罚。

限制人身自由的行政处罚，只能由法律设定。

第十一条 【行政法规的行政处罚设定权】行政法规可以设定除限制人身自由以外的行政处罚。

法律对违法行为已经作出行政处罚规定，行政法规需要作出具体规定的，必须在法律规定的给予行政处罚的行为、种类和幅度的范围内规定。

法律对违法行为未作出行政处罚规定，行政法规为实施法律，可以补充设定行政处罚。拟补充设定行政处罚的，应当通过听证会、论证会等形式广泛听取意见，并向制定机关作出书面说明。行政法规报送备案时，应当说明补充设定行政处罚的情况。

第十二条 【地方性法规的行政处罚设定权】地方性法规可以设定除限制人身自由、吊销营业执照以外的行政处罚。

法律、行政法规对违法行为已经作出行政处罚规定，地方性法规需要作出具体规定的，必须在法律、行政法规规定的给予行政处罚的行为、种类和幅度的范围内规定。

法律、行政法规对违法行为未作出行政处罚规定，地方性法规为实施法律、行政法规，可以补充设定行政处罚。拟补充设定行政处罚的，应当通过听证会、论证会等形式广泛听取意见，并向制定机关作出书面说明。地方性法规报送备案时，应当说明补充设定行政处罚的情况。

第十三条 【国务院部门规章的行政处罚设定权】国务院部门规章可以在法律、行政法规规定的给予行政处罚的行为、种类和幅度的范围内作出具体规定。

尚未制定法律、行政法规的，国务院部门规章对违反行政管理秩序的行为，可以设定警告、通报批评或者一定数额罚款的行政处罚。罚款的限额由国务院规定。

第十四条 【地方政府规章的行政处罚设定权】地方政府规章可以在法律、法规规定的给予行政处罚的行为、种类和幅度的范围内作出具体规定。

尚未制定法律、法规的，地方政府规章对违反行政管理秩序的行为，可以设定警告、通报批评或者一定数额罚款的行政处罚。罚款的限额由省、自治区、直辖市人民代表大会常务委员会规定。

第十五条 【行政处罚的评估】国务院部门和省、自治区、直辖市人民政府及其有关部门应当定期组织评估行政处罚的实施情况和必要性，对不适当的行政处罚事项及种类、罚款数额等，应当提出修改或者废止的建议。

第十六条 【其他规范性文件不得设定行政处罚】除法律、法规、规章外，其他规范性文件不得设定行政处罚。

第三章 行政处罚的实施机关

第十七条 【行政处罚的实施主体】行政处罚由具有行政处罚权的行政机关在法定职权范围内实施。

第十八条 【相对集中行政处罚权】国家在城市管理、市场监管、生态环境、文化市场、交通运输、应急管理、农业等领域推行建立综合行政执法制度，相对集中行政处罚权。

国务院或者省、自治区、直辖市人民政府可以决定一个行政机关行使有关行政机关的行政处罚权。

限制人身自由的行政处罚权只能由公安机关和法律规定的其他机关行使。

第十九条 【行政处罚的授权】法律、法规授权的具有管理公共事务职能的组织可以在法定授权范围内实施行政处罚。

第二十条 【行政处罚的委托】行政机关依照法律、法规、规章的规定，可以在其法定权限内书面委托符合本法第二十一条规定条件的组织实施行政处罚。行政机关不得委托其他组织或者个人实施行政处罚。

委托书应当载明委托的具体事项、权限、期限等内容。委托行政机关和受委托组织应当将委托书向社会公布。

委托行政机关对受委托组织实施行政处罚的行为应当负责监督，并对该行为的后果承担法律责任。

受委托组织在委托范围内，以委托行政机关名义实施行政处罚；不得再委托其他组织或者个人实施行政处罚。

第二十一条 【受委托组织的条件】受委托组织必须符合以下条件：

（一）依法成立并具有管理公共事务职能；

（二）有熟悉有关法律、法规、规章和业务并取得行政执法资格的工作人员；

（三）需要进行技术检查或者技术鉴定的，应当有条件组织进行相应的技术检查或者技术鉴定。

第四章　行政处罚的管辖和适用

第二十二条　【行政处罚的地域管辖】行政处罚由违法行为发生地的行政机关管辖。法律、行政法规、部门规章另有规定的，从其规定。

第二十三条　【行政处罚的级别管辖和职能管辖】行政处罚由县级以上地方人民政府具有行政处罚权的行政机关管辖。法律、行政法规另有规定的，从其规定。

第二十四条　【下放行政处罚权的条件与情形】省、自治区、直辖市根据当地实际情况，可以决定将基层管理迫切需要的县级人民政府部门的行政处罚权交由能够有效承接的乡镇人民政府、街道办事处行使，并定期组织评估。决定应当公布。

承接行政处罚权的乡镇人民政府、街道办事处应当加强执法能力建设，按照规定范围、依照法定程序实施行政处罚。

有关地方人民政府及其部门应当加强组织协调、业务指导、执法监督，建立健全行政处罚协调配合机制，完善评议、考核制度。

第二十五条　【行政处罚的管辖归属】两个以上行政机关都有管辖权的，由最先立案的行政机关管辖。

对管辖发生争议的，应当协商解决，协商不成的，报请共同的上一级行政机关指定管辖；也可以直接由共同的上一级行政机关指定管辖。

第二十六条　【行政处罚的协助实施请求权】行政机关因实施行政处罚的需要，可以向有关机关提出协助请求。协助事项属于被请求机关职权范围内的，应当依法予以协助。

第二十七条　【行政处罚案件的移送管辖】违法行为涉嫌犯罪的，行政机关应当及时将案件移送司法机关，依法追究刑事责任。对依法不需要追究刑事责任或者免予刑事处罚，但应当给予行政处罚的，司法机关应当及时将案件移送有关行政机关。

行政处罚实施机关与司法机关之间应当加强协调配合，建立健全案件移送制度，加强证据材料移交、接收衔接，完善案件处理信息通报机制。

第二十八条　【责令改正与没收违法所得】行政机关实施行政处罚时，应当责令当事人改正或者限期改正违法行为。

当事人有违法所得，除依法应当退赔的外，应当予以没收。违法所得是指实施违法行为所取得的款项。法律、行政法规、部门规章对违法所得的计算另有规定的，从其规定。

第二十九条　【一事不再罚】对当事人的同一个违法行为，不得给予两次以上罚款的行政处罚。同一个违法行为违反多个法律规范应当给予罚款处罚的，按照罚款数额高的规定处罚。

第三十条　【未成年人的行政处罚】不满十四周岁的未成年人有违法行为的，不予行政处罚，责令监护人加以管教；已满十四周岁不满十八周岁的未成年人有违法行为的，应当从轻或者减轻行政处罚。

第三十一条　【精神状况异常及智力低下的人的行政处罚】精神病人、智力残疾人在不能辨认或者不能控制自己行为时有违法行为的，不予行政处罚，但应当责令其监护人严加看管和治疗。间歇性精神病人在精神正常时有违法行为的，应当给予行政处罚。尚未完全丧失辨认或者控制自己行为能力的精神病人、智力残疾人有违法行为的，可以从轻或者减轻行政处罚。

第三十二条　【从轻或者减轻行政处罚】当事人有下列情形之一，应当从轻或者减轻行政处罚：

（一）主动消除或者减轻违法行为危害后果的；

（二）受他人胁迫或者诱骗实施违法行为的；

（三）主动供述行政机关尚未掌握的违法行为的；

（四）配合行政机关查处违法行为有立功表现的；

（五）法律、法规、规章规定其他应当从轻或者减轻行政处罚的。

第三十三条　【免予处罚】违法行为轻微并及时改正，没有造成危害后果的，不予行政处罚。初次违法且危害后果轻微并及时改正的，可以不予行政处罚。

当事人有证据足以证明没有主观过错的，不予行政处罚。法律、行政法规另有规定的，从其规定。

对当事人的违法行为依法不予行政处罚的，行政机关应当对当事人进行教育。

第三十四条　【裁量基准的制定】行政机关可以依法

制定行政处罚裁量基准，规范行使行政处罚裁量权。行政处罚裁量基准应当向社会公布。

第三十五条 【刑罚的折抵】违法行为构成犯罪，人民法院判处拘役或者有期徒刑时，行政机关已经给予当事人行政拘留的，应当依法折抵相应刑期。

违法行为构成犯罪，人民法院判处罚金时，行政机关已经给予当事人罚款的，应当折抵相应罚金；行政机关尚未给予当事人罚款的，不再给予罚款。

第三十六条 【行政处罚追责时效】违法行为在二年内未被发现的，不再给予行政处罚；涉及公民生命健康安全、金融安全且有危害后果的，上述期限延长至五年。法律另有规定的除外。

前款规定的期限，从违法行为发生之日起计算；违法行为有连续或者继续状态的，从行为终了之日起计算。

第三十七条 【从旧兼从轻原则】实施行政处罚，适用违法行为发生时的法律、法规、规章的规定。但是，作出行政处罚决定时，法律、法规、规章已被修改或者废止，且新的规定处罚较轻或者不认为是违法的，适用新的规定。

第三十八条 【无效的行政处罚】行政处罚没有依据或者实施主体不具有行政主体资格的，行政处罚无效。

违反法定程序构成重大且明显违法的，行政处罚无效。

第五章 行政处罚的决定

第一节 一般规定

第三十九条 【行政处罚公示制度】行政处罚的实施机关、立案依据、实施程序和救济渠道等信息应当公示。

第四十条 【行政处罚的前提条件】公民、法人或者其他组织违反行政管理秩序的行为，依法应当给予行政处罚的，行政机关必须查明事实；违法事实不清、证据不足的，不得给予行政处罚。

第四十一条 【电子监控设备的配置程序、内容审核、权利告知】行政机关依照法律、行政法规规定利用电子技术监控设备收集、固定违法事实的，应当经过法制和技术审核，确保电子技术监控设备符合标准、设置合理、标志明显，设置地点应当向社会公布。

电子技术监控设备记录违法事实应当真实、清晰、完整、准确。行政机关应当审核记录内容是否符合要求；未经审核或者经审核不符合要求的，不得作为行政处罚的证据。

行政机关应当及时告知当事人违法事实，并采取信息化手段或者其他措施，为当事人查询、陈述和申辩提供便利。不得限制或者变相限制当事人享有的陈述权、申辩权。

第四十二条 【对行政执法人员的执法要求】行政处罚应当由具有行政执法资格的执法人员实施。执法人员不得少于两人，法律另有规定的除外。

执法人员应当文明执法，尊重和保护当事人合法权益。

第四十三条 【行政执法人员回避制度】执法人员与案件有直接利害关系或者有其他关系可能影响公正执法的，应当回避。

当事人认为执法人员与案件有直接利害关系或者有其他关系可能影响公正执法的，有权申请回避。

当事人提出回避申请的，行政机关应当依法审查，由行政机关负责人决定。决定作出之前，不停止调查。

第四十四条 【行政机关的告知义务】行政机关在作出行政处罚决定之前，应当告知当事人拟作出的行政处罚内容及事实、理由、依据，并告知当事人依法享有的陈述、申辩、要求听证等权利。

第四十五条 【当事人的陈述权和申辩权】当事人有权进行陈述和申辩。行政机关必须充分听取当事人的意见，对当事人提出的事实、理由和证据，应当进行复核；当事人提出的事实、理由或者证据成立的，行政机关应当采纳。

行政机关不得因当事人陈述、申辩而给予更重的处罚。

第四十六条 【证据的种类及适用规则】证据包括：

（一）书证；

（二）物证；

（三）视听资料；

（四）电子数据；

（五）证人证言；

（六）当事人的陈述；

（七）鉴定意见；

（八）勘验笔录、现场笔录。

证据必须经查证属实，方可作为认定案件事实的根据。

以非法手段取得的证据，不得作为认定案件事实的根据。

第四十七条　【行政执法全过程记录制度】行政机关应当依法以文字、音像等形式，对行政处罚的启动、调查取证、审核、决定、送达、执行等进行全过程记录，归档保存。

第四十八条　【行政处罚决定信息公开】具有一定社会影响的行政处罚决定应当依法公开。

公开的行政处罚决定被依法变更、撤销、确认违法或者确认无效的，行政机关应当在三日内撤回行政处罚决定信息并公开说明理由。

第四十九条　【重大突发事件从快处理、从重处罚】发生重大传染病疫情等突发事件，为了控制、减轻和消除突发事件引起的社会危害，行政机关对违反突发事件应对措施的行为，依法快速、从重处罚。

第五十条　【保护国家秘密、商业秘密或者个人隐私义务】行政机关及其工作人员对实施行政处罚过程中知悉的国家秘密、商业秘密或者个人隐私，应当依法予以保密。

第二节　简易程序

第五十一条　【行政机关当场处罚】违法事实确凿并有法定依据，对公民处以二百元以下、对法人或者其他组织处以三千元以下罚款或者警告的行政处罚的，可以当场作出行政处罚决定。法律另有规定的，从其规定。

第五十二条　【行政机关当场处罚需履行法定手续】执法人员当场作出行政处罚决定的，应当向当事人出示执法证件，填写预定格式、编有号码的行政处罚决定书，并当场交付当事人。当事人拒绝签收的，应当在行政处罚决定书上注明。

前款规定的行政处罚决定书应当载明当事人的违法行为，行政处罚的种类和依据、罚款数额、时间、地点，申请行政复议、提起行政诉讼的途径和期限以及行政机关名称，并由执法人员签名或者盖章。

执法人员当场作出的行政处罚决定，应当报所属行政机关备案。

第五十三条　【行政机关当场处罚履行方式】对当场作出的行政处罚决定，当事人应当依照本法第六十七条至第六十九条的规定履行。

第三节　普通程序

第五十四条　【处罚前调查取证程序】除本法第五十一条规定的可以当场作出的行政处罚外，行政机关发现公民、法人或者其他组织有依法应当给予行政处罚的行为的，必须全面、客观、公正地调查，收集有关证据；必要时，依照法律、法规的规定，可以进行检查。

符合立案标准的，行政机关应当及时立案。

第五十五条　【执法人员调查中应出示证件及调查对象配合义务】执法人员在调查或者进行检查时，应当主动向当事人或者有关人员出示执法证件。当事人或者有关人员有权要求执法人员出示执法证件。执法人员不出示执法证件的，当事人或者有关人员有权拒绝接受调查或者检查。

当事人或者有关人员应当如实回答询问，并协助调查或者检查，不得拒绝或者阻挠。询问或者检查应当制作笔录。

第五十六条　【取证方法和程序】行政机关在收集证据时，可以采取抽样取证的方法；在证据可能灭失或者以后难以取得的情况下，经行政机关负责人批准，可以先行登记保存，并应当在七日内及时作出处理决定，在此期间，当事人或者有关人员不得销毁或者转移证据。

第五十七条　【处罚决定】调查终结，行政机关负责人应当对调查结果进行审查，根据不同情况，分别作出如下决定：

（一）确有应受行政处罚的违法行为的，根据情节轻重及具体情况，作出行政处罚决定；

（二）违法行为轻微，依法可以不予行政处罚的，不予行政处罚；

（三）违法事实不能成立的，不予行政处罚；

（四）违法行为涉嫌犯罪的，移送司法机关。

对情节复杂或者重大违法行为给予行政处罚，行政机关负责人应当集体讨论决定。

第五十八条　【特定事项法制审核制度】有下列情形之一，在行政机关负责人作出行政处罚的决定之前，应当由从事行政处罚决定法制审核的人员进行法制审核；未经法制审核或者审核未通过的，不得作出决定：

（一）涉及重大公共利益的；

（二）直接关系当事人或者第三人重大权益，经过听证程序的；

（三）案件情况疑难复杂、涉及多个法律关系的；

（四）法律、法规规定应当进行法制审核的其他情形。

行政机关中初次从事行政处罚决定法制审核的人员，应当通过国家统一法律职业资格考试取得法律职业资格。

第五十九条 【行政处罚决定书的制作和内容】行政机关依照本法第五十七条的规定给予行政处罚，应当制作行政处罚决定书。行政处罚决定书应当载明下列事项：

（一）当事人的姓名或者名称、地址；

（二）违反法律、法规、规章的事实和证据；

（三）行政处罚的种类和依据；

（四）行政处罚的履行方式和期限；

（五）申请行政复议、提起行政诉讼的途径和期限；

（六）作出行政处罚决定的行政机关名称和作出决定的日期。

行政处罚决定书必须盖有作出行政处罚决定的行政机关的印章。

第六十条 【行政处罚期限】行政机关应当自行政处罚案件立案之日起九十日内作出行政处罚决定。法律、法规、规章另有规定的，从其规定。

第六十一条 【行政处罚决定书的送达】行政处罚决定书应当在宣告后当场交付当事人；当事人不在场的，行政机关应当在七日内依照《中华人民共和国民事诉讼法》的有关规定，将行政处罚决定书送达当事人。

当事人同意并签订确认书的，行政机关可以采用传真、电子邮件等方式，将行政处罚决定书等送达当事人。

第六十二条 【不得做出行政处罚决定的情形】行政机关及其执法人员在作出行政处罚决定之前，未依照本法第四十四条、第四十五条的规定向当事人告知拟作出的行政处罚内容及事实、理由、依据，或者拒绝听取当事人的陈述、申辩，不得作出行政处罚决定；当事人明确放弃陈述或者申辩权利的除外。

第四节 听证程序

第六十三条 【行政处罚听证程序的适用范围】行政机关拟作出下列行政处罚决定，应当告知当事人有要求听证的权利，当事人要求听证的，行政机关应当组织听证：

（一）较大数额罚款；

（二）没收较大数额违法所得、没收较大价值非法财物；

（三）降低资质等级、吊销许可证件；

（四）责令停产停业、责令关闭、限制从业；

（五）其他较重的行政处罚；

（六）法律、法规、规章规定的其他情形。

当事人不承担行政机关组织听证的费用。

第六十四条 【行政处罚的听证程序】听证应当依照以下程序组织：

（一）当事人要求听证的，应当在行政机关告知后五日内提出；

（二）行政机关应当在举行听证的七日前，通知当事人及有关人员听证的时间、地点；

（三）除涉及国家秘密、商业秘密或者个人隐私依法予以保密外，听证公开举行；

（四）听证由行政机关指定的非本案调查人员主持；当事人认为主持人与本案有直接利害关系的，有权申请回避；

（五）当事人可以亲自参加听证，也可以委托一至二人代理；

（六）当事人及其代理人无正当理由拒不出席听证或者未经许可中途退出听证的，视为放弃听证权利，行政机关终止听证；

（七）举行听证时，调查人员提出当事人违法的事实、证据和行政处罚建议，当事人进行申辩和质证；

（八）听证应当制作笔录。笔录应当交当事人或者其代理人核对无误后签字或者盖章。当事人或者其代理人拒绝签字或者盖章的，由听证主持人在笔录中注明。

第六十五条 【听证笔录及处罚决定】听证结束后，行政机关应当根据听证笔录，依照本法第五十七条的规定，作出决定。

第六章 行政处罚的执行

第六十六条 【履行期限】行政处罚决定依法作出后，当事人应当在行政处罚决定书载明的期限内，予以履行。

当事人确有经济困难，需要延期或者分期缴纳罚款的，经当事人申请和行政机关批准，可以暂缓或者分期缴纳。

第六十七条 【罚缴分离原则】作出罚款决定的行政机关应当与收缴罚款的机构分离。

除依照本法第六十八条、第六十九条的规定当场收缴的罚款外，作出行政处罚决定的行政机关及其执法人员不得自行收缴罚款。

当事人应当自收到行政处罚决定书之日起十五日内，到指定的银行或者通过电子支付系统缴纳罚款。银行应当收受罚款，并将罚款直接上缴国库。

第六十八条 【当场收缴罚款情形】依照本法第五十一条的规定当场作出行政处罚决定，有下列情形之一，执法人员可以当场收缴罚款：

（一）依法给予一百元以下罚款的；

（二）不当场收缴事后难以执行的。

第六十九条 【边远地区当场收缴罚款】在边远、水上、交通不便地区，行政机关及其执法人员依照本法第五十一条、第五十七条的规定作出罚款决定后，当事人到指定的银行或者通过电子支付系统缴纳罚款确有困难，经当事人提出，行政机关及其执法人员可以当场收缴罚款。

第七十条 【罚款收据】行政机关及其执法人员当场收缴罚款的，必须向当事人出具国务院财政部门或者省、自治区、直辖市人民政府财政部门统一制发的专用票据；不出具财政部门统一制发的专用票据的，当事人有权拒绝缴纳罚款。

第七十一条 【当场收缴罚款的上缴程序】执法人员当场收缴的罚款，应当自收缴罚款之日起二日内，交至行政机关；在水上当场收缴的罚款，应当自抵岸之日起二日内交至行政机关；行政机关应当在二日内将罚款缴付指定的银行。

第七十二条 【执行措施】当事人逾期不履行行政处罚决定的，作出行政处罚决定的行政机关可以采取下列措施：

（一）到期不缴纳罚款的，每日按罚款数额的百分之三加处罚款，加处罚款的数额不得超出罚款的数额；

（二）根据法律规定，将查封、扣押的财物拍卖、依法处理或者将冻结的存款、汇款划拨抵缴罚款；

（三）根据法律规定，采取其他行政强制执行方式；

（四）依照《中华人民共和国行政强制法》的规定申请人民法院强制执行。

行政机关批准延期、分期缴纳罚款的，申请人民法院强制执行的期限，自暂缓或者分期缴纳罚款期限结束之日起计算。

第七十三条 【复议、诉讼期间行政处罚不停止执行】当事人对行政处罚决定不服，申请行政复议或者提起行政诉讼的，行政处罚不停止执行，法律另有规定的除外。

当事人对限制人身自由的行政处罚决定不服，申请行政复议或者提起行政诉讼的，可以向作出决定的机关提出暂缓执行申请。符合法律规定情形的，应当暂缓执行。

当事人申请行政复议或者提起行政诉讼的，加处罚款的数额在行政复议或者行政诉讼期间不予计算。

第七十四条 【罚没非法财物的处理】除依法应当予以销毁的物品外，依法没收的非法财物必须按照国家规定公开拍卖或者按照国家有关规定处理。

罚款、没收的违法所得或者没收非法财物拍卖的款项，必须全部上缴国库，任何行政机关或者个人不得以任何形式截留、私分或者变相私分。

罚款、没收的违法所得或者没收非法财物拍卖的款项，不得同作出行政处罚决定的行政机关及其工作人员的考核、考评直接或者变相挂钩。除依法应当退还、退赔的外，财政部门不得以任何形式向作出行政处罚决定的行政机关返还罚款、没收的违法所得或者没收非法财物拍卖的款项。

第七十五条 【行政处罚监督制度】行政机关应当建立健全对行政处罚的监督制度。县级以上人民政府应当定期组织开展行政执法评议、考核，加强对行政处罚的监督检查，规范和保障行政处罚的实施。

行政机关实施行政处罚应当接受社会监督。公民、法人或者其他组织对行政机关实施行政处罚的行为，有权申诉或者检举；行政机关应当认真审查，发现有错误的，应当主动改正。

第七章 法律责任

第七十六条 【违法行政处罚实施人员的法律责任】行政机关实施行政处罚，有下列情形之一，由上级行政机关或者有关机关责令改正，对直接负责的主管人员和其他直接责任人员依法给予处分：

（一）没有法定的行政处罚依据的；

（二）擅自改变行政处罚种类、幅度的；

（三）违反法定的行政处罚程序的；

（四）违反本法第二十条关于委托处罚的规定的；

（五）执法人员未取得执法证件的。

行政机关对符合立案标准的案件不及时立案的，依照前款规定予以处理。

第七十七条　【违法使用单据的法律责任】行政机关对当事人进行处罚不使用罚款、没收财物单据或者使用非法定部门制发的罚款、没收财物单据的，当事人有权拒绝，并有权予以检举，由上级行政机关或者有关机关对使用的非法单据予以收缴销毁，对直接负责的主管人员和其他直接责任人员依法给予处分。

第七十八条　【违反罚缴分离的法律责任】行政机关违反本法第六十七条的规定自行收缴罚款的，财政部门违反本法第七十四条的规定向行政机关返还罚款、没收的违法所得或者拍卖款项的，由上级行政机关或者有关机关责令改正，对直接负责的主管人员和其他直接责任人员依法给予处分。

第七十九条　【截留私分罚没款的法律责任】行政机关截留、私分或者变相私分罚款、没收的违法所得或者财物的，由财政部门或者有关机关予以追缴，对直接负责的主管人员和其他直接责任人员依法给予处分；情节严重构成犯罪的，依法追究刑事责任。

执法人员利用职务上的便利，索取或者收受他人财物、将收缴罚款据为己有，构成犯罪的，依法追究刑事责任；情节轻微不构成犯罪的，依法给予处分。

第八十条　【使用、损毁查封、扣押财物的法律责任】行政机关使用或者损毁查封、扣押的财物，对当事人造成损失的，应当依法予以赔偿，对直接负责的主管人员和其他直接责任人员依法给予处分。

第八十一条　【违法行政检查和违法行政强制执行的法律责任】行政机关违法实施检查措施或者执行措施，给公民人身或者财产造成损害、给法人或者其他组织造成损失的，应当依法予以赔偿，对直接负责的主管人员和其他直接责任人员依法给予处分；情节严重构成犯罪的，依法追究刑事责任。

第八十二条　【以罚代刑的法律责任】行政机关对应当依法移交司法机关追究刑事责任的案件不移交，以行政处罚代替刑事处罚，由上级行政机关或者有关机关责令改正，对直接负责的主管人员和其他直接责任人员依法给予处分；情节严重构成犯罪的，依法追究刑事责任。

第八十三条　【执法人员不作为致损应担责】行政机关对应当予以制止和处罚的违法行为不予制止、处罚，致使公民、法人或者其他组织的合法权益、公共利益和社会秩序遭受损害的，对直接负责的主管人员和其他直接责任人员依法给予处分；情节严重构成犯罪的，依法追究刑事责任。

第八章　附　　则

第八十四条　【法的对象效力范围】外国人、无国籍人、外国组织在中华人民共和国领域内有违法行为，应当给予行政处罚的，适用本法，法律另有规定的除外。

第八十五条　【期限】本法中“二日”“三日”“五日”“七日”的规定是指工作日，不含法定节假日。

第八十六条　【施行日期】本法自2021年7月15日起施行。

最高人民法院关于经营工业用盐是否需要办理工业盐准运证等请示的答复

1. 2011年1月17日
2. 〔2010〕行他字第82号

江苏省高级人民法院：

你院〔2009〕苏行他字第0012号《关于鲁潍（福建）盐业进出口有限公司苏州分公司诉苏州市盐务管理局盐业行政处罚及行政赔偿一案的请示报告》收悉。经研究并征求全国人大法工委及国务院法制办意见，答复如下：

一、《行政许可法》第十五条第一款规定：“本法第十二条所列事项，尚未制定法律、行政法规的，地方性法规可以设定行政许可；尚未制定法律、行政法规和地方性法规的，因行政管理的需要，确需立即实施行政许可的，省、自治区、直辖市人民政府规章可以设定临时性的行政许可。临时性的行政许可实施满一年需要继续实施的，应当提请本级人民代表大会及其常务委员会制定地方性法规。”第十六条第二款规定：“地方性法规可以在法律、行政法规设定的行政许可事项范围内，对实施该行政许可作出具体规定。”第十六条第三款规定：“规章可以在上位法设定的行政许可事项范围内，对实施该行政许可作出具体规定。”据此，在已经制定法律、行政法规的情况下，地方性法规或者地方政府规章只能在法律、行政法规设定的行政许可事项范围内对实施该行政许可作出具体规定，不能设定新的行政许可。法律及《盐业管理条例》没有设定工业盐准运证这一行政许可，地方性法规或者地方政府规章不能设定工业盐准运证制度。

二、《行政处罚法》第十三条规定：“省、自治区、直辖市人民政府和省、自治区人民政府所在地的市人民政府以及经国务院批准的较大的市人民政府制定的规章可以在法律、法规规定的给予行政处罚的行为、种类和幅度的范围内作出具体规定。”“尚未制定法律、法规的，前款规定的人民政府制定的规章对违反行政管理秩序的行为，可以设定警告或者一定数量罚款的行政处罚。”据此，在已经制定行政法规的情况下，地方政府规章只能在行政法规规定的给予行政处罚的行为、种类和幅度的范围内作出具体规定。《盐业管理条例》对盐业公司之外的其他企业经营盐的批发业务没有规定行政处罚，地方政府规章不能对该行为规定行政处罚。

最高人民法院行政审判庭关于对人民法院审理港务监督行政案件适用法律问题的答复

1. 2000年11月1日
2. 行他〔2000〕第13号

辽宁省高级人民法院：

你院〔2000〕辽行疑字第12号“关于大连康大船务公司诉大连港务监督停航通知行政行为的性质的请示报告”收悉。经研究，原则上同意你院审判委员会多数人的意见，即：大连港务监督大港监字〔1999〕第25号《关于南海明珠轮立即停航的紧急通知》，其性质属于行政强制措施，应适用《中华人民共和国海上交通安全法》。

此复

最高人民法院对《关于秦大树不服重庆市涪陵区林业局行政处罚争议再审一案如何适用法律的请示》的答复

1. 2003年6月23日
2. 〔2001〕行他字第7号

重庆市高级人民法院：

你院渝高法〔2001〕78号《关于秦大树不服重庆市涪陵区林业局行政处罚争议再审一案如何适用法律的请示》收悉。经研究，答复如下：

根据《中华人民共和国行政处罚法》第十一条第二款关于“法律、行政法规对违法行为已经作出行政处罚规定，地方性法规需要作出具体规定的，必须在法律、行政法规规定的给予行政处罚的行为、种类和幅度的范围内规定”的规定，《重庆市林业行政处罚条例》第二十二条第一款第（一）项关于没收无规定林产品运输证的林产品的规定，超出了《中华人民共和国森林法》规定的没收的范围。人民法院在审理有关行政案件时，应当适用上位法的规定。

最高人民法院关于没收财产是否应进行听证及没收经营药品行为等有关法律问题的答复

1. 2004年9月4日
2. 〔2004〕行他字第1号

新疆维吾尔自治区高级人民法院：

你院〔2003〕新行监字第27号请求报告收悉。经研究，答复如下：

一、人民法院经审理认定，行政机关作出没收较大数额财产的行政处罚决定前，未告知当事人有权要求举行听证或者未按规定举行听证的，应当根据《行政处罚法》的有关规定，确认该行政处罚决定违反法定程序。有关较大数额的标准问题，实行中央垂直领导的行政管理部门作出的没收处罚决定，应参照国务院部委的有关较大数额罚款标准的规定认定；其他行政管理部门作出没收处罚决定，应参照省、自治区、直辖市人民政府的相关规定认定。

二、根据《行政处罚法》、《药品管理法》的有关规定，没收处罚只能由法律、行政法规或者地方性法规、自治条例作出规定。

· 指导案例 ·

最高人民法院指导案例 5 号
——鲁潍（福建）盐业进出口有限公司苏州分公司诉江苏省苏州市盐务管理局盐业行政处罚案

（最高人民法院审判委员会讨论通过
2012 年 4 月 9 日发布）

【关键词】

行政　行政许可　行政处罚　规章参照　盐业管理

【裁判要点】

1. 盐业管理的法律、行政法规没有设定工业盐准运证的行政许可，地方性法规或者地方政府规章不能设定工业盐准运证这一新的行政许可。

2. 盐业管理的法律、行政法规对盐业公司之外的其他企业经营盐的批发业务没有设定行政处罚，地方政府规章不能对该行为设定行政处罚。

3. 地方政府规章违反法律规定设定许可、处罚的，人民法院在行政审判中不予适用。

【相关法条】

1.《中华人民共和国行政许可法》第十五条第一款、第十六条第二款、第三款

2.《中华人民共和国行政处罚法》第十三条

3.《中华人民共和国行政诉讼法》第五十三条第一款

4.《中华人民共和国立法法》第七十九条

【基本案情】

原告鲁潍（福建）盐业进出口有限公司苏州分公司（简称鲁潍公司）诉称：被告江苏省苏州市盐务管理局（简称苏州盐务局）根据《江苏省〈盐业管理条例〉实施办法》（简称《江苏盐业实施办法》）的规定，认定鲁潍公司未经批准购买、运输工业盐违法，并对鲁潍公司作出行政处罚，其具体行政行为执法主体错误、适用法律错误。苏州盐务局无权管理工业盐，也无相应执法权。根据原国家计委、原国家经贸委《关于改进工业盐供销和价格管理办法的通知》等规定，国家取消了工业盐准运证和准运章制度，工业盐也不属于国家限制买卖的物品。《江苏盐业实施办法》的相关规定与上述规定精神不符，不仅违反了国务院《关于禁止在市场经济活动中实行地区封锁的规定》，而且违反了《中华人民共和国行政许可法》（简称《行政许可法》）和《中华人民共和国行政处罚法》（简称《行政处罚法》）的规定，属于违反上位法设定行政许可和处罚，故请求法院判决撤销苏州盐务局作出的（苏）盐政一般〔2009〕第 001－B 号处罚决定。

被告苏州盐务局辩称：根据国务院《盐业管理条例》第四条和《江苏盐业实施办法》第四条的规定，苏州盐务局有作出盐务行政处罚的相应职权。《江苏盐业实施办法》是根据《盐业管理条例》的授权制定的，属于法规授权制定，整体合法有效。苏州盐务局根据《江苏盐业实施办法》设立准运证制度的规定作出行政处罚并无不当。《行政许可法》、《行政处罚法》均在《江苏盐业实施办法》之后实施，根据《中华人民共和国立法法》（简称《立法法》）法不溯及既往的规定，《江苏盐业实施办法》仍然应当适用。鲁潍公司未经省盐业公司或盐业行政主管部门批准而购买工业盐的行为，违反了《盐业管理条例》的相关规定，苏州盐务局作出的处罚决定，认定事实清楚，证据确凿，适用法规、规范性文件正确，程序合法，请求法院驳回鲁潍公司的诉讼请求。

法院经审理查明：2007 年 11 月 12 日，鲁潍公司从江西等地购进 360 吨工业盐。苏州盐务局认为鲁潍公司进行工业盐购销和运输时，应当按照《江苏盐业实施办法》的规定办理工业盐准运证，鲁潍公司未办理工业盐准运证即从省外购进工业盐涉嫌违法。2009 年 2 月 26 日，苏州盐务局经听证、集体讨论后认为，鲁潍公司未经江苏省盐业公司调拨或盐业行政主管部门批准从省外购进盐产品的行为，违反了《盐业管理条例》第二十条、《江苏盐业实施办法》第二十三条、第三十二条第（二）项的规定，并根据《江苏盐业实施办法》第四十二条的规定，对鲁潍公司作出了（苏）盐政一般〔2009〕第 001－B 号处罚决定书，决定没收鲁潍公司

违法购进的精制工业盐121.7吨、粉盐93.1吨，并处罚款122 363元。鲁潍公司不服该决定，于2月27日向苏州市人民政府申请行政复议。苏州市人民政府于4月24日作出了〔2009〕苏行复第8号复议决定书，维持了苏州盐务局作出的处罚决定。

【裁判结果】

江苏省苏州市金阊区人民法院于2011年4月29日以(2009)金行初字第0027号行政判决书，判决撤销苏州盐务局(苏)盐政一般〔2009〕第001－B号处罚决定书。

【裁判理由】

法院生效裁判认为：苏州盐务局系苏州市人民政府盐业行政主管部门，根据《盐业管理条例》第四条和《江苏盐业实施办法》第四条、第六条的规定，有权对苏州市范围内包括工业盐在内的盐业经营活动进行行政管理，具有合法执法主体资格。

苏州盐务局对盐业违法案件进行查处时，应适用合法有效的法律规范。《立法法》第七十九条规定，法律的效力高于行政法规、地方性法规、规章；行政法规的效力高于地方性法规、规章。苏州盐务局的具体行政行为涉及行政许可、行政处罚，应依照《行政许可法》、《行政处罚法》的规定实施。法不溯及既往是指法律的规定仅适用于法律生效以后的事件和行为，对于法律生效以前的事件和行为不适用。《行政许可法》第八十三条第二款规定，本法施行前有关行政许可的规定，制定机关应当依照本法规定予以清理；不符合本法规定的，自本法施行之日起停止执行。《行政处罚法》第六十四条第二款规定，本法公布前制定的法规和规章关于行政处罚的规定与本法不符合的，应当自本法公布之日起，依照本法规定予以修订，在1997年12月31日前修订完毕。因此，苏州盐务局有关法不溯及既往的抗辩理由不成立。根据《行政许可法》第十五条第一款、第十六条第三款的规定，在已经制定法律、行政法规的情况下，地方政府规章只能在法律、行政法规设定的行政许可事项范围内对实施该行政许可作出具体规定，不能设定新的行政许可。法律及《盐业管理条例》没有设定工业盐准运证这一行政许可，地方政府规章不能设定工业盐准运证制度。根据《行政处罚法》第十三条的规定，在已经制定行政法规的情况下，地方政府规章只能在行政法规规定的给予行政处罚的行为、种类和幅度内作出具体规定，《盐业管理条例》对盐业公司之外的其他企业经营盐的批发业务没有设定行政处罚，地方政府规章不能对该行为设定行政处罚。

人民法院审理行政案件，依据法律、行政法规、地方性法规，参照规章。苏州盐务局在依职权对鲁潍公司作出行政处罚时，虽然适用了《江苏盐业实施办法》，但是未遵循《立法法》第七十九条关于法律效力等级的规定，未依照《行政许可法》和《行政处罚法》的相关规定，属于适用法律错误，依法应予撤销。

最高人民法院指导案例6号
——黄泽富、何伯琼、何熠诉四川省成都市金堂工商行政管理局行政处罚案

(最高人民法院审判委员会讨论通过
2012年4月9日发布)

【关键词】

行政诉讼　行政处罚　没收较大数额财产　听证程序

【裁判要点】

行政机关做出没收较大数额涉案财产的行政处罚决定时，未告知当事人有要求举行听证的权利或者未依法举行听证的，人民法院应当依法认定该行政处罚违反法定程序。

【相关法条】

《中华人民共和国行政处罚法》第四十二条

【基本案情】

原告黄泽富、何伯琼、何熠诉称：被告四川省成都市金堂工商行政管理局(简称金堂工商局)行政处罚行为违法，请求人民法院依法撤销成工商金堂处字(2005)第02026号《行政处罚决定书》，返还电脑主机33台。

被告金堂工商局辩称：原告违法经营行为应当受到行政处罚，对其进行行政处罚的事实清楚、证据确实充分、程序合法、处罚适当；所扣留的电脑主机是32台而非33台。

法院经审理查明：2003年12月20日，四川省金堂县图书馆与原告何伯琼之夫黄泽富联办多媒体电子阅览室。经双方协商，由黄泽富出资金和场地，每年向金堂县图书馆缴管理费2400元。2004年4月2日，黄泽富以其子何熠的名义开通了ADSL84992722(期限到

2005年6月30日),在金堂县赵镇桔园路一门面房挂牌开业。4月中旬,金堂县文体广电局市场科以整顿网吧为由要求其停办。经金堂县图书馆与黄泽富协商,金堂县图书馆于5月中旬退还黄泽富2400元管理费,摘除了"金堂县图书馆多媒体电子阅览室"的牌子。2005年6月2日,金堂工商局会同金堂县文体广电局、金堂县公安局对原告金堂县赵镇桔园路门面房进行检查时发现,金堂实验中学初一学生叶某、杨某、郑某和数名成年人在上网游戏。原告未能出示《网络文化经营许可证》和营业执照。金堂工商局按照《互联网上网服务营业场所管理条例》第二十七条"擅自设立互联网上网服务营业场所,或者擅自从事互联网上网服务经营活动的,由工商行政管理部门或者由工商行政管理部门会同公安机关依法予以取缔,查封其从事违法经营活动的场所,扣押从事违法经营活动的专用工具、设备"的规定,以成工商金堂扣字(2005)第02747号《扣留财物通知书》决定扣留原告的32台电脑主机。何伯琼对该扣押行为及扣押电脑主机数量有异议遂诉至法院,认为实际扣押了其33台电脑主机,并请求撤销该《扣留财物通知书》。2005年10月8日金堂县人民法院作出(2005)金堂行初字第13号《行政判决书》,维持了成工商金堂扣字(2005)第02747号《扣留财物通知书》,但同时确认金堂工商局扣押了何伯琼33台电脑主机。同年10月12日,金堂工商局以原告的行为违反了《互联网上网服务营业场所管理条例》第七条、第二十七条的规定作出了成工商金堂处字(2005)第02026号《行政处罚决定书》,决定"没收在何伯琼商业楼扣留的从事违法经营活动的电脑主机32台"。

【裁判结果】

四川省金堂县人民法院于2006年5月25日作出(2006)金堂行初字第3号行政判决:一、撤销成工商金堂处字(2005)第02026号《行政处罚决定书》;二、金堂工商局在判决生效之日起30日内重新作出具体行政行为;三、金堂工商局在本判决生效之日起15日内履行超期扣留原告黄泽富、何伯琼、何熠的电脑主机33台所应履行的法定职责。宣判后,金堂工商局向四川省成都市中级人民法院提起上诉。成都市中级人民法院于2006年9月28日以同样的事实作出(2006)成行终字第228号行政判决,撤销一审行政判决第三项,对其他判项予以维持。

【裁判理由】

法院生效裁判认为:《中华人民共和国行政处罚法》第四十二条规定:"行政机关作出责令停产停业、吊销许可证或者执照、较大数额罚款等行政处罚决定之前,应当告知当事人有要求举行听证的权利。"虽然该条规定没有明确列举"没收财产",但是该条中的"等"系不完全列举,应当包括与明文列举的"责令停产停业、吊销许可证或者执照、较大数额罚款"类似的其他对相对人权益产生较大影响的行政处罚。为了保证行政相对人充分行使陈述权和申辩权,保障行政处罚决定的合法性和合理性,对没收较大数额财产的行政处罚,也应当根据行政处罚法第四十二条的规定适用听证程序。关于没收较大数额的财产标准,应比照《四川省行政处罚听证程序暂行规定》第三条"本规定所称较大数额的罚款,是指对非经营活动中的违法行为处以1000元以上,对经营活动中的违法行为处以20 000元以上罚款"中对罚款数额的规定。因此,金堂工商局没收黄泽富等三人32台电脑主机的行政处罚决定,应属没收较大数额的财产,对黄泽富等三人的利益产生重大影响的行为,金堂工商局在作出行政处罚前应当告知被处罚人有要求听证的权利。本案中,金堂工商局在作出处罚决定前只按照行政处罚一般程序告知黄泽富等三人有陈述、申辩的权利,而没有告知听证权利,违反了法定程序,依法应予撤销。

最高人民法院指导案例60号
——盐城市奥康食品有限公司东台分公司诉盐城市东台工商行政管理局工商行政处罚案

(最高人民法院审判委员会讨论通过
2016年5月20日发布)

【关键词】

行政 行政处罚 食品安全标准 食品标签 食品说明书

【裁判要点】

1. 食品经营者在食品标签、食品说明书上特别强调添加、含有一种或多种有价值、有特性的配料、成分,应标示所强调配料、成分的添加量或含量,未标示的,属于违反《中华人民共和国食品安全法》的行为,工商行政管理部门依法对其实施行政处罚的，人民法院应予支持。

2. 所谓“强调”，是指通过名称、色差、字体、字号、图形、排列顺序、文字说明、同一内容反复出现或多个内容都指向同一事物等形式进行着重标识。所谓“有价值、有特性的配料”，是指不同于一般配料的特殊配料，对人体有较高的营养作用，其市场价格、营养成分往往高于其他配料。

【相关法条】

《中华人民共和国食品安全法》第20条、第42条第1款（该法于2015年4月24日修订，新法相关法条为第26条、第67条第1款）

【基本案情】

原告盐城市奥康食品有限公司东台分公司（以下简称奥康公司）诉称：2012年5月15日，被告盐城市东台工商行政管理局（以下简称东台工商局）作出东工商案字〔2012〕第00298号《行政处罚决定书》，认定原告销售的金龙鱼橄榄原香食用调和油没有标明橄榄油的含量，违反了GB 7718－2004《预包装食品标签通则》的规定，责令其改正，并处以合计60 000元的罚没款。原告认为，其经营的金龙鱼橄榄原香食用调和油标签上的“橄榄原香”是对产品物理属性的客观描述，并非对某种配料的强调，不需要标明含量或者添加量。橄榄油是和其他配料菜籽油、大豆油相同的普通食用油配料，并无特殊功效或价值，不是“有价值、有特性的配料”。本案应适用《中华人民共和国食品安全法》（以下简称《食品安全法》）规定的国务院卫生行政部门颁布的食品安全国家标准，而被告适用的GB 7718－2004《预包装食品标签通则》并不是食品安全国家标准，适用法律错误。综上，请求法院判决撤销被告对其作出的涉案行政处罚决定书。

被告东台工商局辩称：原告奥康公司经营的金龙鱼牌橄榄原香食用调和油标签正面突出“橄榄”二字，配有橄榄图形，吊牌写明“添加了来自意大利的100%特级初榨橄榄油”，但未注明添加量，这就属于食品标签上特别强调添加某种有价值、有特性配料而未标示添加量的情形。GB 7718－2004《预包装食品标签通则》作为食品标签强制性标准，在《食品安全法》生效后，即被视为食品安全标准之一，直至被GB 7718－2011《预包装食品标签管理通则》替代。因此，其所作出的行政处罚决定定性准确，合理适当，程序合法，请求法院予以维持。

法院经审理查明：2011年9月1日至2012年2月29日，奥康公司购进净含量5升的金龙鱼牌橄榄原香食用调和油290瓶，加价销售给千家惠超市，获得销售收入34 800元，净利润2836.9元。2012年2月21日，东台工商局行政执法人员在千家惠超市检查时，发现上述金龙鱼牌橄榄原香食用调和油未标示橄榄油的添加量。上述金龙鱼牌橄榄原香食用调和油名称为“橄榄原香食用调和油”，其标签上有“橄榄”二字，配有橄榄图形，标签侧面标示“配料：菜籽油、大豆油、橄榄油”等内容，吊牌上写明：“金龙鱼橄榄原香食用调和油，添加了来自意大利的100%特级初榨橄榄油，洋溢着淡淡的橄榄果清香。除富含多种维生素、单不饱和脂肪酸等健康物质外，其橄榄原生精华含有多本酚等天然抗氧化成分，满足自然健康的高品质生活追求。”

东台工商局于2012年2月27日立案调查，并于5月9日向原告奥康公司送达行政处罚听证告知书。原告在法定期限内未提出陈述和申辩，也未要求举行听证。5月15日被告向原告送达东工商案字〔2012〕第298号行政处罚决定书，认定原告经营标签不符合《食品安全法》规定的食品，属于食品标签上特别强调添加某种有价值、有特性配料而未标示添加量的情形，依照《中华人民共和国行政处罚法》《食品安全法》规定，作出责令改正、没收违法所得2836.9元和罚款57 163.1元，合计罚没款60 000元的行政处罚。原告不服，申请行政复议，盐城市工商行政管理局复议维持该处罚决定。

【裁判结果】

江苏省东台市人民法院于2012年12月15日作出（2012）东行初字第0068号行政判决：维持东台工商局2012年5月15日作出的东工商案字〔2012〕第00298号《行政处罚决定书》。宣判后，奥康公司向江苏省盐城市中级人民法院提起上诉。江苏省盐城市中级人民法院于2013年5月9日作出（2013）盐行终字第0032号行政判决，维持一审判决。

【裁判理由】

法院生效裁判认为：《食品安全法》第二十条第四项规定，食品安全标准应当包括对与食品安全、营养有关的标签、标识、说明书的要求。第二十二条规定，本法规定的食品安全国家标准公布前，食品生产经营者应当按照现行食用农产品质量安全标准、食品卫生标准、食品质量标准和有关食品的行业标准生产经营食品。GB 7718－2004《预包装食品标签通则》由国家质量监督检验检疫总局和国家标准化管理委员会制定，于2005年10月1日实施；《食品安全法》于2009年6月1日实施，新版的GB 7718－2011《预包装食品标签管理通则》是由国务院卫生行政部门制定，且明确是食品安全国家标准，于2012年4月20日实施。本案原告奥康公司违法行为发生在2011年9月至2012年2月，GB 7718－2004《预包装食品标签通则》属于当时的食品安全国家标准之一。因此，被告东台工商局适用GB 7718－2004《预包装食品标签通则》对原告作出行政处罚，并无不当。

GB 7718－2004《预包装食品标签通则》规定："预包装食品标签的所有内容，不得以虚假、使消费者误解或欺骗性的文字、图形等方式介绍食品；也不得利用字号大小或色差误导消费者。""如果在食品标签或食品说明书上特别强调添加了某种或数种有价值、有特性的配料，应标示所强调配料的添加量。"这里所指的"强调"，是特别着重或着重提出，一般意义上，通过名称、色差、字体、字号、图形、排列顺序、文字说明、同一内容反复出现或多个内容都指向同一事物等形式表现，均可理解为对某事物的强调。"有价值、有特性的配料"，是指对人体有较高的营养作用，配料本身不同于一般配料的特殊配料。通常理解，此种配料的市场价格或营养成分应高于其他配料。本案中，原告奥康公司认为"橄榄原香"是对产品物理属性的客观描述，并非对某种配料的强调，但从原告销售的金龙鱼牌橄榄原香食用调和油的外包装来看，其标签上以图形、字体、文字说明等方式突出了"橄榄"二字，强调了该食用调和油添加了橄榄油的配料，且在吊牌（食品标签的组成部分）上有"添加了来自意大利的100%特级初榨橄榄油"等文字叙述，显而易见地向消费者强调该产品添加了橄榄油的配料，该做法本身实际上就是强调"橄榄"在该产品中的价值和特性。一般来说，橄榄油的市场价格或营养作用均高于一般的大豆油、菜籽油等，因此，如在食用调和油中添加了橄榄油，可以认定橄榄油是"有价值、有特性的配料"。因此，奥康公司未标示橄榄油的添加量，属于违反食品安全标准的行为。东台工商局所作行政处罚决定具有事实和法律依据，应予维持。

最高人民法院指导案例88号
——张道文、陶仁等诉四川省简阳市人民政府侵犯客运人力三轮车经营权案

（最高人民法院审判委员会讨论通过
2017年11月15日发布）

【关键词】

行政　行政许可　期限　告知义务　行政程序　确认违法判决

【裁判要点】

1. 行政许可具有法定期限，行政机关在作出行政许可时，应当明确告知行政许可的期限，行政相对人也有权利知道行政许可的期限。

2. 行政相对人仅以行政机关未告知期限为由，主张行政许可没有期限限制的，人民法院不予支持。

3. 行政机关在作出行政许可时没有告知期限，事后以期限届满为由终止行政相对人行政许可权益的，属于行政程序违法，人民法院应当依法判决撤销被诉行政行为。但如果判决撤销被诉行政行为，将会给社会公共利益和行政管理秩序带来明显不利影响的，人民法院应当判决确认被诉行政行为违法。

【相关法条】

《中华人民共和国行政诉讼法》第89条第1款第2项

【基本案情】

1994年12月12日，四川省简阳市人民政府（以下简称"简阳市政府"）以通告的形式，对本市区范围内客运人力三轮车实行限额管理。1996年8月，简阳市政府对人力客运老年车改型为人力客运三轮车（240辆）的经营者每人收取了有偿使用费3500元。1996年11月，简阳市政府对原有的161辆客运人力三轮车经营者每人收取了有偿使用费2000元。从1996年11月开始，简阳市政府开始实行经营权的有偿使用，有关部门也对限额的401辆客运人力三轮车收取了相关的规费。1999年7月15日、7月28日，简阳市政府针对有偿使用期限已届满两年的客运人力三轮车，发布《关于整顿城区小型车辆营运秩序的公告》（以下简称《公告》）和《关于整顿城区小型车辆营运秩序的补充公告》（以下简称《补充公告》）。其中，《公

告》要求“原已具有合法证照的客运人力三轮车经营者必须在1999年7月19日至7月20日到市交警大队办公室重新登记”,《补充公告》要求“经审查,取得经营权的登记者,每辆车按8000元的标准(符合《公告》第六条规定的每辆车按7200元的标准)交纳经营权有偿使用费”。张道文、陶仁等182名客运人力三轮车经营者认为简阳市政府作出的《公告》第六条和《补充公告》第二条的规定形成重复收费,侵犯其合法经营权,向四川省简阳市人民法院提起行政诉讼,要求判决撤销简阳市政府作出的上述《公告》和《补充公告》。

【裁判结果】

1999年11月9日,四川省简阳市人民法院依照《中华人民共和国行政诉讼法》第五十四条第一项之规定,以(1999)简阳行初字第36号判决维持市政府1999年7月15日、1999年7月28日作出的行政行为。张道文、陶仁等不服提起上诉。2000年3月2日,四川省资阳地区中级人民法院以(2000)资行终字第6号行政判决驳回上诉,维持原判。2001年6月13日,四川省高级人民法院以(2001)川行监字第1号行政裁定指令四川省资阳市(原资阳地区)中级人民法院进行再审。2001年11月3日,四川省资阳市中级人民法院以(2001)资行再终字第1号判决撤销原一审、二审判决,驳回原审原告的诉讼请求。张道文、陶仁等不服,向四川省高级人民法院提出申诉。2002年7月11日,四川省高级人民法院作出(2002)川行监字第4号驳回再审申请通知书。张道文、陶仁等不服,向最高人民法院申请再审。2016年3月23日,最高人民法院裁定提审本案。2017年5月3日,最高人民法院作出(2016)最高法行再81号行政判决:一、撤销四川省资阳市中级人民法院(2001)资行再终字第1号判决;二、确认四川省简阳市人民政府作出的《关于整顿城区小型车辆营运秩序的公告》和《关于整顿城区小型车辆营运秩序的补充公告》违法。

【裁判理由】

最高人民法院认为,本案涉及以下三个主要问题:

关于被诉行政行为的合法性问题。从法律适用上看,《四川省道路运输管理条例》第4条规定“各级交通行政主管部门负责本行政区域内营业性车辆类型的调整、数量的投放”和第24条规定“经县级以上人民政府批准,客运经营权可以实行有偿使用。”四川省交通厅制定的《四川省小型车辆客运管理规定》(川交运〔1994〕359号)第八条规定:“各市、地、州运管部门对小型客运车辆实行额度管理时,经当地政府批准可采用营运证有偿使用的办法,但有偿使用期限一次不得超过两年。”可见,四川省地方性法规已经明确对客运经营权可以实行有偿使用。四川省交通厅制定的规范性文件虽然早于地方性法规,但该规范性文件对营运证实行有期限有偿使用与地方性法规并不冲突。基于行政执法和行政管理需要,客运经营权也需要设定一定的期限。从被诉的行政程序上看,程序明显不当。被诉行政行为的内容是对原已具有合法证照的客运人力三轮车经营者实行重新登记,经审查合格者支付有偿使用费,逾期未登记者自动弃权的措施。该被诉行为是对既有的已经取得合法证照的客运人力三轮车经营者收取有偿使用费,而上述客运人力三轮车经营者的权利是在1996年通过经营权许可取得的。前后两个行政行为之间存在承继和连接关系。对于1996年的经营权许可行为,行政机关作出行政许可等授益性行政行为时,应当明确告知行政许可的期限。行政机关在作出行政许可时,行政相对人也有权知晓行政许可的期限。行政机关在1996年实施人力客运三轮车经营权许可之时,未告知张道文、陶仁等人人力客运三轮车两年的经营权有偿使用期限。张道文、陶仁等人并不知道其经营权有偿使用的期限。简阳市政府1996年的经营权许可在程序上存在明显不当,直接导致与其存在前后承继关系的本案被诉行政行为的程序明显不当。

关于客运人力三轮车经营权的期限问题。申请人主张,因简阳市政府在1996年实施人力客运三轮车经营权许可时未告知许可期限,据此认为经营许可是无期限的。最高人民法院认为,简阳市政府实施人力客运三轮车经营权许可,目的在于规范人力客运三轮车经营秩序。人力客运三轮车是涉及公共利益的公共资源配置方式,设定一定的期限是必要的。客观上,四川省交通厅制定的《四川省小型车辆客运管理规定》(川交运〔1994〕359号)也明确了许可期限。简阳市政府没有告知许可期限,存在程序上的瑕疵,但申请人仅以此认为行政许可没有期限限制,最高人民法院不予支持。

关于张道文、陶仁等人实际享受“惠民”政策的问题。简阳市政府根据当地实际存在的道路严重超负荷、空气和噪声污染严重、“脏、乱、差”、“挤、堵、窄”等问题进行整治,符合城市管理的需要,符合人民群众的意愿,其正当性应予肯定。简阳市政府为了解决因本案诉讼遗留的信访问题,先后作出两次“惠民”行动,为实质性化解本案争议作出了积极的努力,其后续行为也应予以肯定。本院对张道文、陶仁等人接受退市营运的运力配置方案并作出承诺的事实予以确认。但是,行政机关在作出行政行为时必须恪守依法行政的原则,确保行政权力依照法定程序行使。

最高人民法院认为,简阳市政府作出《公告》和《补充公告》在行政程序上存在瑕疵,属于明显不当。但是,虑及本案被诉行政行为作出之后,简阳市城区交通秩序得到好转,城市道路运行能力得到提高,城区市容市貌持续改善,以及通过两次“惠民”行动,绝大多数原401辆三轮车已经分批次完成置换,如果判决撤销被诉行政行为,将会给行政管理秩序和社会公共利益带来明显不利影响。最高人民法院根据最高人民法院《关于执行〈中华人民共和国行政诉讼法〉若干问题的解释》第五十八条有关情况判决的规定确认被诉行政行为违法。

·典型案例·

射阳县红旗文工团诉射阳县文化广电新闻出版局程序不正当注销文化行政许可纠纷案

【裁判摘要】

行政机关设定和实施行政许可,应当遵循公开、公平、公正的原则。虽然现行法律对行政许可注销行为的程序没有具体规定,但行政机关在注销行政许可时仍应遵循程序正当原则,向行政相对人说明行政行为的依据、理由,以充分保障当事人的知情权和陈述申辩权。行政机关在注销行政许可前未告知行政相对人,未听取行政相对人的陈述申辩,违反了程序正当原则,在作出注销决定后又未依法送达行政相对人,行政相对人要求撤销行政机关行政许可注销行为的,人民法院应予支持。

原告:射阳县红旗文工团,住所地:江苏省射阳县合德镇合东思源一巷。

法定代表人:赵玉贵,团长。

被告:射阳县文化广电新闻出版局,住所地:江苏省射阳县合德镇人民西路。

法定代表人:尤国勋,局长。

原告射阳县红旗文工团与被告射阳县文化广电新闻出版局发生文化行政许可纠纷,向江苏省射阳县人民法院提起诉讼。

原告射阳县红旗文工团诉称:射阳县红旗文工团成立后,于2008年8月25日由射阳县民政局发放了《民办非企业单位登记证书》,于2009年8月19日由被告射阳县文化广电新闻出版局发放了《营业性演出许可证》(射民演01号),并于2010年1月8日领取了工商营业执照。2013年6月3日原告从网上查询得知,被告于2013年5月13日以原告许可证到期为由,注销了原告《营业性演出许可证》,并于次日在《射阳日报》上公告。被告发放的营业性演出许可证未注明期限,则长期有效。被告未进行调查、未将注销决定送达原告、未向上级备案,该具体行政行为违法,现请求撤销被告注销原告《营业性演出许可证》的具体行政行为。

被告射阳县文化广电新闻出版局辩称:被告单位于2009年8月19日向原告射阳县红旗文工团发放射民演01号营业性演出许可证,并按照当时的法律规定没有注明有效期。2009年10月1日新的《营业性演出管理条例实施细则》施行,第四十一条明确规定了营业性演出许可证的有效期限为两年。2011年8月18日以后,被告单位工作人员数次通过电话和口头告知的方式通知原告单位负责人对许可证办理延期手续,均遭拒绝。故被告单位于2013年5月13日依据《中华人民共和国行政许可法》第七十条第一款之规定对原告的射民演01号营业性演出许可证予以注销,该注销决定在《射阳日报》和射阳政府网站上予以公告,并告知了原告单位负责人赵玉贵。被告单位作出注销公告有事实和法律依据,请求法院判决维持。

射阳县人民法院一审查明:

被告射阳县文化广电新闻出版局于2009年8月19日向原告射阳县红旗文工团发放了营业性演出许可证(射民演01号),该许可证上未注明有效期限。2009年8月28日,文化部公布新的《营业性演出管理条例实施细则》,并于2009年10月1日起施行。该细则第四十一条规定:文艺表演团体和演出经纪机构的营业性演出许可证包括1份正本和2份副本,有效期为2年。2013年5月13日,被告在未告知原告、未听取原告陈述、申辩的情况下,依据《中华人民共和国行政许可法》第七十条之规定,以原告的《营业性演出许可证》已到期为由,作出射文广新注告字〔2013〕1号行政许可注销公告,对原告的射民演01号营业性演出许可证予以注销。该公告在《射阳日报》和被告网站上刊登,但被告并未送达给原告,后原告在江苏省文化厅得知该注销行为,认为该行为不合法,诉至法院,要求判如所请。

江苏省射阳县人民法院一审认为:

1.被告射阳县文化广电新闻出版局作为县级以上地方人民政府文化主管部门,依法对本行政区域内营业性演出负有监督管理职责。原告射阳县红旗文工团认为被告注销其《营业性演出许可证》的行政行为侵犯其合法权益,有权依法提起行政诉讼。

2.行政机关实施行政管理,除涉及国家秘密和依法受到保护的商业秘密、个人隐私外,应当公开,注意听取公民、法人和其他组织的意见;要严格遵循法定程序,依法保障行政管理相对人的知情权、参与权和救济权。

3.本案中,被告射阳县文化广电新闻出版局根据2009年10月1日施行的《营业性演出管理条例实施细则》第四十一条的规定:"文艺表演团体和演出经纪机构的营业性演出许可证包括1份正本和2份副本,有效期为2年",认为原告射阳县红旗文工团的许可证到期未延续应予注销;原告认为被告于2009年8月19日向其发放的《营业性演出许可证》上未注明有效期应视为长期有效,且被告注销许可证前未调查,亦未将注销决定送达原告,法院认为,被告作出注销行为前未告知原告、未听取原告的陈述、申辩,使作为行政相对人的原告未能参与该具体行政行为,丧失了表达意见和为自己利益辩护的机会,违反了程序正当原则,严重侵害了原告的参与权与救济权。

江苏省射阳县人民法院依照《中华人民共和国行政许可法》第七条、第八条第一款以及《中华人民共和国行政诉讼法》第五十四条第二项之规定,于2014年4月13日作出判决:

撤销被告射阳县文化广电新闻出版局于2013年5月13日所作的射文广新注告字〔2013〕1号行政许可注销行为。

射阳县文化广电新闻出版局不服一审判决,向盐城市中级人民法院提起上诉称:一审法院认定事实不清,适用法律错误。射阳县文化广电新闻出版局注销行为有事实和法律依据,属于行政监督检查行为,目前尚无须向被许可人进行告知的程序性规定,被上诉人射阳县红旗文工团的《营业性演出证》虽被注销,可以申领新的演出证,其救济权可充分行使。请求撤销原审判决,发回重审或改判维持上诉人的注销行为。

被上诉人射阳县红旗文工团答辩称:上诉人射阳县文化广电新闻出版局注销《营业性演出许可证》的具体行政行为,违反程序正当原则,严重侵害了被上诉人的知情权、陈述申辩权与救济权,属程序违法;且作出的注销公告也未送达给被上诉人,严重违反了法律规定。请求驳回上诉,维持原判。

盐城市中级人民法院经二审,确认了一审查明的事实。

江苏省盐城市中级人民法院二审认为:

本案二审的争议焦点为:上诉人射阳县文化广电新闻出版局作出注销被上诉人射阳县红旗文工团营业性演出许可证的程序是否合法。

国务院《营业性演出管理条例》第五条第二款规定,县级以上地方人民政府文化主管部门负责本行政区域内的营业性演出监督管理工作。据此,上诉人射阳县文化广电新闻出版局具有监督管理本行政区域内的营业性演出工作的法定职责。射阳县文化广电新闻出版局于2013年5月13日作出"射文广新注告字〔2013〕1号行政许可注销公告",对被上诉人射阳县红旗文工团依法取得的"射民演01号营业性演出许可证"予以注销,之前未告知被上诉人依法享有陈述、申辩权,之后又未向被上诉人送达该注销决定,程序严重违法,故原审法院依法判决撤销上诉人于2013年5月13日作出的"射文广新注告字〔2013〕1号行政许可注销公告"并无不当。射阳县文化广电新闻出版局的主要上诉理由不能成立,法院不予支持。

综上,江苏省盐城市中级人民法院依照《中华人民共和国行政诉讼法》第六十一条第(一)项之规定,于2014年6月5日作出判决:

驳回上诉,维持原判。

本判决为终审判决。

再胜源公司诉上海市卫生局行政强制决定案

【裁判摘要】

根据献血法第八条和第十八条的规定，血站是国家法定的采集、提供临床用血机构，除卫生行政部门依法定职权批准的血站外，任何单位和机构从事采集、提供临床用血的都构成违法，卫生行政部门有权依法予以取缔。

原告：上海再胜源干细胞工程有限公司。

法定代表人：仇志根，该公司董事长。

被告：上海市卫生局。

法定代表人：刘俊，该局局长。

上海市卫生局（以下简称卫生局）于2004年1月16日作出第381号卫生行政强制决定，认定上海再胜源干细胞工程有限公司（以下简称再胜源公司）实施了未经许可擅自采集血液的行为，违反了卫生部《血站管理办法（暂行）》（以下简称管理办法）第二十一条的规定。根据管理办法第四十八条之规定，对再胜源公司作出取缔、没收YSD－35－125液氮生物容器3只、YSD－35－200液氮生物容器1只的卫生行政强制决定。再胜源公司不服，向上海市黄浦区人民法院提起行政诉讼。

原告诉称：根据医学理论及卫生部文件的有关规定，脐带血不是管理办法所规定的全血或者成分血；我公司从事的是脐带血造血干细胞储存和相关产品的研究、开发，并非开设血站。卫生局适用管理办法作出行政强制决定依据不足，程序违法，适用法律错误，应予撤销。

原告提交以下证据：

1. 上海市工商行政管理部门向再胜源公司核发的营业执照，用以证明再胜源公司系经批准从事脐带血造血干细胞储存业务，其没有非法经营行为。

2. 世界卫生组织文件资料《安全血液和血液制品》，用以证明脐带血不属于临床用全血，并非管理办法中所定义的血液。

3. 卫医发〔2000〕448号《卫生部关于印发〈血站基本标准〉的通知》，以证明脐带血造血干细胞不属于该文件所规定的成分血，因而亦非管理办法中所定义的血液。

4. 《关于加快健全中国造血干细胞库的建议》，用以证明目前为止我国的行政法规所涉及的仅仅是公共库，为自体进行干细胞储存服务的行为不需要经过卫生行政许可。

被告辩称：被告的目的是采集脐带血、提取干细胞，并用于治疗。在医学上，脐带血即是血液，原告采集的脐带血是管理办法中的“用于临床的血液”。请求维持该行政强制决定。

被告提交以下证据：

1. 原告制作的宣传资料一份，名称是《宝宝诞生的第一份礼物》，用以证明原告自认脐带血是血液，其目的是采集血液，并应用于临床。

2. 2003年12月18日原告出具的《整改报告》，用以证明原告未经许可擅自采集血液。

3. 原告与上海市浦东新区公利医院签订的协议，用以证明原告采集血液系委托医院进行。

4. 《新闻晨报》、《青年报》的新闻报道两篇，用以证明原告明知采集血液应当得到卫生行政部门的许可，但仍然实施了非法采集血液的行为。

5. 2004年1月16日行政执法人员制作的现场检查笔录，用以证明原告经营场所内有非法采集脐带血的仪器和设备。

6. 2003年8月29日行政执法人员制作的询问笔录，用以：证明原告于2003年3月取得营业执照，但未获得采集血液的行政许可，原告自2003年7月起开始采集脐带血，与20多家医院存在业务关系，至调查询问时，原告已有18份脐带血造血干细胞样本。

7. 2004年1月16日行政执法人员对原告法定代表人制作的询问笔录，用以证明原告开展的业务是收集、分离、储存脐带血。

经庭审质证，再胜源公司认为：被告证据1、2只能说明再胜源公司从事的是脐带血造血干细胞储存的业务，而不能证明其从事采集血液的业务；证据3未说明该证据是作出具体行政行为之前还是之后取得的，且只能说明为产妇采集脐带血的是医院，并非再胜源公司；证据4是失实报道，不能证明再胜源公司实施了非法采集血液的行为；证据5中有“经现场检查未发现采集血液的行为”的表述，证明再胜源公司没有采集血液的行为；证据6、7中表述的收集和采集血液系不同概念，脐带血只能由医院在产房中、在分娩的两个小时内采集，只能说明再胜源公司是为产妇提供脐带血造血干细胞储存服务的。

卫生局对再胜源公司证据的真实性、合法性没有异议，但认为：原告证据1不能证明上诉人从事脐带血相关业务已经得到卫生行政许可；证据2和证据3无证明力；证据4仅仅是建议，目前在脐带血库的管理上，对公共库和自体库未作区分，而再胜源公司自认系脐带血自体库的主张，承认了其存在采集血液的行为。

上海市黄浦区人民法院经审理查明：

2003年8月，上海市媒体对再胜源公司经营脐带血干细胞库业务的有关情况进行报道后，卫生局经调查取证，认定再胜源公司实施了未经许可擅自采集血液的行为，于2004年1月16日作出第381号卫生行政强制决定，并于当日送达给再胜源公司。

上海市黄浦区人民法院认为：

根据《中华人民共和国献血法》（以下简称献血法）和管理办法的规定，卫生行政管理机关是对采供血进行监督、管理的行政主管机关。再胜源公司委托医院采集脐带血，目的是分离干细胞后进行储存，以备用于储存人临床治疗血液性疾病。献血法和管理办法虽未对血液中全血的组成、成分血的种类予以详细列明，但从医学及法律规范的角度分析，脐带血应属于血液中全血的范畴，故再胜源公司采集血液的事实成立。同时，上述法律和规章均明确规定，采集血液须以取得卫生行政许可为前提，再胜源公司未得到卫生行政部门批准擅自采集脐带血，卫生局据此适用献血法和管理办法的规定，对其作出取缔的行政强制决定，适用法律正确。卫生局在作出被诉具体行政行为之前，进行了调查取证，之后亦制作了强制决定书，并送达给再胜源公司，行政程序合法。但卫生局在取缔再胜源公司违法行为的同时，决定对再胜源公司液氮生物容器予以没收，而没收是法律规定的行政处罚措施，卫生局作出没收决定时，必须适用《中华人民共和国行政处罚法》（以下简称行政处罚法）规定的处罚程序，卫生局在决定没收再胜源公司液氮生物容器时，没有依法适用处罚程序，虽然该处罚尚未执行，但亦构成程序违法。

据此，上海市黄浦区人民法院依照献血法第十八条第（一）项、行政处罚法第四十一条、《最高人民法院关于执行〈中华人民共和国行政诉讼法〉若干问题的解释》第五十七条第一款、第二款第（三）项之规定，于2004年7月8日判决：

一、确认上海市卫生局2004年1月16日第381号行政强制决定中对再胜源公司非法采集血液行为予以取缔的具体行政行为合法；

二、确认上海市卫生局2004年1月16日第381号行政强制决定中没收再胜源公司YSD－35－125液氮生物容器3只、YSD－35－200液氮生物容器1只的具体行政行为无效。

宣判后，再胜源公司不服，向上海市第二中级人民法院提起上诉。

再胜源公司上诉理由是：原审判决认定事实不清，适用法律不当。脐带血不是管理办法所规定的血液（即用于临床的全血或成分血）；上诉人并未采集脐带血，只是依照工商核准从事储存脐带血造血干细胞的业务；未将储存的干细胞用于临床；自体干细胞储存与临床用血安全无关。请求撤销卫生局的第381号行政强制决定。

卫生局答辩意见是：献血法、管理办法不仅适用于对血站的管理，也适用于对血液采、供、用的管理，再胜源采集脐带血、提取干细胞并用于临床治疗的行为，属于献血法和管理办法的调整范围，被诉卫生行政强制决定认定事实清楚，适用法律正确。

上海市第二中级人民法院经审理，确认了一审查明的事实。

本案的主要争议焦点是：脐带血是否属于献血法及有关行政规章的调整范围，卫生局依照献血法及有关行政规章对再胜源公司采集、储存脐带血的行为是否有管理职权。

上海市第二中级人民法院认为：

血液的采集、分离等环节关系到人的健康与生命。根据献血法第八条的规定，血站是国家法定的专门从事采集、提供临床用血的机构，设立血站向公民采集血液，必须经国务院卫生行政部门或者省、自治区、直辖市人民政府卫生行政部门批准。管理办法第二十一条的规定，未取得采供血许可的单位和个人，不得开展采供血业务。献血法第八条及管理办法第二十一条的规定，我国目前对血液的采集实行许可证管理制度。献血法第十八条规定，县级以上政府的卫生行政部门，有权处理非法采集血液的行为。这说明，除卫生行政部门依法定职权批准的血站外，任何单位和机构从事采集、提供临床用血的，都是法律所禁止的，卫生行政部门都有权依法予以查处，故本案中卫生局依法具有作出行政强制决定的主体资格。

脐带血的称谓是根据解剖部位而来。脐带血是采自胎盘的血液,其成分与新生儿的血液成分一致。本案中,采集脐带血是为了分离提取造血干细胞,造血干细胞的存储目的是用于临床治疗。所以,脐带血属于管理办法中所称的血液范畴,脐带血采集行为属于管理办法调整的范围。脐带血造血干细胞库的设置要求,高于一般的血库,需要具备相当的条件,应符合血液管理的技术规范。储存脐带血造血干细胞需要经过脐带血的采集、检测、分离等过程,卫生行政主管部门对有关操作人员、条件、实验室等均有明确的资质要求。所以,采集脐带血需要得到卫生行政许可。

卫生局执法的目的,在于加强对血液的监督管理,防止血液性传染病的发生,保障公民的合法权益,故对被上诉人执法目的的合法性应予以确认。本案中,卫生局提供的证据来源及形式合法,内容真实,符合证据的关联性、合法性、真实性要求。现场检查笔录反映当时在再胜源公司内发现了用于储存脐带血造血干细胞的液氮容器以及“脐血处理室”等。再胜源公司法定代表人及工作人员在卫生局的询问笔录中亦认可该公司通过医院采集脐带血样本。被上诉人提供的证据之间能够相互印证,其认定上诉人有擅自采集血液的行为,事实清楚,证据充分。上诉人提供的证据虽来源合法,具有真实性,但不能证明其不存在擅自采集血液的事实。再胜源公司所取得的企业法人营业执照只能证明其符合开办企业的条件,获得了工商许可,但不能证明其已获得开展脐带血造血干细胞储存等业务的卫生行政许可,故对再胜源公司的上诉理由不予支持。

卫生局经调查取证,发现再胜源公司有擅自采集血液行为,遂作出取缔的行政强制决定,并将行政文书当场送达给上诉人,其行政执法程序合法。但卫生局在作出取缔的同时,对再胜源公司又课以没收液氮容器,具有行政制裁性质,属于我国法律规定的行政处罚种类,而卫生局在作出该没收决定时,未依据行政处罚法的规定履行相关处罚程序,故该行政处罚依法不能成立。

综上,卫生局具有作出行政强制决定的执法主体资格。卫生局认定再胜源公司存在未经许可擅自采集血液的行为,事实清楚,证据充分。卫生局据此认定再胜源公司违反管理办法第二十一条,并依据第四十八条之规定对其违法行为作出取缔的行政强制决定,适用法律正确,执法目的合法。因卫生局作出没收决定时未履行法律规定的相关处罚程序,违反行政处罚法的规定,原审法院判决确认该没收行为无效,符合法律规定。上诉人的上诉请求缺乏事实证据和法律依据,不予支持。

据此,上海市第二中级人民法院依照《中华人民共和国行政诉讼法》第六十一条第(一)项的规定,于2004年12月6日判决:

驳回上诉,维持原判。

伊尔库公司诉无锡市工商局工商行政处罚案

【裁判摘要】

扣留、查封与行政处罚,是各自独立的具体行政行为。行政机关已经向行政管理相对人告知了复议权、诉讼权以及起诉期限,行政管理相对人在法定期限内对扣留、查封不行使复议或起诉的权利,却在请求撤销行政处罚决定的行政诉讼中指控扣留、查封违法。根据行政管理相对人的诉讼请求,人民法院只审查行政处罚行为的合法性。

根据产品质量法和《国家工商行政管理总局职能配置内设结构和人员编制规定》的规定,商品一旦进入流通领域,无论是在仓库中、货架上还是在其他地点存放,其质量均由工商行政管理部门进行监督管理。

限期使用的进口产品外包装上没有中文标识,外文标识上没有安全使用期或者失效日期,生产日期不完整,是不符合产品质量法第二十七条规定的产品。销售者销售这种违法产品情节严重的,根据产品质量法第三十六条规定,应当承担产品质量法第五十四条规定的违法责任。

原告:北京伊尔库科贸有限公司。

法定代表人:王建强,该公司总经理。

被告:江苏省无锡市工商行政管理局。

法定代表人:孙连才,该局局长。

原告北京伊尔库科贸有限公司(以下简称伊尔库公司)不服被告江苏省无锡市工商行政管理局(以下简称无锡市工商局)对其做出的锡工商案〔2003〕第97号行政处罚决定,于2004年6月3日向江苏省无锡市崇安区人民法院提起诉讼。

原告诉称：原告从俄罗斯进口的一批丁苯橡胶，经国家商检部门确认产品质量合格。这批丁苯橡胶存放在无锡储运有限公司铁路运输分公司（以下简称无锡储运公司）仓库，并未销售。被告以产品标识不符合要求为由，将这批丁苯橡胶扣留、查封，扣留后还不及时通知原告。2003 年 12 月 29 日，被告又以锡工商案〔2003〕第 97 号处罚决定书，对原告作出罚款 119 000 元的行政处罚。《产品标识标注规定》第二十六条明确规定："本规定由国家技术监督局负责解释。"这就是说，有关产品标识标注方面的问题，是由国家技术监督局主管，不是工商行政管理机关的份内职责。再有，工商行政管理机关只能对进入流通领域的商品进行监督检查，原告的丁苯橡胶在仓库存放，没有进入流通领域，不是被告的执法对象。被告滥用职权、越权办案，违法扣留、查封原告的财产，违法处罚原告，侵犯了原告的合法权益。请求撤销被告作出的锡工商案〔2003〕第 97 号行政处罚决定。

原告提交以下证据：

1. 国家质量技术监督局《关于实施〈中华人民共和国产品质量法〉若干问题的意见》第一点、第四点、第五点，用以证明有关产品标识标注方面的问题由国家技术监督局监督检查。

2. 2001 年 11 月 16 日国务院以第 322 号令发布的《规章制定程序条例》，用以证明行政规章的制定，体现行政机关的职权与责任相统一；行政规章的解释权属于规章制定机关；其他国家机关认为行政规章同法律、行政法规相抵触，可以向国务院书面提出审查建议，由国务院法制机构研究处理。

3.《中华人民共和国行政处罚法》第十条，用以证明被告扣留货物后不及时通知伊尔库公司是违法行为。

被告辩称：丁苯橡胶是原告进口后用于销售的商品，属于《中华人民共和国产品质量法》（以下简称产品质量法）调整的范围。这批丁苯橡胶是限期使用商品，其产品标识不符合产品质量法第二十七条的规定。被告依照产品质量法规定处罚原告的违法行为，所依据的事实是清楚的，证据是确实的，适用法律、法规是正确的，且符合法定程序。在对违法行为给予行政处罚的同时，被告尽可能地维护了原告的合法权益，执法目的是端正的。被告依法作出的行政处罚决定，不存在滥用职权和越权行政问题，法院应当维持。

被告提交以下证据：

1. 处罚决定书、复议决定书、案件调查终结报告、处罚决定审批表、立案审批表及线索来源记录，用以证明执法程序合法；

2. 现场检查记录，用以证明伊尔库公司在无锡储运公司仓库存放丁苯橡胶的型号、数量以及产品标注情况；

3. 对伊尔库公司法定代表人王建强的询问笔录，用以证明伊尔库公司的商品来源、型号、价格、数量以及标注情况；

4. 对证人贾明文的调查笔录，用以证明伊尔库公司已销售的丁苯橡胶商品标注情况；

5. 伊尔库公司给无锡市工商局经济监督检查支队的函，用以证明涉案丁苯橡胶的型号、数量以及伊尔库公司在国内进行销售的情况；

6. 增值税专用发票，用以证明伊尔库公司以往购进丁苯橡胶商品的情况；

7. 增值税专用发票（存根联）、增值税专用发票（抵扣联），用以证明伊尔库公司与山东青州市宏鑫物资有限公司有经销丁苯橡胶商品的往来；

8. 照片，用以证明涉案丁苯橡胶商品的外包装上无中文标识，俄文标识上未标明完整的生产日期，没有安全使用期或者失效日期；

9. 照片，用以证明伊尔库公司已销售的同类商品外包装上也没有中文标识，俄文标识上未标明完整的生产日期，没有安全使用期或者失效日期；

10. 俄文标识、翻译件和中文标识，用以证明涉案丁苯橡胶商品外包装袋上的俄文标识未标明完整的生产日期，没有安全使用期或者失效日期；伊尔库公司拟使用的中文标识也不符合相应国家标准及行业标准；

11. 丁苯橡胶（SBR）1500 国家标准、丁苯橡胶（SBR）1712 行业标准，用以证明涉案丁苯橡胶商品的质量保证期是自生产日期起二年；

12. 案件核审表、扣留物品清单、财务处理单据、听证告知书、听证笔录、审理报告等，用以证明无锡市工商局采取的强制措施和处罚措施程序合法；

13. 产品质量法第二十七条第一款第（四）项、第五十四条、第四十九条、第十八条第一款第（四）项规定，用以证明无锡市工商局作出扣留、处罚等行政行为的依据。

法庭主持了质证。经质证,原告伊尔库公司认为:被告无锡市工商局的证据1是无锡市工商局自行制作,不能用来证明无锡市工商局的行为合法;证据2不能与其他证据相印证,后面内容与原告无关,无锡市工商局在决定行政处罚时没有出示过这个证据;证据10的翻译内容正确,但中文标识不清楚;证据12中的审理报告,没有把国内相同产品的外包装状态写清楚;证据13中的产品质量法第二十七条是对生产者、销售者的规范,不是对仓储产品进行规范,不能作为无锡市工商局的执法依据。除此以外,对无锡市工商局提交的其他证据未提出异议。被告无锡市工商局对原告伊尔库公司提交的法律依据无异议,但认为伊尔库公司提交这些依据达不到该公司的证明目的。

经质证、认证,无锡市崇安区人民法院查明:

2003年3月,原告伊尔库公司从俄罗斯泰坦集团进口丁苯橡胶247.68吨,将其中246.33吨、价值人民币1 991 505.35元的丁苯橡胶存放在无锡储运公司仓库,准备销售。4月21日,被告无锡市工商局在检查无锡储运公司仓库时,发现这批丁苯橡胶外包装上无中文标识,俄文标识上也无生产月、日和安全使用期或者失效日期。当天,无锡市工商局向无锡储运公司开具了锡工商经协字〔2003〕第1003号协助扣留财物通知书,扣留这批丁苯橡胶。7月31日,无锡市工商局又作出锡工商强字〔2003〕经第0702号采取行政强制措施通知书,依据产品质量法第十八条第一款第(四)项、第二款的规定,将伊尔库公司在无锡储运公司仓库存放的丁苯橡胶246.33吨(俄罗斯产,其中SBR-1500计61.89吨,SBR-1705计184.44吨)封存,并向伊尔库公司告知了复议权利和诉讼权利。8月8日,无锡市工商局以锡工商强字〔2003〕经第0705号采取强制措施通知书,扣留伊尔库公司的现金20万元,解除对该公司丁苯橡胶的封存,同时向伊尔库公司告知了复议权利和诉讼权利。对无锡市工商局采取的上述强制措施,伊尔库公司均未在法定期限内申请复议或提起诉讼。9月27日,无锡市工商局举行听证会,听取了伊尔库公司的陈述与申辩。12月29日,无锡市工商局以锡工商案〔2003〕第97号,对伊尔库公司作出如下处罚决定:一、责令改正;二、罚款119 000元,上缴国库。伊尔库公司不服,向江苏省工商行政管理局申请复议。该局于2004年3月30日作出苏工商复字〔2004〕第4号行政复议决定书,维持了无锡市工商局的锡工商案〔2003〕第97号行政处罚决定。

本案的争议焦点是:1. 审查行政处罚行为的合法性时,可否对前置的扣留、查封等行政强制措施一并审查? 2. 对存放在仓库中的丁苯橡胶,工商行政管理部门有无权力进行查处? 3. 被诉具体行政行为是否违法?

无锡市崇安区人民法院认为:

对原告伊尔库公司的财产,被告无锡市工商局先后采取过扣留、查封的强制措施和决定行政处罚。扣留、查封与行政处罚,都是行政机关可能实施的、各自独立的具体行政行为。无锡市工商局采取扣留、查封强制措施时,均向伊尔库公司告知了复议权、诉讼权以及起诉期限。在法定期限内,伊尔库公司未对扣留、查封强制措施行使复议或起诉的权利。在本案中,伊尔库公司虽然指控三个具体行政行为都违法,但只诉请撤销行政处罚决定。根据伊尔库公司的诉请,本案审查对象应当是无锡市工商局的行政处罚行为;至于扣留、查封行为是否违法,不在本案审查范围,故不予审查。

产品质量法第八条规定:"国务院产品质量监督部门主管全国产品质量监督工作。国务院有关部门在各自的职责范围内负责产品质量监督工作。县级以上地方产品质量监督部门主管本行政区域内的产品质量监督工作。县级以上地方人民政府有关部门在各自的职责范围内负责产品质量监督工作。"国务院办公厅以国办发〔2001〕57号文印发的《国家工商行政管理总局职能配置内设结构和人员编制规定》的第一条规定:"将原由国家质量技术监督局承担的流通领域商品质量监督管理的职能,划归国家工商行政管理总局。"据此应当认为,对流通领域内的商品质量进行监督管理,是工商行政管理部门的职能。原告伊尔库公司从俄罗斯泰坦集团进口的丁苯橡胶,经过转手已进入流通领域;这批丁苯橡胶虽然存放在无锡储运公司仓库,但不是伊尔库公司自用,而是要销售,仅因被查获才未售出。无锡市工商局对进入流通领域的丁苯橡胶商品质量进行监督管理,没有越权。对伊尔库公司关于无锡市工商局越权行政的辩解理由,不予采纳。

产品质量法第三十六条规定:"销售者销售的产品的标识应当符合本法第二十七条的规定。"第二十七条第一款第(四)项规定:“限期使用的产品,应当在显著位置清晰地标明生产日期和安全使用期或者失效日期。”国家技术监督局颁布的《产品标识标注规定》第十五条也规定:“限期使用的产品,应当标明生产日期和安全使用期或者失效日期。日期的表示方法应当符合国家标准规定或者采用‘年、月、日’表示。生产日期和安全使用期或者失效日期应当印制在产品或者产品的销售包装上。”丁苯橡胶属于限期使用产品,根据国家标准和行业规范,该产品的质量保证期自生产日期起为2年。在原告伊尔库公司从俄罗斯进口的丁苯橡胶产品外包装上,没有中文标识,仅有的俄文标识上的生产日期也只注明2003年,未具体到月、日。在接受被告无锡市工商局查处过程中,伊尔库公司提交了该产品的中文标识,但这个中文标识上的生产日期仍然为2003年,没有具体的生产月、日。伊尔库公司丁苯橡胶产品外包装上的标识,违反了产品质量法的规定。无锡市工商局在查处时,经过立案、调查、听证等程序,在违法事实清楚、证据确实的基础上作出行政处罚决定,对伊尔库公司的违法行为进行处罚。无锡市工商局的行政处罚行为符合行政处罚法和《工商行政管理机关行政处罚程序暂行规定》,程序合法。伊尔库公司是丁苯橡胶的销售者,无锡市工商局对伊尔库公司作出的处罚决定,没有适用产品质量法第三十六条规定,而是直接援引第二十七条对生产者的规定进行处罚,虽然适用法律条款不完整,但该瑕疵不影响对伊尔库公司行政处罚行为的合法性。

综上,无锡市崇安区人民法院依照《中华人民共和国行政诉讼法》第五十四条第(一)项的规定,于2004年8月25日判决:

维持被告无锡市工商局2003年12月29日作出的锡工商案〔2003〕第97号处罚决定。

伊尔库公司不服一审判决,向江苏省无锡市中级人民法院提出上诉,理由是:1.上诉人从俄罗斯进口的货物,还储存在仓库,没有进入销售领域,应当由《中华人民共和国进出口商品检验法》调整,工商行政管理机关无权进行检验。2.产品质量法第五十四条规定,产品标识不符合第二十七条第(四)项规定的,只有“情节严重”才能处以罚款;被上诉人对上诉人处以罚款,没有“情节严重”的事实根据。被上诉人的行政处罚认定事实不清,适用法律错误,一审判决维持是错误的。请求撤销一审判决,撤销被上诉人的行政处罚决定。

无锡市工商局答辩称:从俄罗斯进口丁苯橡胶是用于销售,属进入流通领域的商品,工商行政管理机关具有法定执法权;上诉人经销的丁苯橡胶数量大,已查实其在山东销售的丁苯橡胶产品标识也不合法。被上诉人认定上诉人的违法行为“情节严重”,是有事实根据的。一审判决认定事实清楚,适用法律正确,应当维持。

无锡市中级人民法院经审查,除确认一审认定的事实外,另根据一审质证过的证据补充查明:申请从俄罗斯泰坦集团进口丁苯橡胶并在进口后负责收货的单位,是满洲里伊尔库经贸有限公司。满洲里伊尔库经贸有限公司进口涉案丁苯橡胶后,又转手销售给上诉人伊尔库公司。伊尔库公司非生产性企业,该公司的主要经营范围是销售钢材及化工产品。2003年5月,伊尔库公司将没有中文标识、俄文标识上没有安全使用期或者失效日期、生产日期不完整的丁苯橡胶商品销售给山东省青州市宏鑫物资有限公司。

无锡市中级人民法院认为:

涉案丁苯橡胶从俄罗斯泰坦集团进口后,已经经过一次转手,进入流通领域。作为从事钢材及化工产品销售工作的非生产性企业,上诉人伊尔库公司既非涉案丁苯橡胶的生产者,也不是使用者。伊尔库公司购得涉案丁苯橡胶,目的不是自用,而是用于销售,只是由于在仓库中被查获才未售出。本案事实清楚地反映,涉案丁苯橡胶已经离开了生产领域,尚未进入消费领域。但无论涉案丁苯橡胶是存放在仓库中,还是存放在货架上或者存放在其他什么地点,都不影响其已进入流通领域的事实成立。故一审认定涉案丁苯橡胶进入流通领域,并无不当。被上诉人无锡市工商局对进入流通领域的丁苯橡胶产品质量进行监督管理,是履行产品质量法赋予的法定职责,不存在越权。伊尔库公司以涉案丁苯橡胶存放在仓库中尚未销售为由,认为应当由《中华人民共和国进出口商品检验法》调整,工商机关无权查处,该上诉理由不能成立,不予采纳。

产品质量法第五十四条规定:“产品标识不符合本法第二十七条规定的,责令改正;有包装的产品标识不符合本法第二十七条第(四)项、第(五)项规定,情节严重的,责令停止生产、销售,并处违法生产、销售产品货值金额百分之三十以下的罚款;有违法所得的,并处没收违法所得。”上诉人伊尔库公司经销价值190余万元的240余吨丁苯橡胶，经销金额与数量巨大，不按产品质量法要求在产品外包装上正确标识，且已将这种产品标识不合法的丁苯橡胶部分销往山东，被上诉人无锡市工商局据此认定伊尔库公司违法行为“情节严重”，有事实根据。根据伊尔库公司的违法事实，无锡市工商局在立案、调查并履行告知、听证等程序后，对该公司处以占该批产品货值金额6%的罚款，符合法律规定。伊尔库公司以没有“情节严重”的事实根据为由，认为无锡市工商局的行政处罚决定错误，该上诉理由亦不能成立。

综上，上诉人伊尔库公司的上诉理由均不成立，上诉请求不予支持。一审判决认定的主要事实清楚，适用法律正确，程序合法，应当维持。据此，无锡市中级人民法院依照《中华人民共和国行政诉讼法》第六十一条第（一）项的规定，于2004年11月19日判决：

驳回上诉，维持原判。

焦志刚诉和平公安分局治安管理处罚决定行政纠纷案

【裁判摘要】

一、依法作出的行政处罚决定一旦生效，其法律效力不仅及于行政相对人，也及于行政机关，不能随意被撤销。已经生效的行政处罚决定如果随意被撤销，不利于社会秩序的恢复和稳定。

二、错误的治安管理行政处罚决定只能依照法定程序纠正。《公安机关内部执法监督工作规定》是公安部为保障公安机关及其人民警察依法正确履行职责，防止和纠正违法和不当的执法行为，保护公民、法人和其他组织的合法权益而制定的内部规章，不能成为制作治安管理行政处罚决定的法律依据。

三、在行政处罚程序中始终贯彻允许当事人陈述和申辩的原则，只能有利于事实的查明和法律的正确适用，不会混淆是非，更不会因此而使违法行为人逃脱应有的惩罚。

原告：焦志刚，男，38岁，南开大学新部落餐厅员工，住天津市河西区湘江道。

被告：天津市公安局和平分局，住所地：天津市和平区山西路。

负责人：穆建国，该分局局长。

原告焦志刚因不服天津市公安局和平分局（以下简称和平公安分局）作出的公（和）决字〔2004〕第870号行政处罚决定书（以下简称870号处罚决定书），向天津市和平区人民法院提起行政诉讼。

原告焦志刚诉称：因原告错误举报查扣车辆的执勤交通民警酒后执法，被告和平公安分局已经给予原告治安罚款200元的行政处罚。该行政处罚决定生效后，被告又说要重新查处，重新裁决。被告的重新裁决是给予原告治安拘留10日的行政处罚，原告不服申请复议，天津市公安局也以事实不清为由撤销了该处罚决定，要求被告再重裁。然而被告在相同的事实基础上，以870号处罚决定书再次裁决，竟然把对原告治安拘留10日改成了治安拘留15日。被告完全不顾《中华人民共和国行政处罚法》（以下简称行政处罚法）上关于“行政机关不得因当事人申辩而加重处罚”的规定，对不服处罚决定而申辩的原告加重处罚，是滥用职权违法行政。请求判决撤销被告作出的870号处罚决定书。

被告辩称：被告虽然对原告作出过治安罚款200元的行政处罚，但因为天津市公安局公安交通管理局向天津市公安局纪检组反映该治安处罚过轻，市公安局纪检组根据公安部监督条例的相关规定要求被告重新裁决，故被告在撤销了原治安罚款200元的行政处罚决定后，依法作出870号处罚决定书。该处罚决定事实清楚、证据确凿、适用法律正确、程序合法，法院应当维持。

天津市和平区人民法院经审理查明：

2004年3月30日23时许，原告焦志刚驾驶一辆报废的夏利牌汽车途经天津市卫津路与鞍山道交叉路口时，被正在这里执行查车任务的交通民警王心魁、方成瑞、王学静等人查获。交通民警决定暂扣焦志刚驾驶的汽车，但焦志刚拒绝交出汽车钥匙，交通民警遂调来拖车将暂扣汽车拖走。汽车被拖走后，焦志刚向交通民警索要被滞留的驾驶证，未果，便拨打110报警，称交通民警王心魁酒后执法。接报警后，天津市公安局督察处立即赶到现场询问了情况，并带王心魁、焦志刚一起到天津市公安局刑事科学技术鉴定部门，当场委托该部门化验王心魁的尿液。经化验鉴定，结论为：在王心魁的尿液中未检查出酒精成分。据此，天津市公安局督察处向交通民警王心魁本人及其所在单位发出《公安警务督察正名通知书》，确认焦志刚举报交通民警王心魁酒后执法一事不实，并按管辖分工，将不实举报人焦志刚移交给被告和平公安分局处理。和平公安分局认为，焦志刚的不实举报阻碍了国家工作人员依法执行职务，属于《中华人民共和国治安管理处罚条例》（以下简称治安管理处罚条例）第十九条第（七）项规定的扰乱公共秩序行为，遂根据该条规定，于同年3月31日作出公（和）决字〔2004〕第056号行政处罚决定书（以下简称056号处罚决定书），决定给予焦志刚治安罚款200元的行政处罚。在056号处罚决定书已经发生法律效力后，同年7月4日，和平公安分局告知焦志刚，由于天津市公安局公安交通管理局反映处罚过轻，所以要撤销056号处罚决定书，重新查处，重新裁决。同年7月13日，和平公安分局作出公（和）决字〔2004〕第047号行政处罚决定书（以下简称047号处罚决定书），决定给予焦志刚治安拘留10日的行政处罚。焦志刚不服申请复议，天津市公安局以事实不清为由撤销了047号处罚决定书，要求和平公安分局重新作出具体行政行为。同年11月19日，和平公安分局作出870号处罚决定书，决定给予焦志刚治安拘留15日的行政处罚。焦志刚再次申请复议，天津市公安局维持了870号处罚决定书，焦志刚为此提起行政诉讼。

认定上述事实的证据有：

（1）2004年3月31日对焦志刚的讯问笔录两份；

（2）2004年7月4日对焦志刚的讯问笔录一份；

（3）2004年3月31日对王心魁的询问笔录两份；

（4）2004年3月31日对方成瑞的询问笔录一份；

（5）2004年3月31日对王学静的询问笔录一份；

（6）方成瑞、王学静、刘胜宇、张宽、欧阳东军出具的《情况说明》；

（7）天津市公安局刑事科学技术鉴定书；

（8）报废车辆证明；

（9）公安警务督察正名通知书两份；

（10）传唤证三份；

（11）天津市公安局公安行政处罚告知笔录；

（12）056号、047号、870号处罚决定书；

（13）治安管理处罚条例第十九条第（七）项、第三十三条、第三十四条；

（14）行政处罚法第三十一条。

天津市和平区人民法院认为：

治安管理处罚条例第三十三条第一款规定："对违反治安管理行为的处罚，由县、市公安局、公安分局或者相当于县一级的公安机关裁决。"被告和平公安分局是有权作出行政处罚决定的公安机关，行政主体适格。原告焦志刚在交通民警王心魁执行公务时，不仅不配合，反而拨打110无中生有地举报王心魁酒后执法。和平公安分局据此认定焦志刚阻碍王心魁执行职务，根据治安管理处罚条例第十九条第（七）项规定，决定给予焦志刚罚款200元的行政处罚，事实清楚、证据确凿，处罚在法律规定的幅度内，且执法程序合法。天津市公安局公安交通管理局认为和平公安分局对焦志刚所作的处罚过轻，应当在复议期限内依法定程序解决。非经复议机关复议和人民法院审判，任何机关和个人都不得改变已经发生法律效力的处罚决定。和平公安分局在056号处罚决定书已经生效的情况下，仅因天津市公安局公安交通管理局认为处罚过轻，即随意地自行变更处罚决定，程序明显违法。特别是焦志刚对和平公安分局的第二次处罚决定不服申请复议后，不但未能得到应有的行政救助，反而受到加重处罚。和平公安分局的做法明显与行政处罚法第三十二条第二款"行政机关不得因当事人申辩而加重处罚"的规定不符。

据此，天津市和平区人民法院依照《中华人民共和国行政诉讼法》第五十四条第（二）项第三目规定，于2005年3月30日判决：

撤销被告和平公安分局所作的870号处罚决定书。

诉讼受理费50元，其他费用150元，均由被告和平公安分局负担。

一审宣判后，和平公安分局不服，向天津市第一中级人民法院提起上诉称：1. 公安部《公安机关内部执法监督工作规定》第十三条规定："在执法监督过程中，发现本级或者下级公安机关已经办结的案件或者执法活动确有错误、不适当的，主管部门报经主管领导批准后，直接作出纠正的决定，或者责成有关部门或者下级公安机关在规定的时限内依法予以纠正。"第十九条第一项规定，对错误的处理或者决定予以撤销或者变更。依照上述规定，上诉人在接到上级机关要求重新裁决的指令后，撤销了对被上诉人焦志刚罚款200元的056号处罚决定书，责令办案单位重新查处，才又作出给予被上诉人治安拘留的行政处罚决定。这个行政处罚决定的作出符合法律规定，程序不违法；2. 行政处罚法第三十二条第二款的规定，是指行政机关在行政处罚决定作出前，要允许当事人申辩，不得因当事人申辩而加重处罚，这个规定不适用于行政处罚决定作出后的行政复议程序；3.《中华人民共和国行政复议法》(以下简称行政复议法)没有规定行政处罚决定被复议机关撤销后，行政机关重新作出的裁决不得加重处罚。上诉人在决定对被上诉人治安拘留10日的047号处罚决定书被复议机关撤销后，重新作出给予被上诉人治安拘留15日的870号处罚决定书，符合法律规定。一审认定870号处罚决定书违反法定程序、违反法律规定，是不当的。请求撤销一审判决，依法判决维持被诉具体行政行为。

被上诉人焦志刚答辩称：一审认定事实清楚，适用法律正确，程序合法，所作判决并无不当。上诉人的上诉理由不能成立，二审应当维持一审判决，驳回上诉人的上诉请求。

天津市第一中级人民法院经审理，确认了一审查明的事实。

本案争议焦点是：1. 056号处罚决定书生效后，能否被撤销？2. 上诉人根据《公安机关内部执法监督工作规定》，以047号处罚决定书取代056号处罚决定书，其行为是否合法？3. 行政处罚决定书被复议机关撤销后，行政机关能否在重新作出的处罚决定中加重对当事人的行政处罚？

天津市第一中级人民法院认为：

一、治安管理处罚条例第十九条第(七)项规定，对未使用暴力、威胁方法的拒绝、阻碍国家工作人员依法执行职务行为，尚不够刑事处罚的，处15日以下拘留、200元以下罚款或者警告。被上诉人焦志刚驾驶报废汽车，被执行查车任务的交通民警查获。交通民警暂扣焦志刚驾驶的汽车和滞留其驾驶证，是依法执行职务。对交通民警依法执行职务的行为，公民有义务配合。而焦志刚不仅不配合，还拨打110报警，无中生有地举报交通民警王心魁酒后执法，使交通民警正在依法执行的公务不得不中断。经天津市公安局督察处查证，确认焦志刚的举报不实。上诉人和平公安分局据此认定焦志刚的行为触犯了治安管理处罚条例第十九条第(七)项规定，并根据该条规定作出056号处罚决定书，给予焦志刚治安罚款200元的处罚。这个处罚决定事实清楚、证据确凿，处罚在法律规定的幅度内，且执法程序合法，是合法的行政处罚决定，并已发生法律效力。依法作出的行政处罚决定一旦生效，其法律效力不仅及于行政相对人，也及于行政机关，不能随意被撤销。已经生效的行政处罚决定如果随意被撤销，也就意味着行政处罚行为本身带有随意性，不利于社会秩序的恢复和稳定。

二、上诉人和平公安分局称，由于天津市公安局公安交通管理局认为056号处罚决定书处罚过轻提出申诉，天津市公安局纪检组指令其重新裁决，这样做的执法根据是《公安机关内部执法监督工作规定》第十三条、第十九条第一项规定，因此重新裁决符合法律规定，程序并不违法。

错误的行政处罚决定，只能依照法定程序纠正。治安管理处罚条例第三十九条规定："被裁决受治安管理处罚的人或者被侵害人不服公安机关或者乡(镇)人民政府裁决的，在接到通知后5日内，可以向上一级公安机关提出申诉，由上一级公安机关在接到申诉后5日内作出裁决；不服上一级公安机关裁决的，可以在接到通知后5日内向当地人民法院提起诉讼。"根据此条规定，有权对治安管理处罚决定提出申诉的，只能是被处罚人和因民间纠纷引起的打架斗殴等违反治安管理事件中的被侵害人。交通民警是国家工作人员，交通民警是根据法律的授权才能在路上执行查车任务。交通民警依法执行职务期间，是国家公权力的化身，其一举一动都象征着国家公权力的行使，不是其个人行为的表现。交通民警依法执行职务期间产生的责任，依法由国家承担，与交通民警个人无关。交通民警依法执行职务的行为受法律特别保护，行政相对人如果对依法执行职务的交通民警实施人身攻击，应当依法予以处罚。被上诉人焦志刚因实施了阻碍国家工作人员依法执行职务的行为被处罚。虽然焦志刚的不实举报直接指向了交通民警王心魁，但王心魁与焦志刚之间事先不存在民事纠纷，焦志刚实施违反治安管理行为所侵害的直接客体，不是王心魁的民事权益，而是公共秩序和执法秩序。因此，无论是交通民警王心魁还是王心魁所供职的天津市公安局公安交通管理局，都与焦志刚不存在个人恩怨，都不是治安管理处罚条例所指的被侵害人，都无权以被侵害人身份对上诉人和平公安分局所作的056号处罚决定书提出申诉。

《公安机关内部执法监督工作规定》第十三条、第十九条第一项，要求公安机关纠正在执法活动过程中形成的错误的处理或者决定。纠正的目的，该规定第一条已经明示，是为保障公安机关及其人民警察依法正确履行职责，防止和纠正违法和不当的执法行为，保护公民、法人和其他组织的合法权益。这样做的结果，必然有利于树立人民警察公正执法的良好形象。前已述及，056号处罚决定书依照法定程序作出，事实清楚、证据确凿，处罚在法律规定的幅度内，是合法且已经发生法律效力的处罚决定，不在《公安机关内部执法监督工作规定》所指的“错误的处理或者决定”之列，不能仅因交警部门认为处罚过轻即随意撤销。这样做，只能是与《公安机关内部执法监督工作规定》的制定目的背道而驰。再者，《公安机关内部执法监督工作规定》是公安部为保障公安机关及其人民警察依法正确履行职责，防止和纠正违法和不当的执法行为，保护公民、法人和其他组织的合法权益而制定的内部规章，只在公安机关内部发挥作用，不能成为制作治安管理行政处罚决定的法律依据。

三、上诉人和平公安分局认为，行政处罚法第三十二条第二款的规定是指在行政处罚决定作出前，行政机关要允许当事人申辩，不得因当事人申辩而加重处罚，这个规定不适用于行政处罚决定作出后的行政复议程序；行政复议法没有规定行政处罚决定被复议机关撤销后，行政机关重新作出的裁决不得加重处罚。因此，047号处罚决定书被复议机关撤销后，其在870号处罚决定书中决定给予被上诉人焦志刚治安拘留15日的行政处罚，符合法律规定。

行政复议法确实没有“行政处罚决定被复议机关撤销后，行政机关重新作出的裁决不得加重处罚”的规定。之所以不作这样的规定，是因为实践中存在着因原裁决处罚过轻被复议机关撤销的实际情况，重新作出的裁决当然有必要加重处罚。

行政处罚法第三十二条第一款的规定是：“当事人有权进行陈述和申辩。行政机关必须充分听取当事人的意见，对当事人提出的事实、理由和证据，应当进行复核；当事人提出的事实、理由或者证据成立的，行政机关应当采纳。”第二款的规定是：“行政机关不得因当事人申辩而加重处罚。”行政处罚决定权掌握在行政机关手中。在行政处罚程序中始终贯彻允许当事人陈述和申辩的原则，只能有利于事实的查明和法律的正确适用，不会混淆是非，更不会因此而使违法行为人逃脱应有的惩罚。法律规定不得因当事人申辩而加重处罚，就是对当事人申辩进行鼓励的手段。无论是行政处罚程序还是行政复议程序，都不得因当事人进行申辩而加重对其处罚。认为“不得因当事人申辩而加重处罚”不适用于行政复议程序，是对法律的误解。

上诉人和平公安分局作出给予被上诉人焦志刚治安拘留10日的047号处罚决定书后，焦志刚以处罚明显过重为由申请复议，这是一种申辩行为。复议机关以事实不清为由撤销了047号处罚决定书后，和平公安分局在没有调查取得任何新证据的情况下，在870号处罚决定书中决定给予焦志刚治安拘留15日的处罚。这个加重了的行政处罚明显违反行政处罚法第三十二条第二款规定，也背离了行政复议法的立法本意。

综上所述，上诉人和平公安分局的上诉理由不能成立，不予支持。一审判决撤销870号处罚决定书，并无不当。据此，天津市第一中级人民法院依照《中华人民共和国行政诉讼法》第六十一条第（一）项规定，于2005年9月6日判决：

驳回上诉，维持原判。

上诉案件受理费100元，由上诉人和平公安分局负担。

上海罗芙仙妮化妆品有限公司诉上海市工商行政管理局金山分局工商行政处罚决定案

【裁判摘要】

一、《中华人民共和国反不正当竞争法》第五条规定：“经营者不得采用下列不正当手段从事市场交易，损害竞争对手：……（三）擅自使用他人的企业名称或者姓名，引人误认为是他人的商品；……”据此，使用他人企业名称构成不正当竞争的，应当具备以下要素：使用者与被使用者一般存在同业竞争关系；使用行为未征得被使用人的许可，属擅自使用；被使用的企业名称在市场上具有一定的知名度，为相关公众所知悉；使用行为易使相关公众将使用人提供的商品误认为是被使用人的商品。

二、根据最高人民法院《关于审理不正当竞争民事案件应用法律若干问题的解释》第六条第一款的规定，具有一定的市场知名度、为相关公众所知悉的企业名称中的字号，可以认定为反不正当竞争法第五条第（三）项规定的“企业名称”。

三、行为人通过在境外注册登记企业，然后再授权其所控制的境内企业使用境外企业名称的方式，以规避我国对企业注册的审查，从而间接达到其擅自使用国内外知名企业名称或者企业名称中的字号的目的，造成相关公众对商品产生误认的，尽管该行为表面上是使用了行为人自己注册的企业名称或者企业名称中的字号，同样属于《中华人民共和国反不正当竞争法》第五条第(三)项规定的不正当竞争行为，应当依法承担相应的法律责任。

原告：上海罗芙仙妮化妆品有限公司，住所地：上海市嘉定区环城路。

法定代表人：才宝晶，该公司董事长。

被告：上海市工商行政管理局金山分局，住所地：上海市金山区卫零路。

法定代表人：金关明，该分局局长。

第三人：欧莱雅(中国)有限公司，住所地：上海市华山路2号中华企业大厦。

法定代表人：盖保罗(PAOLO GASPARRINI)，该公司董事长。

原告上海罗芙仙妮化妆品有限公司(以下简称罗芙仙妮公司)不服被告上海市工商行政管理局金山分局(以下简称工商金山分局)作出的沪工商金案处字(2008)第280200810005号行政处罚决定具体行政行为(以下简称涉案行政处罚决定)，向上海市金山区人民法院提起行政诉讼。因欧莱雅(中国)有限公司(以下简称欧莱雅公司)与本案有利害关系，故依法追加其作为第三人参加诉讼。

原告罗芙仙妮公司诉称：被告工商金山分局认为原告存放在上海复杉生物制品有限公司(以下简称复杉公司)仓库内的"罗芙仙妮"和"碧优泉"系列化妆品涉嫌不正当竞争，予以查扣，并作出涉案行政处罚决定。原告系依法登记的合法企业，产品上使用的系原告在香港合法登记的法国欧莱雅集团有限公司的企业名称和合法注册的"罗芙仙妮"商标等，原告未擅自使用他人的企业名称或商标。涉案行政处罚决定缺乏事实和法律依据，故请求撤销被告作出的涉案行政处罚决定具体行政行为。

原告罗芙仙妮公司提交以下证据：

1. 原告罗芙仙妮公司营业执照、复杉公司营业执照、法国欧莱雅集团有限公司营业执照等，证明原告与法国欧莱雅集团有限公司等企业情况。

2. "罗芙仙妮"商标注册证、"碧优泉"和"OREAL"商标受理通知、法国欧莱雅集团有限公司签署的授权书等，证明"罗芙仙妮"系注册商标，"碧优泉"和"OREAL"两枚申请中商标的使用权利及授权原告罗芙仙妮公司使用企业名称的情况。

3. 4个品种的包装盒、荣誉证书2份，证明原告罗芙仙妮公司的产品外包装没有突出使用"欧莱雅"文字，不足以与第三人欧莱雅公司的产品混淆，同时证明原告产品所获得的荣誉。

4. 增值税发票4张、汇款凭证，证明原告罗芙仙妮公司的化妆品已出售给复杉公司。

5. 上海市工商行政管理局普陀分局询问通知书，证明原告罗芙仙妮公司未曾受到其他工商行政管理机关的处罚，以此说明原告行为不违法。

6. 国家商标局2006年6月认定驰名商标名录、"罗芙仙妮"商标和"L'OREAL 欧莱雅"商标对比图样等，证明原告罗芙仙妮公司与第三人欧莱雅公司使用不同的商标，互不关联。

7. 退货单24份，证明事发后原告罗芙仙妮公司收到退回化妆品的有关情况。

被告工商金山分局辩称：原告罗芙仙妮公司之行为属于擅自使用欧莱雅股份有限公司和第三人欧莱雅公司的企业字号，足以导致消费者的误认和混淆，违反了反不正当竞争法的相关规定，应当依法予以处罚。被告所作行政处罚决定合法正确，故请求驳回原告诉讼请求。

被告工商金山分局提交以下证据：

1. 第三人欧莱雅公司投诉书、情况说明、欧莱雅股份有限公司注册登记材料公证书、"欧莱雅"和"碧欧泉"商标注册情况、欧莱雅股份有限公司委托第三人欧莱雅公司代理的委托书、碧儿泉公司委托第三人代理的委托书等，证明第三人及欧莱雅股份有限公司的基本情况、商标注册情况以及向被告工商金山分局提出投诉的情况。

2.《全国重点商标保护名录》(2006年6月调整)、第三人欧莱雅公司及"欧莱雅"品牌所获荣誉证书、第三人及"欧莱雅"品牌相关报道、2001～2003年间广告投入证明、"欧莱雅 OULAIYA 及图"商标异议裁定书、关于"L'OREAL"商标异议的裁定书、财富中国等媒体对欧莱雅的评定、欧莱雅产品销售网点清单、认定"欧莱雅"为驰名商标的商标异议裁定书等，证明第三人是知名企业，其对产品投入了大量广告，其"欧莱雅”品牌获得较高知名度，其商标被列为重点商标，并被认定为驰名商标。

3. 原告罗芙仙妮公司章程及资产额证明、法国欧莱雅集团有限公司注册证书、授权书等，证明原告、法国欧莱雅集团有限公司的投资主体情况以及授权情况。

4. 代理授权书、罗芙仙妮特许经销合同、产品价格表、罗芙仙妮产品发货单、产品委托加工合同、加工生产合作协议、原告罗芙仙妮公司委托印刷产品外包装发票、购买化妆品容器发票等，证明原告产品的销售、代理及委托制作包装情况。

5. 原告罗芙仙妮公司法定代表人的6份询问笔录、上海嘉妮生物科技有限公司（以下简称嘉妮公司）法定代表人询问笔录、与嘉妮公司的产品委托加工合同、加工物品清单、上海美缘家化有限公司法定代表人询问笔录、上海豪生印刷有限公司（以下简称豪生公司）法定代表人询问笔录、豪生公司与原告的业务往来发票、暂扣物品货值清单等，证明原告委托嘉妮公司灌装、豪生公司印制外包装定牌生产化妆品等情况。

6. 现场检查笔录、现场照片18幅、产品说明书2份和41种涉案化妆品的外包装，证明被告工商金山分局执法人员在执法现场发现的涉案化妆品上标注了“法国欧莱雅集团有限公司”等字样的情况。

7. 招商手册、《解放日报》刊登的新闻宣传、网站网页公证书，证明原告罗芙仙妮公司在其产品广告宣传、网站上等使用“法国欧莱雅集团有限公司”名义或“法国欧莱雅”。

第三人欧莱雅公司述称：“欧莱雅 L'OREAL”在中国已成为高知名度的驰名商标，是其知名字号和品牌的核心文字。原告罗芙仙妮公司使用“欧莱雅”字号无合法依据，且使相关公众产生混淆、误认，侵犯了第三人的企业名称权，构成不正当竞争，被告工商金山分局所作具体行政行为正确，请求法院驳回原告之诉讼请求。

第三人欧莱雅公司提交以下证据：

1. 第三人欧莱雅公司2005～2008年间广告投放数据及1999～2008年间销售数据、(2008)京国信内经证字第1333号、1335号公证书等，证明第三人坚持连续性的广告投放。

2. 2002～2003年广告投放登载，证明第三人欧莱雅公司在相关媒体上刊载广告的情况。

3. 2000年前部分广告投放登载，证明“欧莱雅”品牌在市场上早已获得较高知名度。

4. 驰名商标认定文件清单，证明其商标被认定为驰名商标时已有证明其驰名情况的相关证据。

5.“欧莱雅”品牌全国柜台设立清单及柜台图样，证明第三人欧莱雅公司产品销售的地域范围。

6. 原告罗芙仙妮公司在其公司网站上以及其他网站发布的信息、原告网站与第三人欧莱雅公司网站的注册信息、北京市第二中级人民法院（2000）二中知初字第89号民事判决书、第三人参加公益行动的网页报道等，证明原告在其网站上发布的信息造成消费者对原告产品与第三人的关联性产生误认。

7.（2008）京国信内经证字第1331号、1332号、1334号公证书等，证明由财富、INTERBRAND等权威认定机构对“欧莱雅”品牌的评定，并通过网页予以公示。

上海市金山区人民法院经依法组织双方当事人质证并开庭审理，查明以下事实：

2007年10月19日，根据第三人欧莱雅公司的举报，被告工商金山分局执法人员对存放在上海市金山区吕巷镇复杉公司（原告罗芙仙妮公司法定代表人为复杉公司唯一的股东、法定代表人）仓库内的化妆品进行了现场检查。经检查，所涉品牌为“罗芙仙妮”、“碧优泉”两个系列化妆品。在“罗芙仙妮”系列化妆品的外包装上印有“法国欧莱雅集团有限公司授权监制”字样，化妆品容器上贴有“法国欧莱雅集团有限公司”字样标签；在“碧优泉”系列化妆品的外包装上标注有“法国欧莱雅集团有限公司监制”字样，化妆品产品说明书上印有“法国欧莱雅集团有限公司”字样，化妆品的外包装箱上标有“法国欧莱雅集团有限公司”字样。被告执法人员对复杉公司仓库内的化妆品进行了封存、扣留，数量为35 712个（瓶）和9盒“OREAL”礼品套盒，货值2 760 214元。被告另发现，原告在其招商手册中，每页都写有“源自法国的顶级品牌”，使用了“法国欧莱雅集团有限公司”的企业名称；在原告网站上出现了“法国欧莱雅集团有限公司”、“源自法国的顶级品牌 ROYALSHE 研究所”、“法国欧莱雅你值得信赖的化妆品供应商”等内容，使用了“法国欧莱雅”等字样；2007年9月10日，《解放日报》第七版刊登了一则内容为“法国欧莱雅”在上海金山区投资兴建“罗芙仙妮”流水线的报道。根据上述检查发现的情况，被告认定原告生产、销售涉案两个系列化妆品的行为，违反了《中华人民共和国反不正当竞争法》（以下简称反不正当竞争法）第五条第（三）项的规定，遂向原告发出了听证告知书。因原告未提出听证申请，被告遂依据反不正当竞争法和《中华人民共和国产品质量法》（以下简称产品质量法）的相关规定，于2008年1月17日作出了涉案行政处罚决定。涉案行政处罚决定作出后，原告不服，向上海市工商行政管理局申请复议，该局于2008年4月21日作出沪工商复决字（2008）第7号复议决定，维持涉案行政处罚决定。原告仍不服，遂提起本案诉讼。

另查明：2004年5月27日，原告罗芙仙妮公司法定代表人才宝晶在香港注册登记了“法国欧莱雅集团有限公司”。同年8月28日，才宝晶以个人名义在国家商标局注册了“RoyalShe 罗芙仙妮”商标。同年9月14日，罗芙仙妮公司成立，其经营范围为从事化妆品、化妆品原料、美容仪器等销售，法定代表人为才宝晶。同年9月17日，法国欧莱雅集团有限公司签署了授权书，授权原告作为该集团下属“罗芙仙妮”品牌在中华人民共和国的全权代理，并允许原告宣传使用该公司的企业徽标、企业名称、公章等。2005年至2006年期间，原告委托豪生公司印制标有“法国欧莱雅集团有限公司授权监制”等字样的“罗芙仙妮”化妆品外包装。2006年3月23日至2007年3月2日，原告委托嘉妮公司代为加工“罗芙仙妮”、“碧优泉”系列化妆品，并向该公司提供加工上述化妆品的内外包装及配套材料，共计委托生产上述化妆品21种36 319个（瓶）。

2004年11月19日，原告罗芙仙妮公司法定代表人向国家商标局提出“碧优泉”（中文文字组合）和“OREAL”（英文字母组合，其中R的上半部分半圆内涂黑，A的上半部分三角内涂黑）商标注册的申请，该注册申请受理后，至今未获准注册。在涉案“碧优泉”系列化妆品的包装容器上，原告标注了“OREAL”商标标记和波浪形飘带标志。在实际使用中，原告去掉了“OREAL”商标中的涂黑部分，并将“O”作了放大使用，还将“OREAL”与“法国欧莱雅集团有限公司”等连用。

还查明：“L'OREAL”公司（译为欧莱雅股份有限公司或莱雅公司）于1907年在法国成立，是一家以生产美容美发产品并提供相应服务为主的知名公司。20世纪90年代，同名的“L'OREAL”化妆产品进入中国市场时，中文译名“莱雅”同时用于其企业字号和注册商标。1997年起，该公司统一使用“欧莱雅”作为“L'OREAL”的中文译名。自1998年起，中文“欧莱雅”及与“L'OREAL”组合的商标先后获准在第3类商品上注册。2000年6月和2006年6月，国家商标局将“欧莱雅 L'OREAL”商标列入全国重点商标保护名录。2001年7月，国家商标局针对其他单位申请在自行车类别上注册“欧莱雅 OULAIYA 及图”商标异议作出了（2001）商标异字第1211号商标异议裁定，裁定书指出：“异议人商标‘L'OREAL’及其中文音译‘欧莱雅’在化妆产品领域享有一定知名度，并已在中国获准商标注册。其商标中文‘欧莱雅’为异议人法文商标音译，为自创无含义词汇。该文字组合通过异议人在中国的广告宣传，已成为标注异议人产品的显著标识，消费者一般将该文字组合与异议人相联系。”因此对该“欧莱雅 OULAIYA 及图”商标不予核准注册。2006年6月，国家商标局在商标异议裁定中，认定“L'OREAL 欧莱雅”商标为驰名商标。

第三人欧莱雅公司成立于2000年9月，系欧莱雅股份有限公司投资的外商投资企业。其在中国大陆生产和销售、代理包括“欧莱雅 L'OREAL”、“碧欧泉”等品牌的化妆品。该公司成立后，先后获得过“2002中国人喜爱的外国商标”、“2003年度‘欧莱雅’牌美容品市场综合占有率前三位”、“‘欧莱雅’牌护肤品市场综合占有率前六位”等荣誉。

本案一审的争议焦点是：一、被告工商金山分局将原告罗芙仙妮公司认定为涉案行政处罚决定的相对人是否正确；二、被告认定原告的行为构成不正当竞争是否正确。

上海市金山区人民法院一审认为：

根据反不正当竞争法第三条第二款之规定，被告工商金山分局具有在本行政区域内对不正当竞争行为进行监督检查的行政执法职权。被告基于鼓励和保护公平竞争，制止不正当竞争行为，保护经营者和消费者的合法权益，维护正常的市场竞争的目的，作出涉案行政处罚决定，其执法目的正当。被告在接到举报后，对原告罗芙仙妮公司的涉案化妆品进行了封存和扣留，经过现场检查，并经过调查取证，依法履行了向原告告知行政处罚的事实、理由及依据，告知原告享有陈述、申辩和听证的权利等法定程序，据此作出涉案行政处罚决定的具体行政行为，其执法程序合法。

关于被告工商金山分局将原告罗芙仙妮公司认定为涉案行政处罚决定的相对人是否正确的问题。违法行为人应当成为行政处罚的对象。本案中，涉案化妆品的生产，系由原告委托豪生公司印制包装盒，再由原告提供加工上述化妆品的内外包装及配套材料，委托嘉妮公司定牌生产，销售也由原告以其和法国欧莱雅集团有限公司的名义在各省市征召代理商进行代理销售，货款亦由原告收取。因此，原告是涉案化妆品的生产组织者和销售者，被告以其作为涉案行政处罚决定的相对人并无不当。

关于被告工商金山分局认定原告罗芙仙妮公司的行为构成不正当竞争是否正确的问题。判断该问题必须明确以下几点：1. 被告认定原告使用“欧莱雅”属于“使用他人的企业名称”是否成立。“欧莱雅”商标权和企业名称权属于欧莱雅股份有限公司和第三人欧莱雅公司，第三人成立后，“欧莱雅”又成为其企业字号，并且通过在中国大陆市场的销售行为获得相当的市场占有率和知名度，对此第三人享有“欧莱雅”知名企业名称权。“欧莱雅”作为商标和企业字号均享有相当的市场知名度，成为我国诸多消费者所熟悉的化妆品品牌和企业。“欧莱雅”商标先后被国家商标局列为重点保护商标名录，被认定为驰名商标。“欧莱雅”作为国际品牌的商标，早已受到我国商标法的保护。因此，被告关于原告使用“欧莱雅”属于使用他人企业名称的认定正确。2. 被告认定原告的行为属于“擅自使用他人企业名称”是否成立。原告以“法国欧莱雅集团有限公司”的名义宣传其“罗芙仙妮”系列和“碧优泉”系列化妆品，在其产品上标注该企业名称，但该授权使用应当遵守我国相关法律、法规的规定，不应侵害他人的合法权益。首先，企业法人的名称权属于法人的人身权范畴，按照人身权的一般原理，人身权具有专属性，不得任意授予他人使用；其次，由于知名企业名称的特殊性，擅自使用知名企业名称中的字号可被认定为擅自使用他人的企业名称，这已经为最高人民法院《关于审理不正当竞争民事案件应用法律若干问题的解释》第六条第一款明确规定；最后，该授权系原告关联企业间的授权，表面上似乎是使用香港“法国欧莱雅集团有限公司”的企业名称，但其本质，是通过使用“法国欧莱雅集团有限公司”的企业名称，间接达到使用第三人欧莱雅公司企业名称的目的。在实际使用中，原告还将“OREAL”与“法国欧莱雅集团有限公司”等不规范连用，对此原告不能说明该使用系合法。综上，被告认定原告的行为属于“擅自使用他人企业名称”是正确的。3. 被告认定原告的行为造成消费者对商品的误认和混淆是否成立。原告使用“法国欧莱雅集团有限公司”的企业名称，不但含有第三人企业名称中字号的核心文字，又有第三人投资人所属国名，作为普通消费者，显然难以将原告与欧莱雅股份有限公司和第三人加以区分。除了标注上述企业名称外，原告又在其“碧优泉”系列化妆品的包装容器上标注了“OREAL”标记，该商标与“L′OREAL”注册商标相近；其“碧优泉”商标及波浪形图形，与第三人代理的“碧欧泉”商标一字之差，所标记的波浪图形也相近。再结合原告在其招商手册、网站上以“法国欧莱雅集团有限公司”名义所作宣传，已经足以使消费者产生混淆和误解。被告据此认定原告的行为会导致消费者的误认和混淆是正确的。

综上，被告工商金山分局依据所收集的证据，认定原告罗芙仙妮公司擅自使用他人的企业名称，并足以导致消费者的误认和混淆，违反了反不正当竞争法第五条第（三）项的规定，构成对第三人欧莱雅公司的不正当竞争，具有充足的事实依据和法律根据，并无不当。由于涉案化妆品的案值为2 760 214元，根据产品质量法第五十三条的规定，被告作出没收涉案化妆品，并对原告处以罚款450 000元的涉案行政处罚决定，并无不当。

据此，上海市金山区人民法院根据反不正当竞争法第五条第（三）项、第二十一条第一款，产品质量法第五十三条，最高人民法院《关于审理不正当竞争民事案件应用法律若干问题的解释》第六条第一款及《中华人民共和国行政诉讼法》第五十四条第（一）项之规定，于2008年9月23日判决：

维持被告工商金山分局作出的涉案行政处罚决定具体行政行为。

罗芙仙妮公司不服一审判决，向上海市第一中级人民法院提起上诉。其主要上诉理由是：罗芙仙妮系列化妆品拥有合法授权，碧优泉系列化妆品标识是上诉人的法定代表人才宝晶向国家商标局申请注册的商标，上诉人不存在擅自使用他人企业名称等行为。被上诉人工商金山分局作出的涉案行政处罚决定没有法律依据，执法程序违法，请求撤销一审判决，撤销涉案行政处罚决定。

被上诉人工商金山分局辩称：上诉人罗芙仙妮公司的法定代表人才宝晶在香港注册的法国欧莱雅集团有限公司实际并不从事生产，设立法国欧莱雅集团有限公司并授权上诉人使用该公司企业名称的实质，是想不正当使用原审第三人欧莱雅公司的企业名称，造成公众对其商品的误解。涉案行政处罚决定正确，请求二审法院维持原判。

原审第三人欧莱雅公司述称：2004 年才宝晶在香港注册法国欧莱雅集团有限公司之时，原审第三人在中国已经具备了相当的知名度，才宝晶注册法国欧莱雅集团有限公司的实质目的就是为了“傍名牌”，其对上诉人罗芙仙妮公司的授权侵犯了原审第三人的企业名称权，涉案行政处罚决定正确，请求维持原判。

上海市第一中级人民法院经二审，确认了一审查明的事实。

本案二审的争议焦点是：一、被上诉人工商金山分局关于上诉人罗芙仙妮公司的行为会导致消费者对其产品发生误认和混淆的认定是否正确；二、被上诉人关于上诉人的行为属于不正当竞争的认定是否正确。

上海市第一中级人民法院二审认为：

涉案化妆品品牌“碧优泉”名称与原审第三人欧莱雅公司代理的化妆品品牌“碧欧泉”名称仅一字之差，其上标注的“OREAL”、波浪形图形与原审第三人的“L'OREAL”和波浪形图形商标相近，该文字及图形与上诉人罗芙仙妮公司法定代表人才宝晶向国家商标局申请注册而尚未获准的商标并不相同，且涉案产品包装上还标有包含原审第三人企业字号“欧莱雅”、原审第三人投资者所属国“法国”等字样在内的“法国欧莱雅集团有限公司”字样。鉴于“欧莱雅”的知名度，结合上述多重因素，普通消费者很难将涉案化妆品与原审第三人代理的产品加以区分，被上诉人工商金山分局据此认定上诉人的行为会导致消费者对其产品的误认和混淆是正确的。

上诉人罗芙仙妮公司认为法国欧莱雅集团有限公司和原审第三人欧莱雅公司是不同的企业，生产销售不同品牌的化妆品，上诉人不存在不正当竞争行为。对此法院认为，企业生产经营中应当遵循诚实信用、公平竞争的原则。上诉人在委托生产、销售“罗芙仙妮”系列化妆品和“碧优泉”系列化妆品的过程中，在上述产品的外包装以及宣传中突出使用“法国”、“欧莱雅”等字样，在招商手册中称涉案产品为“来自法国的顶级品牌”，又将与大众消费者所熟悉的“L'OREAL”标识相似的“OREAL”图形商标等在涉案化妆品上联合标注，而同时在涉案化妆品的包装上均未标注实际权利人或生产企业，在宣传中也从未就此予以特别的说明。同时，法国欧莱雅集团有限公司由上诉人法定代表人才宝晶于 2004 年 5 月 27 日在香港注册成立，2004 年 9 月 14 日罗芙仙妮公司成立，同月 17 日法国欧莱雅集团有限公司即对罗芙仙妮公司授权使用其企业名称、公章等；2006 年 12 月才宝晶通过股权转让成为复杉公司的唯一股东和法定代表人后，罗芙仙妮公司又委托复杉公司加工生产涉案化妆品。纵观上述事实，结合才宝晶关于“法国欧莱雅集团有限公司不从事实际生产经营活动，仅为罗芙仙妮品牌产品授权而注册”的陈述，可以认定法国欧莱雅集团有限公司在香港的注册成立，系为了规避我国法律关于企业注册审查的规定，进而达到使用他人企业名称的不正当目的，同时可以认定上诉人实施了擅自使用原审第三人欧莱雅公司企业名称的行为，造成消费者将上诉人商品误认为原审第三人产品，属于不正当竞争行为。上诉人关于其行为不构成不正当竞争的上诉理由不能成立。

根据反不正当竞争法第二十一条第一款的规定，经营者假冒他人的注册商标、擅自使用他人的企业名称或姓名，伪造或者冒用质量标志，对商品质量作引人误解的虚假表示的，依照《中华人民共和国商标法》和产品质量法的规定处罚。上诉人罗芙仙妮公司生产、销售的“罗芙仙妮”系列化妆品上标有“法国”、“欧莱雅”字样，而“欧莱雅”是原审第三人欧莱雅公司企业名称中的字号，同时作为国际品牌的商标也已成为我国重点保护的商标和驰名商标；上诉人生产、销售的“碧优泉”系列化妆品上有容易与欧莱雅公司代理的“碧欧泉”化妆品发生混淆和误认的品牌、商标标识；上诉人在公司招商手册中声称其品牌是“来自法国的顶级品牌”，故意作引人误解的表示。基于上述事实，被上诉人工商金山分局根据产品质量法第五十三条的规定，作出涉案行政处罚决定是正确的，应予维持。

综上，上海市第一中级人民法院依照《中华人民共和国行政诉讼法》第六十一条第（一）项之规定，于

2008年12月19日判决：

驳回上诉，维持原判。

本判决为终审判决。

陈超诉济南市城市公共客运管理服务中心客运管理行政处罚案

【裁判摘要】

随着“互联网+”与传统行业的融合发展，客运市场上出现了“网约车”现象，该形式在很多城市和部分人群中确有实际需求且已客观存在。但这种客运行为与传统出租汽车客运经营一样，同样关系到公民生命财产的安全，关系到政府对公共服务领域的有序管理，应当在法律、法规的框架内依法、有序进行。对于此类问题形成的诉讼，法院应当坚持以事实为根据，以法律为准绳，结合涉案行为的社会危害性、行政处罚程序的正当性和行政处罚的比例原则等问题进行综合考量判断。

原告：陈超，男，30岁，汉族，住山东省曲阜市。

被告：济南市城市公共客运管理服务中心，住所地：济南市市中区。

法定代表人：崔冰，该中心主任。

原告陈超因与被告济南市城市公共客运管理服务中心（以下简称济南客运管理中心）发生行政处罚纠纷，向山东省济南市市中区人民法院提起诉讼。

原告陈超诉称：被告济南客运管理中心于2015年2月13日作出鲁济交（01）罚（2015）8716号《行政处罚决定书》，认定陈超非法经营客运出租汽车，违反《山东省道路运输条例》第六十九条第二款之规定，决定责令停止违法行为，处二万元罚款；没收非法所得。该行政处罚决定存在处罚主体错误，认定事实错误，执法程序违法，适用法律错误等诸多情形，严重侵犯其合法权益。请求依法撤销济南客运管理中心于2015年2月13日作出鲁济交（01）罚（2015）8716号《行政处罚决定书》。

被告济南客运管理中心辩称：1.其作为济南市客运出租汽车行政管理机构，有权对未经许可擅自从事出租客运经营的行为作出处罚。2.原告陈超提供“预约出租汽车经营服务”，且车辆无合法的运营证，属于未经许可擅自从事出租汽车客运经营。以上事实有陈超事后接受媒体采访自认、现场录像、现场笔录、调查笔录等证据相互印证，被诉处罚决定认定事实清楚。3.在调查、告知、送达等执法过程中，执法人员出示了执法证件，听取了陈超的陈述和申辩，被诉处罚决定程序合法。4.陈超的上述经营行为违反了《山东省道路运输条例》第八条、《济南市城市客运出租汽车管理条例》第十六条的规定，其按照《山东省道路运输条例》第六十九条第二款、《济南市客运出租汽车管理条例》第四十一条之规定作出被诉处罚决定，适用法律正确。综上，被诉处罚决定合法，请求驳回陈超的诉讼请求。

山东省济南市市中区人民法院一审查明：

2015年1月7日，两名乘客通过网络召车软件与原告陈超取得联系，约定陈超驾车将乘客从济南市八一立交桥附近送至济南西站，由乘客支付车费。当日11时许，陈超驾驶私人小汽车（车号鲁AV××××号）行至济南西站送客平台时，被告济南客运管理中心的工作人员对其进行调查，查明陈超未取得出租汽车客运资格证，驾驶的车辆未取得车辆运营证。济南客运管理中心认为陈超涉嫌未经许可擅自从事出租汽车客运经营，对其下达《行政强制措施决定书》，暂扣其车辆。济南客运管理中心于2015年1月26日向陈超送达鲁济交（01）违通（2015）8716号《违法行为通知书》，认为其未经许可擅自从事出租汽车客运经营，拟处二万元罚款，没收违法所得。陈超其后要求听证。在听证过程中，济南客运管理中心办案人员陈述了陈超的违法事实、有关证据、处理意见等，陈超对事实认定、法律适用和执法程序均提出质疑。2015年2月13日，济南客运管理中心作出鲁济交（01）罚（2015）8716号《行政处罚决定书》并送达陈超，以其非法经营客运出租汽车，违反《山东省道路运输条例》第六十九条第二款之规定为由，责令停止违法行为，处二万元罚款并没收非法所得。陈超不服，在法定期限内提起行政诉讼。

另查明：根据济南市人民政府办公厅济政办发（2004）42号《关于印发济南市市政公用事业局主要职责、内设机构和人员编制暂行规定的通知》，被告济南客运管理中心为自收自支事业单位，负责城市公共客运行业营运指导和技术服务，协助有关部门制定公共交通、客运出租服务标准，并承担监督检查职责。根据济政办发（2010）22号《济南市交通运输局主要职责内设机构和人员编制规定》,2010 年济南市机构职能调整时,济南客运管理中心随行政职能调整从济南市市政公用事业局整建制划归济南市交通运输局,现为济南市交通运输局下属具有独立法人资格的事业单位。

山东省济南市市中区人民法院一审认为:

近年来,随着“互联网 +”与传统行业的融合发展,市场上出现了通过网络约车软件进行客运服务的行为。本案系针对网约车运输经营行为予以行政处罚的案件,争议焦点集中于以下两个方面:

一、原告陈超的行为是否构成未经许可擅自从事出租汽车客运经营

本案中,原告陈超在与乘客通过网络约车软件取得联系后,使用未取得运营证的车辆将乘客从济南市八一立交桥附近送至济南西站,并按约定收取了车费。上述行为是否属于《山东省道路运输条例》第八条和《济南市城市客运出租汽车管理条例》第十六条规定的“未经许可擅自从事出租汽车客运经营”的行为,有两种不同观点:一种观点认为,此种行为属于违法,法律规定清楚无疑。陈超的车辆未取得运营证,且向乘客收取了费用,完全符合《山东省道路运输条例》第八条和《济南市城市客运出租汽车管理条例》第十六条规定中“未经许可擅自从事出租汽车客运经营”的所有法定事实要件。另一种观点认为,网约车进入出租车市场具有必然性,符合社会发展规律,因此,不宜以上述规定来否定新业态的经营模式。

网约车这种客运服务的新业态,作为共享经济产物,其运营有助于提高闲置资源的利用效率,缓解运输服务供需时空匹配的冲突,有助于在更大程度上满足人民群众的实际需求。因此,当一项新技术或新商业模式出现时,基于竞争理念和公共政策的考虑,不能一概将其排斥于市场之外,否则经济发展就会渐渐缓慢直至最后停滞不前。但是同样不容否认的是,网约车的运营需要有效的监管。网约车这种客运行为与传统出租汽车客运经营一样,同样关系到公众的生命财产安全,关系到政府对公共服务领域的有序管理,应当在法律、法规的框架内依法、有序进行。只要是有效的法律、法规,就应当得到普遍的尊重和执行,这是法治精神的基本要求、法治社会的重要体现。因此,在本案当中,我们既要依据现行有效的法律规定审查被诉行政行为的合法性,以体现法律的权威性和严肃性,同时也要充分考虑科技进步激发的社会需求、市场创新等相关因素,作出既符合依法行政的当下要求,又为未来的社会发展和法律变化留有适度空间的司法判断。

综上,原告陈超的行为构成未经许可擅自从事出租汽车客运经营,违反了现行法律的规定。但虑及网约车这种共享经济新业态的特殊背景,该行为的社会危害性较小。因此,在本案审理中,应当对行政处罚是否畸重的情形予以特别关注。

二、被诉行政处罚决定的处罚幅度是否畸重

行政处罚应当遵循比例原则,做到罚当其过。处罚结果应当与违法行为的事实、性质、情节以及社会危害程度相当,以达到制止违法行为不再发生的目的。本案中,原告陈超通过网络约车软件进行道路运输经营,而原告与网络约车平台的关系及与乘客最终产生的车费是否实际支付或结算完毕,被告济南客运管理中心未提供证据证明,具体几方受益也没有证据证明,尚不明确。因此,虽然被告对未经许可擅自从事出租汽车客运的行为可以依法进行处罚,但原告在本案所涉道路运输经营行为中仅具体实施了其中的部分行为,在现有证据下,被告将本案行政处罚所针对的违法行为及其后果全部归责于原告,并对其个人作出了较重的行政处罚,处罚幅度和数额畸重,存在明显不当。根据《中华人民共和国行政诉讼法》第七十条的规定精神,依法应当予以撤销。此外,行政处罚决定书的内容需明确具体,载明行政管理相对人违反法律、法规或者规章的事实和证据。本案中,被告作出的行政处罚决定书,没有载明原告违法事实的时间、地点、经过以及相关道路运输经营行为的具体情节等事项,据此也应当予以撤销。至于原告有关处罚主体错误,执法程序违法的诉讼理由,经审查,被告的相关抗辩理由成立,对原告的上述主张,不予支持。综上,山东省济南市市中区人民法院依照《中华人民共和国行政诉讼法》第七十条第(六)项之规定,判决如下:

撤销被告济南市城市公共客运管理服务中心于 2015 年 2 月 13 日作出的鲁济交(01)罚(2015)8716 号《行政处罚决定书》。案件受理费 50 元由被告济南市城市公共客运管理服务中心负担。

济南客运管理中心不服一审判决,向山东省济南市中级人民法院提起上诉称:1. 原审判决认为被诉行政处罚决定存在明显不当,应予以撤销的理由不成立。

被上诉人陈超非法经营行为的社会危害性并非原审法院认为的“较小”，原审法院也未就该问题进行过调查。上诉人作出二万元的处罚符合法律规定，不存在畸重的问题。陈超与乘客的结算证据不是查处非法经营的必要证据，陈超与“网络约车平台”的关系不影响对陈超的处罚幅度。上诉人在作出被诉行政处罚决定时，“网络约车平台”公司并没有纳入行政监管范围，上诉人对其没有执法权、处罚权。2. 行政处罚决定书的载明事项符合法律规定。《中华人民共和国行政处罚法》并未规定行政处罚决定书必须载明违法事实的时间、地点、经过以及其他具体情况。上诉人在其他法律文书中已经将陈超行为的性质、情节程度以及拟处罚的理由和依据依法告知了陈超，并未侵犯陈超的任何权益。综上，原审法院超越案件事实，基于网约车系新业态的特殊背景作出判决，明显不当。请求依法撤销原审判决，改判驳回陈超诉讼请求。

被上诉人陈超未提交书面答辩状。

各方当事人二审期间均未向法院提交新证据。

山东省济南市中级人民法院经二审，确认了一审查明的事实。

山东省济南市中级人民法院二审认为：

一、本案被诉行政处罚决定是否构成明显不当

比例原则是行政法的重要原则，行政处罚应当遵循比例原则。对当事人实施行政处罚必须与其违法行为的事实、性质、情节和社会危害程度相当。网约车作为客运服务的新业态和分享经济的产物，有助于缓解客运服务的供需矛盾，满足公众多样化出行需求，符合社会发展趋势和创新需求，对其应当保持适度宽容。另一方面，这种新业态又给既有客运管理秩序带来负面影响，甚至存有安全隐患等问题，确需加强规范引导。《网络预约出租汽车经营服务管理暂行办法》的出台，也从侧面对此予以佐证。当一种新生事物在满足社会需求、促进创新创业方面起到积极推动作用时，对其所带来的社会危害的评判不仅要遵从现行法律法规的规定，亦应充分考虑是否符合社会公众感受。本案被上诉人陈超通过网络约车软件进行道路运输经营的行为，社会危害性较小符合一般社会认知。行政机关在依据现行法律法规对其进行处罚时，应当尽可能将对当事人的不利影响控制在最小范围和限度内，以达到实现行政管理目标和保护新生事物之间的平衡。另外，该行为中有几方主体受益、最终产生的车费是否已经实际支付或结算完毕，上诉人济南客运管理中心未提供证据予以证明。在上述事实尚不明确以及该行为社会危害性较小的情况下，将该行为的后果全部归于被上诉人，并对其个人作出较重处罚，有违比例原则，构成明显不当。原审法院认为处罚幅度和数额畸重，对被诉行政处罚决定予以撤销，符合法律规定。上诉人关于不存在处罚畸重情形、结算证据等不影响处罚幅度以及对被上诉人行为社会危害性较小的异议等主张均不能成立。

二、本案行政处罚决定书记载事项是否符合法律规定

《中华人民共和国行政处罚法》第三十九条第一款第（二）项规定，行政处罚决定书应当载明违反法律、法规或者规章的事实和证据。上述法律条款虽未对其中的“事实”记载应达到何种程度作出明确规定，但行政处罚决定书作为行政机关对当事人作出处罚的书面证明，记载的事实应当明确具体，包含认定的违法事实的时间、地点、经过、情节等事项，让当事人清楚知晓被处罚的事实依据，以达到警示违法行为再次发生的目的。本案中，行政处罚决定书载明的被上诉人陈超违法事实为“非法经营客运出租汽车”，但未载明被上诉人的具体违法事实，即：违法事实的时间、地点、经过以及相关运输经营行为的具体情节等事项。上述记载事项没有达到明确具体的要求，原审法院认为上诉人济南客运管理中心作出的行政处罚决定书记载事项不符合法律规定，应予撤销，并无不当。此外，行政处罚决定书中记载的事实是行政机关最终认定的违法事实，其他法律文书中对具体违法事实的记载不能代替行政处罚决定书中对事实的记载。上诉人关于已在其他法律文书中记载具体违法事实、未侵犯被上诉人合法权益等主张不能成立。

综上，原审判决认定事实清楚，适用法律、法规正确，程序合法，依法应予维持。上诉人济南客运管理中心的上诉理由不能成立，对其上诉请求，不予支持。

据此，山东省济南市中级人民法院依照《中华人民共和国行政诉讼法》第八十九条第一款第（一）项之规定，判决如下：

驳回上诉，维持原判。二审案件受理费50元，由上诉人济南市城市公共客运管理服务中心负担。

本判决为终审判决。

（3）行政复议

中华人民共和国行政复议法

1. 1999年4月29日第九届全国人民代表大会常务委员会第九次会议通过
2. 根据2009年8月27日第十一届全国人民代表大会常务委员会第十次会议《关于修改部分法律的决定》第一次修正
3. 根据2017年9月1日第十二届全国人民代表大会常务委员会第二十九次会议《关于修改〈中华人民共和国法官法〉等八部法律的决定》第二次修正
4. 2023年9月1日第十四届全国人民代表大会常务委员会第五次会议修订

目　　录

第一章　总　　则

第一条　**【立法目的和立法依据】**为了防止和纠正违法的或者不当的行政行为，保护公民、法人和其他组织的合法权益，监督和保障行政机关依法行使职权，发挥行政复议化解行政争议的主渠道作用，推进法治政府建设，根据宪法，制定本法。

第二条　**【适用范围】**公民、法人或者其他组织认为行政机关的行政行为侵犯其合法权益，向行政复议机关提出行政复议申请，行政复议机关办理行政复议案件，适用本法。

前款所称行政行为，包括法律、法规、规章授权的组织的行政行为。

第三条　**【行政复议工作的原则】**行政复议工作坚持中国共产党的领导。

行政复议机关履行行政复议职责，应当遵循合法、公正、公开、高效、便民、为民的原则，坚持有错必纠，保障法律、法规的正确实施。

第四条　**【行政复议机构及职责】**县级以上各级人民政府以及其他依照本法履行行政复议职责的行政机关是行政复议机关。

行政复议机关办理行政复议事项的机构是行政复议机构。行政复议机构同时组织办理行政复议机关的行政应诉事项。

行政复议机关应当加强行政复议工作，支持和保障行政复议机构依法履行职责。上级行政复议机构对下级行政复议机构的行政复议工作进行指导、监督。

国务院行政复议机构可以发布行政复议指导性案例。

第五条　**【调解】**行政复议机关办理行政复议案件，可以进行调解。

调解应当遵循合法、自愿的原则，不得损害国家利益、社会公共利益和他人合法权益，不得违反法律、法规的强制性规定。

第六条　**【行政复议人员队伍建设和管理】**国家建立专业化、职业化行政复议人员队伍。

行政复议机构中初次从事行政复议工作的人员，应当通过国家统一法律职业资格考试取得法律职业资格，并参加统一职前培训。

国务院行政复议机构应当会同有关部门制定行政复议人员工作规范，加强对行政复议人员的业务考核和管理。

第七条　**【行政复议机构和人员的保障措施】**行政复议机关应当确保行政复议机构的人员配备与所承担的工作任务相适应，提高行政复议人员专业素质，根据工作需要保障办案场所、装备等设施。县级以上各级人民政府应当将行政复议工作经费列入本级预算。

第八条　【信息化建设】行政复议机关应当加强信息化建设，运用现代信息技术，方便公民、法人或者其他组织申请、参加行政复议，提高工作质量和效率。

第九条　【行政复议激励措施】对在行政复议工作中做出显著成绩的单位和个人，按照国家有关规定给予表彰和奖励。

第十条　【对复议决定不服提起诉讼】公民、法人或者其他组织对行政复议决定不服的，可以依照《中华人民共和国行政诉讼法》的规定向人民法院提起行政诉讼，但是法律规定行政复议决定为最终裁决的除外。

第二章　行政复议申请

第一节　行政复议范围

第十一条　【复议范围】有下列情形之一的，公民、法人或者其他组织可以依照本法申请行政复议：

（一）对行政机关作出的行政处罚决定不服；

（二）对行政机关作出的行政强制措施、行政强制执行决定不服；

（三）申请行政许可，行政机关拒绝或者在法定期限内不予答复，或者对行政机关作出的有关行政许可的其他决定不服；

（四）对行政机关作出的确认自然资源的所有权或者使用权的决定不服；

（五）对行政机关作出的征收征用决定及其补偿决定不服；

（六）对行政机关作出的赔偿决定或者不予赔偿决定不服；

（七）对行政机关作出的不予受理工伤认定申请的决定或者工伤认定结论不服；

（八）认为行政机关侵犯其经营自主权或者农村土地承包经营权、农村土地经营权；

（九）认为行政机关滥用行政权力排除或者限制竞争；

（十）认为行政机关违法集资、摊派费用或者违法要求履行其他义务；

（十一）申请行政机关履行保护人身权利、财产权利、受教育权利等合法权益的法定职责，行政机关拒绝履行、未依法履行或者不予答复；

（十二）申请行政机关依法给付抚恤金、社会保险待遇或者最低生活保障等社会保障，行政机关没有依法给付；

（十三）认为行政机关不依法订立、不依法履行、未按照约定履行或者违法变更、解除政府特许经营协议、土地房屋征收补偿协议等行政协议；

（十四）认为行政机关在政府信息公开工作中侵犯其合法权益；

（十五）认为行政机关的其他行政行为侵犯其合法权益。

第十二条　【复议范围的排除】下列事项不属于行政复议范围：

（一）国防、外交等国家行为；

（二）行政法规、规章或者行政机关制定、发布的具有普遍约束力的决定、命令等规范性文件；

（三）行政机关对行政机关工作人员的奖惩、任免等决定；

（四）行政机关对民事纠纷作出的调解。

第十三条　【规范性文件申请附带审查】公民、法人或者其他组织认为行政机关的行政行为所依据的下列规范性文件不合法，在对行政行为申请行政复议时，可以一并向行政复议机关提出对该规范性文件的附带审查申请：

（一）国务院部门的规范性文件；

（二）县级以上地方各级人民政府及其工作部门的规范性文件；

（三）乡、镇人民政府的规范性文件；

（四）法律、法规、规章授权的组织的规范性文件。

前款所列规范性文件不含规章。规章的审查依照法律、行政法规办理。

第二节　行政复议参加人

第十四条　【复议申请人】依照本法申请行政复议的公民、法人或者其他组织是申请人。

有权申请行政复议的公民死亡的，其近亲属可以申请行政复议。有权申请行政复议的法人或者其他组织终止的，其权利义务承受人可以申请行政复议。

有权申请行政复议的公民为无民事行为能力人或者限制民事行为能力人的，其法定代理人可以代为申请行政复议。

第十五条　【复议代表人】同一行政复议案件申请人

人数众多的，可以由申请人推选代表人参加行政复议。

代表人参加行政复议的行为对其所代表的申请人发生效力，但是代表人变更行政复议请求、撤回行政复议申请、承认第三人请求的，应当经被代表的申请人同意。

第十六条 【复议第三人】申请人以外的同被申请行政复议的行政行为或者行政复议案件处理结果有利害关系的公民、法人或者其他组织，可以作为第三人申请参加行政复议，或者由行政复议机构通知其作为第三人参加行政复议。

第三人不参加行政复议，不影响行政复议案件的审理。

第十七条 【复议代理人】申请人、第三人可以委托一至二名律师、基层法律服务工作者或者其他代理人代为参加行政复议。

申请人、第三人委托代理人的，应当向行政复议机构提交授权委托书、委托人及被委托人的身份证明文件。授权委托书应当载明委托事项、权限和期限。申请人、第三人变更或者解除代理人权限的，应当书面告知行政复议机构。

第十八条 【法律援助】符合法律援助条件的行政复议申请人申请法律援助的，法律援助机构应当依法为其提供法律援助。

第十九条 【被申请人】公民、法人或者其他组织对行政行为不服申请行政复议的，作出行政行为的行政机关或者法律、法规、规章授权的组织是被申请人。

两个以上行政机关以共同的名义作出同一行政行为的，共同作出行政行为的行政机关是被申请人。

行政机关委托的组织作出行政行为的，委托的行政机关是被申请人。

作出行政行为的行政机关被撤销或者职权变更的，继续行使其职权的行政机关是被申请人。

第三节 申请的提出

第二十条 【申请复议的期限】公民、法人或者其他组织认为行政行为侵犯其合法权益的，可以自知道或者应当知道该行政行为之日起六十日内提出行政复议申请；但是法律规定的申请期限超过六十日的除外。

因不可抗力或者其他正当理由耽误法定申请期限的，申请期限自障碍消除之日起继续计算。

行政机关作出行政行为时，未告知公民、法人或者其他组织申请行政复议的权利、行政复议机关和申请期限的，申请期限自公民、法人或者其他组织知道或者应当知道申请行政复议的权利、行政复议机关和申请期限之日起计算，但是自知道或者应当知道行政行为内容之日起最长不得超过一年。

第二十一条 【最长复议期限】因不动产提出的行政复议申请自行政行为作出之日起超过二十年，其他行政复议申请自行政行为作出之日起超过五年的，行政复议机关不予受理。

第二十二条 【复议申请方式】申请人申请行政复议，可以书面申请；书面申请有困难的，也可以口头申请。

书面申请的，可以通过邮寄或者行政复议机关指定的互联网渠道等方式提交行政复议申请书，也可以当面提交行政复议申请书。行政机关通过互联网渠道送达行政行为决定书的，应当同时提供提交行政复议申请书的互联网渠道。

口头申请的，行政复议机关应当当场记录申请人的基本情况、行政复议请求、申请行政复议的主要事实、理由和时间。

申请人对两个以上行政行为不服的，应当分别申请行政复议。

第二十三条 【复议前置】有下列情形之一的，申请人应当先向行政复议机关申请行政复议，对行政复议决定不服的，可以再依法向人民法院提起行政诉讼：

（一）对当场作出的行政处罚决定不服；

（二）对行政机关作出的侵犯其已经依法取得的自然资源的所有权或者使用权的决定不服；

（三）认为行政机关存在本法第十一条规定的未履行法定职责情形；

（四）申请政府信息公开，行政机关不予公开；

（五）法律、行政法规规定应当先向行政复议机关申请行政复议的其他情形。

对前款规定的情形，行政机关在作出行政行为时应当告知公民、法人或者其他组织先向行政复议机关申请行政复议。

第四节 行政复议管辖

第二十四条 【县级以上地方各级人民政府的复议管辖范围】县级以上地方各级人民政府管辖下列行政

复议案件：

（一）对本级人民政府工作部门作出的行政行为不服的；

（二）对下一级人民政府作出的行政行为不服的；

（三）对本级人民政府依法设立的派出机关作出的行政行为不服的；

（四）对本级人民政府或者其工作部门管理的法律、法规、规章授权的组织作出的行政行为不服的。

除前款规定外，省、自治区、直辖市人民政府同时管辖对本机关作出的行政行为不服的行政复议案件。

省、自治区人民政府依法设立的派出机关参照设区的市级人民政府的职责权限，管辖相关行政复议案件。

对县级以上地方各级人民政府工作部门依法设立的派出机构依照法律、法规、规章规定，以派出机构的名义作出的行政行为不服的行政复议案件，由本级人民政府管辖；其中，对直辖市、设区的市人民政府工作部门按照行政区划设立的派出机构作出的行政行为不服的，也可以由其所在地的人民政府管辖。

第二十五条　【国务院部门的复议管辖范围】国务院部门管辖下列行政复议案件：

（一）对本部门作出的行政行为不服的；

（二）对本部门依法设立的派出机构依照法律、行政法规、部门规章规定，以派出机构的名义作出的行政行为不服的；

（三）对本部门管理的法律、行政法规、部门规章授权的组织作出的行政行为不服的。

第二十六条　【对省部级机关作出行政复议决定不服的救济途径】对省、自治区、直辖市人民政府依照本法第二十四条第二款的规定、国务院部门依照本法第二十五条第一项的规定作出的行政复议决定不服的，可以向人民法院提起行政诉讼；也可以向国务院申请裁决，国务院依照本法的规定作出最终裁决。

第二十七条　【对垂直机关、税务和国家安全机关行政行为不服的管辖】对海关、金融、外汇管理等实行垂直领导的行政机关、税务和国家安全机关的行政行为不服的，向上一级主管部门申请行政复议。

第二十八条　【对地方人民政府司法行政部门行政行为不服的复议】对履行行政复议机构职责的地方人民政府司法行政部门的行政行为不服的，可以向本级人民政府申请行政复议，也可以向上一级司法行政部门申请行政复议。

第二十九条　【复议和诉讼的选择】公民、法人或者其他组织申请行政复议，行政复议机关已经依法受理的，在行政复议期间不得向人民法院提起行政诉讼。

公民、法人或者其他组织向人民法院提起行政诉讼，人民法院已经依法受理的，不得申请行政复议。

第三章　行政复议受理

第三十条　【受理条件及审查】行政复议机关收到行政复议申请后，应当在五日内进行审查。对符合下列规定的，行政复议机关应当予以受理：

（一）有明确的申请人和符合本法规定的被申请人；

（二）申请人与被申请行政复议的行政行为有利害关系；

（三）有具体的行政复议请求和理由；

（四）在法定申请期限内提出；

（五）属于本法规定的行政复议范围；

（六）属于本机关的管辖范围；

（七）行政复议机关未受理过该申请人就同一行政行为提出的行政复议申请，并且人民法院未受理过该申请人就同一行政行为提起的行政诉讼。

对不符合前款规定的行政复议申请，行政复议机关应当在审查期限内决定不予受理并说明理由；不属于本机关管辖的，还应当在不予受理决定中告知申请人有管辖权的行政复议机关。

行政复议申请的审查期限届满，行政复议机关未作出不予受理决定的，审查期限届满之日起视为受理。

第三十一条　【申请材料补正】行政复议申请材料不齐全或者表述不清楚，无法判断行政复议申请是否符合本法第三十条第一款规定的，行政复议机关应当自收到申请之日起五日内书面通知申请人补正。补正通知应当一次性载明需要补正的事项。

申请人应当自收到补正通知之日起十日内提交补正材料。有正当理由不能按期补正的，行政复议机关可以延长合理的补正期限。无正当理由逾期不补正的,视为申请人放弃行政复议申请,并记录在案。

行政复议机关收到补正材料后,依照本法第三十条的规定处理。

第三十二条 【对当场作出或者依据电子技术监控设备记录的违法事实作出的行政处罚决定不服的行政复议申请】对当场作出或者依据电子技术监控设备记录的违法事实作出的行政处罚决定不服申请行政复议的,可以通过作出行政处罚决定的行政机关提交行政复议申请。

行政机关收到行政复议申请后,应当及时处理;认为需要维持行政处罚决定的,应当自收到行政复议申请之日起五日内转送行政复议机关。

第三十三条 【驳回复议申请】行政复议机关受理行政复议申请后,发现该行政复议申请不符合本法第三十条第一款规定的,应当决定驳回申请并说明理由。

第三十四条 【对复议前置案件不服提起行政诉讼】法律、行政法规规定应当先向行政复议机关申请行政复议、对行政复议决定不服再向人民法院提起行政诉讼的,行政复议机关决定不予受理、驳回申请或者受理后超过行政复议期限不作答复的,公民、法人或者其他组织可以自收到决定书之日起或者行政复议期限届满之日起十五日内,依法向人民法院提起行政诉讼。

第三十五条 【上级行政机关直接受理和责令纠正】公民、法人或者其他组织依法提出行政复议申请,行政复议机关无正当理由不予受理、驳回申请或者受理后超过行政复议期限不作答复的,申请人有权向上级行政机关反映,上级行政机关应当责令其纠正;必要时,上级行政复议机关可以直接受理。

第四章 行政复议审理

第一节 一般规定

第三十六条 【行政复议审理程序及保密规定】行政复议机关受理行政复议申请后,依照本法适用普通程序或者简易程序进行审理。行政复议机构应当指定行政复议人员负责办理行政复议案件。

行政复议人员对办理行政复议案件过程中知悉的国家秘密、商业秘密和个人隐私,应当予以保密。

第三十七条 【行政复议案件审理依据】行政复议机关依照法律、法规、规章审理行政复议案件。

行政复议机关审理民族自治地方的行政复议案件,同时依照该民族自治地方的自治条例和单行条例。

第三十八条 【行政复议案件的提级管辖】上级行政复议机关根据需要,可以审理下级行政复议机关管辖的行政复议案件。

下级行政复议机关对其管辖的行政复议案件,认为需要由上级行政复议机关审理的,可以报请上级行政复议机关决定。

第三十九条 【行政复议中止】行政复议期间有下列情形之一的,行政复议中止:

(一)作为申请人的公民死亡,其近亲属尚未确定是否参加行政复议;

(二)作为申请人的公民丧失参加行政复议的行为能力,尚未确定法定代理人参加行政复议;

(三)作为申请人的公民下落不明;

(四)作为申请人的法人或者其他组织终止,尚未确定权利义务承受人;

(五)申请人、被申请人因不可抗力或者其他正当理由,不能参加行政复议;

(六)依照本法规定进行调解、和解,申请人和被申请人同意中止;

(七)行政复议案件涉及的法律适用问题需要有权机关作出解释或者确认;

(八)行政复议案件审理需要以其他案件的审理结果为依据,而其他案件尚未审结;

(九)有本法第五十六条或者第五十七条规定的情形;

(十)需要中止行政复议的其他情形。

行政复议中止的原因消除后,应当及时恢复行政复议案件的审理。

行政复议机关中止、恢复行政复议案件的审理,应当书面告知当事人。

第四十条 【行政复议机关无正当理由中止复议的处理】行政复议期间,行政复议机关无正当理由中止行政复议的,上级行政机关应当责令其恢复审理。

第四十一条 【行政复议终止】行政复议期间有下列情形之一的,行政复议机关决定终止行政复议:

(一)申请人撤回行政复议申请,行政复议机构准予撤回；

（二）作为申请人的公民死亡，没有近亲属或者其近亲属放弃行政复议权利；

（三）作为申请人的法人或者其他组织终止，没有权利义务承受人或者其权利义务承受人放弃行政复议权利；

（四）申请人对行政拘留或者限制人身自由的行政强制措施不服申请行政复议后，因同一违法行为涉嫌犯罪，被采取刑事强制措施；

（五）依照本法第三十九条第一款第一项、第二项、第四项的规定中止行政复议满六十日，行政复议中止的原因仍未消除。

第四十二条 【行政复议不停止执行及例外情形】行政复议期间行政行为不停止执行；但是有下列情形之一的，应当停止执行：

（一）被申请人认为需要停止执行；

（二）行政复议机关认为需要停止执行；

（三）申请人、第三人申请停止执行，行政复议机关认为其要求合理，决定停止执行；

（四）法律、法规、规章规定停止执行的其他情形。

第二节 行政复议证据

第四十三条 【行政复议证据种类】行政复议证据包括：

（一）书证；

（二）物证；

（三）视听资料；

（四）电子数据；

（五）证人证言；

（六）当事人的陈述；

（七）鉴定意见；

（八）勘验笔录、现场笔录。

以上证据经行政复议机构审查属实，才能作为认定行政复议案件事实的根据。

第四十四条 【举证责任分配】被申请人对其作出的行政行为的合法性、适当性负有举证责任。

有下列情形之一的，申请人应当提供证据：

（一）认为被申请人不履行法定职责的，提供曾经要求被申请人履行法定职责的证据，但是被申请人应当依职权主动履行法定职责或者申请人因正当理由不能提供的除外；

（二）提出行政赔偿请求的，提供受行政行为侵害而造成损害的证据，但是因被申请人原因导致申请人无法举证的，由被申请人承担举证责任；

（三）法律、法规规定需要申请人提供证据的其他情形。

第四十五条 【行政复议机关的调查取证权】行政复议机关有权向有关单位和个人调查取证，查阅、复制、调取有关文件和资料，向有关人员进行询问。

调查取证时，行政复议人员不得少于两人，并应当出示行政复议工作证件。

被调查取证的单位和个人应当积极配合行政复议人员的工作，不得拒绝或者阻挠。

第四十六条 【被申请人不得自行取证与例外】行政复议期间，被申请人不得自行向申请人和其他有关单位或者个人收集证据；自行收集的证据不作为认定行政行为合法性、适当性的依据。

行政复议期间，申请人或者第三人提出被申请行政复议的行政行为作出时没有提出的理由或者证据的，经行政复议机构同意，被申请人可以补充证据。

第四十七条 【申请人、第三人的查阅权】行政复议期间，申请人、第三人及其委托代理人可以按照规定查阅、复制被申请人提出的书面答复、作出行政行为的证据、依据和其他有关材料，除涉及国家秘密、商业秘密、个人隐私或者可能危及国家安全、公共安全、社会稳定的情形外，行政复议机构应当同意。

第三节 普通程序

第四十八条 【行政复议申请的发送与被申请人的答复和举证】行政复议机构应当自行政复议申请受理之日起七日内，将行政复议申请书副本或者行政复议申请笔录复印件发送被申请人。被申请人应当自收到行政复议申请书副本或者行政复议申请笔录复印件之日起十日内，提出书面答复，并提交作出行政行为的证据、依据和其他有关材料。

第四十九条 【当面审与书面审】适用普通程序审理的行政复议案件，行政复议机构应当当面或者通过互联网、电话等方式听取当事人的意见，并将听取的意见记录在案。因当事人原因不能听取意见的，可以书面审理。

第五十条　【行政复议听证程序】审理重大、疑难、复杂的行政复议案件，行政复议机构应当组织听证。

行政复议机构认为有必要听证，或者申请人请求听证的，行政复议机构可以组织听证。

听证由一名行政复议人员任主持人，两名以上行政复议人员任听证员，一名记录员制作听证笔录。

第五十一条　【行政复议听证规则】行政复议机构组织听证的，应当于举行听证的五日前将听证的时间、地点和拟听证事项书面通知当事人。

申请人无正当理由拒不参加听证的，视为放弃听证权利。

被申请人的负责人应当参加听证。不能参加的，应当说明理由并委托相应的工作人员参加听证。

第五十二条　【行政复议委员会】县级以上各级人民政府应当建立相关政府部门、专家、学者等参与的行政复议委员会，为办理行政复议案件提供咨询意见，并就行政复议工作中的重大事项和共性问题研究提出意见。行政复议委员会的组成和开展工作的具体办法，由国务院行政复议机构制定。

审理行政复议案件涉及下列情形之一的，行政复议机构应当提请行政复议委员会提出咨询意见：

（一）案情重大、疑难、复杂；

（二）专业性、技术性较强；

（三）本法第二十四条第二款规定的行政复议案件；

（四）行政复议机构认为有必要。

行政复议机构应当记录行政复议委员会的咨询意见。

第四节　简易程序

第五十三条　【行政复议简易程序的适用范围】行政复议机关审理下列行政复议案件，认为事实清楚、权利义务关系明确、争议不大的，可以适用简易程序：

（一）被申请行政复议的行政行为是当场作出；

（二）被申请行政复议的行政行为是警告或者通报批评；

（三）案件涉及款额三千元以下；

（四）属于政府信息公开案件。

除前款规定以外的行政复议案件，当事人各方同意适用简易程序的，可以适用简易程序。

第五十四条　【简易程序的程序性要求】适用简易程序审理的行政复议案件，行政复议机构应当自受理行政复议申请之日起三日内，将行政复议申请书副本或者行政复议申请笔录复印件发送被申请人。被申请人应当自收到行政复议申请书副本或者行政复议申请笔录复印件之日起五日内，提出书面答复，并提交作出行政行为的证据、依据和其他有关材料。

适用简易程序审理的行政复议案件，可以书面审理。

第五十五条　【简易程序与普通程序的转换】适用简易程序审理的行政复议案件，行政复议机构认为不宜适用简易程序的，经行政复议机构的负责人批准，可以转为普通程序审理。

第五节　行政复议附带审查

第五十六条　【行政复议机关对规范性文件的处理】申请人依照本法第十三条的规定提出对有关规范性文件的附带审查申请，行政复议机关有权处理的，应当在三十日内依法处理；无权处理的，应当在七日内转送有权处理的行政机关依法处理。

第五十七条　【行政复议机关依据合法性对行政行为的审查处理】行政复议机关在对被申请人作出的行政行为进行审查时，认为其依据不合法，本机关有权处理的，应当在三十日内依法处理；无权处理的，应当在七日内转送有权处理的国家机关依法处理。

第五十八条　【行政复议机关处理有关规范性文件或者行政行为依据的程序】行政复议机关依照本法第五十六条、第五十七条的规定有权处理有关规范性文件或者依据的，行政复议机构应当自行政复议中止之日起三日内，书面通知规范性文件或者依据的制定机关就相关条款的合法性提出书面答复。制定机关应当自收到书面通知之日起十日内提交书面答复及相关材料。

行政复议机构认为必要时，可以要求规范性文件或者依据的制定机关当面说明理由，制定机关应当配合。

第五十九条　【行政复议机关对规范性文件的审查处理】行政复议机关依照本法第五十六条、第五十七条的规定有权处理有关规范性文件或者依据，认为相关条款合法的，在行政复议决定书中一并告知；认为相关条款超越权限或者违反上位法的，决定停止该条款的执行，并责令制定机关予以纠正。

第六十条 【接受转送机关对转送文件的审查处理】 依照本法第五十六条、第五十七条的规定接受转送的行政机关、国家机关应当自收到转送之日起六十日内,将处理意见回复转送的行政复议机关。

第五章 行政复议决定

第六十一条 【行政复议决定的作出程序】 行政复议机关依照本法审理行政复议案件,由行政复议机构对行政行为进行审查,提出意见,经行政复议机关的负责人同意或者集体讨论通过后,以行政复议机关的名义作出行政复议决定。

经过听证的行政复议案件,行政复议机关应当根据听证笔录、审查认定的事实和证据,依照本法作出行政复议决定。

提请行政复议委员会提出咨询意见的行政复议案件,行政复议机关应当将咨询意见作为作出行政复议决定的重要参考依据。

第六十二条 【行政复议决定的作出期限】 适用普通程序审理的行政复议案件,行政复议机关应当自受理申请之日起六十日内作出行政复议决定;但是法律规定的行政复议期限少于六十日的除外。情况复杂,不能在规定期限内作出行政复议决定的,经行政复议机构的负责人批准,可以适当延长,并书面告知当事人;但是延长期限最多不得超过三十日。

适用简易程序审理的行政复议案件,行政复议机关应当自受理申请之日起三十日内作出行政复议决定。

第六十三条 【变更决定】 行政行为有下列情形之一的,行政复议机关决定变更该行政行为:

(一)事实清楚,证据确凿,适用依据正确,程序合法,但是内容不适当;

(二)事实清楚,证据确凿,程序合法,但是未正确适用依据;

(三)事实不清、证据不足,经行政复议机关查清事实和证据。

行政复议机关不得作出对申请人更为不利的变更决定,但是第三人提出相反请求的除外。

第六十四条 【撤销或者部分撤销决定】 行政行为有下列情形之一的,行政复议机关决定撤销或者部分撤销该行政行为,并可以责令被申请人在一定期限内重新作出行政行为:

(一)主要事实不清、证据不足;

(二)违反法定程序;

(三)适用的依据不合法;

(四)超越职权或者滥用职权。

行政复议机关责令被申请人重新作出行政行为的,被申请人不得以同一事实和理由作出与被申请行政复议的行政行为相同或者基本相同的行政行为,但是行政复议机关以违反法定程序为由决定撤销或者部分撤销的除外。

第六十五条 【确认违法决定】 行政行为有下列情形之一的,行政复议机关不撤销该行政行为,但是确认该行政行为违法:

(一)依法应予撤销,但是撤销会给国家利益、社会公共利益造成重大损害;

(二)程序轻微违法,但是对申请人权利不产生实际影响。

行政行为有下列情形之一,不需要撤销或者责令履行的,行政复议机关确认该行政行为违法:

(一)行政行为违法,但是不具有可撤销内容;

(二)被申请人改变原违法行政行为,申请人仍要求撤销或者确认该行政行为违法;

(三)被申请人不履行或者拖延履行法定职责,责令履行没有意义。

第六十六条 【限期履行职责】 被申请人不履行法定职责的,行政复议机关决定被申请人在一定期限内履行。

第六十七条 【确认无效决定】 行政行为有实施主体不具有行政主体资格或者没有依据等重大且明显违法情形,申请人申请确认行政行为无效的,行政复议机关确认该行政行为无效。

第六十八条 【维持决定】 行政行为认定事实清楚,证据确凿,适用依据正确,程序合法,内容适当的,行政复议机关决定维持该行政行为。

第六十九条 【驳回行政复议申请决定】 行政复议机关受理申请人认为被申请人不履行法定职责的行政复议申请后,发现被申请人没有相应法定职责或者在受理前已经履行法定职责的,决定驳回申请人的行政复议请求。

第七十条 【举证不能的法律后果】 被申请人不按照本法第四十八条、第五十四条的规定提出书面答复、提交作出行政行为的证据、依据和其他有关材料的,视为该行政行为没有证据、依据,行政复议机关决定撤销、部分撤销该行政行为,确认该行政行为违法、无效或者决定被申请人在一定期限内履行,但是行政行为涉及第三人合法权益,第三人提供证据的除外。

第七十一条 【行政协议履行及补偿决定】被申请人不依法订立、不依法履行、未按照约定履行或者违法变更、解除行政协议的,行政复议机关决定被申请人承担依法订立、继续履行、采取补救措施或者赔偿损失等责任。

被申请人变更、解除行政协议合法,但是未依法给予补偿或者补偿不合理的,行政复议机关决定被申请人依法给予合理补偿。

第七十二条 【行政赔偿决定】申请人在申请行政复议时一并提出行政赔偿请求,行政复议机关对依照《中华人民共和国国家赔偿法》的有关规定应当不予赔偿的,在作出行政复议决定时,应当同时决定驳回行政赔偿请求;对符合《中华人民共和国国家赔偿法》的有关规定应当给予赔偿的,在决定撤销或者部分撤销、变更行政行为或者确认行政行为违法、无效时,应当同时决定被申请人依法给予赔偿;确认行政行为违法的,还可以同时责令被申请人采取补救措施。

申请人在申请行政复议时没有提出行政赔偿请求的,行政复议机关在依法决定撤销或者部分撤销、变更罚款,撤销或者部分撤销违法集资、没收财物、征收征用、摊派费用以及对财产的查封、扣押、冻结等行政行为时,应当同时责令被申请人返还财产,解除对财产的查封、扣押、冻结措施,或者赔偿相应的价款。

第七十三条 【行政复议调解】当事人经调解达成协议的,行政复议机关应当制作行政复议调解书,经各方当事人签字或者签章,并加盖行政复议机关印章,即具有法律效力。

调解未达成协议或者调解书生效前一方反悔的,行政复议机关应当依法审查或者及时作出行政复议决定。

第七十四条 【行政复议和解与撤回申请】当事人在行政复议决定作出前可以自愿达成和解,和解内容不得损害国家利益、社会公共利益和他人合法权益,不得违反法律、法规的强制性规定。

当事人达成和解后,由申请人向行政复议机构撤回行政复议申请。行政复议机构准予撤回行政复议申请、行政复议机关决定终止行政复议的,申请人不得再以同一事实和理由提出行政复议申请。但是,申请人能够证明撤回行政复议申请违背其真实意愿的除外。

第七十五条 【行政复议决定书】行政复议机关作出行政复议决定,应当制作行政复议决定书,并加盖行政复议机关印章。

行政复议决定书一经送达,即发生法律效力。

第七十六条 【行政复议意见书】行政复议机关在办理行政复议案件过程中,发现被申请人或者其他下级行政机关的有关行政行为违法或者不当的,可以向其制发行政复议意见书。有关机关应当自收到行政复议意见书之日起六十日内,将纠正相关违法或者不当行政行为的情况报送行政复议机关。

第七十七条 【复议决定书、调解书、意见书的履行】被申请人应当履行行政复议决定书、调解书、意见书。

被申请人不履行或者无正当理由拖延履行行政复议决定书、调解书、意见书的,行政复议机关或者有关上级行政机关应当责令其限期履行,并可以约谈被申请人的有关负责人或者予以通报批评。

第七十八条 【不履行复议决定书、调解书的强制执行】申请人、第三人逾期不起诉又不履行行政复议决定书、调解书的,或者不履行最终裁决的行政复议决定的,按照下列规定分别处理:

(一)维持行政行为的行政复议决定书,由作出行政行为的行政机关依法强制执行,或者申请人民法院强制执行;

(二)变更行政行为的行政复议决定书,由行政复议机关依法强制执行,或者申请人民法院强制执行;

(三)行政复议调解书,由行政复议机关依法强制执行,或者申请人民法院强制执行。

第七十九条 【行政复议决定书公开与复议决定、意见书抄告】行政复议机关根据被申请行政复议的行政行为的公开情况,按照国家有关规定将行政复议决定书向社会公开。

县级以上地方各级人民政府办理以本级人民政府工作部门为被申请人的行政复议案件,应当将发生法律效力的行政复议决定书、意见书同时抄告被申请人的上一级主管部门。

第六章 法律责任

第八十条 【复议机关不依法履行职责的处分】行政复议机关不依照本法规定履行行政复议职责，对负有责任的领导人员和直接责任人员依法给予警告、记过、记大过的处分；经有权监督的机关督促仍不改正或者造成严重后果的，依法给予降级、撤职、开除的处分。

第八十一条 【渎职、失职行为的法律责任】行政复议机关工作人员在行政复议活动中，徇私舞弊或者有其他渎职、失职行为的，依法给予警告、记过、记大过的处分；情节严重的，依法给予降级、撤职、开除的处分；构成犯罪的，依法追究刑事责任。

第八十二条 【被申请人不提出书面答复、不提交有关材料、干扰破坏行政复议活动的法律责任】被申请人违反本法规定，不提出书面答复或者不提交作出行政行为的证据、依据和其他有关材料，或者阻挠、变相阻挠公民、法人或者其他组织依法申请行政复议的，对负有责任的领导人员和直接责任人员依法给予警告、记过、记大过的处分；进行报复陷害的，依法给予降级、撤职、开除的处分；构成犯罪的，依法追究刑事责任。

第八十三条 【被申请人不履行、拖延履行复议决定、调解书、意见书的法律责任】被申请人不履行或者无正当理由拖延履行行政复议决定书、调解书、意见书的，对负有责任的领导人员和直接责任人员依法给予警告、记过、记大过的处分；经责令履行仍拒不履行的，依法给予降级、撤职、开除的处分。

第八十四条 【拒绝、阻挠调查取证的法律责任】拒绝、阻挠行政复议人员调查取证，故意扰乱行政复议工作秩序的，依法给予处分、治安管理处罚；构成犯罪的，依法追究刑事责任。

第八十五条 【行政复议机关移送违法事实材料】行政机关及其工作人员违反本法规定的，行政复议机关可以向监察机关或者公职人员任免机关、单位移送有关人员违法的事实材料，接受移送的监察机关或者公职人员任免机关、单位应当依法处理。

第八十六条 【职务违法犯罪问题线索的移送】行政复议机关在办理行政复议案件过程中，发现公职人员涉嫌贪污贿赂、失职渎职等职务违法或者职务犯罪的问题线索，应当依照有关规定移送监察机关，由监察机关依法调查处置。

第七章 附 则

第八十七条 【行政复议不收费原则】行政复议机关受理行政复议申请，不得向申请人收取任何费用。

第八十八条 【期间计算和文书送达】行政复议期间的计算和行政复议文书的送达，本法没有规定的，依照《中华人民共和国民事诉讼法》关于期间、送达的规定执行。

本法关于行政复议期间有关“三日”、“五日”、“七日”、“十日”的规定是指工作日，不含法定休假日。

第八十九条 【外国人、无国籍人、外国组织的法律适用】外国人、无国籍人、外国组织在中华人民共和国境内申请行政复议，适用本法。

第九十条 【施行日期】本法自 2024 年 1 月 1 日起施行。

中华人民共和国
行政复议法实施条例

1. 2007 年 5 月 29 日国务院令第 499 号公布
2. 自 2007 年 8 月 1 日起施行

第一章 总 则

第一条 为了进一步发挥行政复议制度在解决行政争议、建设法治政府、构建社会主义和谐社会中的作用，根据《中华人民共和国行政复议法》(以下简称行政复议法)，制定本条例。

第二条 各级行政复议机关应当认真履行行政复议职责，领导并支持本机关负责法制工作的机构(以下简称行政复议机构)依法办理行政复议事项，并依照有关规定配备、充实、调剂专职行政复议人员，保证行政复议机构的办案能力与工作任务相适应。

第三条 行政复议机构除应当依照行政复议法第三条的规定履行职责外，还应当履行下列职责：

(一)依照行政复议法第十八条的规定转送有关行政复议申请；

(二)办理行政复议法第二十九条规定的行政

赔偿等事项；

（三）按照职责权限，督促行政复议申请的受理和行政复议决定的履行；

（四）办理行政复议、行政应诉案件统计和重大行政复议决定备案事项；

（五）办理或者组织办理未经行政复议直接提起行政诉讼的行政应诉事项；

（六）研究行政复议工作中发现的问题，及时向有关机关提出改进建议，重大问题及时向行政复议机关报告。

第四条 专职行政复议人员应当具备与履行行政复议职责相适应的品行、专业知识和业务能力，并取得相应资格。具体办法由国务院法制机构会同国务院有关部门规定。

第二章 行政复议申请

第一节 申请人

第五条 依照行政复议法和本条例的规定申请行政复议的公民、法人或者其他组织为申请人。

第六条 合伙企业申请行政复议的，应当以核准登记的企业为申请人，由执行合伙事务的合伙人代表该企业参加行政复议；其他合伙组织申请行政复议的，由合伙人共同申请行政复议。

前款规定以外的不具备法人资格的其他组织申请行政复议的，由该组织的主要负责人代表该组织参加行政复议；没有主要负责人的，由共同推选的其他成员代表该组织参加行政复议。

第七条 股份制企业的股东大会、股东代表大会、董事会认为行政机关作出的具体行政行为侵犯企业合法权益的，可以以企业的名义申请行政复议。

第八条 同一行政复议案件申请人超过 5 人的，推选 1 至 5 名代表参加行政复议。

第九条 行政复议期间，行政复议机构认为申请人以外的公民、法人或者其他组织与被审查的具体行政行为有利害关系的，可以通知其作为第三人参加行政复议。

行政复议期间，申请人以外的公民、法人或者其他组织与被审查的具体行政行为有利害关系的，可以向行政复议机构申请作为第三人参加行政复议。

第三人不参加行政复议，不影响行政复议案件的审理。

第十条 申请人、第三人可以委托 1 至 2 名代理人参加行政复议。申请人、第三人委托代理人的，应当向行政复议机构提交授权委托书。授权委托书应当载明委托事项、权限和期限。公民在特殊情况下无法书面委托的，可以口头委托。口头委托的，行政复议机构应当核实并记录在卷。申请人、第三人解除或者变更委托的，应当书面报告行政复议机构。

第二节 被申请人

第十一条 公民、法人或者其他组织对行政机关的具体行政行为不服，依照行政复议法和本条例的规定申请行政复议的，作出该具体行政行为的行政机关为被申请人。

第十二条 行政机关与法律、法规授权的组织以共同的名义作出具体行政行为的，行政机关和法律、法规授权的组织为共同被申请人。

行政机关与其他组织以共同名义作出具体行政行为的，行政机关为被申请人。

第十三条 下级行政机关依照法律、法规、规章规定，经上级行政机关批准作出具体行政行为的，批准机关为被申请人。

第十四条 行政机关设立的派出机构、内设机构或者其他组织，未经法律、法规授权，对外以自己名义作出具体行政行为的，该行政机关为被申请人。

第三节 行政复议申请期限

第十五条 行政复议法第九条第一款规定的行政复议申请期限的计算，依照下列规定办理：

（一）当场作出具体行政行为的，自具体行政行为作出之日起计算；

（二）载明具体行政行为的法律文书直接送达的，自受送达人签收之日起计算；

（三）载明具体行政行为的法律文书邮寄送达的，自受送达人在邮件签收单上签收之日起计算；没有邮件签收单的，自受送达人在送达回执上签名之日起计算；

（四）具体行政行为依法通过公告形式告知受送达人的，自公告规定的期限届满之日起计算；

（五）行政机关作出具体行政行为时未告知公民、法人或者其他组织，事后补充告知的，自该公民、法人或者其他组织收到行政机关补充告知的通知之日起计算；

（六）被申请人能够证明公民、法人或者其他组织知道具体行政行为的，自证据材料证明其知道具体行政行为之日起计算。

行政机关作出具体行政行为，依法应当向有关公民、法人或者其他组织送达法律文书而未送达的，视为该公民、法人或者其他组织不知道该具体行政行为。

第十六条　公民、法人或者其他组织依照行政复议法第六条第（八）项、第（九）项、第（十）项的规定申请行政机关履行法定职责，行政机关未履行的，行政复议申请期限依照下列规定计算：

（一）有履行期限规定的，自履行期限届满之日起计算；

（二）没有履行期限规定的，自行政机关收到申请满60日起计算。

公民、法人或者其他组织在紧急情况下请求行政机关履行保护人身权、财产权的法定职责，行政机关不履行的，行政复议申请期限不受前款规定的限制。

第十七条　行政机关作出的具体行政行为对公民、法人或者其他组织的权利、义务可能产生不利影响的，应当告知其申请行政复议的权利、行政复议机关和行政复议申请期限。

第四节　行政复议申请的提出

第十八条　申请人书面申请行政复议的，可以采取当面递交、邮寄或者传真等方式提出行政复议申请。

有条件的行政复议机构可以接受以电子邮件形式提出的行政复议申请。

第十九条　申请人书面申请行政复议的，应当在行政复议申请书中载明下列事项：

（一）申请人的基本情况，包括：公民的姓名、性别、年龄、身份证号码、工作单位、住所、邮政编码；法人或者其他组织的名称、住所、邮政编码和法定代表人或者主要负责人的姓名、职务；

（二）被申请人的名称；

（三）行政复议请求、申请行政复议的主要事实和理由；

（四）申请人的签名或者盖章；

（五）申请行政复议的日期。

第二十条　申请人口头申请行政复议的，行政复议机构应当依照本条例第十九条规定的事项，当场制作行政复议申请笔录交申请人核对或者向申请人宣读，并由申请人签字确认。

第二十一条　有下列情形之一的，申请人应当提供证明材料：

（一）认为被申请人不履行法定职责的，提供曾经要求被申请人履行法定职责而被申请人未履行的证明材料；

（二）申请行政复议时一并提出行政赔偿请求的，提供受具体行政行为侵害而造成损害的证明材料；

（三）法律、法规规定需要申请人提供证据材料的其他情形。

第二十二条　申请人提出行政复议申请时错列被申请人的，行政复议机构应当告知申请人变更被申请人。

第二十三条　申请人对两个以上国务院部门共同作出的具体行政行为不服的，依照行政复议法第十四条的规定，可以向其中任何一个国务院部门提出行政复议申请，由作出具体行政行为的国务院部门共同作出行政复议决定。

第二十四条　申请人对经国务院批准实行省以下垂直领导的部门作出的具体行政行为不服的，可以选择向该部门的本级人民政府或者上一级主管部门申请行政复议；省、自治区、直辖市另有规定的，依照省、自治区、直辖市的规定办理。

第二十五条　申请人依照行政复议法第三十条第二款的规定申请行政复议的，应当向省、自治区、直辖市人民政府提出行政复议申请。

第二十六条　依照行政复议法第七条的规定，申请人认为具体行政行为所依据的规定不合法的，可以在对具体行政行为申请行政复议的同时一并提出对该规定的审查申请；申请人在对具体行政行为提出行政复议申请时尚不知道该具体行政行为所依据的规定的，可以在行政复议机关作出行政复议决定前向行政复议机关提出对该规定的审查申请。

第三章　行政复议受理

第二十七条　公民、法人或者其他组织认为行政机关的具体行政行为侵犯其合法权益提出行政复议申请，除不符合行政复议法和本条例规定的申请条件的，行政复议机关必须受理。

第二十八条　行政复议申请符合下列规定的，应当予以受理：

（一）有明确的申请人和符合规定的被申请人；

（二）申请人与具体行政行为有利害关系；

（三）有具体的行政复议请求和理由；

（四）在法定申请期限内提出；

（五）属于行政复议法规定的行政复议范围；

（六）属于收到行政复议申请的行政复议机构的职责范围；

（七）其他行政复议机关尚未受理同一行政复议申请，人民法院尚未受理同一主体就同一事实提起的行政诉讼。

第二十九条　行政复议申请材料不齐全或者表述不清楚的，行政复议机构可以自收到该行政复议申请之日起5日内书面通知申请人补正。补正通知应当载明需要补正的事项和合理的补正期限。无正当理由逾期不补正的，视为申请人放弃行政复议申请。补正申请材料所用时间不计入行政复议审理期限。

第三十条　申请人就同一事项向两个或者两个以上有权受理的行政机关申请行政复议的，由最先收到行政复议申请的行政机关受理；同时收到行政复议申请的，由收到行政复议申请的行政机关在10日内协商确定；协商不成的，由其共同上一级行政机关在10日内指定受理机关。协商确定或者指定受理机关所用时间不计入行政复议审理期限。

第三十一条　依照行政复议法第二十条的规定，上级行政机关认为行政复议机关不予受理行政复议申请的理由不成立的，可以先行督促其受理；经督促仍不受理的，应当责令其限期受理，必要时也可以直接受理；认为行政复议申请不符合法定受理条件的，应当告知申请人。

第四章　行政复议决定

第三十二条　行政复议机构审理行政复议案件，应当由2名以上行政复议人员参加。

第三十三条　行政复议机构认为必要时，可以实地调查核实证据；对重大、复杂的案件，申请人提出要求或者行政复议机构认为必要时，可以采取听证的方式审理。

第三十四条　行政复议人员向有关组织和人员调查取证时，可以查阅、复制、调取有关文件和资料，向有关人员进行询问。

调查取证时，行政复议人员不得少于2人，并应当向当事人或者有关人员出示证件。被调查单位和人员应当配合行政复议人员的工作，不得拒绝或者阻挠。

需要现场勘验的，现场勘验所用时间不计入行政复议审理期限。

第三十五条　行政复议机关应当为申请人、第三人查阅有关材料提供必要条件。

第三十六条　依照行政复议法第十四条的规定申请原级行政复议的案件，由原承办具体行政行为有关事项的部门或者机构提出书面答复，并提交作出具体行政行为的证据、依据和其他有关材料。

第三十七条　行政复议期间涉及专门事项需要鉴定的，当事人可以自行委托鉴定机构进行鉴定，也可以申请行政复议机构委托鉴定机构进行鉴定。鉴定费用由当事人承担。鉴定所用时间不计入行政复议审理期限。

第三十八条　申请人在行政复议决定作出前自愿撤回行政复议申请的，经行政复议机构同意，可以撤回。

申请人撤回行政复议申请的，不得再以同一事实和理由提出行政复议申请。但是，申请人能够证明撤回行政复议申请违背其真实意思表示的除外。

第三十九条　行政复议期间被申请人改变原具体行政行为的，不影响行政复议案件的审理。但是，申请人依法撤回行政复议申请的除外。

第四十条　公民、法人或者其他组织对行政机关行使法律、法规规定的自由裁量权作出的具体行政行为不服申请行政复议，申请人与被申请人在行政复议决定作出前自愿达成和解的，应当向行政复议机构提交书面和解协议；和解内容不损害社会公共利益和他人合法权益的，行政复议机构应当准许。

第四十一条　行政复议期间有下列情形之一，影响行政复议案件审理的，行政复议中止：

（一）作为申请人的自然人死亡，其近亲属尚未确定是否参加行政复议的；

（二）作为申请人的自然人丧失参加行政复议的能力，尚未确定法定代理人参加行政复议的；

（三）作为申请人的法人或者其他组织终止，尚未确定权利义务承受人的；

(四)作为申请人的自然人下落不明或者被宣告失踪的;

(五)申请人、被申请人因不可抗力,不能参加行政复议的;

(六)案件涉及法律适用问题,需要有权机关作出解释或者确认的;

(七)案件审理需要以其他案件的审理结果为依据,而其他案件尚未审结的;

(八)其他需要中止行政复议的情形。

行政复议中止的原因消除后,应当及时恢复行政复议案件的审理。

行政复议机构中止、恢复行政复议案件的审理,应当告知有关当事人。

第四十二条 行政复议期间有下列情形之一的,行政复议终止:

(一)申请人要求撤回行政复议申请,行政复议机构准予撤回的;

(二)作为申请人的自然人死亡,没有近亲属或者其近亲属放弃行政复议权利的;

(三)作为申请人的法人或者其他组织终止,其权利义务的承受人放弃行政复议权利的;

(四)申请人与被申请人依照本条例第四十条的规定,经行政复议机构准许达成和解的;

(五)申请人对行政拘留或者限制人身自由的行政强制措施不服申请行政复议后,因申请人同一违法行为涉嫌犯罪,该行政拘留或者限制人身自由的行政强制措施变更为刑事拘留的。

依照本条例第四十一条第一款第(一)项、第(二)项、第(三)项规定中止行政复议,满60日行政复议中止的原因仍未消除的,行政复议终止。

第四十三条 依照行政复议法第二十八条第一款第(一)项规定,具体行政行为认定事实清楚,证据确凿,适用依据正确,程序合法,内容适当的,行政复议机关应当决定维持。

第四十四条 依照行政复议法第二十八条第一款第(二)项规定,被申请人不履行法定职责的,行政复议机关应当决定其在一定期限内履行法定职责。

第四十五条 具体行政行为有行政复议法第二十八条第一款第(三)项规定情形之一的,行政复议机关应当决定撤销、变更该具体行政行为或者确认该具体行政行为违法;决定撤销该具体行政行为或者确认该具体行政行为违法的,可以责令被申请人在一定期限内重新作出具体行政行为。

第四十六条 被申请人未依照行政复议法第二十三条的规定提出书面答复、提交当初作出具体行政行为的证据、依据和其他有关材料的,视为该具体行政行为没有证据、依据,行政复议机关应当决定撤销该具体行政行为。

第四十七条 具体行政行为有下列情形之一,行政复议机关可以决定变更:

(一)认定事实清楚,证据确凿,程序合法,但是明显不当或者适用依据错误的;

(二)认定事实不清,证据不足,但是经行政复议机关审理查明事实清楚,证据确凿的。

第四十八条 有下列情形之一的,行政复议机关应当决定驳回行政复议申请:

(一)申请人认为行政机关不履行法定职责申请行政复议,行政复议机关受理后发现该行政机关没有相应法定职责或者在受理前已经履行法定职责的;

(二)受理行政复议申请后,发现该行政复议申请不符合行政复议法和本条例规定的受理条件的。

上级行政机关认为行政复议机关驳回行政复议申请的理由不成立的,应当责令其恢复审理。

第四十九条 行政复议机关依照行政复议法第二十八条的规定责令被申请人重新作出具体行政行为的,被申请人应当在法律、法规、规章规定的期限内重新作出具体行政行为;法律、法规、规章未规定期限的,重新作出具体行政行为的期限为60日。

公民、法人或者其他组织对被申请人重新作出的具体行政行为不服,可以依法申请行政复议或者提起行政诉讼。

第五十条 有下列情形之一的,行政复议机关可以按照自愿、合法的原则进行调解:

(一)公民、法人或者其他组织对行政机关行使法律、法规规定的自由裁量权作出的具体行政行为不服申请行政复议的;

(二)当事人之间的行政赔偿或者行政补偿纠纷。

当事人经调解达成协议的,行政复议机关应当制作行政复议调解书。调解书应当载明行政复议请求、事实、理由和调解结果,并加盖行政复议机关印章。行政复议调解书经双方当事人签字,即具有法律效力。

调解未达成协议或者调解书生效前一方反悔的,行政复议机关应当及时作出行政复议决定。

第五十一条 行政复议机关在申请人的行政复议请求范围内,不得作出对申请人更为不利的行政复议决定。

第五十二条 第三人逾期不起诉又不履行行政复议决定的,依照行政复议法第三十三条的规定处理。

第五章 行政复议指导和监督

第五十三条 行政复议机关应当加强对行政复议工作的领导。

行政复议机构在本级行政复议机关的领导下,按照职责权限对行政复议工作进行督促、指导。

第五十四条 县级以上各级人民政府应当加强对所属工作部门和下级人民政府履行行政复议职责的监督。

行政复议机关应当加强对其行政复议机构履行行政复议职责的监督。

第五十五条 县级以上地方各级人民政府应当建立健全行政复议工作责任制,将行政复议工作纳入本级政府目标责任制。

第五十六条 县级以上地方各级人民政府应当按照职责权限,通过定期组织检查、抽查等方式,对所属工作部门和下级人民政府行政复议工作进行检查,并及时向有关方面反馈检查结果。

第五十七条 行政复议期间行政复议机关发现被申请人或者其他下级行政机关的相关行政行为违法或者需要做好善后工作的,可以制作行政复议意见书。有关机关应当自收到行政复议意见书之日起60日内将纠正相关行政违法行为或者做好善后工作的情况通报行政复议机构。

行政复议期间行政复议机构发现法律、法规、规章实施中带有普遍性的问题,可以制作行政复议建议书,向有关机关提出完善制度和改进行政执法的建议。

第五十八条 县级以上各级人民政府行政复议机构应当定期向本级人民政府提交行政复议工作状况分析报告。

第五十九条 下级行政复议机关应当及时将重大行政复议决定报上级行政复议机关备案。

第六十条 各级行政复议机构应当定期组织对行政复议人员进行业务培训,提高行政复议人员的专业素质。

第六十一条 各级行政复议机关应当定期总结行政复议工作,对在行政复议工作中做出显著成绩的单位和个人,依照有关规定给予表彰和奖励。

第六章 法律责任

第六十二条 被申请人在规定期限内未按照行政复议决定的要求重新作出具体行政行为,或者违反规定重新作出具体行政行为的,依照行政复议法第三十七条的规定追究法律责任。

第六十三条 拒绝或者阻挠行政复议人员调查取证、查阅、复制、调取有关文件和资料的,对有关责任人员依法给予处分或者治安处罚;构成犯罪的,依法追究刑事责任。

第六十四条 行政复议机关或者行政复议机构不履行行政复议法和本条例规定的行政复议职责,经有权监督的行政机关督促仍不改正的,对直接负责的主管人员和其他直接责任人员依法给予警告、记过、记大过的处分;造成严重后果的,依法给予降级、撤职、开除的处分。

第六十五条 行政机关及其工作人员违反行政复议法和本条例规定的,行政复议机构可以向人事、监察部门提出对有关责任人员的处分建议,也可以将有关人员违法的事实材料直接转送人事、监察部门处理;接受转送的人事、监察部门应当依法处理,并将处理结果通报转送的行政复议机构。

第七章 附 则

第六十六条 本条例自2007年8月1日起施行。

最高人民法院关于复议机关是否有权改变复议决定请示的答复

1. 2004年4月5日
2. 〔2004〕行他字第5号

贵州省高级人民法院:

你院〔2004〕黔高行终字第02号《关于吴睿锌诉

贵阳市人民政府撤销复议决定一案适用法律的请示》收悉。经研究认为:行政复议机关认为自己作出的已经发生法律效力的复议决定有错误,有权自行改变。因行政机关改变或者撤销其原行政行为给当事人造成损害的,行政机关应该承担相应的责任。

此复

最高人民法院行政审判庭关于行政机关颁发自然资源所有权或者使用权证的行为是否属于确认行政行为问题的答复

1. 2005年2月24日
2. 〔2005〕行他字第4号

甘肃省高级人民法院:

你院报送的《关于行政机关颁发土地、矿藏等自然资源所有权或者使用权证的行为是否属于确认具体行政行为的请示》收悉。经研究答复如下:

最高人民法院法释〔2003〕5号批复中的"确认",是指当事人对自然资源的权属发生争议后,行政机关对争议的自然资源的所有权或者使用权所作的确权决定。有关土地等自然资源所有权或者使用权的初始登记,属于行政许可性质,不应包括在行政确认范畴之内。据此,行政机关颁发自然资源所有权或者使用权证书的行为不属于复议前置的情形。

此复

最高人民法院关于行政复议机关受理行政复议申请后,发现复议申请不属于行政复议法规定的复议范围,复议机关作出终止行政复议决定的,人民法院如何处理的答复

1. 2005年6月3日
2. 〔2005〕行他字第11号

北京市高级人民法院:

你院京高法〔2005〕102号《关于国务院法制办公室对北京市人民政府法制办公室(关于终止审理余国玉复议案件的请示的复函)有关问题的请示》收悉。经研究,原则同意你院倾向性意见,即行政复议机关受理行政复议申请后,发现该行政复议申请不符合法定的行政复议范围,作出终止行政复议决定。当事人不服,向人民法院提起诉讼,人民法院经审查认为,该复议申请不属于行政复议范围的,可以依法驳回其诉讼请求。

最高人民法院行政审判庭关于谭永智不服甘肃省人民政府房产登记行政复议决定请示案的答复

1. 2011年7月12日
2. 〔2011〕行他字第26号

甘肃省高级人民法院:

你院《关于谭永智不服甘肃省人民政府房产登记行政复议决定一案的请示报告》收悉,经研究答复如下:

1. 根据《行政复议法》第十二条的规定,对县级以上地方各级人民政府工作部门的具体行政行为不服的,申请人既可以向该部门的本级人民政府申请行政复议,也可以向上一级主管部门申请行政复议。上级行政机关认为行政复议机关无正当理由不依法受理复议申请的,可以依据《中华人民共和国行政复议法》第二十条和《中华人民共和国行政复议法实施条例》第三十一条的规定,先行督促行政复议机关受理;经督促仍不受理的,应当责令行政复议机关限期受理,必要时上级行政机关也可以直接受理。

2. 公司的法定代表人应以在公司登记机关登记备案为准。经股东大会或者董事会任命的董事长虽未依法办理法定代表人登记手续,但在全体股东对股东大会或者董事会决议的合法性无异议的情况下,可以代表公司申请行政复议或提起诉讼。如其后的股东大会、董事会已经通过新的决议否定了对原董事长的任命,则原董事长无权代表公司申请复议或诉讼。公司股东对行政复议机关或人民法院受理原董事长的复议申请或起诉刊出异议后,行政复议机关或人民法院不应作出实体裁判,而应中止案件审理,要求相关当事人先行依法解决公司决议纠纷,明确公司代表权。

最高人民法院关于举报人对行政机关就举报事项作出的处理或者不作为行为不服是否具有行政复议申请人资格问题的答复

1. 2014年3月14日
2. 〔2013〕行他字第14号

辽宁省高级人民法院：

你院《关于李万珍等人是否具有复议申请人资格的请示报告》收悉，经研究答复如下：

根据《中华人民共和国行政复议法》第九条第一款、《行政复议法实施条例》第二十八条第（二）项规定，举报人为维护自身合法权益而举报相关违法行为人，要求行政机关查处，对行政机关就举报事项作出的处理或者不作为行为不服申请行政复议的，具有行政复议申请人资格。

此复

· 指导案例 ·

最高人民法院指导案例191号——刘彩丽诉广东省英德市人民政府行政复议案

（最高人民法院审判委员会讨论通过
2022年12月8日发布）

【关键词】

行政　行政复议　工伤认定　工伤保险责任

【裁判要点】

建筑施工企业违反法律、法规规定将自己承包的工程交由自然人实际施工，该自然人因工伤亡，社会保险行政部门参照《最高人民法院关于审理工伤保险行政案件若干问题的规定》第三条第一款有关规定认定建筑施工企业为承担工伤保险责任单位的，人民法院应予支持。

【相关法条】

《工伤保险条例》第15条

【基本案情】

2016年3月31日，朱展雄与茂名市茂南建安集团有限公司（以下简称建安公司）就朱展雄商住楼工程签订施工合同，发包人为朱展雄，承包人为建安公司。补充协议约定由建安公司设立工人工资支付专用账户，户名为陆海峰。随后，朱展雄商住楼工程以建安公司为施工单位办理了工程报建手续。案涉工程由梁某某组织工人施工，陆海峰亦在现场参与管理。施工现场大门、施工标志牌等多处设施的醒目位置，均标注该工程的承建单位为建安公司。另查明，建安公司为案涉工程投保了施工人员团体人身意外伤害保险，保险单载明被保险人30人，未附人员名单。2017年6月9日，梁某某与陆海峰接到英德市住建部门的检查通知，二人与工地其他人员在出租屋内等待检查。该出租屋系梁某某承租，用于工地开会布置工作和发放工资。当日15时许，梁某某被发现躺在出租屋内，死亡原因为猝死。

梁某某妻子刘彩丽向广东省英德市人力资源和社会保障局（以下简称英德市人社局）申请工伤认定。英德市人社局作出《关于梁某某视同工亡认定决定书》（以下简称《视同工亡认定书》），认定梁某某是在工作时间和工作岗位，突发疾病在四十八小时之内经抢救无效死亡，符合《工伤保险条例》第十五条第一款第一项规定的情形，视同因工死亡。建安公司不服，向广东省英德市人民政府（以下简称英德市政府）申请行政复议。英德市政府作出《行政复议决定书》，以英德市人社局作出的《视同工亡认定书》认定事实不清，证据不足，适用依据错误，程序违法为由，予以撤销。刘彩丽不服，提起诉讼，请求撤销《行政复议决定书》，恢复《视同工亡认定书》的效力。

【裁判结果】

广东省清远市中级人民法院于2018年7月27日作出（2018）粤18行初42号行政判决：驳回刘彩丽的诉讼请求。刘彩丽不服一审判决，提起上诉。广东省高级人民法院于2019年9月29日作出（2019）粤行终390号行政判决：驳回上诉，维持原判。刘彩丽不服二审判决，向最高人民法院申请再审。最高人民法院于2020年11月9日作出（2020）最高法行申5851号行政裁定，提审本案。2021年4月27日，最高人民法院作出（2021）最高法行再1号行政判决：一、撤销广东省高级人民法院（2019）粤行终390号行政判决；二、撤销广东省清远市中级人民法院（2018）粤18行初42号行政判决；三、撤销英德市政府作出的英府复决〔2018〕2

号《行政复议决定书》；四、恢复英德市人社局作出的英人社工认〔2017〕194 号《视同工亡认定书》的效力。

【裁判理由】

最高人民法院认为：

一、建安公司应作为承担工伤保险责任的单位

作为具备用工主体资格的承包单位，既然享有承包单位的权利，也应当履行承包单位的义务。在工伤保险责任承担方面，建安公司与梁某某之间虽未直接签订转包合同，但其允许梁某某利用其资质并挂靠施工，参照原劳动和社会保障部《关于确立劳动关系有关事项的通知》（劳社部发〔2005〕12 号）第四条、《人力资源和社会保障部关于执行〈工伤保险条例〉若干问题的意见》（人社部发〔2013〕34 号，以下简称《人社部工伤保险条例意见》）第七点规定以及《最高人民法院关于审理工伤保险行政案件若干问题的规定》（以下简称《工伤保险行政案件规定》）第三条第一款第四项、第五项规定精神，可由建安公司作为承担工伤保险责任的单位。

二、建安公司应承担梁某某的工伤保险责任

英德市政府和建安公司认为，根据法律的相关规定，梁某某是不具备用工主体资格的“包工头”，并非其招用的劳动者或聘用的职工，梁某某因工伤亡不应由建安公司承担工伤保险责任。对此，最高人民法院认为，将因工伤亡的“包工头”纳入工伤保险范围，赋予其享受工伤保险待遇的权利，由具备用工主体资格的承包单位承担用人单位依法应承担的工伤保险责任，符合工伤保险制度的建立初衷，也符合《工伤保险条例》及相关规范性文件的立法目的。

首先，建设工程领域具备用工主体资格的承包单位承担其违法转包、分包项目上因工伤亡职工的工伤保险责任，并不以存在法律上劳动关系或事实上劳动关系为前提条件。根据《人社部工伤保险条例意见》第七点规定、《工伤保险行政案件规定》第三条规定，为保障建筑行业中不具备用工主体资格的组织或自然人聘用的职工因工伤亡后的工伤保险待遇，加强对劳动者的倾斜保护和对违法转包、分包单位的惩戒，现行工伤保险制度确立了因工伤亡职工与承包单位之间推定形成拟制劳动关系的规则，即直接将违法转包、分包的承包单位视为用工主体，并由其承担工伤保险责任。

其次，将“包工头”纳入工伤保险范围，符合建筑工程领域工伤保险发展方向。根据《国务院办公厅关于促进建筑业持续健康发展的意见》（国办发〔2017〕19 号）、《人力资源社会保障部办公厅关于进一步做好建筑业工伤保险工作的通知》（人社厅函〔2017〕53 号）等规范性文件精神，要求完善符合建筑业特点的工伤保险参保政策，大力扩展建筑企业工伤保险参保覆盖面。即针对建筑行业的特点，建筑施工企业对相对固定的职工，应按用人单位参加工伤保险；对不能按用人单位参保、建筑项目使用的建筑业职工特别是农民工，按项目参加工伤保险。因此，为包括“包工头”在内的所有劳动者按项目参加工伤保险，扩展建筑企业工伤保险参保覆盖面，符合建筑工程领域工伤保险制度发展方向。

再次，将“包工头”纳入工伤保险对象范围，符合“应保尽保”的工伤保险制度立法目的。《工伤保险条例》关于“本单位全部职工或者雇工”的规定，并未排除个体工商户、“包工头”等特殊的用工主体自身也应当参加工伤保险。易言之，无论是工伤保险制度的建立本意，还是工伤保险法规的具体规定，均没有也不宜将“包工头”排除在工伤保险范围之外。“包工头”作为劳动者，处于违法转包、分包等行为利益链条的最末端，参与并承担着施工现场的具体管理工作，有的还直接参与具体施工，其同样可能存在工作时间、工作地点因工作原因而伤亡的情形。“包工头”因工伤亡，与其聘用的施工人员因工伤亡，就工伤保险制度和工伤保险责任而言，并不存在本质区别。如人为限缩《工伤保险条例》的适用范围，不将“包工头”纳入工伤保险范围，将形成实质上的不平等；而将“包工头”等特殊主体纳入工伤保险范围，则有利于实现对全体劳动者的倾斜保护，彰显社会主义工伤保险制度的优越性。

最后，“包工头”违法承揽工程的法律责任，与其参加社会保险的权利之间并不冲突。根据社会保险法第一条、第三十三条规定，工伤保险作为社会保险制度的一个重要组成部分，由国家通过立法强制实施，是国家对职工履行的社会责任，也是职工应该享受的基本权利。不能因为“包工头”违法承揽工程违反建筑领域法律规范，而否定其享受社会保险的权利。承包单位以自己的名义和资质承包建设项目，又由不具备资质条件的主体实际施工，从违法转包、分包或者挂靠中获取利益，由其承担相应的工伤保险责任，符合公平正

义理念。当然,承包单位依法承担工伤保险责任后,在符合法律规定的情况下,可以依法另行要求相应责任主体承担相应的责任。

(4)公安行政案件法律适用

最高人民法院行政审判庭关于出售淫秽物品如何计算追溯期限问题的电话答复

1991年8月21日

四川省高级人民法院:

你院川法研〔1991〕30号《关于出售淫秽物品如何计算追溯期限问题的请示》收悉。经研究答复如下:

原则上同意你院的意见。

一、行为人"将淫秽物品出售他人后",应当视为其违法行为已经终了。"致使淫秽物品接连不断地在社会上转卖、复制、传播",只能作为其违法行为的情节(即所造成的后果)来考虑,而不能视为连续或继续状态。

二、根据《治安管理处罚条例》第十八条之规定,违反治安管理处罚条例的行为,只要超过法定追溯期限,即不能追究行为人的法律责任。

此复

最高人民法院行政审判庭关于乡治安室工作人员执行职务中故意伤害当事人造成的损害乡人民政府应否承担责任问题的电话答复

1. 1991年10月10日
2. 法研(1991)45号

四川省高级人民法院:

你院川法研(1991)45号《关于乡治安室工作人员执行职务中故意伤害当事人造成的损害乡人民政府应否承担赔偿责任的请示》收悉。经研究,同意你们的第二种意见。

附:

四川省高级人民法院关于乡治安室工作人员执行职务中故意伤害当事人造成的损害乡人民政府应否承担赔偿责任的请示

1. 1991年9月20日
2. 川法研〔1991〕45号

最高人民法院:

我省一些地方乡治安室工作人员在执行治安管理职务中故意伤害当事人的案件时有发生,有的被打致残,此类损害,乡人民政府应否承担赔偿责任的问题,有关部门和法院内部认识不够统一,我们讨论中,提出了三种意见:

第一种意见认为,乡治安室受乡政府领导、在公安派出所指导下负责管理辖区内的治安工作,其工作人员在执行治安管理职务中违法乱纪打伤当事人,不属正当履行职务造成的损害,应由行为人承担赔偿责任,乡政府不承担赔偿责任。

第二种意见认为,行政诉讼法第六十八条规定:"行政机关或者行政机关工作人员作出的具体行政行为侵犯公民、法人或者其他组织的合法权益造成损害的,由该行政机关或者该行政机关工作人员所在的行政机关负责赔偿。"根据这一规定,乡政府应承担治安室工作人员侵权造成损失的赔偿责任。乡政府赔偿损失后,可视情况责令行为人承担部分或者全部赔偿费用。

第三种意见认为,治安室工作人员在执行治安管理职务中违法乱纪打伤当事人,不属具体行政行为造成的损害,而属于执行职务中造成的民事侵权损害。民法通则第一百二十一条规定:"国家机关或者国家机关工作人员在执行职务中,侵犯公民、法人的合法权益造成损害的,应承担民事责任。"根据这一规定,乡政府应承担民事赔偿责任。

我们倾向于第二种意见,当否,请批复。

最高人民法院对甘肃省高级人民法院〔2003〕甘行终字第98号请示的答复

1. 2004年7月15日
2. 〔2004〕行他字第10号

甘肃省高级人民法院：

你院〔2003〕甘行终字第98号《关于胡起立不服甘肃省公安厅少年收容教养决定上诉一案的请示》已收悉。经研究，答复如下：

《刑法》第十七条第四款关于"因不满十六周岁不予刑事处罚的……；在必要的时候，可以由政府收容教养"的规定，适用于因不满十四周岁不予刑事处罚的情形。

此复

（5）道路、交通行政案件法律适用

最高人民法院行政审判庭关于公安部《道路交通事故处理程序规定》第二十八条与国务院《道路交通事故处理办法》第十三条如何适用问题的复函

1. 1997年3月7日
2. 〔1996〕法行字第19号

江西省高级人民法院：

你院赣高法行〔1996〕10号《关于审理交通事故扣押财产行政案件适用法律问题的请示》收悉。经研究，并征求国务院法制局的意见，答复如下：

同意你院的第一种意见，即此类案件应适用国务院《道路交通事故处理办法》的规定。

此复

最高人民法院行政审判庭对河南省高级人民法院《关于应泽忠诉西峡县交通局行政强制措施案的法律问题的请示》的答复意见

1. 1998年12月27日
2. 〔1998〕行他字第23号

河南省高级人民法院：

你院《关于应泽忠诉西峡县交通局行政强制措施案件的法律问题的请示》收悉。经研究，同意你院的倾向性意见，即在审理应泽忠诉河南省西峡县交通局行政强制措施一案中，应执行《中华人民共和国公路法》的有关规定。

最高人民法院行政审判庭关于对广西壮族自治区高级人民法院《关于审理广东省雷州市外经公司凯华食品厂、刘秋海和冯昌炳不服广西北海市银海区公安交通警察大队暂扣汽车及其行驶证一案有关问题的请示》答复意见

1. 1999年2月2日
2. 〔1999〕行他字第2号

广西壮族自治区高级人民法院：

你院《关于审理广东省雷州市外经公司凯华食品厂、刘秋海和冯昌炳不服广西北海市银海区公安交通警察大队暂扣汽车及其行驶证一案有关问题的请示》收悉，经研究，现就请示中的第一个问题答复如下：

关于被上诉人广西北海市银海区公安交通警察大队开具暂扣凭证和将车辆及行驶证扣押的行为能否当作两种行为看待的问题，我们原则同意你院审判委员会的第二种意见，即不应将开具暂扣凭证和将车辆及行驶证暂扣的行为看成是性质不同的两种行为，开具暂扣凭证和将车辆及行驶证暂扣的行为是一种强制措施行为。

请示中的其他问题,请你院根据案件的具体情况,依法处理。

最高人民法院关于对审理农用运输车行政管理纠纷案件应当如何适用法律问题的答复

1. 2000年2月29日

2. 法行〔1999〕第14号

河南省高级人民法院:

你院〔1999〕豫法行请字第1号"关于审理农用运输车行政管理纠纷案件应当如何适用法律的请示报告"收悉。经研究,答复如下:机动车道路交通应当由公安机关实行统一管理;作为机动车一种的农用运输车,其道路交通管理包括检验、发牌和驾驶员考核、发证等,也应当由公安机关统一负责。人民法院审理农用运输车行政管理纠纷案件,涉及相关行政管理职权的,应当适用《中华人民共和国道路交通管理条例》和《国务院关于改革道路交通管理体制的通知》和有关规定。

此复

最高人民法院关于对人民法院审理公路交通行政案件如何适用法律问题的答复

1. 2001年2月1日

2. 〔1999〕行他字第29号

广西壮族自治区高级人民法院:

你院〔1999〕桂行请字第60号《关于张仕红不服隆林县交通局暂扣车辆一案适用法律问题的请示》收悉。经研究,答复如下:

人民法院审理公路交通行政案件涉及地方性法规对交通部门暂扣运输车辆的规定与《中华人民共和国公路法》有关规定不一致的,应当适用《中华人民共和国公路法》的有关规定。

最高人民法院关于经销商对分期付款保留所有权的车辆应否承担缴纳养路费义务问题的答复

1. 2006年4月6日

2. 〔2005〕行他字第18号

山西省高级人民法院:

你院〔2005〕晋法行字第3号《关于对分期付款保留所有权的车辆经销商应否承担缴纳养路费义务问题的请示》收悉。经研究,答复如下:

原则同意你院第一种意见。《公路养路费征收管理规定》第四条和《山西省公路养路费征收管理规定》第二条的规定,车辆的所有权人应当依照有关规定缴纳养路费。

最高人民法院关于公安交警部门能否以交通违章行为未处理为由不予核发机动车检验合格标志问题的答复

1. 2008年11月17日

2. 〔2007〕行他字第20号

湖北省高级人民法院:

你院鄂高法〔2007〕鄂行他字第3号《关于公安交警部门能否以交通违章行为未处理为由不予核发机动车检验合格标志问题的请示》收悉。经研究答复如下:

《道路交通安全法》第十三条对机动车进行安全技术检验所需提交的单证及机动车安全技术检验合格标志的发放条件作了明确规定:"对提供机动车行驶证和机动车第三者责任强制保险单的,机动车安全技术检验机构应当予以检验,任何单位不得附加其他条件。对符合机动车国家安全技术标准的,公安机关交通管理部门应当发给检验合格标志。"法律的规定是清楚的,应当依照法律的规定执行。

此复

最高人民法院关于交通警察支队的下属大队能否作为行政处罚主体等问题的答复

1. 2009年12月2日
2. 〔2009〕行他字第9号

山东省高级人民法院：

你院《关于郭玉文诉烟台市公安局交通警察支队第二大队道路交通行政处罚案适用法律问题的请示》收悉。经研究，答复如下：

一、根据《中华人民共和国道路交通安全法实施条例》第一百零九条第一款"对道路交通安全违法行为人处以罚款或者暂扣驾驶证处罚的，由违法行为发生地的县级以上人民政府公安机关交通管理部门或者相当于同级的公安机关交通管理部门作出决定"的规定，如果烟台市公安局交通警察支队下设的大队相当于县级公安机关交通管理部门，其可以以自己名义作出处罚决定。

二、《中华人民共和国道路交通安全法》第一百零七条的规定与《中华人民共和国行政处罚法》第三十三条的规定不一致。前者属于特别规定，后者属于一般规定。根据《立法法》第八十三条的规定，可以适用《中华人民共和国道路交通安全法》第一百零七条规定的简易程序作出行政处罚决定。

三、本案的行政处罚行为作出时间是在违法行为发生后将近一年，地点并不在违法行为发生地，故不属于当场处罚。

此复

最高人民法院关于安监部门是否有权适用《安全生产法》及《生产安全事故报告和调查处理条例》对道路交通安全问题予以行政处罚及适用法律问题的答复

1. 2010年10月27日
2. 〔2010〕行他字第12号

湖北省高级人民法院：

根据《安全生产法》第二条规定，《道路交通安全法》等法律、行政法规对道路交通安全有关问题有特别规定的，应当适用特别规定。没有特别规定的，安监部门可以适用《安全生产法》和《生产安全事故报告和调查处理条例》的规定处理。

运输企业违反《安全生产法》第二十一条规定的，安监部门可以适用《安全生产法》第八十二条第三款予以处罚。未履行安全生产教育和培训义务不是发生交通事故直接原因的，安监部门适用《生产安全事故报告和调查处理条例》第三十七条对相关运输企业实施行政处罚不妥。

· 指导案例 ·

最高人民法院指导案例89号——"北雁云依"诉济南市公安局历下区分局燕山派出所公安行政登记案

（最高人民法院审判委员会讨论通过
2017年11月15日发布）

【关键词】

行政　公安行政登记　姓名权　公序良俗　正当理由

【裁判要点】

公民选取或创设姓氏应当符合中华传统文化和伦理观念。仅凭个人喜好和愿望在父姓、母姓之外选取其他姓氏或者创设新的姓氏，不属于全国人民代表大会常务委员会《关于〈中华人民共和国民法通则〉第九十九条第一款、〈中华人民共和国婚姻法〉第二十二条的解释》第二款第三项规定的"有不违反公序良俗的其他正当理由"。

【相关法条】

《中华人民共和国民法通则》第99条第1款

《中华人民共和国婚姻法》第22条

全国人民代表大会常务委员会《关于〈中华人民共和国民法通则〉第九十九条第一款、〈中华人民共和国婚姻法〉第二十二条的解释》

【基本案情】

原告"北雁云依"法定代理人吕晓峰诉称：其妻张瑞峥在医院产下一女取名"北雁云依"，并办理了出生证明和计划生育服务手册新生儿落户备查登记。为女儿办理户口登记时，被告济南市公安局历下区分局燕山派出所（以下简称“燕山派出所”）不予上户口。理由是孩子姓氏必须随父姓或母姓，即姓“吕”或姓“张”。根据《中华人民共和国婚姻法》（以下简称《婚姻法》）和《中华人民共和国民法通则》（以下简称《民法通则》）关于姓名权的规定，请求法院判令确认被告拒绝以“北雁云依”为姓名办理户口登记的行为违法。

被告燕山派出所辩称：依据法律和上级文件的规定不按“北雁云依”进行户口登记的行为是正确的。《民法通则》规定公民享有姓名权，但没有具体规定。而2009年12月23日最高人民法院举行新闻发布会，关于夫妻离异后子女更改姓氏问题的答复中称，《婚姻法》第二十二条是我国法律对子女姓氏问题作出的专门规定，该条规定子女可以随父姓，可以随母姓，没有规定可以随第三姓。行政机关应当依法行政，法律没有明确规定的行为，行政机关就不能实施，原告和行政机关都无权对法律作出扩大化解释，这就意味着子女只有随父姓或者随母姓两种选择。从另一个角度讲，法律确认姓名权是为了使公民能以文字符号即姓名明确区别于他人，实现自己的人格和权利。姓名权和其他权利一样，受到法律的限制而不可滥用。新生婴儿随父姓、随母姓是中华民族的传统习俗，这种习俗标志着血缘关系，随父姓或者随母姓，都是有血缘关系的，可以在很大程度上避免近亲结婚，但是姓第三姓，则与这种传统习俗、与姓的本意相违背。全国各地公安机关在执行《婚姻法》第二十二条关于子女姓氏的问题上，标准都是一致的，即子女应当随父姓或者随母姓。综上所述，拒绝原告法定代理人以“北雁云依”的姓名为原告申报户口登记的行为正确，恳请人民法院依法驳回原告的诉讼请求。

法院经审理查明：原告“北雁云依”出生于2009年1月25日，其父亲名为吕晓峰，母亲名为张瑞峥。因酷爱诗词歌赋和中国传统文化，吕晓峰、张瑞峥夫妇二人决定给爱女起名为“北雁云依”，并以“北雁云依”为名办理了新生儿出生证明和计划生育服务手册新生儿落户备查登记。2009年2月，吕晓峰前往燕山派出所为女儿申请办理户口登记，被民警告知拟被登记人员的姓氏应当随父姓或者母姓，即姓“吕”或者“张”，否则不符合办理出生登记条件。因吕晓峰坚持以“北雁云依”为姓名为女儿申请户口登记，被告燕山派出所遂依照《婚姻法》第二十二条之规定，于当日作出拒绝办理户口登记的具体行政行为。

该案经过两次公开开庭审理，原告“北雁云依”法定代理人吕晓峰在庭审中称：其为女儿选取的“北雁云依”之姓名，“北雁”是姓，“云依”是名。

因案件涉及法律适用问题，需送请有权机关作出解释或者确认，该案于2010年3月11日裁定中止审理，中止事由消除后，该案于2015年4月21日恢复审理。

【裁判结果】

济南市历下区人民法院于2015年4月25日作出（2010）历行初字第4号行政判决：驳回原告“北雁云依”要求确认被告燕山派出所拒绝以“北雁云依”为姓名办理户口登记行为违法的诉讼请求。

一审宣判并送达后，原被告双方均未提出上诉，本判决已发生法律效力。

【裁判理由】

法院生效裁判认为：2014年11月1日，第十二届全国人民代表大会常务委员会第十一次会议通过了全国人民代表大会常务委员会《关于〈中华人民共和国民法通则〉第九十九条第一款、〈中华人民共和国婚姻法〉第二十二条的解释》。该立法解释规定：“公民依法享有姓名权。公民行使姓名权，还应当尊重社会公德，不得损害社会公共利益。公民原则上应当随父姓或者母姓。有下列情形之一的，可以在父姓和母姓之外选取姓氏：（一）选取其他直系长辈血亲的姓氏；（二）因由法定扶养人以外的人抚养而选取抚养人姓氏；（三）有不违反公序良俗的其他正当理由。少数民族公民的姓氏可以从本民族的文化传统和风俗习惯。”

本案不存在选取其他直系长辈血亲姓氏或者选取法定扶养人以外的抚养人姓氏的情形，案件的焦点就在于原告法定代理人吕晓峰提出的理由是否符合上述立法解释第二款第三项规定的“有不违反公序良俗的其他正当理由”。首先，从社会管理和发展的角度，子女承袭父母姓氏有利于提高社会管理效率，便于管理机关和其他社会成员对姓氏使用人的主要社会关系进行初步判断。倘若允许随意选取姓氏甚至恣意创造姓氏，则会增加社会管理成本，不利于社会和他人，不利于维护社会秩序和实现社会的良性管控，而且极易使社会管理出现混乱，增加社会管理的风险性和不确定性。其次,公民选取姓氏涉及公序良俗。在中华传统文化中,"姓名"中的"姓",即姓氏,主要来源于客观上的承袭,系先祖所传,承载了对先祖的敬重、对家庭的热爱等,体现着血缘传承、伦理秩序和文化传统。而"名"则源于主观创造,为父母所授,承载了个人喜好、人格特征、长辈愿望等。公民对姓氏传承的重视和尊崇,不仅仅体现了血缘关系、亲属关系,更承载着丰富的文化传统、伦理观念、人文情怀,符合主流价值观念,是中华民族向心力、凝聚力的载体和镜像。公民原则上随父姓或者母姓,符合中华传统文化和伦理观念,符合绝大多数公民的意愿和实际做法。反之,如果任由公民仅凭个人意愿喜好,随意选取姓氏甚至自创姓氏,则会造成对文化传统和伦理观念的冲击,违背社会善良风俗和一般道德要求。最后,公民依法享有姓名权,公民行使姓名权属于民事活动,既应当依照《民法通则》第九十九条第一款和《婚姻法》第二十二条的规定,还应当遵守《民法通则》第七条的规定,即应当尊重社会公德,不得损害社会公共利益。通常情况下,在父姓和母姓之外选取姓氏的行为,主要存在于实际抚养关系发生变动、有利于未成年人身心健康、维护个人人格尊严等情形。本案中,原告"北雁云依"的父母自创"北雁"为姓氏、选取"北雁云依"为姓名给女儿办理户口登记的理由是"我女儿姓名'北雁云依'四字,取自四首著名的中国古典诗词,寓意父母对女儿的美好祝愿"。此理由仅凭个人喜好愿望并创设姓氏,具有明显的随意性,不符合立法解释第二款第三项的情形,不应给予支持。

最高人民法院指导案例90号
——贝汇丰诉海宁市公安局交通警察大队道路交通管理行政处罚案

(最高人民法院审判委员会讨论通过
2017年11月15日发布)

【关键词】

行政　行政处罚　机动车让行　正在通过人行横道

【裁判要点】

礼让行人是文明安全驾驶的基本要求。机动车驾驶人驾驶车辆行经人行横道,遇行人正在人行横道通行或者停留时,应当主动停车让行,除非行人明确示意机动车先通过。公安机关交通管理部门对不礼让行人的机动车驾驶人依法作出行政处罚的,人民法院应予支持。

【相关法条】

《中华人民共和国道路交通安全法》第47条第1款

【基本案情】

原告贝汇丰诉称:其驾驶浙F1158J汽车(以下简称"案涉车辆")靠近人行横道时,行人已经停在了人行横道上,故不属于"正在通过人行横道"。而且,案涉车辆经过的西山路系海宁市主干道路,案发路段车流很大,路口也没有红绿灯,如果只要人行横道上有人,机动车就停车让行,会在很大程度上影响通行效率。所以,其可以在确保通行安全的情况下不停车让行而直接通过人行横道,故不应该被处罚。海宁市公安局交通警察大队(以下简称"海宁交警大队")作出的编号为3304811102542425的公安交通管理简易程序处罚决定违法。贝汇丰请求:撤销海宁交警大队作出的行政处罚决定。

被告海宁交警大队辩称:行人已经先于原告驾驶的案涉车辆进入人行横道,而且正在通过,案涉车辆应当停车让行;如果行人已经停在人行横道上,机动车驾驶人可以示意行人快速通过,行人不走,机动车才可以通过;否则,构成违法。对贝汇丰作出的行政处罚决定事实清楚,证据确实充分,适用法律正确,程序合法,请求判决驳回贝汇丰的诉讼请求。

法院经审理查明:2015年1月31日,贝汇丰驾驶案涉车辆沿海宁市西山路行驶,遇行人正在通过人行横道,未停车让行。海宁交警大队执法交警当场将案涉车辆截停,核实了贝汇丰的驾驶员身份,适用简易程序向贝汇丰口头告知了违法行为的基本事实、拟作出的行政处罚、依据及其享有的权利等,并在听取贝汇丰的陈述和申辩后,当场制作并送达了公安交通管理简易程序处罚决定书,给予贝汇丰罚款100元,记3分。贝汇丰不服,于2015年2月13日向海宁市人民政府申请行政复议。3月27日,海宁市人民政府作出行政复议决定书,维持了海宁交警大队作出的处罚决定。贝汇丰收到行政复议决定书后于2015年4月14日起诉至海宁市人民法院。

【裁判结果】

浙江省海宁市人民法院于2015年6月11日作出(2015)嘉海行初字第6号行政判决:驳回贝汇丰的诉讼请求。宣判后,贝汇丰不服,提起上诉。浙江省嘉兴市中级人民法院于2015年9月10日作出(2015)浙嘉行终字第52号行政判决:驳回上诉,维持原判。

【裁判理由】

法院生效裁判认为:首先,人行横道是行车道上专供行人横过的通道,是法律为行人横过道路时设置的保护线,在没有设置红绿灯的道路路口,行人有从人行横道上优先通过的权利。机动车作为一种快速交通运输工具,在道路上行驶具有高度的危险性,与行人相比处于强势地位,因此必须对机动车在道路上行驶时给予一定的权利限制,以保护行人。其次,认定行人是否"正在通过人行横道"应当以特定时间段内行人一系列连续行为为标准,而不能以某个时间点行人的某个特定动作为标准,特别是在该特定动作不是行人在自由状态下自由地做出,而是由于外部的强力原因迫使其不得不做出的情况下。案发时,行人以较快的步频走上人行横道线,并以较快的速度接近案发路口的中央位置,当看到贝汇丰驾驶案涉车辆朝自己行走的方向驶来,行人放慢了脚步,以确认案涉车辆是否停下来,但并没有停止脚步,当看到案涉车辆没有明显减速且没有停下来的趋势时,才为了自身安全不得不停下脚步。如果此时案涉车辆有明显减速并停止行驶,则行人肯定会连续不停止地通过路口。可见,在案发时间段内行人的一系列连续行为充分说明行人"正在通过人行横道"。最后,机动车和行人穿过没有设置红绿灯的道路路口属于一个互动的过程,任何一方都无法事先准确判断对方是否会停止让行,因此处于强势地位的机动车在行经人行横道遇行人通过时应当主动停车让行,而不应利用自己的强势迫使行人停步让行,除非行人明确示意机动车先通过,这既是法律的明确规定,也是保障作为弱势一方的行人安全通过马路、减少交通事故、保障生命安全的现代文明社会的内在要求。综上,贝汇丰驾驶机动车行经人行横道时遇行人正在通过而未停车让行,违反了《中华人民共和国道路交通安全法》第四十七条的规定。海宁交警大队根据贝汇丰的违法事实,依据法律规定的程序在法定的处罚范围内给予相应的行政处罚,事实清楚,程序合法,处罚适当。

·典型案例·

廖宗荣诉重庆市公安局交通管理局第二支队道路交通管理行政处罚决定案

【裁判摘要】

一、依照道路交通安全法第八十七条规定,交通警察执行职务时,对所在辖区内发现的道路安全违法行为,有权及时纠正。交通警察对违法行为所作陈述如果没有相反证据否定其客观真实性,且没有证据证明该交通警察与违法行为人之间存在利害关系,交通警察的陈述应当作为证明违法行为存在的优势证据。

二、交通警察一人执法时,对违法行为人当场给予200元以下罚款,符合道路交通安全法关于依法管理,方便群众,保障道路交通有序、安全、畅通的原则和该法第一百零七条规定,也符合《道路交通安全违法行为处理程序规定》第八条规定,是合法的具体行政行为。

原告:廖宗荣,男,36岁,无业,住重庆市渝中区峨岭正街。

被告:重庆市公安局交通管理局第二支队,住所地:重庆市渝中区体育路。

负责人:蒋清国,该支队队长。

原告廖宗荣因不服被告重庆市公安局交通管理局第二支队(以下简称交警二支队)对其作出的交通管理行政处罚决定,向重庆市渝中区人民法院提起行政诉讼。

原告廖宗荣诉称:被告交警二支队的一名交通警察拦住正常行车的原告,说原告驾车违章掉头。原告当即申辩"没有违章掉头,你一个人躲在树林后面看不清楚",但该警察不听申辩,当场制作编号为10001750516号的《重庆市公安局交通管理局公安交通管理简易程序处罚决定书》(以下简称516号处罚决定书),决定对原告处以罚款200元。原告不服,向重庆市公安局申请行政复议,重庆市公安局维持了516号处罚决定书。《中华人民共和国行政处罚法》(以下简称行政处罚法)第三十条规定:"公民、法人或者其他组织违反行政管理秩序的行为，依法应当给予行政处罚的，行政机关必须查明事实；违法事实不清的，不得给予行政处罚。”第三十二条第一款规定：“当事人有权进行陈述和申辩。行政机关必须充分听取当事人的意见，对当事人提出的事实、理由和证据，应当进行复核；当事人提出的事实、理由或者证据成立的，行政机关应当采纳。”第三十三条规定：“违法事实确凿并有法定依据，对公民处以五十元以下、对法人或者其他组织处以一千元以下罚款或者警告的行政处罚的，可以当场作出行政处罚决定。”第三十六条规定：“除本法第三十三条规定的可以当场作出的行政处罚外，行政机关发现公民、法人或者其他组织有依法应当给予行政处罚的行为的，必须全面、客观、公正地调查，收集有关证据；必要时，依照法律、法规的规定，可以进行检查。”第三十七条第一款规定：“行政机关在调查或者进行检查时，执法人员不得少于两人，并应当向当事人或者有关人员出示证件。当事人或者有关人员应当如实回答询问，并协助调查或者检查，不得阻挠。询问或者检查应当制作笔录。”第四十二条规定：“行政机关作出责令停产停业、吊销许可证或者执照、较大数额罚款等行政处罚决定之前，应当告知当事人有要求举行听证的权利；当事人要求听证的，行政机关应当组织听证。”516 号处罚决定书是一名交通警察在不听当事人申辩，仅凭个人主观臆断的情况下作出的，事实不清且没有证据。该处罚决定书的内容是当场决定对原告罚款 200 元，突破了当场只能处 50 元以下罚款的法律规定，因而是错误的行政处罚决定。为了弄清事实真相，维护原告合法权益，同时为了纠正交通警察的违法行政行为和促进被告严格依法行政，特提起行政诉讼，请求判令撤销 516 号处罚决定书。

原告廖宗荣提交以下证据：

1. 交通违章缴款单，用以证明原告虽不服 516 号处罚决定，但仍依法缴纳了 200 元罚款。

2. 行政复议决定书，用以证明原告在法定时间内提起行政诉讼。

被告交警二支队辩称：我支队交通警察陶祖坤着制服执勤过程中，发现原告廖宗荣违反《中华人民共和国道路交通安全法》（以下简称道路交通安全法）第三十八条规定，在明确标志禁止左转弯的路口驾车左转弯，即将其拦停，礼貌地请其出示驾驶执照，并指出其违法事实，告知将对其处以罚款 200 元，以及处罚的依据和其依法应享有的权利，然后才填写 516 号处罚决定书。原告拒不承认违法事实，拒绝在处罚决定书上签字。陶祖坤亦将此情形注明在处罚决定书上，然后将处罚决定书的当事人联交给原告。陶祖坤的执法行为符合《道路交通安全违法行为处罚程序规定》第七条、第八条规定，向原告出具的 516 号处罚决定书认定事实清楚、适用法律正确、程序合法，应当维持。

被告交警二支队提交以下证据：

1. 516 号处罚决定书一份，用以证明原告廖宗荣存在交通违法行为；

2. 陶祖坤的书面陈述一份，用以证明原告违法行车及交通警察纠正违法的经过；

3. 道路交通安全法、《中华人民共和国道路交通安全法实施条例》、《道路交通安全违法行为处罚程序规定》，用以证明被告实施处罚的法律依据。

经质证、认证，重庆市渝中区人民法院查明：

2005 年 7 月 26 日 8 时 30 分，原告廖宗荣驾驶车牌号为渝 AA4760 的小轿车，沿滨江路向上清寺方向行驶。在大溪沟滨江路口，被告交警二支队的执勤交通警察陶祖坤示意原告靠边停车。陶祖坤向廖宗荣敬礼后，请廖宗荣出示驾驶执照，指出廖宗荣在大溪沟嘉陵江滨江路加油（气）站的道路隔离带缺口处，无视禁止左转弯交通标志违规左转弯。廖宗荣申辩自己未左转弯，警察未看清楚。陶祖坤认为廖宗荣违反禁令标志行车的事实是清楚的，其行为已违反道路交通安全法的规定，依法应受处罚，遂向廖宗荣出具 516 号处罚决定书。廖宗荣拒不承认违法事实，拒绝在处罚决定书上签字，陶祖坤均在 516 号处罚决定书上注明，并将该处罚决定书的当事人联交给廖宗荣。廖宗荣不服 516 号处罚决定书，向重庆市公安局申请行政复议。2005 年 9 月 13 日，重庆市公安局作出行政复议决定，维持了 516 号处罚决定书。廖宗荣仍不服，遂提起本案行政诉讼。

本案争议焦点是：交通警察一人执法时的证据效力如何认定？交通警察一人执法时当场给予行政管理相对人罚款 200 元的行政处罚，是否合法？

重庆市渝中区人民法院认为：

一、道路交通安全法第五条规定：“县级以上地方各级人民政府公安机关交通管理部门负责本行政区域内的道路交通安全管理工作。”第八十七条规定：“公安机关交通管理部门及其交通警察对道路交通安全违法行为,应当及时纠正。”根据上述规定,对辖区内的道路交通安全进行管理,是被告交警二支队的法定职责。陶祖坤作为交警二支队派遣执行勤务的交通警察,对在辖区内发生的道路安全违法行为,有权力及时纠正。根据陶祖坤陈述,2005年7月26日8时30分,原告廖宗荣驾驶车牌号为渝AA4760的小轿车,在大溪沟嘉陵江滨江路加油(气)站的道路隔离带缺口处,无视禁止左转弯交通标志违规驾车左转弯。经查,大溪沟嘉陵江滨江路加油(气)站道路隔离带确实有一缺口,此处确实树立着禁止左转弯的交通标志,而且2005年7月26日8时许廖宗荣确实驾车途经此处。对廖宗荣是否在此处违反禁令左转弯,虽然只有陶祖坤一人的陈述证实,但只要陶祖坤是依法执行公务的人员,其陈述的客观真实性得到证实,且没有证据证明陶祖坤与廖宗荣之间存在利害关系,陶祖坤一人的陈述就是证明廖宗荣有违反禁令左转弯行为的优势证据,应当作为认定事实的根据。

二、行政处罚法确实有当场对公民作出的罚款只能在50元以下,行政机关调查或者检查时执法人员不得少于两人的规定。但行政处罚法制定于1996年,此后的2003年10月28日,第十届全国人民代表大会常务委员会第五次会议通过了道路交通安全法。道路交通安全法第一条规定:“为了维护道路交通秩序,预防和减少交通事故,保护人身安全,保护公民、法人和其他组织的财产安全及其他合法权益,提高通行效率,制定本法。”说明该法是处理道路交通安全问题的专门法律。为了落实道路交通安全法,国务院于2004年4月28日颁布了《中华人民共和国道路交通安全法实施条例》,公安部也于2004年4月30日发布了《道路交通安全违法行为处理程序规定》。一切因道路交通安全管理产生的社会关系,应当纳入上述法律、行政法规和规章的调整范畴。

道路交通安全管理具有其特殊性。道路上的交通违法行为一般都是瞬间发生,对这些突发的交通违法行为如果不及时纠正,就会埋下交通安全隐患,甚至当即引发交通安全事故,破坏道路交通安全秩序。但要及时纠正这些突发的交通违法行为,则会面临取证难题。交通警察发现交通违法行为后应当及时纠正,如果必须先取证再纠正违法,则可能既无法取得足够的证据,也无法及时纠正违法行为,甚至还可能在现场影响车辆、行人的通行。考虑到上述因素,为了遵循道路交通安全法第三条确立的依法管理,方便群众,保障道路交通有序、安全、畅通的原则,道路交通安全法第七十九条规定:“公安机关交通管理部门及其交通警察实施道路交通安全管理,应当依据法定的职权和程序,简化办事手续,做到公正、严格、文明、高效。”第一百零七条规定:“对道路交通违法行为人予以警告、二百元以下的罚款,交通警察可以当场作出行政处罚决定,并出具行政处罚决定书。”《道路交通安全违法行为处理程序规定》第八条规定:“公安机关交通管理部门按照简易程序作出处罚决定的,可以由一名交通警察实施。”因此,交通警察一人执法时,当场给予行政管理相对人罚款200元的行政处罚,是合法的具体行政行为。

综上所述,原告廖宗荣违反禁令行车的事实可以认定。被告交警二支队的执勤交通警察当场作出516号处罚决定书,决定对廖宗荣的违法行为给予罚款200元的行政处罚,适用法律正确,符合法定程序,依法应予维持。廖宗荣的诉讼请求不能成立,不予支持。据此,重庆市渝中区人民法院依照《中华人民共和国行政诉讼法》第五十四条第(一)项规定,于2006年8月22日判决:

维持被告交警二支队作出的516号处罚决定书。

一审宣判后,双方当事人在法定期限内均未提出上诉,一审判决发生法律效力。

(6)劳动、社会保障行政案件法律适用

工伤保险条例

1. 2003年4月27日国务院令第375号公布
2. 根据2010年12月20日国务院令第586号《关于修改〈工伤保险条例〉的决定》修订

第一章 总 则

第一条 为了保障因工作遭受事故伤害或者患职业病的职工获得医疗救治和经济补偿,促进工伤预防和职业康复,分散用人单位的工伤风险,制定本条例。

第二条 中华人民共和国境内的企业、事业单位、社会团体、民办非企业单位、基金会、律师事务所、会计师事务所等组织和有雇工的个体工商户(以下称用人

单位)应当依照本条例规定参加工伤保险,为本单位全部职工或者雇工(以下称职工)缴纳工伤保险费。

中华人民共和国境内的企业、事业单位、社会团体、民办非企业单位、基金会、律师事务所、会计师事务所等组织的职工和个体工商户的雇工,均有依照本条例的规定享受工伤保险待遇的权利。

第三条 工伤保险费的征缴按照《社会保险费征缴暂行条例》关于基本养老保险费、基本医疗保险费、失业保险费的征缴规定执行。

第四条 用人单位应当将参加工伤保险的有关情况在本单位内公示。

用人单位和职工应当遵守有关安全生产和职业病防治的法律法规,执行安全卫生规程和标准,预防工伤事故发生,避免和减少职业病危害。

职工发生工伤时,用人单位应当采取措施使工伤职工得到及时救治。

第五条 国务院社会保险行政部门负责全国的工伤保险工作。

县级以上地方各级人民政府社会保险行政部门负责本行政区域内的工伤保险工作。

社会保险行政部门按照国务院有关规定设立的社会保险经办机构(以下称经办机构)具体承办工伤保险事务。

第六条 社会保险行政部门等部门制定工伤保险的政策、标准,应当征求工会组织、用人单位代表的意见。

第二章 工伤保险基金

第七条 工伤保险基金由用人单位缴纳的工伤保险费、工伤保险基金的利息和依法纳入工伤保险基金的其他资金构成。

第八条 工伤保险费根据以支定收、收支平衡的原则,确定费率。

国家根据不同行业的工伤风险程度确定行业的差别费率,并根据工伤保险费使用、工伤发生率等情况在每个行业内确定若干费率档次。行业差别费率及行业内费率档次由国务院社会保险行政部门制定,报国务院批准后公布施行。

统筹地区经办机构根据用人单位工伤保险费使用、工伤发生率等情况,适用所属行业内相应的费率档次确定单位缴费费率。

第九条 国务院社会保险行政部门应当定期了解全国各统筹地区工伤保险基金收支情况,及时提出调整行业差别费率及行业内费率档次的方案,报国务院批准后公布施行。

第十条 用人单位应当按时缴纳工伤保险费。职工个人不缴纳工伤保险费。

用人单位缴纳工伤保险费的数额为本单位职工工资总额乘以单位缴费费率之积。

对难以按照工资总额缴纳工伤保险费的行业,其缴纳工伤保险费的具体方式,由国务院社会保险行政部门规定。

第十一条 工伤保险基金逐步实行省级统筹。

跨地区、生产流动性较大的行业,可以采取相对集中的方式异地参加统筹地区的工伤保险。具体办法由国务院社会保险行政部门会同有关行业的主管部门制定。

第十二条 工伤保险基金存入社会保障基金财政专户,用于本条例规定的工伤保险待遇,劳动能力鉴定,工伤预防的宣传、培训等费用,以及法律、法规规定的用于工伤保险的其他费用的支付。

工伤预防费用的提取比例、使用和管理的具体办法,由国务院社会保险行政部门会同国务院财政、卫生行政、安全生产监督管理等部门规定。

任何单位或者个人不得将工伤保险基金用于投资运营、兴建或者改建办公场所、发放奖金,或者挪作其他用途。

第十三条 工伤保险基金应当留有一定比例的储备金,用于统筹地区重大事故的工伤保险待遇支付;储备金不足支付的,由统筹地区的人民政府垫付。储备金占基金总额的具体比例和储备金的使用办法,由省、自治区、直辖市人民政府规定。

第三章 工伤认定

第十四条 职工有下列情形之一的,应当认定为工伤:

(一)在工作时间和工作场所内,因工作原因受到事故伤害的;

(二)工作时间前后在工作场所内,从事与工作有关的预备性或者收尾性工作受到事故伤害的;

(三)在工作时间和工作场所内,因履行工作职责受到暴力等意外伤害的;

(四)患职业病的;

（五）因工外出期间，由于工作原因受到伤害或者发生事故下落不明的；

（六）在上下班途中，受到非本人主要责任的交通事故或者城市轨道交通、客运轮渡、火车事故伤害的；

（七）法律、行政法规规定应当认定为工伤的其他情形。

第十五条 职工有下列情形之一的，视同工伤：

（一）在工作时间和工作岗位，突发疾病死亡或者在48小时之内经抢救无效死亡的；

（二）在抢险救灾等维护国家利益、公共利益活动中受到伤害的；

（三）职工原在军队服役，因战、因公负伤致残，已取得革命伤残军人证，到用人单位后旧伤复发的。

职工有前款第（一）项、第（二）项情形的，按照本条例的有关规定享受工伤保险待遇；职工有前款第（三）项情形的，按照本条例的有关规定享受除一次性伤残补助金以外的工伤保险待遇。

第十六条 职工符合本条例第十四条、第十五条的规定，但是有下列情形之一的，不得认定为工伤或者视同工伤：

（一）故意犯罪的；

（二）醉酒或者吸毒的；

（三）自残或者自杀的。

第十七条 职工发生事故伤害或者按照职业病防治法规定被诊断、鉴定为职业病，所在单位应当自事故伤害发生之日或者被诊断、鉴定为职业病之日起30日内，向统筹地区社会保险行政部门提出工伤认定申请。遇有特殊情况，经报社会保险行政部门同意，申请时限可以适当延长。

用人单位未按前款规定提出工伤认定申请的，工伤职工或者其近亲属、工会组织在事故伤害发生之日或者被诊断、鉴定为职业病之日起1年内，可以直接向用人单位所在地统筹地区社会保险行政部门提出工伤认定申请。

按照本条第一款规定应当由省级社会保险行政部门进行工伤认定的事项，根据属地原则由用人单位所在地的设区的市级社会保险行政部门办理。

用人单位未在本条第一款规定的时限内提交工伤认定申请，在此期间发生符合本条例规定的工伤待遇等有关费用由该用人单位负担。

第十八条 提出工伤认定申请应当提交下列材料：

（一）工伤认定申请表；

（二）与用人单位存在劳动关系（包括事实劳动关系）的证明材料；

（三）医疗诊断证明或者职业病诊断证明书（或者职业病诊断鉴定书）。

工伤认定申请表应当包括事故发生的时间、地点、原因以及职工伤害程度等基本情况。

工伤认定申请人提供材料不完整的，社会保险行政部门应当一次性书面告知工伤认定申请人需要补正的全部材料。申请人按照书面告知要求补正材料后，社会保险行政部门应当受理。

第十九条 社会保险行政部门受理工伤认定申请后，根据审核需要可以对事故伤害进行调查核实，用人单位、职工、工会组织、医疗机构以及有关部门应当予以协助。职业病诊断和诊断争议的鉴定，依照职业病防治法的有关规定执行。对依法取得职业病诊断证明书或者职业病诊断鉴定书的，社会保险行政部门不再进行调查核实。

职工或者其近亲属认为是工伤，用人单位不认为是工伤的，由用人单位承担举证责任。

第二十条 社会保险行政部门应当自受理工伤认定申请之日起60日内作出工伤认定的决定，并书面通知申请工伤认定的职工或者其近亲属和该职工所在单位。

社会保险行政部门对受理的事实清楚、权利义务明确的工伤认定申请，应当在15日内作出工伤认定的决定。

作出工伤认定决定需要以司法机关或者有关行政主管部门的结论为依据的，在司法机关或者有关行政主管部门尚未作出结论期间，作出工伤认定决定的时限中止。

社会保险行政部门工作人员与工伤认定申请人有利害关系的，应当回避。

第四章 劳动能力鉴定

第二十一条 职工发生工伤，经治疗伤情相对稳定后存在残疾、影响劳动能力的，应当进行劳动能力鉴定。

第二十二条 劳动能力鉴定是指劳动功能障碍程度和生活自理障碍程度的等级鉴定。

劳动功能障碍分为十个伤残等级,最重的为一级,最轻的为十级。

生活自理障碍分为三个等级:生活完全不能自理、生活大部分不能自理和生活部分不能自理。

劳动能力鉴定标准由国务院社会保险行政部门会同国务院卫生行政部门等部门制定。

第二十三条 劳动能力鉴定由用人单位、工伤职工或者其近亲属向设区的市级劳动能力鉴定委员会提出申请,并提供工伤认定决定和职工工伤医疗的有关资料。

第二十四条 省、自治区、直辖市劳动能力鉴定委员会和设区的市级劳动能力鉴定委员会分别由省、自治区、直辖市和设区的市级社会保险行政部门、卫生行政部门、工会组织、经办机构代表以及用人单位代表组成。

劳动能力鉴定委员会建立医疗卫生专家库。列入专家库的医疗卫生专业技术人员应当具备下列条件:

(一)具有医疗卫生高级专业技术职务任职资格;

(二)掌握劳动能力鉴定的相关知识;

(三)具有良好的职业品德。

第二十五条 设区的市级劳动能力鉴定委员会收到劳动能力鉴定申请后,应当从其建立的医疗卫生专家库中随机抽取3名或者5名相关专家组成专家组,由专家组提出鉴定意见。设区的市级劳动能力鉴定委员会根据专家组的鉴定意见作出工伤职工劳动能力鉴定结论;必要时,可以委托具备资格的医疗机构协助进行有关的诊断。

设区的市级劳动能力鉴定委员会应当自收到劳动能力鉴定申请之日起60日内作出劳动能力鉴定结论,必要时,作出劳动能力鉴定结论的期限可以延长30日。劳动能力鉴定结论应当及时送达申请鉴定的单位和个人。

第二十六条 申请鉴定的单位或者个人对设区的市级劳动能力鉴定委员会作出的鉴定结论不服的,可以在收到该鉴定结论之日起15日内向省、自治区、直辖市劳动能力鉴定委员会提出再次鉴定申请。省、自治区、直辖市劳动能力鉴定委员会作出的劳动能力鉴定结论为最终结论。

第二十七条 劳动能力鉴定工作应当客观、公正。劳动能力鉴定委员会组成人员或者参加鉴定的专家与当事人有利害关系的,应当回避。

第二十八条 自劳动能力鉴定结论作出之日起1年后,工伤职工或者其近亲属、所在单位或者经办机构认为伤残情况发生变化的,可以申请劳动能力复查鉴定。

第二十九条 劳动能力鉴定委员会依照本条例第二十六条和第二十八条的规定进行再次鉴定和复查鉴定的期限,依照本条例第二十五条第二款的规定执行。

第五章 工伤保险待遇

第三十条 职工因工作遭受事故伤害或者患职业病进行治疗,享受工伤医疗待遇。

职工治疗工伤应当在签订服务协议的医疗机构就医,情况紧急时可以先到就近的医疗机构急救。

治疗工伤所需费用符合工伤保险诊疗项目目录、工伤保险药品目录、工伤保险住院服务标准的,从工伤保险基金支付。工伤保险诊疗项目目录、工伤保险药品目录、工伤保险住院服务标准,由国务院社会保险行政部门会同国务院卫生行政部门、食品药品监督管理部门等部门规定。

职工住院治疗工伤的伙食补助费,以及经医疗机构出具证明,报经办机构同意,工伤职工到统筹地区以外就医所需的交通、食宿费用从工伤保险基金支付,基金支付的具体标准由统筹地区人民政府规定。

工伤职工治疗非工伤引发的疾病,不享受工伤医疗待遇,按照基本医疗保险办法处理。

工伤职工到签订服务协议的医疗机构进行工伤康复的费用,符合规定的,从工伤保险基金支付。

第三十一条 社会保险行政部门作出认定为工伤的决定后发生行政复议、行政诉讼的,行政复议和行政诉讼期间不停止支付工伤职工治疗工伤的医疗费用。

第三十二条 工伤职工因日常生活或者就业需要,经劳动能力鉴定委员会确认,可以安装假肢、矫形器、假眼、假牙和配置轮椅等辅助器具,所需费用按照国家规定的标准从工伤保险基金支付。

第三十三条 职工因工作遭受事故伤害或者患职业病需要暂停工作接受工伤医疗的,在停工留薪期内,原工资福利待遇不变,由所在单位按月支付。

停工留薪期一般不超过12个月。伤情严重或者情况特殊,经设区的市级劳动能力鉴定委员会确认,可以适当延长,但延长不得超过12个月。工伤职工评定伤残等级后,停发原待遇,按照本章的有关规定享受伤残待遇。工伤职工在停工留薪期满后仍需治疗的,继续享受工伤医疗待遇。

生活不能自理的工伤职工在停工留薪期需要护理的,由所在单位负责。

第三十四条 工伤职工已经评定伤残等级并经劳动能力鉴定委员会确认需要生活护理的,从工伤保险基金按月支付生活护理费。

生活护理费按照生活完全不能自理、生活大部分不能自理或者生活部分不能自理3个不同等级支付,其标准分别为统筹地区上年度职工月平均工资的50%、40%或者30%。

第三十五条 职工因工致残被鉴定为一级至四级伤残的,保留劳动关系,退出工作岗位,享受以下待遇:

(一)从工伤保险基金按伤残等级支付一次性伤残补助金,标准为:一级伤残为27个月的本人工资,二级伤残为25个月的本人工资,三级伤残为23个月的本人工资,四级伤残为21个月的本人工资;

(二)从工伤保险基金按月支付伤残津贴,标准为:一级伤残为本人工资的90%,二级伤残为本人工资的85%,三级伤残为本人工资的80%,四级伤残为本人工资的75%。伤残津贴实际金额低于当地最低工资标准的,由工伤保险基金补足差额;

(三)工伤职工达到退休年龄并办理退休手续后,停发伤残津贴,按照国家有关规定享受基本养老保险待遇。基本养老保险待遇低于伤残津贴的,由工伤保险基金补足差额。

职工因工致残被鉴定为一级至四级伤残的,由用人单位和职工个人以伤残津贴为基数,缴纳基本医疗保险费。

第三十六条 职工因工致残被鉴定为五级、六级伤残的,享受以下待遇:

(一)从工伤保险基金按伤残等级支付一次性伤残补助金,标准为:五级伤残为18个月的本人工资,六级伤残为16个月的本人工资;

(二)保留与用人单位的劳动关系,由用人单位安排适当工作。难以安排工作的,由用人单位按月发给伤残津贴,标准为:五级伤残为本人工资的70%,六级伤残为本人工资的60%,并由用人单位按照规定为其缴纳应缴纳的各项社会保险费。伤残津贴实际金额低于当地最低工资标准的,由用人单位补足差额。

经工伤职工本人提出,该职工可以与用人单位解除或者终止劳动关系,由工伤保险基金支付一次性工伤医疗补助金,由用人单位支付一次性伤残就业补助金。一次性工伤医疗补助金和一次性伤残就业补助金的具体标准由省、自治区、直辖市人民政府规定。

第三十七条 职工因工致残被鉴定为七级至十级伤残的,享受以下待遇:

(一)从工伤保险基金按伤残等级支付一次性伤残补助金,标准为:七级伤残为13个月的本人工资,八级伤残为11个月的本人工资,九级伤残为9个月的本人工资,十级伤残为7个月的本人工资;

(二)劳动、聘用合同期满终止,或者职工本人提出解除劳动、聘用合同的,由工伤保险基金支付一次性工伤医疗补助金,由用人单位支付一次性伤残就业补助金。一次性工伤医疗补助金和一次性伤残就业补助金的具体标准由省、自治区、直辖市人民政府规定。

第三十八条 工伤职工工伤复发,确认需要治疗的,享受本条例第三十条、第三十二条和第三十三条规定的工伤待遇。

第三十九条 职工因工死亡,其近亲属按照下列规定从工伤保险基金领取丧葬补助金、供养亲属抚恤金和一次性工亡补助金:

(一)丧葬补助金为6个月的统筹地区上年度职工月平均工资;

(二)供养亲属抚恤金按照职工本人工资的一定比例发给由因工死亡职工生前提供主要生活来源、无劳动能力的亲属。标准为:配偶每月40%,其他亲属每人每月30%,孤寡老人或者孤儿每人每月在上述标准的基础上增加10%。核定的各供养亲属的抚恤金之和不应高于因工死亡职工生前的工资。供养亲属的具体范围由国务院社会保险行政部门规定;

(三)一次性工亡补助金标准为上一年度全国城镇居民人均可支配收入的20倍。

伤残职工在停工留薪期内因工伤导致死亡的,其近亲属享受本条第一款规定的待遇。

一级至四级伤残职工在停工留薪期满后死亡的，其近亲属可以享受本条第一款第(一)项、第(二)项规定的待遇。

第四十条　伤残津贴、供养亲属抚恤金、生活护理费由统筹地区社会保险行政部门根据职工平均工资和生活费用变化等情况适时调整。调整办法由省、自治区、直辖市人民政府规定。

第四十一条　职工因工外出期间发生事故或者在抢险救灾中下落不明的，从事故发生当月起3个月内照发工资，从第4个月起停发工资，由工伤保险基金向其供养亲属按月支付供养亲属抚恤金。生活有困难的，可以预支一次性工亡补助金的50%。职工被人民法院宣告死亡的，按照本条例第三十九条职工因工死亡的规定处理。

第四十二条　工伤职工有下列情形之一的，停止享受工伤保险待遇：

(一)丧失享受待遇条件的；

(二)拒不接受劳动能力鉴定的；

(三)拒绝治疗的。

第四十三条　用人单位分立、合并、转让的，承继单位应当承担原用人单位的工伤保险责任；原用人单位已经参加工伤保险的，承继单位应当到当地经办机构办理工伤保险变更登记。

用人单位实行承包经营的，工伤保险责任由职工劳动关系所在单位承担。

职工被借调期间受到工伤事故伤害的，由原用人单位承担工伤保险责任，但原用人单位与借调单位可以约定补偿办法。

企业破产的，在破产清算时依法拨付应当由单位支付的工伤保险待遇费用。

第四十四条　职工被派遣出境工作，依据前往国家或者地区的法律应当参加当地工伤保险的，参加当地工伤保险，其国内工伤保险关系中止；不能参加当地工伤保险的，其国内工伤保险关系不中止。

第四十五条　职工再次发生工伤，根据规定应当享受伤残津贴的，按照新认定的伤残等级享受伤残津贴待遇。

第六章　监 督 管 理

第四十六条　经办机构具体承办工伤保险事务，履行下列职责：

(一)根据省、自治区、直辖市人民政府规定，征收工伤保险费；

(二)核查用人单位的工资总额和职工人数，办理工伤保险登记，并负责保存用人单位缴费和职工享受工伤保险待遇情况的记录；

(三)进行工伤保险的调查、统计；

(四)按照规定管理工伤保险基金的支出；

(五)按照规定核定工伤保险待遇；

(六)为工伤职工或者其近亲属免费提供咨询服务。

第四十七条　经办机构与医疗机构、辅助器具配置机构在平等协商的基础上签订服务协议，并公布签订服务协议的医疗机构、辅助器具配置机构的名单。具体办法由国务院社会保险行政部门分别会同国务院卫生行政部门、民政部门等部门制定。

第四十八条　经办机构按照协议和国家有关目录、标准对工伤职工医疗费用、康复费用、辅助器具费用的使用情况进行核查，并按时足额结算费用。

第四十九条　经办机构应当定期公布工伤保险基金的收支情况，及时向社会保险行政部门提出调整费率的建议。

第五十条　社会保险行政部门、经办机构应当定期听取工伤职工、医疗机构、辅助器具配置机构以及社会各界对改进工伤保险工作的意见。

第五十一条　社会保险行政部门依法对工伤保险费的征缴和工伤保险基金的支付情况进行监督检查。

财政部门和审计机关依法对工伤保险基金的收支、管理情况进行监督。

第五十二条　任何组织和个人对有关工伤保险的违法行为，有权举报。社会保险行政部门对举报应当及时调查，按照规定处理，并为举报人保密。

第五十三条　工会组织依法维护工伤职工的合法权益，对用人单位的工伤保险工作实行监督。

第五十四条　职工与用人单位发生工伤待遇方面的争议，按照处理劳动争议的有关规定处理。

第五十五条　有下列情形之一的，有关单位或者个人可以依法申请行政复议，也可以依法向人民法院提起行政诉讼：

(一)申请工伤认定的职工或者其近亲属、该职工所在单位对工伤认定申请不予受理的决定不服的；

（二）申请工伤认定的职工或者其近亲属、该职工所在单位对工伤认定结论不服的；

（三）用人单位对经办机构确定的单位缴费费率不服的；

（四）签订服务协议的医疗机构、辅助器具配置机构认为经办机构未履行有关协议或者规定的；

（五）工伤职工或者其近亲属对经办机构核定的工伤保险待遇有异议的。

第七章　法律责任

第五十六条　单位或者个人违反本条例第十二条规定挪用工伤保险基金，构成犯罪的，依法追究刑事责任；尚不构成犯罪的，依法给予处分或者纪律处分。被挪用的基金由社会保险行政部门追回，并入工伤保险基金；没收的违法所得依法上缴国库。

第五十七条　社会保险行政部门工作人员有下列情形之一的，依法给予处分；情节严重，构成犯罪的，依法追究刑事责任：

（一）无正当理由不受理工伤认定申请，或者弄虚作假将不符合工伤条件的人员认定为工伤职工的；

（二）未妥善保管申请工伤认定的证据材料，致使有关证据灭失的；

（三）收受当事人财物的。

第五十八条　经办机构有下列行为之一的，由社会保险行政部门责令改正，对直接负责的主管人员和其他责任人员依法给予纪律处分；情节严重，构成犯罪的，依法追究刑事责任；造成当事人经济损失的，由经办机构依法承担赔偿责任：

（一）未按规定保存用人单位缴费和职工享受工伤保险待遇情况记录的；

（二）不按规定核定工伤保险待遇的；

（三）收受当事人财物的。

第五十九条　医疗机构、辅助器具配置机构不按服务协议提供服务的，经办机构可以解除服务协议。

经办机构不按时足额结算费用的，由社会保险行政部门责令改正；医疗机构、辅助器具配置机构可以解除服务协议。

第六十条　用人单位、工伤职工或者其近亲属骗取工伤保险待遇，医疗机构、辅助器具配置机构骗取工伤保险基金支出的，由社会保险行政部门责令退还，处骗取金额 2 倍以上 5 倍以下的罚款；情节严重，构成犯罪的，依法追究刑事责任。

第六十一条　从事劳动能力鉴定的组织或者个人有下列情形之一的，由社会保险行政部门责令改正，处 2000 元以上 1 万元以下的罚款；情节严重，构成犯罪的，依法追究刑事责任：

（一）提供虚假鉴定意见的；

（二）提供虚假诊断证明的；

（三）收受当事人财物的。

第六十二条　用人单位依照本条例规定应当参加工伤保险而未参加的，由社会保险行政部门责令限期参加，补缴应当缴纳的工伤保险费，并自欠缴之日起，按日加收万分之五的滞纳金；逾期仍不缴纳的，处欠缴数额 1 倍以上 3 倍以下的罚款。

依照本条例规定应当参加工伤保险而未参加工伤保险的用人单位职工发生工伤的，由该用人单位按照本条例规定的工伤保险待遇项目和标准支付费用。

用人单位参加工伤保险并补缴应当缴纳的工伤保险费、滞纳金后，由工伤保险基金和用人单位依照本条例的规定支付新发生的费用。

第六十三条　用人单位违反本条例第十九条的规定，拒不协助社会保险行政部门对事故进行调查核实的，由社会保险行政部门责令改正，处 2000 元以上 2 万元以下的罚款。

第八章　附　　则

第六十四条　本条例所称工资总额，是指用人单位直接支付给本单位全部职工的劳动报酬总额。

本条例所称本人工资，是指工伤职工因工作遭受事故伤害或者患职业病前 12 个月平均月缴费工资。本人工资高于统筹地区职工平均工资 300% 的，按照统筹地区职工平均工资的 300% 计算；本人工资低于统筹地区职工平均工资 60% 的，按照统筹地区职工平均工资的 60% 计算。

第六十五条　公务员和参照公务员法管理的事业单位、社会团体的工作人员因工作遭受事故伤害或者患职业病的，由所在单位支付费用。具体办法由国务院社会保险行政部门会同国务院财政部门规定。

第六十六条　无营业执照或者未经依法登记、备案的单位以及被依法吊销营业执照或者撤销登记、备案的单位的职工受到事故伤害或者患职业病的，由该单位向伤残职工或者死亡职工的近亲属给予一次性赔偿，赔偿标准不得低于本条例规定的工伤保险待遇；用人单位不得使用童工，用人单位使用童工造成童工伤残、死亡的，由该单位向童工或者童工的近亲属给予一次性赔偿，赔偿标准不得低于本条例规定的工伤保险待遇。具体办法由国务院社会保险行政部门规定。

前款规定的伤残职工或者死亡职工的近亲属就赔偿数额与单位发生争议的，以及前款规定的童工或者童工的近亲属就赔偿数额与单位发生争议的，按照处理劳动争议的有关规定处理。

第六十七条　本条例自2004年1月1日起施行。本条例施行前已受到事故伤害或者患职业病的职工尚未完成工伤认定的，按照本条例的规定执行。

最高人民法院关于审理工伤保险行政案件若干问题的规定

1. *2014年4月21日最高人民法院审判委员会第1613次会议通过*
2. *2014年6月18日公布*
3. *法释〔2014〕9号*
4. *自2014年9月1日起施行*

为正确审理工伤保险行政案件，根据《中华人民共和国社会保险法》《中华人民共和国劳动法》《中华人民共和国行政诉讼法》《工伤保险条例》及其他有关法律、行政法规规定，结合行政审判实际，制定本规定。

第一条　人民法院审理工伤认定行政案件，在认定是否存在《工伤保险条例》第十四条第（六）项“本人主要责任”、第十六条第（二）项“醉酒或者吸毒”和第十六条第（三）项“自残或者自杀”等情形时，应当以有权机构出具的事故责任认定书、结论性意见和人民法院生效裁判等法律文书为依据，但有相反证据足以推翻事故责任认定书和结论性意见的除外。

前述法律文书不存在或者内容不明确，社会保险行政部门就前款事实作出认定的，人民法院应当结合其提供的相关证据依法进行审查。

《工伤保险条例》第十六条第（一）项“故意犯罪”的认定，应当以刑事侦查机关、检察机关和审判机关的生效法律文书或者结论性意见为依据。

第二条　人民法院受理工伤认定行政案件后，发现原告或者第三人在提起行政诉讼前已经就是否存在劳动关系申请劳动仲裁或者提起民事诉讼的，应当中止行政案件的审理。

第三条　社会保险行政部门认定下列单位为承担工伤保险责任单位的，人民法院应予支持：

（一）职工与两个或两个以上单位建立劳动关系，工伤事故发生时，职工为之工作的单位为承担工伤保险责任的单位；

（二）劳务派遣单位派遣的职工在用工单位工作期间因工伤亡的，派遣单位为承担工伤保险责任的单位；

（三）单位指派到其他单位工作的职工因工伤亡的，指派单位为承担工伤保险责任的单位；

（四）用工单位违反法律、法规规定将承包业务转包给不具备用工主体资格的组织或者自然人，该组织或者自然人聘用的职工从事承包业务时因工伤亡的，用工单位为承担工伤保险责任的单位；

（五）个人挂靠其他单位对外经营，其聘用的人员因工伤亡的，被挂靠单位为承担工伤保险责任的单位。

前款第（四）、（五）项明确的承担工伤保险责任的单位承担赔偿责任或者社会保险经办机构从工伤保险基金支付工伤保险待遇后，有权向相关组织、单位和个人追偿。

第四条　社会保险行政部门认定下列情形为工伤的，人民法院应予支持：

（一）职工在工作时间和工作场所内受到伤害，用人单位或者社会保险行政部门没有证据证明是非工作原因导致的；

（二）职工参加用人单位组织或者受用人单位指派参加其他单位组织的活动受到伤害的；

（三）在工作时间内，职工来往于多个与其工作职责相关的工作场所之间的合理区域因工受到伤害的；

（四）其他与履行工作职责相关，在工作时间及合理区域内受到伤害的。

第五条　社会保险行政部门认定下列情形为“因工外

出期间”的，人民法院应予支持：

（一）职工受用人单位指派或者因工作需要在工作场所以外从事与工作职责有关的活动期间；

（二）职工受用人单位指派外出学习或者开会期间；

（三）职工因工作需要的其他外出活动期间。

职工因工外出期间从事与工作或者受用人单位指派外出学习、开会无关的个人活动受到伤害，社会保险行政部门不认定为工伤的，人民法院应予支持。

第六条 对社会保险行政部门认定下列情形为“上下班途中”的，人民法院应予支持：

（一）在合理时间内往返于工作地与住所地、经常居住地、单位宿舍的合理路线的上下班途中；

（二）在合理时间内往返于工作地与配偶、父母、子女居住地的合理路线的上下班途中；

（三）从事属于日常工作生活所需要的活动，且在合理时间和合理路线的上下班途中；

（四）在合理时间内其他合理路线的上下班途中。

第七条 由于不属于职工或者其近亲属自身原因超过工伤认定申请期限的，被耽误的时间不计算在工伤认定申请期限内。

有下列情形之一耽误申请时间的，应当认定为不属于职工或者其近亲属自身原因：

（一）不可抗力；

（二）人身自由受到限制；

（三）属于用人单位原因；

（四）社会保险行政部门登记制度不完善；

（五）当事人对是否存在劳动关系申请仲裁、提起民事诉讼。

第八条 职工因第三人的原因受到伤害，社会保险行政部门以职工或者其近亲属已经对第三人提起民事诉讼或者获得民事赔偿为由，作出不予受理工伤认定申请或者不予认定工伤决定的，人民法院不予支持。

职工因第三人的原因受到伤害，社会保险行政部门已经作出工伤认定，职工或者其近亲属未对第三人提起民事诉讼或者尚未获得民事赔偿，起诉要求社会保险经办机构支付工伤保险待遇的，人民法院应予支持。

职工因第三人的原因导致工伤，社会保险经办机构以职工或者其近亲属已经对第三人提起民事诉讼为由，拒绝支付工伤保险待遇的，人民法院不予支持，但第三人已经支付的医疗费用除外。

第九条 因工伤认定申请人或者用人单位隐瞒有关情况或者提供虚假材料，导致工伤认定错误的，社会保险行政部门可以在诉讼中依法予以更正。

工伤认定依法更正后，原告不申请撤诉，社会保险行政部门在作出原工伤认定时有过错的，人民法院应当判决确认违法；社会保险行政部门无过错的，人民法院可以驳回原告诉讼请求。

第十条 最高人民法院以前颁布的司法解释与本规定不一致的，以本规定为准。

最高人民法院行政审判庭关于劳动行政部门是否有权作出强制企业支付工伤职工医疗费用的决定的答复

1. 1998年2月15日

2. 〔1997〕法行字第29号

山西省高级人民法院：

你院〔1997〕晋法行字第6号《关于如何理解和执行〈劳动法〉第五十七条的请示》收悉。经研究，原则同意你院的意见，即：根据现行法律规定，劳动行政部门无权作出强制企业支付工伤职工医疗费用的决定。

此复

最高人民法院行政审判庭关于河南省高级人民法院就《焦作爱依斯万方公司诉焦作市劳动局工伤认定案件的请示》的电话答复

1. 2005年1月12日

2. 〔2004〕行他字第14号

河南省高级人民法院：

你院《焦作爱依斯万方公司诉焦作市劳动局工伤认定案件的请示》收悉。经研究，答复如下：

请示案件的事实发生在1996年10月1日至2004年1月1日期间应当适用《企业职工工伤保险试行办法》的有关规定，依法定程序处理工伤认定；2004年1月1日之后，应当适用《工伤保险条例》等有效的法律规范进行判断。

最高人民法院关于因第三人造成工伤的职工或其亲属在获得民事赔偿后是否还可以获得工伤保险补偿问题的答复

1．2006年12月28日

2．〔2006〕行他字第12号

新疆维吾尔自治区高级人民法院生产建设兵团分院：

你院《关于因第三人造成工伤死亡的亲属在获得高于工伤保险待遇的民事赔偿后是否还可以获得工伤保险补偿问题的请示报告》收悉。经研究，答复如下：

原则同意你院审判委员会的倾向性意见。即根据《中华人民共和国安全生产法》第四十八条以及最高人民法院《关于审理人身损害赔偿案件适用法律若干问题的解释》第十二条的规定，因第三人造成工伤的职工或其近亲属，从第三人处获得民事赔偿后，可以按照《工伤保险条例》第三十七条的规定，向工伤保险机构申请工伤保险待遇补偿。

此复

最高人民法院行政审判庭关于离退休人员与现工作单位之间是否构成劳动关系以及工作时间内受伤是否适用《工伤保险条例》问题的答复

1．2007年7月5日

2．〔2007〕行他字第6号

重庆市高级人民法院：

你院〔2006〕渝高法行示字第14号《关于离退休人员与现在工作单位之间是否构成劳动关系以及工作时间内受伤是否适用〈工伤保险条例〉一案的请示》收悉。经研究，原则同意你院第二种意见，即：根据《工伤保险条例》第二条、第六十一条等有关规定，离退休人员受聘于现工作单位，现工作单位已经为其缴纳了工伤保险费，其在受聘期间因工作受到事故伤害的，应当适用《工伤保险条例》的有关规定处理。

最高人民法院行政审判庭关于职工外出学习休息期间受到他人伤害应否认定为工伤问题的答复

1．2007年9月7日

2．〔2007〕行他字第9号

辽宁省高级人民法院：

你院〔2007〕辽行他字第1号《关于职工外出学习休息期间受到他人伤害应否认定为工伤的请示》收悉。经研究，答复如下：

原则同意你院审判委员会倾向性意见，即职工受单位指派外出学习期间，在学习单位安排的休息场所休息时受到他人伤害的，应当认定为工伤。

此复

最高人民法院关于非固定居所到工作场所之间的路线是否属于“上下班途中”的答复

1．2008年8月22日

2．〔2008〕行他字第2号

山东省高级人民法院：

你院《关于翟恒芝邹依兰诉肥城市劳动和社会保障局工伤行政确认一案的请示》收悉。经研究认为：如邹平确系下班直接回其在济南的住所途中受到机动车事故伤害，应当适用《工伤保险条例》第十四条第（六）项的规定。

此复

最高人民法院行政审判庭关于国家机关聘用人员工作期间死亡如何适用法律请示的答复

1. 2009年5月19日
2. 〔2009〕行他字第2号

黑龙江省高级人民法院：

你院《关于国家机关聘用人员工作期间死亡如何适用法律的请示》收悉。经研究答复如下：

根据《劳动法》第二条、第七十三条和《工伤保险条例》第六十二条的规定，鹤岗市公安局东山分局东方红派出所临时聘用、未参加工伤保险、不是正式干警的司机王奎在单位突发疾病死亡，应由鹤岗市劳动和社会保障局参照《工伤保险条例》认定是否属于工伤、确定工伤待遇的标准。有关工伤待遇费用由聘用机关支付。

最高人民法院行政审判庭关于《工伤保险条例》第六十四条理解和适用问题请示的答复

1. 2009年6月10日
2. 〔2009〕行他字第5号

江西省高级人民法院：

你院《关于国务院〈工伤保险条例〉第六十四条的理解和适用问题的请示》收悉。经研究，答复如下：

原则同意你院第一种意见。即，企业职工因工伤害发生在《企业职工工伤保险试行办法》施行之前，当时有关单位已按照有关政策作出处理的，不属于《工伤保险条例》第六十四条规定的“尚未完成工伤认定的情形”。

此复

最高人民法院行政审判庭关于劳动行政部门在工伤认定程序中是否具有劳动关系确认权请示的答复

1. 2009年7月20日
2. 〔2009〕行他字第12号

湖北省高级人民法院：

你院《关于劳动行政部门在工伤认定程序中是否具有劳动关系确认权的请示》收悉。经研究，答复如下：

根据《劳动法》第九条和《工伤保险条例》第五条、第十八条的规定，劳动行政部门在工伤认定程序中，具有认定受到伤害的职工与企业之间是否存在劳动关系的职权。

此复

最高人民法院行政审判庭关于超过法定退休年龄的进城务工农民因工伤亡的，应否适用《工伤保险条例》请示的答复

1. 2010年3月17日
2. 〔2010〕行他字第10号

山东省高级人民法院：

你院报送的《关于超过法定退休年龄的进城务工农民因工伤亡的，应否适用〈工伤保险条例〉请示》收悉。经研究，原则同意你院的倾向性意见。即：用人单位聘用的超过法定退休年龄的务工农民，在工作时间内、因工作原因伤亡的，应当适用《工伤保险条例》的有关规定进行工伤认定。

此复

最高人民法院行政审判庭关于设区的市的区劳动和社会保障局是否具有劳动保障监察职权的答复

1. 2010年10月25日
2. 行他字〔2011〕第128号

山东省高级人民法院：

你院报送的《关于区劳动和社会保障局是否具有劳动保障监察职权的请示》收悉。经研究，答复如下：

原则同意你院审判委员会多数人的意见。即根据《劳动保障监察条例》第十三条的规定，设区的市的“区劳动保障行政部门”具有对用人单位实施劳动保障监察职权，但地方性法规或者规章明确规定由市劳动保障行政部门实施的除外。

此复

最高人民法院行政审判庭关于职工在上下班途中因无证驾驶机动车导致伤亡的，应否认定为工伤问题的答复

1. 2010年12月14日
2. 〔2010〕行他字第182号

安徽省高级人民法院：

你院(2010)皖行再他字第0001号《关于陈宝英、高祥诉安徽省桐城市劳动和社会保障局工伤行政确认一案的请示报告》收悉。经研究，答复如下：

原则同意你院第二种意见。即职工在上下班途中因无证驾驶机动车、驾驶无牌机动车或者饮酒后驾驶机动车发生事故导致伤亡的，不应认定为工伤。

此复

最高人民法院行政审判庭关于职工无照驾驶无证车辆在上班途中受到机动车伤害死亡能否认定工伤请示的答复

1. 2011年5月19日
2. 行他字〔2011〕第50号

新疆维吾尔自治区高级人民法院生产建设兵团分院：

你院《关于职工无照驾驶无证车辆在上班途中受到机动车伤害死亡能否认定工伤的请示》收悉。经研究，答复如下：

在《工伤保险条例(修订)》施行前(即2011年1月1日前)，工伤保险部门对职工无照或者无证驾驶车辆在上班途中受到机动车伤害死亡，不认定为工伤的，不宜认为适用法律、法规错误。

此复

最高人民法院行政审判庭关于职工因公外出期间死因不明应否认定工伤的答复

1. 2011年7月6日
2. 〔2010〕行他字第236号

山东省高级人民法院：

你院《关于于保柱诉临清市劳动和社会保障局劳动保障行政确认一案如何适用〈工伤保险条例〉第十四条第(五)项的请示》收悉。经研究，答复如下：

原则同意你院第一种意见，即职工因公外出期间死因不明，用人单位或者社会保障部门提供的证据不能排除非工作原因导致死亡的，应当依据《工伤保险条例》第十四条第(五)项和第十九条第二款的规定，认定为工伤。

此复

·指导案例·

最高人民法院指导案例40号
——孙立兴诉天津新技术产业园区劳动人事局工伤认定案

（最高人民法院审判委员会讨论通过
2014年12月25日发布）

【关键词】

行政工伤认定 工作原因 工作场所 工作过失

【裁判要点】

1.《工伤保险条例》第十四条第一项规定的“因工作原因”，是指职工受伤与其从事本职工作之间存在关联关系。

2.《工伤保险条例》第十四条第一项规定的“工作场所”，是指与职工工作职责相关的场所，有多个工作场所的，还包括工作时间内职工来往于多个工作场所之间的合理区域。

3.职工在从事本职工作中存在过失，不属于《工伤保险条例》第十六条规定的故意犯罪、醉酒或者吸毒、自残或者自杀情形，不影响工伤的认定。

【相关法条】

《工伤保险条例》第十四条第一项、第十六条

【基本案情】

原告孙立兴诉称：其在工作时间、工作地点、因工作原因摔倒致伤，符合《工伤保险条例》规定的情形。天津新技术产业园区劳动人事局（以下简称园区劳动局）不认定工伤的决定，认定事实错误，适用法律不当。请求撤销园区劳动局所作的《工伤认定决定书》，并判令园区劳动局重新作出工伤认定行为。

被告园区劳动局辩称：天津市中力防雷技术有限公司（以下简称中力公司）业务员孙立兴因公外出期间受伤，但受伤不是由于工作原因，而是由于本人注意力不集中，脚底踩空，才在下台阶时摔伤。其受伤结果与其所接受的工作任务没有明显的因果关系，故孙立兴不符合《工伤保险条例》规定的应当认定为工伤的情形。园区劳动局作出的不认定工伤的决定，事实清楚，证据充分，程序合法，应予维持。

第三人中力公司述称：因本公司实行末位淘汰制，孙立兴事发前已被淘汰。但因其原从事本公司的销售工作，还有收回剩余货款的义务，所以才偶尔回公司打电话。事发时，孙立兴已不属于本公司职工，也不是在本公司工作场所范围内摔伤，不符合认定工伤的条件。

法院经审理查明：孙立兴系中力公司员工，2003年6月10日上午受中力公司负责人指派去北京机场接人。其从中力公司所在地天津市南开区华苑产业园区国际商业中心（以下简称商业中心）八楼下楼，欲到商业中心院内停放的红旗轿车处去开车，当行至一楼门口台阶处时，孙立兴脚下一滑，从四层台阶处摔倒在地面上，造成四肢不能活动。经医院诊断为颈髓过伸位损伤合并颈部神经根牵拉伤、上唇挫裂伤、左手臂擦伤、左腿皮擦伤。孙立兴向园区劳动局提出工伤认定申请，园区劳动局于2004年3月5日作出（2004）0001号《工伤认定决定书》，认为根据受伤职工本人的工伤申请和医疗诊断证明书，结合有关调查材料，依据《工伤保险条例》第十四条第五项的工伤认定标准，没有证据表明孙立兴的摔伤事故系由工作原因造成，决定不认定孙立兴摔伤事故为工伤事故。孙立兴不服园区劳动局《工伤认定决定书》，向天津市第一中级人民法院提起行政诉讼。

【裁判结果】

天津市第一中级人民法院于2005年3月23日作出（2005）一中行初字第39号行政判决：一、撤销园区劳动局所作（2004）0001号《工伤认定决定书》；二、限园区劳动局在判决生效后60日内重新作出具体行政行为。园区劳动局提起上诉，天津市高级人民法院于2005年7月11日作出（2005）津高行终字第0034号行政判决：驳回上诉，维持原判。

【裁判理由】

法院生效裁判认为：各方当事人对园区劳动局依法具有本案行政执法主体资格和法定职权，其作出被诉工伤认定决定符合法定程序，以及孙立兴是在工作时间内摔伤，均无异议。本案争议焦点包括：一是孙立兴摔伤地点是否属于其“工作场所”？二是孙立兴是否“因工作原因”摔伤？三是孙立兴工作过程中不够谨慎的过失是否影响工伤认定？

一、关于孙立兴摔伤地点是否属于其“工作场所”问题

《工伤保险条例》第十四条第一项规定，职工在工作时间和工作场所内，因工作原因受到事故伤害，应当

认定为工伤。该规定中的"工作场所",是指与职工工作职责相关的场所,在有多个工作场所的情形下,还应包括职工来往于多个工作场所之间的合理区域。本案中,位于商业中心八楼的中力公司办公室,是孙立兴的工作场所,而其完成去机场接人的工作任务需驾驶的汽车停车处,是孙立兴的另一处工作场所。汽车停在商业中心一楼的门外,孙立兴要完成开车任务,必须从商业中心八楼下到一楼门外停车处,故从商业中心八楼到停车处是孙立兴来往于两个工作场所之间的合理区域,也应当认定为孙立兴的工作场所。园区劳动局认为孙立兴摔伤地点不属于其工作场所,系将完成工作任务的合理路线排除在工作场所之外,既不符合立法本意,也有悖于生活常识。

二、关于孙立兴是否"因工作原因"摔伤的问题

《工伤保险条例》第十四条第一项规定的"因工作原因",指职工受伤与其从事本职工作之间存在关联关系,即职工受伤与其从事本职工作存在一定关联。孙立兴为完成开车接人的工作任务,必须从商业中心八楼的中力公司办公室下到一楼进入汽车驾驶室,该行为与其工作任务密切相关,是孙立兴为完成工作任务客观上必须进行的行为,不属于超出其工作职责范围的其他不相关的个人行为。因此,孙立兴在一楼门口台阶处摔伤,系为完成工作任务所致。园区劳动局主张孙立兴在下楼过程中摔伤,与其开车任务没有直接的因果关系,不符合"因工作原因"致伤,缺乏事实根据。另外,孙立兴接受本单位领导指派的开车接人任务后,从中力公司所在商业中心八楼下到一楼,在前往院内汽车停放处的途中摔倒,孙立兴当时尚未离开公司所在院内,不属于"因公外出"的情形,而是属于在工作时间和工作场所内。

三、关于孙立兴工作中不够谨慎的过失是否影响工伤认定的问题

《工伤保险条例》第十六条规定了排除工伤认定的三种法定情形,即因故意犯罪、醉酒或者吸毒、自残或者自杀的,不得认定为工伤或者视同工伤。职工从事工作中存在过失,不属于上述排除工伤认定的法定情形,不能阻却职工受伤与其从事本职工作之间的关联关系。工伤事故中,受伤职工有时具有疏忽大意、精力不集中等过失行为,工伤保险正是分担事故风险、提供劳动保障的重要制度。如果将职工个人主观上的过失作为认定工伤的排除条件,违反工伤保险"无过失补偿"的基本原则,不符合《工伤保险条例》保障劳动者合法权益的立法目的。据此,即使孙立兴工作中在行走时确实有失谨慎,也不影响其摔伤系"因工作原因"的认定结论。园区劳动局以导致孙立兴摔伤的原因不是雨、雪天气使台阶地滑,而是因为孙立兴自己精力不集中导致为由,主张孙立兴不属于"因工作原因"摔伤而不予认定工伤,缺乏法律依据。

综上,园区劳动局作出的不予认定孙立兴为工伤的决定,缺乏事实根据,适用法律错误,依法应予撤销。

最高人民法院指导案例94号——重庆市涪陵志大物业管理有限公司诉重庆市涪陵区人力资源和社会保障局劳动和社会保障行政确认案

(最高人民法院审判委员会讨论通过
2018年6月20日发布)

【关键词】

行政　行政确认　视同工伤　见义勇为

【裁判要点】

职工见义勇为,为制止违法犯罪行为而受到伤害的,属于《工伤保险条例》第十五条第一款第二项规定的为维护公共利益受到伤害的情形,应当视同工伤。

【相关法条】

《工伤保险条例》第15条第1款第2项

【基本案情】

罗仁均系重庆市涪陵志大物业管理有限公司(以下简称涪陵志大物业公司)保安。2011年12月24日,罗仁均在涪陵志大物业公司服务的圆梦园小区上班(24小时值班)。8时30分左右,在兴华中路宏富大厦附近有人对一过往行人实施抢劫,罗仁均听到呼喊声后立即拦住抢劫者的去路,要求其交出抢劫的物品,在与抢劫者搏斗的过程中,不慎从22步台阶上摔倒在巷道拐角的平台上受伤。罗仁均于2012年6月12日向被告重庆市涪陵区人力资源和社会保障局(以下简称涪陵区人社局)提出工伤认定申请。涪陵区人社局当日受理后,于2012年6月13日向罗仁均发出《认定工伤中止通知书》,要求罗仁均补充提交见义勇为的认定材料。2012年7月20日,罗仁均补充了见义勇为相关材料。涪陵区人社局核实后,根据《工伤保险条例》第十

四条第七项之规定，于2012年8月9日作出涪人社伤险认决字〔2012〕676号《认定工伤决定书》，认定罗仁均所受之伤属于因工受伤。涪陵志大物业公司不服，向法院提起行政诉讼。在诉讼过程中，涪陵区人社局作出《撤销工伤认定决定书》，并于2013年6月25日根据《工伤保险条例》第十五条第一款第二项之规定，作出涪人社伤险认决字〔2013〕524号《认定工伤决定书》，认定罗仁均受伤属于视同因工受伤。涪陵志大物业公司仍然不服，于2013年7月15日向重庆市人力资源和社会保障局申请行政复议，重庆市人力资源和社会保障局于2013年8月21日作出渝人社复决字〔2013〕129号《行政复议决定书》，予以维持。涪陵志大物业公司认为涪陵区人社局的认定决定适用法律错误，罗仁均所受伤依法不应认定为工伤。遂诉至法院，请求判决撤销《认定工伤决定书》，并责令被告重新作出认定。

另查明，重庆市涪陵区社会管理综合治理委员会对罗仁均的行为进行了表彰，并做出了涪综治委发〔2012〕5号《关于表彰罗仁均同志见义勇为行为的通报》。

【裁判结果】

重庆市涪陵区人民法院于2013年9月23日作出(2013)涪法行初字第00077号行政判决，驳回重庆市涪陵志大物业管理有限公司要求撤销被告作出的涪人社伤险认决字〔2013〕524号《认定工伤决定书》的诉讼请求。一审宣判后，双方当事人均未上诉，裁判现已发生法律效力。

【裁判理由】

法院生效裁判认为：被告涪陵区人社局是县级劳动行政主管部门，根据国务院《工伤保险条例》第五条第二款规定，具有受理本行政区域内的工伤认定申请，并根据事实和法律作出是否工伤认定的行政管理职权。被告根据第三人罗仁均提供的重庆市涪陵区社会管理综合治理委员会《关于表彰罗仁均同志见义勇为行为的通报》，认定罗仁均在见义勇为中受伤，事实清楚，证据充分。罗仁均不顾个人安危与违法犯罪行为作斗争，既保护了他人的个人财产和生命安全，也维护了社会治安秩序，弘扬了社会正气。法律对于见义勇为，应当予以大力提倡和鼓励。

《工伤保险条例》第十五条第一款第二项规定："职工在抢险救灾等维护国家利益、公共利益活动中受到伤害的，视同工伤。"据此，虽然职工不是在工作地点、因工作原因受到伤害，但其是在维护国家利益、公共利益活动中受到伤害的，也应当按照工伤处理。公民见义勇为，跟违法犯罪行为做斗争，与抢险救灾一样，同样属于维护社会公共利益的行为，应当予以大力提倡和鼓励。因见义勇为、制止违法犯罪行为而受到伤害的，应当适用《工伤保险条例》第十五条第一款第二项的规定，即视同工伤。

另外，《重庆市鼓励公民见义勇为条例》为重庆市地方性法规，其第十九条、第二十一条进一步明确规定，见义勇为受伤视同工伤，享受工伤待遇。该条例上述规定符合《工伤保险条例》的立法精神，有助于最大限度地保障劳动者的合法权益、最大限度地弘扬社会正气，在本案中应当予以适用。

综上，被告涪陵区人社局认定罗仁均受伤视同因工受伤，适用法律正确。

·典型案例·

何文良诉成都市武侯区劳动局工伤认定行政行为案

【裁判摘要】

根据劳动法第三条的规定，认定劳动者工作时间在工作场所的卫生设施内发生伤亡与工作无关，属适用法律错误。

原告：何文良。

被告：四川省成都市武侯区劳动和社会保障局。

法定代表人：陈昌华，该局局长。

第三人：成都四通印制电路板厂。

成都市武侯区劳动和社会保障局（以下简称武侯区劳动局）。于2002年10月23日以成武劳函〔2002〕23号《企业职工伤亡性质认定书》认定何文良之子何龙章的伤亡性质不是工伤。何文良不服，向成都市劳动局申请复议，成都市劳动局于2002年12月11日作出成劳社行复决〔2002〕12号《行政复议决定书》，维持武侯区劳动局对何龙章伤亡性质认定。何文良仍不服武侯区劳动局的行政复议决定，于2003年1月9日向四川省成都市武侯区人民法院提起行政诉讼。

原告诉称：何龙章生前系成都四通印制电路板厂工人。2002年9月24日下午的上班期间，何龙章被发现摔倒在车间旁的厕所内不省人事，经送往医院急救无效死亡。死亡原因为重型颅脑损伤，呼吸循环衰竭。因厂方未及时足额支付治疗费及其他相关费用，也未提起伤亡性质认定，我于2002年10月8日向武侯区劳动局申请对何龙章伤亡性质认定，武侯区劳动局认定何龙章不是工伤所依据的事实不清，回避了厂方的厕所潮湿，有重大安全隐患的事实。死者明显是被厕所内的积水滑倒而致颅脑损伤，且应与工作有关，请求撤销被告对何龙章作出的伤亡性质认定。

原告提供的主要证据有：

1. 何文良与何龙章的关系证明，用以证明提起行政诉讼的主体资格。

2. 成都四通印制电路板厂厕所的照片，用以证明该厕所有积水、湿滑，具有不安全因素。

3. 何龙章摔倒时被积水浸湿的衣服，用以证明何龙章的摔倒为厕所湿滑所致。

被告辩称：我局受理原告申请后，即派人到成都四通印制电路板厂进行了调查，因为何龙章是上班铃声响后未进车间而先到厕所小便，在厕所里不慎摔伤，经送往医院抢救无效后死亡。故认定何龙章上厕所与从事的本职工作无关，不属于工伤。原告称厕所存在安全隐患，没有证据证实。

被告提供的主要证据有：

1.《工伤认定申请书》，用以证明成都市武侯区劳动局是根据何文良的申请对何龙章伤亡性质予以认定的。

2. 成武劳函〔2002〕23号《企业职工伤亡性质认定书》，用以证明成都市武侯区劳动局对何龙章伤亡性质的认定结论和理由。

3. 成劳社行复决〔2002〕12号《行政复议决定书》，用以证明成都市劳动局对何龙章伤亡性质认定的复议结论和理由。

4.《居民死亡医学证明书》，用以证明何龙章的死亡时间为2002年9月28日，原因为"重型颅脑损伤致呼吸循环衰竭致死"。

5.《何龙章事故调查报告》，用以证明成都市武侯区劳动局在对何龙章伤亡性质认定前，派人到簇桥乡高碑村村委会和四通印制电路板厂调查何龙章伤亡致死的原因及有关情况。

6. 张策、黄泽刚、骆志强的证人证言，用以证明事发当天四通印制电路板厂的厕所地面无湿滑现象。

被告提供的法规依据有：

1. 劳动部1996年8月发布的《企业职工工伤保险试行办法》。

2. 四川省劳动厅于1989年印发的《关于划分因工与非因工伤亡界限的暂行规定》。

3. 四川省劳动和社会保障厅2002年10月9日《关于职工伤残性质认定问题的复函》。

第三人辩称：我厂的厕所从未发生过有人滑倒的情况，被告对何龙章伤亡性质的认定是正确的。

在法庭质证中，原告何文良对被告提供的证据1－4无异议，但认为证据5的内容不真实，证据6中的被调查人均为四通厂职工，与被告存在利害关系。同时认为被告在认定何龙章是否属于工伤时对于有关法规和规章的理解有误，因为《企业职工工伤保险试行办法》第八条没有规定必须是在工作岗位上发生的伤亡才是工伤，被告把上班时间"上厕所"理解为与工作无关，没有法律依据，而且《企业职工工伤保险试行办法》第九条中规定的不认定为工伤的情形没有将"上厕所"排除在外。被告认为原告的证据2不能证明现场湿滑，从照片上看地面无明显积水，原告的证据3既不能证明是何龙章发生意外时所穿的衣服，也不能证明厕所湿滑；同时认为认定何龙章是否属于工伤时适用的法规、规章无误，职工"上厕所"与工作无直接关系，应属于私事。第三人对原、被告提供的证据无异议。

成都市武侯区人民法院经审理查明：

何文良系何龙章之父。何龙章生前系第三人成都四通印制电路板厂工人，该厂系个人独资企业，投资人为楼建力。何龙章2000年2月进厂工作时，未与厂方签订书面劳动合同。2002年9月24日下午上班铃过后，何龙章在进入车间工作前，到该厂厂区内的厕所（该厂只有该厕所）小便，几分钟后即被一起上班的工人张策、骆志强等发现仰面倒在厕所的地上不省人事，厂方立即将何龙章送往武侯区人民医院抢救，经救治无效，何龙章于28日死亡。武侯区人民医院出具的《死亡医学证明书》证明何龙章死于"呼吸循环衰竭，重型颅脑损伤"。原、被告双方对以上事实认可无异议。

2002年10月8日，原告何文良向被告成都市武侯区劳动局申请对何龙章给予工伤（亡）认定。武侯区劳动局认为，何龙章在工厂区域内、上班时间"上厕所”摔伤致死，不符合劳动部《企业职工工伤保险试行办法》第八条、四川省劳动厅《关于划分因工与非因工伤亡界限的暂行规定》第一条第一项及四川省劳动和社会保障厅《关于职工伤残性质认定问题的复函》关于工伤必须是“在工作时间、工作区域内（含因公外出），在完成本职工作任务中发生的意外摔伤”等规定，何龙章“上厕所”是与其本职工作无直接关系的私事，因而何龙章受伤死亡不属于应当认定为工伤的情形，并于2002年10月23日在《企业职工伤亡性质认定书》中认定何龙章不是因工负伤（死亡）。何文良申请行政复议后，成都市劳动局于2002年12月11日在《行政复议决定书》中认为：“何龙章在厂区内、上班时间在厕所里摔伤致死，是一次意外事故。申请人提出的请求理由事实证据和依据不足”，维持了武侯区劳动局对何龙章不构成工伤的行政认定。

成都市武侯区人民法院认为：

何龙章作为第三人四通印制电路板厂的职工，已与四通印制电路板厂建立了事实上的劳动关系。何文良是何龙章之父，在认为被告的具体行政行为侵犯其子依法获得工伤保险赔偿待遇的合法权益时，有权提起行政诉讼。被告武侯区劳动局是主管劳动与社会保障的行政机关，具有对辖区内的职工伤亡性质认定的行政职权。武侯区劳动局在举证期限内没有提供向何文良送达成劳社行复决〔2002〕12号《行政复议决定书》的证据，亦未就何文良的起诉期限提出异议，根据行政诉讼举证责任的相关规定，武侯区劳动局对此负有举证义务，应承担举证不能的不利后果，故视为何文良是在收到《行政复议决定书》的十五日内提起行政诉讼，符合起诉条件。

本案中原、被告双方争议的主要焦点是：武侯区劳动局认定何龙章在“上厕所”中因摔伤致死与其本职工作无关有无法律依据。

《中华人民共和国劳动法》（以下简称劳动法）第三条规定，劳动者享有“获得劳动安全卫生保护”的权利，“上厕所”是人的自然生理现象，任何用工单位或个人都应当为劳动者提供必要的劳动卫生条件，维护劳动者的基本权利。“上厕所”虽然是个人的生理现象，与劳动者的工作内容无关，但这是人的必要的、合理的生理需要，与劳动者的正常工作密不可分，被告片面地认为“上厕所”是个人生理需要的私事，与劳动者的本职工作无关，故作出认定何龙章不是工伤的具体行政行为，与劳动法保护劳动者合法权利的基本原则相悖，也有悖于社会常理；根据《企业职工工伤保险试行办法》第九条规定，“职工由于下列情形之一造成负伤、致残、死亡的不应认定为工伤：（一）犯罪或违法；（二）自杀或自残；（三）斗殴；（四）酗酒；（五）蓄意违章；（六）法律、法规规定的其他情形”，其中列举的不应当认定为工伤的情形均是职工因自己的过错致伤、致残、死亡的，由于本案中没有证据证明何龙章受伤是因自己的过错所致，因而不属于不应认定为工伤的情形。根据武侯区劳动局提供的四川省劳动厅《关于划分因工与非因工伤亡界限的暂行规定》第二条“确定比照因工伤亡的原则为职工发生与生产、工作有一定关系的意外伤亡”的规定，即使是“在上下班时间、在上下班必经路线途中，发生属于非本人主要责任的交通事故或其他无法抗拒的意外事故致残，完全丧失劳动能力或死亡的”，都应当确定为比照因工伤亡，而何龙章则是在上班时间在工作区域内发生的非本人过错的伤亡，不认定为工伤与上述法规、规定的本意不符，也没有相应的法律、法规依据。因此，武侯区劳动局根据何文良的申请对何龙章受伤死亡作出不予认定为因工负伤的行政行为没有法律、法规依据。关于原、被告对何龙章是否是因用工单位的厕所存在不安全因素摔伤致死的争议，因对本案不产生实际影响，故对此不作认定。

综上，被告武侯区劳动局在《企业职工伤亡性质认定书》中对何龙章的伤亡性质认定为不是因工负伤不符合法律规定，所适用法规、规章不当，应予撤销。因武侯区劳动局为主管劳动与社会保障的行政机关，负有对其所辖区域内职工伤亡性质予以认定的行政管理职权，故被诉行政行为被撤销以后，应当根据当事人的申请，依法行使职权重新作出行政行为。原告何文良的诉讼请求，符合《中华人民共和国行政诉讼法》的规定，应予以支持。

据此，成都市武侯区人民法院依照《中华人民共和国劳动法》第三条、《中华人民共和国行政诉讼法》第五十四条第（二）项之规定，于2003年5月16日判决：

一、撤销成都市武侯区劳动与社会保障局成武劳函〔2002〕23号《企业职工伤亡性质认定书》；

二、成都市武侯区劳动和社会保障局根据何龙章近亲属的申请对何龙章死亡是否属于工伤重新认定。

一审宣判后，四通印制电路板厂不服，向四川省成都市中级人民法院提出上诉。

四通印制电路板厂的主要理由是：何龙章上厕所发生意外摔伤致死是与工作无直接关系的私事，事发时何龙章虽然是在工作时间和工作区域内，但并不是在完成本职工作任务中发生的意外摔伤，不应认定为因工负伤。劳动部关于“在上下班的规定时间和必经路线上，发生无本人责任或本人主要责任的道路交通机动车事故的”规定，属法规专项规定的特例，不应任意扩大解释。一审法院据此推论认为“上厕所”摔伤属工伤，没有法律依据。

何文良对原审判决无异议。

武侯区劳动局二审辩称：何龙章在事发地摔伤，并非在厂方安排的本职工作岗位上，也不属于完成本职工作任务中发生的因公所致的伤亡，且事发地并不存在安全隐患，应是偶然发生的意外事故，该情形不符合劳动部和四川省劳动厅关于认定工伤的规定。原审判决中以“上厕所”是个人必要的、合理的生理需要，与劳动者的正常工作密不可分这一自然现象来认定工伤，缺乏法律依据。

成都市中级人民法院经审理，确认一审查明的事实。

成都市中级人民法院认为：

劳动者享有获得劳动安全卫生保护的权利，是劳动法规定的基本原则，任何用工单位或个人都应当为劳动者提供必要的劳动卫生条件，维护劳动者的基本权利。劳动者在日常工作中“上厕所”是其必要的、合理的生理需求，与劳动者的正常工作密不可分，应当受到法律的保护。被告作出的行政认定未体现劳动法中保护劳动者合法权益的基本原则，属适用法律、法规错误。上诉人的上诉理由不能成立，一审判决撤销成武劳函〔2002〕23号伤亡性质认定，责令成都市武侯区劳动局对何龙章死亡性质重新认定正确。

据此，成都市中级人民法院依照《中华人民共和国行政诉讼法》第六十一条第（一）项规定，于2003年9月17日判决：

驳回上诉，维持原判。

本判决为终审判决。

铃王公司诉无锡市劳动局工伤认定决定行政纠纷案

【裁判摘要】

一、在《工伤保险条例》施行前作出的工伤认定被人民法院判决撤销后，又在《工伤保险条例》施行后重新启动的工伤认定程序，应当执行《工伤保险条例》的规定。

二、《工伤认定办法》第八条规定，工伤认定程序中的调查核实，可以由劳动保障行政部门根据需要进行。故调查核实不是每个工伤认定程序中必经的程序。在已经终结的工伤认定程序中，劳动保障行政部门如果已经掌握了有关职工受事故伤害的证据，在重新启动的工伤认定程序中可以不再进行调查核实。

三、人民法院在行政诉讼中的任务，是审查被诉具体行政行为的合法性。人民法院只有了解被诉具体行政行为据以作出的事实和证据，才可能对被诉具体行政行为是否具有合法性作出正确评价。

原告：铃王（无锡）电器有限公司，住所地：江苏省无锡国家高新技术产业开发区灵江路。

法定代表人：铃木信雄，该公司董事长。

被告：无锡市劳动和社会保障局，住所地：江苏省无锡市南苑新村。

法定代表人：钱宗建，该局局长。

第三人：郭维军，男，36岁，吉林省吉林市人，住址：江苏省无锡市风雷新村。

原告铃王（无锡）电器有限公司（以下简称铃王公司）因不服被告无锡市劳动和社会保障局（以下简称无锡市劳动局）于2005年4月30日作出的锡劳工伤认〔2005〕第0491号《工伤认定决定书》（以下简称0491号工伤认定书），向江苏省无锡市南长区人民法院提起行政诉讼。无锡市南长区人民法院认为郭维军与本案被诉具体行政行为有法律上的利害关系，通知其为本案第三人参加诉讼。

原告铃王公司诉称：2000年2月14日上午，本公司原职工郭维军在上班期间，一个人擅自走到公司大门口内公告栏前，突然体力不支，后退几步摔倒在地，造成脑部损伤。对郭维军所受伤害，被告曾两次认定不构成工伤，无锡市人民政府经复议也维持不认定工伤的决定。但是这两次不认定工伤的决定,均被无锡市南长区人民法院以事实不清、证据不足、适用法律错误为由撤销,判决被告重新作出工伤认定。无锡市中级人民法院还以〔2005〕锡行终字第2号行政判决书(以下简称2号终审判决书)维持了南长区人民法院的一审判决。2005年4月30日,被告作出0491号工伤认定书。该认定书引2号终审判决书中“没有证据证明在单位日常的工作时间和工作的区域内,郭维军因从事与日常生产、工作无关的事务而跌倒致伤”一语作为依据,认定郭维军受到的伤害为工伤。本公司申请行政复议后,无锡市人民政府也复议维持了0491号工伤认定书。郭维军是在没有任何人指派其离开工作岗位从事其他事情时,擅自走到公司公告栏前突然摔倒致伤,其受伤不存在任何外力或者不安全因素的影响。根据《江苏省城镇企业职工工伤保险规定》(以下简称省工伤保险规定)第七条第(一)项,郭维军的受伤根本不构成工伤。在前两次工伤认定程序中,被告能依法调查取证,所取证据也都证明了郭维军的受伤与其工作无关,因此作出不认定工伤的决定。郭维军受伤一事发生在《工伤保险条例》施行前,本次工伤认定程序只是前两次认定程序的延续,《工伤保险条例》不能对本案适用。在本次工伤认定程序中,被告不进行调查,只是依据法院判决就作出认定工伤的决定,是适用法律错误。作为复议机关,无锡市人民政府先是复议维持一个不认定工伤的决定,后又复议维持一个认定工伤的决定,而前后两个决定指向的都是同一个法律事实。这样出尔反尔的行政复议,根本不能发挥纠正不正确行政行为的作用。被告作出的0491号工伤认定书明显错误,请求判令撤销。

原告铃王公司提交以下证据:

1. 0491号工伤认定书、行政复议决定书,用以证明被诉具体行政行为客观存在;

2. 铃王公司整理的无锡市劳动局医保处处长王进与铃王公司管理部负责人朱洁的《电话录音》,2002年12月25日至2003年1月22日期间无锡市劳动局调查吴宏、朱小洁、沈振宇、姚志刚、陆毅、魏伯伦、戴英、韦菁等人后所作的调查笔录,以及吴宏书写的《事故发生经过》,用以证明郭维军是在没有任何人指派其离开工作岗位从事其他事情的情况下,擅自走到公司公告栏前,在无任何外力影响和不安全因素的情况下突然摔倒致伤;

3. 铃王公司向《中国社会保障》杂志的咨询稿、该杂志主持人的两份答复及2001年第3期该杂志刊登的《他的摔伤不能算因工》一文,用以证明不认定工伤的观点受到舆论界支持。

被告无锡市劳动局辩称:一、第三人郭维军受伤一事发生于2000年2月14日。其后在郭维军与原告铃王公司发生的劳动争议中,本局受无锡市新区劳动争议仲裁委员会(以下简称新区仲裁委)的委托,对郭维军受伤一事进行工伤认定。当时的省工伤保险规定第七条第一项规定,职工只有从事本单位日常生产、工作或者本单位负责人临时指定的工作,在紧急情况下,虽未经本单位负责人指定但从事直接关系本单位重大利益的工作负伤、致残或者死亡的,才能认定工伤。经调查,无法认定郭维军是在从事本单位日常生产、工作时受伤,因此本局先后于2002年4月5日和2003年1月22日,两次作出不认定工伤的决定,但是这两次决定均已被法院判决撤销。二、在此期间,《工伤保险条例》施行。与以往的工伤保险文件比,该条例在工伤认定方面有很大变动,其中第十九条第二款规定:“职工或者其直系亲属认为是工伤,用人单位不认为是工伤的,由用人单位承担举证责任。”为落实《工伤保险条例》,江苏省劳动和社会保障厅于2005年3月10日发出《关于实施〈工伤保险条例〉若干问题的处理意见》,其中第十九条规定:“《条例》实施前已受到事故伤害或者患职业病的职工,自2005年4月1日起申请工伤认定的,适用法律时坚持实体从旧、程序从新的原则。”三、本局2005年4月30日作出0491号工伤认定书时,本着实体从旧、程序从新的原则,重新对过去两次调查形成的材料进行审查后发现,尽管不改变工伤认定的实体标准,但过去的调查材料只反映了郭维军是在日常工作时间、工作区域内受伤,不能证明郭维军是因何事受伤。如果按照《工伤保险条例》第十九条第二款规定的程序,作为用人单位的原告就有责任举证证明郭维军所受伤害不是工伤。但原告所举的一切证据,只能证明郭维军不知何故跌倒致伤,不能证明其是因从事了与日常生产、工作无关的事务而受伤。据此,根据《中华人民共和国行政诉讼法》(以下简称行政诉讼法)第五十五条关于“人民法院判决被告重新作出具体行政行为的,被告不得以同一的事实和理由作出与原具体行政行为基本相同的具体行政行为”的规定,本局作出0491号工伤认定书,认定郭维军所受伤害是工伤。四、本局接到2号终审判决书，在重新开始认定工伤的程序后，按照《工伤保险条例》的规定，曾向原告发出过举证通知。原告接到举证通知，只在举证期限过后向本局递交了其对郭维军受伤原因提出的异议，以及一些与过去证明材料内容基本相同的材料。据此，本局根据以往的调查材料，依法作出0491号工伤认定书。0491号工伤认定书是事实清楚、证据确凿、适用法律正确、程序合法的具体行政行为，法院应当维持。

被告无锡市劳动局提交以下证据：

1. 2002年12月23日至2003年1月22日期间，无锡市劳动局对郭维军、吴宏、朱小洁、沈振宇、姚志刚、陆毅、魏伯伦、戴英、韦菁、李兵、唐荣湖、孙刚、陈康群、李瑞春、查贰国等人进行调查形成的调查笔录，事故现场照片，铃王公司对吴宏的授权委托书，吴宏书写的《事故发生经过》，用以证明在以往的调查中，已经查明郭维军是在日常工作时间、工作区域内受伤，但不知何故受伤；

2. 以往涉及复议、诉讼的相关材料，2003年1月19日无锡市劳动局制作的《关于郭维军负伤情况的调查报告》及同年1月21日的《会议纪要》，2号终审判决书和0491号工伤认定书，用以证明无锡市劳动局重新作出具体行政行为的事实根据；

3. No289《工伤认定举证通知书》及《送达回执》，用以证明无锡市劳动局作出0491号工伤认定书前，履行了让当事人举证的程序；

4. 铃王公司接到举证通知后于2005年4月11日递交的材料(包括铃王公司自行对姚志刚、沈振宇、徐讯、徐锋等人调查形成的笔录，李瑞春书写的《护送经过》，郭维军于1999年10月28日、11月8日递交给铃王公司的《请假申请单》)，用以证明铃王公司在举证期限过后所举的证据，仍然不能证明郭维军是因从事了与日常生产、工作无关的事务而受伤；

5. 《工伤保险条例》、《工伤认定办法》、《江苏省实施〈工伤保险条例〉办法》、省工伤保险规定、江苏省劳动厅《关于印发〈江苏省城镇企业职工工伤保险规定实施办法〉的通知》，用以证明作出被诉具体行政行为的法律依据；

6. 《中国劳动保障》2001年第3期中关于郭维军是否属因工负伤的评析文章，用以证明舆论界对郭维军受伤一事的观点。

第三人郭维军诉称：现有证据证明，本人是在工作场所和工作时间内受伤，受伤致残的原因是为公司装门铃线，确实是在为公司工作时受伤，依法应认定为工伤。原告铃王公司虽然否认本人是为公司的工作而受伤，但从未提供过本人是从事了与工作无关的事务而受伤的证据。根据《工伤保险条例》第十九条第二款规定，被告作出的0491号工伤认定书合法，法院应当维持。

第三人郭维军未提交证据。

经质证、认证，无锡市南长区人民法院查明：

第三人郭维军原系原告铃王公司的技术科副科长。2000年2月14日(春节休假后的第一个工作日)上午，郭维军于工作时间内在厂区跌倒致伤，经医院诊断为急性闭合性颅脑外伤。2000年6月7日，铃王公司工会主席吴宏去无锡市总工会法律援助中心咨询时，曾陈述："上午上班后，他(郭维军)帮助维修班的员工排线时，不慎把左手手指划了一道口子，他见伤口流血就到办公室向别人要了创可贴，走出办公室不多远，在无任何人碰撞他的情况下，不知什么原因，突然自己跌倒。"2001年10月30日，郭维军向新区仲裁委提出劳动争议仲裁申请。同年11月9日，新区仲裁委以锡新劳仲勘鉴字〔2001〕第1号文，委托被告无锡市劳动局认定郭维军的伤情是否构成工伤。2002年4月5日，无锡市劳动局以锡劳社医〔2002〕17号《关于郭维军工伤认定的复函》(以下简称〔2002〕17号工伤认定复函)答复新区仲裁委，认为郭维军所受伤害不能认定为工伤。郭维军不服〔2002〕17号工伤认定复函，向无锡市人民政府申请复议。同年9月17日，无锡市人民政府以锡府复决字〔2002〕27号《行政复议决定书》，决定维持〔2002〕17号工伤认定复函。郭维军仍不服，于同年10月14日提起行政诉讼。同年11月13日，无锡市南长区人民法院作出〔2002〕南行初字第13号行政判决，以〔2002〕17号工伤认定复函事实不清、证据不足、适用法律错误为由，撤销了该复函，并判决无锡市劳动局重新作出工伤认定。2003年1月22日，无锡市劳动局在重新调查后，根据省工伤保险规定第七条、第八条作出锡劳社医〔2003〕1号《企业职工工伤认定书》(以下简称〔2003〕1号工伤认定书)，决定不认定郭维军所受伤害为工伤。郭维军对〔2003〕1号工伤认定书仍不服，再次提起行政诉讼。2004年12月2日，无锡市南长区人民法院作出〔2003〕南行初字第8

号行政判决，以事实不清、主要证据不足为由，判决撤销了〔2003〕1号工伤认定书，并判决无锡市劳动局在判决生效后60日内重新作出工伤认定。无锡市劳动局不服该一审判决，提起上诉。2005年2月22日，无锡市中级人民法院经审理后，以2号终审判决书作出驳回上诉，维持原判的判决。新的工伤认定程序开始后，无锡市劳动局于2005年3月8日通过邮局向铃王公司发出No289《工伤认定举证通知书》，主要内容为："根据无锡市中级人民法院2号终审判决书和《工伤保险条例》第十九条的规定，你单位需对郭维军的工伤申请承担举证责任。请你单位在收到本通知书之日起15日内将不认为是工伤的理由及证据材料递交我局医疗保险处（书面材料需加盖单位公章）。逾期，我局将依据有关规定，依法作出工伤认定结论。"铃王公司收到举证通知书后，于4月11日向无锡市劳动局递交了不认为郭维军是工伤的陈述及一些证据。2005年4月30日，无锡市劳动局作出0491号工伤认定书，认定郭维军受伤为工伤。铃王公司不服，申请行政复议。2005年8月3日，无锡市人民政府复议维持了0491号工伤认定书。铃王公司仍不服，遂提起本案行政诉讼。

本案争议焦点是：1.《工伤保险条例》施行后重新启动的工伤认定行政程序，能否适用《工伤保险条例》？2.无锡市劳动局未经调查作出0491号工伤认定书，并将2号终审判决的裁判理由写入该工伤认定书中，是否合法？

无锡市南长区人民法院认为：

一、2003年4月27日，国务院以第375号令公布了《工伤保险条例》，其中第六十四条规定："本条例自2004年1月1日起施行。本条例施行前已受到事故伤害或者患职业病的职工尚未完成工伤认定的，按照本条例的规定执行。"第三人郭维军虽于2000年2月14日受伤，受伤后虽经被告无锡市劳动局的两次工伤认定，但至《工伤保险条例》施行之日，没有取得过发生法律效力的工伤认定决定，因此对郭维军所受事故伤害的工伤认定尚未完成。依照《工伤保险条例》第六十四条规定，在对郭维军所受事故伤害重新启动的工伤认定程序中，应当按照《工伤保险条例》的规定执行。原告铃王公司关于本次工伤认定程序是前两次工伤认定程序的延续，《工伤保险条例》对本案不能适用的意见，与法相悖，不予采纳。

二、为规范工伤认定程序，依法进行工伤认定，维护当事人的合法权益，2003年9月23日，劳动和社会保障部颁布了《工伤认定办法》。该办法系根据《工伤保险条例》的有关规定制定，亦于2004年1月1日起施行。该办法第五条规定，进行工伤认定所需的劳动关系、诊断证明等材料，由申请人提交。第八条规定："劳动保障行政部门受理工伤认定申请后，根据需要可以对提供的证据进行调查核实，有关单位和个人应当予以协助。用人单位、医疗机构、有关部门及工会组织应当负责安排相关人员配合工作，据实提供情况和证明材料。"第十四条规定："职工或者其直系亲属认为是工伤，用人单位不认为是工伤的，由该用人单位承担举证责任。用人单位拒不举证的，劳动保障行政部门可以根据受伤害职工提供的证据依法作出工伤认定结论。"

《工伤保险条例》第十四条第（一）项规定，职工在工作时间和工作场所内，因工作原因受到事故伤害的，应当认定为工伤。2号终审判决书在阐述维持一审判决的理由时，其中"没有证据证明在单位日常的工作时间和工作的区域内，郭维军因从事与日常生产、工作无关的事务而跌倒致伤"一语，完全符合《工伤保险条例》的规定。

被告无锡市劳动局接到2号终审判决书后，依法重新启动了工伤认定程序。由于在以前的工伤认定程序中，对第三人郭维军所受事故伤害的经过，无锡市劳动局通过调查已经取得大量证据，故在重新启动的工伤认定程序中，该局未再进行调查。鉴于原告铃王公司一直不认为郭维军所受事故伤害是工伤，依照《工伤保险条例》第十九条和《工伤认定办法》第十四条的规定，铃王公司应当承担不是工伤的举证责任，于是无锡市劳动局向铃王公司发出《工伤认定举证通知书》，通知其举证，并且明确告知了不承担举证责任的法律后果。铃王公司接到举证通知书后，未在通知书指定的期限内举证，延期10多天后提交的证据，仍没有证明郭维军因从事与日常生产、工作无关的事务而跌倒致伤。无锡市劳动局在对铃王公司延期提交的证据进行审查后，以0491号工伤认定书作出认定工伤的决定。

根据《工伤认定办法》第五条、第八条，劳动保障行政部门受理工伤认定申请后，只是对申请人提交的材料进行审查，然后根据需要对提供的证据进行调查核实,所以调查核实不是每个工伤认定程序中必经的程序。由于对第三人郭维军所受事故伤害的经过已经掌握了大量证据,被告无锡市劳动局在重新启动的工伤认定程序中,根据需要未再进行调查,而是径行通知原告铃王公司举证的做法,不违背法律规定。0491号工伤认定书将2号终审判决书根据《工伤保险条例》规定阐述的裁判理由写入其中,只是要交代其重新认定的理由,并非以法院判决为依据。铃王公司关于无锡市劳动局不进行调查,将法院判决作为依据,是适用法律错误的起诉理由,不能成立。

综上,被告无锡市劳动局作出的0491号工伤认定书,事实清楚,程序合法。据此,无锡市南长区人民法院依照行政诉讼法第五十四条第(一)项规定,于2005年10月30日判决:

维持被告无锡市劳动局2005年4月30日作出的0491号工伤认定决定书。

本案诉讼费100元,由原告铃王公司负担。

一审宣判后,铃王公司不服,向无锡市中级人民法院提出上诉,理由是:吴宏虽然是上诉人的工会主席,但其是受第三人郭维军的妹妹郭维新委托,并且根据郭维新的猜测,才到无锡市总工会咨询处理意见的。吴宏并非以工会主席身份或者个人名义到无锡市总工会咨询,无锡市总工会对此次咨询的记录是虚假的,记录内容不符合当时咨询的实际情况。郭维军在上班期间,擅自走到公告栏前,在无任何外力影响和不安全因素,也不存在可能工作紧张的情况下突然摔倒,其所受损伤不构成工伤。上诉人已经提供了郭维军受伤不是工伤的证据,被上诉人无锡市劳动局仍然给郭维军认定工伤,是适用法律错误。对郭维军受伤一事,一审法院前后审理过三次,事实都是郭维军突然摔倒受伤这同一个事实,证据也都是同样一些证人出具的同样证据,但本次审理却作出了与以前完全不同的判决,属于判决错误。请求二审撤销一审判决,撤销被上诉人作出的0491号工伤认定书。

被上诉人无锡市劳动局答辩称:被上诉人对第三人郭维军所受伤害作出的0491号工伤认定书,事实清楚,证据确凿,适用法律正确、程序合法,一审判决予以维持是正确的。上诉人的上诉理由不能成立,二审应当驳回上诉,维持原判。

原审第三人郭维军未作陈述。

无锡市中级人民法院经全面审查各方当事人提交的证据以及历次诉讼材料,确认了一审查明的案件事实。

二审应解决的问题有:1.无锡市总工会对吴宏咨询的记录能否作为本案的证据使用?2.一审是否存在根据同样事实、同样证据作出前后不一致判决的问题?

无锡市中级人民法院认为:

一、2000年6月7日,吴宏到无锡市总工会陈述了第三人郭维军所受伤害的事实,咨询对此事的处理意见,无锡市总工会留下记录。无锡市总工会记录吴宏陈述的事实内容,与郭维军在被上诉人无锡市劳动局向其调查时陈述的事实基本一致。无锡市劳动局对郭维军提供的主要证人都进行过调查,各证人对郭维军受伤害经过所作证言虽然存在着矛盾,但仍有部分证人的证言与吴宏、郭维军陈述的事实相符。吴宏是上诉人铃王公司的工会主席,没有证据证明吴宏是代表郭维新前往无锡市总工会陈述事实、咨询意见,也没有证据证明吴宏在无锡市总工会陈述的事实受到了郭维军或者郭维新事前陈述的影响。综合考虑吴宏的工会主席身份、受咨询机关的性质和吴宏的陈述内容,应当认定:吴宏是为维护职工利益,才以铃王公司工会主席身份,前往无锡市总工会咨询对郭维军所受伤害的处理意见。故无锡市总工会对吴宏陈述事实所作的咨询记录具有真实性,应当确认为证据。

二、第三人郭维军受伤后,对郭维军的伤情是否构成工伤,被上诉人无锡市劳动局曾先后作出过三个工伤认定,这三个工伤认定,都经过一审法院的行政诉讼程序。人民法院在行政诉讼中的任务,是审查被诉具体行政行为的合法性。在本案中,即是审查0491号工伤认定书的合法性。一审法院只有通过了解郭维军受伤的事实以及确认此事实的证据,才能对0491号工伤认定书是否合法作出评价。郭维军受伤的事实以及确认此事实的证据虽然在前后三个行政诉讼中没有变化,但是最后一个被诉具体行政行为(即工伤认定行为)的内容发生了变化,因此,一审相应地对被诉具体行政行为的合法性作出不同评价。上诉人铃王公司以一审对同样事实、同样证据作出不同判决为由,认为一审判决错误,该上诉理由不能成立。

综上所述,鉴于上诉人铃王公司没有证据证明在工作时间、工作场所内,第三人郭维军因从事了与日常生产、工作无关的事务而受到伤害,被上诉人无锡市劳动局以0491号工伤认定书作出认定工伤的决定。

0491号工伤认定书认定事实清楚，证据确凿，适用法律、法规正确，符合法定程序，是合法的具体行政行为。一审判决维持0491号工伤认定书，是正确的。铃王公司的上诉理由不能成立，应当驳回。据此，无锡市中级人民法院依照行政诉讼法第六十一条第（一）项规定，于2006年2月20日判决：

驳回上诉，维持原判。

二审案件受理费100元，由上诉人铃王公司负担。

杨庆峰诉无锡市劳动和社会保障局工伤认定行政纠纷案

【裁判摘要】

根据《工伤保险条例》第十七条第二款的规定，工伤认定申请时效应当从事故伤害发生之日起算。这里的"事故伤害发生之日"应当包括工伤事故导致的伤害结果实际发生之日。工伤事故发生时伤害结果尚未实际发生，工伤职工在伤害结果实际发生后一年内提出工伤认定申请的，不属于超过工伤认定申请时效的情形。

原告：杨庆峰。

被告：无锡市劳动和社会保障局。

法定代表人：钱宗建，该局局长。

第三人：无锡市机关汽车修理有限责任公司。

法定代表人：王国强，该公司董事长。

原告杨庆峰因与被告无锡市劳动和社会保障局（以下简称无锡市劳动局）发生工伤认定纠纷，向江苏省无锡市南长区人民法院提起行政诉讼。

原告杨庆峰诉称：原告于2004年3月进入无锡市市级机关汽车修理所（以下简称汽车修理所）从事汽车修理工作。后汽车修理所改制为第三人无锡市机关汽车修理有限责任公司（以下简称汽车修理公司）。2004年6月某日，原告与师傅王继聪拆一辆汽车的拉杆球头，用榔头敲打球头时铁屑溅入原告左眼中。当时原告只是感到左眼疼痛，视物有点模糊不清，随即停下手中的工作，但并没有特别在意，汽车修理所也没有及时送原告就医诊治。2006年10月3日，原告左眼突然剧烈疼痛，感到视觉模糊，10月4日左眼即看不到任何东西。原告由父亲陪同到医院诊治，确诊为陈旧性铁锈症，经过手术治疗，虽然病情趋于稳定，但造成左眼永久性失明。而且，根据医生的陈述，从医学的角度看，此类陈旧性铁锈症如果造成一眼失明，则很有可能会进一步感染发展，导致另一眼的失明。原告于2006年12月21日向无锡市南长区人民法院提起民事诉讼，请求判令第三人汽车修理公司及其上级主管部门赔偿原告因涉案事故受到的损失，并承担后续治疗费用。法院经审理认为原告系因工伤事故受到人身损害，应请求工伤保险赔偿，裁定驳回了原告的起诉。原告遂于2007年4月9日向被告无锡市劳动局提交工伤认定申请。被告于2007年4月11日以原告的工伤认定申请已超过法定的申请时效为由，作出了《不予受理通知书》。原告认为，根据《工伤保险条例》第十七条的规定，工伤认定申请时效的起算时间应为事故伤害发生之日，而不是被告所称的事故发生之日。涉案事故虽然发生在2004年6月，但当时伤害结果并没有实际发生，至2006年10月3日原告眼疾发作时，才是涉案事故伤害发生的时间，2006年10月13日原告在医院手术后取出铁屑之时，才是最终确诊涉案事故伤害的时间，也是原告得知自己所受伤害系由涉案事故所致的时间。因此，原告提出工伤认定申请的时效，应从2006年10月13日医院确诊开始计算。综上，被告作出的《不予受理通知书》违反了《工伤保险条例》关于工伤认定申请时效的规定。请求依法撤销被告作出的〔2007〕第0003号《不予受理通知书》。

原告杨庆峰提交以下证据：

1. 被告无锡市劳动局作出的〔2007〕第0003号《不予受理通知书》一份，用以证明无锡市劳动局作出的、被诉具体行政行为的内容；

2. 杨庆峰的身份证复印件，用以证明杨庆峰的身份及其诉讼主体资格。

无锡市南长区人民法院根据原告杨庆峰的申请，调取了该院〔2007〕南民一初字第2号案件卷宗内的以下证据：

1. 两次庭审笔录以及证人王继聪、傅生龙、周仁良的当庭证言，用以证明涉案事故发生的情况；

2. 杨庆峰的医疗费凭证、出院记录，用以证明杨庆峰因涉案事故受到的伤害后果、该伤害后果与涉案事故之间的因果关系，以及杨庆峰为此所支出的医疗费用；

3. 无锡市南长区人民法院最初对杨庆峰主治医生王祥群所作的调查笔录，用以证明杨庆峰眼睛所受伤害在病理上的特殊性，以及铁屑溅入眼睛后因受伤部位的不同和病人感觉情况的个体差异，可能导致伤害潜伏期，并证明涉案事故与杨庆峰所受伤害之间存在必然联系；

4. 杨庆峰的工资表，用以证明杨庆峰与第三人汽车修理公司存在劳动关系；

5. 企业转制材料，用以证明汽车修理公司应对涉案事故负责；

6. 无锡市南长区人民法院〔2007〕南民一初字第2号民事裁定书，用以证明原告就涉案事故提起民事诉讼，被法院依法裁定驳回。

被告无锡市劳动局辩称：2007年4月9日，原告杨庆峰以第三人汽车修理公司职工的名义，申请被告对其在2004年6月从事汽车修理工作时发生的事故进行工伤认定。被告受理后，经调查取证，查明原告确于2004年6月在工作中发生事故，但原告直至2007年4月9日才提出工伤认定申请，已经超过法定的工伤认定申请时效。故被告根据《工伤保险条例》第十七条和《江苏省实施〈工伤保险条例〉办法》第十二条的规定，于2007年4月11日作出涉案《不予受理通知书》，决定不予受理杨庆峰提出的工伤认定申请。理由如下：1. 根据《工伤保险条例》第十七条的规定，工伤职工或者其直系亲属、工会组织在事故伤害发生之日或者被诊断、鉴定为职业病之日起1年内，可以直接向用人单位所在地统筹地区劳动保障行政部门提出工伤认定申请。涉案事故发生于2004年6月份，原告于2007年4月9日才向被告提出工伤认定申请，早已超过了工伤认定申请时效。根据《江苏省实施〈工伤保险条例〉办法》第十二条的规定，申请人不具备申请资格的或者提出的工伤认定申请超过规定时效的，劳动保障行政部门不予受理。因此，被告作出的涉案《不予受理通知书》完全正确。2. 原告关于《工伤保险条例》第十七条规定的“事故伤害发生之日”的理解是不正确的。这里的“事故伤害发生之日”是针对工伤认定申请时效起算时间的规定，强调的是“日”这一固定的时间点，即事故与伤害有直接因果关系的那一日。原告认为应认定2006年10月13日最终确诊之日为涉案事故伤害发生之日，并认为其工伤认定申请时效应从该日起开始计算。其诉讼主张并无法律依据。没有事故就没有伤害，事故与伤害密切相关，事故发生之日也就是伤害发生之日，这一时间点应当是固定的，不是随意可以变动的。《工伤保险条例》之所以规定工伤认定申请时效，就是要在最大限度保护劳动者合法权益的同时，对工伤职工怠于申请工伤认定作出一定的限制，以节约行政管理资源，提高办事效率，便于劳动保障部门及时、准确地查明案件事实。综上，被告作出的不予受理杨庆峰工伤认定申请的具体行政行为，事实清楚，证据确凿，适用法律、法规正确，程序合法。请求法院依法维持被告的具体行政行为，驳回原告的诉讼请求。

被告无锡市劳动局提交以下证据：

1. 被告作出的〔2007〕第0003号《不予受理通知书》，用以证明被告作出的涉案具体行政行为的内容；

2.《工伤认定申请表》、原告杨庆峰的工资表、身份证、医疗证明复印件，用以证明被告审核杨庆峰提出的工伤认定申请所依据的材料；

3. 被告对原告的调查笔录，用以证明被告在涉案工伤认定程序中进行了调查并形成相关材料；

4.《无锡市职工工伤认定申请材料接收单》、涉案《不予受理通知书》交寄邮件清单、送达回执，用以证明被告作出涉案具体行政行为的程序合法。

第三人汽车修理公司述称：同意被告无锡市劳动局的答辩意见。

第三人汽车修理公司提交以下证据：

1. 企业法人营业执照、单位组织机构代码证，用以证明第三人的法人资格；

2. 单位转制批复，用以证明汽车修理所改制为第三人的情况。

无锡市南长区人民法院一审查明：

原告杨庆峰于2004年3月进入汽车修理所（该单位于2005年6月因改制变更为第三人汽车修理公司）从事汽车修理工作。2004年6月，原告与其师傅王继聪共同拆卸一辆汽车的拉杆球头，王继聪用榔头敲打球头时导致铁屑溅入原告的左眼中。原告当时感觉左眼疼痛，滴了眼药水后疼痛缓解，故未去医院检查。2006年10月3日，原告感觉左眼剧烈疼痛，视觉模糊，于同年10月5日到无锡市第二人民医院诊疗，同年10月11日至13日经医院手术治疗，诊断为：1. 左眼外伤性白内障；2. 左眼铁锈沉着综合征；3. 左眼球内附异物。虽经治疗，原告的左眼视力明显减弱。医生诊断认为杨庆峰左眼所受伤害与涉案事故存在因果关系，从医学角度看此类事故伤害可以存在较长的潜伏期。2007 年 4 月 9 日，原告向被告无锡市劳动局提出工伤认定申请，被告根据《工伤保险条例》第十七条和《江苏省实施〈工伤保险条例〉办法》第十二条的规定，于同年 4 月 11 日以原告提出的工伤认定申请已超过规定的申请时效为由，作出了〔2007〕第 0003 号《不予受理通知书》，并于同年 4 月 17 日邮寄送达给原告和汽车修理公司。原告不服，于 2007 年 4 月 25 日提起行政诉讼，请求撤销被告作出的涉案《不予受理通知书》。

另查明：2006 年 12 月 21 日，原告杨庆峰以人身损害赔偿纠纷为由起诉无锡市市级机关事务管理局（系第三人汽车修理公司的上级主管部门）、汽车修理公司，要求两被告赔偿原告因涉案事故伤害就医诊疗所支出的医疗费人民币 10 718.29 元并承担后续治疗费用。案经无锡市南长区人民法院审理，认为根据《最高人民法院关于审理人身损害赔偿案件适用法律若干问题的解释》第十二条第一款、《中华人民共和国民事诉讼法》第一百四十条第一款第（三）项之规定，劳动者因工伤事故遭受人身损害的，应当请求工伤保险赔偿，不能直接对用人单位提起民事诉讼，故于 2007 年 4 月 26 日作出〔2007〕南民一初字第 2 号民事裁定书，驳回了原告的起诉。

本案一审的争议焦点是：工伤事故发生时伤害后果尚未发生，伤害后果发生后经医生诊断证明确系工伤事故导致的，应当如何确定工伤认定申请时效的起算时间。

无锡市南长区人民法院一审认为：

《工伤保险条例》第十七条规定：“工伤职工或者其直系亲属、工会组织在事故伤害发生之日或者被诊断、鉴定为职业病之日起 1 年内，可以直接向用人单位所在地统筹地区劳动保障行政部门提出工伤认定申请。”《江苏省实施〈工伤保险条例〉办法》第十二条规定：“申请人不具备申请资格的或者提出的工伤认定申请超过规定时效的，劳动保障行政部门不予受理。”根据本案事实，原告杨庆峰于 2004 年 6 月在工作中发生事故，至 2006 年 10 月事故伤害结果实际发生，经医生诊治认为杨庆峰所受伤害确系涉案工伤事故导致。被告无锡市劳动局认为《工伤保险条例》第十七条规定的“事故伤害发生之日”就是指“事故发生之日”，据此将 2004 年 6 月发生涉案工伤事故的时间作为杨庆峰工伤认定申请时效的起算时间，没有考虑涉案工伤事故的特殊性，是错误的。根据医生的诊断证明，杨庆峰所受伤害在临床上称之为铁锈沉着综合征，该症具有一定的特殊性，即受伤后可能暂时不发生伤害后果，伤害后果的发生可以存在较长的潜伏期。本案中，涉案工伤事故发生两年多以后，伤害结果才实际发生，在此之前杨庆峰并不知道自己在涉案工伤事故中受到了伤害，当然也就不可能在涉案工伤事故发生后及时提出工伤认定申请。因此，被告以 2004 年 6 月涉案工伤事故发生的时间作为工伤认定申请时效的起算时间是错误的，不利于保护工伤职工的合法权益。本案应以伤害结果实际发生的时间作为工伤认定申请时效的起算时间，杨庆峰提出的工伤认定申请并未超过规定的申请时效，被告作出的涉案《不予受理通知书》适用法律、法规错误，原告的诉讼请求应予以支持。

综上，无锡市南长区人民法院于 2007 年 7 月 19 日判决：一、撤销被告无锡市劳动局于 2007 年 4 月 11 日作出的〔2007〕第 0003 号《不予受理通知书》；二、被告无锡市劳动局在本判决发生法律效力后 60 日内对原告杨庆峰的工伤认定申请重新作出具体行政行为。案件受理费人民币 50 元，由被告无锡市劳动局负担。

无锡市劳动局不服一审判决，向无锡市中级人民法院提起上诉，主要理由是：1.《工伤保险条例》第十七条规定的“事故伤害发生之日”是针对工伤认定申请时效起算时间的规定，强调的是“日”这一固定的时间点，即事故与伤害有直接因果关系的那一日。没有事故就没有伤害，事故与伤害是密切相关的，“事故伤害发生之日”就是指“事故发生之日”，这一时间点应当是固定的，不是随意可以变动的。2. 上诉人作出的不予受理被上诉人杨庆峰工伤认定申请的具体行政行为，事实清楚，证据确凿，适用法律、法规正确，程序合法。3. 一审判决对于《工伤保险条例》第十七条规定的“事故伤害发生之日”的解释没有法律依据。综上，请求依法撤销一审判决，维持上诉人于 2007 年 4 月 11 日作出的〔2007〕第 0003 号《不予受理通知书》。

被上诉人杨庆峰辩称：上诉人无锡市劳动局认为《工伤保险条例》第十七条规定的“事故伤害发生之日”就是指“事故发生之日”，是对该规定的误解。《工伤保险条例》第十七条明确规定“事故伤害发生之日”为工伤认定申请时效的起算时间，而不是上诉人所称的“事故发生之日。”“事故伤害发生”和“事故发生”为两个明显不同的概念，事故发生时并不一定同时发生事故伤害，事故对人的伤害也不一定在事故发生当时就明显表现出来。本案中，被上诉人因涉案工伤事故所受的伤害具有一定的潜伏期和隐蔽性，涉案工伤事故发生当时并未马上出现伤害后果，直至2006年10月3日被上诉人的眼疾才开始发作，2006年10月13日在医院手术后取出铁屑，此时被上诉人才知道自己在涉案工伤事故中受到伤害，才可能提出工伤认定申请。故应当认定该时日为“事故伤害发生之日”，并以之作为工伤认定申请时效的起算时间。请求二审法院驳回上诉人的上诉请求，维持一审判决。

一审第三人汽车修理公司诉称：同意上诉人无锡市劳动局的上诉意见。

各方当事人在二审中均未提交新的证据。

无锡市中级人民法院经二审，确认了一审查明的事实。另查明：

2006年10月11日至13日，被上诉人杨庆峰在无锡市第二人民医院接受治疗，该院医生经手术从被上诉人的左眼底部取出一铁屑。2006年10月26日被上诉人出院，医生作出的诊断结论为：1. 左眼外伤性白内障；2. 左眼铁锈沉着综合征；3. 左眼球内附异物。出院时检查被上诉人的左眼视力为手动30cm，矫正无提高。

本案二审的争议焦点仍然是：工伤事故发生时伤害后果尚未发生，伤害后果发生后经医生诊断证明确系工伤事故导致的，应当如何确定工伤认定申请时效的起算时间。

无锡市中级人民法院二审认为：

工伤认定是工伤职工享受工伤保险待遇的基础，而提出工伤认定申请是启动工伤认定程序的前提。《工伤保险条例》第十七条第二款规定：“工伤职工或者其直系亲属、工会组织在事故伤害发生之日或者被诊断、鉴定为职业病之日起1年内，可以直接向用人单位所在地统筹地区劳动保障行政部门提出工伤认定申请。”该规定明确了提出工伤认定申请的主体、申请时效及其起算时间，以及受理申请的行政部门。其中的“事故伤害发生之日”，即是关于工伤认定申请时效起算时间的规定。在通常情况下，工伤事故发生后，伤害结果也随即发生，伤害结果发生之日也就是事故发生之日，故对于“事故伤害发生之日”的理解不会产生歧义。但在工伤事故发生后，伤害结果并未马上发生，而是潜伏一段时间后才实际发生，即伤害结果发生之日与事故发生之日不一致的特殊情况下，“事故伤害发生之日”应当理解为伤害结果发生之日，并以之作为工伤认定申请时效的起算时间。

首先，文义解释是正确理解法律条文的首选方法。《工伤保险条例》第十七条第二款规定的“事故伤害发生之日”，从字面含义上看，“事故”是对于“伤害”的修饰和限制，即这里的“伤害”是基于工伤事故而发生的，伤害结果与工伤事故之间存在因果关系。据此理解，“事故伤害发生之日”就是指伤害结果发生之日，而不是事故发生之日。

其次，工伤职工或者其直系亲属、工会组织提出工伤认定申请的前提，是工伤事故伤害结果已经实际发生。工伤事故发生后，如果伤害后果尚未发生，上述工伤认定申请主体无法预知是否会产生伤害后果、会产生什么样的伤害后果，也无法预知伤害后果会引发什么样的损失，当然也就无从提出工伤认定申请。因此，正确理解《工伤保险条例》第十七条第二款规定的“事故伤害发生之日”，应当认定“事故伤害发生之日”即为工伤事故伤害结果实际发生之日，而不是工伤事故发生之日。

最后，根据《中华人民共和国民法通则》（以下简称民法通则）第一百三十七条的规定，诉讼时效期间从知道或者应当知道权利被侵害时起计算。最高人民法院《关于贯彻执行〈中华人民共和国民法通则〉若干问题的意见（试行）》第一百六十八条规定：“人身损害赔偿的诉讼时效期间，伤害明显的，从受伤害之日起算；伤害当时未曾发现，后经检查确诊并能证明是由侵害引起的，从伤势确诊之日起算。”工伤认定申请时效虽然与民事诉讼时效不同，但在判断时效起算时间时，应当参照上述关于民事诉讼时效起算时间的规定。劳动保障部门在确定工伤认定申请时效的起算时间时，应当以工伤事故伤害结果实际发生的时间为标准。

根据本案事实，被上诉人杨庆峰于2004年6月在工作时发生铁屑溅入左眼的事故，但当时并未实际发生伤害后果，而是直至2006年10月才病情发作，经医生确诊为左眼铁锈沉着综合征。根据医生诊断证明，该病具有潜伏性和隐蔽性，与2004年6月被上诉人在工作时发生的事故具有因果关系。鉴于涉案工伤事故发生时伤害后果尚未实际发生，伤害结果发生后经医生确诊证明确系因涉案工伤事故所致，故本案工伤认定申请时效应当从伤害后果实际发生之日起算，被上诉人提出涉案工伤认定申请时,尚未超过申请时效。

上诉人无锡市劳动局认为《工伤保险条例》第十七条第二款关于工伤认定申请时效的规定是为了防止工伤认定申请的提出没有时间上的限制,并因此导致浪费国家行政管理资源,影响办事效率,妨碍劳动保障部门及时、准确地查明事实。上诉人还认为上述规定中的"事故伤害发生之日"应当理解为事故发生之日。其上诉理由不能成立。如果不对提出工伤认定申请作出时效限制,确实可能造成行政管理资源的浪费,影响劳动保障部门的工作效率,也不利于劳动保障部门及时、准确地查明事实。但是,规定工伤认定申请时效,更为重要的是充分保障工伤职工的合法权益。另一方面,如果将事故发生之日作为工伤认定申请时效的起算时间,则劳动保障部门在工伤事故发生后,伤害后果没有马上出现的情况下,也无法及时、准确地查明事实,无法作出正确的处理,反而必将造成行政管理资源的浪费,影响劳动保障部门的工作效率,也不利于工伤职工合法权益的保护。

综上,正确理解《工伤保险条例》第十七条第二款的规定,应当认定"事故伤害发生之日"就是指伤害结果实际发生之日。被上诉人杨庆峰提出的工伤认定申请没有超过申请时效。一审判决认定事实清楚,适用法律正确,审判程序合法,应予维持。

据此,无锡市中级人民法院依照《中华人民共和国行政诉讼法》第六十一条第(一)项的规定,于2007年10月12日判决:驳回上诉,维持原判。二审案件受理费人民币50元,由上诉人无锡市劳动局负担。

本判决为终审判决。

北京国玉大酒店有限公司诉北京市朝阳区劳动和社会保障局工伤认定行政纠纷案

【裁判摘要】

一、劳动和社会保障部《关于实施〈工伤保险条例〉若干问题的意见》第一条规定:"职工在两个或两个以上用人单位同时就业的,各用人单位应当分别为职工缴纳工伤保险费。职工发生工伤,由职工受到伤害时其工作的单位依法承担工伤保险责任。"根据该规定,下岗、待岗职工又到其他单位工作的,该单位也应当为职工缴纳工伤保险费;职工在该单位工作时发生工伤的,该单位应依法承担工伤保险责任。

二、根据《工伤保险条例》第十四条第(六)项的规定,职工在上下班途中,受到机动车事故伤害的应当认定为工伤。对这里的"上下班途中"应当从有利于保障工伤事故受害者的立场出发,作出全面、正确的理解。"上下班途中",原则上是指职工为了上下班而往返于住处和工作单位之间的合理路径之中。根据日常生活的实际情况,职工上下班的路径并非固定的、一成不变的、唯一的,而是存在多种选择,用人单位无权对此加以限制。只要在职工为上下班而往返于住处和工作单位之间的合理路径之中,都属于"上下班途中"。至于该路径是否最近,不影响对"上下班途中"的认定。职工在上下班的合理路途中发生机动车事故,被行政机关依法认定为工伤,用人单位以事故发生的地点不在其确定的职工上下班的路线上为由,请求撤销行政机关作出的工伤认定的,人民法院不予支持。

原告:北京国玉大酒店有限公司,住所地:北京市朝阳区安外慧忠里。

法定代表人:韩国全,该公司董事长。

被告:北京市朝阳区劳动和社会保障局,住所地:北京市朝阳区霄云路。

法定代表人:吕明杰,该局局长。

第三人:余秀兰,女,43岁,奥士凯连锁公司退休职工,住北京市朝阳区大屯路南沙滩小区。

原告北京国玉大酒店有限公司(以下简称国玉酒店公司)因与被告北京市朝阳区劳动和社会保障局(以下简称朝阳区劳动局)发生工伤认定行政纠纷,向北京市朝阳区人民法院提起行政诉讼。朝阳区人民法院认为余秀兰与本案有法律上的利害关系,依法通知余秀兰作为第三人参加诉讼。

原告国玉酒店公司诉称:陈卫东原系北京馄饨侯餐饮有限责任公司(以下简称馄饨侯公司)员工,下岗后到原告单位任临时工,从事停车场管理员工作,但其劳资、社保关系仍由馄饨侯公司继续管理并负责缴纳相关费用。2006年9月20日早晨,陈卫东在朝阳区北辰西路安翔北路东口因交通事故受伤,经抢救无效死亡。陈卫东之妻即第三人余秀兰向被告朝阳区劳动局提出工伤认定申请。被告朝阳区劳动局受理后,无视涉案交通事故发生日是陈卫东的休息日而非工作日、事故发生地不在陈卫东上下班途中等客观事实，作出了京朝劳社工伤认（1050T0085586）号《工伤认定结论通知书》（以下简称工伤认定书），认定陈卫东于2006年9月20日死亡符合工伤认定范围，认定为工伤。该工伤认定书认定事实不清，证据不足，适用法律不准确，请求法院依法予以撤销。

原告国玉酒店公司提交以下证据：

1. 原告制作的从陈卫东住处到国玉酒店公司的交通路线图一份，用以证明陈卫东并非在上班途中发生交通事故；

2. 馄饨侯公司人力资源部于2006年3月30日出具的证明一份，用以证明陈卫东系馄饨侯公司职工，现已待岗，其养老保险、工伤保险金由该公司负责缴纳。

被告朝阳区劳动局辩称：陈卫东系原告国玉酒店公司员工，但国玉酒店公司未给其缴纳工伤保险。2006年9月20日晨，陈卫东上班途中发生机动车交通事故，受伤后经抢救无效死亡。事故发生后，国玉酒店公司没有就此向我局进行工伤认定申请。陈卫东之妻即本案第三人余秀兰于2006年11月24日依法向我局申请工伤认定。我局受理后，按照法定程序通知原告并展开调查。调查中，国玉酒店公司不但不予以认真配合，反而向我局提供伪造的考勤簿、排班表、员工考勤记录表，另有三名国玉酒店公司员工向我局作虚假陈述，意图作伪证证明陈卫东死亡当日不是其工作日，涉案交通事故并非发生在陈卫东上班途中。我局经仔细勘察、全面了解情况并认真分析，认定陈卫东当日应上早班，上班时间为早7时而非早8时30分，涉案交通事故发生在陈卫东的工作日而非休息日，陈卫东是在上班途中因机动车交通事故受伤经抢救无效死亡。为此，我局依据《工伤保险条例》第十四条第（六）项的规定，于2007年1月16日作出涉案工伤认定书，认定陈卫东于2006年9月20日死亡，符合工伤认定范围，认定为工伤。原告不服，向北京市劳动和社会保障局（以下简称北京市劳动局）申请行政复议。北京市劳动局于2007年4月26日作出京劳社复决字〔2007〕12号《行政复议决定书》，维持了我局作出的工伤认定。综上，我局作出的涉案工伤认定结论事实清楚、证据充分、程序合法、适用法律正确，请求人民法院依法判决维持我局作出的涉案工伤认定书。

被告朝阳区劳动局提交以下证据：

1. 第三人余秀兰于2006年11月24日向被告朝阳区劳动局申请工伤认定时提交的材料一组，包括《工伤认定申请表》、北京市公安局公安交通管理局交通事故鉴定中心出具的陈卫东死亡证明、北京市公安局公安交通管理局朝阳交通支队（以下简称公交朝阳支队）出具的京公交朝认字〔2006〕第204号《交通事故认定书》、陈卫东与余秀兰的结婚证及余秀兰的身份证件、原告国玉酒店公司企业信息查询结果等，用以证明陈卫东与余秀兰系夫妻关系，余秀兰提出工伤认定申请，陈卫东发生涉案交通事故的基本事实及事故责任认定等情况。

2. 第三人余秀兰于2007年1月15日向被告朝阳区劳动局补充提交的陈卫东门诊费用清单及医院收费票据共12张，上述票据均显示陈卫东于周一到医院看病，用以证明周一系陈卫东工休时间。

3. 原告国玉酒店公司在被告朝阳区劳动局调查过程中提交的材料一组，包括国玉酒店公司企业法人营业执照（副本）复印件、国玉酒店公司与陈卫东签订的劳动协议书及聘用协议书、2006年9月PA组考勤表、公共区域9月份排班表、《关于陈卫东同志遇交通事故死亡我单位认为此事故不属于工伤情况的说明》、《情况说明》、《国玉大酒店考勤管理制度》、客房部员工2006年6月27日至2006年9月26日的考勤记录表、食堂饭卡记录、客房部签到本、指纹手工记录表，用以证明国玉酒店公司在工伤认定行政程序中向朝阳区劳动局主张陈卫东每周周三工休，其死亡当日并非其工作日，陈卫东因涉案交通事故死亡不应属于工伤等情况。

4. 被告朝阳区劳动局对相关人员进行调查形成的调查笔录一组。根据上述笔录，被调查人均证明陈卫东是原告国玉酒店公司员工，与该公司签有劳动合同，但几名被调查人关于陈卫东上班时间及工休时间的陈述不一致，杨莉、郑全称陈卫东早晨上班时间为8时30分，工休时间为每周周三，发生涉案交通事故当日系陈卫东休息日；余秀兰、苗连平称陈卫东早上7时上班，周一休息；于海龙、薛进平称陈卫东早上7时上班。此外，杨莉还陈述了国玉酒店公司未给陈卫东缴纳工伤保险，该费用由陈卫东原单位馄饨侯公司缴纳的情况。

5. 被告朝阳区劳动局工作人员制作的勘察笔录，用以证明经勘察，认定原告国玉酒店公司客房部员工于每日早7时前到酒店保安室进行考勤。

6. 被告朝阳区劳动局作出涉案工伤认定书所依据的法规《工伤保险条例》和涉案《工伤认定申请受理通知书》及送达回证、《工伤认定调查通知书》及送达回证、《工伤认定结论通知书》及送达回证，用以证明被告具有受理工伤认定申请并作出结论的法定职责，其作出的涉案工伤认定程序合法，认定结论符合法律规定。

第三人余秀兰述称：本人在行政机关调查中以及法庭上的陈述句句属实。同意被告朝阳区劳动局作出的工伤认定结论，请求法院予以维持。

第三人余秀兰向法院提交以下证据：

1. 张振英于2007年5月30日作出的书面证言，内容主要是陈卫东2006年9月20日早晨在住房楼下取车（小三轮）准备上班的情况，用以证明第三人余秀兰向被告朝阳区劳动局作出的陈述属实；

2. 穆近芝于2007年6月13日作出的书面证明，主要内容是苗连平与陈卫东不是亲属关系，余秀兰与陈卫东均不认识苗连平。用以证明苗连平的证言属实。

朝阳区人民法院依法组织双方当事人进行质证。

对于被告朝阳区劳动局提供的证据，原告国玉酒店公司的质证意见为：1. 第三人余秀兰关于陈卫东上班时间、上班路线及休息时间的陈述不属实；2. 苗连平因违纪被国玉酒店公司开除，其所作陈述对国玉酒店公司不利，缺乏可信度；3. 于海龙及薛进平均与陈卫东工种不同，工作时间亦不同，他们关于陈卫东上早班时间为早7时的陈述不属实；4. 陈卫东医疗就诊情况不能证明每周一为陈卫东的公休日；5. 朝阳区劳动局工作人员制作的勘察笔录不能证明陈卫东的上班时间。国玉酒店公司对余秀兰提供的证据1、2的真实性均不予认可。

对原告国玉酒店公司提供的证据，被告朝阳区劳动局认为：1. 国玉酒店公司自行制作的路线图不准确，不能证明陈卫东发生涉案交通事故时不是在上班途中；2. 关于馄饨侯公司出具的证明，国玉酒店公司未在工伤认定行政程序中提交，故不影响我局作出的工伤认定。朝阳区劳动局对第三人余秀兰提供的证据没有异议。

朝阳区人民法院对被告朝阳区劳动局提供的证据材料认证如下：1. 证据1、2能够证明陈卫东于2006年9月20日因涉案机动车交通事故受伤，经抢救无效死亡，以及陈卫东之妻、第三人余秀兰于2006年11月24日申请工伤认定的事实。2. 证据3、4、5能够证明朝阳区劳动局履行职责就涉案工伤认定申请进行调查的情况，证据4所涉调查笔录，能够证明陈卫东与原告国玉酒店公司存在劳动关系，对余秀兰、苗连平、于海龙、薛进平等人的调查笔录与朝阳区劳动局制作的勘察笔录互相印证，能够证明陈卫东的工作内容及其上早班时间为早7时的事实。3. 证据3、4、5中，关于陈卫东工休时间的表述存在明显差异，朝阳区劳动局在涉案工伤认定行政程序中依职权对上述证据材料进行分析，认为国玉酒店公司自行提供的相关证据与证人陈述存在矛盾，余秀兰及苗连平关于陈卫东休息日是周一的证言证明效力高于与国玉酒店公司有利害关系的杨莉、郑全等人所作的陈述，且余秀兰、苗连平的陈述能够与陈卫东就医证明材料相互印证，故而认定陈卫东休息日为周一而非周三。在国玉酒店公司与陈卫东签订的劳动协议书未对工休时间进行明确约定的情况下，国玉酒店公司所提交的相关证据及其所认可的证人陈述均不足以推翻朝阳区劳动局关于陈卫东休息日的认定。国玉酒店公司虽然对苗连平的证言及陈卫东就医证明材料的真实性不予认可，但没有提供充分证据予以推翻，对其主张不予采信。朝阳区劳动局在涉案工伤认定行政程序中对于相关事实的认定证据充分，予以确认。4. 证据6能够证明朝阳区劳动局处理涉案工伤认定的情况，予以采信。对国玉酒店公司提交的证据，朝阳区人民法院认为：证据1系国玉酒店公司自行制作的交通路线图，该路线图不能证明陈卫东发生涉案交通事故时不是在上班途中，故不予采信；证据2系馄饨侯公司出具的书面证明，该证据能够证明陈卫东系该单位待岗职工，但不能否定国玉酒店公司与陈卫东之间的劳动关系，不能作为免除国玉酒店公司依法应当承担的工伤赔偿责任的依据，与本案关联性不足，不予采信。对于余秀兰提交的证据，朝阳区人民法院认为：证据1、2均与本案被诉具体行政行为没有关联性，不予采纳。

朝阳区人民法院一审查明：

陈卫东系原告国玉酒店公司职工，双方签订有书面劳动协议，但该协议书未明确约定每日工作时间及工休时间，国玉酒店公司亦未给陈卫东缴纳工伤保险费，该费用一直由陈卫东下岗时所在的馄饨侯公司负责缴纳。2006年9月20日晨，陈卫东自其住处骑一辆三轮车前往国玉酒店公司上班。当日6时5分，陈卫东行至朝阳区北辰西路安翔北路东口时，发生机动车交通事故受伤，经抢救无效死亡。公交朝阳支队对此次交通事故作出责任认定，结论为陈卫东无责任。2006年11月24日，陈卫东之妻、本案第三人余秀兰向被告朝阳区劳动局提出工伤认定申请。朝阳区劳动局于同年12月6日正式受理，同时依据《工伤保险条例》的规定，向国玉酒店公司下发了《工伤认定调查通知书》，并对相关人员进行了调查核实。2007年1月16日，被告作出涉案工伤认定书，认定陈卫东于2006年9月20日死亡，符合工伤认定范围，认定为工伤，并于2007年1月22日将涉案工伤认定书送达原告。国玉酒店公司不服该工伤认定，向北京市劳动局申请行政复议。北京市劳动局于2007年4月26日作出京劳社复决字〔2007〕12号《行政复议决定书》，维持了涉案工伤认定书。

本案的争议焦点是：被告朝阳区劳动局作出的涉案工伤认定书是否合法。

朝阳区人民法院一审认为：

一、关于被告朝阳区劳动局作出涉案工伤认定的程序是否合法的问题

《工伤保险条例》第五条规定："……县级以上地方各级人民政府劳动保障行政部门负责本行政区域内的工伤保险工作。……"根据该规定，被告朝阳区劳动局作为工伤保险主管部门，对其主管的行政区域内企业职工的工伤认定申请具有审查并作出工伤认定的职责。《工伤保险条例》第十七条规定："职工发生事故伤害或者按照职业病防治法规定被诊断、鉴定为职业病，所在单位应当自事故伤害发生之日或者被诊断、鉴定为职业病之日起30日内，向统筹地区劳动保障行政部门提出工伤认定申请。遇有特殊情况，经报劳动保障行政部门同意，申请时限可以适当延长。用人单位未按前款规定提出工伤认定申请的，工伤职工或者其直系亲属、工会组织在事故伤害发生之日或者被诊断、鉴定为职业病之日起1年内，可以直接向用人单位所在地统筹地区劳动保障行政部门提出工伤认定申请。"根据该规定，用人单位未按时提出工伤认定申请的，工伤职工或者其直系亲属、工会组织可以直接向用人单位所在地统筹地区劳动保障行政部门提出工伤认定申请。根据本案事实，在原告国玉酒店公司不按规定提出工伤认定申请的情况下，朝阳区劳动局受理陈卫东之妻、本案第三人余秀兰提出的工伤认定申请，符合法律规定。《工伤保险条例》第十九条规定："劳动保障行政部门受理工伤认定申请后，根据审核需要可以对事故伤害进行调查核实，用人单位、职工、工会组织、医疗机构以及有关部门应当予以协助。"朝阳区劳动局受理涉案工伤认定申请后，审核了余秀兰提交的工伤认定申请表、死亡证明等材料，又向国玉酒店公司下发了《工伤认定调查通知书》，依法向用人单位、有关人员进行调查并制作调查笔录，处理程序符合法律规定。朝阳区劳动局作出涉案工伤认定书后，依法分别送达申请人余秀兰及用人单位国玉酒店公司，亦符合法律规定。综上，可以认定朝阳区劳动局作出涉案工伤认定的程序合法。

二、关于被告朝阳区劳动局作出的涉案工伤认定书的内容是否合法的问题

《工伤保险条例》第十四条第（六）项规定，职工在上下班途中，受到机动车事故伤害的，应当认定为工伤。因此，判断涉案工伤认定书合法与否的关键，就在于陈卫东的死亡是否构成工伤，亦即陈卫东是否在其上班途中因机动车事故伤害致死。

判断陈卫东是否在上班途中因机动车事故伤害致死，首先要确定涉案交通事故发生的时间是否在陈卫东前往上班的时间段内。被告朝阳区劳动局就此依法进行了调查。调查中，原告国玉酒店公司提供了考勤簿、排班表、员工考勤记录表，意图证明涉案交通事故发生当日正值陈卫东的休息日。同时，接受调查的国玉酒店公司的员工就该公司上班时间是早晨7时还是8时30分的问题作出的陈述亦不一致。最高人民法院《关于行政诉讼证据若干问题的规定》第六十三条第（二）项规定："鉴定结论、现场笔录、勘验笔录、档案材料以及经过公证或者登记的书证优于其他书证、视听资料和证人证言。"该条第（七）项规定："其他证人证言优于与当事人有亲属关系或者其他密切关系的证人提供的对该当事人有利的证言。"该条第（九）项规定："数个种类不同、内容一致的证据优于一个孤立的证据。"朝阳区劳动局经实际勘查，结合第三人余秀兰提供的陈卫东就医证明材料以及其他证人证言，在对所有证据进行全面分析的基础上，根据能够互相印证并形成完整证据链条的证据材料，得出了陈卫东的工休日是周一而非周三，其上班时间为早晨7时而非8时30分的结论，进而认定涉案交通事故发生的时间在陈卫东前往上班的时间段内。根据本案现有证据，可以认定涉案交通事故发生之日是陈卫东的工作日，陈

卫东当日上早班，上班时间为7时，而涉案交通事故发生于当日6时20分。据此可以认定涉案交通事故发生于陈卫东前往上班的合理时间段内。

判断陈卫东是否在上班途中因机动车事故伤害致死，还必须判断前述涉案交通事故发生的地点是否位于陈卫东的上班途中。原告国玉酒店公司制作了一份从陈卫东住处到国玉酒店公司的交通路线图，并以涉案交通事故发生的地点不在该图所示路线上为由，认为被告朝阳区劳动局认定陈卫东在上班途中因机动车事故伤害致死不当。对此法院认为，《工伤保险条例》关于“在上下班途中受到机动车事故伤害”的规定，没有对“上下班途中”作出具体的解释。正确理解该规定，应当从有利于保障工伤事故受害者的立场出发，对“上下班途中”作出全面、正确的理解。所谓“上下班途中”，原则上是指职工为上下班而往返于住处和工作单位之间的路途之中。但根据社会生活的实际情况，职工不一定只有一处住处，因工作性质的不同，其工作场所也不一定仅有一处。即使住处和工作场所仅有一处，职工往返于两地之间也不一定只有一条路径可供选择。因此，只要是在职工为上下班而往返于住处和工作单位之间的合理路途之中，即应认定为“上下班途中”。对“上下班途中”不能作过于机械的理解，不能理解为最近的路径，也不能理解为职工平常较多选择的路径，更不能以用人单位提供的路径作为职工上下班必须选择的唯一路径。因此，根据本案事实，可以认定涉案交通事故发生于陈卫东上班途中，国玉酒店公司以涉案交通事故发生的地点不在其自行制作的交通路线图上为由，主张涉案交通事故不是发生在陈卫东上班途中的理由不成立，不予支持。

综上，被告朝阳区劳动局认定陈卫东与原告国玉酒店公司存在劳动关系，陈卫东于2006年9月20日在上班途中因机动车事故受伤，经抢救无效后死亡，符合《工伤保险条例》第十四条第（六）项的规定，据此作出的涉案工伤认定书，认定事实清楚、适用法规正确、程序合法，依法应予维持。朝阳区人民法院依据《中华人民共和国行政诉讼法》第五十四条第（一）项的规定，于2007年10月18日判决：

维持被告朝阳区劳动局于2007年1月16日作出的涉案工伤认定书。

国玉酒店公司不服一审判决，向北京市第二中级人民法院提出上诉，请求撤销原判，依法改判撤销涉案工伤认定书。主要理由是：1.陈卫东是馄饨侯公司的下岗职工，到上诉人国玉酒店公司任临时工，其工伤保险金仍由馄饨侯公司缴纳，故被上诉人朝阳区劳动局作出的涉案工伤认定与上诉人无关；2.根据上诉人制作的从陈卫东住处到国玉酒店公司的交通路线图，涉案交通事故发生的地点不在陈卫东上班途中，因此陈卫东因涉案交通事故死亡不构成工伤，朝阳区劳动局作出的涉案工伤认定书不合法。

上诉人国玉酒店公司没有提交新的证据。

被上诉人朝阳区劳动局答辩称：一审判决认定事实清楚，审判程序合法，适用法律正确，应予维持。上诉人国玉酒店公司的上诉应予驳回。

被上诉人朝阳区劳动局没有提交新的证据。

原审第三人余秀兰述称：一审判决正确，请求依法驳回上诉，维持原判。

原审第三人余秀兰没有提交新的证据。

北京市第二中级人民法院经二审，确认了一审查明的事实。

本案的争议焦点是：一、陈卫东身为馄饨侯公司的下岗职工，到上诉人国玉酒店公司担任停车场管理员，在国玉酒店公司未给其交纳工伤保险费的情况下，如果发生工伤事故，应由谁承担工伤保险责任；二、陈卫东是否在上班途中因机动车事故伤害死亡。

北京市第二中级人民法院二审认为：

一、关于第一个争议焦点

劳动和社会保障部《关于实施〈工伤保险条例〉若干问题的意见》（劳社部函〔2004〕256号）第一条规定：“职工在两个或两个以上用人单位同时就业的，各用人单位应当分别为职工缴纳工伤保险费。职工发生工伤，由职工受到伤害时其工作的单位依法承担工伤保险责任。”根据该规定，下岗、待岗职工又到其他单位工作的，该单位也应当为该职工缴纳工伤保险费；下岗、待岗职工在其他单位工作时发生工伤的，该单位应依法承担工伤保险责任。本案中，陈卫东从馄饨侯公司下岗后，到上诉人国玉酒店公司担任停车场管理员，并与该公司签订了劳动协议。陈卫东作为劳动者，国玉酒店公司作为用人单位，双方的劳动关系清楚。因此，国玉酒店公司也应当为陈卫东缴纳工伤保险费。如果陈卫东在国玉酒店公司工作期间发生工伤事故，国玉酒店公司应依法承担工伤保险责任。据此，被上诉人朝阳区劳动局作出的涉案工伤认定当然与国玉酒店公司有关。国玉酒店公司未给陈卫东缴纳工伤保险费已违反了相关规定，又以陈卫东系馄饨侯公司下岗职工，其工伤保险费由原单位馄饨侯公司缴纳为由，主张涉案工伤认定与其无关，意图逃避应负的工伤保险责任，其该项上诉理由没有法律依据，不能成立。

二、关于第二个争议焦点

根据《工伤保险条例》第十四条第（六）项的规定，职工在上下班途中受到机动车事故伤害的，应当认定为工伤。对该规定所指的“上下班途中”应作全面、正确的理解。“上下班途中”应当理解为职工在合理时间内，为上下班而往返于住处和工作单位之间的合理路径之中。该路径可能有多种选择，不一定是固定的、一成不变的、唯一的路径。该路径既不能机械地理解为从工作单位到职工住处之间的最近路径，也不能理解为职工平时经常选择的路径，更不能以用人单位提供的路径作为职工上下班必须选择的唯一路径。根据日常社会生活的实际情况，职工为上下班而往返于住处和工作单位之间的合理路径可能有多种选择。只要在职工为了上班或者下班，在合理时间内往返于住处和工作单位之间的合理路径之中，都属于“上下班途中”。至于职工选择什么样的路线，该路线是否为最近的路线，均不影响对“上下班途中”的认定。本案中，根据行政机关的调查以及现有证据，2006 年 9 月 20 日早晨，陈卫东从自己的住处出发，前往上诉人国玉酒店公司上班。陈卫东的住处位于北京市朝阳区大屯路南沙滩小区，国玉酒店公司位于北京市朝阳区安外慧忠里。从北京的实际地形看，陈卫东的住处在国玉酒店公司的西北方向，涉案事故发生于朝阳区北辰西路安翔北路东口，在国玉酒店公司的西方，该地点虽然不在国玉酒店公司自制的从陈卫东住处到国玉酒店公司的交通路线图上，但亦位于陈卫东上班的合理路线之内。因此，可以认定陈卫东系在上班途中因机动车事故伤害死亡，被上诉人朝阳区劳动局作出的工伤认定合法，应予维持。

综上，上诉人国玉酒店公司的上诉理由均不成立，一审判决认定事实清楚，适用法律正确，审判程序合法，应予维持。据此，北京市第二中级人民法院依据《中华人民共和国行政诉讼法》第六十一条第（一）项的规定，于 2007 年 12 月 18 日判决：

驳回上诉，维持原判。

本判决为终审判决。

王长淮诉江苏省盱眙县劳动和社会保障局工伤行政确认案

【裁判摘要】

根据《工伤保险条例》第十四条的规定，职工在工作时间和工作场所内，因工作原因受到事故伤害的，应当认定为工伤。这里的“工作场所”，是指职工从事工作的场所，例如职工所在的车间，而不是指职工本人具体的工作岗位。职工“串岗”发生安全事故导致伤害的，只要是在工作时间和工作场所内、因工作原因而发生的，即符合上述工伤认定条件，“串岗”与否不影响其工伤认定。

原告：王长淮。

被告：江苏省盱眙县劳动和社会保障局。

第三人：江苏思达医药科技有限公司。

原告王长淮因不服被告江苏省盱眙县劳动和社会保障局（以下简称盱眙县劳保局）工伤认定结论，向江苏省盱眙县人民法院提起诉讼。因本案被诉具体行政行为与江苏思达医药科技有限公司（以下简称思达公司）有利害关系，依照《中华人民共和国行政诉讼法》第二十七条的规定，法院通知其作为本案的第三人参加诉讼。

原告王长淮诉称：2007 年起原告进入思达公司工作。2008 年 5 月 22 日，公司的车间主任徐建华安排原告打扫卫生时告知原告次日跟随张海军师傅后面工作。休息时，原告看见张海军备料至工作台，想提前熟悉情况，即跟随张海军到工作台旁观看张海军操作。由于设备故障，回收酒精岗位发生酒精溢料事故，随时有爆炸的可能，工人均从工作现场窗户跳出。原告在跳落地面时双足摔伤，经盱眙县中医院诊断为双侧跟骨骨折。2009 年 2 月 21 日原告向被告盱眙县劳保局申请工伤认定。被告于 2009 年 4 月 16 日认定原告受伤事故因串岗而不属于工伤。原告遂请求法院依法判令被告重新作出认定原告为工伤的具体行政行为。

原告王长淮提供了以下证据：

1. 被告盱眙县劳保局于 2009 年 4 月 16 日作出的盱劳社工伤认字（2009）第 011 号《盱眙县工伤认定决定书》，盱政行复决字（2009）第 4 号《盱眙县人民政府行政复议决定书》，证明被诉具体行政行为存在；

2. 盱眙县中医院出院记录，证明原告王长淮受伤住院诊断为双侧跟骨骨折的事实；

3. 原告王长淮的陈述，证明其在打扫卫生过程中，车间徐建华主任告知原告次日跟张海军师傅后边做。原告等几人打扫完卫生后在休息时，看张海军拖料来到回收酒精车间，原告跟张海军师傅到回收酒精工作台后发生事故过程的事实；

4. 原告王长淮同班组同事何建东的证词，证明何建东听到徐建华对王长淮说过次日跟张海军后边做，随后王长淮跟张海军去到回收酒精车间，再后发生事故及公司安排其去医院护理王长淮的事实。

被告盱眙县劳保局辩称：2008 年 5 月 22 日上午，公司车间主任徐建华安排原告王长淮打扫卫生，张海军等人在回收酒精岗位操作设备；原告打扫卫生过程中擅自串岗至回收酒精岗位。当日 10 时左右，由于设备故障，回收酒精岗位发生溢料事故，原告不了解该岗位情况，慌乱中从窗户跳下去，造成其双侧跟骨骨折后果，不属于工伤。请求法院依法驳回原告的诉讼请求。

被告盱眙县劳保局提供了以下证据：

1. 盱眙县工伤认定决定书及送达回执，盱眙县人民政府复议决定书，证明原告王长淮申请、被告盱眙县劳保局依法作出的具体行政行为及复议结果；

2. 盱眙县中医院出院记录，证明原告王长淮受伤住院救治事实；

3. 车间主任徐建华及车间员工张海军的证词，证明事发当日原告王长淮串岗至回收酒精岗位，因发生溢料事故而受伤的事实；

4. 原告王长淮的陈述，证明徐建华主任在事发当日上午，安排王长淮打扫卫生过程中，同时安排原告次日跟张海军后面学习回收酒精岗位操作，随后王长淮看到张海军备料，跟其上了对面的操作间，之后发生事故的事实。

第三人思达公司委托代理人认为：被告盱眙县劳保局作出的工伤认定符合事实和法律依据，原告王长淮的工作场所是一车间，应从事打扫卫生工作，而事故发生时，原告在另一车间看报纸，既不是基本的工作场所，也不是因工作原因，请求驳回原告的诉讼请求。

第三人思达公司提供了以下证据：

1. 盱眙县工伤认定决定书，证明被告盱眙县劳保局作出的具体行政行为。

2. 公司车间主任徐建华、员工张海军的证词，证明事故发生当日原告王长淮串岗至回收酒精岗位，发生酒精溢料事故后受伤的事实经过。

3. 企业法人营业执照，以证明第三人思达公司依法设立。

盱眙县人民法院依法组织了质证：

关于被告盱眙县劳保局提交的证据。被告提供的证据 1－2，证明原告王长淮受伤救治经过、工伤认定事实，申请复议经过，诉辩双方及第三人对证据的真实性均不表异议，法院予以确认。被告提供的证据 3－4 以证明原告擅自到其他岗位从事与其本人职务无关的行为，原告质证认为，徐建华安排打扫卫生是事实，但徐建华还口头安排原告第二天跟随张海军干回收酒精车间的工作。原告对张海军证词认为不属实。法院对原告当日受徐建华主任安排打扫卫生事实予以确认。

关于原告王长淮举证的部分。原告举证的证据 1－2，与被告盱眙县劳保局举证的证据 1－2 相吻合，予以确认。原告举证的证据 3，被告认为，被告提交法庭的证据材料中也有证人何建东的证言，证明当日原告过去是串岗。第三人思达公司认为，何建东不可能听到徐建华安排王长淮工作，事发当日，原告应该打扫卫生，原告到张海军岗位属于串岗。法院认为，原告举证的何建东证词，其证实听到徐建华安排王长淮第二天跟张海军后边干即指回收酒精工作。原告在被告调查时也曾陈述相同内容。综合上述证据分析，原告在打扫卫生过程中，徐建华主任安排原告第二天去跟张海军后边干这一事实，能够予以确认。

第三人思达公司举证的证据 1－2，同被告盱眙县劳保局举证的证据 1、3，其关联性、合法性、真实性在被告举证时已认证。第三人举证的证据 3，法院予以确认。

盱眙县人民法院一审查明：

原告王长淮自 2007 年进入第三人思达公司工作，与第三人之间形成劳动关系。2008 年 5 月 22 日上午，公司车间主任徐建华安排原告打扫卫生。原告在打扫卫生过程中，徐建华亦安排原告王长淮次日跟张海军后边工作，当张海军备料到回收酒精车间时，原告跟其到回收酒精车间观看学习便于次日跟岗。恰遇回收酒精岗位发生酒精溢料事故，原告为避险，慌乱中从窗户跳出，摔伤双足，公司车间主任等人迅速将原告送往盱眙县中医院救治。经医院诊断为双侧跟骨骨折。公司支付了医药费。2009 年 2 月 21 日，原告向被告盱眙县劳保局提出工伤认定申请，被告受理后进行立案调查，于2009年4月16日作出盱劳社工伤认字(2009)第011号工伤认定决定，认定原告不属于工伤。原告不服，于2009年5月10日向盱眙县人民政府申请复议，2009年6月8日盱眙县人民政府作出复议决定，维持被告作出的具体行政行为。

本案的争议焦点是：原告王长淮在换岗时因事故受伤能否认定为工伤。

盱眙县人民法院一审认为：

中华人民共和国国务院《工伤保险条例》第五条规定，“县级以上地方各级人民政府劳动保障行政部门负责本行政区域内的工伤保险工作”，被告盱眙县劳保局具有负责工伤认定的法定职责。该条例第十四条规定：“职工有下列情形之一的，应当认定为工伤：(一)在工作时间和工作场所内，因工作原因受到事故伤害的……”这里的“工作场所”，是指职工从事工作的场所，例如职工所在的车间，而不是指职工本人具体的工作岗位。被告盱眙县劳保局认为原告因“串岗”受伤不能认定为工伤，对此法院认为，首先，原告王长淮临时更换岗位是按照管理人员即车间主任的安排进行的，并不是擅自离岗换岗，不属于“串岗”，应为正常工作变动；其次，即使认定原告上班期间“串岗”行为成立，原告仅是违反了相关企业管理制度，其只导致具体工作岗位及相关工作内容有所变动，并不能改变原告仍在工作场所内工作的事实，因此“串岗”行为应由企业内部管理规章制度调整，不能因此影响工伤认定。原告是在第三人思达公司上班期间处于工作场所并因该公司设备故障安全事故导致伤害，符合工伤认定条件，被告作出原告不属于工伤的具体行政行为与法律相悖。

综上，被告盱眙县劳保局作出的认定原告王长淮不属于工伤的具体行政行为证据不足，适用法律法规错误，依法应予撤销。对原告的诉讼请求，应予支持。盱眙县人民法院依照《中华人民共和国行政诉讼法》第五十四条第(二)项第1、2目的规定，于2009年7月29日判决：

一、撤销被告盱眙县劳保局作出的盱劳社工伤认字(2009)第011号工伤认定决定书。

二、责令被告盱眙县劳保局在六十日内重新作出认定原告王长淮为工伤的具体行政行为。

本案诉讼费用100元，由被告盱眙县劳保局负担。

一审宣判后，法定期间内双方当事人均未上诉，一审判决已发生法律效力。

上海温和足部保健服务部诉上海市普陀区人力资源和社会保障局工伤认定案

【裁判摘要】

职工在工作时间和工作岗位上突发疾病，经抢救后医生虽然明确告知家属无法挽救生命，在救护车运送回家途中职工死亡的，仍应认定其未脱离治疗抢救状态。若职工自发病至死亡期间未超过48小时，应视为“48小时之内经抢救无效死亡”，视同工伤。

原告：上海温和足部保健服务部，住所地：上海市普陀区宜川路。

投资人：吴建煌，该部负责人。

被告：上海市普陀区人力资源和社会保障局，住所地：上海市普陀区大渡河。

法定代表人：蔡建勇，该局局长。

第三人：吴海波，男，26岁，汉族，住江苏省射阳县。

第三人：何从美，女，47岁，汉族，住江苏省射阳县。

原告上海温和足部保健服务部(以下简称温和足保部)因与被告上海市普陀区人力资源和社会保障局(以下简称普陀区人保局)发生工伤认定纠纷，向上海市普陀区人民法院提起诉讼。

原告温和足保部诉称：被告普陀区人保局作出工伤认定未查清死者吴亚海的工作时间、工作岗位及死亡原因，事实认定不清，法律适用错误，请求法院撤销被诉行政行为。

被告普陀区人保局查明，第三人何从美、吴海波于2014年10月13日提出申请，称吴亚海于2013年12月23日在工作中突发疾病，于2013年12月24日因抢救无效死亡，要求认定工伤。普陀区人保局认为，吴亚海于2013年12月23日工作时突发疾病，当日送同济医院救治，次日死亡。吴亚海受到的伤害，符合《工伤保险条例》第十五条第(一)项之规定、《上海市工伤保险实施办法》第十五条第(一)项之规定，属于视同工伤范围,现予以视同为工伤。

被告普陀区人保局辩称:被诉行政行为认定事实清楚、适用法律正确、程序合法,请求驳回原告温和足保部诉请。

两第三人共同述称:不同意原告温和足保部的诉讼请求,被告普陀区社保局所作行政行为符合法律规定。

上海市普陀区人民法院一审查明:

上海市普陀区劳动人事争议仲裁委员会于2014年8月19日作出普劳人仲(2014)办字第2570号裁决书,认定吴亚海与原告温和足保部自2012年12月20日至2013年12月24日存在劳动关系。何从美、吴海波系死者吴亚海的妻子和儿子,两人于2014年10月13日向被告普陀区人保局提出申请,要求对吴亚海于2013年12月23日在工作中突发疾病于次日抢救无效死亡进行工伤认定。普陀区人保局于2014年10月22日受理后,进行了工伤认定调查,同年12月19日作出普陀人社认(2014)字第1194号认定工伤决定,认为吴亚海受到的伤害,符合《工伤保险条例》第十五条第(一)项之规定、《上海市工伤保险实施办法》第十五条第(一)项之规定,属于视同工伤范围,现予以视同为工伤。

上海市普陀区人民法院一审认为:

根据《工伤保险条例》第五条第二款、《上海市工伤保险实施办法》第五条第二款的规定,被告普陀区人保局作为劳动保障行政部门,依法具有作出工伤认定的执法主体资格。本案中,普陀区人保局提供的证据具有真实性、关联性和合法性,可以作为定案证据,上海市普陀区人民法院予以确认。普陀区人保局收到第三人申请后在10个工作日内予以受理,并在受理后60日内作出了工伤认定,符合法定程序。根据《工伤保险条例》第十五条第(一)项的规定,"职工有下列情形之一的,视同工伤:在工作时间和工作岗位,突发疾病死亡或者在48小时之内经抢救无效死亡的"。本案中,依据普劳人仲(2014)办字第2570号上海市普陀区劳动人事争议仲裁委员会裁决书、普陀区人保局对原告温和足保部投资人吴建煌等的调查笔录、上海市同济医院门急诊病历、居民死亡医学证明书等,可认定吴亚海系原告单位的职工,其于2014年12月23日在工作时间和工作岗位上突发疾病,并经送医抢救后于次日死亡。根据《工伤保险条例》第十九条第二款的规定,职工或者其直系亲属认为是工伤,用人单位不认为是工伤的,由用人单位承担举证责任。即原告不认为吴亚海是工伤的,应承担相应的举证责任。原告于工伤认定调查程序中未提供相应证据推翻上述结论,并且本案中原告的证据也不足以推翻被告认定的事实。需要指出,普陀区人保局在认定工伤决定书上"吴亚海受到的伤害"的表述虽有瑕疵,但该瑕疵不足以撤销被诉行政行为。综上所述,普陀区人保局作出被诉行政行为,主要事实认定清楚、适用法律正确。原告要求撤销被诉行政行为的诉讼请求,缺乏事实证据和法律依据,依法不能成立,难以支持。

据此,上海市普陀区人民法院依照《中华人民共和国行政诉讼法》第六十九条之规定,于2015年6月24日作出判决:

驳回原告上海温和足部保健服务部的诉讼请求。

一审宣判后,温和足保部不服,向上海市第二中级人民法院提起上诉称:吴亚海发病时非工作时间,死亡地点不明,吴亚海患肝硬化,并非突发疾病,也不是经抢救无效死亡,而是慢性病发作并主动放弃治疗所导致。吴亚海家属租用非正规救护车运送吴亚海回乡,上海化学工业区医疗中心出具的居民死亡医学证明书日期有不当涂改,上述证据真实性存疑。被上诉人普陀区人保局认定事实不清,证据不足,请求二审法院撤销一审判决及普陀区人保局所作工伤认定决定。

被上诉人普陀区人保局辩称:被诉工伤认定决定事实清楚、证据充分、程序合法、适用法律正确。根据居民死亡医学证明书、吴亚海病史材料等证据可以证明吴亚海是在工作时间、工作岗位上突发疾病送医救治,在48小时之内经抢救无效死亡的。故不同意上诉人温和足保部的上诉请求,一审判决正确,请求二审法院予以维持。

两原审第三人述称:吴亚海系在工作岗位上发病,应属工伤。经抢救,医生明确告知吴亚海没救了,并让家属准备后事,两原审第三人才拨打120电话叫救护车送吴亚海返乡的。一审判决正确,请求二审法院驳回上诉,维持原判。

上海市第二中级人民法院经二审,确认了一审查明的事实。

上海市第二中级人民法院二审认为:

被上诉人普陀区人保局具有作出被诉工伤认定的法定职权。被上诉人受理两原审第三人的工伤认定申请后，依法进行了调查，于法定期限内作出被诉工伤认定决定并送达双方当事人，行政程序合法。被上诉人依据温和足保部员工的调查笔录及吴亚海的病历材料、居民死亡医学证明书等证据，认定吴亚海于2013年12月23日工作时突发疾病，当日送同济医院救治，次日死亡的事实，证据充分、事实清楚。被上诉人依据《工伤保险条例》第十五条第一款第（一）项、《上海市工伤保险实施办法》第十五条第一款第（一）项之规定，认定吴亚海因病死亡的情形属于视同工伤，适用法律正确。被上诉人所作的工伤认定决定书在使用法律条文时，将上述规定均表述为“第十五条第（一）项”，未写明第一款，显然不符合规范，应予纠正。

关于上诉人温和足保部对吴亚海死亡医学证明真实性存疑的意见，上海市第二中级人民法院认为，死亡医学证明系有资质的医疗机构出具，该证明形式完整、要件齐备，虽然在“死亡日期”的月份处有涂改，但该涂改不影响对吴亚海死亡时间的认定，也未与其他证据相矛盾，故该证明的真实性予以认可。

上诉人温和足保部关于运送吴亚海回乡的救护车为非正规救护车的意见，被上诉人普陀区人保局认定吴亚海死亡的依据是死亡医学证明书，该证明书载明吴亚海死亡医院为急诊救护车，即已经对该救护车予以了确认。而且，两原审第三人是通过拨打120电话的正规途径呼叫的救护车，即使该救护车不属于上海市医疗急救中心所有，也不能推断上海化学工业区医疗中心的救护车为非正规救护车。上诉人提供的证据无法证明其该项主张，法院不予支持。

关于上诉人温和足保部认为吴亚海死亡系家属主动放弃治疗运送其回乡而导致，不属于《工伤保险条例》第十五条第一款第（一）项规定的“突发疾病死亡或者在48小时之内经抢救无效死亡”的情形的意见，法院认为，从吴亚海发病后被送至同济医院治疗直至在救护车上死亡，其始终未脱离医疗机构的治疗抢救状态，其家属始终未有拒绝接受救治的意思表示，故上诉人的上述主张不能成立。

综上，一审法院判决驳回上诉人温和足保部的诉讼请求并无不当。上诉人的上诉请求和理由缺乏事实证据和法律依据，法院不予支持。据此，上海市第二中级人民法院依照《中华人民共和国行政诉讼法》第八十九条第一款第（一）项的规定，于2015年10月26日判决：

驳回上诉，维持原判。

本判决为终审判决。

陈善菊不服上海市松江区人力资源和社会保障局社会保障行政确认案

【裁判摘要】

食宿在单位的职工在单位宿舍楼浴室洗澡时遇害，其工作状态和生活状态的界限相对模糊。在此情形下，对于工伤认定的时间、空间和因果关系三个要件的判断主要应考虑因果关系要件，即伤害是否因工作原因。

“因履行工作职责受到暴力伤害”应理解为职工因履行工作职责的行为而遭受暴力伤害，如职工系因个人恩怨而受到暴力伤害，即使发生于工作时间或工作地点，亦不属于此种情形。

“与工作有关的预备性或者收尾性工作”是指根据法律法规、单位规章制度的规定或者约定俗成的做法，职工为完成工作所作的准备或后续事务。职工工作若无洗澡这一必要环节，亦无相关规定将洗澡作为其工作完成后的后续性事务，则洗澡不属于“收尾性工作”。

原告：陈善菊，女，33岁，汉族，住安徽省巢湖市含山县环峰镇城北行政村小团村。

被告：上海市松江区人力资源和社会保障局，住所地：上海市松江区荣乐东路。

法定代表人：许春，局长。

第三人：上海申劳工贸有限公司，住所地：上海市松江区松蒸路。

法定代表人：劳丽敏，总经理。

原告陈善菊因不服上海市松江区人力资源和社会保障局（以下简称松江区人保局）社会保障行政确认行为，向上海市松江区人民法院提起诉讼。

原告陈善菊诉称：2009年7月15日，原告之夫、本案被害人陈童林在第三人上海申劳工贸有限公司（以下简称申劳公司）值班时被同事张浩承杀害，原因是张浩承不服陈童林的管理。由于事故发生在工作区域且陈童林在值班，因此，陈童林之死亡应当认定为工伤。同时，陈童林作为用人单位的厂长，平时住在厂里就是负责看护厂区和夜间接待客户提货，厂区钥匙全在陈童林处。事发之前,陈童林刚为客户办理了提货,所以陈童林遇害之时是在工作时间,其死亡符合《工伤保险条例》第十四条的情形。陈童林的妻子即原告陈善菊向被告松江区人保局提出工伤认定申请,但用人单位逃避法律责任,向松江区人保局隐瞒情节,松江区人保局也未能查明,作出了松江人社认(2010)字第2979号工伤认定的具体行为。陈善菊向上海市人力资源和社会保障局(以下简称上海市人保局)提出行政复议,2011年1月6日,上海市人保局向陈善菊送达了沪人社复决字〔2010〕第157号行政复议决定书,维持原决定。故陈善菊向法院起诉,要求撤销松江区人保局作出的工伤认定书。

被告松江区人保局辩称:1. 其作出松江人社认(2010)字第2979号工伤认定书的具体行政行为程序合法。2010年7月12日,原告陈善菊向其提出,2009年7月15日21时许,第三人申劳公司员工张浩承因不服陈童林管理,在陈童林夜间值班时将陈童林杀害,要求对陈童林的死亡进行工伤认定。其根据《工伤保险条例》第18条的规定,审核了陈善菊提交的材料,并于2010年7月5日出具了松江人社认(2010)字第2979号《受理通知书》,且送达了申劳公司和陈善菊。其经审查,认定陈童林之死不属于工伤认定范围,于2010年9月2日出具了工伤认定书,对陈童林死亡不认定且不视同为工伤,并依法送达了当事人。2. 安其作出具体行政行为的事实清楚、适用法律正确。经调查,陈童林是申劳公司的管理人员,食宿在单位,陈童林于2009年7月15日21时许,在单位浴室内被职工张浩承杀害,起因系个人恩怨,属于刑事案件,陈童林死亡不符合《工伤保险条例》第十四、十五条的规定,其对陈童林作出不认定且不视同为工伤的结论并无不当,请求法庭维持被告所作的具体行政行为。

第三人申劳公司述称:不同意原告陈善菊的诉请,同意被告松江区人保局的意见,请求依法予以维持。

上海市松江区人民法院一审查明:

原告陈善菊与陈童林是夫妻关系。陈童林系第三人申劳公司的管理人员,食宿于申劳公司处。2009年6月,陈童林与申劳公司员工张浩承因琐事发生矛盾,6月底一晚上,陈童林叫了申劳公司另两名员工到张浩承宿舍,打了张浩承两记耳光。张浩承为此怀恨在心,伺机报复。同年7月15日21时许,张浩承趁陈童林在厂浴室洗澡之际,用尖刀捅刺陈童林的左腹部、左胸部等处,致陈童林死亡。

2010年7月12日,原告陈善菊向被告松江区人保局提出工伤认定申请。被告于7月15日受理后,经调查,于同年9月2日作出松江人社认(2010)字第2979号《工伤认定书》,认为陈善菊没有证据证明陈童林于2009年7月15日的被害与其履行工作职责有关,该情形不符合《工伤保险条例》第十四条、第十五条的规定,故认定陈童林的死亡不属于且不视同工伤。陈善菊不服,申请复议。同年12月31日,上海市人保局作出沪人社复决字〔2010〕第157号《行政复议决定书》,维持了松江区人保局认定工伤的行政行为。陈善菊不服,诉至法院。

本案一审的争议焦点是:食宿在单位的用人单位管理人员,因个人恩怨,下班后在单位浴室洗澡时被杀害,是否应认定为工伤。

上海市松江区人民法院一审认为:

根据国务院《工伤保险条例》第五条第二款之规定,被告松江区人保局具有作出工伤认定的职权。原告陈善菊认为,陈童林于遇害之前在单位值班,刚为客户办理了提货,第三人申劳公司员工张浩承因不服陈童林管理,将其杀害,陈童林遇害系在工作场所、工作时间,因履行工作职责而被杀害,应当属于工伤。根据《工伤保险条例》第十四条第(三)项规定"在工作时间和工作场所,因履行工作职责受到暴力等意外伤害的,应当认定为工伤"。本案中,陈童林系于晚上9时许在厂浴室洗澡时被人杀害,并非在工作时间因履行工作职责而遇害,故不符合《工伤保险条例》第十四条第(三)项规定的情形。陈善菊关于陈童林被杀害前在单位值班,为客户办理提货的主张,并没有提供相应的证据予以证实,依法不予采信。综观本案,松江区人保局根据其职权作出的工伤认定所依据的事实清楚,适用法律正确,程序合法,依法应予维持。

综上所述,上海市松江区人民法院依照《中华人民共和国行政诉讼法》第五十四条第(一)项的规定,于2011年3月16日判决如下:

维持被告松江区人保局作出松江人社认(2010)字第2979号工伤认定的具体行政行为。

案件受理费50元,由原告陈善菊负担(已交)。

陈善菊不服一审判决,向上海市第一中级人民法院提起上诉,请求二审法院撤销原判,支持其原审中的诉讼请求。

上诉人陈善菊的上诉理由是：被上诉人松江区人保局作出被诉工伤认定行为的主要证据是第三人申劳公司有关人员所作的陈述，但该公司与本案结果有很大利害关系，其为了逃避责任所作的陈述并不具有真实性和客观性；被害人陈童林系申劳公司的管理人员，并没有具体上下班时间，陈童林居住于厂区并不单单是解决食宿，晚间工厂的看护，交货，开门锁门都由陈童林负责，工厂的钥匙都在陈童林处。陈童林被害时在厂区同时也属工作收尾时段，因此符合《工伤保险条例》第十四条的相关情形。原判决认定事实错误。

被上诉人松江区人保局答辩称：其调查的情况与刑事判决书认定的事实一致。陈童林被杀害并不属于履行工作职责引起的，陈童林死亡不符合《工伤保险条例》第十四条、第十五条的规定，其作出不认定且不视同为工伤的结论并无不当。一审判决认定事实清楚、适用法律正确，请求二审法院维持原判。

第三人申劳公司答辩称：其同意被上诉人松江区人保局意见。一审判决认定事实清楚、适用法律正确，请求二审法院维持原判。

上海市第一中级人民法院经二审，确认了一审查明的事实。

本案二审的争议焦点仍然是：食宿在单位的用人单位管理人员，因个人恩怨，下班后在单位浴室洗澡时被杀害，是否应认定为工伤。

上海市第一中级人民法院二审认为：

被上诉人松江区人保局依法具有作出被诉工伤认定行政行为的职权。松江区人保局向一审法院提交的江玉平、陈方坤的调查笔录、(2010)沪一中刑初字第15号刑事判决书等证据能够互相印证，足以证明被诉工伤认定行政行为所认定的事实。松江区人保局依照《工伤保险条例》第十四条及第十五条之规定，作出认定陈童林的死亡不属于且不视同工伤的被诉工伤认定行政行为的主要证据充分、适用法律并无不当。对松江区人保局的辩称意见法院予以采信。根据(2010)沪一中刑初字第15号刑事判决书查明的事实，“2009年6月，陈童林因琐事与该厂员工张浩承发生矛盾。同年6月底的一天晚上，陈童林叫上员工夏伦俊、王连营到张浩承宿舍，当着夏、王两人的面打了张浩承两记耳光。张浩承为此怀恨在心，伺机报复。同年7月15日21时许，张浩承趁被害人陈童林在申劳公司玻璃制品厂浴室洗澡之际，用尖刀捅刺陈童林，造成陈童林因右心室及主动脉破裂致失血性休克而死亡。”上述事实清楚地表明，陈童林的死亡非工作时间前后在工作场所内，从事与工作有关的预备性或者收尾性工作受到事故伤害。“与工作有关的预备性或者收尾性工作”是指虽然并非职工工作本身，但根据法律法规、单位规章制度或者约定俗成的做法，职工为完成工作所做的准备或后续事务。职工工作若无洗澡这一必要环节，亦无相关规定将洗澡作为其工作完成后的后续性事务，则洗澡不符合“收尾性工作”的情形。

陈童林亦非在工作时间和工作场所内，因履行工作职责受到暴力等意外伤害。“因履行工作职责受到暴力伤害”应理解为职工履行工作职责的行为引起了暴力伤害结果的发生，而非简单理解为受到暴力伤害是发生在职工履行工作职责的过程中。陈童林作为申劳公司玻璃制品厂的厂长，其工作职责是管理，若张浩承确因不服从陈童林的管理而杀害陈童林，则应属于工作上的原因。但根据查明的事实，陈童林系因琐事与张浩承发生矛盾，并打了张浩承两记耳光，张浩承对此怀恨在心，才伺机将陈童林杀害，上述(2010)沪一中刑初字第15号刑事判决书亦确认了陈童林遇害是因其与张浩承之间的个人恩怨。可见，陈童林遇害虽有暴力伤害的结果，但与履行工作职责之间并无因果关系。

职工在单位浴室被杀害并非用人单位所能预见，或者用人单位履行相应的安全注意义务即可避免，因此，若将此情形认定为工伤则无端提高了用人单位安全注意义务的标准。据此，陈童林在浴室洗澡被杀害不符合《工伤保险条例》第十四条应当认定为工伤或第十五条视同工伤中规定的情形。上诉人陈善菊就其诉称的事实在本案被诉工伤认定程序及本案一、二审审理中未提供任何充分有效的证据予以证实，故陈善菊的请求，缺乏事实根据和法律依据，法院不予支持。一审法院判决维持被诉工伤认定行为并无不当，依法应予维持。

综上所述，上海市第一中级人民法院依照《中华人民共和国行政诉讼法》第六十一条第(一)项之规定，于2011年6月15日判决如下：

驳回上诉，维持原判。

上诉案件受理费人民币50元，由上诉人陈善菊负担(已付)。

本判决为终审判决。

上海珂帝纸品包装有限责任公司不服上海市人力资源和社会保障局责令补缴外来从业人员综合保险费案

【裁判摘要】

从事劳务派遣业务的单位应当依法登记设立。用人单位与未经工商注册登记、不具备劳务派遣经营资质的公司签订用工协议,与派遣人员形成事实劳动关系,应由用人单位依法为其缴纳综合保险费;用人单位与不具备缴费资格的主体的协议约定,不能免除其法定缴费义务。

原告:上海珂帝纸品包装有限责任公司,住所地:上海市嘉定区马陆镇励学路。

法定代表人:张贤俊,该公司董事长。

被告:上海市人力资源和社会保障局,住所地:上海市中山南路。

法定代表人:周海洋,该局局长。

原告上海珂帝纸品包装有限责任公司(以下简称珂帝公司)不服被告上海市人力资源和社会保障局(以下简称市人保局)作出的沪人社监(2008)理字第2221号行政处理决定,向上海市黄浦区人民法院提起诉讼。

原告珂帝公司诉称:在被告市人保局下属的劳动监察部门来原告公司对涉嫌欠缴72名外来从业职工的综合保险费一事进行调查时,原告曾明确告知,其中有35名人员系案外人上海黄氏实业有限公司(以下简称黄氏公司)依据双方协议向原告派遣,不属于原告的员工,被告明知该事实,却仍然作出了要求原告缴纳72名外来从业人员综合保险费合计人民币85 759.90元的行政处理决定。原告认为被告的处理决定违法,故起诉要求撤销被告于2009年1月6日作出的沪人社监(2008)理字第2221号行政处理决定。

被告市人保局辩称:经被告调查证实,行政处理决定所载的72名外来从业人员均在原告珂帝公司工作,受原告管理,从原告处领取报酬,原告声称其中有35名人员不是原告员工的理由不能成立。被告作出的行政处理决定认定事实清楚、证据确凿、程序合法,适用依据正确,请求法院予以维持。

庭审中,被告市人保局就其作出行政处理决定所认定的事实,提供了《企业法人营业执照》、《组织机构代码证》、《上海市劳动保障监察检查登记表》;被告于2008年11月6日对原告法定代表人张贤俊制作的《调查笔录》、《全厂人员名单》、《出勤考核表》、《员工出勤记录表》、《工资发放表》、原告珂帝公司提交的《整改报告》、(嘉定)外管(2008)回字第(022211)号《委托协办函回执》及附《外劳缴费人员明细》、原告与上海黄氏实业有限公司(以下简称“黄氏公司”)签订的协议、员工缴费情况表、沪人社监(2008)理字第2221号《行政处理决定书》等证据予以证实。其中《全厂人员名单》、《出勤考核表》、《员工出勤记录表》、《工资发放表》证明共有95名外来从业人员从该单位支取报酬,受该单位日常管理,均系原告的员工;原告与黄氏公司签订的协议上未盖公章,不具备协议书的形式要件。且经被告了解,黄氏公司既无工商注册登记,又无社保开户,故对该协议的真实性不予认可。

法院依法进行了质证,原告珂帝公司对被告市人保局出示的《全厂人员名单》、《出勤考核表》、《员工出勤记录表》、《工资发放表》这组证据提出异议。认为该组证据中的所有材料都是原告应劳动监察人员的要求临时补填的,其内容并不真实;认为原告与黄氏公司签订的协议书真实有效,黄氏公司已经根据协议约定,派遣了35名该公司员工到原告公司工作,这些工人的综合保险费不应由原告缴纳。原告对被告出示的其他证据材料没有异议。

上海市黄浦区人民法院一审查明:

原告珂帝公司系依法登记成立的有限责任公司。2008年8月26日,被告市人保局接到举报,反映原告存在未为其使用的外来从业人员缴纳综合保险费等情况。同年9月17日、9月25日、10月7日,被告向原告分别发出《调查询问书》,对原告实施劳动保障监察。期间,原告向被告提供了《全厂人员名单》、《出勤考核表》、《员工出勤记录表》、《工资发放表》等材料。2008年11月5日,被告予以立案。被告经调查后发现,2005年3月至2008年10月期间,原告未按规定缴纳95名员工的外来从业人员综合保险费,遂于2008年11月6日向原告送达了《责令改正通知书》,要求原告于2008年11月16日前补缴所欠缴的外来从业人员综合保险费。2008年11月19日,被告致函嘉定区外来从业人员管理部门,要求核定原告应补缴综合保险费的金额。同年12月10日，嘉定区外来从业人员管理部门出具了《委托协办函回执》并附《外劳缴费人员明细》，认定原告未缴纳王国英等72名外来从业人员在2005年3月至2008年10月期间的综合保险费，合计金额为人民币85 759.90元。因原告未实施整改，被告即于2009年1月6日作出沪人社监(2008)理字第2221号行政处理决定，认定珂帝公司于2005年3月至2008年10月期间未按规定缴纳王国英等72名外来从业人员的综合保险费，违反了《上海市外来从业人员综合保险暂行办法》第五条、第八条的规定，依据《上海市外来从业人员综合保险暂行办法》第十九条第二款的规定，对珂帝公司作出自收到本处理决定书之日起十五日内补缴王国英等72名外来从业人员2005年3月至2008年10月期间的综合保险费，共计人民币85 759.90元的行政处理决定；逾期不缴纳的，除补缴欠款数额外，从欠缴之日起，按日加收千分之二的滞纳金；拒不履行本行政处理决定的，依据《劳动保障监察条例》第三十条第一款第（三）项规定，处2000元以上20 000元以下罚款。庭审中，原告对被告认定王国英等72名外来从业人员于2005年3月至2008年10月期间在原告处务工，以及工作期间均未缴纳综合保险费的事实没有异议，法院对该事实的真实性依法予以确认。

本案一审的争议焦点是：王国英等72名外来从业人员中的部分人员是否属于其他公司的劳务派遣人员；原告珂帝公司和案外人关于为这部分外来从业人员缴纳综合保险费的约定可否免除原告的缴费义务。

上海市黄浦区人民法院一审认为：

一、关于部分外来从业人员是否属于原告珂帝公司员工的争议。原告主张部分外来从业人员系案外人黄氏公司依据双方协议向原告派遣，不属于原告的员工，并出示了原告与黄氏公司之间的协议。首先，从协议内容来看，双方约定由黄氏公司在一年的期限内派遣部分劳动者至原告单位工作，该部分劳动者应享有与原告单位员工同等的待遇，原告单位定期结算该部分劳动者的工资。表面上这份协议符合《劳动合同法》规定的劳务派遣协议应当具备的内容，对被派遣劳动者社会保险费用的缴纳也作出了约定，但经合议庭调查核实，该份协议存在主体不适格的问题。根据《劳动合同法》第五十七条的规定："劳务派遣单位应当依照公司法的有关规定设立，注册资本不得少于五十万元"。据此，劳务派遣单位应当是依法登记设立的公司，具备一定的经济实力，且能够独立承担法律责任。而黄氏公司既未经工商登记注册成立，在社保系统中也没有登记开户，没有为任何劳动者缴纳过社会保险费用的记录；原告虽主张查验过黄氏公司的工商营业执照，但未能在庭审中提供，也没有其他证据能够证明黄氏公司系具有向其合法派遣劳务人员的经营资质的用人单位。故本案中黄氏公司不是合法成立的公司，并不具备合法的劳务派遣资质。此外，劳务派遣单位还应当与被派遣劳动者订立两年以上的劳动合同，向其支付基本的劳动报酬，而本案中涉案的35名外来人员并没有与黄氏公司签订劳动合同，实际上也不在黄氏公司处工作，而是一直在原告公司从事原告的生产任务，故本案中原告所主张的劳务派遣关系并不能成立。

在劳务派遣关系不成立的情况下，本案需对35名外来人员是否属于原告珂帝公司的员工，从而应否由原告为其缴纳综合保险费作出认定。劳动关系是用人单位和劳动者之间的关系，根据《劳动法》第十六条的规定："劳动合同是劳动者与用人单位确立劳动关系、明确双方权利和义务的协议。建立劳动关系应当订立劳动合同。"据此，劳动关系的建立以订立劳动合同为主要标志，但实践中存在大量的用人单位用工却不与劳动者订立劳动合同的现象。为此，1995年劳动部《关于贯彻执行〈中华人民共和国劳动法〉若干问题的意见》中提出了"事实劳动关系"的概念，该意见第一条规定"中国境内的企业、个体经济组织与劳动者之间，只要形成劳动关系，即劳动者事实上已成为企业、个体经济组织成员，并为其提供了有偿劳动，适用劳动法。"这里规定的"事实劳动关系"是相对于劳动法调整的劳动法律关系而言的，劳动者与用人单位虽然没有签订书面的劳动合同，但是履行了实际的劳动关系，包括为用人单位提供劳动，接受用人单位的管理和约束，受到用人单位的保护等等，即双方在事实上确立了劳动关系。为保护事实劳动关系中劳动者的权益，《中华人民共和国劳动合同法》作出了进一步的明确，第七条规定："用人单位自用工之日起即与劳动者建立劳动关系。"第十条规定："建立劳动关系，应当订立书面劳动合同。……用人单位与劳动者在用工前订立劳动合同的，劳动关系自用工之日起建立。"据此，引起劳动关系产生的基本法律事实是用工，而不是订立劳动合同；只要存在用工行为，劳动者即享有法律规定的权利。一般情况下,可以从以下四个方面鉴别是否存在事实劳动关系:一是劳动者与用人单位之间是否存在从属关系,接受用人单位的管理、指挥和监督;二是用人单位是否根据某种分配原则,组织工资分配,劳动者按照一定方式领取劳动报酬;三是劳动者提供的劳动是否为用人单位业务的组成部分;四是劳动者是否在用人单位提供的工作场所、使用用人单位提供的生产工具。在存在劳务派遣的情况下,劳务派遣单位与被派遣的劳动者之间形成的是劳动关系。结合到本案的实际情况,由于劳务派遣关系并不成立,故需审查的是原告与35名外来从业人员之间是否存在事实上的劳动关系。从经过庭审质证的一系列证据来看,原告在劳动监察过程中所作笔录可以证明,原告公司共使用了95名外来从业人员,其中即包括争议的35名外来员工;原告提供的出勤考核表、员工出勤记录表、工资发放表等证据材料也反映出,原告单位员工共95名,包括该部分外来员工均在原告处工作,从事原告单位的生产任务,受原告统一管理,并从原告处领取工资报酬;原告在庭审中也确认了35名外来人员在原告单位务工的事实,据此,该部分外来从业人员与原告之间的关系符合事实劳动关系的基本特征,应当属于原告的员工,原告应履行用人单位的相关法定义务。

二、原告珂帝公司与案外人关于为部分外来从业人员缴纳综合保险费的约定可否免除原告的缴费义务的争议。本案中被告市人保局作出具体行政行为所适用的条文依据是《上海市外来从业人员综合保险暂行办法》(以下简称《暂行办法》)的相关规定。《暂行办法》是上海市政府为切实解决外来农民工的社会保障问题,根据外来从业人员的自身特点和需求制定的,对于维护其合法权益、规范单位的用工行为具有重要作用和积极意义。作为社会保险的外来从业人员综合保险,由政府强制实施,凡本市行政区域内使用外来从业人员的单位及其使用的外来从业人员均须按规定参加。根据该办法,使用外来从业人员的用人单位应当及时、足额地为每一位外来从业人员缴纳综合保险,这既是依法保障外来从业人员合法权益,当外来从业人员发生工伤、疾病等意外时能以统筹基金给予救助的重要途径,也是用工单位合法规避用工风险,避免产生劳资纠纷的重要手段。被告依据《暂行办法》第五条、第八条的规定认定原告未依法履行缴费义务,并对其作出补缴所欠综合保险费用的行政处理决定。而原告则认为,其与黄氏公司签订的协议第五条规定,“工人综合保险有(由)甲方公司(即黄氏公司)来缴”,应由黄氏公司承担缴纳综合保险费的义务。故本案需要明确的问题是:综合保险费的缴纳主体应当如何认定,以及原告与黄氏公司的约定能否排除其缴费义务。

根据《暂行办法》第三条的规定,“使用外来从业人员”的企业、事业单位、社会团体等统称为用人单位,适用本办法;第五条规定了缴纳综合保险费的主体,即“用人单位和无单位的外来从业人员”;第八条进一步规定:“用人单位和无单位的外来从业人员应当自办理综合保险登记手续当月起,按月向市外来人员就业管理机构缴纳综合保险费。”据此,使用外来从业人员的用人单位是缴纳其工作期间综合保险费的法定义务主体。在存在劳务派遣法律关系的情况下,劳务派遣单位作为法定用人单位,属于该法规定的用人单位,应当承担缴纳综合保险费的义务。由于本案中劳务派遣关系并不成立,而原告作为经工商注册登记、具备合法用工主体资格的企业法人,在本案中实际使用外来从业人员,并与其建立事实劳动关系,故属于《暂行办法》规定的法定缴费主体,应当为这部分外来从业人员缴纳综合保险费用。至于原告与黄氏公司在协议中的约定,黄氏公司由于不具备合法的劳务派遣资质,并非可承担缴纳综合保险费责任的适格主体,原告以协议方式将其法定缴费义务转让给不具有缴费资格的案外人,不符合《暂行办法》的规定,故不能免除原告的缴费义务。

综上,被告市人保局所作行政处理决定认定事实清楚,法律适用正确。原告珂帝公司的起诉理由不成立,对其诉讼请求,法院依法不予支持。

据此,上海市黄浦区人民法院依照最高人民法院《关于执行〈中华人民共和国行政诉讼法〉若干问题的解释》第五十六条第(四)项之规定,于2009年5月27日判决如下:

驳回原告珂帝公司的诉讼请求。

案件受理费人民币50元(原告珂帝公司已预交),由原告负担。

珂帝公司不服上述判决,向上海市第二中级人民法院提起上诉。在二审审理期间,二审法院分别于2009年7月22日、8月19日两次向上诉人确认的送达地址寄送开庭传票,传唤上诉人于2009年8月6日、8月25日参加庭审。但上诉人在收到传票后无正当理由拒不到庭。据此,上海市第二中级人民法院依照《中华人民共和国行政诉讼法》第四十八条、最高人民法院《关于执行若干问题的解释》第四十九条第一款的规定,于2009年8月26日裁定如下:

本案按撤诉处理。

上诉案件受理费人民币50元,减半收取人民币25元,由上诉人珂帝公司负担。

本裁定为终审裁定。

邵仲国诉黄浦区安监局安全生产行政处罚决定案

【裁判摘要】

《安全生产法》第八十一条第二款所称"前款违法行为",是指该条第一款"生产经营单位的主要负责人未履行本法规定的安全生产管理职责"的行为。这种违法行为无论是否被安全生产监管部门发现并责令限期改正,只要导致发生了生产安全事故,安全生产监管部门都有权依照《安全生产法》第八十一条第二款规定,直接对生产经营单位的主要负责人给予行政处罚,不必先责令限期改正后再实施行政处罚。

原告:邵仲国。

被告:上海市黄浦区安全生产监督管理局。

法定代表人:郑福民,该局局长。

原告邵仲国不服被告上海市黄浦区安全生产监督管理局(以下简称黄浦区安监局)对其作出的安全生产行政处罚决定,向上海市黄浦区人民法院提起行政诉讼。

原告邵仲国诉称:2005年11月7日,被告黄浦区安监局作出第2120050024号行政处罚决定,以原告是上海麦克西饼有限公司(以下简称麦克公司)一次工伤事故的主要责任人为由,根据《安全生产法》的相关规定,决定罚款2万元。麦克公司有安全生产制度,相关生产设备也经过质量检验。作为麦克公司的主要负责人,原告只负责经营,生产安全另有他人负责。再有,按照法律规定,只有发生重伤事故才追究主要责任人的法律责任,而是否为重伤事故,应当根据《人体重伤鉴定标准》进行认定。被告按照《上海市劳动局关于贯彻〈企业职工伤亡事故报告和处理规定〉的意见》(以下简称市劳动局意见),把不属于重伤的此次工伤事故认定为重伤事故,并对不是主要责任人的原告进行处罚。该行政处罚决定认定事实不清、适用法律不当,请求判令撤销被告的这一具体行政行为。

原告邵仲国提交以下证据:

1. 第2120050024号行政处罚决定书、特快专递邮件详情单,用以证明被诉具体行政行为客观存在,作为该具体行政行为的相对人,邵仲国的起诉未超过起诉期限;

2. 麦克公司营业执照,该公司于2002年5月制订的安全制度、2005年8月制订的粉糠机操作规程、2005年9月制订的治安安全管理制度,济南市产品质量监督检验所于2005年7月对济南大亿机械有限公司送检的膨化食品机械的检验报告,用以证明麦克公司是合法经营者,事故发生前有安全生产制度,相关生产设备也进行过质量检查,事故发生后又完善了相关制度;

3. 上海市黄浦区劳动能力鉴定委员会劳鉴(黄)字0512－0010号《鉴定结论书》,本次工伤事故的受伤职工姜继忠致有关部门的信函及其身份证复印件,上海黄浦粮油食品发展有限公司(以下简称黄浦粮油公司)《关于请求对麦克公司免予行政处罚的报告》,用以证明姜继忠因工伤致残的程度为七级,受伤后恢复良好,姜继忠和麦克公司的上级公司均要求免除对麦克公司所作的行政处罚;

4. 黄浦粮油公司向上海市黄浦区人民政府递交的申诉材料,用以证明麦克公司是受到误导,才在调查报告中承认该公司安全生产管理制度不健全。

被告黄浦区安监局辩称:作为法定的安全生产监督管理部门,被告经过调查查明:在麦克公司此次发生的工伤事故中,员工姜继忠的右手尺、桡骨骨折,第2、4掌骨粉碎性骨折。根据市劳动局意见的规定,被告认定此次工伤事故为重伤事故,并依照《安全生产法》的规定,决定对作为麦克公司主要负责人的原告邵仲国处以2万元罚款。被告的上述具体行政行为,认定事实清楚,适用法律正确,法院应当维持。

被告黄浦区安监局提交以下证据:

1. 麦克公司制作的《事故情况经过》、《陈述笔录》、事故现场照片,用以证明事故发生经过以及事故的起因是麦克公司违反了安全生产管理制度;

2. 工伤事故《紧急通报》、《姜继忠重伤事故调查报告》,用以证明麦克公司的上级公司黄浦粮油公司经调查认为，麦克公司发生的工伤事故为重伤事故，原告邵仲国对事故负有主要责任；

3.《工伤认定书》，用以证明上海市黄浦区劳动和社会保障局认定此次事故为工伤事故；

4. 医院接诊病史、出院记录、出院小结、医疗费现金收据、医疗保险费结算单，用以证明姜继忠的伤情，以及姜继忠是按照工伤进行费用结算；

5.《关于发生姜继忠工伤事故的思想认识》，用以证明原告邵仲国承认其对麦克公司的安全生产管理不够重视，对此次发生的工伤事故负有责任；

6.《立案审批表》、《案件处理报批表》、《行政处罚事先告知书》、送达回执和《行政处罚决定书》，用以证明被告黄浦区安监局作出行政处罚决定经过的程序；

7.《企业职工伤亡事故报告和处理规定》第九条、第十四条，市劳动局意见第五条，用以证明认定此次工伤为重伤的依据；

8.《安全生产法》第十七条第（一）、（二）、（四）项，第八十一条第一、二款，《安全生产违法行为行政处罚办法》第三十六条第一款第（一）、（二）、（四）项及该条第二款第（一）项，用以证明作出行政处罚决定的法律依据；

9.《安全生产违法行为行政处罚办法》第十三条、第十四条、第二十一条第一款、第二十二条，用以证明行政处罚的程序依据；

10.《安全生产法》第九条第一款、《安全生产违法行为行政处罚办法》第三十四条，用以证明作出行政处罚决定的权力依据。

法庭主持了庭审质证。对被告黄浦区安监局提交的证据，原告邵仲国有以下异议：证据2中《姜继忠重伤事故调查报告》称“粉糠机无铭牌标记、无产品合格证、无生产厂家”与事实不符；证据5《关于发生姜继忠工伤事故的思想认识》，是原告在受到误导的情况下所写，其中关于麦克公司无安全生产制度以及原告对麦克公司的安全生产负有责任等内容不真实；证据7中的市劳动局意见效力层次较低，且这个意见应当由劳动行政管理部门执行，不能作为被告的执法依据。依照劳动部办公厅劳办发〔1993〕140号《企业职工伤亡事故报告统计问题解答》中对重伤的解答，姜继忠的伤势不属重伤范畴，是否构成重伤应当按照司法部、最高人民法院、最高人民检察院、公安部联合发布的《人体重伤鉴定标准》认定。即使适用市劳动局意见，也应适用该意见中有关四肢伤害部分的标准，认定姜继忠的伤势为非重伤，不应适用骨折部分的标准认定为重伤；证据8虽然将《安全生产法》第八十一条第一款列为执法依据，但被告从未责令原告对麦克公司的安全生产管理限期整改，而是直接进行处罚。对黄浦区安监局提交的其他证据，邵仲国无异议。

针对原告邵仲国的质证意见，被告黄浦区安监局又提交了国家安全生产监督管理总局办公厅安监总厅函字〔2005〕108号《关于〈安全生产法〉第八十条和第八十一条法律适用问题的复函》作为补充证据。该复函明确：《安全生产法》第八十一条第二款规定的“前款违法行为”，既包括生产经营单位的主要负责人未履行《安全生产法》规定的安全生产管理职责的行为，也包括经安全生产监管部门责令其限期改正后，逾期仍未改正的行为。黄浦区安监局还提供了上海市人民政府的有关文件，用以证明安全生产监管部门原隶属于劳动行政管理部门，后在机构改革中成立了安全生产监督管理局，劳动行政管理部门中原涉及安全生产监管的职能改由独立的安全生产监督管理局行使。

对原告邵仲国提交的证据，被告黄浦区安监局的质证意见为：证据2中麦克公司2002年5月制订的安全制度、2005年7月济南市产品质量监督检验所的检验报告，以及粉糠机的生产厂家和合格证，在被告对麦克公司的工伤事故进行调查时，原告从未向被告提交过；事故发生后，麦克公司制订的治安安全管理制度和粉糠机操作规程，只能表明该公司在事故发生后完善了安全制度和操作规程，不能证明原告在事故发生前就已经履行了安全生产监督管理职责；证据3中黄浦区劳动能力鉴定委员会对姜继忠作伤残等级鉴定，是要解决劳动者的劳动能力问题，刑事司法部门根据《人体重伤鉴定标准》对受害人作伤情鉴定，是要解决定罪量刑问题，而安全生产监管部门对工伤事故受伤者作伤情鉴定，是要落实《安全生产法》的相关规定，三个鉴定的目的不同，依据和标准不同，之间没有必然联系，不具有比照作用；证据3中姜继忠的信函，其真实性无法确认，只要被告是依法作出行政处罚决定，其他人（包括麦克公司的上级公司）就无权请求免予处罚；证据4中的申诉材料，被告从未收到过，无法确认其真实性。

经质证、认证，上海市黄浦区人民法院查明：

原告邵仲国是麦克公司的经理。

2005年8月10日上午，麦克公司员工姜继忠在操作粉糠机时，右手被卷入粉糠机内，经诊断：姜继忠的右手尺、桡骨骨折，右手第2、4掌骨粉碎性骨折。事故发生后，麦克公司及其上级部门黄浦粮油公司组成调查小组，对事故进行了调查，制作了调查笔录，并于2005年9月20日作出《姜继忠重伤事故调查报告》。报告说，姜继忠是同年7月6日到面包糠车间从事烘箱和包装工作。8月10日，因该车间一职工缺勤，姜继忠被安排暂时顶替操作粉糠机。姜继忠上机操作时，右手被卷入滚筒内造成事故。报告认定的事故原因有：粉糠机结构不合安全要求，开关设置不合理，留有安全隐患；麦克公司安全管理制度留有漏洞，盲目安排新手上重点岗位操作；重点岗位无安全操作规程，等等。报告认为，麦克公司主要负责人邵仲国对此次事故应负主要责任。10月17日，邵仲国在其撰写的《关于发生姜继忠工伤事故的思想认识》中也承认，事故发生的主要原因是麦克公司安全管理工作松懈，安全生产责任制不完善，安全生产规章制度和安全生产操作规程不健全，作为公司主要负责人，其负有不可推卸的责任。被告黄浦区安监局接到麦克公司的事故报告后，向调查小组调取了相关材料，派员到现场进行了调查，拍摄了现场照片，并于2005年10月8日对该起事故立案处理。经审查，黄浦区安监局于10月26日向邵仲国发出《行政处罚事先告知书》，告知拟对邵仲国进行行政处罚的内容和依据，并告知其在7日内有陈述和申辩的权利。因邵仲国未在期限内提出陈述和申辩，黄浦区安监局于11月7日作出第2120050024号行政处罚决定，认定该起事故为重伤事故，邵仲国违反了《安全生产法》第十七条第（一）、（二）、（四）项的规定，依照《安全生产法》第八十一条第二款规定，决定对邵仲国处以罚款2万元。邵仲国不服该处罚决定，提起本案行政诉讼。

诉讼中，双方当事人对安全生产事故造成姜继忠右手尺、桡骨骨折、右手第2、4掌骨粉碎性骨折这一事实无异议。争议焦点在于：1. 姜继忠所受伤害是否属于《安全生产违法行为行政处罚办法》第三十六条第二款第（一）项所指的重伤？2. 邵仲国是否为麦克公司此次工伤事故的主要负责人？能否成为行政处罚的对象？

上海市黄浦区人民法院认为：

一、《安全生产违法行为行政处罚办法》第三十六条第二款第（一）项规定，生产经营单位主要负责人有未建立、健全本单位安全生产责任制，未组织制定本单位安全生产规章制度和操作规程，未督促、检查本单位安全生产工作，及时消除生产安全事故隐患等违法行为，导致发生重伤事故的，对主要负责人处二万元以上五万元以下罚款。

原告邵仲国认为，被告黄浦区安监局按照市劳动局意见第五条，将此次工伤事故认定为重伤事故，不符合劳动部办公厅在《企业职工伤亡事故报告统计问题解答》中对重伤问题的界定。市劳动局意见的效力层次较低，且执法部门是劳动行政管理部门。黄浦区安监局应当按照《人体重伤鉴定标准》，或者参照上海市黄浦区劳动能力鉴定委员会的《鉴定结论书》，认定姜继忠的伤情是否属于重伤，不应适用市劳动局意见；即使适用这个意见，也应当适用该意见中对四肢伤害部分的认定标准，认定姜继忠的伤势为非重伤，不应适用骨折部分的标准认定为重伤。

原告邵仲国在诉讼中提交的劳动部办公厅《企业职工伤亡事故报告统计问题解答》，其内容仅是对重伤作原则性界定，并没有提出重伤认定的具体标准，对本案要解决的伤情认定问题没有实际意义。《人体重伤鉴定标准》第九十五条规定："本标准仅适用于《中华人民共和国刑法》规定的重伤的法医学鉴定。"本案是对安全生产事故中的伤情进行鉴定，与《人体重伤鉴定标准》分属不同范畴。上海市黄浦区劳动能力鉴定委员会的《鉴定结论书》，只是从劳动能力方面鉴定姜继忠的致残程度，也与本案需要的伤情认定不属同一法律关系。市劳动局意见是为落实国务院制定的《企业职工伤亡事故报告和处理规定》，根据劳动部对该规定所作的解释提出的，具有上位法依据，是合法有效的规范性文件。该意见第五条规定："除头颅骨、胸骨、脊椎骨、股骨、骨盆骨折外，人体的其余部位骨头（其中手指骨、脚趾骨除外）同时造成两根（块）骨折的，属严重骨折，均作重伤事故统计、报告和处理。"根据这一规定，姜继忠的伤情无疑应当被认定为重伤。该意见作出时，上海市安全生产监管部门还由劳动行政管理部门主管，尚未独立建制执法。自安全生产监管部门从劳动行政管理部门分离出来独立建制后，劳动行政管理部门的原工伤事故处理职权，已经依法由安全生产监管部门行使。据此，被告黄浦区安监局按照市劳动局意见第五条规定，认定本起事故为重伤事故，符合国家机关职能依法调整的实际。姜继忠的伤情虽然发生在四肢上,但不是四肢软组织损伤,而是骨折。在市劳动局意见对骨折认定标准有专门规定的情况下,对发生在四肢上的骨折,不应适用该意见中关于"四肢伤害"的认定标准。邵仲国关于姜继忠所受伤害不属于重伤的上述理由,均不能成立。

二、《企业职工伤亡事故报告和处理规定》第九条规定:"轻伤、重伤事故,由企业负责人或其指定人员组织生产、技术、安全等有关人员以及工会成员参加的事故调查组,进行调查。"第十二条规定:"事故调查组的职责:(一)查明事故发生原因、过程和人员伤亡、经济损失情况;(二)确定事故责任者;(三)提出事故处理意见和防范措施的建议;(四)写出事故调查报告。"第十四条规定:"事故调查组在查明事故情况以后,如果对事故的分析和事故责任者的处理不能取得一致意见,劳动部门有权提出结论性意见;如果仍有不同意见,应当报上级劳动部门商有关部门处理;仍不能达成一致意见的,报同级人民政府裁决。但不得超过事故处理工作的时限。"此次工伤事故发生后,在麦克公司及其上级公司组成的事故调查小组所作的《姜继忠重伤事故调查报告》中,不但肯定了姜继忠所受伤情为重伤,而且还指出,麦克公司存在安全生产管理缺陷,安全管理工作松懈,安全生产责任制不完善,安全生产制度和安全生产操作规程不健全,粉糠机操作这一重点岗位缺少安全规程,姜继忠在操作粉糠机之前未经岗位培训等问题。该调查报告认为,事故的发生与管理者安全意识淡薄,工作责任心不强有着必然联系,因此确定原告邵仲国对此次事故负主要责任。邵仲国在其撰写的《关于发生姜继忠工伤事故的思想认识》中,也认同调查报告对事故主要原因的分析,承认其作为公司主要负责人,负有不可推卸的责任。被告黄浦区安监局审查上述材料后,根据这些材料,认定邵仲国在事故发生前未依法履行安全生产监督管理职责,依法应承担责任,并无不当。邵仲国称前述思想认识材料是在受误导的情形下所写,内容不实,作为麦克公司的主要负责人,其只负责经营,生产安全另有他人负责,不应将其作为被处罚人。对这些诉讼主张,邵仲国均未提供相应证据,故难以支持。在诉讼中,邵仲国虽然提供了制订日期为 2002 年 5 月的麦克公司安全制度及有关生产设备的质检报告,用以证明麦克公司在事故发生前有安全制度,粉糠机作为设备的一部分,产品质检合格。即使这两份证据确实存在于事故发生前,但由于邵仲国无正当理由不向事故调查组和黄浦区安监局提供,依法应自行承担由此引起的不利法律后果。至于邵仲国提供的麦克公司粉糠机操作规程、治安安全管理制度等证据,均于事故发生后制作,只能证明麦克公司在事故发生后完善了安全生产制度,不能证明邵仲国在事故发生前已经履行了安全生产监督管理职责。故邵仲国认为其已履行安全生产管理职责的理由不能成立,不予支持。

《安全生产法》第八十一条第二款规定:"生产经营单位的主要负责人有前款违法行为,导致发生生产安全事故,构成犯罪的,依照刑法有关规定追究刑事责任;尚不够刑事处罚的,给予撤职处分或者处二万元以上二十万元以下的罚款。"而第一款的规定是:"生产经营单位的主要负责人未履行本法规定的安全生产管理职责的,责令限期改正;逾期未改正的,责令生产经营单位停产停业整顿。"显然,第二款所说的"违法行为",是指第一款中"未履行本法规定的安全生产管理职责"行为。按照第一款规定,对"未履行本法规定的安全生产管理职责"的违法行为,安全生产监管部门发现后,应当责令生产经营单位的主要负责人限期改正,对逾期未改正的,责令停产停业整顿。然而在安全生产监管部门发现前,或者在安全生产监管部门发现并责令改正后,"未履行本法规定的安全生产管理职责"的违法行为导致发生生产安全事故的,则与第一款无关,是第二款规定所指的情形,应当按照第二款规定处理。安全生产监管部门的职责,只是对辖区内各生产经营单位的安全生产工作进行监督管理,以落实《安全生产法》的规定。《安全生产法》颁布施行后,每一个生产经营单位都有自觉遵守执行的义务,并非只有在安全生产监管部门的监督管理下,生产经营单位才有执行《安全生产法》的义务;安全生产监管部门的监督管理不及时或者不到位,也不能因此免除生产经营单位的这种义务。邵仲国认为,对其"未履行本法规定的安全生产管理职责"的违法行为,黄浦区安监局只有先行责令限期改正后才能再对其实施处罚,是对《安全生产法》第八十一条的误解。

综上,依照《安全生产法》第九条第一款、《安全生产违法行为行政处罚办法》第三十四条第一款规定,被告黄浦区安监局对黄浦区内的安全生产工作实施监督管理,对辖区内的安全生产违法行为有实施行政处罚的法定职权。黄浦区安监局在接到事故报告后,派员进行了事故现场调查；在查明麦克公司责任人员的违法行为后，填写了《立案审批表》立案审查；在作出行政处罚前，向原告邵仲国送达了《行政处罚事先告知书》，告知邵仲国可以在7日内陈述和申辩；在陈述和申辩期限届满后，作出《行政处罚决定书》，并给邵仲国送达。黄浦区安监局的执法经过，符合《安全生产违法行为行政处罚办法》第十三条、第十四条、第二十一条、第二十二条、第二十四条规定的程序。黄浦区安监局对邵仲国作出的行政处罚决定，有利于从根本上促进企业落实安全生产岗位责任，健全安全生产制度，防止和减少安全生产事故，保护劳动者合法权益，执法目的是正当的，且罚款数额符合法律规定的处罚幅度。邵仲国提供黄浦粮油公司报告和姜继忠的信函，以姜继忠伤情恢复良好等为由，请求免予对麦克公司和邵仲国本人的处罚。这些材料所提出的理由，不符合法律规定免予行政处罚的条件。至于邵仲国提出其经济困难，无履行处罚能力的诉讼意见，则非本案对被诉行政处罚行为合法性审查的范围，不能作为黄浦区安监局行政处罚行为违法的理由，故不能支持。据此，上海市黄浦区人民法院依照《中华人民共和国行政诉讼法》第五十四条第（一）项之规定，于2006年4月10日判决：

维持被告黄浦区安监局于2005年11月7日对原告邵仲国所作的第2120050024号行政处罚决定。

案件受理费810元，由原告邵仲国负担。

宣判后，双方当事人在上诉期内均未提出上诉，一审判决发生法律效力。

（7）食品、药品、卫生行政案件法律适用

最高人民法院关于食品卫生监督机构能否采用“查封”措施的答复

1. 1991年10月9日
2. 法（行）函〔1991〕108号

新疆维吾尔自治区高级人民法院：

你院新法行〔1991〕027号“关于实施《食品卫生法（试行）》中卫生防疫部门能否采用‘查封’措施的请示”收悉。经研究并征求卫生部的意见，答复如下：

一、食品卫生监督机构在执行《中华人民共和国食品卫生法（试行）》第38条中“食品控制的决定”时，可以直接对食品及生产经营食品用工具、设施进行查封。

二、马成不服新源县卫生防疫站查封其承包的冷饮店一案，请你院根据该案的具体情况依法处理。

最高人民法院对人民法院在审理计量行政案件中涉及的应否对食品卫生监督机构进行计量认证问题的答复

1. 2003年4月29日
2. 法行〔2000〕29号

吉林省高级人民法院：

你院吉高法〔2000〕86号《关于食品卫生监督检验机构开展食品卫生监督检验工作是否应当适用〈中华人民共和国计量法〉第二十二条规定需要进行计量认证的请示》收悉。经研究，答复如下：

参照1996年10月7日卫生部和国家技术监督局共同作出的《关于成立“国家计量认证卫生评审组”的通知》（卫科教发〔1996〕第35号）的有关规定，食品卫生监督机构一般不进行机构计量认证，但应按照《中华人民共和国计量法》及有关规定进行计量器具检定。

此复

最高人民法院关于工商行政管理部门对医疗机构购买工业氧代替医用氧用于临床的行为是否具有处罚权问题的答复

1. 2003年9月5日
2. 行他字〔2003〕第8号

湖南省高级人民法院：

你院《关于涟源市人民医院不服涟源市工商行政

管理局行政处罚一案的请示》收悉。经研究,答复如下:

《药品管理法》第三十二条规定,药品必须符合药品标准。国务院药品监督管理部门颁布的《中华人民共和国药典》和药品标准为国家药品标准。医用氧被列入《中华人民共和国药典》,制定有相应的国家药品标准,应当按照药品管理。

《产品质量法》和《消费者权益保护法》规定,有关法律、法规对处罚机关和处罚方式有规定的,依照法律、法规的规定执行。医疗机构购买工业氧代替医用氧用于临床的行为违反了《药品管理法》的有关规定,应当依照《药品管理法》的规定,由药品监督管理部门予以处罚。

·典型案例·

无锡美通食品科技有限公司诉无锡质量技术监督局高新技术产业开发区分局质监行政处罚案

【裁判摘要】

我国对食品生产管理实行目录式许可制度,企业应当在食品生产许可的品种范围内从事食品生产活动,不得超出许可的品种范围生产食品。

依照《食品安全法》的规定,企业超出许可范围生产食品的,属于未经许可从事食品生产经营活动,除没收违法所得、违法生产经营的食品和用于违法生产经营的工具、设备、原料等物品外,货值金额一万元以上的,并处货值金额五倍以上十倍以下罚款。

原告:无锡美通食品科技有限公司,住所地:无锡国家高新技术产业开发区。

被告:无锡质量技术监督局高新技术产业开发区(新区)分局,住所地:无锡市无锡国家高新技术产业开发区。

原告无锡美通食品科技有限公司(以下简称美通公司)不服被告无锡质量技术监督局高新技术产业开发区(新区)分局(以下简称新区质监局)作出锡新质监罚字〔2011〕第19号行政处罚决定书(以下简称处罚决定书),向江苏省无锡高新技术产业开发区人民法院提起诉讼。

原告美通公司诉称:1. 该处罚决定书适用法律错误,应适用《食品生产加工企业质量安全监督管理实施细则》(以下简称《实施细则》)和《工业产品生产许可证管理条例》(以下简称《条例》),而不是《食品安全法》。2. 该处罚决定书事实认定错误。原告仅从事食品生产活动,并未从事食品经营活动。被告新区质监局认定原告从事了食品生产经营活动是错误的。3. 该处罚决定书存在执法程序错误。被告在原告生产前期未予以制止,导致原告继续生产,受到严重的行政处罚。4. 该处罚决定书显失公平。被告苛求原告应对食品生产许可十分了解不合情理。综上,请求判令撤销该处罚决定书并由被告承担诉讼费用。

原告美通公司提交以下证据:

(1)处罚决定书,证明被诉行政行为存在的事实;

(2)无锡市人民政府〔2011〕锡行复第103号行政复议决定书及送达回证,证明对处罚不服提起行政复议的情况。

被告新区质监局辩称:我局对原告美通公司的行政处罚决定事实清楚、证据充分、程序合法、适用法律正确。1. 处罚事实清楚、证据确凿充分。自2010年12月30日起,我局对美通公司进行检查。经调查,该公司已取得肉制品(酱卤肉制品)、方便食品(其他方便食品)、豆制品(非发酵性豆制品)三个单元产品的食品生产许可证,但其生产的新产品速冻调理生肉制品不包含在已获证产品范围内,涉嫌未经许可从事食品生产经营活动。2011年1月13日,我局对其库存的51 300kg成品采取了查封措施。美通公司于同年1月18日、19日擅自转移被查封成品21 675kg,后被全部追回并重新查封。我局依法对其进行了行政处罚。2. 我局适用法律正确。《食品安全法》和《产品质量法》是全国人大常委会制定的法律,是上位法,优于《条例》和《实施细则》。3. 原告认为"未经许可从事食品生产经营活动"是指既从事食品生产又从事食品经营才能处罚,是对法律的误解。只要从事了食品生产或者食品经营,即符合受处罚的主体和行为要件。4. 处罚程序合法。该案从立案、调查取证、采取强制措施、送达文书、延长办理期限、告知权利义务等方面,均符合行政执法的程序规定,有相关证据佐证;原告提出刚生产时就应"责令停止生产销售"不符合法定程序;原告应对自己无证生产和持续生产负责;关于货值金额计算上，已经销售的产品也属于实际生产货值的一部分。5.行政处罚书不存在显失公平的问题。我局在案件事实完全调查清楚、证据确凿充分的前提下，才做出行政处罚，向上级请示也是办理许可证案件的工作程序。因此，我局的行政处罚行为符合办案要求，并无不当。故请求驳回原告的诉讼请求。

被告新区质监局提交以下证据：

（1）第一组证据：原告美通公司的营业执照、调查笔录、现场检查笔录、现场检查照片、生产流程场所照片、抽检产品的生产部门流转单及产品出厂检验记录、锡新质技监抽字〔2011〕第01号抽样取证单、2010年10月份至2011年1月份的生制品生产部门流转单、2011年1月13日从该公司制单电脑内调取的1月份熟制半进销存表、锡新质监发〔2011〕6号食品生产许可证请示、锡质监食函〔2011〕20号市局批复、Q/320292AAHK03－2008调理菜肴标准、Q/AAHK0002S－2011速冻调理生肉制品标准评审稿及备案稿、美通肉制品许可证申领材料等，证明美通公司未经许可，从事食品生产经营活动。

（2）第二组证据：现场检查笔录和调查笔录、出库总计表及出入库记录、生产部门流转单统计表、美通集团内部结算说明、出入库、转移货值清单等，证明原告美通公司无证生产产品的数量。

（3）第三组证据：现场检查照片、现场检查、调查笔录、查封决定书、取证单、门卫外来人员车辆登记表、福记领料单、转移货值清单、送达回证等，证明原告美通公司擅自转移被查封的物品。

（4）第四组证据：立案审批表、内部移送书、查封决定书、行政案件审理记录、案件办理报批书、强制措施延期报批书、行政处罚告知书、听证申请书、不予听证通知书、调查笔录、委托书、行政处罚决定书、解除查封决定书、送达回证等，证明被告作出行政处罚决定书的程序合法。

（5）第五组证据包括本案的其他相关材料及依据的法律法规。

无锡高新技术产业开发区人民法院依法组织双方进行质证。

原告美通公司对被告新区质监局提供证据的真实性无异议，但对其证明目的不予认可。

无锡高新技术产业开发区人民法院对原告美通公司提供的证据予以确认。

无锡高新技术产业开发区人民法院一审查明：

2010年12月30日、2011年1月13日，被告新区质监局执法人员对原告美通公司进行检查。检查中发现，该公司的生产车间内正在生产肉制品（上浆肉丝、上浆鸡小块）。仓库内堆放有已包装的速冻调理生肉制品成品。因涉嫌未经许可从事食品生产经营活动，新区质监局于1月13日对库存成品采取了查封措施，并开具了责令改正通知书，要求该公司制定新的产品标准。美通公司按要求制定了新产品标准草案。后美通公司于1月18日、19日擅自转移了部分被查封的成品合计21 675kg，货值金额511 820.1元。1月20日，被转移的查封产品全部追回并重新进行了查封。

另查明，原告美通公司已取得肉制品（酱卤肉制品）、方便食品（其他方便食品）、豆制品（非发酵性豆制品）三个单元成品的食品生产许可证，但其于2010年10月开始生产的新产品速冻调理生肉制品不包含在已获证产品范围内。美通公司自2010年10月15日开始至2011年1月13日共生产速冻保鲜调理食品91 365kg，货值金额1 999 693.8元。

4月21日，被告新区质监局作出了锡新质监罚告字〔2011〕第18号《行政处罚告知书》。5月19日，新区质监局作出了锡新质监罚字〔2011〕第19号行政处罚决定书。原告美通公司不服，6月2日向无锡市人民政府申请行政复议。9月7日，无锡市人民政府作出〔2011〕锡行复第103号行政复议决定书，维持了该处罚决定书。

本案一审的争议焦点是：（1）处罚决定所认定的事实是否成立，原告美通公司是否有未经许可从事冷冻食品的生产经营活动；（2）被告新区质监局作出处罚决定的程序是否合法；（3）处罚决定是否显失公平；（4）处罚决定使用法律是否正确。

无锡高新技术产业开发区人民法院一审认为：

根据《食品安全法》，国家对食品生产经营实行许可制度。企业从事食品生产经营活动，应当依法取得食品生产许可。未经许可从事食品生产经营活动，要承担相应的法律责任。

在本案中，原告美通公司虽然获得了肉制品（酱卤肉制品）、方便食品（其他方便食品）、豆制品（非发酵性豆制品）三个单元成品的食品生产许可，但其于2010年10月份开始生产的速冻保鲜调理食品在产品定义、配料、生产工艺上均与这三个单元成品不同，不属于这三个许可范围之内，属未经许可从事食品生产，违反了《食品安全法》第二十九条第一款的规定；原告在被告新区质监局对其产品进行查封后，擅自转移部分被查封的产品，违反了《产品质量法》第六十三条的规定，上述违法行为理应被追究责任；被告作为对食品生产负有监管职责的行政机关依法给予其相应的行政处罚于法有据。

对于原告美通公司认为对其未经许可从事食品生产的行为查处应适用《条例》和《实施细则》而非《食品安全法》的意见，法院认为从法律层级上来看，后者较高；从制定的时间来看，后者较晚，因此，根据法律的适用原则，被告新区质监局选择《食品安全法》作为处罚依据是正确的；对于原告认为其只存在生产行为不存在经营行为，被告认定事实有误的意见，法院认为食品生产行为已由法律将其纳入质量监管范围，只要原告有违法的食品生产行为，即应受到查处；对于原告认为被告在其生产前期未予以制止，导致原告继续生产，受到严重的行政处罚，被告存在执法程序错误的意见，法院认为被告从立案、调查取证、采取行政强制措施、处罚告知到处罚决定等一系列行政程序合乎法律规定，并无不当。

据此，无锡高新技术产业开发区人民法院依照《中华人民共和国行政诉讼法》第五十四条第（一）项的规定，于2011年12月4日作出判决：

维持被告新区质监局作出的锡新质监罚字〔2011〕第19号行政处罚决定书。

美通公司不服一审判决，向无锡市中级人民法院提起上诉。

上诉人美通公司上诉称：（1）本案应当根据特别法优于普通法的原则，应优先适用《条例》和《实施细则》，而不应适用《食品安全法》第八十四条之规定进行处罚；（2）上诉人仅仅从事食品生产活动，并未有食品经营活动，故处罚决定及一审判决均认定上诉人未经许可从事冷冻食品的生产经营活动有误；（3）被上诉人新区质监局发现上诉人生产产品不符合生产经营要求情形后，未责令上诉人立即纠正，严重违反法定程序，导致上诉人生产的超出现有许可证范围的产品增加；（4）新区质监局在第一次发现上诉人生产的速冻调理生肉制品（上浆肉片）之前，上诉人已经生产的产品价值仅为68 043.6元，新区质监局超出该价值，认定上诉人生产了价值1 999 693.8元新产品错误。综上，原审判决错误，请求二审法院依法改判。

被上诉人新区质监局辩称：（1）国务院《条例》是行政法规，国家质量监督检验检疫总局《实施细则》是部门规章，而《食品安全法》是全国人大常委会制定的法律，按照上位法优于下位法的原则，对上诉人的处罚应适用《食品安全法》的规定；（2）《食品安全法》中“食品生产经营”的概念应是指从事食品生产或者食品经营，而不是上诉人所认为的既从事食品生产又从事食品经营；（3）上诉人美通公司作为落实产品质量安全主体责任的责任人，应当对自己的行为及其后果承担法律责任，而不是被动地坐等监管部门或其他第三方来指出、纠正，并以此来推卸责任，被上诉人在检查时不能作出责令停止生产这一处罚决定。故请求维持一审判决。

本案二审的争议焦点是：（1）对上诉人美通公司处罚的法律适用问题；（2）美通公司的行为是否符合从事“生产经营活动”要件；（3）被上诉人新区质监局在检查时是否应责令美通公司停止生产；（4）行政处罚决定对产品价值认定是否有误。

无锡市中级人民法院经二审，确认了一审查明的事实。

无锡市中级人民法院二审认为：根据《食品安全法》及相关法律规定，县级以上质量监督部门负有对辖区内从事食品生产经营的企业进行监管职责。被上诉人新区质监局有权对辖区内从事食品生产的上诉人美通公司进行监督检查。新区质监局在检查中发现美通公司无证生产速冻调理生肉制品，向其下达责令改正通知书并查封相关货物，符合法律规定。新区质监局在进一步查实美通公司无证生产速冻调理生肉制品相关事实的情况下，依法向其送达了《行政处罚告知书》，在美通公司未按时要求听证的情形下，新区质监局依法作出《行政处罚决定书》，依据美通公司无证生产的货值金额等相关事实，对美通公司的无证生产食品行为和擅自转移查封财产的行为进行了处罚。新区质监局的行政处罚行为认定事实清楚、程序合法。

（1）关于对上诉人美通公司处罚的法律适用问题。《食品安全法》是由全国人大常委会制定的法律，并于2009年6月1日施行，较之之前由国务院制定的《条例》及国家质量监督检验检疫总局制定的部门规章《实施细则》，具有更高阶位的法律效力。并且，国家质量监督检验检疫总局《关于贯彻实施〈中华人民共和国食品安全法〉若干问题的意见》(国质检发〔2009〕365号)亦明确:《国务院关于加强食品等产品安全监督管理的特别规定》、《条例》、《中华人民共和国认证认可条例》是国务院行政法规。按照上位法优于下位法的规定为准,对同一事项食品安全法有规定的,应当以食品安全法的规定为准。因此,美通公司的违法行为符合《食品安全法》规定的处罚情形,应适用上位法《食品安全法》的规定。

(2)关于美通公司的行为是否符合从事"生产经营活动"要件的问题。国家质量监督检验检疫总局《食品生产许可管理办法》第三十条规定:"企业应当在食品生产许可的品种范围内从事食品生产活动,不得超出许可的品种范围生产食品。"第三十五条则规定对于违反该三十条的按照《食品安全法》第八十四条规定处罚。《食品安全法》第八十四条规定的条件为"违反本法规定,未经许可从事食品生产经营活动,或者未经许可生产食品添加剂的。"因此,《食品生产许可管理办法》明确将企业的生产行为纳入生产经营范围,本案中美通公司的生产行为即属于生产经营活动。被上诉人新区质监局处罚决定对于美通公司的行为定性并无不当。

(3)关于新区质监局在检查时是否应责令美通公司停止生产问题。法院认为,根据行政处罚法规定,责令企业停产停业是一种后果比较严重的处罚种类,行政机关必须在查明相关事实并且经过听证程序后,认为符合处罚条件的才能作出处罚决定。本案中,新区质监局在最终对美通公司作出处罚决定之前,无职权责令美通公司停止生产。而新区质监局在查处过程中作出责令改正通知书并采取查封措施的行为,已警示美通公司在生产过程存在违法嫌疑。

(4)关于行政处罚决定对产品价值认定是否有误的问题。法院认为,行政主管部门有权依法对实际已经发生的违法行为进行处罚。本案中,新区质监局在2011年1月13日查实,美通公司自2010年10月15日开始至2011年1月13日共生产速冻保鲜调理食品91 365kg,货值金额1 999 693.8元,因此,新区质监局据此货值数额作出处罚决定并无不当。美通公司提出新区质监局只能依据第一次即2010年12月30日查实的货值数额进行处罚的上诉理由,依法无据。

据此,无锡市中级人民法院依照《中华人民共和国行政诉讼法》第六十一条第(一)项的规定,于2012年4月11日判决:

驳回上诉,维持原判。

本判决为终审判决。

盐城市奥康食品有限公司东台分公司诉盐城市东台工商行政管理局食品安全行政处罚案

【裁判摘要】

食品标签是食品包装上的文字、图形、符号及一切说明物。如果在食品标签、食品说明书上特别强调添加、含有一种或多种有价值、有特性的配料、成分,应标示所强调配料、成分的添加量或含量。

依照《食品安全法》第八十六条的规定,企业经营特别强调某种配料、成分的食品而未标示添加量或含量的,属于经营标签、说明书不符合《食品安全法》规定的食品,除没收违法所得、违法经营的食品和用于违法经营的工具、设备、原料等物品外,货值金额一万元以上的,并处货值金额二倍以上五倍以下罚款。

原告:盐城市奥康食品有限公司东台分公司,住所地:江苏省东台市台城镇何垛路。

法定代表人:王雷,该分公司总经理。

被告:盐城市东台工商行政管理局,住所地:江苏省东台市台城镇范公北路。

法定代表人:张六奇,该局局长。

原告盐城市奥康食品有限公司东台分公司(以下简称奥康公司)不服被告盐城市东台工商行政管理局(以下简称东台工商局)作出的东工商案字〔2012〕第298号行政处罚决定书(以下简称处罚决定书),向东台市人民法院提起诉讼。

原告奥康公司诉称:1. 该处罚决定书认定事实错误。原告经营的金龙鱼牌橄榄原香食用调和油标签上的"橄榄原香"是对产品物理属性的客观描述,并非对橄榄油这一配料的强调;橄榄油是普通的食用油配料,不是有价值、有特性的配料,不需要标明含量或添加量。被告东台工商局认定原告经营金龙鱼牌橄榄原香食用调和油标签上特别强调有价值、有特性的配料,是错误的。2. 被告执法程序错误。产品是否符合标准应以检验数据为准,被告未正式检测即对原告作出处罚,程序违法。3. 该处罚决定书适用法律错误。本案应适用《食品安全法》规定国务院卫生行政部门颁布的食品安全国家标准,而被告适用的 GB 7718－2004《预包装食品标签通则》并不是食品安全国家标准。综上,请求判决撤销该处罚决定书。

原告奥康公司提交以下证据:

(1)处罚决定书,证明被诉行政行为存在的事实。

(2)盐城工商局苏盐工商复字〔2012〕第 2 号行政复议决定书,证明对处罚不服提起行政复议的情况。

(3)全国食品工业标准化技术委员会秘书处所编的教材《食品标签国家标准实施指南》,证明有价值、有特性的配料才需要标明添加量或含量。

被告东台工商局辩称:1. 我局认定事实正确。原告奥康公司销售给东台市国贸千家惠超市(以下简称千家惠超市)金龙鱼牌橄榄原香食用调和油标签正面突出"橄榄"二字,配有橄榄图形,吊牌写明"添加了来自意大利的 100% 特级初榨橄榄油",但未注明添加量,这就属于食品标签上特别强调添加某种有价值、有特性配料而未标示添加量的情形。2. 我局处罚程序合法。产品质量问题需要通过技术检验确定,而食品标签的标注内容一目了然,无须检测。3. 我局适用法律准确。GB 7718－2004《预包装食品标签通则》作为食品标签强制性标准,在《食品安全法》生效后,即视为食品安全标准之一,直至被 GB 7718－2011《预包装食品标签通则》替代。因此,我局作出的处罚决定并无不当,请求法院判决予以维持。

被告东台工商局提交以下证据:

(1)第一组证据:原告奥康公司、千家惠超市的营业执照,对千家惠超市现场检查笔录,对奥康公司职员薛峰、千家惠超市职员生卫华的询问笔录,奥康公司、千家惠超市委托书,被告东台工商局执法人员拍摄的照片等,证明奥康公司经营销售的金龙鱼牌橄榄原香食用调和油的标签上特别强调橄榄油这一配料,但未标示橄榄油的添加量。

(2)第二组证据:薛峰制作并加盖原告奥康公司印章的 2011 年 9 月 1 日至 2012 年 2 月 29 日橄榄原香食用调和油经营情况一览表,千家惠超市包括橄榄原香食用调和油在内的商品销售汇总报表及库存商品汇总报表,证明奥康公司经营金龙鱼牌橄榄原香食用调和油的进价、销价、数量、销售额、净利润。

(3)第三组证据:立案审批表、行政处罚听证告知书、案件调查终结报告、案件核审表、重大案件讨论记录、行政处罚决定审批表、行政处罚决定书及送达回证、江苏省代收罚没款收据等,证明被告东台工商局作出处罚决定的程序合法。

(4)第四组证据:本案的其他材料,依据的法律法规及规范性依据。

东台市人民法院依法组织双方进行质证。

原告奥康公司对被告东台工商局提供证据的真实性无异议,但对其第一组、第三组证据的证明目的不予认可。被告东台工商局对原告奥康公司提供证据的真实性无异议。

东台市人民法院对原告奥康公司提供的证据予以确认。

东台市人民法院一审查明:

2011 年 9 月 1 日至 2012 年 2 月 29 日,原告奥康公司购进净含量 5 升的金龙鱼牌橄榄原香食用调和油 290 瓶,加价销售给千家惠超市,原告获得销售收入 34 800 元,净利润 2836.9 元。

2012 年 2 月 21 日,被告东台工商局行政执法人员在千家惠超市检查时,发现上述金龙鱼牌橄榄原香食用调和油未标示橄榄油的添加量。

另查明,上述金龙鱼牌橄榄原香食用调和油名称为"橄榄原香食用调和油",其标签上有"橄榄"二字,配有橄榄图形,标签侧面标示"配料:菜籽油、大豆油、橄榄油"等内容。吊牌上有文字描述:"金龙鱼橄榄原香食用调和油,添加了来自意大利的 100% 特级初榨橄榄油,洋溢着淡淡的橄榄果清香。除富含多种维生素、单不饱和脂肪酸等健康物质外,其橄榄原生精华含有多本酚等天然抗氧化成分,满足自然健康的高品质生活追求。"

被告东台工商局于 2012 年 2 月 27 日立案调查,并于 5 月 9 日向原告奥康公司送达东工商经听告字〔2012〕91503 号行政处罚听证告知书。原告在法定期限内未提出陈述和申辩,也未要求举行听证。5 月 15 日被告向原告送达东工商案字〔2012〕第 298 号行政处罚决定书,认定原告经营标签不符合《食品安全法》规定的食品,作出责令改正、没收违法所得 2836.9 元和罚款 57 163.1 元,合计罚没款 60 000 元的行政处罚。原告不服,申请行政复议,盐城工商局复议维持该处罚决定。

本案一审的争议焦点是：(1)处罚决定认定的事实是否成立，原告奥康公司经营的金龙鱼牌橄榄原香食用调和油标签上是否特别强调了有价值、有特性的配料，该标签应否标示橄榄油的添加量；(2)被告东台工商局处罚决定的程序是否合法，是否需要对涉案标签进行技术检验；(3)处罚决定适用法律是否正确。

东台市人民法院一审认为：

2005年10月1日开始实施的GB 7718－2004《预包装食品标签通则》规定，预包装食品是经预先定量包装，或装入(灌入)容器中，向消费者直接提供的食品；食品标签是食品包装上的文字、图形、符号及一切说明物。因此，原告奥康公司经营的金龙鱼牌橄榄原香食用调和油属于预包装食品，其标签属于预包装食品标签。

GB 7718－2004《预包装食品标签通则》规定："预包装食品标签的所有内容，不得以虚假、使消费者误解或欺骗性的文字、图形等方式介绍食品；也不得利用字号大小或色差误导消费者。""如果在食品标签或食品说明书上特别强调添加了某种或数种有价值、有特性的配料，应标示所强调配料的添加量。"这里所指的"强调"，是特别着重或着重提出，一般意义上，通过名称、色差、字体不同、字号大小、图形、排列顺序、文字说明、同一内容反复出现或多个内容都指向同一主体等均可理解为对某事物的强调。"有价值、有特性的配料"，是指对人体有较高的营养作用，配料本身不同于一般配料的特殊配料。通常理解，此种配料的市场价格或营养成分应高于其他配料。本案中，原告奥康公司认为"橄榄原香"是对产品物理属性的客观描述，并非对某种配料的强调，但从原告销售的金龙鱼牌橄榄原香食用调和油的外包装来看，其标签上以图形、字体、文字说明等方式突出了"橄榄"二字，强调了该食用调和油添加了橄榄油的配料，且在吊牌(食品标签的组成部分)上有"添加了来自意大利的100%特级初榨橄榄油"等文字叙述，易造成消费者在购买此种食用调和油时的误解。"有价值、有特性"是建立在一般认知基础上的常识性判断，在满足"特别强调"的前提下，只要具备"有价值"或"有特性"其中一点就应当进行定量标示。一般来说，橄榄油的市场价格或营养作用均高于一般的大豆油、菜籽油等，因此，如在食用调和油中添加了橄榄油，可以认定橄榄油是"有价值、有特性的配料。"因此，被告东台工商局认定原告销售的金龙鱼牌橄榄原香食用调和油，属于特别强调添加某种有价值、有特性配料(橄榄油)的情形，应当标示橄榄油的添加量，此事实能够成立。

《食品安全法》第六十条第三款规定县级以上工商等部门在执法工作中需要对食品进行检验的，应当委托食品检验机构进行。据此，工商部门在具体执法过程中可以根据需要对食品进行检验。本案原告销售的金龙鱼牌橄榄原香食用调和油标签上强调添加橄榄油配料而未标示添加量，可通过正常的视觉和认知加以判断，因而无须委托检验机构进行检测。被告未委托检测，并不违法。

《食品安全法》第二十条第(四)项规定，食品安全标准应当包括对与食品安全、营养有关的标签、标识、说明书的要求。第二十二条规定，本法规定的食品安全国家标准公布前，食品生产经营者应当按照现行食用农产品质量安全标准、食品卫生标准、食品质量标准和有关食品的行业标准生产经营食品。全国人大法工委2010年3月19日在《对国家质检总局关于商请明确食品安全标准有关法律适用问题的函的意见》中指出，在食品安全国家标准未公布以前，对生产经营不符合现行食用农产品质量安全标准、食品卫生标准、食品质量标准和有关食品行业标准的食品违法行为进行查处，适用《食品安全法》的有关规定。GB 7718－2004《预包装食品标签通则》是2005年10月1日实施，《食品安全法》于2009年6月1日实施，新版的GB 7718－2011《预包装食品标签通则》于2012年4月20日实施。本案原告奥康公司违法行为发生在2011年9月至2012年2月，GB 7718－2004《预包装食品标签通则》属于当时的食品安全国家标准之一。因此，被告东台工商局适用GB 7718－2004《预包装食品标签通则》对原告作出行政处罚，并无不当。

据此，东台市人民法院依照《食品安全法》第四十二条第一款第(九)项、第八十六条第(二)项和《行政诉讼法》第五十四条第(一)项之规定，于2012年12月15日作出判决：

维持被告东台工商局作出的东工商案字〔2012〕第298号行政处罚决定书。

奥康公司不服一审判决，向盐城市中级人民法院提起上诉。

上诉人奥康公司上诉称：(1)被上诉人东台工商局行政处罚适用法律错误。GB 7718－2004《预包装食品标签通则》不是《食品安全法》规定的国务院卫生行政部门制定的,故不应适用于本案。(2)根据《标准化法》第十九条规定,处理有关产品是否符合标准的争议,以检验机构的检验数据为准。东台工商局在本案处罚中未作任何检验,违反法律规定。(3)一审法院对"有价值、有特性的配料"认定错误。综上,一审判决错误,请求二审法院依法改判。

被上诉人东台工商局辩称:(1)上诉人奥康公司销售标签不符合《食品安全法》规定的食品,事实客观存在。(2)被上诉人适用《食品安全法》及GB 7718-2004《预包装食品标签通则》,对上诉人进行处罚适用法律正确,处罚程序合法,处罚幅度适当。故请求二审法院驳回上诉,维持原判。

盐城市中级人民法院经二审,确认了一审查明的事实。

本案二审的争议焦点是:(1)被上诉人东台工商局对上诉人作出处罚,应否适用GB 7718-2004《预包装食品标签通则》;(2)上诉人奥康公司销售的金龙鱼牌橄榄原香食用调和油,标签上应否标示橄榄油添加量。

盐城市中级人民法院二审认为:

根据《食品安全法》第四条第三款和《行政处罚法》第十五条、第二十条之规定,被上诉人东台工商局对上诉人奥康公司经营销售金龙鱼牌橄榄原香食用调和油的行为是否违法,具有依法查处的法定职权。

《食品安全法》第二十条第(四)项规定,食品安全标准应当包括对与食品安全、营养有关的标签、标识、说明书的要求。因此,与食品安全、营养有关的标签内容和具体要求是食品安全标准之一。GB 7718-2004《预包装食品标签通则》和GB 7718-2011《预包装食品标签通则》是国家有关部门先后发布实施的食品安全国家标准,两者是前后替代关系,也是食品标签系列国家标准之一。GB 7718-2011《预包装食品标签通则》是由国务院卫生行政部门制定,且明确是食品安全国家标准,对2012年4月20日后发生的涉及与食品安全、营养有关的标签应适用GB 7718-2011《预包装食品标签通则》是毫无疑义的。但本案上诉人奥康公司经营销售未标示橄榄油添加量的橄榄原香食用调和油的违法行为发生于2011年9月至2012年2月,被上诉人东台工商局适用违法行为发生时合法有效的法律规范(标准)——GB 7718-2004《预包装食品标签通则》,并无不当。

上诉人奥康公司提出处理产品是否符合标准的争议应以检验数据为准,于法相悖。被上诉人东台工商局处罚针对食品标签标示违法行为,而非产品本身的质量是否符合相关标准,所以本案没有专门委托检验的必要。

上诉人奥康公司提出标签上的"橄榄"标识不属于"有价值、有特性"、橄榄油不属于有价值、有特性的配料,此上诉理由不能成立。如何准确认定"特别强调添加了某种或数种有价值、有特性的配料",应从表达语境、相对比较、公众理解的角度综合分析判断。本案中,从上诉人奥康公司经营销售的金龙鱼牌橄榄原香食用调和油的外包装来看,其标签上以图形、字体、文字说明等方式突出"橄榄"二字,显而易见地向消费者强调该产品添加了橄榄油的配料,该做法本身实际上就是强调"橄榄"在该产品中的价值和特性。GB 7718-2004《预包装食品标签通则》规定:"如果在食品标签或食品说明书上特别强调添加了某种或数种有价值、有特性的配料,应标示所强调配料的添加量。"上诉人奥康公司未标示橄榄油的添加量,属于违反食品安全标准。

据此,盐城市中级人民法院依照《行政诉讼法》第六十一条第(一)项之规定,于2013年5月9日作出判决:

驳回上诉,维持原判。

本判决为终审判决。

(8)工商、质检行政案件法律适用

最高人民法院行政审判庭关于如何适用国务院国发〔1994〕41号文件有关问题请示的答复

1. 1997年6月4日
2. 〔1997〕法行字第6号

山西省高级人民法院:

你院〔1997〕晋法行字第1号请示收悉。经研究,答复如下:

同意你院审判委员会的倾向性意见,即工商行政管理机关根据有关规定,对被举报涉嫌拉运假酒的特定车辆进行堵截,并对所载涉嫌假酒采取暂扣措施,不属于国务院国发〔1994〕41 号文件明令禁止的上路设卡检查的行为。

最高人民法院行政审判庭关于对苹果苗木的检疫职权应由何部门行使的答复

1. 1995 年 9 月 18 日
2. 〔1995〕行他字第 16 号

河南省高级人民法院:

你院《关于河南日报农村专版读者服务部不服长葛市森林病虫防治检疫站行政处罚一案的请示报告》收悉。经研究并征求国务院法制局的意见,答复如下:

根据 1983 年农业部、林业部两部分工的规定,本案中对苹果苗木的检疫职权应由农业部门行使。

本案中的其他问题请你院根据该案的具体情况依法处理。

此复

最高人民法院行政审判庭对吉林省高院"关于个体诊所是否应向工商行政部门办理营业执照的请示"的答复

1. 1999 年 1 月 19 日
2. 〔1996〕法行字第 14 号

吉林省高级人民法院:

你院吉高法〔1996〕59 号请示收悉,经研究,答复如下:关于个体诊所是否应向工商行政部门办理营业执照问题,法律、行政法规未作明确规定。人民法院在审理这类案件时,如地方性法规有明确规定,可参照地方性法规的具体规定办理。

最高人民法院关于对人民法院审理产品质量监督行政案件该如何适用法律问题的答复

1. 2001 年 2 月 18 日
2. 〔1999〕行他字第 15 号

河南省高级人民法院:

你院关于审理产品质量监督行政案件该如何适用法律问题的请示收悉,经研究答复如下:

人民法院在审理涉及产品质量监督行政案件时,应当适用具体行政行为作出时已经施行的《中华人民共和国产品质量法》的有关规定。

最高人民法院关于对计量违法行为处一万元以上罚款的决定是否受《计量法实施细则》第六十条调整的请示的答复

1. 2001 年 6 月 25 日
2. 〔2000〕行他字第 17 号

辽宁省高级人民法院:

你院〔2000〕辽行疑字第 15 号《关于对计量违法行为适用〈辽宁省计量监督条例〉处 1 万元以上罚款是否受〈中华人民共和国计量法实施细则〉调整的请示》收悉,经研究,答复如下:

原则同意你院第一种意见。即辽宁省人民代表大会常务委员会通过的《辽宁省计量监督条例》第五十条的规定与经国务院批准、国家计量局发布的《中华人民共和国计量法实施细则》第六十条规定是一致的,人民法院认定诉计量行政罚款 1 万元以上决定的案件的行政处罚主体资格时,亦应适用《中华人民共和国计量法实施细则》第六十条的规定。

此复

最高人民法院关于雷电防护设施检测机构是否应当进行计量认证问题的答复

1. 2003年11月26日
2. 〔2003〕行他字第13号

黑龙江省高级人民法院：

你院《关于五常市气象局不服哈尔滨市五常质量技术监督局行政处罚一案有关法律适用问题的请示报告》收悉。经研究，答复如下：

根据《中华人民共和国计量法》等有关法律的规定，雷电防护设施检测机构需要经过资格认证，但不需要经过计量认证。

最高人民法院关于如何认定质量监督检验检疫部门在产品流通领域中行政管理职权问题的答复

1. 2003年12月1日
2. 〔2003〕行他字第15号

湖北省高级人民法院：

你院《关于如何认定质量技术监督部门在产品流通领域中行政管理职权的请示》收悉，经研究认为：国办发〔2001〕56号文和57号文根据《中华人民共和国产品质量法》第七十条的授权明确规定，国家质量监督检验检疫总局负责生产领域的产品质量监督管理；国家工商行政管理总局负责流通领域产品质量监督管理。有关部门在行使行政管理职权时，应当以此为依据。

此复

最高人民法院关于学校向学生推销保险收取保险公司佣金入账的行为是否构成不正当竞争行为的答复

1. 2004年1月8日
2. 〔2003〕行他字第21号

黑龙江省高级人民法院：

你院〔2003〕黑行他字第3号《关于鹤岗铁路职工小学不服鹤岗市工商行政管理局行政处罚一案的请示报告》收悉。经研究答复如下：

根据《中华人民共和国反不正当竞争法》第八条第二款的规定，学校向学生推销保险收取保险公司佣金并入账的行为不宜视为不正当竞争行为。

此复

最高人民法院关于工商部门对农村信用合作社的不正当竞争行为是否有权查处问题的答复

1. 2006年8月18日
2. 〔2005〕行他字第10号

安徽省高级人民法院：

你院《关于安徽省利辛县孙集农村信用合作社诉安徽省亳州市工商行政管理局工商行政处罚一案适用法律问题的请示报告》收悉。经研究，并征求国务院法制办、国家工商总局和银监会的意见，答复如下：

原则同意你院第一种意见，即依照《中华人民共和国商业银行法》第十条、第七十四条第（三）项、第九十三条规定及《中华人民共和国反不正当竞争法》第三条第二款规定，对农村信用合作社的金融违法行为包括反不正当竞争行为的监督管理职权，应由银行业监督管理机构行使。

最高人民法院行政审判庭关于对江苏高院就徐继康不服南京市工商行政管理局下关分局扣押财产一案请示的答复

1. 2006年9月27日
2. 〔2004〕行他字第3号

江苏省高级人民法院：

你院《关于徐继康不服南京市工商局下关分局扣押财产强制措施一案的请示报告》收悉。经研究，答复如下：

原则同意你院审判委员会倾向性意见，即："坐堂医生"接受医院的聘请，宣传推销其研制的药品并为患者代购药品，如果其不具有销售药品的经营权，不宜认定为反不正当竞争法所规定的经营者。

反不正当竞争法没有授予工商行政管理机关扣押财产的权力，如果下位法与该法的规定不一致，应当适用反不正当竞争法的规定。

最高人民法院行政审判庭关于工商行政管理部门审查颁发个体工商户营业执照是否以环保评价许可为前置条件问题的答复

1. 2006年11月27日
2. 〔2006〕行他字第2号

福建省高级人民法院：

你院《关于工商行政管理部门审查颁发个体工商户营业执照是否适用法律规定环保评价前置许可的请示》收悉。经研究，答复如下：

公民个人租赁住宅楼开办个体餐馆的，不属于环境影响评价法第十六条第三款关于"建设项目的环境影响评价分类名录"规定中的"建设项目"。

公民之间因个体餐馆排放的噪声空气污染产生争议的，可以依照环境噪声污染防治法和大气污染防治法的有关规定处理，经营管理者应采取有效措施，使其边界噪声、排放物达到国家规定的环境噪声、排放物的排放标准；对他人造成危害的，应承担相应的赔偿责任。

此复

最高人民法院行政审判庭关于工商行政管理部门对保险机构不正当竞争行为是否有权查处的答复

2010年2月24日

浙江省高级人民法院：

你院〔2004〕浙行他字第8号《关于工商行政管理部门对保险机构不正当竞争行为是否有权查处的请示报告》收悉，经研究，答复如下：关于工商行政管理部门对保险机构不正当竞争行为是否有行政管理权问题，在《中华人民共和国保险法》修改之前，依据《中华人民共和国反不正当竞争法》第三条第二款的规定，工商行政管理部门对保险机构不正当竞争行为具有行政管理权。此间，应当适用最高人民法院行政审判庭2000年4月19日作出的法行〔2000〕1号《关于对保险公司不正当竞争行为如何确定监督检查主体的答复》的规定。

在《中华人民共和国保险法》修改之后，依据修改后的《中华人民共和国保险法》第八条的规定，保险监督管理委员会对保险机构不正当竞争行为具有监督管理权。应当适用最高人民法院法函〔2003〕65号《关于审理涉及保险公司不正当竞争行为的行政处罚案件时如何确定行政主体的复函》的规定。

此复

最高人民法院关于审理公司登记行政案件若干问题的座谈会纪要

1. 2012年3月7日最高人民法院办公厅发布
2. 法办〔2012〕62号

为进一步规范公司登记行政案件的审理，维护正常的市场主体登记管理秩序，保护公司、股东以及利害关系人的合法权益，最高人民法院对公司登记行政案件中存在的有关问题进行了专题调研，并征求了有关部门的意见。2011 年 10 月 15 日，最高人民法院在广东东莞与部分地方法院和相关部门召开座谈会，根据《中华人民共和国行政诉讼法》、《中华人民共和国公司法》等相关法律规定，对审理公司登记行政案件中亟须解决的若干问题如何处理形成共识。现将有关内容纪要如下：

一、以虚假材料获取公司登记的问题

因申请人隐瞒有关情况或者提供虚假材料导致登记错误的，登记机关可以在诉讼中依法予以更正。登记机关依法予以更正且在登记时已尽到审慎审查义务，原告不申请撤诉的，人民法院应当驳回其诉讼请求。原告对错误登记无过错的，应当退还其预交的案件受理费。登记机关拒不更正的，人民法院可以根据具体情况判决撤销登记行为、确认登记行为违法或者判决登记机关履行更正职责。

公司法定代表人、股东等以申请材料不是其本人签字或者盖章为由，请求确认登记行为违法或者撤销登记行为的，人民法院原则上应按照本条第一款规定处理，但能够证明原告此前已明知该情况却未提出异议，并在此基础上从事过相关管理和经营活动的，人民法院对原告的诉讼请求一般不予支持。

因申请人隐瞒有关情况或者提供虚假材料导致登记错误引起行政赔偿诉讼，登记机关与申请人恶意串通的，与申请人承担连带责任；登记机关未尽审慎审查义务的，应当根据其过错程度及其在损害发生中所起作用承担相应的赔偿责任；登记机关已尽审慎审查义务的，不承担赔偿责任。

二、登记机关进一步核实申请材料的问题

登记机关无法确认申请材料中签字或者盖章的真伪，要求申请人进一步提供证据或者相关人员到场确认，申请人在规定期限内未补充证据或者相关人员未到场确认，导致无法核实相关材料真实性，登记机关根据有关规定作出不予登记决定，申请人请求判决登记机关履行登记职责的，人民法院不予支持。

三、公司登记涉及民事法律关系的问题

利害关系人以作为公司登记行为之基础的民事行为无效或者应当撤销为由，对登记行为提起行政诉讼的，人民法院经审查可以作出如下处理：对民事行为的真实性问题，可以根据有效证据在行政诉讼中予以认定；对涉及真实性以外的民事争议，可以告知通过民事诉讼等方式解决。

四、备案行为的受理问题

备案申请人或者备案事项涉及的董事、监事、经理、分公司和清算组等备案关系人，认为登记机关公开的备案信息与申请备案事项内容不一致，要求登记机关予以更正，登记机关拒绝更正或者不予答复，因此提起行政诉讼的，人民法院应予受理。

备案申请人以外的人对登记机关的备案事项与备案申请人之间存在争议，要求登记机关变更备案内容，登记机关不予变更，因此提起行政诉讼的，人民法院不予受理，可以告知通过民事诉讼等方式解决。

五、执行生效裁判和仲裁裁决的问题

对登记机关根据生效裁判、仲裁裁决或者人民法院协助执行通知书确定的内容作出的变更、撤销等登记行为，利害关系人不服提起行政诉讼的，人民法院不予受理，但登记行为与文书内容不一致的除外。

公司登记依据的生效裁判、仲裁裁决被依法撤销，利害关系人申请登记机关重新作出登记行为，登记机关拒绝办理，利害关系人不服提起行政诉讼的，人民法院应予受理。

多份生效裁判、仲裁裁决或者人民法院协助执行通知书涉及同一登记事项且内容相互冲突，登记机关拒绝办理登记，利害关系人提起行政诉讼的，人民法院经审理应当判决驳回原告的诉讼请求，同时建议有关法院或者仲裁机关依法妥善处理。

(9)知识产权行政案件法律适用

最高人民法院关于审理植物新品种纠纷案件若干问题的解释

1. 2000年12月25日最高人民法院审判委员会第1154次会议通过、2001年2月5日公布、自2001年2月14日起施行(法释〔2001〕5号)

2. 根据2020年12月23日最高人民法院审判委员会第1823次会议通过、2020年12月29日公布、自2021年1月1日起施行的《最高人民法院关于修改〈最高人民法院关于审理侵犯专利权纠纷案件应用法律若干问题的解释(二)〉等十八件知识产权类司法解释的决定》(法释〔2020〕19号)修正

为依法受理和审判植物新品种纠纷案件,根据《中华人民共和国民法典》《中华人民共和国种子法》《中华人民共和国民事诉讼法》《中华人民共和国行政诉讼法》《全国人民代表大会常务委员会关于在北京、上海、广州设立知识产权法院的决定》和《全国人民代表大会常务委员会关于专利等知识产权案件诉讼程序若干问题的决定》的有关规定,现就有关问题解释如下:

第一条 人民法院受理的植物新品种纠纷案件主要包括以下几类:

(一)植物新品种申请驳回复审行政纠纷案件;

(二)植物新品种权无效行政纠纷案件;

(三)植物新品种权更名行政纠纷案件;

(四)植物新品种权强制许可纠纷案件;

(五)植物新品种权实施强制许可使用费纠纷案件;

(六)植物新品种申请权权属纠纷案件;

(七)植物新品种权权属纠纷案件;

(八)植物新品种申请权转让合同纠纷案件;

(九)植物新品种权转让合同纠纷案件;

(十)侵害植物新品种权纠纷案件;

(十一)假冒他人植物新品种权纠纷案件;

(十二)植物新品种培育人署名权纠纷案件;

(十三)植物新品种临时保护期使用费纠纷案件;

(十四)植物新品种行政处罚纠纷案件;

(十五)植物新品种行政复议纠纷案件;

(十六)植物新品种行政赔偿纠纷案件;

(十七)植物新品种行政奖励纠纷案件;

(十八)其他植物新品种权纠纷案件。

第二条 人民法院在依法审查当事人涉及植物新品种权的起诉时,只要符合《中华人民共和国民事诉讼法》第一百一十九条、《中华人民共和国行政诉讼法》第四十九条规定的民事案件或者行政案件的起诉条件,均应当依法予以受理。

第三条 本解释第一条所列第一至五类案件,由北京知识产权法院作为第一审人民法院审理;第六至十八类案件,由知识产权法院,各省、自治区、直辖市人民政府所在地和最高人民法院指定的中级人民法院作为第一审人民法院审理。

当事人对植物新品种纠纷民事、行政案件第一审判决、裁定不服,提起上诉的,由最高人民法院审理。

第四条 以侵权行为地确定人民法院管辖的侵害植物新品种权的民事案件,其所称的侵权行为地,是指未经品种权所有人许可,生产、繁殖或者销售该授权植物新品种的繁殖材料的所在地,或者为商业目的将该授权品种的繁殖材料重复使用于生产另一品种的繁殖材料的所在地。

第五条 关于植物新品种申请驳回复审行政纠纷案件、植物新品种权无效或者更名行政纠纷案件,应当以植物新品种审批机关为被告;关于植物新品种强制许可纠纷案件,应当以植物新品种审批机关为被告;关于实施强制许可使用费纠纷案件,应当根据原告所请求的事项和所起诉的当事人确定被告。

第六条 人民法院审理侵害植物新品种权纠纷案件,被告在答辩期间内向植物新品种审批机关请求宣告该植物新品种权无效的,人民法院一般不中止诉讼。

最高人民法院关于审理商标案件有关管辖和法律适用范围问题的解释

1. 2001年12月25日最高人民法院审判委员会第1203次会议通过、2002年1月9日公布、自2002年1月21日起施行(法释〔2002〕1号)

2. 根据2020年12月23日最高人民法院审判委员会第1823次会议通过、2020年12月29日公布、自2021年1月1日起施行的《最高人民法院关于修改〈最高人民法院关于审理侵犯专利权纠纷案件应用法律若干问题的解释(二)〉等十八件知识产权类司法解释的决定》(法释〔2020〕19号)修正

《全国人民代表大会常务委员会关于修改〈中华人民共和国商标法〉的决定》(以下简称商标法修改决定)已由第九届全国人民代表大会常务委员会第二十四次会议通过,自2001年12月1日起施行。为了正确审理商标案件,根据《中华人民共和国商标法》(以下简称商标法)、《中华人民共和国民事诉讼法》和《中华人民共和国行政诉讼法》(以下简称行政诉讼法)的规定,现就人民法院审理商标案件有关管辖和法律适用范围等问题,作如下解释:

第一条 人民法院受理以下商标案件:

1. 不服国家知识产权局作出的复审决定或者裁定的行政案件;

2. 不服国家知识产权局作出的有关商标的其他行政行为的案件;

3. 商标权权属纠纷案件;

4. 侵害商标权纠纷案件;

5. 确认不侵害商标权纠纷案件;

6. 商标权转让合同纠纷案件;

7. 商标使用许可合同纠纷案件;

8. 商标代理合同纠纷案件;

9. 申请诉前停止侵害注册商标专用权案件;

10. 申请停止侵害注册商标专用权损害责任案件;

11. 申请诉前财产保全案件;

12. 申请诉前证据保全案件;

13. 其他商标案件。

第二条 本解释第一条所列第1项第一审案件,由北京市高级人民法院根据最高人民法院的授权确定其辖区内有关中级人民法院管辖。

本解释第一条所列第2项第一审案件,根据行政诉讼法的有关规定确定管辖。

商标民事纠纷第一审案件,由中级以上人民法院管辖。

各高级人民法院根据本辖区的实际情况,经最高人民法院批准,可以在较大城市确定1－2个基层人民法院受理第一审商标民事纠纷案件。

第三条 商标注册人或者利害关系人向国家知识产权局就侵犯商标权行为请求处理,又向人民法院提起侵害商标权诉讼请求损害赔偿的,人民法院应当受理。

第四条 国家知识产权局在商标法修改决定施行前受理的案件,于该决定施行后作出复审决定或裁定,当事人对复审决定或裁定不服向人民法院起诉的,人民法院应当受理。

第五条 除本解释另行规定外,对商标法修改决定施行前发生,属于修改后商标法第四条、第五条、第八条、第九条第一款、第十条第一款第(二)、(三)、(四)项、第十条第二款、第十一条、第十二条、第十三条、第十五条、第十六条、第二十四条、第二十五条、第三十一条所列举的情形,国家知识产权局于商标法修改决定施行后作出复审决定或者裁定,当事人不服向人民法院起诉的行政案件,适用修改后商标法的相应规定进行审查;属于其他情形的,适用修改前商标法的相应规定进行审查。

第六条 当事人就商标法修改决定施行时已满一年的注册商标发生争议,不服国家知识产权局作出的裁定向人民法院起诉的,适用修改前商标法第二十七条第二款规定的提出申请的期限处理;商标法修改决定施行时商标注册不满一年的,适用修改后商标法第四十一条第二款、第三款规定的提出申请的期限处理。

第七条 对商标法修改决定施行前发生的侵犯商标专用权行为,商标注册人或者利害关系人于该决定施行后在起诉前向人民法院提出申请采取责令停止侵权行为或者保全证据措施的,适用修改后商标法第五十七条、第五十八条的规定。

第八条 对商标法修改决定施行前发生的侵犯商标专用权行为起诉的案件,人民法院于该决定施行时尚未作出生效判决的,参照修改后商标法第五十六条的规定处理。

第九条 除本解释另行规定外,商标法修改决定施行后人民法院受理的商标民事纠纷案件,涉及该决定施行前发生的民事行为的,适用修改前商标法的规定;涉及该决定施行后发生的民事行为的,适用修改后商标法的规定;涉及该决定施行前发生,持续到该决定施行后的民事行为的,分别适用修改前、后商标法的规定。

第十条 人民法院受理的侵犯商标权纠纷案件,已经过行政管理部门处理的,人民法院仍应当就当事人民事争议的事实进行审查。

最高人民法院关于商标法修改决定施行后商标案件管辖和法律适用问题的解释

1. 2014年2月10日最高人民法院审判委员会第1606次会议通过、2014年3月25日公布、自2014年5月1日起施行(法释〔2014〕4号)

2. 根据2020年12月23日最高人民法院审判委员会第1823次会议通过、2020年12月29日公布、自2021年1月1日起施行的《最高人民法院关于修改〈最高人民法院关于审理侵犯专利权纠纷案件应用法律若干问题的解释(二)〉等十八件知识产权类司法解释的决定》(法释〔2020〕19号)修正

为正确审理商标案件,根据2013年8月30日第十二届全国人民代表大会常务委员会第四次会议《关于修改〈中华人民共和国商标法〉的决定》和重新公布的《中华人民共和国商标法》《中华人民共和国民事诉讼法》和《中华人民共和国行政诉讼法》等法律的规定,就人民法院审理商标案件有关管辖和法律适用等问题,制定本解释。

第一条 人民法院受理以下商标案件:

1. 不服国家知识产权局作出的复审决定或者裁定的行政案件;

2. 不服国家知识产权局作出的有关商标的其他行政行为的案件;

3. 商标权权属纠纷案件;

4. 侵害商标权纠纷案件;

5. 确认不侵害商标权纠纷案件;

6. 商标权转让合同纠纷案件;

7. 商标使用许可合同纠纷案件;

8. 商标代理合同纠纷案件;

9. 申请诉前停止侵害注册商标专用权案件;

10. 申请停止侵害注册商标专用权损害责任案件;

11. 申请诉前财产保全案件;

12. 申请诉前证据保全案件;

13. 其他商标案件。

第二条 不服国家知识产权局作出的复审决定或者裁定的行政案件及国家知识产权局作出的有关商标的行政行为案件,由北京市有关中级人民法院管辖。

第三条 第一审商标民事案件,由中级以上人民法院及最高人民法院指定的基层人民法院管辖。

涉及对驰名商标保护的民事、行政案件,由省、自治区人民政府所在地市、计划单列市、直辖市辖区中级人民法院及最高人民法院指定的其他中级人民法院管辖。

第四条 在行政管理部门查处侵害商标权行为过程中,当事人就相关商标提起商标权权属或者侵害商标权民事诉讼的,人民法院应当受理。

第五条 对于在商标法修改决定施行前提出的商标注册及续展申请,国家知识产权局于决定施行后作出对该商标申请不予受理或者不予续展的决定,当事人提起行政诉讼的,人民法院审查时适用修改后的商标法。

对于在商标法修改决定施行前提出的商标异议申请,国家知识产权局于决定施行后作出对该异议不予受理的决定,当事人提起行政诉讼的,人民法院审查时适用修改前的商标法。

第六条 对于在商标法修改决定施行前当事人就尚未核准注册的商标申请复审,国家知识产权局于决定施行后作出复审决定或者裁定,当事人提起行政诉讼的,人民法院审查时适用修改后的商标法。

对于在商标法修改决定施行前受理的商标复审申请,国家知识产权局于决定施行后作出核准注册决定,当事人提起行政诉讼的,人民法院不予受理;国家知识产权局于决定施行后作出不予核准注册决定,当事人提起行政诉讼的,人民法院审查相关诉权和主体资格问题时,适用修改前的商标法。

第七条 对于在商标法修改决定施行前已经核准注册的商标,国家知识产权局于决定施行前受理、在决定施行后作出复审决定或者裁定,当事人提起行政诉讼的,人民法院审查相关程序问题适用修改后的商标法,审查实体问题适用修改前的商标法。

第八条 对于在商标法修改决定施行前受理的相关商标案件,国家知识产权局于决定施行后作出决定或者裁定,当事人提起行政诉讼的,人民法院认定该决定或者裁定是否符合商标法有关审查时限规定时,应当从修改决定施行之日起计算该审查时限。

第九条 除本解释另行规定外,商标法修改决定施行后人民法院受理的商标民事案件,涉及该决定施行前发生的行为的,适用修改前商标法的规定;涉及该决定施行前发生,持续到该决定施行后的行为的,适用修改后商标法的规定。

最高人民法院关于审理专利纠纷案件适用法律问题的若干规定

1. 2001年6月19日最高人民法院审判委员会第1180次会议通过、2001年6月22日公布、自2001年7月1日起施行(法释〔2001〕21号)

2. 根据2013年2月25日最高人民法院审判委员会第1570次会议通过、2013年4月1日公布、自2013年4月15日起施行的《最高人民法院关于修改〈最高人民法院关于审理专利纠纷案件适用法律问题的若干规定〉的决定》(法释〔2013〕9号)第一次修正

3. 根据2015年1月19日最高人民法院审判委员会第1641次会议通过、2015年1月29日公布、自2015年2月1日起施行的《最高人民法院关于修改〈最高人民法院关于审理专利纠纷案件适用法律问题的若干规定〉的决定》(法释〔2015〕4号)第二次修正

4. 根据2020年12月23日最高人民法院审判委员会第1823次会议通过、2020年12月29日公布、自2021年1月1日起施行的《最高人民法院关于修改〈最高人民法院关于审理侵犯专利权纠纷案件应用法律若干问题的解释(二)〉等十八件知识产权类司法解释的决定》(法释〔2020〕19号)第三次修正

为了正确审理专利纠纷案件,根据《中华人民共和国民法典》《中华人民共和国专利法》《中华人民共和国民事诉讼法》和《中华人民共和国行政诉讼法》等法律的规定,作如下规定:

第一条 人民法院受理下列专利纠纷案件:

1. 专利申请权权属纠纷案件;
2. 专利权权属纠纷案件;
3. 专利合同纠纷案件;
4. 侵害专利权纠纷案件;
5. 假冒他人专利纠纷案件;
6. 发明专利临时保护期使用费纠纷案件;
7. 职务发明创造发明人、设计人奖励、报酬纠纷案件;
8. 诉前申请行为保全纠纷案件;
9. 诉前申请财产保全纠纷案件;
10. 因申请行为保全损害责任纠纷案件;
11. 因申请财产保全损害责任纠纷案件;
12. 发明创造发明人、设计人署名权纠纷案件;
13. 确认不侵害专利权纠纷案件;
14. 专利权宣告无效后返还费用纠纷案件;
15. 因恶意提起专利权诉讼损害责任纠纷案件;
16. 标准必要专利使用费纠纷案件;
17. 不服国务院专利行政部门维持驳回申请复审决定案件;
18. 不服国务院专利行政部门专利权无效宣告请求决定案件;
19. 不服国务院专利行政部门实施强制许可决定案件;
20. 不服国务院专利行政部门实施强制许可使用费裁决案件;
21. 不服国务院专利行政部门行政复议决定案件;
22. 不服国务院专利行政部门作出的其他行政决定案件;
23. 不服管理专利工作的部门行政决定案件;
24. 确认是否落入专利权保护范围纠纷案件;
25. 其他专利纠纷案件。

第二条 因侵犯专利权行为提起的诉讼,由侵权行为地或者被告住所地人民法院管辖。

侵权行为地包括:被诉侵犯发明、实用新型专利权的产品的制造、使用、许诺销售、销售、进口等行为的实施地;专利方法使用行为的实施地,依照该专利方法直接获得的产品的使用、许诺销售、销售、进口等行为的实施地；外观设计专利产品的制造、许诺销售、销售、进口等行为的实施地；假冒他人专利的行为实施地。上述侵权行为的侵权结果发生地。

第三条 原告仅对侵权产品制造者提起诉讼，未起诉销售者，侵权产品制造地与销售地不一致的，制造地人民法院有管辖权；以制造者与销售者为共同被告起诉的，销售地人民法院有管辖权。

销售者是制造者分支机构，原告在销售地起诉侵权产品制造者制造、销售行为的，销售地人民法院有管辖权。

第四条 对申请日在2009年10月1日前（不含该日）的实用新型专利提起侵犯专利权诉讼，原告可以出具由国务院专利行政部门作出的检索报告；对申请日在2009年10月1日以后的实用新型或者外观设计专利提起侵犯专利权诉讼，原告可以出具由国务院专利行政部门作出的专利权评价报告。根据案件审理需要，人民法院可以要求原告提交检索报告或者专利权评价报告。原告无正当理由不提交的，人民法院可以裁定中止诉讼或者判令原告承担可能的不利后果。

侵犯实用新型、外观设计专利权纠纷案件的被告请求中止诉讼的，应当在答辩期内对原告的专利权提出宣告无效的请求。

第五条 人民法院受理的侵犯实用新型、外观设计专利权纠纷案件，被告在答辩期间内请求宣告该项专利权无效的，人民法院应当中止诉讼，但具备下列情形之一的，可以不中止诉讼：

（一）原告出具的检索报告或者专利权评价报告未发现导致实用新型或者外观设计专利权无效的事由的；

（二）被告提供的证据足以证明其使用的技术已经公知的；

（三）被告请求宣告该项专利权无效所提供的证据或者依据的理由明显不充分的；

（四）人民法院认为不应当中止诉讼的其他情形。

第六条 人民法院受理的侵犯实用新型、外观设计专利权纠纷案件，被告在答辩期间届满后请求宣告该项专利权无效的，人民法院不应当中止诉讼，但经审查认为有必要中止诉讼的除外。

第七条 人民法院受理的侵犯发明专利权纠纷案件或者经国务院专利行政部门审查维持专利权的侵犯实用新型、外观设计专利权纠纷案件，被告在答辩期间内请求宣告该项专利权无效的，人民法院可以不中止诉讼。

第八条 人民法院决定中止诉讼，专利权人或者利害关系人请求责令被告停止有关行为或者采取其他制止侵权损害继续扩大的措施，并提供了担保，人民法院经审查符合有关法律规定的，可以在裁定中止诉讼的同时一并作出有关裁定。

第九条 人民法院对专利权进行财产保全，应当向国务院专利行政部门发出协助执行通知书，载明要求协助执行的事项，以及对专利权保全的期限，并附人民法院作出的裁定书。

对专利权保全的期限一次不得超过六个月，自国务院专利行政部门收到协助执行通知书之日起计算。如果仍然需要对该专利权继续采取保全措施的，人民法院应当在保全期限届满前向国务院专利行政部门另行送达继续保全的协助执行通知书。保全期限届满前未送达的，视为自动解除对该专利权的财产保全。

人民法院对出质的专利权可以采取财产保全措施，质权人的优先受偿权不受保全措施的影响；专利权人与被许可人已经签订的独占实施许可合同，不影响人民法院对该专利权进行财产保全。

人民法院对已经进行保全的专利权，不得重复进行保全。

第十条 2001年7月1日以前利用本单位的物质技术条件所完成的发明创造，单位与发明人或者设计人订有合同，对申请专利的权利和专利权的归属作出约定的，从其约定。

第十一条 人民法院受理的侵犯专利权纠纷案件，涉及权利冲突的，应当保护在先依法享有权利的当事人的合法权益。

第十二条 专利法第二十三条第三款所称的合法权利，包括就作品、商标、地理标志、姓名、企业名称、肖像，以及有一定影响的商品名称、包装、装潢等享有的合法权利或者权益。

第十三条 专利法第五十九条第一款所称的“发明或者实用新型专利权的保护范围以其权利要求的内容为准，说明书及附图可以用于解释权利要求的内容”，是指专利权的保护范围应当以权利要求记载的全部技术特征所确定的范围为准，也包括与该技术特征相等同的特征所确定的范围。

等同特征，是指与所记载的技术特征以基本相同的手段，实现基本相同的功能，达到基本相同的效果，并且本领域普通技术人员在被诉侵权行为发生时无需经过创造性劳动就能够联想到的特征。

第十四条 专利法第六十五条规定的权利人因被侵权所受到的实际损失可以根据专利权人的专利产品因侵权所造成销售量减少的总数乘以每件专利产品的合理利润所得之积计算。权利人销售量减少的总数难以确定的，侵权产品在市场上销售的总数乘以每件专利产品的合理利润所得之积可以视为权利人因被侵权所受到的实际损失。

专利法第六十五条规定的侵权人因侵权所获得的利益可以根据该侵权产品在市场上销售的总数乘以每件侵权产品的合理利润所得之积计算。侵权人因侵权所获得的利益一般按照侵权人的营业利润计算，对于完全以侵权为业的侵权人，可以按照销售利润计算。

第十五条 权利人的损失或者侵权人获得的利益难以确定，有专利许可使用费可以参照的，人民法院可以根据专利权的类型、侵权行为的性质和情节、专利许可的性质、范围、时间等因素，参照该专利许可使用费的倍数合理确定赔偿数额；没有专利许可使用费可以参照或者专利许可使用费明显不合理的，人民法院可以根据专利权的类型、侵权行为的性质和情节等因素，依照专利法第六十五条第二款的规定确定赔偿数额。

第十六条 权利人主张其为制止侵权行为所支付合理开支的，人民法院可以在专利法第六十五条确定的赔偿数额之外另行计算。

第十七条 侵犯专利权的诉讼时效为三年，自专利权人或者利害关系人知道或者应当知道权利受到损害以及义务人之日起计算。权利人超过三年起诉的，如果侵权行为在起诉时仍在继续，在该项专利权有效期内，人民法院应当判决被告停止侵权行为，侵权损害赔偿数额应当自权利人向人民法院起诉之日起向前推算三年计算。

第十八条 专利法第十一条、第六十九条所称的许诺销售，是指以做广告、在商店橱窗中陈列或者在展销会上展出等方式作出销售商品的意思表示。

第十九条 人民法院受理的侵犯专利权纠纷案件，已经过管理专利工作的部门作出侵权或者不侵权认定的，人民法院仍应当就当事人的诉讼请求进行全面审查。

第二十条 以前的有关司法解释与本规定不一致的，以本规定为准。

最高人民法院关于审理商标授权确权行政案件若干问题的规定

1. 2016年12月12日最高人民法院审判委员会第1703次会议通过、2017年1月10日公布、自2017年3月1日起施行(法释〔2017〕2号)

2. 根据2020年12月23日最高人民法院审判委员会第1823次会议通过、2020年12月29日公布、自2021年1月1日起施行的《最高人民法院关于修改〈最高人民法院关于审理侵犯专利权纠纷案件应用法律若干问题的解释(二)〉等十八件知识产权类司法解释的决定》(法释〔2020〕19号)修正

为正确审理商标授权确权行政案件，根据《中华人民共和国商标法》《中华人民共和国行政诉讼法》等法律规定，结合审判实践，制定本规定。

第一条 本规定所称商标授权确权行政案件，是指相对人或者利害关系人因不服国家知识产权局作出的商标驳回复审、商标不予注册复审、商标撤销复审、商标无效宣告及无效宣告复审等行政行为，向人民法院提起诉讼的案件。

第二条 人民法院对商标授权确权行政行为进行审查的范围，一般应根据原告的诉讼请求及理由确定。原告在诉讼中未提出主张，但国家知识产权局相关认定存在明显不当的，人民法院在各方当事人陈述意见后，可以对相关事由进行审查并作出裁判。

第三条 商标法第十条第一款第(一)项规定的同中华人民共和国的国家名称等"相同或者近似"，是指商标标志整体上与国家名称等相同或者近似。

对于含有中华人民共和国的国家名称等，但整体上并不相同或者不相近似的标志，如果该标志作为商标注册可能导致损害国家尊严的，人民法院可以认定属于商标法第十条第一款第(八)项规定的情形。

第四条 商标标志或者其构成要素带有欺骗性，容易使公众对商品的质量等特点或者产地产生误认，国家知识产权局认定其属于2001年修正的商标法第十条第一款第（七）项规定情形的，人民法院予以支持。

第五条 商标标志或者其构成要素可能对我国社会公共利益和公共秩序产生消极、负面影响的，人民法院可以认定其属于商标法第十条第一款第（八）项规定的“其他不良影响”。

将政治、经济、文化、宗教、民族等领域公众人物姓名等申请注册为商标，属于前款所指的“其他不良影响”。

第六条 商标标志由县级以上行政区划的地名或者公众知晓的外国地名和其他要素组成，如果整体上具有区别于地名的含义，人民法院应当认定其不属于商标法第十条第二款所指情形。

第七条 人民法院审查诉争商标是否具有显著特征，应当根据商标所指定使用商品的相关公众的通常认识，判断该商标整体上是否具有显著特征。商标标志中含有描述性要素，但不影响其整体具有显著特征的；或者描述性标志以独特方式加以表现，相关公众能够以其识别商品来源的，应当认定其具有显著特征。

第八条 诉争商标为外文标志时，人民法院应当根据中国境内相关公众的通常认识，对该外文商标是否具有显著特征进行审查判断。标志中外文的固有含义可能影响其在指定使用商品上的显著特征，但相关公众对该固有含义的认知程度较低，能够以该标志识别商品来源的，可以认定其具有显著特征。

第九条 仅以商品自身形状或者自身形状的一部分作为三维标志申请注册商标，相关公众一般情况下不易将其识别为指示商品来源标志的，该三维标志不具有作为商标的显著特征。

该形状系申请人所独创或者最早使用并不能当然导致其具有作为商标的显著特征。

第一款所称标志经过长期或者广泛使用，相关公众能够通过该标志识别商品来源的，可以认定该标志具有显著特征。

第十条 诉争商标属于法定的商品名称或者约定俗成的商品名称的，人民法院应当认定其属于商标法第十一条第一款第（一）项所指的通用名称。依据法律规定或者国家标准、行业标准属于商品通用名称的，应当认定为通用名称。相关公众普遍认为某一名称能够指代一类商品的，应当认定为约定俗成的通用名称。被专业工具书、辞典等列为商品名称的，可以作为认定约定俗成的通用名称的参考。

约定俗成的通用名称一般以全国范围内相关公众的通常认识为判断标准。对于由于历史传统、风土人情、地理环境等原因形成的相关市场固定的商品，在该相关市场内通用的称谓，人民法院可以认定为通用名称。

诉争商标申请人明知或者应知其申请注册的商标为部分区域内约定俗成的商品名称的，人民法院可以视其申请注册的商标为通用名称。

人民法院审查判断诉争商标是否属于通用名称，一般以商标申请日时的事实状态为准。核准注册时事实状态发生变化的，以核准注册时的事实状态判断其是否属于通用名称。

第十一条 商标标志只是或者主要是描述、说明所使用商品的质量、主要原料、功能、用途、重量、数量、产地等的，人民法院应当认定其属于商标法第十一条第一款第（二）项规定的情形。商标标志或者其构成要素暗示商品的特点，但不影响其识别商品来源功能的，不属于该项所规定的情形。

第十二条 当事人依据商标法第十三条第二款主张诉争商标构成对其未注册的驰名商标的复制、摹仿或者翻译而不应予以注册或者应予无效的，人民法院应当综合考量如下因素以及因素之间的相互影响，认定是否容易导致混淆：

（一）商标标志的近似程度；

（二）商品的类似程度；

（三）请求保护商标的显著性和知名程度；

（四）相关公众的注意程度；

（五）其他相关因素。

商标申请人的主观意图以及实际混淆的证据可以作为判断混淆可能性的参考因素。

第十三条 当事人依据商标法第十三条第三款主张诉争商标构成对其已注册的驰名商标的复制、摹仿或者翻译而不应予以注册或者应予无效的，人民法院应当综合考虑如下因素，以认定诉争商标的使用是否足以使相关公众认为其与驰名商标具有相当程度的联系，从而误导公众，致使驰名商标注册人的利益可能受到损害：

（一）引证商标的显著性和知名程度；

（二）商标标志是否足够近似；

（三）指定使用的商品情况；

（四）相关公众的重合程度及注意程度；

（五）与引证商标近似的标志被其他市场主体合法使用的情况或者其他相关因素。

第十四条 当事人主张诉争商标构成对其已注册的驰名商标的复制、摹仿或者翻译而不应予以注册或者应予无效，国家知识产权局依据商标法第三十条规定裁决支持其主张的，如果诉争商标注册未满五年，人民法院在当事人陈述意见之后，可以按照商标法第三十条规定进行审理；如果诉争商标注册已满五年，应当适用商标法第十三条第三款进行审理。

第十五条 商标代理人、代表人或者经销、代理等销售代理关系意义上的代理人、代表人未经授权，以自己的名义将与被代理人或者被代表人的商标相同或者近似的商标在相同或者类似商品上申请注册的，人民法院适用商标法第十五条第一款的规定进行审理。

在为建立代理或者代表关系的磋商阶段，前款规定的代理人或者代表人将被代理人或者被代表人的商标申请注册的，人民法院适用商标法第十五条第一款的规定进行审理。

商标申请人与代理人或者代表人之间存在亲属关系等特定身份关系的，可以推定其商标注册行为系与该代理人或者代表人恶意串通，人民法院适用商标法第十五条第一款的规定进行审理。

第十六条 以下情形可以认定为商标法第十五条第二款中规定的“其他关系”：

（一）商标申请人与在先使用人之间具有亲属关系；

（二）商标申请人与在先使用人之间具有劳动关系；

（三）商标申请人与在先使用人营业地址邻近；

（四）商标申请人与在先使用人曾就达成代理、代表关系进行过磋商，但未形成代理、代表关系；

（五）商标申请人与在先使用人曾就达成合同、业务往来关系进行过磋商，但未达成合同、业务往来关系。

第十七条 地理标志利害关系人依据商标法第十六条主张他人商标不应予以注册或者应予无效，如果诉争商标指定使用的商品与地理标志产品并非相同商品，而地理标志利害关系人能够证明诉争商标使用在该产品上仍然容易导致相关公众误认为该产品来源于该地区并因此具有特定的质量、信誉或者其他特征的，人民法院予以支持。

如果该地理标志已经注册为集体商标或者证明商标，集体商标或者证明商标的权利人或者利害关系人可选择依据该条或者另行依据商标法第十三条、第三十条等主张权利。

第十八条 商标法第三十二条规定的在先权利，包括当事人在诉争商标申请日之前享有的民事权利或者其他应予保护的合法权益。诉争商标核准注册时在先权利已不存在的，不影响诉争商标的注册。

第十九条 当事人主张诉争商标损害其在先著作权的，人民法院应当依照著作权法等相关规定，对所主张的客体是否构成作品、当事人是否为著作权人或者其他有权主张著作权的利害关系人以及诉争商标是否构成对著作权的侵害等进行审查。

商标标志构成受著作权法保护的作品的，当事人提供的涉及商标标志的设计底稿、原件、取得权利的合同、诉争商标申请日之前的著作权登记证书等，均可以作为证明著作权归属的初步证据。

商标公告、商标注册证等可以作为确定商标申请人为有权主张商标标志著作权的利害关系人的初步证据。

第二十条 当事人主张诉争商标损害其姓名权，如果相关公众认为该商标标志指代了该自然人，容易认为标记有该商标的商品系经过该自然人许可或者与该自然人存在特定联系的，人民法院应当认定该商标损害了该自然人的姓名权。

当事人以其笔名、艺名、译名等特定名称主张姓名权，该特定名称具有一定的知名度，与该自然人建立了稳定的对应关系，相关公众以其指代该自然人的，人民法院予以支持。

第二十一条 当事人主张的字号具有一定的市场知名度，他人未经许可申请注册与该字号相同或者近似的商标，容易导致相关公众对商品来源产生混淆，当事人以此主张构成在先权益的，人民法院予以支持。

当事人以具有一定市场知名度并已与企业建立

稳定对应关系的企业名称的简称为依据提出主张的，适用前款规定。

第二十二条 当事人主张诉争商标损害角色形象著作权的，人民法院按照本规定第十九条进行审查。

对于著作权保护期限内的作品，如果作品名称、作品中的角色名称等具有较高知名度，将其作为商标使用在相关商品上容易导致相关公众误认为其经过权利人的许可或者与权利人存在特定联系，当事人以此主张构成在先权益的，人民法院予以支持。

第二十三条 在先使用人主张商标申请人以不正当手段抢先注册其在先使用并有一定影响的商标的，如果在先使用商标已经有一定影响，而商标申请人明知或者应知该商标，即可推定其构成“以不正当手段抢先注册”。但商标申请人举证证明其没有利用在先使用商标商誉的恶意的除外。

在先使用人举证证明其在先商标有一定的持续使用时间、区域、销售量或者广告宣传的，人民法院可以认定为有一定影响。

在先使用人主张商标申请人在与其不相类似的商品上申请注册其在先使用并有一定影响的商标，违反商标法第三十二条规定的，人民法院不予支持。

第二十四条 以欺骗手段以外的其他方式扰乱商标注册秩序、损害公共利益、不正当占用公共资源或者谋取不正当利益的，人民法院可以认定其属于商标法第四十四条第一款规定的“其他不正当手段”。

第二十五条 人民法院判断诉争商标申请人是否“恶意注册”他人驰名商标，应综合考虑引证商标的知名度、诉争商标申请人申请诉争商标的理由以及使用诉争商标的具体情形来判断其主观意图。引证商标知名度高、诉争商标申请人没有正当理由的，人民法院可以推定其注册构成商标法第四十五条第一款所指的“恶意注册”。

第二十六条 商标权人自行使用、他人经许可使用以及其他不违背商标权人意志的使用，均可认定为商标法第四十九条第二款所称的使用。

实际使用的商标标志与核准注册的商标标志有细微差别，但未改变其显著特征的，可以视为注册商标的使用。

没有实际使用注册商标，仅有转让或者许可行为；或者仅是公布商标注册信息、声明享有注册商标专用权的，不认定为商标使用。

商标权人有真实使用商标的意图，并且有实际使用的必要准备，但因其他客观原因尚未实际使用注册商标的，人民法院可以认定其有正当理由。

第二十七条 当事人主张国家知识产权局下列情形属于行政诉讼法第七十条第（三）项规定的“违反法定程序”的，人民法院予以支持：

（一）遗漏当事人提出的评审理由，对当事人权利产生实际影响的；

（二）评审程序中未告知合议组成员，经审查确有应当回避事由而未回避的；

（三）未通知适格当事人参加评审，该方当事人明确提出异议的；

（四）其他违反法定程序的情形。

第二十八条 人民法院审理商标授权确权行政案件的过程中，国家知识产权局对诉争商标予以驳回、不予核准注册或者予以无效宣告的事由不复存在的，人民法院可以依据新的事实撤销国家知识产权局相关裁决，并判令其根据变更后的事实重新作出裁决。

第二十九条 当事人依据在原行政行为之后新发现的证据，或者在原行政程序中因客观原因无法取得或在规定的期限内不能提供的证据，或者新的法律依据提出的评审申请，不属于以“相同的事实和理由”再次提出评审申请。

在商标驳回复审程序中，国家知识产权局以申请商标与引证商标不构成使用在同一种或者类似商品上的相同或者近似商标为由准予申请商标初步审定公告后，以下情形不视为“以相同的事实和理由”再次提出评审申请：

（一）引证商标所有人或者利害关系人依据该引证商标提出异议，国家知识产权局予以支持，被异议商标申请人申请复审的；

（二）引证商标所有人或者利害关系人在申请商标获准注册后依据该引证商标申请宣告其无效的。

第三十条 人民法院生效裁判对于相关事实和法律适用已作出明确认定，相对人或者利害关系人对于国家知识产权局依据该生效裁判重新作出的裁决提起诉讼的，人民法院依法裁定不予受理；已经受理的，裁定驳回起诉。

第三十一条 本规定自2017年3月1日起施行。人民法院依据2001年修正的商标法审理的商标授权确权行政案件可参照适用本规定。

最高人民法院关于知识产权法庭若干问题的规定

1. 2018年12月3日最高人民法院审判委员会第1756次会议通过、2018年12月27日公布、自2019年1月1日起施行(法释〔2018〕22号)

2. 根据2023年10月16日最高人民法院审判委员会第1901次会议通过、2023年10月21日公布、自2023年11月1日起施行的《最高人民法院关于修改〈最高人民法院关于知识产权法庭若干问题的规定〉的决定》(法释〔2023〕10号)修正

为进一步统一知识产权案件裁判标准,依法平等保护各类市场主体合法权益,加大知识产权司法保护力度,优化科技创新法治环境,加快实施创新驱动发展战略,根据《中华人民共和国人民法院组织法》《中华人民共和国民事诉讼法》《中华人民共和国行政诉讼法》《全国人民代表大会常务委员会关于专利等知识产权案件诉讼程序若干问题的决定》等法律规定,结合审判工作实际,就最高人民法院知识产权法庭相关问题规定如下。

第一条 最高人民法院设立知识产权法庭,主要审理专利等专业技术性较强的知识产权上诉案件。

知识产权法庭是最高人民法院派出的常设审判机构,设在北京市。

知识产权法庭作出的判决、裁定、调解书和决定,是最高人民法院的判决、裁定、调解书和决定。

第二条 知识产权法庭审理下列上诉案件:

(一)专利、植物新品种、集成电路布图设计授权确权行政上诉案件;

(二)发明专利、植物新品种、集成电路布图设计权属、侵权民事和行政上诉案件;

(三)重大、复杂的实用新型专利、技术秘密、计算机软件权属、侵权民事和行政上诉案件;

(四)垄断民事和行政上诉案件。

知识产权法庭审理下列其他案件:

(一)前款规定类型的全国范围内重大、复杂的第一审民事和行政案件;

(二)对前款规定的第一审民事和行政案件已经发生法律效力的判决、裁定、调解书依法申请再审、抗诉、再审等适用审判监督程序的案件;

(三)前款规定的第一审民事和行政案件管辖权争议,行为保全裁定申请复议,罚款、拘留决定申请复议,报请延长审限等案件;

(四)最高人民法院认为应当由知识产权法庭审理的其他案件。

第三条 审理本规定第二条所称案件的下级人民法院应当按照规定及时向知识产权法庭移送纸质、电子卷宗。

第四条 知识产权法庭可以要求当事人披露涉案知识产权相关权属、侵权、授权确权等关联案件情况。当事人拒不如实披露的,可以作为认定其是否遵循诚实信用原则和构成滥用权利等的考量因素。

第五条 知识产权法庭可以根据案件情况到实地或者原审人民法院所在地巡回审理案件。

第六条 知识产权法庭采取保全等措施,依照执行程序相关规定办理。

第七条 知识产权法庭审理的案件的立案信息、合议庭组成人员、审判流程、裁判文书等依法公开。

第八条 知识产权法庭法官会议由庭长、副庭长和若干资深法官组成,讨论重大、疑难、复杂案件等。

第九条 知识产权法庭应当加强对有关案件审判工作的调研,及时总结裁判标准和审理规则,指导下级人民法院审判工作。

第十条 对知识产权法院、中级人民法院已经发生法律效力的本规定第二条第一款规定类型的第一审民事和行政案件判决、裁定、调解书,省级人民检察院向高级人民法院提出抗诉的,高级人民法院应当告知其由最高人民检察院依法向最高人民法院提出,并由知识产权法庭审理。

第十一条 本规定自2019年1月1日起施行。最高人民法院此前发布的司法解释与本规定不一致的,以本规定为准。

最高人民法院关于技术调查官参与知识产权案件诉讼活动的若干规定

1. 2019年1月28日最高人民法院审判委员会第1760次会议通过
2. 2019年3月18日公布
3. 法释〔2019〕2号
4. 自2019年5月1日起施行

为规范技术调查官参与知识产权案件诉讼活动，根据《中华人民共和国人民法院组织法》《中华人民共和国刑事诉讼法》《中华人民共和国民事诉讼法》《中华人民共和国行政诉讼法》的规定，结合审判实际，制定本规定。

第一条　人民法院审理专利、植物新品种、集成电路布图设计、技术秘密、计算机软件、垄断等专业技术性较强的知识产权案件时，可以指派技术调查官参与诉讼活动。

第二条　技术调查官属于审判辅助人员。

人民法院可以设置技术调查室，负责技术调查官的日常管理，指派技术调查官参与知识产权案件诉讼活动、提供技术咨询。

第三条　参与知识产权案件诉讼活动的技术调查官确定或者变更后，应当在三日内告知当事人，并依法告知当事人有权申请技术调查官回避。

第四条　技术调查官的回避，参照适用刑事诉讼法、民事诉讼法、行政诉讼法等有关其他人员回避的规定。

第五条　在一个审判程序中参与过案件诉讼活动的技术调查官，不得再参与该案其他程序的诉讼活动。

发回重审的案件，在一审法院作出裁判后又进入第二审程序的，原第二审程序中参与诉讼的技术调查官不受前款规定的限制。

第六条　参与知识产权案件诉讼活动的技术调查官就案件所涉技术问题履行下列职责：

（一）对技术事实的争议焦点以及调查范围、顺序、方法等提出建议；

（二）参与调查取证、勘验、保全；

（三）参与询问、听证、庭前会议、开庭审理；

（四）提出技术调查意见；

（五）协助法官组织鉴定人、相关技术领域的专业人员提出意见；

（六）列席合议庭评议等有关会议；

（七）完成其他相关工作。

第七条　技术调查官参与调查取证、勘验、保全的，应当事先查阅相关技术资料，就调查取证、勘验、保全的方法、步骤和注意事项等提出建议。

第八条　技术调查官参与询问、听证、庭前会议、开庭审理活动时，经法官同意，可以就案件所涉技术问题向当事人及其他诉讼参与人发问。

技术调查官在法庭上的座位设在法官助理的左侧，书记员的座位设在法官助理的右侧。

第九条　技术调查官应当在案件评议前就案件所涉技术问题提出技术调查意见。

技术调查意见由技术调查官独立出具并签名，不对外公开。

第十条　技术调查官列席案件评议时，其提出的意见应当记入评议笔录，并由其签名。

技术调查官对案件裁判结果不具有表决权。

第十一条　技术调查官提出的技术调查意见可以作为合议庭认定技术事实的参考。

合议庭对技术事实认定依法承担责任。

第十二条　技术调查官参与知识产权案件诉讼活动的，应当在裁判文书上署名。技术调查官的署名位于法官助理之下、书记员之上。

第十三条　技术调查官违反与审判工作有关的法律及相关规定，贪污受贿、徇私舞弊，故意出具虚假、误导或者重大遗漏的不实技术调查意见的，应当追究法律责任；构成犯罪的，依法追究刑事责任。

第十四条　根据案件审理需要，上级人民法院可以对本辖区内各级人民法院的技术调查官进行调派。

人民法院审理本规定第一条所称案件时，可以申请上级人民法院调派技术调查官参与诉讼活动。

第十五条　本规定自2019年5月1日起施行。本院以前发布的相关规定与本规定不一致的，以本规定为准。

最高人民法院关于审理专利授权确权行政案件适用法律若干问题的规定(一)

1. 2020年8月24日最高人民法院审判委员会第1810次会议通过
2. 2020年9月10日公布
3. 法释〔2020〕8号
4. 自2020年9月12日起施行

为正确审理专利授权确权行政案件,根据《中华人民共和国专利法》《中华人民共和国行政诉讼法》等法律规定,结合审判实际,制定本规定。

第一条 本规定所称专利授权行政案件,是指专利申请人因不服国务院专利行政部门作出的专利复审请求审查决定,向人民法院提起诉讼的案件。

本规定所称专利确权行政案件,是指专利权人或者无效宣告请求人因不服国务院专利行政部门作出的专利无效宣告请求审查决定,向人民法院提起诉讼的案件。

本规定所称被诉决定,是指国务院专利行政部门作出的专利复审请求审查决定、专利无效宣告请求审查决定。

第二条 人民法院应当以所属技术领域的技术人员在阅读权利要求书、说明书及附图后所理解的通常含义,界定权利要求的用语。权利要求的用语在说明书及附图中有明确定义或者说明的,按照其界定。

依照前款规定不能界定的,可以结合所属技术领域的技术人员通常采用的技术词典、技术手册、工具书、教科书、国家或者行业技术标准等界定。

第三条 人民法院在专利确权行政案件中界定权利要求的用语时,可以参考已被专利侵权民事案件生效裁判采纳的专利权人的相关陈述。

第四条 权利要求书、说明书及附图中的语法、文字、数字、标点、图形、符号等有明显错误或者歧义,但所属技术领域的技术人员通过阅读权利要求书、说明书及附图可以得出唯一理解的,人民法院应当根据该唯一理解作出认定。

第五条 当事人有证据证明专利申请人、专利权人违反诚实信用原则,虚构、编造说明书及附图中的具体实施方式、技术效果以及数据、图表等有关技术内容,并据此主张相关权利要求不符合专利法有关规定的,人民法院应予支持。

第六条 说明书未充分公开特定技术内容,导致在专利申请日有下列情形之一的,人民法院应当认定说明书及与该特定技术内容相关的权利要求不符合专利法第二十六条第三款的规定:

(一)权利要求限定的技术方案不能实施的;

(二)实施权利要求限定的技术方案不能解决发明或者实用新型所要解决的技术问题的;

(三)确认权利要求限定的技术方案能够解决发明或者实用新型所要解决的技术问题,需要付出过度劳动的。

当事人仅依据前款规定的未充分公开的特定技术内容,主张与该特定技术内容相关的权利要求符合专利法第二十六条第四款关于"权利要求书应当以说明书为依据"的规定的,人民法院不予支持。

第七条 所属技术领域的技术人员根据说明书及附图,认为权利要求有下列情形之一的,人民法院应当认定该权利要求不符合专利法第二十六条第四款关于清楚地限定要求专利保护的范围的规定:

(一)限定的发明主题类型不明确的;

(二)不能合理确定权利要求中技术特征的含义的;

(三)技术特征之间存在明显矛盾且无法合理解释的。

第八条 所属技术领域的技术人员阅读说明书及附图后,在申请日不能得到或者合理概括得出权利要求限定的技术方案的,人民法院应当认定该权利要求不符合专利法第二十六条第四款关于"权利要求书应当以说明书为依据"的规定。

第九条 以功能或者效果限定的技术特征,是指对于结构、组分、步骤、条件等技术特征或者技术特征之间的相互关系等,仅通过其在发明创造中所起的功能或者效果进行限定的技术特征,但所属技术领域的技术人员通过阅读权利要求即可直接、明确地确定实现该功能或者效果的具体实施方式的除外。

对于前款规定的以功能或者效果限定的技术特征,权利要求书、说明书及附图未公开能够实现该功能或者效果的任何具体实施方式的,人民法院应当认定说明书和具有该技术特征的权利要求不符合专利法第二十六条第三款的规定。

第十条　药品专利申请人在申请日以后提交补充实验数据，主张依赖该数据证明专利申请符合专利法第二十二条第三款、第二十六条第三款等规定的，人民法院应予审查。

第十一条　当事人对实验数据的真实性产生争议的，提交实验数据的一方当事人应当举证证明实验数据的来源和形成过程。人民法院可以通知实验负责人到庭，就实验原料、步骤、条件、环境或者参数以及完成实验的人员、机构等作出说明。

第十二条　人民法院确定权利要求限定的技术方案的技术领域，应当综合考虑主题名称等权利要求的全部内容、说明书关于技术领域和背景技术的记载，以及该技术方案所实现的功能和用途等。

第十三条　说明书及附图未明确记载区别技术特征在权利要求限定的技术方案中所能达到的技术效果的，人民法院可以结合所属技术领域的公知常识，根据区别技术特征与权利要求中其他技术特征的关系，区别技术特征在权利要求限定的技术方案中的作用等，认定所属技术领域的技术人员所能确定的该权利要求实际解决的技术问题。

被诉决定对权利要求实际解决的技术问题未认定或者认定错误的，不影响人民法院对权利要求的创造性依法作出认定。

第十四条　人民法院认定外观设计专利产品的一般消费者所具有的知识水平和认知能力，应当考虑申请日时外观设计专利产品的设计空间。设计空间较大的，人民法院可以认定一般消费者通常不容易注意到不同设计之间的较小区别；设计空间较小的，人民法院可以认定一般消费者通常更容易注意到不同设计之间的较小区别。

对于前款所称设计空间的认定，人民法院可以综合考虑下列因素：

（一）产品的功能、用途；

（二）现有设计的整体状况；

（三）惯常设计；

（四）法律、行政法规的强制性规定；

（五）国家、行业技术标准；

（六）需要考虑的其他因素。

第十五条　外观设计的图片、照片存在矛盾、缺失或者模糊不清等情形，导致一般消费者无法根据图片、照片及简要说明确定所要保护的外观设计的，人民法院应当认定其不符合专利法第二十七条第二款关于"清楚地显示要求专利保护的产品的外观设计"的规定。

第十六条　人民法院认定外观设计是否符合专利法第二十三条的规定，应当综合判断外观设计的整体视觉效果。

为实现特定技术功能必须具备或者仅有有限选择的设计特征，对于外观设计专利视觉效果的整体观察和综合判断不具有显著影响。

第十七条　外观设计与相同或者相近种类产品的一项现有设计相比，整体视觉效果相同或者属于仅具有局部细微区别等实质相同的情形的，人民法院应当认定其构成专利法第二十三条第一款规定的"属于现有设计"。

除前款规定的情形外，外观设计与相同或者相近种类产品的一项现有设计相比，二者的区别对整体视觉效果不具有显著影响的，人民法院应当认定其不具有专利法第二十三条第二款规定的"明显区别"。

人民法院应当根据外观设计产品的用途，认定产品种类是否相同或者相近。确定产品的用途，可以参考外观设计的简要说明、外观设计产品分类表、产品的功能以及产品销售、实际使用的情况等因素。

第十八条　外观设计专利与相同种类产品上同日申请的另一项外观设计专利相比，整体视觉效果相同或者属于仅具有局部细微区别等实质相同的情形的，人民法院应当认定其不符合专利法第九条关于"同样的发明创造只能授予一项专利权"的规定。

第十九条　外观设计与申请日以前提出申请、申请日以后公告，且属于相同或者相近种类产品的另一项外观设计相比，整体视觉效果相同或者属于仅具有局部细微区别等实质相同的情形的，人民法院应当认定其构成专利法第二十三条第一款规定的"同样的外观设计"。

第二十条　根据现有设计整体上给出的设计启示，以一般消费者容易想到的设计特征转用、拼合或者替换等方式，获得与外观设计专利的整体视觉效果相同或者仅具有局部细微区别等实质相同的外观设计，且不具有独特视觉效果的，人民法院应当认定该外观设计专利与现有设计特征的组合相比不具有专利法第二十三条第二款规定的"明显区别"。

具有下列情形之一的，人民法院可以认定存在前款所称的设计启示：

（一）将相同种类产品上不同部分的设计特征进行拼合或者替换的；

（二）现有设计公开了将特定种类产品的设计特征转用于外观设计专利产品的；

（三）现有设计公开了将不同的特定种类产品的外观设计特征进行拼合的；

（四）将现有设计中的图案直接或者仅做细微改变后用于外观设计专利产品的；

（五）将单一自然物的特征转用于外观设计专利产品的；

（六）单纯采用基本几何形状或者仅做细微改变后得到外观设计的；

（七）使用一般消费者公知的建筑物、作品、标识等的全部或者部分设计的。

第二十一条 人民法院在认定本规定第二十条所称的独特视觉效果时，可以综合考虑下列因素：

（一）外观设计专利产品的设计空间；

（二）产品种类的关联度；

（三）转用、拼合、替换的设计特征的数量和难易程度；

（四）需要考虑的其他因素。

第二十二条 专利法第二十三条第三款所称的“合法权利”，包括就作品、商标、地理标志、姓名、企业名称、肖像，以及有一定影响的商品名称、包装、装潢等享有的合法权利或者权益。

第二十三条 当事人主张专利复审、无效宣告请求审查程序中的下列情形属于行政诉讼法第七十条第三项规定的“违反法定程序的”，人民法院应予支持：

（一）遗漏当事人提出的理由和证据，且对当事人权利产生实质性影响的；

（二）未依法通知应当参加审查程序的专利申请人、专利权人及无效宣告请求人等，对其权利产生实质性影响的；

（三）未向当事人告知合议组组成人员，且合议组组成人员存在法定回避事由而未回避的；

（四）未给予被诉决定对其不利的一方当事人针对被诉决定所依据的理由、证据和认定的事实陈述意见的机会的；

（五）主动引入当事人未主张的公知常识或者惯常设计，未听取当事人意见且对当事人权利产生实质性影响的；

（六）其他违反法定程序，可能对当事人权利产生实质性影响的。

第二十四条 被诉决定有下列情形之一的，人民法院可以依照行政诉讼法第七十条的规定，判决部分撤销：

（一）被诉决定对于权利要求书中的部分权利要求的认定错误，其余正确的；

（二）被诉决定对于专利法第三十一条第二款规定的“一件外观设计专利申请”中的部分外观设计认定错误，其余正确的；

（三）其他可以判决部分撤销的情形。

第二十五条 被诉决定对当事人主张的全部无效理由和证据均已评述并宣告权利要求无效，人民法院认为被诉决定认定该权利要求无效的理由均不能成立的，应当判决撤销或者部分撤销该决定，并可视情判决被告就该权利要求重新作出审查决定。

第二十六条 审查决定系直接依据生效裁判重新作出且未引入新的事实和理由，当事人对该决定提起诉讼的，人民法院依法裁定不予受理；已经受理的，依法裁定驳回起诉。

第二十七条 被诉决定查明事实或者适用法律确有不当，但对专利授权确权的认定结论正确的，人民法院可以在纠正相关事实查明和法律适用的基础上判决驳回原告的诉讼请求。

第二十八条 当事人主张有关技术内容属于公知常识或者有关设计特征属于惯常设计的，人民法院可以要求其提供证据证明或者作出说明。

第二十九条 专利申请人、专利权人在专利授权确权行政案件中提供新的证据，用于证明专利申请不应当被驳回或者专利权应当维持有效的，人民法院一般应予审查。

第三十条 无效宣告请求人在专利确权行政案件中提供新的证据，人民法院一般不予审查，但下列证据除外：

（一）证明在专利无效宣告请求审查程序中已主张的公知常识或者惯常设计的；

（二）证明所属技术领域的技术人员或者一般消费者的知识水平和认知能力的；

（三）证明外观设计专利产品的设计空间或者

现有设计的整体状况的；

（四）补强在专利无效宣告请求审查程序中已被采信证据的证明力的；

（五）反驳其他当事人在诉讼中提供的证据的。

第三十一条　人民法院可以要求当事人提供本规定第二十九条、第三十条规定的新的证据。

当事人向人民法院提供的证据系其在专利复审、无效宣告请求审查程序中被依法要求提供但无正当理由未提供的，人民法院一般不予采纳。

第三十二条　本规定自2020年9月12日起施行。

本规定施行后，人民法院正在审理的一审、二审案件适用本规定；施行前已经作出生效裁判的案件，不适用本规定再审。

最高人民法院关于审理商标授权确权行政案件若干问题的意见

1. 2010年4月20日
2. 法发〔2010〕12号

自2001年12月1日《全国人民代表大会常务委员会关于修改〈中华人民共和国商标法〉的决定》施行以来，人民法院开始依法受理和审理利害关系人诉国家工商行政管理总局商标评审委员会作出的商标驳回复审、商标异议复审、商标争议、商标撤销复审等具体行政行为的商标授权确权行政案件，对相关法律适用问题进行了积极探索，积累了较为丰富的审判经验。为了更好地审理商标授权确权行政案件，进一步总结审判经验，明确和统一审理标准，最高人民法院先后召开多次专题会议和进行专题调研，广泛听取相关法院、相关部门和专家学者的意见，对于审理商标授权确权行政案件中的法律适用问题进行了研究和总结。在此基础上，根据《中华人民共和国商标法》、《中华人民共和国行政诉讼法》等法律规定，结合审判实际，对审理此类案件提出如下意见：

1. 人民法院在审理商标授权确权行政案件时，对于尚未大量投入使用的诉争商标，在审查判断商标近似和商品类似等授权确权条件及处理与在先商业标志冲突上，可依法适当从严掌握商标授权确权的标准，充分考虑消费者和同业经营者的利益，有效遏制不正当抢注行为，注重对于他人具有较高知名度和较强显著性的在先商标、企业名称等商业标志权益的保护，尽可能消除商业标志混淆的可能性；对于使用时间较长、已建立较高市场声誉和形成相关公众群体的诉争商标，应当准确把握商标法有关保护在先商业标志权益与维护市场秩序相协调的立法精神，充分尊重相关公众已在客观上将相关商业标志区别开来的市场实际，注重维护已经形成和稳定的市场秩序。

2. 实践中，有些标志或者其构成要素虽有夸大成分，但根据日常生活经验或者相关公众的通常认识等并不足以引人误解。对于这种情形，人民法院不宜将其认定为夸大宣传并带有欺骗性的标志。

3. 人民法院在审查判断有关标志是否构成具有其他不良影响的情形时，应当考虑该标志或者其构成要素是否可能对我国政治、经济、文化、宗教、民族等社会公共利益和公共秩序产生消极、负面影响。如果有关标志的注册仅损害特定民事权益，由于商标法已经另行规定了救济方式和相应程序，不宜认定其属于具有其他不良影响的情形。

4. 根据商标法的规定，县级以上行政区划的地名或者公众知晓的外国地名一般不得作为商标注册和使用。实践中，有些商标由地名和其他要素组成，在这种情形下，如果商标因有其他要素的加入，在整体上具有显著特征，而不再具有地名含义或者不以地名为主要含义的，就不宜因其含有县级以上行政区划的地名或者公众知晓的外国地名，而认定其属于不得注册的商标。

5. 人民法院在审理商标授权确权行政案件时，应当根据诉争商标指定使用商品的相关公众的通常认识，从整体上对商标是否具有显著特征进行审查判断。标志中含有的描述性要素不影响商标整体上具有显著特征的，或者描述性标志是以独特方式进行表现，相关公众能够以其识别商品来源的，应当认定其具有显著特征。

6. 人民法院在审理商标授权确权行政案件时，应当根据中国境内相关公众的通常认识，审查判断诉争外文商标是否具有显著特征。诉争标志中的外文虽有固有含义，但相关公众能够以该标志识别商品来源的，不影响对其显著特征的认定。

7. 人民法院在判断诉争商标是否为通用名称时，应当审查其是否属于法定的或者约定俗成的商品名称。依据法律规定或者国家标准、行业标准属于商品通用名称的,应当认定为通用名称。相关公众普遍认为某一名称能够指代一类商品的,应当认定该名称为约定俗成的通用名称。被专业工具书、辞典列为商品名称的,可以作为认定约定俗成的通用名称的参考。

约定俗成的通用名称一般以全国范围内相关公众的通常认识为判断标准。对于由于历史传统、风土人情、地理环境等原因形成的相关市场较为固定的商品,在该相关市场内通用的称谓,可以认定为通用名称。

申请人明知或者应知其申请注册的商标为部分区域内约定俗成的商品名称的,应视其申请注册的商标为通用名称。

8. 人民法院审查判断诉争商标是否属于通用名称,一般以提出商标注册申请时的事实状态为准。如果申请时不属于通用名称,但在核准注册时诉争商标已经成为通用名称的,仍应认定其属于本商品的通用名称;虽在申请时属于本商品的通用名称,但在核准注册时已经不是通用名称的,则不妨碍其取得注册。

9. 如果某标志只是或者主要是描述、说明所使用商品的质量、主要原料、功能、用途、重量、数量、产地等特点,应当认定其不具有显著特征。标志或者其构成要素暗示商品的特点,但不影响其识别商品来源功能的,不属于上述情形。

10. 人民法院审理涉及驰名商标保护的商标授权确权行政案件,可以参照《最高人民法院关于审理涉及驰名商标保护的民事纠纷案件应用法律若干问题的解释》第五条、第九条、第十条等相关规定。

11. 对于已经在中国注册的驰名商标,在不相类似商品上确定其保护范围时,要注意与其驰名程度相适应。对于社会公众广为知晓的已经在中国注册的驰名商标,在不相类似商品上确定其保护范围时,要给予与其驰名程度相适应的较宽范围的保护。

12. 商标代理人、代表人或者经销、代理等销售代理关系意义上的代理人、代表人未经授权,以自己的名义将被代理人或者被代表人商标进行注册的,人民法院应当认定属于代理人、代表人抢注被代理人、被代表人商标的行为。审判实践中,有些抢注行为发生在代理、代表关系尚在磋商的阶段,即抢注在先,代理、代表关系形成在后,此时应将其视为代理人、代表人的抢注行为。与上述代理人或者代表人有串通合谋抢注行为的商标注册申请人,可以视其为代理人或者代表人。对于串通合谋抢注行为,可以视情况根据商标注册申请人与上述代理人或者代表人之间的特定身份关系等进行推定。

13. 代理人或者代表人不得申请注册的商标标志,不仅包括与被代理人或者被代表人商标相同的标志,也包括相近似的标志;不得申请注册的商品既包括与被代理人或者被代表人商标所使用的商品相同的商品,也包括类似的商品。

14. 人民法院在审理商标授权确权行政案件中判断商品类似和商标近似,可以参照《最高人民法院关于审理商标民事纠纷案件适用法律若干问题的解释》的相关规定。

15. 人民法院审查判断相关商品或者服务是否类似,应当考虑商品的功能、用途、生产部门、销售渠道、消费群体等是否相同或者具有较大的关联性;服务的目的、内容、方式、对象等是否相同或者具有较大的关联性;商品和服务之间是否具有较大的关联性,是否容易使相关公众认为商品或者服务是同一主体提供的,或者其提供者之间存在特定联系。《商标注册用商品和服务国际分类表》、《类似商品和服务区分表》可以作为判断类似商品或者服务的参考。

16. 人民法院认定商标是否近似,既要考虑商标标志构成要素及其整体的近似程度,也要考虑相关商标的显著性和知名度、所使用商品的关联程度等因素,以是否容易导致混淆作为判断标准。

17. 要正确理解和适用商标法第三十一条关于"申请商标注册不得损害他人现有的在先权利"的概括性规定。人民法院审查判断诉争商标是否损害他人现有的在先权利时,对于商标法已有特别规定的在先权利,按照商标法的特别规定予以保护;商标法虽无特别规定,但根据民法通则和其他法律的规定属于应予保护的合法权益的,应当根据该概括性规定给予保护。

人民法院审查判断诉争商标是否损害他人现

有的在先权利，一般以诉争商标申请日为准。如果在先权利在诉争商标核准注册时已不存在的，则不影响诉争商标的注册。

18. 根据商标法的规定，申请人不得以不正当手段抢先注册他人已经使用并有一定影响的商标。如果申请人明知或者应知他人已经使用并有一定影响的商标而予以抢注，即可认定其采用了不正当手段。

在中国境内实际使用并为一定范围的相关公众所知晓的商标，即应认定属于已经使用并有一定影响的商标。有证据证明在先商标有一定的持续使用时间、区域、销售量或者广告宣传等的，可以认定其有一定影响。

对于已经使用并有一定影响的商标，不宜在不相类似商品上给予保护。

19. 人民法院在审理涉及撤销注册商标的行政案件时，审查判断诉争商标是否属于以其他不正当手段取得注册，要考虑其是否属于欺骗手段以外的扰乱商标注册秩序、损害公共利益、不正当占用公共资源或者以其他方式谋取不正当利益的手段。对于只是损害特定民事权益的情形，则要适用商标法第四十一条第二款、第三款及商标法的其他相应规定进行审查判断。

20. 人民法院审理涉及撤销连续三年停止使用的注册商标的行政案件时，应当根据商标法有关规定的立法精神，正确判断所涉行为是否构成实际使用。

商标权人自行使用、许可他人使用以及其他不违背商标权人意志的使用，均可认定属于实际使用的行为。实际使用的商标与核准注册的商标虽有细微差别，但未改变其显著特征的，可以视为注册商标的使用。没有实际使用注册商标，仅有转让或许可行为，或者仅有商标注册信息的公布或者对其注册商标享有专有权的声明等的，不宜认定为商标使用。

如果商标权人因不可抗力、政策性限制、破产清算等客观事由，未能实际使用注册商标或者停止使用，或者商标权人有真实使用商标的意图，并且有实际使用的必要准备，但因其他客观事由尚未实际使用注册商标的，均可认定有正当理由。

最高人民法院关于对江苏省高级人民法院《关于当宣告专利权无效或者维持专利权的决定已被提起行政诉讼时相关的专利侵权案件是否应当中止审理问题的请示》的批复

1. 2003年4月15日
2. 〔2002〕民三他字第8号

江苏省高级人民法院：

你院《关于当宣告专利权无效或者维持专利权的决定已被提起行政诉讼时相关的专利侵权案件是否应当中止审理问题的请示》收悉。经研究，答复如下：

人民法院在审理侵犯专利权民事案件过程中，当事人不服专利复审委员会有关宣告专利权无效或者维持专利权的决定，在法定期间内依法向人民法院提起行政诉讼的，该侵犯专利权民事案件可以不中止诉讼。但是，根据现有证据材料，受理该侵犯专利权民事案件的人民法院认为继续审理与相关专利行政案件的判决结果可能发生冲突的，经当事人书面申请，也可以中止诉讼。

你院请示中所涉及的陈建民诉南京三能电力仪表有限公司和苏州工业园区大余电子有限公司专利侵权上诉一案是否中止诉讼，由你院根据上述处理原则并结合本案的具体情况决定。

此复

最高人民法院关于涉网络知识产权侵权纠纷几个法律适用问题的批复

1. 2020年8月24日最高人民法院审判委员会第1810次会议通过
2. 2020年9月12日公布
3. 法释〔2020〕9号
4. 自2020年9月14日起施行

各省、自治区、直辖市高级人民法院，解放军军事法院，新疆维吾尔自治区高级人民法院生产建设兵团分院：

近来，有关方面就涉网络知识产权侵权纠纷法律适用的一些问题提出建议,部分高级人民法院也向本院提出了请示。经研究,批复如下。

一、知识产权权利人主张其权利受到侵害并提出保全申请,要求网络服务提供者、电子商务平台经营者迅速采取删除、屏蔽、断开链接等下架措施的,人民法院应当依法审查并作出裁定。

二、网络服务提供者、电子商务平台经营者收到知识产权权利人依法发出的通知后,应当及时将权利人的通知转送相关网络用户、平台内经营者,并根据构成侵权的初步证据和服务类型采取必要措施;未依法采取必要措施,权利人主张网络服务提供者、电子商务平台经营者对损害的扩大部分与网络用户、平台内经营者承担连带责任的,人民法院可以依法予以支持。

三、在依法转送的不存在侵权行为的声明到达知识产权权利人后的合理期限内,网络服务提供者、电子商务平台经营者未收到权利人已经投诉或者提起诉讼通知的,应当及时终止所采取的删除、屏蔽、断开链接等下架措施。因办理公证、认证手续等权利人无法控制的特殊情况导致的延迟,不计入上述期限,但该期限最长不超过20个工作日。

四、因恶意提交声明导致电子商务平台经营者终止必要措施并造成知识产权权利人损害,权利人依照有关法律规定请求相应惩罚性赔偿的,人民法院可以依法予以支持。

五、知识产权权利人发出的通知内容与客观事实不符,但其在诉讼中主张该通知系善意提交并请求免责,且能够举证证明的,人民法院依法审查属实后应当予以支持。

六、本批复作出时尚未终审的案件,适用本批复;本批复作出时已经终审,当事人申请再审或者按照审判监督程序决定再审的案件,不适用本批复。

·典型案例·

上海全能科贸有限公司诉上海市知识产权局专利侵权纠纷处理决定案

【裁判摘要】

人民法院审理专利侵权纠纷处理决定行政案件,应当结合专利侵权纠纷民事案件的审理特点,在展开全面合法性审查的基础上,重点审查专利侵权纠纷处理决定中所认定的制造、销售涉嫌侵权产品的事实是否客观准确。

原告:上海全能科贸有限公司。

法定代表人:魏玮,该公司董事长。

被告:上海市知识产权局。

法定代表人:吕国强,该局局长。

第三人:上海佳动力环保科技有限公司。

法定代表人:葛永乐,该公司董事长。

原告上海全能科贸有限公司(以下简称全能科贸公司)不服被告上海市知识产权局(以下简称市知产局)作出的沪知局处字〔2008〕第22号专利侵权纠纷处理决定,向上海市第二中级人民法院提起行政诉讼。上海市第二中级人民法院认为上海佳动力环保科技有限公司(以下简称佳动力公司)与本案有法律上的利害关系,追加其为第三人参加诉讼。

原告全能科贸公司诉称:原告从未生产制造、经营销售过违反《中华人民共和国产品质量法》规定的名称为"空调器用节能雾化装置"(专利号为ZL200510029351.6)无标产品,被告市知产局所作的专利侵权纠纷处理决定与事实不符。原告根据案外人宁波荣盛电器有限公司(以下简称荣盛公司)的许可,实施其"空调节能雾化器"实用新型专利(专利号为ZL200720106248.1)和外观设计专利(专利号为ZL200730110936.0),经营"空调节能雾化器"产品,应受法律保护。原告所使用的技术基于公知技术并有所创新,生产的产品先于第三人的产品,且在结构、名称、商标等均与第三人的专利或产品不同。原告认为,被告所作出的专利侵权纠纷处理决定,认定事实不当,适用法律错误,执法程序不合法,故请求撤销市知产局于2009年6月19日作出的沪知局处字〔2008〕第22号专利侵权纠纷处理决定。

原告全能科贸公司提供以下三组证据材料:

第一组证据:

1."空调节能雾化器"产品工作原理,该证据用以说明原告的空调节能雾化器的工作原理,与第三人佳动力公司发明专利相同的都是公知的,不相同的都是原告方的创意。2.专利号为ZL200520044748.8的雾化冷却式空调器用雾化装置的控制电路装置实用新型专利说明书。3. 专利号为ZL200520040406.9的喷水冷却分体式空调器实用新型专利说明书。4. 专利申请号为200510029351.6的空调器用节能雾化装置发明专利申请公开说明书。证据2–4证明上述专利申请有违法之处。5. 上海市产品质量监督检验所检验报告，该证据证明第三人的产品是家用空调，规格为JDL–35GW，该产品与原告经营的产品无关。6. 专利号为ZL200720106248.1的“空调节能雾化器”实用新型专利说明书。7. 专利号为ZL200730110936.0的“空调节能雾化器”外观设计专利证书。8. 上海市质量监督检验技术研究院检验报告。9. 专利收费收据。10. 商标注册申请书、合同书、注册申请受理通知书。11. “立能”商标申请注册的受理通知书。12. 2007年度宁波市工业新产品计划项目申报表、2007年宁波市第一批工业新产品试产计划项目汇总表。13. 专利代理人名片复印件。14. 案外人荣盛公司无刷直流电动机、空调雾化器企业标准及技术服务协议备案材料。15. 荣盛公司与原告签订的知识产权转让委托合同、荣盛公司的授权委托书。16. 专利实施许可合同在浙江省知识产权局的备案材料。17. 空调节能雾化器RSW5000A进厂检验指导书、检验和试验规定、不合格品的控制办法、检验要求（定期检查）。18. 2007年以来原告和荣盛公司各类参展活动的材料、荣誉证书。19. 上海环境能源交易所项目挂牌转让服务协议及挂牌费发票。20. 与原告所作公证相关的公证受理告知等材料。21. 原告为举证所购雾化器实物及发票。证据6–21用以证明原告经营的产品出自荣盛公司的专利授权等，来源合法。

第二组证据为23份实用新型专利说明书，具体如下：

1. 专利号为ZL96213165.2的电动喷雾器；2. 专利号为200420011322.8的高效轻便农用喷雾器；3. 专利号为ZL200420015841.1的一种弥雾机喷头；4. 专利号为ZL95228127.9的一种微功率电动喷雾器；5. 专利号为ZL94242515.4的一种新型电动喷雾器；6. 专利号为ZL03219104.9的弥雾机喷头；7. 专利号为ZL91230083.3的空调喷水节能器；8. 专利号为ZL982437315的空调冷凝水雾化器；9. 专利号为ZL02261354.4的空调冷凝器喷雾冷却节能器；10. 专利号为ZL200420011257.9的空调滴水雾化器；11. 专利号为ZL97242917.4的空调滴水雾化器；12. 专利号为ZL03245955.6的空调冷凝水雾化器；13. 专利号为ZL01213934.3的分体空调冷凝水喷雾器；14. 专利号为ZL01130815.X的用于空调器的冷凝水的处理装置；15. 专利号为ZL93226666.5的空气调节和增湿的弥雾装置；16. 专利号为ZL97240570.4的空调器冷凝水处理装置；17. 专利号为ZL200420036205.7的空调节能提效装置；18. 专利号为ZL200410055494.X的夏季空调节能降耗冷凝水处理装置；19. 专利号为ZL91225068.2的便携式电动喷雾器；20. 专利号为ZL93204108.6的便携式电动喷雾器；21. 专利号为ZL93228585.6的离心式喷雾器；22. 专利号为ZL99254762.8的冷凝水集流雾化器；23. 专利号为ZL200520030649.4的利用空调冷凝水的空调室外机。上述证据用以证明雾化器早已有之，为公知技术，原告全能科贸公司产品是依据公知技术生产的。

第三组证据：

1. “空调节能雾化器”与产品“空调器用节能雾化装置”比对意见；2. “立能”商标注册申请受理通知书；3. “立能”商标申请注册的受理通知书；4. 商标注册申请书；5. “空调节能雾化器”实用新型专利实施许可合同备案证明；6. “空调节能雾化器”外观设计专利实施许可合同备案证明；7. 宁波润泽电器有限公司关于“立能”商标的授权委托书；8. 案外人荣盛公司关于“立能”商标的授权委托书；9. 知识产权转让委托合同；10. 原告全能科贸公司申请保全网页证据所得的公证书。上述证据用以证明涉嫌侵权产品取得外观设计专利的实施许可、商标使用许可等事实。

被告市知产局辩称：被告作出沪知局处字〔2008〕第22号专利侵权纠纷处理决定程序合法，认定事实清楚，适用法律正确，请求法院维持该决定。

被告市知产局提交了以下证据和法律依据：

一、关于被告市知产局的职权依据：沪府办发〔2000〕64号《上海市人民政府办公厅关于印发上海市知识产权局职能配置、内设机构和人员编制规定的通知》，用以证明其负有依法处理上海市专利纠纷的职责。

二、关于被诉具体行政行为执法程序的证据：

1. 第三人佳动力公司的专利侵权调处请求书，用以证明第三人于2008年9月17日向被告市知产局提出专利侵权纠纷处理请求；

2. 沪知局处字〔2008〕第22002号、第22003号专利侵权纠纷处理请求受理通知书、沪知局处字〔2008〕第22004号答辩通知书及送达回证、原告全能科贸公司的答辩书、沪知局处字〔2008〕第22005号、第22006号口头审理通知书及口头审理回执、沪知局处字〔2008〕第22007号、第22008号口头审理通知书及口头审理回执、被告市知产局2008年11月12日的口头审理笔录、沪知局处字〔2008〕第22号专利侵权纠纷处理决定书及送达回证和国内邮政回执，以上证据用以证明被告在收到第三人佳动力公司的专利侵权纠纷处理请求后，经过了立案受理、当事人答辩、召开口头审理会、作出专利侵权纠纷处理决定、向当事人送达决定书等程序，执法程序合法。

三、关于被诉具体行政行为认定事实的证据：

1. 专利号为ZL200510029351.6的《发明专利证书》和专利年费收据、发明专利说明书、专利实施许可合同和专利实施许可合同备案证明，以上证据用以证明第三人佳动力公司是专利号为ZL200510029351.6的发明专利的独占被许可人，该专利真实有效以及该专利的保护范围；

2. "空调节能雾化器RSW5000A"的雾化器实物、原告全能科贸公司空调节能雾化器的产品说明书、发票号码为04401068的上海市商业统一发票、原告的营业执照，以上证据用以证明原告制造销售的"空调节能雾化器RSW5000A"的雾化器全面覆盖了专利号为ZL200510029351.6的发明专利的全部必要技术特征；

3. 名称为"空调节能雾化器"（专利号为ZL200720106248.1）实用新型专利说明书和名称为"空调节能雾化器"（专利号为ZL200730110936.0）外观设计专利公告文件、44份专利说明书摘录、2007年宁波市第一批工业新产品试产计划项目汇总表、上海市质量监督检验技术研究院检验报告、案外人荣盛公司关于无刷直流电动机、空调雾化器技术服务协议的企业标准备案、专利号为ZL01256349.8和专利号为ZL200410066600.4的专利公告文件。以上证据用以证明作为被请求人的原告全能科贸公司所递交的证据不能构成现有技术抗辩，也不能以在后申请的专利权抗辩。

四、关于被诉具体行政行为的法律依据：《中华人民共和国专利法》（以下简称专利法）第十一条第一款、第五十六条第一款和第五十七条第一款。

第三人佳动力公司与被告市知产局的意见一致，未提交证据。

上海市第二中级人民法院一审查明：

专利权人葛永乐、李建军、王泰胜于2005年9月2日提出名称为"空调器用节能雾化装置"的发明专利申请，于2007年11月7日得到国家知识产权局授权，专利号为ZL200510029351.6，现为有效专利。

"空调器用节能雾化装置"发明专利（以下简称涉案发明专利）的权利要求书载明如下独立权利要求：一种分体式空调器用节能雾化装置，该分体式空调器由室内机和室外机组成，其特征在于，所述雾化装置加装于空调器的室外机，该雾化装置产生的雾化液体，喷洒到冷凝器表面，以形成蒸发冷却，从而降低冷凝器的冷凝温度，该雾化装置是由微型电机和安装在电机主轴上的雾化盘组成，所述雾化盘为圆盘状，所述雾化盘的雾化表面设有致密的放射状或螺旋状排列的凹凸槽或凸点。

2007年11月18日，上述专利权人就涉案发明专利与第三人佳动力公司签订了独占实施许可合同，第三人佳动力公司为该发明专利权的独占被许可人，该合同于2008年8月18日在国家知识产权局备案。

2008年7月21日，第三人佳动力公司向原告全能科贸公司购买了名称为"空调节能雾化器"的产品，原告开具了发票。该产品及包装上均标有"上海全能科贸有限公司"字样，型号为RSW5000A。该产品的组成部分包括：一个安装架和与安装架固紧的支架，支架的一端连接一个微电机，微电机的转动轴上连接一个雾化盘，在微电机和雾化盘之间设有一个进水管和出水管，出水管与雾化盘内腔相对应，雾化盘为圆盘状，雾化盘的表面设有致密的放射状的凹凸槽。该产品使用说明书描述可以用于分体式空调，并且是安装于空调器室外机上的雾化节能装置，产生的雾化液体喷洒到冷凝器表面，以形成风冷和雾化冷却的混合式冷却，从而降低冷凝器的冷凝温度和冷凝压力。

2007年2月2日，案外人荣盛公司申请了名称为"空调节能雾化器"的实用新型专利，并于2008年1月2日获得国家知识产权局授权，专利号为ZL200720106248.1。2007年2月1日，该公司又申请了名称为"空调节能雾化器"的外观设计专利，并于2008年1月16日获得授权，专利号为ZL200730110936.0。

2008年9月17日，被告市知产局收到佳动力公司的专利侵权调处请求。第三人佳动力公司在请求中认为，原告全能科贸公司未经专利权人许可，擅自制造和销售一种“空调节能雾化器”产品（型号为RSW5000A），侵犯了作为独占被许可人佳动力公司的合法权益，请求市知产局责令全能科贸公司立即停止侵权行为，停止生产、销售侵权产品，并对佳动力公司的经济损失及支付的律师费用等合理费用的赔偿事宜进行调解。市知产局于2008年9月22日予以受理，并于当日向全能科贸公司发出答辩通知书。全能科贸公司于2008年9月26日收到答辩通知书后，于同年10月3日提交了答辩书。当日，市知产局向佳动力公司和全能科贸公司分别发出了口头审理通知书。2008年11月12日，市知产局进行了口头审理，佳动力公司和全能科贸公司均派员参加审理。2009年6月19日，市知产局作出沪知局处字〔2008〕第22号专利侵权纠纷处理决定，认定全能科贸公司制造、销售的“空调节能雾化器”产品（以下简称涉嫌侵权产品），全面覆盖了“空调器用节能雾化装置”（专利号为ZL200510029351.6）发明专利权的保护范围，侵犯了该发明专利权的独占被许可人佳动力公司的合法权益，根据《中华人民共和国专利法》第十一条第一款、第五十六条第一款和第五十七条第一款的规定，责令全能科贸公司立即停止对名称为“空调器用节能雾化装置”（专利号为ZL200510029351.6）发明专利权的侵害。该决定书已向双方当事人送达。

本案一审的争议焦点是：被诉专利侵权纠纷处理决定认定原告全能科贸公司制造、销售涉嫌侵权产品侵犯第三人佳动力公司的合法权益的事实是否清楚，适用法律是否正确。

上海市第二中级人民法院一审认为：

一、第三人佳动力公司是涉案发明专利的独占实施被许可人。2007年11月18日，第三人通过与“空调器用节能雾化装置”（专利号为ZL200510029351.6）发明专利的专利权人所签订的独占实施许可合同，成为该发明专利权的独占被许可人，享有对该发明专利的相应权益。

二、涉嫌侵权产品技术特征与涉案专利的必要技术特征相同。经将涉嫌侵权产品技术特征与涉案专利必要技术特征进行对比，两者属于相同的技术主题，即，均涉及一种分体式空调器用节能雾化装置，该分体式空调器由室内机和室外机组成；雾化装置均加装于空调机的室外机，雾化装置产生的雾化液体均是喷洒到冷凝器的表面，形成蒸发冷却从而降低冷凝器的冷凝温度；雾化装置均由一个微型电机和安装在电机主轴上的雾化盘组成；雾化盘均为圆盘状，涉嫌侵权产品的雾化盘表面设有致密的放射状凹凸槽，涉案发明专利的雾化盘表面设有致密的放射状或螺旋状排列的凹凸槽或凸点。综上，涉嫌侵权产品技术特征与涉案发明专利的必要技术特征相同，涉嫌侵权产品落入涉案发明专利权的保护范围。

三、原告全能科贸公司的现有技术抗辩不成立。原告为证明涉嫌侵权产品是依据现有技术生产的，在专利行政程序中递交了44份专利文件资料，在本案行政诉讼中提供了23份专利文件资料。在专利行政程序中递交的44份专利文件资料里，有42份是关于使用在农业喷洒领域的技术，而非加装于分体式空调器的室外机的雾化装置的技术；其余两份专利号分别为ZL01256349.8和ZL200410066600.4的专利文件，虽与空调技术有关，但均未涉及雾化装置的结构。因此，原告在专利行政程序中递交的相关证据材料，不能支持其现有技术抗辩。

原告全能科贸公司在本案行政诉讼提供的23份专利文件资料中，有2份文件资料，即原告第二组证据中的证据18、23，其所涉及的实用新型专利的公开日晚于涉案专利申请日；有9份文件资料，即原告第二组证据中的证据1－6和证据19－21，其所涉及的是农业喷洒领域的技术；其余12份文件资料，即原告第二组证据中的证据7－17和证据22，涉及空调器技术。经分析比对，证据7－10、13、16、17、22，未公开雾化盘的结构和雾化盘有电机带动的技术特征；证据11、12公开的雾化技术与原告涉嫌侵权产品的雾化盘的结构特征不同；证据14未公开冷凝水进行雾化和降低冷凝器温度的技术方案；证据15涉及的技术主题不同，解决的是对空气的调节和增湿的问题，采用的是与原告涉嫌侵权产品不同的技术方案。综上，原告所提供的23份专利文件资料均不能证明涉嫌侵权产品所使用的技术属于现有技术。因此，原告的现有技术抗辩不成立。

综上所述，被告市知产局认为原告全能科贸公司未经专利权人许可，为生产经营目的制造、销售涉嫌侵权产品的行为，侵犯了第三人佳动力公司的合法权益，责令原告立即停止侵权行为认定事实清楚，适用法律正确。该被诉具体行政行为依法应予维持。原告的诉讼请求和诉讼理由不能成立。

据此，上海市第二中级人民法院根据专利法（2000年8月25日修正）第十一条第一款、第五十六条第一款、第五十七条第一款、《中华人民共和国行政诉讼法》第五十四条第（一）项之规定，于2009年12月24日判决：

维持被告市知产局2009年6月19日作出的沪知局处字〔2008〕第22号专利侵权纠纷处理决定。

案件受理费人民币100元，由原告全能科贸公司负担。

全能科贸公司不服一审判决，向上海市高级人民法院提起上诉，主要理由是：其生产制造、经营销售的“空调节能雾化器”已取得两项专利，属合法生产的产品，第三人佳动力公司认为其侵权，则可能涉及其专利废止，故应由国家知识产权局受理案件；其产品与第三人的“空调器用节能雾化装置”不是同一产品，而是采用了更高级的电机，且两者产品均系利用现有技术制造的，故其对第三人不构成侵权，请求二审改判撤销被诉处理决定。

被上诉人市知产局辩称：第三人佳动力公司的涉案发明专利是现行有效的，上诉人全能科贸公司涉嫌侵权产品的技术特征全面覆盖了涉案发明专利权利要求记载的全部技术特征，且上诉人未能举证证明其产品系依据现有技术生产的，故其构成侵权，请求二审维持原判。

第三人佳动力公司述称：上诉人全能科贸公司的产品对其发明专利构成侵权，请求二审维持原判。

上海市高级人民法院经二审，确认了一审查明的事实。

上海市高级人民法院二审认为：

2000年8月25日修正的专利法第五十七条第一款规定，“未经专利权人许可，实施其专利，即侵犯其专利权，引起纠纷的，由当事人协商解决；不愿协商或者协商不成的，专利权人或者利害关系人可以向人民法院起诉，也可以请求管理专利工作的部门处理。管理专利工作的部门处理时，认定侵权行为成立的，可以责令侵权人立即停止侵权行为，当事人不服的，可以自收到处理通知之日起十五日内依照《中华人民共和国行政诉讼法》向人民法院起诉；侵权人期满不起诉又不停止侵权行为的，管理专利工作的部门可以申请人民法院强制执行”。第三人佳动力公司通过与专利权人签订独占实施许可合同而成为涉案发明专利权的独占被许可人，享有相应权益。因此，第三人认为上诉人全能科贸公司制造、销售涉嫌侵权产品侵犯其受保护的相应权益而申请被上诉人市知产局作出责令停止侵权决定，并对赔偿事宜进行调解。被上诉人受理该申请后进行口头审理，听取了第三人和上诉人的陈述、申辩后，在双方就有关赔偿事宜无法达成调解协议的情况下作出被诉处理决定，具有相应的职权依据，执法程序亦符合上述法律规定，并无不当。上诉人提出本案可能涉及其专利的废止而应由国家知识产权局处理的主张，系对上述法律规定和被上诉人所作处理事项的错误理解，明显不能成立，不予采纳。

专利法第十一条第一款规定，“发明和实用新型专利权被授予后，除本法另有规定的以外，任何单位或者个人未经专利权人许可，都不得实施其专利，即不得为生产经营目的制造、使用、许诺销售、销售、进口其专利产品，或者使用其专利方法以及使用、许诺销售、销售、进口依照该专利方法直接获得的产品”。第五十六条第一款规定，“发明或者实用新型专利权的保护范围以其权利要求的内容为准，说明书及附图可以用于解释权利要求”。因此，本案涉嫌侵权产品的技术特征是否全面覆盖了涉案发明专利权利要求记载的全部技术特征决定了上诉人全能科贸公司是否构成对第三人佳动力公司专利权的侵犯。上诉人主张其产品亦取得了专利权故不构成侵权，因佳动力公司的涉案发明专利的申请日先于全能科贸公司所主张的实用新型专利和外观设计专利，根据专利法规定的先申请原则，应当依据申请在先的第三人的专利权保护范围，审查上诉人的涉嫌侵权产品是否构成侵权。上诉人所主张的申请日在后的实用新型专利和外观设计专利与上诉人生产、销售的涉嫌侵权产品是否构成对涉案发明专利的侵犯无关。所以，上诉人的这一主张不能成立。

经庭审查明，涉案专利发明的权利要求是：“1. 一种分体式空调器用节能雾化装置，该分体式空调器由室内机和室外机组成，其特征在于，所述雾化装置加装于空调器的室外机，该雾化装置产生的雾化液体，喷洒到冷凝器表面，以形成蒸发冷却，从而降低冷凝器的冷凝温度，该雾化装置是由微型电机和安装在电机主轴上的雾化盘组成，所述雾化盘为圆盘状，所述雾化盘的雾化表面设有致密的放射状或螺旋状排列的凹凸槽或凸点。”根据上诉人全能科贸公司的涉嫌侵权产品实物及说明书可以看出，涉嫌侵权产品涉及一种分体式空调器用节能雾化装置,该分体式空调器由室内机和室外机组成;雾化装置加装于空调器的室外机,雾化装置产生的雾化液体喷洒到冷凝器的表面,形成蒸发冷却从而降低冷凝器的冷凝温度;雾化装置由一个微型电机和安装在电机主轴上的雾化盘组成;雾化盘为圆盘状,表面设有致密的放射状凹凸槽。可见,被诉处理决定认定涉嫌侵权产品已全面覆盖了涉案专利发明权利要求记载的全部技术特征,故上诉人对第三人佳动力公司构成侵权,具有相应的事实和法律依据,并无不当。上诉人提出其产品与第三人产品名称不同且技术更高级故不构成侵权的上诉理由,缺乏法律依据,不予采纳。

上诉人全能科贸公司在行政处理程序和原审诉讼程序中均主张第三人佳动力公司的涉案发明专利系根据"现有技术"而取得的、上诉人的产品也是根据"现有技术"生产的,以此作为其不构成侵权的抗辩理由。上诉人在行政处理程序和原审诉讼程序中分别提供了44份和23份专利说明书或摘录,用以证明其主张。通过对说明书的分析即可看出,这些专利或涉及农业喷洒领域,与涉案发明专利及涉嫌侵权产品不属同一技术领域,上诉人也未证明该技术可直接用于分体式空调器的室外机;或虽涉及空调器技术,但有的公开日晚于涉案发明专利申请日,有的未公开雾化盘的结构,有的结构工作原理与涉案发明专利及涉嫌侵权产品不同。对此,全能科贸公司应当承担举证不能的不利后果,其提出的"现有技术"抗辩理由,不予采信。

综上所述,上诉人全能科贸公司为生产经营目的制造、销售的涉嫌侵权产品落入了第三人佳动力公司享有的涉案发明专利权的保护范围,构成侵权。被上诉人市知产局根据第三人的申请,经审理听取双方当事人的陈述和申辩后,在双方当事人就有关赔偿事宜无法达成调解协议的情况下作出被诉处理决定,责令上诉人立即停止侵权行为,认定事实清楚,适用法律正确,执法程序合法。原审判决维持该处理决定并无不当,应予维持。全能科贸公司的上诉缺乏事实和法律依据,不予支持。据此,上海市高级人民法院依照《中华人民共和国行政诉讼法》第六十一条第(一)项之规定,于2010年3月21日判决:

驳回上诉,维持原判。

上诉案件受理费人民币100元,由上诉人全能科贸公司负担。

苏州鼎盛食品公司不服苏州市工商局商标侵权行政处罚案

【裁判摘要】

判断商品上的标识是否属于商标性使用时,必须根据该标识的具体使用方式,看其是否具有识别商品或服务来源之功能;侵犯注册商标专用权意义上商标近似应当是混淆性近似,是否造成市场混淆是判断商标近似的重要因素之一。其中,是否造成市场混淆,通常情况下,不仅包括现实的混淆,也包括混淆的可能性;工商行政机关依法对行政相对人的商标侵权行为实施行政处罚时,应遵循过罚相当原则,综合考虑处罚相对人的主观过错程度、违法行为的情节、性质、后果及危害程度等因素行使自由裁量权。工商行政机关如果未考虑上述应当考虑的因素,违背过罚相当原则,导致行政处罚结果显失公正的,人民法院有权依法判决变更。

原告:苏州鼎盛食品有限公司,住所地:江苏省苏州市吴中区石湖西路。

被告:江苏省苏州工商行政管理局,住所地:江苏省苏州市沧浪区胥江路。

第三人:东华纺织集团有限公司,住所地:江苏省常州市武进高新技术产业开发区古方中路。

原告苏州鼎盛食品有限公司(以下简称鼎盛公司)因不服被告江苏省苏州工商行政管理局(以下简称苏州工商局)工商行政处罚,向苏州市中级人民法院提起诉讼。

原告鼎盛公司诉称:(1)被告苏州工商局作出的行政处罚决定书认定事实错误。鼎盛公司在产品包装上使用"乐活 LOHAS"并未作为商标使用,而是作为商品的名称以及对该词汇本意的使用。(2)行政处罚决定书认定鼎盛公司在产品包装上使用"乐活 LOHAS"构成侵权不符合我国商标法的规定。"乐活 LOHAS"是社会通用词汇,鼎盛公司合理使用他人注册商标的行为不会产生误导公众的后果,不应属于商标法规定的侵权行为。故请求法院依法撤销苏工商案字(2010)第00053号行政处罚决定书并由苏州工商局承担本案的诉讼费用。

被告苏州工商局辩称:其对原告鼎盛公司的处罚

认定事实清楚、正确;其认定鼎盛公司的行为属于商标侵权行为符合法律规定。故请求法院驳回鼎盛公司的诉讼请求。

第三人东华公司述称:涉案行政处罚决定书所述事实清楚,证据确凿,适用法律正确,处罚得当,请求法院驳回原告鼎盛公司的诉讼请求。

苏州市中级人民法院一审查明:

原告鼎盛公司系一家专业从事生产、加工(焙)烘烤制品并销售公司自产产品等的外商独资企业。其分别于2003年1月、2006年9月、2008年10月及2010年2月注册取得第3003766号、第4155628号"艾维尔I Will"文字及图商标、第5063450号"爱维尔"文字商标以及第6289718号"爱维尔 I will"文字及图商标,核定使用商品均为第30类"蛋糕、面包、月饼等"。

2009年6月23日,原告鼎盛公司与浙江健利包装有限公司签订订购合同,约定由浙江健利包装有限公司为鼎盛公司制作涉案标有标识(以下称为"I will 爱维尔"与"乐活 LOHAS"连用标识)的礼盒、手拎袋、单粒包等包装产品。2009年8月,鼎盛公司开始生产月饼,并将其当年度所生产的月饼划分为"秋爽"、"美满"、"星月"、"和谐"以及涉案的"乐活"等总计23个类别,同时制作相应的广告宣传目录册。2009年9月初,鼎盛公司将上述月饼投放市场,主要通过鼎盛公司在苏州大市范围内的63家爱维尔直营店、加盟店销售、直接向公司订货及临时聘请外来人员以销售礼品券的方式进行销售。鼎盛公司在涉案"乐活"款月饼的手拎袋、内衬及月饼单粒包装盒外侧左下角显著位置均标注"I will 爱维尔"与"乐活 LOHAS"连用标识,手拎袋两侧同时标注有生产商鼎盛公司名称、电话、厂址等信息。

第三人东华公司经国家商标局核准于2009年7月14日取得第5345911号(以下简称"乐活 LOHAS")注册商标,核定使用商品为第30类"糕点;方便米饭;麦片;冰激凌",目前尚未在产品上使用该商标。2009年9月8日,被告苏州工商局接到举报称原告鼎盛公司生产销售的"乐活 LOHAS"等月饼有商标侵权嫌疑,故展开相应调查。查明鼎盛公司在当年生产销售的23款月饼中有一款月饼使用"乐活 LOHAS"商标,根据当事人的销售记录,截至2009年9月20日止,"乐活 LOHAS"月饼已销售10 200盒,标价119元/盒,计货值为1 213 800元。苏州工商局于2010年3月4日及2010年4月12日两次就该行政处罚一案举行听证。2010年6月11日,苏州工商局作出苏工商案字(2010)第00053号行政处罚决定,认定鼎盛公司的行为属于《商标法》第五十二条第(一)项所规定的侵犯注册商标专用权的行为,依据《商标法》第五十三条以及《商标法实施条例》第五十二条的规定,对鼎盛公司作出了责令停止侵权行为并罚款人民币50万元的行政处罚决定。该具体行政行为作出后,鼎盛公司不服并于2010年6月29日向苏州市人民政府申请行政复议。苏州市人民政府经审理后认为苏州工商局的处罚决定认定事实清楚,证据确凿,程序合法,内容适当,于2010年8月27日作出〔2010〕苏行复第148号行政复议决定书,决定维持苏州工商局作出的苏工商案字(2010)第00053号工商处罚决定。鼎盛公司对此仍不服,遂向法院提起行政诉讼。

另查明,关于乐活一词的起源及释义,乐活系由美国社会学家保罗·雷在1998年提出,其英文释义为"lifestyles of health and sustainability"。2008年8月,教育部发布的《中国语言生活状况报告(2006)》中将"乐活族"作为汉语新词语收录其中。

苏州市中级人民法院一审认为:

原告鼎盛公司对涉案标识的使用构成商标意义上的使用,与"乐活 LOHAS"注册商标相比,两者构成近似。本案是否构成商标侵权的争议主要在于应否考虑混淆,但若他人使用标志的行为使这种联系受到削弱或影响,从而对商标权人使用注册商标产生实质性妨碍的,则无须考虑是否混淆。本案中,爱维尔品牌在特定区域范围内具有相对较强的知名度,鼎盛公司在该区域大量使用涉案标识会使相关公众在"乐活 LOHAS"与"I Will 爱维尔"之间建立起某种关联,从而客观导致东华公司与其注册的"乐活 LOHAS"商标的联系被割裂。故鼎盛公司使用"乐活 LOHAS"的行为构成对东华公司注册商标专用权的侵害。

至于原告鼎盛公司诉讼中提及的被告苏州工商局多次听证违反《行政处罚法》相关规定的问题。苏州工商局在涉案行政处罚过程中根据认定事实和实体判断出现变更的实际情况而再次组织听证的行为并不违反相关法律的禁止性规定,故鼎盛公司据此主张行政处罚程序瑕疵并无法律依据。

综上,被告苏州工商局作出的苏工商案字(2010)第00053号行政处罚决定认定事实基本清楚,适用法律正确,原告鼎盛公司要求撤销该处罚决定的诉讼请求缺乏事实和法律依据,不予支持。

据此,苏州市中级人民法院依照最高人民法院《关于执行〈中华人民共和国行政诉讼法〉若干问题的解释》第五十六条第(四)项之规定,于2011年7月20日作出判决:

驳回原告鼎盛公司的诉讼请求。

鼎盛公司不服一审判决,向江苏省高级人民法院提起上诉。主要理由是:一审判决认定事实部分错误。鼎盛公司在月饼系列商品上使用"乐活 LOHAS"是将其作为商品款式名称使用。一审法院认为鼎盛公司使用"乐活 LOHAS"系商标意义上的使用缺乏法律和事实依据。对于相关公众是否误认的问题,一审法院排除是否导致相关公众混淆这一重要事实,于法无据,依法不能成立。"乐活 LOHAS"注册商标来源于社会流行词语,其显著性较弱,他人有合理使用的权利。故一审判决认定事实有误,适用法律错误,请求二审法院依法改判,撤销苏工商案字(2010)第00053号行政处罚决定。

被上诉人苏州工商局答辩称:一审判决认定事实清楚、正确,鼎盛公司的上诉请求错误,应予驳回。

被上诉人东华公司庭审口头述称:一审判决认定事实清楚、证据确凿、适用法律正确、程序合法,请求二审法院依法驳回上诉,维持原判。

江苏省高级人民法院经二审,确认了一审查明的事实。

本案二审的争议焦点为:被上诉人苏州工商局作出的苏工商案字(2010)第00053号行政处罚决定是否合法。

二审庭审中,各方当事人围绕本案争议焦点,分别发表以下主要辩论意见。

上诉人鼎盛公司认为:(1)鼎盛公司早在东华公司取得商标专用权前即开始设计和印刷含有"乐活 LOHAS"的包装物,并且作为中秋23个系列商品中一款商品的款式名称使用,同时还是根据该词的本义使用,并非商标意义上的使用。(2)商标权人至今没有在任何商品上使用"乐活 LOHAS"注册商标,没有任何社会公众表明其基于涉嫌侵权标记的使用混淆了商品的来源。(3)"乐活 LOHAS"注册商标来源于社会流行词语,其显著性较弱,他人有合理使用的权利。(4)行政处罚法没有规定可以再次听证,被上诉人苏州工商局对同一案件多次听证,违反相关规定。

被上诉人苏州工商局认为:(1)"乐活 LOHAS"不是商品名称,上诉人鼎盛公司将"乐活 LOHAS"与"I will 爱维尔"连用,该标识客观上起到了表示商品来源的作用,具有商标标识的功能,属于商标使用行为。(2)鼎盛公司使用标识的显著部分是"乐活 LOHAS",与涉案注册商标相比,整体组合相似构成近似商标。(3)鼎盛公司使用"乐活 LOHAS"不属于合理使用,其使用方式会导致消费者的误认。(4)给予当事人再次听证的权利,符合《行政处罚法》的规定。

被上诉人东华公司的辩论意见同其陈述意见。

江苏省高级人民法院二审认为:

上诉人鼎盛公司对"I will 爱维尔"与"乐活 LOHAS"连用标识的使用系商标性使用,该标识与东华公司"乐活 LOHAS"注册商标构成近似,其行为侵害了东华公司注册商标专用权。被上诉人苏州工商局认定鼎盛公司的行为侵犯注册商标专用权,并作出责令停止侵权行为的行政处罚正确,但其作出罚款50万元的行政处罚显失公正。具体理由是:

(一)上诉人鼎盛公司使用"I will 爱维尔"与"乐活 LOHAS"连用的标识系商标性使用

商标是商品生产经营者或服务提供者为使自己的商品或服务区别于他人而使用的一种标识,其应当具有显著性和区别的功能。在判断商品上的标识是否属于商标性使用时,必须根据该标识的具体使用方式,看其是否具有识别商品或服务来源之功能。

本案中,上诉人鼎盛公司在2009年中秋月饼的推销活动中,将其生产销售的月饼划分为"秋爽"、"美满"、"星月"、"和谐"以及涉案"乐活"等总计23个款式,虽然鼎盛公司认为"乐活 LOHAS"只是作为其月饼款式中一款的商品名称使用,但根据其在月饼包装上的标注情况,"I will 爱维尔"与"乐活 LOHAS"连用的标识使用方式属于商标性使用。首先,鼎盛公司并未在其月饼包装上规范且以显著方式突出使用自己的"爱维尔"系列注册商标;其次,在"I will 爱维尔"与"乐活 LOHAS"连用的标识中,"乐活 LOHAS"与"I will爱维尔"连用,融为一体,鼎盛公司并未突出其自有商标"I will 爱维尔",相反却突出了"乐活 LOHAS",标识性效果明显。因此,从涉案"I will 爱维尔"与"乐活 LOHAS"连用标识的实际使用情况来看,无法看出"乐活 LOHAS"的使用方式属于其注册商标或"I will 爱维尔"商标项下的一种款式名称,"乐活 LOHAS"与"I will 爱维尔"连用后作为一个整体标识,起到区别商品来源的功能,属于商标性使用。

(二)上诉人鼎盛公司使用的"I will 爱维尔"与"乐活 LOHAS"连用的标识与东华公司的"乐活 LOHAS"注册商标构成近似,其行为侵害了被上诉人东华公司注册商标专用权

我国《商标法》第五十二条第(一)项规定,未经商标注册人的许可,在同一种商品或者类似商品上使用与其注册商标相同或近似的商标,属于侵犯注册商标专用权的行为。本案中,上诉人鼎盛公司使用诉争标识的商品月饼与被上诉人东华公司注册商标核定使用的糕点等商品属于类似商品,且两商标并不相同,对此各方当事人并无争议,因此,判断鼎盛公司的行为是否构成商标侵权的关键在于,鼎盛公司使用的诉争标识与东华公司"乐活 LOHAS"注册商标是否构成近似。

虽然我国商标法对商标近似的判断未作具体规定,但在司法实践中,一般认为商标近似是指被控侵权的商标与注册商标相比较,其文字的字形、读音、含义或者图形的构图及颜色,或者其各要素组合后的整体结构相似,或者其立体形状、颜色组合近似,易使相关公众对商品的来源产生误认或者认为其来源与注册商标的商品有特定的联系。亦即,侵犯注册商标专用权意义上的商标近似应当是混淆性近似,是否造成市场混淆是判断商标近似的重要因素之一。其中,是否造成市场混淆,通常情况下,不仅包括现实的混淆,也包括混淆的可能性。具体判断商标是否近似时,应掌握的原则:一是以相关公众的一般注意力为标准;二是既要对商标进行整体比对,又要对商标的主要部分进行比对,且比对应当在比对对象隔离的状态下分别进行;三是应当考虑请求保护注册商标的显著性和知名度。本案中,上诉人鼎盛公司使用的诉争标识与被上诉人东华公司的"乐活 LOHAS"注册商标相比,应当认定构成近似商标。理由是:

首先,从整体对比来看,上诉人鼎盛公司使用的"I will爱维尔"与"乐活 LOHAS"连用标识中,"乐活 LOHAS"在整体结构中较为突出,占主要部分,且该部分的中英文字的字形、读音及含义与东华公司"乐活 LOHAS"注册商标完全相同,其构成要素非常接近,易使相关公众对商品的来源产生误认。

其次,从"乐活 LOHAS"注册商标的显著性和知名度考虑,两商标易造成市场相关公众的混淆和误认:

其一,"乐活族"一词虽然被《中国语言生活状况报告(2006)》所收录,但作为2006年度才出现的新词语,只能说明该词语在2006年这一时段因一定使用频率及流行度而被收录,并不代表该词语在当时已经达到通用词汇的程度,更不能以该词汇在本案进入诉讼阶段后的流行度来反推在2009年"乐活 LOHAS"商标被核准注册时,已经成为社会通用词汇。目前,"乐活 LOHAS"作为注册商标并未被撤销,也说明"乐活"一词虽具有一定含义,但该词汇在核准注册时因尚未达到通用词汇的程度,具有一定的显著性。因此,应认定鼎盛公司使用的诉争标识起到的是商标标识性作用,而非是对商品进行的一种描述,一般消费者看到"I will爱维尔"与"乐活 LOHAS"连用的标识时,并不会将其理解为"我愿意健康生活"这一含义。上诉人鼎盛公司认为"乐活 LOHAS"作为社会通用词汇,其是根据该词的本义使用,属于合理使用的主张不能成立。

其二,"乐活 LOHAS"商标于2009年7月核准注册。虽然在被上诉人苏州工商局2009年9月查处、2010年6月作出行政处罚决定时,"乐活 LOHAS"注册商标因尚未实际使用而不存在市场知名度,且在本案二审诉讼期间该注册商标仍未使用,但由于"乐活 LOHAS"商标刚被核准注册,上诉人鼎盛公司的使用行为即被工商行政机关查处,因此,本案对是否造成两者混淆的侵权判断应当以行政机关查处的时间为判断基准。在没有证据证明被上诉人东华公司注册"乐活 LOHAS"商标的行为存在恶意抢注的主观故意时,需要为尚未使用注册商标的商标权人预留一定的保护空间,此时关于混淆的判断,应当更多地考虑混淆的可能性,而非是否产生了实际混淆。司法实践中,近似商标侵权判定以实际混淆作为判断标准的,通常需要有被控侵权商标经长期善意使用,两个商标已形成善意共存状态等特殊历史因素存在,而本案中不存在上述特殊历史因素。虽然鼎盛公司在涉案商标核准注册之前即已使用"乐活 LOHAS"字样进行相应包装设计和委托生产,但由于该使用时间很短暂,不足一个月,并未形成两商标因长期使用而善意共存的状况。如果一味以涉案注册商标未实际使用,不会造成实际混淆作为侵权判断标准,则有可能对商标注册制度造成不应有

的冲击,不利于注册商标专用权的保护。

(三)被上诉人苏州工商局作出的行政处罚显失公正

行政处罚显失公正一般是指行政处罚虽然在形式上不违法,但处罚结果明显不公正,损害了公民、法人或者其他组织的合法权益。我国《行政处罚法》第四条第二款规定,实施行政处罚必须以事实为依据,与违法行为的事实、性质、情节以及社会危害程度相当。因此,行政主体在实施行政处罚时,应当遵循该条规定的"过罚相当原则"。如果行政机关作出的行政处罚明显违背"过罚相当原则",使行政处罚结果与违法程度不相适应,则应当认定属于行政处罚显失公正。

我国《商标法》第五十三条规定,工商行政管理部门在处理侵犯注册商标专用权纠纷时,认定侵权行为成立的,责令立即停止侵权行为,并可处以罚款。对该条款的正确理解应当是工商行政机关对商标侵权行为作出行政处罚时,在责令立即停止侵权行为的同时,可以对是否并处罚款作出选择。因此,工商行政机关在行使该自由裁量权时,应当根据《行政处罚法》第四条第二款确立的"过罚相当原则",综合考虑处罚相对人的主观过错程度、违法行为的情节、性质、后果及危害程度等因素,决定是否对相对人并处罚款。本案中,上诉人鼎盛公司使用的诉争标识与被上诉人东华公司的"乐活 LOHAS"注册商标构成近似商标,其行为构成商标侵权,苏州工商局作为查处侵犯注册商标专用权行为的行政机关,有权依据我国商标法对其违法行为予以查处并作出处罚,但其在责令鼎盛公司停止侵权行为的同时并处50万元罚款,并未考虑以下应当考虑的因素:

第一,在"乐活 LOHAS"注册商标核准之前,上诉人鼎盛公司就进行了相应的包装设计并委托生产,鼎盛公司不存在攀附被上诉人东华公司注册商标声誉的主观恶意。

第二,"乐活 LOHAS"商标于2009年7月核准注册,被上诉人苏州工商局对上诉人鼎盛公司的侵权行为于2009年9月查处、2010年6月作出行政处罚决定。因鼎盛公司的侵权时间非常短暂,且涉案注册商标尚未实际使用,故鼎盛公司的侵权行为对商标权人东华公司并未造成实际损害后果。

第三,从"I will 爱维尔"与"乐活 LOHAS"连用的标识使用情况来看,上诉人鼎盛公司仅是在2009年中秋月饼的促销活动中使用该标识,且作为该年度中秋23款系列月饼中的一款,鼎盛公司并未对使用该标识的月饼进行专门、广泛、大量的宣传,其对商品的销售模式也仅限于其专卖店销售或直接推销。加之"乐活 LOHAS"注册商标因未使用不存在市场知名度,尚未造成市场中相关公众实际的混淆和误认,故其侵权行为和情节显著轻微。

基于以上因素,被上诉人苏州工商局在对上诉人鼎盛公司进行行政处罚时,责令其停止侵权行为即足以达到保护注册商标专用权以及保障消费者和相关公众利益的行政执法目的,但苏州工商局未考虑鼎盛公司上述主观上无过错,侵权性质、行为和情节显著轻微,尚未造成实际危害后果等因素,同时对鼎盛公司并处50万元罚款,使行政处罚的结果与违法行为的社会危害程度之间明显不适当,其行政处罚缺乏妥当性和必要性,应当认定属于显失公正的行政处罚。

关于上诉人鼎盛公司认为被上诉人苏州工商局多次听证违反《行政处罚法》的相关规定,属于程序违法的问题。二审法院认为,我国行政处罚法规定听证程序,但对听证的次数没有作出明确规定,因此苏州工商局多次听证并未违反相关法律的禁止性规定,鼎盛公司认为苏州工商局存在程序违法的理由于法无据,不予支持。

综上,江苏省高级人民法院认为,工商行政机关依法对行政相对人的商标侵权行为实施行政处罚时,应遵循过罚相当原则行使自由裁量权;也就是说,在保证行政管理目标实现的同时,兼顾保护行政相对人的合法权益,行政处罚以达到行政执法目的和目标为限,并尽可能使相对人的权益遭受最小的损害。工商行政机关如果未考虑应当考虑的因素,违背过罚相当原则,导致行政处罚结果显失公正的,人民法院有权依法判决变更。本案中,被上诉人苏州工商局的行政处罚显失公正,应当予以变更。一审判决认定事实清楚,审判程序合法,但适用法律错误,应予改判。据此,江苏省高级人民法院依照《中华人民共和国商标法》第五十二条第(一)项、第五十三条,《中华人民共和国行政处罚法》第四条第二款,《中华人民共和国行政诉讼法》第五十四条第(四)项、第六十一条第(二)项的规定,于2012年7月31日作出判决:

一、撤销江苏省苏州市中级人民法院(2011)苏中知行初字第0001号行政判决;

二、变更2010年6月11日江苏省苏州工商行政管理局作出的苏工商案字(2010)第00053号行政处罚决定"1.责令停止侵权行为,2.罚款人民币50万元"为"责令停止侵权行为"。

本判决为终审判决。

蜘蛛王集团有限公司与国家工商行政管理总局商标评审委员会、美国蜘蛛集团有限公司商标异议复审行政纠纷案

【裁判摘要】

商标授权确权行政程序中,应当区分商誉的延续与商标的延续。市场主体在经营过程中积累的商誉,可以转移、延续,但是其市场经营行为并不因目的上的正当性而当然具有结果上的合法性。市场主体以转移、延续商誉为目的另行注册与原注册商标标识存在一定联系的新商标,仍然应当由商标行政主管部门依法进行审核。

再审申请人(一审第三人、二审上诉人):美国蜘蛛集团有限公司。住所地:香港特别行政区九龙旺角弥敦道707-713号银高国际大厦9楼A5室。

法定代表人:王永善,该公司执行董事。

委托诉讼代理人:汪涌,北京金诚同达律师事务所律师。

委托诉讼代理人:金宸林,北京金诚同达律师事务所实习律师。

被申请人(一审原告、二审被上诉人):蜘蛛王集团有限公司。住所地:浙江省永嘉县瓯江三桥工业区。

法定代表人:许承建,该公司董事长。

委托诉讼代理人:吴聪美,北京万慧达(上海)律师事务所律师。

一审被告、二审上诉人:国家工商行政管理总局商标评审委员会。住所地:北京市西城区茶马南街1号。

法定代表人:赵刚,该委员会主任。

委托诉讼代理人:李濛萌,该委员会审查员。

再审申请人美国蜘蛛集团有限公司(以下简称美国蜘蛛公司)因与被申请人蜘蛛王集团有限公司(以下简称蜘蛛王集团公司)及一审被告、二审上诉人国家工商行政管理总局商标评审委员会(以下简称商标评审委员会)商标异议复审行政纠纷一案,不服北京市高级人民法院(2016)京行终4490号行政判决,向本院申请再审。本院依法组成合议庭进行了审查,现已审查终结。

美国蜘蛛公司申请再审称:(一)第4312222号图形商标(即本案被异议商标,以下简称被异议商标)是美国蜘蛛公司基于在先注册的第1212760号"中吉ZHONGJI及图"商标(以下简称第1212760号商标)的延续性注册,被异议商标的构图要素、整体视觉效果等均与第1212760号商标的图形部分相同,且被异议商标指定使用的商品与第1212760号商标核定使用的商品相同,均为:服装、婴儿服装、游泳衣、帽、袜、领带、围巾、腰带、鞋、手套。故被异议商标理应获准注册。(二)被异议商标经过美国蜘蛛公司的持续使用和宣传已经形成了稳定的市场格局。美国蜘蛛公司一直持续使用第1212760号商标,已经占有一定的市场份额,形成稳定的市场格局。而且,第1212760号商标与第1027408号"蜘蛛王ZHIZHUWANG及图"商标(即本案引证商标一,以下简称引证商标一)、第1637185号图形商标(即本案引证商标二,以下简称引证商标二)、第2005562号图形商标(即本案引证商标三,以下简称引证商标三)共存于市场多年,并未造成消费者的混淆。(三)被异议商标与引证商标一、二、三未构成使用在同一种或类似商品上的近似商标。被异议商标与引证商标一在文字构成、构图要素、整体视觉效果等方面差别明显,不构成近似商标。被异议商标与引证商标二、三在构图细节、整体视觉效果等方面存在一定差别,即便共存于市场,亦不至于造成相关公众的混淆、误认。(四)被异议商标是美国蜘蛛公司对在先注册的第1212760号商标的延续性注册,应当获准注册。对此,一审法院没有评述,存在漏审;二审法院关于"第1212760号商标与引证商标二、三共存不能成为被异议商标应否核准注册的理由"的认定错误。

综上,美国蜘蛛公司依据《中华人民共和国行政诉讼法》第九十一条的规定申请再审,请求:1.撤销本案一审、二审判决;2.改判维持商标评审委员会作出的商评字〔2012〕第38010号关于第4312222号图形商标异议复审裁定;3.一审、二审诉讼费用由被申请人承担。

本院经审查认为,根据美国蜘蛛公司申请再审的理由,本案再审审查的焦点问题为:1.被异议商标与引

证商标二、引证商标三是否构成使用在相同或类似商品上的近似商标;2. 第1212760号商标能否成为被异议商标应予核准注册的依据。

关于第一个问题,被异议商标与引证商标二、三是否构成使用在相同或类似商品上的近似商标。首先,关于商品类别是否相同或者类似。被异议商标指定使用的商品类别为:服装、婴儿服装、游泳衣、帽、袜、领带、围巾、腰带、鞋、手套。被异议商标指定使用的“鞋”与引证商标二、引证商标三核定使用的“鞋”构成相同商品;被异议商标指定使用的“帽、袜、领带、围巾、手套、腰带”与引证商标三核定使用的“帽、袜、领带、围巾、手套、腰带”构成相同商品;被异议商标指定使用的“服装、婴儿服装、游泳衣”与引证商标三核定使用的“帽、袜、领带、围巾、手套、腰带”在功能、用途等方面存在紧密联系,构成类似商品。因此,被异议商标指定使用的商品与引证商标二、引证商标三核定使用的商品构成相同或类似商品。其次,关于商标标志是否近似。被异议商标的标志为无其他构成要素的纯图形商标,整体表现为经过一定艺术化处理的蜘蛛图形,引证商标二、引证商标三的标志同样为无其他构成要素的纯图形商标,整体亦表现为经过一定艺术化处理的蜘蛛图形。将被异议商标的蜘蛛图形与引证商标二、引证商标三的蜘蛛图形分别进行比较,在蜘蛛形态、整体构成等方面均构成近似。综上,被异议商标与引证商标二、引证商标三构成使用在相同或类似商品上的近似商标,美国蜘蛛公司该项申请再审理由不能成立。

关于第二个问题,第1212760号商标能否成为被异议商标应予核准注册的依据。美国蜘蛛公司申请再审称,其申请注册被异议商标,是对已注册的第1212760号商标的延续注册,故应当获准注册。本院认为,应当区分商誉的延续与商标的延续。市场主体在经营过程中积累的商誉,可以一定方式在不同的商誉载体上进行转移、延续,商誉的载体包括市场主体的字号、商标、产品的包装装潢等可以区分商品或服务来源的标识。但是,市场主体以转移、延续商誉为目的的市场经营行为,并不因其目的上的正当性而当然具有结果上的合法性,仍然应当符合法律相关规定。具体到本案,美国蜘蛛公司如基于经营策略等原因需要另行注册与原注册商标标识存在一定联系的新商标,根据《中华人民共和国商标法》(2001年第二次修正,以下简称2001年商标法)第二十条、第二十一条、第二十二条的相关规定,无论其以原注册商标为载体是否已积累了一定的商誉,也无论新商标与原注册商标指定使用的商品类别以及所使用的标识具有何种联系,都应当向商标行政主管部门提出注册申请,由商标行政主管部门依法进行审核。本案的被异议商标与第1212760号商标相比较,虽然指定使用的商品类别相同,但是商标标识并不相同,被异议商标能否注册,应当依法重新进行审查,不因其与第1212760号商标所具有的关联性而当然具有合法性。关于商标的延续,2001年商标法第三十八条规定了注册商标的续展,除此之外,未规定其他形式的商标延续。因此,美国蜘蛛公司该项申请再审理由不能成立。

美国蜘蛛公司申请再审还称,被异议商标经过持续使用和宣传已经形成了稳定的市场格局。但是,在该项申请再审理由中,美国蜘蛛公司已自认其系对第1212760号商标进行的持续使用,故美国蜘蛛公司该项申请再审理由不能成立。

综上,美国蜘蛛集团有限公司的再审申请不符合《中华人民共和国行政诉讼法》第九十一条规定的情形。本院依照《最高人民法院关于执行〈中华人民共和国行政诉讼法〉若干问题的解释》第七十四条之规定,裁定如下:

驳回美国蜘蛛集团有限公司的再审申请。

(10)城乡建设行政案件法律适用

国有土地上房屋征收与补偿条例

1. 2011年1月21日国务院令第590号公布

2. 自2011年1月21日起施行

第一章　总　　则

第一条　为了规范国有土地上房屋征收与补偿活动,维护公共利益,保障被征收房屋所有权人的合法权益,制定本条例。

第二条　为了公共利益的需要,征收国有土地上单位、个人的房屋,应当对被征收房屋所有权人(以下称被征收人)给予公平补偿。

第三条　房屋征收与补偿应当遵循决策民主、程序正当、结果公开的原则。

第四条 市、县级人民政府负责本行政区域的房屋征收与补偿工作。

市、县级人民政府确定的房屋征收部门(以下称房屋征收部门)组织实施本行政区域的房屋征收与补偿工作。

市、县级人民政府有关部门应当依照本条例的规定和本级人民政府规定的职责分工,互相配合,保障房屋征收与补偿工作的顺利进行。

第五条 房屋征收部门可以委托房屋征收实施单位,承担房屋征收与补偿的具体工作。房屋征收实施单位不得以营利为目的。

房屋征收部门对房屋征收实施单位在委托范围内实施的房屋征收与补偿行为负责监督,并对其行为后果承担法律责任。

第六条 上级人民政府应当加强对下级人民政府房屋征收与补偿工作的监督。

国务院住房城乡建设主管部门和省、自治区、直辖市人民政府住房城乡建设主管部门应当会同同级财政、国土资源、发展改革等有关部门,加强对房屋征收与补偿实施工作的指导。

第七条 任何组织和个人对违反本条例规定的行为,都有权向有关人民政府、房屋征收部门和其他有关部门举报。接到举报的有关人民政府、房屋征收部门和其他有关部门对举报应当及时核实、处理。

监察机关应当加强对参与房屋征收与补偿工作的政府和有关部门或者单位及其工作人员的监察。

第二章 征收决定

第八条 为了保障国家安全、促进国民经济和社会发展等公共利益的需要,有下列情形之一,确需征收房屋的,由市、县级人民政府作出房屋征收决定:

(一)国防和外交的需要;

(二)由政府组织实施的能源、交通、水利等基础设施建设的需要;

(三)由政府组织实施的科技、教育、文化、卫生、体育、环境和资源保护、防灾减灾、文物保护、社会福利、市政公用等公共事业的需要;

(四)由政府组织实施的保障性安居工程建设的需要;

(五)由政府依照城乡规划法有关规定组织实施的对危房集中、基础设施落后等地段进行旧城区改建的需要;

(六)法律、行政法规规定的其他公共利益的需要。

第九条 依照本条例第八条规定,确需征收房屋的各项建设活动,应当符合国民经济和社会发展规划、土地利用总体规划、城乡规划和专项规划。保障性安居工程建设、旧城区改建,应当纳入市、县级国民经济和社会发展年度计划。

制定国民经济和社会发展规划、土地利用总体规划、城乡规划和专项规划,应当广泛征求社会公众意见,经过科学论证。

第十条 房屋征收部门拟定征收补偿方案,报市、县级人民政府。

市、县级人民政府应当组织有关部门对征收补偿方案进行论证并予以公布,征求公众意见。征求意见期限不得少于 30 日。

第十一条 市、县级人民政府应当将征求意见情况和根据公众意见修改的情况及时公布。

因旧城区改建需要征收房屋,多数被征收人认为征收补偿方案不符合本条例规定的,市、县级人民政府应当组织由被征收人和公众代表参加的听证会,并根据听证会情况修改方案。

第十二条 市、县级人民政府作出房屋征收决定前,应当按照有关规定进行社会稳定风险评估;房屋征收决定涉及被征收人数量较多的,应当经政府常务会议讨论决定。

作出房屋征收决定前,征收补偿费用应当足额到位、专户存储、专款专用。

第十三条 市、县级人民政府作出房屋征收决定后应当及时公告。公告应当载明征收补偿方案和行政复议、行政诉讼权利等事项。

市、县级人民政府及房屋征收部门应当做好房屋征收与补偿的宣传、解释工作。

房屋被依法征收的,国有土地使用权同时收回。

第十四条 被征收人对市、县级人民政府作出的房屋征收决定不服的,可以依法申请行政复议,也可以依法提起行政诉讼。

第十五条 房屋征收部门应当对房屋征收范围内房屋的权属、区位、用途、建筑面积等情况组织调查登记,被征收人应当予以配合。调查结果应当在房屋征收范围内向被征收人公布。

第十六条 房屋征收范围确定后，不得在房屋征收范围内实施新建、扩建、改建房屋和改变房屋用途等不当增加补偿费用的行为；违反规定实施的，不予补偿。

房屋征收部门应当将前款所列事项书面通知有关部门暂停办理相关手续。暂停办理相关手续的书面通知应当载明暂停期限。暂停期限最长不得超过1年。

第三章 补　偿

第十七条 作出房屋征收决定的市、县级人民政府对被征收人给予的补偿包括：

（一）被征收房屋价值的补偿；

（二）因征收房屋造成的搬迁、临时安置的补偿；

（三）因征收房屋造成的停产停业损失的补偿。

市、县级人民政府应当制定补助和奖励办法，对被征收人给予补助和奖励。

第十八条 征收个人住宅，被征收人符合住房保障条件的，作出房屋征收决定的市、县级人民政府应当优先给予住房保障。具体办法由省、自治区、直辖市制定。

第十九条 对被征收房屋价值的补偿，不得低于房屋征收决定公告之日被征收房屋类似房地产的市场价格。被征收房屋的价值，由具有相应资质的房地产价格评估机构按照房屋征收评估办法评估确定。

对评估确定的被征收房屋价值有异议的，可以向房地产价格评估机构申请复核评估。对复核结果有异议的，可以向房地产价格评估专家委员会申请鉴定。

房屋征收评估办法由国务院住房城乡建设主管部门制定，制定过程中，应当向社会公开征求意见。

第二十条 房地产价格评估机构由被征收人协商选定；协商不成的，通过多数决定、随机选定等方式确定，具体办法由省、自治区、直辖市制定。

房地产价格评估机构应当独立、客观、公正地开展房屋征收评估工作，任何单位和个人不得干预。

第二十一条 被征收人可以选择货币补偿，也可以选择房屋产权调换。

被征收人选择房屋产权调换的，市、县级人民政府应当提供用于产权调换的房屋，并与被征收人计算、结清被征收房屋价值与用于产权调换房屋价值的差价。

因旧城区改建征收个人住宅，被征收人选择在改建地段进行房屋产权调换的，作出房屋征收决定的市、县级人民政府应当提供改建地段或者就近地段的房屋。

第二十二条 因征收房屋造成搬迁的，房屋征收部门应当向被征收人支付搬迁费；选择房屋产权调换的，产权调换房屋交付前，房屋征收部门应当向被征收人支付临时安置费或者提供周转用房。

第二十三条 对因征收房屋造成停产停业损失的补偿，根据房屋被征收前的效益、停产停业期限等因素确定。具体办法由省、自治区、直辖市制定。

第二十四条 市、县级人民政府及其有关部门应当依法加强对建设活动的监督管理，对违反城乡规划进行建设的，依法予以处理。

市、县级人民政府作出房屋征收决定前，应当组织有关部门依法对征收范围内未经登记的建筑进行调查、认定和处理。对认定为合法建筑和未超过批准期限的临时建筑的，应当给予补偿；对认定为违法建筑和超过批准期限的临时建筑的，不予补偿。

第二十五条 房屋征收部门与被征收人依照本条例的规定，就补偿方式、补偿金额和支付期限、用于产权调换房屋的地点和面积、搬迁费、临时安置费或者周转用房、停产停业损失、搬迁期限、过渡方式和过渡期限等事项，订立补偿协议。

补偿协议订立后，一方当事人不履行补偿协议约定的义务的，另一方当事人可以依法提起诉讼。

第二十六条 房屋征收部门与被征收人在征收补偿方案确定的签约期限内达不成补偿协议，或者被征收房屋所有权人不明确的，由房屋征收部门报请作出房屋征收决定的市、县级人民政府依照本条例的规定，按照征收补偿方案作出补偿决定，并在房屋征收范围内予以公告。

补偿决定应当公平，包括本条例第二十五条第一款规定的有关补偿协议的事项。

被征收人对补偿决定不服的，可以依法申请行政复议，也可以依法提起行政诉讼。

第二十七条 实施房屋征收应当先补偿、后搬迁。

作出房屋征收决定的市、县级人民政府对被征收人给予补偿后，被征收人应当在补偿协议约定或者补偿决定确定的搬迁期限内完成搬迁。

任何单位和个人不得采取暴力、威胁或者违反规定中断供水、供热、供气、供电和道路通行等非法方式迫使被征收人搬迁。禁止建设单位参与搬迁活动。

第二十八条 被征收人在法定期限内不申请行政复议或者不提起行政诉讼，在补偿决定规定的期限内又不搬迁的，由作出房屋征收决定的市、县级人民政府依法申请人民法院强制执行。

强制执行申请书应当附具补偿金额和专户存储账号、产权调换房屋和周转用房的地点和面积等材料。

第二十九条 房屋征收部门应当依法建立房屋征收补偿档案，并将分户补偿情况在房屋征收范围内向被征收人公布。

审计机关应当加强对征收补偿费用管理和使用情况的监督，并公布审计结果。

第四章 法律责任

第三十条 市、县级人民政府及房屋征收部门的工作人员在房屋征收与补偿工作中不履行本条例规定的职责，或者滥用职权、玩忽职守、徇私舞弊的，由上级人民政府或者本级人民政府责令改正，通报批评；造成损失的，依法承担赔偿责任；对直接负责的主管人员和其他直接责任人员，依法给予处分；构成犯罪的，依法追究刑事责任。

第三十一条 采取暴力、威胁或者违反规定中断供水、供热、供气、供电和道路通行等非法方式迫使被征收人搬迁，造成损失的，依法承担赔偿责任；对直接负责的主管人员和其他直接责任人员，构成犯罪的，依法追究刑事责任；尚不构成犯罪的，依法给予处分；构成违反治安管理行为的，依法给予治安管理处罚。

第三十二条 采取暴力、威胁等方法阻碍依法进行的房屋征收与补偿工作，构成犯罪的，依法追究刑事责任；构成违反治安管理行为的，依法给予治安管理处罚。

第三十三条 贪污、挪用、私分、截留、拖欠征收补偿费用的，责令改正，追回有关款项，限期退还违法所得，对有关责任单位通报批评、给予警告；造成损失的，依法承担赔偿责任；对直接负责的主管人员和其他直接责任人员，构成犯罪的，依法追究刑事责任；尚不构成犯罪的，依法给予处分。

第三十四条 房地产价格评估机构或者房地产估价师出具虚假或者有重大差错的评估报告的，由发证机关责令限期改正，给予警告，对房地产价格评估机构并处5万元以上20万元以下罚款，对房地产估价师并处1万元以上3万元以下罚款，并记入信用档案；情节严重的，吊销资质证书、注册证书；造成损失的，依法承担赔偿责任；构成犯罪的，依法追究刑事责任。

第五章 附 则

第三十五条 本条例自公布之日起施行。2001年6月13日国务院公布的《城市房屋拆迁管理条例》同时废止。本条例施行前已依法取得房屋拆迁许可证的项目，继续沿用原有的规定办理，但政府不得责成有关部门强制拆迁。

最高人民法院关于审理房屋登记案件若干问题的规定

1. *2010年8月2日最高人民法院审判委员会第1491次会议通过*
2. *2010年11月5日公布*
3. *法释〔2010〕15号*
4. *自2010年11月18日起施行*

为正确审理房屋登记案件，根据《中华人民共和国物权法》、《中华人民共和国城市房地产管理法》、《中华人民共和国行政诉讼法》等有关法律规定，结合行政审判实际，制定本规定。

第一条 公民、法人或者其他组织对房屋登记机构的房屋登记行为以及与查询、复制登记资料等事项相关的行政行为或者相应的不作为不服，提起行政诉讼的，人民法院应当依法受理。

第二条 房屋登记机构根据人民法院、仲裁委员会的法律文书或者有权机关的协助执行通知书以及人民政府的征收决定办理的房屋登记行为，公民、法人或者其他组织不服提起行政诉讼的，人民法院不予受理，但公民、法人或者其他组织认为登记与有关文书内容不一致的除外。

房屋登记机构作出未改变登记内容的换发、补发权属证书、登记证明或者更新登记簿的行为，公民、法人或者其他组织不服提起行政诉讼的，人民法院不予受理。

房屋登记机构在行政诉讼法施行前作出的房屋登记行为，公民、法人或者其他组织不服提起行政诉讼的，人民法院不予受理。

第三条 公民、法人或者其他组织对房屋登记行为不服提起行政诉讼的，不受下列情形的影响：

（一）房屋灭失；

（二）房屋登记行为已被登记机构改变；

（三）生效法律文书将房屋权属证书、房屋登记簿或者房屋登记证明作为定案证据采用。

第四条 房屋登记机构为债务人办理房屋转移登记，债权人不服提起诉讼，符合下列情形之一的，人民法院应当依法受理：

（一）以房屋为标的物的债权已办理预告登记的；

（二）债权人为抵押权人且房屋转让未经其同意的；

（三）人民法院依债权人申请对房屋采取强制执行措施并已通知房屋登记机构的；

（四）房屋登记机构工作人员与债务人恶意串通的。

第五条 同一房屋多次转移登记，原房屋权利人、原利害关系人对首次转移登记行为提起行政诉讼的，人民法院应当依法受理。

原房屋权利人、原利害关系人对首次转移登记行为及后续转移登记行为一并提起行政诉讼的，人民法院应当依法受理；人民法院判决驳回原告就在先转移登记行为提出的诉讼请求，或者因保护善意第三人确认在先房屋登记行为违法的，应当裁定驳回原告对后续转移登记行为的起诉。

原房屋权利人、原利害关系人未就首次转移登记行为提起行政诉讼，对后续转移登记行为提起行政诉讼的，人民法院不予受理。

第六条 人民法院受理房屋登记行政案件后，应当通知没有起诉的下列利害关系人作为第三人参加行政诉讼：

（一）房屋登记簿上载明的权利人；

（二）被诉异议登记、更正登记、预告登记的权利人；

（三）人民法院能够确认的其他利害关系人。

第七条 房屋登记行政案件由房屋所在地人民法院管辖，但有下列情形之一的也可由被告所在地人民法院管辖：

（一）请求房屋登记机构履行房屋转移登记、查询、复制登记资料等职责的；

（二）对房屋登记机构收缴房产证行为提起行政诉讼的；

（三）对行政复议改变房屋登记行为提起行政诉讼的。

第八条 当事人以作为房屋登记行为基础的买卖、共有、赠与、抵押、婚姻、继承等民事法律关系无效或者应当撤销为由，对房屋登记行为提起行政诉讼的，人民法院应当告知当事人先行解决民事争议，民事争议处理期间不计算在行政诉讼起诉期限内；已经受理的，裁定中止诉讼。

第九条 被告对被诉房屋登记行为的合法性负举证责任。被告保管证据原件的，应当在法庭上出示。被告不保管原件的，应当提交与原件核对一致的复印件、复制件并作出说明。当事人对被告提交的上述证据提出异议的，应当提供相应的证据。

第十条 被诉房屋登记行为合法的，人民法院应当判决驳回原告的诉讼请求。

第十一条 被诉房屋登记行为涉及多个权利主体或者房屋可分，其中部分主体或者房屋的登记违法应予撤销的，可以判决部分撤销。

被诉房屋登记行为违法，但该行为已被登记机构改变的，判决确认被诉行为违法。

被诉房屋登记行为违法，但判决撤销将给公共利益造成重大损失或者房屋已为第三人善意取得的，判决确认被诉行为违法，不撤销登记行为。

第十二条 申请人提供虚假材料办理房屋登记，给原告造成损害，房屋登记机构未尽合理审慎职责的，应当根据其过错程度及其在损害发生中所起作用承担相应的赔偿责任。

第十三条 房屋登记机构工作人员与第三人恶意串通违法登记，侵犯原告合法权益的，房屋登记机构与第三人承担连带赔偿责任。

第十四条 最高人民法院以前所作的相关的司法解释，凡与本规定不一致的，以本规定为准。

农村集体土地上的房屋登记行政案件参照本规定。

最高人民法院关于房地产管理机关能否撤销错误的注销抵押登记行为问题的批复

1. 2003年10月14日最高人民法院审判委员会第1293次会议通过
2. 2003年11月7日公布
3. 法释〔2003〕17号
4. 自2003年11月20日起施行

广西壮族自治区高级人民法院：

你院《关于首长机电设备贸易（香港）有限公司不服柳州市房产局注销抵押登记、吊销〔1997〕柳房他证字第0410号房屋他项权证并要求发还0410号房屋他项权证上诉一案的请示》收悉。经研究答复如下：

房地产管理机关可以撤销错误的注销抵押登记行为。

此复

最高人民法院对山西省高级人民法院《关于对县级以上人民政府设立的建设工程质量监督站是否应由计量行政主管部门进行计量认证问题的请示》的答复

1. 1997年8月29日
2. 〔1996〕法行字第7号

山西省高级人民法院：

你院《关于对县级以上人民政府设立的建设工程质量监督站是否应由计量行政部门进行计量认证问题的请示》收悉。经研究并征求有关部门意见，答复如下：

一、县级以上人民政府根据国家有关规定和实际情况设立的工程质量监督站是专门负责对建设工程质量监督检查的机构，该机构不需要经计量行政部门计量认证。

二、对建筑材料的质量管理应适用《中华人民共和国产品质量法》。凡从事建筑材料质量检验的机构必须具备相应的检验条件和能力，并经省级以上人民政府质量监督管理部门或者其授权的部门考核合格后，方可承担建筑材料的质量检验工作。

三、依据《中华人民共和国产品质量法》第十条的规定，根据监督抽查需要对产品进行检验的，不得向企业收取检验费用。

最高人民法院关于审理房屋登记行政案件中发现涉嫌刑事犯罪问题应如何处理的答复

1. 2008年9月23日
2. 〔2008〕行他字第15号

天津市高级人民法院：

你院《关于李宵诉天津市国土资源和房屋管理局房屋登记一案如何适用法律问题的请示报告》收悉。经研究答复如下：

人民法院在审理有关房屋登记行政案件中，发现涉嫌刑事犯罪问题的，不应将该案全案移送公安机关处理，而应区别不同情况分别处理：

一、第三人购买的房屋不属于善意取得，参照民法通则第五十八条和合同法第五十二条、第五十九条的规定，房屋买卖行为属于无效的行为，人民法院应当依法判决撤销被诉核发房屋产权证行为。

二、第三人购买的房屋属于善意取得，房屋管理机关未尽审慎审查职责的，依据物权法第一百零六条等有关法律的规定，第三人的合法权益应当予以保护，人民法院可以判决确认被诉具体行政行为违法。

三、如果不能确定第三人购买的房屋是否属于善意取得，应当中止案件审理，待有权机关作出有效确认后，再恢复审理。

此复

最高人民法院关于工商行政管理机关能否对建筑领域转包行为进行处罚及法律适用问题的答复

1. 2009年11月19日
2. 〔2009〕行他字第6号

湖北省高级人民法院：

你院《关于工商行政管理机关能否对建筑领域转包行为进行处罚及法律适用问题的请示》收悉。经研究，并经征求国务院法制办公室意见，答复如下：

《中华人民共和国建筑法》第七十六条第一款中的“有关部门”指的是铁路、交通、水利等专业建设工程主管部门，不包括工商行政管理部门。除根据该条第二款吊销营业执照外，工商行政管理部门查处非法转包建筑工程行为缺乏法律依据。

此复

最高人民法院关于《城市房地产抵押管理办法》在建工程抵押规定与上位法是否冲突问题的答复

1. 2012年11月28日
2. 〔2012〕行他字第8号

山东省高级人民法院：

你院鲁高法函〔2012〕3号请示收悉，经征求全国人大常委会法制工作委员会、住房和城乡建设部意见，答复如下：

在建工程属于《担保法》规定的可以抵押的财产范围。法律对在建工程抵押权人的范围没有作出限制性规定，《城市房地产抵押管理办法》第三条第五款有关在建工程抵押的规定，是针对贷款银行作为抵押权人时的特别规定，但并不限制贷款银行以外的主体成为在建工程的抵押权人。

·典型案例·

念泗三村28幢楼居民35人诉扬州市规划局行政许可行为侵权案

【裁判摘要】

根据城市规划法第二十一条的规定，编制分区规划城市的规划主管行政机关，依照法律和地方性法规的授权规划许可的建筑工程，虽然缩短了相邻人住宅的原日照时间，但符合国家和当地行政主管部门技术规范规定的最低日照标准，且不违反其他法律、法规规定的，应认定其许可行为合法。

原告：江苏省扬州市念泗三村28幢楼居民35人（名单略）。

诉讼代表人：曹育新，江苏省扬州市司法局干部。

诉讼代表人：朱玉忠，江苏省扬州市开关厂职工。

被告：江苏省扬州市规划局。地址：江苏省扬州市文昌中路。

法定代表人：张杰，该局局长。

第三人：江苏省扬州市东方天宇置业有限公司。地址：江苏省扬州市扬子江北路。

法定代表人：禹振飞，该公司董事长。

2003年7月7日，被告江苏省扬州市规划局依照《中华人民共和国城市规划法》（以下简称城市规划法）第三十二条的规定，向第三人扬州市东方天宇置业有限公司（以下简称东方天宇公司）核发了扬规建字2003076号《建设工程规划许可证》，许可该公司在扬州市百合园小区内建设“九层（局部十层）、住宅10 022.2平方米、阁楼753平方米、高度26.5米”的中心组团11—6号住宅楼。原告28幢楼曹育新等35名居民（以下简称28幢楼居民）认为该规划许可行为侵犯了他们的合法权益，遂向江苏省扬州市中级人民法院提起行政诉讼。

原告诉称：被告批准第三人在我们居住的楼前建设的11-6号高层住宅楼，与被告核发的扬规建字2003077号《建设工程规划许可证》许可第三人建设的11-4号、11-5号楼房形成一道屏障，破坏了瘦西湖景区的景观,不符合扬州市的城市规划,严重影响了我们的居住环境,侵犯了我们的合法权益,请求撤销被告颁发的2003076号《建设工程规划许可证》。

原告提交的主要证据有:

1. 扬州市念泗三村政文大院业主管理委员会《证明》,用以证明原告的诉讼主体资格。

2. 2003年1月10日《扬州日报》A4版"东方百合园"广告、2003年11月12日拍摄的扬州瘦西湖景区内照片6张、扬州市人民政府"瘦西湖"风光贺年片,用以证明被告批准建设的11-6号高层住宅楼将影响扬州瘦西湖景区的景观。

被告辩称:2003年5月6日,东方天宇公司持建设项目批准文件、建设用地证件等,申请核发东方百合园第十一组团二期工程的建设工程规划许可证。我局在履行提供规划设计条件、审查设计方案、审查施工图等程序后,于2003年7月7日分别核发了扬规建字2003076号、2003077号《建设工程规划许可证》,许可东方天宇公司建设三幢小高层住宅楼,该许可行为的主要证据和程序完全符合城市规划法和江苏省人大常委会颁布的《江苏省实施〈城市规划法〉办法》(以下简称江苏城市规划办法)。我局批准东方天宇公司建筑工程规划的具体行政行为,主要证据充分,符合法定程序,没有侵犯原告的相邻权。我局许可第三人建设的三幢小高层住宅楼与原告楼房的建筑间距,完全符合国家《城市居住区规划设计规范》以及《江苏省城市规划管理技术规定》的要求。其中,6号楼遮阳点高26.40米,减去1.20米高差,为25.20米。而现状6号楼与原告居住的28幢之间的距离为34.40米,日照间距达到1:1.365。4号楼不直接与28幢楼相邻,5号楼与28幢楼间距达62.7米。因此,原告认为我局的行政许可行为严重影响其居住环境,侵犯其合法权益,没有任何事实和法律依据。

被告提供的主要证据有:

1.《扬州市规划委员会第十四次会议纪要》(部分);

2.《念泗二村地段控制性详细规划》;

3. 2001年1月5日扬州市规划局《关于在东方百合园放置气球测试建筑高度的情况汇报》;

4. 2001年1月15日扬州市规划局扬规用地设字〔2001〕006号《关于扩大东方百合园住宅小区规划范围及下达其建设用地规划设计条件的通知》;

5.《市规划委员会第十六次会议纪要》(部分);

6. 扬州市规划委员会专家组评审意见第十期《关于东方百合园住宅小区规划等项目设计方案专家评审会纪要》;

7. 2002年8月30日扬州市国土资源局扬国土资〔2002〕地郊字12号《关于为东方天宇置业有限公司建商品房征地并供地的批复》;

8. 2002年10月30日扬州市规划局《关于对"东方百合园"项目再次放置气球并测试建筑高度的情况汇报》;

9. 2002年10月31日扬州市发展计划委员会扬计〔2002〕字第355号《关于东方百合园三期工程中心广场商品房开发建设计划的通知》;

10. 2003年5月6日东方天宇公司《关于申请办理"东方百合园"中心高层规划建设许可证的报告》;

11. 2003年7月2日扬州市测绘研究院《工程定位测量记录》两份;

12. 2003年7月4日扬州市测绘研究院《东方百合园待建住宅楼与北侧原有住宅楼高差测量》、扬州市测绘研究院《关于瘦西湖局部、平山堂局部与东方百合园局部距离的计算说明》;

13. 2003年7月7日《扬州市规划局建设工程定位通知书》、《扬州市规划局建设工程验线核准单》、扬州市规划局扬规建字2003076号《建设工程规划许可证》;

14. 扬州市宏厦建筑设计院《6号楼情况说明》、《6号楼日照示意图》;

15. 1999年11月16日江苏省人民政府苏政复〔1999〕128号《省政府关于扬州市城市总体规划的批复》;

16.《扬州市城市总体规划(1996—2010)文本》;

17.《蜀冈—瘦西湖风景名胜区总体规划》(部分);

第三人述称:扬州市规划局许可我公司建设的三幢住宅楼不是一座封闭的整体建筑,而是各自独立的建筑,故"屏障"之说不能成立。这三幢楼与原告住宅楼之间组成的结构布局形式,在城市规划区内比比皆是。只要符合规划管理规范,就不存在影响居住环境,也不存在侵犯权益。"居住环境"、"合法权益"均为普通的概念,原告在诉状中并没有具体指明其"居住环境"、"合法权益"受到什么样的侵犯,要求撤销2003076号、2003077号《建设工程规划许可证》于法无据。

第三人提供的证据有：

1. 东方天宇公司《关于对“东方百合园”中心小高层平面进行调整的报告》；

2. 扬州市规划局规管设〔2002〕字第10号《规划设计方案审批通知书》；

3. 扬州市发展计划委员会扬计〔2002〕字第339号《关于扬州东方百合园初步设计文件的批复》。

法庭质证中，原告28幢楼居民对被告扬州市规划局证据2的合法性和关联性提出异议，对被告其他证据没有从证据的真实性、合法性和关联性方面提出质证意见，而是对有关证据所证明的法律问题提出了不同的诉讼主张；第三人东方天宇公司没有对被告举出的证据提出异议。被告和第三人对原告的证据1没有提出异议，认为原告证据2与被告核发的《建设工程规划许可证》没有关联。第三人在诉讼中没有说明提供该证据的证明内容和证明目的，亦没有在庭审中将该证据举出并进行质证。

扬州市中级人民法院认定的案件事实如下：

2000年11月14日，扬州市规划委员会召开了第十四次会议，会议对东方天宇公司在东方百合园北侧，结合已批准的小区规划扩大用地范围，配套建设学校、农贸市场等设施的项目定点进行了审查。原则同意该项目定点，并同意按规划局初审意见，扩大用地范围东至扬子江北路、北至念泗河，统筹规划，分期实施。后扬州市规划局和扬州市城市规划设计院在此基础上编制并审查同意了《念泗二村地段控制性详细规划》。2000年12月25日，扬州市规划局会同扬州市开发办、扬州市政府机关事务管理局、景区办对东方百合园的建筑高度进行了放置气球测试。2001年1月12日，扬州市规划委员会召开第十六次会议，听取了对东方百合园工程项目小高层住宅建筑高度测试情况的汇报，原则同意规划局提出的“按已批准的小区详细规划实施，但小高层单体建筑的屋顶形式应借鉴传统手法适当调整”的审查意见，同时建议小高层单体设计要结合屋顶花园建设减少对景区景观的影响。2001年1月15日，扬州市规划局向第三人下达了扬规用地设字〔2001〕006号《关于扩大东方百合园住宅小区规划范围及下达其建设用地规划设计条件的通知》。2001年2月26日，扬州市规划局召开了关于东方百合园住宅小区规划等项目设计方案的专家评审会，形成了《关于东方百合园住宅小区规划等项目设计方案专家评审会纪要》。2002年10月26日，扬州市规划局会同园林局、文管会对东方百合园建筑高度再次进行了放置气球测试。

2003年5月6日，第三人东方天宇公司向被告扬州市规划局提出《关于申请办理“东方百合园”中心高层规划建设许可证的报告》，同时向扬州市规划局提供了2002年8月30日扬州市国土资源局扬国土资〔2002〕地郊字12号《关于为东方天宇置业有限公司建商品房征地并供地的批复》、2002年10月31日扬州市发展计划委员会扬计〔2002〕字第355号《关于东方百合园三期工程中心广场商品房开发建设计划的通知》和相关建筑设计图纸。2003年7月1日，东方天宇公司办理了东方百合园中心组团11－6号住宅楼的相关交费手续。2003年7月2日，扬州市测绘研究院对该建设工程项目进行了工程定位测量；2003年7月4日，扬州市测绘研究院对东方百合园待建住宅楼与北侧原有住宅楼的高差进行了测量并对瘦西湖局部、平山堂局部与东方百合园局部距离进行了测量计算。另外，扬州市宏厦建筑设计院对11－6号住宅楼的相关数据和该楼与北邻28幢楼之间的日照间距比作出了说明。2003年7月7日，扬州市规划局对11－6号住宅楼建设工程项目进行了定位和验线，并作出了《扬州市规划局建设工程定位通知书》、《扬州市规划局建设工程验线核准单》。同日，扬州市规划局向东方天宇公司核发了2003076号《建设工程规划许可证》。

扬州市中级人民法院就下列问题进行了审理和确认：

一、关于被诉具体行政行为是否侵犯原告的相邻权问题。

扬州市规划局在核发2003076号《建设工程规划许可证》时，通过审查建筑图纸、测算日照间距比、工程定位、核准验线等工作，较为充分地考虑了本案原告28幢楼居民的日照是否受到影响的问题。经测算，11－6号住宅楼与28幢楼的日照间距比为1∶1.365，符合《江苏省城市规划管理技术规定》第3.1条中规定的应当满足1∶1.2的最低限制，28幢楼居民在庭审中对被诉具体行政行为不影响其住宅楼日照一事也没有异议。11－6号住宅楼与2003077号《建设工程规划许可证》所许可建设的11－4号、11－5号住宅楼呈品字型布局，前后左右均有一定的间距，这种建筑方式不为建筑技术规范所禁止。28幢楼居民认为因11-4号、11-5号、11-6号三幢住宅楼形成170米的屏障而影响其住宅楼通风的观点，没有法律、法规或技术规范的支持。因此，28幢楼居民所诉通风相邻权受到被诉具体行政行为侵犯的理由不能成立；认为被诉具体行政行为影响了28幢楼原规划的实施，也没有事实和法律上的依据。

二、关于被诉具体行政行为是否合法的问题。

第一，被诉具体行政行为的程序是否合法。本案被诉具体行政行为，发生于东方百合园小区整体建设工程项目中的一个阶段。被告扬州市规划局在该小区整体建设项目批准程序中，已经按城市规划法第三十二条、江苏城市规划办法第二十六条、《扬州市城市规划管理办法》第四十条规定的程序，履行了提出建设工程规划设计条件和审查建设项目设计方案的程序，其中包括核发2003076号《建设工程规划许可证》应当履行的一部分程序，从而出现了提出建设工程规划设计条件和审查建设项目设计方案的时间早于东方天宇公司申请核发《建设工程规划许可证》的时间。这种程序上的时间次序倒置，是由于该建设项目的特殊性造成的，不能因此认为被诉具体行政行为违反了法律、法规和行政规范的规定。

第二，《念泗二村地段控制性详细规划》有无得到合法有效的批准。对于城市详细规划的审批，城市规划法第二十一条第八款和江苏城市规划办法第十二条第八款的规定是一致的，即"城市详细规划由城市人民政府审批；编制分区规划的城市的详细规划，除重要的详细规划由城市人民政府审批外，由城市人民政府城市规划行政主管部门审批"。本案中，被告扬州市规划局提供了《念泗二村地段控制性详细规划》和扬州市规划委员会第十四次、第十六次会议纪要，以说明《念泗二村地段控制性详细规划》已经得到了扬州市规划委员会第十六次会议批准，其批准的形式为会议纪要。同时，扬州市规划局还提供了《扬州市城市规划管理办法》以说明扬州市规划委员会的权限和职能。该办法第三条规定，扬州市规划委员会受市政府委托，负责对城市规划工作进行研究决策、组织实施和管理，组织相应的规划编制和规划审批工作，并负责协调、督促落实重要的规划事项。由此，扬州市政府在执行城市规划法和江苏省实施办法所规定的详细规划的审批程序时，授权规划委员会负责此项工作，这种做法本身并不为法律、法规所禁止。一个城市详细规划是否得到合法有效的批准，应通过一定的批准形式表现出来。本案中，有关详细规划的批准是以市长签发的市规划委员会会议纪要的形式出现的，尽管市规划委员会第十六次会议纪要中的"按已批准的小区详细规划实施"的表述在本案的当事人之间产生了不同的理解，但综合分析扬州市规划委员会第十四次会议纪要、《念泗二村地段控制性详细规划》、扬州市规划委员会第十六次会议纪要等证据的全部内容，可以得出该详细规划是经过扬州市规划委员会审查同意后，由市长签字批准的结论。至于这种会议纪要是不是一种通常所见的批准形式，由于法律、法规只规定城市详细规划应当由城市人民政府或规划行政主管部门审批，没有规定审批形式，故不能否定扬州市规划委员会会议纪要对批准详细规划发挥的实际作用，应当认定《念泗二村地段控制性详细规划》经过合法有效的批准。因此，28幢楼居民认为《念泗二村地段控制性详细规划》没有得到合法有效批准的诉讼主张，不能成立。

第三，关于被诉具体行政行为是否违反了《蜀冈—瘦西湖风景名胜区规划》。在本案的审查中，没有发现被诉具体行政行为有违反《蜀冈—瘦西湖风景名胜区规划》的情形，故原告28幢楼居民认为在风景区可以看到拟建设的住宅楼就应认定其影响风景区规划的理由不能成立。

综上，被诉具体行政行为证据充分、程序合法、适用法律正确，被告扬州市规划局核发的2003076号《建设工程规划许可证》是合法的，所批准第三人东方天宇公司在东方百合园建设的中心组团11-6号住宅楼没有侵犯原告28幢楼居民的通风等相邻权。

据此，扬州市中级人民法院依照最高人民法院《关于执行〈中华人民共和国行政诉讼法〉若干问题的解释》第五十六条第（四）项的规定，于2003年12月10日判决：

驳回原告28幢楼居民要求撤销被告扬州市规划局2003年7月7日核发的扬规建字2003076号《建设工程规划许可证》的诉讼请求。

宣判后，28幢楼居民不服，向江苏省高级人民法院提起上诉。

28幢楼居民的上诉理由是：（1）居住环境应包括

通风、采光、日照、噪音、滴水等许多因素，但并非所有因素都有明确的可实际操作的技术规范。扬州市规划局许可东方天宇公司规划建设的11-6号楼，虽然满足住宅日照系数技术规范的要求，考虑了建筑间距，但该幢楼与其许可东方天宇公司规划建设的11-4、11-5号楼形成长达170米的建筑屏障，势必导致前后通风不畅，使得28幢楼居民的居住环境质量下降。故原审判决仅以达到日照间距为由，而不考虑其他因素，认定被诉具体行政行为不构成对上诉人居住环境的影响，没有法律依据。(2)本案所涉地段在扬州市没有分区规划，根据法律规定，该地段的详细规划应由扬州市人民政府审批。原审判决认定扬州市规划委员会有权代表扬州市人民政府对《念泗二村地段控制性详细规划》进行审批，无法律依据。同时，扬州市规划委员会第十四次和第十六次会议纪要的内容均不能证明是对详细规划的审批，原审法院以分析的方法推论该详细规划已经批准，证据不足。(3)扬州市规划局行政行为的次序颠倒，程序违法。(4)扬州市规划局的许可行为破坏了风景区的自然人文景观，违反了《蜀岗—瘦西湖风景名胜区规划》。请求撤销一审判决，撤销2003076号《建设工程规划许可证》。

江苏省高级人民法院经审理认为：

本案中的当事人不是具体行政行为的直接相对人，而是因相邻权受到侵害而提起行政诉讼。起诉所基于的相邻权，属于民法范畴。根据《中华人民共和国民法通则》的规定，民事主体因建筑物相邻产生的日照、通风、采光、排水、通行等民事纠纷，应当通过民事诉讼的方式解决。但现实中，如果一方当事人实施的与其他当事人相邻权有关的行为是经行政机关批准、许可的，其他当事人就无法通过民事诉讼获得救济。为此，最高人民法院《关于执行〈中华人民共和国行政诉讼法〉若干问题的解释》第十三条第一款第(二)项规定相邻权人有对行政主体作出的涉及相邻权的具体行政行为提起行政诉讼的原告主体资格，其目的是保护民事主体享有的相邻权不受侵害。本案28幢楼居民因认为扬州市规划局核发给东方天宇公司的2003076号《建设工程规划许可证》侵犯其日照、通风、采光等相邻权而提起行政诉讼。因此，这类行政诉讼的审查重点，应当是被诉具体行政行为许可建设的建筑项目是否符合有关建筑管理的技术规范，是否侵犯了原告的相邻权。

《江苏省城市规划管理技术规定》根据居住建筑日照标准和当地实际情况，确定南京、镇江、扬州(除宝应、高邮外)等地住宅楼的日照间距系数为1∶1.2。2003076号《建设工程规划许可证》涉及的百合园小区11-6号住宅楼与28幢楼之间的日照间距比，经测算已达1∶1.365，超过了国家和江苏省有关部门规定的日照间距最低标准，上诉人对此没有异议。因此，虽然扬州市规划局许可东方天宇公司建造的百合园小区11-6号住宅楼缩短了28幢楼的原日照时间，但不构成对28幢楼居民日照权的侵犯。此外，11-6号住宅楼与扬州市规划局另外许可建设的11-4、11-5号住宅楼，在布局上呈由南向北的倒品字形，各楼之间均有一定间距。按照国家标准《城市居住区规划设计规范》的要求和说明，各住宅楼间距的设定，以满足日照要求为基础，并综合考虑采光、通风、消防、防灾、管线埋设、视觉卫生等因素。因此，原审判决认定扬州市规划局的行政许可行为并不影响上诉人享有的法定日照、采光、通风等相邻权，是有事实和法律依据的。28幢楼居民认为上述三幢楼房形成170米的屏障，影响其通风、小区管线埋设等，因无事实和法律依据，故不予采信。原审判决驳回28幢楼居民的诉讼请求，并无不当。

本案中，上诉人28幢楼居民在一审是以东方天宇公司依被上诉人扬州市规划局批准建设的两幢高层住宅楼侵犯其相邻权为由，提出撤销2003076号《建设工程规划许可证》的诉讼请求。故原审法院根据行政诉讼法的规定，对扬州市规划局核发的2003076号《建设工程规划许可证》的程序是否合法、所依据的《念泗二村地段详细规划》是否经过合法批准，以及是否违反《蜀岗—瘦西湖风景名胜区总体规划》，是否符合法律规定进行审查。查明东方天宇公司已按有关法律规定向扬州市规划局提交了建设申请、建设项目批准文件、建设用地证件、设计方案、施工图等材料，扬州市规划局在依法对上述材料进行审查的基础上，核发了2003076号《建设工程规划许可证》。由此认定扬州市规划局核发的2003076号《建设工程规划许可证》，符合有关法律规定，并未侵犯28幢楼居民的合法权益，并无不妥。

综上，江苏省高级人民法院依据《中华人民共和国行政诉讼法》第六十一条第(一)项的规定，于2004年3月19日判决：

驳回上诉，维持原判。

中海雅园管委会诉海淀区房管局不履行法定职责案

【裁判摘要】

行政机关对具体行政行为相对人要求其依法履行职责的申请，长时间不予书面答复，亦未按规定履行指导、监督的职责，其行为构成违法。

原告：中海雅园物业管理委员会。

负责人：胡密珍，该委员会主任。

被告：北京市海淀区国土资源和房屋管理局。

法定代表人：张强，该局局长。

原告中海雅园物业管理委员会（以下简称中海雅园管委会）认为被告北京市海淀区国土资源和房屋管理局（以下简称海淀区房管局）不履行备案法定职责的行为违法，于2003年9月8日向北京市海淀区人民法院提起行政诉讼。

原告诉称：2001年6月15日，原告依法成立。2002年2月，原告通过公开招标，与北京金罗马物业管理有限公司（以下简称金罗马公司）订立了物业管理合同，被告对此却不予备案，致使中标公司将原告告上法庭。2002年6月15日，原告任期届满。此前，原告依照法定程序进行了改选，并于2002年6月14日以挂号信的方式，向被告申请备案。被告收到申请后，曾电话通知原告汇报工作，但并未在15日内以书面形式告知原告不予备案。根据有关规定，原告的备案手续合法有效，原告的身份也合法有效，一直以合法身份在民事诉讼中应诉和起诉。直到2003年8月14日，原告才从被告的证词中得知被告没有对原告备案。原告认为，被告的行为损害了原告的合法权益，应当纠正，请求确认被告不履行备案职责的行为违法。

原告提交的证据有：

1. 备案材料邮寄存根和投递签收清单，用以证明中海雅园管委会改选后即向海淀区房管局申请备案。

2. 法院调查笔录，用以证明海淀区房管局工作人员在接受法院调查时，明确表示中海雅园管委会未备案。

3. 法院交换证据笔录，用以证明海淀区房管局对中海雅园管委会与金罗马公司订立的物业管理合同未予备案，一直违法行政。

被告辩称：本案的原告不适格。物业管理委员会不是能够独立承担法律责任的组织，不具有诉讼行为能力，不具有原告主体资格。我局对中海雅园管委会与金罗马公司订立的物业管理合同不予备案是合法的行政行为，对中海雅园管委会换届选举不予备案也是合法的。中海雅园管委会在改选过程中，未召开业主大会，以挂号信的方式申请备案且未提交应当提交的备案申请书、管委会章程、管委会委员名单及基本情况、产权人大会或产权人代表大会决议等材料，均不符合《关于物业管理委员会委员补选、改选、换届选举及变更事项的通知》的规定，而且我局也收到了中海雅园小区业主关于管委会不为业主办实事、以公告方式进行管委会换届选举侵害广大业主权益的举报。所以，我局认为中海雅园管委会提交的改选备案申请不符合备案条件，我局工作人员已明确告知中海雅园管委会对其申请不予备案。总之，中海雅园管委会的改选不符合备案条件，我局不予备案行为合法，请求驳回中海雅园管委会的诉讼请求。

被告提交的证据有：

1. 中海雅园500名业主签名的举报信，用以证明业主举报中海雅园管委会改选程序不合法。

2. 中海雅园管委会寄给被告的挂号信，用以证明中海雅园管委会曾以挂号信的方式申请备案。

3. 海淀区房管局委托代理人的陈述。主要内容是：我局经办人员接到中海雅园管委会寄来的挂号信后，打电话通知中海雅园管委会人员到本局谈话，在谈话中明确告知其提交的备案材料不齐备、不符合备案条件，不予备案。该陈述用以证明已将不备案的情况及原因明确通知中海雅园管委会。

在庭审质证中，原告中海雅园管委会对被告海淀区房管局的证据2无异议，但对证据1、证据3有异议，认为证据1的举报情况不属实，如管委会存在举报的问题，海淀区房管局为何不责令管委会改正？认为海淀区房管局委托代理人的当庭陈述不属实，当时经办人员的表示是：管委会的改选较规范，美中不足的是提交的管委会章程只是修改的部分章节，没有提交章程全文；经办人员还鼓励管委会克服困难，为业主服务，并没有告知对管委会不予备案。海淀区房管局对中海雅园管委会提交的证据1无异议；认为证据2没有调查人的签名，不规范；认为证据3与本案无关。

被告海淀区房管局提交的行政规范依据有：

1.《关于开展居住小区物业管理委员会试点工作的通知》（北京市房屋土地管理局京房地物字〔1997〕第485号）。

2.《关于全面开展组建物业管理委员会工作的通知》（北京市房屋土地管理局京房地物字〔1998〕308号）。

3.《关于物业管理委员会委员补选、改选、换届选举及变更事项的通知》（京国土房管物字〔2001〕1083号）。

4.《北京市物业管理招投标暂行办法》（京国土房管物字〔2001〕258号）。

被告海淀区房管局认为，根据上述行政规范的规定，物业管理委员会的成立和改选均须报行政主管机关核准，不经核准物业管理委员会的成立或改选无效。根据中海雅园管委会提交的备案材料的具体情况，我局依照职权可以决定对物业管理委员会的改选是否登记备案。对可以登记备案的，在10天之内以书面形式通知申请人，并报上级主管机关；对不予备案的，无须以书面形式通知申请人。

中海雅园管委会提交的行政规范依据有：

1. 北京市人民政府办公厅《关于转发规范和加强本市居住区物业管理的若干意见》（京政办发〔2001〕91号）；

2. 北京市国土资源和房屋管理局《关于分区建设的住宅小区组建管理委员会及开发建设单位在产权人大会中投票权问题的意见的通知》（京国土房管物字〔2002〕316号）。

中海雅园管委会认为，被告房管局提交的上述行政规范在北京市人民政府办公厅《关于转发规范和加强本市居住区物业管理的若干意见》公布后即已失效，不能再适用。

北京市海淀区人民法院经审理查明：

2001年6月15日，北京市海淀区居住小区管理办公室批准中海雅园组建物业管理委员会，明确第一届物业管理委员会任期一年；期满后应召开产权人（代表）大会，选举产生第二届物业管理委员会。2002年6月14日，原告中海雅园管委会向被告房管局寄送了《中海雅园第二届业主委员会报告》及《物业管理委员会章程》（经修改的部分条文）。在报告中，中海雅园管委会称，2002年5月8日至6月12日，中海雅园第一届管委会在小区内张贴了改选公告，成立了改选小组，并以公告形式在小区内公布业主委员会章程修改意见稿，征集业主参选第二届业主委员会的报名，公布报名参选第二届业主委员会的业主名单，公布第二届业主委员会委员及候补委员名单；因持反对意见的业主不足50%，通过了修改业主委员会章程，共选出胡密珍等9人为第二届业主委员会委员、另有2人为候补委员；后因，一委员退出，第二届业主委员会第一次全体会议增补一名候补委员为委员。同年6月，海淀区房管局收到了一封署名为“中海雅园小区广大业主”、内容为反对现管委会进行的公告选举、要求按法规规定召开业主大会选举新一届管委会的举报信。海淀区房管局收到中海雅园管委会寄送的报告后，指派工作人员与中海雅园管委会负责人进行了谈话，指出中海雅园管委会报送的材料不符合要求，但未要求中海雅园管委会予以补正，也未明示不予备案。2003年8月，海淀区房管局工作人员在接受法院调查时称：中海雅园管委会于2002年6月到期后未予备案。中海雅园管委会遂提起本诉讼。

北京市海淀区人民法院认为：

《中华人民共和国行政诉讼法》第二条规定：“公民、法人或者其他组织认为行政机关和行政机关工作人员的具体行政行为侵犯其合法权益，有权依照本法向人民法院提起诉讼。”根据本案发生时实施的建设部《城市新建住宅小区管理办法》、北京市人民政府《北京市居住小区物业管理办法》以及原北京市房屋土地管理局《关于开展居住小区物业管理委员会试点工作的通知》、《关于全面开展组建物业管理委员会工作的通知》、北京市国土资源和房屋管理局《关于物业管理委员会委员补选、改选、换届选举及变更事项的通知》、北京市人民政府办公厅《关于转发规范和加强本市居住区物业管理的若干意见》的规定，居住小区物业管理委员会是由居住小区内全体业主通过业主大会选举产生，代表本物业区域内全体业主的合法权益，负责对区域内物业实施管理的组织。物业管理委员会的成立及换届选举，均须报当地区县国土房管机关登记备案。物业管理委员会的主要职责包括选聘或解聘物业管理企业、与物业管理企业签订物业管理合同以及审议物业管理企业提出的物业管理服务收费标准、年度计划、财务预算和决算、监督物业管理企业的管理服务活动等，物业管理委员会的办公场所由物业管理企业提供，日常办公经费也暂由物业管理企业从其收入中支付。据此，可以认为，物业管理委员会的产生与改选均须经行政主管机关登记，有自己的组织章程和组织机构，有独立使用的办公场所，办公经费亦有相应保障，因而具有一定的民事行为能力，虽然不具备法人的资格，但如果物业管理委员会认为房管局处理其申请换届登记予以备案的具体行政行为，侵犯了该委员会的合法权益，有权依照行政诉讼法的规定向人民法院提起诉讼。因此，对于被告海淀区房管局提出原告中海雅园管委会不具有诉讼主体资格的主张，不予采纳。

根据上述行政规章的规定，房管行政机关负责指导物业管理委员会的组建和日常工作的监督，有权要求物业管理委员会纠正其作出的违反法规、规章及政策的决定。原告中海雅园管委会在组建时已经在行政管理机关办理了登记手续，任期届满后进行了换届选举。被告海淀区房管局如认为中海雅园管委会采取的换届选举方式不符合法规、规章的规定，可以要求中海雅园管委会予以纠正；在收到中海雅园管委会寄送的换届选举登记备案的书面申请后，如认为其提交的备案材料不符合规定，应当要求其补正；如不予备案，亦应书面通知并说明理由。海淀区房管局在长达一年的时间内，不依照职权对中海雅园管委会提出的换届选举登记备案申请给予任何书面答复，亦未依照规定尽其指导、监督的职责，构成违法。为此，中海雅园管委会请求确认海淀区房管局的上述行为违法，应予支持。

据此，北京市海淀区人民法院依照《中华人民共和国行政诉讼法》第五十三条第一款、《最高人民法院关于执行〈中华人民共和国行政诉讼法〉若干问题的解释》第五十七条第二款第（二）项的规定，参照建设部《城市新建住宅小区管理办法》第六条、北京市人民政府《北京市居住小区物业管理办法》第五条的规定，于2003年11月20日判决：

确认被告北京市海淀区国土资源和房屋管理局对原告中海雅园物业管理委员会提出的换届选举登记备案申请不履行备案职责的行为违法。

案件受理费80元，由被告北京市海淀区国土资源和房屋管理局负担。

宣判后，双方当事人均未上诉，判决已发生法律效力。

夏善荣诉徐州市建设局行政证明纠纷案

【裁判摘要】

一、建设行政主管部门对在集体土地上建造的住宅小区组织竣工综合验收并颁发验收合格证，不违背《城市房地产开发经营管理条例》关于“房地产开发项目竣工，经验收合格后，方可交付使用”的立法原意，是依职权实施的具体行政行为。该行为直接影响到住宅小区居民的利益，属可诉的具体行政行为。

二、建设行政主管部门是本行政区域内住宅小区竣工综合验收的组织者和最终审验者，代表国家对住宅小区行使竣工综合验收权力。在竣工综合验收合格后建设行政主管部门颁发的《住宅竣工验收合格证书》，是以政府机关公信力来担保住宅小区的建筑质量达到了可以交付使用的水平。建设行政主管部门在颁发证书前，必须保证证书所证明的每个事实都真实，以免因此破坏政府机关的公信力。如果证书所证明的某一事实是虚假的，建设行政主管部门应当承担审查失职的法律责任。

三、按照审判监督程序审理的行政诉讼案件，当事人应依法提供其在原审举证期限届满后发现的新证据，对确因客观原因不能自行收集且提供了相关线索的，当事人可以申请人民法院调取，人民法院也可以依职权向行政机关、其他组织或者公民调取证据。经过对新的证据质证、认证，被诉具体行政行为所依据的主要事实不能成立的，应当改判撤销原具体行政行为。

原告：夏善荣，女，55岁，江苏省徐州市奎山乡关庄村农民，暂住徐州市湖北路西段菜地。

被告：江苏省徐州市建设局，住所地：徐州市解放路。

法定代表人：郭宗明，该局局长。

第三人：江苏省徐州市恒信房地产开发有限公司，住所地：徐州市中山南路。

法定代表人：闻远，该公司总经理。

2001年6月18日，被告徐州市建设局给第三人徐州市恒信房地产开发有限公司（以下简称恒信房产公司）颁发徐建验证（15）号《住宅竣工验收合格证书》

（以下简称15号验收合格证），认定：恒信房产公司建设的世纪花园1－6号、11号住宅楼经专家组验收，验评得分80.5分，符合验收标准，具备入住条件。原告夏善荣认为该证书侵犯其合法权益，向江苏省徐州市云龙区人民法院提起行政诉讼，云龙区人民法院将此案移送徐州市泉山区人民法院，泉山区人民法院追加恒信房产公司为第三人公开审理了此案。

原告夏善荣诉称：世纪花园小区内有第三人恒信房产公司给原告提供的拆迁安置房。由于该房质量不合格，且第三人还拖欠着过渡房费，原告提起民事诉讼，在诉讼中得知，世纪花园是经被告徐州市建设局验收的合格工程。原告认为，在被告验收时，世纪花园住宅小区尚未安装电表，明显不具备竣工合格条件，被告却为第三人颁发验收合格证，严重损害原告利益。请求判令撤销被告颁发的15号验收合格证。

原告夏善荣提交以下证据：

1.《拆迁协议书》，用以证明夏善荣是世纪花园合法住户，对房屋质量有权主张权利；

2.照片7张，用以证明世纪花园内的房屋存在质量问题；

3.通知1份，用以证明世纪花园住宅小区竣工时未安装电表，直至2002年3月25日第三人恒信房产公司才开始校验电表及内线。

除此以外，原告夏善荣还申请证人许吉良出庭作证。许吉良的证言内容是：夏善荣提交的反映房屋质量问题的照片为其所摄，世纪花园住宅小区内垃圾未清理、绿化未搞好、道路不通，电表直至2001年9月才安装，根本不具备交房条件，被拆迁户为此曾多次到市政府反映问题。

被告徐州市建设局辩称：为履行法定职责，依照法定程序，被告在组织专家组对世纪花园住宅小区进行综合验收后，根据建设单位整改情况才颁发验收合格证。被告向第三人恒信房产公司颁证的行为，与原告夏善荣主张的“房屋质量不合格以及拖欠过渡房费”等事实无关，应当驳回原告的诉讼请求。

被告徐州市建设局提交以下证据：

1.徐州市计划委员会制作的《关于奎山乡刘场东村改造项目建议书的批复》，徐州市规划局制作的《建设用地规划许可证》、《建设工程规划许可证》，徐州市国土管理局制作的《征用土地批准通知书》，徐州市土木建筑工程质量监督站制作的《建筑安装工程质量初验等级证书》，徐州市公安消防支队制作的《消防验收意见书》，以及《物业托管合同书》等，用以证明综合验收需审查的各单项手续齐全、合法；

2.住宅竣工验收申报表、《徐州市住宅小区竣工验收评分标准》、15号验收合格证，用以证明综合验收符合程序、符合要求；

3.国务院发布的《城市房地产开发经营管理条例》，建设部发布的《城市住宅小区竣工综合验收管理办法》，徐州市建设委员会发布的《关于修改住宅小区竣工验收标准的通知》，用以证明实施综合验收具体行政行为的法律依据。

第三人恒信房产公司述称：被告徐州市建设局向第三人颁发验收合格证，是依照法定程序履行法定职责。颁证行为与原告夏善荣主张的“房屋质量不合格以及拖欠过渡房费”等事实无关，应当驳回原告的诉讼请求。

经质证、认证，徐州市泉山区人民法院查明：

徐州市计划委员会批准在刘场村建设世纪花园小区住宅楼，用于安置在徐州市奎山乡关庄村实施旧城改造中私房被拆除的村民，该项目工程交第三人恒信房产公司开发。原告夏善荣是私房被拆除的村民，1999年7月，奎山乡关庄村委会与其签订《拆迁协议书》，约定在世纪花园住宅小区为夏善荣安置住房，18个月内交房。2001年5月8日，恒信房产公司向被告徐州市建设局报告，世纪花园住宅小区的住宅楼已经建成，申请竣工综合验收，同时提供了竣工综合验收所需的各种验收资料。徐州市建设局组织专家到现场验收后，世纪花园住宅小区总得分为80.5分，无不合格项目。据此，徐州市建设局于2001年6月18日为恒信房产公司颁发了15号验收合格证。

另查，世纪花园住宅小区自通知交房后，能够保证居民通电，但电表是2001年9月才安装到位。

徐州市泉山区人民法院认为：被告徐州市建设局是徐州市的建设行政主管部门，具备组织实施城市住宅小区竣工综合验收的法定职责；验收合格证是建设行政主管部门履行综合验收职责、确认住宅符合验收标准的载体，徐州市建设局具有颁发验收合格证的主体资格，被告徐州市建设局举证证明，该局在接受了第三人恒信房产公司的申报材料后，于2001年5月8日组织综合验收小组到现场检查。经综合验收小组的现场检查、鉴定和评价，世纪花园住宅小区在规划设计、建筑设计、工程质量、公建配套设施、市政基础设施以及物业管理等方面均合格,总评分80.5分,符合国务院《城市房地产开发经营管理条例》、建设部《城市住宅小区竣工综合验收管理办法》和徐州市建设委员会《关于修改住宅小区竣工验收标准的通知》规定的程序与实体要求。对上述法规和规范性文件的效力,原告夏善荣认可。徐州市建设局根据这些文件的规定和综合验收结果,向恒信房产公司颁发15号验收合格证,事实清楚,证据确凿,适用法律正确,程序合法。

被告徐州市建设局的职责,是对世纪花园住宅小区进行综合验收,不是对该小区的单项工程质量进行鉴定。徐州市土木建筑工程质量监督站出具的《建筑安装工程质量初验等级证书》证明,世纪花园住宅小区的工程质量符合《徐州市住宅小区竣工验收评分标准》的要求。世纪花园住宅小区内的电表未及时安装,综合验收时已经被专家注意到,并在评分时相应扣除。该小区虽然存在局部瑕疵,但总评分仍旧合格,局部瑕疵没有影响整个小区的工程质量,况且法律也没有规定安装电表是住宅小区综合验收的必要条件。原告夏善荣如果对该小区的单项工程质量存在异议,可依建设工程保修制度或投诉制度保护自身合法权益。夏善荣以单项工程质量存在的问题否定徐州市建设局对世纪花园住宅小区的竣工综合验收工作,理由不能成立。

综上,徐州市泉山区人民法院依照《中华人民共和国行政诉讼法》第五十四条第(一)项的规定,于2002年11月26日判决:

维持被告徐州市建设局于2001年6月18日颁发的15号验收合格证。

一审宣判后,夏善荣不服,向江苏省徐州市中级人民法院提出上诉。理由是:世纪花园1-6号楼、11号楼未执行现行的建筑设计国家标准,还存在擅自改动图纸及房屋结构,以至外观整体造型不美观等问题,属建筑设计、规划设计验收标准中的应保证项目不合格;厨房、卫生间及墙体多处漏水,无地漏,水电未安装到位,地基深度不够,说明工程质量不合格;供电、供水设施不齐全,不能正常运转,说明公建配套设施和市政基础设施不合格;建筑垃圾在验收时未全部清运,说明物业管理不合格。存在这么多问题的住宅楼,根本不具备验收条件。在此情况下,被上诉人徐州市建设局仍向第三人恒信房产公司颁发15号验收合格证,违反相关规定,应当撤销。一审认定事实不清,适用法律错误,请求二审改判。

被上诉人徐州市建设局答辩称:根据建设单位申请,被上诉人在查验了其提供的相关资料后,于2001年5月8日组织专家组现场综合验收,然后根据建设单位整改情况给世纪花园1-6号、11号楼颁发了验收合格证。一审对被上诉人的颁证行为认定事实清楚,适用法律正确,二审应当驳回上诉,维持原判。

原审第三人恒信房产公司称:第三人是严格按照标准和图纸施工,世纪花园住宅小区不存在任何工程质量问题。被上诉人严格按照法定程序给第三人颁发15号验收合格证,是合法的行政行为,二审应当维持一审判决。

徐州市中级人民法院经审理,认定的案件事实与一审无异。

徐州市中级人民法院认为:作为徐州市的建设行政主管部门,被上诉人徐州市建设局在其组织实施的竣工综合验收工作中的法定职责,是检查小区的土地使用情况是否符合要求,小区建设是否符合建设工程规划、是否具备各单项工程的检验合格证明、是否有消防验收合格证明等。而出具《建设工程规划许可证》、各单项工程的检验合格证明、消防验收合格证明等,则是相应职能部门的法定职责,不在建设行政主管部门的职权范围内;各项证明的内容是否正确、综合验收小组的打分是否恰当,也不属建设行政主管部门的审查范围。上诉人夏善荣上诉所称的房屋工程质量不合格,与徐州市土木建筑工程质量监督站出具的《建筑安装工程质量初验等级证书》相矛盾。如果夏善荣认为徐州市土木建筑工程质量监督站出具的证明错误,或其他单项工程质量有问题,可通过其他途径解决,以维护自身合法权益,但不属本案审查范围。至于夏善荣所提1、2号楼地基深度不够、小区垃圾未清运、电表未及时安装等问题,综合验收小组在评分时均已适当扣除,且局部瑕疵不影响整个小区的综合验收工作,因此不予支持。

综上,原判认定事实清楚,证据充分,审判程序合法,适用法律正确。徐州市中级人民法院依照行政诉讼法第六十一条第(一)项的规定,于2003年4月14日判决:

驳回上诉,维持原判。

二审宣判后，夏善荣仍不服，向江苏省高级人民法院申请再审。主要理由是：《建设工程规划许可证》是原审被上诉人徐州市建设局在竣工综合验收中必须审查的一项证明。原审第三人恒信房产公司申请住宅小区竣工综合验收时，只向徐州市建设局提交过徐市规建20010108号《建设工程规划许可证》（以下简称108号规划许可证）的复印件。经了解，108号规划许可证复印件与徐州市规划局留存的同一编号规划许可证存根内容不一致；徐州市规划局证明，恒信房产公司承建世纪花园从未办理过建设工程规划许可证，该局拟对恒信房产公司进行处罚；充分证明恒信房产公司提交的108号规划许可证复印件是伪造的证据。徐州市建设局依据伪造的规划许可证给恒信房产公司颁发15号验收合格证，颁证的主要证据不足。原判称徐州市建设局的颁证行为合法，属认定事实不清，适用法律错误。请求再审撤销原一、二审行政判决，依法改判撤销15号验收合格证；原一、二审诉讼费由徐州市建设局负担。

为证明再审理由成立，再审申请人夏善荣提交了徐州市规划局于2004年7月29日作出的《关于对许吉良人民来信的答复》（以下简称《答复》）。该《答复》的主要内容为：徐州市规划局接到许吉良举报后，查明恒信房产公司承建的世纪花园未办理《建设工程规划许可证》，依法对其进行了查处，并拟在组织听证后，按照法定程序作出行政处罚。夏善荣同时申请法院调取徐州市规划局对恒信房产公司进行行政处罚作出的〔2004〕徐规行罚字第90号《行政处罚决定书》（以下简称90号处罚决定书）。

原审被上诉人徐州市建设局答辩称：作为徐州市的建设行政主管部门，徐州市建设局只是本行政区域内城市住宅小区竣工综合验收工作的组织者。世纪花园使用的是集体土地，对在集体土地上建设的住宅小区，法律没有规定必须由建设行政主管部门进行竣工综合验收。为了保护旧村改造过程中拆迁安置户的利益，避免出现不同的交付标准，根据广大拆迁安置户的要求，并应原审第三人恒信房产公司申请，徐州市建设局才对世纪花园进行了竣工综合验收。在竣工综合验收中，徐州市建设局仅对《建设工程规划许可证》进行形式审查，不负责验证真伪，因此不知道恒信房产公司未办理《建设工程规划许可证》；况且在综合验收时，对世纪花园落实规划设计方面的情况，是由综合验收小组中的徐州市规划局工作人员负责检查的。徐州市规划局的工作人员从未在综合验收时提出规划许可证存在问题，事后该局虽然发现了规划许可证存在问题，并据此对恒信房产公司进行了行政处罚，也未将有关情况向徐州市建设局通报。因此，徐州市建设局虽然是依据恒信房产公司提交的复印件进行综合验收，但只要该复印件得到规划部门的认可，徐州市建设局就可以认定世纪花园住宅小区落实了规划设计。该复印件如果被证明是假的，责任也只能由认可该复印件的徐州市规划局承担。徐州市建设局根据综合验收小组提交的竣工综合验收报告颁发15号验收合格证，并无不当。

原审被上诉人徐州市建设局提交徐州市人民政府办公室于1999年5月21日作出的第20号《市政府办公室关于晓庄部分居民拆迁问题会议纪要》（以下简称《会议纪要》），用以证明在奎山乡关庄村实施旧村改造中建造农民住宅安置房所用的土地是集体土地。再审申请人夏善荣认为，该《会议纪要》未加盖公章，也不是新的证据，不能作为定案依据。

原审第三人恒信房产公司称：108号规划许可证的原件由于被盗而丢失，恒信房产公司才在世纪花园竣工综合验收中，向原审被上诉人徐州市建设局提交了该证复印件；在一、二审中，再审申请人夏善荣从未对108号规划许可证的真实性提出过异议，108号规划许可证的效力经过法律程序得到确认；徐州市建设局依据有法律效力的108号规划许可证颁发15号验收合格证，是合法的。108号规划许可证复印件如果与徐州市规划局留存的该许可证存根内容不一致，只能证明徐州市规划局内部管理极其混乱。徐州市规划局对恒信房产公司所作的90号处罚决定书，仅涉及世纪花园项目中部分建筑的违规超建，且未明确超建范围，与本案诉争的颁证行为无关。夏善荣的房屋建造在集体土地上，对集体土地上建造的房屋，徐州市建设局没有组织竣工综合验收的法定职责。徐州市建设局为保护拆迁安置户的利益才组织世纪花园的竣工综合验收，这不是依法行使职权的具体行政行为，不属于人民法院行政诉讼受案范围。

原审第三人恒信房产公司提交徐州市公安局彭城派出所2003年7月14日填写的《接处警登记表》，用以证明108号规划许可证的原件因被盗丢失。

江苏省高级人民法院审查认为：最高人民法院

《关于行政诉讼证据若干问题的规定》(以下简称《行政诉讼证据规定》)第五十二条第(三)项规定,当事人在举证期限届满后发现的证据,是新的证据。再审申请人夏善荣申请再审时,以《答复》作为证据。《答复》于原审判决生效后作出,夏善荣不可能在举证期限内发现,因此属于新的证据。夏善荣持新的证据申请再审,符合再审条件,对本案应当立案再审。

再审期间,江苏省高级人民法院依照《行政诉讼证据规定》第二十二条、第二十三条第(三)项规定,根据再审申请人夏善荣的申请,向徐州市规划局调取了90号处罚决定书和108号规划许可证的存根、建设工程规划定点批办单、批准定点通知书存根和发放登记等证据。90号处罚决定书载明:恒信房产公司在世纪花园建12栋楼合计49 139.9平方米,其中超规划定点建5049.4平方米的行为,违反了《徐州市城市规划管理办法》第十九条的规定,根据该办法第三十七条、第三十八条规定,决定对恒信房产公司罚款49 527元,缴清罚款后按规定补办规划审批手续。108号规划许可证的存根、建设工程规划定点批办单、批准定点通知书存根和发放登记等证据证明,108号规划许可证的建设单位为徐州市奎山农房综合开发公司,建设项目名称为营业、住宅楼(1－8#),建设位置为泰山路南侧,建设规模为40 930平方米。而原审第三人恒信房产公司提交给原审被上诉人徐州市建设局的108号规划许可证复印件,载明的建设单位为恒信房产公司,建设项目名称为住宅楼(1－11#),建设位置为湖北路北侧刘场东村,建设规模为66 800平方米。两份规划许可证的编号虽然一致,所载内容却完全不同。

再审庭审中经质证、辩论,各方当事人对案件事实部分存在以下两个争议:

1. 世纪花园住宅小区所在土地是集体所有还是国有?再审申请人夏善荣认为,世纪花园住宅小区所在土地的性质已由集体土地变更为国有土地,因此对世纪花园住宅小区,原审被上诉人徐州市建设局有责任组织竣工综合验收。徐州市建设局认为,世纪花园住宅小区所在土地仍然是集体土地,其为保护旧村改造过程中拆迁安置户的利益,根据广大拆迁安置户的要求,并应原审第三人恒信房产公司申请,才对世纪花园组织竣工综合验收,进行此项工作不属于其履行法定职责。恒信房产公司认为,世纪花园住宅小区所在土地是集体土地,对在集体土地上建造的住宅小区组织竣工综合验收,不是徐州市建设局的法定职责,由此引起的纠纷也不属于人民法院行政诉讼受案范围。法庭认为,一审时,徐州市建设局提交了徐州市计划委员会徐计投〔1996〕第184号《关于奎山乡刘场东村改造项目建议书的批复》、徐州市规划局徐市规地〔99〕95号《建设用地规划许可证》,这些证据足以证明世纪花园住宅小区所处土地为集体土地,各方当事人在一、二审时对此本无争议。再审期间,夏善荣虽然主张世纪花园住宅小区所在土地已由集体变更为国有土地,但未提供新的证据支持这一主张,故该主张不能成立。

2. 108号规划许可证复印件是否真实?再审申请人夏善荣以《答复》为证,指控原审第三人恒信房产公司伪造了108号规划许可证。恒信房产公司则以《接处警登记表》为证,辩称108号规划许可证的原件丢失,所以才向原审被上诉人徐州市建设局提交了复印件;对复印件与108号规划许可证存根的内容不一致,恒信房产公司以"徐州市规划局管理极其混乱"做解释。法庭认为,《接处警登记表》上仅记录了报警内容、损失情况,没有记录失窃文件名称,不能证明恒信房产公司曾持有108号规划许可证原件。徐州市规划局保留的108号规划许可证存根,其内容有同时存档的建设工程规划定点批办单、批准定点通知书存根、发放登记等证据印证,是真实的。而恒信房产公司提交的108号规划许可证复印件,所载内容不仅与108号规划许可证的存根内容不一致,且没有其他证据可以印证。据此认定,恒信房产公司提交的108号规划许可证复印件,是虚假的、伪造的证据。

除上述两点以外,各方当事人对原审认定的其他事实无异议,再审予以确认。

再审应解决的争议焦点是:1. 对在集体土地上建设的世纪花园住宅小区,徐州市建设局在组织竣工综合验收后颁发验收合格证,是否属于可诉的行政行为?2. 108号规划许可证复印件被查出是伪造的证据后,责任应当由谁承担?

江苏省高级人民法院经审理认为:

一、国务院《城市房地产开发经营管理条例》第十七条规定:"房地产开发项目竣工,经验收合格后,方可交付使用;未经验收或者验收不合格的,不得交付使用。""房地产开发项目竣工后,房地产开发企业应当向项目所在地的县级以上地方人民政府房地产开发主管部门提出竣工验收申请。房地产开发主管部门应当自收到竣工验收申请之日起30日内,对涉及公共安全的内容,组织工程质量监督、规划、消防、人防等有关部门或者单位进行验收。”建设部《城市住宅小区竣工综合验收管理办法》第三条第三款规定:“城市人民政府建设行政主管部门负责组织实施本行政区域内城市住宅小区竣工综合验收工作。”现行法律、法规和规章虽然规定建设行政主管部门负责本行政区域内城市住宅小区的组织竣工综合验收工作,但建设行政主管部门对建设在集体土地上的住宅小区组织竣工综合验收,也不违背“房地产开发项目竣工,经验收合格后,方可交付使用”的立法原意。无论世纪花园住宅小区所在的土地是国有还是集体所有,原审被上诉人徐州市建设局都必须依其享有的行政职权,才能对该住宅小区组织竣工综合验收。其在竣工综合验收后颁发15号验收合格证,直接影响到世纪花园住宅小区居民的利益,属可诉的行政行为。原审第三人恒信房产公司认为徐州市建设局对世纪花园颁发验收合格证的行为不属于行政诉讼受案范围,理由不能成立。

二、《城市房地产开发经营管理条例》第十八条第一款规定:“住宅小区等群体房地产开发项目竣工,应当依照本条例第十七条的规定和下列要求进行综合验收:(一)城市规划设计条件的落实情况;(二)城市规划要求配套的基础设施和公共设施的建设情况;(三)单项工程的工程质量验收情况;(四)拆迁安置方案的落实情况;(五)物业管理的落实情况。”《城市住宅小区竣工综合验收管理办法》第八条第一款规定:“住宅小区竣工综合验收应当按照以下程序进行:(一)住宅小区建设项目全部竣工后,开发建设单位应当向城市人民政府建设行政主管部门提出住宅小区综合竣工验收申请报告并附本办法第六条规定的文件资料;(二)城市人民政府建设行政主管部门在接到住宅小区竣工综合验收申请报告和有关资料1个月内,应当组成由城建(包括市政工程、公用事业、园林绿化、环境卫生)、规划、房地产、工程质量监督等有关部门及住宅小区经营管理单位参加的综合验收小组;(三)综合验收小组应当审阅有关验收资料,听取开发建设单位汇报情况,进行现场检查,对住宅小区建设、管理的情况进行全面鉴定和评价,提出验收意见并向城市人民政府建设行政主管部门提交住宅小区竣工综合验收报告;(四)城市人民政府建设行政主管部门对综合验收报告进行审查。综合验收报告审查合格后,开发建设单位方可将房屋和有关设施办理交付使用手续。”

依照上述规定,作为徐州市人民政府的建设行政主管部门,原审被上诉人徐州市建设局是依法代表国家对世纪花园住宅小区行使竣工综合验收权力。在竣工综合验收合格后,徐州市建设局向原审第三人恒信房产公司颁发《住宅竣工验收合格证书》,是凭借由国家公权力形成的政府机关公信力,来担保该住宅小区的建筑质量达到了可以交付使用的水平。徐州市建设局在颁发该证书前,必须保证该证书所依据的每个事实都真实,以免因此而破坏政府机关的公信力。在竣工综合验收中,徐州市建设局虽然不直接审阅有关验收资料,但却是综合验收小组的组织者,对综合验收小组提交的住宅小区竣工综合验收报告负有审查职责。《建设工程规划许可证》是住宅小区竣工综合验收报告所附的验收资料之一,对该证件的真实性,当然由参加综合验收小组的徐州市规划局工作人员先行审查,但徐州市建设局不能因此而推脱自己最终审核的责任。特别是在恒信房产公司只提交了108号规划许可证复印件的情况下,徐州市建设局更应当谨慎审查。徐州市建设局没有审查出108号规划许可证复印件是伪造的证据,并据此伪造证据颁发了15号验收合格证,应当承担审查失职的法律责任。15号验收合格证是徐州市建设局对世纪花园住宅小区进行竣工综合验收后所作的结论,这个结论建立在虚假证据的基础上,因此不具备证明世纪花园住宅小区经验收合格可以交付使用的作用。徐州市建设局向恒信房产公司颁发15号验收合格证,主要证据不足、适用法律法规错误,应当撤销。

鉴于在原一、二审中,再审申请人夏善荣不是以世纪花园规划设计条件未落实为由提起诉讼,在诉讼中各方当事人也均未对108号规划许可证的真实性提出过异议,故一、二审法院根据当时已知的证据认定事实,并作出维持被诉具体行政行为的判决,不违反法律规定。再审查明原一、二审据以定案的证据发生了改变,原一、二审判决的事实根据已不存在,因此再审依法应当予以改判。据此,江苏省高级人民法院依照行政诉讼法第五十四条第(二)项第1目、第2目,第六十一条第(二)项,最高人民法院《关于执行〈中华人民共和国行政诉讼法〉若干问题的解释》第七十六条第一款、第七十八条的规定,于2006年3月6日判决:

一、撤销二审行政判决;撤销一审行政判决;

二、撤销原审被上诉人徐州市建设局于2001年6月18日颁发的15号验收合格证。

本判决为终审判决。

再审改判后,江苏省高级人民法院为妥善化解行政争议,促进依法行政,于2006年3月13日以司法建议向徐州市人民政府通报了本案案情,指出:某些行政机关及其工作人员伪造国家公文,已严重影响到国家正常的行政管理秩序,损害了政府的诚信,极易引发行政争议、激化官民矛盾,不利于建设法治江苏、构建和谐社会。建议徐州市人民政府依法追究相关人员伪造国家公文的责任。

陈爱华诉南京市江宁区住房和城乡建设局不履行房屋登记法定职责案

【裁判摘要】

国家对不动产实行统一登记制度。统一登记的范围、登记机构和登记办法,由法律、行政法规规定。司法部、建设部《关于房产登记管理中加强公证的联合通知》不属于法律、行政法规、地方性法规、规章的范畴,且与《物权法》、《继承法》、《房屋登记办法》等有关法律法规相抵触,不能成为房屋登记主管部门不履行房屋登记法定职责的依据。

原告:陈爱华,女,55岁,汉族,住江苏省滨海县。

被告:南京市江宁区住房和城乡建设局,住所地:江苏省南京市江宁区东山街道天元东路。

原告陈爱华因与被告南京市江宁区住房和城乡建设局(以下简称区住建局)发生不履行房屋登记法定职责纠纷,向南京市江宁区人民法院提起行政诉讼。

原告陈爱华诉称:南京市江宁区双龙大道833号南方花园A组团23-201室住房原为曹振林所有。2011年5月23日,曹振林亲笔书写遗嘱,将该房产及一间储藏室(8平方米),以及曹振林名下所有存款金、曹振林住房中的全部用品无条件赠给陈爱华。后曹振林于2011年6月22日在医院去世。2011年7月22日,原告经南京市公证处作出公证,声明接受曹振林的全部遗赠。2011年8月3日,原告携带曹振林遗嘱、房产证、公证书等材料前往被告下设的房地产交易中心办理过户手续被拒绝。2011年10月10日,原告向被告提出书面申请要求被告依法为其办理房屋所有权转移登记,被告于2011年10月27日书面回复,以“遗嘱未经公证,又无‘遗嘱继承公证书’”为由不予办理遗产转移登记。综上,原告认为被告强制公证的做法,与我国现行的《继承法》、《物权法》、《公证法》等多部法律相抵触。故提起行政诉讼,要求法院确认被告拒为原告办理房屋所有权转移登记的行为违法,责令被告就该涉案房屋为原告办理房屋所有权转移登记。

原告陈爱华提交如下证据:1. 曹振林所书《我的遗言》,证明曹振林将涉案房屋遗赠给原告;2. 曹振林身份证及户籍信息证明复印件各1份,证明曹振林的身份;3. 江宁房权证东山第J00043260号《房屋产权证》、宁江国用(2006)第19372号《国有土地使用权证》各1份,证明曹振林对遗言中所涉及房产有合法处置权;4. 编号为0000974号《证明》1份,证明曹振林已过世并被安葬;5. 南京市南京公证处出具《公证书》1份,证明原告已声明接受曹振林的遗赠;6. 房产分层分户平面图、取号单、发票各1份,证明原告前往被告处办理房屋所有权转移登记,并办理好配图手续及交纳费用,但是被告拒绝为其办理的事实;7.《关于办理过户登记的申请》及国内特快专递邮件详情单各1份,证明原告向被告书面申请办理过户登记的事实;8. 区住建局作出的《关于陈爱华办理过户登记申请的回复》1份,证明被告回复无法为原告办理房屋所有权转移登记;9. 南京师范大学司法鉴定中心出具的鉴定意见书1份,证明曹振林所书《我的遗言》是其本人书写,是其真实意思表示;10. 年曹振林的死亡医学证明书1份,证明曹振林于2011年6月22日在南京市第一医院肿瘤内科病房去世的事实。

被告区住建局辩称:根据司法部、建设部《关于房产登记管理中加强公证的联合通知》(以下简称《联合通知》)第二条之规定:“遗嘱人为处分房产而设立的遗嘱,应当办理公证。遗嘱人死亡后,遗嘱受益人须持公证机关出具的‘遗嘱公证书’和‘遗嘱继承权公证书’或‘接受遗赠公证书’,以及房产所有权证、契证到房地产管理机关办理房产所有权转移登记手续。处分房产的遗嘱未经公证,在遗嘱生效后其法定继承人或遗嘱受益人可根据遗嘱内容协商签订遗产分割协议,经公证证明后到房地产管理机关办理房产所有权转移登记手续。对遗嘱内容有争议,经协商不能达成遗产分割协议的,可向人民法院提起诉讼。房地产管理机关根据判决办理房产所有权转移登记手续。”而本案原告陈爱华仅依据曹振林所立书面遗嘱为依据提出房屋所有权转移登记申请,该遗嘱并未经过公证,且原告也未提供该遗嘱分割协议,故不符合《联合通知》的规定,不应为其办理房屋所有权转移登记。综上,被告不予办理房屋所有权转移登记的具体行政行为事实清楚、程序合法、适用法律正确,请求法院依法驳回原告的诉讼请求。

南京市江宁区人民法院经审理查明:

南京市江宁区双龙大道833号南方花园A组团23－201室房屋所有权人为曹振林。2011年5月23日,曹振林亲笔书写遗嘱,将该房产及一间储藏室(8平方米)以及曹振林名下所有存款金、曹振林住房中的全部用品无条件赠给原告陈爱华。后曹振林于2011年6月22日在医院去世。2011年7月22日,原告经江苏省南京市南京公证处作出公证,声明接受曹振林的全部遗赠。2011年8月3日,原告携带曹振林遗嘱、房产证、公证书等材料前往被告区住建局下设的房地产交易中心办理房屋所有权转移登记被拒绝。2011年10月10日,原告向被告提出书面申请要求被告依法为其办理房屋所有权转移登记,被告于2011年10月27日书面回复,以“遗嘱未经公证,又无‘遗嘱继承公证书’”为由不予办理遗产转移登记。综上,原告认为被告强制公证的做法,与我国现行的《继承法》、《物权法》、《公证法》等多部法律相抵触。故向本院提起行政诉讼,要求法院确认被告拒为原告办理房屋所有权转移登记的行为违法,责令被告就涉案房屋为原告办理房屋所有权转移登记。

本案的争议焦点是:关于司法部、建设部《联合通知》效力的认定。

南京市江宁区人民法院一审认为:

根据相关法律法规规定,房屋登记,由房屋所在地的房屋登记机构办理。被告区住建局作为房屋登记行政主管部门,负责其辖区内的房屋登记工作。本案中,曹振林书面遗嘱的真实性已进行司法鉴定,南京师范大学司法鉴定中心出具的鉴定结论为:曹振林该书面遗嘱中“曹振林”签名与提供的签名样本是同一人书写。

根据《中华人民共和国行政诉讼法》第五十二条之规定:“人民法院审理行政案件,以法律和行政法规、地方性法规为依据。地方性法规适用于本行政区域内发生的行政案件。”及第五十三条之规定:“人民法院审理行政案件,参照国务院部、委根据法律和国务院的行政法规、决定、命令制定、发布的规章以及省、自治区、直辖市和省、自治区的人民政府所在地的市和经国务院批准的较大的市的人民政府根据法律和国务院的行政法规制定、发布的规章。”另《中华人民共和国物权法》第十条规定:“国家对不动产实行统一登记制度。统一登记的范围、登记机构和登记办法,由法律、行政法规规定。”《中华人民共和国继承法》第十六条第三款之规定:“公民可以立遗嘱将个人财产赠给国家、集体或者法定继承人以外的人。”以及第十七条第二款之规定:“自书遗嘱由遗嘱人亲笔书写,签名,注明年、月、日。”另《房屋登记办法》第三十二条规定:“发生下列情形之一的,当事人应当在有关法律文件生效或者事实发生后申请房屋所有权转移登记……(三)赠与……”且《房屋登记办法》并无规定,要求遗嘱受益人须持公证机关出具的遗嘱公证书才能办理房屋转移登记。

本案中,《联合通知》是由司法部和建设部联合发布的政府性规范文件,不属于法律、行政法规、地方性法规或规章的范畴,其规范的内容不得与《物权法》、《继承法》、《房屋登记办法》等法律法规相抵触。行政机关行使行政职能时必须符合法律规定,行使法律赋予的行政权力,其不能在有关法律法规规定之外创设新的权力来限制或剥夺行政相对人的合法权利。行政机构以此为由干涉行政相对人的合法权利,要求其履行非依法赋予的责任义务,法院不予支持。故,被告依据《联合通知》的规定要求原告必须出示遗嘱公证书才能办理房屋转移登记的行为与法律法规相抵触,对该涉案房屋不予办理房屋所有权转移登记的具体行政行为违法。

据此,南京市江宁区人民法院依照《中华人民共和国行政诉讼法》第五十四条第(二)项、第(三)项之规定,于2013年7月24日判决如下:

一、撤销被告区住建局于2011年10月27日作出的《关于陈爱华办理过户登记申请的回复》。

二、责令被告区住建局在本判决书发生法律效力后30日内履行对原告陈爱华办理该涉案房屋所有权转移登记的法定职责。

区住建局不服一审判决,向南京市中级人民法院提起上诉,审理过程中,上诉人区住建局同意为被上诉人陈爱华办理涉案房屋登记手续并申请撤回上诉,南京市中级人民法院于2013年10月8日裁定如下:准予上诉人区住建局撤回上诉。

(11)资源行政案件法律适用

最高人民法院关于审理涉及农村集体土地行政案件若干问题的规定

1. 2011年5月9日最高人民法院审判委员会第1522次会议通过
2. 2011年8月7日公布
3. 法释〔2011〕20号
4. 自2011年9月5日起施行

为正确审理涉及农村集体土地的行政案件,根据《中华人民共和国物权法》、《中华人民共和国土地管理法》和《中华人民共和国行政诉讼法》等有关法律规定,结合行政审判实际,制定本规定。

第一条 农村集体土地的权利人或者利害关系人(以下简称土地权利人)认为行政机关作出的涉及农村集体土地的行政行为侵犯其合法权益,提起诉讼的,属于人民法院行政诉讼的受案范围。

第二条 土地登记机构根据人民法院生效裁判文书、协助执行通知书或者仲裁机构的法律文书办理的土地权属登记行为,土地权利人不服提起诉讼的,人民法院不予受理,但土地权利人认为登记内容与有关文书内容不一致的除外。

第三条 村民委员会或者农村集体经济组织对涉及农村集体土地的行政行为不起诉的,过半数的村民可以以集体经济组织名义提起诉讼。

农村集体经济组织成员全部转为城镇居民后,对涉及农村集体土地的行政行为不服的,过半数的原集体经济组织成员可以提起诉讼。

第四条 土地使用权人或者实际使用人对行政机关作出涉及其使用或实际使用的集体土地的行政行为不服的,可以以自己的名义提起诉讼。

第五条 土地权利人认为土地储备机构作出的行为侵犯其依法享有的农村集体土地所有权或使用权的,向人民法院提起诉讼的,应当以土地储备机构所隶属的土地管理部门为被告。

第六条 土地权利人认为乡级以上人民政府作出的土地确权决定侵犯其依法享有的农村集体土地所有权或者使用权,经复议后向人民法院提起诉讼的,人民法院应当依法受理。

法律、法规规定应当先申请行政复议的土地行政案件,复议机关作出不受理复议申请的决定或者以不符合受理条件为由驳回复议申请,复议申请人不服的,应当以复议机关为被告向人民法院提起诉讼。

第七条 土地权利人认为行政机关作出的行政处罚、行政强制措施等行政行为侵犯其依法享有的农村集体土地所有权或者使用权,直接向人民法院提起诉讼的,人民法院应当依法受理。

第八条 土地权属登记(包括土地权属证书)在生效裁判和仲裁裁决中作为定案证据,利害关系人对该登记行为提起诉讼的,人民法院应当依法受理。

第九条 涉及农村集体土地的行政决定以公告方式送达的,起诉期限自公告确定的期限届满之日起计算。

第十条 土地权利人对土地管理部门组织实施过程中确定的土地补偿有异议,直接向人民法院提起诉讼的,人民法院不予受理,但应当告知土地权利人先申请行政机关裁决。

第十一条 土地权利人以土地管理部门超过两年对非法占地行为进行处罚违法,向人民法院起诉的,人民法院应当按照行政处罚法第二十九条第二款的规定处理。

第十二条 征收农村集体土地时涉及被征收土地上的房屋及其他不动产,土地权利人可以请求依照物权法第四十二条第二款的规定给予补偿的。

征收农村集体土地时未就被征收土地上的房屋及其他不动产进行安置补偿,补偿安置时房屋所在地已纳入城市规划区,土地权利人请求参照执行国有土地上房屋征收补偿标准的,人民法院一般应予支持,但应当扣除已经取得的土地补偿费。

第十三条 在审理土地行政案件中,人民法院经当事人同意进行协调的期间,不计算在审理期限内。当事人不同意继续协商的,人民法院应当及时审理,并恢复计算审理期限。

第十四条 县级以上人民政府土地管理部门根据土地管理法实施条例第四十五条的规定，申请人民法院执行其作出的责令交出土地决定的，应当符合下列条件：

（一）征收土地方案已经有权机关依法批准；

（二）市、县人民政府和土地管理部门已经依照土地管理法和土地管理法实施条例规定的程序实施征地行为；

（三）被征收土地所有权人、使用人已经依法得到安置补偿或者无正当理由拒绝接受安置补偿，且拒不交出土地，已经影响到征收工作的正常进行；

（四）符合《最高人民法院关于执行〈中华人民共和国行政诉讼法〉若干问题的解释》第八十六条规定的条件。

人民法院对符合条件的申请，应当裁定予以受理，并通知申请人；对不符合条件的申请，应当裁定不予受理。

第十五条 最高人民法院以前所作的司法解释与本规定不一致的，以本规定为准。

最高人民法院关于审理发生在我国管辖海域相关案件若干问题的规定（一）

1. *2015年12月28日最高人民法院审判委员会第1674次会议通过*
2. *2016年8月1日公布*
3. *法释〔2016〕16号*
4. *自2016年8月2日起施行*

为维护我国领土主权、海洋权益，平等保护中外当事人合法权利，明确我国管辖海域的司法管辖与法律适用，根据《中华人民共和国领海及毗连区法》《中华人民共和国专属经济区和大陆架法》《中华人民共和国刑法》《中华人民共和国出境入境管理法》《中华人民共和国治安管理处罚法》《中华人民共和国刑事诉讼法》《中华人民共和国民事诉讼法》《中华人民共和国海事诉讼特别程序法》《中华人民共和国行政诉讼法》及中华人民共和国缔结或者参加的有关国际条约，结合审判实际，制定本规定。

第一条 本规定所称我国管辖海域，是指中华人民共和国内水、领海、毗连区、专属经济区、大陆架，以及中华人民共和国管辖的其他海域。

第二条 中国公民或组织在我国与有关国家缔结的协定确定的共同管理的渔区或公海从事捕捞等作业的，适用本规定。

第三条 中国公民或者外国人在我国管辖海域实施非法猎捕、杀害珍贵濒危野生动物或者非法捕捞水产品等犯罪的，依照我国刑法追究刑事责任。

第四条 有关部门依据出境入境管理法、治安管理处罚法，对非法进入我国内水从事渔业生产或者渔业资源调查的外国人，作出行政强制措施或行政处罚决定，行政相对人不服的，可分别依据出境入境管理法第六十四条和治安管理处罚法第一百零二条的规定，向有关机关申请复议或向有管辖权的人民法院提起行政诉讼。

第五条 因在我国管辖海域内发生海损事故，请求损害赔偿提起的诉讼，由管辖该海域的海事法院、事故船舶最先到达地的海事法院、船舶被扣押地或者被告住所地海事法院管辖。

因在公海等我国管辖海域外发生海损事故，请求损害赔偿在我国法院提起的诉讼，由事故船舶最先到达地、船舶被扣押地或者被告住所地海事法院管辖。

事故船舶为中华人民共和国船舶的，还可以由船籍港所在地海事法院管辖。

第六条 在我国管辖海域内，因海上航运、渔业生产及其他海上作业造成污染，破坏海洋生态环境，请求损害赔偿提起的诉讼，由管辖该海域的海事法院管辖。

污染事故发生在我国管辖海域外，对我国管辖海域造成污染或污染威胁，请求损害赔偿或者预防措施费用提起的诉讼，由管辖该海域的海事法院或采取预防措施地的海事法院管辖。

第七条 本规定施行后尚未审结的案件，适用本规定；本规定施行前已经终审，当事人申请再审或者按照审判监督程序决定再审的案件，不适用本规定。

第八条 本规定自2016年8月2日起施行。

最高人民法院关于审理发生在我国管辖海域相关案件若干问题的规定(二)

1. 2016年5月9日最高人民法院审判委员会第1682次会议通过
2. 2016年8月1日公布
3. 法释〔2016〕17号
4. 自2016年8月2日起施行

为正确审理发生在我国管辖海域相关案件,维护当事人合法权益,根据《中华人民共和国刑法》《中华人民共和国渔业法》《中华人民共和国民事诉讼法》《中华人民共和国刑事诉讼法》《中华人民共和国行政诉讼法》,结合审判实际,制定本规定。

第一条 当事人因船舶碰撞、海洋污染等事故受到损害,请求侵权人赔偿渔船、渔具、渔货损失以及收入损失的,人民法院应予支持。

当事人违反渔业法第二十三条,未取得捕捞许可证从事海上捕捞作业,依照前款规定主张收入损失的,人民法院不予支持。

第二条 人民法院在审判执行工作中,发现违法行为,需要有关单位对其依法处理的,应及时向相关单位提出司法建议,必要时可以抄送该单位的上级机关或者主管部门。违法行为涉嫌犯罪的,依法移送刑事侦查部门处理。

第三条 违反我国国(边)境管理法规,非法进入我国领海,具有下列情形之一的,应当认定为刑法第三百二十二条规定的"情节严重":

(一)经驱赶拒不离开的;

(二)被驱离后又非法进入我国领海的;

(三)因非法进入我国领海被行政处罚或者被刑事处罚后,一年内又非法进入我国领海的;

(四)非法进入我国领海从事捕捞水产品等活动,尚不构成非法捕捞水产品等犯罪的;

(五)其他情节严重的情形。

第四条 违反保护水产资源法规,在海洋水域,在禁渔区、禁渔期或者使用禁用的工具、方法捕捞水产品,具有下列情形之一的,应当认定为刑法第三百四十条规定的"情节严重":

(一)非法捕捞水产品一万公斤以上或者价值十万元以上的;

(二)非法捕捞有重要经济价值的水生动物苗种、怀卵亲体二千公斤以上或者价值二万元以上的;

(三)在水产种质资源保护区内捕捞水产品二千公斤以上或者价值二万元以上的;

(四)在禁渔区内使用禁用的工具或者方法捕捞的;

(五)在禁渔期内使用禁用的工具或者方法捕捞的;

(六)在公海使用禁用渔具从事捕捞作业,造成严重影响的;

(七)其他情节严重的情形。

第五条 非法采捕珊瑚、砗磲或者其他珍贵、濒危水生野生动物,具有下列情形之一的,应当认定为刑法第三百四十一条第一款规定的"情节严重":

(一)价值在五十万元以上的;

(二)非法获利二十万元以上的;

(三)造成海域生态环境严重破坏的;

(四)造成严重国际影响的;

(五)其他情节严重的情形。

实施前款规定的行为,具有下列情形之一的,应当认定为刑法第三百四十一条第一款规定的"情节特别严重":

(一)价值或者非法获利达到本条第一款规定标准五倍以上的;

(二)价值或者非法获利达到本条第一款规定的标准,造成海域生态环境严重破坏的;

(三)造成海域生态环境特别严重破坏的;

(四)造成特别严重国际影响的;

(五)其他情节特别严重的情形。

第六条 非法收购、运输、出售珊瑚、砗磲或者其他珍贵、濒危水生野生动物及其制品,具有下列情形之一的,应当认定为刑法第三百四十一条第一款规定的"情节严重":

(一)价值在五十万元以上的;

(二)非法获利在二十万元以上的;

(三)具有其他严重情节的。

非法收购、运输、出售珊瑚、砗磲或者其他珍贵、濒危水生野生动物及其制品,具有下列情形之一的,应当认定为刑法第三百四十一条第一款规定的“情节特别严重”：

（一）价值在二百五十万元以上的；

（二）非法获利在一百万元以上的；

（三）具有其他特别严重情节的。

第七条　对案件涉及的珍贵、濒危水生野生动物的种属难以确定的，由司法鉴定机构出具鉴定意见，或者由国务院渔业行政主管部门指定的机构出具报告。

珍贵、濒危水生野生动物或者其制品的价值，依照国务院渔业行政主管部门的规定核定。核定价值低于实际交易价格的，以实际交易价格认定。

本解释所称珊瑚、砗磲，是指列入《国家重点保护野生动物名录》中国家一、二级保护的，以及列入《濒危野生动植物种国际贸易公约》附录一、附录二中的珊瑚、砗磲的所有种，包括活体和死体。

第八条　实施破坏海洋资源犯罪行为，同时构成非法捕捞罪、非法猎捕、杀害珍贵、濒危野生动物罪、组织他人偷越国（边）境罪、偷越国（边）境罪等犯罪的，依照处罚较重的规定定罪处罚。

有破坏海洋资源犯罪行为，又实施走私、妨害公务等犯罪的，依照数罪并罚的规定处理。

第九条　行政机关在行政诉讼中提交的于中华人民共和国领域外形成的，符合我国相关法律规定的证据，可以作为人民法院认定案件事实的依据。

下列证据不得作为定案依据：

（一）调查人员不具有所在国法律规定的调查权；

（二）证据调查过程不符合所在国法律规定，或者违反我国法律、法规的禁止性规定；

（三）证据不完整，或保管过程存在瑕疵，不能排除篡改可能的；

（四）提供的证据为复制件、复制品，无法与原件核对，且所在国执法部门亦未提供证明复制件、复制品与原件一致的公函；

（五）未履行中华人民共和国与该国订立的有关条约中规定的证明手续，或者未经所在国公证机关证明，并经中华人民共和国驻该国使领馆认证；

（六）不符合证据真实性、合法性、关联性的其他情形。

第十条　行政相对人未依法取得捕捞许可证擅自进行捕捞，行政机关认为该行为构成渔业法第四十一条规定的“情节严重”情形的，人民法院应当从以下方面综合审查，并作出认定：

（一）是否未依法取得渔业船舶检验证书或渔业船舶登记证书；

（二）是否故意遮挡、涂改船名、船籍港；

（三）是否标写伪造、变造的渔业船舶船名、船籍港，或者使用伪造、变造的渔业船舶证书；

（四）是否标写其他合法渔业船舶的船名、船籍港或者使用其他渔业船舶证书；

（五）是否非法安装挖捕珊瑚等国家重点保护水生野生动物设施；

（六）是否使用相关法律、法规、规章禁用的方法实施捕捞；

（七）是否非法捕捞水产品、非法捕捞有重要经济价值的水生动物苗种、怀卵亲体或者在水产种质资源保护区内捕捞水产品，数量或价值较大；

（八）是否于禁渔区、禁渔期实施捕捞；

（九）是否存在其他严重违法捕捞行为的情形。

第十一条　行政机关对停靠在渔港，无船名、船籍港和船舶证书的船舶，采取禁止离港、指定地点停放等强制措施，行政相对人以行政机关超越法定职权为由提起诉讼的，人民法院不予支持。

第十二条　无船名、无船籍港、无渔业船舶证书的船舶从事非法捕捞，行政机关经审慎调查，在无相反证据的情况下，将现场负责人或者实际负责人认定为违法行为人的，人民法院应予支持。

第十三条　行政机关有证据证明行政相对人采取将装载物品倒入海中等故意毁灭证据的行为，但行政相对人予以否认的，人民法院可以根据行政相对人的行为给行政机关举证造成困难的实际情况，适当降低行政机关的证明标准或者决定由行政相对人承担相反事实的证明责任。

第十四条　外国公民、无国籍人、外国组织，认为我国海洋、公安、海关、渔业行政主管部门及其所属的渔政监督管理机构等执法部门在行政执法过程中侵害其合法权益的，可以依据行政诉讼法等相关法律规定提起行政诉讼。

第十五条　本规定施行后尚未审结的一审、二审案件，适用本规定；本规定施行前已经终审，当事人申请再审或者按照审判监督程序决定再审的案件，不适用本规定。

第十六条　本规定自2016年8月2日起施行。

最高人民法院关于对河道采砂应否缴纳矿产资源补偿费问题的答复

1. 1995年9月6日

2. 法行〔1995〕9号

湖南省高级人民法院：

你院湘高法行〔1995〕2号请示收悉。关于河道采砂应否缴纳矿产资源补偿费的问题，经研究，答复如下：

国务院1994年4月1日颁布施行的《矿产资源补偿费征收管理规定》第二条规定："在中华人民共和国领域和其他管辖海域开采矿产资源，应当依照本规定缴纳矿产资源补偿费，法律、法规另有规定的，从其规定。"附录中将天然石英砂（玻璃用砂、建筑用砂、铸型用砂、水泥标准用砂、砖瓦用砂）列在应征收矿产资源补偿费的矿种之内。据此，采砂人凡在《矿产资源补偿费征收管理规定》施行以后在河道采砂的，均应依照该规定缴纳矿产资源补偿费。法律、行政法规另有规定的除外。

此复

最高人民法院关于对地下热水的属性及适用法律问题的答复

1. 1996年5月6日

2. 〔1996〕法行字第5号

福建省高级人民法院：

你院〔1995〕闽行他字第4号《关于地下热水的属性及适用法律问题的请示》收悉。经研究并征求国务院法制局的意见，现答复如下：

地下热水（25℃以上）属于地热资源，具有矿产资源和水资源的双重属性。对地下热水的勘查、开发、利用、保护和管理应当适用《中华人民共和国矿产资源法》、《中华人民共和国矿产资源法实施细则》和《矿产资源补偿费征收管理规定》。但在依法办理城市规划区内地下热水（25℃以上）的开采登记手续时，应当附具水行政主管部门和城市建设行政主管部门的审查意见。

此复

最高人民法院行政审判庭关于非法取得土地使用权再转让行为的法律适用问题的答复

1. 1998年5月15日

2. 〔1997〕法行字20号

福建高级人民法院：

你院闽高法〔1997〕176号《关于对尚未依法取得房产权和划拨土地使用权而转让房地产的行为应如何定性问题的请示》收悉。经征求全国人大法工委的意见，答复如下：

关于你院请示对尚未依法取得房产权和划拨土地使用权而转让房地产的行为应如何定性的问题，全国人大法工委已对你省人大常委会办公厅闽常办〔1995〕综字037号《关于非法取得土地使用权后进行转让行为应如何定性问题的请示》作了答复。即："根据《土地管理法》的规定，无论以何种方式非法取得土地使用权，其再转让的行为都构成非法转让土地，应适用有关土地管理的法律追究其法律责任"。故不再另行答复，请你院据此执行。

最高人民法院行政审判庭关于对农民长期使用但未取得合法权属证明的土地应如何确定权属问题的答复

1. 1998年8月17日

2. 〔1997〕行他字第17号

广西壮族自治区高级人民法院：

你院《关于北海市铁山港区营盘镇白龙村公所坪底村委第八（三）生产队不服合浦县人民政府土地权

属处理纠纷一案适用法律问题的请示》收悉。经研究,答复如下:

根据《宪法》、《土地管理法》关于土地所有权规定的基本精神,对土地所有权有争议,但不能依法证明土地属农民集体所有的土地,应依照《土地管理法实施条例》第三条第(三)项的规定,并参照原国家土地管理局确定土地所有权使用权的有关规定确定土地所有权。

此外,考虑到该案的争议土地系农民长期使用,但未取得合法权属证明的特殊情况,建议你院向政府提出司法建议,即:如果国家使用该争议地,应参照国家征用土地的有关规定给予适当补偿。

最高人民法院行政审判庭关于对人民防空部门出租人防设施,以洞养洞,是否收取土地出让金的答复

1. 1998年12月6日
2. 〔1996〕法行字第21号

湖南省高级人民法院:

你院〔1996〕湘行请字5号《关于人民防空地下设施改变使用性质是否需要收到土地出让金适用法律的请示》收悉。经研究并征求国务院法制办公室意见,我们认为:人民防空是国防的组成部门,人民防空部门依据平战结合原则,出租人防设施,以洞养洞,不应收取土地出让金。

最高人民法院行政审判庭关于在已取得土地使用权的范围内开采砂石是否需办理矿产开采许可证问题的答复

1. 2006年10月31日
2. 〔2006〕行他字第15号

青海省高级人民法院:

你院《关于对在已取得土地使用权的范围内开采砂石是否再办理矿产开采许可证的请示》收悉。经研究,答复如下:

原则同意你院第二种意见。即根据《矿产资源法实施细则》第十五条关于"本细则由地质矿产部负责解释"的规定,参照国土资源部国土资函〔1998〕190号《关于开山凿石、采挖砂、石、土等矿产资源适用法律问题的复函》中关于"建设单位因工程施工而动用砂、石、土,但不将其投入流通领域以获取矿产品营利为目的,或就地采挖砂、石、土用于公益性建设的,不办理采矿许可证,不缴纳资源补偿费"的解释,水电站建设单位因工程施工而在批准用地的范围内采挖砂、石、土,用于水电站大坝混凝土浇筑工程的,无须办理矿产开采许可证及缴纳资源补偿费。

此复

(12)农林水利行政案件法律适用

最高人民法院行政审判庭关于用水单位从水库取水应否缴纳水资源费问题的答复

1. 2004年4月25日
2. 〔2004〕行他字第24号

湖北省高级人民法院:

你院〔2004〕鄂行他字第5号《关于荆门市供水总公司诉湖北省水利厅水利行政征收一案法律适用问题的请示报告》收悉。

经研究并征求国务院法制办的意见,现答复如下:

水法对水资源属于国有和水资源实行有偿使用只作了原则性规定,在国务院制定水资源费征收办法前,除法律、行政法规明确规定不得征收水资源费的情况外,水资源费征收范围应暂按省、自治区、直辖市的规定执行。目前水库分为设计有供水功能的水库和没有供水功能的水库。有供水功能的水库,且水库管理单位已向水行政主管部门申请取水许可证并缴纳水资源费的,用水户仅需按用水量和水利工程供水价格向水库管理单位支付水利工程水费,无需再向国家缴纳水资源费;没有供水功能的水库,则用水户应当依法直接向水行政主管部门申请取水许可并缴纳水资源费。

此复

最高人民法院行政审判庭关于征收中央直属发电厂的水力发电用水和火力发电贯流式冷却用水水资源费问题的答复

1. 2007年11月5日
2. 〔2007〕行他字第17号

广西壮族自治区高级人民法院：

你院报来的《关于广西桂冠电力股份有限公司诉大化瑶族自治县水利局征收水资源费及行政处罚上诉一案的请示》收悉。经研究，答复如下：

国务院颁布的《取水许可和水资源费征收管理条例》于2006年4月15日起施行，在该条例施行之后，应当根据该条例的有关规定征收水资源费。

此复

(13)外贸、海关、税务行政案件法律适用

最高人民法院关于审理国际贸易行政案件若干问题的规定

1. 2002年8月27日最高人民法院审判委员会第1239次会议通过
2. 2002年8月27日公布
3. 法释〔2002〕27号
4. 自2002年10月1日起施行

为依法公正及时地审理国际贸易行政案件，根据《中华人民共和国行政诉讼法》（以下简称行政诉讼法）、《中华人民共和国立法法》（以下简称立法法）以及其他有关法律的规定，制定本规定。

第一条 下列案件属于本规定所称国际贸易行政案件：

（一）有关国际货物贸易的行政案件；

（二）有关国际服务贸易的行政案件；

（三）与国际贸易有关的知识产权行政案件；

（四）其他国际贸易行政案件。

第二条 人民法院行政审判庭依法审理国际贸易行政案件。

第三条 自然人、法人或者其他组织认为中华人民共和国具有国家行政职权的机关和组织及其工作人员（以下统称行政机关）有关国际贸易的具体行政行为侵犯其合法权益的，可以依照行政诉讼法以及其他有关法律、法规的规定，向人民法院提起行政诉讼。

第四条 当事人的行为发生在新法生效之前，行政机关在新法生效之后对该行为作出行政处理决定的，当事人可以依照新法的规定提起行政诉讼。

第五条 第一审国际贸易行政案件由具有管辖权的中级以上人民法院管辖。

第六条 人民法院审理国际贸易行政案件，应当依照行政诉讼法，并根据案件具体情况，从以下方面对被诉具体行政行为进行合法性审查：

（一）主要证据是否确实、充分；

（二）适用法律、法规是否正确；

（三）是否违反法定程序；

（四）是否超越职权；

（五）是否滥用职权；

（六）行政处罚是否显失公正；

（七）是否不履行或者拖延履行法定职责。

第七条 根据行政诉讼法第五十二条第一款及立法法第六十三条第一款和第二款规定，人民法院审理国际贸易行政案件，应当依据中华人民共和国法律、行政法规以及地方立法机关在法定立法权限范围内制定的有关或者影响国际贸易的地方性法规。地方性法规适用于本行政区域内发生的国际贸易行政案件。

第八条 根据行政诉讼法第五十三条第一款及立法法第七十一条、第七十二条和第七十三条规定，人民法院审理国际贸易行政案件，参照国务院部门根据法律和国务院的行政法规、决定、命令，在本部门权限范围内制定的有关或者影响国际贸易的部门规章，以及省、自治区、直辖市和省、自治区的人民政府所在地的市、经济特区所在地的市、国务院批准的较大的市的人民政府根据法律、行政法规和地方性法规制定的有关或者影响国际贸易的地方政府规章。

第九条 人民法院审理国际贸易行政案件所适用的法律、行政法规的具体条文存在两种以上的合理解释，

其中有一种解释与中华人民共和国缔结或者参加的国际条约的有关规定相一致的，应当选择与国际条约的有关规定相一致的解释，但中华人民共和国声明保留的条款除外。

第十条　外国人、无国籍人、外国组织在中华人民共和国进行国际贸易行政诉讼，同中华人民共和国公民、组织有同等的诉讼权利和义务，但有行政诉讼法第七十一条第二款规定的情形的，适用对等原则。

第十一条　涉及香港特别行政区、澳门特别行政区和台湾地区当事人的国际贸易行政案件，参照本规定处理。

第十二条　本规定自2002年10月1日起施行。

最高人民法院关于审理反倾销行政案件应用法律若干问题的规定

1. *2002年9月11日最高人民法院审判委员会第1242次会议通过*
2. *2002年11月21日公布*
3. *法释〔2002〕35号*
4. *自2003年1月1日起施行*

为依法公正地审理反倾销行政案件，根据《中华人民共和国行政诉讼法》及其他有关法律的规定，制定本规定。

第一条　人民法院依法受理对下列反倾销行政行为提起的行政诉讼：

（一）有关倾销及倾销幅度、损害及损害程度的终裁决定；

（二）有关是否征收反倾销税的决定以及追溯征收、退税、对新出口经营者征税的决定；

（三）有关保留、修改或者取消反倾销税以及价格承诺的复审决定；

（四）依照法律、行政法规规定可以起诉的其他反倾销行政行为。

第二条　与反倾销行政行为具有法律上利害关系的个人或者组织为利害关系人，可以依照行政诉讼法及其他有关法律、行政法规的规定，向人民法院提起行政诉讼。

前款所称利害关系人，是指向国务院主管部门提出反倾销调查书面申请的申请人，有关出口经营者和进口经营者及其他具有法律上利害关系的自然人、法人或者其他组织。

第三条　反倾销行政案件的被告，应当是作出相应被诉反倾销行政行为的国务院主管部门。

第四条　与被诉反倾销行政行为具有法律上利害关系的其他国务院主管部门，可以作为第三人参加诉讼。

第五条　第一审反倾销行政案件由下列人民法院管辖：

（一）被告所在地高级人民法院指定的中级人民法院；

（二）被告所在地高级人民法院。

第六条　人民法院依照行政诉讼法及其他有关反倾销的法律、行政法规，参照国务院部门规章，对被诉反倾销行政行为的事实问题和法律问题，进行合法性审查。

第七条　被告对其作出的被诉反倾销行政行为负举证责任，应当提供作出反倾销行政行为的证据和所依据的规范性文件。

人民法院依据被告的案卷记录审查被诉反倾销行政行为的合法性。

被告在作出被诉反倾销行政行为时没有记入案卷的事实材料，不能作为认定该行为合法的根据。

第八条　原告对其主张的事实有责任提供证据。

经人民法院依照法定程序审查，原告提供的证据具有关联性、合法性和真实性的，可以作为定案的根据。

被告在反倾销行政调查程序中依照法定程序要求原告提供证据，原告无正当理由拒不提供、不如实提供或者以其他方式严重妨碍调查，而在诉讼程序中提供的证据，人民法院不予采纳。

第九条　在反倾销行政调查程序中，利害关系人无正当理由拒不提供证据、不如实提供证据或者以其他方式严重妨碍调查的，国务院主管部门根据能够获得的证据得出的事实结论，可以认定为证据充分。

第十条　人民法院审理反倾销行政案件，根据不同情况，分别作出以下判决：

（一）被诉反倾销行政行为证据确凿，适用法律、行政法规正确，符合法定程序的，判决维持；

（二）被诉反倾销行政行为有下列情形之一的，

判决撤销或者部分撤销，并可以判决被告重新作出反倾销行政行为：

1. 主要证据不足的；
2. 适用法律、行政法规错误的；
3. 违反法定程序的；
4. 超越职权的；
5. 滥用职权的。

（三）依照法律或者司法解释规定作出的其他判决。

第十一条 人民法院审理反倾销行政案件，可以参照有关涉外民事诉讼程序的规定。

第十二条 本规定自2003年1月1日起实施。

最高人民法院关于审理反补贴行政案件应用法律若干问题的规定

1. 2002年9月11日最高人民法院审判委员会第1242次会议通过
2. 2002年11月21日公布
3. 法释〔2002〕36号
4. 自2003年1月1日起施行

为依法公正地审理反补贴行政案件，根据《中华人民共和国行政诉讼法》及其他有关法律的规定，制定本规定。

第一条 人民法院依法受理对下列反补贴行政行为提起的行政诉讼：

（一）有关补贴及补贴金额、损害及损害程度的终裁决定；

（二）有关是否征收反补贴税以及追溯征收的决定；

（三）有关保留、修改或者取消反补贴税以及承诺的复审决定；

（四）依照法律、行政法规规定可以起诉的其他反补贴行政行为。

第二条 与反补贴行政行为具有法律上利害关系的个人或者组织为利害关系人，可以依照行政诉讼法及其他有关法律、行政法规的规定，向人民法院提起行政诉讼。

前款所称利害关系人，是指向国务院主管机关提出反补贴调查书面申请的申请人，有关出口经营者和进口经营者及其他具有法律上利害关系的自然人、法人或者其他组织。

第三条 反补贴行政案件的被告，应当是作出相应被诉反补贴行政行为的国务院主管部门。

第四条 与被诉反补贴行政行为具有法律上利害关系的其他国务院主管部门，可以作为第三人参加诉讼。

第五条 第一审反补贴行政案件由下列人民法院管辖：

（一）被告所在地高级人民法院指定的中级人民法院；

（二）被告所在地高级人民法院。

第六条 人民法院依照行政诉讼法及其他有关反补贴的法律、行政法规，参照国务院部门规章，对被诉反补贴行政行为的事实问题和法律问题，进行合法性审查。

第七条 被告对其作出的被诉反补贴行政行为负举证责任，应当提供作出反补贴行政行为的证据和所依据的规范性文件。

人民法院依据被告的案卷记录审查被诉反补贴行政行为的合法性。

被告在作出被诉反补贴行政行为时没有记入案卷的事实材料，不能作为认定该行为合法的根据。

第八条 原告对其主张的事实有责任提供证据。

经人民法院依照法定程序审查，原告提供的证据具有关联性、合法性和真实性的，可以作为定案的根据。

被告在反补贴行政调查程序中依照法定程序要求原告提供证据，原告无正当理由拒不提供、不如实提供或者以其他方式严重妨碍调查，而在诉讼程序中提供的证据，人民法院不予采纳。

第九条 在反补贴行政调查程序中，利害关系人无正当理由拒不提供证据、不如实提供证据或者以其他方式严重妨碍调查的，国务院主管部门根据能够获得的证据得出的事实结论，可以认定为证据充分。

第十条 人民法院审理反补贴行政案件，根据不同情况，分别作出以下判决：

（一）被诉反补贴行政行为证据确凿，适用法律、行政法规正确，符合法定程序的，判决维持；

（二）被诉反补贴行政行为有下列情形之一的，

判决撤销或者部分撤销,并可以判决被告重新作出反补贴行政行为:

1. 主要证据不足的;

2. 适用法律、行政法规错误的;

3. 违反法定程序的;

4. 超越职权的;

5. 滥用职权的。

(三)依照法律或者司法解释规定作出的其他判决。

第十一条 人民法院审理反补贴行政案件,可以参照有关涉外民事诉讼程序的规定。

第十二条 本规定自2003年1月1日起实施。

最高人民法院行政审判庭关于对佳木斯进出口公司第二部诉绥芬河市口岸管理委员会拍卖财产案的答复

1. 1996年7月25日

2. 〔1996〕行他字第14号

黑龙江省高级人民法院:

你院〔1996〕黑行他字第1号"关于佳木斯进出口公司第二部不服绥芬河市口岸管理委员会拍卖财产一案的请示"收悉。经研究,答复如下:

进口货物在办妥报关手续前应根据《海关法》第二十一条的规定,由海关监管,其他机关对进口货物无管理职权。具体案件请你院依据法律规定处理。

最高人民法院办公厅关于转发全国人民代表大会常务委员会法制工作委员会"对海关法第三十条规定具体适用问题的答复意见"的通知

1. 2003年7月25日

2. 法办〔2003〕236号

辽宁、天津、山东、上海、浙江、湖北、福建、广东、海南、广西高级人民法院,各海事法院:

现将全国人民代表大会常务委员会法制工作委员会就海关总署请示的关于《海关法》第三十条规定具体适用问题的答复转发给你们,请在审判工作中执行。

附:

全国人民代表大会常务委员会法制工作委员会对海关法第三十条规定具体适用问题的答复意见

(2003年6月26日 法工委复字〔2003〕9号)

海关总署:

你署关于"商请对海关法第三十条规定具体适用问题进行研究并予以答复的函"(署法函〔2003〕74号)已收悉,经研究,现答复如下:

1. 依照海关法第三十条第一款的规定,对海关变卖超期未报关的进口货物的余款,有权申请发还的主体为进口货物的收货人。

2. 海关法对"收货人"未作定义,对此应当按照通常的理解和其他法律的规定确定。按照通常理解和合同法、海商法的有关规定,"收货人"应当是指在运输合同中载明的收货人或凭指示的收货人,或者是不记名提单的持有人等有权提取货物的人。

3. 依照海关法第三十条第一款的规定,由海关依本条规定变卖处理的货物,如不属于限制进口的,变卖所得在依法扣除有关款项和税款后的余款,收货人有权在规定的期限内申请发还;海关应当发还。

最高人民法院对广东省高级人民法院《关于宋德基诉湛江市赤坎区国家税务局追缴税款行政纠纷最高人民检察院抗诉再审一案有关问题的请示》的答复

1. 2003年9月22日

2. 〔2001〕行他字第17号

广东省高级人民法院:

你院《关于宋德基诉湛江市赤坎区国家税务局追缴税款行政纠纷最高人民检察院抗诉再审一案有关问

题的请示》收悉。经研究,答复如下:湛江市赤坎区国家税务局作出的〔94〕粤缴计字 00028795 号《中华人民共和国税收缴款书》是可诉的具体行政行为。当事人提起行政诉讼的,人民法院应当依法对其进行合法性审查。

·典型案例·

肇庆外贸公司诉肇庆海关海关估价行政纠纷案

【裁判摘要】

进口货物买方与境外卖方存在分公司与总公司、共同经营、利润分成等特殊关系,进口货物的申报价格又明显低于同型号产品的实际成交可比价格,甚至低于生产成本,申报方不能证明买卖双方的特殊关系未影响成交价格的,根据海关法第五十五条、《海关审价办法》第三十四条的规定,海关可以不接受申报价格,并按照《海关审价办法》第七条至第十一条的规定估定完税价格。

原告:广东省肇庆市外贸开发公司。

法定代表人:徐伟标,该公司总经理。

被告:中华人民共和国肇庆海关。

法定代表人:黄健玲,该海关关长。

第三人:广东省肇庆市翱思科技有限责任公司。

法定代表人:冯炜恒,该公司经理。

原告广东省肇庆市外贸开发公司(以下简称肇庆外贸公司)不服被告中华人民共和国肇庆海关(以下简称肇庆海关)2003 年 5 月 20 日作出的 517720021772499587/L04 号、517720021772499588/L03 号、517720021772499589/L03 号《海关代征增值税专用缴款书》(以下简称三份《代征缴款书》)和同年 5 月 28 日作出的 517720021772499587 - 1 号、517720021772499587 - 2 号、517720021772499588 - 1 号、517720021772499589 - 1 号《海关估价告知书》(以下简称四份《估价告知书》),向广东省肇庆市中级人民法院提起行政诉讼。因肇庆市翱思科技有限责任公司(以下简称翱思科技公司)与本案被诉具体行政行为有法律上的利害关系,肇庆市中级人民法院依法追加其为第三人参加诉讼。

原告肇庆外贸公司诉称:被告肇庆海关向原告发出三份《代征缴款书》,却不说明其征税的价格基础是怎样形成,剥夺了原告的知情权。经原告申请,被告才制作四份《估价告知书》,说明由于原告申报的货物价格低于“价格风险参数”、境内实际买方与境外卖方存在特殊关系,因此怀疑原告的申报价格不真实、不合理,就按照《中华人民共和国海关审定进出口货物完税价格办法》(以下简称《海关审价办法》)的规定估算出价格来。“价格风险参数”只是同类产品的平均价格,申报价格低于这个参数,不能说明不真实、不合理;就算买方与卖方存在特殊关系,但如果特殊关系未对成交价格产生影响,凭什么怀疑原告申报的价格?为说明申报价格是真实、合理的,原告已经向被告提供过大量价格资料。被告不能指出这些价格资料有哪些问题,却拒不采纳,仍坚持估价,且还不按《海关审价办法》第七条第一款规定的顺序执行几种估定完税价格方法,而是直接适用所谓的“合理方法”,是错误的,所估出的价格是武断、虚构的。在错误估价的基础上制作的三份《代征缴款书》,当然也错误。请求判令:1. 撤销被告的三份《代征缴款书》和四份《估价告知书》;2. 责令被告依法重新定价和作出《代征缴款书》,并返还多收的税款;3. 被告负担本案全部诉讼费用。

原告提交了第三人翱思科技公司与境内其他数家公司签订的合同书、订货单、进口货物报关单、增值税专用发票、海关专用缴款书等证据。

被告肇庆海关辩称:作为国家的进出口监督管理机关,海关掌握着大量基于国际贸易实际产生的同类进口货物价格资料。通过收集商品价格权威网站的资料,被告发现原告肇庆外贸公司的申报价格明显低于海关设定的价格风险参数,于是在 2002 年 11 月 27 日、2003 年 4 月 28 日,两次向原告发出《价格质疑通知书》,要求其作出书面说明,并提供相关资料。原告与本案第三人、境内实际买方翱思科技公司虽然提供了说明及相关资料,但经审核,被告发现这些资料存在多处矛盾和瑕疵,主要表现在:1. 部分增值税发票存在买价高于卖价的价格倒挂现象,有违常理;2. 部分订单上载明的含税价格,与增值税发票上的不含税价格相同,不符合逻辑;3. 有的资料是由曾因走私、价格瞒骗等行为受过海关查处,存在企业诚信问题,并且是与第三人有过交易关系的一些公司提供,不足为据。在价格质疑过程中，原告和第三人曾经多次承认，第三人与香港翱思公司存在特殊关系。而对这个特殊关系是否影响了双方之间的成交价格，原告和第三人却未说明。至于能直接反映国际贸易价格的对外付汇情况，或者集成电路行业的国际贸易价格等资料，原告和第三人始终未提供。据此被告认为，原告和第三人提供的资料，不足以证明申报价格是真实、准确的，遂依照《海关审价办法》第七条和第十一条的规定，在无法适用其他价格方法的情况下，根据海关的价格资料，使用合理方法估定了完税价格，并制发三份《代征缴款书》。鉴于作为证据的价格资料是海关的保密资料，不能直接向原告和第三人提供，故在原告的要求下，向其发出四份《估价告知书》。《估价告知书》虽然在《代征缴款书》之后发出，但整个估价过程，被告已经在此前通过质疑、磋商程序通知了原告，依法履行了告知义务。原告诉称被告估出的价格武断、虚构，其被剥夺了知情权，与事实不符。被告制发的三份《代征缴款书》和四份《估价告知书》，事实清楚，证据确凿，适用法律正确，程序合法，法院应当维持这一具体行政行为。

被告提交据以作出被诉具体行政行为的采购订单、询价单、合同书、报关单、附随发票、装箱单、成交确认书、技术说明、增值税发票、调查笔录、价格质疑通知书、价格磋商记录表、审价信息收集表、进口货物价格情况说明和保密的海关内部函件等证据，以及《中华人民共和国海关法》（以下简称海关法）、《海关审价办法》等执法依据。

第三人翱思科技公司述称：自2002年11月25日至2003年6月，第三人向被告肇庆海关提供过长达153页的详细价格资料，用以证明原告肇庆外贸公司代第三人申报的进口货物价格是真实的。但对这些资料，被告不积极主动去调查真伪，仅以“采信度不高，不足以证明申报价格真实性、准确性”为由，一律不予采纳，漠视行政相对人的权利。验资报告证明，香港翱思公司不是第三人的股东；被告认定第三人与香港翱思公司存在特殊关系，并且影响成交价格，不符合客观事实。被告的审价行为偏离了《海关审价办法》确定的原则，违反了《海关审价办法》确定的审价程序，所估定的完税价格没有事实根据，是武断的、虚构的价格。被告以涉及国家秘密和商业秘密为由，拒绝提交其估价依据，剥夺了第三人的知情权。请求判令撤销被告的估价行政行为。

第三人提交肇庆天元信展会计师事务所出具的验资报告、翱思科技公司销售情况对照表等证据。

经质证、认证，肇庆市中级人民法院查明：

2002年11月27日，原告肇庆外贸公司以一般贸易方式，向被告肇庆海关申报3票进口货物，其中有墨西哥产RC4558DR型集成电路10万个、RC4558P型集成电路9.5万个、泰国产SN74HCU04DR型集成电路2.75万个、马来西亚产SN74HCU04DR型集成电路1.25万个，申报的货物单价均为每个0.05美元。

经审核报关单及附随单证，被告肇庆海关认为，原告肇庆外贸公司申报的价格明显低于海关设定的价格风险参数，遂于2002年11月27日向肇庆外贸公司发出《价格质疑通知书》，要求其作出书面说明，并提供证明申报价格真实、准确的相关资料。11月28日和29日，肇庆外贸公司向肇庆海关提交了境外供货商香港翱思公司与境内实际收货单位、本案第三人翱思科技公司之间业务往来的说明、肇庆外贸公司代理进口电子元件协议、肇庆外贸公司代理进口的说明、肇庆外贸公司与香港翱思公司签订的成交确认书、《中华人民共和国海关进口货物价格申报单》、进口货物装箱单、发票、提单、肇庆外贸公司开给翱思科技公司同型号集成电路销售增值税发票、国内数家公司开给翱思科技公司或跃马（翱思）的采购订单、翱思科技公司开给国内数家公司同型号集成电路的销售增值税发票、有关集成电路代理商的集成电路价格行情信息等资料。同年12月至2003年4月，肇庆海关通过询问、磋商、谈话等方式，向肇庆外贸公司进一步了解进口货物申报价格信息，并向海关总署广州商品价格信息办公室（以下简称海关价格办公室）了解了同型号集成电路价格行情和信息。据此肇庆海关认为，进口货物的买卖双方（境内实际收货人与境外供货人）之间存在特殊关系，且该特殊关系可能影响成交价格，遂根据《海关审价办法》第三十四条的规定，决定不接受进口货物申报价格。

为确定完税价格，2003年3月3日，被告肇庆海关与原告肇庆外贸公司进行价格磋商。3月17日，肇庆海关主持了与肇庆外贸公司和第三人翱思科技公司的审价谈话。4月28日，肇庆海关再次向肇庆外贸公司发出《价格质疑通知书》，对买卖双方存在特殊关系，且可能影响成交价格提出质疑。5月12日，肇庆外贸公司向肇庆海关提交了《关于肇庆市翱思科技有限责任公司申报价格的补充说明》等11份资料。肇庆海关在审核这些资料后认为，这些资料的采信度不高，仍然不能有效证明进口申报价格真实、合理并可以作为确定完税价格的基础。5月15日，肇庆海关又与肇庆外贸公司进行价格磋商，肇庆外贸公司始终不同意对进口货物重新估价。由于肇庆外贸公司没有提供使用相同货物成交价格方法、类似货物成交价格方法、倒扣价格方法和计算价格方法确定完税价格所需的资料，同时肇庆海关也没有掌握上述价格资料，5月20日，肇庆海关经询价后，使用合理方法进行估价，作出三份《代征缴款书》，决定对肇庆外贸公司申报的三批集成电路征收增值税13 172.08元。应肇庆外贸公司申请，肇庆海关又于5月28日发出四份《估价告知书》，向肇庆外贸公司告知：对RC4558DR型、RC4558P型集成电路，肇庆海关决定按每个0.0898美元估价；对SN74HCU04DR型集成电路，肇庆海关决定按每个0.09美元估价。四份《估价告知书》上，均说明肇庆海关是按《海关审价办法》第三十四条、第七条第一款第（五）项的规定估价，并告知于不服估价行为的权利救济途径。肇庆外贸公司不服三份《代征缴款书》和四份《估价告知书》的决定，向广州海关申请复议。11月25日，广州海关复议后，决定维持肇庆海关的三份《代征缴款书》和四份《估价告知书》。

又查明，原告肇庆外贸公司申报进口的集成电路，境外销售人是香港翱思公司，境内实际收货人是第三人翱思科技公司。肇庆外贸公司与翱思科技公司之间存在委托代理进口货物关系，代理翱思科技公司进口有关电子元件，负责对外签约、报关等工作。翱思科技公司由香港翱思公司的注册人李兆汉和翱思科技公司的法定代表人冯炜恒共同经营，该公司的部分流动资金由香港翱思公司提供，与香港翱思公司保持着分公司与总公司的关系。双方口头约定，对翱思科技公司的销售利润，由翱思科技公司分三成，香港翱思公司分七成。

肇庆市中级人民法院认为：

一、《海关审价办法》第四十二条第一款第（三）项规定，当一方直接或间接地受另一方控制时，应当认定买卖双方有特殊关系。2002年11月28日，第三人翱思科技公司在其出具的《关于翱思科技公司与香港翱思公司的业务说明》中，承认其与卖方香港翱思公司是分公司与总公司的关系；同年12月3日、12月10日，在被告肇庆海关制作的询问笔录和翱思科技公司出具的《关于翱思科技公司购销集成电路的说明》中，翱思科技公司还承认，其与香港翱思公司存在着共同经营、利润分成的事实。根据这些证据，肇庆海关认定买方翱思科技公司与卖方香港翱思公司存在特殊关系，是正确的。

二、2003年3月17日，在被告肇庆海关主持的海关审价谈话会上，原告肇庆外贸公司和第三人翱思科技公司承认，涉案货物的申报价格实际是由香港翱思公司确定的。肇庆外贸公司和翱思科技公司虽然想用销售合同、订单、询价单、增值税发票等资料来证明这个申报价格是真实、合理的，但这些资料不同程度地存在矛盾和瑕疵，无法说明其自身真实、合理，因此也就不具有证明申报价格真实、合理的作用。海关价格办公室出具的意见称：涉案货物申报价格低于海关掌握的同型号集成电路实际成交可比价格，低于国际集成电路权威网站的报价，低于集成电路生产成本价格。作为海关进口货物商品价格信息的专业管理部门，海关价格办公室掌握了大量的价格信息资料。与肇庆外贸公司、翱思科技公司提供的资料相比，海关价格办公室出具的价格意见更具可信性，应当采纳。肇庆海关据此认定涉案货物买方与卖方之间的特殊关系影响了成交价格，是正确的。

三、海关法第五十五条第一款规定："进出口货物的完税价格，由海关以该货物的成交价格为基础审查确定。成交价格不能确定时，完税价格由海关依法估定。"《海关审价办法》第三十四条规定："海关有理由认为买卖双方之间的特殊关系影响成交价格时，应当书面将理由告知进口货物的收货人，要求其以书面形式作进一步说明，提供相关资料或其他证据，证明双方之间的关系未影响成交价格。自海关书面通知发出之日起15日内，进口货物的收货人未能提供进一步说明，或海关审核所提供的资料或证据后仍有理由认为买卖双方之间的关系影响成交价格时，海关可以不接受其申报价格，并按照本办法第七条至第十一条的规定估定完税价格。"依照上述规定，被告肇庆海关有审查、确定进口货物完税价格和估定完税价格的职权。肇庆海关在认为进口货物买卖双方之间的特殊关系影响成交价格后，已将这一理由书面告知进口货物的收货人、原告肇庆外贸公司。在法定期限内，肇庆外贸公司提供的证据不能证明买卖双方之间特殊关系未影响成交价格。肇庆海关据此不接受进口货物的申报价格，并依法估定完税价格，执法有据。

四、在海关审价过程中，原告肇庆外贸公司和第三人翱思科技公司虽然提供了包括国内销售合同、订单、询价单、增值税发票在内的各种资料，但这些资料存在着矛盾与瑕疵，采信度不高。对能直接反映国际贸易价格的对外付汇情况或者集成电路行业的国际贸易价格资料，肇庆外贸公司和翱思科技公司始终不向被告肇庆海关提供。同时由于肇庆外贸公司和翱思科技公司提供的证据，不能证明其主张的价格是在境内销售合计总量最大、是向境内无特殊关系方进行销售的价格，其中也没有应扣减费用的客观可量化资料，因此无法作为适用类似货物成交价格方法、倒扣价格方法和计算价格方法固定完税价格的基础。在此情形下，肇庆海关在依次排除了《海关审价办法》第七条规定的各种估价方法后，参考其他口岸同型号集成电路的进口价格，从充分考虑肇庆外贸公司利益出发，以相同规格型号产品的实际成交价格资料作为基础，采用合理方法估定完税价格，其估价的程序合法，且并未超出行政机关的自由裁量权范围。

第三人翱思科技公司认为，在被告肇庆海关审价过程中，其已通过原告肇庆外贸公司向肇庆海关提供了大量资料，这些资料都是真实的，但肇庆海关既不积极主动去调查这些资料的真伪，又对这些资料不予采纳，是漠视行政相对人的权利。前已述及，在买卖双方存在特殊关系且这种特殊关系影响成交价格的情形下，海关对进口货物申报价格予以调整，是海关法第五十五条、《海关审价办法》第七条、第三十四条赋予海关的职权。肇庆外贸公司和翱思科技公司提供的资料无论是否真实，只要不能证明成交价格未受买卖双方之间特殊关系的影响，肇庆海关即可依法对进口货物的申报价格进行调整。在此前提下，海关还有无必要核查这些资料的真伪，则属于行政机关具体行政行为的合理性问题，不属行政诉讼审查范围。

综上所述，被告肇庆海关所作的三份《代征缴款书》和四份《估价告知书》，适用法律、法规正确，符合法定程序，应当维持。据此，肇庆市中级人民法院依照《中华人民共和国行政诉讼法》第五十四条第（一）项的规定，于2005年6月22日判决：

一、维持被告肇庆海关于2003年5月20日作出的三份《代征缴款书》和同年5月28日作出的四份《估价告知书》；

二、驳回原告肇庆外贸公司的其他诉讼请求。

本案受理费100元，由原告肇庆外贸公司负担。

一审宣判后，肇庆外贸公司、翱思科技公司不服，向广东省高级人民法院提出上诉。理由是：一、翱思科技公司提交的验资报告证明，香港翱思公司不是翱思科技公司的股东，他们之间不存在控制关系。被上诉人肇庆海关认定申报价格低于相同或类似货物成交价格或者国际市场价格行情，以及认定买卖双方存在特殊关系且影响了成交价格，都没有证据证明。也就是说，被上诉人虽然质疑上诉人的申报价格，但没有证据证明其质疑的理由。在这种情况下，一审判决也认定翱思科技公司与香港翱思公司存在特殊关系且影响成交价格，是认定事实错误。二、《海关审价办法》第六条规定，买卖双方虽有特殊关系，但只要收货人能够证明申报价格与同时或大约同时发生的卖方向境内无特殊关系的买方出售相同或类似货物的成交价格相近，海关应当接受申报价格。上诉人在收到被上诉人发来的《价格质疑通知书》当天，就向被上诉人提供了相关证据，然而被上诉人没有审查这些证据和接受成交价格，违反了这一条规定。三、本案买卖双方是翱思科技公司与香港翱思公司，肇庆外贸公司只是翱思科技公司的进口货物代理人。在海关审价过程中，被上诉人没有将与具体行政行为有直接利害关系的翱思科技公司列为行政相对人，没有向翱思科技公司发出《价格质疑通知书》，而是把该通知书发给肇庆外贸公司，是错误的。四、被上诉人发出《价格质疑通知书》后，没有按照《海关审价办法》第三十四条的规定给予15天时间，以致肇庆外贸公司与翱思科技公司未能提供充分的证据。五、《海关审价办法》第七条规定了四种估定完税价格方法，而且规定必须依次使用这四种方法。在审定完税价格过程中，被上诉人没有依照法定次序，而是直接采用合理方法估价，严重违反法律。在这种情况下估出来的完税价格，依据不足，实是主观臆断。六、被上诉人宣称其是根据海关掌握的价格资料，使用合理方法估定完税价格。但是被上诉人却以价格资料是海关秘密为由，不向上诉人出示其估价依靠的证据。一审也以这部分证据涉及商业秘密为由，不公开质证，违反了法定程序。请求撤销一审判决，将案件发回重审，或在查清事实后判决撤销被上诉人制作的四份《估价告知书》及相应的三份《代征缴款书》。

被上诉人肇庆海关答辩称：被上诉人对上诉人制发的三份《代征缴款书》和四份《估价告知书》，事实清楚，证据确凿，适用法律正确，程序合法。上诉人的上诉没有事实根据与法律依据，应当驳回上诉，维持原判。

广东省高级人民法院经审理，确认了一审查明的事实。

二审应解决的争议焦点是：1. 能否认定香港翱思公司与翱思科技公司之间存在特殊关系且特殊关系影响成交价格？2. 肇庆海关在收到肇庆外贸公司、翱思科技公司提供的相关证据后，应否接受其申报的价格？3. 肇庆海关不向翱思科技公司发出《价格质疑通知书》，是否错误？4. 肇庆海关发出《价格质疑通知书》后，是否未给当事人留出15天提供证据与说明的时间？5. 肇庆海关使用合理方法估价，是否违反《海关审价办法》第七条的规定？6. 一审以海关的价格资料涉密为由不公开质证，是否违反法定程序？

广东省高级人民法院认为：

一、关于上诉人翱思科技公司与香港翱思公司之间存在特殊关系一事，一审已经列明作出这个认定所依靠的证据。《海关审价办法》第四十二条第一款规定了应当认定买卖双方有特殊关系的八种情形，“一方直接或间接地拥有、控制或持有对方5%或以上公开发行的有表决权的股票或股份”只是其中一种。验资报告虽然证明香港翱思公司不是翱思科技公司的股东，但这只反映了翱思科技公司的注册资本情况，不代表实际经营过程中两个公司之间不存在任何关系。上诉人肇庆外贸公司、翱思科技公司以不是股东为由，否认香港翱思公司与翱思科技公司之间存在特殊关系，该理由不能成立。

二、《海关审价办法》第六条第一款规定：“买卖双方之间有特殊关系的，经海关审定其特殊关系未对成交价格产生影响，或进口货物的收货人能证明其成交价格与同时或大约同时产生的下列任一价格相近，该成交价格海关应当接受：（一）向境内无特殊关系的买方出售的相同或类似货物的成交价格；（二）按照本办法第九条的规定所确定的相同或类似货物的完税价格；（三）按照本办法第十条的规定所确定的相同或类似货物的完税价格。”在上诉人翱思科技公司与香港翱思公司之间的特殊关系被认定后，上诉人肇庆外贸公司和翱思科技公司只有证明成交价格符合《海关审价办法》第六条第一款规定的条件，成交价格才应当被海关接受。肇庆外贸公司和翱思科技公司虽然提供了大量价格资料，但这些资料存在着不同程度的矛盾和瑕疵，无法证明成交价格符合《海关审价办法》第六条第一款规定的条件，因此肇庆海关不接受肇庆外贸公司、翱思科技公司主张的成交价格，于法有据。

三、海关法第五十四条规定：“进口货物的收货人、出口货物的发货人、进出境物品的所有人，是关税的纳税义务人。”《海关审价办法》第三十一条规定：“进出口货物的收发货人应当向海关如实申报进出口货物的成交价格，提供包括发票、合同、装箱清单及其他证明申报价格真实、完整的单证、书面资料和电子数据。海关认为必要时，进出口货物的收发货人还应当向海关补充申报反映买卖双方关系和成交活动的情况，以及其他与成交价格有关的资料。”上诉人肇庆外贸公司是本案所涉进口货物报关单上明确记载的收货人，被上诉人肇庆海关据此只将肇庆外贸公司作为行政管理相对人，向该公司发出《价格质疑通知书》，符合法律规定，不存在程序错误。

四、被上诉人肇庆海关两次向上诉人肇庆外贸公司发出《价格质疑通知书》，第一次是在2002年11月27日，第二次是在2003年4月28日。而三份《代征缴款书》是于2003年5月20日作出，四份《估价告知书》是于同年5月28日作出。仅以第二次《价格质疑通知书》的发出时间计算，至具体行政行为作出时，均超出15天的期限。肇庆外贸公司、翱思科技公司上诉认为，肇庆海关发出《价格质疑通知书》后没有给予15天的时间，违反了《海关审价办法》第三十四条规定的期限，没有事实根据。

五、《海关审价办法》第七条第一款规定：“海关应当依次使用下列方法估定完税价格：（一）相同货物成交价格方法；（二）类似货物成交价格方法；（三）倒扣价格方法；（四）计算价格方法；（五）合理方法。”《海关审价办法》第八条至第十一条，分别规定了各种价格方法的适用条件。相同或类似货物成交价格方法，应当“以与被估的进口货物同时或大约同时进口的相同或类似货物的成交价格为基础”，“应当首先使用同一生产商生产的相同或类似货物的成交价格，只有在没有同一生产商生产的相同或类似货物的成交价格的情况下，才可以使用同一生产国或地区生产的相同或类似货物的成交价格”。而在上诉人肇庆外贸公司、翱思科技公司提供的价格资料中,没有同一生产商生产的相同或类似货物的成交价格,同时,被上诉人肇庆海关虽然掌握同型号集成电路的价格资料,但与被估货物不是同时或大约同时,也不是同一生产国,不能满足这两种价格方法的适用条件。倒扣价格方法,"应当以被估的进口货物、相同或类似进口货物在境内销售的价格为基础"估价,应当同时符合"在被估货物进口时或大约同时销售"、"按照进口时的状态销售"、"在境内第一环节销售"、"合计的货物销售总量最大"、"向境内无特殊关系方销售"等条件,还应当扣除"该货物的同等级或同种类货物在境内销售时的利润和一般费用及通常支付的佣金"、"货物运抵境内输入地点之后的运费、保险费、装卸费及其他相关费用"、"进口关税、进口环节税和其他与进口或销售上述货物有关的国内税"。肇庆外贸公司、翱思科技公司虽然提供了同型号集成电路的增值税发票,但这些发票经审核,存在多处矛盾。肇庆海关认为,这些发票难以反映贸易实际,且不能证明其主张的价格是在境内销售合计总量最大的、是向境内无特殊关系方销售的,也没,有提供应扣减费用的客观可量化资料。肇庆海关虽然掌握同型号进口集成电路的销售价格,但这个价格不是在境内第一环节按照进口时状态销售的、合计货物销售总量最大的、在被估货物进口时或大约同时销售的价格,因而无法适用倒扣价格方法。计算价格方法,是以"生产该货物所使用的原材料价值和进行装配或其他加工的费用"、"与向境内出口销售同等级或同种类货物的利润和一般费用相符的利润和一般费用"、"货物运抵境内输入地点起卸前的运输及相关费用、保险费"的总和估定进口货物完税价格。适用这种价格方法,同样需要掌握境外生产商成本、利润、费用等方面的客观可量化资料。由于肇庆外贸公司、翱思科技公司提供的资料难以反映贸易实际,同时由于海关也不掌握这方面资料,缺乏适用计算价格方法的条件。《海关审价办法》第十一条规定:海关在使用合理方法时,应当根据本办法的估价原则,以在境内获得的数据资料为基础估定进口货物的完税价格,但不得使用"境内生产的货物在境内的销售价格"、"可供选择的价格中较高的价格"、"货物在出口地市场的销售价格"、"以本办法第十条第一款规定之外的价值或费用计算的价格"、"出口到第三国或地区的货物的销售价格"以及"最低限价或武断、虚构的价格"。在依次排除了前四种估价方法后,肇庆海关以海关掌握的国内其他口岸相同型号规格产品的实际进口成交价格资料为基础,采用合理方法进行估价,符合《海关审价办法》第七条第一款规定的程序,也符合《海关审价办法》第十一条规定的估价原则,且未超出行政机关自由裁量权的行使范围。

六、被上诉人肇庆海关据以提出价格质疑和确定估价所引用的相同型号规格集成电路的价格资料,来源于其他企业的进口价格,事涉其他企业商业秘密。《海关审价办法》第三十八条规定:"海关对于买方、卖方或贸易相关方提供的属于商业秘密的资料予以保密。"最高人民法院《关于行政诉讼证据若干问题的规定》第三十七条规定:"涉及国家秘密、商业秘密和个人隐秘或者法律规定的其他应当保密的证据,不得在开庭时公开质证。"一审对肇庆海关提交的这部分海关负有保密义务的证据不公开质证,处理正确。上诉人肇庆外贸公司、翱思科技公司认为此举违反法定程序,理由不能成立。

综上所述,一审判决认定事实清楚,证据充分,判处适当。上诉人肇庆外贸公司、翱思科技公司的上诉理由不能成立,依法应当驳回。广东省高级人民法院依照《中华人民共和国行政诉讼法》第六十一条第(一)项规定,于2005年11月24日判决:

驳回上诉,维持原判。

二审案件受理费100元,由上诉人肇庆外贸公司、翱思科技公司各负担50元。

本判决为终审判决。

博坦公司诉厦门海关
行政处罚决定纠纷案

【裁判摘要】

一、对海关监管货物的来源负有审查义务的仓储企业法人,明知他人走私货物,虽然一再向走私人表示拒绝为走私货物提供仓储服务,但事实上一直为走私货物提供仓储服务并不向海关报告,其行为违反《中华人民共和国海关法行政处罚实施细则》第六条第二款规定,构成共同走私。

二、行政机关为实施法律而根据法律制定的实施细则、条例等行政法规,在相关法律修改后,只要没有被法律、行政法规或者制定机关明令废止,并且不与修改后的法律相抵触，就仍然可以适用。

三、对知情不报并为走私人提供方便的人给予没收违法所得并处罚款的行政处罚，符合《中华人民共和国海关法行政处罚实施细则》第六条第二款的规定。被处罚人以其他文件的规定为例，要求从违法所得中扣除其投入的费用，理由不能成立。

原告：福建省厦门博坦仓储有限公司，住所地：厦门市海沧嵩屿。

法定代表人：陈和华，该公司董事长。

被告：中华人民共和国厦门海关，住所地：厦门市海后路。

法定代表人：周卓为，该海关关长。

原告厦门博坦仓储有限公司（以下简称博坦公司）因不服被告中华人民共和国厦门海关（以下简称厦门海关）对其作出的行政处罚决定，向福建省厦门市中级人民法院提起行政诉讼。

原告诉称：2004年10月27日，被告厦门海关以明知货物走私进口仍提供卸储服务为由，根据《中华人民共和国海关法行政处罚实施细则》（以下简称《海关行政处罚细则》）第六条第二款规定，对原告作出〔2002〕厦关查罚字第05-028号行政处罚决定（以下简称028号行政处罚决定），决定没收违法所得人民币44 978 766元（以下未特殊注明的金额均为人民币），并处罚款1000万元。首先，为这些油料的进口手续不全，原告曾致函厦门石油总公司，也向被告反映过，被告的工作人员曾为此进行过协调，同意放行这些油料，厦门石油总公司也表示由他们负责补办海关手续，责任由他们承担。其次，《海关行政处罚细则》是为1987年颁布施行的《中华人民共和国海关法》（以下简称海关法）而制定实施的。被告处理本案时，新海关法已经颁布实施，旧海关法及相关细则不再适用。被告适用旧的细则作出行政处罚决定，适用法律明显错误。再次，原告从这些业务中共获取营业收入5 797 142.97美元，折合人民币47 985 271元；扣除劳动者工资、仓储设备折旧提成以及其他必要支出26 809 123元，扣除给国家上缴的税款3 006 505元，原告的所得仅为18 169 643元。被告仅从营业收入中扣除税款，却把其他支出的经营费用都计算为违法所得，对“违法所得”的构成与数额认定错误。第四，被告既把扣除税款后的营业收入都作为违法所得没收，同时又处以1000万元的罚款，处罚显失公正。请求：一、撤销被告作出的028号行政处罚决定，限期被告重新作出具体行政行为，或者判决变更被告作出的行政处罚决定；二、判令被告负担本案诉讼费用。

原告博坦公司提交028号行政处罚决定、中华人民共和国海关总署（以下简称海关总署）的〔2004〕0037号行政复议决定书以及收件单，用以证明被诉的具体行政行为存在，以及博坦公司在法定期限内提起行政诉讼；提交博坦公司1997年度和1998年度审计报告、1997年度和1998年度纳税申报表、卸储64艘次货物支出费用一览表、收入计算说明，用以证明博坦公司营业收入总额中包括了经营费用支出及缴纳的税款。

被告辩称：一、关于厦门石油总公司进口油料不办理报关手续的问题，在开始时原告虽然向被告的工作人员反映过，被告的工作人员也曾口头答复可以先放行后补办手续，但也明确表示下不为例，以后的货要海关同意才可以卸储。二、原告是专门从事油料仓储的大型企业，有义务审查进口油料的合法来源。原告明知其卸载和仓储的油料均未在中国境内办理报关纳税手续，是走私进口货物，仍进行卸载和仓储，从中谋取利益。被告根据《海关行政处罚细则》第六条第二款的规定，决定对原告进行行政处罚，适用法律正确，处罚适当。三、2000年7月8日，第九届全国人大常委会第十六次会议通过的《关于修改〈中华人民共和国海关法〉的决定》，仅是对1987年海关法进行修改，并未废除该法。《海关行政处罚细则》虽然是根据1987年海关法制定的，但至被告处理本案时，尚未被制定机关宣布废止；只要其不与2000年海关法相抵触，就应当继续有效。四、知情不报并为走私人提供方便的行为是违法行为，违法行为不应受到法律保护。原告为实施违法行为，当然得投入一定成本，即原告所称的经营费用，但这种成本不应得到法律保护，只能根据咎由自取的原则令违法人自行负担。如果对行为人投入的违法成本也给予保护，无异于纵容行为人实施违法行为。因此，被告在扣除了原告上缴给国家的税款后，将原告的其他收入计算为违法所得予以没收，是正确的。原告要求从中扣除其投入的违法成本，没有法律依据，不应支持。被告作出的行政处罚决定是正确的，法院应当维持。

被告厦门海关提交以下证据：

1. 企业法人营业执照,用以证明博坦公司具有经营油品仓储业务的资质;

2. 博坦公司与厦门石油总公司的来往函电,用以证明博坦公司明知油料是未办理报关手续的走私进口货物仍卸载和仓储,且未向海关报告;

3. 博坦公司与厦门石油总公司、厦门象屿新大地进出口公司签署的柴油仓储协议,用以证明博坦公司允许涉案油料在其油库中卸储并以此收取违法所得;

4. 进口成品油卸储情况统计表,用以证明在博坦公司所属油库卸载、仓储走私油料的船舶、运载次数和运载数量;

5. 海关核查进口油料的证明材料,用以证明自1997年3月至1998年6月,赫斯特拉号轮等64艘次船舶运载油料入境,未向海关办理报关纳税手续;

6. 对陈燕新、林奇志、曾鸣、吴宇波等人的询问笔录,用以证明博坦公司允许走私油料在其油库卸载和仓储,知情不报的事实;

7. 福建省高级人民法院〔2000〕闽刑终字第604号、613号刑事裁定书,用以证明涉案油料是走私货物;

8. 博坦公司与厦门石油总公司的来往账单、相关收入计算证明,用以证明博坦公司因卸载和仓储走私油料共收取违法所得44 978 766元;

9. 税收缴款书及清单,用以证明白1997年5月至1998年6月间,博坦公司共向国家上缴税款3 006 504.77元;

10. 028号行政处罚决定书及送达笔录、海关总署〔2004〕0037号行政复议决定书、听证通知、听证会记录、行政处罚告知单,用以证明厦门海关的行政执法程序合法;

11.《海关行政处罚细则》第六条第二款,用以证明行政处罚行为的法律依据。

厦门市中级人民法院经审理查明:

1997年3月至1998年6月,赫斯特拉号轮等64艘次船舶将未在中国境内办理报关纳税手续的柴油1 150 156.9吨、毛豆油256 569.64吨、毛菜籽油15 568.344吨、棕油7171.22吨、精豆油30 008.01吨、精棕油5633.231吨、大豆油15 945.921吨走私入境后,在原告博坦公司所属的油库卸载、仓储,博坦公司因此收入5 797 142.97美元,折合人民币47 985 271元,期间向国家缴纳税款3 006 505元。据此,被告厦门海关于2004年10月27日作出028号行政处罚决定,决定没收博坦公司的违法所得44 978 766元,并处罚款1000万元。2005年2月4日,海关总署作出〔2004〕0037号行政复议决定书,决定驳回博坦公司的复议申请,维持厦门海关作出的028号行政处罚决定。

另查明:1997年3月,原告博坦公司致函厦门石油总公司提出厦门石油总公司在博坦公司卸储的油料手续不全,不予装船,要求厦门石油总公司提供海关文件。3月25日,厦门海关工作人员吴宇波在协调此事时,口头表示货可以先放,但要求厦门石油总公司补办海关手续,且下不为例,以后的货要海关同意才可以卸储。3月25日、4月1日,厦门石油总公司给博坦公司回函,称海关手续由其办理,责任由其承担,要求博坦公司以后按照现行方式进行作业。

本案争议焦点是:1. 将《海关行政处罚细则》第六条第二款作为028号行政处罚决定适用的法律依据是否正确? 2. 应当如何认定博坦公司的行为? 3. 本案违法所得数额认定是否恰当?

厦门市中级人民法院认为:

海关法是法律,《海关行政处罚细则》是行政法规。行政法规当然要服从法律,但不等于说法律修改了,根据修改前法律制定的行政法规就自然失效。法律无论是否修改,根据法律制定的行政法规中,凡是与修改前或者修改后法律相抵触的条文都是无效的,其他条文必须由法律、行政法规或者国务院的命令废止才会失去法律效力。2000年7月8日,第九届全国人民代表大会常务委员会第十六次会议修改了海关法。2004年9月19日,国务院公布《中华人民共和国海关行政处罚实施条例》,其中第六十八条规定:"本实施条例自2004年11月1日起施行。1993年2月17日国务院批准修订、1993年4月1日海关总署发布的《中华人民共和国海关法行政处罚实施细则》同时废止。"028号行政处罚决定于《海关行政处罚细则》未被废止之前作出,以《海关行政处罚细则》第六条第二款作为法律依据,适用法律并无不当。

作为专门从事油料仓储的大型企业,对受海关监管的仓储油料进口来源是否合法,原告博坦公司负有审查的法定义务。事实上,博坦公司起初拒绝出货,说明其清楚自己的此项义务。但在此之后,博坦公司却长期卸载、仓储及放行没有合法来源的油料,也是本案事实。博坦公司的行为符合《海关行政处罚细则》第六条第二款规定的“知情不报并为走私人提供方便的”情形，被告厦门海关据此对该公司作出处罚决定，是正确的。海关个别工作人员对本案进行的协调，以及厦门石油总公司出具责任由其承担的回函，均不能免除博坦公司的法定义务，对其行为的违法性质没有影响。

原告博坦公司违法经营油料的总收入为47 985 271元，双方当事人对此均无异议。上述款项是博坦公司从事违法行为获取的，与违法行为有直接联系，是违法所得，被告厦门海关在扣除3 006 505元税款后，将余额以违法所得没收，并无不当。博坦公司主张从中扣除经营费用，没有法律依据。

据此，厦门市中级人民法院依照《中华人民共和国行政诉讼法》（以下简称行政诉讼法）第五十四条第（一）项规定，于2005年6月10日判决：

维持被告厦门海关于2004年10月27日作出的028号行政处罚决定。

案件受理费284 903元，由原告博坦公司负担。

一审宣判后，博坦公司不服，向福建省高级人民法院提出上诉。理由是：1. 上诉人在得知油料没有报关纳税手续后，曾拒绝放行，并且向作为监管部门的被上诉人报告过。其后由于被上诉人的工作人员进行协调，提出对厦门石油总公司进口的油料适用“简易程序”，上诉人才将这些货物放行。事实证明，对他人的走私情况，上诉人并不知情，更不是知情不报，而是每次放行货物都有被上诉人同意放行的明确指示，因此不具有《海关行政处罚细则》第六条第二款规定的情形。2. 只有“与走私人通谋为走私人提供运输、保管、邮寄或者其他方便”的，才是修改后海关法第八十四条规定应当处罚的情形；而《海关行政处罚细则》第六条第二款规定，“知情不报并为走私人提供方便”的行为就要处罚。对比两个条文可以看出，《海关行政处罚细则》比修改后的海关法还严厉，与修改后的海关法相冲突，不能在本案适用。3. 最高人民法院《关于审理非法出版物刑事案件具体应用法律若干问题的解释》第十七条第二款规定：“本解释所称‘违法所得数额’，是指获利数额。”国家工商行政管理局《关于投机倒把违法违章案件非法所得计算方法问题的通知》第一条规定：“在生产经营中，违反国家法律、法规、规章，构成投机倒把违法违章行为的，其非法所得的计算方法是：凡有进销价（包括批发价、零售价）的，以销价与进价之差作为非法所得；属于生产加工的，以生产加工的产品销价与成本价之差作为非法所得。”从上述司法解释与行政规章中可以看出，经营成本应当从违法所得中扣除。在海关总署政法司的一份复函中，也有同样意见。4. 被上诉人认为上诉人负有审查货物合法来源的法定义务，认为经营成本不应从违法所得中扣除，但对这两个主张都没有提供相应法律依据，属于没有依法履行举证责任。请求撤销一审判决，撤销被上诉人作出的028号行政处罚决定。

被上诉人厦门海关辩称：1. 本案事实证明，对海关监管规定，上诉人是清楚的；在此情况下，上诉人仍为无合法手续的进口油料提供仓储方便且未向海关报告，确实符合《海关行政处罚细则》第六条第二款的规定。2. 修改后的《海关法》尽管没有提“知情不报并为走私人提供方便的”应当处罚，但规定进口货物自进境起到办结海关手续止，应当接受海关监管；经营海关监管货物仓储业务的企业，应当按照海关规定办理收存、交付手续；与走私人通谋为走私人提供运输、保管、邮寄或者其他方便，构成犯罪的，依法追究刑事责任；尚不构成犯罪的，由海关没收违法所得，并处罚款。这一切说明，无论按《海关行政处罚细则》还是按修改后的海关法，上诉人的行为都是违法的。另外，《海关行政处罚细则》第六条第二款对知情不报并为走私人提供方便的人只规定了行政处罚，将其当作一般违法行为处理；而修改后的海关法使用“通谋”一词，把为走私人提供运输、保管、邮寄或者其他方便的行为当作走私共犯行为，对实施这些行为的人首先要考虑追究刑事责任，其次才考虑行政处罚。两者相比，当然是修改后的海关法规定更严厉。《海关行政处罚细则》既不与修改后的海关法抵触，在被诉行政处罚决定作出时也未废止，当然可以适用。3.《海关行政处罚细则》规定的违法所得，是指违法行为人因实施违法行为获得的全部收入，对此不应按合法经营计算利润的方法来确定，也不能用其他规定来解释《海关行政处罚细则》规定的违法所得。4. 对上诉人审查货物合法来源的法定义务，以及对没收违法所得，被上诉人都向法庭提交了法律依据，已经履行了举证责任。二审应当驳回上诉，维持原判。

福建省高级人民法院经审理查明：1997年3月4日，被上诉人厦门海关的工作人员吴宇波曾就上诉人博坦公司所报厦门石油总公司进口油料没有报关纳税手续一事进行协调，形成一份“会议纪要”。该“会议纪要”由厦门海关作为证据向一审法院提交，但一审判决书漏列，并且将此次会议时间错认定为1997年3月25日，应当更正。对1997年3月至1998年6月期间，博坦公司所属油库属非保税油库，不能仓储保税油品；对厦门海关作出本案被诉行政处罚决定前履行了告知、听证义务，处罚程序合法等事实，双方当事人均无异议，应予确认。二审期间，博坦公司申请调取海关总署政策法规司的政法函〔2003〕58号函件。二审应此申请，向海关总署政策法规司进行查询。经查，海关总署政策法规司确实制作过政法函〔2003〕58号函，这是对国务院法制办工交商事司征询“违法所得”含义时制作的函复意见，从未作为海关总署的正式文件下发各地海关执行。除此以外，确认一审认定的其他事实属实。

二审争议焦点是：1.博坦公司的行为是否属于《海关行政处罚细则》第六条第二款规定的情形？2.《海关行政处罚细则》第六条第二款规定是否与修改后的海关法冲突？3.违法所得应否包括违法人为实施违法行为投入的经营费用？

福建省高级人民法院认为：

一、看上诉人博坦公司的行为是否属于《海关行政处罚细则》第六条第二款规定的情形，应当看其行为是否同时具备知情不报、为走私人提供方便这两个客观要件。

关于知情不报，包括知道后不报，也包括应当知道而以不知道为推托不报。判断是否构成应当知道，要根据行为人的知识程度、智力状况、工作能力和业务水平等因素，对行为人主观上是否认知某一事实进行推断。从一般意义上说，了解相关行业的法律规定，是每一个参与经济活动的市场主体开展经营活动时应有的能力和基本要求。1996年，博坦公司工作人员廖明德在回复香港PAKTANK亚太公司拿斯·博纶的法律咨询时，在传真件中明确表述了进口油料在非保税油库卸储前应依法履行报关纳税手续的法律规定，说明作为一家专门从事油料仓储业务的大型企业，博坦公司十分清楚我国海关的法律规定。在具体业务过程中，博坦公司也是按照这些法律规定进行操作。如对在“赫斯特拉”号油轮之前“佩拉”号油轮卸储的进口油料，博坦公司就曾因厦门石油总公司没有提供相应海关文件拒绝放行。其后对“赫斯特拉”号油轮卸储的进口油料，被上诉人厦门海关的工作人员在协调中，虽然提出适用“简易程序”先放行后补办手续的意见，但同时也要求厦门石油总公司在补办海关手续后，应当将申请书和海关批准文件的副本送达给博坦公司，作为博坦公司提供卸储服务的根据。对“赫斯特拉”号油轮随后进境卸储的油料，博坦公司又因海关手续问题再次拒绝放行，并在发往厦门石油总公司的传真件中重申厦门海关的上述协调意见，多次明确卸入其油库的进口油料应该是已交纳关税的物品，指出“从国外进来的油品将只有在厦门海关的书面批准获得之后才能放行装油”。这些事实证明，博坦公司有能力认识到厦门石油总公司不能出示海关批准手续，多次将进口油料卸储在其经营的油库中的行为是违法行为，厦门海关的协调意见没有对博坦公司产生误导或欺骗作用。然而，博坦公司只限于一再表示拒绝提供仓储服务，却又一直实际地为厦门石油总公司的走私进口油料提供仓储服务，并不向作为监管部门的厦门海关报告。博坦公司无视我国法律规定，长期为没有合法手续的进口油料提供仓储方便，放任他人违法行为的发生和发展，主观上存在过错，行为上同时具备了知情不报、为走私人提供方便的两个客观要件，触犯了《海关行政处罚实施细则》第六条第二款的规定。博坦公司上诉主张，其已将所知道的情况向监管部门作了通报，对涉案油料的每次卸储及放行都有厦门海关同意的明确指示，缺乏相应的证据，不予支持。

二、1987年颁布实施的原海关法，对走私犯罪行为的表现形式规定得不够仔细，特别是对走私共犯之间的责任如何承担未作规定，以致实际操作中产生不少问题。为了执行原海关法中关于法律责任的规定，根据该法第六十条的授权，国务院批准制定和修订了《海关行政处罚细则》，其中第六条第一款规定：“对两人或者两人以上共同所为的走私行为，应当区别情节及责任，分别给予处罚。”第二款规定：“知情不报并为走私人提供方便的，没收违法所得，可以并处违法所得两倍以下的罚款。”这一条不仅第一次提到共同走私，也是第一次将“知情不报并为走私人提供方便”的行为列为共同走私。1999年12月25日修正的《中华人民共和国刑法》（以下简称刑法）第一百五十六条规定：“与走私罪犯通谋，为其提供贷款、资金、账号、发票、证明，或者为其提供运输、保管、邮寄或者其他方便的，以走私罪的共犯论处。”为了与修正后的刑法一致,修改后的海关法第八十四条规定:"伪造、变造、买卖海关单证,与走私人通谋为走私人提供贷款、资金、账号、发票、证明、海关单证,与走私人通谋为走私人提供运输、保管、邮寄或者其他方便,构成犯罪的,依法追究刑事责任;尚不构成犯罪的,由海关没收违法所得,并处罚款。""通谋"一词,常见于刑事立法中对共犯关系的描述。既是"通谋",前提必须是明知,而明知包括行为人知道或者应当知道。依照修改后的海关法第八十四条规定,如果行为人知道或者应当知道走私人正在从事走私活动,仍然为走私人提供运输、保管、邮寄或者其他方便,就构成"与走私人通谋",此时首先考虑追究行为人的刑事责任,其次才考虑对不构成犯罪的给予行政处罚。两相比较,《海关行政处罚细则》第六条第二款的规定与修改后的海关法第八十四条规定不冲突,只是处罚程度没有修改后的海关法第八十四条严厉,可以对本案适用。

三、我国是社会主义法治国家,什么样的行为违法,对违法行为人给予何种处罚,都应当由相关法律、法规来规定,各法律、法规的具体规定之间不必然具有参照适用的效力。最高人民法院《关于审理非法出版物刑事案件具体应用法律若干问题的解释》,是对人民法院审理非法出版物刑事案件中存在的法律适用问题进行解释,仅限于人民法院审理此类刑事案件时适用。国家工商行政管理局《关于投机倒把违法违章案件非法所得计算方法问题的通知》,亦仅限于工商行政管理机关处理投机倒把违法违章案件时适用。上述两个文件均与认定走私案件的违法所得无关。海关总署政法司的复函,既不是法律、法规和规章,也不是海关总署为具体应用法律、法规和规章作出的解释,仅是海关总署内设机构对相关法律问题表达的一种观点,依法不能作为行政案件的审判依据。况且对违法行为人投入的经营费用应否从违法所得中扣除,这三份文件也没有明确、统一的标准,不具有参考价值。《海关行政处罚细则》第六条第二款只规定对知情不报并为走私人提供方便的人要没收违法所得,没有规定还要将违法行为人投入的经营费用从违法所得中扣除。上诉人博坦公司认为审理本案应当参照前述三份文件,主张其投入的经营费用应当从违法所得中扣除,没有法律依据,理由不能成立。

综上,被上诉人厦门海关作出的028号行政处罚决定,符合法律规定,是正确的。一审认定事实清楚,适用法律正确,审判程序合法,判决维持028号行政处罚决定,并无不当。上诉人博坦公司的上诉理由缺乏相应的事实根据和法律依据,不能成立。据此,福建省高级人民法院依照行政诉讼法第六十一条第(一)项规定,于2005年10月14日判决:

驳回上诉,维持原判。

本案二审案件受理费284 903元,由上诉人博坦公司负担。

本判决为终审判决。

(14)其他行政案件法律适用

最高人民法院关于审理政府信息公开行政案件若干问题的规定

1. 2010年12月13日最高人民法院审判委员会第1505次会议通过
2. 2011年7月29日公布
3. 法释〔2011〕17号
4. 自2011年8月13日起施行

为正确审理政府信息公开行政案件,根据《中华人民共和国行政诉讼法》、《中华人民共和国政府信息公开条例》等法律、行政法规的规定,结合行政审判实际,制定本规定。

第一条 公民、法人或者其他组织认为下列政府信息公开工作中的具体行政行为侵犯其合法权益,依法提起行政诉讼的,人民法院应当受理:

(一)向行政机关申请获取政府信息,行政机关拒绝提供或者逾期不予答复的;

(二)认为行政机关提供的政府信息不符合其在申请中要求的内容或者法律、法规规定的适当形式的;

(三)认为行政机关主动公开或者依他人申请公开政府信息侵犯其商业秘密、个人隐私的;

(四)认为行政机关提供的与其自身相关的政府信息记录不准确,要求该行政机关予以更正,该行政机关拒绝更正、逾期不予答复或者不予转送有权机关处理的;

(五)认为行政机关在政府信息公开工作中的其他具体行政行为侵犯其合法权益的。

公民、法人或者其他组织认为政府信息公开行政行为侵犯其合法权益造成损害的，可以一并或单独提起行政赔偿诉讼。

第二条　公民、法人或者其他组织对下列行为不服提起行政诉讼的，人民法院不予受理：

（一）因申请内容不明确，行政机关要求申请人作出更改、补充且对申请人权利义务不产生实际影响的告知行为；

（二）要求行政机关提供政府公报、报纸、杂志、书籍等公开出版物，行政机关予以拒绝的；

（三）要求行政机关为其制作、搜集政府信息，或者对若干政府信息进行汇总、分析、加工，行政机关予以拒绝的；

（四）行政程序中的当事人、利害关系人以政府信息公开名义申请查阅案卷材料，行政机关告知其应当按照相关法律、法规的规定办理的。

第三条　公民、法人或者其他组织认为行政机关不依法履行主动公开政府信息义务，直接向人民法院提起诉讼的，应当告知其先向行政机关申请获取相关政府信息。对行政机关的答复或者逾期不予答复不服的，可以向人民法院提起诉讼。

第四条　公民、法人或者其他组织对国务院部门、地方各级人民政府及县级以上地方人民政府部门依申请公开政府信息行政行为不服提起诉讼的，以作出答复的机关为被告；逾期未作出答复的，以受理申请的机关为被告。

公民、法人或者其他组织对主动公开政府信息行政行为不服提起诉讼的，以公开该政府信息的机关为被告。

公民、法人或者其他组织对法律、法规授权的具有管理公共事务职能的组织公开政府信息的行为不服提起诉讼的，以该组织为被告。

有下列情形之一的，应当以在对外发生法律效力的文书上署名的机关为被告：

（一）政府信息公开与否的答复依法报经有权机关批准的；

（二）政府信息是否可以公开系由国家保密行政管理部门或者省、自治区、直辖市保密行政管理部门确定的；

（三）行政机关在公开政府信息前与有关行政机关进行沟通、确认的。

第五条　被告拒绝向原告提供政府信息的，应当对拒绝的根据以及履行法定告知和说明理由义务的情况举证。

因公共利益决定公开涉及商业秘密、个人隐私政府信息的，被告应当对认定公共利益以及不公开可能对公共利益造成重大影响的理由进行举证和说明。

被告拒绝更正与原告相关的政府信息记录的，应当对拒绝的理由进行举证和说明。

被告能够证明政府信息涉及国家秘密，请求在诉讼中不予提交的，人民法院应当准许。

被告主张政府信息不存在，原告能够提供该政府信息系由被告制作或者保存的相关线索的，可以申请人民法院调取证据。

被告以政府信息与申请人自身生产、生活、科研等特殊需要无关为由不予提供的，人民法院可以要求原告对特殊需要事由作出说明。

原告起诉被告拒绝更正政府信息记录的，应当提供其向被告提出过更正申请以及政府信息与其自身相关且记录不准确的事实根据。

第六条　人民法院审理政府信息公开行政案件，应当视情采取适当的审理方式，以避免泄露涉及国家秘密、商业秘密、个人隐私或者法律规定的其他应当保密的政府信息。

第七条　政府信息由被告的档案机构或者档案工作人员保管的，适用《中华人民共和国政府信息公开条例》的规定。

政府信息已经移交各级国家档案馆的，依照有关档案管理的法律、行政法规和国家有关规定执行。

第八条　政府信息涉及国家秘密、商业秘密、个人隐私的，人民法院应当认定属于不予公开范围。

政府信息涉及商业秘密、个人隐私，但权利人同意公开，或者不公开可能对公共利益造成重大影响的，不受前款规定的限制。

第九条　被告对依法应当公开的政府信息拒绝或者部分拒绝公开的，人民法院应当撤销或者部分撤销被诉不予公开决定，并判决被告在一定期限内公开。尚需被告调查、裁量的，判决其在一定期限内重新答复。

被告提供的政府信息不符合申请人要求的内容

或者法律、法规规定的适当形式的，人民法院应当判决被告按照申请人要求的内容或者法律、法规规定的适当形式提供。

人民法院经审理认为被告不予公开的政府信息内容可以作区分处理的，应当判决被告限期公开可以公开的内容。

被告依法应当更正而不更正与原告相关的政府信息记录的，人民法院应当判决被告在一定期限内更正。尚需被告调查、裁量的，判决其在一定期限内重新答复。被告无权更正的，判决其转送有权更正的行政机关处理。

第十条　被告对原告要求公开或者更正政府信息的申请无正当理由逾期不予答复的，人民法院应当判决被告在一定期限内答复。原告一并请求判决被告公开或者更正政府信息且理由成立的，参照第九条的规定处理。

第十一条　被告公开政府信息涉及原告商业秘密、个人隐私且不存在公共利益等法定事由的，人民法院应当判决确认公开政府信息的行为违法，并可以责令被告采取相应的补救措施；造成损害的，根据原告请求依法判决被告承担赔偿责任。政府信息尚未公开的，应当判决行政机关不得公开。

诉讼期间，原告申请停止公开涉及其商业秘密、个人隐私的政府信息，人民法院经审查认为公开该政府信息会造成难以弥补的损失，并且停止公开不损害公共利益的，可以依照《中华人民共和国行政诉讼法》第四十四条的规定，裁定暂时停止公开。

第十二条　有下列情形之一，被告已经履行法定告知或者说明理由义务的，人民法院应当判决驳回原告的诉讼请求：

（一）不属于政府信息、政府信息不存在、依法属于不予公开范围或者依法不属于被告公开的；

（二）申请公开的政府信息已经向公众公开，被告已经告知申请人获取该政府信息的方式和途径的；

（三）起诉被告逾期不予答复，理由不成立的；

（四）以政府信息侵犯其商业秘密、个人隐私为由反对公开，理由不成立的；

（五）要求被告更正与其自身相关的政府信息记录，理由不成立的；

（六）不能合理说明申请获取政府信息系根据自身生产、生活、科研等特殊需要，且被告据此不予提供的；

（七）无法按照申请人要求的形式提供政府信息，且被告已通过安排申请人查阅相关资料、提供复制件或者其他适当形式提供的；

（八）其他应当判决驳回诉讼请求的情形。

第十三条　最高人民法院以前所作的司法解释及规范性文件，凡与本规定不一致的，按本规定执行。

国务院法制局关于征收企业专用码头货物港务费具体适用规章问题的复函

1. 1996年4月15日

2. 国法办函〔1996〕31号

最高人民法院行政审判庭：

你庭〔1995〕行复字第3号函收悉。经研究，提出以下意见，供参考：

1983年3月25日国务院批转的《交通部关于长江航运体制改革方案》规定，“为鼓励各航运企业、工矿企业和物资部门建设码头的积极性，要本着谁建、谁用、谁管、谁受益的原则，经港口管理局批准，均可建立专用码头，成立装卸服务公司，亦可经营船舶装卸业务”，“港务费（包括船舶港务费和货物港务费）应由港口管理当局征收，用于维护进出港航道、码头和锚地”。1984年1月9日，原国家经委、交通部制定的《企业专用码头建设和管理试行办法》（即交海字17号）广播经九条规定，“企业专用码头从事本企业生产所需的原材料和产品的装卸时，免收货物港务费”，同时要求“由主航道通向企业专用码头的航道、码头前沿以及港池水深的维护，由企业负责”。此后，交通部根据长江干线港口基础设施维护的实际情况，会同原国家物价局制定了新的港口费收办法，规定对经企业自建码头装卸的货物按规定金额征收货物港务费，然后向码头所属单位返回50%，用于码头等基础设施的维护。这一规定是符合交通部职责权限的，也是基本符合实际情况的。因此，原则上长江干线港口收费问题可按交通部会同原国家物价局制定的新的规定办理。但是，考虑到有的企业自建专用码头的情况比较特殊，经商交通部同意，对企业自行负责进出港航道、码头及锚地维护工作的，应当在现行收费标准的基础上酌情减免其货物港务费。

最高人民法院行政审判庭关于"红帽子"企业产权纠纷处理有关问题的意见

2004年1月16日

农业部乡镇企业行政执法领导小组：

基于20世纪80年代和90年代初的政策背景，企业"红帽子"现象比较普遍，产权界定存在障碍，产权纠纷的处理也存在一些不同的认识。结合乡镇企业法和行政诉讼法等有关规定，就"红帽子"企业产权纠纷处理有关问题提出如下意见：

一、程序上可以通过"红帽子"企业产权利害关系人向工商行政管理部门申请变更企业登记项目，工商行政管理部门拒绝变更的，申请人可以依法向人民法院提起行政诉讼，人民法院可以根据有关证据作出裁判；

二、人民法院在审理这类行政案件时，对实体问题应当尊重"谁投资谁所有"的原则。在审理过程中，人民法院可以依法委托审计等机关进行审计或者鉴定；

三、涉及企业产权可能存在国有性质的、应当告知当事人先向国有资产管理部门申请予以界定。

以上意见供参考。

最高人民法院行政审判庭关于对违法收取电费的行为应由物价行政管理部门监督管理的答复

1. 1999年11月17日

2. 行他〔1999〕第6号

山西省高级人民法院：

你院〔1999〕晋法行字第9号"关于对乡镇企业管理局是否有权对电业局非法收取农村分类综合电价外的费用的行为进行处罚的请示"收悉。经研究，答复如下：

原则同意你院倾向性意见。即遵循特别法规定优于普通法规定的原则，对违法收取电费的行为，根据《电力法》第66条的规定，应由物价行政管理部门监督管理。

此复

最高人民法院关于审理涉及保险公司不正当竞争行为的行政处罚案件时如何确定行政主体问题的复函

1. 2003年12月10日

2. 法函〔2003〕65号

湖南省高级人民法院：

你院湘高法〔1993〕124号《关于审理涉及保险公司不正当竞争行为的行政处罚案件如何确定监督检查主体的请示》收悉。经研究，答复如下：

经国务院批准、由国务院办公厅2003年7月7日印发的《中国保险监督管理委员会主要职责内设机构和人员编制规定》明确规定，中国保险监督管理委员会"依法对保险机构和保险从业人员的不正当竞争等违法、违规行为以及对非保险机构经营或变相经营保险业务进行调查、处罚"。这一规定与《中华人民共和国反不正当竞争法》的第三条第二款有关"县级以上人民政府工商行政管理部门对不正当竞争行为进行监督检查"的规定并不矛盾。人民法院在审理涉及保险机构不正当竞争行为的行政处罚案件时，应当以中国保险监督管理委员会作为有权进行调查、处罚的主体。

我院以前的规定与本答复不一致的，以本答复为准。

最高人民法院行政审判庭关于对无烟草专卖批发企业许可证经营烟草批发业务行为应当由何机关处理的答复

1. 2006年9月29日

2. 〔2006〕行他字第1号

云南省高级人民法院：

你院报送的《关于昆明旭明经贸有限公司诉昆明

市工商行政管理局五华分局行政处罚抗诉再审一案的请示报告》收悉。经研究答复如下：

有烟草零售许可证但无烟草专卖批发企业许可证经营烟草批发业务的，应当适用《中华人民共和国烟草专卖法》第三十三条的规定，由烟草主管行政机关处理。

此复

最高人民法院关于银行业虚假宣传的不正当竞争行为的处罚权由银监部门还是工商部门行使问题的答复

1. 2009年12月2日

2. 〔2009〕行他字第17号

黑龙江省高级人民法院：

你院《关于银行业虚假宣传的不正当竞争行为的处罚权由银监部门还是工商部门行使的请示》收悉。经研究，答复如下：

商业银行的虚假宣传行为属于《中华人民共和国商业银行法》第七十四条第（三）项规定的“采用其他不正当手段”。对商业银行采用虚假宣传手段吸收存款的不正当竞争行为的监督管理职权，应由银行业监督管理机构行使。

·指导案例·

最高人民法院指导案例21号——内蒙古秋实房地产开发有限责任公司诉呼和浩特市人民防空办公室人防行政征收案

（最高人民法院审判委员会讨论通过　2013年11月8日发布）

【关键词】

行政　人防　行政征收　防空地下室　易地建设费

【裁判要点】

建设单位违反人民防空法及有关规定，应当建设防空地下室而不建的，属于不履行法定义务的违法行为。建设单位应当依法缴纳防空地下室易地建设费的，不适用廉租住房和经济适用住房等保障性住房建设项目关于“免收城市基础设施配套费等各种行政事业性收费”的规定。

【相关法条】

《中华人民共和国人民防空法》第二十二条、第四十八条

【基本案情】

2008年9月10日，被告呼和浩特市人民防空办公室（以下简称呼市人防办）向原告内蒙古秋实房地产开发有限责任公司（以下简称秋实房地产公司）送达《限期办理“结建”审批手续告知书》，告知秋实房地产公司新建的经济适用住房“秋实第一城”住宅小区工程未按照《中华人民共和国人民防空法》第二十二条、《人民防空工程建设管理规定》第四十五条、第四十七条的规定，同时修建战时可用于防空的地下室，要求秋实房地产公司9月14日前到呼市人防办办理“结建”手续，并提交相关资料。2009年6月18日，呼市人防办对秋实房地产公司作出呼人防征费字（001）号《呼和浩特市人民防空办公室征收防空地下室易地建设费决定书》，决定对秋实房地产公司的“秋实第一城”项目征收“防空地下室易地建设费”172.46万元。秋实房地产公司对“秋实第一城”项目应建防空地下室5518平方米而未建无异议，对呼市人防办作出征费决定的程序合法无异议。

【裁判结果】

内蒙古自治区呼和浩特市新城区人民法院于2010年1月19日作出（2009）新行初字第26号行政判决：维持呼市人防办作出的呼人防征费字（001）号《呼和浩特市人民防空办公室征收防空地下室易地建设费决定书》。宣判后，秋实房地产公司提起上诉。呼和浩特市中级人民法院于2010年4月20日作出（2010）呼行终字第16号行政判决：驳回上诉，维持原判。

【裁判理由】

法院生效裁判认为：国务院《关于解决城市低收入家庭住房困难的若干意见》第十六条规定“廉租住房和经济适用住房建设、棚户区改造、旧住宅区整治一律免收城市基础设施配套费等各种行政事业性收费和政府性基金”。建设部等七部委《经济适用住房管理办法》第八条规定“经济适用住房建设项目免收城市

基础设施配套费等各种行政事业性收费和政府性基金”。上述关于经济适用住房等保障性住房建设项目免收各种行政事业性收费的规定，虽然没有明确其调整对象，但从立法本意来看，其指向的对象应是合法建设行为。人民防空法第二十二条规定“城市新建民用建筑，按照国家有关规定修建战时可用于防空的地下室”。《人民防空工程建设管理规定》第四十八条规定“按照规定应当修建防空地下室的民用建筑，因地质、地形等原因不宜修建的，或者规定应建面积小于民用建筑地面首层建筑面积的，经人民防空主管部门批准，可以不修建，但必须按照应修建防空地下室面积所需造价缴纳易地建设费，由人民防空主管部门就近易地修建”。即只有在法律法规规定不宜修建防空地下室的情况下，经济适用住房等保障性住房建设项目才可以不修建防空地下室，并适用免除缴纳防空地下室易地建设费的有关规定。免缴防空地下室易地建设费有关规定适用的对象不应包括违法建设行为，否则就会造成违法成本小于守法成本的情形，违反立法目的，不利于维护国防安全和人民群众的根本利益。秋实房地产公司对依法应当修建的防空地下室没有修建，属于不履行法定义务的违法行为，不能适用免缴防空地下室易地建设费的有关优惠规定。

最高人民法院指导案例26号
——李健雄诉广东省交通运输厅政府信息公开案

（最高人民法院审判委员会讨论通过
2014年1月26日发布）

【关键词】

行政　政府信息公开　网络申请　逾期答复

【裁判要点】

公民、法人或者其他组织通过政府公众网络系统向行政机关提交政府信息公开申请的，如该网络系统未作例外说明，则系统确认申请提交成功的日期应当视为行政机关收到政府信息公开申请之日。行政机关对于该申请的内部处理流程，不能成为行政机关延期处理的理由，逾期作出答复的，应当确认为违法。

【相关法条】

《中华人民共和国政府信息公开条例》第二十四条

【基本案情】

原告李健雄诉称：其于2011年6月1日通过广东省人民政府公众网络系统向被告广东省交通运输厅提出政府信息公开申请，根据《中华人民共和国政府信息公开条例》（以下简称《政府信息公开条例》）第二十四条第二款的规定，被告应在当月23日前答复原告，但被告未在法定期限内答复及提供所申请的政府信息，故请求法院判决确认被告未在法定期限内答复的行为违法。

被告广东省交通运输厅辩称：原告申请政府信息公开通过的是广东省人民政府公众网络系统，即省政府政务外网（以下简称省外网），而非被告的内部局域网（以下简称厅内网）。按规定，被告将广东省人民政府“政府信息网上依申请公开系统”的后台办理设置在厅内网。由于被告的厅内网与互联网、省外网物理隔离，互联网、省外网数据都无法直接进入厅内网处理，需通过网闸以数据“摆渡”方式接入厅内网办理，因此被告工作人员未能立即发现原告在广东省人民政府公众网络系统中提交的申请，致使被告未能及时受理申请。根据《政府信息公开条例》第二十四条、《国务院办公厅关于做好施行〈中华人民共和国政府信息公开条例〉准备工作的通知》等规定，政府信息公开中的申请受理并非以申请人提交申请为准，而是以行政机关收到申请为准。原告称2011年6月1日向被告申请政府信息公开，但被告未收到该申请，被告正式收到并确认受理的日期是7月28日，并按规定向原告发出了《受理回执》。8月4日，被告向原告当场送达《关于政府信息公开的答复》和《政府信息公开答复书》，距离受理日仅5个工作日，并未超出法定答复期限。因原告在政府公众网络系统递交的申请未能被及时发现并被受理应视为不可抗力和客观原因造成，不应计算在答复期限内，故请求法院依法驳回原告的诉讼请求。

法院经审理查明：2011年6月1日，原告李健雄通过广东省人民政府公众网络系统向被告广东省交通运输厅递交了政府信息公开申请，申请获取广州广园客运站至佛冈的客运里程数等政府信息。政府公众网络系统以申请编号11060100011予以确认，并通过短信通知原告确认该政府信息公开申请提交成功。7月28日，被告作出受理记录确认上述事实，并于8月4日向原告送达《关于政府信息公开的答复》和《政府信息公开答复书》。庭审中被告确认原告基于生活生产需要获取上述信息,原告确认8月4日收到被告作出的《关于政府信息公开的答复》和《政府信息公开答复书》。

【裁判结果】

广州市越秀区人民法院于2011年8月24日作出(2011)越法行初字第252号行政判决:确认被告广东省交通运输厅未依照《政府信息公开条例》第二十四条规定的期限对原告李健雄2011年6月1日申请其公开广州广园客运站至佛冈客运里程数的政府信息作出答复违法。

【裁判理由】

法院生效裁判认为:《政府信息公开条例》第二十四条规定:"行政机关收到政府信息公开申请,能够当场答复的,应当当场予以答复。行政机关不能当场答复的,应当自收到申请之日起15个工作日内予以答复;如需延长答复期限的,应当经政府信息公开工作机构负责人同意,并告知申请人,延长答复的期限最长不得超过15个工作日。"本案原告于2011年6月1日通过广东省人民政府公众网络系统向被告提交了政府信息公开申请,申请公开广州广园客运站至佛冈的客运里程数。政府公众网络系统生成了相应的电子申请编号,并向原告手机发送了申请提交成功的短信。被告确认收到上述申请并认可原告是基于生活生产需要获取上述信息,却于2011年8月4日才向原告作出《关于政府信息公开的答复》和《政府信息公开答复书》,已超过了上述规定的答复期限。由于广东省人民政府"政府信息网上依申请公开系统"作为政府信息申请公开平台所应当具有的整合性与权威性,如未作例外说明,则从该平台上递交成功的申请应视为相关行政机关已收到原告通过互联网提出的政府信息公开申请。至于外网与内网、上下级行政机关之间对于该申请的流转,属于行政机关内部管理事务,不能成为行政机关延期处理的理由。被告认为原告是向政府公众网络系统提交的申请,因其厅内网与互联网、省外网物理隔离而无法及时发现原告申请,应以其2011年7月28日发现原告申请为收到申请日期而没有超过答复期限的理由不能成立。因此,原告通过政府公众网络系统提交政府信息公开申请的,该网络系统确认申请提交成功的日期应当视为被告收到申请之日,被告逾期作出答复的,应当确认为违法。

最高人民法院指导案例38号——田永诉北京科技大学拒绝颁发毕业证、学位证案

(最高人民法院审判委员会讨论通过
2014年12月25日发布)

【关键词】

行政诉讼 颁发证书 高等学校 受案范围 正当程序

【裁判要点】

1. 高等学校对受教育者因违反校规、校纪而拒绝颁发学历证书、学位证书,受教育者不服的,可以依法提起行政诉讼。

2. 高等学校依据违背国家法律、行政法规或规章的校规、校纪,对受教育者作出退学处理等决定的,人民法院不予支持。

3. 高等学校对因违反校规、校纪的受教育者作出影响其基本权利的决定时,应当允许其申辩并在决定作出后及时送达,否则视为违反法定程序。

【相关法条】

1.《中华人民共和国行政诉讼法》第二十五条

2.《中华人民共和国教育法》第二十一条、第二十二条

3.《中华人民共和国学位条例》第八条

【基本案情】

原告田永于1994年9月考取北京科技大学,取得本科生的学籍。1996年2月29日,田永在电磁学课程的补考过程中,随身携带写有电磁学公式的纸条。考试中,去上厕所时纸条掉出,被监考教师发现。监考教师虽未发现其有偷看纸条的行为,但还是按照考场纪律,当即停止了田永的考试。被告北京科技大学根据原国家教委关于严肃考场纪律的指示精神,于1994年制定了校发(94)第068号《关于严格考试管理的紧急通知》(简称第068号通知)。该通知规定,凡考试作弊的学生一律按退学处理,取消学籍。被告据此于1996年3月5日认定田永的行为属作弊行为,并作出退学处理决定。同年4月10日,被告填发了学籍变动通知,但退学处理决定和变更学籍的通知未直接向田永宣布、送达,也未给田永办理退学手续,田永继续以

该校大学生的身份参加正常学习及学校组织的活动。1996年9月，被告为田永补办了学生证，之后每学年均收取田永交纳的教育费，并为田永进行注册、发放大学生补助津贴，安排田永参加了大学生毕业实习设计，由其论文指导教师领取了学校发放的毕业设计结业费。田永还以该校大学生的名义参加考试，先后取得了大学英语四级、计算机应用水平测试BASIC语言成绩合格证书。被告对原告在该校的四年学习中成绩全部合格，通过毕业实习、毕业设计及论文答辩，获得优秀毕业论文及毕业总成绩为全班第九名的事实无争议。

1998年6月，田永所在院系向被告报送田永所在班级授予学士学位表时，被告有关部门以田永已按退学处理、不具备北京科技大学学籍为由，拒绝为其颁发毕业证书，进而未向教育行政部门呈报田永的毕业派遣资格表。田永所在院系认为原告符合大学毕业和授予学士学位的条件，但由于当时原告因毕业问题正在与学校交涉，故暂时未在授予学位表中签字，待学籍问题解决后再签。被告因此未将原告列入授予学士学位资格的名单交该校学位评定委员会审核。因被告的部分教师为田永一事向原国家教委申诉，国家教委高校学生司于1998年5月18日致函被告，认为被告对田永违反考场纪律一事处理过重，建议复查。同年6月10日，被告复查后，仍然坚持原结论。田永认为自己符合大学毕业生的法定条件，北京科技大学拒绝给其颁发毕业证、学位证是违法的，遂向北京市海淀区人民法院提起行政诉讼。

【裁判结果】

北京市海淀区人民法院于1999年2月14日作出(1998)海行初字第00142号行政判决：一、北京科技大学在本判决生效之日起30日内向田永颁发大学本科毕业证书；二、北京科技大学在本判决生效之日起60日内组织本校有关院、系及学位评定委员会对田永的学士学位资格进行审核；三、北京科技大学于本判决生效后30日内履行向当地教育行政部门上报有关田永毕业派遣的有关手续的职责；四、驳回田永的其他诉讼请求。北京科技大学提出上诉，北京市第一中级人民法院于1999年4月26日作出(1999)一中行终字第73号行政判决：驳回上诉，维持原判。

【裁判理由】

法院生效裁判认为：根据我国法律、法规规定，高等学校对受教育者有进行学籍管理、奖励或处分的权力，有代表国家对受教育者颁发学历证书、学位证书的职责。高等学校与受教育者之间属于教育行政管理关系，受教育者对高等学校涉及受教育者基本权利的管理行为不服的，有权提起行政诉讼，高等学校是行政诉讼的适格被告。

高等学校依法具有相应的教育自主权，有权制定校纪、校规，并有权对在校学生进行教学管理和违纪处分，但是其制定的校纪、校规和据此进行的教学管理和违纪处分，必须符合法律、法规和规章的规定，必须尊重和保护当事人的合法权益。本案原告在补考中随身携带纸条的行为属于违反考场纪律的行为，被告可以按照有关法律、法规、规章及学校的有关规定处理，但其对原告作出退学处理决定所依据的该校制定的第068号通知，与《普通高等学校学生管理规定》第二十九条规定的法定退学条件相抵触，故被告所作退学处理决定违法。

退学处理决定涉及原告的受教育权利，为充分保障当事人权益，从正当程序原则出发，被告应将此决定向当事人送达、宣布，允许当事人提出申辩意见。而被告既未依此原则处理，也未实际给原告办理注销学籍、迁移户籍、档案等手续。被告于1996年9月为原告补办学生证并注册的事实行为，应视为被告改变了对原告所作的按退学处理的决定，恢复了原告的学籍。被告又安排原告修满四年学业，参加考核、实习及毕业设计并通过论文答辩等。上述一系列行为虽系被告及其所属院系的部分教师具体实施，但因他们均属职务行为，故被告应承担上述行为所产生的法律后果。

国家实行学历证书制度，被告作为国家批准设立的高等学校，对取得普通高等学校学籍、接受正规教育、学习结束达到一定水平和要求的受教育者，应当为其颁发相应的学业证明，以承认该学生具有的相当学历。原告符合上述高等学校毕业生的条件，被告应当依《中华人民共和国教育法》第二十八条第一款第五项及《普通高等学校学生管理规定》第三十五条的规定，为原告颁发大学本科毕业证书。

国家实行学位制度，学位证书是评价个人学术水平的尺度。被告作为国家授权的高等学校学士学位授予机构，应依法定程序对达到一定学术水平或专业技术水平的人员授予相应的学位，颁发学位证书。依《中华人民共和国学位条例暂行实施办法》第四条、第五条、第十八条第三项规定的颁发学士学位证书的法定程序要求，被告首先应组织有关院系审核原告的毕业成绩和毕业鉴定等材料，确定原告是否已较好地掌握本门学科的基础理论、专业知识和基本技能，是否具备从事科学研究工作或担负专门技术工作的初步能力；再决定是否向学位评定委员会提名列入学士学位获得者的名单，学位评定委员会方可依名单审查通过后，由被告对原告授予学士学位。

最高人民法院指导案例39号
——何小强诉华中科技大学拒绝授予学位案

（最高人民法院审判委员会讨论通过
2014年12月25日发布）

【关键词】

行政诉讼　学位　授予高等学校　学术自治

【裁判要点】

1. 具有学位授予权的高等学校，有权对学位申请人提出的学位授予申请进行审查并决定是否授予其学位。申请人对高等学校不授予其学位的决定不服提起行政诉讼的，人民法院应当依法受理。

2. 高等学校依照《中华人民共和国学位条例暂行实施办法》的有关规定，在学术自治范围内制定的授予学位的学术水平标准，以及据此标准作出的是否授予学位的决定，人民法院应予支持。

【相关法条】

1.《中华人民共和国学位条例》第四条、第八条第一款

2.《中华人民共和国学位条例暂行实施办法》第二十五条

【基本案情】

原告何小强系第三人华中科技大学武昌分校（以下简称武昌分校）2003级通信工程专业的本科毕业生。武昌分校是独立的事业法人单位，无学士学位授予资格。根据国家对民办高校学士学位授予的相关规定和双方协议约定，被告华中科技大学同意对武昌分校符合学士学位条件的本科毕业生授予学士学位，并在协议附件载明《华中科技大学武昌分校授予本科毕业生学士学位实施细则》。其中第二条规定“凡具有我校学籍的本科毕业生，符合本《实施细则》中授予条件者，均可向华中科技大学学位评定委员会申请授予学士学位”，第三条规定“……达到下述水平和要求，经学术评定委员会审核通过者，可授予学士学位。……（三）通过全国大学英语四级统考”。2006年12月，华中科技大学作出《关于武昌分校、文华学院申请学士学位的规定》，规定通过全国大学外语四级考试是非外国语专业学生申请学士学位的必备条件之一。

2007年6月30日，何小强获得武昌分校颁发的《普通高等学校毕业证书》，由于其本科学习期间未通过全国英语四级考试，武昌分校根据上述《实施细则》，未向华中科技大学推荐其申请学士学位。8月26日，何小强向华中科技大学和武昌分校提出授予工学学士学位的申请。2008年5月21日，武昌分校作出书面答复，因何小强没有通过全国大学英语四级考试，不符合授予条件，华中科技大学不能授予其学士学位。

【裁判结果】

湖北省武汉市洪山区人民法院于2008年12月18日作出（2008）洪行初字第81号行政判决，驳回原告何小强要求被告华中科技大学为其颁发工学学士学位的诉讼请求。湖北省武汉市中级人民法院于2009年5月31日作出（2009）武行终字第61号行政判决，驳回上诉，维持原判。

【裁判理由】

法院生效裁判认为：本案争议焦点主要涉及被诉行政行为是否可诉、是否合法以及司法审查的范围问题。

一、被诉行政行为具有可诉性。根据《中华人民共和国学位条例》等法律、行政法规的授权，被告华中科技大学具有审查授予普通高校学士学位的法定职权。依据《中华人民共和国学位条例暂行实施办法》第四条第二款“非授予学士学位的高等院校，对达到学士学术水平的本科毕业生，应当由系向学校提出名单，经学校同意后，由学校就近向本系统、本地区的授予学士学位的高等院校推荐。授予学士学位的高等院校有关的系，对非授予学士学位的高等院校推荐的本科毕业生进行审查考核，认为符合本暂行办法及有关规定的，可向学校学位评定委员会提名，列入学士学位获得者名单”，以及国家促进民办高校办学政策的相关规定，华中科技大学有权按照与民办高校的协议，对于符合本校学士学位授予条件的民办高校本科毕业生经审查合格授予普通高校学士学位。

本案中，第三人武昌分校是未取得学士学位授予资格的民办高校，该院校与华中科技大学签订合作办学协议约定，武昌分校对该校达到学士学术水平的本科毕业生，向华中科技大学推荐，由华中科技大学审核是否授予学士学位。依据《中华人民共和国学位条例暂行实施办法》的规定和华中科技大学与武昌分校之间合作办学协议，华中科技大学具有对武昌分校推荐的应届本科毕业生进行审查和决定是否颁发学士学位的法定职责。武昌分校的本科毕业生何小强以华中科技大学在收到申请之日起六十日内未授予其工学学士学位，向人民法院提起行政诉讼，符合《最高人民法院关于执行〈中华人民共和国行政诉讼法〉若干问题的解释》第三十九条第一款的规定。因此，华中科技大学是本案适格的被告，何小强对华中科技大学不授予其学士学位不服提起诉讼的，人民法院应当依法受理。

二、被告制定的《华中科技大学武昌分校授予本科毕业生学士学位实施细则》第三条的规定符合上位法规定。《中华人民共和国学位条例》第四条规定："高等学校本科毕业生，成绩优良，达到下述学术水平者，授予学士学位：（一）较好地掌握本门学科的基础理论、专门知识和基本技能……"《中华人民共和国学位条例暂行实施办法》第二十五条规定："学位授予单位可根据本暂行条例实施办法，制定本单位授予学位的工作细则。"该办法赋予学位授予单位在不违反《中华人民共和国学位条例》所规定授予学士学位基本原则的基础上，在学术自治范围内制定学士学位授予标准的权力和职责，华中科技大学在此授权范围内将全国大学英语四级考试成绩与学士学位挂钩，属于学术自治的范畴。高等学校依法行使教学自主权，自行对其所培养的本科生教育质量和学术水平作出具体的规定和要求，是对授予学士学位的标准的细化，并没有违反《中华人民共和国学位条例》第四条和《中华人民共和国学位条例暂行实施办法》第二十五条的原则性规定。因此，何小强因未通过全国大学英语四级考试不符合华中科技大学学士学位的授予条件，武昌分校未向华中科技大学推荐其申请授予学士学位，故华中科技大学并不存在不作为的事实，对何小强的诉讼请求不予支持。

三、对学校授予学位行为的司法审查以合法性审查为原则。各高等学校根据自身的教学水平和实际情况在法定的基本原则范围内确定各自学士学位授予的学术水平衡量标准，是学术自治原则在高等学校办学过程中的具体体现。在符合法律法规规定的学位授予条件前提下，确定较高的学士学位授予学术标准或适当放宽学士学位授予学术标准，均应由各高等学校根据各自的办学理念、教学实际情况和对学术水平的理想追求自行决定。对学士学位授予的司法审查不能干涉和影响高等学校的学术自治原则，学位授予类行政诉讼案件司法审查的范围应当以合法性审查为基本原则。

最高人民法院指导案例76号
——萍乡市亚鹏房地产开发有限公司诉萍乡市国土资源局不履行行政协议案

（最高人民法院审判委员会讨论通过
2016年12月28日发布）

【关键词】

行政　行政协议　合同解释　司法审查　法律效力

【裁判要点】

行政机关在职权范围内对行政协议约定的条款进行的解释，对协议双方具有法律约束力，人民法院经过审查，根据实际情况，可以作为审查行政协议的依据。

【相关法条】

《中华人民共和国行政诉讼法》第12条

【基本案情】

2004年1月13日，萍乡市土地收购储备中心受萍乡市肉类联合加工厂委托，经被告萍乡市国土资源局（以下简称市国土局）批准，在萍乡日报上刊登了国有土地使用权公开挂牌出让公告，定于2004年1月30日至2004年2月12日在土地交易大厅公开挂牌出让TG－0403号国有土地使用权，地块位于萍乡市安源区后埠街万公塘，土地出让面积为23 173.3平方米，开发用地为商住综合用地，冷藏车间维持现状，容积率2.6，土地使用年限为50年。萍乡市亚鹏房地产开发有限公司（以下简称亚鹏公司）于2006年2月12日以投标竞拍方式并以人民币768万元取得了TG－0403号国有土地使用权，并于2006年2月21日与被告市国土局签订了《国有土地使用权出让合同》。合同约定出让宗地的用途为商住综合用地，冷藏车间维持现状。

土地使用权出让金为每平方米331.42元，总额计人民币768万元。2006年3月2日，市国土局向亚鹏公司颁发了萍国用(2006)第43750号和萍国用(2006)第43751号两本国有土地使用证，其中萍国用(2006)第43750号土地证地类(用途)为工业，使用权类为出让，使用权面积为8359平方米，萍国字(2006)第43751号土地证地类为商住综合用地。对此，亚鹏公司认为约定的“冷藏车间维持现状”是维持冷藏库的使用功能，并非维持地类性质，要求将其中一证地类由“工业”更正为“商住综合”；但市国土局认为维持现状是指冷藏车间保留工业用地性质出让，且该公司也是按照冷藏车间为工业出让地缴纳的土地使用权出让金，故不同意更正土地用途。2012年7月30日，萍乡市规划局向萍乡市土地收购储备中心作出《关于要求解释〈关于萍乡市肉类联合加工厂地块的函〉》中有关问题的复函，主要内容是：我局在2003年10月8日出具规划条件中已明确了该地块用地性质为商住综合用地(冷藏车间约7300平方米，下同)但冷藏车间维持现状。根据该地块控规，其用地性质为居住(兼容商业)，但由于地块内的食品冷藏车间是目前我市唯一的农产品储备保鲜库，也是我市重要的民生工程项目，因此，暂时保留地块内约7300平方米冷藏库的使用功能，未经政府或相关主管部门批准不得拆除。2013年2月21日，市国土局向亚鹏书面答复：一、根据市规划局出具的规划条件和宗地实际情况，同意贵公司申请TG-0403号地块中冷藏车间用地的土地用途由工业用地变更为商住用地。二、由于贵公司取得该宗地中冷藏车间用地使用权是按工业用地价格出让的，根据《中华人民共和国城市房地产管理法》之规定，贵公司申请TG-0403号地块中冷藏车间用地的土地用途由工业用地变更为商住用地，应补交土地出让金。补交的土地出让金可按该宗地出让时的综合用地(住宅、办公)评估价值减去的同等比例计算，即297.656万元×70%=208.36万元。三、冷藏车间用地的土地用途调整后，其使用功能未经市政府批准不得改变。亚鹏公司于2013年3月10日向法院提起行政诉讼，要求判令被告将萍国用(2006)第43750号国有土地使用证上的地类用途由“工业”更正为商住综合用地(冷藏车间维持现状)。撤销被告“关于对市亚鹏房地产有限公司TG-0403号地块有关土地用途问题的答复”中第二项关于补交土地出让金208.36万元的决定。

【裁判结果】

江西省萍乡市安源区人民法院于2014年4月23日作出(2014)安行初字第6号行政判决：一、被告萍乡市国土资源局在本判决生效之日起九十天内对萍国用(2006)第43750号国有土地使用证上的8359.1m^2的土地用途应依法予以更正。二、撤销被告萍乡市国土资源局于2013年2月21日作出的《关于对市亚鹏房地产开发有限公司TG-0403号地块有关土地用途的答复》中第二项补交土地出让金208.36万元的决定。宣判后，萍乡市国土资源局提出上诉。江西省萍乡市中级人民法院于2014年8月15日作出(2014)萍行终字第10号行政判决：驳回上诉，维持原判。

【裁判理由】

法院生效裁判认为：行政协议是行政机关为实现公共利益或者行政管理目标，在法定职责范围内与公民、法人或者其他组织协商订立的具有行政法上权利义务内容的协议，本案行政协议即是市国土局代表国家与亚鹏公司签订的国有土地使用权出让合同。行政协议强调诚实信用、平等自愿，一经签订，各方当事人必须严格遵守，行政机关无正当理由不得在约定之外附加另一方当事人义务或单方变更解除。本案中，TG-0403号地块出让时对外公布的土地用途是“开发用地为商住综合用地，冷藏车间维持现状”，出让合同中约定为“出让宗地的用途为商住综合用地，冷藏车间维持现状”。但市国土局与亚鹏公司就该约定的理解产生分歧，而萍乡市规划局对原萍乡市肉类联合加工厂复函确认TG-0403号国有土地使用权面积23 173.3平方米(含冷藏车间)的用地性质是商住综合用地。萍乡市规划局的解释与挂牌出让公告明确的用地性质一致，且该解释是萍乡市规划局在职权范围内作出的，符合法律规定和实际情况，有助于树立诚信政府形象，并无重大明显的违法情形，具有法律效力，并对市国土局关于土地使用性质的判断产生约束力。因此，对市国土局提出的冷藏车间占地为工业用地的主张不予支持。亚鹏公司要求市国土局对“萍国用(2006)第43750号”土地证(土地使用权面积8359.1平方米)地类更正为商住综合用地，具有正当理由，市国土局应予以更正。亚鹏公司作为土地受让方按约支付了全部价款，市国土局要求亚鹏公司如若变更土地用途则应补交土地出让金，缺乏事实依据和法律依据，且有违诚实信用原则。

最高人民法院指导案例101号——罗元昌诉重庆市彭水苗族土家族自治县地方海事处政府信息公开案

（最高人民法院审判委员会讨论通过
2018年12月19日发布）

【关键词】

行政　政府信息公开　信息不存在　检索义务

【裁判要点】

在政府信息公开案件中，被告以政府信息不存在为由答复原告的，人民法院应审查被告是否已经尽到充分合理的查找、检索义务。原告提交了该政府信息系由被告制作或者保存的相关线索等初步证据后，若被告不能提供相反证据，并举证证明已尽到充分合理的查找、检索义务的，人民法院不予支持被告有关政府信息不存在的主张。

【相关法条】

《中华人民共和国政府信息公开条例》第2条、第13条

【基本案情】

原告罗元昌是兴运2号船的船主，在乌江流域从事航运、采砂等业务。2014年11月17日，罗元昌因诉重庆大唐国际彭水水电开发有限公司财产损害赔偿纠纷案需要，通过邮政特快专递向被告重庆市彭水苗族土家族自治县地方海事处（以下简称“彭水县地方海事处”）邮寄书面政府信息公开申请书，具体申请的内容为：1.公开彭水苗族土家族自治县港航管理处（以下简称“彭水县港航处”）、彭水县地方海事处的设立、主要职责、内设机构和人员编制的文件。2.公开下列事故的海事调查报告等所有事故材料：兴运2号在2008年5月18日、2008年9月30日的2起安全事故及鑫源306号、鑫源308号、高谷6号、荣华号等船舶在2008年至2010年发生的安全事故。

彭水县地方海事处于2014年11月19日签收后，未在法定期限内对罗元昌进行答复，罗元昌向彭水苗族土家族自治县人民法院（以下简称“彭水县法院”）提起行政诉讼。2015年1月23日，彭水县地方海事处作出（2015）彭海处告字第006号《政府信息告知书》，载明：一是对申请公开的彭水县港航处、彭水县地方海事处的内设机构名称等信息告知罗元昌获取的方式和途径；二是对申请公开的海事调查报告等所有事故材料经查该政府信息不存在。彭水县法院于2015年3月31日对该案作出（2015）彭法行初字第00008号行政判决，确认彭水县地方海事处在收到罗元昌的政府信息公开申请后未在法定期限内进行答复的行为违法。

2015年4月22日，罗元昌以彭水县地方海事处作出的（2015）彭海处告字第006号《政府信息告知书》不符合法律规定，且与事实不符为由，提起行政诉讼，请求撤销彭水县地方海事处作出的（2015）彭海处告字第006号《政府信息告知书》，并由彭水县地方海事处向罗元昌公开海事调查报告等涉及兴运2号船的所有事故材料。

另查明，罗元昌提交了涉及兴运2号船于2008年5月18日在彭水高谷长滩子发生整船搁浅事故以及于2008年9月30日在彭水高谷煤炭沟发生沉没事故的《乌江彭水水电站断航碍航问题调查评估报告》《彭水县地方海事处关于近两年因乌江彭水万足电站不定时蓄水造成船舶搁浅事故的情况报告》《重庆市发展和改革委员会关于委托开展乌江彭水水电站断航碍航问题调查评估的函（渝发改能函〔2009〕562号）》等材料。在案件二审审理期间，彭水县地方海事处主动撤销了其作出的（2015）彭海处告字第006号《政府信息告知书》，但罗元昌仍坚持诉讼。

【裁判结果】

重庆市彭水苗族土家族自治县人民法院于2015年6月5日作出（2015）彭法行初字第00039号行政判决，驳回罗元昌的诉讼请求。罗元昌不服一审判决，提起上诉。重庆市第四中级人民法院于2015年9月18日作出（2015）渝四中法行终字第00050号行政判决，撤销（2015）彭法行初字第00039号行政判决；确认彭水苗族土家族自治县地方海事处于2015年1月23日作出的（2015）彭海处告字第006号《政府信息告知书》行政行为违法。

【裁判理由】

法院生效裁判认为：《中华人民共和国政府信息公开条例》第十三条规定，除本条例第九条、第十条、第十一条、第十二条规定的行政机关主动公开的政府信息外，公民、法人或者其他组织还可以根据自身生产、生活、科研等特殊需要，向国务院部门、地方各级人

民政府及县级以上地方人民政府部门申请获取相关政府信息。彭水县地方海事处作为行政机关，负有对罗元昌提出的政府信息公开申请作出答复和提供政府信息的法定职责。根据《中华人民共和国政府信息公开条例》第二条"本条例所称政府信息，是指行政机关在履行职责过程中制作或者获取的，以一定形式记录、保存的信息"的规定，罗元昌申请公开彭水县港航处、彭水县地方海事处的设立、主要职责、内设机构和人员编制的文件，属于彭水县地方海事处在履行职责过程中制作或者获取的，以一定形式记录、保存的信息，当属政府信息。彭水县地方海事处已为罗元昌提供了彭水编发(2008)11号《彭水苗族土家族自治县机构编制委员会关于对县港航管理机构编制进行调整的通知》的复制件，明确载明了彭水县港航处、彭水县地方海事处的机构性质、人员编制、主要职责、内设机构等事项，罗元昌已知晓，予以确认。

罗元昌申请公开涉及兴运2号船等船舶发生事故的海事调查报告等所有事故材料的信息，根据《中华人民共和国内河交通事故调查处理规定》的相关规定，船舶在内河发生事故的调查处理属于海事管理机构的职责，其在事故调查处理过程中制作或者获取的，以一定形式记录、保存的信息属于政府信息。彭水县地方海事处作为彭水县的海事管理机构，负有对彭水县行政区域内发生的内河交通事故进行立案调查处理的职责，其在事故调查处理过程中制作或者获取的，以一定形式记录、保存的信息属于政府信息。罗元昌提交了兴运2号船于2008年5月18日在彭水高谷长滩子发生整船搁浅事故以及于2008年9月30日在彭水高谷煤炭沟发生沉没事故的相关线索，而彭水县地方海事处作出的(2015)彭海处告字第006号《政府信息告知书》第二项告知罗元昌申请公开的该项政府信息不存在，仅有彭水县地方海事处的自述，没有提供印证证据证明其尽到了查询、翻阅和搜索的义务。故彭水县地方海事处作出的(2015)彭海处告字第006号《政府信息告知书》违法，应当予以撤销。在案件二审审理期间，彭水县地方海事处主动撤销了其作出的(2015)彭海处告字第006号《政府信息告知书》，罗元昌仍坚持诉讼。根据《中华人民共和国行政诉讼法》第七十四条第二款第二项之规定，判决确认彭水县地方海事处作出的政府信息告知行为违法。

·典型案例·

沈希贤等182人诉北京市规划委员会颁发建设工程规划许可证纠纷案

【裁判摘要】

根据环境保护法第十三条的规定，规划部门审批建设污染环境项目时，在申请方没有提供有关环境保护影响报告书，且建设项目不符合有关国家标准的情况下，即颁发建设许可证的行为，构成违法，应予撤销。

原告：沈希贤等182人(名单略)。

诉讼代表人：沈希贤，北京市朝阳区潘家园南里4楼居民。

诉讼代表人：王根保，北京市朝阳区潘家园南里6楼居民。

诉讼代表人：孙建荣，北京市朝阳区潘家园南里6楼居民。

被告：北京市规划委员会。住所地：北京市西城区。

法定代表人：陈刚，该委员会主任。

第三人：中国疾病预防控制中心营养与食品安全所。住所地：北京市朝阳区。

法定代表人：王茂起，该所所长。

第三人：中国疾病预防控制环境与健康相关产品安全所。住所地：北京市朝阳区。

法定代表人：金银龙，该所所长。

北京市规划委员会(以下简称规划委员会)根据《中华人民共和国城市规划法》(以下简称城市规划法)第三十二条之规定，于2001年12月10日向第三人原卫生部卫生监督检验所(已与其他单位合并为中国疾病预防控制中心营养与食品安全所，以下简称食品安全所)、第三人原中国预防医学科学院环境卫生监测所(已与其他单位合并为中国疾病预防控制中心环境与健康相关产品安全所，以下简称健康安全所)颁发了2001规建字1769号《建设工程规划许可证》，许可第三人在朝阳区潘家园南里7号建设二级动物实验室。原告不服该《建设工程规划许可证》，向北京市西城区人民法院提起行政诉讼。

原告诉称：我们均系北京市朝阳区潘家园南里4

号楼和6号楼的居民，与第三人的住所地仅隔一条马路。被告规划委员会就动物实验室建设项目向第三人食品安全所和健康安全所核发的《建设工程规划许可证》，违反法定程序，不符合法律规定的精神。建设污染环境的项目，必须遵守国家有关建设项目环境保护管理的规定。建设项目的环境影响报告书，必须对建设项目产生污染和环境作出评价，规定防治措施，经项目主管部门预审并依照规定的程序报环境保护行政主管部门批准。环境影响报告书经批准后，计划部门方可批准建设项目设计任务书。但规划委员会于2000年9月11日就核定了《审定设计方案通知书》，确定了本项目的可行性研究结论。而本案的第三人却在2000年12月7日才就动物实验室建设项目向北京环境保护局（以下简称环保局）申请办理环保审批，2002年2月21日环保局才给予确定批复。由于本项目在可行性研究阶段并未进行环境影响评估，被告的审批行为显然不符合法律规定。本案中被告核准的动物实验室工程设计方案中，实验室与原告的住宅楼之间的距离为19.09米，不符合GB 14925－2001号国家标准中关于实验动物繁育、生产、试验设施应与生活区保持大于50米距离的规定。另外，卫生部颁布施行的《卫生系统实验动物管理暂行条例》规定，具有一定规模的实验动物室建筑，周围至少应有20米的卫生隔离区，而原告住宅楼与该动物实验室之间是马路，显然不符合卫生隔离区的概念。本案中承担建设项目环境评价任务的中国预防医学科学院环境卫生与卫生工程研究所虽具有一定资质，但因与第三人同属中国预防医学科学院的下属单位，所作的环境影响评价难免有失公正。请求法院撤销被告为第三人颁发的《建设工程规划许可证》。

原告提交的证据有：

1. 有关动物实验室照片15张。以证明第三人现在已有的动物实验室对周围居民环境有影响，并发生过冲突的事实。

2. 调查笔录2份：其一为侯树森等5人的笔录，其二为贾彦君的笔录。以证明第三人现有的动物实验室对周围环境有影响，以及为建设动物实验室，建设单位与周围居民发生过冲突的事实。

被告辩称：我委核发《建设工程规划许可证》是依法履行法定职责，本案的建设项目建设单位曾组织专家就此进行过论证并报行业主管部门审批。卫生部于2000年1月作出批复，同意第三人在朝阳区潘家园7号院内建设清洁级动物实验室。北京市城乡建设委员会于2001年11月下达了建设项目施工计划通知书。据此，我委于2001年12月给第三人核发了《建设工程规划许可证》。关于本案审批项目的环保问题，除我委核发规划许可证前卫生部已有相关批复外，核发该规划许可证后，环保局亦于2002年2月对该建设项目核发了《关于卫生部食品卫生检验所动物房项目环境影响报告表的批复》，上述情况说明该项目通过了相关专业管理部门的批准。目前的规划审批程序并未将环保部门的意见作为前置条件，原告提出该项目应当先经环保部门同意后方可核发《建设工程规划许可证》的说法无法律依据。另外，我委在审批该建设项目时，有关国家标准尚未正式实施，故不适用本案。

被告提交的证据有：

1. 卫生部卫规财发〔2000〕第24号批复。以证明该项目比较特殊，被告在审批前期做了大量工作，并经卫生部批准的事实。

2. 北京市建设委员会〔2001〕京建计施478号《建设项目施工计划通知书》。以证明经北京市建设委员会审核批准，该项目已被列入2001年度施工计划。

第三人食品安全所和健康安全所均未提交书面陈述意见。食品安全所在法庭审理时提交了有关证据，健康安全所未提交证据。

第三人食品安全所提交的证据有：

1. 北京市环境保护局京环保监督审字〔2002〕41号《关于卫生部食品卫生检验所实验动物房项目环境影响报告表的批复》，以说明该建设项目已经环保部门审批通过的事实。

2. 北京市建设委员会颁发的05（建）2002－2090《建筑工程施工许可证》。以证明本单位的施工是合法的。

原告、被告双方提交的法律依据有：

1.《中华人民共和国城市规划法》第三十二条规定，在城市规划区内新建、扩建和改建建筑物、构筑物、道路、管线和其他工程设施，必须持有关批准文件向城市规划行政主管部门提出申请，由城市规划行政主管部门根据城市规划提出的规划设计要求，核发建设工程规划许可证。

2.《中华人民共和国环境保护法》第十三条的规定："建设污染环境的项目，必须遵守国家有关建设项目环境保护管理的规定。建设项目的环境影响报告书,必须对建设项目产生的污染和对环境作出评价,规定防治措施,经项目主管部门预审并依照规定的程序报环境保护行政主管部门批准。环境影响报告书经批准后,计划部门方可批准建设项目设计任务书。"

3. 卫生部于1983年11月28日颁布施行的《卫生系统实验动物管理暂行条例》第五条第5项规定:"具有一定规模的实验动物室建筑,周围至少应有20米的卫生隔离区。"

4. 中华人民共和国国家标准 GB 14925－2001号《试验动物环境及设施》(2001年8月29日发布,2002年5月1日实施)41.4规定:"实验动物繁育、生产、试验设施应与生活区保持大于50米的距离。"

在法庭质证中,原告对被告证据1的真实性不持异议,但是认为该证据只能说明卫生部同意拨款让第三人进行建设,不能说明被告在审批该项目时考虑了项目对周围环境的影响,法庭认为,该证据只能证明卫生部同意第三人建设该项目,以及建设地点、总投资额、建设工期等问题。原告对被告的证据2之真实性不持异议,但认为与被告的审批行为无必然联系。

被告对原告证据1提出异议,认为无法确定动物尸体是谁扔的,从什么地方扔的,且出现在规划委员会审批之后,不能说明被告的主张。第三人健康安全所对上述照片的真实性未提出异议,只是认为建设该动物实验室是必要的。第三人食品安全所对上述照片的真实性予以认可,但认为该所已经杜绝了乱扔动物尸体的行为,且该证据与规划委员会的审批行为无太大关系。被告对原告证据2的真实性不持异议,但认为建设动物实验室对周边环境虽是有影响,但这个影响与该建设项目能否建设是两回事。第三人均认为证据2不能说明建设项目因对周边有影响就不能建设。

原告认为第三人的证据1应当在被告审批之前作出,审批后作出的批复不能说明被告的审批是合法的。被告认为原告的主张无法律依据。

北京市西城区人民法院经审理查明:

2001年12月10日,被告规划委员会向第三人食品安全所和健康安全所颁发了编号为2001规建字1769号《建设工程规划许可证》,该许可证标明的建设项目为二级动物实验室,建设位置为朝阳区潘家园南里7号,建设规模为2949.18平方米。许可证的附件中标明该二级动物实验室层数为地上3层,地下1层,结构类型为框架。原告住宅楼均位于该二级动物实验室的北侧,其中6号楼与该规划建筑的间距为19.06米。

北京市西城区人民法院认为:

根据城市规划法的规定,在城市规划区内新建、扩建和改建建筑物、构筑物、道路、管线和其他工程设施,必须持有关批准文件向城市规划行政主管部门提出申请,由城市规划行政主管部门根据城市规划提出的规划设计要求,核发建设工程规划许可证。被告作为城市规划行政主管部门,有权根据建设单位的申请,对符合城市规划设计要求的建设项目,核发《建设工程规划许可证》。

根据《中华人民共和国环境保护法》第十三条的规定,建设污染环境的项目,必须遵守国家有关建设项目环境保护管理的规定。建设项目的环境影响报告书,必须对建设项目产生的污染和对环境作出评价,规定防治措施,经项目主管部门预审并依照规定的程序报环境保护行政主管部门批准。环境影响报告书经批准后,计划部门方可批准建设项目设计任务书。被告规划委员会在审批该项目的《建设工程规划许可证》时,应当审查第三人是否已取得了环境影响报告书,并根据卫生部颁布施行的《卫生系统实验动物管理暂行条例》规定,审查申报建设的实验动物室建筑是否保留至少有20米的卫生隔离区。但是,本案中规划委员会核准的动物实验室工程设计方案,实验室与原告的住宅楼之间的距离为19.06米,未达到规定的距离要求。规划委员会在诉讼中向法院提交的有关证据,不足以证明其审批行为认定事实清楚,程序正当、合法。

据此,北京市西城区人民法院依照《中华人民共和国行政诉讼法》第五十四条第(二)项第1目之规定,于2003年6月19日判决:

撤销被告北京市规划委员会于2001年12月10日向第三人颁发的2001规建字1769号《建设工程规划许可证》。

宣判后,规划委员会不服,向北京市第一中级人民法院提起上诉。

规划委员会的主要上诉理由是:(1)根据城市规划法和环境保护法的规定,市规划委员会的工作职责只审查建设单位是否取得了计划部门批准的文件,只要建设单位持有该项目经计划部门批准的文件,就只能认定计划部门据以作出该批文的前提条件包括"环境影响报告书”等问题均已解决,规划委员会不应当审查应由其他部门审查的事项。(2)关于“20 米卫生隔离区”的问题,鉴于该项目的特殊性,建设单位将该项目提交卫生部作了审查,卫生部同意该项目的设计。该批准文件是建设部门核发规划许可证的前提,规划委员会无需对该事项进行审查。(3)一审判决中认定规划委员会提供证据不足没有法律根据。

案件二审期间,规划委员会经重新考虑后表示服从一审判决,自愿申请撤回上诉。

北京市第一中级人民法院认为:

规划委员会在上诉期间自愿申请撤回上诉,属于依法处分其诉讼权利的行为,该行为未侵犯国家、集体和他人的合法权利,应予准予。

据此,北京市第一中级人民法院根据《中华人民共和国行政诉讼法》第五十一条的规定,于 2003 年 10 月 24 日裁定:

准予上诉人北京市规划委员会撤回上诉,当事人按一审判决执行。

中华环保联合会诉贵州省贵阳市修文县环境保护局环境信息公开案

【裁判摘要】

依法获取环境信息,是公民、法人和其他组织的一项重要权利,是公众参与环境保护、监督环保法律实施的一项重要手段。具有维护公众环境权益和社会监督职责的公益组织,根据其他诉讼案件的特殊需要,可以依法向环保机关申请获取环保信息。在申请内容明确具体且申请公开的信息属于公开范围的情况下,人民法院应当支持。

原告:中华环保联合会,住所地:北京市朝阳区和平里 14 区青年沟东路。

法定代表人:曾晓东,该会副主席兼秘书长。

被告:贵州省贵阳市修文县环境保护局,住所地:贵州省贵阳市修文县龙场镇人民南路。

法定代表人:朱国雄,该局局长。

中华环保联合会以被告贵州省贵阳市修文县环境保护局不予公开环境信息,向贵州省清镇市人民法院提起行政公益诉讼。

原告中华环保联合会诉称:2011 年 10 月,原告向贵州省清镇市人民法院环保法庭提起环境公益诉讼,起诉贵州好一多乳业股份有限公司超标排放工业污水,基于该案件需要,需调取好一多公司的相关环保资料,便向被告贵州省贵阳市修文县环境保护局提出申请,要求被告向其公开好一多公司的环境影响评价报告、环保设施竣工验收资料、排污许可证、排污费征收等有关环境信息。而贵州省贵阳市修文县环保局在法定期限内既未向原告公开上述信息,也未对原告申请给予答复,违反了国务院《政府信息公开条例》和环保部《环境信息公开办法(试行)》的规定,故向人民法院提起行政公益诉讼,要求判决贵州省贵阳市修文县环保局对原告的政府信息公开申请予以答复,并向原告公开相关信息。

被告贵州省贵阳市修文县环境保护局辩称:1. 原告中华环保联合会确实于 2011 年 10 月 28 日以特快专递的方式提交了政府信息公开申请,但申请表未附原告机构代码证等主体材料,也未明确需要好一多三个基地中具体哪一家基地的信息,其申请公开的信息内容不明确;2. 原告要求公开信息的形式不具体、不清楚;3. 众原告获取信息的方式不明确;4. 原告申请信息公开时未提供相关的检索、复制、邮寄等成本费用。且被告已于 2011 年 10 月 31 日电话告知了原告的联系人宋杰彬,要求原告对申请公开的信息内容进行补充说明,以方便被告履行信息公开的职责。故原告诉被告不履行政府信息公开法定职责没有事实依据和法律依据。

贵州省清镇市人民法院一审查明:

2011 年 10 月,原告中华环保联合会向贵州省清镇市人民法院环保法庭提起环境公益诉讼,起诉贵州好一多乳业有限公司超标排放工业污水。因案件需要好一多公司的相关环保资料,原告便向被告贵州省贵阳市修文县环境保护局提出申请,要求被告向其公开好一多公司的排污许可证、排污口数量和位置、排放污染物种类和数量情况、经环保部门确定的排污费标准、经环保部门监测所反映的情况及处罚情况、环境影响评价文件及批复文件、“三同时”验收文件等有关环境信息,并于 2011 年 10 月 28 日将信息公开申请表以公证邮寄的方式提交给被告。被告收到该信息公开申请表后,认为原告所申请公开的信息内容不明确、信息形式要求不具体、不清楚、获取信息的方式不明确,故一直未答复原告的政府信息公开申请,也未向原告公开其所申请的信息。

本案一审争议的焦点是：原告中华环保联合会向被告贵州省贵阳市修文县环境保护局提交的信息公开申请是否明确具体。

贵州省清镇市人民法院一审认为：

依法获取环境信息，是公民、法人和其他组织的一项重要权利，是公众参与环境保护、监督环保法律实施的一项重要手段。为了保障公民、法人和其他组织的这一权利，相关法律法规对环境信息公开的范围、信息公开的程序和方式、监督和保障都作了详细的规定。环境信息应以公开为原则，不公开为例外。原告中华环保联合会所申请的好一多公司的环境信息资料并非相关法律法规所禁止公开的内容，被告贵州省贵阳市修文县环境保护局未向原告公开其所需信息的行为违反法律法规的规定。

原告中华环保联合会为环境公益诉讼案件的需要向被告贵州省贵阳市修文县环境保护局通过邮政快递的方式提出了环境信息公开的书面申请，并在申请中载明了申请人的名称、联系方式、申请公开的具体内容、获取信息的方式等，其申请环境信息的内容不涉及国家秘密、商业秘密、个人隐私，属于法定可以公开的政府环境信息，申请环境信息的程序亦符合《中华人民共和国政府信息公开条例》第二十条、《环境信息公开办法(试行)》第十六条的规定。

关于被告贵州省贵阳市修文县环境保护局认为原告中华环保联合会在提交政府信息公开申请时，应同时附上原告的身份证明的意见，因原告在信息公开申请表中已正确填写了单位名称、住所地、联系人及电话并加盖了公章，而《中华人民共和国政府信息公开条例》第二十条明确规定，政府信息公开申请应当包括(一)申请人的姓名或者名称、联系方式；(二)申请公开的政府信息的内容描述；(三)申请公开的政府信息的形式要求，其中并没有强制要求申请人提供身份证明，故被告所提意见没有法律依据。

关于被告贵州省贵阳市修文县环境保护局认为好一多公司在修文县有三个基地，原告中华环保联合会未明确申请公开哪一个基地的环境信息，原告所申请的内容不明确的意见，根据《中华人民共和国政府信息公开条例》第二十一条的规定，对于申请内容不明确的，行政机关应当告知申请人作出更改、补充。在本案中，原告在申请表中已经明确提出需要贵州好一多乳业股份有限公司的排污许可证、排污口数量和位置、排放污染物种类和数量情况、经环保部门确定的排污费标准、经环保部门监测所反映的情况及处罚情况、环境影响评价文件及批复文件，其申请内容的表述是明确具体的，至于好一多公司在修文县有几个基地，并不妨碍被告公开信息，被告应就其手中掌握的所有涉及好一多公司的相关环境信息向原告公开。另外，《贵州省政府信息公开暂行规定》第二十四条规定“行政机关对申请公开的政府信息，根据下列情况分别作出答复：(六)申请内容不明确或申请书形式要件不齐备的，行政机关应当出具《补正申请告知书》，一次性告知申请人作出更正、补充。”即便被告认为原告申请内容不明确，应当按该规定向原告发出《补正申请告知书》，一次性告知申请人作出更正、补充，而被告显然没有按规定办理。故被告以申请内容不明确不公开信息，不符合规定。同时，按照《中华人民共和国政府信息公开条例》第二十四条第二款、《环境信息公开办法(试行)》第十八条的规定，被告显然在法定期限内没有履行其答复的义务，故被告不予答复申请的行为违反法律法规的规定。

关于被告贵州省贵阳市修文县环境保护局认为原告中华环保联合会申请信息公开时，未提供相关检索、复制、邮寄等成本费用的意见，根据《贵州省政府信息公开暂行规定》第二十六条规定，行政机关依申请提供政府信息，可以收取实际发生的检索、复制、邮寄等成本费用，但被告并未向原告提出收费要求，原告也未向被告明示不支付相关费用，故被告以此理由不公开环境信息不符合法律规定。

据此，贵州省清镇市人民法院依照《中华人民共和国政府信息公开条例》第十三条和第二十六条、《环境信息公开办法(试行)》第十六条，以及最高人民法院《关于审理政府信息公开行政案件若干问题的规定》第一条第(一)项、第九条第一款之规定，于2012年1月10日判决如下：

被告贵州省贵阳市修文县环境保护局于判决生效之日起十日内对原告中华环保联合会的政府信息公开申请进行答复，并按原告的要求向其公开贵州好一多乳业股份有限公司的相关环境信息。

贵州省贵阳市修文县环境保护局不服一审判决，向贵州省贵阳市中级人民法院提起上诉。

在贵州省贵阳市中级人民法院审理过程中，上诉人贵州省贵阳市修文县环境保护局以“环保局向公民、法人及其他组织主动公开政府信息是其义务和责任，自愿服从清镇市人民法院(2012)清环保行初字第1号行政判决书”为由，于2012年3月9日向贵阳市中级人民法院递交撤诉申请书申请撤回上诉。

贵州省贵阳市中级人民法院经审查认为，上诉人贵州省贵阳市修文县环境保护局撤回上诉的申请符合法律规定，依照最高人民法院《关于执行〈中华人民共和国行政诉讼法〉若干问题的解释》第六十三条第一款第(十)项、第九十七条及参照《中华人民共和国民事诉讼法》第一百五十六条之规定，于2012年3月12日裁定如下：

准许上诉人贵州省贵阳市修文县环境保护局撤回上诉。

本裁定为终审裁定。

陆红霞诉南通市发展和改革委员会政府信息公开答复案

【裁判摘要】

知情权是公民的一项法定权利。公民必须在现行法律框架内申请获取政府信息，并符合法律规定的条件、程序和方式，符合立法宗旨，能够实现立法目的。如果公民提起政府信息公开申请违背了《政府信息公开条例》的立法本意且不具有善意，就会构成知情权的滥用。当事人反复多次提起琐碎的、轻率的、相同的或者类似的诉讼请求，或者明知无正当理由而反复提起诉讼，人民法院应对其起诉严格依法审查，对于缺乏诉的利益、目的不当、有悖诚信的起诉行为，因违背了诉权行使的必要性，丧失了权利行使的正当性，应认定构成滥用诉权行为。

原告：陆红霞，女，38岁，住南通市港闸区。

被告：南通市发展和改革委员会，住所地：南通市世纪大道6号。

原告陆红霞因不服被告南通市发展和改革委员会(以下简称南通市发改委)政府信息公开答复，向南通市港闸区人民法院提起诉讼。

原告陆红霞诉称：原告向被告南通市发改委申请公开“长平路西延绿化工程的立项批文”，被告作出被诉答复并提供了通发改投资〔2010〕67号《市发改委关于长平路西延工程的批复》。原告认为自己申请公开的是“长平路西延绿化工程”，而被告公开的却是“长平路西延工程”，虽只有两字之差，但内容完全不同。请求依法撤销被告作出的通发改信复〔2013〕14号《政府信息公开申请答复书》并责令重新作出答复。

被告南通市发改委辩称：1.被诉答复适用依据正确、程序合法、内容适当、符合法律规定。被诉答复公开的《市发改委关于长平路西延工程的批复》包括长平路西延工程的道路、桥涵、管线、绿化及附属设施等建设内容，包含了原告陆红霞申请公开的内容。2.原告及其家人存在明显滥用政府信息公开申请权的行为，违背了《政府信息公开条例》的目的和宗旨，其行为不具有正当性。请求驳回原告的诉讼请求。

南通市港闸区人民法院一审查明：2013年11月26日，原告陆红霞向被告南通市发改委申请公开“长平路西延绿化工程的立项批文”。同年11月28日，被告作出通发改信复〔2013〕14号《政府信息公开申请答复书》并提供了通发改投资〔2010〕67号《市发改委关于长平路西延工程的批复》。

南通市港闸区人民法院在审理过程中依职权向南通市人民政府法制办公室、南通市中级人民法院、如东县人民法院调查，查明以下事实：据不完全统计，2013年至2015年1月期间，原告陆红霞及其父亲陆富国、伯母张兰三人以生活需要为由，分别向南通市人民政府、南通市城乡建设局、南通市发展和改革委员会、南通市住房保障和房产管理局、南通市规划局、南通市国土资源局、南通市公安局、南通市公安局港闸分局等共提起至少94次政府信息公开申请，要求公开南通市人民政府财政预算报告、所拥有公车的数量、牌照号码及公车品牌、政府信息公开年度报告、南通市拘留所被拘留人员2013年度伙食费标准、拘留人员权利和义务告知书、城北大道工程征地的供地方案、农用地转用方案、城北大道拆迁工程是否由南通市港闸区人民政府出资、南通市港闸区城市建设开发总公司是否由南通市港闸区人民政府出资成立、港闸区人民政府2007年度财政预算决算报告、城北大道工程前期征地拆迁费用1.5亿元资金的来源、使用情况及资金列入哪一年财政预算、港闸区人民政府以何种形式授权南通市港闸区城市建设开发总公司实施城北大道工程中征地拆迁等前期工作、陆红霞通过短信、电话向南通市城乡建设局顾队长及举报平台举报违法施工后有无按照《建筑工程施工许可管理办法》的规定责令违法施工单位停止施工、拆迁安置房屋所有权人的认定依据、长平路西延绿化工程的建设项目规划选址意见书、南通市港闸区天生港镇街道国庆村15组登记在陆富(付)相名下的土地使用证所记载的地籍号地块是否征用、2014年3月8日21时44分唐闸派出所调查过程中具体是哪位天生港镇街道干部多次用什么号码的电话要求派出所将哪些参与稳控的人员放回、唐闸派出所在该所询问室对弘祥拆迁公司员工刘彬进行询问的监控录像、2014年7月12日收到陆红霞《刑事控告书》后是否受案等政府信息。

在以上提出的政府信息公开申请中,原告陆红霞、张兰分别向南通市人民政府、南通市港闸区人民政府申请公开"南通市人民政府2013年度政府信息公开工作年度报告、南通市港闸区人民政府2007年度《财政预算决算报告》"等内容相同的信息;陆富国、张兰分别向南通市人民政府、南通市发展和改革委员会、南通市住房保障和房产管理局、南通市港闸区审计局等单位申请公开"城北大道工程征地的供地方案、农用地转用方案、征收土地方案、补充耕地方案、城北大道的立项批文、城北大道工程的拆迁计划和拆迁方案、房屋拆迁公告、房屋拆迁许可证、城北大道工程拆迁管理费的审计内容及该工程拆迁管理费的总额"等内容相同的信息。

原告陆红霞及其父亲陆富国、伯母张兰在收到行政机关作出的相关《政府信息公开申请答复》后,分别向江苏省人民政府、江苏省公安厅、江苏省国土资源厅、南通市人民政府、南通市审计局等复议机关共提起至少39次行政复议。在经过行政复议程序之后,三人又分别以政府信息公开答复"没有发文机关标志、标题不完整、发文字号形式错误,违反《党政机关公文处理工作条例》的规定,属形式违法;未注明救济途径,属程序违法"等为由向南通市中级人民法院、如东县人民法院、港闸区人民法院提起政府信息公开之诉至少36次。

南通市港闸区人民法院一审认为:获取政府信息和提起诉讼是法律赋予公民的权利。为了保障公民知情权的实现,行政机关应当主动公开政府信息,以提高政府工作的透明度。《中华人民共和国政府信息公开条例》(以下简称《条例》)第十三条还进一步明确,除行政机关主动公开的政府信息外,公民、法人或者其他组织还可以根据自身生产、生活、科研等特殊需要,向国务院部门、地方各级人民政府及县级以上地方人民政府部门申请获取相关政府信息。为了监督行政机关依法行政,切实保障公民依法获取政府信息,公民认为行政机关在政府信息公开工作中的行政行为侵犯其合法权益的,可以依法提起行政诉讼。而需要指出的是:任何公民享有宪法和法律规定的权利,同时必须履行宪法和法律规定的义务;公民在行使自由和权利的时候,不得损害国家的、社会的、集体的利益和其他公民的合法的自由和权利;公民在行使权利时,应当按照法律规定的方式和程序进行,接受法律及其内在价值的合理规制。

《条例》第一条规定,制定本条例的目的是为了"保障公民、法人和其他组织依法获取政府信息,提高政府工作的透明度,促进依法行政,充分发挥政府信息对人民群众生产、生活和经济社会活动的服务作用"。因此,保障社会公众获取政府信息的知情权是《条例》的最主要的立法目的之一。而有关"依法获取政府信息"的规定,表明申请获取政府信息也必须在现行法律框架内行使,应当按照法律规定的条件、程序和方式进行,必须符合立法宗旨,能够实现立法目的。

本案原告陆红霞所提出的众多政府信息公开申请具有以下几个明显特征:一是申请次数众多。仅据不完全统计,自2013年开始原告及其家人向南通市人民政府及其相关部门至少提出94次政府信息公开申请,2014年1月2日当天就向南通市人民政府提出了10件申请。二是家庭成员分别提出相同或类似申请,内容多有重复。如原告与其父亲陆富国、伯母张兰多次分别申请市、区两级人民政府年度财政预算报告、数十次申请城北大道工程相关审批手续等信息。三是申请公开的内容包罗万象。诸如政府公车数量、牌照、品牌,刑事立案,接警处置中使用的电话号码及监控录像,拘留所伙食标准等信息,且有诸多咨询性质的提问,原告对部分信息也明知不属于《条例》规定的政府信息范畴。四是部分申请目的明显不符合《条例》的规定。原告申请政府信息和提起诉讼的目的是为了向政府及其相关部门施加压力,以引起对自身拆迁补偿安置问题的重视和解决。

上述特征表明,原告陆红霞不间断地向政府及其相关部门申请获取所谓政府信息,真实目的并非为了获取和了解所申请的信息,而是借此表达不满情绪,并向政府及其相关部门施加答复、行政复议和诉讼的压力,以实现拆迁补偿安置利益的最大化。对于拆迁利益和政府信息之间没有法律上关联性的问题，行政机关已经反复进行了释明和引导，且本案中被告南通市发改委已向原告提供了其所申请的政府信息。原告这种背离《条例》立法目的，任凭个人主观意愿执意不断提出申请的做法，显然已经构成了获取政府信息权利的滥用。

保障当事人的诉权与制约恶意诉讼、无理缠诉均是审判权的应有之义。对于个别当事人反复多次提起轻率的、相同的或者类似的诉讼请求，或者明知无正当理由而反复提起的诉讼，人民法院对其起诉应严格依法审查。本案原告陆红霞所提起的相关诉讼因明显缺乏诉的利益、目的不当、有悖诚信，违背了诉权行使的必要性，因而也就失去了权利行使的正当性，属于典型的滥用诉权行为。

首先，原告陆红霞的起诉明显缺乏诉的利益。诉的利益是原告存在司法救济的客观需要，没有诉讼利益或仅仅是为了借助诉讼攻击对方当事人的不应受到保护。本案原告的起诉源于政府信息公开申请，作为一项服务于实体权利的程序性权利，由于对获取政府信息权利的滥用，原告在客观上并不具有此类诉讼所值得保护的合法的、现实的利益。

其次，原告陆红霞的起诉不具有正当性。《中华人民共和国行政诉讼法》第二条明确规定："公民、法人或者其他组织认为行政机关和行政机关工作人员的具体行政行为侵犯其合法权益，有权依照本法向人民法院提起诉讼。"显然，行政诉讼是保护公民、法人和其他组织合法权益的制度，原告陆红霞不断将诉讼作为向政府及其相关部门施加压力、谋求私利的手段，此种起诉已经背离了对受到侵害的合法权益进行救济的诉讼本旨。

最后，原告陆红霞起诉违背诚实信用原则。诚实信用原则要求当事人实施诉讼行为、行使诉讼权利必须遵守伦理道德，诚实守诺，并在不损害对方合法利益和公共利益的前提下维护自身利益。骚扰、泄愤、盲目、重复、琐碎性质的起诉显然不符合诚实信用原则的要求。原告本已滥用了政府信息公开申请权，所提起的数十起诉讼要么起诉理由高度雷同，要么是在已经获取、知悉所申请政府信息的情形下仍坚持提起诉讼，这种对诉讼权利任意行使的方式有违诚实信用原则。

针对原告陆红霞所提起的频繁诉讼，人民法院也多次向其释明《条例》的立法目的、政府信息的含义，并多次未支持其不合法的申请和起诉，原告对法律的规定显然明知，也应当知道如何正确维护自身的合法权益。原告在明知其申请和诉讼不会得到支持，仍然一再申请政府信息公开，不论政府及相关部门如何答复，均执意提起行政复议和行政诉讼。行政资源和司法资源的有限性，决定了行政机关和人民法院只能满足当事人有效的行政和司法需求。原告的申请行为和诉讼行为，已经使行政和司法资源在维护个人利益与公共利益之间有所失衡，《条例》的立法宗旨也在此种申请—答复—复议—诉讼的程序中被异化。原告所为已经背离了权利正当行使的本旨，超越了权利不得损害他人的界限。纵观本案及相关联的一系列案件，无论是原告所提出的政府信息公开申请还是向该院所提起的诉讼均构成明显的权利滥用。

在现行法律规范尚未对滥用获取政府信息权、滥用诉权行为进行明确规制的情形下，该院根据审判权的应有之义，结合立法精神，决定对原告陆红霞的起诉不作实体审理。为了兼顾维护法律的严肃性、有效利用公共资源和保障原告依法获取政府信息、提起诉讼的权利，对于原告今后再次向行政机关申请类似的政府信息公开、向人民法院提起类似的行政诉讼，均应依据《条例》的现有规定进行严格审查，原告须举证说明其申请和诉讼是为了满足自身生产、生活、科研等特殊需要，否则将承担不利后果。

据此，南通市港闸区人民法院根据修改前的《中华人民共和国行政诉讼法》第二条、最高人民法院《关于执行〈中华人民共和国行政诉讼法〉若干问题的解释》第三十二条第二款、第四十四条第一款第（十一）项、第九十七条，参照《中华人民共和国民事诉讼法》第十三条之规定，于2015年2月27日裁定如下：

驳回原告陆红霞的起诉。

陆红霞不服一审裁定，向南通市中级人民法院提起上诉称：一、一审法院审理本案违反法定程序。一审法院调查上诉人父亲陆富国、伯母张兰信息公开、行政复议、行政诉讼的行为超越法定职权；一审法院剥夺了上诉人陈述、辩论的权利，也剥夺了当庭举证、质证的权利。二、一审法院认定上诉人滥用获取政府信息权和滥用诉权，裁定驳回上诉人起诉错误。上诉人与父亲陆富国、伯母张兰均为独立的民事主体，各自对自己的行为承担责任，一审法院将三人行为混同不当；上诉人与陆富国、张兰先后有五件行政案件胜诉，所提起的行政诉讼具有诉的利益、目的恰当，并不违背诚信原则；根据《中华人民共和国行政诉讼法》、《条例》等法律法规的规定，陆红霞的起诉符合行政诉讼的受理条件，法院应当实体审理。三、一审法院超越职权，没有权力对陆红霞今后的信息公开申请提出限制，亦无权要求行政机关和其他人民法院对陆红霞的信息公开申请、行政诉讼进行严格审查。请求二审法院撤销一审裁定，责令一审法院继续审理本案。

南通市中级人民法院经二审，确认了一审查明的事实。

南通市中级人民法院二审认为：

一、一审法院并未违反法定程序。

修改前的《中华人民共和国行政诉讼法》第三十四条规定：人民法院有权向有关行政机关以及其他组织、公民调取证据。最高人民法院《关于行政诉讼证据若干问题的规定》第二十二条规定：对涉及国家利益、公共利益或者他人合法权益的事实认定的，人民法院有权向有关行政机关以及其他组织、公民调取证据。本案中，针对上诉人陆红霞是否存在滥用获取政府信息权、滥用诉权的行为，一审法院依职权调取陆红霞及其父亲、伯母有关信息公开申请、行政复议和行政诉讼的材料，符合相关法律、司法解释的规定。

一审法院在2015年2月27日庭审中，将调取的证据材料当庭向上诉人陆红霞出示，陆红霞亦发表了质证意见和诉讼主张，陆红霞认为一审法院剥夺其陈述、辩论的权利和当庭举证、质证的权利与事实不符。

二、一审法院认定陆红霞存在滥用获取政府信息权和滥用诉权行为依法有据，裁定驳回陆红霞的起诉并无不当。

上诉人陆红霞与陆富国是父女关系，陆富国申请信息公开、提起行政复议及行政诉讼均由陆红霞经手或作为委托代理人。张兰系陆红霞伯母，两人均住南通市港闸区怡园新苑，与港闸区政府均存在房屋拆迁补偿争议。陆红霞、张兰分别向南通市人民政府申请公开"南通市人民政府2013年度政府信息公开工作年度报告"申请表，以及陆富国、张兰分别向南通市人民政府、南通市住房保障和房产管理局申请公开"城北大道工程征地的供地方案"、"城北大道工程拆迁计划和方案、房屋拆迁公告、房屋拆迁许可证"申请表内容完全一致。2014年陆富国与张兰分别向法院提起的每起行政诉讼的诉状，除当事人不同外，其他内容高度雷同或者一致。三人基于共同目的，以各自名义分别实施申请信息公开、提起行政复议和行政诉讼的行为，可视为陆红霞等三人的共同行为。

2012年底上诉人陆红霞与港闸区政府产生拆迁争议，2013年开始，陆红霞三人先后提起至少94次政府信息公开申请，2014年1月2日当天就向南通市人民政府提出10件申请。其中，所提申请多有相同或类似，如重复申请市、区两级人民政府年度财政预算报告、二十余次申请城北大道相关审批手续等信息。申请公开的内容繁多、形式各异，如政府公车数量、牌照及品牌，接处警电话号码及监控录像，拘留所伙食标准等信息，且很多系以信息公开的名义进行咨询询问。陆红霞持续申请公开众多政府信息，借此表达自己不满情绪，通过重复、大量提起信息公开的方式给有关部门施压，从而达到实现拆迁补偿安置利益最大化目的。这种行为已经明显偏离了公民依法、理性、正当行使知情权和监督权的正常轨道，超过了正当行使知情权的合理限度，背离了政府信息公开制度的初衷与立法目的，故一审法院认定陆红霞滥用获取政府信息权是适当的。

公民在行使权利的时候，不得损害国家的、社会的、集体的利益和其他公民的合法权利。作为权利之一的获取政府信息公开权和诉权当然也不能滥用。上诉人陆红霞的起诉源于政府信息公开申请，其起诉的理由多以被诉答复无发文机关标志、标题不完善、无发文字号、程序违法为由，反复多次提起相同或类似的诉讼请求。陆红霞不当的申请和起诉多次未获人民法院的支持，而其仍然频繁提起行政复议和行政诉讼，已经使有限的公共资源在维护个人利益与他人利益、公共利益之间有所失衡，超越了权利行使的界限，亦有违诚实信用原则，已构成诉讼权利的滥用，一审法院驳回其起诉并无不当。

三、一审法院对上诉人陆红霞今后的信息公开申请及行政诉讼进行适当限制是适当的。

《条例》第十三条规定：除行政机关主动公开的政府信息外，公民、法人或者其他组织还可以根据自身生产、生活、科研等特殊需要，向国务院部门、地方各级人民政府及县级以上地方人民政府部门申请获取相关政府信息。《条例》第二十条规定了政府信息公开申请应当包括申请人的姓名或者名称、联系方式；申请公开的政府信息的内容描述；申请公开的政府信息的形式要求。《条例》没有规定申请人在提出政府信息公开申请时要说明使用信息的用途、理由等，故政府信息主管部门和工作机构在实务中不得随意增设申请人的义务。但上诉人陆红霞持续、琐碎、轻率甚至带有骚扰性质的滥用获取政府信息权、滥用诉权的行为，超越了权利行使界限，应当对其设定一个限制反复的约束。一审法院从维护法律的严肃性、促进公共资源的有效利用出发，同时也为了保障诉讼权利平衡、保障陆红霞依法获取政府信息，对其今后再次申请类似信息公开、提起行政诉讼设定了一定的条件，符合《条例》的立法精神和目的。

据此，南通市中级人民法院依照修改前的《中华人民共和国行政诉讼法》第六十一条第（一）项之规定，于2015年7月6日裁定如下：

驳回上诉，维持原裁定。

崔龙书诉丰县人民政府行政允诺案

【裁判摘要】

诚实信用原则是行政允诺各方当事人应当共同遵守的基本行为准则。在行政允诺的订立和履行过程中，基于公共利益保护的需要，赋予行政主体在解除和变更中的相应的优益权固然必要，但行政主体不能滥用优益权。优益权的行使既不得与法律规定相抵触，也不能与诚实信用原则相违背。行政机关作出行政允诺后，在与相对人发生行政争议时，对行政允诺关键内容作出无事实根据和法律依据的随意解释的，人民法院不予支持。

原告：崔龙书，男，66岁，汉族，住江苏省丰县。

被告：丰县人民政府，住所地：江苏省丰县人民中路。

法定代表人：郭学习，该县县长。

出庭应诉负责人：许海莉，该县副县长。

原告崔龙书因与被告丰县人民政府（以下简称丰县政府）产生招商引资奖励允诺纠纷，向江苏省徐州市中级人民法院提起诉讼。

原告崔龙书诉称：根据江苏省丰县县委、江苏省丰县政府2001年6月18日丰委发〔2001〕23号《关于印发丰县招商引资优惠政策的通知》（以下简称《23号通知》）的精神和承诺，崔龙书从2003年初起就积极为丰县招商引资，经过多方奔走，四处联络，最终为丰县引进并建成投产了徐州康达环保水务有限公司（以下简称徐州康达公司），该项目总投资额6733.9万元，为丰县经济社会发展做出了积极贡献，并带动和提高了相关人员参与招商引资工作的积极性，起到了良好的示范作用，用实际行动兑现了对丰县政府的庄严承诺。在崔龙书长期从未间断的要求下，丰县政府却拒不履行自己的承诺，违背诚信，失信于民。为切实保障崔龙书应有的权益，特提起诉讼，要求丰县政府支付所欠奖金140万元。

被告丰县政府辩称：一、本案不属于行政诉讼受案范围，依法应驳回原告的起诉。原告崔龙书据以提起诉讼的根据是《23号通知》，该政策在民法上应该属于一种要约或者要约邀请，从原告诉求的理由和依据的事实看，原告与丰县政府之间产生的是民事权利义务关系，而不是行政管理或行政奖励关系。原告享受奖励的条件必须是为了完成丰县政府的要约而付出的民事活动，丰县政府做出的《23号通知》不是履行行政管理的职责，而是以发展地方经济为目的做出的一种悬赏，应该属于民事行为。因此，原告提起行政诉讼是不适当的。二、原告的诉求没有事实和法律根据，从实体上应驳回原告的诉求。1.徐州康达公司的签约不是基于招商引资完成，而是重庆康达环保股份有限公司（以下简称重庆康达公司）通过李洪恩的市场运作实现的。在重庆康达公司与丰县政府签约的过程中，丰县政府无须任何人通过任何关系引进重庆康达公司，实际上是重庆康达公司花推介费交由李洪恩在全国范围内帮助寻找投资机遇来完成与丰县政府的签约。2.原告在丰县污水处理厂的项目中没有做任何的工作，也无须其做任何工作，原告也没有任何花费，所有的费用支出都是丰县建设委员会支付的，因此，原告无权要求丰县政府奖励。3.原告诉求的涉案项目也并非招商引资项目，更不符合丰县政府作出的《23号通知》中关于奖励的规定，该规定是对引进外资的奖励而不包括国内资金的投资。4.涉案项目并没有按照《丰县招商引资优惠政策》的规定在丰县商务局办理招商引资备案，从2003年至今没有任何人向该局提出过奖励申请，既然原告从2001年即知晓《丰县招商引资优惠政策》的规定，则时隔十余年才要求奖励早已超过诉讼时效，其诉求也不应得到法律的支持与保护。综上，原告的起诉不属于行政诉讼受案范围，依法应驳回其起诉；从实体看，原告的诉求没有事实和法律根据，依法应驳回其诉讼请求。

江苏省徐州市中级人民法院一审查明：

2001年9月24日，重庆康达公司向李洪恩出具

《关于城市污水处理厂项目运作的合作承诺》,对由李洪恩负责运作的城市污水处理项目成功后,该公司向李洪恩支付项目经营费的标准及方式等作出承诺。2002年3月28日,江苏省发展计划委员会作出苏计投资发(2002)332号《关于丰县污水处理厂一期工程可行性研究报告的批复》,同意丰县建设污水处理厂一期工程。2003年1月4日,李洪恩以重庆康达公司名义与丰县建设局签订《关于投资建设江苏省丰县四万吨污水处理厂的框架协议书》。2003年3月10日,被告丰县政府与重庆康达公司签订《特许经营权协议书》,双方就丰县污水处理厂厂区工程的投资建设、特许经营事宜进行了约定;同日,丰县建设局与重庆康达公司签订《建设经营丰县污水处理厂厂区工程合同书》,就双方合作建设丰县污水处理厂的相关事宜进行了详细约定。

2013年5月17日,丰县人民法院立案受理李洪恩诉重庆康达公司居间合同纠纷一案,李洪恩要求重庆康达公司支付丰县污水处理厂二期项目经营费40万元。该案审理过程中,李洪恩提交了其书写的《推介江苏丰县污水处理厂项目的概况》,其中有"2000年底我在帮助康达运作徐州市开发区污水投资项目时得知丰县污水项目已立项,准备建四万吨级的污水处理厂,第二年年初我就通过江苏丰县人大刘副主任介绍认识了丰县建设局刘新君局长,……我分别多次向他们介绍了重庆康达的业绩、经济实力和投资意向;几经工作,建设局报县政府相关领导,同意重庆康达用BOT方式投建该污水处理厂……"的陈述。2013年6月3日,李洪恩与重庆康达公司签订调解协议并经丰县人民法院出具民事调解书予以确认,重庆康达公司应于2013年6月24日前支付李洪恩赔偿款30万元,李洪恩自愿放弃其余诉讼请求。

2014年4月12日,徐州康达公司出具证明,内容为:"康达丰县污水处理厂(徐州康达环保水务有限公司)是在李洪恩的推介运作下,由重庆康达环保股份有限公司【现为重庆康达环保产业(集团)有限公司】投资建设的。特此证明。"2014年4月15日,重庆康达公司出具证明,内容为:"丰县人民政府:重庆康达环保产业(集团)有限公司前身为重庆环保股份有限公司,成立于1996年7月19日,当时该企业性质为股份有限公司。2003年公司以BOT模式投资建设运营康达丰县污水处理厂(徐州康达环保水务有限公司),特许经营期25年(不含建设期),该项目推介人为李洪恩。"

2001年6月28日,中共丰县县委和丰县政府印发丰委发〔2001〕23号《关于印发丰县招商引资优惠政策的通知》(以下简称《23号通知》),其中《丰县招商引资优惠政策》中载明:制订的优惠政策包括,一、土地使用。二、税费征收。三、服务保护。四、引资奖励,其中第25条规定,对引进外资项目实行分类奖励。引进资金用于工业生产和农业综合开发项目的,五年内,按纳税额的5%奖励引资人;引进资金用于高新技术项目或对我县经济发展有较大带动作用的项目,五年内,按纳税额的10%奖励给引资人;引进资金用于社会公益事业项目的,竣工后按引资额的1%奖励引资人。第30条规定,凡需要奖励的,引荐人须向县招商局等有关单位提出申请,由招商局牵头,会同县金融、财政、税务、审计等部门对其进行初审,并将初审意见上报县政府,县政府区别不同情况研究确定是否奖励、奖励标准及兑现方式等。五、附则规定,本县新增固定资产投入300万元人民币以上者,可参照此政策执行。……本文由县体改委负责解释。2015年5月,原告崔龙书提起本案诉讼。一审案件审理过程中,崔龙书当庭明确其要求奖励的依据是《23号通知》第25条,后变更其要求奖励的依据为《23号通知》第25条及附则的规定。

一审审理期间,被告丰县政府提供了2015年6月19日丰县发展改革与经济委员会(以下简称丰县发改委)出具的《关于对〈关于印发丰县招商引资优惠政策的通知〉部分条款的解释》(以下简称《招商引资条款解释》),对《23号通知》中的部分条款及概念作如下说明:"1.外资:是指其他国家地区(包括港澳台地区)来中国大陆以从事经济社会活动为主要目的,在遵守中国法律法规前提下,遵循市场机制法则,本着互利互惠的原则进行的独资、合资、参股等市场流入的资金。2.外资项目:是指利用外资建设的项目。3.本县新增固定资产投入300万元人民币以上者,可参照此政策执行。本条款是为了鼓励本县原有企业,增加固定资产投入,扩大产能,为我县税收作出新的贡献,可参照本优惠政策执行。"应一审法院要求,丰县政府提供了丰委发〔1988〕48号《关于建立丰县经济体制改革委员会的通知》、丰政办发〔1997〕90号《县政府办公室关于印发〈丰县人民政府办公室职能配置、内设机构和人员编制方案〉的通知》等文件,以证明丰县经济体制改革委员会已不存在,其职能由丰县发改委行使,丰县发改委对《23号通知》中的部分条款及概念进行解释有职权依据。

本案的争议焦点是：被告丰县政府是否应当兑现对原告崔龙书招商引资奖励的承诺。

江苏省徐州市中级人民法院一审认为：

根据审理查明的事实，徐州康达公司系李洪恩帮助重庆康达公司进行市场运作、以BOT模式投资建设运营的项目。

一、关于该项目是否属于《23号通知》规定的引进外资项目。法院认为，首先，《23号通知》中凡涉及外商投资额的内容，均以美元而非人民币作为货币种类；对引荐的对外承包工程项目或劳务合作项目，项目总额也以美元计。其次，《23号通知》规定的有权解释主体丰县体改委已不存在，承继其职能的丰县发改委对该文件进行解释属于有权解释；且丰县发改委《招商引资条款解释》中将"外资"界定为"其他国家地区（包括港澳台地区）来中国大陆以从事经济社会活动为主要目的，在遵守中国法律法规前提下，遵循市场机制法则，本着互利互惠的原则进行的独资、合资、参股等市场流入的资金"，将外资项目界定为"利用外资建设的项目"，上述解释符合《23号通知》的本意，予以采信。综合以上两点，徐州康达公司不属于《23号通知》规定的引进外资项目。

二、关于该项目是否属于《23号通知》附则规定的"本县新增固定资产投入300万元人民币以上者"。一审法院认为，根据该文件的字面本意及有权解释机关丰县发改委的《招商引资条款解释》，"本县新增固定资产投入300万元人民币以上者"，是指丰县原有企业增加固定资产投入、扩大产能。因徐州康达公司系重庆康达公司以BOT模式投资建设运营的新企业，故不属于《23号通知》附则规定的"本县新增固定资产投入300万元人民币以上者"。

综上，无论原告崔龙书提供的丰县人大常委会的两份证明、丰县建设局的证明是否真实，无论徐州康达公司是否系崔龙书引进，均因该项目不属于《23号通知》第25条及附则规定的奖励范畴而不应予以奖励。江苏省徐州市中级人民法院依据《中华人民共和国行政诉讼法》第六十九条之规定，于2015年11月18日判决：

驳回崔龙书的诉讼请求，诉讼费50元由崔龙书承担。

崔龙书不服一审判决，向江苏省高级人民法院提起上诉称：根据《23号通知》，上诉人成功引进了徐州康达公司项目并已竣工投产，依照《23号通知》第25条和附则的规定，上诉人应该获得一亿一千五百万总投资1%的奖励。丰县发改委的《招商引资条款解释》歪曲篡改了《23号通知》的宗旨和原则，理应不予采用。重庆康达公司与李洪恩之间的民事关系与上诉人应当获得的行政奖励无关。请求依法撤销一审判决。

被上诉人丰县政府答辩称：根据丰县发改委的《招商引资条款解释》，《23号通知》第25条规定的引资奖励针对的是外资，结合优惠政策中关于引资性质均为美元的表述，说明该政策除了附则外，均是对外资项目的奖励。而涉案的徐州康达公司不属于外资项目，因此不符合第25条规定的条件。徐州康达公司系通过市场化运作在丰县建设的BOT的项目，根本不存在投资的事实，所以上诉人亦不符合《23号通知》附则规定的奖励条件。上诉人只起到了推荐的作用，且李洪恩因同一项目已经获得了相应赔偿，故丰县人民政府不应当承担对崔龙书的奖励义务。一审法院的判决认定事实清楚，适用法律法规正确，请求驳回上诉，维持原判。

江苏省高级人民法院经二审，确认了一审查明的事实。

另查明：

上诉人崔龙书与李洪侠系夫妻关系，案外人李洪恩系李洪侠哥哥。崔龙书曾任宋楼镇砖瓦厂厂长，李洪侠曾任宋楼镇妇女联合会主任。一审中上诉人崔龙书提供了三份证明材料：1. 2003年10月13日丰县人民代表大会常务委员会出具的《证明》，该《证明》称："丰县污水处理厂建设项目由宋楼镇砖瓦厂厂长崔龙书同志引进"；2. 2003年10月13日丰县人民代表大会常务委员会致李洪恩的函，该函称："今派崔龙书同志前去接洽，请您代表康达环保有限公司速来我县洽谈投资地面水厂建设事宜"；3. 2005年6月18日丰县建设局出具《证明》，该《证明》称："丰县污水处理厂建设项目由宋楼镇砖瓦厂厂长崔龙书、李红侠夫妻二人引进。"上述三份材料均为复印件。一审庭审中，上诉人崔龙书称上述三份材料的原件已在以往申请奖励时交予政府有关部门。被上诉人丰县政府对上述三份材料的真实性不予认可。

二审期间，上诉人崔龙书提供了徐州市妇女联合会（以下简称徐州市妇联）2004年3月颁发的"李红侠"被评为徐州市妇联系统"十佳招商引资先进个人"

的《荣誉证书》原件,并称该证据系一审后才找到,以进一步证明徐州康达公司系崔龙书、李洪侠夫妻二人共同完成的招商引资项目,并称证书中的"李红侠"系李洪侠的曾用名。在二审法院组织的质证中,被上诉人丰县政府认为,没有证据可以证明《荣誉证书》中的"李红侠"系崔龙书的代理人李洪侠;亦不能确定《荣誉证书》上所称的招商引资项目为本案所涉的徐州康达公司项目,对《荣誉证书》的真实性不予认可。

经上诉人崔龙书申请,二审法院依职权调取了徐州市妇联在"全国农村妇女转移就业现场培训大会"上的发言材料、徐州市妇联举办的"坚持科学发展观为指导,务实创新,积极推进农村妇女劳动力转移会议"上的发言材料以及徐州市妇联组织的巡回报告团在铜山县巡回报告时有关领导的主持词,上述三份文稿中均提到李洪侠克服种种困难,引进了丰县污水厂项目,受到表彰的事实。在二审法院组织的质证过程中,崔龙书及其代理人李洪侠均称,夫妻二人在涉案招商引资项目中共同出力,崔龙书所做工作更多,只是因为其文化程度不高,不善言辞,且李洪侠系镇妇联干部,所以在有关表彰活动中,荣誉均给了李洪侠,由崔龙书出面提起本案之诉是夫妻二人的共同意思表示。崔龙书对上述证据的关联性、合法性和真实性均予认可。被上诉人丰县政府坚持认为,上述证据不能证明涉案项目系崔龙书引进。在二审法院组织的质证过程中,双方当事人均认可,丰县当地仅有徐州康达公司一个污水处理厂项目,且目前经营状况良好。

法院认为,本案相关证据材料中"李红侠"和"李洪侠"的名字虽多次交替出现,但联系本案所涉的特定的徐州康达公司项目,可以认定,本案相关证据中"李红侠"和"李洪侠"系同一人。被上诉人丰县政府未能提供证据证明除徐州康达公司外,上诉人崔龙书、李洪侠夫妻二人在丰县还有其他招商引资项目。丰县人民代表大会常务委员会 2003 年 10 月 13 日出具的《证明》和函件,以及丰县建设局 2005 年 6 月 18 日出具的《证明》虽均为复印件,但彼此内容可以相互印证。同时,结合二审期间崔龙书提供的《荣誉证书》、二审法院调取的徐州市妇联相关证据材料,可以认定,徐州康达公司系上诉人崔龙书及其妻子李洪侠介绍引进,且该招商引资项目已经取得实际效果。

江苏省高级人民法院二审认为:

本案当事人之间的争议主要在于,如何正确适用法律,准确理解《23 号通知》中的有关规定以及被上诉人丰县政府是否应当依法、依约履行相应义务等问题。

一、如何正确适用法律,准确理解《23 号通知》中的有关规定

二审法院认为,本案涉及的《23 号通知》系被上诉人丰县政府为充分调动社会各界参与招商引资积极性,以实现政府职能和公共利益为目的向不特定相对人发出的承诺,在相对人实施某一特定行为后,由自己或其所属职能部门给予该相对人物质奖励的单方面意思表示。根据该行为的法律特征,应当认定《23 号通知》属于行政允诺。对于被上诉人丰县政府在《23 号通知》所作出的单方面行政允诺,只要相对人作出了相应的承诺并付诸行动,即对双方产生约束力。本案中,上诉人崔龙书及其妻子李洪侠响应丰县政府《23 号通知》的号召,积极联系其亲属,介绍重庆康达公司与丰县建设局签订投资建设协议,以 BOT 模式投资建设成涉案项目并投产运行至今,为丰县地方取得了良好的经济效益和社会效益。基于丰县政府在《23 号通知》中的明确允诺,丰县政府至今未履行《23 号通知》中允诺相应奖励义务的现实,崔龙书夫妻二人推举崔龙书为代表提起本案之诉,于法有据。

本案中,被上诉人丰县政府作出的《23 号通知》已就丰县当地的招商引资奖励政策和具体实施作出了相应规定,该规定与现行法律规范中的强制性规定并无抵触。同时,由于当事人双方系在《23 号通知》内容的基础上,达成有关招商引资奖励的一致意思表示,因此该文件应当是本案审查丰县政府是否应当兑现相关允诺的依据。依照最高人民法院《关于适用〈中华人民共和国行政诉讼法〉若干问题的解释》第十四条的规定,本案的审理可以适用不违反行政法和行政诉讼法强制性规定的民事法律规范。对丰县政府相关行为的审查,既要审查合法性,也要审查合约性。不仅要审查丰县政府的行为有无违反行政法的规定,也要审查其行为有无违反准用的民事法律规范所确定的基本原则。

法治政府应当是诚信政府。诚实信用原则不仅是契约法中的帝王条款,也是行政允诺各方当事人应当共同遵守的基本行为准则。在行政允诺的订立和履行过程中,基于保护公共利益的需要,赋予行政主体在解除和变更中的相应的优益权固然必要,但行政主体不能滥用优益权。行使优益权既不得与法律规定相违背,也不能与诚实信用原则相抵触。在对行政允诺关

键内容的解释上，同样应当限制行政主体在无其他证据佐证的情况下，任意行使解释权。否则，将可能导致该行政行为产生的基础，即双方当事人当初的意思表示一致被动摇。

本案一审判决驳回上诉人崔龙书诉讼请求的主要根据是丰县发改委在一审期间作出的《招商引资条款解释》，该解释将"本县新增固定资产投入"定义为，仅指丰县原有企业，追加投入，扩大产能。二审法院认为，该解释不能作为认定被上诉人丰县政府行为合法的依据。主要理由是：1.《招商引资条款解释》系对被上诉人业已作出的招商引资文件所做的行政解释，在本案中仅作为判定行政行为是否合法的证据使用，其关联性、合法性、真实性理应受到司法审查。2.《招商引资条款解释》是在丰县政府收到一审法院送达的起诉状副本后自行收集的证据，根据最高人民法院《关于行政诉讼证据若干问题的规定》第六十条第（一）项的规定，该证据不能作为认定被诉具体行政行为合法的依据。3.我国统计指标中所称的"新增固定资产"是指通过投资活动所形成的新的固定资产价值，包括已经建成投入生产或交付使用的工程价值和达到规定资产标准的设备、工具、器具的价值及有关应摊入的费用。从文义解释上看，《23 号通知》中的"本县新增固定资产投入"，应当理解为新增的方式不仅包括该县原有企业的扩大投入，也包括新企业的建成投产。申言之，如《23 号通知》在颁布时需对"本县新增固定资产投入"作出特别规定，则应当在制定文件之初即予以公开明示，以避免他人陷入误解。4.诚实守信是法治政府的基本要求之一，诚信政府是构建诚信社会的基石和灵魂。《论语·为政》言明，言而无信，不知其可。本案中丰县政府所属工作部门丰县发改委，在丰县政府涉诉之后，再对《23 号通知》中所作出的承诺进行限缩性解释，有为丰县政府推卸应负义务之嫌疑。丰县政府以此为由，拒绝履行允诺义务，在一定程度上构成了对优益权的滥用，有悖于诚实信用原则。故对丰县发改委作出的《招商引资条款解释》，不予采信。

二、被上诉人丰县政府是否应当依法、依约履行相应义务

本案上诉人崔龙书一审中提交的丰县人民代表大会常务委员会和丰县建设局在不同时间出具的三份材料虽均为复印件，但其在一审质证中，已经对不能提供原件的理由进行了说明，上述三份材料之间的内容可以相互印证。同时，结合二审法院二审中查明的事实，足以认定涉案的丰县康达公司项目系崔龙书及其妻子李洪侠介绍引进，该项目投资高于《23 号通知》附则所指的新增固定资产投入 300 万元，且已建成并运行良好。故应当认定崔龙书已经履行自身相关义务，被上诉人丰县政府应当依照《23 号通知》附则中的规定，兑现其招商引资奖励允诺。依照《中华人民共和国行政诉讼法》第三十四条的规定，结合本案的特点，丰县政府对其行政行为的合法性和合约性负有举证责任。丰县政府虽主张崔龙书不符合《23 号通知》规定的条件，不应当予以参照奖励。但并未提供充分证据证明之。无论是主体还是内容，案外人李洪恩通过居间活动从重庆康达公司获得报酬，与本案之间不属于同一法律关系。丰县政府以案外人李洪恩已经从重庆康达公司获取了中介报酬，从而认为崔龙书不应当依照行政允诺获得奖励的主张，没有法律依据，依法不予支持。本案在卷证据足以证明，丰县政府存在未依法、未依约履行招商引资奖励允诺义务之情形。一审判决未能依照本案的特点，准确适用相关法律规定，未能对丰县政府不履行约定义务的行为作出正确判断，应依法予以纠正。

鉴于《23 号通知》中凡涉及外商投资额的内容，均以美元而非人民币作为货币种类；对引荐的对外承包工程项目或劳务合作项目，项目总额也以美元计。同时，将"外资"理解为引进自其他国家和地区（包括港澳台地区）的资金亦符合社会公众对这一概念的通常理解，故上诉人崔龙书主张被上诉人丰县政府应当按照《23 号通知》第 25 条的规定履行奖励义务的观点缺乏事实根据，依法不予支持。

综上，上诉人崔龙书的部分上诉理由成立，其请求撤销一审判决依法有据。一审法院认定事实不清，适用法律错误，判决结果不当。江苏省高级人民法院依照《中华人民共和国行政诉讼法》第七十八条第一款、第八十九条第一款第（二）项的规定，于 2017 年 3 月 29 日判决如下：

一、撤销江苏省徐州市中级人民法院（2015）徐行初字第 00102 号行政判决；

二、责令被上诉人丰县人民政府依照丰委发〔2001〕23 号《关于印发丰县招商引资优惠政策的通知》，在本判决生效后 60 日内依法履行对崔龙书的奖励义务。

本案一审案件受理费计人民币 50 元，二审案件受

理费计人民币 50 元,两项合计人民币 100 元整,由被上诉人丰县人民政府承担。

本判决为终审判决。

寿光中石油昆仑燃气有限公司诉寿光市人民政府、潍坊市人民政府解除政府特许经营协议案

【裁判摘要】

行政相对人迟延履行政府特许经营协议致使协议目的无法实现的,行政机关可以单方解除政府特许经营协议。行政机关据此强制收回特许经营权行为,应肯定其效力,但对于收回特许经营权过程中没有履行听证程序的做法应给予确认违法的评价。因公用事业特许经营涉及社会公共利益,当程序正当与公共利益发生冲突时,法官应运用利益衡量方法综合考量得出最优先保护的价值。在取消特许经营权行为实体正确、程序违法的情况下,判决确认违法但不撤销该行政行为,并要求行政机关采取补救措施,体现了人民法院在裁判过程中既要优先保护社会公共利益,又要依法保护行政相对人合法权益的司法价值取向。

原告:寿光中石油昆仑燃气有限公司,住所地:山东省寿光市建桥路。

法定代表人:李新岭,董事长。

被告:寿光市人民政府,住所地:山东省寿光市商务小区。

法定代表人:赵绪春,市长。

被告:潍坊市人民政府,住所地:山东省潍坊市胜利东街。

法定代表人:刘曙光,市长。

原告寿光中石油昆仑燃气有限公司(以下简称昆仑燃气公司)因与被告寿光市人民政府(以下简称寿光市政府)发生政府特许经营协议纠纷,向山东省潍坊市中级人民法院提起行政诉讼。山东省潍坊市中级人民法院依法追加潍坊市人民政府(以下简称潍坊市政府)为共同被告。

原告昆仑燃气公司诉称:2011 年 7 月 15 日原告与被告寿光市政府授权的寿光市住房和城乡建设局签署《山东省寿光市天然气综合利用项目合作协议》,协议约定寿光市住房和城乡建设局同意原告在寿光市从事城市天然气特许经营,特许经营范围为渤海化工园区(羊口镇)、侯镇化工园区、东城工业园,特许经营期限为 30 年。协议签署后,原告先后开展了寿光市双王城生态经济园区、羊口镇中压管网及万隆华府小区、侯镇紫金花园小区、文家天然气门站等燃气项目的建设工作,累计投资 1500 余万元。项目建设过程中,寿光市各相关部门先后给原告批复了路由意见、门站选址意见、安全评价、环境影响评价等手续,对原告的工作给予了配合和认可。当原告正在积极进行项目建设时,寿光市政府于 2016 年 4 月 6 日作出《关于印发寿光市"镇村通"天然气工作推进方案的通知》(寿政办发〔2016〕47 号),作出了"按照相关框架合作协议中有关违约责任,收回羊口镇、双王城生态经济园区和侯镇的经营区域授权,授权给寿光市城市基础建设投资管理中心经营管理"的决定。寿光市政府作出寿政办发〔2016〕47 号文件收回原告全部燃气经营权区域授权的决定认定事实错误,原告不存在违约行为,且寿光市政府收回原告燃气经营权未履行听证程序,程序违法,系违法的行政行为。为维护自身合法权益,特提起诉讼,请求:1. 依法确认被告于 2016 年 4 月 6 日作出《关于印发寿光市"镇村通"天然气工作推进方案的通知》(寿政办发〔2016〕47 号)收回原告全部燃气经营区域授权决定的行为违法;2. 依法撤销被告于 2016 年 4 月 6 日作出《关于印发寿光市"镇村通"天然气工作推进方案的通知》(寿政办发〔2016〕47 号)收回原告全部燃气经营区域授权的决定。

被告寿光市政府答辩称:1. 寿光市政府 2016 年 4 月 6 日作出的寿政办发〔2016〕47 号《关于印发寿光市"镇村通"天然气工作推进方案的通知》正确,2016 年 8 月 2 日被告潍坊市政府作出潍政复议字〔2016〕第 161 号行政复议决定维持了寿光市政府所作决定,足以证明寿光市政府作出的决定合法有效。原告昆仑燃气公司的诉求无事实和法律依据,依法不成立。2. 根据国务院《城镇燃气管理条例》第十五条、《山东省燃气管理条例》第十五条和《山东省燃气经营许可管理办法》第八条等相关规定,燃气经营属于特种行业,国家对其经营实行许可证制度,在寿光市政府管辖区域内,寿光市政府具有许可决定权。2011 年 7 月 15 日原告取得寿光市政府辖区内的羊口镇、侯镇和双王城生态经济园区管道天然气经营区域授权后,怠于项目的

审批和投资建设，蓄意圈占地盘，迟迟不开工建设，严重阻碍了寿光全市天然气“镇村通”工作的顺利推进，给寿光市政府造成了难以弥补的经济损失和负面社会影响，原告违约在先。2015年6月以来寿光市政府下属的相关部门先后四次召开燃气建设施工工作调度会议，督促原告及其他燃气企业全面履行双方签订的协议，并告知如不及时取得相关审批手续，加快投资建设进度，寿光市政府将依法收回其经营区域授权。2015年6月29日，针对寿光市政府的催促和要求，原告向寿光市政府写出了书面保证承诺在三个月内完成投资建设，但是，原告违背承诺直至2016年4月6日寿光市政府作出寿政办发〔2016〕47号文件仍一事无成。3. 2011年7月15日原告取得管道天然气经营区域授权后，寿光市政府下属的相关部门为了帮助原告尽快取得相关审批手续，多次派人与原告一起到省、市有关部门办理审批事宜，但是，由于原告投资不到位，燃气管道不符合规划要求，气源指标不落实等诸多因素的制约，导致原告的申请事项达不到审批条件，其过错完全在原告一方。4. 原告在取得寿光市政府辖区内管道天然气经营区域授权后，长期“圈而不建”，消极怠工，严重影响了寿光市政府辖区内企业和居民生产、生活用气，制约了寿光市政府对环境治理目标的如期完成，寿光市政府保留对原告合同违约责任追究和损失赔偿的追偿权。综上，请求法院查明事实，依法驳回原告的诉讼请求。

被告潍坊市政府答辩称：1. 潍坊市政府的行政复议行为程序合法。2. 潍坊市政府作出维持的行政复议决定合法。3. 原具体行政行为的合法性、合理性由共同被告寿光市政府予以答辩举证。综上，原告昆仑燃气公司的诉讼请求没有事实和法律依据，请求人民法院依法驳回原告的诉讼请求。

潍坊市中级人民法院一审查明：

2011年7月15日，被告寿光市政府授权的寿光市住房和城乡建设局（甲方）与原告昆仑燃气公司（乙方）协商共同开发寿光市天然气综合利用项目，双方签订《山东省寿光市天然气综合利用项目合作协议》，达成如下合作协议：“一、甲方、乙方同意就寿光市天然气利用项目进行合作。二、甲方同意乙方在寿光市从事城市天然气特许经营。特许经营范围包括渤海化工园区（羊口镇）、侯镇化工园区、东城工业园，特许经营期限为30年。三、甲方充分考虑天然气项目具有公共事业的特点，在国家政策法规允许的范围内，对该项目在前期可行性研究阶段、建设和经营提供最大程度的支持。四、乙方应保证在中石油管网为寿光市争取足够的天然气指标，甲方应全力配合。如果乙方不能保证寿光市实际用气需求，则甲方有权依照山东省燃气管理条例等相关法律法规进行处理。……六、本协议正式签署后，乙方对寿光市燃气项目积极开展工作，甲方利用自身优势给予积极配合。签订协议八个月内，如因乙方原因工程不能开工建设，则本协议废止。协议签署前后，原告陆续取得了寿光市天然气综合利用项目的立项批复、管线路由规划意见、建设用地规划设计条件通知书、国有土地使用证、环评意见书、工业生产建设项目安全设施审查意见书、固定资产投资工程项目合理用能评估审核意见书、项目核准意见、关于燃气项目水土保持方案的批复等手续。同时，原告对项目进行了部分开工建设。

2014年4月30日，潍坊市城市管理行政执法局向山东省住房和城乡建设厅报送“关于昆仑燃气公司办理燃气工程项目批复的请示”，但未获批复。

2014年7月10日，寿光市住房和城乡建设局对原告昆仑燃气公司作出催告通知，内容为：“……你公司的管道天然气经营许可手续至今未能办理，影响了经营区域内居民、工业、商业用户及时用气，……现通知你公司抓紧办理管道天然气经营许可手续，若收到本通知2个月内经营许可手续尚未批准，我市将收回你公司的管道天然气经营区域，由此造成的一切损失由你公司自行承担。”

2015年6月25日，原告昆仑燃气公司参加了寿光市燃气工作会议，会议明确要求：“关于天然气镇村通工程建设。各燃气企业要明确管网铺设计划，加快推进工程建设，今年9月底前未完成燃气配套设施建设的，一律收回区域经营权。”

2015年6月29日，原告昆仑燃气公司向被告寿光市政府出具项目保证书，对文家门站及主管网项目、羊口镇燃气项目、侯镇燃气项目、双王城生态经济园区燃气项目作出承诺：在办理完成项目开工手续后三个月内完成以上工作，如不能按照完成，将自动退出政府所授予经营区域。

2016年4月6日，被告寿光市政府作出《关于印发寿光市“镇村通”天然气工作推进方案的通知》（寿政办发〔2016〕47号），决定按照相关框架合作协议中有关违约责任，收回原告昆仑燃气公司的羊口镇、双王城生态经济园区和侯镇的经营区域授权，授权给寿光市城市基础设施建设投资管理中心代表寿光市政府经营管理。

原告昆仑燃气公司不服上述决定，向被告潍坊市政府申请行政复议，潍坊市政府收到原告的行政复议申请书后，依法予以受理。2016 年 6 月 7 日，潍坊市政府向被告寿光市政府作出并送达了《提出行政复议答复通知书》。同年 6 月 21 日，寿光市政府向潍坊市政府提交了《行政复议答复书》。2016 年 8 月 2 日，潍坊市政府作出潍政复决字〔2016〕第 161 号行政复议决定书，维持了寿光市政府作出的寿政办发〔2016〕47 号文件中关于收回昆仑燃气公司燃气特许经营区域授权的决定，并送达了原告及寿光市政府。原告遂提起本案行政诉讼。

山东省潍坊市中级人民法院一审认为：

依据《中华人民共和国合同法》第八条、第六十条第一款、第九十四条第（三）、（四）项之规定，依法成立的合同，对当事人具有法律约束力，受法律保护，当事人应当按照约定行使权利、履行义务；当事人一方迟延履行主要债务，经催告后在合理期限内仍未履行或当事人一方迟延履行债务致使不能实现合同目的，当事人另一方可以解除合同。本案中，被告寿光市政府授权的寿光市住房和城乡建设局与原告昆仑燃气公司协商共同开发寿光市天然气综合利用项目，双方签订《山东省寿光市天然气综合利用项目合作协议》，该协议系寿光市政府与原告的真实意思表示，内容不违反法律、行政法规的强制性规定，协议合法有效，双方应当依约履行。原告在依约取得羊口镇、侯镇化工园区、东城工业园区天然气经营区域授权后，因项目的审批、投资建设不到位，致使项目建设不能依约完成，也不能办理燃气经营许可证，在被告向原告发出催告通知、召开会议催促要求，且原告出具了书面项目建设保证书作出承诺后，至 2016 年 4 月 6 日原告仍未依约完成项目投资建设，影响了经营区域内用户及时用气，原告的行为属于迟延履行合同主要债务，经催告后在合理期限内仍未履行，且该迟延履行致使不能实现合同目的，寿光市政府有权依约解除合同。寿光市政府作出寿政办发〔2016〕47 号文件，决定按照合作协议中有关违约责任收回原告的天然气经营区域授权，事实清楚，证据充分，理由正当。因寿光市政府系依据合作协议中有关违约责任收回原告的经营区域授权，非燃气经营许可的收回，故原告认为被告未履行听证程序违法的主张于法无据，法院不予采信。

被告潍坊市政府收到原告昆仑燃气公司的行政复议申请书后，履行了受理、制作《提出行政复议答复书》并送达、审查、作出《行政复议决定书》并送达等法定程序，符合《中华人民共和国行政复议法》的相关规定，作出行政复议行为的程序合法。

综上，原告昆仑燃气公司的起诉理由不成立，其要求确认被告寿光市政府作出寿政办发〔2016〕47 号文件收回原告燃气经营区域授权决定的行为违法并请求撤销的诉讼请求无事实和法律依据，法院不予支持。

山东省潍坊市中级人民法院依照《中华人民共和国行政诉讼法》第六十九条之规定，于 2016 年 11 月 21 日作出判决：

驳回原告寿光中石油昆仑燃气有限公司的诉讼请求。

昆仑燃气公司不服一审判决，向山东省高级人民法院提起上诉称：原审法院判决认定事实和适用法律错误，请求撤销原审法院判决并依法改判。理由如下：1. 原审法院判决认定昆仑燃气公司"因项目的审批、投资建设不到位，致使建设不能依约完成"错误。原审法院认为昆仑燃气公司不能依约完成项目建设构成违约，没有相应协议条款作为依据。昆仑燃气公司在签订合作协议后的八个月内进行了开工建设，没有产生违约。2. 被上诉人寿光市政府收回特许经营权的行为违反了《市政公用事业特许经营管理办法》第十八条规定。昆仑燃气公司不存在应当被取消特许经营权的法定情形，不应被取消特许经营权。3. 原审法院判决认定寿光市政府解除合同错误。事实上，寿光市政府与昆仑燃气公司均未提出解除和废止合作协议。寿光市政府仅是要求收回羊口镇、双王城生态经济园区、侯镇的燃气经营区域授权，仍给昆仑燃气公司保留了东城工业园区域授权。4. 原审法院判决认为寿光市政府的行为系"非燃气经营许可的收回，故可以不进行听证"，混淆了基本概念，导致适用法律错误。本案涉及特许经营权的收回，应适用《市政公用事业特许经营管理办法》（建设部令第 126 号）。该办法第二十五条规定，对获得特许经营权的企业取消特许经营权并实施临时接管的，应召开听证会，而寿光市政府取消特许经营权未进行听证。

被上诉人寿光市政府书面答辩称:燃气经营属于特种行业,国家对其经营实行许可证制度,在被上诉人管辖区域内,许可决定权属于被上诉人。上诉人昆仑燃气公司取得燃气特许经营权后,怠于项目的审批和投资建设,严重阻碍了寿光市天然气"镇村通"工作的顺利推进,上诉人违约在先。被上诉人在作出47号通知之前,曾多次告知上诉人加大投资建设力度,否则将收回燃气经营区域授权,上诉人对此作出了书面承诺。但是由于上诉人投资不到位,燃气管道不符合规划要求,气源指标不落实等诸多原因,导致根本达不到审批条件,其过错在于上诉人一方。因此,被上诉人作出47号通知,决定收回上诉人的燃气特许经营权,事实清楚,程序合法。原审法院判决认定事实和适用法律正确。请求驳回上诉,维持原判决。

被上诉人潍坊市政府未提交书面答辩意见。

山东省高级人民法院经二审,确认了一审查明的事实。

山东省高级人民法院二审认为:

本案二审的争议焦点为:被上诉人寿光市政府作出47号通知,决定收回上诉人昆仑燃气公司燃气经营区域授权的行为是否合法。

《市政公用事业特许经营管理办法》第二条规定,"市政公用事业特许经营,是指政府按照有关法律、法规规定,通过市场竞争机制选择市政公用事业投资者或者经营者,明确其在一定期限和范围内经营某项市政公用事业产品或者提供某项服务的制度。城市供水、供气、供热、污水处理、垃圾处理等行业,依法实施特许经营的,适用本办法"。因此本案涉及的燃气经营区域授权系市政公用事业特许经营。针对被上诉人寿光市政府取消特许经营权行为的合法性及合理性审查,主要涉及以下几个方面的问题。

一、关于上诉人昆仑燃气公司主张其不应承担违约责任的问题。

涉案合作协议系被上诉人寿光市政府在法定职责范围内为实现公共利益的需要,对天然气综合利用项目实施特许经营而与上诉人昆仑燃气公司进行的约定,具有行政法上的权利义务内容,属行政协议。《最高人民法院关于适用〈中华人民共和国行政诉讼法〉若干问题的解释》第十四条规定,人民法院审查行政机关是否依法履行、按照约定履行协议或者单方变更、解除协议是否合法,在适用行政法律规范的同时,可以适用不违反行政法和行政诉讼法强制性规定的民事法律规范。《合同法》作为调整民事合同的法律规范,在不违反有关行政法强制性规定的情况下,可以直接适用于行政协议。《合同法》第六十条第一款规定,当事人应当按照约定全面履行自己的义务;第六十四条第(四)项规定,履行期限不明确的,债务人可以随时履行,债权人也可以随时要求履行,但应当给对方必要的准备时间。涉案合作协议系寿光市政府与上诉人的真实意思表示,内容不违反法律规定,应属有效,双方均应按约定履行各自义务。上诉人的义务为积极开展燃气项目建设,保证寿光市实际用气需求。因该协议对燃气项目建设未明确约定具体的履行期限,寿光市政府可以随时要求上诉人履行。案件事实表明,寿光市政府于2014年7月10日、2015年6月25日先后两次催促上诉人,要求其履行协议义务,并表示如不履约将收回燃气经营区域授权,故应认定寿光市政府已经给予上诉人足够的准备时间。依据《合同法》第九十四条第(四)项的规定,当事人一方迟延履行债务致使不能实现合同目的,另一方可以解除合同。上诉人对燃气项目建设作出了保证和承诺,但仍未按照其承诺消除项目建设的障碍,亦未向寿光市政府提出不能履行相关义务的异议。上诉人取得燃气经营区域授权后,在长达五年的时间内,而且是在寿光市政府要求其履行义务的期限内,一直未完成全部授权经营区域内的燃气项目建设。该事实表明上诉人迟延履行义务,导致相关经营区域的供气目的不能实现,合同解除的法定条件成立。寿光市政府据此作出47号通知,决定按照合作协议中有关违约责任收回上诉人在羊口镇、侯镇的燃气经营区域授权,实质是解除上诉人在上述区域的燃气特许经营协议,并无不当。涉案合作协议虽未对双王城生态经济园区的燃气经营区域授权作出约定,但考虑到上诉人长期不能完成该经营区域的燃气项目建设,寿光市政府作出47号通知,一并收回该区域授权,亦无不当。

二、关于上诉人昆仑燃气公司主张被上诉人寿光市政府收回燃气经营区域授权不符合法定情形的问题。

《市政公用事业特许经营管理办法》第十八条规定,"获得特许经营权的企业在特许经营期间有下列行为之一的,主管部门应当依法终止特许经营协议,取消其特许经营权,并可以实施临时接管:(一)擅自转让、出租特许经营权的;(二)擅自将所经营的财产进行处置或者抵押的;(三)因管理不善,发生重大质量、生产安全事故的;(四)擅自停业、歇业,严重影响到社会公共利益和安全的;(五)法律、法规禁止的其他行为”。该条规定了主管部门取消特许经营权的法定情形,上诉人昆仑燃气公司认为其不存在上述取消特许经营权的法定情形,被上诉人寿光市政府收回燃气经营区域授权的行为违反上述规定。法院认为,迟延履行特许经营协议义务行为虽然未在《市政公用事业特许经营管理办法》第十八条规定的前四项中明确列举,但该法条为弥补列举不全面所可能造成的遗漏规定了兜底性条款,即“法律、法规禁止的其他行为”。本案中由于上诉人长期不能完成经营区域内的燃气项目建设,无法满足居民的用气需要,足以影响社会公共利益,应为法律、法规所禁止。不能因为该条款未将上诉人迟延履行特许经营协议义务行为明确列为取消特许经营权的情形,就将其排除在法律规定之外,这并不符合该法保障社会公共利益的立法目的。因此上诉人的该项主张,不应予以支持。

三、关于上诉人昆仑燃气公司主张其仍享有东城工业园区域授权的问题。

本案合同的履行具有可分性,该合作协议实际是由羊口镇、侯镇化工园区、东城工业园三个区域的燃气特许经营协议组成,每个区域授权与整个协议虽有关联,却相对独立,取消任一区域授权并不影响上诉人昆仑燃气公司在其他区域的权利义务。本案中,被上诉人寿光市政府未提出收回上诉人在东城工业园的燃气经营区域授权,涉案合作协议关于东城工业园的燃气特许经营协议尚未解除。原审法院判决对此没有加以区分,应予纠正。上诉人关于寿光市政府为其保留了东城工业园区域授权的上诉理由成立,应予以支持。

四、关于被上诉人寿光市政府收回燃气经营区域授权未进行听证程序是否合法的问题。

《市政公用事业特许经营管理办法》第二十五条规定,对获得特许经营权的企业取消特许经营权并实施临时接管的,必须按照有关法律、法规的规定进行,并召开听证会。上诉人昆仑燃气公司认为被上诉人寿光市政府收回其燃气经营区域授权未进行听证,违反上述规定。法院认为,寿光市政府对供气行业依法实施特许经营,决定收回上诉人燃气经营区域授权,应当告知上诉人享有听证的权利,听取上诉人的陈述和申辩。上诉人要求举行听证的,寿光市政府应当组织听证。而寿光市政府未提供证据证明其已履行了相应义务,其取消特许经营权的行为不符合上述法律规定,属于程序违法。原审法院判决认为寿光市政府的行为系“非燃气经营许可的收回,故可以不进行听证”理由不当,应予纠正。对于上诉人的该项主张,应予支持。

综上,被上诉人寿光市政府作出47号通知收回上诉人昆仑燃气公司燃气经营区域授权的行为事实清楚、证据充分,但违反法定程序,应当确认该被诉行政行为违法。因本案涉及寿光市供气公共事业,上诉人长期不能完成燃气项目建设,无法实现经营区域内的供气目的,达到了解除特许经营协议的法定条件,且经营区域内燃气项目特许经营权已经实际授予他人,行政行为一旦撤销不仅会影响他人已获得的合法权益,而且会影响居民用气,损害区域内公共利益,故对上诉人提出撤销被诉行政行为的诉讼请求不予支持。从合理性角度考量,因上诉人燃气项目已经开工建设,如果寿光市政府收回上诉人燃气经营区域授权的行为给其造成一定程度的损失,在该行政行为被确认违法又不宜撤销的情况下,寿光市政府依法应当采取必要的补救措施。被上诉人潍坊市政府作出161号复议决定的程序虽然并无不当,但未对寿光市政府收回上诉人燃气经营区域授权的程序违法问题进行审查认定,其复议决定维持被诉行政行为不当,应当予以撤销。上诉人的上诉理由部分成立,应当予以支持。原审法院判决适用法律存在错误,应予纠正。山东省高级人民法院依照《中华人民共和国行政诉讼法》第七十四条第一款第(一)项、第七十九条、第八十九条第一款第(二)项之规定,于2017年5月5日作出判决:

一、撤销山东省潍坊市中级人民法院(2016)鲁07行初88号行政判决;

二、撤销被上诉人潍坊市人民政府作出的潍政复决字〔2016〕第161号行政复议决定;

三、确认被上诉人寿光市人民政府作出寿政办发〔2016〕47号《关于印发寿光市“镇村通”天然气工作推进方案的通知》收回上诉人寿光中石油昆仑燃气有限公司燃气经营区域授权的行政行为程序违法,但不撤销该行政行为;

四、驳回上诉人寿光中石油昆仑燃气有限公司的其他诉讼请求。

本判决为终审判决。

八、执　行

资料补充栏

最高人民法院关于办理申请人民法院强制执行国有土地上房屋征收补偿决定案件若干问题的规定

1. 2012年2月27日最高人民法院审判委员会第1543次会议通过
2. 2012年3月26日公布
3. 法释〔2012〕4号
4. 自2012年4月10日起施行

为依法正确办理市、县级人民政府申请人民法院强制执行国有土地上房屋征收补偿决定(以下简称征收补偿决定)案件,维护公共利益,保障被征收房屋所有权人的合法权益,根据《中华人民共和国行政诉讼法》、《中华人民共和国行政强制法》、《国有土地上房屋征收与补偿条例》(以下简称《条例》)等有关法律、行政法规规定,结合审判实际,制定本规定。

第一条 申请人民法院强制执行征收补偿决定案件,由房屋所在地基层人民法院管辖,高级人民法院可以根据本地实际情况决定管辖法院。

第二条 申请机关向人民法院申请强制执行,除提供《条例》第二十八条规定的强制执行申请书及附具材料外,还应当提供下列材料:

(一)征收补偿决定及相关证据和所依据的规范性文件;

(二)征收补偿决定送达凭证、催告情况及房屋被征收人、直接利害关系人的意见;

(三)社会稳定风险评估材料;

(四)申请强制执行的房屋状况;

(五)被执行人的姓名或者名称、住址及与强制执行相关的财产状况等具体情况;

(六)法律、行政法规规定应当提交的其他材料。

强制执行申请书应当由申请机关负责人签名,加盖申请机关印章,并注明日期。

强制执行的申请应当自被执行人的法定起诉期限届满之日起三个月内提出;逾期申请的,除有正当理由外,人民法院不予受理。

第三条 人民法院认为强制执行的申请符合形式要件且材料齐全的,应当在接到申请后五日内立案受理,并通知申请机关;不符合形式要件或者材料不全的应当限期补正,并在最终补正的材料提供后五日内立案受理;不符合形式要件或者逾期无正当理由不补正材料的,裁定不予受理。

申请机关对不予受理的裁定有异议的,可以自收到裁定之日起十五日内向上一级人民法院申请复议,上一级人民法院应当自收到复议申请之日起十五日内作出裁定。

第四条 人民法院应当自立案之日起三十日内作出是否准予执行的裁定;有特殊情况需要延长审查期限的,由高级人民法院批准。

第五条 人民法院在审查期间,可以根据需要调取相关证据、询问当事人、组织听证或者进行现场调查。

第六条 征收补偿决定存在下列情形之一的,人民法院应当裁定不准予执行:

(一)明显缺乏事实根据;

(二)明显缺乏法律、法规依据;

(三)明显不符合公平补偿原则,严重损害被执行人合法权益,或者使被执行人基本生活、生产经营条件没有保障;

(四)明显违反行政目的,严重损害公共利益;

(五)严重违反法定程序或者正当程序;

(六)超越职权;

(七)法律、法规、规章等规定的其他不宜强制执行的情形。

人民法院裁定不准予执行的,应当说明理由,并在五日内将裁定送达申请机关。

第七条 申请机关对不准予执行的裁定有异议的,可以自收到裁定之日起十五日内向上一级人民法院申请复议,上一级人民法院应当自收到复议申请之日起三十日内作出裁定。

第八条 人民法院裁定准予执行的,应当在五日内将裁定送达申请机关和被执行人,并可以根据实际情况建议申请机关依法采取必要措施,保障征收与补偿活动顺利实施。

第九条 人民法院裁定准予执行的,一般由作出征收补偿决定的市、县级人民政府组织实施,也可以由人民法院执行。

第十条 《条例》施行前已依法取得房屋拆迁许可证

的项目，人民法院裁定准予执行房屋拆迁裁决的，参照本规定第九条精神办理。

第十一条 最高人民法院以前所作的司法解释与本规定不一致的，按本规定执行。

最高人民法院关于认真贯彻执行《关于办理申请人民法院强制执行国有土地上房屋征收补偿决定案件若干问题的规定》的通知

1. 2012年4月5日

2. 法〔2012〕97号

各省、自治区、直辖市高级人民法院，解放军军事法院，新疆维吾尔自治区高级人民法院生产建设兵团分院：

《最高人民法院关于办理申请人民法院强制执行国有土地上房屋征收补偿决定案件若干问题的规定》（法释〔2012〕4号，以下简称《规定》）已由最高人民法院审判委员会第1543次会议讨论通过，于2012年4月10日起施行。为准确把握和正确适用《规定》，现就有关问题通知如下：

一、充分认识制定实施《规定》的重要意义

制定实施《规定》是人民法院服务大局、回应社会关切的需要。房屋征收与补偿事关社会稳定、人民安居乐业、经济社会协调发展，党中央、国务院高度重视。《中华人民共和国行政强制法》（以下称《行政强制法》）、《国有土地上房屋征收与补偿条例》（以下称《条例》）颁布实施以来，有关市、县级人民政府申请人民法院强制执行房屋征收补偿决定（以下称征收补偿决定）以及新旧规定衔接等问题成为社会关注焦点。人民法院审判、执行工作面临许多新情况、新问题，需要统一法律、法规适用标准，明确具体工作规范。《规定》是对相关法律、法规规定精神的进一步细化和落实。

制定实施《规定》是解决现实工作难题、保障合法权益与实现公共利益的需要。近年来，一些地方因强制拆迁引发的恶性事件屡屡发生，为此，国务院下大力气进行专项整治，我院也下发紧急通知并开展专项检查，取得了明显成效。《规定》从案件受理、审查和执行等各个环节作出明确规定，规范相关程序和执行主体，有利于从制度上切实保障人民群众合法权益和公共利益的实现，理顺征收与补偿工作秩序，防止类似事件的发生。

制定实施《规定》是探索和改革执行方式、创新和加强社会管理的需要。《条例》是一项重大制度创新，关于强制执行方式问题《行政强制法》尚未明确规定，为人民法院的探索和改革留有空间。《规定》充分反映了有关国家机关反复协商后形成的共识，是紧密结合中国国情，创新和完善执行工作体制和工作机制的重要举措，对推进人民法院司法改革、创新和加强社会管理必将发挥积极的促进作用。各级人民法院要深刻理解制定实施《规定》的重要性，在审判实践中认真贯彻执行。

二、注意处理好有关问题

一是案件管辖问题。《规定》明确了申请人民法院强制执行征收补偿决定的案件，以房屋所在地基层人民法院管辖为原则，旨在体现将矛盾化解在基层的处理纠纷总原则。因案件情况和各地执法环境存在较大差异，《规定》授权高级人民法院可根据本地实际情况决定管辖法院，包括可以就相关案件管辖作出统一规定，也包括可以就个案管辖作出具体处理。各高级人民法院要准确、灵活地适用法律和司法解释有关规定，科学配置中、基层人民法院的管辖权。

二是案件受理问题。《规定》明确了申请机关提出强制执行申请时应当提交的各项材料，其中社会稳定风险评估材料应当依据《条例》第十二条有关规定形成（涉及被征收人数量较多的还应包括经政府常务会议讨论决定方面的材料）。人民法院要认真审查申请是否符合形式要件、材料是否齐全，依照《规定》和《最高人民法院关于执行〈中华人民共和国行政诉讼法〉若干问题的解释》（以下称《若干解释》）的有关规定作出相应处理。

三是审查方式和标准问题。《规定》明确了人民法院审查时可以根据需要调取相关证据、询问当事人、组织听证或者进行现场调查，列举了裁定不准予执行的八种情形。特别是"明显不符合公平补偿原则，严重损害被执行人合法权益，被执行人基本生活、生产经营条件没有保障"、"明显违反行政目的，严重损害公共利益"以及"严重违反法定程序或者正当程序”等规定，具有鲜明的针对性。人民法院要准确理解和把握其精神实质，坚持以人为本的正确导向，坚持程序合法性与正当性审查标准，坚决防止滥用强制手段和“形式合法、实质不合法”现象的发生。

四是审查期限问题。《规定》依照《行政强制法》第五十八条规定，将相关案件审查期限规定为三十日，主要考虑此类案件许多具有复杂性和敏感性，法官需要有相对充分的审查时间，以做到审慎稳妥、判断准确，防止因草率裁定而损害被征收人合法权益或者使公众产生审查程序流于形式的误解。因特殊情况（如案情疑难复杂、需征求有关部门意见或调查取证等）需要延长审查期限的，由高级人民法院批准。基层人民法院应参照《若干解释》第八十二条规定的程序，直接报请高级人民法院批准，同时报中级人民法院备案。

五是裁决方式问题。人民法院在相关案件受理、审查和复议程序中所作的裁定，都应当说明理由，特别要注重增强不准予执行裁定的逻辑严密性和说理透彻性。上级人民法院经复议撤销原审裁定的同时，既可以直接作出是否受理或者是否准予执行的裁定，也可以针对原审裁定认定事实不清、证据不足等情形，裁定发回原审法院重新审查，申请机关对重新审查后的裁定可再次依法申请复议。

六是强制执行方式问题。《规定》明确了人民法院裁定准予执行的，一般由作出征收补偿决定的市、县级人民政府组织实施的总原则，以体现“裁执分离”的改革方向。人民法院在作出准予执行的裁定时，可以同时载明由相关政府组织实施；认为自身有足够能力实施时（个别例外情形），也可以依照《规定》由人民法院执行。

七是司法建议问题。人民法院作出准予执行的裁定时，可以根据案件的实际情况，就审查中预见的与强制执行相关的问题，书面建议申请机关依法采取必要措施消除隐患或者落实必要的应对预案，也可以针对政府组织实施行为提出相关建议，以保障征收与补偿活动依法有序顺利实施。人民法院不得与地方政府搞联合执行、委托执行；对被执行人及利害关系人认为强制执行过程中具体行政行为违法而提起的行政诉讼或者行政赔偿诉讼，应当依法受理。

八是新旧规定衔接问题。《规定》明确对行政机关依据《条例》施行前的规定作出的房屋拆迁裁决，人民法院裁定准予执行的，参照《规定》第九条精神办理。对行政机关就上述裁决提出的强制执行申请，人民法院应当依照相关法律、法规及司法解释的规定，严格立案、审查，认真执行《最高人民法院关于坚决防止土地征收、房屋拆迁强制执行引发恶性事件的紧急通知》（法明传〔2011〕327 号）的具体要求，凡存在补偿安置不到位或其他不宜强制执行情形的，不得裁定准予执行；对于裁定准予执行的，要按照《规定》第九条确定的强制执行方式妥善处理，以促进房屋拆迁活动依法稳妥有序进行。

三、认真抓好《规定》的贯彻执行

《规定》条款内容虽然不多，但是对于解决房屋征收与补偿领域的突出矛盾，规范人民法院依法办理相关案件和强制执行活动稳妥实施，具有重要的积极作用。各级人民法院要调整工作思路，理顺工作机制，完善工作制度，加大对贯彻执行《规定》的领导和指导力度。要组织审判人员逐条学习理解、准确把握《规定》的精神和本通知的要求。必要时可以组织开展培训宣传活动，以增进人民群众和行政机关的理解与支持。要大力加强调查研究，积极争取地方党委、政府加大对人民法院机构设置、人员配备、物质装备建设的支持力度，切实解决相关案件数量大幅度增加后人民法院面临的实际困难。要结合本地实际情况制定实施方案，对于《规定》贯彻执行过程中出现的新情况新问题，要及时报告上级人民法院。

特此通知。

附件：（略）

最高人民法院对《当事人对人民法院强制执行生效具体行政行为的案件提出申诉人民法院应如何受理和处理的请示》的答复

1. 1995年8月22日
2. 法行〔1995〕12号

吉林省高级人民法院：

你院《关于当事人对人民法院强制执行生效具体行政行为的案件提出申诉人民法院应如何受理和处理的请示》收悉。经研究认为：公民、法人和其他组织认为人民法院强制执行生效的具体行政行为违法，侵犯其合法权益，向人民法院提出申诉，人民法院可以作为申诉进行审查。人民法院的全部执行活动合法，而生效具体行政行为违法的，应转送作出具体行政行为的行政机关依法处理，并通知申诉人同该行政机关直接联系；人民法院采取的强制措施等违法，造成损害的，应依照国家赔偿法的有关规定办理。

最高人民法院关于违法的建筑物、构筑物、设施等强制拆除问题的批复

1. 2013年3月25日最高人民法院审判委员会第1572次会议通过
2. 2013年3月27日公布
3. 法释〔2013〕5号
4. 自2013年4月3日起施行

北京市高级人民法院：

根据行政强制法和城乡规划法有关规定精神，对涉及违反城乡规划法的违法建筑物、构筑物、设施等的强制拆除，法律已经授予行政机关强制执行权，人民法院不受理行政机关提出的非诉行政执行申请。

最高人民法院关于办理行政机关申请强制执行案件有关问题的通知

1. 1998年8月18日
2. 法〔1998〕77号

各省、自治区、直辖市高级人民法院，新疆维吾尔自治区高级人民法院生产建设兵团分院：

关于人民法院办理行政机关申请强制执行其作出的具体行政行为的案件，行政庭与执行庭如何分工的问题，经我院审判委员会讨论，并已正式下发文件（法发〔1996〕12号）。我院《关于人民法院执行工作若干问题的规定（试行）》下发后，一些法院就上述两个文件的关系问题向我院提出询问。现就有关问题重申如下：

一、行政机关申请人民法院强制执行案件由行政审判庭负责审查。经教育，行政行为相对人自动履行的，即可结案。需要强制执行的，由行政审判庭移送执行庭办理。

二、对于申请执行的具体行政行为，人民法院必须认真进行审查，切实履行法律赋予的监督职责，坚决防止和杜绝违法失职现象的发生。因不审查或不认真审查而给被申请人造成损失的，应当追究有关人员的责任。

三、人民法院经审查，确认申请执行的具体行政行为有明显违法问题，侵犯相对人实体合法权益的，裁定不予执行，并向申请机关提出司法建议。

最高人民法院关于转发住房和城乡建设部《关于无证房产依据协助执行文书办理产权登记有关问题的函》的通知

1. 2012年6月15日
2. 法〔2012〕151号

各省、自治区、直辖市高级人民法院，解放军军事法院，新疆维吾尔自治区高级人民法院生产建设兵团分院：

现将住房和城乡建设部《关于无证房产依据协

助执行文书办理产权登记有关问题的函》（建法函〔2012〕102号）转发你们，请参照执行，并在执行中注意如下问题：

一、各级人民法院在执行程序中，既要依法履行强制执行职责，又要尊重房屋登记机构依法享有的行政权力；既要保证执行工作的顺利开展，也要防止"违法建筑"等不符合法律、行政法规规定的房屋通过协助执行行为合法化。

二、执行程序中处置未办理初始登记的房屋时，具备初始登记条件的，执行法院处置后可以依法向房屋登记机构发出《协助执行通知书》；暂时不具备初始登记条件的，执行法院处置后可以向房屋登记机构发出《协助执行通知书》，并载明待房屋买受人或承受人完善相关手续具备初始登记条件后，由房屋登记机构按照《协助执行通知书》予以登记；不具备初始登记条件的，原则上进行"现状处置"，即处置前披露房屋不具备初始登记条件的现状，买受人或承受人按照房屋的权利现状取得房屋，后续的产权登记事项由买受人或承受人自行负责。

三、执行法院向房屋登记机构发出《协助执行通知书》，房屋登记机构认为不具备初始登记条件并作出书面说明的，执行法院应在30日内依照法律和有关规定，参照行政规章，对其说明理由进行审查。理由成立的，撤销或变更《协助执行通知书》并书面通知房屋登记机构；理由不成立的，书面通知房屋登记机构限期按《协助执行通知书》办理。

特此通知。

最高人民法院关于行政机关依法申请强制执行，被申请人拒不搬迁，人民法院予以强制执行是否正确问题的函

1. 1989年7月4日

2. 〔1989〕民他字第6号

贵州省高级人民法院：

你院黔法〔1989〕民请字第1号《关于个体工商户闫兴文、黄祥荣所经营商店被拆除一案处理意见的请示报告》收悉。经研究，并征求了建设部和化工部的意见，我们认为：

由省、自治区、直辖市人民政府确定单独编制城市规划的矿区行政管理部门，对拆迁纠纷可以作出处理决定，也可以根据其处理决定申请人民法院强制执行。个体工商户闫兴文和黄祥荣是拆迁户，在他们拒不搬迁的情况下，开阳县人民法院于1984年1月根据有关法律规定精神以及开阳矿务局的申请，强制执行闫、黄搬迁并无不当。至于一些遗留问题，可根据具体情况妥善处理。

最高人民法院关于对林业行政机关依法作出具体行政行为申请人民法院强制执行问题的复函

1. 1993年12月24日公布（法函〔1993〕91号）

2. 根据2020年12月23日最高人民法院审判委员会第1823次会议通过、2020年12月29日公布、自2021年1月1日起施行的《最高人民法院关于修改〈最高人民法院关于人民法院扣押铁路运输货物若干问题的规定〉等十八件执行类司法解释的决定》（法释〔2020〕21号）修正

林业部：

你部林函策字（1993）308号函收悉，经研究，同意你部所提意见，即：林业主管部门依法作出的具体行政行为，自然人、法人或者非法人组织在法定期限内既不起诉又不履行的，林业主管部门依据行政诉讼法第九十七条的规定可以申请人民法院强制执行，人民法院应予受理。

最高人民法院行政审判庭关于对山东高院《沙德兰诉曹县人民政府土地行政确权一案适用法律问题的请示》的答复

1. 1995年8月24日

2. 〔1996〕行他字15号

山东省高级人民法院：

你院《关于沙德兰诉曹县人民政府土地行政确权一案适用法律的请示》收悉，经研究，答复如下：

原则同意你院1996年6月27日审委会对该案的

处理意见，即根据《土地管理法》第六条、第八条的不动产所在地或作出具体行政行为的行政机关所在地的法院管辖，由哪个法院执行可由申请执行人选择。

此复

最高人民法院关于劳动行政部门作出责令用人单位支付劳动者工资报酬、经济补偿和赔偿金的劳动监察指令书是否属于可申请法院强制执行的具体行政行为

1. 1998年5月17日
2. 〔1998〕法行字第1号

广东省高级人民法院：

你院《关于如何处理〈劳动监察指令书〉问题的请示》收悉。经研究，原则同意你院意见，即：劳动行政部门作出责令用人单位支付劳动者工资报酬、经济补偿和赔偿金的劳动监察指令书，不属于可申请人民法院强制执行的具体行政行为，人民法院对此类案件不予受理。劳动行政部门作出责令用人单位支付劳动者工资报酬、经济补偿和赔偿金的行政处理决定书，当事人既不履行又不申请复议或者起诉的，劳动行政部门可以依法申请人民法院强制执行。

最高人民法院对《关于非诉执行案件中作为被执行人的法人终止，人民法院是否可以直接裁定变更被执行人的请示》的答复

1. 2000年5月29日
2. 法行〔2000〕16号

山东省高级人民法院：

你院鲁高法函〔1999〕62号《关于非诉执行案件中作为被执行人的法人终止，人民法院是否可以直接裁定变更被执行人的请示》收悉。经研究，答复如下：

人民法院在办理行政机关申请人民法院强制执行其具体行政行为的案件过程中，作为被执行人的法人出现分立、合并、兼并、合营等情况，原具体行政行为仍应执行的，人民法院应当通知申请机关变更被执行人。对变更后的被执行人，人民法院应当依法进行审查。

最高人民法院对如何执行《关于执行〈中华人民共和国行政诉讼法〉若干问题的解释》第九十二条的请示的答复

1. 2000年12月14日
2. 法行〔2000〕21号

上海市高级人民法院：

你院沪高法〔2000〕330号关于如何执行最高人民法院《关于执行〈中华人民共和国行政诉讼法〉若干问题的解释》第九十二条的请示收悉。经研究，答复如下：

申请人在具体行政行为对外发生法律效力后至申请执行的期限内，依据《最高人民法院关于执行〈中华人民共和国行政诉讼法〉若干问题的解释》第九十二条的规定，可以向人民法院申请采取财产保全措施。

最高人民法院关于判决驳回原告诉讼请求行政案件执行问题的答复

1. 2008年12月15日
2. 〔2008〕行他字第24号

湖北省高级人民法院：

你院鄂高法〔2008〕391号《关于判决驳回原告的诉讼请求行政案件执行问题的请示》收悉。经研究答复如下：

被诉具体行政行为具有可执行内容的，人民法院作出驳回原告诉讼请求判决生效后，行政机关申请执行被诉具体行政行为的，人民法院应依法裁定准予执行，并明确执行的具体内容。

此复

九、行政公益诉讼

资料补充栏

全国人民代表大会常务委员会关于授权最高人民检察院在部分地区开展公益诉讼试点工作的决定

2015年7月1日第十二届全国人民代表大会常务委员会第十五次会议通过

为加强对国家利益和社会公共利益的保护，第十二届全国人民代表大会常务委员会第十五次会议决定：授权最高人民检察院在生态环境和资源保护、国有资产保护、国有土地使用权出让、食品药品安全等领域开展提起公益诉讼试点。试点地区确定为北京、内蒙古、吉林、江苏、安徽、福建、山东、湖北、广东、贵州、云南、陕西、甘肃十三个省、自治区、直辖市。人民法院应当依法审理人民检察院提起的公益诉讼案件。试点工作必须坚持党的领导、人民当家作主和依法治国的有机统一，充分发挥法律监督、司法审判职能作用，促进依法行政、严格执法，维护宪法法律权威，维护社会公平正义，维护国家利益和社会公共利益。试点工作应当稳妥有序，遵循相关诉讼制度的原则。提起公益诉讼前，人民检察院应当依法督促行政机关纠正违法行政行为、履行法定职责，或者督促、支持法律规定的机关和有关组织提起公益诉讼。本决定的实施办法由最高人民法院、最高人民检察院制定，报全国人民代表大会常务委员会备案。试点期限为二年，自本决定公布之日起算。

最高人民法院、最高人民检察院应当加强对试点工作的组织指导和监督检查。试点进行中，最高人民检察院应当就试点情况向全国人民代表大会常务委员会作出中期报告。试点期满后，对实践证明可行的，应当修改完善有关法律。

本决定自公布之日起施行。

最高人民法院、最高人民检察院关于办理海洋自然资源与生态环境公益诉讼案件若干问题的规定

1. *2021年12月27日最高人民法院审判委员会第1858次会议、2022年3月16日最高人民检察院第十三届检察委员会第九十三次会议通过*
2. *2022年5月10日公布*
3. *法释〔2022〕15号*
4. *自2022年5月15日起施行*

为依法办理海洋自然资源与生态环境公益诉讼案件，根据《中华人民共和国海洋环境保护法》《中华人民共和国民事诉讼法》《中华人民共和国刑事诉讼法》《中华人民共和国行政诉讼法》《中华人民共和国海事诉讼特别程序法》等法律规定，结合审判、检察工作实际，制定本规定。

第一条 本规定适用于损害行为发生地、损害结果地或者采取预防措施地在海洋环境保护法第二条第一款规定的海域内，因破坏海洋生态、海洋水产资源、海洋保护区而提起的民事公益诉讼、刑事附带民事公益诉讼和行政公益诉讼。

第二条 依据海洋环境保护法第八十九条第二款规定，对破坏海洋生态、海洋水产资源、海洋保护区，给国家造成重大损失的，应当由依照海洋环境保护法规定行使海洋环境监督管理权的部门，在有管辖权的海事法院对侵权人提起海洋自然资源与生态环境损害赔偿诉讼。

有关部门根据职能分工提起海洋自然资源与生态环境损害赔偿诉讼的，人民检察院可以支持起诉。

第三条 人民检察院在履行职责中发现破坏海洋生态、海洋水产资源、海洋保护区的行为，可以告知行使海洋环境监督管理权的部门依据本规定第二条提起诉讼。在有关部门仍不提起诉讼的情况下，人民检察院就海洋自然资源与生态环境损害，向有管辖权的海事法院提起民事公益诉讼的，海事法院应予受理。

第四条 破坏海洋生态、海洋水产资源、海洋保护区，涉嫌犯罪的，在行使海洋环境监督管理权的部门没有另行提起海洋自然资源与生态环境损害赔偿诉讼

的情况下，人民检察院可以在提起刑事公诉时一并提起附带民事公益诉讼，也可以单独提起民事公益诉讼。

第五条 人民检察院在履行职责中发现对破坏海洋生态、海洋水产资源、海洋保护区的行为负有监督管理职责的部门违法行使职权或者不作为，致使国家利益或者社会公共利益受到侵害的，应当向有关部门提出检察建议，督促其依法履行职责。

有关部门不依法履行职责的，人民检察院依法向被诉行政机关所在地的海事法院提起行政公益诉讼。

第六条 本规定自2022年5月15日起施行。

最高人民法院、最高人民检察院关于检察公益诉讼案件适用法律若干问题的解释

1. 2018年2月23日最高人民法院审判委员会第1734次会议、2018年2月11日最高人民检察院第十二届检察委员会第73次会议通过，2018年3月1日公布，自2018年3月2日起施行（法释〔2018〕6号）

2. 根据2020年12月23日最高人民法院审判委员会第1823次会议通过、2020年12月29日公布、自2021年1月1日起施行的《最高人民法院关于修改〈最高人民法院关于人民法院民事调解工作若干问题的规定〉等十九件民事诉讼类司法解释的决定》（法释〔2020〕20号）修正

一、一般规定

第一条 为正确适用《中华人民共和国民法典》《中华人民共和国民事诉讼法》《中华人民共和国行政诉讼法》关于人民检察院提起公益诉讼制度的规定，结合审判、检察工作实际，制定本解释。

第二条 人民法院、人民检察院办理公益诉讼案件主要任务是充分发挥司法审判、法律监督职能作用，维护宪法法律权威，维护社会公平正义，维护国家利益和社会公共利益，督促适格主体依法行使公益诉权，促进依法行政、严格执法。

第三条 人民法院、人民检察院办理公益诉讼案件，应当遵守宪法法律规定，遵循诉讼制度的原则，遵循审判权、检察权运行规律。

第四条 人民检察院以公益诉讼起诉人身份提起公益诉讼，依照民事诉讼法、行政诉讼法享有相应的诉讼权利，履行相应的诉讼义务，但法律、司法解释另有规定的除外。

第五条 市（分、州）人民检察院提起的第一审民事公益诉讼案件，由侵权行为地或者被告住所地中级人民法院管辖。

基层人民检察院提起的第一审行政公益诉讼案件，由被诉行政机关所在地基层人民法院管辖。

第六条 人民检察院办理公益诉讼案件，可以向有关行政机关以及其他组织、公民调查收集证据材料；有关行政机关以及其他组织、公民应当配合；需要采取证据保全措施的，依照民事诉讼法、行政诉讼法相关规定办理。

第七条 人民法院审理人民检察院提起的第一审公益诉讼案件，适用人民陪审制。

第八条 人民法院开庭审理人民检察院提起的公益诉讼案件，应当在开庭三日前向人民检察院送达出庭通知书。

人民检察院应当派员出庭，并应当自收到人民法院出庭通知书之日起三日内向人民法院提交派员出庭通知书。派员出庭通知书应当写明出庭人员的姓名、法律职务以及出庭履行的具体职责。

第九条 出庭检察人员履行以下职责：

（一）宣读公益诉讼起诉书；

（二）对人民检察院调查收集的证据予以出示和说明，对相关证据进行质证；

（三）参加法庭调查，进行辩论并发表意见；

（四）依法从事其他诉讼活动。

第十条 人民检察院不服人民法院第一审判决、裁定的，可以向上一级人民法院提起上诉。

第十一条 人民法院审理第二审案件，由提起公益诉讼的人民检察院派员出庭，上一级人民检察院也可以派员参加。

第十二条 人民检察院提起公益诉讼案件判决、裁定发生法律效力，被告不履行的，人民法院应当移送执行。

二、民事公益诉讼

第十三条 人民检察院在履行职责中发现破坏生态环境和资源保护，食品药品安全领域侵害众多消费者

合法权益，侵害英雄烈士等的姓名、肖像、名誉、荣誉等损害社会公共利益的行为，拟提起公益诉讼的，应当依法公告，公告期间为三十日。

公告期满，法律规定的机关和有关组织、英雄烈士等的近亲属不提起诉讼的，人民检察院可以向人民法院提起诉讼。

人民检察院办理侵害英雄烈士等的姓名、肖像、名誉、荣誉等的民事公益诉讼案件，也可以直接征询英雄烈士等的近亲属的意见。

第十四条 人民检察院提起民事公益诉讼应当提交下列材料：

（一）民事公益诉讼起诉书，并按照被告人数提出副本；

（二）被告的行为已经损害社会公共利益的初步证明材料；

（三）已经履行公告程序、征询英雄烈士等的近亲属意见的证明材料。

第十五条 人民检察院依据民事诉讼法第五十五条第二款的规定提起民事公益诉讼，符合民事诉讼法第一百一十九条第二项、第三项、第四项及本解释规定的起诉条件的，人民法院应当登记立案。

第十六条 人民检察院提起的民事公益诉讼案件中，被告以反诉方式提出诉讼请求的，人民法院不予受理。

第十七条 人民法院受理人民检察院提起的民事公益诉讼案件后，应当在立案之日起五日内将起诉书副本送达被告。

人民检察院已履行诉前公告程序的，人民法院立案后不再进行公告。

第十八条 人民法院认为人民检察院提出的诉讼请求不足以保护社会公共利益的，可以向其释明变更或者增加停止侵害、恢复原状等诉讼请求。

第十九条 民事公益诉讼案件审理过程中，人民检察院诉讼请求全部实现而撤回起诉的，人民法院应予准许。

第二十条 人民检察院对破坏生态环境和资源保护，食品药品安全领域侵害众多消费者合法权益，侵害英雄烈士等的姓名、肖像、名誉、荣誉等损害社会公共利益的犯罪行为提起刑事公诉时，可以向人民法院一并提起附带民事公益诉讼，由人民法院同一审判组织审理。

人民检察院提起的刑事附带民事公益诉讼案件由审理刑事案件的人民法院管辖。

三、行政公益诉讼

第二十一条 人民检察院在履行职责中发现生态环境和资源保护、食品药品安全、国有财产保护、国有土地使用权出让等领域负有监督管理职责的行政机关违法行使职权或者不作为，致使国家利益或者社会公共利益受到侵害的，应当向行政机关提出检察建议，督促其依法履行职责。

行政机关应当在收到检察建议书之日起两个月内依法履行职责，并书面回复人民检察院。出现国家利益或者社会公共利益损害继续扩大等紧急情形的，行政机关应当在十五日内书面回复。

行政机关不依法履行职责的，人民检察院依法向人民法院提起诉讼。

第二十二条 人民检察院提起行政公益诉讼应当提交下列材料：

（一）行政公益诉讼起诉书，并按照被告人数提出副本；

（二）被告违法行使职权或者不作为，致使国家利益或者社会公共利益受到侵害的证明材料；

（三）已经履行诉前程序，行政机关仍不依法履行职责或者纠正违法行为的证明材料。

第二十三条 人民检察院依据行政诉讼法第二十五条第四款的规定提起行政公益诉讼，符合行政诉讼法第四十九条第二项、第三项、第四项及本解释规定的起诉条件的，人民法院应当登记立案。

第二十四条 在行政公益诉讼案件审理过程中，被告纠正违法行为或者依法履行职责而使人民检察院的诉讼请求全部实现，人民检察院撤回起诉的，人民法院应当裁定准许；人民检察院变更诉讼请求，请求确认原行政行为违法的，人民法院应当判决确认违法。

第二十五条 人民法院区分下列情形作出行政公益诉讼判决：

（一）被诉行政行为具有行政诉讼法第七十四条、第七十五条规定情形之一的，判决确认违法或者确认无效，并可以同时判决责令行政机关采取补救措施；

（二）被诉行政行为具有行政诉讼法第七十条规定情形之一的，判决撤销或者部分撤销，并可以判决被诉行政机关重新作出行政行为；

（三）被诉行政机关不履行法定职责的，判决在一定期限内履行；

（四）被诉行政机关作出的行政处罚明显不当，或者其他行政行为涉及对款额的确定、认定确有错误的，可以判决予以变更；

（五）被诉行政行为证据确凿，适用法律、法规正确，符合法定程序，未超越职权，未滥用职权，无明显不当，或者人民检察院诉请被诉行政机关履行法定职责理由不成立的，判决驳回诉讼请求。

人民法院可以将判决结果告知被诉行政机关所属的人民政府或者其他相关的职能部门。

四、附　　则

第二十六条　本解释未规定的其他事项，适用民事诉讼法、行政诉讼法以及相关司法解释的规定。

第二十七条　本解释自2018年3月2日起施行。

最高人民法院、最高人民检察院之前发布的司法解释和规范性文件与本解释不一致的，以本解释为准。

人民法院审理人民检察院提起公益诉讼案件试点工作实施办法（节录）

1. *2016年2月22日最高人民法院审判委员会第1679次会议通过*
2. *2016年2月25日公布*
3. *法发〔2016〕6号*
4. *自2016年3月1日起施行*

二、行政公益诉讼

第十一条　人民检察院认为在生态环境和资源保护、国有资产保护、国有土地使用权出让等领域负有监督管理职责的行政机关或者法律、法规、规章授权的组织违法行使职权或不履行法定职责，造成国家和社会公共利益受到侵害，向人民法院提起行政公益诉讼，符合行政诉讼法第四十九条第二项、第三项、第四项规定的，人民法院应当登记立案。

第十二条　人民检察院提起行政公益诉讼应当提交下列材料：

（一）行政公益诉讼起诉状，并按照被告人数提出副本；

（二）被告的行为造成国家和社会公共利益受到侵害的初步证明材料；

（三）人民检察院已经履行向相关行政机关提出检察建议、督促其纠正违法行政行为或者依法履行职责的诉前程序的证明材料。

第十三条　人民检察院提起行政公益诉讼，可以向人民法院提出撤销或者部分撤销违法行政行为、在一定期限内履行法定职责、确认行政行为违法或者无效等诉讼请求。

第十四条　人民检察院以公益诉讼人身份提起行政公益诉讼，诉讼权利义务参照行政诉讼法关于原告诉讼权利义务的规定。行政公益诉讼的被告是生态环境和资源保护、国有资产保护、国有土地使用权出让等领域行使职权或者负有行政职责的行政机关，以及法律、法规、规章授权的组织。

第十五条　人民检察院提起的第一审行政公益诉讼案件由最初作出行政行为的行政机关所在地基层人民法院管辖。经复议的案件，也可以由复议机关所在地基层人民法院管辖。

人民检察院对国务院部门或者县级以上地方人民政府所作的行政行为提起公益诉讼的案件以及本辖区内重大、复杂的公益诉讼案件由中级人民法院管辖。

第十六条　人民法院审理人民检察院提起的第一审行政公益诉讼案件，原则上适用人民陪审制。

第十七条　人民法院审理人民检察院提起的行政公益诉讼案件，不适用调解。

第十八条　人民法院对行政公益诉讼案件宣告判决或者裁定前，人民检察院申请撤诉的，是否准许，由人民法院裁定。

第十九条　对于人民法院作出的行政公益诉讼判决、裁定，当事人依法提起上诉、人民检察院依法提起抗诉或者其他当事人申请再审且符合行政诉讼法第九十一条规定的，分别按照行政诉讼法规定的第二审程序、审判监督程序审理。

三、其 他 规 定

第二十条　人民法院审理人民检察院提起的公益诉讼案件，应当依法公开进行。人民法院可以邀请人大代表、政协委员等旁听庭审，并可以通过庭审直播录播等方式满足公众和媒体了解庭审实况的需要。裁判文书应当按照有关规定在互联网上公开发布。

第二十一条 人民法院审理人民检察院提起的公益诉讼案件，认为应当提出司法建议的，按照《最高人民法院关于加强司法建议工作的意见》办理。

第二十二条 人民法院审理人民检察院提起的公益诉讼案件，人民检察院免交《诉讼费用交纳办法》第六条规定的诉讼费用。

第二十三条 人民法院审理人民检察院提起的公益诉讼案件，本办法没有规定的，适用《中华人民共和国民事诉讼法》《中华人民共和国行政诉讼法》及相关司法解释的规定。

四、附　　则

第二十四条 本办法适用于北京、内蒙古、吉林、江苏、安徽、福建、山东、湖北、广东、贵州、云南、陕西、甘肃等十三个省、自治区、直辖市。

第二十五条 本办法自2016年3月1日起施行。

·指导案例·

最高人民检察院指导案例第136号——吉林省白山市人民检察院诉白山市江源区卫生和计划生育局、白山市江源区中医院环境公益诉讼案

（最高人民法院审判委员会讨论通过 2019年12月26日发布）

【关键词】

行政　环境行政公益诉讼　环境民事公益诉讼　分别立案　一并审理

【裁判要点】

人民法院在审理人民检察院提起的环境行政公益诉讼案件时，对人民检察院就同一污染环境行为提起的环境民事公益诉讼，可以参照行政诉讼法及其司法解释规定，采取分别立案、一并审理、分别判决的方式处理。

【相关法条】

《中华人民共和国行政诉讼法》第61条

【基本案情】

白山市江源区中医院新建综合楼时，未建设符合环保要求的污水处理设施即投入使用。吉林省白山市人民检察院发现该线索后，进行了调查。调查发现白山市江源区中医院通过渗井、渗坑排放医疗污水。经对其排放的医疗污水及渗井周边土壤取样检验，化学需氧量、五日生化需氧量、悬浮物、总余氯等均超过国家标准。还发现白山市江源区卫生和计划生育局在白山市江源区中医院未提交环评合格报告的情况下，对其《医疗机构职业许可证》校验为合格，且对其违法排放医疗污水的行为未及时制止，存在违法行为。检察机关在履行了提起公益诉讼的前置程序后，诉至法院，请求：1.确认被告白山市江源区卫生和计划生育局于2015年5月18日为第三人白山市江源区中医院校验《医疗机构执业许可证》的行为违法；2.判令白山市江源区卫生和计划生育局履行法定监管职责，责令白山市江源区卫生和计划生育局限期对白山市江源区中医院的医疗污水净化处理设施进行整改；3.判令白山市江源区中医院立即停止违法排放医疗污水。

【裁判结果】

白山市中级人民法院于2016年7月15日以(2016)吉06行初4号行政判决，确认被告白山市江源区卫生和计划生育局于2015年5月18日对第三人白山市江源区中医院《医疗机构执业许可证》校验合格的行政行为违法；责令被告白山市江源区卫生和计划生育局履行监管职责，监督第三人白山市江源区中医院在三个月内完成医疗污水处理设施的整改。同日，白山市中级人民法院作出(2016)吉06民初19号民事判决，判令被告白山市江源区中医院立即停止违法排放医疗污水。一审宣判后，各方均未上诉，判决已经发生法律效力。

【裁判理由】

法院生效裁判认为，根据国务院《医疗机构管理条例》第五条及第四十条的规定，白山市江源区卫生和计划生育局对辖区内医疗机构具有监督管理的法定职责。《吉林省医疗机构审批管理办法(试行)》第四十四条规定，医疗机构申请校验时应提交校验申请、执业登记项目变更情况、接受整改情况、环评合格报告等材料。白山市江源区卫生和计划生育局在白山市江源区中医院未提交环评合格报告的情况下，对其《医疗机构职业许可证》校验为合格，违反上述规定，该校验行为违法。白山市江源区中医院违法排放医疗污水，

导致周边地下水及土壤存在重大污染风险。白山市江源区卫生和计划生育局作为卫生行政主管部门，未及时制止，其怠于履行监管职责的行为违法。白山市江源区中医院通过渗井、渗坑违法排放医疗污水，且污水处理设施建设完工及环评验收需要一定的时间，故白山市江源区卫生和计划生育局应当继续履行监管职责，督促白山市江源区中医院污水处理工程及时完工，达到环评要求并投入使用，符合《吉林省医疗机构审批管理办法(试行)》第四十四条规定的校验医疗机构执业许可证的条件。

《中华人民共和国侵权责任法》第六十五条、第六十六条规定，因污染环境造成损害的，污染者应当承担侵权责任。因污染环境发生纠纷，污染者应当就法律规定的不承担责任或者减轻责任的情形及其行为与损害之间不存在因果关系承担举证责任。本案中，根据公益诉讼人的举证和查明的相关事实，可以确定白山市江源区中医院未安装符合环保要求的污水处理设备，通过渗井、渗坑实施了排放医疗污水的行为。从检测机构的检测结果及检测意见可知，其排放的医疗污水，对附近地下水及周边土壤存在重大环境污染风险。白山市江源区中医院虽辩称其未建设符合环保要求的排污设备系因政府对公办医院投入建设资金不足所致，但该理由不能否定其客观上实施了排污行为，产生了周边地下水及土壤存在重大环境污染风险的损害结果，以及排污行为与损害结果存在因果关系的基本事实。且环境污染具有不可逆的特点，故作出立即停止违法排放医疗污水的判决。

最高人民检察院指导案例第137号
——云南省剑川县人民检察院诉剑川县森林公安局怠于履行法定职责环境行政公益诉讼案

(最高人民法院审判委员会讨论通过
2019年12月26日发布)

【关键词】

行政　环境行政公益诉讼　怠于履行法定职责　审查标准

【裁判要点】

环境行政公益诉讼中，人民法院应当以相对人的违法行为是否得到有效制止，行政机关是否充分、及时、有效采取法定监管措施，以及国家利益或者社会公共利益是否得到有效保护，作为审查行政机关是否履行法定职责的标准。

【相关法条】

1.《中华人民共和国森林法》第13条、第20条

2.《中华人民共和国森林法实施条例》第43条

3.《中华人民共和国行政诉讼法》第70条、第74条

【基本案情】

2013年1月，剑川县居民王寿全受玉鑫公司的委托在国有林区开挖公路，被剑川县红旗林业局护林人员发现并制止，剑川县林业局接报后交剑川县森林公安局进行查处。剑川县森林公安局于2013年2月20日向王寿全送达了林业行政处罚听证权利告知书，并于同年2月27日向王寿全送达了剑川县林业局剑林罚书字(2013)第(288)号林业行政处罚决定书。行政处罚决定书载明：玉鑫公司在未取得合法的林地征占用手续的情况下，委托王寿全于2013年1月13日至19日期间，在13林班21、22小班之间用挖掘机开挖公路长度为494.8米、平均宽度为4.5米、面积为2226.6平方米，共计3.34亩。根据《中华人民共和国森林法实施条例》第四十三条第一款规定，决定对王寿全及玉鑫公司给予如下行政处罚：1.责令限期恢复原状；2.处非法改变用途林地每平方米10元的罚款，即22266.00元。2013年3月29日玉鑫公司交纳了罚款后，剑川县森林公安局即对该案予以结案。其后直到2016年11月9日，剑川县森林公安局没有督促玉鑫公司和王寿全履行“限期恢复原状”的行政义务，所破坏的森林植被至今没有得到恢复。

2016年11月9日，剑川县人民检察院向剑川县森林公安局发出检察建议，建议依法履行职责，认真落实行政处罚决定，采取有效措施，恢复森林植被。2016年12月8日，剑川县森林公安局回复称自接到《检察建议书》后，即刻进行认真研究，采取了积极的措施，并派民警到王寿全家对剑林罚书字(2013)第(288)号处罚决定第一项责令限期恢复原状进行催告，鉴于王寿全死亡，执行终止。对玉鑫公司，剑川县森林公安局没有向其发出催告书。

另查明，剑川县森林公安局为剑川县林业局所属的正科级机构，2013年年初，剑川县林业局向其授权

委托办理本县境内的所有涉及林业、林地处罚的林政处罚案件。2013年9月27日，云南省人民政府《关于云南省林业部门相对集中林业行政处罚权工作方案的批复》，授权各级森林公安机关在全省范围内开展相对集中林业行政处罚权工作，同年11月20日，经云南省人民政府授权，云南省人民政府法制办公室对森林公安机关行政执法主体资格单位及执法权限进行了公告，剑川县森林公安局也是具有行政执法主体资格和执法权限的单位之一，同年12月11日，云南省林业厅发出通知，决定自2014年1月1日起，各级森林公安机关依法行使省政府批准的62项林业行政处罚权和11项行政强制权。

【裁判结果】

云南省剑川县人民法院于2017年6月19日作出(2017)云2931行初1号行政判决：一、确认被告剑川县森林公安局怠于履行剑林罚书字(2013)第(288)号处罚决定第一项内容的行为违法；二、责令被告剑川县森林公安局继续履行法定职责。宣判后，当事人服判息诉，均未提起上诉，判决已发生法律效力，剑川县森林公安局也积极履行了判决。

【裁判理由】

法院生效裁判认为，公益诉讼人提起本案诉讼符合最高人民法院《人民法院审理人民检察院提起公益诉讼试点工作实施办法》及最高人民检察院《人民检察院提起公益诉讼试点工作实施办法》规定的行政公益诉讼受案范围，符合起诉条件。《中华人民共和国行政诉讼法》第二十六条第六款规定："行政机关被撤销或者职权变更的，继续行使其职权的行政机关是被告"，2013年9月27日，云南省人民政府《关于云南省林业部门相对集中林业行政处罚权工作方案的批复》授权各级森林公安机关相对集中行使林业行政部门的部分行政处罚权，因此，根据规定剑川县森林公安局行使原来由剑川县林业局行使的林业行政处罚权，是适格的被告主体。本案中，剑川县森林公安局在查明玉鑫公司及王寿全擅自改变林地的事实后，以剑川县林业局名义作出对玉鑫公司和王寿全责令限期恢复原状和罚款22266.00元的行政处罚决定符合法律规定，但在玉鑫公司缴纳罚款后三年多时间里没有督促玉鑫公司和王寿全对破坏的林地恢复原状，也没有代为履行，致使玉鑫公司和王寿全擅自改变的林地至今没有恢复原状，且未提供证据证明有相关合法、合理的事由，其行为显然不当，是怠于履行法定职责的行为。行政处罚决定没有执行完毕，剑川县森林公安局依法应该继续履行法定职责，采取有效措施，督促行政相对人限期恢复被改变林地的原状。

最高人民检察院指导案例第30号
——湖北省十堰市郧阳区人民检察院诉郧阳区林业局行政公益诉讼案

（2017年1月4日 检例第30号）

【关键词】

行政公益诉讼 公共利益 依法履行法定职责

【基本案情】

2013年3月至4月，金兴国、吴刚、赵丰强在未经县级林业主管部门同意、未办理林地使用许可手续的情况下，在湖北省十堰市郧阳区杨溪铺镇财神庙村五组、卜家河村一组、杨溪铺村大沟处，相继占用国家和省级生态公益林地0.28公顷、0.22公顷、0.28公顷开采建筑石料。2013年4月22日、4月30日、5月2日，郧阳区林业局对金兴国、吴刚、赵丰强作出行政处罚决定，责令金兴国、吴刚、赵丰强停止违法行为，恢复所毁林地原状，分别处以56 028元、22 000元、28 000元罚款，限期十五日内缴清。金兴国、吴刚、赵丰强在收到行政处罚决定书后，在法定期限内均未申请行政复议，也未提起行政诉讼，仅分别缴纳罚款20 000元、15 000元、20 000元，未将被毁公益林地恢复原状。郧阳区林业局在法定期限内既未催告三名行政相对人履行行政处罚决定所确定的义务，也未向人民法院申请强制执行，致使其作出的行政处罚决定未得到全部执行，被毁公益林地未得到及时修复。

【诉前程序】

2015年12月12日，郧阳区人民检察院向区林业局发出检察建议，建议区林业局规范执法，认真落实行政处罚决定，采取有效措施，恢复森林植被。区林业局收到检察建议后，在规定期限内既未按检察建议进行整改落实，也未书面回复。

郧阳区人民检察院经调查核实，没有公民、法人和其他社会组织因公益林被毁而提起相关诉讼。

【诉讼过程】

2016年2月29日，郧阳区人民检察院以公益诉讼人身份向郧阳区人民法院提起行政公益诉讼,要求法院确认区林业局未依法履行职责违法,并判令其依法继续履行职责。郧阳区人民检察院认为:

一、金兴国等3人破坏了公益林,损害了社会公共利益。根据国家林业局、财政部制定的《国家级公益林区划界定办法》第二条、《湖北省生态公益林管理办法》第二条规定,公益林有提供公益性服务的典型目的,金兴国等3人非法改变公益林用途,导致公共利益受损。专家意见认为,金兴国等3人共破坏11.7亩生态公益林,单从森林资源方面已造成对公共生态环境影响。

二、郧阳区林业局怠于履职,行政处罚决定得不到有效执行,国家和社会公共利益持续处于受侵害状态。区林业局对其辖区内的森林资源有管理和监督的职责。针对金兴国等3人的违法行为,区林业局已对金兴国等3人处以限期恢复林地原状和罚款的行政处罚决定。作出行政处罚决定后,区林业局还应根据《中华人民共和国行政处罚法》第五十一条规定,对金兴国等3人逾期未履行生效行政处罚决定的行为,依法采取法律规定的措施督促履行。但区林业局怠于履职,致使行政处罚决定得不到有效执行,被金兴国等3人非法改变用途的林地未恢复原状,剩余罚款未依法收缴,区林业局也没有对金兴国等3人加处罚款,导致国家和社会公共利益持续处于受侵害状态。

案件审理过程中,经郧阳区林业局督促,吴刚、赵丰强相继将罚款及加处罚款全部缴清,金兴国缴纳了全部罚款及部分加处罚款,剩余加处罚款以经济困难为由申请缓缴,区林业局批准了金兴国缓缴加处罚款的请求。同时,金兴国等三人均在被毁林地上补栽了苗木。受郧阳区人民法院委托,十堰市林业调查规划设计院对被毁林地当前生态恢复程度及生态恢复所需期限进行了鉴定,鉴定意见为:造林时间、树种、苗木质量、造林密度、造林方式等符合林业造林相关技术要求,在正常管护的情况下修复期限至少需要三年的时间才能达到郁闭要求。

郧阳区林业局在案件审理期间提交了一套对被毁林地拟定的管护方案。方案中,区林业局明确表示愿意继续履行监督管理职责,采取有效措施进行补救,恢复被毁林地的生态功能,并且成立领导小组,明确责任单位、管护范围、管护措施和相关要求。

【案件结果】

2016年5月5日,郧阳区人民法院作出一审判决:确认郧阳区林业局在对金兴国、吴刚、赵丰强作出行政处罚决定后,未依法履行后续监督、管理和申请人民法院强制执行法定职责的行为违法;责令区林业局继续履行收缴剩余加处罚款的法定职责;责令区林业局继续履行被毁林地生态修复工作的监督、管理法定职责。

一审宣判后,郧阳区林业局未上诉,判决已发生法律效力。

案件办理期间,十堰市、郧阳区两级党委和政府主要领导表态要积极支持检察机关提起公益诉讼。庭审期间组织了70余名相关行政机关负责人到庭旁听。郧阳区林业局局长当庭就其怠于履职行为鞠躬道歉。

案件宣判后,湖北省林业厅专门向全省林业行政部门下发文件,要求各级林业部门高度重视检察机关监督,引以为戒,认真整改、切实规范林业执法,并在全省范围内开展规范执法自查活动,查找、整改违法作为和不作为的问题。

【要旨】

负有监督管理职责的行政机关对侵害生态环境和资源保护领域的侵权人进行行政处罚后,怠于履行法定职责,既未依法履行后续监督、管理职责,也未申请人民法院强制执行,导致国家和社会公共利益未脱离受侵害状态,经诉前程序后,人民检察院可以向人民法院提起行政公益诉讼。

【指导意义】

1.检察机关提起公益诉讼的前提是公共利益受到侵害。公共利益可以界定为:由不特定多数主体享有的,具有基本性、整体性和发展性的重大利益。在实践中,判断被侵害的利益是否属于公共利益范畴,可以从以下几个方面来把握:一是公共利益的主体是不特定的多数人。公共利益首先是一种多数人的利益,但又不同于一般的多数人利益,其享有主体具有开放性。二是公共利益具有基本性。公共利益是有关国家和社会共同体及其成员生存和发展的基本利益,如公共安全、公共秩序、自然环境和公民的生命、健康、自由等。三是公共利益具有整体性和层次性。公共利益是一种整体性利益,可以分享,但不可以分割。公共利益不仅有涉及全国范围的存在形式,也有某个地区的存在形式。四是公共利益具有发展性。公共利益始终与社会价值取向联系在一起,会随着时代的发展变化而变化,也会随着不同社会价值观的改变而变动。五是公共利益具有重大性。其涉及不特定多数人,涉及公共政策变动，涉及公权与私权的限度，代表的利益都是重大利益。六是公共利益具有相对性。它受时空条件的影响，在此时此地认定为公共利益的事项，彼时彼地可能应认定为非公共利益。

2. 行政机关没有依法履行法定职责与国家和社会公共利益受到侵害是检察机关提起行政公益诉讼的必要条件。判断负有监督管理职责的行政机关是否依法履职，关键要厘清行政机关的法定职责和行政机关是否依法履职到位；判断国家和社会公共利益是否受侵害，要看违法行政行为造成国家和社会公共利益的实然侵害，发出检察建议后要看国家和社会公共利益是否脱离被侵害状态。

【相关规定】

《中华人民共和国行政处罚法》（2009 年修正）

第五十一条　当事人逾期不履行行政处罚决定的，作出行政处罚决定的行政机关可以采取下列措施：

（一）到期不缴纳罚款的，每日按罚款数额的百分之三加处罚款；

（二）根据法律规定，将查封、扣押的财物拍卖或者将冻结的存款划拨抵缴罚款；

（三）申请人民法院强制执行。

《中华人民共和国行政强制法》（2011 年 6 月 30 日第十一届全国人民代表大会常务委员会第二十一次会议通过）

第五十条　行政机关依法作出要求当事人履行排除妨碍、恢复原状等义务的行政决定，当事人逾期不履行，经催告仍不履行，其后果已经或者将危害交通安全、造成环境污染或者破坏自然资源的，行政机关可以代履行，或者委托没有利害关系的第三人代履行。

第五十三条　当事人在法定期限内不申请行政复议或者提起行政诉讼，又不履行行政决定的，没有行政强制执行权的行政机关可以自期限届满之日起三个月内，依照本章规定申请人民法院强制执行。

《人民检察院提起公益诉讼试点工作实施办法》（2015 年 12 月 16 日最高人民检察院第十二届检察委员会第四十五次会议通过）

第二十八条　人民检察院履行职责中发现生态环境和资源保护、国有资产保护、国有土地使用权出让等领域负有监督管理职责的行政机关违法行使职权或者不作为，造成国家和社会公共利益受到侵害，公民、法人和其他社会组织由于没有直接利害关系，没有也无法提起诉讼的，可以向人民法院提起行政公益诉讼。

人民检察院履行职责包括履行职务犯罪侦查、批准或者决定逮捕、审查起诉、控告检察、诉讼监督等职责。

最高人民检察院指导案例第 31 号——福建省清流县人民检察院诉清流县环保局行政公益诉讼案

（2017 年 1 月 4 日　检例第 31 号）

【关键词】

行政公益诉讼　违法行政行为　变更诉讼请求

【基本案情】

2014 年 7 月 31 日，福建省三明市清流县环保局会同县公安局现场制止刘文胜非法焚烧电子垃圾，当场查扣危险废物电子垃圾 28 580 千克并存放在附近的养猪场。2014 年 8 月，清流县环保局将扣押的电子垃圾转移至不具有贮存危险废物条件的东莹公司仓库存放。2014 年 9 月 2 日，清流县公安局对刘文胜涉嫌污染环境案刑事立案侦查，并于 2015 年 5 月 5 日作出扣押决定书，扣押刘文胜污染环境案中的危险废物电子垃圾。清流县环保局未将电子垃圾移交公安机关，于 2015 年 5 月 12 日将电子垃圾转移到不具有贮存危险废物条件的九利公司仓库存放。

【诉前程序】

因刘文胜涉嫌污染环境罪一案事实不清，证据不足，清流县人民检察院于 2015 年 7 月 7 日作出不起诉决定，并于 7 月 9 日向县环保局发出检察建议，建议其对扣押的电子垃圾和焚烧后的电子垃圾残留物进行无害化处置。2015 年 7 月 22 日，清流县环保局回函称，拟将电子垃圾等危险废物交由有资质的单位处置。2015 年 12 月 16 日，清流县人民检察院得知县环保局逾期仍未对扣押的电子垃圾和焚烧电子垃圾残留物进行无害化处置，也未对刘文胜作出行政处罚。

清流县人民检察院经调查核实，没有公民、法人和其他社会组织因县环保局非法贮存危险物品而提起相关诉讼。

【诉讼过程】

2015 年 12 月 21 日，清流县人民检察院以公益诉讼人身份向清流县人民法院提起行政公益诉讼，诉求法院确认清流县环保局怠于履行职责行为违法并判决其依法履行职责。清流县人民检察院认为：

一、清流县环保局作为涉案电子垃圾的实际监管人，在明知涉案电子垃圾属于危险废物，具有毒性，理应依法管理并及时处置的情形下，没有寻找符合贮存条件的场所进行贮存，而是将危险废物从扣押现场转移至附近的养猪场、再转至没有危险废物经营许可证资质的东莹公司，后再租用同样不具资质的九利公司仓库进行贮存，且未设置危险废物识别标志。清流县环保局的行为属于不依法履行职责的违法行政行为。

二、清流县环保局作为地方环境保护主管部门，在检察机关对刘文胜作出不起诉决定后，未对刘文胜非法收集、贮存、焚烧电子垃圾的行为作出行政处罚，属于行政不作为。

三、经检察机关发出检察建议督促后，清流县环保局仍怠于依法履行职责，使社会公共利益持续处于被侵害状态，导致重大环境风险和隐患。

2015 年 12 月 29 日，三明市中级人民法院作出行政裁定书，指定该案由明溪县人民法院管辖。2016 年 1 月 5 日，清流县环保局向三明市环保局提出危险废物跨市转移，并于 1 月 11 日得到批准。2016 年 1 月 18 日，清流县公安局告知县环保局，清流县人民检察院对犯罪嫌疑人刘文胜作出不起诉决定。1 月 23 日，清流县环保局对刘文胜作出责令停止生产并对焚烧现场残留物进行无害化处理及罚款 2 万元的行政处罚。同日清流县环保局将涉案的 28 580 千克电子垃圾交由福建德晟环保技术有限公司处置。

鉴于清流县环保局在诉讼期间已对刘文胜的违法行为进行行政处罚并依法处置危险废物，清流县人民检察院将诉讼请求变更为确认被告清流县环保局处置危险废物的行为违法。

【案件结果】

2016 年 3 月 1 日，明溪县人民法院依法作出一审判决，确认被告清流县环保局处置危险废物的行为违法。

一审宣判后，清流县环保局未上诉，判决已发生法律效力。

福建省清流县人民检察院诉县环保局不依法履行职责一案，受到社会各界广泛关注，产生积极反响。福建省政府下发文件充分肯定检察机关提起公益诉讼的积极作用，指出“该案充分体现了人民检察院作为国家法律监督机关，在促进依法行政、推进法治政府建设中发挥的积极作用。该案在福建省乃至全国都有典型的示范意义，建议由环境保护督察办公室在环保系统内通报，吸取教训”。并采纳检察机关跟进监督建议，要求“省环境保护督察办公室开展环境专项督察，对各地相关部门不积极落实环保法律法规等行政不作为加强督察，督促相关部门予以整改，严肃问责。”中央电视台等主流媒体均对该案办理进行报道并给予积极评价。

【要旨】

1. 发出检察建议是检察机关提起行政公益诉讼的前置程序，目的是增强行政机关纠正违法行政行为的主动性，有效节约司法资源。

2. 行政公益诉讼审理过程中，行政机关纠正违法行为或者依法履行职责而使人民检察院的诉讼请求实现的，人民检察院可以变更诉讼请求。

【指导意义】

1. 检察机关提起行政公益诉讼，必须严格履行诉前程序。提起公益诉讼前，人民检察院应当依法督促行政机关纠正违法行政行为、履行法定职责。诉前程序主要目的在于增强行政机关纠正违法行政行为的主动性，也是为了最大限度地节约诉讼成本和司法资源。通过诉前程序推动侵害公益问题的解决，不仅是检察机关提起公益诉讼工作的重要内容，也是公益诉讼制度价值的重要体现。只有当行政机关应当纠正而拒不纠正，坚持不履行法定职责，致使国家和社会公共利益持续处于受侵害状态的，检察机关才应当提起行政公益诉讼。检察机关提起行政公益诉讼仅是在公共利益严重受损而无相关救济渠道时的一种司法补救措施，具有救济性和终局性。

2. 依法适时变更诉讼请求。《人民检察院提起公益诉讼试点工作实施办法》第四十九条规定，在行政公益诉讼审理过程中，行政机关纠正违法行为或者依法履行职责而使人民检察院的诉讼请求全部实现的，人民检察院可以变更诉讼请求，请求判决确认行政行为违法，或者撤回起诉。该条规定的目的在于实现诉讼请求的同时，提高诉讼效率，节约司法资源。检察机关提出检察建议和提起行政公益诉讼，目的都是为了督促涉案行政机关积极依法履行职责，有效维护国家和社会公共利益。

【相关规定】

《中华人民共和国固体废物污染环境防治法》

(2013 年修正)

第十条 国务院环境保护行政主管部门对全国固体废物污染环境的防治工作实施统一监督管理。国务院有关部门在各自的职责范围内负责固体废物污染环境防治的监督管理工作。

县级以上地方人民政府环境保护行政主管部门对本行政区域内固体废物污染环境的防治工作实施统一监督管理。县级以上地方人民政府有关部门在各自的职责范围内负责固体废物污染环境防治的监督管理工作。

国务院建设行政主管部门和县级以上地方人民政府环境卫生行政主管部门负责生活垃圾清扫、收集、贮存、运输和处置的监督管理工作。

第十七条 收集、贮存、运输、利用、处置固体废物的单位和个人,必须采取防扬散、防流失、防渗漏或者其他防止污染环境的措施;不得擅自倾倒、堆放、丢弃、遗撒固体废物。

禁止任何单位或者个人向江河、湖泊、运河、渠道、水库及其最高水位线以下的滩地和岸坡等法律、法规规定禁止倾倒、堆放废弃物的地点倾倒、堆放固体废物。

第五十二条 对危险废物的容器和包装物以及收集、贮存、运输、处置危险废物的设施、场所,必须设置危险废物识别标志。

第五十八条 收集、贮存危险废物,必须按照危险废物特性分类进行。禁止混合收集、贮存、运输、处置性质不相容而未经安全性处置的危险废物。

贮存危险废物必须采取符合国家环境保护标准的防护措施,并不得超过一年;确需延长期限的,必须报经原批准经营许可证的环境保护行政主管部门批准;法律、行政法规另有规定的除外。

禁止将危险废物混入非危险废物中贮存。

《人民检察院提起公益诉讼试点工作实施办法》(2015 年 12 月 16 日最高人民检察院第十二届检察委员会第四十五次会议通过)

第四十条 在提起行政公益诉讼之前,人民检察院应当先行向相关行政机关提出检察建议,督促其纠正违法行为或者依法履行职责。行政机关应当在收到检察建议书后一个月内依法办理,并将办理情况及时书面回复人民检察院。

第四十一条 经过诉前程序,行政机关拒不纠正违法行为或者不履行法定职责,国家和社会公共利益仍处于受侵害状态的,人民检察院可以提起行政公益诉讼。

第四十九条 在行政公益诉讼审理过程中,被告纠正违法行为或者依法履行职责而使人民检察院的诉讼请求全部实现的,人民检察院可以变更诉讼请求,请求判决确认行政行为违法,或者撤回起诉。

最高人民检察院指导案例第 32 号——贵州省锦屏县人民检察院诉锦屏县环保局行政公益诉讼案

(2017 年 1 月 4 日 检例第 32 号)

【关键词】

行政公益诉讼 指定集中管辖 履行法定职责到位

【基本案情】

2014 年 8 月 5 日,贵州省黔东南州锦屏县环保局在执法检查中发现鸿发石材公司、雄军石材公司等七家石材加工企业均存在未按建设项目环保设施“同时设计、同时施工、同时投产”要求配套建设,并将生产中的污水直接排放清水江,造成清水江悬浮物和油污污染的后果。锦屏县环保局责令鸿发石材公司、雄军石材公司等七家石材加工企业立即停产整改。鸿发石材公司等七家石材加工企业在收到停产整改通知后,在未完成环境保护设施建设和报请验收的情形下,仍擅自开工生产并继续向清水江排污。

【诉前程序】

2014 年 8 月 15 日,锦屏县人民检察院在开展督促起诉工作中发现上述七家企业没有停产整改,向锦屏县环保局发出检察建议,建议锦屏县环保局及时跟进对上述七家企业的督促与检查,对于不按要求整改的企业依法依规进行处罚,并将情况书面回复检察院。2015 年 4 月 16 日,锦屏县人民检察院发现鸿发石材公司和雄军石材公司仍未修建环保设施却一直生产、排污,遂再次向锦屏县环保局发出检察建议,督促县环保局履行监督管理职责,对鸿发石材公司和雄军石材公司的违法行为进行制止和处罚并书面回复。对于上述检察建议,锦屏县环保局均逾期未答复,也未依法履行监督管理职责,督促违法企业停业整改。2015 年 11 月 11 日,锦屏县环保局责令鸿发石材公司、雄军石材公司立即停止生产。12月1日，锦屏县环保局对鸿发石材公司和雄军石材公司分别作出罚款1万元的行政处罚。但锦屏县环保局仍没有向锦屏县人民检察院书面回复。

锦屏县人民检察院经调查核实，没有公民、法人和其他社会组织因鸿发石材公司和雄军石材公司非法排污行为而提起相关诉讼。

【诉讼过程】

2015年12月18日，锦屏县人民检察院根据《贵州省高级人民法院关于环境保护案件指定集中管辖的规定（试行）》，以公益诉讼人身份向福泉市人民法院提起行政公益诉讼，诉求判令：1. 确认锦屏县环保局对鸿发石材公司、雄军石材公司等企业违法生产怠于履行监督管理职责的行为违法；2. 判令锦屏县环保局履行行政监督管理职责，依法对鸿发石材公司、雄军石材公司进行处罚。锦屏县人民检察院认为：

一、锦屏县环保局具有环境保护工作监督管理的职责。根据《中华人民共和国环境保护法》第十条规定，锦屏县环保局作为锦屏县的环境保护主管部门，监督管理本县生态环境保护工作是其法定职责。

二、锦屏县环保局明知生产企业违法却没有有效制止。锦屏县环保局发现鸿发石材公司、雄军石材公司等七家企业的违法行为后，虽责令违法企业限期整改，但并未继续就整改情况进行监督管理。经检察机关多次督促，仍未履行环境保护的监督管理职责，导致排污企业的违法行为未得到制止，其怠于履行职责的行为与其行政职能是相违背的。

三、国家和社会公共利益未脱离被侵害状态。锦屏县环保局不依法及时履行职责，继续放任上述企业违法生产，进一步加剧清水江的水质污染和生态破坏。污水中高浓度悬浮物常年沉积于河床，还将给下游水库的行洪、泄洪带来安全隐患，国家和社会公共利益受到更加严重的侵害。

2015年12月24日，锦屏县环保局向锦屏县人民检察院书面回复，称其已对鸿发石材公司、雄军石材公司予以处罚。2015年12月29日，锦屏县人民检察院经现场查看，发现鸿发石材公司和雄军石材公司仍在生产，污水在未经有效处理的情况下仍排向清水江。2015年12月31日，锦屏县政府组织国土、环保、安监等部门，开展非煤矿山集中整治专项行动，对清水江沿河两岸包括鸿发石材公司、雄军石材公司在内存在环境违法行为的石材加工企业全部实行关停。

庭审过程中，锦屏县人民检察院申请撤回诉讼请求中的第二项，即：判令锦屏县环保局履行行政监督管理职责，依法对鸿发石材公司、雄军石材公司进行处罚的诉讼请求。

【案件结果】

2016年1月13日，福泉市人民法院依法作出一审判决，确认被告锦屏县环保局在2014年8月5日至2015年12月31日对鸿发、雄军等企业违法生产的行为怠于履行监督管理职责的行为违法。

一审宣判后，锦屏县环保局未上诉，判决已发生法律效力。

案件庭审期间，黔东南州各市县环保局局长、锦屏县政府行政职能部门的主要负责人、生态环境破坏较严重的乡镇一把手均到庭参与旁听，实现了办理一案、教育一片的警示效果。庭审结束后，锦屏县环保局局长表示："公益诉讼是检察院对环境保护工作的支持和促进，在以后的工作中一定要加以改进落实，要举一反三，加强与政法等部门的协作沟通，共同为保护生态环境作贡献。"

该案一审宣判后，贵州省委、省政府领导高度重视，密切关注案件后续整改工作，省环保厅根据要求立即成立工作小组赶赴黔东南州和锦屏县，就依法做好涉案企业处理进行指导，并向全省各级环保主管部门专题通报了案件情况，明确要求在全省推动建立环保行政执法责任制，完善环保行政执法制度和程序。要求全省各级环保部门及执法人员要以此为鉴，积极支持配合检察机关公益诉讼工作，大力提高依法行政意识，加强和改进环境执法监管工作。锦屏县委总结案件经验教训，对环保工作进行了专题研究部署，及时成立联合执法领导小组专项整治锦屏县非煤矿山，明确了具体整改目标、整治内容和整改要求，从源头上遏制和治理环境污染问题。

【要旨】

1. 行政相对人违法行为是否停止可以作为判断行政机关履行法定职责到位的一个标准。

2. 生态环保民事、行政案件可以指定集中管辖。

【指导意义】

1. 行政机关违法作为或不作为是人民检察院提起行政公益诉讼的前提条件。实践中，环境保护执法是一项连续性、持续性强的执法工作，检察机关在判断行政机关是否尽到生态环境和资源监管保护的法定职责时，行政相对人违法行为是否停止可以作为一个判断标准。行政机关虽有执法行为，但没有依照法定职责执法到位，导致行政相对人的违法行为仍在继续，造成生态环境和资源受到侵害的后果，经人民检察院督促依法履职后，行政机关在一定期限内仍然没有依法履职到位，国家和社会公共利益仍处在被侵害状态，人民检察院可以将行政机关作为被告提起行政公益诉讼。

2. 生态环保民事、行政案件可以指定集中管辖。根据《中华人民共和国民事诉讼法》第三十八条、《中华人民共和国行政诉讼法》第十八条第二款、《最高人民法院关于审理环境民事公益诉讼案件适用法律若干问题的解释》第七条、《最高人民法院关于行政案件管辖若干问题的规定》第五条、第九条的规定，生态环保民事、行政案件可以根据审判工作的实际情况，指定集中管辖。生态环保民事、行政案件采取集中管辖模式，有利于避免对跨行政区划环境污染分段治理，各自为政，治标不治本的问题；有利于在对区域内污染情况进行整体评估的基础上，统一司法政策和裁判尺度，实现司法裁判法律效果和社会效果的统一；有利于避免因按行政区划管辖案件带来的地方保护。

【相关规定】

《中华人民共和国民事诉讼法》（2012 年修正）

第三十八条　上级人民法院有权审理下级人民法院管辖的第一审民事案件；确有必要将本院管辖的第一审民事案件交下级人民法院审理的，应当报请其上级人民法院批准。

下级人民法院对它所管辖的第一审民事案件，认为需要由上级人民法院审理的，可以报请上级人民法院审理。

《中华人民共和国行政诉讼法》（2014 年修正）

第十八条　行政案件由最初作出行政行为的行政机关所在地人民法院管辖。经复议的案件，也可以由复议机关所在地人民法院管辖。

经最高人民法院批准，高级人民法院可以根据审判工作的实际情况，确定若干人民法院跨行政区域管辖行政案件。

《中华人民共和国环境保护法》（2014 年修订）

第十条　国务院环境保护主管部门，对全国环境保护工作实施统一监督管理；县级以上地方人民政府环境保护主管部门，对本行政区域环境保护工作实施统一监督管理。

县级以上人民政府有关部门和军队环境保护部门，依照有关法律的规定对资源保护和污染防治等环境保护工作实施监督管理。

第四十一条　建设项目中防治污染的设施，应当与主体工程同时设计、同时施工、同时投产使用。防治污染的设施应当符合经批准的环境影响评价文件的要求，不得擅自拆除或者闲置。

《最高人民法院关于审理环境民事公益诉讼案件适用法律若干问题的解释》（2014 年 12 月 8 日最高人民法院审判委员会第 1631 次会议通过）

第七条　经最高人民法院批准，高级人民法院可以根据本辖区环境和生态保护的实际情况，在辖区内确定部分中级人民法院受理第一审环境民事公益诉讼案件。

中级人民法院管辖环境民事公益诉讼案件的区域由高级人民法院确定。

《最高人民法院关于行政案件管辖若干问题的规定》（2007 年 12 月 17 日最高人民法院审判委员会第 1441 次会议通过）

第五条　中级人民法院对基层人民法院管辖的第一审行政案件，根据案件情况，可以决定自己审理，也可以指定本辖区其他基层人民法院管辖。

第九条　中级人民法院和高级人民法院管辖的第一审行政案件需要由上一级人民法院审理或者指定管辖的，参照本规定。

《建设项目环境保护管理条例》（1998 年 11 月 18 日国务院第 10 次常务会议通过，1998 年 11 月 29 日发布施行）

第二十八条　违反本条例规定，建设项目需要配套建设的环境保护设施未建成、未经验收或者经验收不合格，主体工程正式投入生产或者使用的，由审批该建设项目环境影响报告书、环境影响报告表或者环境影响登记表的环境保护行政主管部门责令停止生产或者使用，可以处 10 万元以下的罚款。

十、涉外行政诉讼

资料补充栏

最高人民法院关于依据国际公约和双边司法协助条约办理民商事案件司法文书送达和调查取证司法协助请求的规定

1. 2013年1月21日最高人民法院审判委员会第1568次会议通过、2013年4月7日公布、自2013年5月2日起施行(法释〔2013〕11号)

2. 根据2020年12月23日最高人民法院审判委员会第1823次会议通过、2020年12月29日公布、自2021年1月1日起施行的《最高人民法院关于修改〈最高人民法院关于人民法院民事调解工作若干问题的规定〉等十九件民事诉讼类司法解释的决定》(法释〔2020〕20号)修正

为正确适用有关国际公约和双边司法协助条约,依法办理民商事案件司法文书送达和调查取证请求,根据《中华人民共和国民事诉讼法》《关于向国外送达民事或商事司法文书和司法外文书的公约》(海牙送达公约)、《关于从国外调取民事或商事证据的公约》(海牙取证公约)和双边民事司法协助条约的规定,结合我国的司法实践,制定本规定。

第一条　人民法院应当根据便捷、高效的原则确定依据海牙送达公约、海牙取证公约,或者双边民事司法协助条约,对外提出民商事案件司法文书送达和调查取证请求。

第二条　人民法院协助外国办理民商事案件司法文书送达和调查取证请求,适用对等原则。

第三条　人民法院协助外国办理民商事案件司法文书送达和调查取证请求,应当进行审查。外国提出的司法协助请求,具有海牙送达公约、海牙取证公约或双边民事司法协助条约规定的拒绝提供协助的情形的,人民法院应当拒绝提供协助。

第四条　人民法院协助外国办理民商事案件司法文书送达和调查取证请求,应当按照民事诉讼法和相关司法解释规定的方式办理。

请求方要求按照请求书中列明的特殊方式办理的,如果该方式与我国法律不相抵触,且在实践中不存在无法办理或者办理困难的情形,应当按照该特殊方式办理。

第五条　人民法院委托外国送达民商事案件司法文书和进行民商事案件调查取证,需要提供译文的,应当委托中华人民共和国领域内的翻译机构进行翻译。

翻译件不加盖人民法院印章,但应由翻译机构或翻译人员签名或盖章证明译文与原文一致。

第六条　最高人民法院统一管理全国各级人民法院的国际司法协助工作。高级人民法院应当确定一个部门统一管理本辖区各级人民法院的国际司法协助工作并指定专人负责。中级人民法院、基层人民法院和有权受理涉外案件的专门法院,应当指定专人管理国际司法协助工作;有条件的,可以同时确定一个部门管理国际司法协助工作。

第七条　人民法院应当建立独立的国际司法协助登记制度。

第八条　人民法院应当建立国际司法协助档案制度。办理民商事案件司法文书送达的送达回证、送达证明在各个转递环节应当以适当方式保存。办理民商事案件调查取证的材料应当作为档案保存。

第九条　经最高人民法院授权的高级人民法院,可以依据海牙送达公约、海牙取证公约直接对外发出本辖区各级人民法院提出的民商事案件司法文书送达和调查取证请求。

第十条　通过外交途径办理民商事案件司法文书送达和调查取证,不适用本规定。

第十一条　最高人民法院国际司法协助统一管理部门根据本规定制定实施细则。

第十二条　最高人民法院以前所作的司法解释及规范性文件,凡与本规定不一致的,按本规定办理。

最高人民法院、外交部、司法部关于执行《关于向国外送达民事或商事司法文书和司法外文书公约》有关程序的通知

1. 1992年3月4日

2. 外发〔1992〕8号

全国各有关法院、各驻外使领馆:

1991年3月2日,第七届全国人民代表大会常

务委员会第十八次会议决定批准我国加入1965年11月15日订于海牙的《关于向国外送达民事或商事司法文书和司法外文书公约》(以下简称《公约》),并指定司法部为中央机关和有权接收外国通过领事途径转递的文书的机关。该公约已自1992年1月1日起对我国生效。现就执行该公约的有关程序通知如下:

一、凡公约成员国驻华使、领馆转送该国法院或其他机关请求我国送达的民事或商事司法文书,应直接送交司法部,由司法部转递给最高人民法院,再由最高人民法院交有关人民法院送达给当事人。送达证明由有关人民法院交最高人民法院退司法部,再由司法部送交该国驻华使、领馆。

二、凡公约成员国有权送交文书的主管当局或司法助理人员直接送交司法部请求我国送达的民事或商事司法文书,由司法部转递给最高人民法院,再由最高人民法院交有关人民法院送达给当事人。送达证明由有关人民法院交最高人民法院退司法部,再由司法部送交该国主管当局或司法助理人员。

三、对公约成员国驻华使、领馆直接向其在华的本国公民送达民事或商事司法文书,如不违反我国法律,可不表示异议。

四、我国法院若请求公约成员国向该国公民或第三国公民或无国籍人送达民事或商事司法文书,有关中级人民法院或专门人民法院应将请求书和所送司法文书送有关高级人民法院转最高人民法院,由最高人民法院送司法部转送给该国指定的中央机关;必要时,也可由最高人民法院送我国驻该国使馆转送给该国指定的中央机关。

五、我国法院欲向在公约成员国的中国公民送达民事或商事司法文书,可委托我国驻该国的使、领馆代为送达。委托书和所送司法文书应由有关中级人民法院或专门人民法院送有关高级人民法院转最高人民法院,由最高人民法院径送或经司法部转送我国驻该国使、领馆送达给当事人。送达证明按原途径退有关法院。

六、非公约成员国通过外交途径委托我国法院送达的司法文书按最高人民法院、外交部、司法部1986年8月14日联名颁发的外发〔1986〕47号《关于我国法院和外国法院通过外交途径相互委托送达法律文书若干问题的通知》办理。公约成员国在特殊情况下通过外交途径请求我国法院送达的司法文书,也按上述文件办理。

七、我国与公约成员国签订有司法协助协定的,按协定的规定办理。

八、执行公约中需同公约成员国交涉的事项由外交部办理。

九、执行公约的其他事项由司法部商有关部门处理。

最高人民法院办公厅关于向外国送达涉外行政案件司法文书的通知

1. 2004年7月20日

2. 法办〔2004〕346号

各省、自治区、直辖市高级人民法院,解放军军事法院,新疆维吾尔自治区高级人民法院生产建设兵团分院:

我国加入世界贸易组织以后,我国法院审理的涉外行政案件将不断增加,为保护中外当事人的合法权益,确保我国法院审判工作顺利进行,现可参照我国加入的海牙民商事送达公约,请求外国协助送达我国涉外行政案件司法文书。现就我国向外国送达涉外行政案件司法文书的做法通知如下:

对于需要向海牙民商事送达公约成员国送达涉外行政案件司法文书的,可参照1965年订立于海牙的《关于向国外送达民事或商事司法文书和司法外文书公约》和我国内相关程序向有关外国提出司法协助请求,通过公约规定的途径送达。

十一、诉讼费用

资料补充栏

诉讼费用交纳办法

1. 2006年12月19日国务院令第481号公布
2. 自2007年4月1日起施行

第一章 总 则

第一条 根据《中华人民共和国民事诉讼法》(以下简称民事诉讼法)和《中华人民共和国行政诉讼法》(以下简称行政诉讼法)的有关规定,制定本办法。

第二条 当事人进行民事诉讼、行政诉讼,应当依照本办法交纳诉讼费用。

本办法规定可以不交纳或者免予交纳诉讼费用的除外。

第三条 在诉讼过程中不得违反本办法规定的范围和标准向当事人收取费用。

第四条 国家对交纳诉讼费用确有困难的当事人提供司法救助,保障其依法行使诉讼权利,维护其合法权益。

第五条 外国人、无国籍人、外国企业或者组织在人民法院进行诉讼,适用本办法。

外国法院对中华人民共和国公民、法人或者其他组织,与其本国公民、法人或者其他组织在诉讼费用交纳上实行差别对待的,按照对等原则处理。

第二章 诉讼费用交纳范围

第六条 当事人应当向人民法院交纳的诉讼费用包括:

(一)案件受理费;

(二)申请费;

(三)证人、鉴定人、翻译人员、理算人员在人民法院指定日期出庭发生的交通费、住宿费、生活费和误工补贴。

第七条 案件受理费包括:

(一)第一审案件受理费;

(二)第二审案件受理费;

(三)再审案件中,依照本办法规定需要交纳的案件受理费。

第八条 下列案件不交纳案件受理费:

(一)依照民事诉讼法规定的特别程序审理的案件;

(二)裁定不予受理、驳回起诉、驳回上诉的案件;

(三)对不予受理、驳回起诉和管辖权异议裁定不服,提起上诉的案件;

(四)行政赔偿案件。

第九条 根据民事诉讼法和行政诉讼法规定的审判监督程序审理的案件,当事人不交纳案件受理费。但是,下列情形除外:

(一)当事人有新的证据,足以推翻原判决、裁定,向人民法院申请再审,人民法院经审查决定再审的案件;

(二)当事人对人民法院第一审判决或者裁定未提出上诉,第一审判决、裁定或者调解书发生法律效力后又申请再审,人民法院经审查决定再审的案件。

第十条 当事人依法向人民法院申请下列事项,应当交纳申请费:

(一)申请执行人民法院发生法律效力的判决、裁定、调解书,仲裁机构依法作出的裁决和调解书,公证机构依法赋予强制执行效力的债权文书;

(二)申请保全措施;

(三)申请支付令;

(四)申请公示催告;

(五)申请撤销仲裁裁决或者认定仲裁协议效力;

(六)申请破产;

(七)申请海事强制令、共同海损理算、设立海事赔偿责任限制基金、海事债权登记、船舶优先权催告;

(八)申请承认和执行外国法院判决、裁定和国外仲裁机构裁决。

第十一条 证人、鉴定人、翻译人员、理算人员在人民法院指定日期出庭发生的交通费、住宿费、生活费和误工补贴,由人民法院按照国家规定标准代为收取。

当事人复制案件卷宗材料和法律文书应当按实际成本向人民法院交纳工本费。

第十二条 诉讼过程中因鉴定、公告、勘验、翻译、评估、拍卖、变卖、仓储、保管、运输、船舶监管等发生的依法应当由当事人负担的费用,人民法院根据谁主张、谁负担的原则,决定由当事人直接支付给有关机构或者单位,人民法院不得代收代付。

人民法院依照民事诉讼法第十一条第三款规定提供当地民族通用语言、文字翻译的,不收取费用。

第三章　诉讼费用交纳标准

第十三条　案件受理费分别按照下列标准交纳：

（一）财产案件根据诉讼请求的金额或者价额，按照下列比例分段累计交纳：

1. 不超过1万元的，每件交纳50元；

2. 超过1万元至10万元的部分，按照2.5%交纳；

3. 超过10万元至20万元的部分，按照2%交纳；

4. 超过20万元至50万元的部分，按照1.5%交纳；

5. 超过50万元至100万元的部分，按照1%交纳；

6. 超过100万元至200万元的部分，按照0.9%交纳；

7. 超过200万元至500万元的部分，按照0.8%交纳；

8. 超过500万元至1000万元的部分，按照0.7%交纳；

9. 超过1000万元至2000万元的部分，按照0.6%交纳；

10. 超过2000万元的部分，按照0.5%交纳。

（二）非财产案件按照下列标准交纳：

1. 离婚案件每件交纳50元至300元。涉及财产分割，财产总额不超过20万元的，不另行交纳；超过20万元的部分，按照0.5%交纳。

2. 侵害姓名权、名称权、肖像权、名誉权、荣誉权以及其他人格权的案件，每件交纳100元至500元。涉及损害赔偿，赔偿金额不超过5万元的，不另行交纳；超过5万元至10万元的部分，按照1%交纳；超过10万元的部分，按照0.5%交纳。

3. 其他非财产案件每件交纳50元至100元。

（三）知识产权民事案件，没有争议金额或者价额的，每件交纳500元至1000元；有争议金额或者价额的，按照财产案件的标准交纳。

（四）劳动争议案件每件交纳10元。

（五）行政案件按照下列标准交纳：

1. 商标、专利、海事行政案件每件交纳100元；

2. 其他行政案件每件交纳50元。

（六）当事人提出案件管辖权异议，异议不成立的，每件交纳50元至100元。

省、自治区、直辖市人民政府可以结合本地实际情况在本条第（二）项、第（三）项、第（六）项规定的幅度内制定具体交纳标准。

第十四条　申请费分别按照下列标准交纳：

（一）依法向人民法院申请执行人民法院发生法律效力的判决、裁定、调解书，仲裁机构依法作出的裁决和调解书，公证机关依法赋予强制执行效力的债权文书，申请承认和执行外国法院判决、裁定以及国外仲裁机构裁决的，按照下列标准交纳：

1. 没有执行金额或者价额的，每件交纳50元至500元。

2. 执行金额或者价额不超过1万元的，每件交纳50元；超过1万元至50万元的部分，按照1.5%交纳；超过50万元至500万元的部分，按照1%交纳；超过500万元至1000万元的部分，按照0.5%交纳；超过1000万元的部分，按照0.1%交纳。

3. 符合民事诉讼法第五十五条第四款规定，未参加登记的权利人向人民法院提起诉讼的，按照本项规定的标准交纳申请费，不再交纳案件受理费。

（二）申请保全措施的，根据实际保全的财产数额按照下列标准交纳：

财产数额不超过1000元或者不涉及财产数额的，每件交纳30元；超过1000元至10万元的部分，按照1%交纳；超过10万元的部分，按照0.5%交纳。但是，当事人申请保全措施交纳的费用最多不超过5000元。

（三）依法申请支付令的，比照财产案件受理费标准的1/3交纳。

（四）依法申请公示催告的，每件交纳100元。

（五）申请撤销仲裁裁决或者认定仲裁协议效力的，每件交纳400元。

（六）破产案件依据破产财产总额计算，按照财产案件受理费标准减半交纳，但是，最高不超过30万元。

（七）海事案件的申请费按照下列标准交纳：

1. 申请设立海事赔偿责任限制基金的，每件交纳1000元至1万元；

2. 申请海事强制令的，每件交纳1000元至5000元；

3. 申请船舶优先权催告的，每件交纳1000元至5000元；

4. 申请海事债权登记的，每件交纳1000元；

5. 申请共同海损理算的，每件交纳1000元。

第十五条 以调解方式结案或者当事人申请撤诉的，减半交纳案件受理费。

第十六条 适用简易程序审理的案件减半交纳案件受理费。

第十七条 对财产案件提起上诉的，按照不服一审判决部分的上诉请求数额交纳案件受理费。

第十八条 被告提起反诉、有独立请求权的第三人提出与本案有关的诉讼请求，人民法院决定合并审理的，分别减半交纳案件受理费。

第十九条 依照本办法第九条规定需要交纳案件受理费的再审案件，按照不服原判决部分的再审请求数额交纳案件受理费。

第四章 诉讼费用的交纳和退还

第二十条 案件受理费由原告、有独立请求权的第三人、上诉人预交。被告提起反诉，依照本办法规定需要交纳案件受理费的，由被告预交。追索劳动报酬的案件可以不预交案件受理费。

申请费由申请人预交。但是，本办法第十条第（一）项、第（六）项规定的申请费不由申请人预交，执行申请费执行后交纳，破产申请费清算后交纳。

本办法第十一条规定的费用，待实际发生后交纳。

第二十一条 当事人在诉讼中变更诉讼请求数额，案件受理费依照下列规定处理：

（一）当事人增加诉讼请求数额的，按照增加后的诉讼请求数额计算补交；

（二）当事人在法庭调查终结前提出减少诉讼请求数额的，按照减少后的诉讼请求数额计算退还。

第二十二条 原告自接到人民法院交纳诉讼费用通知次日起 7 日内交纳案件受理费；反诉案件由提起反诉的当事人自提起反诉次日起 7 日内交纳案件受理费。

上诉案件的案件受理费由上诉人向人民法院提交上诉状时预交。双方当事人都提起上诉的，分别预交。上诉人在上诉期内未预交诉讼费用的，人民法院应当通知其在 7 日内预交。

申请费由申请人在提出申请时或者在人民法院指定的期限内预交。

当事人逾期不交纳诉讼费用又未提出司法救助申请，或者申请司法救助未获批准，在人民法院指定期限内仍未交纳诉讼费用的，由人民法院依照有关规定处理。

第二十三条 依照本办法第九条规定需要交纳案件受理费的再审案件，由申请再审的当事人预交。双方当事人都申请再审的，分别预交。

第二十四条 依照民事诉讼法第三十六条、第三十七条、第三十八条、第三十九条规定移送、移交的案件，原受理人民法院应当将当事人预交的诉讼费用随案移交接收案件的人民法院。

第二十五条 人民法院审理民事案件过程中发现涉嫌刑事犯罪并将案件移送有关部门处理的，当事人交纳的案件受理费予以退还；移送后民事案件需要继续审理的，当事人已交纳的案件受理费不予退还。

第二十六条 中止诉讼、中止执行的案件，已交纳的案件受理费、申请费不予退还。中止诉讼、中止执行的原因消除，恢复诉讼、执行的，不再交纳案件受理费、申请费。

第二十七条 第二审人民法院决定将案件发回重审的，应当退还上诉人已交纳的第二审案件受理费。

第一审人民法院裁定不予受理或者驳回起诉的，应当退还当事人已交纳的案件受理费；当事人对第一审人民法院不予受理、驳回起诉的裁定提起上诉，第二审人民法院维持第一审人民法院作出的裁定的，第一审人民法院应当退还当事人已交纳的案件受理费。

第二十八条 依照民事诉讼法第一百三十七条规定终结诉讼的案件，依照本办法规定已交纳的案件受理费不予退还。

第五章 诉讼费用的负担

第二十九条 诉讼费用由败诉方负担，胜诉方自愿承担的除外。

部分胜诉、部分败诉的，人民法院根据案件的具体情况决定当事人各自负担的诉讼费用数额。

共同诉讼当事人败诉的，人民法院根据其对诉讼标的的利害关系，决定当事人各自负担的诉讼费用数额。

第三十条 第二审人民法院改变第一审人民法院作出的判决、裁定的，应当相应变更第一审人民法院对诉讼费用负担的决定。

第三十一条 经人民法院调解达成协议的案件，诉讼费用的负担由双方当事人协商解决；协商不成的，由人民法院决定。

第三十二条 依照本办法第九条第（一）项、第（二）项的规定应当交纳案件受理费的再审案件，诉讼费用由申请再审的当事人负担；双方当事人都申请再审的，诉讼费用依照本办法第二十九条的规定负担。原审诉讼费用的负担由人民法院根据诉讼费用负担原则重新确定。

第三十三条 离婚案件诉讼费用的负担由双方当事人协商解决；协商不成的，由人民法院决定。

第三十四条 民事案件的原告或者上诉人申请撤诉，人民法院裁定准许的，案件受理费由原告或者上诉人负担。

行政案件的被告改变或者撤销具体行政行为，原告申请撤诉，人民法院裁定准许的，案件受理费由被告负担。

第三十五条 当事人在法庭调查终结后提出减少诉讼请求数额的，减少请求数额部分的案件受理费由变更诉讼请求的当事人负担。

第三十六条 债务人对督促程序未提出异议的，申请费由债务人负担。债务人对督促程序提出异议致使督促程序终结的，申请费由申请人负担；申请人另行起诉的，可以将申请费列入诉讼请求。

第三十七条 公示催告的申请费由申请人负担。

第三十八条 本办法第十条第（一）项、第（八）项规定的申请费由被执行人负担。

执行中当事人达成和解协议的，申请费的负担由双方当事人协商解决；协商不成的，由人民法院决定。

本办法第十条第（二）项规定的申请费由申请人负担，申请人提起诉讼的，可以将该申请费列入诉讼请求。

本办法第十条第（五）项规定的申请费，由人民法院依照本办法第二十九条规定决定申请费的负担。

第三十九条 海事案件中的有关诉讼费用依照下列规定负担：

（一）诉前申请海事请求保全、海事强制令的，申请费由申请人负担；申请人就有关海事请求提起诉讼的，可将上述费用列入诉讼请求；

（二）诉前申请海事证据保全的，申请费由申请人负担；

（三）诉讼中拍卖、变卖被扣押船舶、船载货物、船用燃油、船用物料发生的合理费用，由申请人预付，从拍卖、变卖价款中先行扣除，退还申请人；

（四）申请设立海事赔偿责任限制基金、申请债权登记与受偿、申请船舶优先权催告案件的申请费，由申请人负担；

（五）设立海事赔偿责任限制基金、船舶优先权催告程序中的公告费用由申请人负担。

第四十条 当事人因自身原因未能在举证期限内举证，在二审或者再审期间提出新的证据致使诉讼费用增加的，增加的诉讼费用由该当事人负担。

第四十一条 依照特别程序审理案件的公告费，由起诉人或者申请人负担。

第四十二条 依法向人民法院申请破产的，诉讼费用依照有关法律规定从破产财产中拨付。

第四十三条 当事人不得单独对人民法院关于诉讼费用的决定提起上诉。

当事人单独对人民法院关于诉讼费用的决定有异议的，可以向作出决定的人民法院院长申请复核。复核决定应当自收到当事人申请之日起 15 日内作出。

当事人对人民法院决定诉讼费用的计算有异议的，可以向作出决定的人民法院请求复核。计算确有错误的，作出决定的人民法院应当予以更正。

第六章 司法救助

第四十四条 当事人交纳诉讼费用确有困难的，可以依照本办法向人民法院申请缓交、减交或者免交诉讼费用的司法救助。

诉讼费用的免交只适用于自然人。

第四十五条 当事人申请司法救助，符合下列情形之一的，人民法院应当准予免交诉讼费用：

（一）残疾人无固定生活来源的；

（二）追索赡养费、扶养费、抚育费、抚恤金的；

（三）最低生活保障对象、农村特困定期救济对象、农村五保供养对象或者领取失业保险金人员，无其他收入的；

（四）因见义勇为或者为保护社会公共利益致使自身合法权益受到损害，本人或者其近亲属请求赔偿或者补偿的；

（五）确实需要免交的其他情形。

第四十六条 当事人申请司法救助，符合下列情形之一的，人民法院应当准予减交诉讼费用：

（一）因自然灾害等不可抗力造成生活困难，正在接受社会救济，或者家庭生产经营难以为继的；

（二）属于国家规定的优抚、安置对象的；

（三）社会福利机构和救助管理站；

（四）确实需要减交的其他情形。

人民法院准予减交诉讼费用的，减交比例不得低于30%。

第四十七条 当事人申请司法救助，符合下列情形之一的，人民法院应当准予缓交诉讼费用：

（一）追索社会保险金、经济补偿金的；

（二）海上事故、交通事故、医疗事故、工伤事故、产品质量事故或者其他人身伤害事故的受害人请求赔偿的；

（三）正在接受有关部门法律援助的；

（四）确实需要缓交的其他情形。

第四十八条 当事人申请司法救助，应当在起诉或者上诉时提交书面申请、足以证明其确有经济困难的证明材料以及其他相关证明材料。

因生活困难或者追索基本生活费用申请免交、减交诉讼费用的，还应当提供本人及其家庭经济状况符合当地民政、劳动保障等部门规定的公民经济困难标准的证明。

人民法院对当事人的司法救助申请不予批准的，应当向当事人书面说明理由。

第四十九条 当事人申请缓交诉讼费用经审查符合本办法第四十七条规定的，人民法院应当在决定立案之前作出准予缓交的决定。

第五十条 人民法院对一方当事人提供司法救助，对方当事人败诉的，诉讼费用由对方当事人负担；对方当事人胜诉的，可以视申请司法救助的当事人的经济状况决定其减交、免交诉讼费用。

第五十一条 人民法院准予当事人减交、免交诉讼费用的，应当在法律文书中载明。

第七章 诉讼费用的管理和监督

第五十二条 诉讼费用的交纳和收取制度应当公示。人民法院收取诉讼费用按照其财务隶属关系使用国务院财政部门或者省级人民政府财政部门印制的财政票据。案件受理费、申请费全额上缴财政，纳入预算，实行收支两条线管理。

人民法院收取诉讼费用应当向当事人开具缴费凭证，当事人持缴费凭证到指定代理银行交费。依法应当向当事人退费的，人民法院应当按照国家有关规定办理。诉讼费用缴库和退费的具体办法由国务院财政部门商最高人民法院另行制定。

在边远、水上、交通不便地区，基层巡回法庭当场审理案件，当事人提出向指定代理银行交纳诉讼费用确有困难的，基层巡回法庭可以当场收取诉讼费用，并向当事人出具省级人民政府财政部门印制的财政票据；不出具省级人民政府财政部门印制的财政票据的，当事人有权拒绝交纳。

第五十三条 案件审结后，人民法院应当将诉讼费用的详细清单和当事人应当负担的数额书面通知当事人，同时在判决书、裁定书或者调解书中写明当事人各方应当负担的数额。

需要向当事人退还诉讼费用的，人民法院应当自法律文书生效之日起15日内退还有关当事人。

第五十四条 价格主管部门、财政部门按照收费管理的职责分工，对诉讼费用进行管理和监督；对违反本办法规定的乱收费行为，依照法律、法规和国务院相关规定予以查处。

第八章 附 则

第五十五条 诉讼费用以人民币为计算单位。以外币为计算单位的，依照人民法院决定受理案件之日国家公布的汇率换算成人民币计算交纳；上诉案件和申请再审案件的诉讼费用，按照第一审人民法院决定受理案件之日国家公布的汇率换算。

第五十六条 本办法自2007年4月1日起施行。

最高人民法院关于委托高级人民法院向当事人送达预交上诉案件受理费等有关事项的通知

1. 2004年10月25日

2. 法〔2004〕222号

各省、自治区、直辖市高级人民法院，解放军军事法院，新疆维吾尔自治区高级人民法院生产建设兵团分院：

为提高最高人民法院第二审民事、行政案件立案工作效率，保障当事人的诉权，方便当事人诉讼，最高人民法院实行委托高级人民法院向当事人送达《当事人提起上诉及预交上诉案件受理费有关事项的通知》制度。具体通知如下：

第一条 高级人民法院在向当事人送达第一审裁判文书的同时送达《当事人提起上诉及预交上诉案件受理费等事项的通知》。

第二条 当事人收到《当事人提起上诉及预交上诉案件受理费等事项的通知》后，未在规定的交费期间预交上诉案件受理费，也未提出缓交、减交、免交上诉案件受理费申请的，高级人民法院应将上诉状、送达回证、第一审裁判文书等有关材料报送最高人民法院立案庭。

第三条 当事人收到《当事人提起上诉及预交上诉案件受理费等事项的通知》后，在规定的期间内向作出第一审裁判的高级人民法院提出缓交、减交、免交上诉案件受理费申请及相关证明的，该高级人民法院应将申请连同全部案件卷宗报送最高人民法院立案庭。

第四条 高级人民法院报送的上诉案件卷宗材料应当符合《最高人民法院立案工作细则》和最高人民法院立案庭《关于严格执行〈最高人民法院立案工作细则〉的通知》的有关规定。

高级人民法院报送的案件卷宗材料应当附上诉状、上诉状副本送达回证或邮寄回执、第一审裁判文书五份以及各方当事人签收《当事人提起上诉及预交上诉案件受理费等事项的通知》的送达回证或邮寄回执。

第五条 高级人民法院报送的案件卷宗材料不符合本通知第四条规定，最高人民法院立案庭通知该高级人民法院补报的，该高级人民法院接到通知后十日内仍未补报的，最高人民法院立案庭将全部案件卷宗材料退回该高级人民法院。

第六条 当事人直接向最高人民法院递交上诉状的，最高人民法院在上诉状上加盖签收印章，用例稿函将上诉状移交有关高级人民法院审查处理。当事人的上诉日期以最高人民法院签收的日期为准。

第七条 本通知自2005年1月1日起执行。

附件：（略）

最高人民法院关于适用《诉讼费用交纳办法》的通知

1. *2007年4月20日*
2. *法发〔2007〕16号*

全国地方各级人民法院、各级军事法院、各铁路运输中级法院和基层法院、各海事法院，新疆生产建设兵团各级法院：

《诉讼费用交纳办法》（以下简称《办法》）自2007年4月1日起施行，最高人民法院颁布的《人民法院诉讼收费办法》和《〈人民法院诉讼收费办法〉补充规定》同时不再适用。为了贯彻落实《办法》，规范诉讼费用的交纳和管理，现就有关事项通知如下：

一、关于《办法》实施后的收费衔接

2007年4月1日以后人民法院受理的诉讼案件和执行案件，适用《办法》的规定。

2007年4月1日以前人民法院受理的诉讼案件和执行案件，不适用《办法》的规定。

对2007年4月1日以前已经作出生效裁判的案件依法再审的，适用《办法》的规定。人民法院对再审案件依法改判的，原审诉讼费用的负担按照原审时诉讼费用负担的原则和标准重新予以确定。

二、关于当事人未按照规定交纳案件受理费或者申请费的后果

当事人逾期不按照《办法》第二十条规定交纳案件受理费或者申请费并且没有提出司法救助申请，或者申请司法救助未获批准，在人民法院指定期限内仍未交纳案件受理费或者申请费的，由人民法院依法按照当事人自动撤诉或者撤回申请处理。

三、关于诉讼费用的负担

《办法》第二十九条规定，诉讼费用由败诉方负担，胜诉方自愿承担的除外。对原告胜诉的案件，诉讼费用由被告负担，人民法院应当将预收的诉讼费用退还原告，再由人民法院直接向被告收取，但原告自愿承担或者同意被告直接向其支付的除外。

当事人拒不交纳诉讼费用的，人民法院应当依法强制执行。

四、关于执行申请费和破产申请费的收取

《办法》第二十条规定，执行申请费和破产申请费不由申请人预交，执行申请费执行后交纳，破产申请费清算后交纳。自2007年4月1日起，执行申请费由人民法院在执行生效法律文书确定的内容之外直接向被执行人收取，破产申请费由人民法院在破产清算后，从破产财产中优先拨付。

五、关于司法救助的申请和批准程序

《办法》对司法救助的原则、形式、程序等作出了规定，但对司法救助的申请和批准程序未作规定。为规范人民法院司法救助的操作程序，最高人民法院将于近期对《关于对经济确有困难的当事人提供司法救助的规定》进行修订，及时向全国法院颁布施行。

六、关于各省、自治区、直辖市案件受理费和申请费的具体交纳标准

《办法》授权各省、自治区、直辖市人民政府可以结合本地实际情况，在第十二条第（二）、（三）、（六）项和第十四条第（一）项规定的幅度范围内制定各地案件受理费和申请费的具体交纳标准。各高级人民法院要商同级人民政府，及时就上述条款制定本省、自治区、直辖市案件受理费和申请费的具体交纳标准，并尽快下发辖区法院执行。

最高人民法院关于对经济确有困难的当事人提供司法救助的规定

1. 2005年4月5日
2. 法发〔2005〕6号

第一条 为了使经济确有困难的当事人能够依法行使诉讼权利，维护其合法权益，根据《中华人民共和国民事诉讼法》、《中华人民共和国行政诉讼法》和《人民法院诉讼收费办法》，制定本规定。

第二条 本规定所称司法救助，是指人民法院对于当事人为维护自己的合法权益，向人民法院提起民事、行政诉讼，但经济确有困难的，实行诉讼费用的缓交、减交、免交。

第三条 当事人符合本规定第二条并具有下列情形之一的，可以向人民法院申请司法救助：

（一）追索赡养费、扶养费、抚育费、抚恤金的；

（二）孤寡老人、孤儿和农村“五保户”；

（三）没有固定生活来源的残疾人、患有严重疾病的人；

（四）国家规定的优抚、安置对象；

（五）追索社会保险金、劳动报酬和经济补偿金的；

（六）交通事故、医疗事故、工伤事故、产品质量事故或者其他人身伤害事故的受害人，请求赔偿的；

（七）因见义勇为或为保护社会公共利益致使自己合法权益受到损害，本人或者近亲属请求赔偿或经济补偿的；

（八）进城务工人员追索劳动报酬或其他合法权益受到侵害而请求赔偿的；

（九）正在享受城市居民最低生活保障、农村特困户救济或者领取失业保险金，无其他收入的；

（十）因自然灾害等不可抗力造成生活困难，正在接受社会救济，或者家庭生产经营难以为继的；

（十一）起诉行政机关违法要求农民履行义务的；

（十二）正在接受有关部门法律援助的；

（十三）当事人为社会福利机构、敬老院、优抚医院、精神病院、SOS儿童村、社会救助站、特殊教育机构等社会公共福利单位的；

（十四）其他情形确实需要司法救助的。

第四条 当事人请求人民法院提供司法救助，应在起诉或上诉时提交书面申请和足以证明其确有经济困难的证明材料。其中因生活困难或者追索基本生活费用申请司法救助的，应当提供本人及其家庭经济状况符合当地民政、劳动和社会保障等部门规定的公民经济困难标准的证明。

第五条 人民法院对当事人司法救助的请求，经审查符合本规定第三条所列情形的，立案时应准许当事人缓交诉讼费用。

第六条 人民法院决定对一方当事人司法救助，对方当事人败诉的，诉讼费用由对方当事人交纳；拒不交纳的强制执行。

对方当事人胜诉的，可视申请司法救助当事人的经济状况决定其减交、免交诉讼费用。决定减交诉讼费用的，减交比例不得低于30%。符合本规定第三条第二项、第九项规定情形的，应免交诉讼费用。

第七条　对当事人请求缓交诉讼费用的，由承办案件的审判人员或合议庭提出意见，报庭长审批；对当事人请求减交、免交诉讼费用的，由承办案件的审判人员或合议庭提出意见，经庭长审核同意后，报院长审批。

第八条　人民法院决定对当事人减交、免交诉讼费用的，应在法律文书中列明。

第九条　当事人骗取司法救助的，人民法院应当责令其补交诉讼费用；拒不补交的，以妨害诉讼行为论处。

第十条　本规定自公布之日起施行。

最高人民法院关于
诉讼收费监督管理的规定

1．2007年9月20日

2．法发〔2007〕30号

为了进一步加强和完善对人民法院诉讼收费的监督管理，防止和查处违规收费行为，维护当事人的合法权益，根据《民事诉讼法》、《行政诉讼法》和《诉讼费用交纳办法》的有关规定，制定本规定。

第一条　诉讼收费范围和收费标准应当严格执行《诉讼费用交纳办法》，不得提高收费标准。

第二条　当事人交纳诉讼费用确有困难的，可以依照《诉讼费用交纳办法》向人民法院申请缓交、减交或者免交诉讼费用的司法救助。对不符合司法救助情形的，不应准予免交、减交或者缓交。

第三条　诉讼收费严格实行“收支两条线”管理的规定，各级人民法院应当严格按照有关规定将依法收取的诉讼按照规定及时上缴同级财政，纳入预算管理，不得擅自开设银行帐户收费，不得截留、坐支、挪用、私分诉讼费用。

第四条　各级人民法院收取诉讼费用应当到指定的价格主管部门办理收费许可证。

第五条　各级人民法院应当严格执行收费公示制度的有关规定，在立案场所公示收费许可证，诉讼费用交纳范围、交纳项目、交纳标准，以及投诉部门和电话等。

第六条　各级人民法院收取诉讼费用应当按照财务隶属关系使用国务院财政部门或者省级人民政府财政部门印制的财政票据，不得私自印制或者使用任何其他票据进行收费。

第七条　基层人民法院的人民法庭按照有关规定当场收取诉讼费用的，必须向当事人出具省级人民政府财政部门印制的财政票据，并及时将收取的诉讼费用缴入指定代理银行。

第八条　各级人民法院不得违反规定预收执行申请费和破产申请费用。

第九条　各级人民法院应当按照实际成本向当事人、辩护人以及代理人等收取复制案件卷宗材料、审判工作的声像档案和法律文书的工本费。实际成本按照人民法院所在地省级价格、财政部门的规定执行。

第十条　诉讼费用结算完毕后，各级人民法院按照规定应当退还当事人诉讼费用的，应当及时办理退还手续；案件经审理需移送、移交的，应当及时办理随案移交诉讼费用的手续，不得影响当事人诉讼；当事人需要补缴诉讼费用的，应当及时督促补缴。

第十一条　各级人民法院不得向法院内部各部门下达收费任务和指标，不得以诉讼收费数额的多少作为对部门或个人奖惩的依据，不得将诉讼费用的收取与奖金、福利、津贴等挂钩。

第十二条　各级人民法院应当对本院收取诉讼费用的情况每年进行一次自查。上级人民法院应当对所辖法院收取诉讼费用的情况有计划地开展检查。对检查中发现的问题，应当及时纠正。

各级人民法院应当按照有关规定接受并配合有关职能部门对诉讼收费情况的监督检查。

第十三条　各级人民法院监察部门负责受理对违反规定收取诉讼费用行为的举报，并查处违反规定收取诉讼费用的行为。

第十四条　各级人民法院监察部门对于违反规定收取诉讼费用的行为，应当认真进行调查。查证属实的，应当依照最高人民法院有关纪律处分的规定对直接责任人员进行处理。对于违反规定收取诉讼费用，严重损害当事人利益，造成恶劣影响的，还应当追究有关领导和责任人员的责任。

第十五条　本规定自下发之日起施行。

十二、国家赔偿

资料补充栏

1. 综　合

中华人民共和国国家赔偿法

1. 1994年5月12日第八届全国人民代表大会常务委员会第七次会议通过
2. 根据2010年4月29日第十一届全国人民代表大会常务委员会第十四次会议《关于修改〈中华人民共和国国家赔偿法〉的决定》第一次修正
3. 根据2012年10月26日第十一届全国人民代表大会常务委员会第二十九次会议《关于修改〈中华人民共和国国家赔偿法〉的决定》第二次修正

第一章　总　　则

第一条　【立法宗旨和依据】为保障公民、法人和其他组织享有依法取得国家赔偿的权利，促进国家机关依法行使职权，根据宪法，制定本法。

第二条　【国家赔偿归责原则及赔偿义务机关】国家机关和国家机关工作人员行使职权，有本法规定的侵犯公民、法人和其他组织合法权益的情形，造成损害的，受害人有依照本法取得国家赔偿的权利。

本法规定的赔偿义务机关，应当依照本法及时履行赔偿义务。

第二章　行 政 赔 偿

第一节　赔 偿 范 围

第三条　【侵犯人身权的行政赔偿范围】行政机关及其工作人员在行使行政职权时有下列侵犯人身权情形之一的，受害人有取得赔偿的权利：

（一）违法拘留或者违法采取限制公民人身自由的行政强制措施的；

（二）非法拘禁或者以其他方法非法剥夺公民人身自由的；

（三）以殴打、虐待等行为或者唆使、放纵他人以殴打、虐待等行为造成公民身体伤害或者死亡的；

（四）违法使用武器、警械造成公民身体伤害或者死亡的；

（五）造成公民身体伤害或者死亡的其他违法行为。

第四条　【侵犯财产权的行政赔偿范围】行政机关及其工作人员在行使行政职权时有下列侵犯财产权情形之一的，受害人有取得赔偿的权利：

（一）违法实施罚款、吊销许可证和执照、责令停产停业、没收财物等行政处罚的；

（二）违法对财产采取查封、扣押、冻结等行政强制措施的；

（三）违法征收、征用财产的；

（四）造成财产损害的其他违法行为。

第五条　【行政侵权中的免责情形】属于下列情形之一的，国家不承担赔偿责任：

（一）行政机关工作人员与行使职权无关的个人行为；

（二）因公民、法人和其他组织自己的行为致使损害发生的；

（三）法律规定的其他情形。

第二节　赔偿请求人和赔偿义务机关

第六条　【行政赔偿请求人】受害的公民、法人和其他组织有权要求赔偿。

受害的公民死亡，其继承人和其他有扶养关系的亲属有权要求赔偿。

受害的法人或者其他组织终止的，其权利承受人有权要求赔偿。

第七条　【行政赔偿义务机关】行政机关及其工作人员行使行政职权侵犯公民、法人和其他组织的合法权益造成损害的，该行政机关为赔偿义务机关。

两个以上行政机关共同行使行政职权时侵犯公民、法人和其他组织的合法权益造成损害的，共同行使行政职权的行政机关为共同赔偿义务机关。

法律、法规授权的组织在行使授予的行政权力时侵犯公民、法人和其他组织的合法权益造成损害的，被授权的组织为赔偿义务机关。

受行政机关委托的组织或者个人在行使受委托的行政权力时侵犯公民、法人和其他组织的合法权益造成损害的，委托的行政机关为赔偿义务机关。

赔偿义务机关被撤销的，继续行使其职权的行政机关为赔偿义务机关；没有继续行使其职权的行政机关的，撤销该赔偿义务机关的行政机关为赔偿义务机关。

第八条　【经过行政复议的赔偿义务机关】经复议机关复议的，最初造成侵权行为的行政机关为赔偿义务机关，但复议机关的复议决定加重损害的，复议机关对加重的部分履行赔偿义务。

第三节　赔偿程序

第九条　【赔偿请求人要求行政赔偿的途径】赔偿义务机关有本法第三条、第四条规定情形之一的，应当给予赔偿。

赔偿请求人要求赔偿，应当先向赔偿义务机关提出，也可以在申请行政复议或者提起行政诉讼时一并提出。

第十条　【行政赔偿的共同赔偿义务机关】赔偿请求人可以向共同赔偿义务机关中的任何一个赔偿义务机关要求赔偿，该赔偿义务机关应当先予赔偿。

第十一条　【根据损害提出数项赔偿要求】赔偿请求人根据受到的不同损害，可以同时提出数项赔偿要求。

第十二条　【赔偿请求人递交赔偿申请书】要求赔偿应当递交申请书，申请书应当载明下列事项：

（一）受害人的姓名、性别、年龄、工作单位和住所，法人或者其他组织的名称、住所和法定代表人或者主要负责人的姓名、职务；

（二）具体的要求、事实根据和理由；

（三）申请的年、月、日。

赔偿请求人书写申请书确有困难的，可以委托他人代书；也可以口头申请，由赔偿义务机关记入笔录。

赔偿请求人不是受害人本人的，应当说明与受害人的关系，并提供相应证明。

赔偿请求人当面递交申请书的，赔偿义务机关应当当场出具加盖本行政机关专用印章并注明收讫日期的书面凭证。申请材料不齐全的，赔偿义务机关应当当场或者在五日内一次性告知赔偿请求人需要补正的全部内容。

第十三条　【行政赔偿义务机关作出赔偿决定】赔偿义务机关应当自收到申请之日起两个月内，作出是否赔偿的决定。赔偿义务机关作出赔偿决定，应当充分听取赔偿请求人的意见，并可以与赔偿请求人就赔偿方式、赔偿项目和赔偿数额依照本法第四章的规定进行协商。

赔偿义务机关决定赔偿的，应当制作赔偿决定书，并自作出决定之日起十日内送达赔偿请求人。

赔偿义务机关决定不予赔偿的，应当自作出决定之日起十日内书面通知赔偿请求人，并说明不予赔偿的理由。

第十四条　【赔偿请求人向法院提起诉讼】赔偿义务机关在规定期限内未作出是否赔偿的决定，赔偿请求人可以自期限届满之日起三个月内，向人民法院提起诉讼。

赔偿请求人对赔偿的方式、项目、数额有异议的，或者赔偿义务机关作出不予赔偿决定的，赔偿请求人可以自赔偿义务机关作出赔偿或者不予赔偿决定之日起三个月内，向人民法院提起诉讼。

第十五条　【举证责任】人民法院审理行政赔偿案件，赔偿请求人和赔偿义务机关对自己提出的主张，应当提供证据。

赔偿义务机关采取行政拘留或者限制人身自由的强制措施期间，被限制人身自由的人死亡或者丧失行为能力的，赔偿义务机关的行为与被限制人身自由的人的死亡或者丧失行为能力是否存在因果关系，赔偿义务机关应当提供证据。

第十六条　【行政追偿】赔偿义务机关赔偿损失后，应当责令有故意或者重大过失的工作人员或者受委托的组织或者个人承担部分或者全部赔偿费用。

对有故意或者重大过失的责任人员，有关机关应当依法给予处分；构成犯罪的，应当依法追究刑事责任。

第三章　刑事赔偿

第一节　赔偿范围

第十七条　【侵犯人身权的刑事赔偿范围】行使侦查、检察、审判职权的机关以及看守所、监狱管理机关及其工作人员在行使职权时有下列侵犯人身权情形之一的，受害人有取得赔偿的权利：

（一）违反刑事诉讼法的规定对公民采取拘留措施的，或者依照刑事诉讼法规定的条件和程序对公民采取拘留措施，但是拘留时间超过刑事诉讼法规定的时限，其后决定撤销案件、不起诉或者判决宣告无罪终止追究刑事责任的；

（二）对公民采取逮捕措施后，决定撤销案件、不起诉或者判决宣告无罪终止追究刑事责任的；

（三）依照审判监督程序再审改判无罪，原判刑罚已经执行的；

（四）刑讯逼供或者以殴打、虐待等行为或者唆使、放纵他人以殴打、虐待等行为造成公民身体伤害或者死亡的；

（五）违法使用武器、警械造成公民身体伤害或者死亡的。

第十八条 【侵犯财产权的刑事赔偿范围】行使侦查、检察、审判职权的机关以及看守所、监狱管理机关及其工作人员在行使职权时有下列侵犯财产权情形之一的，受害人有取得赔偿的权利：

（一）违法对财产采取查封、扣押、冻结、追缴等措施的；

（二）依照审判监督程序再审改判无罪，原判罚金、没收财产已经执行的。

第十九条 【刑事赔偿免责情形】属于下列情形之一的，国家不承担赔偿责任：

（一）因公民自己故意作虚伪供述，或者伪造其他有罪证据被羁押或者被判处刑罚的；

（二）依照刑法第十七条、第十八条规定不负刑事责任的人被羁押的；

（三）依照刑事诉讼法第十五条、第一百七十三条第二款、第二百七十三条第二款、第二百七十九条规定不追究刑事责任的人被羁押的；

（四）行使侦查、检察、审判职权的机关以及看守所、监狱管理机关的工作人员与行使职权无关的个人行为；

（五）因公民自伤、自残等故意行为致使损害发生的；

（六）法律规定的其他情形。

第二节 赔偿请求人和赔偿义务机关

第二十条 【刑事赔偿请求人】赔偿请求人的确定依照本法第六条的规定。

第二十一条 【刑事赔偿义务机关】行使侦查、检察、审判职权的机关以及看守所、监狱管理机关及其工作人员在行使职权时侵犯公民、法人和其他组织的合法权益造成损害的，该机关为赔偿义务机关。

对公民采取拘留措施，依照本法的规定应当给予国家赔偿的，作出拘留决定的机关为赔偿义务机关。

对公民采取逮捕措施后决定撤销案件、不起诉或者判决宣告无罪的，作出逮捕决定的机关为赔偿义务机关。

再审改判无罪的，作出原生效判决的人民法院为赔偿义务机关。二审改判无罪，以及二审发回重审后作无罪处理的，作出一审有罪判决的人民法院为赔偿义务机关。

第三节 赔偿程序

第二十二条 【刑事赔偿的提出和赔偿义务机关先行处理】赔偿义务机关有本法第十七条、第十八条规定情形之一的，应当给予赔偿。

赔偿请求人要求赔偿，应当先向赔偿义务机关提出。

赔偿请求人提出赔偿请求，适用本法第十一条、第十二条的规定。

第二十三条 【刑事赔偿义务机关赔偿决定的作出】赔偿义务机关应当自收到申请之日起两个月内，作出是否赔偿的决定。赔偿义务机关作出赔偿决定，应当充分听取赔偿请求人的意见，并可以与赔偿请求人就赔偿方式、赔偿项目和赔偿数额依照本法第四章的规定进行协商。

赔偿义务机关决定赔偿的，应当制作赔偿决定书，并自作出决定之日起十日内送达赔偿请求人。

赔偿义务机关决定不予赔偿的，应当自作出决定之日起十日内书面通知赔偿请求人，并说明不予赔偿的理由。

第二十四条 【刑事赔偿复议申请的提出】赔偿义务机关在规定期限内未作出是否赔偿的决定，赔偿请求人可以自期限届满之日起三十日内向赔偿义务机关的上一级机关申请复议。

赔偿请求人对赔偿的方式、项目、数额有异议的，或者赔偿义务机关作出不予赔偿决定的，赔偿请求人可以自赔偿义务机关作出赔偿或者不予赔偿决定之日起三十日内，向赔偿义务机关的上一级机关申请复议。

赔偿义务机关是人民法院的，赔偿请求人可以依照本条规定向其上一级人民法院赔偿委员会申请作出赔偿决定。

第二十五条 【刑事赔偿复议的处理和对复议决定的救济】复议机关应当自收到申请之日起两个月内作出决定。

赔偿请求人不服复议决定的，可以在收到复议决定之日起三十日内向复议机关所在地的同级人民法院赔偿委员会申请作出赔偿决定；复议机关逾期不作决定的，赔偿请求人可以自期限届满之日起三十日内向复议机关所在地的同级人民法院赔偿委员会申请作出赔偿决定。

第二十六条 【举证责任分配】人民法院赔偿委员会处理赔偿请求，赔偿请求人和赔偿义务机关对自己提出的主张，应当提供证据。

被羁押人在羁押期间死亡或者丧失行为能力的，赔偿义务机关的行为与被羁押人的死亡或者丧失行为能力是否存在因果关系，赔偿义务机关应当提供证据。

第二十七条 【赔偿委员会办理案件程序】人民法院赔偿委员会处理赔偿请求，采取书面审查的办法。必要时，可以向有关单位和人员调查情况、收集证据。赔偿请求人与赔偿义务机关对损害事实及因果关系有争议的，赔偿委员会可以听取赔偿请求人和赔偿义务机关的陈述和申辩，并可以进行质证。

第二十八条 【赔偿委员会办理案件期限】人民法院赔偿委员会应当自收到赔偿申请之日起三个月内作出决定；属于疑难、复杂、重大案件的，经本院院长批准，可以延长三个月。

第二十九条 【赔偿委员会的组成】中级以上的人民法院设立赔偿委员会，由人民法院三名以上审判员组成，组成人员的人数应当为单数。

赔偿委员会作赔偿决定，实行少数服从多数的原则。

赔偿委员会作出的赔偿决定，是发生法律效力的决定，必须执行。

第三十条 【赔偿委员会重新审查程序】赔偿请求人或者赔偿义务机关对赔偿委员会作出的决定，认为确有错误的，可以向上一级人民法院赔偿委员会提出申诉。

赔偿委员会作出的赔偿决定生效后，如发现赔偿决定违反本法规定的，经本院院长决定或者上级人民法院指令，赔偿委员会应当在两个月内重新审查并依法作出决定，上一级人民法院赔偿委员会也可以直接审查并作出决定。

最高人民检察院对各级人民法院赔偿委员会作出的决定，上级人民检察院对下级人民法院赔偿委员会作出的决定，发现违反本法规定的，应当向同级人民法院赔偿委员会提出意见，同级人民法院赔偿委员会应当在两个月内重新审查并依法作出决定。

第三十一条 【刑事赔偿的追偿】赔偿义务机关赔偿后，应当向有下列情形之一的工作人员追偿部分或者全部赔偿费用：

（一）有本法第十七条第四项、第五项规定情形的；

（二）在处理案件中有贪污受贿，徇私舞弊，枉法裁判行为的。

对有前款规定情形的责任人员，有关机关应当依法给予处分；构成犯罪的，应当依法追究刑事责任。

第四章 赔偿方式和计算标准

第三十二条 【赔偿方式】国家赔偿以支付赔偿金为主要方式。

能够返还财产或者恢复原状的，予以返还财产或者恢复原状。

第三十三条 【人身自由的国家赔偿标准】侵犯公民人身自由的，每日赔偿金按照国家上年度职工日平均工资计算。

第三十四条 【生命健康权的国家赔偿标准】侵犯公民生命健康权的，赔偿金按照下列规定计算：

（一）造成身体伤害的，应当支付医疗费、护理费，以及赔偿因误工减少的收入。减少的收入每日的赔偿金按照国家上年度职工日平均工资计算，最高额为国家上年度职工年平均工资的五倍；

（二）造成部分或者全部丧失劳动能力的，应当支付医疗费、护理费、残疾生活辅助具费、康复费等因残疾而增加的必要支出和继续治疗所必需的费用，以及残疾赔偿金。残疾赔偿金根据丧失劳动能力的程度，按照国家规定的伤残等级确定，最高不超过国家上年度职工年平均工资的二十倍。造成全部丧失劳动能力的，对其扶养的无劳动能力的人，还应当支付生活费；

（三）造成死亡的，应当支付死亡赔偿金、丧葬费，总额为国家上年度职工年平均工资的二十倍。对死者生前扶养的无劳动能力的人，还应当支付生活费。

前款第二项、第三项规定的生活费的发放标准，参照当地最低生活保障标准执行。被扶养的人是未成年人的，生活费给付至十八周岁止；其他无劳动能力的人，生活费给付至死亡时止。

第三十五条 【精神损害的国家赔偿标准】有本法第三条或者第十七条规定情形之一，致人精神损害的，应当在侵权行为影响的范围内，为受害人消除影响，恢复名誉，赔礼道歉；造成严重后果的，应当支付相应的精神损害抚慰金。

第三十六条 【财产权的国家赔偿标准】侵犯公民、法人和其他组织的财产权造成损害的，按照下列规定处理：

（一）处罚款、罚金、追缴、没收财产或者违法征收、征用财产的，返还财产；

（二）查封、扣押、冻结财产的，解除对财产的查封、扣押、冻结，造成财产损坏或者灭失的，依照本条第三项、第四项的规定赔偿；

（三）应当返还的财产损坏的，能够恢复原状的恢复原状，不能恢复原状的，按照损害程度给付相应的赔偿金；

（四）应当返还的财产灭失的，给付相应的赔偿金；

（五）财产已经拍卖或者变卖的，给付拍卖或者变卖所得的价款；变卖的价款明显低于财产价值的，应当支付相应的赔偿金；

（六）吊销许可证和执照、责令停产停业的，赔偿停产停业期间必要的经常性费用开支；

（七）返还执行的罚款或者罚金、追缴或者没收的金钱，解除冻结的存款或者汇款的，应当支付银行同期存款利息；

（八）对财产权造成其他损害的，按照直接损失给予赔偿。

第三十七条 【国家赔偿费用】赔偿费用列入各级财政预算。

赔偿请求人凭生效的判决书、复议决定书、赔偿决定书或者调解书，向赔偿义务机关申请支付赔偿金。

赔偿义务机关应当自收到支付赔偿金申请之日起七日内，依照预算管理权限向有关的财政部门提出支付申请。财政部门应当自收到支付申请之日起十五日内支付赔偿金。

赔偿费用预算与支付管理的具体办法由国务院规定。

第五章 其他规定

第三十八条 【民事、行政诉讼中的司法赔偿】人民法院在民事诉讼、行政诉讼过程中，违法采取对妨害诉讼的强制措施、保全措施或者对判决、裁定及其他生效法律文书执行错误，造成损害的，赔偿请求人要求赔偿的程序，适用本法刑事赔偿程序的规定。

第三十九条 【国家赔偿请求时效】赔偿请求人请求国家赔偿的时效为两年，自其知道或者应当知道国家机关及其工作人员行使职权时的行为侵犯其人身权、财产权之日起计算，但被羁押等限制人身自由期间不计算在内。在申请行政复议或者提起行政诉讼时一并提出赔偿请求的，适用行政复议法、行政诉讼法有关时效的规定。

赔偿请求人在赔偿请求时效的最后六个月内，因不可抗力或者其他障碍不能行使请求权的，时效中止。从中止时效的原因消除之日起，赔偿请求时效期间继续计算。

第四十条 【对等原则】外国人、外国企业和组织在中华人民共和国领域内要求中华人民共和国国家赔偿的，适用本法。

外国人、外国企业和组织的所属国对中华人民共和国公民、法人和其他组织要求该国国家赔偿的权利不予保护或者限制的，中华人民共和国与该外国人、外国企业和组织的所属国实行对等原则。

第六章 附 则

第四十一条 【不得收费和征税】赔偿请求人要求国家赔偿的，赔偿义务机关、复议机关和人民法院不得向赔偿请求人收取任何费用。

对赔偿请求人取得的赔偿金不予征税。

第四十二条 【施行日期】本法自 1995 年 1 月 1 日起施行。

国家赔偿费用管理条例

1. 2011 年 1 月 17 日国务院令第 589 号公布
2. 自 2011 年 1 月 17 日起施行

第一条 为了加强国家赔偿费用管理，保障公民、法人和其他组织享有依法取得国家赔偿的权利，促进国家机关依法行使职权，根据《中华人民共和国国家赔偿法》(以下简称国家赔偿法),制定本条例。

第二条　本条例所称国家赔偿费用,是指依照国家赔偿法的规定,应当向赔偿请求人赔偿的费用。

第三条　国家赔偿费用由各级人民政府按照财政管理体制分级负担。

各级人民政府应当根据实际情况,安排一定数额的国家赔偿费用,列入本级年度财政预算。当年需要支付的国家赔偿费用超过本级年度财政预算安排的,应当按照规定及时安排资金。

第四条　国家赔偿费用由各级人民政府财政部门统一管理。

国家赔偿费用的管理应当依法接受监督。

第五条　赔偿请求人申请支付国家赔偿费用的,应当向赔偿义务机关提出书面申请,并提交与申请有关的生效判决书、复议决定书、赔偿决定书或者调解书以及赔偿请求人的身份证明。

赔偿请求人书写申请书确有困难的,可以委托他人代书;也可以口头申请,由赔偿义务机关如实记录,交赔偿请求人核对或者向赔偿请求人宣读,并由赔偿请求人签字确认。

第六条　申请材料真实、有效、完整的,赔偿义务机关收到申请材料即为受理。赔偿义务机关受理申请的,应当书面通知赔偿请求人。

申请材料不完整的,赔偿义务机关应当当场或者在3个工作日内一次告知赔偿请求人需要补正的全部材料。赔偿请求人按照赔偿义务机关的要求提交补正材料的,赔偿义务机关收到补正材料即为受理。未告知需要补正材料的,赔偿义务机关收到申请材料即为受理。

申请材料虚假、无效,赔偿义务机关决定不予受理的,应当书面通知赔偿请求人并说明理由。

第七条　赔偿请求人对赔偿义务机关不予受理决定有异议的,可以自收到书面通知之日起10日内向赔偿义务机关的上一级机关申请复核。上一级机关应当自收到复核申请之日起5个工作日内依法作出决定。

上一级机关认为不予受理决定错误的,应当自作出复核决定之日起3个工作日内通知赔偿义务机关受理,并告知赔偿请求人。赔偿义务机关应当在收到通知后立即受理。

上一级机关维持不予受理决定的,应当自作出复核决定之日起3个工作日内书面通知赔偿请求人并说明理由。

第八条　赔偿义务机关应当自受理赔偿请求人支付申请之日起7日内,依照预算管理权限向有关财政部门提出书面支付申请,并提交下列材料:

(一)赔偿请求人请求支付国家赔偿费用的申请;

(二)生效的判决书、复议决定书、赔偿决定书或者调解书;

(三)赔偿请求人的身份证明。

第九条　财政部门收到赔偿义务机关申请材料后,应当根据下列情况分别作出处理:

(一)申请的国家赔偿费用依照预算管理权限不属于本财政部门支付的,应当在3个工作日内退回申请材料并书面通知赔偿义务机关向有管理权限的财政部门申请;

(二)申请材料符合要求的,收到申请即为受理,并书面通知赔偿义务机关;

(三)申请材料不符合要求的,应当在3个工作日内一次告知赔偿义务机关需要补正的全部材料。赔偿义务机关应当在5个工作日内按照要求提交全部补正材料,财政部门收到补正材料即为受理。

第十条　财政部门应当自受理申请之日起15日内,按照预算和财政国库管理的有关规定支付国家赔偿费用。

财政部门发现赔偿项目、计算标准违反国家赔偿法规定的,应当提交作出赔偿决定的机关或者其上级机关依法处理、追究有关人员的责任。

第十一条　财政部门自支付国家赔偿费用之日起3个工作日内告知赔偿义务机关、赔偿请求人。

第十二条　赔偿义务机关应当依照国家赔偿法第十六条、第三十一条的规定,责令有关工作人员、受委托的组织或者个人承担或者向有关工作人员追偿部分或者全部国家赔偿费用。

赔偿义务机关依照前款规定作出决定后,应当书面通知有关财政部门。

有关工作人员、受委托的组织或者个人应当依照财政收入收缴的规定上缴应当承担或者被追偿的国家赔偿费用。

第十三条　赔偿义务机关、财政部门及其工作人员有下列行为之一,根据《财政违法行为处罚处分条例》

的规定处理、处分；构成犯罪的，依法追究刑事责任：

（一）以虚报、冒领等手段骗取国家赔偿费用的；

（二）违反国家赔偿法规定的范围和计算标准实施国家赔偿造成财政资金损失的；

（三）不依法支付国家赔偿费用的；

（四）截留、滞留、挪用、侵占国家赔偿费用的；

（五）未依照规定责令有关工作人员、受委托的组织或者个人承担国家赔偿费用或者向有关工作人员追偿国家赔偿费用的；

（六）未依照规定将应当承担或者被追偿的国家赔偿费用及时上缴财政的。

第十四条　本条例自公布之日起施行。1995 年 1 月 25 日国务院发布的《国家赔偿费用管理办法》同时废止。

最高人民法院关于人民法院执行《中华人民共和国国家赔偿法》几个问题的解释

1. 1996 年 5 月 6 日

2. 法发〔1996〕15 号

一、根据《中华人民共和国国家赔偿法》（以下简称赔偿法）第十七条第（二）项、第（三）项的规定，依照刑法第十四条、第十五条规定不负刑事责任的人和依照刑事诉讼法第十五条规定不追究刑事责任的人被羁押，国家不承担赔偿责任。但是对起诉后经人民法院判处拘役、有期徒刑、无期徒刑和死刑并已执行的上列人员，有权依法取得赔偿。判决确定前被羁押的日期依法不予赔偿。

二、依照赔偿法第三十一条的规定，人民法院在民事诉讼、行政诉讼过程中，违法采取对妨害诉讼的强制措施、保全措施或者对判决、裁定及其他生效法律文书执行错误，造成损害，具有以下情形之一的，适用刑事赔偿程序予以赔偿：

（一）错误实施司法拘留、罚款的；

（二）实施赔偿法第十五条第（四）项、第（五）项规定行为的；

（三）实施赔偿法第十六条第（一）项规定行为的。

人民法院审理的民事、经济、行政案件发生错判并已执行，依法应当执行回转的，或者当事人申请财产保全、先予执行，申请有错误造成财产损失依法应由申请人赔偿的，国家不承担赔偿责任。

三、公民、法人和其他组织申请人民法院依照赔偿法规定予以赔偿的案件，应当经过依法确认。未经依法确认的，赔偿请求人应当要求有关人民法院予以确认。被要求的人民法院由有关审判庭负责办理依法确认事宜，并应以人民法院的名义答复赔偿请求人。被要求的人民法院不予确认的，赔偿请求人有权申诉。

四、根据赔偿法第二十六条、第二十七条的规定，人民法院判处管制、有期徒刑缓刑、剥夺政治权利等刑罚的人被依法改判无罪的，国家不承担赔偿责任，但是，赔偿请求人在判决生效前被羁押的，依法有权取得赔偿。

五、根据赔偿法第十九条第四款“再审改判无罪的，作出原生效判决的人民法院为赔偿义务机关”的规定，原一审人民法院作出判决后，被告人没有上诉，人民检察院没有抗诉，判决发生法律效力的，原一审人民法院为赔偿义务机关；被告人上诉或者人民检察院抗诉，原二审人民法院维持一审判决或者对一审人民法院判决予以改判的，原二审人民法院为赔偿义务机关。

六、赔偿法第二十六条关于“侵犯公民人身自由的，每日的赔偿金按照国家上年度职工日平均工资计算”中规定的上年度，应为赔偿义务机关、复议机关或者人民法院赔偿委员会作出赔偿决定时的上年度；复议机关或者人民法院赔偿委员会决定维持原赔偿决定的，按作出原赔偿决定时的上年度执行。

国家上年度职工日平均工资数额，应当以职工年平均工资除以全年法定工作日数的方法计算。年平均工资以国家统计局公布的数字为准。

最高人民法院关于适用《中华人民共和国国家赔偿法》若干问题的解释(一)

1. 2011年2月14日最高人民法院审判委员会第1511次会议通过
2. 2011年2月28日公布
3. 法释〔2011〕4号
4. 自2011年3月18日起施行

为正确适用2010年4月29日第十一届全国人民代表大会常务委员会第十四次会议修正的《中华人民共和国国家赔偿法》,对人民法院处理国家赔偿案件中适用国家赔偿法的有关问题解释如下:

第一条　国家机关及其工作人员行使职权侵犯公民、法人和其他组织合法权益的行为发生在2010年12月1日以后,或者发生在2010年12月1日以前、持续至2010年12月1日以后的,适用修正的国家赔偿法。

第二条　国家机关及其工作人员行使职权侵犯公民、法人和其他组织合法权益的行为发生在2010年12月1日以前的,适用修正前的国家赔偿法,但有下列情形之一的,适用修正的国家赔偿法:

(一)2010年12月1日以前已经受理赔偿请求人的赔偿请求但尚未作出生效赔偿决定的;

(二)赔偿请求人在2010年12月1日以后提出赔偿请求的。

第三条　人民法院对2010年12月1日以前已经受理但尚未审结的国家赔偿确认案件,应当继续审理。

第四条　公民、法人和其他组织对行使侦查、检察、审判职权的机关以及看守所、监狱管理机关在2010年12月1日以前作出并已发生法律效力的不予确认职务行为违法的法律文书不服,未依据修正前的国家赔偿法规定提出申诉并经有权机关作出侵权确认结论,直接向人民法院赔偿委员会申请赔偿的,不予受理。

第五条　公民、法人和其他组织对在2010年12月1日以前发生法律效力的赔偿决定不服提出申诉的,人民法院审查处理时适用修正前的国家赔偿法;但是仅就修正的国家赔偿法增加的赔偿项目及标准提出申诉的,人民法院不予受理。

第六条　人民法院审查发现2010年12月1日以前发生法律效力的确认裁定、赔偿决定确有错误应当重新审查处理的,适用修正前的国家赔偿法。

第七条　赔偿请求人认为行使侦查、检察、审判职权的机关以及看守所、监狱管理机关及其工作人员在行使职权时有修正的国家赔偿法第十七条第(一)、(二)、(三)项、第十八条规定情形的,应当在刑事诉讼程序终结后提出赔偿请求,但下列情形除外:

(一)赔偿请求人有证据证明其与尚未终结的刑事案件无关的;

(二)刑事案件被害人依据刑事诉讼法第一百九十八条的规定,以财产未返还或者认为返还的财产受到损害而要求赔偿的。

第八条　赔偿请求人认为人民法院有修正的国家赔偿法第三十八条规定情形的,应当在民事、行政诉讼程序或者执行程序终结后提出赔偿请求,但人民法院已依法撤销对妨害诉讼采取的强制措施的情形除外。

第九条　赔偿请求人或者赔偿义务机关认为人民法院赔偿委员会作出的赔偿决定存在错误,依法向上一级人民法院赔偿委员会提出申诉的,不停止赔偿决定的执行;但人民法院赔偿委员会依据修正的国家赔偿法第三十条的规定决定重新审查的,可以决定中止原赔偿决定的执行。

第十条　人民检察院依据修正的国家赔偿法第三十条第三款的规定,对人民法院赔偿委员会在2010年12月1日以后作出的赔偿决定提出意见的,同级人民法院赔偿委员会应当决定重新审查,并可以决定中止原赔偿决定的执行。

第十一条　本解释自公布之日起施行。

最高人民法院关于审理涉执行司法赔偿案件适用法律若干问题的解释

1. *2021年12月20日最高人民法院审判委员会第1857次会议通过*
2. *2022年2月8日公布*
3. *法释〔2022〕3号*
4. *自2022年3月1日起施行*

为正确审理涉执行司法赔偿案件，保障公民、法人和其他组织的合法权益，根据《中华人民共和国国家赔偿法》等法律规定，结合人民法院国家赔偿审判和执行工作实际，制定本解释。

第一条 人民法院在执行判决、裁定及其他生效法律文书过程中，错误采取财产调查、控制、处置、交付、分配等执行措施或者罚款、拘留等强制措施，侵犯公民、法人和其他组织合法权益并造成损害，受害人依照国家赔偿法第三十八条规定申请赔偿的，适用本解释。

第二条 公民、法人和其他组织认为有下列错误执行行为造成损害申请赔偿的，人民法院应当依法受理：

（一）执行未生效法律文书，或者明显超出生效法律文书确定的数额和范围执行的；

（二）发现被执行人有可供执行的财产，但故意拖延执行、不执行，或者应当依法恢复执行而不恢复的；

（三）违法执行案外人财产，或者违法将案件执行款物交付给其他当事人、案外人的；

（四）对抵押、质押、留置、保留所有权等财产采取执行措施，未依法保护上述权利人优先受偿权等合法权益的；

（五）对其他人民法院已经依法采取保全或者执行措施的财产违法执行的；

（六）对执行中查封、扣押、冻结的财产故意不履行或者怠于履行监管职责的；

（七）对不宜长期保存或者易贬值的财产采取执行措施，未及时处理或者违法处理的；

（八）违法拍卖、变卖、以物抵债，或者依法应当评估而未评估，依法应当拍卖而未拍卖的；

（九）违法撤销拍卖、变卖或者以物抵债的；

（十）违法采取纳入失信被执行人名单、限制消费、限制出境等措施的；

（十一）因违法或者过错采取执行措施或者强制措施的其他行为。

第三条 原债权人转让债权的，其基于债权申请国家赔偿的权利随之转移，但根据债权性质、当事人约定或者法律规定不得转让的除外。

第四条 人民法院将查封、扣押、冻结等事项委托其他人民法院执行的，公民、法人和其他组织认为错误执行行为造成损害申请赔偿的，委托法院为赔偿义务机关。

第五条 公民、法人和其他组织申请错误执行赔偿，应当在执行程序终结后提出，终结前提出的不予受理。但有下列情形之一，且无法在相关诉讼或者执行程序中予以补救的除外：

（一）罚款、拘留等强制措施已被依法撤销，或者实施过程中造成人身损害的；

（二）被执行的财产经诉讼程序依法确认不属于被执行人，或者人民法院生效法律文书已确认执行行为违法的；

（三）自立案执行之日起超过五年，且已裁定终结本次执行程序，被执行人已无可供执行财产的；

（四）在执行程序终结前可以申请赔偿的其他情形。

赔偿请求人依据前款规定，在执行程序终结后申请赔偿的，该执行程序期间不计入赔偿请求时效。

第六条 公民、法人和其他组织在执行异议、复议或者执行监督程序审查期间，就相关执行措施或者强制措施申请赔偿的，人民法院不予受理，已经受理的予以驳回，并告知其在上述程序终结后可以依照本解释第五条的规定依法提出赔偿申请。

公民、法人和其他组织在执行程序中未就相关执行措施、强制措施提出异议、申请复议或者申请执行监督，不影响其依法申请赔偿的权利。

第七条 经执行异议、复议或者执行监督程序作出的生效法律文书，对执行行为是否合法已有认定的，该生效法律文书可以作为人民法院赔偿委员会认定执行行为合法性的根据。

赔偿请求人对执行行为的合法性提出相反主张，且提供相应证据予以证明的，人民法院赔偿委员会应当对执行行为进行合法性审查并作出认定。

第八条　根据当时有效的执行依据或者依法认定的基本事实作出的执行行为，不因下列情形而认定为错误执行：

（一）采取执行措施或者强制措施后，据以执行的判决、裁定及其他生效法律文书被撤销或者变更的；

（二）被执行人足以对抗执行的实体事由，系在执行措施完成后发生或者被依法确认的；

（三）案外人对执行标的享有足以排除执行的实体权利，系在执行措施完成后经法定程序确认的；

（四）人民法院作出准予执行行政行为的裁定并实施后，该行政行为被依法变更、撤销、确认违法或者确认无效的；

（五）根据财产登记采取执行措施后，该登记被依法确认错误的；

（六）执行依据或者基本事实嗣后改变的其他情形。

第九条　赔偿请求人应当对其主张的损害负举证责任。但因人民法院未列清单、列举不详等过错致使赔偿请求人无法就损害举证的，应当由人民法院对上述事实承担举证责任。

双方主张损害的价值无法认定的，应当由负有举证责任的一方申请鉴定。负有举证责任的一方拒绝申请鉴定的，由其承担不利的法律后果；无法鉴定的，人民法院赔偿委员会应当结合双方的主张和在案证据，运用逻辑推理、日常生活经验等进行判断。

第十条　被执行人因财产权被侵犯依照本解释第五条第一款规定申请赔偿，其债务尚未清偿的，获得的赔偿金应当首先用于清偿其债务。

第十一条　因错误执行取得不当利益且无法返还的，人民法院承担赔偿责任后，可以依据赔偿决定向取得不当利益的人追偿。

因错误执行致使生效法律文书无法执行，申请执行人获得国家赔偿后申请继续执行的，不予支持。人民法院承担赔偿责任后，可以依据赔偿决定向被执行人追偿。

第十二条　在执行过程中，因保管人或者第三人的行为侵犯公民、法人和其他组织合法权益并造成损害的，应当由保管人或者第三人承担责任。但人民法院未尽监管职责的，应当在其能够防止或者制止损害发生、扩大的范围内承担相应的赔偿责任，并可以依据赔偿决定向保管人或者第三人追偿。

第十三条　属于下列情形之一的，人民法院不承担赔偿责任：

（一）申请执行人提供财产线索错误的；

（二）执行措施系根据依法提供的担保而采取或者解除的；

（三）人民法院工作人员实施与行使职权无关的个人行为的；

（四）评估或者拍卖机构实施违法行为造成损害的；

（五）因不可抗力、正当防卫或者紧急避险造成损害的；

（六）依法不应由人民法院承担赔偿责任的其他情形。

前款情形中，人民法院有错误执行行为的，应当根据其在损害发生过程和结果中所起的作用承担相应的赔偿责任。

第十四条　错误执行造成公民、法人和其他组织利息、租金等实际损失的，适用国家赔偿法第三十六条第八项的规定予以赔偿。

第十五条　侵犯公民、法人和其他组织的财产权，按照错误执行行为发生时的市场价格不足以弥补受害人损失或者该价格无法确定的，可以采用下列方式计算损失：

（一）按照错误执行行为发生时的市场价格计算财产损失并支付利息，利息计算期间从错误执行行为实施之日起至赔偿决定作出之日止；

（二）错误执行行为发生时的市场价格无法确定，或者因时间跨度长、市场价格波动大等因素按照错误执行行为发生时的市场价格计算显失公平的，可以参照赔偿决定作出时同类财产市场价格计算；

（三）其他合理方式。

第十六条　错误执行造成受害人停产停业的，下列损失属于停产停业期间必要的经常性费用开支：

（一）必要留守职工工资；

（二）必须缴纳的税款、社会保险费；

（三）应当缴纳的水电费、保管费、仓储费、承包费；

（四）合理的房屋场地租金、设备租金、设备折旧费；

（五）维系停产停业期间运营所需的其他基本

开支。

错误执行生产设备、用于营运的运输工具,致使受害人丧失唯一生活来源的,按照其实际损失予以赔偿。

第十七条 错误执行侵犯债权的,赔偿范围一般应当以债权标的额为限。债权受让人申请赔偿的,赔偿范围以其受让债权时支付的对价为限。

第十八条 违法采取保全措施的案件进入执行程序后,公民、法人和其他组织申请赔偿的,应当作为错误执行案件予以立案审查。

第十九条 审理违法采取妨害诉讼的强制措施、保全、先予执行赔偿案件,可以参照适用本解释。

第二十条 本解释自 2022 年 3 月 1 日起施行。施行前本院公布的司法解释与本解释不一致的,以本解释为准。

最高人民法院关于审理司法赔偿案件适用请求时效制度若干问题的解释

1. 2023 年 4 月 3 日最高人民法院审判委员会第 1883 次会议通过

2. 2023 年 5 月 23 日公布

3. 法释〔2023〕2 号

4. 自 2023 年 6 月 1 日起施行

为正确适用国家赔偿请求时效制度的规定,保障赔偿请求人的合法权益,依照《中华人民共和国国家赔偿法》的规定,结合司法赔偿审判实践,制定本解释。

第一条 赔偿请求人向赔偿义务机关提出赔偿请求的时效期间为两年,自其知道或者应当知道国家机关及其工作人员行使职权时的行为侵犯其人身权、财产权之日起计算。

赔偿请求人知道上述侵权行为时,相关诉讼程序或者执行程序尚未终结的,请求时效期间自该诉讼程序或者执行程序终结之日起计算,但是本解释有特别规定的除外。

第二条 赔偿请求人以人身权受到侵犯为由,依照国家赔偿法第十七条第一项、第二项、第三项规定申请赔偿的,请求时效期间自其收到决定撤销案件、终止侦查、不起诉或者判决宣告无罪等终止追究刑事责任或者再审改判无罪的法律文书之日起计算。

办案机关未作出终止追究刑事责任的法律文书,但是符合《最高人民法院、最高人民检察院关于办理刑事赔偿案件适用法律若干问题的解释》第二条规定情形,赔偿请求人申请赔偿的,依法应当受理。

第三条 赔偿请求人以人身权受到侵犯为由,依照国家赔偿法第十七条第四项、第五项规定申请赔偿的,请求时效期间自其知道或者应当知道损害结果之日起计算;损害结果当时不能确定的,自损害结果确定之日起计算。

第四条 赔偿请求人以财产权受到侵犯为由,依照国家赔偿法第十八条第一项规定申请赔偿的,请求时效期间自其收到刑事诉讼程序或者执行程序终结的法律文书之日起计算,但是刑事诉讼程序或者执行程序终结之后办案机关对涉案财物尚未处理完毕的,请求时效期间自赔偿请求人知道或者应当知道其财产权受到侵犯之日起计算。

办案机关未作出刑事诉讼程序或者执行程序终结的法律文书,但是符合《最高人民法院、最高人民检察院关于办理刑事赔偿案件适用法律若干问题的解释》第三条规定情形,赔偿请求人申请赔偿的,依法应当受理。

赔偿请求人以财产权受到侵犯为由,依照国家赔偿法第十八条第二项规定申请赔偿的,请求时效期间自赔偿请求人收到生效再审刑事裁判文书之日起计算。

第五条 赔偿请求人以人身权或者财产权受到侵犯为由,依照国家赔偿法第三十八条规定申请赔偿的,请求时效期间自赔偿请求人收到民事、行政诉讼程序或者执行程序终结的法律文书之日起计算,但是下列情形除外:

(一)罚款、拘留等强制措施已被依法撤销的,请求时效期间自赔偿请求人收到撤销决定之日起计算;

(二)在民事、行政诉讼过程中,有殴打、虐待或者唆使、放纵他人殴打、虐待等行为,以及违法使用武器、警械,造成公民人身损害的,请求时效期间的计算适用本解释第三条的规定。

人民法院未作出民事、行政诉讼程序或者执行程序终结的法律文书,请求时效期间自赔偿请求人知道或者应当知道其人身权或者财产权受到侵犯之日起计算。

第六条 依照国家赔偿法第三十九条第一款规定，赔偿请求人被羁押等限制人身自由的期间，不计算在请求时效期间内。

赔偿请求人依照法律法规规定的程序向相关机关申请确认职权行为违法或者寻求救济的期间，不计算在请求时效期间内，但是相关机关已经明确告知赔偿请求人应当依法申请国家赔偿的除外。

第七条 依照国家赔偿法第三十九条第二款规定，在请求时效期间的最后六个月内，赔偿请求人因下列障碍之一，不能行使请求权的，请求时效中止：

（一）不可抗力；

（二）无民事行为能力人或者限制民事行为能力人没有法定代理人，或者法定代理人死亡、丧失民事行为能力、丧失代理权；

（三）其他导致不能行使请求权的障碍。

自中止时效的原因消除之日起满六个月，请求时效期间届满。

第八条 请求时效期间届满的，赔偿义务机关可以提出不予赔偿的抗辩。

请求时效期间届满，赔偿义务机关同意赔偿或者予以赔偿后，又以请求时效期间届满为由提出抗辩或者要求赔偿请求人返还赔偿金的，人民法院赔偿委员会不予支持。

第九条 赔偿义务机关以请求时效期间届满为由抗辩，应当在人民法院赔偿委员会作出国家赔偿决定前提出。

赔偿义务机关未按前款规定提出抗辩，又以请求时效期间届满为由申诉的，人民法院赔偿委员会不予支持。

第十条 人民法院赔偿委员会审理国家赔偿案件，不得主动适用请求时效的规定。

第十一条 请求时效期间起算的当日不计入，自下一日开始计算。

请求时效期间按照年、月计算，到期月的对应日为期间的最后一日；没有对应日的，月末日为期间的最后一日。

请求时效期间的最后一日是法定休假日的，以法定休假日结束的次日为期间的最后一日。

第十二条 本解释自2023年6月1日起施行。本解释施行后，案件尚在审理的，适用本解释；对本解释施行前已经作出生效赔偿决定的案件进行再审，不适用本解释。

第十三条 本院之前发布的司法解释与本解释不一致的，以本解释为准。

最高人民法院关于《中华人民共和国国家赔偿法》溯及力和人民法院赔偿委员会受案范围问题的批复

1. 1995年1月29日

2. 法复〔1995〕1号

各省、自治区、直辖市高级人民法院，解放军军事法院：

《中华人民共和国国家赔偿法》（以下简称《国家赔偿法》）公布和施行以来，一些地方高级人民法院就该法的溯及力和人民法院赔偿委员会受理案件的范围问题请示我院，经研究，现答复如下：

一、根据《国家赔偿法》第三十五条①规定，《国家赔偿法》1995年1月1日起施行。《国家赔偿法》不溯及既往。即：国家机关及其工作人员行使职权时侵犯公民、法人和其他组织合法权益的行为，发生在1994年12月31日以前的，依照以前的有关规定处理。发生在1995年1月1日以后并经依法确认的，适用《国家赔偿法》予以赔偿。发生在1994年12月31日以前，但持续至1995年1月1日以后，并经依法确认的，属于1995年1月1日以后应予赔偿的部分，适用《国家赔偿法》予以赔偿；属于1994年12月31日以前应予赔偿的部分，适用当时的规定予以赔偿；当时没有规定的，参照《国家赔偿法》的规定予以赔偿。

二、依照《国家赔偿法》的有关规定，人民法院赔偿委员会受理下列案件：

---

① 2010年国家赔偿法修改后，其条文序号有较大变动，但一些旧的文件引用的仍是旧法条文，考虑到文件原貌及溯及力问题，编者不便自行加以改动，请读者查阅本书第601页所附条文序号对照表。

1. 行使侦查、检察、监狱管理职权的机关及其工作人员在行使职权时侵犯公民、法人和其他组织的人身权、财产权，造成损害，经依法确认应予赔偿，赔偿请求人经依法申请赔偿和申请复议，因对复议决定不服或者复议机关逾期不作决定，在法定期间内向复议机关所在地的同级人民法院赔偿委员会申请作出赔偿决定的；

2. 人民法院是赔偿义务机关，赔偿请求人经申请赔偿，因赔偿义务机关逾期不予赔偿或者赔偿请求人对赔偿数额有异议，在法定期间内向赔偿义务机关的上一级人民法院赔偿委员会申请作出赔偿决定的。

最高人民法院关于人民法院赔偿委员会审理国家赔偿案件程序的规定

1. 2011年2月28日最高人民法院审判委员会第1513次会议通过
2. 2011年3月17日公布
3. 法释〔2011〕6号
4. 自2011年3月22日起施行

根据2010年4月29日修正的《中华人民共和国国家赔偿法》（以下简称国家赔偿法），结合国家赔偿工作实际，对人民法院赔偿委员会（以下简称赔偿委员会）审理国家赔偿案件的程序作如下规定：

第一条　赔偿请求人向赔偿委员会申请作出赔偿决定，应当递交赔偿申请书一式四份。赔偿请求人书写申请书确有困难的，可以口头申请。口头提出申请的，人民法院应当填写《申请赔偿登记表》，由赔偿请求人签名或者盖章。

第二条　赔偿请求人向赔偿委员会申请作出赔偿决定，应当提供以下法律文书和证明材料：

（一）赔偿义务机关作出的决定书；

（二）复议机关作出的复议决定书，但赔偿义务机关是人民法院的除外；

（三）赔偿义务机关或者复议机关逾期未作出决定的，应当提供赔偿义务机关对赔偿申请的收讫凭证等相关证明材料；

（四）行使侦查、检察、审判职权的机关在赔偿申请所涉案件的刑事诉讼程序、民事诉讼程序、行政诉讼程序、执行程序中作出的法律文书；

（五）赔偿义务机关职权行为侵犯赔偿请求人合法权益造成损害的证明材料；

（六）证明赔偿申请符合申请条件的其他材料。

第三条　赔偿委员会收到赔偿申请，经审查认为符合申请条件的，应当在七日内立案，并通知赔偿请求人、赔偿义务机关和复议机关；认为不符合申请条件的，应当在七日内决定不予受理；立案后发现不符合申请条件的，决定驳回申请。

前款规定的期限，自赔偿委员会收到赔偿申请之日起计算。申请材料不齐全的，赔偿委员会应当在五日内一次性告知赔偿请求人需要补正的全部内容，收到赔偿申请的时间应当自赔偿委员会收到补正材料之日起计算。

第四条　赔偿委员会应当在立案之日起五日内将赔偿申请书副本或者《申请赔偿登记表》副本送达赔偿义务机关和复议机关。

第五条　赔偿请求人可以委托一至二人作为代理人。律师、提出申请的公民的近亲属、有关的社会团体或者所在单位推荐的人、经赔偿委员会许可的其他公民，都可以被委托为代理人。

赔偿义务机关、复议机关可以委托本机关工作人员一至二人作为代理人。

第六条　赔偿请求人、赔偿义务机关、复议机关委托他人代理，应当向赔偿委员会提交由委托人签名或者盖章的授权委托书。

授权委托书应当载明委托事项和权限。代理人代为承认、放弃、变更赔偿请求，应当有委托人的特别授权。

第七条　赔偿委员会审理赔偿案件，应当指定一名审判员负责具体承办。

负责具体承办赔偿案件的审判员应当查清事实并写出审理报告，提请赔偿委员会讨论决定。

赔偿委员会作赔偿决定，必须有三名以上审判员参加，按照少数服从多数的原则作出决定。

第八条　审判人员有下列情形之一的，应当回避，赔偿请求人和赔偿义务机关有权以书面或者口头方式申请其回避：

（一）是本案赔偿请求人的近亲属；

（二）是本案代理人的近亲属；

（三）与本案有利害关系；

（四）与本案有其他关系，可能影响对案件公正审理的。

前款规定，适用于书记员、翻译人员、鉴定人、勘验人。

第九条　赔偿委员会审理赔偿案件，可以组织赔偿义务机关与赔偿请求人就赔偿方式、赔偿项目和赔偿数额依照国家赔偿法第四章的规定进行协商。

第十条　组织协商应当遵循自愿和合法的原则。赔偿请求人、赔偿义务机关一方或者双方不愿协商，或者协商不成的，赔偿委员会应当及时作出决定。

第十一条　赔偿请求人和赔偿义务机关经协商达成协议的，赔偿委员会审查确认后应当制作国家赔偿决定书。

第十二条　赔偿请求人、赔偿义务机关对自己提出的主张或者反驳对方主张所依据的事实有责任提供证据加以证明。有国家赔偿法第二十六条第二款规定情形的，应当由赔偿义务机关提供证据。

没有证据或者证据不足以证明其事实主张的，由负有举证责任的一方承担不利后果。

第十三条　赔偿义务机关对其职权行为的合法性负有举证责任。

赔偿请求人可以提供证明职权行为违法的证据，但不因此免除赔偿义务机关对其职权行为合法性的举证责任。

第十四条　有下列情形之一的，赔偿委员会可以组织赔偿请求人和赔偿义务机关进行质证：

（一）对侵权事实、损害后果及因果关系争议较大的；

（二）对是否属于国家赔偿法第十九条规定的国家不承担赔偿责任的情形争议较大的；

（三）对赔偿方式、赔偿项目或者赔偿数额争议较大的；

（四）赔偿委员会认为应当质证的其他情形。

第十五条　赔偿委员会认为重大、疑难的案件，应报请院长提交审判委员会讨论决定。审判委员会的决定，赔偿委员会应当执行。

第十六条　赔偿委员会作出决定前，赔偿请求人撤回赔偿申请的，赔偿委员会应当依法审查并作出是否准许的决定。

第十七条　有下列情形之一的，赔偿委员会应当决定中止审理：

（一）赔偿请求人死亡，需要等待其继承人和其他有扶养关系的亲属表明是否参加赔偿案件处理的；

（二）赔偿请求人丧失行为能力，尚未确定法定代理人的；

（三）作为赔偿请求人的法人或者其他组织终止，尚未确定权利义务承受人的；

（四）赔偿请求人因不可抗拒的事由，在法定审限内不能参加赔偿案件处理的；

（五）宣告无罪的案件，人民法院决定再审或者人民检察院按照审判监督程序提出抗诉的；

（六）应当中止审理的其他情形。

中止审理的原因消除后，赔偿委员会应当及时恢复审理，并通知赔偿请求人、赔偿义务机关和复议机关。

第十八条　有下列情形之一的，赔偿委员会应当决定终结审理：

（一）赔偿请求人死亡，没有继承人和其他有扶养关系的亲属或者赔偿请求人的继承人和其他有扶养关系的亲属放弃要求赔偿权利的；

（二）作为赔偿请求人的法人或者其他组织终止后，其权利义务承受人放弃要求赔偿权利的；

（三）赔偿请求人据以申请赔偿的撤销案件决定、不起诉决定或者无罪判决被撤销的；

（四）应当终结审理的其他情形。

第十九条　赔偿委员会审理赔偿案件应当按照下列情形，分别作出决定：

（一）赔偿义务机关的决定或者复议机关的复议决定认定事实清楚，适用法律正确的，依法予以维持；

（二）赔偿义务机关的决定、复议机关的复议决定认定事实清楚，但适用法律错误的，依法重新决定；

（三）赔偿义务机关的决定、复议机关的复议决定认定事实不清、证据不足的，查清事实后依法重新决定；

（四）赔偿义务机关、复议机关逾期未作决定的，查清事实后依法作出决定。

第二十条　赔偿委员会审理赔偿案件作出决定，应当制作国家赔偿决定书，加盖人民法院印章。

第二十一条 国家赔偿决定书应当载明以下事项：

（一）赔偿请求人的基本情况，赔偿义务机关、复议机关的名称及其法定代表人；

（二）赔偿请求人申请事项及理由，赔偿义务机关的决定、复议机关的复议决定情况；

（三）赔偿委员会认定的事实及依据；

（四）决定的理由及法律依据；

（五）决定内容。

第二十二条 赔偿委员会作出的决定应当分别送达赔偿请求人、赔偿义务机关和复议机关。

第二十三条 人民法院办理本院为赔偿义务机关的国家赔偿案件参照本规定。

第二十四条 自本规定公布之日起，《人民法院赔偿委员会审理赔偿案件程序的暂行规定》即行废止；本规定施行前本院发布的司法解释与本规定不一致的，以本规定为准。

最高人民法院关于国家赔偿案件立案工作的规定

1. 2011年12月26日最高人民法院审判委员会第1537次会议通过
2. 2012年1月13日公布
3. 法释〔2012〕1号
4. 自2012年2月15日起施行

为保障公民、法人和其他组织依法行使请求国家赔偿的权利，保证人民法院及时、准确审查受理国家赔偿案件，根据《中华人民共和国国家赔偿法》及有关法律规定，现就人民法院国家赔偿案件立案工作规定如下：

第一条 本规定所称国家赔偿案件，是指国家赔偿法第十七条、第十八条、第二十一条、第三十八条规定的下列案件：

（一）违反刑事诉讼法的规定对公民采取拘留措施的，或者依照刑事诉讼法规定的条件和程序对公民采取拘留措施，但是拘留时间超过刑事诉讼法规定的时限，其后决定撤销案件、不起诉或者判决宣告无罪终止追究刑事责任的；

（二）对公民采取逮捕措施后，决定撤销案件、不起诉或者判决宣告无罪终止追究刑事责任的；

（三）二审改判无罪，以及二审发回重审后作无罪处理的；

（四）依照审判监督程序再审改判无罪，原判刑罚已经执行的；

（五）刑讯逼供或者以殴打、虐待等行为或者唆使、放纵他人以殴打、虐待等行为造成公民身体伤害或者死亡的；

（六）违法使用武器、警械造成公民身体伤害或者死亡的；

（七）在刑事诉讼过程中违法对财产采取查封、扣押、冻结、追缴等措施的；

（八）依照审判监督程序再审改判无罪，原判罚金、没收财产已经执行的；

（九）在民事诉讼、行政诉讼过程中，违法采取对妨害诉讼的强制措施、保全措施或者对判决、裁定及其他生效法律文书执行错误，造成损害的。

第二条 赔偿请求人向作为赔偿义务机关的人民法院提出赔偿申请，或者依照国家赔偿法第二十四条、第二十五条的规定向人民法院赔偿委员会提出赔偿申请的，收到申请的人民法院根据本规定予以审查立案。

第三条 赔偿请求人当面递交赔偿申请的，收到申请的人民法院应当依照国家赔偿法第十二条的规定，当场出具加盖本院专用印章并注明收讫日期的书面凭证。

赔偿请求人以邮寄等形式提出赔偿申请的，收到申请的人民法院应当及时登记审查。

申请材料不齐全的，收到申请的人民法院应当在五日内一次性告知赔偿请求人需要补正的全部内容。收到申请的时间自人民法院收到补正材料之日起计算。

第四条 赔偿请求人向作为赔偿义务机关的人民法院提出赔偿申请，收到申请的人民法院经审查认为其申请符合下列条件的，应予立案：

（一）赔偿请求人具备法律规定的主体资格；

（二）本院是赔偿义务机关；

（三）有具体的申请事项和理由；

（四）属于本规定第一条规定的情形。

第五条 赔偿请求人对作为赔偿义务机关的人民法院作出的是否赔偿的决定不服，依照国家赔偿法第二十四条的规定向其上一级人民法院赔偿委员会提出

赔偿申请,收到申请的人民法院经审查认为其申请符合下列条件的,应予立案:

(一)有赔偿义务机关作出的是否赔偿的决定书;

(二)符合法律规定的请求期间,因不可抗力或者其他障碍未能在法定期间行使请求权的情形除外。

第六条　作为赔偿义务机关的人民法院逾期未作出是否赔偿的决定,赔偿请求人依照国家赔偿法第二十四条的规定向其上一级人民法院赔偿委员会提出赔偿申请,收到申请的人民法院经审查认为其申请符合下列条件的,应予立案:

(一)赔偿请求人具备法律规定的主体资格;

(二)被申请的赔偿义务机关是法律规定的赔偿义务机关;

(三)有具体的申请事项和理由;

(四)属于本规定第一条规定的情形;

(五)有赔偿义务机关已经收到赔偿申请的收讫凭证或者相应证据;

(六)符合法律规定的请求期间,因不可抗力或者其他障碍未能在法定期间行使请求权的情形除外。

第七条　赔偿请求人对行使侦查、检察职权的机关以及看守所、监狱管理机关作出的决定不服,经向其上一级机关申请复议,对复议机关的复议决定仍不服,依照国家赔偿法第二十五条的规定向复议机关所在地的同级人民法院赔偿委员会提出赔偿申请,收到申请的人民法院经审查认为其申请符合下列条件的,应予立案:

(一)有复议机关的复议决定书;

(二)符合法律规定的请求期间,因不可抗力或者其他障碍未能在法定期间行使请求权的情形除外。

第八条　复议机关逾期未作出复议决定,赔偿请求人依照国家赔偿法第二十五条的规定向复议机关所在地的同级人民法院赔偿委员会提出赔偿申请,收到申请的人民法院经审查认为其申请符合下列条件的,应予立案:

(一)赔偿请求人具备法律规定的主体资格;

(二)被申请的赔偿义务机关、复议机关是法律规定的赔偿义务机关、复议机关;

(三)有具体的申请事项和理由;

(四)属于本规定第一条规定的情形;

(五)有赔偿义务机关、复议机关已经收到赔偿申请的收讫凭证或者相应证据;

(六)符合法律规定的请求期间,因不可抗力或者其他障碍未能在法定期间行使请求权的情形除外。

第九条　人民法院应当在收到申请之日起七日内决定是否立案。

决定立案的,人民法院应当在立案之日起五日内向赔偿请求人送达受理案件通知书。属于人民法院赔偿委员会审理的国家赔偿案件,还应当同时向赔偿义务机关、复议机关送达受理案件通知书、国家赔偿申请书或者《申请赔偿登记表》副本。

经审查不符合立案条件的,人民法院应当在七日内作出不予受理决定,并应当在作出决定之日起十日内送达赔偿请求人。

第十条　赔偿请求人对复议机关或者作为赔偿义务机关的人民法院作出的决定不予受理的文书不服,依照国家赔偿法第二十四条、第二十五条的规定向人民法院赔偿委员会提出赔偿申请,收到申请的人民法院可以依照本规定第六条、第八条予以审查立案。

经审查认为原不予受理错误的,人民法院赔偿委员会可以直接审查并作出决定,必要时也可以交由复议机关或者作为赔偿义务机关的人民法院作出决定。

第十一条　自本规定施行之日起,《最高人民法院关于刑事赔偿和非刑事司法赔偿案件立案工作的暂行规定(试行)》即行废止;本规定施行前本院发布的司法解释与本规定不一致的,以本规定为准。

最高人民法院印发《关于司法赔偿案件案由的规定》的通知

1. 2023年4月3日最高人民法院审判委员会第1883次会议讨论通过
2. 2023年4月19日印发
3. 法〔2023〕68号
4. 自2023年6月1日起施行

各省、自治区、直辖市高级人民法院,解放军军事法院,新疆维吾尔自治区高级人民法院生产建设兵团分院：

最高人民法院《关于司法赔偿案件案由的规定》已于2023年4月3日由最高人民法院审判委员会第1883次会议讨论通过，自2023年6月1日起施行，《关于国家赔偿案件案由的规定》（法〔2012〕32号）同时废止。现将《关于司法赔偿案件案由的规定》（以下简称《案由规定》）印发给你们，并就适用《案由规定》的有关问题通知如下。

一、认真学习和准确适用《案由规定》

本次对案由规定进行修改，坚持以国家赔偿法为依据，重点解决原案由规定过于简单笼统、案由划分过于粗疏以及司法赔偿审判实践中部分案件无案由可用、以申请赔偿理由代替案由等问题。案由规定的修改以必要性和实用性为原则，尊重既往案由使用习惯，结合审判实践需要，确保修改后的案由规定体系完整、分类准确、适用方便。

准确适用司法赔偿案件案由，有利于人民法院司法赔偿立案、审判工作的精细化，有利于提高案件统计的准确性，可以为人民法院司法决策提供有效参考。各级人民法院要充分认识到准确适用司法赔偿案件案由的重要性，认真学习《案由规定》，理解案由层级式列举的体系和具体适用规则，准确选择适用具体案由，依法维护赔偿请求人申请赔偿权利，切实落实新时代司法赔偿审判工作"人民性"理念，不断促进司法赔偿审判精细化发展。

二、案由的体系编排和确定标准

《案由规定》坚持以国家赔偿法篇章体系为依据，将案由的列举方式由原案由规定的平铺式改为层级式，以"刑事赔偿""非刑事司法赔偿"2个一级案由为基础，进行三级分类，使每一个司法赔偿案件都有可适用的案由。其中，"刑事赔偿"案由按照侵权客体分为3个二级案由，分别是"人身自由损害刑事赔偿""生命健康损害刑事赔偿"和"财产损害刑事赔偿"；"非刑事司法赔偿"案由按照侵权行为分为4个二级案由，分别是"违法采取对妨害诉讼的强制措施赔偿""违法保全赔偿""违法先予执行赔偿"和"错误执行赔偿"。

三级案由以原有的14个案由为基础，除"违法保全赔偿""错误执行赔偿"被保留为二级案由外，其他12个原有案由均被保留为三级案由。同时，根据司法赔偿审判实践需要，新增三级案由8个，分别是"变相羁押赔偿""怠于履行监管职责致伤、致死赔偿""违法没收、拒不退还取保候审保证金赔偿"以及涉执行司法赔偿案由"无依据、超范围执行赔偿""违法执行损害案外人权益赔偿""违法采取执行措施赔偿""违法采取执行强制措施赔偿""违法不执行、拖延执行赔偿"。

三、案由具体适用规则

（一）一般适用规则

《案由规定》实现了人民法院各种司法赔偿案件类型的全覆盖。在具体适用时，不应在《案由规定》之外创设其他案由，如"其他赔偿""国家赔偿"等。应当按照层级递进原则，由下至上，先适用三级案由；无对应的三级案由时，适用二级案由；二级案由仍不对应的，适用一级案由。在有下一层级案由可适用的情况下，不能直接适用上一层级案由。例如，赔偿请求人主张赔偿义务机关违法刑事拘留侵害人身自由申请赔偿，应适用三级案由"违法刑事拘留赔偿"，而非"人身自由损害刑事赔偿"或者"刑事赔偿"。

（二）选择性案由适用规则

本次修改，《案由规定》中共有选择性案由9个，即"刑讯逼供致伤、致死赔偿""殴打、虐待致伤、致死赔偿""怠于履行监管职责致伤、致死赔偿""违法使用武器、警械致伤、致死赔偿""刑事违法查封、扣押、冻结、追缴赔偿""违法没收、拒不退还取保候审保证金赔偿""错判罚金、没收财产赔偿""无依据、超范围执行赔偿""违法不执行、拖延执行赔偿"。在适用选择性案由时应根据赔偿请求人的具体理由、请求确定，如赔偿请求人主张赔偿义务机关刑讯逼供致身体伤残申请赔偿，案由应为"刑讯逼供致伤赔偿"，并非"刑讯逼供致伤、致死赔偿"；主张赔偿义务机关在刑事诉讼过程中违法扣押、追缴财产致财产损失申请赔偿，案由应为"刑事违法扣押、追缴赔偿"，并非"刑事违法查封、扣押、冻结、追缴赔偿"。

（三）多个案由合并适用规则

赔偿义务机关实施了多个侵权行为，赔偿请求人在一个案件中申请一并赔偿时，可以并列适用不同的案由。如赔偿请求人主张赔偿义务机关违法刑事拘留并刑讯逼供致身体受伤申请赔偿，案由应为"违法刑事拘留、刑讯逼供致伤赔偿"。如果多个案由分属不同层级，按照由下至上的顺序排列案由。如赔偿请求人主张执行法院错误执行其享有质权的财产，并在其申诉过程中存在拉扯拖拽行为致身体伤害申请赔偿，可适用三级案由“违法执行损害案外人权益赔偿”和一级案由“非刑事司法赔偿”，在决定书中可表述为“违法执行损害案外人权益、非刑事司法赔偿”。

四、其他应注意的问题

（一）各级人民法院要准确把握司法赔偿案件案由的性质和功能。《案由规定》不是司法赔偿案件受案范围规定，人民法院在确定具体个案是否属于受案范围时，应当根据国家赔偿法及相关司法解释的规定进行判断，不能以《案由规定》作为判断依据。

（二）申请赔偿的事项不属于国家赔偿法调整范围的，人民法院可以根据申请赔偿的具体理由确定相应案由，如赔偿请求人在国家赔偿法实施前被再审改判无罪，申请国家赔偿虽不属于人民法院国家赔偿案件的受案范围，但仍可适用“再审无罪赔偿”案由。如以民事、行政判决错误为由请求作出原错判的人民法院承担赔偿责任，可以适用“非刑事司法赔偿”案由。

（三）案件名称的表述应与案由表述保持一致，不能用申请赔偿的理由代替案由。如赔偿请求人主张人民法院违法保全侵犯财产权申请赔偿，案件名称应表述为“某某申请某某人民法院违法保全赔偿案”，不应表述为“某某以违法保全为由申请某某人民法院国家赔偿案”。

（四）本通知下发后，各高级人民法院要切实抓好辖区内法院相关人员对《案由规定》的学习、培训工作，确保培训到人，尤其是从事立案登记和司法统计的人员。今后在适用《案由规定》填写案由时，各级人民法院务必要切实负起责任，认真按照本通知要求予以填写。对于未做培训或者不负责任、随意填写的法院，最高人民法院将适时予以通报批评。

关于司法赔偿案件案由的规定

2023年4月3日最高人民法院审判委员会第1883次会议通过　自2023年6月1日起施行

为正确适用法律，统一确定案由，根据《中华人民共和国国家赔偿法》等法律规定，结合人民法院司法赔偿审判工作实际情况，对司法赔偿案件案由规定如下：

一、刑事赔偿

适用于赔偿请求人主张赔偿义务机关在行使刑事司法职权时侵犯人身权或者财产权的赔偿案件。

（一）人身自由损害刑事赔偿

适用于赔偿请求人主张赔偿义务机关在行使刑事司法职权时侵犯人身自由的赔偿案件。

1. 违法刑事拘留赔偿

适用于赔偿请求人主张赔偿义务机关违反刑事诉讼法规定的条件、程序或者时限采取拘留措施的赔偿案件。

2. 变相羁押赔偿

适用于赔偿请求人主张赔偿义务机关违反刑事诉讼法的规定指定居所监视居住或者超出法定时限连续传唤、拘传，实际已达到刑事拘留效果的赔偿案件。

3. 无罪逮捕赔偿

适用于赔偿请求人主张赔偿义务机关采取逮捕措施错误的赔偿案件。

4. 二审无罪赔偿

适用于赔偿请求人主张二审已改判无罪，赔偿义务机关此前作出一审有罪错判的赔偿案件。

5. 重审无罪赔偿

适用于赔偿请求人主张二审发回重审后已作无罪处理，赔偿义务机关此前作出一审有罪错判的赔偿案件。

6. 再审无罪赔偿

适用于赔偿请求人主张依照审判监督程序已再审改判无罪或者改判部分无罪，赔偿义务机关此前作出原生效有罪错判的赔偿案件。

（二）生命健康损害刑事赔偿

适用于赔偿请求人主张赔偿义务机关在行使刑事司法职权时侵犯生命健康的赔偿案件。

1. 刑讯逼供致伤、致死赔偿

适用于赔偿请求人主张赔偿义务机关刑讯逼供造成身体伤害或者死亡的赔偿案件。

2. 殴打、虐待致伤、致死赔偿

适用于赔偿请求人主张赔偿义务机关以殴打、虐待行为或者唆使、放纵他人以殴打、虐待行为造成身体伤害或者死亡的赔偿案件。

3. 怠于履行监管职责致伤、致死赔偿

适用于赔偿请求人主张赔偿义务机关未尽法定监管、救治职责，造成被羁押人身体伤害或者死亡的赔偿案件。

4. 违法使用武器、警械致伤、致死赔偿

适用于赔偿请求人主张赔偿义务机关违法使用武器、警械造成身体伤害或者死亡的赔偿案件。

（三）财产损害刑事赔偿

适用于赔偿请求人主张赔偿义务机关在行使刑事司法职权时侵犯财产权益的赔偿案件。

1. 刑事违法查封、扣押、冻结、追缴赔偿

适用于赔偿请求人主张赔偿义务机关在刑事诉讼过程中，违法对财产采取查封、扣押、冻结、追缴措施的赔偿案件。

2. 违法没收、拒不退还取保候审保证金赔偿

适用于赔偿请求人主张赔偿义务机关违法没收取保候审保证金、无正当理由对应当退还的取保候审保证金不予退还的赔偿案件。

3. 错判罚金、没收财产赔偿

适用于赔偿请求人主张原判罚金、没收财产执行后，依照审判监督程序已再审改判财产刑的赔偿案件。

二、非刑事司法赔偿

适用于赔偿请求人主张人民法院在民事、行政诉讼等非刑事司法活动中，侵犯人身权或者财产权的赔偿案件。

（四）违法采取对妨害诉讼的强制措施赔偿

适用于赔偿请求人主张人民法院在民事、行政诉讼中，违法采取对妨害诉讼的强制措施的赔偿案件。

1. 违法司法罚款赔偿

适用于赔偿请求人主张人民法院在民事、行政诉讼中，违法司法罚款的赔偿案件。

2. 违法司法拘留赔偿

适用于赔偿请求人主张人民法院在民事、行政诉讼中，违法司法拘留的赔偿案件。

（五）违法保全赔偿

适用于赔偿请求人主张人民法院在民事、行政诉讼中，违法采取或者违法解除保全措施的赔偿案件。

（六）违法先予执行赔偿

适用于赔偿请求人主张人民法院在民事、行政诉讼中，违法采取先予执行措施的赔偿案件。

（七）错误执行赔偿

适用于赔偿请求人主张人民法院对民事、行政判决、裁定以及其他生效法律文书执行错误的赔偿案件。

1. 无依据、超范围执行赔偿

适用于赔偿请求人主张人民法院执行未生效法律文书，或者超出生效法律文书确定的数额、范围执行的赔偿案件。

2. 违法执行损害案外人权益赔偿

适用于赔偿请求人主张人民法院违法执行案外人财产、未依法保护案外人优先受偿权等合法权益，或者对其他法院已经依法保全、执行的财产违法执行的赔偿案件。

3. 违法采取执行措施赔偿

适用于赔偿请求人主张人民法院违法采取查封、扣押、冻结、拍卖、变卖、以物抵债、交付等执行措施，或者在采取前述措施过程中存在未履行监管职责等过错的赔偿案件。

4. 违法采取执行强制措施赔偿

适用于赔偿请求人主张人民法院违法采取纳入失信被执行人名单、限制消费、限制出境、罚款、拘留等执行强制措施的赔偿案件。

5. 违法不执行、拖延执行赔偿

适用于赔偿请求人主张人民法院违法不执行、拖延执行或者应当依法恢复执行而不恢复的赔偿案件。

最高人民法院关于国家赔偿监督程序若干问题的规定

1. 2017年2月27日最高人民法院审判委员会第1711次会议审议通过
2. 2017年4月20日公布
3. 法释〔2017〕9号
4. 自2017年5月1日起施行

为了保障赔偿请求人和赔偿义务机关的申诉权，规范国家赔偿监督程序，根据《中华人民共和国

国家赔偿法》及有关法律规定,结合国家赔偿工作实际,制定本规定。

第一条　依照国家赔偿法第三十条的规定,有下列情形之一的,适用本规定予以处理:

(一)赔偿请求人或者赔偿义务机关认为赔偿委员会生效决定确有错误,向上一级人民法院赔偿委员会提出申诉的;

(二)赔偿委员会生效决定违反国家赔偿法规定,经本院院长决定或者上级人民法院指令重新审理,以及上级人民法院决定直接审理的;

(三)最高人民检察院对各级人民法院赔偿委员会生效决定,上级人民检察院对下级人民法院赔偿委员会生效决定,发现违反国家赔偿法规定,向同级人民法院赔偿委员会提出重新审查意见的。

行政赔偿案件的审判监督依照行政诉讼法的相关规定执行。

第二条　赔偿请求人或者赔偿义务机关对赔偿委员会生效决定,认为确有错误的,可以向上一级人民法院赔偿委员会提出申诉。申诉审查期间,不停止生效决定的执行。

第三条　赔偿委员会决定生效后,赔偿请求人死亡或者其主体资格终止的,其权利义务承继者可以依法提出申诉。

赔偿请求人死亡,依法享有继承权的同一顺序继承人有数人时,其中一人或者部分人申诉的,申诉效力及于全体;但是申请撤回申诉或者放弃赔偿请求的,效力不及于未明确表示撤回申诉或者放弃赔偿请求的其他继承人。

赔偿义务机关被撤销或者职权变更的,继续行使其职权的机关可以依法提出申诉。

第四条　赔偿请求人、法定代理人可以委托一至二人作为代理人代为申诉。申诉代理人的范围包括:

(一)律师、基层法律服务工作者;

(二)赔偿请求人的近亲属或者工作人员;

(三)赔偿请求人所在社区、单位以及有关社会团体推荐的公民。

赔偿义务机关可以委托本机关工作人员、法律顾问、律师一至二人代为申诉。

第五条　赔偿请求人或者赔偿义务机关申诉,应当提交以下材料:

(一)申诉状。申诉状应当写明申诉人和被申诉人的基本信息,申诉的法定事由,以及具体的请求、事实和理由;书写申诉状确有困难的,可以口头申诉,由人民法院记入笔录。

(二)身份证明及授权文书。赔偿请求人申诉的,自然人应当提交身份证明,法人或者其他组织应当提交营业执照、组织机构代码证书、法定代表人或者主要负责人身份证明;赔偿义务机关申诉的,应当提交法定代表人或者主要负责人身份证明;委托他人申诉的,应当提交授权委托书和代理人身份证明。

(三)法律文书。即赔偿义务机关、复议机关及赔偿委员会作出的决定书等法律文书。

(四)其他相关材料。以有新的证据证明原决定认定的事实确有错误为由提出申诉的,应当同时提交相关证据材料。

申诉材料不符合前款规定的,人民法院应当一次性告知申诉人需要补正的全部内容及补正期限。补正期限一般为十五日,最长不超过一个月。申诉人对必要材料拒绝补正或者未能在规定期限内补正的,不予审查。收到申诉材料的时间自人民法院收到补正后的材料之日起计算。

第六条　申诉符合下列条件的,人民法院应当在收到申诉材料之日起七日内予以立案:

(一)申诉人具备本规定的主体资格;

(二)受理申诉的人民法院是作出生效决定的人民法院的上一级人民法院;

(三)提交的材料符合本规定第五条的要求。

申诉不符合上述规定的,人民法院不予受理并应当及时告知申诉人。

第七条　赔偿请求人或者赔偿义务机关申诉,有下列情形之一的,人民法院不予受理:

(一)赔偿委员会驳回申诉后,申诉人再次提出申诉的;

(二)赔偿请求人对作为赔偿义务机关的人民法院作出的决定不服,未在法定期限内向其上一级人民法院赔偿委员会申请作出赔偿决定,在赔偿义务机关的决定发生法律效力后直接向人民法院赔偿委员会提出申诉的;

(三)赔偿请求人、赔偿义务机关对最高人民法院赔偿委员会作出的决定不服提出申诉的;

(四)赔偿请求人对行使侦查、检察职权的机关以及看守所主管机关、监狱管理机关作出的决定,未在法定期限内向其上一级机关申请复议，或者申请复议后复议机关逾期未作出决定或者复议机关已作出复议决定，但赔偿请求人未在法定期限内向复议机关所在地的同级人民法院赔偿委员会申请作出赔偿决定，在赔偿义务机关、复议机关的相关决定生效后直接向人民法院赔偿委员会申诉的。

第八条 赔偿委员会对于立案受理的申诉案件，应当着重围绕申诉人的申诉事由进行审查。必要时，应当对原决定认定的事实、证据和适用法律进行全面审查。

第九条 赔偿委员会审查申诉案件采取书面审查的方式，根据需要可以听取申诉人和被申诉人的陈述和申辩。

第十条 赔偿委员会审查申诉案件，一般应当在三个月内作出处理，至迟不得超过六个月。有特殊情况需要延长的，由本院院长批准。

第十一条 有下列情形之一的，应当决定重新审理：

（一）有新的证据，足以推翻原决定的；

（二）原决定认定的基本事实缺乏证据证明的；

（三）原决定认定事实的主要证据是伪造的；

（四）原决定适用法律确有错误的；

（五）原决定遗漏赔偿请求，且确实违反国家赔偿法规定的；

（六）据以作出原决定的法律文书被撤销或者变更的；

（七）审判人员在审理该案时有贪污受贿、徇私舞弊、枉法裁判行为的；

（八）原审理程序违反法律规定，可能影响公正审理的。

第十二条 申诉人在申诉阶段提供新的证据，应当说明逾期提供的理由。

申诉人提供的新的证据，能够证明原决定认定的基本事实或者处理结果错误的，应当认定为本规定第十一条第一项规定的情形。

第十三条 赔偿委员会经审查，对申诉人的申诉按照下列情形分别处理：

（一）申诉人主张的重新审理事由成立，且符合国家赔偿法和本规定的申诉条件的，决定重新审理。重新审理包括上级人民法院赔偿委员会直接审理或者指令原审人民法院赔偿委员会重新审理。

（二）申诉人主张的重新审理事由不成立，或者不符合国家赔偿法和本规定的申诉条件的，书面驳回申诉。

（三）原决定不予受理或者驳回赔偿申请错误的，撤销原决定，指令原审人民法院赔偿委员会依法审理。

第十四条 人民法院院长发现本院赔偿委员会生效决定违反国家赔偿法规定，认为需要重新审理的，应当提交审判委员会讨论决定。

最高人民法院对各级人民法院赔偿委员会生效决定，上级人民法院对下级人民法院赔偿委员会生效决定，发现违反国家赔偿法规定的，有权决定直接审理或者指令下级人民法院赔偿委员会重新审理。

第十五条 最高人民检察院对各级人民法院赔偿委员会生效决定，上级人民检察院对下级人民法院赔偿委员会生效决定，向同级人民法院赔偿委员会提出重新审查意见的，同级人民法院赔偿委员会应当决定直接审理，并将决定书送达提出意见的人民检察院。

第十六条 赔偿委员会重新审理案件，适用国家赔偿法和相关司法解释关于赔偿委员会审理程序的规定；本规定依据国家赔偿法和相关法律对重新审理程序有特别规定的，适用本规定。

原审人民法院赔偿委员会重新审理案件，应当另行指定审判人员。

第十七条 决定重新审理的案件，可以根据案件情形中止原决定的执行。

第十八条 赔偿委员会重新审理案件，采取书面审理的方式，必要时可以向有关单位和人员调查情况、收集证据，听取申诉人、被申诉人或者赔偿请求人、赔偿义务机关的陈述和申辩。有本规定第十一条第一项、第三项情形，或者赔偿委员会认为确有必要的，可以组织申诉人、被申诉人或者赔偿请求人、赔偿义务机关公开质证。

对于人民检察院提出意见的案件，赔偿委员会组织质证时应当通知提出意见的人民检察院派员出席。

第十九条 赔偿委员会重新审理案件，应当对原决定认定的事实、证据和适用法律进行全面审理。

第二十条 赔偿委员会重新审理的案件，应当在两个月内依法作出决定。

第二十一条 案件经重新审理后，应当根据下列情形分别处理：

（一）原决定认定事实清楚、适用法律正确的，应当维持原决定；

（二）原决定认定事实、适用法律虽有瑕疵，但决定结果正确的，应当在决定中纠正瑕疵后予以维持；

（三）原决定认定事实、适用法律错误，导致决定结果错误的，应当撤销、变更、重新作出决定；

（四）原决定违反国家赔偿法规定，对不符合案件受理条件的赔偿申请进行实体处理的，应当撤销原决定，驳回赔偿申请；

（五）申诉人、被申诉人或者赔偿请求人、赔偿义务机关经协商达成协议的，赔偿委员会依法审查并确认后，应当撤销原决定，根据协议作出新决定。

第二十二条 赔偿委员会重新审理后作出的决定，应当及时送达申诉人、被申诉人或者赔偿请求人、赔偿义务机关和提出意见的人民检察院。

第二十三条 在申诉审查或者重新审理期间，有下列情形之一的，赔偿委员会应当决定中止审查或者审理：

（一）申诉人、被申诉人或者原赔偿请求人、原赔偿义务机关死亡或者终止，尚未确定权利义务承继者的；

（二）申诉人、被申诉人或者赔偿请求人丧失行为能力，尚未确定法定代理人的；

（三）宣告无罪的案件，人民法院决定再审或者人民检察院按照审判监督程序提出抗诉的；

（四）申诉人、被申诉人或者赔偿请求人、赔偿义务机关因不可抗拒的事由，在法定审限内不能参加案件处理的；

（五）其他应当中止的情形。

中止的原因消除后，赔偿委员会应当及时恢复审查或者审理，并通知申诉人、被申诉人或者赔偿请求人、赔偿义务机关和提出意见的人民检察院。

第二十四条 在申诉审查期间，有下列情形之一的，赔偿委员会应当决定终结审查：

（一）申诉人死亡或者终止，无权利义务承继者或者权利义务承继者声明放弃申诉的；

（二）据以申请赔偿的撤销案件决定、不起诉决定或者无罪判决被撤销的；

（三）其他应当终结的情形。

在重新审理期间，有上述情形或者人民检察院撤回意见的，赔偿委员会应当决定终结审理。

第二十五条 申诉人在申诉审查或者重新审理期间申请撤回申诉的，赔偿委员会应当依法审查并作出是否准许的决定。

赔偿委员会准许撤回申诉后，申诉人又重复申诉的，不予受理，但有本规定第十一条第一项、第三项、第六项、第七项规定情形，自知道或者应当知道该情形之日起六个月内提出的除外。

第二十六条 赔偿请求人在重新审理期间申请撤回赔偿申请的，赔偿委员会应当依法审查并作出是否准许的决定。准许撤回赔偿申请的，应当一并撤销原决定。

赔偿委员会准许撤回赔偿申请的决定送达后，赔偿请求人又重复申请国家赔偿的，不予受理。

第二十七条 本规定自2017年5月1日起施行。最高人民法院以前发布的司法解释和规范性文件，与本规定不一致的，以本规定为准。

最高人民检察院关于适用修改后《中华人民共和国国家赔偿法》若干问题的意见

1. 2011年4月25日

2. 高检发刑申字〔2011〕3号

第十一届全国人民代表大会常务委员会第十四次会议于2010年4月29日通过的《关于修改〈中华人民共和国国家赔偿法〉的决定》，自2010年12月1日起施行。现就人民检察院处理国家赔偿案件中适用修改后国家赔偿法的若干问题提出以下意见：

一、人民检察院和人民检察院工作人员行使职权侵犯公民、法人和其他组织合法权益的行为发生在2010年12月1日以后的，适用修改后国家赔偿法的规定。

人民检察院和人民检察院工作人员行使职权侵犯公民、法人和其他组织合法权益的行为发生在2010年12月1日以前的，适用修改前国家赔偿法的规定，但在2010年12月1日以后提出赔偿请求的，或者在2010年12月1日以前提出赔偿请求但尚未作出生效赔偿决定的，适用修改后国家赔偿法的规定。

人民检察院和人民检察院工作人员行使职权侵犯公民、法人和其他组织合法权益的行为发生在2010年12月1日以前、持续至2010年12月1日以后的，适用修改后国家赔偿法的规定。

二、人民检察院在2010年12月1日以前受理但尚未办结的刑事赔偿确认案件，继续办理。办结后，对予以确认的，依法进入赔偿程序，适用修改后国家赔偿法的规定办理；对不服不予确认申诉的，适用修改前国家赔偿法的规定处理。

人民检察院在2010年12月1日以前已经作出决定并发生法律效力的刑事赔偿确认案件，赔偿请求人申诉或者原决定确有错误需要纠正的，适用修改前国家赔偿法的规定处理。

三、赔偿请求人不服人民检察院在2010年12月1日以前已经生效的刑事赔偿决定，向人民检察院申诉的，人民检察院适用修改前国家赔偿法的规定办理；赔偿请求人仅就修改后国家赔偿法增加的赔偿项目及标准提出申诉的，人民检察院不予受理。

四、赔偿请求人或者赔偿义务机关不服人民法院赔偿委员会在2010年12月1日以后作出的赔偿决定，向人民检察院申诉的，人民检察院应当依法受理，依照修改后国家赔偿法第三十条第三款的规定办理。

赔偿请求人或者赔偿义务机关不服人民法院赔偿委员会在2010年12月1日以前作出的赔偿决定，向人民检察院申诉的，不适用修改后国家赔偿法第三十条第三款的规定，人民检察院应当告知其依照法律规定向人民法院提出申诉。

五、人民检察院控告申诉检察部门、民事行政检察部门在2010年12月1日以后接到不服人民法院行政赔偿判决、裁定的申诉案件，以及不服人民法院赔偿委员会决定的申诉案件，应当移送本院国家赔偿工作办公室办理。

人民检察院民事行政检察部门在2010年12月1日以前已经受理，尚未办结的不服人民法院行政赔偿判决、裁定申诉案件，仍由民事行政检察部门办理。

六、本意见自公布之日起施行。

最高人民法院赔偿委员会工作规则

1. 1999年4月26日最高人民法院赔偿委员会第7次会议通过

2. 2014年12月8日最高人民法院修订公布

3. 法发〔2014〕22号

第一条　为了规范赔偿委员会工作，充分发挥其职能作用，根据《中华人民共和国国家赔偿法》和有关法律规定，制定本规则。

第二条　赔偿委员会的职责：

（一）讨论、决定下列国家赔偿案件：

1. 赔偿请求人向本院申请赔偿，应由本院作出决定的案件；

2. 不服本院赔偿委员会的决定，需要重新审查并作出决定的案件；

3. 不服高级人民法院赔偿委员会的决定，向本院申诉，需要直接审查并作出决定的案件；

4. 最高人民检察院向本院提出意见，应当重新审查并作出决定的案件；

5. 请示案件和其他重大、疑难的案件。

（二）讨论国家赔偿司法解释草案。

（三）总结国家赔偿工作经验，监督、指导地方各级法院的国家赔偿工作。

（四）讨论、决定其他有关国家赔偿工作的重大事项。

第三条　赔偿委员会两个月召开一次例会。必要时，经主任提议可随时召开。

赔偿委员会开会应有过半数的委员出席。

第四条　赔偿委员会委员应当按时出席会议。因故不能出席会议的，应当及时向主任请假。

第五条　赔偿委员会会议由主任主持，或者由主任委托副主任主持。

经会议主持人同意，赔偿委员会办公室人员或者其他有关人员可以列席会议。

第六条　赔偿委员会讨论的议题，由主任或者副主任决定。

承办人应当预先做好准备，并于会议一日前将相关材料发送各委员和有关列席人员；开会时，应当根据会议主持人的要求向会议汇报，并负责回答委员提出的问题。

赔偿委员会讨论案件的，承办人应当在会前写出审查报告。合议庭和承办人要对案件事实负责，提出的处理意见应当写明有关的法律根据。

第七条　赔偿委员会实行民主集中制。赔偿委员会讨论的案件，必须获得全体委员半数以上同意方能通过。少数委员的意见可以保留并记录在卷。

第八条　赔偿委员会认为重大、疑难的案件，或者有重大分歧的案件，应当报请主任提交审判委员会讨论决定。

审判委员会的决定，赔偿委员会应当执行。

第九条　赔偿委员会讨论、决定的事项，应当作出会议纪要，经会议主持人审定后附卷备查。

第十条　赔偿委员会办公室负责赔偿委员会的会务工作，负责执行赔偿委员会决定事项。

第十一条　赔偿委员会委员以及其他列席会议的人员，应当遵守保密规定，不得泄露赔偿委员会讨论情况。

第十二条　本规则自通过之日起施行。

最高人民法院关于国家赔偿案件立案、案由有关问题的通知

1. 2012年1月13日

2. 法〔2012〕33号

各省、自治区、直辖市高级人民法院，解放军军事法院，新疆维吾尔自治区高级人民法院生产建设兵团分院：

最高人民法院《关于国家赔偿案件立案工作的规定》（以下简称《立案规定》）、最高人民法院《关于国家赔偿案件案由的规定》（以下简称《案由规定》）已于2011年12月26日由最高人民法院审判委员会第1537次会议讨论通过，自2012年2月15日起施行，最高人民法院《关于刑事赔偿和非刑事司法赔偿案件立案工作的暂行规定（试行）》、最高人民法院《关于刑事赔偿和非刑事司法赔偿案件案由的暂行规定（试行）》同时废止。为正确适用《立案规定》和《案由规定》，切实保障公民、法人和其他组织依法行使请求国家赔偿的权利，把好案件受理关，现就有关问题通知如下：

一、关于国家赔偿案件的立案审查

赔偿请求人向作为赔偿义务机关的人民法院提出赔偿申请，或者依照国家赔偿法第二十四条、第二十五条的规定向人民法院赔偿委员会提出赔偿申请的，由收到申请的人民法院立案部门负责立案审查。与国家赔偿相关的涉法信访接待工作，由人民法院立案信访部门负责。

二、关于立案审查工作的有关事宜

赔偿请求人向作为赔偿义务机关的人民法院提出赔偿申请的，收到申请的人民法院立案部门应当根据《立案规定》第四条的规定予以审查。经审查符合立案条件的，立案部门应当编立案号，在立案之日起五日内向赔偿请求人送达受理案件通知书，并在调齐赔偿申请所涉案件的相关卷宗材料后，一并移送该院理赔机构办理。调取卷宗材料的时间应从作出赔偿决定的期限内予以扣除。

赔偿请求人依照国家赔偿法第二十四条、第二十五条的规定向人民法院赔偿委员会提出赔偿申请的，收到申请的人民法院立案部门根据《立案规定》第五条至第八条的规定予以审查。经审查符合立案条件的，立案部门应当编立案号，在立案之日起五日内向赔偿请求人、赔偿义务机关、复议机关送达受理案件通知书，并向赔偿义务机关、复议机关送达国家赔偿申请书或者《申请赔偿登记表》副本。赔偿义务机关为下一级人民法院的，立案部门还应当向下一级人民法院调齐赔偿申请所涉案件的相关卷宗材料后，一并移送该院赔偿委员会审理。调取卷宗材料的时间应从作出赔偿决定的期限内予以扣除。

对前述两类案件经审查不符合立案条件的，由收到申请的人民法院立案部门在七日内作出不予受理决定，加盖人民法院院印，并在作出决定之日起十日内送达赔偿请求人。

三、关于国家赔偿案件案由的适用

对于赔偿请求人提出的赔偿申请属于《立案规定》第一条规定情形的，应当根据《案由规定》确定案由。在适用《案由规定》第六项至第十项时，一般应根据赔偿申请的具体情况择一确定案由，如赔偿申请涉及违法使用警械造成公民死亡的，案由为违法使用警械致死赔偿，如赔偿申请涉及虐待造成公民身体伤害的，案由为虐待致伤赔偿。

赔偿请求人提出的赔偿申请涉及同一赔偿义务

机关的两个以上司法行为,且对应同一权利,应当一并审理的,可以确定并列案由。如赔偿申请既涉及刑事违法查封,又涉及刑事违法追缴的,案由为刑事违法查封、追缴赔偿;如赔偿申请既涉及违法保全,又涉及错误执行的,案由为违法保全、错误执行赔偿。

《立案规定》和《案由规定》适用过程中有何新情况和新问题,应当及时报告最高人民法院。

最高人民法院办公厅关于国家赔偿法实施中若干问题的座谈会纪要

1. 2012年12月25日

2. 法办〔2012〕490号

为进一步贯彻实施修正后的国家赔偿法,保障赔偿请求人请求赔偿的权利,保证人民法院依法公正审查处理各类国家赔偿案件,规范和加强国家赔偿工作,最高人民法院对修正后的国家赔偿法实施中的新情况、新问题进行了专题调研。2012年10月17日,最高人民法院在贵州贵阳召开座谈会,各高级人民法院参加。会议总结了修正后的国家赔偿法实施中若干新情况、新问题,并依据《中华人民共和国国家赔偿法》及其司法解释,对亟待解决的若干问题形成共识,现将有关内容纪要如下:

一、人民法院办理自赔案件,决定准予赔偿请求人撤回赔偿申请,赔偿请求人收到该决定书后,在国家赔偿法第三十九条规定的时效内又向作为赔偿义务机关的人民法院提出赔偿申请,且有证据证明其撤回赔偿的申请确属违背真实意思表示或者有其他正当理由的,人民法院应予受理。

二、人民法院赔偿委员会审理国家赔偿案件,决定准予赔偿请求人撤回赔偿申请,赔偿请求人收到该决定书后又向人民法院赔偿委员会申请作出赔偿决定的,收到申请的人民法院应当依照国家赔偿法第三十条的规定审查处理。

三、赔偿请求人在刑事诉讼程序结束前书面承诺放弃请求国家赔偿的权利,其后在国家赔偿法第三十九条规定的时效内又向作为赔偿义务机关的人民法院提出赔偿申请,收到申请的人民法院应当依照《最高人民法院关于国家赔偿案件立案工作的规定》(以下简称《赔偿立案规定》)予以审查立案。

四、人民法院办理自赔案件,与赔偿请求人达成协议并作出国家赔偿决定书后,赔偿请求人反悔并依照国家赔偿法第二十四条的规定向上一级人民法院赔偿委员会提出赔偿申请,收到申请的人民法院应当依照《赔偿立案规定》予以审查立案。

人民法院办理自赔案件,与赔偿请求人达成协议,但未在规定期限内作出国家赔偿决定书,赔偿请求人依照国家赔偿法第二十四条的规定向上一级人民法院赔偿委员会提出赔偿申请,收到申请的人民法院应当依照《赔偿立案规定》予以审查立案。

五、人民法院或人民法院赔偿委员会受理国家赔偿案件后,经审查,赔偿义务机关已履行赔偿协议,且给付的金额能够填平补齐赔偿请求人实际损失的,应当决定驳回赔偿请求人提出的赔偿申请。

六、赔偿请求人以赔偿义务机关及其工作人员行使职权侵犯其财产权为由提出赔偿申请,人民法院经审查发现该财产权属尚存在争议的,应当决定不予受理。

已经受理案件的,人民法院或人民法院赔偿委员会应当决定驳回赔偿请求人提出的赔偿申请,并告知其经民事诉讼程序确认财产权属后再行申请赔偿。

七、在涉及普通合伙、合伙企业债权债务清算的民事案件中,部分合伙人以民事诉讼保全措施侵犯其财产权为由提出赔偿申请,人民法院经审查发现该民事案件尚在审理中的,应当决定不予受理。

已经受理案件的,人民法院或人民法院赔偿委员会应当决定驳回赔偿请求人提出的赔偿申请,并告知其在有关债权债务清算案件审理终结并最终确认权利义务关系后再行申请赔偿。

八、赔偿请求人认为人民法院有国家赔偿法第三十八条规定情形的,应当在民事诉讼、行政诉讼程序或者执行程序终结后提出赔偿申请。有下列情形之一的,人民法院应当依照《最高人民法院关于适用〈中华人民共和国国家赔偿法〉若干问题的解释(一)》第八条的解释精神,予以审查立案:

(一)不属于被执行人的财产,且经民事诉讼程序确认权属的;

(二)人民法院生效法律文书已确认相关行为违法的;

（三）赔偿请求人有证据证明其与民事诉讼、行政诉讼程序或者执行程序无关的。

九、人民法院办理自赔案件，应当充分听取赔偿请求人的意见。案件争议较大或者案情疑难、复杂的，人民法院可以组织赔偿请求人、原案件承办人以及其他相关人员进行听证。

人民法院赔偿委员会审理国家赔偿案件，对符合《最高人民法院关于人民法院赔偿委员会审理国家赔偿案件程序的规定》第十四条规定情形的，可以组织赔偿请求人和赔偿义务机关进行质证。

人民法院或人民法院赔偿委员会进行听证、质证的，应当对听证、质证的情况制作笔录。

十、人民法院赔偿委员会审理国家赔偿案件，赔偿请求人和赔偿义务机关应当依照国家赔偿法第二十六条的规定，对自己提出的主张承担举证责任。

赔偿义务机关主张其行为合法的，应当就其合法性承担举证责任。

被羁押人在羁押期间死亡或丧失行为能力的，赔偿义务机关应当对其行为与被羁押人死亡或者丧失行为能力是否存在因果关系承担举证责任。

十一、批准逮捕与提起公诉不是同一人民检察院的，由作出逮捕决定的人民检察院作为赔偿义务机关。

十二、在行政非诉强制执行中，由人民法院进行合法性审查，行政机关组织具体实施的案件，赔偿请求人仅就具体实施行为申请赔偿的，人民法院应告知其向作出具体实施行为的行政机关提出赔偿申请。

十三、第一审人民法院判处被告人成立数罪，第二审人民法院撤销其中部分罪名，实际羁押期限超出生效刑事判决确定刑期的，国家不承担赔偿责任。

第一审人民法院判处被告人成立两罪，第二审人民法院撤销其中一罪，并依照刑事诉讼法第十五条的规定，对另一罪不追究刑事责任的，国家不承担赔偿责任。

十四、依照国家赔偿法第十七条第（四）项的规定，行使侦查、检察、审判职权的机关以及看守所、监狱管理机关及其工作人员，有放纵他人虐待、违法不履行或怠于履行法定职责等不作为情形，且与公民在羁押期间死亡或者受到伤害存在因果关系的，受害人有取得赔偿的权利。

人民法院赔偿委员会应当根据赔偿义务机关就前款所述不作为情形对于造成损害结果所起的作用，决定其应当承担赔偿责任的比例和份额。

十五、国家赔偿法第十九条第（一）项规定的“公民自己故意作虚伪供述”，是指非因他人强迫或胁迫，赔偿请求人本人故意作出虚伪供述，导致其被羁押或被刑罚处罚的情形。

十六、修正后的国家赔偿法实施前，人民法院已将错判的罚金返还给赔偿请求人，赔偿请求人依照修正后的国家赔偿法向人民法院再行主张支付利息的，人民法院不予支持。

十七、人民法院或人民法院赔偿委员会审查处理国家赔偿案件并决定赔偿的，不得以赔偿请求人已获得原单位补发工资、奖金、津贴和补贴为由，拒绝赔偿或者在决定中扣除其依法应当获得的赔偿金。

十八、行使侦查职权的机关违反刑事诉讼法的规定延长拘留时限，其后决定撤销案件、不起诉或者判决宣告无罪终止追究刑事责任的，侵犯人身自由的赔偿金应自拘留之日起计算。

十九、人民法院作出民事判决认定民事诉讼强制措施或保全措施合法，当事人不服，经第二审程序或审判监督程序作出生效民事判决撤销该认定的，当事人可以依照国家赔偿法的规定向作为赔偿义务机关的人民法院提出赔偿申请。

二十、赔偿请求人依照《最高人民法院关于适用〈中华人民共和国国家赔偿法〉若干问题的解释（一）》第七条、第八条规定，在刑事、民事、行政诉讼或者执行程序终结后提出赔偿申请，相关诉讼、执行程序期间不计入赔偿请求时效。

二十一、人民法院赔偿委员会审理国家赔偿案件期间，赔偿请求人与赔偿义务机关达成赔偿协议，人民法院赔偿委员会经审查认为该协议不违反法律规定，应当根据协议内容制作国家赔偿决定书，并撤销原赔偿决定、复议决定。

二十二、人民法院赔偿委员会依照《最高人民法院关于人民法院赔偿委员会审理国家赔偿案件程序的规定》第十九条第二项、第三项规定依法重新作出决定的，应当撤销原赔偿决定、复议决定。

二十三、人民法院或人民法院赔偿委员会依照国家赔偿法第三十五条规定，决定为受害人消除影响，恢复名誉，赔礼道歉的，应写入国家赔偿决定书的决定主文。

最高人民法院办公厅关于在文书中如何引用国家赔偿法名称的通知

1. 2013年6月3日
2. 法办〔2013〕68号

各省、自治区、直辖市高级人民法院，解放军军事法院，新疆维吾尔自治区高级人民法院生产建设兵团分院：

2012年10月26日，第十一届全国人民代表大会常务委员会第二十九次会议审议通过了《全国人民代表大会常务委员会关于修改〈中华人民共和国国家赔偿法〉的决定》。为统一在文书中引用国家赔偿法的名称，现通知如下：

自收到本通知之日起，在文书中引用2010年4月29日修正以前的国家赔偿法，一律称“1994年《中华人民共和国国家赔偿法》”；引用2010年4月29日修正的国家赔偿法，一律称“2010年《中华人民共和国国家赔偿法》”；引用2012年10月26日修正的国家赔偿法，一律称“《中华人民共和国国家赔偿法》”。以前发布的通知与本通知不一致的，以本通知为准。

最高人民法院行政审判庭关于赔偿金有关问题的答复

1. 1998年3月18日
2. 〔1997〕行他字第31号

云南省高级人民法院：

你院关于郭运森诉官渡分局“行政侵权赔偿”上诉一案有关问题的请示收悉。经研究答复如下：原则同意你院请示中的第一种意见：即《国家赔偿法》第二十七条(一)项所规定的因误工减少的收入的赔偿金应按“国家上年度职工日平均工资×实际误工工日”的公式计算，所乘之积超过国家上年度职工年平均工资的5倍的，亦只能按国家上年度职工年年均工资的5倍计算。

最高人民法院赔偿委员会关于《国家赔偿法》不溯及既往的批复

1. 1999年12月13日
2. 〔1999〕赔他字第34号

吉林省高级人民法院：

你院1999年11月22日《关于钟国光申请刑事赔偿案件如何适用法律的请示》收悉，经研究。答复如下：

钟国光被错误限制人身自由的行为，于1993年经吉林省高级人民法院再审刑事判决予以纠正，二道区人民检察院对钟国光财产的扣押行为，也已于1987年12月10日宣布解除。根据《国家赔偿法》第三十五条、最高人民法院《关于〈中华人民共和国国家赔偿法〉溯及力和人民法院赔偿委员会受案范围问题的批复》的规定，本案不适用《国家赔偿法》，应由《国家赔偿法》规定以前的有关法律法规予以调整。

此复

最高人民法院赔偿委员会关于造成受害人死亡赔偿范围的批复

1. 1999年12月27日
2. 〔1999〕赔他字第17号

陕西省高级人民法院赔偿委员会：

你院1999年4月26日〔1999〕陕高法委赔字第02号《关于赵英武、姚兰英申请赔偿一案的请示报告》收悉。经研究，答复如下：

受害人赵军生前虽患冠心病，但看守所民警对其实施体罚是造成其死亡的直接原因，根据《国家赔偿法》第十五条第(四)项和第二十七条第(三)项的规定，赔偿义务机关潼关县公安局应承担全部赔偿责任。对姚兰英生活费的赔偿，应是在赵英武、姚兰英夫妻双方收入低于当地最低生活标准的差额部分中考虑，差额部分应由姚兰英子女共同负担，受害人赵军按比例负担的生活费，由赔偿义务机关潼关县公安局承担赔偿责任。受害人赵军之妻及其三个未成年子女依法享有赔偿主体资格，在作出赔偿决定前，应告知赵军之妻及三个子女有获得赔偿和为成年人生活费的权利。

此复

最高人民法院赔偿委员会关于国家赔偿不应扣除已补发工资的批复

1. 2000年1月10日
2. 〔1999〕赔他字第23号

宁夏回族自治区高级人民法院：

你院1999年7月6日〔1999〕宁高法赔他字第3号《关于蒋广秀申请国家赔偿一案的请示》收悉。经研究，答复如下：

国家赔偿与单位补发工资性质不同，前者是法律赋予公民的权利，后者是一种善后工作，不能相互混淆。根据《中华人民共和国国家赔偿法》的规定，公民因被侦查、检察、审判机关错拘、错捕、错判而限制人身自由的，无论其所在单位补发工资与否，该公民有权申请并依照法律规定获得国家赔偿。本案固原县人民法院、固原县人民检察院应当承担全部共同赔偿义务，蒋广秀补发的工资不应扣除。

此复

最高人民法院赔偿委员会关于李勇申请国家赔偿一案的批复

1. 2000年1月10日
2. 〔1999〕赔他字第30号

黑龙江省高级人民法院：

你院1999年10月10日〔1999〕黑法委赔批字第4号《关于赔偿请求人李勇申请国家赔偿一案的请示》收悉。经研究，答复如下：

同意你院对李勇申请国家赔偿一案请示中第一种意见，即赔偿请求人被侵犯人身自由权的事实发生在1995年1月1日《国家赔偿法》实施之前的，不适用《国家赔偿法》。赔偿请求人李勇1995年7月13日至1996年2月14日被限制人身自由权的部分，应按照《国家赔偿法》的规定，由作出错误逮捕决定的机关履行赔偿义务。原单位已补发工资与国家予以赔偿是两种不同性质的补偿方式，两者不能混淆，更不能替代。

此复

最高人民法院关于被限制人身自由期间的工资已由单位补发国家是否还应支付被限制人身自由的赔偿金的批复

1. 2000年1月26日
2. 〔1999〕赔他字第21号

辽宁省高级人民法院：

你院1999年6月22日〔1999〕辽法委赔疑字第1号《关于被限制人身自由期间的工资已由单位补发，国家是否还应支付被限制人身自由的赔偿金的请示报告》收悉，经研究，答复如下：

国家赔偿是国家机关或国家机关工作人员违法行使职权侵犯公民、法人和其他组织的合法权益造成的损害进行的赔偿。国家赔偿与企业补偿是两种不同性质的补偿方式，不应混淆。根据国家赔偿法第十五条第（二）项规定，赔偿义务机关应作出赔偿决定。

此复

最高人民法院关于人民法院赔偿委员会依照《中华人民共和国国家赔偿法》第三十条规定纠正原生效的赔偿委员会决定应如何适用人身自由赔偿标准问题的批复

1. 2014年6月23日最高人民法院审判委员会第1621次会议通过
2. 2014年6月30日公布
3. 法释〔2014〕7号
4. 自2014年8月1日起施行

吉林、山东、河南省高级人民法院：

关于人民法院赔偿委员会在赔偿申诉监督程序中如何适用人身自由赔偿标准问题，经研究，批复如下：

人民法院赔偿委员会依照《中华人民共和国国家

赔偿法》第三十条规定纠正原生效的赔偿委员会决定时，原决定的错误系漏算部分侵犯人身自由天数的，应在维持原决定支付的人身自由赔偿金的同时，就漏算天数按照重新审查或者直接审查后作出决定时的上年度国家职工日平均工资标准计算相应的人身自由赔偿金；原决定的错误系未支持人身自由赔偿请求的，按照重新审查或者直接审查后作出决定时的上年度国家职工日平均工资标准计算人身自由赔偿金。

·典型案例·

麦良申请国家赔偿案

【裁判摘要】

赔偿申请的受理在《中华人民共和国国家赔偿法》修正前，而赔偿决定的作出在该法修正之后，其法律适用应根据《中华人民共和国立法法》予以确定。立法法第八十四条规定：法律不溯及既往，但为了更好地保护公民、法人和其他组织的权利和利益而作的特别规定除外。修正后的国家赔偿法对赔偿请求人的权益保护力度更大，最高人民法院关于适用国家赔偿法的司法解释亦明确规定，2010 年 12 月 1 日前受理赔偿请求至 12 月 1 日尚未作出生效赔偿决定的，适用修正的国家赔偿法，因此，这类情形应适用修正后的国家赔偿法。

赔偿请求人：麦良，男，47 岁，汉族，住广州市珠江新城金碧华府。

赔偿义务机关：广州市天河区人民法院，住所地：广州市大河区龙口西路。

法定代表人：甘正培，该院院长。

赔偿义务机关：广州市天河区人民检察院，住所地：广州市天河区龙口西路。

法定代表人：张志强，该院检察长。

赔偿请求人麦良因错捕错判一案，不服广州市天河区人民法院（以下简称天河区法院）、广州市天河区人民检察院（以下简称天河区检察院）于 2010 年 11 月 5 日作出的（2010）天法赔字第 1 号《共同赔偿决定书》，于 2010 年 11 月 15 日向广州市中级人民法院（以下简称广州中院）申请作出赔偿决定。

赔偿请求人麦良称：天河区检察院于 2007 年 3 月 15 日以其涉嫌犯玩忽职守罪将其拘留，至 2009 年 11 月 5 日广州中院作出无罪判决时止，历经两年零八个月。在漫长的煎熬中，其身体、精神，甚至家庭、仕途均蒙受极大的伤害。其经常头疼失眠、视力、记忆力衰退，其妻患上精神分裂症，其子 2007 年不能考上更好的大学等。两赔偿义务机关决定赔偿人民币 74 003.70 元，显然不足以弥补其所受到的伤害。另，强烈要求有关部门立案调查本案的起因，即广东省体育局及广东省体育彩票管理中心有关人员弄虚作假与司法机关办案人员合谋对其进行迫害的事件真相，依法追究有关责任人的法律责任。请求：1. 赔偿义务机关支付侵犯其人身自由的赔偿金；2. 赔偿义务机关支付造成其身体健康的损害赔偿金；3. 赔偿义务机关为其消除影响、恢复名誉、赔礼道歉，并支付精神损害抚慰金及影响其政治前途的赔偿金；4. 赔偿义务机关支付其家属因身体及精神受损害的赔偿金；5. 责成广东省体育局向其补发工资、补贴等，上述 5 项共计人民币 1100 万元；6. 追究广东省体育局及广东省体育彩票管理中心有关人员利用职权诬告、陷害的法律责任，以及追究造成冤案错案的司法机关有关人员的法律责任。

赔偿义务机关天河区法院称：赔偿请求人麦良的案件已经广州中院依法定程序改判无罪，按照 1994 年《中华人民共和国国家赔偿法》的规定，一审法院判决有罪，二审法院改判无罪的，由一审法院和提起公诉的检察院共同进行赔偿。赔偿的内容和事项依照 1994 年《中华人民共和国国家赔偿法》的规定，应按照上一年度全国职工日平均工资标准计算，赔偿麦良自被羁押之日起至被取保候审之日止的赔偿金共 74 003.70 元。对造成赔偿请求人人身损害的赔偿以及消除影响、恢复名誉、赔礼道歉，支付精神损害赔偿金，依照 1994 年《中华人民共和国国家赔偿法》的规定要有法律上的因果关系，否则不予赔偿。麦良的案件经过侦查、公诉及审判，如赔偿请求人在某一程度受到人身权和名誉权的侵害，应该按照不同的主体进行赔偿。该院依照法律规定支付被羁押期间的人身自由赔偿金，而赔偿请求人提出的其他赔偿金（影响政治前途、家属赔偿金、精神损失抚慰金等）不属于国家赔偿的范围，不予赔偿。

赔偿义务机关天河区检察院没有陈述意见。

广州中院赔偿委员会经审理查明，赔偿请求人麦良因涉嫌犯玩忽职守罪于 2007 年 3 月 14 日被广州市公安局天河区分局刑事拘留(麦良当日被天河区看守所收押,同年3月15日1时在拘留证上签名),同年3月29日经天河区检察院批准逮捕,同日被逮捕。天河区检察院于2007年8月6日以麦良涉嫌犯玩忽职守罪向天河区法院提起公诉,天河区法院于2008年2月2日作出(2007)天法刑初字第1150号刑事判决,判决麦良犯玩忽职守罪,判处有期徒刑三年六个月。麦良不服,提出上诉。2008年7月17日,广州中院作出(2008)穗中法刑二终字第182号刑事裁定,撤销原判,发回天河区法院重审。天河区法院于2008年10月24日决定对麦良采取取保候审,于2009年2月16日作出(2008)天法刑重字第7号刑事判决,判决麦良犯玩忽职守罪,免予刑事处罚。天河区检察院和麦良均不服,分别向广州中院提出抗诉和上诉,广州中院于2009年11月5日作出(2009)穗中法刑二终字第204号刑事判决,以证据不足为由,判决麦良无罪。

2010年10月19日,赔偿请求人麦良以错误拘留、逮捕和审判造成其损害为由,向天河区法院和天河区检察院申请赔偿。天河区法院、天河区检察院于2010年11月5日作出(2010)天法赔字第1号《共同赔偿决定书》,认定麦良自2007年3月15日被刑事拘留之日起至2008年10月24日被取保候审之日止,共被羁押590天,遂决定:赔偿麦良赔偿金人民币74 003.7元。天河区法院、天河区检察院为共同赔偿义务机关,各承担赔偿金人民币37 001.85元。麦良不服,向广州中院赔偿委员会申请作出赔偿决定。

另查明,赔偿请求人麦良从2007年3月14日被天河区看守所收押至2008年10月24日被取保候审,共被羁押591天。

本案申请国家赔偿的争议焦点是:除侵犯人身自由的赔偿金之外,赔偿请求人麦良提出的其他赔偿请求是否有法律依据。

2010年12月20日,广州中院作出(2010)穗中法委赔字第1号决定书。决定认为,根据1994年《中华人民共和国国家赔偿法》第十五条的规定:行使检察、审判职权的机关对没有犯罪事实的人错误逮捕的,受害人有取得赔偿的权利。第二十条第一款规定:赔偿义务机关对依法确认有本法第十五条规定的情形之一的,应当给予赔偿。第二十六条规定:侵犯公民人身自由的每日赔偿金按照国家上年度职工日平均工资计算。最高人民法院、最高人民检察院《关于办理人民法院、人民检察院共同赔偿若干问题的解释》第一条规定:检察机关批准逮捕并提起公诉,一审法院判决有罪,二审法院改判无罪依法应当赔偿的案件,一审人民法院和批准逮捕的人民检察院为共同赔偿义务机关。第三条规定:二审人民法院宣告无罪的赔偿案件,作为共同赔偿义务机关的人民法院和人民检察院各按应当赔偿金额的二分之一承担赔偿责任。本案中,天河区检察院向天河区法院提起公诉指控赔偿请求人麦良犯玩忽职守罪,天河区法院一审判决麦良犯玩忽职守罪,二审因证据不足改判无罪。(2009)穗中法刑二终字第204号关于麦良无罪的刑事判决是对麦良错误逮捕的确认。依照上述规定,麦良有获得赔偿的权利,天河区法院和天河区检察院应为共同赔偿义务机关。2009年全国职工日平均工资为每天125.43元,麦良对该赔偿标准无异议。关于羁押天数的问题,经审查,广州市公安局天河区分局于2007年3月14日出具拘留证对麦良执行拘留,当日麦良已由天河区看守所收押。麦良提出羁押天数为591天的理由成立。两赔偿义务机关从2007年3月15日起计算,认定麦良被错误羁押590天有误,应予纠正。故两赔偿义务机关应赔偿麦良人身自由赔偿金总额为74 129.13元(125.43×591天),两机关各承担1/2赔偿责任。

关于赔偿请求人麦良提出人身伤害赔偿的请求,麦良未能提供证据证明赔偿义务机关实施了侵犯其生命健康权的行为且该行为已得到违法确认,故对其该项请求不予支持。

关于赔偿请求人麦良要求赔偿义务机关支付精神损害抚慰金的问题,1994年《中华人民共和国国家赔偿法》没有关于“支付精神损害抚慰金”的规定,麦良提出该项请求于法无据,不予支持。

赔偿请求人麦良要求赔偿义务机关支付其家属因身体及精神受损害的赔偿金、责成广东省体育局向其补发工资、奖金以及要求追究有关责任人的法律责任等请求,不属于国家赔偿法规定的赔偿范围,亦不予支持。

据此,广州中院赔偿委员会依照1994年《中华人民共和国国家赔偿法》第十五条、第二十六条的规定,于2010年12月20日决定:

一、撤销广州市天河区人民法院、广州市天河区人民检察院于2010年11月5日作出的(2010)天法赔字第1号共同赔偿决定;

二、广州市天河区人民法院、广州市天河区人民检察院支付赔偿请求人麦良人身自由赔偿金74 129.13元,两机关各承担37 064.57元;

三、驳回赔偿请求人麦良的其他赔偿请求。

麦良不服广州中院赔偿委员会的赔偿决定,向广东省高级人民法院赔偿委员会申诉称:1.(2010)穗中法委赔字第1号决定回避其提出的要求赔偿义务机关为其消除影响、恢复名誉、赔礼道歉的请求错误,有悖国家赔偿法的规定。申诉人被错误逮捕及错误判处犯玩忽职守罪,无辜在看守所被羁押591天,无论在身体方面、精神方面以及政治影响方面,均受到巨大伤害。国家赔偿法对此有明文规定,该请求有理,应得到支持。2.(2010)穗中法委赔字第1号决定以“麦良未能提供证据证明赔偿义务机关实施了侵犯其生命健康权的行为且该行为已得到违法确认”为由,不支持申诉人提出的人身伤害赔偿的请求是错误的。申诉人被长期关押,办案机关对申诉人的审讯造成了精神损害,申诉人与家属的病历和检验结果可以证明。赔偿义务机关已确认错误,申诉人只需证明身体受到伤害就应得到赔偿,无须再分项得到赔偿义务机关违法确认。3.(2010)穗中法委赔字第1号决定是在国家赔偿法修改后作出的。修改后的国家赔偿法增加了精神损害抚慰金的赔偿,申诉人要求支付精神损害抚慰金的请求应予支持。综上,请求撤销(2010)穗中法委赔字第1号决定,支持申诉人申请国家赔偿提出的各项请求。

广东省高级人民法院赔偿委员会经审理查明的事实与广州中院赔偿委员会查明的事实一致。

本案申诉期间的争议焦点是:赔偿申请的受理在国家赔偿法修正前,赔偿决定的作出在该法修正后、司法解释出台前,是否可适用修正的国家赔偿法。

广东省高级人民法院赔偿委员会认为,关于本案的法律适用,修正的《中华人民共和国国家赔偿法》于2010年12月1日起施行。申诉人麦良于2007年被羁押至2008年,于2010年11月15日向广州中院申请作出赔偿决定,广州中院于2010年12月20日作出(2010)穗中法委赔字第1号决定书。由于当时尚无相关司法解释对《中华人民共和国国家赔偿法》修改前后的适用作出规定,故广州中院根据法不溯及既往的一般原则,对本案适用了行为发生时的法律,即1994年《中华人民共和国国家赔偿法》。本案申诉审查期间,最高人民法院于2011年2月14日通过了《关于适用〈中华人民共和国国家赔偿法〉若干问题的解释(一)》,其中第二条规定:“国家机关及其工作人员行使职权侵犯公民、法人和其他组织合法权益的行为发生在2010年12月1日以前的,适用修正前的国家赔偿法,但有下列情形之一的,适用修正的国家赔偿法:(一)2010年12月1日以前已经受理赔偿请求人的赔偿请求但尚未作出生效赔偿决定的;……”鉴于(2010)穗中法委赔字第1号决定书于2010年12月20日作出,属于上述情形,故本案现适用修正的国家赔偿法。

本案申诉人麦良被羁押发生于2007年3月14日,至2008年10月24日被取保候审,共被羁押591天。天河区法院一审判决麦良有罪,广州中院二审改判麦良无罪。根据《中华人民共和国国家赔偿法》第二十一条第四款的新规定,二审改判无罪的,作出一审有罪判决的人民法院为赔偿义务机关。因此,本案的赔偿义务机关为天河区法院。天河区法院应根据《中华人民共和国国家赔偿法》第十七条、第二十二条、第三十三条的规定,赔偿麦良相应的人身自由赔偿金74 129.13元(125.43元/天×591天)。

申诉人麦良被羁押后相关媒体进行了报道,使麦良名誉严重受损。麦良在取保候审后所作的心理门诊报告显示,其有(轻度)抑郁症状。《中华人民共和国国家赔偿法》第三十五条规定:“有本法第三条或者第十七条规定情形之一,致人精神损害的,应当在侵权行为影响的范围内,为受害人消除影响,恢复名誉,赔礼道歉;造成严重后果的,应当支付相应的精神损害抚慰金。”因此,赔偿义务机关天河区法院应在侵权行为影响的范围内为麦良消除影响,恢复名誉,赔礼道歉,并向麦良支付相应的精神损害抚慰金。麦良的该项申诉符合法律规定,应予支持。根据本案的具体情形,酌定赔偿义务机关向麦良支付5万元精神损害抚慰金。

关于申诉人麦良认为赔偿义务机关侵犯其身体健康,应支付损害赔偿金的请求,经查,麦良未能提供证据证明赔偿义务机关实施了侵犯其生命健康权的行为,故对其该项请求不予支持。

关于申诉人麦良要求赔偿义务机关支付其家属因身体及精神损害的赔偿金、责成广东省体育局向其补发工资、奖金等以及要求追究有关责任人的法律责任等请求,不属于国家赔偿法规定的赔偿范围,不予支持。

据此,广东省高级人民法院赔偿委员会根据《中华人民共和国国家赔偿法》第十七条、第二十一条、第二十二条、第三十三条、第三十五条的规定，于2011年7月20日决定：

一、维持广州市中级人民法院(2010)穗中法委赔字第1号决定书第一项；

二、变更广州市中级人民法院(2010)穗中法委赔字第1号决定书第二项为：广州市天河区人民法院支付赔偿请求人麦良人身自由赔偿金74 129.13元；

三、撤销广州市中级人民法院(2010)穗中法委赔字第1号决定书第三项；

四、广州市天河区人民法院在侵权行为影响的范围内为赔偿请求人麦良消除影响，恢复名誉，赔礼道歉，并支付精神损害抚慰金5万元；

五、驳回赔偿请求人麦良的其他赔偿请求。

2. 行政赔偿

最高人民法院关于审理行政赔偿案件若干问题的规定

1. 2021年12月6日最高人民法院审判委员会第1855次会议通过
2. 2022年3月20日公布
3. 法释〔2022〕10号
4. 自2022年5月1日起施行

为保护公民、法人和其他组织的合法权益，监督行政机关依法履行行政赔偿义务，确保人民法院公正、及时审理行政赔偿案件，实质化解行政赔偿争议，根据《中华人民共和国行政诉讼法》（以下简称行政诉讼法）《中华人民共和国国家赔偿法》（以下简称国家赔偿法）等法律规定，结合行政审判工作实际，制定本规定。

一、受 案 范 围

第一条　国家赔偿法第三条、第四条规定的"其他违法行为"包括以下情形：

（一）不履行法定职责行为；

（二）行政机关及其工作人员在履行行政职责过程中作出的不产生法律效果，但事实上损害公民、法人或者其他组织人身权、财产权等合法权益的行为。

第二条　依据行政诉讼法第一条、第十二条第一款第十二项和国家赔偿法第二条规定，公民、法人或者其他组织认为行政机关及其工作人员违法行使行政职权对其劳动权、相邻权等合法权益造成人身、财产损害的，可以依法提起行政赔偿诉讼。

第三条　赔偿请求人不服赔偿义务机关下列行为的，可以依法提起行政赔偿诉讼：

（一）确定赔偿方式、项目、数额的行政赔偿决定；

（二）不予赔偿决定；

（三）逾期不作出赔偿决定；

（四）其他有关行政赔偿的行为。

第四条　法律规定由行政机关最终裁决的行政行为被确认违法后，赔偿请求人可以单独提起行政赔偿诉讼。

第五条　公民、法人或者其他组织认为国防、外交等国家行为或者行政机关制定发布行政法规、规章或者具有普遍约束力的决定、命令侵犯其合法权益造成损害，向人民法院提起行政赔偿诉讼的，不属于人民法院行政赔偿诉讼的受案范围。

二、诉讼当事人

第六条　公民、法人或者其他组织一并提起行政赔偿诉讼中的当事人地位，按照其在行政诉讼中的地位确定，行政诉讼与行政赔偿诉讼当事人不一致的除外。

第七条　受害的公民死亡，其继承人和其他有扶养关系的人可以提起行政赔偿诉讼，并提供该公民死亡证明、赔偿请求人与死亡公民之间的关系证明。

受害的公民死亡，支付受害公民医疗费、丧葬费等合理费用的人可以依法提起行政赔偿诉讼。

有权提起行政赔偿诉讼的法人或者其他组织分立、合并、终止，承受其权利的法人或者其他组织可以依法提起行政赔偿诉讼。

第八条　两个以上行政机关共同实施侵权行政行为造成损害的，共同侵权行政机关为共同被告。赔偿请求人坚持对其中一个或者几个侵权机关提起行政赔偿诉讼，以被起诉的机关为被告，未被起诉的机关追加为第三人。

第九条　原行政行为造成赔偿请求人损害，复议决定加重损害的，复议机关与原行政行为机关为共同被告。赔偿请求人坚持对作出原行政行为机关或者复议机关提起行政赔偿诉讼，以被起诉的机关为被告，未被起诉的机关追加为第三人。

第十条　行政机关依据行政诉讼法第九十七条的规定申请人民法院强制执行其行政行为，因据以强制执行的行政行为违法而发生行政赔偿诉讼的，申请强制执行的行政机关为被告。

三、证　　据

第十一条　行政赔偿诉讼中，原告应当对行政行为造成的损害提供证据；因被告的原因导致原告无法举证的，由被告承担举证责任。

人民法院对于原告主张的生产和生活所必需物品的合理损失，应当予以支持；对于原告提出的超出生产和生活所必需的其他贵重物品、现金损失，可以结合案件相关证据予以认定。

第十二条　原告主张其被限制人身自由期间受到身体伤害，被告否认相关损害事实或者损害与违法行政行为存在因果关系的，被告应当提供相应的证据证明。

四、起诉与受理

第十三条　行政行为未被确认为违法，公民、法人或者其他组织提起行政赔偿诉讼的，人民法院应当视为提起行政诉讼时一并提起行政赔偿诉讼。

行政行为已被确认为违法，并符合下列条件的，公民、法人或者其他组织可以单独提起行政赔偿诉讼：

（一）原告具有行政赔偿请求资格；

（二）有明确的被告；

（三）有具体的赔偿请求和受损害的事实根据；

（四）赔偿义务机关已先行处理或者超过法定期限不予处理；

（五）属于人民法院行政赔偿诉讼的受案范围和受诉人民法院管辖；

（六）在法律规定的起诉期限内提起诉讼。

第十四条　原告提起行政诉讼时未一并提起行政赔偿诉讼，人民法院审查认为可能存在行政赔偿的，应当告知原告可以一并提起行政赔偿诉讼。

原告在第一审庭审终结前提起行政赔偿诉讼，符合起诉条件的，人民法院应当依法受理；原告在第一审庭审终结后、宣判前提起行政赔偿诉讼的，是否准许由人民法院决定。

原告在第二审程序或者再审程序中提出行政赔偿请求的，人民法院可以组织各方调解；调解不成的，告知其另行起诉。

第十五条　公民、法人或者其他组织应当自知道或者应当知道行政行为侵犯其合法权益之日起两年内，向赔偿义务机关申请行政赔偿。赔偿义务机关在收到赔偿申请之日起两个月内未作出赔偿决定的，公民、法人或者其他组织可以依照行政诉讼法有关规定提起行政赔偿诉讼。

第十六条　公民、法人或者其他组织提起行政诉讼时一并请求行政赔偿的，适用行政诉讼法有关起诉期限的规定。

第十七条　公民、法人或者其他组织仅对行政复议决定中的行政赔偿部分有异议，自复议决定书送达之日起十五日内提起行政赔偿诉讼的，人民法院应当依法受理。

行政机关作出有赔偿内容的行政复议决定时，未告知公民、法人或者其他组织起诉期限的，起诉期限从公民、法人或者其他组织知道或者应当知道起诉期限之日起计算，但从知道或者应当知道行政复议决定内容之日起最长不得超过一年。

第十八条　行政行为被有权机关依照法定程序撤销、变更、确认违法或无效，或者实施行政行为的行政机关工作人员因该行为被生效法律文书或监察机关政务处分确认为渎职、滥用职权的，属于本规定所称的行政行为被确认为违法的情形。

第十九条　公民、法人或者其他组织一并提起行政赔偿诉讼，人民法院经审查认为行政诉讼不符合起诉条件的，对一并提起的行政赔偿诉讼，裁定不予立案；已经立案的，裁定驳回起诉。

第二十条　在涉及行政许可、登记、征收、征用和行政机关对民事争议所作的裁决的行政案件中，原告提起行政赔偿诉讼的同时，有关当事人申请一并解决相关民事争议的，人民法院可以一并审理。

五、审理和判决

第二十一条　两个以上行政机关共同实施违法行政行为，或者行政机关及其工作人员与第三人恶意串通作出的违法行政行为，造成公民、法人或者其他组织人身权、财产权等合法权益实际损害的，应当承担连带赔偿责任。

一方承担连带赔偿责任后，对于超出其应当承担部分，可以向其他连带责任人追偿。

第二十二条　两个以上行政机关分别实施违法行政行为造成同一损害，每个行政机关的违法行为都足以造成全部损害的，各个行政机关承担连带赔偿责任。

两个以上行政机关分别实施违法行政行为造成同一损害的，人民法院应当根据其违法行政行为在损害发生和结果中的作用大小，确定各自承担相应的行政赔偿责任；难以确定责任大小的，平均承担责任。

第二十三条　由于第三人提供虚假材料，导致行政机关作出的行政行为违法，造成公民、法人或者其他组织损害的，人民法院应当根据违法行政行为在损害发生和结果中的作用大小，确定行政机关承担相应的行政赔偿责任；行政机关已经尽到审慎审查义务的，不承担行政赔偿责任。

第二十四条 由于第三人行为造成公民、法人或者其他组织损害的，应当由第三人依法承担侵权赔偿责任；第三人赔偿不足、无力承担赔偿责任或者下落不明，行政机关又未尽保护、监管、救助等法定义务的，人民法院应当根据行政机关未尽法定义务在损害发生和结果中的作用大小，确定其承担相应的行政赔偿责任。

第二十五条 由于不可抗力等客观原因造成公民、法人或者其他组织损害，行政机关不依法履行、拖延履行法定义务导致未能及时止损或者损害扩大的，人民法院应当根据行政机关不依法履行、拖延履行法定义务行为在损害发生和结果中的作用大小，确定其承担相应的行政赔偿责任。

第二十六条 有下列情形之一的，属于国家赔偿法第三十五条规定的“造成严重后果”：

（一）受害人被非法限制人身自由超过六个月；

（二）受害人经鉴定为轻伤以上或者残疾；

（三）受害人经诊断、鉴定为精神障碍或者精神残疾，且与违法行政行为存在关联；

（四）受害人名誉、荣誉、家庭、职业、教育等方面遭受严重损害，且与违法行政行为存在关联。

有下列情形之一的，可以认定为后果特别严重：

（一）受害人被限制人身自由十年以上；

（二）受害人死亡；

（三）受害人经鉴定为重伤或者残疾一至四级，且生活不能自理；

（四）受害人经诊断、鉴定为严重精神障碍或者精神残疾一至二级，生活不能自理，且与违法行政行为存在关联。

第二十七条 违法行政行为造成公民、法人或者其他组织财产损害，不能返还财产或者恢复原状的，按照损害发生时该财产的市场价格计算损失。市场价格无法确定，或者该价格不足以弥补公民、法人或者其他组织损失的，可以采用其他合理方式计算。

违法征收征用土地、房屋，人民法院判决给予被征收人的行政赔偿，不得少于被征收人依法应当获得的安置补偿权益。

第二十八条 下列损失属于国家赔偿法第三十六条第六项规定的“停产停业期间必要的经常性费用开支”：

（一）必要留守职工的工资；

（二）必须缴纳的税款、社会保险费；

（三）应当缴纳的水电费、保管费、仓储费、承包费；

（四）合理的房屋场地租金、设备租金、设备折旧费；

（五）维系停产停业期间运营所需的其他基本开支。

第二十九条 下列损失属于国家赔偿法第三十六条第八项规定的“直接损失”：

（一）存款利息、贷款利息、现金利息；

（二）机动车停运期间的营运损失；

（三）通过行政补偿程序依法应当获得的奖励、补贴等；

（四）对财产造成的其他实际损失。

第三十条 被告有国家赔偿法第三条规定情形之一，致人精神损害的，人民法院应当判决其在违法行政行为影响的范围内，为受害人消除影响、恢复名誉、赔礼道歉；消除影响、恢复名誉和赔礼道歉的履行方式，可以双方协商，协商不成的，人民法院应当责令被告以适当的方式履行。造成严重后果的，应当判决支付相应的精神损害抚慰金。

第三十一条 人民法院经过审理认为被告对公民、法人或者其他组织造成财产损害的，判决被告限期返还财产、恢复原状；无法返还财产、恢复原状的，判决被告限期支付赔偿金和相应的利息损失。

人民法院审理行政赔偿案件，可以对行政机关赔偿的方式、项目、标准等予以明确，赔偿内容确定的，应当作出具有赔偿金额等给付内容的判决；行政赔偿决定对赔偿数额的确定确有错误的，人民法院判决予以变更。

第三十二条 有下列情形之一的，人民法院判决驳回原告的行政赔偿请求：

（一）原告主张的损害没有事实根据的；

（二）原告主张的损害与违法行政行为没有因果关系的；

（三）原告的损失已经通过行政补偿等其他途径获得充分救济的；

（四）原告请求行政赔偿的理由不能成立的其他情形。

六、其　　他

第三十三条 本规定自2022年5月1日起施行。《最高人民法院关于审理行政赔偿案件若干问题的规定》(法发〔1997〕10号)同时废止。

本规定实施前本院发布的司法解释与本规定不一致的,以本规定为准。

最高人民法院关于行政机关工作人员执行职务致人伤亡构成犯罪的赔偿诉讼程序问题的批复

1. *2002年8月5日最高人民法院审判委员会第1236次会议通过*
2. *2002年8月23日公布*
3. *法释〔2002〕28号*
4. *自2002年8月30日起施行*

山东省高级人民法院:

你院鲁高法函〔1998〕132号《关于对行政机关工作人员执行职务时致人伤、亡,法院以刑事附带民事判决赔偿损失后,受害人或其亲属能否再提起行政赔偿诉讼的请示》收悉。经研究,答复如下:

一、行政机关工作人员在执行职务中致人伤、亡已构成犯罪,受害人或其亲属提起刑事附带民事赔偿诉讼的,人民法院对民事赔偿诉讼请求不予受理。但应当告知其可以依据《中华人民共和国国家赔偿法》的有关规定向人民法院提起行政赔偿诉讼。

二、本批复公布以前发生的此类案件,人民法院已作刑事附带民事赔偿处理,受害人或其亲属再提起行政赔偿诉讼的,人民法院不予受理。

此复

最高人民法院关于受理行政赔偿案件是否收取诉讼费用的答复

1. *1995年9月18日*
2. *法函〔1995〕121号*

四川省高级人民法院:

你院川高法〔1995〕123号《关于国家赔偿法实施后行政赔偿案件是否收取诉讼费用的请示》收悉。经研究,答复如下:

根据《中华人民共和国国家赔偿法》第三十四条的规定,人民法院受理行政赔偿案件,不得向当事人收取诉讼费用。

最高人民法院赔偿委员会关于如何处理石晓丽等5人请求赔偿一案的批复

1. *1996年10月28日*
2. *法赔复〔1996〕2号*

吉林省高级人民法院赔偿委员会:

你院《关于如何处理石晓丽等5人请求赔偿案件的请示报告》收悉。经研究答复如下:

根据《国家赔偿法》第六条第二款的规定,石晓丽等5位赔偿请求人都享有申请国家赔偿的权利,各自都应获得一部分赔偿金。赔偿金不应按份额平均分割,考虑到受害人崔洪福及其妻已与父母分家,子女尚小等因素,在作出赔偿决定时,应适当照顾未成年人的利益,并应就赔偿请求人各自获得的赔偿金额直接作出决定。

同意你院请示中的其他意见。

最高人民法院行政审判庭对《关于行政机关违法扣押当事人财产后又主动解除扣押的行为能否视为确认的请示》的答复

1. *2000年1月25日*
2. *法行〔1999〕18号*

福建省高级人民法院:

你院《关于行政机关违法扣押当事人财产后又主动解除扣押的行为能否视为确认的请示》收悉。经研究,答复如下:

行政机关扣押当事人财产后又解除扣押,如解除扣押时明示扣押行为违法的,应认定扣押行为的违法性已被确认;解除时未明示扣押行为违法的,不能视为行政机关对扣押行为违法性已作确认。

最高人民法院赔偿委员会关于复议机关未尽告知义务致使赔偿请求人逾期申请人民法院赔偿委员会应当受理的批复

1. 2001年9月4日
2. 赔他字〔2001〕第8号

辽宁省高级人民法院：

你院2001年6月11日〔2001〕辽法委赔疑字第4号《关于贾德群等四人申请辽中县人民检察院错误逮捕赔偿如何适用赔偿法第二十二条及第三十二条的请示》收悉。经研究，答复如下：

同意你院请示报告中的第二种意见。《国家赔偿法》第二十二条第二款的规定，是法律赋予当事人的一种选择权，体现方便当事人和有利于及时赔偿的原则，而不是对当事人设定的义务或者对当事人权利的一种限制。复议机关受理案件后，逾期不作决定，也未告知赔偿请求人逾期可以向复议机关所在地的同级人民法院赔偿委员会申请作出赔偿决定的诉权，造成赔偿请求人逾期申请赔偿的过错在复议机关，不能因为复议机关的过错而剥夺赔偿请求人的诉权。根据《国家赔偿法》第三十二条的规定，赔偿请求人请求国家赔偿的时效为2年，赔偿请求人逾期后在法定时效2年内向人民法院赔偿委员会申请作出决定的，人民法院赔偿委员会应当受理。

此复

最高人民法院行政审判庭关于如何适用《最高人民法院关于审理行政赔偿案件若干问题的规定》第二十一条第(四)项和第三十四条规定的答复

1. 2001年12月24日
2. 〔2001〕行他字第10号

天津市高级人民法院：

你院津高法〔2001〕107号请示报告收悉。经研究，答复如下：

根据最高人民法院《关于审理行政赔偿案件若干问题的规定》第二十一条第(四)项和第三十四条的规定，因行政机关的具体行政行为引起的行政赔偿，赔偿请求人单独提起行政赔偿诉讼的，应当符合第二十一条第(四)项规定的起诉条件；因行政机关的事实行为引起的行政赔偿，赔偿请求人单独提起行政赔偿的，应当适用第三十四条的规定。

此复

最高人民法院赔偿委员会关于公安机关作出没收决定应视为具体行政行为，不属于刑事赔偿调整范围的批复

1. 2003年7月18日
2. 〔2002〕赔他字第11号

山西省高级人民法院：

你院2002年11月15日以晋法委赔字〔2002〕4号《关于蒋桂通申请刑事违法扣押赔偿》一案的请示报告收悉。经研究，答复如下：

运城市公安局对蒋桂通作出撤销案件决定，即是对侵犯蒋佳通人身权的确认。根据《刑事诉讼法》的规定，公安机关对刑事案件的涉案财物无决定没收的职权，运城市公安局对蒋桂通黄金饰品作出没收决定应视为具体行政行为，不属于刑事赔偿调整范围。蒋桂通提出国家赔偿请求，你院将该案进入刑事赔偿案件程序错误。

此复

最高人民法院行政审判庭关于犯罪嫌疑人、被告人或者罪犯在看守所羁押期间，被同仓人致残而引起的国家赔偿如何处理问题的答复

1. 2006年12月7日
2. 〔2006〕行他字第7号

陕西省高级人民法院：

你院《周乾炳诉镇巴县公安局行政违法及赔偿一

案的请示报告》收悉。经研究，答复如下：

犯罪嫌疑人、被告人或者罪犯在被羁押期间，被同仓人致残所引起的国家赔偿，应当按照《中华人民共和国行政诉讼法》和《中华人民共和国国家赔偿法》规定的行政赔偿程序处理。

此复

最高人民法院关于公安机关不履行、拖延履行法定职责如何承担行政赔偿责任问题的答复

1. 2013年9月22日
2. 〔2011〕行他字第24号

甘肃省高级人民法院：

你院《关于张美华等五人诉天水市公安局麦积分局行政赔偿案的请示报告》收悉，经研究，答复如下：

公安机关不履行或者拖延履行保护公民、法人或者其他组织人身权、财产权法定职责，致使公民、法人或者其他组织人身、财产遭受损失的，应当承担相应的行政赔偿责任。

公民、法人或者其他组织人身、财产损失系第三人行为造成的，应当由第三人承担民事侵权赔偿责任；第三人民事赔偿不足、无力承担赔偿责任或者下落不明的，应当根据公安机关不履行、拖延履行法定职责行为在损害发生过程和结果中所起的作用等因素，判决其承担相应的行政赔偿责任。

公安机关承担相应的赔偿责任后，可以向实施侵权行为的第三人追偿。

此复

最高人民法院关于人民法院赔偿委员会审理国家赔偿案件适用精神损害赔偿若干问题的意见

1. 2014年7月29日
2. 法发〔2014〕14号

2010年4月29日第十一届全国人大常委会第十四次会议审议通过的《全国人民代表大会常务委员会关于修改〈中华人民共和国国家赔偿法〉的决定》，扩大了消除影响、恢复名誉、赔礼道歉的适用范围，增加了有关精神损害抚慰金的规定，实现了国家赔偿中精神损害赔偿制度的重大发展。国家赔偿法第三十五条规定："有本法第三条或者第十七条规定情形之一，致人精神损害的，应当在侵权行为影响的范围内，为受害人消除影响，恢复名誉，赔礼道歉；造成严重后果的，应当支付相应的精神损害抚慰金。"为依法充分保障公民权益，妥善处理国家赔偿纠纷，现就人民法院赔偿委员会审理国家赔偿案件适用精神损害赔偿若干问题，提出以下意见：

一、充分认识精神损害赔偿的重要意义

现行国家赔偿法与1994年国家赔偿法相比，吸收了多年来理论及实践探索与发展的成果，在责任范围和责任方式等方面对精神损害赔偿进行了完善和发展，有效提升了对公民人身权益的保护水平。人民法院赔偿委员会要充分认识国家赔偿中的精神损害赔偿制度的重要意义，将贯彻落实该项制度作为"完善人权司法保障制度"的重要内容，正确适用国家赔偿法第三十五条等相关法律规定，依法处理赔偿请求人提出的精神损害赔偿申请，妥善化解国家赔偿纠纷，切实尊重和保障人权。

二、严格遵循精神损害赔偿的适用原则

人民法院赔偿委员会适用精神损害赔偿条款，应当严格遵循以下原则：一是依法赔偿原则。严格依照国家赔偿法的规定，不得扩大或者缩小精神损害赔偿的适用范围，不得增加或者减少其适用条件。二是综合裁量原则。综合考虑个案中侵权行为的致害情况，侵权机关及其工作人员的违法、过错程度等相关因素，准确认定精神损害赔偿责任。三是合理平衡原则。坚持同等情况同等对待，不同情况区别处理，适当考虑个案及地区差异，兼顾社会发展整体水平和当地居民生活水平。

三、准确把握精神损害赔偿的前提条件和构成要件

人民法院赔偿委员会适用精神损害赔偿条款，应当以公民的人身权益遭受侵犯为前提条件，并审查是否满足以下责任构成要件：行使侦查、检察、审判职权的机关以及看守所、监狱管理机关及其工作人员在行使职权时有国家赔偿法第十七条规定的侵权行为；致人精神损害；侵权行为与精神损害事实及后果之间存在因果关系。

四、依法认定“致人精神损害”和“造成严重后果”

人民法院赔偿委员会适用精神损害赔偿条款，应当严格依法认定侵权行为是否“致人精神损害”以及是否“造成严重后果”。

一般情形下，人民法院赔偿委员会应当综合考虑受害人人身自由、生命健康受到侵害的情况，精神受损情况，日常生活、工作学习、家庭关系、社会评价受到影响的情况，并考量社会伦理道德、日常生活经验等因素，依法认定侵权行为是否致人精神损害以及是否造成严重后果。

受害人因侵权行为而死亡、残疾（含精神残疾）或者所受伤害经有合法资质的机构鉴定为重伤或者诊断、鉴定为严重精神障碍的，人民法院赔偿委员会应当认定侵权行为致人精神损害并且造成严重后果。

五、妥善处理两种责任方式的内在关系

人民法院赔偿委员会适用精神损害赔偿条款，应当妥善处理“消除影响，恢复名誉，赔礼道歉”与“支付相应的精神损害抚慰金”两种责任方式的内在关系。

侵权行为致人精神损害但未造成严重后果的，人民法院赔偿委员会应当根据案件具体情况决定由赔偿义务机关为受害人消除影响、恢复名誉或者向其赔礼道歉。

侵权行为致人精神损害且造成严重后果的，人民法院赔偿委员会除依照前述规定决定由赔偿义务机关为受害人消除影响、恢复名誉或者向其赔礼道歉外，还应当决定由赔偿义务机关支付相应的精神损害抚慰金。

六、正确适用“消除影响，恢复名誉，赔礼道歉”责任方式

人民法院赔偿委员会适用精神损害赔偿条款，要注意“消除影响、恢复名誉”与“赔礼道歉”作为非财产责任方式，既可以单独适用，也可以合并适用。其中，消除影响、恢复名誉应当公开进行。

人民法院赔偿委员会可以根据赔偿义务机关与赔偿请求人协商的情况，或者根据侵权行为直接影响所及、受害人住所地、经常居住地等因素确定履行范围，决定由赔偿义务机关以适当方式公开为受害人消除影响、恢复名誉。人民法院赔偿委员会决定由赔偿义务机关公开赔礼道歉的，参照前述规定执行。

赔偿义务机关在案件审理终结前已经履行消除影响、恢复名誉或者赔礼道歉义务，人民法院赔偿委员会可以在国家赔偿决定书中予以说明，不再写入决定主文。人民法院赔偿委员会决定由赔偿义务机关为受害人消除影响、恢复名誉或者向其赔礼道歉的，赔偿义务机关应当自收到人民法院赔偿委员会国家赔偿决定书之日起三十日内主动履行消除影响、恢复名誉或者赔礼道歉义务。赔偿义务机关逾期未履行的，赔偿请求人可以向作出生效国家赔偿决定的赔偿委员会所在法院申请强制执行。强制执行产生的费用由赔偿义务机关负担。

七、综合酌定“精神损害抚慰金”的具体数额

人民法院赔偿委员会适用精神损害赔偿条款，决定采用“支付相应的精神损害抚慰金”方式的，应当综合考虑以下因素确定精神损害抚慰金的具体数额：精神损害事实和严重后果的具体情况；侵权机关及其工作人员的违法、过错程度；侵权的手段、方式等具体情节；罪名、刑罚的轻重；纠错的环节及过程；赔偿请求人住所地或者经常居住地平均生活水平；赔偿义务机关所在地平均生活水平；其他应当考虑的因素。

人民法院赔偿委员会确定精神损害抚慰金的具体数额，还应当注意体现法律规定的“抚慰”性质，原则上不超过依照国家赔偿法第三十三条、第三十四条所确定的人身自由赔偿金、生命健康赔偿金总额的百分之三十五，最低不少于一千元。

受害人对精神损害事实和严重后果的产生或者扩大有过错的，可以根据其过错程度减少或者不予支付精神损害抚慰金。

八、认真做好法律释明工作

人民法院赔偿委员会发现赔偿请求人在申请国家赔偿时仅就人身自由或者生命健康所受侵害提出赔偿申请，没有同时就精神损害提出赔偿申请的，应当向其释明国家赔偿法第三十五条的内容，并将相关情况记录在案。在案件终结后，赔偿请求人基于同一事实、理由，就同一赔偿义务机关另行提出精神损害赔偿申请的，人民法院一般不予受理。

九、其他国家赔偿案件的参照适用

人民法院审理国家赔偿法第三条、第三十八条规定的涉及侵犯人身权的国家赔偿案件，以及人民

法院办理涉及侵犯人身权的自赔案件，需要适用精神损害赔偿条款的，参照本意见处理。

最高人民法院关于审理国家赔偿案件确定精神损害赔偿责任适用法律若干问题的解释

1．2021年2月7日最高人民法院审判委员会第1831次会议通过
2．2021年3月24日公布
3．法释〔2021〕3号
4．自2021年4月1日起施行

为正确适用《中华人民共和国国家赔偿法》有关规定，合理确定精神损害赔偿责任，结合国家赔偿审判实际，制定本解释。

第一条　公民以人身权受到侵犯为由提出国家赔偿申请，依照国家赔偿法第三十五条的规定请求精神损害赔偿的，适用本解释。

法人或者非法人组织请求精神损害赔偿的，人民法院不予受理。

第二条　公民以人身权受到侵犯为由提出国家赔偿申请，未请求精神损害赔偿，或者未同时请求消除影响、恢复名誉、赔礼道歉以及精神损害抚慰金的，人民法院应当向其释明。经释明后不变更请求，案件审结后又基于同一侵权事实另行提出申请的，人民法院不予受理。

第三条　赔偿义务机关有国家赔偿法第三条、第十七条规定情形之一，依法应当承担国家赔偿责任的，可以同时认定该侵权行为致人精神损害。但是赔偿义务机关有证据证明该公民不存在精神损害，或者认定精神损害违背公序良俗的除外。

第四条　侵权行为致人精神损害，应当为受害人消除影响、恢复名誉或者赔礼道歉；侵权行为致人精神损害并造成严重后果，应当在支付精神损害抚慰金的同时，视案件具体情形，为受害人消除影响、恢复名誉或者赔礼道歉。

消除影响、恢复名誉与赔礼道歉，可以单独适用，也可以合并适用，并应当与侵权行为的具体方式和造成的影响范围相当。

第五条　人民法院可以根据案件具体情况，组织赔偿请求人与赔偿义务机关就消除影响、恢复名誉或者赔礼道歉的具体方式进行协商。

协商不成作出决定的，应当采用下列方式：

（一）在受害人住所地或者所在单位发布相关信息；

（二）在侵权行为直接影响范围内的媒体上予以报道；

（三）赔偿义务机关有关负责人向赔偿请求人赔礼道歉。

第六条　决定为受害人消除影响、恢复名誉或者赔礼道歉的，应当载入决定主文。

赔偿义务机关在决定作出前已为受害人消除影响、恢复名誉或者赔礼道歉，或者原侵权案件的纠正被媒体广泛报道，客观上已经起到消除影响、恢复名誉作用，且符合本解释规定的，可以在决定书中予以说明。

第七条　有下列情形之一的，可以认定为国家赔偿法第三十五条规定的“造成严重后果”：

（一）无罪或者终止追究刑事责任的人被羁押六个月以上；

（二）受害人经鉴定为轻伤以上或者残疾；

（三）受害人经诊断、鉴定为精神障碍或者精神残疾，且与侵权行为存在关联；

（四）受害人名誉、荣誉、家庭、职业、教育等方面遭受严重损害，且与侵权行为存在关联。

受害人无罪被羁押十年以上；受害人死亡；受害人经鉴定为重伤或者残疾一至四级，且生活不能自理；受害人经诊断、鉴定为严重精神障碍或者精神残疾一至二级，生活不能自理，且与侵权行为存在关联的，可以认定为后果特别严重。

第八条　致人精神损害，造成严重后果的，精神损害抚慰金一般应当在国家赔偿法第三十三条、第三十四条规定的人身自由赔偿金、生命健康赔偿金总额的百分之五十以下（包括本数）酌定；后果特别严重，或者虽然不具有本解释第七条第二款规定情形，但是确有证据证明前述标准不足以抚慰的，可以在百分之五十以上酌定。

第九条　精神损害抚慰金的具体数额，应当在兼顾社会发展整体水平的同时，参考下列因素合理确定：

（一）精神受到损害以及造成严重后果的情况；

（二）侵权行为的目的、手段、方式等具体情节；

（三）侵权机关及其工作人员的违法、过错程度、原因力比例；

（四）原错判罪名、刑罚轻重、羁押时间；

（五）受害人的职业、影响范围；

（六）纠错的事由以及过程；

（七）其他应当考虑的因素。

第十条 精神损害抚慰金的数额一般不少于一千元；数额在一千元以上的，以千为计数单位。

赔偿请求人请求的精神损害抚慰金少于一千元，且其请求事由符合本解释规定的造成严重后果情形，经释明不予变更的，按照其请求数额支付。

第十一条 受害人对损害事实和后果的发生或者扩大有过错的，可以根据其过错程度减少或者不予支付精神损害抚慰金。

第十二条 决定中载明的支付精神损害抚慰金及其他责任承担方式，赔偿义务机关应当履行。

第十三条 人民法院审理国家赔偿法第三十八条所涉侵犯公民人身权的国家赔偿案件，以及作为赔偿义务机关审查处理国家赔偿案件，涉及精神损害赔偿的，参照本解释规定。

第十四条 本解释自2021年4月1日起施行。本解释施行前的其他有关规定与本解释不一致的，以本解释为准。

· 指导案例 ·

最高人民法院指导案例91号——沙明保等诉马鞍山市花山区人民政府房屋强制拆除行政赔偿案

（最高人民法院审判委员会讨论通过
2017年11月15日发布）

【关键词】

行政　行政赔偿　强制拆除　举证责任　市场合理价值

【裁判要点】

在房屋强制拆除引发的行政赔偿案件中，原告提供了初步证据，但因行政机关的原因导致原告无法对房屋内物品损失举证，行政机关亦因未依法进行财产登记、公证等措施无法对房屋内物品损失举证的，人民法院对原告未超出市场价值的符合生活常理的房屋内物品的赔偿请求，应当予以支持。

【相关法条】

《中华人民共和国行政诉讼法》第38条第2款

【基本案情】

2011年12月5日，安徽省人民政府作出皖政地〔2011〕769号《关于马鞍山市2011年第35批次城市建设用地的批复》，批准征收马鞍山市花山区霍里街道范围内农民集体建设用地10.04公顷，用于城市建设。2011年12月23日，马鞍山市人民政府作出2011年37号《马鞍山市人民政府征收土地方案公告》，将安徽省人民政府的批复内容予以公告，并载明征地方案由花山区人民政府实施。苏月华名下的花山区霍里镇丰收村丰收村民组B11－3房屋在本次征收范围内。苏月华于2011年9月13日去世，其生前将该房屋处置给四原告所有。原告古宏英系苏月华的女儿，原告沙明保、沙明虎、沙明莉系苏月华的外孙。在实施征迁过程中，征地单位分别制作了《马鞍山市国家建设用地征迁费用补偿表》、《马鞍山市征迁住房货币化安置（产权调换）备案表》，对苏月华户房屋及地上附着物予以登记补偿，原告古宏英的丈夫领取了安置补偿款。2012年年初，被告组织相关部门将苏月华户房屋及地上附着物拆除。原告沙明保等四人认为马鞍山市花山区人民政府非法将上述房屋拆除，侵犯了其合法财产权，故提起诉讼，请求人民法院判令马鞍山市花山区人民政府赔偿房屋损失、装潢损失、房租损失共计282.7680万元；房屋内物品损失共计10万元，主要包括衣物、家具、家电、手机等5万元；实木雕花床5万元。

马鞍山市中级人民法院判决驳回原告沙明保等四人的赔偿请求。沙明保等四人不服，上诉称：1. 2012年初，马鞍山市花山区人民政府对案涉农民集体土地进行征收，未征求公众意见，上诉人亦不知以何种标准予以补偿；2. 2012年8月1日，马鞍山市花山区人民政府对上诉人的房屋进行拆除的行为违法，事前未达成协议，未告知何时拆迁，屋内财产未搬离、未清点，所造成的财产损失应由马鞍山市花山区人民政府承担举证责任；3. 2012年8月27日，上诉人沙明保、沙明虎、沙明莉的父亲沙开金受胁迫在补偿表上签字，但其父沙开金对房屋并不享有权益且该补偿表系房屋被拆后所签。综上，请求二审法院撤销一审判决，支持其赔偿请求。

马鞍山市花山区人民政府未作书面答辩。

【裁判结果】

马鞍山市中级人民法院于2015年7月20日作出(2015)马行赔初字第00004号行政赔偿判决:驳回沙明保等四人的赔偿请求。宣判后,沙明保等四人提出上诉,安徽省高级人民法院于2015年11月24日作出(2015)皖行赔终字第00011号行政赔偿判决:撤销马鞍山市中级人民法院(2015)马行赔初字第00004号行政赔偿判决;判令马鞍山市花山区人民政府赔偿上诉人沙明保等四人房屋内物品损失8万元。

【裁判理由】

法院生效裁判认为:根据《中华人民共和国土地管理法实施条例》第四十五条的规定,土地行政主管部门责令限期交出土地,被征收人拒不交出的,申请人民法院强制执行。马鞍山市花山区人民政府提供的证据不能证明原告自愿交出了被征土地上的房屋,其在土地行政主管部门未作出责令交出土地决定亦未申请人民法院强制执行的情况下,对沙明保等四人的房屋组织实施拆除,行为违法。关于被拆房屋内物品损失问题,根据《中华人民共和国行政诉讼法》第三十八条第二款之规定,在行政赔偿、补偿的案件中,原告应当对行政行为造成的损害提供证据。因被告的原因导致原告无法举证的,由被告承担举证责任。马鞍山市花山区人民政府组织拆除上诉人的房屋时,未依法对屋内物品登记保全,未制作物品清单并交上诉人签字确认,致使上诉人无法对物品受损情况举证,故该损失是否存在、具体损失情况等,依法应由马鞍山市花山区人民政府承担举证责任。上诉人主张的屋内物品5万元包括衣物、家具、家电、手机等,均系日常生活必需品,符合一般家庭实际情况,且被上诉人亦未提供证据证明这些物品不存在,故对上诉人主张的屋内物品种类、数量及价值应予认定。上诉人主张实木雕花床价值为5万元,已超出市场正常价格范围,其又不能确定该床的材质、形成时间、与普通实木雕花床有何不同等,法院不予支持。但出于最大限度保护被侵权人的合法权益考虑,结合目前普通实木雕花床的市场价格,按"就高不就低"的原则,综合酌定该实木雕花床价值为3万元。综上,法院作出如上判决。

・典型案例・

上海汇兴公司诉浦江海关行政赔偿案

【裁判摘要】

根据国家赔偿法第二十八条第(七)项规定,行政机关的违法行政行为对行政相对人的财产权造成损害的,应按照直接损失给予赔偿,但未经证实的不确定利益不能作为直接损失。

原告:上海汇兴实业有限公司,住所地:上海市辉河路。

法定代表人:窦向阳,该公司总经理。

被告:中华人民共和国上海浦江海关,住所地:上海市太平路。

法定代表人:马衍,该海关关长。

原告上海汇兴实业有限公司(以下简称汇兴公司)因与被告中华人民共和国上海浦江海关(以下简称浦江海关)发生行政赔偿纠纷,向上海市第二中级人民法院提起行政赔偿诉讼,上海市第二中级人民法院于2003年5月6日受理本案。

原告诉称:2001年11月13日,被告对我公司进口的人工草坪征收了进口关税并代征增值税。2002年10月22日,被告又对我公司已经出售的人工草坪补征进口关税、代征增值税共计人民币47 509.34元。被告的补征税款属新增成本,导致我公司销售人工草坪收益减少,造成了我公司的直接损失。故请求确认被告第一次征税行为违法,并赔偿我公司47 509.34元经济损失。

原告汇兴公司提供的证据有:

1. 2001年9月20日汇兴公司与杭州市景芳中学签订的草坪销售合同书,草坪销售单价为180元/平方米。

2. 2001年9月26日汇兴公司与复旦大学签订的人工草坪足球场工程合同,草坪销售单价为215元/平方米。

3. 2001年9月30日汇兴公司与上海仕贤实业发展有限公司签订的协议书,草坪销售单价为102.5641元/平方米。

4. 2001年11月14日汇兴公司与广东华晋运动

场地用品有限公司的电汇凭证。

5. 2002年3月25日汇兴公司与上海市杨浦区科技幼稚园签订的人工草坪运动场工程合同,草坪销售单价为150元/平方米。

6. 2002年8月汇兴公司与上海申虹建筑公司签订的中州路小学、赤峰路小学人工草坪球场工程合同,草坪销售单价为140元/平方米。

7. 2002年9月3日汇兴公司与上海市虹口区教育校产基建管理站就上海市水电中学、上海市凉城第二中学人工草坪工程签订的施工合同及银行支票、发票,草坪销售单价为135元/平方米。

以上证据均用以证明原告进口的人工草坪在被告要求补征税款前已经出售。

庭前证据交换时,因被告浦江海关已确认2001年11月13日征税行为适用法律错误,原告汇兴公司撤回了要求确认其违法的诉讼请求。

被告辩称:汇兴公司委托他人以错误的商品编号向海关申报进口人工草坪,由于工作人员当时未发现这一错误致使少征税款。但海关补税行为依法有据,汇兴公司要求赔偿补缴的税款缺乏事实证据和法律依据,请求判决驳回原告诉讼请求。

上海市第二中级人民法院经审理查明:汇兴公司于2001年11月13日由上海协通(集团)有限公司代理报关,申报进口人工草坪共计8491.2平方米,浦江海关于同日分别征收关税101 515.8元和代征增值税132 308.96元后放行。之后,浦江海关发现汇兴公司申报进口人工草坪的商品编号有误,工作人员根据错误申报的编号予以税则归类致使少征了税款,故于2002年10月22日向汇兴公司补征关税和代征增值税共计人民币47 509.34元(以下简称补征税行为)。汇兴公司缴纳了补征的税款后,于2003年1月20日以浦江海关2001年11月13日的征税行为(以下简称原征税行为)违法为由,向浦江海关申请行政赔偿。2003年3月21日,浦江海关作出不予行政赔偿决定,认为海关征税行为合法,汇兴公司的赔偿请求不符合《中华人民共和国国家赔偿法》(以下简称国家赔偿法)第二条、第四条规定的赔偿条件,决定不予赔偿。

上海市第二中级人民法院认为:

《中华人民共和国海关法》(以下简称海关法)第六十二条规定:"进出口货物,进出境物品放行后,海关发现少征或者漏征税款,应当自缴纳税款或者货物、物品放行之日起一年内,向纳税义务人补征。"

国家赔偿法第二条规定:"国家机关和国家机关工作人员违法行使职权侵犯公民、法人和其他组织的合法权益造成损害的,受害人有依照本法取得国家赔偿的权利。"

最高人民法院《关于审理行政赔偿案件若干问题的规定》第三十三条规定:"被告的具体行政行为违法但尚未对原告合法权益造成损害的,或者原告的请求没有法律根据的,人民法院应当判决驳回原告的诉讼请求。"

原告汇兴公司委托他人以错误的商品编号向海关申报进口人工草坪,浦江海关对此未予严格审核,致使少征了汇兴公司的税款。浦江海关发现少征税款后,依照海关法的规定向汇兴公司补征税款并无不当。汇兴公司虽然有权以浦江海关原征税行为造成其损失为由,要求国家赔偿,但由于汇兴公司提供的工程施工合同约定的单价,包括人工草坪、铺设所需辅料及人工费用等证据,与赔偿请求之间无法律上的因果关系,亦不能证明实际存在着损害的后果,故不予支持。

据此,上海市第二中级人民法院于2003年7月14日判决:

驳回原告汇兴实业有限公司的诉讼请求。

一审宣判后,汇兴公司不服,向上海市高级人民法院提出上诉。

汇兴公司上诉称:(1)浦江海关初征税行为确定税则归类错误,违反《海关征税管理办法》中关于海关应按照正确税则归类进行征税的规定,属违法行政行为。(2)由于征税违法导致补征税,从而产生了进口人工草的新成本,而征税所涉及的人工草已在补征税之前出售,因此,新增的人工草成本不能够随已出售的人工草转移,只能冲抵上诉人出售该人工草所获收益。而新增成本增加的售价在当时是可能实现的。上诉人因新增成本而减少相应收入,存在着实际的损害事实。(3)我公司是根据原征税的税则、税率来确定合同售价成本的,海关征税在先,我公司根据海关的征税情况核定成本在后,将税收转为成本是确定出售人工草坪价格的重要因素,故原违法征税行为是造成损害事实的间接原因,而国家赔偿法并未规定间接原因所致行政侵权不承担赔偿责任。故请求撤销一审判决。

浦江海关辩称:(1)行政赔偿诉讼的提起应以具

体行政行为违法为前提，而具体行政行为是否违法应该是法律明确规定的，海关虽然后来作出了补税决定，并不意味着已经确认原征税行为违法。(2)国家赔偿法所称损害是对合法权益的损害，缴纳税款是汇兴公司的法定义务，原征税行为少缴的税款系其所获的不当利益，本应返还，故汇兴公司并不存在损害事实。(3)企业定价应主要取决于市场因素，关税的高低并非决定企业定价的唯一因素，汇兴公司提供的证据中销售单价浮动较大，而补征的税额平摊在所有进口的人工草坪上，与每平方米的销售单价浮动额相比是微乎其微的。故请求维持原审判决，驳回上诉。

本案中，双方当事人对原征税行为和补征税行为的内容及作出过程的事实均无争议，上海市高级人民法院经审理查明原审认定的事实清楚，予以确认。

上海市高级人民法院认为，本案的争议焦点是：(1)原征税行为是否具有违法性？(2)原征税行为是否给汇兴公司造成直接损失？

根据最高人民法院《关于审理行政赔偿案件若干问题的规定》第二十一条规定："赔偿请求人单独提起行政赔偿诉讼，应该符合下列条件。"其中第(四)项规定："加害行为为具体行政行为的，该行为已被确认为违法。"具体行政行为是否已被确认违法，应由人民法院依法认定。汇兴公司提出的赔偿请求，是浦江海关的原征税行为直接导致的。由于浦江海关已对汇兴公司作出了补征税决定，该决定本身即表明原征税行为在税则归类和税额计算方面存在错误，且案件一审时双方当事人对汇兴公司原征税行为的违法性亦无争议，故应认定本案赔偿请求所依附的原征税行为违法性已得到确认，汇兴公司有权根据国家赔偿法的规定，单独提起行政赔偿诉讼。

国家赔偿法第二十八条第(七)项规定："对财产权造成其他损害的，按照直接损失给予赔偿。"根据海关法有关补征税制度的规定，本案中，最初的交纳关税和后来的补交关款，都是汇兴公司进口人工草坪时应承担的义务，不论人工草坪是否已经出售，在浦江海关依法确认其少交税款后，汇兴公司都应该依照海关法的规定补交税款。汇兴公司少交的税款为不当利益，本应返还。所以，在本案中，汇兴公司在履行补交纳税义务时是否直接造成损失，是确认浦江海关应否承担赔偿责任的前提。根据国家赔偿法的规定，如果汇兴公司认为浦江海关的补征行为造成了其直接损失，就应对自己的赔偿主张负举证责任。汇兴公司提供的有关人工草坪的出售合同、协议书及电汇凭证等证据，虽可以证明进口的人工草坪是在浦江海关的补征行为之前已经销售，但由于汇兴公司出售人工草坪的单价为每平方米102元至180元不等，收益的幅度相差较大，故浦江海关关于征税数额并非合同定价的主要因素，合同定价主要是由市场调节的主张可以成立。汇兴公司主张的销售收入减少，是指以较高价格销售出人工草坪而获得利益为前提的，而较高利益的实现在销售中是受到供求关系等各种不确定因素决定的，属于不确定的利益，故不构成直接损失。由于汇兴公司提供的证据不能证明原征税行为造成其直接损失，故汇兴公司的行政赔偿请求不能成立，原审法院判决驳回汇兴公司的诉讼请求是正确的。

据此，上海市高级人民法院依据《中华人民共和国行政诉讼法》第六十一条第(一)项之规定，于2003年10月10日判决：

驳回上诉，维持原判。

祁县华誉纤维厂诉祁县人民政府行政赔偿案

【裁判摘要】

修订前的《中华人民共和国国家赔偿法》第二条第一款规定："国家机关和国家机关工作人员违法行使职权侵犯公民、法人和其他组织的合法权益造成损害的，受害人有依照本法取得国家赔偿的权利。"该条规定了国家赔偿责任的构成要件：一是国家机关和国家机关工作人员违法行使职权；二是公民、法人和其他组织的合法权益受到侵害；三是国家机关和国家机关工作人员违法行使职权与公民、法人和其他组织的合法权益受到损害存在因果关系。获得国家赔偿的前提是合法权益受到侵害，如果公民、法人或其他组织受到的损害是不法利益，即使是具体行政行为违法，国家也不承担赔偿责任、新修订的国家赔偿法在修改本条时仍然坚持了违法利益不属于国家赔偿范围的原则。

原告：祁县华誉纤维厂。

法定代表人：陈玉花，该厂厂长。

被告：祁县人民政府。

法定代表人:李丁夫,该县县长。

原告祁县华誉纤维厂因不服被告祁县人民政府于2009年4月23日作出的祁行赔决字(2009)1号不予赔偿决定书,向山西省祁县人民法院提起行政赔偿诉讼。

原告祁县华誉纤维厂诉称:原告是经祁县发展计划局以祁计字(2003)第90号文件批准成立的,企业法人代表为陈玉花,企业性质为私营企业。根据计委批文,原告在祁县工商局登记注册,并委托太原化工设计院的有关专家进行了设计,购买了国家推荐的全封闭高效节能气化反应炉及附属设备,并于2004年2月投产,原告投产后每年都按祁县环保局要求申报登记向其交纳排污费。为了完善环保手续,原告于2004年10月8日向祁县环保局提出申请,请求办理环保手续。祁县环保局收到申请后向原告收取了3000元环境监测费,但一直未履行办理环保手续和监测义务。2007年5月25日,被告祁县人民政府以祁政发(2007)20号文件,以不符合国家产业政策,污染严重,治理无望为由,决定淘汰我企业,又于2007年5月27日下令关闭祁县华誉纤维厂。同年6月8日,祁县专项领导组对原告的企业采取了断电、断水查封措施,并责令吊销许可证、营业证、税务证等相关手续,从而使原告被迫停止生产经营活动。原告对祁县人民政府的行为不服,向晋中市中级人民法院提起行政诉讼,晋中市中级人民法院判决祁县人民政府关闭原告企业的行为是违法行政行为,祁县人民政府不服向山西省高级人民法院提起上诉,在审理过程中,祁县人民政府申请撤诉,山西省高级人民法院于2009年3月7日下发了第3号行政裁定书,准予祁县人民政府撤诉,晋中市中级人民法院行政判决书生效。祁县人民政府违法行政行为给原告造成的损失主要有:机器设备全部报废损失、利息损失、工资损失、成品、半成品、原材料损失、预期利润损失等共计10 934 391元。综上,由于祁县人民政府的违法行政行为,给原告造成巨大经济损失,故原告特提出行政赔偿,请求人民法院责令被告赔偿其上述损失。庭审中,原告称其对上述损失经山西泰元司法鉴定所鉴定为7 967 251.13元,当庭变更诉讼请求为该数额。

原告祁县华誉纤维厂提交以下证据:

1. 晋中市中级人民法院(2008)晋中中法行初字第8号行政判决书;2. 被告祁县人民政府撤诉申请;3. 山西省高级人民法院(2009)晋行终字第3号行政裁定书;证据1-3用以证明祁县人民政府行政行为违法;4. 祁县人民政府祁行赔决字(2009)1号不予行政赔偿决定书,用以证明原告祁县华誉纤维厂已经先向行政赔偿义务机关提出行政赔偿请求;5. 借款公证书及借款证明材料8份;6. 担保借款契约4份;7. 各项损失明细表;8. 购买设备证明材料14份;9. 增值税申报表7份;10. 工人工资表;11. 库存产品账目8页;12. 山西增值税专用发票、土地使用税完税证、注销税务登记审批表;13. 入库单6份;14. 购买设备证明及收据;15. 购销合同及购货证明;16. 安全评价技术服务合同1份;证据5-16用以证明祁县华誉纤维厂所遭受的损失;17. 祁县环境保护局证明材料;18. 祁县工商局证明材料;19. 祁县国土资源局证明材料;20. 祁县安监局证明材料;21. 祁县工商局段祥标、畅绍明证明材料;22. 企业营业执照;23. 中共祁县县委、祁县人民政府祁党发(1996)第18号文件;24. 祁县人民政府祁政发(2005)64号、(2007)20号文件;证据17-24用以证明祁县华誉纤维厂系合法企业;25. 祁县锻压厂车队、祁县华誉纤维厂工人许连娃等人拆除反应炉等设备的证明材料;26. 文水东旧诚信钢模板厂的证明材料;27. 祁县华誉纤维厂照片;28. 山东东营市永先商贸有限公司、天津市东丽区大鹏工贸有限公司销售硫磺开具发票的证明材料;29. 汾阳常玉栋的证明材料;30. 相关法律依据等;证据25-30用以证明原告所遭受的损失。

被告祁县人民政府辩称:原告祁县华誉纤维厂本身是一家违法企业,该企业立项后,采用"先上车后买票"的做法,在环保、安监、土地、工商等手续尚不齐全的情况下,强行启动投入生产,且打着生产纤维的牌子,却从事化工污染生产,其根本不存在合法利益损失。该厂在被告下达关闭手续后一直进行生产,被告的行为并未损害其生产设备。原告的各项损失根本无任何法律与事实根据。综上,请依法驳回原告的诉讼请求。

被告祁县人民政府提交以下证据:

1. 祁县国土资源局证明材料,用以证明原告祁县华誉纤维厂未取得县级以上人民政府的合法审批用地手续,属于非法占地行为;

2. 祁县工商局证明材料,用以证明原告祁县华誉纤维厂未按照登记经营范围营业,2006年、2007年未参加年检；

3. 祁县安监局证明材料，用以证明原告祁县华誉纤维厂未办理安全生产许可手续，无安全生产许可证；

4. 祁县环境保护局证明材料，用以证明原告祁县华誉纤维厂未办理环保审批手续；

5. 晋中市环保局照片及证明材料，用以证明原告祁县华誉纤维厂在环保检查时，仍在生产中；

6. 晋中市环保局处罚决定书；

7. 祁县工商行政管理局催检公告，用以证明被告祁县人民政府已经通知原告祁县华誉纤维厂尽快办理年检手续；

8. 山西省产业投资指导目录，用以证明原告祁县华誉纤维厂不符合山西产业政策；

9. 相关法律依据，用以证明被告祁县人民政府实施行政行为的法律依据。

祁县人民法院调取的证据有：

1. 原告祁县华誉纤维厂的工商档案；

2. 祁县国家税务局增值税纳税申报表；

3. 晋中市环境保护局对原告祁县华誉纤维厂的执法检查材料；

4. 山西泰元司法鉴定所对原告祁县华誉纤维厂损失所作的司法会计鉴定意见（包括补充意见）；

5. 晋中市纪委调查情况的（内部）汇报材料等。

祁县人民法院依法组织了质证。

对于被告祁县人民政府提交的证据，原告祁县华誉纤维厂均提出异议，称工商手续早已办理，只是因被告的行为 2007 年没有年检，其他土地、安监、环保手续均在办理中，由于被告的关停行为相关部门只能停止办理，晋中市环保局的证据是伪证，不能采信。

对原告祁县华誉纤维厂提供的证据被告祁县人民政府认为：晋中市中级人民法院的判决只是对被告三个方面作出认定，对原告的其余行为未作认定，只有这三个方面合法，并不代表企业全部合法，其既无环保、安监手续，也无土地、工商手续，说明原告企业从开工生产至今根本没有得到相关部门的行政许可就私自进行生产，违反了行政许可法的规定，在环保、安全监督、土地等方面存在违法现象，属于违法企业。原告工商营业执照的经营范围与其实际生产不符，属于超范围经营。对原告提供的财产损失方面的证据，被告认为原始凭证和账目缺失，有的财产已不存在，原告使用的气化炉在被告责令其停产时已报废，现又提出赔偿，对其真实性不予认可；另从晋中市环保局证明等可以看出，原告在被告作出具体行政行为后仍在生产，故原告损失与被告的行为没有因果关系。

祁县人民法院一审查明：

原告祁县华誉纤维厂于 2003 年 8 月经祁县发展计划局祁计字（2003）90 号文件批准成立，企业性质为个人独资企业，主要产品为二硫化碳及化工产品，总投资 198 万元。该批文要求原告收文后速办理土地、城建、环保、工商、税务、地震等手续。之后原告请专家设计并购买生产设备，同年 11 月投产，12 月 24 日被告祁县人民政府以原告企业无任何环保手续为由对其进行了行政处罚 3000 元。为此原告向有关部门申请办理了工商营业执照（2003 年 12 月 12 日办理）、税务登记证、组织机构代码证、防雷设施安全检查合格证、产品质量技术检验报告等手续。2005 年 8 月被告以“祁县挂牌督办环境违法企业名单”共 313 家企业通知原告完善环保审批手续，同年 11 月晋中市环保监察大队以原告无任何审批手续对原告罚款 10 000 元，并要求其立即完善环保手续。2006 年 4 月 11 日被告在执法检查中，认定原告企业是挂牌督办违法企业，原告向被告交纳环境监测费 3000 元并申请办理环保有关手续未果。2007 年 5 月 25 日祁县人民政府下发祁政发（2007）20 号文件，以不符合国家产业政策，污染严重，治理无望，决定淘汰原告企业，下令于 2007 年 5 月 27 日关闭祁县华誉纤维厂。同年 6 月 8 日原告企业在生产中，被告专项行动领导组对原告的企业采取了断电停水查封措施，强制原告停止生产。此后，原告对被告的上述具体行政行为不服向晋中市中级人民法院提起行政诉讼，晋中市中级人民法院以（2008）晋中中法行初字第 8 号行政判决，确认被告该具体行政行为违法，并予以撤销。祁县人民政府提起上诉，后又撤回上诉，2009 年 3 月 7 日，山西省高级人民法院作出裁定准予撤诉。为此原告向被告提出赔偿请求，被告于 2009 年 4 月 23 日以祁行赔决字（2009）1 号不予行政赔偿决定书驳回原告的行政赔偿申请。

在诉讼过程中，原告祁县华誉纤维厂于 2009 年 6 月向被告祁县人民法院提出对其损失鉴定的申请，祁县人民法院委托山西泰元司法鉴定所对其损失进行鉴定，鉴定结论为原告各项损失（包括机器设备全部报废损失、利息损失、工资损失、成品、半成品、原材料损失、预期利润损失）共计 7 909 137.91 元。庭审中原告认为被告的行政行为与原告的损失之间有因果关系，原告虽账目流失但损失存在，山西泰元司法鉴定所对原告损失所出具的司法会计鉴定结论（包括补充意见），比较符合客观真实，原告表示接受。被告认为，原告申请鉴定时未能提供原始的会计凭证、会计账目，原告请求没有事实根据和法律依据，应当驳回其诉讼请求。

另查明，原告祁县华誉纤维厂投产后至诉讼之日未取得环境影响评价手续，安全生产许可证和企业占地合法手续。

本案一审的争议焦点为：被告祁县人民法院对于原告祁县华誉纤维厂的具体行政行为违法，原告是否必然获得国家赔偿。

祁县人民法院一审认为：

晋中市中级人民法院（2008）晋中中法行初字第8号行政判决书确认被告祁县人民政府以环境污染严重，治理无望，整体淘汰关闭取缔原告祁县华誉纤维厂企业的具体行政行为违法，并对该具体行政行为予以撤销，该判决已经发生法律效力。依据《中华人民共和国国家赔偿法》第二条之规定，国家机关和国家机关工作人员违法行使职权，侵犯公民、法人和其他组织合法权益，造成损害的，受害人有依照本法取得国家赔偿的权利。本案中被告作出具体行政行为要求原告企业整体关闭，采取了断电断水的查封措施，相关设备均是原告自行查处并处理，未直接对原告企业的财产造成损坏，被告的具体行政行为针对的是生产经营权和收益权。

原告祁县华誉纤维厂属于个人独资企业，2003年8月原告企业成立时，祁县发展计划局祁字（2003）90号文件批文要求原告应逐项办理城建、土地、环保、工商等手续后方可动工，而原告在未取得县级以上人民政府合法用地批准手续、未取得环保评价手续、未取得安全生产许可证的情况下便投入生产。根据《中华人民共和国行政许可法》第八十一条规定，“公民、法人或其他组织未经行政许可，擅自从事依法应当取得行政许可活动的，行政机关应当采取措施予以制止，并依法给予行政处罚，构成犯罪的，依法追究刑事责任”原告企业主要生产二硫化碳，该产品属危险化学品，《安全生产许可证条例》第十九条规定，“违反本条例规定，未取得安全生产许可证擅自生产的，责令停止生产，没收违法所得”，《危险化学品安全管理条例》第七条规定，“国家对危险化学品的生产和储存实行统一规划、合理布局和严格控制，并对危险化学品生产、储存实行审批制度；未经审批，任何单位和个人都不得生产、储存危险化学品”，根据上述有关规定，我国企业的设立和经营，实行严格的行政许可制度，而原告企业在未办理相关证照的情况下强行投入生产，与法有悖，因而原告没有取得生产经营权，故对原告主张的生产经营收益依法不应当受到法律保护，即原告主张的损害非合法权益损害，不属于《中华人民共和国国家赔偿法》第二条规定的保护范围，故对原告要求被告祁县人民政府承担行政赔偿责任的诉讼请求，不予支持。对原告所述其早已向各相关部门申请办理各项手续，只因被告给各相关部门下发了原告企业实行关停的通知，才致原告至今未能领到各项手续之意见，法院认为原告应当及时通过正当途径解决，而不能以此为理由先行生产。

综上，祁县人民法院依据《中华人民共和国国家赔偿法》第二条、最高人民法院《关于审理行政赔偿案件若干问题的规定》第三十三条之规定，于2010年5月20日判决：

驳回原告华誉纤维厂要求被告祁县人民政府赔偿损失的诉讼请求。

祁县华誉纤维厂不服一审判决，向山西省晋中市中级人民法院提出上诉，理由是：上诉人企业是经祁县建设项目审批，由土地、环保等相关部门同意，县人民政府批准，领取了营业执照、税务证等相关手续，是合法的个人独资企业。被上诉人祁县人民政府的违法行为已被晋中市中级人民法院、山西省高级人民法院确认，上诉人是因为被上诉人的过错关闭，其损失与被上诉人的违法行为有直接的因果关系。1. 土地：2003年4月上诉人与祁县晓义村有租赁（非耕地）合同，经东观镇政府、土地局同意，经县人民政府批准，征收了土地使用税。上诉人依法申请县土地局办理用地手续，符合土地法规定，县土地局在运作中，被上诉人下发了祁政发（2005）64号文件，关闭上诉人企业，县土地局中止办理手续。2. 环保：上诉人每年向环保局申报、年检，按规定交纳排污费，如不妥，可补办手续，法律没有设关闭之规定。3. 安全：上诉人生产经营的是化纤纤维材料。2004年参加了省培训，并领取了资格证书，许可证手续在办理中，因被上诉人下发了祁政发（2005）64号文件关闭上诉人企业，县安监局中止了办理。4. 立项：上诉人申请，经祁县计委（2003）90号文件批准成立祁县华誉纤维厂。5. 工商：上诉人是2003年11月试产，同年12月领取了营业执照。按国家2002年公布(国民经济行业分类)注释，上诉人生产经营化纤纤维材料，符合国家规定，是县工商局依法批准的。一审法院不依法办案，编造土地、环保、安全与本案无直接因果关系的借口，不采纳上诉人的证据，所作的判决违背事实与法律，请求二审法院撤销一审判决，支持上诉人的行政赔偿请求。

被上诉人祁县人民政府辩称：虽然晋中市中级人民法院的行政判决确认了被上诉人的具体行政行为违法，但并不能确定上诉人祁县华誉纤维厂是合法企业。该判决只是针对上诉人是否存在被上诉人行政行为所指控的违法事实进行确认。一个企业的合法，需要办理诸多的行政许可手续，上诉人打着生产纤维的牌子，却无证从事危险化学品的生产经营，其无论从哪个方面讲均存在违法行为。其违法办理立项、工商手续，而且无环保、安监、土地手续，常年从事非法经营，其根本不存在合法的利益损失，因此被上诉人无法对其进行行政赔偿。1. 祁县华誉纤维厂存在虚假立项、越权立项的情节，二硫化碳是一种危险化学品，立项经营许可证的发放应当由省、自治区、直辖市人民政府经济贸易管理部门管理。而上诉人持有的立项文件不仅是县一级经济发展局出具的，而且立项内容与祁县经济发展局存档不一致。该企业登记的是经营、生产销售纤维材料的企业，但是其生产的是二硫化碳危险化学品，已超过经营范围。2. 祁县华誉纤维厂是一家环境污染企业，该企业从2003年建厂至今没有办理过环境评价手续。3. 祁县华誉纤维厂占地不符合晓义乡土地利用总体规划，也未取得县级以上人民政府的合法批准手续，属于非法占地行为。4. 祁县华誉纤维厂是一家无安监手续的企业。因此，祁县华誉纤维厂在本案中不存在合法权益，且被上诉人并未触动上诉人的生产设备，而上诉人在被上诉人执法后仍私自进行生产，故被上诉人的行为与上诉人所谓的损失无因果关系，被上诉人无义务进行行政赔偿。一审法院对本案事实作出了详细准确的确定，驳回上诉人的诉讼请求，有着充分的法律与事实依据，故请二审法院驳回上诉，维持原判。

被上诉人祁县人民政府在二审中提供了祁县发展计划局于2003年8月12日作出的(2003)第90号《关于晓义村新建祁县运誉助剂厂的批复》。

晋中市中级人民法院依法组织了质证。

上诉人祁县华誉纤维厂对被上诉人祁县人民政府提供的证据认为，国土局、环保局以及安监局均是政府的职能部门，土地没有审批、环境影响评价没有结果和没有安全生产许可证，都是由于政府的过错责任所致，祁县工商局参与了关停我厂的行动，封条是该局工作人员所贴，一个月后才又来人取走。晋中市环保局的工作人员证明我厂在被关停后仍继续生产，但现场检查笔录上并无我方人员的签字，且照片也不能说明是何时所拍，拍的是否是我厂。

被上诉人祁县人民政府对上诉人祁县华誉纤维厂提供的证据认为，虽然晋中市中级人民法院的行政判决确认了我方的具体行政行为违法，但并不确定上诉人企业是合法企业，祁县华誉纤维厂从立项、工商登记、土地、环保、安监等方面均存在违法行为，常年从事非法经营，根本不存在合法的利益损失，其所提供的有关财产损失的证据，形式不合法，缺乏真实性和合法性，不能成为本案所采信的依据。

晋中市中级人民法院经二审，确认了一审查明的事实。

本案二审的争议焦点是：上诉人祁县华誉纤维厂是否存在合法利益遭到侵害。

晋中市中级人民法院二审认为：

国家机关及其工作人员违法行使职权侵犯公民、法人和其他组织的合法权益造成损害的，受害人有取得国家赔偿的权利。但赔偿的前提必须是合法权益遭到损害。上诉人祁县华誉纤维厂工商核准登记的经营范围是生产和销售化学纤维材料，而其提供的证据证明，要求赔偿的生产设备为生产二硫化碳设备，存货亦为二硫化碳；且其对该厂生产的产品为二硫化碳亦无异议。而根据国家《危险化学品名录》，二硫化碳属于危险化学品。又根据中华人民共和国国务院令第397号《安全生产许可证条例》的规定，国家对矿山企业、建筑施工企业和危险化学品、烟花爆竹、民用爆破器材生产企业实行安全生产许可制度，企业未取得安全生产许可证的，不得从事生产活动。本案中，祁县华誉纤维厂在未取得安全生产许可证的情况下，以生产化学纤维材料为名，实际生产危险化学品二硫化碳，其行为违反国家禁止性法规，因而不存在合法利益；从另一角度看，上诉人要求赔偿的生产二硫化碳的设备、存货等直接损失与其核准登记的生产销售化学纤维产品无关，因而也不能认定为祁县华誉纤维厂的损失。综上，被上诉人祁县人民政府整体淘汰关闭祁县华誉纤维厂的具体行政行为虽已被生效判决撤销，但并不能因此当然地认定上诉人行为和利益的合法性，故其赔偿请求法院依法不能支持。一审期间，祁县人民法院委托山西泰元司法鉴定所作出的祁县华誉纤维厂生产设备、成品、半成品、原材料、工资、借款利息损失及预期利润损失的司法会计鉴定意见和补充意见，系在祁县华誉纤维厂未提供完整的会计账簿、凭证、会计报表等财务数据，亦无设计图纸及土建安装工程预结算书的情况下作出，根据司法部制定的《司法鉴定执业分类规定（试行）》第九条关于司法会计鉴定是运用司法会计学的原理和方法，通过检查、计算、验证和鉴定对会计凭证、会计账簿、会计报表和其他会计数据等财务状况进行鉴定的规定，山西泰元司法鉴定所所作出的司法鉴定意见和补充意见所依据的材料的客观性、真实性无法确认，其鉴定意见和补充意见缺乏事实和法律依据，依法不能采信。

综上，被上诉人祁县人民政府的具体行政行为因证据不足被确认违法，但是上诉人祁县华誉纤维厂所遭受的损失不是合法利益的损失，一审认定事实清楚，证据确实充分，程序合法，适用法律正确，依法应予维持。晋中市中级人民法院依照《中华人民共和国行政诉讼法》第六十一条第（一）项的规定，于2010年9月20日作出判决：

驳回上诉，维持原判。

本判决为终审判决。

许水云诉金华市婺城区人民政府房屋行政强制及行政赔偿案

【裁判摘要】

一、国有土地上房屋征收过程中，只有市、县级人民政府及其确定的房屋征收部门依法具有组织实施强制拆除被征收人合法房屋的行政职权。市、县级人民政府及房屋征收部门等不能举证证明被征收人合法房屋系其他主体拆除的，可以认定其为强制拆除的责任主体。市、县级人民政府及房屋征收部门等委托建设单位等民事主体实施强制拆除的，市、县级人民政府及房屋征收部门等对强制拆除后果承担法律责任。建设单位等民事主体以自己名义违法强拆，侵害物权的，除应承担民事责任外，违反行政管理规定的应依法承担行政责任，构成犯罪的应依法追究刑事责任。

二、市、县级人民政府在既未作出补偿决定又未通过补偿协议解决补偿问题的情况下，违法强制拆除被征收人房屋的，应当赔偿被征收人房屋价值损失、屋内物品损失、安置补偿等损失。人民法院在确定赔偿数额时，应当坚持全面赔偿原则，合理确定房屋等的评估时点，并综合协调适用《国家赔偿法》规定的赔偿方式、赔偿项目、赔偿标准与《国有土地上房屋征收与补偿条例》规定的补偿方式、补偿项目、补偿标准，确保被征收人得到的赔偿不低于其依照征收补偿方案可以得到的征收补偿。

再审申请人（一审原告、二审上诉人）：许水云，男，1954年9月23日出生，汉族，住浙江省金华市婺城区二七路工电巷32号368幢101室。

委托诉讼代理人：李金凤，女，1955年12月28日出生，汉族，住址同上，系再审申请人许水云妻子。

委托诉讼代理人：杨在明，北京在明律师事务所律师。

被申请人（一审被告、二审被上诉人）：金华市婺城区人民政府。住所地：浙江省金华市婺城区宾虹西路2666号。

法定代表人：郭慧强，区长。

委托诉讼代理人：吴见孙，金华市婺城区二七区块改造工程指挥部副指挥长。

委托诉讼代理人：卢颐丰，浙江丰畅律师事务所律师。

再审申请人许水云诉被申请人金华市婺城区人民政府（以下简称婺城区政府）房屋行政强制及行政赔偿一案，浙江省金华市中级人民法院于2016年12月27日作出（2015）浙金行初字第19号行政判决，确认婺城区政府强制拆除许水云位于金华市婺城区五一路迎宾巷8号、9号房屋的行政行为违法，责令婺城区政府于判决生效之日起60日内参照《婺城区二七区块旧城改造房屋征收补偿方案》（以下简称《征收补偿方案》）对许水云作出赔偿。许水云不服提起上诉后，浙江省高级人民法院于2017年5月2日作出（2017）浙行终154号行政判决，维持（2015）浙金行初字第19号行政判决第一项，撤销（2015）浙金行初字第19号行政判决第二项，驳回许水云的其他诉讼请求。许水云仍不服，在法定期限内向本院申请再审。本院于2017

年12月27日作出(2017)最高法行申8183号行政裁定，提审本案，并依法组成合议庭对本案进行了审理，现已审理终结。

一、二审法院经审理查明，2014年8月31日，婺城区政府在《金华日报》上发布《婺城区人民政府关于二七区块旧城改造房屋征收范围的公告》，并公布了房屋征收范围图，明确对二七区块范围实施改造。2014年9月26日，案涉房屋由婺城区政府组织拆除。2014年10月25日，婺城区政府作出《金华市婺城区人民政府关于迎宾巷区块旧城改造建设项目房屋征收的决定》(以下简称《房屋征收决定》)，载明：因旧城区改建的需要，决定对迎宾巷区块范围内房屋实行征收；房屋征收部门为金华市婺城区住房和城乡建设局，房屋征收实施单位为金华市婺城区二七区块改造工程指挥部(以下简称改造工程指挥部)；签约期限为45天，搬迁期限为30日，具体起止日期在房屋征收评估机构选定后，由房屋征收部门另行公告；附件为《征收补偿方案》。2014年10月26日，《房屋征收决定》《征收补偿方案》在《金华日报》上公布。许水云位于金华市婺城区五一路迎宾巷8号、9号的房屋(以下简称案涉房屋)被纳入本次房屋征收范围。

另查明，包括许水云案涉房屋在内的金华市婺城区迎宾巷区块房屋曾于2001年因金华市后溪街西区地块改造及“两街”整合区块改造被纳入拆迁范围，金华市城建开发有限公司(以下简称金华开发公司)取得了房屋拆迁许可证，其载明的拆迁期限为2001年7月10日至2001年8月9日，后因故未实际完成拆迁。

一审法院认为，案涉房屋虽曾于2001年被纳入拆迁范围，但拆迁人金华开发公司在取得房屋拆迁许可证后，一直未能对案涉房屋实施拆迁。根据当时有效的《浙江省城市房屋拆迁管理条例》第十二条规定，拆迁人自取得房屋拆迁许可证之日起三个月内不实施拆迁的，房屋拆迁许可证自然失效。据此可以确认，案涉房屋已不能再按照2001年对金华市婺城区迎宾巷区块房屋进行拆迁时制定的规定和政策实施拆迁。婺城区政府在2014年10月26日公布的《房屋征收决定》将案涉房屋纳入征收范围后，即应按照《国有土地上房屋征收与补偿条例》(以下简称《征收与补偿条例》)及相关法律法规的规定依法进行征收并实施补偿。《征收与补偿条例》明确规定，实施房屋征收应当先补偿、后搬迁。房屋征收部门与被征收人在征收补偿方案确定的签约期限内达不成补偿协议的，由房屋征收部门报请作出房屋征收决定的市、县级人民政府依照条例的规定，按照征收补偿方案作出补偿决定。被征收人在法定期限内不申请行政复议或者不提起行政诉讼，在补偿决定规定的期限内又不搬迁的，由作出房屋征收决定的市、县级人民政府依法申请人民法院强制执行。许水云未与房屋征收部门达成补偿协议，也未明确同意将案涉房屋腾空并交付拆除。在此情形下，婺城区政府依法应对许水云作出补偿决定后，通过申请人民法院强制执行的方式强制执行，而不能直接将案涉房屋拆除。婺城区政府主张案涉房屋系案外人拆除缺乏充分的证据证明，且与查明的事实不符，对其该项主张不予采纳。婺城区政府将案涉房屋拆除的行为应确认为违法，并应对许水云因此受到的损失承担赔偿责任。鉴于案涉房屋已纳入金华市婺城区迎宾巷区块旧城改造范围内，房屋已无恢复原状的可能性和必要性，从维护许水云合法权益的角度出发，宜由婺城区政府参照《征收补偿方案》对许水云作出赔偿。因此，一审法院依照《中华人民共和国行政诉讼法》(以下简称《行政诉讼法》)第七十四条第二款第一项、第七十六条之规定，判决：一、确认婺城区政府强制拆除许水云位于金华市婺城区五一路迎宾巷8号、9号房屋的行政行为违法；二、责令婺城区政府于判决生效之日起60日内参照《征收补偿方案》对许水云作出赔偿。

二审法院认为，2001年7月，因金华市后溪街西区地块改造及“两街”整合区块改造项目建设需要，原金华市房地产管理局向金华开发公司颁发了拆许字(2001)第3号房屋拆迁许可证，案涉房屋被纳入上述拆迁许可证的拆迁红线范围，但拆迁人在拆迁许可证规定的期限内一直未实施拆迁。形成于2004年8月20日的金华市旧城改造办公室的会议纪要(金旧城办〔2004〕1号)第九点载明：关于迎宾巷被拆迁户、迎宾巷1－48号……至今未拆除旧房等遗留问题，会议同意上述问题纳入“二七”新村拆迁时一并解决补偿问题，拆除工作由原拆除公司负责。2014年10月26日，婺城区政府公布《房屋征收决定》，将案涉房屋纳入征收范围，但该房屋在《房屋征收决定》公布前的2014年9月26日即被拆除，不符合《征收与补偿条例》第二十七条规定的“先补偿、后搬迁”的原则。对案涉房屋实施拆除行为的法律责任，应当由作出《房屋征收决定》的婺城区政府承担。婺城区政府称其“未实施房屋强拆行为,造成案涉房屋被损毁的是案外第三人,属于民事侵权赔偿纠纷,不属于行政争议,亦与其无关”的理由缺乏相应的事实和法律依据。一审法院判决确认婺城区政府强制拆除行为违法并无不当。《中华人民共和国国家赔偿法》(以下简称《国家赔偿法》)第四条规定,行政机关及其工作人员在行使行政职权时,因违法行为造成财产损害的,受害人有取得赔偿的权利。第三十二条第二款规定,能够返还财产或者恢复原状的,予以返还财产或者恢复原状。许水云的房屋已被《房屋征收决定》纳入征收范围,案涉的征收决定虽被生效的(2015)浙行终字第74号行政判决确认违法,但并未被撤销,该征收决定及其附件仍然具有效力。因此,许水云要求恢复原状的理由不能成立。许水云在二审时提出如果不能恢复原状,则要求依据周边房地产市场价格对其进行赔偿。案涉房屋虽被婺城区政府违法拆除,但该房屋因征收所应获得的相关权益,仍可以通过征收补偿程序获得补偿,现许水云主张通过国家赔偿程序解决案涉房屋被违法拆除的损失,缺乏相应的法律依据。同理,一审法院直接责令婺城区政府参照《征收补偿方案》对许水云作出赔偿,也缺乏法律依据,且可能导致许水云对案涉房屋的补偿安置丧失救济权利。另,许水云提出要求赔偿每月2万元停产停业损失(截止到房屋恢复原状之日)的请求,属于房屋征收补偿范围,可通过征收补偿程序解决。至于许水云提出的赔偿财产损失6万元,因其并没有提供相关财产损失的证据,不予支持。因此,二审法院依照《行政诉讼法》第八十九条第一款第一项、第二项之规定,判决:一、维持浙江省金华市中级人民法院(2015)浙金行初字第19号行政判决第一项;二、撤销浙江省金华市中级人民法院(2015)浙金行初字第19号行政判决第二项;三、驳回许水云的其他诉讼请求。

许水云向本院申请再审,请求撤销浙江省高级人民法院作出的(2017)浙行终154号行政判决第二项与第三项,改判婺城区政府将案涉房屋恢复原状,如不能恢复原状,则判令婺城区政府依据周边房地产市场价格赔偿,并判令婺城区政府赔偿停产停业损失每月2万元、房屋内物品等财产损失6万元。其申请再审的主要事实与理由为:1. 二审法院判决未能正确区分行政赔偿与行政补偿之间的基本区别,认为赔偿问题可以通过征收补偿程序解决,主要证据不足,属于认定事实错误。2. 二审法院判决驳回再审申请人的赔偿请求,要求再审申请人另行通过征收补偿程序解决,缺乏法律依据,更不利于保护再审申请人的合法权益。3. 被申请人婺城区政府对违法强拆行为给再审申请人造成的物品损失,应当承担行政赔偿责任。4. 二审法院的判决使被申请人婺城区政府对违法行为免于承担法律责任,将使得再审申请人对由此产生的经济损失无从行使司法救济权利。综上,再审申请人认为被申请人婺城区政府应当对违法拆除案涉房屋的行为承担恢复原状或者参照市场价格进行赔偿的法律责任。

婺城区政府答辩称,尊重法院裁判。1. 案涉房屋系历史上形成的老房,作为拆迁遗留问题,被申请人同意作为合法建筑予以补偿。2. 被申请人没有组织人员对案涉房屋进行强制拆除,由于案涉房屋年代久远且与其他待拆除房屋毗邻,改造工程指挥部委托金华市婺城建筑工程有限公司(以下简称婺城建筑公司)对已达成补偿安置协议的案外人的房屋进行拆除时,由于施工不当导致案涉房屋坍塌,此属于婺城建筑公司民事侵权引发的民事纠纷,被申请人对此不应承担法律责任。3. 案涉房屋不能按照营业用房补偿。4. 被申请人先后多次与再审申请人许水云协商,也愿意合法合理补偿,维护其合法权益,希望再审申请人许水云理解并配合。

本院认为,本案的争议焦点主要包括四个方面:一、关于强制拆除主体的认定问题;二、关于本案拆除行为是否违法的问题;三、关于本案通过行政赔偿还是行政补偿程序进行救济的问题;四、关于赔偿方式、赔偿项目、赔偿标准与赔偿数额的确定问题。

一、关于强制拆除主体的认定问题

《征收与补偿条例》第四条第一款、第二款规定,市、县级人民政府负责本行政区域的房屋征收与补偿工作。市、县级人民政府确定的房屋征收部门组织实施本行政区域的房屋征收与补偿工作。第五条规定,房屋征收部门可以委托房屋征收实施单位,承担房屋征收与补偿的具体工作。房屋征收实施单位不得以营利为目的。房屋征收部门对房屋征收实施单位在委托范围内实施的房屋征收与补偿行为负责监督,并对其行为后果承担法律责任。第二十八条第一款规定,被征收人在法定期限内不申请行政复议或者不提起行政诉讼,在补偿决定规定的期限内又不搬迁的,由作出房屋征收决定的市、县级人民政府依法申请人民法院强制执行。根据上述规定,在国有土地上房屋征收过程中，有且仅有市、县级人民政府及其确定的房屋征收部门才具有依法强制拆除合法建筑的职权，建设单位、施工单位等民事主体并无实施强制拆除他人合法房屋的权力。民事主体自行违法强制拆除他人合法房屋，涉嫌构成故意毁坏财物罪的，权利人可以依法请求公安机关履行相应职责；人民法院经审查认为有犯罪行为的，应当依据《行政诉讼法》第六十六条第一款的规定，将有关材料移送公安、检察机关。因而，除非市、县级人民政府能举证证明房屋确系在其不知情的情况下由相关民事主体违法强拆的，则应推定强制拆除系市、县级人民政府委托实施，人民法院可以认定市、县级人民政府为实施强制拆除的行政主体，并应承担相应的赔偿责任。

本案中，婺城区政府主张2014年9月26日改造工程指挥部委托婺城建筑公司对已达成补偿安置协议的案外人的房屋进行拆除时，因操作不慎导致案涉房屋坍塌；婺城建筑公司于2015年3月6日出具的情况说明也作了类似陈述。婺城区政府据此否认强拆行为系由政府组织实施，认为造成案涉房屋损毁的是案外人婺城建筑公司，并主张本案系民事侵权赔偿纠纷，与婺城区政府无关，不属于行政争议。但案涉房屋被强制拆除系在婺城区政府作为征收主体进行征收过程中发生的。案涉房屋被拆除前的2014年8月31日，婺城区政府即发布旧城改造房屋征收公告，将案涉房屋纳入征收范围。因此，对于房屋征收过程中发生的合法房屋被强制拆除行为，首先应推定系婺城区政府及其确定的房屋征收部门实施的行政强制行为，并由其承担相应责任。本案虽然有婺城建筑公司主动承认“误拆”，但改造工程指挥部工作人员给许水云发送的短信记载有“我是金华市婺城区二七新村区块改造工程指挥部工作人员、将对房子进行公证检查、如不配合将破门进行安全检查及公证”等内容，且许水云提供的有行政执法人员在拆除现场的现场照片及当地有关新闻报道等，均能证实2014年9月26日强制拆除系政府主导下进行，故婺城区政府主张强拆系民事侵权的理由不能成立。婺城建筑公司拆除案涉房屋的行为，其法律责任应由委托其拆除的改造工程指挥部承担；改造工程指挥部系由婺城区政府组建并赋予行政管理职能但不具有独立承担法律责任能力的临时机构，婺城区政府应当作为被告，并承担相应的法律责任。

二、关于本案拆除行为是否违法的问题

《中华人民共和国物权法》第四条规定，国家、集体、私人的物权和其他权利人的物权受法律保护，任何单位和个人不得侵犯。第四十二条第一款规定，为了公共利益的需要，依照法律规定的权限和程序可以征收集体所有的土地和单位、个人的房屋及其他不动产；第三款规定，征收单位、个人的房屋及其他不动产，应当依法给予拆迁补偿，维护被征收人的合法权益；征收个人住宅的，还应当保障被征收人的居住条件。

许水云位于金华市婺城区迎宾巷8号、9号的房屋未依法办理相关建设手续，也未取得房屋所有权证，但案涉房屋确系在1990年4月1日《中华人民共和国城市规划法》施行前建造的历史老房。对此类未经登记的房屋，应综合考虑建造历史、使用现状、当地土地利用规划以及有关用地政策等因素，依法进行调查、认定和处理。对认定为合法建筑和未超过批准期限的临时建筑的，应当给予补偿。改造工程指挥部与一审法院根据许水云提供的许宝贤、寿吉明缴纳土地登记费、房产登记费等相关收款收据以及寿吉明私有房屋所有权登记申请书等材料，已经认定案涉房屋为合法建筑，许水云通过继承和购买成为房屋所有权人，其对案涉房屋拥有所有权，任何单位和个人均不得侵犯。国家因公共利益需要确需征收的，应当根据《征收与补偿条例》规定，给予房屋所有权人公平补偿，并按照《征收与补偿条例》第二十七条的规定，先给予补偿，后实施搬迁。房屋所有权人在签订补偿协议或者收到补偿决定确定的补偿内容后，也有主动配合并支持房屋征收的义务和责任。《征收与补偿条例》和《最高人民法院关于办理申请人民法院强制执行国有土地上房屋征收补偿决定案件若干问题的规定》对市、县级人民政府及房屋征收部门如何实施征收、如何进行补偿、如何强制搬迁以及如何保障被征收人获得以市场评估价格为基础的公平补偿的权利进行了系统、严密的规定。同时，为了确保因公共利益需要而进行的房屋征收顺利、高效实施，还专门规定对极少数不履行补偿决定、又不主动搬迁的被征收人可以依法进行强制搬迁。具体到本案中，根据《征收与补偿条例》的规定，婺城区政府应当先行作出房屋征收决定并公告，然后与许水云就补偿方式、补偿金额和支付期限等事项订立补偿协议；如双方在征收补偿方案确定的签约期限内达不成补偿协议的，市、县级人民政府则应当依法单方作出补偿决定。被征收人对补偿决定不服的，可以依法申请行政复议，也可以依法提起行政诉讼；被征收人在法定期限内不申请行政复议或者不提起行政诉讼，在补偿决定规定的期限内又不搬迁的，由作出房屋征收决定的市、县级人民政府依法申请人民法院强制执行。人民法院裁定准予执行后，一般由作出征收补偿决定的市、县级人民政府组织实施，也可以由人民法院执行。此即为一个合法的征收与补偿应当遵循的法定程序，也系法律对征收与补偿的基本要求。本院注意到，案涉房屋的征收折迁，最早始于2001年7月金华开发公司取得拆迁许可证，在10多年时间内，如因房屋所有权人提出不合法的补偿请求，导致未能签署补偿安置协议，婺城区政府及其职能部门应当依法行使法律法规赋予的行政职权，及时作出拆迁安置裁决或者补偿决定，给予许水云公平补偿，并及时强制搬迁以保障公共利益的实现和拆迁征收工作的顺利进行。但婺城区政府及相应职能部门既未及时依法履职，又未能保障被征收人合法权益，也未能正确理解《征收与补偿条例》有关强制搬迁制度的立法目的，还未能实现旧城区改造项目顺利实施；而是久拖不决，并以所谓民事"误拆"的方式违法拆除被征收人房屋，最终不得不承担赔偿责任。一、二审法院判决确认婺城区政府强制拆除行为违法，符合法律规定，本院予以支持。

三、关于本案通过行政赔偿还是行政补偿程序进行救济的问题

行政补偿是指行政机关实施合法的行政行为，给行政相对人合法权益造成的损失，由国家依法予以补偿的制度。行政赔偿是指行政机关实施违法的行政行为，侵犯行政相对人合法权益，由国家依法予以赔偿的制度。在国有土地上房屋征收过程中，征收及与征收相关联的行政行为违法造成损失的赔偿问题，较为复杂。其中，既有因违法拆除给权利人物权造成损失的赔偿问题，也有因未依据《征收与补偿条例》第十七条和当地征收补偿政策进行征收补偿而给权利人造成的应补偿利益的损失问题，甚至还包括搬迁、临时安置以及应当给予的补助和奖励的损失问题。尤其是在因强制拆除引发的一并提起的行政赔偿诉讼中，人民法院应当结合违法行为类型与违法情节轻重，综合协调适用《国家赔偿法》规定的赔偿方式、赔偿项目、赔偿标准与《征收与补偿条例》规定的补偿方式、补偿项目、补偿标准，依法、科学地确定赔偿项目和赔偿数额，让被征收人得到的赔偿不低于其依照征收补偿方案可以获得的征收补偿，确保产权人得到公平合理的补偿。同时，人民法院在确定赔偿义务机关和赔偿数额时，要坚持有权必有责、违法须担责、侵权要赔偿、赔偿应全面的法治理念，对行政机关违法强制拆除被征收人房屋，侵犯房屋所有权人产权的，应当依法责令行政机关承担行政赔偿责任，而不能让产权人因侵权所得到的赔偿低于依法征收所应得到的补偿。

通常情况下，强制拆除被征收人房屋应当依据已经生效的补偿决定，而补偿决定应当已经解决了房屋本身的补偿问题。因此，即使强制拆除行为被认定为违法，通常也仅涉及对房屋内物品损失的赔偿问题，而不应涉及房屋本身的补偿或者赔偿问题。但本案在强制拆除前，既无征收决定，也无补偿决定，许水云也未同意先行拆除房屋，且至今双方仍未达成补偿安置协议，许水云至今未得到任何形式补偿，强制拆除已构成重大且明显违法，应当依法赔偿。对许水云房屋损失的赔偿，不应再依据《征收与补偿条例》第十九条所规定的《房屋征收决定》公告之日被征收房屋类似房地产的市场价格，即2014年10月26日的市场价格，为基准确定，而应按照有利于保障许水云房屋产权得到充分赔偿的原则，以婺城区政府在本判决生效后作出赔偿决定时点的案涉房屋类似房地产的市场价格为基准确定。同时，根据《国家赔偿法》第三十六条第八项有关对财产权造成其他损害的，按照直接损失给予赔偿的规定，许水云在正常征收补偿程序中依法和依据当地征收补偿政策应当得到的利益损失，属于其所受到的直接损失，也应由婺城区政府参照补偿方案依法予以赔偿。因此，本案存在行政赔偿项目、标准与行政补偿项目、标准相互融合的情形，一审法院判决第二项责令婺城区政府参照《征收补偿方案》对许水云进行赔偿；二审法院判决认为应当通过后续的征收补偿程序获得救济，并据此驳回许水云的行政赔偿请求，均属对《国家赔偿法》《征收与补偿条例》等相关规定的错误理解，应予纠正。

四、关于赔偿方式、赔偿项目、赔偿标准与赔偿数额的确定问题

具体到本案中，根据许水云的诉讼请求，其主张的损失包括以下三个部分：一是房屋损失；二是停产停业损失；三是房屋内物品的损失。婺城区政府与许水云应就上述三项损失问题平等协商，并可通过签订和解

协议的方式解决；如双方无法达成一致，婺城区政府应按照本判决确定的方法，及时作出行政赔偿决定。

（一）房屋损失的赔偿方式与赔偿标准问题

《国家赔偿法》第三十二条规定，国家赔偿以支付赔偿金为主要方式。能够返还财产或者恢复原状的，予以返还财产或者恢复原状。据此，返还财产、恢复原状是国家赔偿首选的赔偿方式，既符合赔偿请求人的要求也更为方便快捷；但其适用条件是原物未被处分或未发生毁损灭失，若相关财产客观上已无法返还或恢复原状时，则应支付相应的赔偿金或采取其他赔偿方式。本案中，案涉房屋已经被列入旧城区改造的征收范围，且已被婺城区政府拆除，因此，对许水云要求恢复房屋原状的赔偿请求，本院不予支持。案涉房屋系因旧城区改建而被拆除，如系依法进行的征收与拆除，许水云既可以选择按征收决定公告之日的市场评估价进行货币补偿，也有权要求在改建地段或者就近地段选择类似房屋予以产权调换。本案系因违法强制拆除引发的赔偿，《国家赔偿法》第四条第三项规定，行政机关违法征收，侵犯财产权的，受害人有取得赔偿的权利。因此，为体现对违法征收和违法拆除行为的惩戒，并有效维护许水云合法权益，对许水云房屋的赔偿不应低于因依法征收所应得到的补偿，即对许水云房屋的赔偿，不应低于赔偿时改建地段或者就近地段类似房屋的市场价值。结合《国家赔偿法》第三十六条诸项规定以及许水云申请再审的请求，婺城区政府既可以用在改建地段或者就近地段提供类似房屋的方式予以赔偿，也可以根据作出赔偿决定时点有效的房地产市场评估价格为基准计付赔偿款。婺城区政府与许水云可以按照《征收与补偿条例》第二十条规定的方式确定房地产价格评估机构。鉴于案涉房屋已被拆除，房地产评估机构可以参考《国有土地上房屋征收评估办法》第十三条所规定的方法，根据婺城区政府与许水云提供的原始资料，本着疑点利益归于产权人的原则，独立、客观、公正地出具评估报告。

（二）停产停业损失的赔偿标准问题

本案中，许水云主张因为房屋被拆除导致其停业，要求赔偿停产停业至今的损失每月2万元，婺城区政府对许水云存在经营行为的事实予以认可，但提出因为许水云的房屋属于无证建筑，只能按照一般住房进行补偿，不予计算停产停业的损失。本院认为，《征收与补偿条例》第二十三条规定，对因征收房屋造成停产停业损失的补偿，根据房屋被征收前的效益、停产停业期限等因素确定。具体办法由省、自治区、直辖市制定。《浙江省国有土地上房屋征收与补偿条例》第二十九条第一款规定，征收非住宅房屋造成停产停业损失的，应当根据房屋被征收前的效益、停产停业期限等因素给予补偿。补偿的标准不低于被征收房屋价值的百分之五，具体标准由设区的市、县（市）人民政府规定。《金华市区国有土地上房屋征收与补偿实施意见（试行）》第三十四条第一款规定，征收非住宅房屋造成停产停业损失的，按被征收房屋价值的百分之五计算。

《征收与补偿条例》第二十四条第二款规定，市、县级人民政府作出房屋征收决定前，应当组织有关部门依法对征收范围内未经登记的建筑进行调查、认定和处理。对认定为合法建筑和未超过批准期限的临时建筑的，应当给予补偿；对认定为违法建筑和超过批准期限的临时建筑的，不予补偿。既然案涉房屋已被认定为合法建筑，则其与已发放房屋所有权证的房屋在补偿问题上拥有同等法律地位。如果许水云提供的营业执照、纳税证明等证据，能够证明其符合《征收与补偿条例》《浙江省国有土地上房屋征收与补偿条例》《金华市区国有土地上房屋征收与补偿实施意见（试行）》所确定的经营用房（非住宅房屋）条件，则婺城区政府应当依据上述规定，合理确定停产停业损失的金额并予以赔偿。但由于征收过程中的停产停业损失，只是补偿因征收给房屋所有权人经营造成的临时性经营困难，具有过渡费用性质，因而只能计算适当期间或者按照房屋补偿金额的适当比例计付。同时，房屋所有权人在征收或者侵权行为发生后的适当期间，也应当及时寻找合适地址重新经营，不能将因自身原因未开展经营的损失，全部由行政机关来承担。因此许水云主张按每月停产停业损失2万元标准赔偿至房屋恢复原状时的再审请求，没有法律依据，本院不予支持。

（三）屋内物品损失的赔偿金额确定方式问题

《国家赔偿法》第十五条第一款规定，人民法院审理行政赔偿案件，赔偿请求人和赔偿义务机关对自己提出的主张，应当提供证据。《最高人民法院关于执行〈中华人民共和国行政诉讼法〉若干问题的解释》第二十七条第三项进一步规定，在一并提起的行政赔偿诉讼中，原告应当就因受被诉行为侵害而造成损失的事实承担举证责任。《最高人民法院关于行政诉讼证据若干问题的规定》第五条也规定，在行政赔偿诉讼中，原告应当对被诉具体行政行为造成损害的事实提供证据。因此，许水云就其房屋内物品损失事实、损害大小、损害金额承担举证责任，否则将承担不利后果。同时，《行政诉讼法》第三十八条第二款还规定，在行政赔偿案件中，原告应当对行政行为造成的损害提供证据。因被告的原因导致原告无法举证的，由被告承担举证责任。因此，因行政机关违反正当程序，不依法公证或者依法制作证据清单，给原告履行举证责任造成困难的，且被告也无法举证证明实际损失金额的，人民法院可在原告就损失金额所提供证据能够初步证明其主张的情况下，依法作出不利于行政机关的损失金额认定。许水云向一审法院提供的相关照片与清单，可以判断案涉房屋内有鸟笼等物品，与其实际经营花鸟生意的情形相符；在许水云已经初步证明存在损失的情况下，其合情合理的赔偿请求应当得到支持。婺城区政府可以根据市场行情，结合许水云经营的实际情况以及所提供的现场照片、物品损失清单等，按照有利于许水云的原则酌情确定赔偿数额，对房屋内财产损失依法赔偿。

综上，一、二审法院判决认定的基本事实清楚，一、二审法院判决确认婺城区政府强制拆除许水云房屋的行政行为违法的判项正确，本院予以维持。但一审判决责令婺城区政府参照《征收补偿方案》对许水云进行赔偿，未能考虑到作出赔偿决定时点的类似房地产市场价格已经比《征收补偿方案》确定的补偿时点的类似房地产市场价格有了较大上涨，仅参照《征收补偿方案》进行赔偿，无法让许水云有关赔偿房屋的诉讼请求得到支持；二审判决认为应通过征收补偿程序解决本案赔偿问题，未能考虑到案涉房屋并非依法定程序进行的征收和强制搬迁，而是违法实施的强制拆除，婺城区政府应当承担赔偿责任。一审判决第二项与二审判决第二项、第三项均属于适用法律错误，应予纠正。据此，依照《中华人民共和国行政诉讼法》第八十九条第一款第二项和《最高人民法院关于执行〈中华人民共和国行政诉讼法〉若干问题的解释》第七十六条第一款之规定，判决如下：

一、维持浙江省高级人民法院（2017）浙行终154号行政判决第一项与浙江省金华市中级人民法院（2015）浙金行初字第19号行政判决第一项，即确认金华市婺城区人民政府强制拆除许水云位于金华市婺城区五一路迎宾巷8号、9号房屋的行政行为违法。

二、撤销浙江省高级人民法院（2017）浙行终154号行政判决第二项、第三项与浙江省金华市中级人民法院（2015）浙金行初字第19号行政判决第二项。

三、责令金华市婺城区人民政府在本判决生效之日起九十日内按照本判决对许水云依法予以行政赔偿。

一、二审案件受理费共计100元，由被申请人金华市婺城区人民政府负担。

本判决为终审判决。

3. 司法赔偿

最高人民法院、最高人民检察院关于办理刑事赔偿案件适用法律若干问题的解释

1. 2015年12月14日最高人民法院审判委员会第1671次会议、2015年12月21日最高人民检察院第十二届检察委员会第46次会议通过
2. 2015年12月28日公布
3. 法释〔2015〕24号
4. 自2016年1月1日起施行

根据国家赔偿法以及有关法律的规定，结合刑事赔偿工作实际，对办理刑事赔偿案件适用法律的若干问题解释如下：

第一条 赔偿请求人因行使侦查、检察、审判职权的机关以及看守所、监狱管理机关及其工作人员行使职权的行为侵犯其人身权、财产权而申请国家赔偿，具备国家赔偿法第十七条、第十八条规定情形的，属于本解释规定的刑事赔偿范围。

第二条 解除、撤销拘留或者逮捕措施后虽尚未撤销案件、作出不起诉决定或者判决宣告无罪，但是符合下列情形之一的，属于国家赔偿法第十七条第一项、第二项规定的终止追究刑事责任：

（一）办案机关决定对犯罪嫌疑人终止侦查的；

（二）解除、撤销取保候审、监视居住、拘留、逮捕措施后，办案机关超过一年未移送起诉、作出不起诉决定或者撤销案件的；

（三）取保候审、监视居住法定期限届满后，办案机关超过一年未移送起诉、作出不起诉决定或者撤销案件的；

（四）人民检察院撤回起诉超过三十日未作出不起诉决定的；

（五）人民法院决定按撤诉处理后超过三十日，人民检察院未作出不起诉决定的；

（六）人民法院准许刑事自诉案件自诉人撤诉的，或者人民法院决定对刑事自诉案件按撤诉处理的。

赔偿义务机关有证据证明尚未终止追究刑事责任，且经人民法院赔偿委员会审查属实的，应当决定驳回赔偿请求人的赔偿申请。

第三条 对财产采取查封、扣押、冻结、追缴等措施后，有下列情形之一，且办案机关未依法解除查封、扣押、冻结等措施或者返还财产的，属于国家赔偿法第十八条规定的侵犯财产权：

（一）赔偿请求人有证据证明财产与尚未终结的刑事案件无关，经审查属实的；

（二）终止侦查、撤销案件、不起诉、判决宣告无罪终止追究刑事责任的；

（三）采取取保候审、监视居住、拘留或者逮捕措施，在解除、撤销强制措施或者强制措施法定期限届满后超过一年未移送起诉、作出不起诉决定或者撤销案件的；

（四）未采取取保候审、监视居住、拘留或者逮捕措施，立案后超过两年未移送起诉、作出不起诉决定或者撤销案件的；

（五）人民检察院撤回起诉超过三十日未作出不起诉决定的；

（六）人民法院决定按撤诉处理后超过三十日，人民检察院未作出不起诉决定的；

（七）对生效裁决没有处理的财产或者对该财产违法进行其他处理的。

有前款第三项至六项规定情形之一，赔偿义务机关有证据证明尚未终止追究刑事责任，且经人民法院赔偿委员会审查属实的，应当决定驳回赔偿请求人的赔偿申请。

第四条 赔偿义务机关作出赔偿决定，应当依法告知赔偿请求人有权在三十日内向赔偿义务机关的上一级机关申请复议。赔偿义务机关未依法告知，赔偿请求人收到赔偿决定之日起两年内提出复议申请的，复议机关应当受理。

人民法院赔偿委员会处理赔偿申请，适用前款规定。

第五条 对公民采取刑事拘留措施后终止追究刑事责任，具有下列情形之一的，属于国家赔偿法第十七条第一项规定的违法刑事拘留：

（一）违反刑事诉讼法规定的条件采取拘留措施的；

（二）违反刑事诉讼法规定的程序采取拘留措施的；

（三）依照刑事诉讼法规定的条件和程序对公民采取拘留措施，但是拘留时间超过刑事诉讼法规定的时限。

违法刑事拘留的人身自由赔偿金自拘留之日起计算。

第六条 数罪并罚的案件经再审改判部分罪名不成立，监禁期限超出再审判决确定的刑期，公民对超期监禁申请国家赔偿的，应当决定予以赔偿。

第七条 根据国家赔偿法第十九条第二项、第三项的规定，依照刑法第十七条、第十八条规定不负刑事责任的人和依照刑事诉讼法第十五条、第一百七十三条第二款规定不追究刑事责任的人被羁押，国家不承担赔偿责任。但是，对起诉后经人民法院错判拘役、有期徒刑、无期徒刑并已执行的，人民法院应当对该判决确定后继续监禁期间侵犯公民人身自由权的情形予以赔偿。

第八条 赔偿义务机关主张依据国家赔偿法第十九条第一项、第五项规定的情形免除赔偿责任的，应当就该免责事由的成立承担举证责任。

第九条 受害的公民死亡，其继承人和其他有扶养关系的亲属有权申请国家赔偿。

依法享有继承权的同一顺序继承人有数人时，其中一人或者部分人作为赔偿请求人申请国家赔偿的，申请效力及于全体。

赔偿请求人为数人时，其中一人或者部分赔偿请求人非经全体同意，申请撤回或者放弃赔偿请求，效力不及于未明确表示撤回申请或者放弃赔偿请求的其他赔偿请求人。

第十条 看守所及其工作人员在行使职权时侵犯公民合法权益造成损害的，看守所的主管机关为赔偿义务机关。

第十一条 对公民采取拘留措施后又采取逮捕措施，国家承担赔偿责任的，作出逮捕决定的机关为赔偿义务机关。

第十二条 一审判决有罪，二审发回重审后具有下列情形之一的，属于国家赔偿法第二十一条第四款规定的重审无罪赔偿，作出一审有罪判决的人民法院为赔偿义务机关：

（一）原审人民法院改判无罪并已发生法律效力的；

（二）重审期间人民检察院作出不起诉决定的；

（三）人民检察院在重审期间撤回起诉超过三十日或者人民法院决定按撤诉处理超过三十日未作出不起诉决定的。

依照审判监督程序再审后作无罪处理的，作出原生效判决的人民法院为赔偿义务机关。

第十三条 医疗费赔偿根据医疗机构出具的医药费、治疗费、住院费等收款凭证，结合病历和诊断证明等相关证据确定。赔偿义务机关对治疗的必要性和合理性提出异议的，应当承担举证责任。

第十四条 护理费赔偿参照当地护工从事同等级别护理的劳务报酬标准计算，原则上按照一名护理人员的标准计算护理费；但医疗机构或者司法鉴定人有明确意见的，可以参照确定护理人数并赔偿相应的护理费。

护理期限应当计算至公民恢复生活自理能力时止。公民因残疾不能恢复生活自理能力的，可以根据其年龄、健康状况等因素确定合理的护理期限，一般不超过二十年。

第十五条 残疾生活辅助器具费赔偿按照普通适用器具的合理费用标准计算。伤情有特殊需要的，可以参照辅助器具配制机构的意见确定。

辅助器具的更换周期和赔偿期限参照配制机构的意见确定。

第十六条 误工减少收入的赔偿根据受害公民的误工时间和国家上年度职工日平均工资确定，最高为国家上年度职工年平均工资的五倍。

误工时间根据公民接受治疗的医疗机构出具的证明确定。公民因伤致残持续误工的，误工时间可以计算至作为赔偿依据的伤残等级鉴定确定前一日。

第十七条 造成公民身体伤残的赔偿，应当根据司法鉴定人的伤残等级鉴定确定公民丧失劳动能力的程度，并参照以下标准确定残疾赔偿金：

（一）按照国家规定的伤残等级确定公民为一级至四级伤残的，视为全部丧失劳动能力，残疾赔偿金幅度为国家上年度职工年平均工资的十倍至二十倍；

（二）按照国家规定的伤残等级确定公民为五级至十级伤残的，视为部分丧失劳动能力。五至六级的，残疾赔偿金幅度为国家上年度职工年平均工资的五倍至十倍；七至十级的，残疾赔偿金幅度为国家上年度职工年平均工资的五倍以下。

有扶养义务的公民部分丧失劳动能力的，残疾赔偿金可以根据伤残等级并参考被扶养人生活来源丧失的情况进行确定，最高不超过国家上年度职工年平均工资的二十倍。

第十八条 受害的公民全部丧失劳动能力的，对其扶养的无劳动能力人的生活费发放标准，参照作出赔偿决定时被扶养人住所地所属省级人民政府确定的最低生活保障标准执行。

能够确定扶养年限的，生活费可协商确定并一次性支付。不能确定扶养年限的，可按照二十年上限确定扶养年限并一次性支付生活费，被扶养人超过六十周岁的，年龄每增加一岁，扶养年限减少一年；被扶养人年龄超过确定扶养年限的，被扶养人可逐年领取生活费至死亡时止。

第十九条 侵犯公民、法人和其他组织的财产权造成损害的，应当依照国家赔偿法第三十六条的规定承担赔偿责任。

财产不能恢复原状或者灭失的，财产损失按照损失发生时的市场价格或者其他合理方式计算。

第二十条 返还执行的罚款或者罚金、追缴或者没收的金钱，解除冻结的汇款的，应当支付银行同期存款利息，利率参照赔偿义务机关作出赔偿决定时中国人民银行公布的人民币整存整取定期存款一年期基准利率确定，不计算复利。

复议机关或者人民法院赔偿委员会改变原赔偿决定，利率参照新作出决定时中国人民银行公布的人民币整存整取定期存款一年期基准利率确定。

计息期间自侵权行为发生时起算，至作出生效赔偿决定时止；但在生效赔偿决定作出前侵权行为停止的，计算至侵权行为停止时止。

被罚没、追缴的资金属于赔偿请求人在金融机构合法存款的，在存款合同存续期间，按照合同约定的利率计算利息。

第二十一条 国家赔偿法第三十三条、第三十四条规定的上年度，是指赔偿义务机关作出赔偿决定时的上一年度；复议机关或者人民法院赔偿委员会改变原赔偿决定，按照新作出决定时的上一年度国家职工平均工资标准计算人身自由赔偿金。

作出赔偿决定、复议决定时国家上一年度职工平均工资尚未公布的，以已经公布的最近年度职工平均工资为准。

第二十二条 下列赔偿决定、复议决定是发生法律效力的决定：

（一）超过国家赔偿法第二十四条规定的期限没有申请复议或者向上一级人民法院赔偿委员会申请国家赔偿的赔偿义务机关的决定；

（二）超过国家赔偿法第二十五条规定的期限没有向人民法院赔偿委员会申请国家赔偿的复议决定；

（三）人民法院赔偿委员会作出的赔偿决定。

发生法律效力的赔偿义务机关的决定和复议决定，与发生法律效力的赔偿委员会的赔偿决定具有同等法律效力，依法必须执行。

第二十三条 本解释自2016年1月1日起施行。本解释施行前最高人民法院、最高人民检察院发布的司法解释与本解释不一致的，以本解释为准。

最高人民法院关于审理民事、行政诉讼中司法赔偿案件适用法律若干问题的解释

1. *2016年2月15日最高人民法院审判委员会第1678次会议通过*
2. *2016年9月7日公布*
3. *法释〔2016〕20号*
4. *自2016年10月1日起施行*

根据《中华人民共和国国家赔偿法》及有关法律规定，结合人民法院国家赔偿工作实际，现就人民法院赔偿委员会审理民事、行政诉讼中司法赔偿案件的若干法律适用问题解释如下：

第一条 人民法院在民事、行政诉讼过程中，违法采取对妨害诉讼的强制措施、保全措施、先予执行措施，或者对判决、裁定及其他生效法律文书执行错误，侵犯公民、法人和其他组织合法权益并造成损害的，赔偿请求人可以依法向人民法院申请赔偿。

第二条 违法采取对妨害诉讼的强制措施，包括以下情形：

（一）对没有实施妨害诉讼行为的人采取罚款或者拘留措施的；

（二）超过法律规定金额采取罚款措施的；

（三）超过法律规定期限采取拘留措施的；

（四）对同一妨害诉讼的行为重复采取罚款、拘留措施的；

（五）其他违法情形。

第三条 违法采取保全措施，包括以下情形：

（一）依法不应当采取保全措施而采取的；

（二）依法不应当解除保全措施而解除，或者依法应当解除保全措施而不解除的；

（三）明显超出诉讼请求的范围采取保全措施的，但保全财产为不可分割物且被保全人无其他财产或者其他财产不足以担保债权实现的除外；

（四）在给付特定物之诉中，对与案件无关的财物采取保全措施的；

（五）违法保全案外人财产的；

（六）对查封、扣押、冻结的财产不履行监管职责，造成被保全财产毁损、灭失的；

（七）对季节性商品或者鲜活、易腐烂变质以及其他不宜长期保存的物品采取保全措施，未及时处理或者违法处理，造成物品毁损或者严重贬值的；

（八）对不动产或者船舶、航空器和机动车等特定动产采取保全措施，未依法通知有关登记机构不予办理该保全财产的变更登记，造成该保全财产所有权被转移的；

（九）违法采取行为保全措施的；

（十）其他违法情形。

第四条 违法采取先予执行措施，包括以下情形：

（一）违反法律规定的条件和范围先予执行的；

（二）超出诉讼请求的范围先予执行的；

（三）其他违法情形。

第五条 对判决、裁定及其他生效法律文书执行错误，包括以下情形：

（一）执行未生效法律文书的；

（二）超出生效法律文书确定的数额和范围执行的；

（三）对已经发现的被执行人的财产，故意拖延执行或者不执行，导致被执行财产流失的；

（四）应当恢复执行而不恢复，导致被执行财产流失的；

（五）违法执行案外人财产的；

（六）违法将案件执行款物执行给其他当事人或者案外人的；

（七）违法对抵押物、质物或者留置物采取执行措施，致使抵押权人、质权人或者留置权人的优先受偿权无法实现的；

（八）对执行中查封、扣押、冻结的财产不履行监管职责，造成财产毁损、灭失的；

（九）对季节性商品或者鲜活、易腐烂变质以及其他不宜长期保存的物品采取执行措施，未及时处理或者违法处理，造成物品毁损或者严重贬值的；

（十）对执行财产应当拍卖而未依法拍卖的，或者应当由资产评估机构评估而未依法评估，违法变卖或者以物抵债的；

（十一）其他错误情形。

第六条 人民法院工作人员在民事、行政诉讼过程中，有殴打、虐待或者唆使、放纵他人殴打、虐待等行为，以及违法使用武器、警械，造成公民身体伤害或者死亡的，适用国家赔偿法第十七条第四项、第五项的规定予以赔偿。

第七条 具有下列情形之一的，国家不承担赔偿责任：

（一）属于民事诉讼法第一百零五条、第一百零七条第二款和第二百三十三条规定情形的；

（二）申请执行人提供执行标的物错误的，但人民法院明知该标的物错误仍予以执行的除外；

（三）人民法院依法指定的保管人对查封、扣押、冻结的财产违法动用、隐匿、毁损、转移或者变卖的；

（四）人民法院工作人员与行使职权无关的个人行为；

（五）因不可抗力、正当防卫和紧急避险造成损害后果的；

（六）依法不应由国家承担赔偿责任的其他情形。

第八条 因多种原因造成公民、法人和其他组织合法权益损害的，应当根据人民法院及其工作人员行使职权的行为对损害结果的发生或者扩大所起的作用等因素，合理确定赔偿金额。

第九条 受害人对损害结果的发生或者扩大也有过错的，应当根据其过错对损害结果的发生或者扩大所起的作用等因素，依法减轻国家赔偿责任。

第十条 公民、法人和其他组织的损失，已经在民事、行政诉讼过程中获得赔偿、补偿的，对该部分损失，国家不承担赔偿责任。

第十一条　人民法院及其工作人员在民事、行政诉讼过程中，具有本解释第二条、第六条规定情形，侵犯公民人身权的，应当依照国家赔偿法第三十三条、第三十四条的规定计算赔偿金。致人精神损害的，应当依照国家赔偿法第三十五条的规定，在侵权行为影响的范围内，为受害人消除影响、恢复名誉、赔礼道歉；造成严重后果的，还应当支付相应的精神损害抚慰金。

第十二条　人民法院及其工作人员在民事、行政诉讼过程中，具有本解释第二条至第五条规定情形，侵犯公民、法人和其他组织的财产权并造成损害的，应当依照国家赔偿法第三十六条的规定承担赔偿责任。

财产不能恢复原状或者灭失的，应当按照侵权行为发生时的市场价格计算损失；市场价格无法确定或者该价格不足以弥补受害人所受损失的，可以采用其他合理方式计算损失。

第十三条　人民法院及其工作人员对判决、裁定及其他生效法律文书执行错误，且对公民、法人或者其他组织的财产已经依照法定程序拍卖或者变卖的，应当给付拍卖或者变卖所得的价款。

人民法院违法拍卖，或者变卖价款明显低于财产价值的，应当依照本解释第十二条的规定支付相应的赔偿金。

第十四条　国家赔偿法第三十六条第六项规定的停产停业期间必要的经常性费用开支，是指法人、其他组织和个体工商户为维系停产停业期间运营所需的基本开支，包括留守职工工资、必须缴纳的税费、水电费、房屋场地租金、设备租金、设备折旧费等必要的经常性费用。

第十五条　国家赔偿法第三十六条第七项规定的银行同期存款利息，以作出生效赔偿决定时中国人民银行公布的一年期人民币整存整取定期存款基准利率计算，不计算复利。

应当返还的财产属于金融机构合法存款的，对存款合同存续期间的利息按照合同约定利率计算。

应当返还的财产系现金的，比照本条第一款规定支付利息。

第十六条　依照国家赔偿法第三十六条规定返还的财产系国家批准的金融机构贷款的，除贷款本金外，还应当支付该贷款借贷状态下的贷款利息。

第十七条　用益物权人、担保物权人、承租人或者其他合法占有使用财产的人，依据国家赔偿法第三十八条规定申请赔偿的，人民法院应当依照《最高人民法院关于国家赔偿案件立案工作的规定》予以审查立案。

第十八条　人民法院在民事、行政诉讼过程中，违法采取对妨害诉讼的强制措施、保全措施、先予执行措施，或者对判决、裁定及其他生效法律文书执行错误，系因上一级人民法院复议改变原裁决所致的，由该上一级人民法院作为赔偿义务机关。

第十九条　公民、法人或者其他组织依据国家赔偿法第三十八条规定申请赔偿的，应当在民事、行政诉讼程序或者执行程序终结后提出，但下列情形除外：

（一）人民法院已依法撤销对妨害诉讼的强制措施的；

（二）人民法院采取对妨害诉讼的强制措施，造成公民身体伤害或者死亡的；

（三）经诉讼程序依法确认不属于被保全人或者被执行人的财产，且无法在相关诉讼程序或者执行程序中予以补救的；

（四）人民法院生效法律文书已确认相关行为违法，且无法在相关诉讼程序或者执行程序中予以补救的；

（五）赔偿请求人有证据证明其请求与民事、行政诉讼程序或者执行程序无关的；

（六）其他情形。

赔偿请求人依据前款规定，在民事、行政诉讼程序或者执行程序终结后申请赔偿的，该诉讼程序或者执行程序期间不计入赔偿请求时效。

第二十条　人民法院赔偿委员会审理民事、行政诉讼中的司法赔偿案件，有下列情形之一的，相应期间不计入审理期限：

（一）需要向赔偿义务机关、有关人民法院或者其他国家机关调取案卷或者其他材料的；

（二）人民法院赔偿委员会委托鉴定、评估的。

第二十一条　人民法院赔偿委员会审理民事、行政诉讼中的司法赔偿案件，应当对人民法院及其工作人员行使职权的行为是否符合法律规定，赔偿请求人主张的损害事实是否存在，以及该职权行为与损害事实之间是否存在因果关系等事项一并予以审查。

第二十二条 本解释自2016年10月1日起施行。本解释施行前最高人民法院发布的司法解释与本解释不一致的，以本解释为准。

最高人民法院关于人民法院办理自赔案件程序的规定

1. *2013年4月1日最高人民法院审判委员会第1573次会议通过*
2. *2013年7月26日公布*
3. *法释〔2013〕19号*
4. *自2013年9月1日起施行*

根据《中华人民共和国国家赔偿法》，结合人民法院国家赔偿工作实际，对人民法院办理自赔案件的程序作如下规定：

第一条 本规定所称自赔案件，是指人民法院办理的本院作为赔偿义务机关的国家赔偿案件。

第二条 基层人民法院国家赔偿小组、中级以上人民法院赔偿委员会负责办理本院的自赔案件。

第三条 人民法院对赔偿请求人提出的赔偿申请，根据《最高人民法院关于国家赔偿案件立案工作的规定》予以审查立案。

第四条 人民法院办理自赔案件，应当指定一名审判员承办。

负责承办的审判员应当查清事实并提出处理意见，经国家赔偿小组或者赔偿委员会讨论后，报请院长决定。重大、疑难案件由院长提交院长办公会议讨论决定。

第五条 参与办理自赔案件的审判人员是赔偿请求人或其代理人的近亲属，与本案有利害关系，或者有其他关系，可能影响案件公正办理的，应当主动回避。

赔偿请求人认为参与办理自赔案件的审判人员有前款规定情形的，有权以书面或者口头方式申请其回避。

以上规定，适用于书记员、翻译人员、鉴定人、勘验人。

第六条 赔偿请求人申请回避，应当在人民法院作出赔偿决定前提出。

人民法院应当自赔偿请求人申请回避之日起三日内作出书面决定。赔偿请求人对决定不服的，可以申请复议一次。人民法院对复议申请，应当在三日内做出复议决定，并通知复议申请人。复议期间，被申请回避的人员不停止案件办理工作。

审判人员的回避，由院长决定；其他人员的回避，由国家赔偿小组负责人或者赔偿委员会主任决定。

第七条 人民法院应当全面审查案件，充分听取赔偿请求人的意见。必要时可以调取原审判、执行案卷，可以向原案件承办部门或有关人员调查、核实情况。听取意见、调查核实情况，应当制作笔录。

案件争议较大，或者案情疑难、复杂的，人民法院可以组织赔偿请求人、原案件承办人以及其他相关人员举行听证。听证情况应当制作笔录。

第八条 人民法院可以与赔偿请求人就赔偿方式、赔偿项目和赔偿数额在法律规定的范围内进行协商。协商应当遵循自愿、合法的原则。协商情况应当制作笔录。

经协商达成协议的，人民法院应当制作国家赔偿决定书。协商不成的，人民法院应当依法及时作出决定。

第九条 人民法院作出决定前，赔偿请求人撤回赔偿申请的，人民法院应当准许。

赔偿请求人撤回赔偿申请后，在国家赔偿法第三十九条规定的时效内又申请赔偿，并有证据证明其撤回申请确属违背真实意思表示或者有其他正当理由的，人民法院应予受理。

第十条 有下列情形之一的，人民法院应当决定中止办理：

（一）作为赔偿请求人的公民死亡，需要等待其继承人和其他有扶养关系的亲属表明是否参加赔偿案件处理的；

（二）作为赔偿请求人的公民丧失行为能力，尚未确定法定代理人的；

（三）作为赔偿请求人的法人或者其他组织终止，尚未确定权利承受人的；

（四）赔偿请求人因不可抗力或者其他障碍，在法定期限内不能参加赔偿案件处理的；

（五）宣告无罪的案件，人民法院决定再审或者人民检察院按照审判监督程序提出抗诉的。

中止办理的原因消除后，人民法院应当及时恢复办理，并通知赔偿请求人。

第十一条　有下列情形之一的，人民法院应当决定终结办理：

（一）作为赔偿请求人的公民死亡，没有继承人和其他有扶养关系的亲属，或者其继承人和其他有扶养关系的亲属放弃要求赔偿权利的；

（二）作为赔偿请求人的法人或者其他组织终止后，其权利承受人放弃要求赔偿权利的；

（三）赔偿请求人据以申请赔偿的撤销案件决定、不起诉决定或者宣告无罪的判决被撤销的。

第十二条　人民法院应当自收到赔偿申请之日起两个月内作出是否赔偿的决定，并制作国家赔偿决定书。

申请人向人民法院申请委托鉴定、评估的，鉴定、评估期间不计入办理期限。

第十三条　国家赔偿决定书应当载明以下事项：

（一）赔偿请求人的基本情况；

（二）申请事项及理由；

（三）决定的事实理由及法律依据；

（四）决定内容；

（五）申请上一级人民法院赔偿委员会作出赔偿决定的期间和上一级人民法院名称。

第十四条　人民法院决定赔偿或不予赔偿的，应当自作出决定之日起十日内将国家赔偿决定书送达赔偿请求人。

第十五条　赔偿请求人依据国家赔偿法第三十七条第二款的规定向人民法院申请支付赔偿金的，应当递交申请书，并提交以下材料：

（一）赔偿请求人的身份证明；

（二）生效的国家赔偿决定书。

赔偿请求人当面递交申请支付材料的，人民法院应当出具收讫凭证。赔偿请求人书写申请书确有困难的，可以口头申请，人民法院应当记入笔录，由赔偿请求人签名、捺印或者盖章。

第十六条　申请支付材料真实、有效、完整的，人民法院应当受理，并书面通知赔偿请求人。人民法院受理后，应当自收到支付申请之日起七日内，依照预算管理权限向有关财政部门提出支付申请。

申请支付材料不完整的，人民法院应当当场或者在三个工作日内一次性告知赔偿请求人需要补正的全部材料。收到支付申请的时间自人民法院收到补正材料之日起计算。

申请支付材料虚假、无效，人民法院决定不予受理的，应当在三个工作日内书面通知赔偿请求人并说明理由。

第十七条　赔偿请求人对人民法院不予受理申请支付的通知有异议的，可以自收到通知之日起十日内向上一级人民法院申请复核。上一级人民法院应当自收到复核申请之日起五个工作日内作出复核决定，并在作出复核决定之日起三个工作日内送达赔偿请求人。

第十八条　财政部门告知人民法院申请支付材料不符合要求的，人民法院应当自接到通知之日起五个工作日内按照要求提交补正材料。

需要赔偿请求人补正材料的，人民法院应当及时通知赔偿请求人。

第十九条　财政部门告知人民法院已支付国家赔偿费用的，人民法院应当及时通知赔偿请求人。

第二十条　本规定自2013年9月1日起施行。

本规定施行前本院发布的司法解释，与本规定不一致的，以本规定为准。

最高人民法院关于人民法院赔偿委员会适用质证程序审理国家赔偿案件的规定

1. 2013年12月16日最高人民法院审判委员会第1600次会议通过
2. 2013年12月19日公布
3. 法释〔2013〕27号
4. 自2014年3月1日起施行

为规范人民法院赔偿委员会（以下简称赔偿委员会）适用质证程序审理国家赔偿案件，根据《中华人民共和国国家赔偿法》等有关法律规定，结合国家赔偿工作实际，制定本规定。

第一条　赔偿委员会根据国家赔偿法第二十七条的规定，听取赔偿请求人、赔偿义务机关的陈述和申辩，进行质证的，适用本规定。

第二条　有下列情形之一，经书面审理不能解决的，赔偿委员会可以组织赔偿请求人和赔偿义务机关进行质证：

（一）对侵权事实、损害后果及因果关系有争议的；

（二）对是否属于国家赔偿法第十九条规定的国家不承担赔偿责任的情形有争议的；

（三）对赔偿方式、赔偿项目或者赔偿数额有争议的；

（四）赔偿委员会认为应当质证的其他情形。

第三条 除涉及国家秘密、个人隐私或者法律另有规定的以外，质证应当公开进行。

赔偿请求人或者赔偿义务机关申请不公开质证，对方同意的，赔偿委员会可以不公开质证。

第四条 赔偿请求人和赔偿义务机关在质证活动中的法律地位平等，有权委托代理人，提出回避申请，提供证据，申请查阅、复制本案质证材料，进行陈述、质询、申辩，并应当依法行使质证权利，遵守质证秩序。

第五条 赔偿请求人、赔偿义务机关对其主张的有利于自己的事实负举证责任，但法律、司法解释另有规定的除外。

没有证据或者证据不足以证明其事实主张的，由负有举证责任的一方承担不利后果。

第六条 下列事实需要证明的，由赔偿义务机关负举证责任：

（一）赔偿义务机关行为的合法性；

（二）赔偿义务机关无过错；

（三）因赔偿义务机关过错致使赔偿请求人不能证明的待证事实；

（四）赔偿义务机关行为与被羁押人在羁押期间死亡或者丧失行为能力不存在因果关系。

第七条 下列情形，由赔偿义务机关负举证责任：

（一）属于法定免责情形；

（二）赔偿请求超过法定时效；

（三）具有其他抗辩事由。

第八条 赔偿委员会认为必要时，可以通知复议机关参加质证，由复议机关对其作出复议决定的事实和法律依据进行说明。

第九条 赔偿请求人可以在举证期限内申请赔偿委员会调取下列证据：

（一）由国家有关部门保存，赔偿请求人及其委托代理人无权查阅调取的证据；

（二）涉及国家秘密、商业秘密、个人隐私的证据；

（三）赔偿请求人及其委托代理人因客观原因不能自行收集的其他证据。

赔偿请求人申请赔偿委员会调取证据，应当提供具体线索。

第十条 赔偿委员会有权要求赔偿请求人、赔偿义务机关提供或者补充证据。

涉及国家利益、社会公共利益或者他人合法权益的事实，或者涉及依职权追加质证参加人、中止审理、终结审理、回避等程序性事项的，赔偿委员会可以向有关单位和人员调查情况、收集证据。

第十一条 赔偿请求人、赔偿义务机关应当在收到受理案件通知书之日起十日内提供证据。赔偿请求人、赔偿义务机关确因客观事由不能在该期限内提供证据的，赔偿委员会可以根据其申请适当延长举证期限。

赔偿请求人、赔偿义务机关无正当理由逾期提供证据的，应当承担相应的不利后果。

第十二条 对于证据较多或者疑难复杂的案件，赔偿委员会可以组织赔偿请求人、赔偿义务机关在质证前交换证据，明确争议焦点，并将交换证据的情况记录在卷。

赔偿请求人、赔偿义务机关在证据交换过程中没有争议并记录在卷的证据，经审判员在质证中说明后，可以作为认定案件事实的依据。

第十三条 赔偿委员会应当指定审判员组织质证，并在质证三日前通知赔偿请求人、赔偿义务机关和其他质证参与人。必要时，赔偿委员会可以通知赔偿义务机关实施原职权行为的工作人员或者其他利害关系人到场接受询问。

赔偿委员会决定公开质证的，应当在质证三日前公告案由，赔偿请求人和赔偿义务机关的名称，以及质证的时间、地点。

第十四条 适用质证程序审理国家赔偿案件，未经质证的证据不得作为认定案件事实的依据，但法律、司法解释另有规定的除外。

第十五条 赔偿请求人、赔偿义务机关应围绕证据的关联性、真实性、合法性，针对证据有无证明力以及证明力大小，进行质证。

第十六条 质证开始前，由书记员查明质证参与人是否到场，宣布质证纪律。

质证开始时，由主持质证的审判员核对赔偿请求人、赔偿义务机关，宣布案由，宣布审判员、书记员名单，向赔偿请求人、赔偿义务机关告知质证权利义务以及询问是否申请回避。

第十七条　质证一般按照下列顺序进行：

（一）赔偿请求人、赔偿义务机关分别陈述，复议机关进行说明；

（二）审判员归纳争议焦点；

（三）赔偿请求人、赔偿义务机关分别出示证据，发表意见；

（四）询问参加质证的证人、鉴定人、勘验人；

（五）赔偿请求人、赔偿义务机关就争议的事项进行质询和辩论；

（六）审判员宣布赔偿请求人、赔偿义务机关认识一致的事实和证据；

（七）赔偿请求人、赔偿义务机关最后陈述意见。

第十八条　赔偿委员会根据赔偿请求人申请调取的证据，作为赔偿请求人提供的证据进行质证。

赔偿委员会依照职权调取的证据应当在质证时出示，并就调取该证据的情况予以说明，听取赔偿请求人、赔偿义务机关的意见。

第十九条　赔偿请求人或者赔偿义务机关对对方主张的不利于自己的事实，在质证中明确表示承认的，对方无需举证；既未表示承认也未否认，经审判员询问并释明法律后果后，其仍不作明确表示的，视为对该项事实的承认。

赔偿请求人、赔偿义务机关委托代理人参加质证的，代理人在代理权限范围内的承认视为被代理人的承认，但参加质证的赔偿请求人、赔偿义务机关当场明确表示反对的除外；代理人超出代理权限范围的承认，参加质证的赔偿请求人、赔偿义务机关当场不作否认表示的，视为被代理人的承认。

上述承认违反法律禁止性规定，或者损害国家利益、社会公共利益、他人合法权益的，不发生自认的效力。

第二十条　下列事实无需举证证明：

（一）自然规律以及定理、定律；

（二）众所周知的事实；

（三）根据法律规定推定的事实；

（四）已经依法证明的事实；

（五）根据日常生活经验法则推定的事实。

前款（二）、（三）、（四）、（五）项，赔偿请求人、赔偿义务机关有相反证据否定其真实性的除外。

第二十一条　有证据证明赔偿义务机关持有证据无正当理由拒不提供的，赔偿委员会可以就待证事实作出有利于赔偿请求人的推定。

第二十二条　赔偿委员会应当依据法律规定，遵照法定程序，全面客观地审核证据，运用逻辑推理和日常生活经验，对证据的证明力进行独立、综合的审查判断。

第二十三条　书记员应当将质证的全部活动记入笔录。质证笔录由赔偿请求人、赔偿义务机关和其他质证参与人核对无误或者补正后签名或者盖章。拒绝签名或者盖章的，应当记明情况附卷，由审判员和书记员签名。

具备条件的，赔偿委员会可以对质证活动进行全程同步录音录像。

第二十四条　赔偿请求人、赔偿义务机关经通知无正当理由拒不参加质证或者未经许可中途退出质证的，视为放弃质证，赔偿委员会可以综合全案情况和对方意见认定案件事实。

第二十五条　有下列情形之一的，可以延期质证：

（一）赔偿请求人、赔偿义务机关因不可抗拒的事由不能参加质证的；

（二）赔偿请求人、赔偿义务机关临时提出回避申请，是否回避的决定不能在短时间内作出的；

（三）需要通知新的证人到场，调取新的证据，重新鉴定、勘验，或者补充调查的；

（四）其他应当延期的情形。

第二十六条　本规定自2014年3月1日起施行。

本规定施行前本院发布的司法解释与本规定不一致的，以本规定为准。

人民检察院国家赔偿工作规定

1. 2010年11月22日最高人民检察院发布

2. 高检发〔2010〕29号

3. 自2010年12月1日起施行

第一章　总　　则

第一条　为了保障公民、法人和其他组织享有依法取得国家赔偿的权利，促进国家机关及其工作人员依法行使职权、公正执法，根据《中华人民共和国国家赔偿法》及有关法律，制定本规定。

第二条　人民检察院通过办理检察机关作为赔偿义务机关的刑事赔偿案件，并对人民法院赔偿委员会决定和行政赔偿诉讼依法履行法律监督职责，保障国家赔偿法的统一正确实施。

第三条　人民检察院国家赔偿工作办公室统一办理检察机关作为赔偿义务机关的刑事赔偿案件、对人民法院赔偿委员会决定提出重新审查意见的案件，以及对人民法院行政赔偿判决、裁定提出抗诉的案件。

人民检察院相关部门应当按照内部分工，协助国家赔偿工作办公室依法办理国家赔偿案件。

第四条　人民检察院国家赔偿工作应当坚持依法、公正、及时的原则。

第五条　上级人民检察院监督、指导下级人民检察院依法办理国家赔偿案件。上级人民检察院在办理国家赔偿案件时，对下级人民检察院作出的相关决定，有权撤销或者变更；发现下级人民检察院已办结的国家赔偿案件确有错误，有权指令下级人民检察院纠正。

赔偿请求人向上级人民检察院反映下级人民检察院在办理国家赔偿案件中存在违法行为的，上级人民检察院应当受理，并依法、及时处理。对依法应予赔偿而拒不赔偿，或者打击报复赔偿请求人的，应当依照有关规定追究相关领导和其他直接责任人员的责任。

第二章　立　　案

第六条　赔偿请求人提出赔偿申请的，人民检察院应当受理，并接收下列材料：

（一）刑事赔偿申请书。刑事赔偿申请书应当载明受害人的基本情况，具体要求、事实根据和理由，申请的时间。赔偿请求人书写申请书确有困难的，可以委托他人代书；也可以口头申请。口头提出申请的，应当问明有关情况并制作笔录，由赔偿请求人签名或者盖章。

（二）赔偿请求人和代理人的身份证明材料。赔偿请求人不是受害人本人的，应当要求其说明与受害人的关系，并提供相应证明。赔偿请求人委托他人代理赔偿申请事项的，应当要求其提交授权委托书，以及代理人和被代理人身份证明原件。代理人为律师的，应当同时提供律师执业证及律师事务所介绍函。

（三）证明原案强制措施的法律文书。

（四）证明原案处理情况的法律文书。

（五）证明侵权行为造成损害及其程度的法律文书或者其他材料。

（六）赔偿请求人提供的其他相关材料。

赔偿请求人或者其代理人当面递交申请书或者其他申请材料的，人民检察院应当当场出具加盖本院专用印章并注明收讫日期的《接收赔偿申请材料清单》。申请材料不齐全的，应当当场或者在五日内一次性明确告知赔偿请求人需要补充的全部相关材料。

第七条　人民检察院收到赔偿申请后，国家赔偿工作办公室应当填写《受理赔偿申请登记表》。

第八条　同时符合下列各项条件的赔偿申请，应当立案：

（一）依照国家赔偿法第十七条第一项、第二项规定请求人身自由权赔偿的，已决定撤销案件、不起诉或者判决宣告无罪终止追究刑事责任；依照国家赔偿法第十七条第四项、第五项规定请求生命健康权赔偿的，有伤情、死亡证明；依照国家赔偿法第十八条第一项规定请求财产权赔偿的，刑事诉讼程序已经终结，但已查明该财产确与案件无关的除外；

（二）本院为赔偿义务机关；

（三）赔偿请求人具备国家赔偿法第六条规定的条件；

（四）在国家赔偿法第三十九条规定的请求赔偿时效内；

（五）请求赔偿的材料齐备。

第九条　对符合立案条件的赔偿申请，人民检察院应当立案，并在收到赔偿申请之日起五日内，将《刑事赔偿立案通知书》送达赔偿请求人。

立案应当经部门负责人批准。

第十条　对不符合立案条件的赔偿申请，应当分别下列不同情况予以处理：

（一）尚未决定撤销案件、不起诉或者判决宣告无罪终止追究刑事责任而请求人身自由权赔偿的，没有伤情、死亡证明而请求生命健康权赔偿的，刑事诉讼程序尚未终结而请求财产权赔偿的，告知赔偿请求人不符合立案条件，可在具备立案条件后再申请赔偿；

（二）不属于人民检察院赔偿的，告知赔偿请求人向负有赔偿义务的机关提出；

（三）本院不负有赔偿义务的，告知赔偿请求人向负有赔偿义务的人民检察院提出，或者移送负有赔偿义务的人民检察院，并通知赔偿请求人；

（四）赔偿请求人不具备国家赔偿法第六条规定条件的，告知赔偿请求人；

（五）对赔偿请求已过法定时效的，告知赔偿请求人已经丧失请求赔偿权。

对上列情况，均应当填写《审查刑事赔偿申请通知书》，并说明理由，在收到赔偿申请之日起五日内送达赔偿请求人。

第十一条　当事人、其他直接利害关系人或者其近亲属认为人民检察院扣押、冻结、保管、处理涉案款物侵犯自身合法权益或者有违法情形，向人民检察院投诉，并在刑事诉讼程序终结后又申请刑事赔偿的，尚未办结的投诉程序应当终止，负责办理投诉的部门应当将相关材料移交被请求赔偿的人民检察院国家赔偿工作办公室，依照刑事赔偿程序办理。

第三章　审查决定

第十二条　对已经立案的赔偿案件应当全面审查案件材料，必要时可以调取有关的案卷材料，也可以向原案件承办部门和承办人员等调查、核实有关情况，收集有关证据。原案件承办部门和承办人员应当协助、配合。

第十三条　对请求生命健康权赔偿的案件，人民检察院对是否存在违法侵权行为尚未处理认定的，国家赔偿工作办公室应当在立案后三日内将相关材料移送本院监察部门和渎职侵权检察部门，监察部门和渎职侵权检察部门应当在三十日内提出处理认定意见，移送国家赔偿工作办公室。

第十四条　审查赔偿案件，应当查明以下事项：

（一）是否存在国家赔偿法规定的损害行为和损害结果；

（二）损害是否为检察机关及其工作人员行使职权造成；

（三）侵权的起止时间和造成损害的程度；

（四）是否属于国家赔偿法第十九条规定的国家不承担赔偿责任的情形；

（五）其他需要查明的事项。

第十五条　人民检察院作出赔偿决定，应当充分听取赔偿请求人的意见，并制作笔录。

第十六条　对存在国家赔偿法规定的侵权损害事实，依法应当予以赔偿的，人民检察院可以与赔偿请求人就赔偿方式、赔偿项目和赔偿数额，依照国家赔偿法有关规定进行协商，并制作笔录。

人民检察院与赔偿请求人进行协商，应当坚持自愿、合法原则。禁止胁迫赔偿请求人放弃赔偿申请，禁止违反国家赔偿法规定进行协商。

第十七条　对审查终结的赔偿案件，应当制作赔偿案件审查终结报告，载明原案处理情况、赔偿请求人意见和协商情况，提出是否予以赔偿以及赔偿的方式、项目和数额等具体处理意见，经部门集体讨论、负责人审核后，报检察长决定。重大、复杂案件，由检察长提交检察委员会审议决定。

第十八条　审查赔偿案件，应当根据下列情形分别作出决定：

（一）请求赔偿的侵权事项事实清楚，应当予以赔偿的，依法作出赔偿的决定；

（二）请求赔偿的侵权事项事实不存在，或者不属于国家赔偿范围的，依法作出不予赔偿的决定。

第十九条　办理赔偿案件的人民检察院应当自收到赔偿申请之日起二个月内，作出是否赔偿的决定，制作《刑事赔偿决定书》，并自作出决定之日起十日内送达赔偿请求人。

人民检察院与赔偿请求人协商的，不论协商后是否达成一致意见，均应当制作《刑事赔偿决定书》。

人民检察院决定不予赔偿的，应当在《刑事赔偿决定书》中载明不予赔偿的理由。

第二十条　人民检察院送达刑事赔偿决定书，应当向赔偿请求人说明法律依据和事实证据情况，并告知赔偿请求人如对赔偿决定有异议，可以自收到决定书之日起三十日内向上一级人民检察院申请复议；如对赔偿决定没有异议，要求依照刑事赔偿决定书支付赔偿金的，应当提出支付赔偿金申请。

第四章　复　　议

第二十一条　人民检察院在规定期限内未作出赔偿决定的，赔偿请求人可以自期限届满之日起三十日内向上一级人民检察院申请复议。

人民检察院作出不予赔偿决定的，或者赔偿请求人对赔偿的方式、项目、数额有异议的，赔偿请求人可以自收到人民检察院作出的赔偿或者不予赔偿决定之日起三十日内，向上一级人民检察院申请复议。

第二十二条 人民检察院收到复议申请后，应当及时进行审查，分别不同情况作出处理：

（一）对符合法定条件的复议申请，复议机关应当受理；

（二）对超过法定期间提出的，复议机关不予受理；

（三）对申请复议的材料不齐备的，告知赔偿请求人补充有关材料。

第二十三条 复议赔偿案件可以调取有关的案卷材料。对事实不清的，可以要求原承办案件的人民检察院补充调查，也可以自行调查。对损害事实及因果关系、重要证据有争议的，应当听取赔偿请求人和赔偿义务机关的意见。

第二十四条 对审查终结的复议案件，应当制作赔偿复议案件的审查终结报告，提出具体处理意见，经部门集体讨论、负责人审核，报检察长决定。重大、复杂案件，由检察长提交检察委员会审议决定。

第二十五条 复议赔偿案件，应当根据不同情形分别作出决定：

（一）原决定事实清楚，适用法律正确，赔偿方式、项目、数额适当的，予以维持；

（二）原决定认定事实或者适用法律错误的，予以纠正，赔偿方式、项目、数额不当的，予以变更；

（三）赔偿义务机关逾期未作出决定的，依法作出决定。

第二十六条 人民检察院应当自收到复议申请之日起二个月内作出复议决定。

复议决定作出后，应当制作《刑事赔偿复议决定书》，并自作出决定之日起十日内直接送达赔偿义务机关和赔偿请求人。直接送达赔偿请求人有困难的，可以委托其所在地的人民检察院代为送达。

第二十七条 人民检察院送达刑事赔偿复议决定书，应当向赔偿请求人说明法律依据和事实证据情况，并告知赔偿请求人如对赔偿复议决定有异议，可以自收到复议决定之日起三十日内向复议机关所在地的同级人民法院赔偿委员会申请作出赔偿决定；如对赔偿复议决定没有异议，要求依照复议决定书支付赔偿金的，应当提出支付赔偿金申请。

第二十八条 人民检察院复议赔偿案件，实行一次复议制。

第五章 赔偿监督

第二十九条 赔偿请求人或者赔偿义务机关不服人民法院赔偿委员会作出的刑事赔偿决定或者民事、行政诉讼赔偿决定，以及人民法院行政赔偿判决、裁定，向人民检察院申诉的，人民检察院应当受理。

第三十条 最高人民检察院发现各级人民法院赔偿委员会作出的决定，上级人民检察院发现下级人民法院赔偿委员会作出的决定，具有下列情形之一的，应当自本院受理之日起三十日内立案：

（一）有新的证据，可能足以推翻原决定的；

（二）原决定认定事实的主要证据可能不足的；

（三）原决定适用法律可能错误的；

（四）违反程序规定、可能影响案件正确处理的；

（五）有证据证明审判人员在审理该案时有贪污受贿、徇私舞弊、枉法处理行为的。

下级人民检察院发现上级或者同级人民法院赔偿委员会作出的赔偿决定具有上列情形之一的，经检察长批准或者检察委员会审议决定后，层报有监督权的上级人民检察院审查。

第三十一条 人民检察院立案后，应当在五日内将《赔偿监督立案通知书》送达赔偿请求人和赔偿义务机关。

立案应当经部门负责人批准。

人民检察院决定不立案的，应当在五日内将《赔偿监督申请审查结果通知书》送达提出申诉的赔偿请求人或者赔偿义务机关。赔偿请求人或者赔偿义务机关不服的，可以向作出决定的人民检察院或者上一级人民检察院申诉。人民检察院应当在收到申诉之日起十日内予以答复。

第三十二条 对立案审查的案件，应当全面审查申诉材料和全部案卷。

具有下列情形之一的，可以进行补充调查：

（一）赔偿请求人由于客观原因不能自行收集的主要证据，向人民法院赔偿委员会提供了证据线索，人民法院未进行调查取证的；

（二）赔偿请求人和赔偿义务机关提供的证据互相矛盾，人民法院赔偿委员会未进行调查核实的；

（三）据以认定事实的主要证据可能是虚假、伪造的；

（四）审判人员在审理该案时可能有贪污受贿、徇私舞弊、枉法处理行为的。

对前款第一至三项规定情形的调查，由本院国家赔偿工作办公室或者指令下级人民检察院国家赔偿工作办公室进行。对第四项规定情形的调查，应当根据人民检察院内部业务分工，由本院主管部门或者指令下级人民检察院主管部门进行。

第三十三条 对审查终结的赔偿监督案件，应当制作赔偿监督案件审查终结报告，载明案件来源、原案处理情况、申诉理由、审查认定的事实，提出处理意见。经部门集体讨论、负责人审核，报检察长决定。重大、复杂案件，由检察长提交检察委员会讨论决定。

第三十四条 人民检察院审查终结的赔偿监督案件，具有下列情形之一的，应当依照国家赔偿法第三十条第三款的规定，向同级人民法院赔偿委员会提出重新审查意见：

（一）有新的证据，足以推翻原决定的；

（二）原决定认定事实的主要证据不足的；

（三）原决定适用法律错误的；

（四）违反程序规定、影响案件正确处理的；

（五）作出原决定的审判人员在审理该案时有贪污受贿、徇私舞弊、枉法处理行为的。

第三十五条 人民检察院向人民法院赔偿委员会提出重新审查意见的，应当制作《重新审查意见书》，载明案件来源、基本案情以及要求重新审查的理由、法律依据。

第三十六条 《重新审查意见书》副本应当在作出决定后十日内送达赔偿请求人和赔偿义务机关。

人民检察院立案后决定不提出重新审查意见的，应当在作出决定后十日内将《赔偿监督案件审查结果通知书》，送达赔偿请求人和赔偿义务机关。赔偿请求人或者赔偿义务机关不服的，可以向作出决定的人民检察院或者上一级人民检察院申诉。人民检察院应当在收到申诉之日起十日内予以答复。

第三十七条 对赔偿监督案件，人民检察院应当在立案后三个月内审查办结，并依法提出重新审查意见。属于特别重大、复杂的案件，经检察长批准，可以延长二个月。

第三十八条 人民检察院对人民法院行政赔偿判决、裁定提出抗诉，适用《人民检察院民事行政抗诉案件办案规则》等规定。

第六章 执　　行

第三十九条 负有赔偿义务的人民检察院负责赔偿决定的执行。

支付赔偿金的，由国家赔偿工作办公室办理有关事宜；返还财产或者恢复原状的，由国家赔偿工作办公室通知原案件承办部门在二十日内执行，重大、复杂的案件，经检察长批准，可以延长十日。

第四十条 赔偿请求人凭生效的《刑事赔偿决定书》、《刑事赔偿复议决定书》或者《人民法院赔偿委员会决定书》，向负有赔偿义务的人民检察院申请支付赔偿金。

支付赔偿金申请采取书面形式。赔偿请求人书写申请书确有困难的，可以委托他人代书；也可以口头申请，由负有赔偿义务的人民检察院记入笔录，并由赔偿请求人签名或者盖章。

第四十一条 负有赔偿义务的人民检察院应当自收到赔偿请求人支付赔偿金申请之日起七日内，依照预算管理权限向有关的财政部门提出支付申请。向赔偿请求人支付赔偿金，依照国务院制定的国家赔偿费用管理有关规定办理。

第四十二条 对有国家赔偿法第十七条规定的情形之一，致人精神损害的，负有赔偿义务的人民检察院应当在侵权行为影响的范围内，为受害人消除影响，恢复名誉，赔礼道歉；造成严重后果的，应当支付相应的精神损害抚慰金。

第七章 其他规定

第四十三条 人民检察院应当依照国家赔偿法的有关规定参与人民法院赔偿委员会审理工作。

第四十四条 人民检察院在办理外国公民、法人和其他组织请求中华人民共和国国家赔偿的案件时，案件办理机关应当查明赔偿请求人所属国是否对中华人民共和国公民、法人和其他组织要求该国国家赔偿的权利不予保护或者限制。

地方人民检察院需要查明涉外相关情况的，应当逐级层报，统一由最高人民检察院国际合作部门办理。

第四十五条 人民检察院在办理刑事赔偿案件时，发现检察机关原刑事案件处理决定确有错误，影响赔偿请求人依法取得赔偿的，应当由刑事申诉检察部门立案复查,提出审查处理意见,报检察长或者检察委员会决定。刑事复查案件应当在三十日内办结;办理刑事复查案件和刑事赔偿案件的合计时间不得超过法定赔偿办案期限。

人民检察院在办理本院为赔偿义务机关的案件时,改变原决定、可能导致不予赔偿的,应当报请上一级人民检察院批准。

对于犯罪嫌疑人没有违法犯罪行为的,或者犯罪事实并非犯罪嫌疑人所为的案件,人民检察院根据刑事诉讼法第一百四十二条第一款的规定作不起诉处理的,应当在刑事赔偿决定书或者复议决定书中直接说明该案不属于国家免责情形,依法作出予以赔偿的决定。

第四十六条 人民检察院在办理本院为赔偿义务机关的案件时或者作出赔偿决定以后,对于撤销案件、不起诉案件或者人民法院宣告无罪的案件,重新立案侦查、提起公诉、提出抗诉的,应当报请上一级人民检察院批准,正在办理的刑事赔偿案件应当中止办理。经人民法院终审判决有罪的,正在办理的刑事赔偿案件应当终结;已作出赔偿决定的,应当由作出赔偿决定的机关予以撤销,已支付的赔偿金应当追缴。

第四十七条 依照本规定作出的《刑事赔偿决定书》、《刑事赔偿复议决定书》、《重新审查意见书》均应当加盖人民检察院院印,并于十日内报上一级人民检察院备案。

第四十八条 人民检察院赔偿后,根据国家赔偿法第三十一条的规定,应当向有下列情形之一的检察人员追偿部分或者全部赔偿费用:

(一)刑讯逼供或者殴打、虐待等或者唆使、放纵他人殴打、虐待等造成公民身体伤害或者死亡的;

(二)违法使用武器、警械造成公民身体伤害或者死亡的;

(三)在处理案件中有贪污受贿、徇私舞弊、枉法追诉行为的。

对有前款规定情形的责任人员,人民检察院应当依照有关规定给予处分;构成犯罪的,应当依法追究刑事责任。

第四十九条 人民检察院办理国家赔偿案件、开展赔偿监督,不得向赔偿请求人或者赔偿义务机关收取任何费用。

第八章 附 则

第五十条 本规定自2010年12月1日起施行,2000年11月6日最高人民检察院第九届检察委员会第七十三次会议通过的《人民检察院刑事赔偿工作规定》同时废止。

第五十一条 本规定由最高人民检察院负责解释。

附件:(略)

最高人民法院赔偿委员会关于原判数罪再审个罪改判无罪且已执行属于国家赔偿范围的批复

1. 1996年8月1日

2. 法赔复〔1996〕1号

福建省高级人民法院赔偿委员会:

你院〔1995〕闽赔字第1号《关于郑传振申请国家赔偿一案的请示》收悉。经研究,答复如下:

一、你院1995年3月15日〔1995〕闽刑再终字第5号刑事判决,维持了对郑传振投机倒把罪判处有期徒刑1年的部分,撤销了对郑传振盗窃罪判处有期徒刑7年的部分。虽不属于全案宣告无罪,但再审撤销盗窃罪不是因为情节显著轻微,而是因为事实不清、证据不足,盗窃罪不能成立,不属于《国家赔偿法》第十七条规定的国家免责情形。《国家赔偿法》第十五条第(三)项的规定:依照审判监督程序再审改判无罪,原判刑罚已经执行的,受害人有取得赔偿的权利。这一规定应理解为是针对具体个罪而言的。郑传振盗窃罪被撤销,其盗窃罪已执行的刑罚,依法有取得国家赔偿的权利。因此,本案属于国家赔偿的范围。

二、郑传振因盗窃罪被错判,羁押至1995年4月24日,应视为侵权行为持续至1995年1月1日以后。根据最高人民法院法复〔1995〕1号《关于〈中华人民共和国国家赔偿法〉溯及力和人民法院赔偿委员会受案范围问题的批复》的规定,对1995年1月1日以后羁押的部分按《国家赔偿法》的规定予以赔偿;对《国家赔偿法》实施之前羁押的部分,适用当时的规定予以赔偿,当时没有规定的,参照《国家赔偿法》的规定予以赔偿。

此复

最高人民法院赔偿委员会关于一审判决有罪二审改判无罪的赔偿案件如何适用法律问题的复函

1. 1997年1月29日
2. 〔1997〕法函14号

陕西省高级人民法院：

你院〔1996〕法赔字04号请示收悉。经研究，答复如下：

《国家赔偿法》第十五条第(二)项的规定应当包括人民法院一审判决有罪，二审改判无罪的情形，因为此种情形即是错误逮捕引起的，经一审法院错误裁判确认的。因此，一审判决有罪，二审改判无罪的赔偿案件，依法应予以赔偿的，应当适用《国家赔偿法》第十五条第(二)项和第十九条第四款的规定，即作出一审判决的人民法院和作出逮捕决定的机关为共同赔偿义务机关。

最高人民法院赔偿委员会关于王栋伤害赔偿应如何适用法律问题的批复

1. 1997年1月31日
2. 〔1996〕法赔他字第3号

海南省高级人民法院赔偿委员会：

你院《关于王栋伤害案经济赔偿处理意见的请求》收悉。经研究，答复如下：

王栋作为人民法院工作人员在执行公务时违法使用暴力造成他人身体伤害，依照《中华人民共和国国家赔偿法》第十五条第(四)项和第二十四条的规定，由国家承担赔偿责任。作为赔偿义务机关的人民法院在赔偿损失后，应当根据具体情况向王栋追偿赔偿费用。

最高人民法院赔偿委员会关于张秀英等四人申请国家赔偿一案请示的批复

1. 1997年8月4日
2. 〔1996〕赔他字第6号

云南省高级人民法院：

你院1996年12月20日《关于张秀英等4人申请国家赔偿一案的请示》收悉。经我院赔偿委员会第四次会议研究，答复如下：

张秀英等4人殴打他人致轻微伤，其行为不构成犯罪。弥勒县人民检察院批准对张秀英等4人逮捕，属于《国家赔偿法》第十五条第(二)项规定的情形，对张秀英等四人依法应当予以赔偿。

最高人民法院赔偿委员会关于在假释期间国家不承担赔偿责任的批复

1. 1998年3月11日
2. 〔1997〕赔他字第14号

陕西省高级人民法院：

你院1997年10月30日〔1997〕法赔字第08号《关于孙赤兵申请国家赔偿一案的请示报告》收悉。经研究，答复如下：

对被判处有期徒刑、无期徒刑的被告人依法予以释放，属于附条件的提前释放，虽然人身自由受到一定限制，但实际未被羁押。因此，对孙赤兵在假释期间，国家不承担赔偿责任。

最高人民法院赔偿委员会关于人民法院委托的查封财产保管人擅自动用处分其保管的财产国家不承担赔偿责任的批复

1. 1998年3月11日
2. 〔1997〕赔他字第8号

西藏自治区高级人民法院：

你院〔1997〕藏高法赔字第01号《关于拉萨市中级人民法院诉前保全措施不当引起的国家赔偿一案应如何处理的请示》收悉。经研究，答复如下：

党兴、唐国君申请诉前财产保全并提供相应价值的担保，拉萨市中级人民法院根据法律规定采取诉前财产保全措施并责令金敬土保管被查封的财产，均符合法律规定。该院得知金敬土擅自处理被查封的财产后，未采取措施予以制止是不对的，但财产无法执行的原因不是人民法院实施了违法行为，而是金敬土违法动用、变卖了人民法院已经查封的财产。依照《国家赔偿法》的有关规定，本案不属于国家赔偿范围。

最高人民法院赔偿委员会关于检察机关违法扣押财产持续至1995年1月1日以后应当适用《国家赔偿法》的批复

1. 1998年3月11日
2. 〔1996〕赔他字第4号

浙江省高级人民法院：

你院1996年10月31日《关于邱路光申请国家赔偿一案的请示》收悉。经研究，答复如下：

赔偿请求人邱路光被侵犯人身权的行为发生在1994年12月31日以前，根据《国家赔偿法》的有关规定，不适用《国家赔偿法》。被侵犯财产权的行为虽发生在1994年12月31日以前，但检察机关扣押、追缴其财产持续至1995年1月1日以后，是侵权行为的持续，应当适用《国家赔偿法》。另外，邱路光与三门公司之间的财物所有权纠纷可通过民事诉讼解决。

最高人民法院赔偿委员会关于保外就医期间国家不承担赔偿责任的批复

1. 1998年3月11日
2. 〔1997〕赔他字第10号

广东省高级人民法院：

你院1997年7月22日〔1997〕粤法赔字第1号《关于赔偿请求人在刑罚执行期间保外就医是否属国家赔偿范围问题的请示报告》收悉。经研究，答复如下：

被判处有期徒刑、无期徒刑的犯罪分子，在刑罚执行中保外就医期间，虽然人身自由受到一定限制，但实际上未被羁押。因此，对赔偿请求人朱海在保外就医期间国家不承担赔偿责任。

此复

最高人民法院赔偿委员会关于人民法院错误执行造成的直接财产损失应当承担国家赔偿责任的批复

1. 1998年8月10日
2. 〔1998〕赔他字第8号

四川省高级人民法院：

你院川高法〔1998〕60号《关于宋才永请求蒲江县、彭州市法院国家赔偿案有关法律问题的请示》收悉。经研究，答复如下：

一、蒲江县人民法院、彭州市人民法院在宋才永提出执行异议以及成都市农工商公司已表示保全财产不属该公司所有的情况下未严格审查，继续保全并执行，属执行对象错误，应当承担执行错误的主要责任。蒲江县中药材公司、彭州市中药材公司申请保全、执行对象错误，对错误执行应承担次要责任。蒲江县中药材公司、彭州市中药材公司与宋才永并无债权债务关系，获得中药材以及变卖的价款缺乏法律依据，应当予以返还。蒲江县人民法院、彭州市人民法院应对错误执行造成的直接损失部分（差价部分、霉变坏损部分）承担国家赔偿责任。

二、对已经被执行的财产估价，应当根据财产的质量、等级、当时当地市场价格等因素综合考虑。宋才永申请赔偿数额，却不能提供相关证据，故不应支持。

三、宋才永虽具有违反工商行政管理法规的行为，但该行为不影响其财产所有权。违反工商行政管理法规的行为应由工商行政管理部门依法查处，不应作为减轻国家赔偿的依据。

此复

最高人民法院赔偿委员会关于无罪判决未对检察机关没收财产作出结论法院赔偿委员会不宜直接作出返还财产决定的批复

1. 1998年9月2日

2. 〔1998〕赔他字第3号

四川省高级人民法院：

你院1998年1月8日〔1998〕川法委赔他字第1号《关于王键申请四川省人民检察院雅安分院刑事赔偿一案有关问题的请示报告》收悉。经我院赔偿委员会讨论，现答复如下：

王健在取保候审期间人身自由虽受到部分限制，但实际上没有被羁押，根据《国家赔偿法》的有关规定，宣告无罪后，取保候审期间国家不承担赔偿责任。对于四川省人民检察院雅安分院没收的财产，因该院并未确认其没收行为违法，故法院赔偿委员会不宜对此作出应予返还的决定。你院可将应予返还财产的意见向检察机关提出司法建议。

此复

最高人民法院赔偿委员会关于无罪被羁押并导致人身伤害检察机关和人民法院应当共同承担国家赔偿责任的批复

1. 1998年9月2日

2. 〔1997〕赔他字第13号

吉林省高级人民法院：

你院1997年11月28日《关于如何处理赵华申请刑事赔偿案件的请示报告》收悉。经我院赔偿委员会研究认为：

赵华无罪被羁押并导致精神分裂的人身伤害，对此损害后果均应由国家承担赔偿责任。永吉县人民检察院和永吉县人民法院应为此案侵害人身自由权和健康权的共同赔偿义务机关。将永吉县公安局列为赔偿义务机关均缺乏法律依据。但永吉县公安局对此案也负有重要责任，虽不由其承担赔偿义务，但应吸取教训，改进工作，可由你院向其上级机关提出司法建议。

此复

最高人民法院赔偿委员会关于一审宣告无罪提起公诉的检察机关应当作为赔偿义务机关的批复

1. 1998年10月12日

2. 〔1998〕赔他字第12号

广东省高级人民法院赔偿委员会：

你院《关于张安、陈石寿申请紫金县人民检察院刑事赔偿一案的请示报告》收悉。经研究认为：

本案是经人民法院一审宣告无罪的刑事案件。紫金县人民检察院以诬告陷害罪决定对张安、陈石寿立案侦查，采取收容审查的行政强制措施限制人身自由的做法是违法的。本案是刑事赔偿案件，而不是公安机关违法行使职权的行政案件。检察机关不予赔偿的决定没有法律依据。紫金县人民检察院对张安、陈石寿的违法羁押应视为错误拘留，应当适用《国家赔偿法》第十五条第（一）项的规定，紫金县人民检察院作为赔偿义务机关，对侵犯张安、陈石寿人身自由予以赔偿。

此复

最高人民法院关于霍娄中、霍一米申请宝鸡县人民检察院赔偿案的复函

1. 1998年11月17日

2. 〔1998〕赔他字第10号

陕西省高级人民法院：

你院（1998）法赔字07号请示报告收悉，经研究，

答复如下：

一、根据国家赔偿法第十五条第二项、第十九条第三款的规定，对没有犯罪事实的人错误逮捕的，作出逮捕决定的检察机关是赔偿义务机关；二、基于同一案件、同一事实同一犯罪嫌疑人，先被公安机关收容审查、拘留，后检察机关批准逮捕的，经依法确认检察机关为赔偿义务机关的，批准逮捕的检察机关对收容审查部分应当一并承担赔偿责任；三、因事实不清、证据不足，检察机关决定不起诉或撤销案件的，根据刑事诉讼法的规定即不能认定犯罪嫌疑人的犯罪事实，检察机关批准逮捕应视为对没有犯罪事实的人错误逮捕，依照国家赔偿法第十五条的规定，检察机关应当承担赔偿责任。

最高人民法院赔偿委员会关于人民法院执行对象错误应当对所造成的损失承担国家赔偿责任的批复

1. 1998年12月30日
2. 〔1998〕赔他字第13号

广西自治区高级人民法院：

你院1998年8月24日《关于广西藤县蒙江少雄船舶修造厂申请国家赔偿案如何适用法律问题的请示报告》收悉。经研究，答复如下：

本案虽然经中、高院审判委员会研究，均认为属错误执行案件，但从现有材料反映，本案未经法定确认程序，应当依法重新确认。在处理本案时应当考虑以下几点：

一、李宗文将尚不属于自己所有的油船壳作为还款保证，导致梧州市万秀区人民法院错误执行并将执行所得为其偿还债务，李宗文应当承担主要责任，应将法院拍卖油船为其还债的部分予以偿还(65万元)；梧州市万秀区人民法院将属于少雄船舶修造厂所有的油船壳作为李宗文的财产予以强制执行，属执行对象错误，应当对李宗文偿还债务之后给少雄船舶修造厂造成的其他直接损失承担赔偿责任(如酌情赔偿少雄船舶修造厂为建造该油船而定购的机器、设备等遭受的损失)。

二、梧州市万秀区人民法院将油船予以变卖的行为，事前有公告，并请物价部门根据实物作价，且高于物价部门作价价格卖出，并无违法。根据《国家赔偿法》第二十八条第(五)项的规定，油船价格应当以拍卖价格为准(65万元)。

此复

最高人民法院赔偿委员会关于公安机关以证据不足予以释放当事人申请国家赔偿人民法院赔偿委员会应当受理的复函

1. 1999年3月10日
2. 〔1998〕赔他字第17号

浙江省高级人民法院赔偿委员会：

你院〔1998〕浙法委赔他字第2号《关于绍兴市孙胜阳申请刑事赔偿一案的请示报告》收悉，经研究，答复如下：

一、根据刑事诉讼法第六十五条规定，公安机关对重大犯罪嫌疑人因证据不足，应在24小时内予以释放，或者变更强制措施。该案对孙胜阳关押23天，因证据不足予以释放，应属违法羁押。

二、公安机关对孙胜阳的释放证明书中明确载明“证据不足予以释放”，该行为符合国家赔偿法第十五条第(一)项规定，即对没有事实证明有犯罪重大嫌疑人的错误拘留。

三、本案复议机关已给申请人诉权，绍兴市中级人民法院赔偿委员会应当受理，并依法作出赔偿决定。

最高人民法院赔偿委员会关于北京高院请求孙连贵申请国家赔偿一案的批复

1. 1999年6月1日
2. 〔1999〕赔他字第3号

北京市高级人民法院：

你院1999年3月12日京高法赔〔1999〕1号《关于孙连贵申请国家赔偿案如何适用法律问题的请示》

收悉。经研究,答复如下:

根据《国家赔偿法》第三十条规定:赔偿义务机关对依法确认有本法第十五条第(一)、(二)、(三)项规定的情形之一,并造成受害人名誉权、荣誉权损害的,应当在侵权行为影响的范围内,为受害人消除影响,恢复名誉、赔礼道歉。北京市通州区人民法院对孙连贵以事实不清,证据不足,宣告孙连贵无罪。通州区人民检察院已经依法确认具有《国家赔偿法》第十五条第(二)项规定情形,通州区人民检察院依法应为孙连贵恢复名誉,赔礼道歉。赔礼道歉不宜作为决定书中的主文内容,但应在决定书的理由部分加以表述。

此复

最高人民法院赔偿委员会关于公安机关造成伤害或者死亡后果应当承担国家赔偿责任的批复

1. 1999年8月25日

2. 〔1999〕赔他字第2号

广东省高级人民法院:

你院1999年1月26日〔1998〕粤法赔复字第4号《关于黄彩华申请连平县公安局刑事赔偿一案的请示报告》收悉。经研究,答复如下:

《国家赔偿法》第十五条第(四)项以及第二十七条的规定中使用的是"造成"身体伤害或者死亡的表述方法,这与致人伤害或死亡是有区别的。"造成"应当理解为只要实施了法律规定的违法侵权行为,并产生了"伤害或者死亡"的后果,就应当适用《国家赔偿法》第十五条第(四)项的规定。本案应由广东省连平县公安局依照《国家赔偿法》第十五条第(四)项、第二十七条第一款第(三)项的规定,履行对造成韦月新死亡后果的赔偿义务。

此复

最高人民法院赔偿委员会关于一审判决有罪二审发回重审一审退补后公诉机关作出不起诉决定赔偿义务机关应如何确定问题的批复

1. 1999年8月27日

2. 〔1999〕赔他字第13号

黑龙江省高级人民法院:

你院1999年4月19日〔1999〕黑法委赔批字第1号《关于朱宝军一审被判有罪二审发回重审一审退补后公诉机关作出不起诉决定赔偿义务机关应如何确定的请示》收悉。经研究,答复如下:

同意你院第二种意见,即根据《中华人民共和国国家赔偿法》第十九条第四款、第十五条第(二)项的规定,大庆市中级人民法院与大庆市人民检察院作为共同赔偿义务机关。

此复

最高人民法院赔偿委员会关于财产侵权和人身侵权由各侵权机关分别承担国家赔偿责任的批复

1. 1999年8月27日

2. 〔1999〕赔他字第18号

陕西省高级人民法院:

你院1998年11月27日〔1998〕法委赔字第08号《关于王惠琴申请赔偿一案的请示报告》收悉。经研究,答复如下:

莲湖区人民检察院1992年3月扣押赔偿请求人王惠琴财产,并对其采取取保候审,赔偿请求人王惠琴被逮捕羁押是莲湖区人民法院1996年12月作出的决定。因此,1997年6月西安市中院二审宣告王惠琴无罪后,对侵犯赔偿请求人王惠琴人身自由权部分,应由莲湖区人民法院承担赔偿责任。对侵犯赔偿请求人王惠琴财产权部分,应由莲湖区人民法院和莲湖区人民检察院共同赔偿。

此复

最高人民法院赔偿委员会关于法律监督机关的复查意见可视为确认的批复

1. 1999年8月27日
2. 〔1999〕赔他字第4号

湖南省高级人民法院：

你院1999年2月26日作出的〔1998〕湘高法赔请字第7号请示报告收悉。经研究，答复如下：

湘潭县公安局民警违法使用武器，湘潭市人民检察院已于1997年3月12日作出了《关于黄光辉中弹身亡事件的复查意见》，该文件的结论意见是对该案的确认。公安系统内部的批复不能推翻或者撤销法律监督机关已作出的确认决定。故同意你院赔偿委员会的意见，即湘潭市中级人民法院赔偿委员会应依法审理，作出赔偿决定。

此复

最高人民法院赔偿委员会关于因错误逮捕申请国家赔偿赔偿义务机关应如何确定问题的批复

1. 1999年8月27日
2. 〔1999〕赔他字第12号

黑龙江省高级人民法院：

你院1999年4月19日〔1999〕黑法委赔字第3号《关于李贵清、陈义、李贵波、周树春因被错误逮捕申请国家赔偿赔偿义务机关应如何确定的请示》收悉。经研究，答复如下：

同意你院意见，即根据《最高人民法院、最高人民检察院关于办理人民法院、人民检察院共同赔偿案件若干问题的解释》第一条的规定，黑龙江省人民检察院农垦分院应作为赔偿义务机关。

此复

最高人民法院赔偿委员会关于青海高院请示的杨文增申请国家赔偿一案的批复

1. 1999年11月30日
2. 赔他字〔1999〕第5号

青海省高级人民法院：

你院〔1998〕青法委赔字第6号请示报告收悉。经研究答复如下：

根据一、二审法院的判决、裁定所叙述的事实，杨文增没有犯罪行为，不存在情节显著轻微的问题，一审判决不应适用原《刑事诉讼法》第十一条第（一）项的规定，属于适用法律错误。应依审判监督程序纠正一、二审判决后，重新启动赔偿程序。

此复

最高人民法院赔偿委员会关于赔偿请求人撒新申请国家赔偿一案的批复

1. 1999年12月1日
2. 〔1999〕赔他字第22号

宁夏回族自治区高级人民法院：

你院1999年6月30日〔1999〕宁高法赔字第2号《关于撒新申请国家赔偿一案的请示报告》收悉。经研究，答复如下：

根据《国家赔偿法》第十九条第三款“对没有犯罪事实的人错误逮捕的，作出逮捕决定的机关为赔偿义务机关”的规定，西吉县人民法院1998年6月23日作出〔1998〕西刑初字第41号刑事判决，认定撒新犯打击报复罪，判刑3年，并决定逮捕。后又宣告撒新无罪。故西吉县人民法院应为赔偿义务机关。

最高人民法院赔偿委员会关于错误逮捕检察机关应当承担国家赔偿责任的批复

1. 1999年12月1日
2.〔1999〕赔他字第8号

天津市高级人民法院：

你院1999年3月25日津高法〔1999〕48号《关于王晋英错误逮捕赔偿一案的请示》收悉。经研究，同意你院审判委员会的一致意见，即《刑事诉讼法》第二十九条是对司法机关工作人员回避的有关规定，不能作为《国家赔偿法》第十七条第（六）项规定的国家免除赔偿责任的其他情形。王晋英虽有接受宴请、收受礼品的违纪行为，但认定其构成徇私舞弊罪的证据不足。宝坻县人民检察院对王晋英的逮捕属于对没有犯罪事实或没有证据证明有犯罪事实的人的错误逮捕。根据《国家赔偿法》第十五条第（二）项的规定，宝坻县人民检察院应当承担赔偿义务。

此复

最高人民法院赔偿委员会关于马骏申请国家赔偿一案的批复

1. 2000年1月30日
2.〔1999〕赔他字第26号

宁夏回族自治区高级人民法院：

你院1999年7月20日《关于马骏申请国家赔偿一案的请示》报告收悉。经研究，答复如下：

青铜峡市液化气公司是否构成漏税应由税务部门进行审查，即使构成漏税也应由该公司承担补缴税款的责任，马骏虽为该公司的企业法人代表，但补缴漏税款不应由其个人承担。银南地区中级人民法院赔偿委员会〔1998〕南法委赔字第1号决定由赔偿义务机关赔偿因扣押马骏的个人财产损失20341元是正确的，应予维持。

此复

最高人民法院赔偿委员会关于监狱工作人员使用暴力造成死亡应当承担国家赔偿责任的批复

1. 2000年3月6日
2.〔1999〕赔他字第27号

黑龙江省高级人民法院：

你院1999年8月25日〔1999〕黑法委赔批字第3号《关于张坤、邢静怡申请佳木斯监狱工作人员使用暴力造成邢坤死亡赔偿一案的请示》收悉。经研究，答复如下：

佳木斯监狱集训大队教导员乔万仁在带班过程中对邢坤采取的行为，属于职权行为。乔万仁对王小东、曲云鹏殴打邢坤的行为不加制止，且亲自实施殴打行为并指使王小东等人将邢坤吊起来，在邢坤继续遭殴打时采取放任、纵容态度，致使邢坤死亡，这种行为符合《中华人民共和国国家赔偿法》第十五条第（四）项、司法部1995年9月8日《司法行政机关行政赔偿、刑事赔偿办法》第五条的规定，故同意你院赔偿委员会第一种意见，佳木斯监狱应当承担赔偿责任。

此复

最高人民法院赔偿委员会关于检察机关作出不起诉决定视为无罪应当承担国家赔偿责任的批复

1. 2000年3月8日
2.〔1999〕赔他字第31号

甘肃省高级人民法院：

你院〔1999〕甘法委赔字第5号《关于梁钦申请兰州市人民检察院赔偿一案的请示报告》收悉。经研究，答复如下：

人民检察院在刑事诉讼过程中，根据《刑事诉讼法》第一百四十条第四款规定作出的不起诉决定，应视为对案件作出了无罪的决定。检察机关在批捕时即便有部分可以证明有罪的证据，但如果在起诉时仅凭这些证据仍不能证明犯罪嫌疑人有罪，并作出不起诉决定的，在法律上不能认定有罪，应按无罪处理。依照《国家赔偿法》第十五条规定，同意你院赔偿委员会的意见，兰州市人民检察院应当承担赔偿义务。

此复

最高人民法院赔偿委员会关于二审改判无罪的，作出一审判决的人民法院和作出逮捕决定的机关是共同赔偿义务机关的批复

1. 2000年4月29日
2. 〔2000〕赔他字第4号

内蒙古自治区高级人民法院：

你院〔2000〕内法委字第1号《关于阿拉善左旗人民法院对王雄德申请国家赔偿一案是否承担赔偿责任的请示》收悉。经研究，答复如下：

同意你院请示中的第一种意见。即：根据《中华人民共和国国家赔偿法》第十九条第四款的规定，二审改判无罪的，作出一审判决的人民法院和作出逮捕决定的机关是共同赔偿义务机关。因此，阿拉善左旗人民法院和阿拉善左旗人民检察院应为本案的共同赔偿义务机关。

此复

最高人民法院赔偿委员会关于检察机关提起公诉但未采取逮捕措施不承担国家赔偿责任的批复

1. 2000年4月29日
2. 〔1999〕赔他字第43号

辽宁省高级人民法院：

你院1999年12月15日〔1999〕辽法委赔疑字第2号《关于陶玉艳申请国家赔偿案件的请求报告》收悉。经研究，答复如下：

同意你院请示报告中的第一种意见。盖州市人民检察院虽然对陶玉艳提起公诉，但未采取逮捕措施，亦未对其人身自由进行限制，根据《国家赔偿法》第十五条第一项、第二项，第十九条第二、三款的规定，盖州市人民检察院不应承担赔偿责任。本案应由盖州市公安局就错误拘留承担赔偿责任。

此复

最高人民法院赔偿委员会关于检察机关撤销案件承担错误拘留国家赔偿责任的批复

1. 2001年7月23日
2. 〔2001〕赔他字第4号

广西自治区高级人民法院：

你院2001年3月20日〔2001〕桂法赔请字第1号《关于高其峰申请柳城县人民检察院刑事赔偿一案的请示报告》收悉。经研究，答复如下：

一、根据《刑事诉讼法》第六十五条的规定："公安机关对于被拘留的人，应当在拘留后的24小时内进行询问，在发现不应当拘留的时候，必须立即释放，发给释放证明。对需要逮捕而证据还不充分的，可以采取取保候审或者监视居住。"柳城县人民检察院对高其峰涉嫌受贿一案刑事拘留16天后，改变强制措施取保候审。又因证据不足，作出撤销该案的决定。柳城县人民检察院对高其峰的刑事拘留属错误拘留。柳城县人民检察院应当对高其峰承担赔偿责任。

二、根据《刑事诉讼法》第七十九条的规定："期间以时、日、月计算。"《国家赔偿法》第二十六条的规定："侵犯公民人身自由权的，每日的赔偿金按照国家上年度职工平均日工资计算。"《国家赔偿法》规定赔偿金是以日来计算，赔偿的天数应包括当日在内。柳城县人民检察院对高其峰赔偿的日数应以16天计算。

此复

最高人民法院赔偿委员会关于赔偿义务机关未经确认所作的赔偿决定应予撤销的批复

1. 2001年9月20日
2. 〔2001〕赔他字第11号

河南省高级人民法院：

你院2001年7月13日〔2001〕豫法委赔监字第

04号《关于王来运申请错误逮捕赔偿一案的请示报告》收悉。经研究，答复如下：

一、孟州市人民法院对王来运的逮捕，属于《国家赔偿法》第十五条第（二）项规定的对没有犯罪事实的人错误逮捕的情形，由此造成的损失属于国家赔偿的范围。

二、《国家赔偿法》第十七条第（三）项规定的国家免责情形是指已构成犯罪，且事实清楚，证据充分，当事人没有告诉或者撤诉的情形，而王来运不属此种情形。

三、孟州市人民法院在刑事自诉案件审理过程中，宏锋高档家具公司申请撤回刑事自诉，法院口头裁定准予撤诉，是极不严肃的。且对王来运并未作出追究刑事责任的结论，但在〔1999〕孟法赔字第1号赔偿决定中却认定王来运构成职务侵占罪，本案属于未经确认即进入国家赔偿程序的情形，孟州市人民法院的赔偿决定应当予以撤销。

四、王来运支付给宏峰高档家具公司6000元人民币所造成的损失，不是人民法院的审判行为所造成的，故不应当由国家承担赔偿责任。

此复

最高人民法院赔偿委员会关于自诉人撤诉决定逮捕的人民法院应当承担国家赔偿责任的批复

1．2001年9月29日

2．赔他字〔2001〕第7号

河南省高级人民法院：

你院2001年6月1日〔2001〕豫法委赔监字第03号《关于高山、赵小霞、刘玉英申请赔偿一案的请示报告》收悉。经研究，答复如下：

正阳县人民法院审理刑事自诉人易春香诉高山、赵小霞、刘玉英等人犯侮辱罪一案时，在证据不充分的情况下，即决定对被告人逮捕并作出了有罪判决。二审以事实不清，证据不足为由，撤销原判，发回重审。正阳县人民法院在重新审理时，裁定准许自诉人撤诉。该裁定应视为是对没有犯罪事实的人错误逮捕的依法确认。根据《中华人民共和国国家赔偿法》第十五条第（二）项和第十九条第三款的规定，正阳县人民法院对高山、赵小霞、刘玉英错误逮捕应当承担赔偿责任。

最高人民法院赔偿委员会关于违法查封且未尽保管义务造成损害人民法院应当承担国家赔偿责任的批复

1．2002年3月7日

2．〔2001〕赔他字第2号

四川省高级人民法院：

你院2001年2月5日〔2001〕川法委赔请字第01号《关于泸州汽车运输总公司、李平贵申请泸州市中级人民法院违法查封赔偿一案的请示报告》收悉。经研究，答复如下：

同意你院请示报告中的第二种意见。根据《中华人民共和国国家赔偿法》第二十八条第（五）项规定，泸州市中级人民法院违法查封且未尽妥善保管义务造成赔偿请求人的直接损失应以被查封汽车折旧后价值166980元减去该车最终变卖价格6万元的差价计算。

此复

最高人民法院赔偿委员会关于人民法院作为赔偿义务机关与赔偿请求人就赔偿事项达成协议，是否应制作赔偿决定书及是否需要交待诉权问题的批复

1．2002年7月18日

2．〔2001〕赔他字第12号

广西壮族自治区高级人民法院：

你院2001年10月10日〔2001〕桂请字第81号《关于人民法院作为赔偿义务机关与赔偿请求人就赔偿的事项达成协议是否应制作赔偿决定书及是否需要交待诉权问题的请示报告》收悉。经本院赔偿委员会研究，答复如下：

赔偿义务机关违法行使职权，造成的损害事实存在，但损害的程度一时难以查清时，赔偿义务机关与赔偿请求人可就损害程度进行协商。协商达成协议后，经审查符合《中华人民共和国国家赔偿法》规定的，应

当予以确认。赔偿义务机关仍需制作赔偿决定书，并且在赔偿决定书中向赔偿请求人交待诉权。

最高人民法院赔偿委员会关于检察机关不起诉决定是对错误逮捕确认的批复

1. 2003年1月28日
2. 〔2003〕赔他字第8号

安徽省高级人民法院：

你院2002年10月30日〔2002〕皖法委赔他字第4号《关于黄友谊因错误逮捕申请石台县人民检察院赔偿一案的请示报告》收悉。经研究，答复如下：

根据《刑事诉讼法》的规定，人民检察院因"事实不清、证据不足"作出的不起诉决定是人民检察院依照《刑事诉讼法》对该刑事案件审查程序的终结，是对犯罪嫌疑人不能认定有罪作出的决定。从法律意义上讲，对犯罪嫌疑人不能认定有罪的，该犯罪嫌疑人即是无罪。人民检察院因"事实不清、证据不足"作出的不起诉决定，应视为是对犯罪嫌疑人作出的认定无罪的决定，同时该不起诉决定即是人民检察院对错误逮捕行为的确认，无需再行确认。根据《中华人民共和国国家赔偿法》、《最高人民法院关于人民法院赔偿委员会审理赔偿案件程序的暂行规定》以及《最高人民法院关于刑事赔偿和非刑事司法赔偿案件立案工作的暂行规定(试行)》的有关规定，池州市中级人民法院受理赔偿请求人黄友谊申请石台县人民检察院错误逮捕赔偿一案程序合法，池州市中级人民法院〔2002〕池法委赔字第01号决定认定事实清楚，适用法律正确。

此复

最高人民法院赔偿委员会关于被错误逮捕宣告无罪后有关财产赔偿义务机关认定问题的批复

1. 2003年2月25日
2. 〔2003〕赔他字第9号

西藏自治区高级人民法院：

你院2002年11月5日《关于陈小珠被错误逮捕宣告无罪后有关认定赔偿义务机关问题的请示》收悉。经研究，答复如下：

拉萨市人民检察院赔偿陈小珠被无罪羁押及为诉讼支出的各种费用71891.70元是适当的，同意你院予以维持的意见。

检察机关因错误逮捕限制了陈小珠的人身自由，但并未对陈小珠的财产作出任何处置决定。人身自由权和财产权是公民两种不同的权利，人身自由权受到侵害并不必然导致财产权受到侵害。确认陈小珠财产损失的赔偿义务机关，应依据《国家赔偿法》第十九条第一款的规定，由实施侵权的机关作为赔偿义务机关。本案中，公安机关实施扣押、处分财产行为，是造成陈小珠部分财产损失的直接原因，出具扣押清单的拉萨市城关区公安分局应当作为本案的赔偿义务机关。

此复

最高人民法院关于周龙潭申请确认财产保全和执行程序违法一案的答复

1. 2007年1月23日
2. 〔2006〕确他字第6号

辽宁省高级人民法院：

你院关于周龙潭申请确认财产保全和执行违法案的请示收悉，经研究，答复如下：

你省盘锦市双台子区人民法院在审理周龙潭诉张海军个人合伙纠纷一案的诉讼过程中，未依照最高人民法院《关于适用〈中华人民共和国民事诉讼法〉若干问题的意见》第101条的规定履行财产保全措施；在执行程序中，亦违反了最高人民法院《执行规定》第41条第2款关于向有关管理机关发出协助执行通知书的规定，且在对土地证的丢失、补办及收回中又存在严重的过失行为。又由于被执行人已无财产可供执行，已经给确认申请人造成了损失。因此，同意你院审判委员会第一种意见，对盘锦市双台子区人民法院的执行行为应当确认违法。

最高人民法院关于限制出境是否属于国家赔偿范围的复函

1．2013年6月4日
2．〔2012〕赔他字第1号

江苏省高级人民法院：

你院(2012)苏法委赔字第1号《关于限制出境是否属于国家赔偿范围的请示》收悉。经研究认为，根据《中华人民共和国国家赔偿法》第三十八条的规定，人民法院在民事诉讼过程中违法采取限制出境措施的，属于国家赔偿范围。对于因违法采取限制出境措施造成当事人财产权的直接损失，可以给予赔偿。你院应针对常州市中级人民法院作出的(2007)常民一初字第78—1号民事决定是否构成违法采取限制出境的措施予以认定，并依法作出决定。

此复

最高人民法院关于秦秀峰申请重审无罪赔偿一案的答复

1．2013年6月6日
2．〔2013〕赔他字第5号

青海省高级人民法院：

你院2013年4月16日〔2013〕青法委赔他字1号《关于秦秀峰申请重审无罪赔偿一案的请示》收悉。

经研究认为，公民自己故意作虚伪供述是指其为欺骗、误导司法机关，或者有意替他人承担责任而主动作与事实不符的供述等情形；是否存在上述情形，应由赔偿义务机关负举证责任。本案是否符合上述情形之一种，由你院根据本案事实予以认定。

·指导案例·

最高人民法院指导案例42号——朱红蔚申请无罪逮捕赔偿案

（最高人民法院审判委员会讨论通过
2014年12月25日发布）

【关键词】

国家赔偿　刑事赔偿　无罪逮捕　精神损害赔偿

【裁判要点】

1．国家机关及其工作人员行使职权时侵犯公民人身自由权，严重影响受害人正常的工作、生活，导致其精神极度痛苦，属于造成精神损害严重后果。

2．赔偿义务机关支付精神损害抚慰金的数额，应当根据侵权行为的手段、场合、方式等具体情节，侵权行为造成的影响、后果，以及当地平均生活水平等综合因素确定。

【相关法条】

《中华人民共和国国家赔偿法》第三十五条

【基本案情】

赔偿请求人朱红蔚申请称：检察机关的错误羁押致使其遭受了极大的物质损失和精神损害，申请最高人民法院赔偿委员会维持广东省人民检察院支付侵犯人身自由的赔偿金的决定，并决定由广东省人民检察院登报赔礼道歉、消除影响、恢复名誉，赔偿精神损害抚慰金200万元，赔付被扣押车辆、被拍卖房产等损失。

广东省人民检察院答辩称：朱红蔚被无罪羁押873天，广东省人民检察院依法决定支付侵犯人身自由的赔偿金124 254.09元，已向朱红蔚当面道歉，并为帮助朱红蔚恢复经营走访了相关工商管理部门及向有关银行出具情况说明。广东省人民检察院未参与涉案车辆的扣押，不应对此承担赔偿责任。朱红蔚未能提供精神损害后果严重的证据，其要求支付精神损害抚慰金的请求不应予支持，其他请求不属于国家赔偿范围。

法院经审理查明：因涉嫌犯合同诈骗罪，朱红蔚于2005年7月25日被刑事拘留，同年8月26日被取保候审。2006年5月26日，广东省人民检察院以粤检侦监核〔2006〕4号复核决定书批准逮捕朱红蔚。同年6月1日，朱红蔚被执行逮捕。2008年9月11日，广东省深圳市中级人民法院以指控依据不足为由，判决宣告朱红蔚无罪。同月19日,朱红蔚被释放。朱红蔚被羁押时间共计875天。2011年3月15日,朱红蔚以无罪逮捕为由向广东省人民检察院申请国家赔偿。同年7月19日,广东省人民检察院作出粤检赔决〔2011〕1号刑事赔偿决定:按照2010年度全国职工日平均工资标准支付侵犯人身自由的赔偿金124 254.09元(142.33元×873天);口头赔礼道歉并依法在职能范围内为朱红蔚恢复生产提供方便;对支付精神损害抚慰金的请求不予支持。

另查明:(1)朱红蔚之女朱某某在朱红蔚被刑事拘留时未满18周岁,至2012年抑郁症仍未愈。(2)深圳一和实业有限公司自2004年由朱红蔚任董事长兼法定代表人,2005年以来未参加年检。(3)朱红蔚另案申请深圳市公安局赔偿被扣押车辆损失,广东省高级人民法院赔偿委员会以朱红蔚无证据证明其系车辆所有权人和受到实际损失为由,决定驳回朱红蔚赔偿申请。(4)2011年9月5日,广东省高级人民法院、广东省人民检察院、广东省公安厅联合发布粤高法〔2011〕382号《关于在国家赔偿工作中适用精神损害抚慰金若干问题的座谈会纪要》。该纪要发布后,广东省人民检察院表示可据此支付精神损害抚慰金。

【裁判结果】

最高人民法院赔偿委员会于2012年6月18日作出(2011)法委赔字第4号国家赔偿决定:维持广东省人民检察院粤检赔决〔2011〕1号刑事赔偿决定第二项;撤销广东省人民检察院粤检赔决〔2011〕1号刑事赔偿决定第一、三项;广东省人民检察院向朱红蔚支付侵犯人身自由的赔偿金142 318.75元;广东省人民检察院向朱红蔚支付精神损害抚慰金50 000元;驳回朱红蔚的其他赔偿请求。

【裁判理由】

最高人民法院认为:赔偿请求人朱红蔚于2011年3月15日向赔偿义务机关广东省人民检察院提出赔偿请求,本案应适用修订后的《中华人民共和国国家赔偿法》。朱红蔚被实际羁押时间为875天,广东省人民检察院计算为873天有误,应予纠正。根据《最高人民法院关于人民法院执行〈中华人民共和国国家赔偿法〉几个问题的解释》第六条规定,赔偿委员会变更赔偿义务机关尚未生效的赔偿决定,应以作出本赔偿决定时的上年度即2011年度全国职工日平均工资162.65元为赔偿标准。因此,广东省人民检察院应按照2011年度全国职工日平均工资标准向朱红蔚支付侵犯人身自由875天的赔偿金142 318.75元。朱红蔚被宣告无罪后,广东省人民检察院已决定向朱红蔚以口头方式赔礼道歉,并为其恢复生产提供方便,从而在侵权行为范围内为朱红蔚消除影响、恢复名誉,该项决定应予维持。朱红蔚另要求广东省人民检察院以登报方式赔礼道歉,不予支持。

朱红蔚被羁押875天,正常的家庭生活和公司经营也因此受到影响,导致其精神极度痛苦,应认定精神损害后果严重。对朱红蔚主张的精神损害抚慰金,根据自2005年朱红蔚被羁押以来深圳一和实业有限公司不能正常经营,朱红蔚之女患抑郁症未愈,以及粤高法〔2011〕382号《关于在国家赔偿工作中适用精神损害抚慰金若干问题的座谈会纪要》明确的广东省赔偿精神损害抚慰金的参考标准,结合赔偿协商协调情况以及当地平均生活水平等情况,确定为50 000元。朱红蔚提出的其他请求,不予支持。

最高人民法院指导案例43号
——国泰君安证券股份有限公司海口滨海大道(天福酒店)证券营业部申请错误执行赔偿案

(最高人民法院审判委员会讨论通过
2014年12月25日发布)

【关键词】

国家赔偿　司法赔偿　错误执行　执行回转

【裁判要点】

1. 赔偿请求人以人民法院具有《中华人民共和国国家赔偿法》第三十八条规定的违法侵权情形为由申请国家赔偿的,人民法院应就赔偿请求人诉称的司法行为是否违法,以及是否应当承担国家赔偿责任一并予以审查。

2. 人民法院审理执行异议案件,因原执行行为所依据的当事人执行和解协议侵犯案外人合法权益,对原执行行为裁定予以撤销,并将被执行财产回复至执行之前状态的,该撤销裁定及执行回转行为不属于《中华人民共和国国家赔偿法》第三十八条规定的执行错误。

【相关法条】

《中华人民共和国国家赔偿法》第三十八条

【基本案情】

赔偿请求人国泰君安证券股份有限公司海口滨海大道（天福酒店）证券营业部（以下简称国泰海口营业部）申请称：海南省高级人民法院（以下简称海南高院）在未依法对原生效判决以及该院（1999）琼高法执字第9－10、9－11、9－12、9－13号裁定（以下分别简称9－10、9－11、9－12、9－13号裁定）进行再审的情况下，作出（1999）琼高法执字第9－16号裁定（以下简称9－16号裁定），并据此执行回转，撤销原9－11、9－12、9－13号裁定，造成国泰海口营业部已合法取得的房产丧失，应予确认违法，并予以国家赔偿。

海南高院答辩称：该院9－16号裁定仅是纠正此前执行裁定的错误，并未改变原执行依据，无须经过审判监督程序。该院9－16号裁定及其执行回转行为，系在审查案外人执行异议成立的基础上，使争议房产回复至执行案件开始时的产权状态，该行为与国泰海口营业部经判决确定的债权，及其尚不明确的损失主张之间没有因果关系。国泰海口营业部赔偿请求不能成立，应予驳回。

法院经审理查明：1998年9月21日，海南高院就国泰海口营业部诉海南国际租赁有限公司（以下简称海南租赁公司）证券回购纠纷一案作出（1998）琼经初字第8号民事判决，判决海南租赁公司向国泰海口营业部支付证券回购款本金3620万元和该款截止到1997年11月30日的利息16 362 296元；海南租赁公司向国泰海口营业部支付证券回购款本金3620万元的利息，计息方法为：从1997年12月1日起至付清之日止按年息18%计付。

1998年12月，国泰海口营业部申请海南高院执行该判决。海南高院受理后，向海南租赁公司发出执行通知书并查明该公司无财产可供执行。海南租赁公司提出其对第三人海南中标物业发展有限公司（以下简称中标公司）享有到期债权。中标公司对此亦予以认可，并表示愿意以景瑞大厦部分房产直接抵偿给国泰海口营业部，以偿还其欠海南租赁公司的部分债务。海南高院遂于2000年6月13日作出9－10号裁定，查封景瑞大厦的部分房产，并于当日予以公告。同年6月29日，国泰海口营业部、海南租赁公司和中标公司共同签订《执行和解书》，约定海南租赁公司、中标公司以中标公司所有的景瑞大厦部分房产抵偿国泰海口营业部的债务。据此，海南高院于6月30日作出9－11号裁定，对和解协议予以认可。

在办理过户手续过程中，案外人海南发展银行清算组（以下简称海发行清算组）和海南创仁房地产有限公司（以下简称创仁公司）以海南高院9－11号裁定抵债的房产属其所有，该裁定损害其合法权益为由提出执行异议。海南高院审查后分别作出9－12号、9－13号裁定，驳回异议。2002年3月14日，国泰海口营业部依照9－11号裁定将上述抵债房产的产权办理变更登记至自己名下，并缴纳相关税费。海发行清算组、创仁公司申诉后，海南高院经再次审查认为：9－11号裁定将原金通城市信用社（后并入海南发展银行）向中标公司购买并已支付大部分价款的房产当作中标公司房产抵债给国泰海口营业部，损害了海发行清算组的利益，确属不当，海发行清算组的异议理由成立，创仁公司异议主张应通过诉讼程序解决。据此海南高院于2003年7月31日作出9－16号裁定，裁定撤销9－11号、9－12号、9－13号裁定，将原裁定抵债房产回转过户至执行前状态。

2004年12月18日，海口市中级人民法院（以下简称海口中院）对以海发行清算组为原告、中标公司为被告、创仁公司为第三人的房屋确权纠纷一案作出（2003）海中法民再字第37号民事判决，确认原抵债房产分属创仁公司和海发行清算组所有。该判决已发生法律效力。2005年6月，国泰海口营业部向海口市地方税务局申请退税，海口市地方税务局将契税退还国泰海口营业部。2006年8月4日，海南高院作出9－18号民事裁定，以海南租赁公司已被裁定破产还债，海南租赁公司清算组请求终结执行的理由成立为由，裁定终结（1998）琼经初字第8号民事判决的执行。

（1998）琼经初字第8号民事判决所涉债权，至2004年7月经协议转让给国泰君安投资管理股份有限公司（以下简称国泰投资公司）。2005年11月29日，海南租赁公司向海口中院申请破产清算。破产案件审理中，国泰投资公司向海南租赁公司管理人申报了包含（1998）琼经初字第8号民事判决确定债权在内的相关债权。2009年3月31日，海口中院作出（2005）海中法破字第4－350号民事裁定，裁定终结破产清算程序，国泰投资公司债权未获得清偿。

2010年12月27日，国泰海口营业部以海南高院9－16号裁定及其行为违法，并应予返还9－11号裁定抵债房产或赔偿相关损失为由向该院申请国家赔偿。2011年7月4日,海南高院作出(2011)琼法赔字第1号赔偿决定,决定对国泰海口营业部的赔偿申请不予赔偿。国泰海口营业部对该决定不服,向最高人民法院赔偿委员会申请作出赔偿决定。

【裁判结果】

最高人民法院赔偿委员会于2012年3月23日作出(2011)法委赔字第3号国家赔偿决定:维持海南省高级人民法院(2011)琼法赔字第1号赔偿决定。

【裁判理由】

最高人民法院认为:被执行人海南租赁公司没有清偿债务能力,因其对第三人中标公司享有到期债权,中标公司对此未提出异议并认可履行债务,中标公司隐瞒其与案外人已签订售房合同并收取大部分房款的事实,与国泰海口营业部及海南租赁公司三方达成《执行和解书》。海南高院据此作出9-11号裁定。但上述执行和解协议侵犯了案外人的合法权益,国泰海口营业部据此取得的争议房产产权不应受到法律保护。海南高院9-16号裁定系在执行程序中对案外人提出的执行异议审查成立的基础上,对原9-11号裁定予以撤销,将已被执行的争议房产回复至执行前状态。该裁定及其执行回转行为不违反法律规定,且经生效的海口中院(2003)海中法民再字第37号民事判决所认定的内容予以印证,其实体处理并无不当。国泰海口营业部债权未得以实现的实质在于海南租赁公司没有清偿债务的能力,国泰海口营业部及其债权受让人虽经破产债权申报,仍无法获得清偿,该债权未能实现与海南高院9-16号裁定及其执行行为之间无法律上的因果联系。因此,海南高院9-16号裁定及其执行回转行为,不属于《中华人民共和国国家赔偿法》及相关司法解释规定的执行错误情形。

最高人民法院指导案例44号
——卜新光申请刑事违法追缴赔偿案

(最高人民法院审判委员会讨论通过
2014年12月25日发布)

【关键词】

国家赔偿　刑事赔偿　刑事追缴　发还赃物

【裁判要点】

公安机关根据人民法院生效刑事判决将判令追缴的赃物发还被害单位,并未侵犯赔偿请求人的合法权益,不属于《中华人民共和国国家赔偿法》第十八条第一项规定的情形,不应承担国家赔偿责任。

【相关法条】

《中华人民共和国国家赔偿法》第十八条

【基本案情】

赔偿请求人卜新光以安徽省公安厅皖公刑赔字〔2011〕01号刑事赔偿决定、中华人民共和国公安部(以下简称公安部)公刑赔复字〔2011〕1号刑事赔偿复议决定与事实不符,适用法律不当为由,向最高人民法院赔偿委员会提出赔偿申请,称安徽省公安厅越权处置经济纠纷,以其购买的"深坑村土地"抵偿银行欠款违法,提出安徽省公安厅赔偿经济损失316.6万元等赔偿请求。

法院经审理查明:赔偿请求人卜新光因涉嫌伪造公司印章罪、非法出具金融票证罪和挪用资金罪被安徽省公安厅立案侦查,于1999年9月5日被逮捕,捕前系深圳新晖实业发展有限责任公司(以下简称新晖公司)总经理。2001年11月20日,合肥市中级人民法院作出(2001)合刑初字第68号刑事判决,认定卜新光自1995年1月起承包经营安徽省信托投资公司深圳证券业务部(以下简称安信证券部)期间,未经安徽省信托投资公司(以下简称安信公司)授权,安排其聘用人员私自刻制、使用属于安信公司专有的公司印章,并用此假印章伪造安信公司法人授权委托书、法定代表人证明书及给深圳证券交易所的担保文书,获得了安信证券部的营业资格,其行为构成伪造印章罪;卜新光在承包经营安信证券部期间,违反金融管理法规,两次向他人开具虚假的资信证明,造成1032万元的重大经济损失,其行为又构成非法出具金融票证罪;在承包经营过程中,作为安信证券部总经理,利用职务之便,直接或间接将安信证券部资金9173.2286万元挪用,用于其个人所有的新晖公司投资及各项费用,与安信证券部经营业务没有关联,且造成的经济损失由安信证券部、安信公司承担法律责任,应视为卜新光挪用证券部资金归个人使用,其行为构成挪用资金罪。案发后,安徽省公安厅追回赃款1689.05万元,赃物、住房折合1627万元;查封新晖公司投资的价值2840万元房产和1950万元的土地使用权,共计价值8106.05万元。卜新光一人犯数罪,应数罪并罚,遂判决:一、卜新光犯伪造公司印章罪,判处有期徒刑二年;犯非法出具金融票证罪，判处有期徒刑八年；犯挪用资金罪，判处有期徒刑十年，决定执行有期徒刑十五年。

二、赃款、赃物共计8106.05万元予以追缴。卜新光不服，提起上诉。安徽省高级人民法院于2002年2月22日作出(2002)皖刑终字第34号刑事裁定，驳回上诉，维持原判。上述刑事判决认定查封和判令追缴的土地使用权即指卜新光以新晖公司名义投资的“深坑村土地”使用权。2009年8月4日，卜新光刑满释放。

又查明：在卜新光刑事犯罪案发后，深圳发展银行人民桥支行（原系深圳发展银行营业部，以下简称深发行）以与卜新光、安信证券部、安信公司存在拆借2500万元的债务纠纷为由，于1999年12月28日向深圳市中级人民法院提起民事诉讼，案号为(2000)深中法经调初字第72号；深发行还以与安信证券部、安信公司存在担保借款纠纷，拆借资金合同和保证金存款协议纠纷为由，于2000年3月10日，同时向深圳市罗湖区人民法院提起民事诉讼，该院立案审理，案号分别为(2000)深罗法经一初字第372号、(2000)深罗法经一初字第373号。2000年4月19日，安徽省公安厅致函深圳市中级人民法院、罗湖区人民法院，请法院根据最高人民法院《关于在审理经济纠纷案件中涉及经济犯罪嫌疑若干问题的规定》第十二条的规定，对民事案件中止审理并依法移送安徽省公安厅统一侦办。2000年7月15日，罗湖区人民法院将其受理的(2000)深罗法经一初字第372号、(2000)深罗法经一初字第373号民事案件移送安徽省公安厅。2000年8月24日，安徽省公安厅刑事警察总队对“深坑村土地”进行查封。对(2000)深中法经调初字第72号深发行诉安信证券部、安信公司的拆借金额2500万元债务纠纷案件，深圳市中级人民法院经审理认为，该案涉嫌刑事犯罪，于2001年9月21日将该案移送安徽省公安厅侦查处理，同时通知深发行、安信公司、安信证券部已将该民事案件移送安徽省公安厅。安徽省公安厅在合肥市中级人民法院(2001)合刑初字第68号刑事判决生效后，对“深坑村土地”予以解封并将追缴的土地使用权返还被害单位安信证券部，用于抵偿安徽省公安厅侦办的(2000)深中法经调初字第72号民事案件中卜新光以安信证券部名义拆借深发行2500万元的债务。

再查明：在卜新光刑事犯罪案发后，深发行认为安信证券部向该行融资2000万元，只清偿1200万元，余款800万元逾期未付，以债券回购协议纠纷为由，向深圳市中级人民法院起诉卜新光及安信证券部、安信公司，要求连带清偿欠款800万元及利息300万元。深圳市中级人民法院1999年11月9日作出(1998)深中法经一初字第311号民事判决：卜新光返还给深发行2 570 016元及使用2000万元期间的利息；卜新光财产不足清偿债务时，由安信证券部和安信公司承担补充清偿责任。该民事判决在执行中已由深发行与安信公司达成和解，以其他财产抵偿。

【裁判结果】

最高人民法院赔偿委员会于2011年11月24日作出(2011)法委赔字第1号赔偿委员会决定：维持安徽省公安厅皖公刑赔字〔2011〕01号刑事赔偿决定和中华人民共和国公安部公赔复字〔2011〕1号刑事赔偿复议决定。

【裁判理由】

最高人民法院认为：卜新光在承包经营安信证券部期间，未经安信公司授权，私刻安信公司印章并冒用，违反金融管理法规向他人开具虚假的资信证明，利用职务之便，挪用安信证券部资金9173.2286万元，已被合肥市中级人民法院(2001)合刑初字第68号刑事判决认定构成伪造印章罪、非法出具金融票证罪、挪用资金罪，对包括卜新光以新晖公司名义投资的“深坑村土地”使用权在内的、共计价值8106.05万元（其中土地使用权价值1950万元）的赃款、赃物判决予以追缴。卜新光以新晖公司出资购买的该土地部分使用权属其个人合法财产的理由不成立，人民法院生效刑事判决已将新晖公司投资的“深坑村土地”价值1950万元的使用权作为卜新光挪用资金罪的赃款、赃物的一部分予以追缴，卜新光无权对人民法院生效判决追缴的财产要求国家赔偿。

关于卜新光主张安徽省公安厅以“深坑村土地”抵偿其欠深发行800万元，造成直接财产损失316.6万元的主张。在卜新光涉嫌犯罪案发后，深发行起诉卜新光及安信证券部、安信公司800万元债券回购协议案，深圳市中级人民法院作出(1998)深中法经一初字第311号民事判决并已执行。该案与深圳市中级人民法院于2001年9月21日移送安徽省公安厅侦办的(2000)深中法经调初字第72号，深发行起诉卜新光及安信证券部、安信公司拆借2500万元的债务纠纷案，不是同一民事案件。安徽省公安厅在刑事判决生效后，将判决追缴的价值1950万元的“深坑村土地”使用权发还给其侦办的卜新光以安信证券部名义折借深发行2500万元资金案的被害单位，具有事实依据，没有损害其利益。卜新光主张安徽省公安厅以“深坑村土地”抵偿其欠深发行800万元，与事实不符。卜新光要求安徽省公安厅赔偿违法返还“深坑村土地”造成其316.6万元损失无事实与法律依据。

综上，“深坑村土地”已经安徽省高级人民法院(2002)皖刑终字第34号刑事裁定予以追缴，赔偿请求人卜新光主张安徽省公安厅违法返还土地给其造成316.6万元的损失没有法律依据，其他请求没有事实根据，不符合国家赔偿法的规定，不予支持。

附 录

资料补充栏

1. 立法资料

中华人民共和国行政诉讼法

1. 1989年4月4日第七届全国人民代表大会第二次会议通过
2. 1989年4月4日中华人民共和国主席令第16号公布
3. 自1990年10月1日起施行

目　　录

第一章　总　　则

第一条　【立法目的】为保证人民法院正确、及时审理行政案件，保护公民、法人和其他组织的合法权益，维护和监督行政机关依法行使行政职权，根据宪法制定本法。

第二条　【诉权】公民、法人或者其他组织认为行政机关和行政机关工作人员的具体行政行为侵犯其合法权益，有权依照本法向人民法院提起诉讼。

第三条　【独立审判原则】人民法院依法对行政案件独立行使审判权，不受行政机关、社会团体和个人的干涉。

人民法院设行政审判庭，审理行政案件。

第四条　【审理依据】人民法院审理行政案件，以事实为根据，以法律为准绳。

第五条　【合法性审查】人民法院审理行政案件，对具体行政行为是否合法进行审查。

第六条　【审理制度】人民法院审理行政案件，依法实行合议、回避、公开审判和两审终审制度。

第七条　【当事人地位平等】当事人在行政诉讼中的法律地位平等。

第八条　【使用本民族语言文字原则】各民族公民都有用本民族语言、文字进行行政诉讼的权利。

在少数民族聚居或者多民族共同居住的地区，人民法院应当用当地民族通用的语言、文字进行审理和发布法律文书。

人民法院应当对不通晓当地民族通用的语言、文字的诉讼参与人提供翻译。

第九条　【辩论原则】当事人在行政诉讼中有权进行辩论。

第十条　【检察监督原则】人民检察院有权对行政诉讼实行法律监督。

第二章　受 案 范 围

第十一条　【受案范围】人民法院受理公民、法人和其他组织对下列具体行政行为不服提起的诉讼：

（一）对拘留、罚款、吊销许可证和执照、责令停产停业、没收财物等行政处罚不服的；

（二）对限制人身自由或者对财产的查封、扣押、冻结等行政强制措施不服的；

（三）认为行政机关侵犯法律规定的经营自主权的；

（四）认为符合法定条件申请行政机关颁发许可证和执照，行政机关拒绝颁发或者不予答复的；

（五）申请行政机关履行保护人身权、财产权的法定职责，行政机关拒绝履行或者不予答复的；

（六）认为行政机关没有依法发给抚恤金的；

（七）认为行政机关违法要求履行义务的；

（八）认为行政机关侵犯其他人身权、财产权的。

除前款规定外，人民法院受理法律、法规规定可以提起诉讼的其他行政案件。

第十二条　【不受案范围】人民法院不受理公民、法人或者其他组织对下列事项提起的诉讼：

（一）国防、外交等国家行为；

（二）行政法规、规章或者行政机关制定、发布的具有普遍约束力的决定、命令；

（三）行政机关对行政机关工作人员的奖惩、任免等决定；

（四）法律规定由行政机关最终裁决的具体行政行为。

第三章　管　　辖

第十三条　【基层人民法院的管辖】基层人民法院管辖第一审行政案件。

第十四条　【中级人民法院的管辖】中级人民法院管辖下列第一审行政案件：

（一）确认发明专利权的案件、海关处理的案件；

（二）对国务院各部门或者省、自治区、直辖市人民政府所作的具体行政行为提起诉讼的案件；

（三）本辖区内重大、复杂的案件。

第十五条　【高级人民法院的管辖】高级人民法院管辖本辖区内重大、复杂的第一审行政案件。

第十六条　【最高人民法院的管辖】最高人民法院管辖全国范围内重大、复杂的第一审行政案件。

第十七条　【一般地域管辖】行政案件由最初作出具体行政行为的行政机关所在地人民法院管辖。经复议的案件，复议机关改变原具体行政行为的，也可以由复议机关所在地人民法院管辖。

第十八条　【特殊地域管辖】对限制人身自由的行政强制措施不服提起的诉讼，由被告所在地或者原告所在地人民法院管辖。

第十九条　【不动产的特殊地域管辖】因不动产提起的行政诉讼，由不动产所在地人民法院管辖。

第二十条　【选择管辖】两个以上人民法院都有管辖权的案件，原告可以选择其中一个人民法院提起诉讼。原告向两个以上有管辖权的人民法院提起诉讼的，由最先收到起诉状的人民法院管辖。

第二十一条　【移送管辖】人民法院发现受理的案件不属于自己管辖时，应当移送有管辖权的人民法院。受移送的人民法院不得自行移送。

第二十二条　【指定管辖】有管辖权的人民法院由于特殊原因不能行使管辖权的，由上级人民法院指定管辖。

人民法院对管辖权发生争议，由争议双方协商解决。协商不成的，报它们的共同上级人民法院指定管辖。

第二十三条　【管辖权的转移】上级人民法院有权审判下级人民法院管辖的第一审行政案件，也可以把自己管辖的第一审行政案件移交下级人民法院审判。

下级人民法院对其管辖的第一审行政案件，认为需要由上级人民法院审判的，可以报请上级人民法院决定。

第四章　诉讼参加人

第二十四条　【原告】依照本法提起诉讼的公民、法人或者其他组织是原告。

有权提起诉讼的公民死亡，其近亲属可以提起诉讼。

有权提起诉讼的法人或者其他组织终止，承受其权利的法人或者其他组织可以提起诉讼。

第二十五条　【被告】公民、法人或者其他组织直接向人民法院提起诉讼的，作出具体行政行为的行政机关是被告。

经复议的案件，复议机关决定维持原具体行政行为的，作出原具体行政行为的行政机关是被告；复议机关改变原具体行政行为的，复议机关是被告。

两个以上行政机关作出同一具体行政行为的，共同作出具体行政行为的行政机关是共同被告。

由法律、法规授权的组织所作的具体行政行为，该组织是被告。由行政机关委托的组织所作的具体行政行为，委托的行政机关是被告。

行政机关被撤销的，继续行使其职权的行政机关是被告。

第二十六条　【共同诉讼】当事人一方或者双方为二人以上，因同一具体行政行为发生的行政案件，或者因同样的具体行政行为发生的行政案件、人民法院认为可以合并审理的，为共同诉讼。

第二十七条　【第三人】同提起诉讼的具体行政行为有利害关系的其他公民、法人或者其他组织，可以作为第三人申请参加诉讼，或者由人民法院通知参加诉讼。

第二十八条　【法定代理】没有诉讼行为能力的公民，由其法定代理人代为诉讼。法定代理人互相推诿代理责任的，由人民法院指定其中一人代为诉讼。

第二十九条　【委托代理】当事人、法定代理人，可以委托一至二人代为诉讼。

律师、社会团体、提起诉讼的公民的近亲属或者所在单位推荐的人，以及经人民法院许可的其他公民，可以受委托为诉讼代理人。

第三十条 【律师、当事人和其他诉讼代理人的权利、义务】代理诉讼的律师，可以依照规定查阅本案有关材料，可以向有关组织和公民调查，收集证据。对涉及国家秘密和个人隐私的材料，应当依照法律规定保密。

经人民法院许可，当事人和其他诉讼代理人可以查阅本案庭审材料，但涉及国家秘密和个人隐私的除外。

第五章 证 据

第三十一条 【证据的种类】证据有以下几种：

(一)书证；

(二)物证；

(三)视听资料；

(四)证人证言；

(五)当事人的陈述；

(六)鉴定结论；

(七)勘验笔录、现场笔录。

以上证据经法庭审查属实，才能作为定案的根据。

第三十二条 【举证责任】被告对作出的具体行政行为负有举证责任，应当提供作出该具体行政行为的证据和所依据的规范性文件。

第三十三条 【被告取证限制】在诉讼过程中，被告不得自行向原告和证人收集证据。

第三十四条 【人民法院对证据的收集】人民法院有权要求当事人提供或者补充证据。

人民法院有权向有关行政机关以及其他组织、公民调取证据。

第三十五条 【鉴定】在诉讼过程中，人民法院认为对专门性问题需要鉴定的，应当交由法定鉴定部门鉴定；没有法定鉴定部门的，由人民法院指定的鉴定部门鉴定。

第三十六条 【证据保全】在证据可能灭失或者以后难以取得的情况下，诉讼参加人可以向人民法院申请保全证据，人民法院也可以主动采取保全措施。

第六章 起诉和受理

第三十七条 【行政复议与诉讼】对属于人民法院受案范围的行政案件，公民、法人或者其他组织可以先向上一级行政机关或者法律、法规规定的行政机关申请复议，对复议不服的，再向人民法院提起诉讼；也可以直接向人民法院提起诉讼。

法律、法规规定应当先向行政机关申请复议，对复议不服再向人民法院提起诉讼的，依照法律、法规的规定。

第三十八条 【复议及对复议不服的起诉期间】公民、法人或者其他组织向行政机关申请复议的，复议机关应当在收到申请书之日起两个月内作出决定。法律、法规另有规定的除外。

申请人不服复议决定的，可以在收到复议决定书之日起十五日内向人民法院提起诉讼。复议机关逾期不作决定的，申请人可以在复议期满之日起十五日内向人民法院提起诉讼。法律另有规定的除外。

第三十九条 【直接起诉期间】公民、法人或者其他组织直接向人民法院提起诉讼的，应当在知道作出具体行政行为之日起三个月内提出。法律另有规定的除外。

第四十条 【诉讼期间的延长】公民、法人或者其他组织因不可抗力或者其他特殊情况耽误法定期限的，在障碍消除后的十日内，可以申请延长期限，由人民法院决定。

第四十一条 【起诉条件】提起诉讼应当符合下列条件：

(一)原告是认为具体行政行为侵犯其合法权益的公民、法人或者其他组织；

(二)有明确的被告；

(三)有具体的诉讼请求和事实根据；

(四)属于人民法院受案范围和受诉人民法院管辖。

第四十二条 【起诉审查】人民法院接到起诉状，经审查，应当在七日内立案或者作出裁定不予受理。原告对裁定不服的，可以提起上诉。

第七章 审理和判决

第四十三条 【审判准备】人民法院应当在立案之日起五日内，将起诉状副本发送被告。被告应当在收到起诉状副本之日起十日内向人民法院提交作出具体行政行为的有关材料，并提出答辩状。人民法院应当在收到答辩状之日起五日内，将答辩状副本发送原告。

被告不提出答辩状的,不影响人民法院审理。

第四十四条 【**停止具体行政行为执行的条件**】诉讼期间,不停止具体行政行为的执行。但有下列情形之一的,停止具体行政行为的执行:

(一)被告认为需要停止执行的;

(二)原告申请停止执行,人民法院认为该具体行政行为的执行会造成难以弥补的损失,并且停止执行不损害社会公共利益,裁定停止执行的;

(三)法律、法规规定停止执行的。

第四十五条 【**公开审判及例外**】人民法院公开审理行政案件,但涉及国家秘密、个人隐私和法律另有规定的除外。

第四十六条 【**审判组织**】人民法院审理行政案件,由审判员组成合议庭,或者由审判员、陪审员组成合议庭。合议庭的成员,应当是三人以上的单数。

第四十七条 【**回避**】当事人认为审判人员与本案有利害关系或者有其他关系可能影响公正审判,有权申请审判人员回避。

审判人员认为自己与本案有利害关系或者有其他关系,应当申请回避。

前两款规定,适用于书记员、翻译人员、鉴定人、勘验人。

院长担任审判长时的回避,由审判委员会决定;审判人员的回避,由院长决定;其他人员的回避,由审判长决定。当事人对决定不服的,可以申请复议。

第四十八条 【**视为撤诉及缺席判决**】经人民法院两次合法传唤,原告无正当理由拒不到庭的,视为申请撤诉;被告无正当理由拒不到庭的,可以缺席判决。

第四十九条 【**对妨碍行政诉讼的强制措施**】诉讼参与人或者其他人有下列行为之一的,人民法院可以根据情节轻重,予以训诫、责令具结悔过或者处一千元以下的罚款、十五日以下的拘留,构成犯罪的,依法追究刑事责任:

(一)有义务协助执行的人,对人民法院的协助执行通知书,无故推拖、拒绝或者妨碍执行的;

(二)伪造、隐藏、毁灭证据的;

(三)指使、贿买、胁迫他人作伪证或者威胁、阻止证人作证的;

(四)隐藏、转移、变卖、毁损已被查封、扣押、冻结的财产的;

(五)以暴力、威胁或者其他方法阻碍人民法院工作人员执行职务或者扰乱人民法院工作秩序的;

(六)对人民法院工作人员、诉讼参与人、协助执行人侮辱、诽谤、诬陷、殴打或者打击报复的。

罚款、拘留须经人民法院院长批准。当事人不服的,可以申请复议。

第五十条 【**不适用调解**】人民法院审理行政案件,不适用调解。

第五十一条 【**申请撤诉**】人民法院对行政案件宣告判决或者裁定前,原告申请撤诉的,或者被告改变其所作的具体行政行为,原告同意并申请撤诉的,是否准许,由人民法院裁定。

第五十二条 【**审案的依据**】人民法院审理行政案件,以法律和行政法规、地方性法规为依据。地方性法规适用于本行政区域内发生的行政案件。

人民法院审理民族自治地方的行政案件,并以该民族自治地方的自治条例和单行条例为依据。

第五十三条 【**规章的适用**】人民法院审理行政案件,参照国务院部、委根据法律和国务院的行政法规、决定、命令制定、发布的规章以及省、自治区、直辖市和省、自治区的人民政府所在地的市和经国务院批准的较大的市的人民政府根据法律和国务院的行政法规制定、发布的规章。

人民法院认为地方人民政府制定、发布的规章与国务院部、委制定、发布的规章不一致的,以及国务院部、委制定、发布的规章之间不一致的,由最高人民法院送请国务院作出解释或者裁决。

第五十四条 【**判决**】人民法院经过审理,根据不同情况,分别作出以下判决:

(一)具体行政行为证据确凿,适用法律、法规正确,符合法定程序的,判决维持。

(二)具体行政行为有下列情形之一的,判决撤销或者部分撤销,并可以判决被告重新作出具体行政行为:

1. 主要证据不足的;
2. 适用法律、法规错误的;
3. 违反法定程序的;
4. 超越职权的;
5. 滥用职权的。

(三)被告不履行或者拖延履行法定职责的,判决其在一定期限内履行。

（四）行政处罚显失公正的，可以判决变更。

第五十五条 【被告重作具体行政行为的限制】人民法院判决被告重新作出具体行政行为的，被告不得以同一的事实和理由作出与原具体行政行为基本相同的具体行政行为。

第五十六条 【有关人员违反政纪犯罪的处理】人民法院在审理行政案件中，认为行政机关的主管人员、直接责任人员违反政纪的，应当将有关材料移送该行政机关或者其上一级行政机关或者监察、人事机关；认为有犯罪行为的，应当将有关材料移送公安、检察机关。

第五十七条 【一审审理期限】人民法院应当在立案之日起三个月内作出第一审判决。有特殊情况需要延长的，由高级人民法院批准，高级人民法院审理第一审案件需要延长的，由最高人民法院批准。

第五十八条 【上诉】当事人不服人民法院第一审判决的，有权在判决书送达之日起十五日内向上一级人民法院提起上诉。当事人不服人民法院第一审裁定的，有权在裁定书送达之日起十日内向上一级人民法院提起上诉。逾期不提起上诉的，人民法院的第一审判决或者裁定发生法律效力。

第五十九条 【书面审理】人民法院对上诉案件，认为事实清楚的，可以实行书面审理。

第六十条 【二审审理期限】人民法院审理上诉案件，应当在收到上诉状之日起两个月内作出终审判决。有特殊情况需要延长的，由高级人民法院批准，高级人民法院审理上诉案件需要延长的，由最高人民法院批准。

第六十一条 【上诉案件的裁判】人民法院审理上诉案件，按照下列情形，分别处理：

（一）原判决认定事实清楚，适用法律、法规正确的，判决驳回上诉，维持原判；

（二）原判决认定事实清楚，但适用法律、法规错误的，依法改判；

（三）原判决认定事实不清，证据不足，或者由于违反法定程序可能影响案件正确判决的，裁定撤销原判，发回原审人民法院重审，也可以查清事实后改判。当事人对重审案件的判决、裁定，可以上诉。

第六十二条 【当事人的申诉权】当事人对已经发生法律效力的判决、裁定，认为确有错误的，可以向原审人民法院或者上一级人民法院提出申诉，但判决、裁定不停止执行。

第六十三条 【审判监督】人民法院院长对本院已经发生法律效力的判决、裁定，发现违反法律、法规规定认为需要再审的，应当提交审判委员会决定是否再审。

上级人民法院对下级人民法院已经发生法律效力的判决、裁定，发现违反法律、法规规定的，有权提审或者指令下级人民法院再审。

第六十四条 【检察监督】人民检察院对人民法院已经发生法律效力的判决、裁定，发现违反法律、法规规定的，有权按照审判监督程序提出抗诉。

第八章 执 行

第六十五条 【生效判决的执行】当事人必须履行人民法院发生法律效力的判决、裁定。

公民、法人或者其他组织拒绝履行判决、裁定的，行政机关可以向第一审人民法院申请强制执行，或者依法强制执行。

行政机关拒绝履行判决、裁定的，第一审人民法院可以采取以下措施：

（一）对应当归还的罚款或者应当给付的赔偿金，通知银行从该行政机关的帐户内划拨；

（二）在规定期限内不履行的，从期满之日起，对该行政机关按日处五十元至一百元的罚款；

（三）向该行政机关的上一级行政机关或者监察、人事机关提出司法建议。接受司法建议的机关，根据有关规定进行处理，并将处理情况告知人民法院；

（四）拒不履行判决、裁定，情节严重构成犯罪的，依法追究主管人员和直接责任人员的刑事责任。

第六十六条 【行政机关申请强制执行】公民、法人或者其他组织对具体行政行为在法定期限内不提起诉讼又不履行的，行政机关可以申请人民法院强制执行，或者依法强制执行。

第九章 侵权赔偿责任

第六十七条 【行政侵权赔偿请求权及程序】公民、法人或者其他组织的合法权益受到行政机关或者行政机关工作人员作出的具体行政行为侵犯造成损害的，有权请求赔偿。

公民、法人或者其他组织单独就损害赔偿提出请求，应当先由行政机关解决。对行政机关的处理不服，可以向人民法院提起诉讼。

赔偿诉讼可以适用调解。

第六十八条　【赔偿主体及对有关人员的追偿】行政机关或者行政机关工作人员作出的具体行政行为侵犯公民、法人或者其他组织的合法权益造成损害的，由该行政机关或者该行政机关工作人员所在的行政机关负责赔偿。

行政机关赔偿损失后，应当责令有故意或者重大过失的行政机关工作人员承担部分或者全部赔偿费用。

第六十九条　【赔偿费用】赔偿费用，从各级财政列支。各级人民政府可以责令有责任的行政机关支付部分或者全部赔偿费用。具体办法由国务院规定。

第十章　涉外行政诉讼

第七十条　【涉外行政诉讼】外国人、无国籍人、外国组织在中华人民共和国进行行政诉讼，适用本法。法律另有规定的除外。

第七十一条　【同等与对等原则】外国人、无国籍人、外国组织在中华人民共和国进行行政诉讼，同中华人民共和国公民、组织有同等的诉讼权利和义务。

外国法院对中华人民共和国公民、组织的行政诉讼权利加以限制的，人民法院对该国公民、组织的行政诉讼权利，实行对等原则。

第七十二条　【冲突规范的解决】中华人民共和国缔结或者参加的国际条约同本法有不同规定的，适用该国际条约的规定。中华人民共和国声明保留的条款除外。

第七十三条　【涉外代理】外国人、无国籍人、外国组织在中华人民共和国进行行政诉讼，委托律师代理诉讼的，应当委托中华人民共和国律师机构的律师。

第十一章　附　　则

第七十四条　【诉讼费用】人民法院审理行政案件，应当收取诉讼费用。诉讼费用由败诉方承担，双方都有责任的由双方分担。收取诉讼费用的具体办法另行规定。

第七十五条　【施行日期】本法自1990年10月1日起施行。

最高人民法院关于适用《中华人民共和国行政诉讼法》若干问题的解释

1. 2015年4月20日最高人民法院审判委员会第1648次会议通过
2. 2015年4月22日公布
3. 法释〔2015〕9号
4. 自2015年5月1日起施行

为正确适用第十二届全国人民代表大会常务委员会第十一次会议决定修改的《中华人民共和国行政诉讼法》，结合人民法院行政审判工作实际，现就有关条款的适用问题解释如下：

第一条　人民法院对符合起诉条件的案件应当立案，依法保障当事人行使诉讼权利。

对当事人依法提起的诉讼，人民法院应当根据行政诉讼法第五十一条的规定，一律接收起诉状。能够判断符合起诉条件的，应当当场登记立案；当场不能判断是否符合起诉条件的，应当在接收起诉状后七日内决定是否立案；七日内仍不能作出判断的，应当先予立案。

起诉状内容或者材料欠缺的，人民法院应当一次性全面告知当事人需要补正的内容、补充的材料及期限。在指定期限内补正并符合起诉条件的，应当登记立案。当事人拒绝补正或者经补正仍不符合起诉条件的，裁定不予立案，并载明不予立案的理由。

当事人对不予立案裁定不服的，可以提起上诉。

第二条　行政诉讼法第四十九条第三项规定的“有具体的诉讼请求”是指：

（一）请求判决撤销或者变更行政行为；

（二）请求判决行政机关履行法定职责或者给付义务；

（三）请求判决确认行政行为违法；

（四）请求判决确认行政行为无效；

（五）请求判决行政机关予以赔偿或者补偿；

（六）请求解决行政协议争议；

（七）请求一并审查规章以下规范性文件；

（八）请求一并解决相关民事争议；

（九）其他诉讼请求。

当事人未能正确表达诉讼请求的，人民法院应当予以释明。

第三条　有下列情形之一，已经立案的，应当裁定驳回起诉：

（一）不符合行政诉讼法第四十九条规定的；

（二）超过法定起诉期限且无正当理由的；

（三）错列被告且拒绝变更的；

（四）未按照法律规定由法定代理人、指定代理人、代表人为诉讼行为的；

（五）未按照法律、法规规定先向行政机关申请复议的；

（六）重复起诉的；

（七）撤回起诉后无正当理由再行起诉的；

（八）行政行为对其合法权益明显不产生实际影响的；

（九）诉讼标的已为生效裁判所羁束的；

（十）不符合其他法定起诉条件的。

人民法院经过阅卷、调查和询问当事人，认为不需要开庭审理的，可以迳行裁定驳回起诉。

第四条　公民、法人或者其他组织依照行政诉讼法第四十七条第一款的规定，对行政机关不履行法定职责提起诉讼的，应当在行政机关履行法定职责期限届满之日起六个月内提出。

第五条　行政诉讼法第三条第三款规定的“行政机关负责人”，包括行政机关的正职和副职负责人。行政机关负责人出庭应诉的，可以另行委托一至二名诉讼代理人。

第六条　行政诉讼法第二十六条第二款规定的“复议机关决定维持原行政行为”，包括复议机关驳回复议申请或者复议请求的情形，但以复议申请不符合受理条件为由驳回的除外。

行政诉讼法第二十六条第二款规定的“复议机关改变原行政行为”，是指复议机关改变原行政行为的处理结果。

第七条　复议机关决定维持原行政行为的，作出原行政行为的行政机关和复议机关是共同被告。原告只起诉作出原行政行为的行政机关或者复议机关的，人民法院应当告知原告追加被告。原告不同意追加的，人民法院应当将另一机关列为共同被告。

第八条　作出原行政行为的行政机关和复议机关为共同被告的，以作出原行政行为的行政机关确定案件的级别管辖。

第九条　复议机关决定维持原行政行为的，人民法院应当在审查原行政行为合法性的同时，一并审查复议程序的合法性。

作出原行政行为的行政机关和复议机关对原行政行为合法性共同承担举证责任，可以由其中一个机关实施举证行为。复议机关对复议程序的合法性承担举证责任。

第十条　人民法院对原行政行为作出判决的同时，应当对复议决定一并作出相应判决。

人民法院判决撤销原行政行为和复议决定的，可以判决作出原行政行为的行政机关重新作出行政行为。

人民法院判决作出原行政行为的行政机关履行法定职责或者给付义务的，应当同时判决撤销复议决定。

原行政行为合法、复议决定违反法定程序的，应当判决确认复议决定违法，同时判决驳回原告针对原行政行为的诉讼请求。

原行政行为被撤销、确认违法或者无效，给原告造成损失的，应当由作出原行政行为的行政机关承担赔偿责任；因复议程序违法给原告造成损失的，由复议机关承担赔偿责任。

第十一条　行政机关为实现公共利益或者行政管理目标，在法定职责范围内，与公民、法人或者其他组织协商订立的具有行政法上权利义务内容的协议，属于行政诉讼法第十二条第一款第十一项规定的行政协议。

公民、法人或者其他组织就下列行政协议提起行政诉讼的，人民法院应当依法受理：

（一）政府特许经营协议；

（二）土地、房屋等征收征用补偿协议；

（三）其他行政协议。

第十二条　公民、法人或者其他组织对行政机关不依法履行、未按照约定履行协议提起诉讼的，参照民事法律规范关于诉讼时效的规定；对行政机关单方变更、解除协议等行为提起诉讼的，适用行政诉讼法及其司法解释关于起诉期限的规定。

第十三条　对行政协议提起诉讼的案件，适用行政诉讼法及其司法解释的规定确定管辖法院。

第十四条 人民法院审查行政机关是否依法履行、按照约定履行协议或者单方变更、解除协议是否合法,在适用行政法律规范的同时,可以适用不违反行政法和行政诉讼法强制性规定的民事法律规范。

第十五条 原告主张被告不依法履行、未按照约定履行协议或者单方变更、解除协议违法,理由成立的,人民法院可以根据原告的诉讼请求判决确认协议有效、判决被告继续履行协议,并明确继续履行的具体内容;被告无法继续履行或者继续履行已无实际意义的,判决被告采取相应的补救措施;给原告造成损失的,判决被告予以赔偿。

原告请求解除协议或者确认协议无效,理由成立的,判决解除协议或者确认协议无效,并根据合同法等相关法律规定作出处理。

被告因公共利益需要或者其他法定理由单方变更、解除协议,给原告造成损失的,判决被告予以补偿。

第十六条 对行政机关不依法履行、未按照约定履行协议提起诉讼的,诉讼费用准用民事案件交纳标准;对行政机关单方变更、解除协议等行为提起诉讼的,诉讼费用适用行政案件交纳标准。

第十七条 公民、法人或者其他组织请求一并审理行政诉讼法第六十一条规定的相关民事争议,应当在第一审开庭审理前提出;有正当理由的,也可以在法庭调查中提出。

有下列情形之一的,人民法院应当作出不予准许一并审理民事争议的决定,并告知当事人可以依法通过其他渠道主张权利:

(一)法律规定应当由行政机关先行处理的;

(二)违反民事诉讼法专属管辖规定或者协议管辖约定的;

(三)已经申请仲裁或者提起民事诉讼的;

(四)其他不宜一并审理的民事争议。

对不予准许的决定可以申请复议一次。

第十八条 人民法院在行政诉讼中一并审理相关民事争议的,民事争议应当单独立案,由同一审判组织审理。

审理行政机关对民事争议所作裁决的案件,一并审理民事争议的,不另行立案。

第十九条 人民法院一并审理相关民事争议,适用民事法律规范的相关规定,法律另有规定的除外。

当事人在调解中对民事权益的处分,不能作为审查被诉行政行为合法性的根据。

行政争议和民事争议应当分别裁判。当事人仅对行政裁判或者民事裁判提出上诉的,未上诉的裁判在上诉期满后即发生法律效力。第一审人民法院应当将全部案卷一并移送第二审人民法院,由行政审判庭审理。第二审人民法院发现未上诉的生效裁判确有错误的,应当按照审判监督程序再审。

第二十条 公民、法人或者其他组织请求人民法院一并审查行政诉讼法第五十三条规定的规范性文件,应当在第一审开庭审理前提出;有正当理由的,也可以在法庭调查中提出。

第二十一条 规范性文件不合法的,人民法院不作为认定行政行为合法的依据,并在裁判理由中予以阐明。作出生效裁判的人民法院应当向规范性文件的制定机关提出处理建议,并可以抄送制定机关的同级人民政府或者上一级行政机关。

第二十二条 原告请求被告履行法定职责的理由成立,被告违法拒绝履行或者无正当理由逾期不予答复的,人民法院可以根据行政诉讼法第七十二条的规定,判决被告在一定期限内依法履行原告请求的法定职责;尚需被告调查或者裁量的,应当判决被告针对原告的请求重新作出处理。

第二十三条 原告申请被告依法履行支付抚恤金、最低生活保障待遇或者社会保险待遇等给付义务的理由成立,被告依法负有给付义务而拒绝或者拖延履行义务且无正当理由的,人民法院可以根据行政诉讼法第七十三条的规定,判决被告在一定期限内履行相应的给付义务。

第二十四条 当事人向上一级人民法院申请再审,应当在判决、裁定或者调解书发生法律效力后六个月内提出。有下列情形之一的,自知道或者应当知道之日起六个月内提出:

(一)有新的证据,足以推翻原判决、裁定的;

(二)原判决、裁定认定事实的主要证据是伪造的;

(三)据以作出原判决、裁定的法律文书被撤销或者变更的;

(四)审判人员审理该案件时有贪污受贿、徇私舞弊、枉法裁判行为的。

第二十五条 有下列情形之一的,当事人可以向人民检察院申请抗诉或者检察建议：

（一）人民法院驳回再审申请的；

（二）人民法院逾期未对再审申请作出裁定的；

（三）再审判决、裁定有明显错误的。

人民法院基于抗诉或者检察建议作出再审判决、裁定后，当事人申请再审的，人民法院不予立案。

第二十六条 2015 年 5 月 1 日前起诉期限尚未届满的，适用修改后的行政诉讼法关于起诉期限的规定。

2015 年 5 月 1 日前尚未审结案件的审理期限，适用修改前的行政诉讼法关于审理期限的规定。依照修改前的行政诉讼法已经完成的程序事项，仍然有效。

对 2015 年 5 月 1 日前发生法律效力的判决、裁定或者行政赔偿调解书不服申请再审，或者人民法院依照审判监督程序再审的，程序性规定适用修改后的行政诉讼法的规定。

第二十七条 最高人民法院以前发布的司法解释与本解释不一致的，以本解释为准。

2. 新旧条文序号对照表

《中华人民共和国行政诉讼法》新旧条文序号对照表

1989 年文本	2017 年修正文本
第 1 条	第 1 条
第 2 条	第 2 条
	第 3 条
第 3 条	第 4 条
第 4 条	第 5 条
第 5 条	第 6 条
第 6 条	第 7 条
第 7 条	第 8 条
第 8 条	第 9 条
第 9 条	第 10 条
第 10 条	第 11 条
第 11 条	第 12 条
第 12 条	第 13 条
第 13 条	第 14 条
第 14 条	第 15 条
第 15 条	第 16 条
第 16 条	第 17 条
第 17 条	第 18 条
第 18 条	第 19 条
第 19 条	第 20 条
第 20 条	第 21 条
第 21 条	第 22 条
第 22 条	第 23 条
第 23 条	第 24 条
第 24 条	第 25 条
第 25 条	第 26 条
第 26 条	第 27 条
	第 28 条
第 27 条	第 29 条
第 28 条	第 30 条

续表

1989 年文本	2017 年修正文本
第 29 条	第 31 条
第 30 条	第 32 条
第 31 条	第 33 条
第 32 条	第 34 条
第 33 条	第 35 条
	第 36 – 38 条
第 34 条	第 39 – 40 条
	第 41 条
第 35 条	
第 36 条	第 42 条
	第 43 条
第 37 条	第 44 条
第 38 条	第 45 条
第 39 条	第 46 条
	第 47 条
第 40 条	第 48 条
第 41 条	第 49 条
	第 50 条
第 42 条	第 51 – 52 条
	第 53 条
第 45 条	第 54 条
第 47 条	第 55 条
第 44 条	第 56 条
	第 57 条
第 48 条	第 58 条
第 49 条	第 59 条
第 50 条	第 60 条
	第 61 条
第 51 条	第 62 条
第 52 – 53 条	第 63 条
	第 64 – 65 条
第 56 条	第 66 条
第 43 条	第 67 条
第 46 条	第 68 条
第 54 条	第 69 – 70 条
第 55 条	第 71 条
	第 72 条

续表

1989 年文本	2017 年修正文本
	第 73－76 条
	第 77 条
	第 78－80 条
第 57 条	第 81 条
	第 82－84 条
第 58 条	第 85 条
第 59 条	第 86 条
	第 87 条
第 60 条	第 88 条
第 61 条	第 89 条
第 62 条	第 90 条
	第 91 条
第 63 条	第 92 条
第 64 条	第 93 条
第 65 条	第 94－96 条
第 66 条	第 97 条
第 67－69 条	
第 70 条	第 98 条
第 71 条	第 99 条
第 72 条	
第 73 条	第 100 条
	第 101 条
第 74 条	第 102 条
第 75 条	第 103 条

《中华人民共和国行政诉讼法》司法解释新旧条文序号对照表①

2000 年解释②	2015 年解释③	2018 年解释④
第 1 条		第 1 条
第 2－5 条		第 2 条
第 6 条		第 3 条
		第 4 条
第 8 条		第 5 条
		第 6－7 条
第 9 条		第 8 条

续表

2000 年解释	2015 年解释	2018 年解释
		第 9 条
第 10 条		第 10 条
		第 11 条
第 12－13 条		第 12 条
		第 13 条
第 11 条		第 14 条
第 14 条		第 15 条
第 15、17、18 条		第 16 条
第 16 条		
		第 17－18 条
第 19 条		第 19 条
第 20、21 条		第 20 条
		第 21 条
第 22 条		
第 7 条	第 6 条	第 22 条
		第 23－25 条
第 23 条		第 26 条
		第 27－29 条
第 24 条		第 30 条
第 25 条		第 31 条
		第 32－33 条
第 26 条		第 34 条
		第 35－52 条
第 27－31 条		
第 32 条	第 1 条	第 53、55 条
		第 54 条
第 33 条		第 56 条

---

① 2000 年司法解释和 2015 年司法解释虽已废止，但过去的大量司法解释或典型案例中仍可能涉及，故本书将新旧司法解释的条文序号对照表列于此处以便读者查询。需要注意的是，新旧条文之间并非一一对应或简单延续的关系，而是可能存在修改、补充或作出相反规定等各种情况。

② 本司法解释系指《最高人民法院关于执行〈中华人民共和国行政诉讼法〉若干问题的解释》（法释〔2000〕8 号），现已废止。

③ 本司法解释系指《最高人民法院关于适用〈中华人民共和国行政诉讼法〉若干问题的解释》（法释〔2015〕9 号），现已废止。

④ 本司法解释系指《最高人民法院关于适用〈中华人民共和国行政诉讼法〉的解释》（法释〔2018〕1 号），现行有效。

续表

2000 年解释	2015 年解释	2018 年解释
第 34 条		第 57 条
第 35 条		第 58 条
		第 59 条
第 36 条		第 60 条
第 37 条		第 61 条
第 38 条		第 62 条
第 39 条		
第 40 条		第 63 条
第 41 条		第 64 条
第 42 条		第 65 条
第 43 条		
	第 4 条	第 66 条
		第 67 条
	第 2 条	第 68 条
第 44 条	第 3 条	第 69 条
第 45 条		第 70 条
		第 71－72 条
第 46 条		第 73 条
第 47 条		第 74 条
		第 75 条
第 48 条		第 76 条
		第 77、78、80 条
第 49 条		第 79 条
第 50 条		第 81 条
		第 82－86 条
第 51 条		第 87 条
第 52 条		第 88 条
第 53 条		第 89 条
第 54 条		第 90 条
	第 22 条	第 91 条
	第 23 条	第 92 条
		第 93－99 条
第 55－61 条		
第 62 条		第 100 条
第 63 条		第 101 条
		第 102－106 条
第 64 条		第 50 条

续表

2000 年解释	2015 年解释	2018 年解释
第 65 条		第 107 条
第 66 条		第 108 条
第 67 条		
第 68、69、71 条		第 109 条
第 70、72 条		
第 73 条	第 24 条	第 110 条
第 74 条		第 111－112 条
		第 113－116 条
	第 25 条	第 117 条
第 77 条		第 118 条
第 76 条		第 119 条
		第 120－121 条
第 78 条		第 122 条
第 79 条		第 123 条
第 75 条		第 124－125 条
		第 126－127 条
第 80 条		
第 81－82 条		第 50 条
	第 5 条	第 128 条
		第 129－132 条
	第 6 条	第 133 条
	第 7、8 条	第 134 条
	第 9 条	第 135 条
	第 10 条	第 136 条
	第 11－16 条	
第 61 条	第 17 条	第 137、139 条
		第 138 条
	第 18 条	第 140 条
	第 19 条	第 141－142 条
		第 143－145 条
	第 20 条	第 146 条
		第 147－148 条
	第 21 条	第 149－150 条
		第 151 条
第 83 条		第 152 条
第 84 条		第 153 条
第 85 条		第 154 条

续表

2000年解释	2015年解释	2018年解释
第86条		第155条
第87条		
第88条		第156条
第89条		第157条
第90条		第158条
第91条		
第92条		第159条
第93条		第160条
第94条		
第95条		第161条
		第162－163条
第96－98条		
	第26－27条	

《中华人民共和国国家赔偿法》新旧条文序号对照表

1994年文本	2012年修正文本
第1条	第1条
第2条	第2条
第3条	第3条
第4条	第4条
第5条	第5条
第6条	第6条
第7条	第7条
第8条	第8条
第9条	第9条
第10条	第10条
第11条	第11条

续表

1994年文本	2012年修正文本
第12条	第12条
第13条	第13、14条
	第15条
第14条	第16条
第15条	第17条
第16条	第18条
第17条	第19条
第18条	第20条
第19条	第21条
第20条	第22条
第21条	第23、24条
第22条	第25条
	第26条
	第27条
	第28条
第23条	第29条
	第30条
第24条	第31条
第25条	第32条
第26条	第33条
第27条	第34条
第28条	第36条
第29条	第37条
第30条	第35条
第31条	第38条
第32条	第39条
第33条	第40条
第34条	第41条
第35条	第42条